ŒUVRES COMPLÈTES
DE D'ALEMBERT
Série V
Volume 1

Cette édition critique des *Œuvres complètes* de Jean Le Rond D'Alembert est préparée par le

GROUPE D'ALEMBERT POUR L'ÉDITION DES ŒUVRES COMPLÈTES
ET LES RECHERCHES SUR D'ALEMBERT ET SON TEMPS

composé de chercheurs, français ou étrangers, de plusieurs disciplines. Leurs travaux, en France, sont menés au sein de diverses formations de recherche, notamment :

- l'équipe « Systèmes de Référence Temps Espace » (SYRTE) de l'Observatoire de Paris – Université Paris 6, UMR 8630 du CNRS ;
- l'Institut Camille Jordan (ICJ), Université Lyon 1 – Institut national des sciences appliquées (INSA) – École Centrale de Lyon, UMR 5208 du CNRS ;
- l'Institut de mathématiques de Jussieu, Universités Paris 6 et Paris 7, UMR 7586 du CNRS ;
- l'Institut de Recherche sur la Renaissance, l'âge Classique et les Lumières (IRCL), Université Montpellier 3, UMR 5186 du CNRS ;
- le laboratoire de Sciences de la Terre de l'École normale supérieure de Lyon, UMR 5570 du CNRS ;
- l'équipe LIRE (Littérature, Idéologies, Représentations XVIIIe-XIXe siècles), Universités Lyon 2, Jean Monnet (Saint-Étienne) et Grenoble 3 – École normale supérieure LSH (Lettres et sciences humaines), UMR 5611 du CNRS ;
- le Laboratoire d'études du phénomène scientifique (LEPS), EA de l'Université Lyon 1 ;
- l'équipe REHSEIS (Recherches épistémologiques et historiques sur les sciences exactes et les institutions scientifiques), Université Paris 7, UMR 7596 du CNRS ;
- le Centre Alexandre Koyré, CNRS – École des hautes études en sciences sociales (EHESS) – Muséum national d'histoire naturelle (MNHN) – Cité des sciences et de l'industrie ;
- l'équipe « Savoirs et textes » de l'Université Charles de Gaulle – Lille 3, UMR 8163 du CNRS.

Ces travaux sont effectués sous la responsabilité du COMITÉ D'ALEMBERT, composé de représentants des équipes participantes et de responsables de séries ou de volumes. Voir le site http://dalembert.univ-lyon1.fr

Cette entreprise a été soutenue par les départements « Mathématiques, physique, planète et univers » (MPPU) et « Sciences de l'homme et de la société » (SHS) du CNRS, notamment sous la forme du Groupement de Recherches « D'Alembert ». Elle a bénéficié de l'aide de la Société mathématique de France (SMF) et du Centre international de rencontres mathématiques (CIRM). Elle s'insère aussi dans l'activité de l'UMS CAPHES, hébergée à l'École normale supérieure, Paris, depuis 2005.

ŒUVRES COMPLÈTES
DE D'ALEMBERT

Série I
TRAITÉS ET MÉMOIRES MATHÉMATIQUES, 1736 - 1756

Série II
ARTICLES DE l'*ENCYCLOPÉDIE*

Série III
OPUSCULES ET MÉMOIRES MATHÉMATIQUES, 1757 - 1783

Série IV
ÉCRITS PHILOSOPHIQUES, HISTORIQUES ET LITTÉRAIRES

Série V
CORRESPONDANCE GÉNÉRALE

1. Inventaire analytique de la correspondance 1741-1783
2. Correspondance générale 1741-1756
3. Correspondance générale 1757-1762
4. Correspondance générale 1763-1765
5. Correspondance générale 1766-1767
6. Correspondance générale 1768-1769
7. Correspondance générale 1770-1771
8. Correspondance générale 1772-1773
9. Correspondance générale 1774-1776
10. Correspondance générale 1777-1779
11. Correspondance générale 1780-1783
12. Lettres non datables, Supplément et Index

Portrait de Jean Le Rond D'Alembert par Maurice-Quentin de La Tour, pastel.
Musée Antoine Lécuyer, Saint-Quentin

Jean LE ROND D'ALEMBERT

ŒUVRES COMPLÈTES

Série V

Correspondance générale

Volume 1
Inventaire analytique de la correspondance
1741-1783

Établi par
Irène Passeron

avec la collaboration de
Anne-Marie Chouillet et Jean-Daniel Candaux

CNRS ÉDITIONS

15, rue Malebranche – 75005 Paris

Conformément aux règles adoptées par le Comité D'Alembert, ce volume a été soumis à révision. Celle-ci a été effectuée par Andreas KLEINERT et David SMITH.

Illustration de couverture : Portrait de Jean le Rond D'Alembert par Maurice-Quentin de La Tour, pastel, Musée Antoine Lécuyer, Saint-Quentin.

© CNRS ÉDITIONS, Paris 2009

ISBN : 978-2-271-06784-5

SOMMAIRE

Remerciements ix

Avant-propos xi

Introduction générale xiii
    I. Critères de définition et de sélection de la correspondance . xiii
    II. Historique des manuscrits et des fonds xvii
    III. Historique des éditions xxxiii
    IV. Origine de l'*Inventaire analytique de la correspondance* . . xlv

Principes d'édition il

Abréviations lv
    I. Institutions lv
    II. Ouvrages imprimés lviii
    III. Abréviations courantes lxiv

Illustrations lxvii

Inventaire chronologique des lettres privées 1
    Année 1741 3
    Année 1746 4
    Année 1747 8
    Année 1748 11
    Année 1749 15
    Année 1750 18
    Année 1751 22
    Année 1752 29
    Année 1753 35
    Année 1754 43
    Année 1755 47
    Année 1756 54
    Année 1757 60
    Année 1758 69
    Année 1759 80
    Année 1760 84

INVENTAIRE ANALYTIQUE

Année 1761.	94
Année 1762.	102
Année 1763.	113
Année 1764.	134
Année 1765.	149
Année 1766.	169
Année 1767.	192
Année 1768.	214
Année 1769.	235
Année 1770.	257
Année 1771.	284
Année 1772.	305
Année 1773.	324
Année 1774.	350
Année 1775.	372
Année 1776.	392
Année 1777.	410
Année 1778.	423
Année 1779.	438
Année 1780.	457
Année 1781.	472
Année 1782.	489
Année 1783.	504
Lettres non datables à l'année près	513
Appendice : Lettres ostensibles	519
Annexe I : Lettres apocryphes	549
Annexe II : Lettres non retenues	553
Index des correspondants	567
Index des noms cités	583
Index des ouvrages cités de D'Alembert	623
Liste des illustrations	627
Liste des tableaux	629

REMERCIEMENTS

Les remerciements pour une entreprise aussi complexe et d'aussi longue haleine sont nécessairement lacunaires car si nombreux ont été à travers le monde ceux qui ont contribué à l'identification des lettres de la correspondance de D'Alembert que nous ne pouvons tous les citer.

L'*Inventaire analytique de la correspondance de D'Alembert* a bénéficié des travaux préalables de Marta Rezler et de John Pappas qui en ont dressé les premiers fondements entre 1965 et 1990, et depuis 2005, de l'aide et des relectures attentives de Marie-Laure Massot (dans le cadre de l'équipe CAPHES pour le Groupement de recherches D'Alembert).

Par son caractère transversal, l'*Inventaire* a sollicité toutes les compétences du Groupe D'Alembert depuis quinze ans, en particulier celles de Michelle Chapront-Touzé, Pierre Crépel et Françoise Dougnac, mais aussi celles d'Eric Brian, Hugues Chabot, Frédéric Chambat, Alain Coste, Olivier Ferret, Christian Gilain, Marie-Françoise Gouteyron, Alexandre Guilbaud, Marie Jacob, Jeanne Peiffer, François Prin, Nicolas Rieucau et Jean-Pierre Schandeler.

Il a de plus bénéficié des apports de Jean-Claude Messier et Morris Wachs, aujourd'hui décédés, ainsi que de la grande connaissance des archives d'Elisabeth Badinter et de Dorothy Medlin.

Cette entreprise aurait été impossible sans l'accueil généreux et compétent de toutes les institutions qui conservent des lettres de ou à D'Alembert (voir la liste plus loin), qu'elles en soient ici vivement remerciées.

La présente édition doit aussi sa qualité au grand réseau de tous ceux que nous avons eu la chance d'avoir pour partenaires à un moment ou à un autre: Aurelio Aghemo (Modena), Liliane Alfonsi (Paris), Élisabeth Anderson (Edinburgh), Annie Angremy (Paris), Lee Arnold (Philadelphia), Jacqueline Artier (Paris), Laura E. Beardsley (Pennsylvania), Isabelle Bes-Hoghton (Baléares), Bénédicte Bilodeau (Paris), Bruno Blasselle (Paris), Michel Blay (Paris), Kornelia Bobbe (Berlin, Dahlem), Siegfried Bodenmann (Basel), Thierry Bodin (Paris), Marie-Françoise Bois-Delatte (Grenoble), Nathalie Bonnet (Alençon), Maria Teresa Borgato (Ferrara), Hubert Bost (Paris), Claude Bouhier (Les Amis de l'Ile de Noirmoutier), Philippe Bourdin (Clermont-Ferrand), A. Th. Bouwman (Leiden), Irmgard Bröning (Darmstadt), Andrew Brown (Ferney-Voltaire), Iain G. Brown (Edinburgh), Olivier Bruneau (Nantes), Georges Buisson (Gradignan), Marta Cecilia Bustamente (Paris), José Maria Burrieza Mateos (Simancas), Hervé Cabezas (Saint-Quentin), Annie Chassagne (Paris), Isabelle Chave

(Epinal), Jean-Pierre Codaccioni (Marseille), Marie-Madeleine Compère (Paris), Malcolm Cook (Exeter), Olivier Courcelle (Versailles), Pierre Debofle (Auch), François De Gandt (Lille), Christiane Demeulenaere (Paris), Jean-Luc De Paepe (Bruxelles), Danielle Ducout (Dijon), Georges Dulac (Montpellier), Françoise Dumas (Paris), Thierry Du Pasquier (Paris), Charlotte Eymael ('s-Gravenhage), Leslie Fields (New York), B. Fonck (Vincennes), Christoph Franck (Mendrisio), Pascal Fréjean (Paris), Francisco José Gallo Leon (Toledo), Jean-Claude Garreta (Dijon), Marc-Edouard Gautier (Angers), Annie Geffroy (Port-Blanc), Alain Girard (Pont-Saint-Esprit), Jean-Luc Gourdin (Sceaux), Pierre Gourdin (Paris), Anne-Lise Grobéty (Neuchâtel), Daniel Guerin (Auxerre), Stéphanie Guyot-Nourrit (Auxerre), Roger Hahn (Berkeley), Lesley A. Hall (London), William Hanley (Hamilton, Canada), Jens Häseler (Potsdam), Thierry Heckmann (La Roche-sur-Yon), Anke Hölzer (Hannover), Aldo Imansio (Torino), François Jacob (Genève), Joanna Jaskowiec (Krakow), Clifford Johnson (New Haven), Guillaume Jouve (Lyon), Sabine Juratic (Paris), Sergueï Karp (Moscou), Ingrid Eriksson Karth (Stockholm), Wolfgang Knobloch (Berlin), Ulla Kölving (Ferney-Voltaire), Alain Laurans (Mende), Marie Leca-Tsiomis (Paris), Richard H.F. Lindemann (Brunswick, Maine), Iris Lorenz (Berlin), André Magnan (Paris), Pierre Malandain (Paris), Patrice Marcilloux (Orléans), Susy Marcon (Venezia), Roberto Marcuccio (Reggio Emilia), Michel Maréchal (Rennes), Nadine Massias (Bordeaux), Elisabetta Mastrogiacomo (Naples), Martine Mathias (Nancy), Simone et Claude Mazauric (Nancy), Gyl Meillon (Paris), Jean-Dominique Mellot (Paris), Samy ben Messaoud (Lyon), Konrad Meuschel (Bad Honnef), Vittorio Mezzomonaco (Forlì), Vivienne Miguet (Montpellier), Alexandre Moutchnik (Stuttgart), Sylvie Nelis (Reims), Eve Netchine (Paris), Michèle Neveu (Chartres), Valérie Neveu (Rouen), Christophe Paillard (Genève), Claire Pascaud (Bruxelles), Luigi Pepe (Ferrara), Diana Franzusoff Peterson (Haverford), Zdzislaw Pietrzyk (Krakow), Mme A. Plassard (Troyes), Magdalene Popp-Grilli (Stuttgart), Mathilde Poulain (Rouen), Annie Prunet (Marseille), Nathalie Queyroux (Paris), Brigitte Quignard (Rouen), Bruno Ricard (Nantes), Isabella Ricci Massabò (Torino), Vladislav Rjéoutski (Bussy-Saint-Georges), Wolfgang Ritschel (Weimar), Elisabeth de Roubin (Montolivet, Villeneuve-lez-Avignon), Nicole Salat (Vincennes), Michel Schlup (Neuchâtel), Maryse Schmidt-Surdez (Neuchâtel), Matthew Shaw (London), René Sigrist (Genève et Paris), Murray Simpson (Edinburgh), Joël Surcouf (Laval), René Taton (Paris), Dominique Tournès (La Réunion), Solveig Ulriksen (Oslo), Kirsten van der Veen (Washington, D.C.), Eric Vanzieleghem (Bruxelles), Pascale Verdier (Strasbourg), C. Weidlich (Bonn), Louis de Weissenbruch (Bruxelles), John Wells (Cambridge), David Wigdor (Washington, D.C.), Dr Wirsing (Berlin, Dahlem), Charles Wirz (Genève), Maria Wrede (Warszawa), Paolo Zanna (Milan).

Nos remerciements vont enfin à nos deux réviseurs David Smith et Andreas Kleinert, pour leur patience et leurs suggestions.

Les éditeurs

Juin 2008

> Nous recevrons avec reconnoissance tout ce qu'on voudra bien nous adresser sur ce dictionnaire, remarques, additions, corrections, critiques, injures même, quand elles renfermeront des avis utiles : *omnia probate, quod bonum est tenete*.
> D'Alembert, DICTIONNAIRES DE SCIENCES & D'ARTS, TANT LIBÉRAUX QUE MÉCHANIQUES, *Enc.*, t. IV, p. 969b

AVANT-PROPOS

La série V des *Œuvres complètes de D'Alembert*, « Correspondance générale », sera constituée de douze volumes, dont le présent *Inventaire analytique de la correspondance (1741-1783)* est le premier. Cet *Inventaire* chronologique a un double objectif, permettre une lecture d'ensemble de la correspondance de D'Alembert et donner des outils de repérage et d'analyse.

Le texte des lettres écrites ou reçues par D'Alembert sera publié en une seule série chronologique, dans une édition critique et annotée, au cours des onze volumes suivants.

Cette série peut se lire comme une biographie intellectuelle du scientifique encyclopédiste, devenu secrétaire perpétuel de l'Académie française, mais elle est également le complément indispensable à la lecture des textes scientifiques et littéraires de D'Alembert qu'offrent les séries I à IV.

La nécessité d'un inventaire préliminaire s'est imposée lorsque la collecte des sources, très dispersées, a été suffisamment avancée pour montrer les difficultés de la datation d'une correspondance dont la moitié est non entièrement datée ou présente une datation problématique. La datation de toutes les lettres recensées ici a donc été l'objet d'un examen. Si des études ultérieures à la publication montrent la nécessité d'un déplacement ou d'une addition, ce sera en référence à la numérotation de cet *Inventaire* qui, pour davantage de souplesse, numérote par année.

L'existence de sources souvent complémentaires et parfois contradictoires pour la même lettre et la nécessité de toutes les réunir, préalablement à l'édition proprement dite, est à l'origine de la description détaillée de chacune des fiches de l'*Inventaire*. Celui-ci permet à tous les chercheurs, amateurs ou étudiants de visualiser les nombreuses perspectives de ce panorama du dix-huitième siècle européen, et d'utiliser ces sources parfois mal connues.

Par ailleurs, la taille du corpus (plus de 2 200 lettres répertoriées à ce jour) entravait les recherches transversales qui permettent de saisir les liens entre l'activité de l'académicien des sciences, de l'encyclopédiste, de l'« immortel », du

« salonnier » et du « philosophe ». Il nous a donc paru indispensable, pour faciliter la circulation au sein de l'œuvre et de la correspondance, d'établir un résumé du contenu de chacune des lettres, et d'en harmoniser la présentation, afin d'en rendre la lecture plus aisée. Les quelque 420 correspondants de D'Alembert ont été identifiés avec le plus de soin possible, et seront l'objet de notices détaillées dans les volumes successifs. Nous manquons encore de renseignements biographiques sur plusieurs dizaines de correspondants, sans parler de ceux que nous n'avons pas identifiés du tout, souvent parce que le texte complet de la lettre manque.

L'*Inventaire* est complété par un « Appendice » des lettres ostensibles, l'« Annexe I » des lettres apocryphes, l'« Annexe II » des lettres non retenues et trois index. Le premier est celui des 420 correspondants pour lesquels la trace matérielle d'une lettre a été retrouvée. Certains étant fort peu connus, nous avons, autant que faire se peut, donné leurs prénoms et leurs dates de naissance et de mort, identifications parfois complexes dont les références seront données dans les notices biographiques des volumes V/2 à V/11. Le second index est celui des personnes et des institutions citées dans les résumés des lettres. Le troisième est celui des ouvrages de D'Alembert cités dans les résumés.

Cet *Inventaire* présente des centaines de lettres inédites et pour un grand nombre difficiles à trouver dans des publications dispersées. Malheureusement, certaines lettres restent non datables ou seulement dans une fourchette. Tous les manuscrits des lettres passées en vente depuis le XIXe siècle n'ont pu encore être retrouvés et il est à prévoir que des lettres réapparaîtront au cours de la publication.

Les lettres seront publiées dans :
vol. V/2 : *Correspondance générale 1741-1756*
vol. V/3 : *Correspondance générale 1757-1762*
vol. V/4 : *Correspondance générale 1763-1765*
vol. V/5 : *Correspondance générale 1766-1767*
vol. V/6 : *Correspondance générale 1768-1769*
vol. V/7 : *Correspondance générale 1770-1771*
vol. V/8 : *Correspondance générale 1772-1773*
vol. V/9 : *Correspondance générale 1774-1776*
vol. V/10 : *Correspondance générale 1777-1779*
vol. V/11 : *Correspondance générale 1780-1783*
vol. V/12 : *Lettres non datables, Supplément et Index*

Ces volumes contiendront de plus, pour la période concernée, une chronologie, les notices concernant les correspondants, et des « Annexes », lettres de tiers ou documents utiles à la lecture de la correspondance.

Nous espérons que cette publication motivera de nouvelles découvertes d'inédits, et partant de nouveaux éclairages sur cette période cruciale de formation de l'esprit scientifique occidental moderne.

INTRODUCTION GÉNÉRALE

I. Critères de définition et de sélection de la correspondance

Ce qui n'est pas une « lettre »

Nous commencerons par préciser quels sont les documents que nous publierons dans la correspondance et les critères qui ont présidé à nos choix. Pour les « lettres » que décrit cet *Inventaire analytique*, les critères d'analyse et leurs conventions sont explicités dans le chapitre suivant, « Principes d'édition de l'*Inventaire* ».

Contrairement à d'autres éditions de correspondance, cet inventaire ne recense ni les documents biographiques, ni les lettres de tiers. Les documents biographiques ou scientifiques de D'Alembert (quittances, contrats, certificats, rapports, mémoires) sont cités, décrits ou analysés ailleurs dans les *Œuvres complètes de D'Alembert*. Certains ayant été déjà présentés par d'autres éditeurs comme « lettres », ont été soit décrits dans l'« Appendice » (où la localisation de leur publication dans les *O.C. D'Al.* a été indiquée), soit identifiés comme des supercheries (voir l'« Annexe I »), soit éliminés parce que ne concernant pas D'Alembert (signalés dans l'« Annexe II »).

Cela fait, tout ce qui reste n'est pas une lettre au même degré, et nous avons dû examiner de plus près, dans le cas de D'Alembert, la distinction qu'il était possible d'établir entre « privé » et « public » ou plutôt « ostensible », et de décider si les « lettres ostensibles » devaient être inventoriées.

Qu'est-ce qu'une lettre ?

« Qu'est-ce qu'une lettre ? », n'est pas une question nouvelle. La poser pour D'Alembert, personnage clé[1] de la République des sciences[2], et parcourir le spectre des cas possibles ouvre cependant des interrogations que ne soulevait pas la définition du genre épistolaire qui la traite en termes de « réel » opposé au « fictif » ou se cantonne aux lettres dites familières. Par ailleurs, les éditeurs de correspondance n'ont pas toujours de définition précise de leur corpus et n'en ont pas toujours besoin : est lettre la trace écrite d'un échange entre deux « co-respondants », une conversation écrite, si l'on préfère.

---

1. Membre de l'Académie royale des sciences (1741), de l'Académie française (1754) dont il devient secrétaire perpétuel à partir de 1772, D'Alembert est aussi co-éditeur de l'*Encyclopédie* (1747-1758), correspondant privilégié de Voltaire, de Frédéric II ou de Lagrange. Certains flatteurs n'hésitent pas à voir en lui un « flambeau de l'Europe » (lettre du chevalier de Roubin à D'Alembert du 21 août 1773).

2. Voir « La République des sciences », *Dix-Huitième Siècle* n° 40, 2008.

Le siècle des Lumières apporte une donnée supplémentaire avec la multiplication européenne des périodiques et des publications, et partant, des polémiques qui y trouvent l'espace de déploiement pour une large gamme de « lettres ouvertes », imprimées à plus ou moins grande échelle.

Les éditeurs de correspondance confrontés à cette question complexe des « lettres ouvertes », parfois réellement envoyées à titre de missive personnelle, parfois explicitement rédigées sous une forme épistolaire fictive, choisissent en général de ne pas identifier et donc de ne pas imprimer lesdites « lettres » que leur longueur désigne d'autre part clairement comme des mémoires ou des opuscules. Mais la taille d'une lettre imprimée ne peut bien sûr pas être un critère discriminant, pas davantage l'existence d'un manuscrit à la conservation éphémère et aléatoire : il peut exister un manuscrit expédié pour une lettre « ouverte », tandis que le manuscrit d'une lettre « privée » a pu être perdu et n'être connu que par la publication du texte d'une copie.

Les éditions que nous décrivons à la section III ont eu des stratégies fort différentes et peu systématiques de publication, soit des « lettres » imprimées dans les périodiques (ou séparément en opuscules), soit des épîtres dédicatoires.

Privé *versus* public

Mais cette distinction est-elle si aisée à établir pour un homme lui-même « public », écrivant, parlant en public, et disposé par sa fonction de secrétaire perpétuel à être la charnière entre l'institution et le public ?

Au premier abord, il semble que l'on puisse établir une échelle graduée dont l'une des extrémités serait le privé, l'autre le public, et que, pour D'Alembert comme pour d'autres épistoliers du siècle qui a vu se redéfinir la sphère du privé et de l'intime, on puisse parcourir un éventail dont les repères seraient :

1. La lettre privée, depuis le petit billet transmis à la main jusqu'à la lettre cachetée confiée à la poste.

2. La lettre, privée certes, mais écrite à plusieurs (Mme Geoffrin, La Bruère et D'Alembert écrivant à Mlle Lémery, ou D'Alembert écrivant sous la dictée de Mlle de Lespinasse, tout en ajoutant sa touche personnelle), lettre destinée à plusieurs (Voltaire écrivant à D'Alembert et à Condorcet, sous la forme du « vieux Raton » aux « deux Bertrands »).

Les lettres que Mlle de Lespinasse dicte et que D'Alembert transcrit sont intimement liées au reste de la correspondance de D'Alembert et sont donc insérées dans le corpus des lettres « privées » de D'Alembert [3].

---

3. Comme le dit Burton, p. 178 n. 1, à l'occasion d'une note sur leur secrétaire commun : « it is in a hand which seems to have occasionally employed by either of the friends, whose intimate epistolary union has rendered it convenient that their letters should be ranged under a common head ». Mais en dehors de cette lettre publiée par Burton, de la main d'un secrétaire que l'on reconnaît fréquemment dans d'autres manuscrits, les lettres à deux sont dictées par Mlle de Lespinasse, écrites par D'Alembert, qu'elle nomme toujours en plaisantant « mon secrétaire », plaisanterie dont elle usera d'autant plus qu'il deviendra secrétaire perpétuel de l'Académie française en 1772. Elle cultive la même ironie en l'appelant « mon directeur » en 1769, lorsqu'il est directeur (annuel) de l'Académie des sciences.

3. La lettre privée dont l'expéditeur interdit (ou fait semblant d'interdire) qu'elle soit diffusée. Frédéric II rédige ainsi, au sein d'une lettre, une épître en vers à D'Alembert, qui est publiée dans un périodique avec une note de D'Alembert en refusant la publication[4].

4. La missive dont l'expéditeur sait qu'elle sera lue, copiée, diffusée. Telles sont de nombreuses lettres de Voltaire, dont le désaveu même peut participer à la campagne de publicité. Mais l'arme a de nombreuses facettes, voir un double tranchant : à propos de sa lettre à D'Alembert sur l'affaire Calas du 29 mars 1762, Voltaire écrit à Damilaville le 29 août qu'il la lui avait transmise « afin que tous les frères fussent instruits de cet horrible exemple de fanatisme » mais qu'un polisson l'a prise, y a ajouté des offenses et l'a publiée en Angleterre[5]. Certaines lettres se dédoublent parfois en une partie destinée plus proprement au correspondant, et une partie écrite ostensiblement : dans sa lettre à Lagrange du 26 avril 1766, D'Alembert n'emprunte pas un ton différent des autres lettres, celui de l'amitié sincère, mais l'écrit expressément afin de permettre au savant turinois de faire valoir l'invitation de Frédéric II auprès des autorités et que, la nouvelle devenue de notoriété publique, le congé ne puisse lui être refusé. De la même façon, D'Alembert avait fait circuler les propositions séduisantes de Catherine II et de Frédéric II, ainsi que le refus qu'il leur avait opposé, afin d'asseoir sa légitimité tout en valorisant son choix de rester en France. Toutes ces lettres sont insérées dans le corpus « privé ».

5. Quasiment au même niveau, mais souvent moins personnalisées, sont les lettres écrites à une personne qui la transmettra à une autre : D'Alembert écrit au chambellan, Odar, pour la tsarine Catherine II[6], au secrétaire, de Catt, pour le roi Frédéric II. Dans ce cas comme dans le précédent, les nombreuses copies manuscrites que recèlent les archives et les publications de périodiques attestent de l'efficacité du procédé[7]. Manœuvre de la lettre à double détente qui ne se limite pas au terrain des « grands » et que Maugiron et Chappuis utilisent pour demander à D'Alembert, via la Société royale de Lyon, de modifier son article « Crétin »[8].

---

4. L'article du *Journal Encyclopédique* d'avril 1760 s'intitule « Fragments d'une Épître du Roi de Prusse à Mr. d'Alembert contre les ennemis de la philosophie » et donne l'épître comme datée « de Freyberg, le 24 février 1760 » (A60.02). De Catt en a fait une copie conservée à Berlin. L'épître a été éditée par Preuss dans les *Œuvres de Frédéric le Grand* sous le titre « Épître à D'Alembert sur ce qu'on avait défendu l'*Encyclopédie* et brûlé ses ouvrages en France ».

5. Voir *Correspondance* de Voltaire, Pléiade VI, p. 1469.

6. La lettre du 16 septembre 1762 est même envoyée à Nicolay pour être transmise à Odar qui la transmettra à Catherine II.

7. La lettre de Voltaire à D'Alembert du 4 février 1763 est envoyée (au moins) à Mme Du Deffand, à Pictet, à la reine de Suède, en Prusse, en Suisse.

8. Formellement, la lettre n'est pas adressée à D'Alembert, mais elle lui est destinée et destinée à être connue par d'autres avant de lui parvenir. Voilà un cas difficile que nous avons classé dans l'Appendice mais qui sera publié, comme indiqué, dans la série V.

6. Les recouvrements sont donc nombreux dans la hiérarchie esquissée ici. Autre exemple, les lettres envoyées par D'Alembert à Mlle de Lespinasse lors de son séjour à Potsdam en 1763, connues seulement par des extraits copiés dans un « portefeuille »[9], ne donnent qu'une vision très partielle de leurs échanges épistolaires, les originaux de ces lettres-là et la partie plus « privée », ayant été perdus ou détruits. Nous n'avons donc qu'une version « officielle » du voyage et cette correspondance privée, mais expurgée pour être communiquée, acquiert un autre statut qui n'est souvent pas explicite dans les éditions de lettres de Mlle de Lespinasse.

7. Enfin, les lettres imprimées dans les périodiques sont tantôt des lettres initialement missives, tantôt des mémoires qui empruntent au genre épistolaire un semblant d'immédiateté et de franchise, souvent en réponse à un ouvrage ou un article, tantôt des avis ou des rectificatifs adressés aux auteurs du périodique.

8. Sans ambiguïté sont les opuscules qui n'ont de « lettre » que le genre (Baer, Rousseau...), « lettres » qu'il faut cependant distinguer des supercheries, écrites sous le nom d'un auteur connu, reprenant parfois habilement des morceaux de lettres réelles de l'auteur, et que celui-ci doit démentir.

9. Sans ambiguïté également, les épîtres, dédicatoires ou pas, sont classées dans l'Appendice (A43.01 par exemple).

10. Plus difficiles à reconnaître, mais faciles à classer une fois identifiées, sont les « fausses » lettres, c'est-à-dire fausses en tant que lettres mais réellement écrites par D'Alembert et envoyées à leur destinataire. C'est le cas des « Extraits de différentes Lettres de M. d'Alembert à M. de la Grange », publiées dans les *Mémoires de Turin*, astuce littéraire imaginée par D'Alembert lui-même pour faire publier de petits mémoires scientifiques sous forme de « lettres » et ainsi éviter le reproche de publier dans les *Mémoires de Turin* et non ceux de Paris ou de Berlin. La ruse est décrite dans la (« vraie ») lettre à Lagrange du 2 mars 1765 (65.17). Ce cas, classé dans l'Appendice (A65.06), est à distinguer du cas des « fausses » lettres de ou à D'Alembert, classées dans l'Annexe I « Lettres apocryphes », fausses en tant que lettres bien sûr, mais surtout fausses parce qu'ouvrage d'un faussaire se faisant passer pour l'expéditeur.

Appendice

Bien entendu, les occurrences de cas difficiles à classer abondent dans la correspondance de D'Alembert, dont une partie de l'activité privée (écrire à un correspondant identifié) se fait sous les yeux du public, ou bien est perçue comme émanant d'un personnage public. La difficulté à classer est ici révélatrice d'une modification de l'évaluation du « privé », mais l'émergence de nouveaux modes d'interpellation de l'opinion ne peut être ignorée. C'est pourquoi nous avons choisi de distinguer deux corpus, auxquels les termes de « privé » et « public » ne s'appliquent qu'imparfaitement.

---

9. Fonds français 15230 de la BnF, cette copie, comme de nombreux autres « portefeuilles », a été établie à la demande de Mlle de Lespinasse et l'on sait que le contenu en circulait, forme de « correspondance littéraire » pour un cercle restreint mais bavard.

Nous distinguons d'une part le corpus des lettres « privées » datables, classées de la première connue en 1741 (41.01) à la dernière connue en 1783 (83.40) auxquelles s'ajoutent les lettres non datables (de 00.01 à 00.21), d'autre part, en « Appendice », le corpus des lettres ostensibles, à différents degrés et à différents titres, elles aussi par ordre chronologique (de A43.01 à A83.01).

Les index couvrent les deux corpus.

II. Historique des manuscrits et des fonds

II.1   Les papiers de D'Alembert

Les papiers
de D'Alembert
à sa mort

Par son testament du 23 juillet 1782[10], D'Alembert avait fait de Condorcet son légataire universel, « lui laissant généralement tout ce que je possède, écrit-il, en argent, effets, contrats, papiers, etc. ». D'Alembert mourut le 29 octobre 1783 dans son appartement « de fonction » au Louvre, sur lequel les scellés furent posés[11]. La législation prévoyait que les biens d'un bâtard, qui plus est sans descendance directe, « en déshérence », devaient revenir au domaine royal à titre d'aubaine[12]. Un inventaire après décès fut donc dressé le 1er décembre 1783[13], mentionnant des contrats de rente, mais nuls papiers, nuls manuscrits scientifiques ni littéraires. Cela confirme que, du vivant de D'Alembert encore, Condorcet avait pris possession d'un certain nombre de papiers, ainsi qu'il l'écrit à Frédéric II le 22 décembre 1783 pour l'informer du devenir de ses lettres, que le roi de Prusse souhaitait soustraire à la publication : « M. d'Alembert a laissé un volume d'ouvrages de mathématiques, et plusieurs volumes de philosophie et de littérature, prêts à être imprimés. Je me propose de donner une édition complète de ses œuvres philosophiques et littéraires, et j'ose demander à V[otre] M[ajesté] la permission de la faire paraître sous ses auspices. C'est au nom seul de M. d'Alembert que je sollicite cette grâce ; le mien est trop obscur et trop peu connu de V[otre] M[ajesté]. M. d'Alembert m'a remis, la surveille de sa mort, sa correspondance avec V[otre] M[ajesté], et tous ses papiers. Il a conservé pendant cette opération, qui a été longue et bien douloureuse pour l'amitié, une fermeté, une présence d'esprit, un calme dont il était impossible de n'être pas attendri, en

---

10. Paris AN, Minutier central, étude LXXXIII, liasse 618. Voir Marius Barroux, « Le testament de D'Alembert », *Bulletin de la Société de l'histoire de Paris*, n° 64, 1937, p. 124-126 ; et surtout les *Cahiers Haut-Marnais*, n° 24, 1er trimestre 1951, p. 8-12.

11. Charles Henry a publié dans *Œuvres et correspondances inédites de D'Alembert*, Paris, Perrin, 1887, (Statkine Reprints Genève, 1967), p. 338-342, le texte de la prise de scellés au château du Louvre, en date du 29 octobre (Paris AN).

12. « ladite succession étant dévolue à Sa Majesté à titre d'aubaine, bâtardise, déshérence ou autrement... », Paris AN, Minutier central, étude LXXXIII, liasse 619.

13. Paris AN, Minutier central, étude LXXXIII, liasse 619.

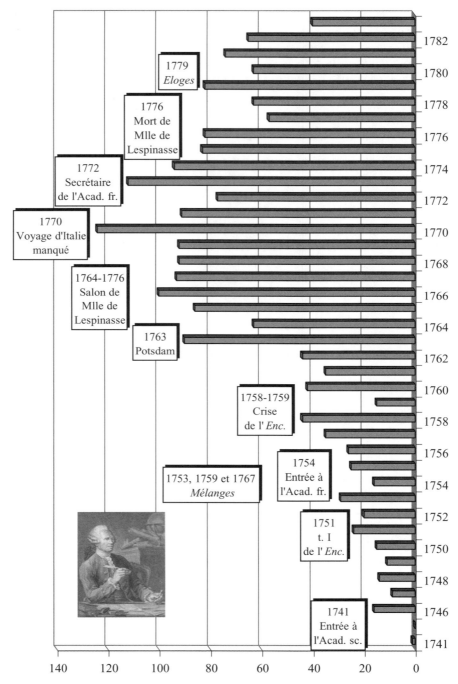

Tableau I Nombre de lettres « privées » reçues et envoyées par D'Alembert de 1741 à 1783

admirant son courage. Les lettres de V. M. ont seules paru dans ce cruel instant lui causer des regrets, et réveiller sa sensibilité. Son intention était depuis longtemps que ce dépôt fût confié après sa mort à M. Watelet, de l'Académie française, son ancien ami. Le paquet[14], cacheté en présence de M. d'Alembert, a été remis à M. Watelet dans le même état. »[15]

Si Condorcet ne put donner « l'édition complète des œuvres philosophiques et littéraires » de D'Alembert, du moins assura-t-il rapidement la publication de ses *Morceaux choisis de Tacite*[16] dont il dit dans la lettre à Frédéric II du 22 décembre 1783 que D'Alembert « a corrigé, la surveille de sa mort, une feuille de la nouvelle édition qu'il préparait de sa traduction de Tacite » et celle de son *Histoire des membres de l'Académie française morts depuis 1700 jusqu'en 1771* (1785-1787), ouvrage que D'Alembert avait probablement laissé presque achevé à l'état de manuscrit.

La transmission à Condorcet.

Condorcet survécut à peine plus de dix ans à D'Alembert. Lorsqu'il mourut, dans la nuit du 28 au 29 mars 1794, il laissait une veuve, née Sophie de Grouchy (1764-1822), et une fille de trois ans, Eliza (1791-1867), pour unique héritière. Il n'avait point rédigé de testament[17], mais au cours de sa fuite, de passage chez les Suard le 25 mars 1794, il avait jeté sur le papier ce billet : « Je voudrais que le citoyen Arbogast fût chargé de mon manuscrit sur le calcul intégral [...]. Je voudrais qu'on le chargeât aussi d'un manuscrit mathématique de D'Alembert qui est dans mes papiers. »[18]

On ignore si le mathématicien Louis-François-Antoine Arbogast (1759-1805), professeur de physique à Strasbourg, reçut jamais les deux manuscrits en question, mais l'on sait en revanche que la succession de Condorcet fut plus difficile que celle de D'Alembert. Un an avant sa mort déjà, Condorcet était considéré comme un « suspect » et ses biens avaient fait l'objet d'une saisie et d'une mise sous scellés[19]. Malgré le divorce stratégique que Sophie de Grouchy avait obtenu pour mettre sa propre fortune à l'abri, les héritiers de Condorcet eurent beaucoup de peine à récupérer le patrimoine du défunt, partiellement séquestré.

---

14. Pour le sort des lettres de Frédéric II à D'Alembert, voir plus loin, le paragraphe sur Frédéric II.

15. *Œuvres de Frédéric le Grand*, Preuss, t. XXV, Berlin, Decker, 1854, p. 370.

16. 2 vol. in-12°, Moutard, 1784, 465 et 446 p.

17. Le texte non daté que l'on trouve sous cet intitulé dans l'édition de 1847-1849 de ses *Œuvres* (I, 624-625) ne contient que des recommandations relatives à l'éducation de sa fille.

18. Paris Institut, Ms. 848, f. 20 (copie de la main d'Eliza O'Connor). Le texte intégral de cet ultime écrit de Condorcet est publié dans son *Tableau historique des progrès de l'esprit humain*, édité sous la direction de Jean-Pierre Schandeler et Pierre Crépel, Paris, Institut national d'études démographiques, 2004, p. 1139, note 6.

19. Les scellés furent apposés chez Condorcet, tant à Paris, rue de Lille, qu'à Auteuil, en date du 8 juillet 1793 (selon Léon Cahen, *Condorcet et la Révolution française*, Paris, Félix Alcan, 1904, p. 523-526 ; et Charles Léger, *Captives de l'amour d'après des documents inédits. Lettres intimes de Sophie de Condorcet, d'Aimée de Coigny et de quelques autres cœurs sensibles*, Paris, C. Gaillandre, 1933, p. 9).

Les manuscrits de Condorcet parvinrent cependant à sa veuve et lui permirent de mener à bien, entre 1795 et 1804, plusieurs publications propres à entretenir la renommée posthume du savant et à renflouer les fonds de la caisse familiale : l'*Esquisse d'un tableau historique des progrès de l'esprit humain*, publiée en l'an III (et dont une partie des matériaux fut offerte le 21 février 1812 à la Bibliothèque impériale par un anonyme)[20] et les *Moyens d'apprendre à compter sûrement et avec facilité*, parus en l'an VII, préparèrent la voie à l'entreprise quasiment collective que fut l'édition en 21 volumes des *Œuvres complètes* de Condorcet de l'an XIII-1804[21].

Dans son élan, et sans parler d'une traduction d'Adam Smith[22], Sophie de Grouchy confia en l'an VII-1799, à l'imprimeur-libraire Charles Pougens, un fidèle ami des Philosophes, l'édition d'un recueil d'*Œuvres posthumes* de D'Alembert, dont les deux tomes contiennent un choix de lettres, d'écrits et de fragments pour la plupart inédits, manifestement tirés des papiers que D'Alembert avait légués à Condorcet.

Le destin des papiers Condorcet

À partir de cette année 1799 et jusqu'aux publications quasiment simultanées de Ludovic Lalanne et de Charles Henry des années 1882-1883[23], aucun manuscrit provenant des papiers de D'Alembert n'a fait l'objet d'une quelconque édition. Il faut donc bien constater que ces papiers ont été éclipsés par ceux de Condorcet, dont ils ont suivi pourtant le destin jusqu'à la Bibliothèque de l'Institut.

Destin, au demeurant, singulièrement compliqué et sinueux, voire énigmatique. Réglons d'abord le cas de Sophie de Grouchy elle-même, qui dès 1801 vécut en ménage avec le littérateur Claude Fauriel (1772-1844), auquel elle légua par son testament du 1er novembre 1820 d'importants contrats de rente, en le priant de se réunir à ses enfants « pour la rédaction d'une nouvelle édition des ouvrages de M. de Condorcet »[24]. La collaboration se révéla illusoire. Fauriel à son tour, par son testament du 19 octobre 1823[25], demanda à sa légataire universelle Mary Clarke (plus tard Mme Jules Mohl) de brûler tous ses papiers. Là aussi, le destin en décida autrement, puisque les manuscrits de Fauriel furent remis plus tard par Mme Mohl à la Bibliothèque de l'Institut, dont ils forment les Mss 2327 à 2374 : on n'y trouve aucune trace des papiers de Condorcet ni de D'Alembert.

Les papiers de D'Alembert appartenaient donc sans conteste à Eliza Condorcet, devenue en date du 4 juillet 1807 l'épouse du patriote irlandais Arthur O'Con-

---

20. Voir l'« Introduction générale » de l'édition citée du *Tableau historique des progrès de l'esprit humain*, notamment p. 11.

21. Voir à ce sujet les précisions apportées par Nicolas Rieucau, « Quatorze lettres inédites de Sophie de Grouchy et des éditeurs des *Œuvres* dites *complètes* de Condorcet », *Recherches sur Diderot et sur l'Encyclopédie*, n° 39, octobre 2005, p. 125-155.

22. *Théorie des sentimens moraux*, Paris an VI-1798. Cette traduction, que Sophie de Grouchy avait fait suivre de ses *Huit lettres sur la sympathie*, connut plusieurs rééditions.

23. Voir ci-après la section III sur l'histoire des éditions.

24. Paris Institut, Ms. 2328, pièce 511B (copie du XIXe siècle).

25. Paris Institut, Ms. 2475, pièce 77 (brouillon autographe).

nor (1763-1852), réfugié en France en 1802, naturalisé français en 1818 – dont les trois fils moururent avant lui et qui devait léguer tous ses papiers à sa femme par son testament du 3 septembre 1846[26]. Soucieuse d'assurer elle aussi la renommée de son père, Eliza O'Connor se mit en rapport dès 1834 avec François Arago, secrétaire perpétuel de l'Académie des sciences, auquel elle fournit les matériaux d'une nouvelle biographie de Condorcet. Une première version en fut présentée à l'Institut de France le 28 décembre 1841[27]. Puis elle travailla, toujours sous l'égide d'Arago, à une nouvelle édition des *Œuvres* de Condorcet[28], enrichie de certains des inédits que ses papiers contenaient encore. Cette édition fut publiée à Paris en 12 volumes, datés de 1847-1849 ; la version définitive de la biographie de Condorcet par Arago ouvrait le premier tome et sur toutes les pages de titre, le nom d'Arago était précédé de celui de *A. Condorcet O'Connor, lieutenant général*, une manière de faire sentir discrètement la part qu'Eliza avait prise à l'édition. Par reconnaissance envers Arago, Eliza O'Connor laissa d'ailleurs à sa disposition tous les papiers de Condorcet – et cela explique qu'en date du 10 janvier 1853, Arago ait offert à la bibliothèque de l'Académie des sciences, de la part d'Eliza O'Connor, quatre volumes reliés de manuscrits (Ms. 876 à 879 de la Bibliothèque de l'Institut[29]), dont le *Traité de calcul intégral* de Condorcet et un volume de correspondance qui contient toutes les lettres connues de Lagrange à D'Alembert.

Le 2 octobre de la même année, Arago mourut, léguant ses papiers non pas à l'un de ses deux fils, mais à sa nièce Lucie Mathieu, amie et future épouse, il est vrai, de son fidèle collaborateur à l'Observatoire Ernest Laugier[30]. Les Laugier n'eurent qu'un fils, Louis-Pierre, qui fit une carrière de comédien, et Mme Laugier résolut de se séparer, de son vivant, de l'énorme masse des papiers dont elle avait hérité, en les remettant à la Bibliothèque de l'Institut. Cette dévolution se fit en deux étapes. Mme Laugier s'entendit d'abord avec le sous-bibliothécaire de l'Institut de France, Ludovic Lalanne, auquel elle communiqua le 25 mars 1876

---

26. Voir *Oxford Dictionary of National Biography*, vol. 41, p. 456-458 (notice de James Livesey, avec portrait).

27. *Biographie de Marie-Jean-Antoine-Nicolas Caritat de Condorcet*, Paris, Firmin Didot frères, 1849 (Institut national de France).

28. Voir Nicolas Rieucau, « Eliza O'Connor propose, François Arago dispose : l'écriture de la *Biographie de Condorcet* (1841, 1849) et l'édition de ses *Œuvres* (1847-1849) », à paraître dans les Actes du Colloque de Perpignan-Estagel, 12-14 novembre 2003, *Les Arago, acteurs de leur temps*. Que l'auteur soit ici vivement remercié de nous avoir communiqué son travail.

29. Paris Institut, Ms. 2475, pièce 22 et les *Comptes rendus hebdomadaires des séances de l'Académie des sciences*, t. XXXVI, Paris, Mallet-Bachelier, 1853 (texte publié par Annie Chassagne, dans « Les manuscrits de Condorcet, La Bibliothèque de l'Institut », *Chantiers révolutionnaires. Science, Musique, Architecture. Manuscrits de la Révolution II*, éd. Béatrice Didier et Jacques Neefs, Saint-Denis, PUV, 1992, p. 26-27).

30. Voir *DBF*, XIX, 1331-1333 (Ernest Laugier) et 1336-1337 (son fils Louis-Pierre).

divers manuscrits de Condorcet que celui-ci recopia[31]. Relevons que le 11 avril de la même année 1876 eut lieu[32] la vente aux enchères d'une « précieuse collection de lettres autographes sur le XVIIIe siècle », composée de 164 lots provenant manifestement presque tous des papiers de Condorcet et de D'Alembert.

La plus grande partie de ces archives dut entrer cependant à la Bibliothèque de l'Institut entre 1876 et 1882, puisque l'année 1882 marqua le début de l'importante série des publications de lettres et d'autres inédits tirés de ces mêmes archives (signées par Ludovic Lalanne lui-même, puis surtout par Charles Henry). Lalanne étant décédé en 1898, ce fut par l'intermédiaire de Joseph Bertrand, secrétaire perpétuel de l'Académie des sciences que Mme Laugier fit parvenir à la Bibliothèque de l'Institut, en date du 18 septembre 1899, les « derniers » manuscrits qu'elle détenait[33].

Au début du XXe siècle, Léon Cahen, un agrégé d'histoire préparant une thèse sur *Condorcet et la Révolution française* (publiée en 1904), obtint du conservateur de la Bibliothèque de l'Institut Alfred Rebelliau de pouvoir procéder lui-même au classement des papiers de Condorcet qui s'y trouvaient conservés « dans un désordre inexprimable »[34]. Il lui fallut deux ans d'efforts pour venir à bout de ce travail dont il rendit compte dans une séance de l'Académie des sciences morales et politiques le 6 février 1904[35], mais qui ne parvint pas à surmonter entièrement les mélanges entre les papiers de Condorcet et ceux de D'Alembert.

Tout au long du XIXe siècle, ce sont donc des papiers de Condorcet dont il est fait mention. Quant à ceux de D'Alembert, ils semblent avoir été oubliés à partir de 1799 et la seule hypothèse raisonnable que l'on puisse faire est celle d'un cheminement silencieux et parallèle à celui des papiers de Condorcet. Ce qui est certain en revanche, c'est que ces papiers ne sont nullement parvenus dans leur intégralité à la Bibliothèque de l'Institut[36]. Sans parler des disparitions qui ont pu et dû se produire lors des laborieux règlements des successions de D'Alembert lui-même, de Condorcet et de Sophie de Grouchy[37], on connaît une liste des « Manu-

---

31. Voir Paris Institut, Ms. 2471, f. 99 (nous devons cette référence à l'obligeance et à la compétence de Mme Annie Chassagne, que nous remercions vivement).

32. Vente du 11 avril 1876 à Paris, 28 rue des Bons-Enfants, par le ministère du commissaire-priseur Baudry, catalogue rédigé par Etienne Charavay.

33. Voir la publication citée d'Annie Chassagne, p. 27-28.

34. Léon Cahen, *Condorcet et la Révolution française, thèse présentée pour le doctorat à la Faculté des Lettres de l'Université de Paris*, Paris, Félix Alcan, 1904, p. XII.

35. Voir *Séances et travaux de l'Académie des sciences morales et politiques, compte rendu*, 1904, p. 779-785.

36. Pour ce qui est de la correspondance de Condorcet, voir en dernier lieu l'Introduction de son *Arithmétique politique, textes rares ou inédits (1767-1789)*, éd. Bernard Bru et Pierre Crépel, Paris, Institut national d'études démographiques, 1994, p. 18-19.

37. Au moment du décès de Sophie de Grouchy, un grave « désaccord » s'éleva entre la famille Condorcet-O'Connor et Claude Fauriel. Le général O'Connor alla jusqu'à accuser Fauriel d'avoir mis la succession de son amie « au pillage » (dans une lettre du 23 mai 1824, conservée à Paris Institut, Ms. 2328, pièce 511 F ; voir aussi Charles Léger, *op. cit.*, p. 225).

scrits Condorcet » dressée par Eliza O'Connor, sans doute en vue de l'édition de 1847-1849, qui mentionne plusieurs textes non retrouvés et notamment « La correspondance entre M. Condorcet & M. D'Alembert »[38]. Il faut relever d'autre part qu'en date du 22 novembre 1881, un ensemble de près de 220 lettres autographes de la correspondance échangée entre D'Alembert et Voltaire fut vendu par Etienne Charavay, pour la somme de 2 500 fr., au prince héritier Alexandre d'Orange Nassau (1851-1884)[39]. On constate d'ailleurs qu'il ne subsiste aucune lettre d'aucun correspondant important parmi les papiers D'Alembert de l'Institut de France, tels qu'ils y sont parvenus dans le dernier quart du XIXe siècle, ou du moins tels qu'ils ont été décrits par Marcel Bouteron et Jean Tremblot dans le catalogue des manuscrits de la Bibliothèque de l'Institut, imprimé en 1928[40].

Le fonds D'Alembert de l'Institut

Les papiers D'Alembert sont réunis sous les cotes Ms. 1786 à Ms. 1793 (à peu près 3 000 folios) et Ms. 2466 à 2473 (à peu près 2 300 folios).

Ms. 1786 contient six lettres, essentiellement publiques.

Ms. 1787 à Ms. 1791 ne contiennent point de lettres.

Ms. 1792 contient quatre lettres publiques.

Ms. 2466 contient 109 lettres de notre correspondance. Hormis quelques papiers Condorcet qui s'y sont égarés, et deux copies de lettres de D'Alembert, cette cote regroupe des lettres privées reçues et conservées par D'Alembert et classées, probablement au XIXe siècle, par ordre alphabétique d'auteur présumé. Si l'on enlève les cinq lettres de polémique avec la Société royale de Lyon en 1755, toutes les lettres sont postérieures à 1762, et presque toutes postérieures à 1770 (année qui découpe la correspondance générale en deux parties presque égales). Il semble donc que soient ici rassemblés des « restes » de correspondance sans grande importance, essentiellement du dernier cinquième de la vie de D'Alembert. Ce résidu peut être le résultat d'un tri fait par D'Alembert ou ultérieurement, et même un mélange indiscernable de multiples opérations. Ce sont pour l'essentiel des correspondants peu connus, voire inconnus, et faisant figure d'hapax dans les échanges dalembertiens. Ni Condorcet, ni Rochefort, ni Frisi, ni Duché, ni aucun des amis proches de D'Alembert n'y figure. On y trouve cependant d'intéressantes mentions des activités de D'Alembert. Quelques lettres sont annotées de la main de D'Alembert, sans doute en vue d'une publication. Les rectos de certains folios restés vierges ont été utilisés par D'Alembert comme brouillon pour des calculs.

---

38. Paris Institut, Ms. 2475, pièce 60. On ignore si Eliza O'Connor a jamais possédé ces textes.

39. Renseignement communiqué par le *Dienst van het Koninklijk Huis* (lettre du 18 mars 2008 signée de Mme Charlotte Eymael pour le directeur du *Koninklijk Huisarchief*).

40. *Catalogue général des manuscrits des bibliothèques publiques de France, Paris, Bibliothèque de l'Institut, Ancien et nouveau fonds*, Paris, Plon, 1928 (Ministère de l'Instruction publique et des beaux-arts).

Ms. 2467 à Ms. 2469 ne contiennent point de lettres, sauf un des billets (les autres sont dans Ms. 2466) au verso desquels sont jetés des calculs.

Ms. 2470 contient une lettre à Jean-Georges Lefranc de Pompignan, une lettre justificative d'une des nombreuses « tracasseries » essuyées par D'Alembert à l'Académie des sciences[41] et un étrange mémoire, confession de son secrétaire indélicat, Ducrocq, qui cite trois lettres intervenant dans la ténébreuse affaire Devaines[42].

Ms. 2471 contient une lettre écrite en latin, pratique inusuelle chez D'Alembert.

Ms. 2472 et 2473 ne contiennent point de lettres.

II.2 La correspondance et les archives des académies

D'Alembert, entré à l'Académie des sciences en 1741, en a fait partie durant 42 ans. Élu également à l'Académie française en 1754, il en a été le secrétaire perpétuel de 1772 à sa mort, durant 11 ans. Les Académies étant sous l'Ancien Régime rattachées à la Maison du Roi, D'Alembert s'est donc trouvé en relation avec les ministres chargés du département de la Maison du Roi, principalement lors de son année de directorat, en 1769. En mettant à part le bref passage de Malesherbes entre juillet 1775 et mai 1776, ces ministres sont au nombre de trois :

Maurepas, de 1723 à 1749 ;

Saint-Florentin, de 1749 à 1775 (mais il avait partagé la charge de son cousin et beau-frère Maurepas dès 1725) ;

Amelot de Chaillou, de 1776 à 1783 (année où il démissionna trois semaines après le décès de D'Alembert, le 18 novembre).

Les minutes des lettres écrites par ces ministres successifs sont transcrites dans les grands registres de la série O1 des Archives nationales de France. Certains des originaux se trouvent dans les Archives de l'Académie des sciences ou de l'Académie française.

À l'Académie des sciences, D'Alembert a parfois communiqué à ses collègues des lettres ou des mémoires qu'il avait reçus de savants de la province ou de l'étranger, de ses « correspondants » officiels, Louis Necker ou Daniel Melanderhjelm, par exemple. Les lettres de ces savants (comme les originaux des ministres) sont conservées, si elles le sont, dans les « pochettes » de documents relatifs à chacune des séances bi-hebdomadaires de l'Académie.

---

41. Voir Irène Passeron, « Grandjean de Fouchy, D'Alembert et Condorcet : tracasseries et arrangements des secrétaires perpétuels », *Revue d'Histoire des sciences*, 2008, p. 161-175.

42. Voir John Pappas, « Problèmes pour un biographe de d'Alembert », dans *Jean d'Alembert savant et philosophe : portrait à plusieurs voix*, Paris, Éditions des Archives contemporaines, 1989, qui reproduit ce manuscrit, p. 99-109.

INTRODUCTION GÉNÉRALE XXV

Les archives de l'Académie française sont beaucoup moins étoffées, mais on dispose en revanche d'une édition des *Registres de l'Académie française 1635-1793*, qui retranscrit un certain nombre de lettres lues en assemblée[43].

Quant aux autres académies dont D'Alembert devint membre, l'Académie de Berlin (1746), la Royal Society (1748), l'Institut de Bologne (1755), les académies de Stockholm (1755), de Pétersbourg (1764), de Turin (vers 1766), de Norvège (1768), de Cassel (1779), de Naples (1779), de Lisbonne (1781), de Boston (1781) et de Padoue (1782), elles étaient, hormis celle de Berlin[44], sources de prestige davantage que d'échanges effectifs. D'Alembert ne fut membre d'aucune académie provinciale.

III.3 Les fonds des principaux correspondants de D'Alembert

Les fonds disparus

Il est certain que des pans entiers de la correspondance de D'Alembert ont disparu. Nous avons déjà mentionné la disparition quasi complète de la correspondance, dont l'existence est avérée, entre D'Alembert et son disciple et ami Condorcet. Aucune lettre privée ne s'est retrouvée de sa « jeunesse » (avant 30 ans), avec la famille Destouches, presque aucune de Denis Diderot, son ami et camarade encyclopédiste, de l'abbé Canaye, ou de l'abbé Bossut son fidèle émule, de Mlle de Lespinasse, enfin de ses deux exécuteurs testamentaires et amis très proches Alexandre-Louis Rémy et Claude-Henri Watelet. Beaucoup d'autres noms encore manquent à l'appel. Pour ceux qui nous sont parvenus, nous ne possédons souvent qu'un des deux côtés de la correspondance, celle écrite par D'Alembert et conservée par ses correspondants (De Catt, Mme de Créqui, Duché, Dutens, Frisi, Hume, de Ratte, Rochefort). Une première et grossière estimation des lettres disparues ferait passer la correspondance générale de 2 200 à 5 000 lettres.

Néanmoins, il a paru utile de passer en revue, au moins sommairement, les fonds des principaux interlocuteurs connus de D'Alembert, et ceci dans l'ordre chronologique de leur entrée dans sa correspondance :

Jean-Henri-Samuel Formey (1711-1797)

Le pasteur huguenot, secrétaire perpétuel de l'Académie royale de Berlin, a conservé sa correspondance tout au long de sa longue vie. Les lettres qu'il avait reçues sont actuellement disponibles, au nombre de près de 16 000, dans les deux grandes bibliothèques que sont la Staatsbibliothek Preussischer Kulturbesitz de Berlin et la Biblioteka Jagiellonska de Cracovie en Pologne. Le surprenant cheminement de ces archives épistolaires a été retracé par Jens Häseler dans *La Correspondance de Jean Henri Samuel Formey, inventaire alphabétique*[45]. On a

---

43. Paris, Firmin-Didot & Cie, 1900-1906, 4 vol.
44. En particulier la correspondance avec Formey, voir plus loin.
45. Paris, Honoré Champion, 2003.

**Frédéric II,
roi de Prusse
(1712-1786)**

retrouvé 34 lettres de D'Alembert à Formey, mais une seule lettre de Formey à D'Alembert, qui n'est connue que par la description d'un catalogue de vente.

Peu après la mort du roi de Prusse, en 1788, Jean-Charles de Laveaux a fait paraître une large édition d'*Œuvres posthumes* de Frédéric II, fondée sur les manuscrits disponibles à Berlin et renfermant notamment les deux côtés de sa correspondance avec D'Alembert. Il s'agissait d'autographes dans les deux sens, car Frédéric II n'envoyait à D'Alembert que des missives copiées par l'un de ses secrétaires (de Catt ou Villaume) et conservait ses brouillons originaux. À Paris cependant, après la mort de Watelet, les lettres de Frédéric II furent saisies et détruites par ordre de Vergennes, ministre des Affaires étrangères de Louis XVI[46], tandis qu'à Berlin, les brouillons originaux sur lesquels les copies avaient été faites tombèrent aux mains du marquis Girolamo Lucchesini, l'un des derniers amis de Frédéric II. Mais ces manuscrits avaient tous disparu au moment où la monumentale édition des *Œuvres de Frédéric le Grand* fut entreprise par l'historiographe de Brandebourg, J.-D.-E. Preuss, qui dut se borner à reprendre en 1854 la version de l'édition de 1788[47]. Nous disposons cependant pour une cinquantaine d'entre elles d'une autre source manuscrite, la copie d'un des portefeuilles de Julie de Lespinasse, conservée aujourd'hui à l'Institut et Musée Voltaire à Genève. Ces copies donnent un texte assez semblable à celui de l'édition, mais dont l'examen des différences montre qu'il doit souvent être préféré. La question de la datation est plus épineuse, les dates de Preuss et de la copie de l'IMV différant pour la moitié d'entre elles, sur la période fin 1769-début 1776. Cette variation n'a rien de systématique ni d'imputable à une différence entre l'original envoyé (écrit par de Catt, détruit, mais copié) et l'original conservé (utilisé pour l'imprimé, mais perdu). Par souci de cohérence pour la datation de l'ensemble de la correspondance avec Frédéric II, nous avons conservé pour l'*Inventaire* la datation de Preuss, nous réservant de donner plus de détails dans l'édition de chacune des lettres.

Comptant 285 lettres, l'échange épistolaire entre Frédéric II et D'Alembert qui couvre toute la période 1746-1783, n'est surpassé, quantitativement, que par celui de Voltaire (voir Tableau II).

---

46. D'après le témoignage de Johann Georg Zimmermann, *Ueber Friedrich den Grossen*, Leipzig, 1788, notamment (voir l'Avertissement du t. XXIV de l'édition des *Œuvres de Frédéric le Grand*, par J.-D.-E. Preuss, Berlin, Imprimerie Royale, 1854, p. X-XVI) et surtout celui, plus direct, de Condorcet, dans le cadre de sa correspondance avec Frédéric II à propos de ces manuscrits (voir la section II.1) qui copie la lettre que lui a envoyée Vergennes le 3 mai 1786 : « Instruit par des personnes dignes de foi que le roi de Prusse désirait que la partie de sa correspondance recueillie à la mort de M. Watelet ne fût point rendue publique, instruit d'ailleurs que sa publicité ne pouvait rien ajouter à la gloire de ce monarque, vu la nature des matières qui y étaient traitées, il a paru que le moyen le plus efficace pour assurer au présent et à l'avenir l'effet de la volonté de Sa Majesté Prussienne était de supprimer à jamais cette correspondance ».

47. Les papiers de Lucchesini sont actuellement conservés au Geheimes Staatsarchiv de Berlin (BPH, Rep. 92), mais les six grosses liasses de la correspondance de Frédéric II avec D'Alembert ne s'y trouvent pas.

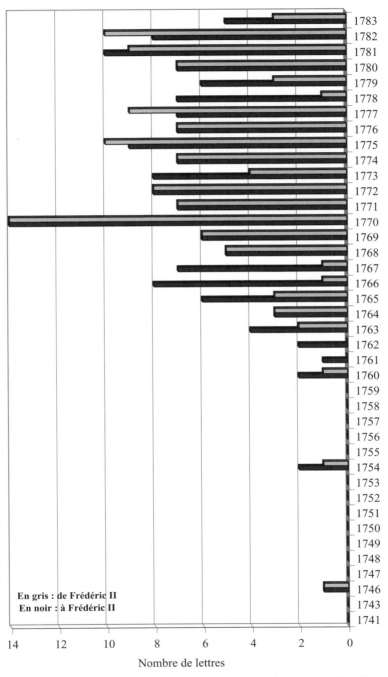

Tableau II 280 lettres « privées » entre D'Alembert et Frédéric II

Leonhard Euler
(1707-1783)

À la mort d'Euler, toute sa correspondance et ses nombreux manuscrits sont allés presque directement à l'Académie des sciences de Saint-Pétersbourg, dont il était membre depuis cinquante-six ans. Une édition des *Opera omnia* d'Euler a commencé à paraître en 1911 et n'est point encore achevée, mais le tome IV/7 de son *Commercium epistolicum*, préparé par Siegfried Bodenmann et Andreas Kleinert, est sur le point de paraître. Avec quarante lettres échangées de part et d'autre, Euler est le quatrième en importance des correspondants connus de D'Alembert.

Voltaire
(1694-1778)

La destinée de la bibliothèque de Voltaire, vendue par sa nièce Marie-Louise Denis à l'impératrice Catherine II et conservée aujourd'hui à Saint-Pétersbourg, est bien connue. Celle de ses papiers l'est moins, il en est d'ailleurs qui sont restés jusqu'à nos jours aux mains de la famille d'Hornoy. Sa correspondance avec D'Alembert[48], forte aujourd'hui de 527 lettres dans les deux sens (voir Tableau III), fut en partie recueillie par les responsables (dont Condorcet) de la future édition dite de Kehl de ses *Œuvres complètes* (volume portant la date de 1784, publié en 1789), donc après la mort des deux épistoliers. Plus de deux cents lettres originales provenant de cette correspondance et restées groupées en un seul lot, ont été négociées en 1881 sur le marché parisien et sont entrées dans la collection d'autographes de la Maison royale des Pays-Bas, où ils se trouvent encore (à La Haye).

Gabriel Cramer
(1704-1752)

Le décès prématuré du mathématicien genevois en qui D'Alembert avait trouvé un conseiller et un ami interrompit leur commerce épistolaire dont il subsiste 24 lettres, conservées pour la plupart dans les papiers Cramer de la Bibliothèque de Genève, celles de D'Alembert en originaux autographes, celles de Cramer en brouillons ou en minutes autographes[49].

Joseph-Louis Lagrange
(1736-1813)

Natif de Turin et devenu après son long engagement à l'Académie de Berlin une des principales notabilités scientifiques de l'Empire français, Lagrange mourut à Paris en pleine gloire et juste assez tôt pour que Napoléon puisse acquérir de sa veuve ses manuscrits scientifiques. La négociation fut conduite par le ministre de l'Intérieur en personne et son heureux résultat annoncé à l'Académie des sciences le 22 mai 1815, au quatre-vingt-troisième jour des Cent-Jours[50]. Les papiers de Lagrange forment aujourd'hui les cotes Ms. 886 à Ms. 916 de la Bibliothèque de l'Institut, les lettres de D'Alembert à Lagrange se trouvant au Ms. 915. Quant aux lettres de Lagrange à D'Alembert, on les trouve dans les papiers de Condorcet (Ms. 876) où elles sont restées mêlées à celles de

---

48. La seule qui ait fait l'objet d'une étude spéciale (par Marta Rezler, «The Voltaire-d'Alembert correspondence: an historical and bibliographical re-appraisal», *Studies on Voltaire and the eithteenth century*, XX: 1962, 139 p.).

49. Genève, BGE, Ms. Suppl. 384. Les papiers de Gabriel Cramer sont entrés apparemment à la Bibliothèque de Genève en même temps que les nombreux livres légués par lui le 4 janvier 1752 (BGE, Archives, Dd 4, p. 250-254).

50. Voir l'Introduction de Ludovic Lalanne au t. XIV et dernier de la grande édition des *Œuvres* de Lagrange (Paris, Gauthier-Villars et fils, 1892), p. IX.

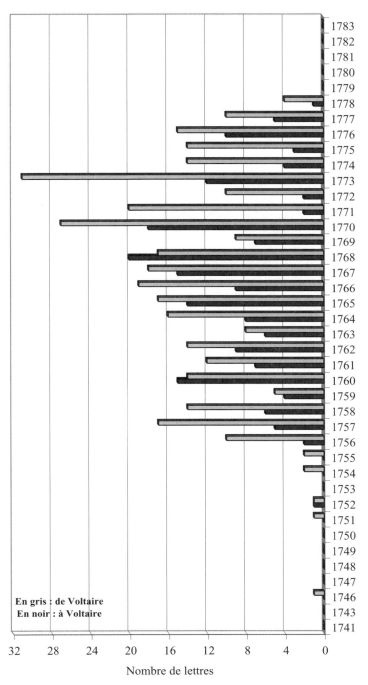

Tableau III 527 lettres « privées » entre D'Alembert et Voltaire

Lagrange à Condorcet, ce qui pourrait expliquer leur sauvegarde et le fait que l'édition des 180 lettres de leur correspondance, pour D'Alembert la troisième en importance, soit la seule qui puisse se faire dans les deux sens sur les originaux (voir Tableau IV).

Paolo Frisi
(1728-1784)

La correspondance de ce savant milanais est conservée en partie à la Biblioteca Ambrosiana de Milan, mais elle avait subi divers prélèvements avant d'y entrer. L'inventaire de ses nombreux échanges avait été établi par Rosy Candiani[51]. Du commerce épistolaire entre Frisi et D'Alembert, il reste 33 lettres, toutes sauf une de D'Alembert, dont les manuscrits sont pour un tiers à Milan, un tiers à Londres et le reste réparti entre Berlin, Paris, Gênes et New-York.

Catherine II,
impératrice
de Russie
(1729-1796)

Les archives russes conservent les minutes des lettres adressées à D'Alembert par la tsarine et les originaux des lettres de D'Alembert, au nombre total de 25. Comme pour certaines des lettres échangées avec Frédéric II, D'Alembert en a fait circuler des copies, dont on trouve trace dans de nombreuses bibliothèques européennes.

David Hume
(1711-1776)

L'Écossais David Hume noua une solide amitié avec D'Alembert, au point de lui léguer 200 £ par son testament du 4 janvier 1776 qui ne mentionne aucun autre étranger. Ses papiers ont été remis par son neveu et homonyme David Hume (1757-1838) à la Royal Society de sa ville natale d'Édimbourg et c'est là que sont conservées la plupart des 24 lettres qui composent sa correspondance avec D'Alembert.

II.4 Les recueils de Julie de Lespinasse

Durant dix ans, D'Alembert a vécu sous le même toit que Julie de Lespinasse, hôtel de Béthune, rue Saint-Dominique[52], ils n'avaient donc plus guère besoin de s'écrire longuement (sinon dans les cas, peu fréquents, où D'Alembert était à la campagne ou en voyage). Mais prolixe ou pas, cette correspondance a disparu, comme le demandait Mlle de Lespinasse dans son testament, pour la partie qu'elle n'avait pas déjà détruite elle-même.

En revanche, Julie de Lespinasse avait pris l'habitude de se constituer[53], souvent à l'aide de secrétaires qui pouvaient être choisis parmi ses amis proches, des recueils manuscrits de textes choisis, et notamment d'extraits de la correspondance de ses amis D'Alembert et Condorcet. Son testament du 11 février 1776 fait de M. de Saint-Chamans le légataire de tous ses manuscrits, « tant ceux qui sont

---

51. « Inventario delle lettere manoscritte a Paolo Frisi », *Ideologia e scienza nell'opera di Paolo Frisi*, a cura di G. Barbarisi, Milano, Franco Angeli, 1987, p. 583-694.

52. Voir Marquis de Rochegude et Maurice Dumolin, *Guide pratique à travers le vieux Paris*, nouvelle édition, Paris, Edouard Champion, 1923, p. 491.

53. Comme d'autres, Mme de La Briche par exemple : voir le *Catalogue de la bibliothèque de feu M. Armand de Barenton*, Paris, Paul et Guillemin, 1907, t. I, n° 44.

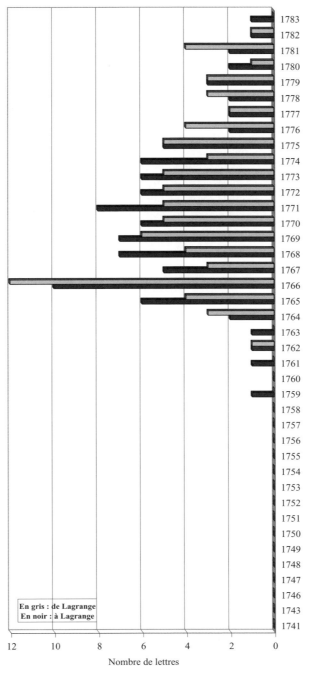

Tableau IV 172 lettres « privées » entre D'Alembert et Lagrange

reliés que ceux qui ne le sont pas », qui se trouvèrent au nombre de six[54]. Dans la mesure où les lettres originales ont disparu, celles qui ont été copiées dans les recueils de Mlle de Lespinasse[55] peuvent avoir une valeur textuelle.

II.5 Les collections, les catalogues et les marchands d'autographes

À partir du milieu du XIXe siècle, D'Alembert est entré dans le panthéon des célébrités dont les collectionneurs recherchaient les autographes et jusqu'à nos jours, ses lettres sont décrites et offertes en vente presque toujours séparément (et non en lots) par les libraires et marchands d'autographes du monde entier. De nombreuses lettres ne sont connues d'ailleurs que par les notices figurant dans leurs catalogues de vente.

Dès le 25 mai 1840, une lettre de D'Alembert figure à la vente de la collection du Bibliophile Jacob (pseudonyme de Paul Lacroix). On en trouve ensuite dans les ventes aux enchères de presque toutes les premières grandes collections d'autographes: qu'il suffise de citer celles du baron de Trémont (près de 4 000 numéros vendus à Paris, en trois sessions, du 9 décembre 1852 au 7 mai 1853), du libraire Jean-Jacques de Bure (Paris, 22-23 décembre 1853), de Constant Charles Falkenstein (Leipzig, avril 1856), de Lajarriette (Paris, novembre-décembre 1860) et de E.J.B. Rathery (Paris, avril 1876).

On rencontre également des lettres de D'Alembert dans les catalogues que certains grands collectionneurs publient pour leur propre plaisir, tels ceux d'A. Donnadieu (Londres, 1851), de Lucas de Montigny (Paris, 1860), du *cavaliere* Luigi Cibrario (Torino, 1861), du général Joseph von Radowitz (Berlin, 1864), d'Alfred Bovet (Paris, 1885), sans omettre les catalogues monumentaux des collections d'Alfred Morrison (Londres, 1893-1897) et de Carl Robert Lessing (Berlin, 1916).

À quoi viennent s'ajouter encore les catalogues des collections d'autographes entrées en bloc dans certaines grandes bibliothèques publiques d'Europe

---

54. Le testament et les autres actes relatifs à la succession de Julie de Lespinasse ont été publiés par Eugène Asse, Mlle de Lespinasse et la marquise du Deffand, suivi de Documents inédits sur Mlle de Lespinasse, Paris, G. Charpentier, 1877, p. 60-95. Son « Inventaire après décès » est à Paris AN, Minutier central, étude LXXXIII, liasse 579.

55. Quatre d'entre eux ont appartenu par la suite à Guillaume Guizot (1833-1892), fils de François Guizot et de Pauline de Meulan, elle-même fille de M. de Saint-Chamans. Ce sont apparemment les mêmes qui ont passé dans une vente aux enchères de « Précieux manuscrits et de lettres autographes » à l'Hôtel Drouot de Paris, le 29 mai 1968, sous le n° 75. Plusieurs de ces recueils de Julie de Lespinasse sont conservés aujourd'hui à Genève IMV, à Oxford (Voltaire Foundation) et à Paris BnF (Ms. Fr. 15230) tandis que le contenu de trois d'entre eux a été décrit en détail par Charles Henry dans son édition des *Lettres inédites de Mademoiselle de Lespinasse*, Paris, E. Dentu, 1887, p. 337-364.

ou d'Amérique, depuis celles du Prof. Dr. Ludwig Darmstaedter et de Karl August Varnhagen von Ense, acquises toutes deux par la *Königliche Bibliothek* de Berlin en 1909 et en 1911, jusqu'à celle de Bern Dibner dont la *Smithsonian Institution* de Washington a publié le catalogue en 1985, en passant par les collections de la British Library, de la Bibliothèque nationale de France et des grandes bibliothèques municipales de la province française, notamment les collections Blosseville et Duputel, à Rouen, Dubrunfaut à Lille, et d'autres.

III. Historique des éditions

III.1 Lettres publiées du vivant de l'auteur

Alors que la génération qui traverse la Révolution, l'Empire et la Restauration voit paraître, en Allemagne notamment, nombre de recueils de correspondances familières ou amicales publiés du vivant même de leurs auteurs, le procédé ne connaît aucun précédent au siècle des Lumières. D'Alembert à cet égard ne diffère en rien de Voltaire ou de Jean-Jacques Rousseau : des lettres signées de son nom ou qui lui sont adressées sont publiées de son vivant dans tel ou tel périodique ou même séparément. Ces lettres ne sont presque jamais des lettres privées, mais au contraire des textes, souvent polémiques, qui s'insèrent dans un débat public et se veulent donc pour la plupart ostensibles d'entrée de jeu : lettres de ou à D'Alembert publiées dans le *Mercure de France*, le *Journal encyclopédique*, le *Journal des beaux-arts et des sciences*, le *Journal Œconomique*, le *Journal des savans*, l'*Observateur littéraire*, le *Journal de Trévoux*, le *Journal de Paris*, le *Journal de la langue française*, le *Journal d'éducation*, l'*Année littéraire*, le *Censeur universel anglais*, la *Gazette des Deux-Ponts*, la *Gazette littéraire de l'Europe*, la *Correspondance littéraire*, l'*Histoire de l'Académie de Berlin*, l'*Histoire de l'Académie royale des sciences de Paris*. Elles peuvent également devenir publiques ultérieurement lorsqu'elles sont invoquées à titre de preuve dans une dispute (voir ci-avant section I).

III.2 Lettres publiées dans les Œuvres posthumes ou « complètes » à la fin du XVIIIe siècle

En revanche, la mort des grands écrivains du siècle des Lumières a suscité l'élaboration et la publication de recueils posthumes et de collections d'œuvres souvent qualifiées de complètes[56], plus riches que les éditions analogues parues

---

56. Voir les textes réunis dans le recueil *La Notion d'œuvres complètes* par Jean Sgard et Catherine Volpilhac-Auger, Oxford, Voltaire Foundation, 1999, *SVEC* 370.

du vivant de l'auteur. Tel fut le cas de Jean-Jacques Rousseau dès 1782, de Voltaire en 1784-1785, du roi de Prusse Frédéric II en 1788, de David Hume en 1788 également, du comte de Tressan en 1791, de D'Alembert enfin en 1799. Ces éditions ont chacune leur histoire, leurs principes, leurs particularités. Pour ce qui est des correspondances, elles présentent entre elles de grandes différences. Ainsi, les éditions successives des œuvres de J.-J. Rousseau (1782, 1784, 1789), comme celles de Hume ou de Tressan ne renferment rien de leur correspondance avec D'Alembert.

Kehl 1784

En revanche, la fameuse édition dite de Kehl des *Œuvres* de Voltaire présente dans ses deux tomes LXVIII et LXIX la correspondance échangée entre Voltaire et D'Alembert dans les deux sens, formant de 1746 à 1778 une seule séquence chronologique de 436 lettres nettement distinguée du reste de la correspondance – un honneur que D'Alembert ne partage qu'avec Frédéric II et Catherine II. Cette édition s'est faite en partie sur les originaux dont Panckoucke ou Beaumarchais avaient obtenu la communication, puisque les manuscrits de La Haye portent des indications éditoriales. Pour ce qui est de D'Alembert, on peut penser qu'il avait communiqué les lettres en sa possession directement à Panckoucke.

Œuvres posthumes de Frédéric II 1788

L'éditeur des *Œuvres posthumes* de Frédéric II, Jean-Charles de Laveaux, a cru bon, en revanche, de ne pas mélanger les lettres du roi avec celles de ses correspondants. C'est ainsi que les tomes XI et XII de cette collection (dont on connaît des multiples éditions et rééditions au cours des années 1788, 1789 et 1790) contiennent les lettres de Frédéric II à D'Alembert écrites de 1765 à 1783, tandis qu'il faut aller chercher dans les tomes XIV et XV les lettres de D'Alembert au roi, datées de 1760 à 1783, pour un total de 260 lettres.

Œuvres posthumes de D'Alembert 1799

Moins ambitieux, le recueil des *Œuvres posthumes* de D'Alembert de 1799 se présente comme le complément des *Mélanges de littérature, d'histoire et de philosophie* de l'auteur et ne comporte que deux tomes. Mais son éditeur et imprimeur Charles Pougens, par ailleurs fécond littérateur et ami proche de D'Alembert dans ses dernières années, se prévaut d'offrir au public des textes authentiques provenant de la meilleure source : « ces manuscrits, déclare-t-il d'emblée, m'ont été remis par la veuve du célèbre et malheureux Condorcet, auquel feu d'Alembert avoit légué tous ses papiers ».

Le premier tome, rempli en majeure partie de correspondance, contient 41 lettres adressées à D'Alembert par divers interlocuteurs ainsi que 29 lettres écrites par D'Alembert lui-même à divers correspondants (dont on peut penser que l'impression s'est faite directement sur les originaux, si l'on en juge par ceux d'entre eux qui ont subsisté).

III.3 Lettres publiées dans des recueils biographiques ou épistolaires entre 1780 et 1815

À la charnière des XVIIIe et XIXe siècles paraissent de nombreuses biographies ou récits consacrés aux grands hommes du siècle des Lumières. Certains d'entre eux renferment des lettres ou extraits de lettres de ou à D'Alembert.

Frisi 1787

Tel est le cas du long et déférent mémoire que le publiciste Pietro Verri a fait imprimer à Milan en 1787 sur le père Paolo Frisi et ses travaux de physicien et de naturaliste. Cet ouvrage contient le texte de quatre lettres de D'Alembert à Frisi.

Formey 1789

De la même façon, cinq lettres sont transcrites dans les *Souvenirs d'un citoyen*, ces extraits du journal que Formey avait tenu à partir de 1740 et durant près d'un demi-siècle. L'ouvrage, truffé de lettres reçues par cet infatigable épistolier, parut de son vivant en 1789 chez le libraire François de la Garde, à Berlin, avec un frontispice gravé de Barbiez, montrant notre homme, la plume à la main, confortablement assis dans un fauteuil de sa bibliothèque et flanqué des figures symboliques du Temps et de la Mort.

Lesage 1805

Tel est encore le cas de la pieuse et copieuse *Notice de la vie et des ouvrages de George-Louis Le Sage de Genève* que le physicien et philosophe genevois Pierre Prevost rédigea d'après les notes de ce savant, mort octogénaire en 1803, et qu'il publia à Genève en 1805, la faisant suivre de 300 pages d'extraits de sa correspondance. On trouve là cinq lettres échangées entre D'Alembert et Le Sage entre 1753 et 1780.

Mme Du Deffand 1809

Plus riches encore sont les deux tomes du recueil de la *Correspondance inédite de Mme du Deffand* publié à Paris, chez Collin, en 1809, par un éditeur resté anonyme (Beuchot ou plutôt Auger, selon Lescure). À côté des lettres adressées à la célèbre épistolière par la duchesse du Maine, le président Hénault, le chevalier d'Aydie, la duchesse de Choiseul, Montesquieu et Voltaire, on y trouve le texte d'une quinzaine de lettres de D'Alembert, avec celui de quelques réponses de la marquise.

III.4 Lettres publiées dans la première édition des Œuvres de D'Alembert, 1805

Bastien 1805

Les *Œuvres philosophiques, historiques et littéraires* que le libraire-imprimeur Jean-François Bastien fit paraître à Paris en 18 volumes, tous datés de 1805, se voulaient une édition soignée : une partie du tirage s'est faite sur papier vélin ; un portrait gravé de D'Alembert est placé en frontispice du tome I ; en tête de l'ouvrage figurent les notices autobiographiques de l'auteur et divers textes biographiques, signés de La Harpe, de Marmontel et de Condorcet. Le titre rappelle celui des *Mélanges* publiés par D'Alembert de son vivant, mais la distribution des matières a été réorganisée et Bastien n'a pas manqué d'incorporer à « cette première édition complète » (ainsi qu'il la qualifie lui-même dans sa dédicace) les textes publiés en dehors des *Mélanges* avant et après la mort de l'auteur.

Les tomes XV et XVI de cette collection reproduisent, d'après l'édition dite de Kehl, la correspondance de D'Alembert avec Voltaire ; et les tomes XVII et XVIII celle de D'Alembert avec Frédéric II, fusionnant les deux séries de l'édition de Berlin en une seule séquence chronologique, mais oubliant les 22 lettres du *Supplément* de l'édition berlinoise de 1788 et donnant un texte parfois incorrect. Quant à certaines des lettres publiées par Pougens dans le recueil des *Œuvres posthumes* de 1799, elles figurent au tome XIV sous le titre de « Correspondance particulière ». En résumé, Bastien n'apporte aucune lettre nouvelle et ne reproduit pas toutes les lettres déjà publiées.

III.5 Lettres publiées dans l'édition des « Œuvres complètes » de D'Alembert, 1821-1822

Belin-Bossange 1822

L'autre édition des *Œuvres* de D'Alembert qui se qualifie de « complète » est celle qui a été publiée à Paris en 1821-1822 par le libraire Martin Bossange et ses fils, associés à l'imprimeur A. Belin. Encore faut-il relever d'emblée qu'elle ne porte ce qualificatif que sur ses faux-titres et que les pages de titre des cinq tomes de l'édition annoncent plus modestement *Œuvres de D'Alembert*. De fait, aux textes historiques, philosophiques et littéraires de l'édition de Bastien, celle-ci n'ajoute que les introductions de cinq ouvrages scientifiques de D'Alembert. Le tome V, daté de 1822, est entièrement réservé à la correspondance, reproduisant tel quel le texte des seules lettres de D'Alembert contenues dans les tomes XIV à XVIII de l'édition Bastien. Non seulement toutes les lettres à D'Alembert ont disparu, mais les éditeurs ont pris la malencontreuse initiative d'ajouter en « Supplément » treize lettres datées de la prime jeunesse de D'Alembert, lettres forgées de toutes pièces par l'abbé Louis Barthélemy et insérées par ce faussaire, trente ans plus tôt, dans son édition des non moins apocryphes *Mémoires secrets de Mme de Tencin* de 1792[57].

III.6 Lettres publiées dans la première moitié du XIXe siècle

On sait que les œuvres dites « complètes » sont une invention de la fin du XVIIIe siècle et qu'à partir du début du XIXe siècle elles consacrent les « classiques »[58]. On aurait donc pu s'attendre à voir paraître, dans les multiples éditions

---

57. Voir à ce sujet Marta Rezler, « A counterfeit letter » en appendice de son étude déjà citée *The Voltaire-d'Alembert correspondence*, p. 114-130.

58. Voir Jean Sgard, « Des collections aux œuvres complètes », dans *La Notion d'œuvres complètes*, p. 1-12, *op. cit.*, note 46.

des œuvres de ses correspondants, de nombreuses lettres de D'Alembert restées jusque-là inédites.

Ce n'est pas le cas. L'édition « complète » des œuvres de Condorcet en 1804 ne comporte aucune correspondance. Celles des œuvres de Charles Pinot Duclos (1806), du duc de Nivernais (1807), du comte de Tressan (1823), de Turgot (1844) ne donnent qu'un petit choix de lettres, dont aucune de D'Alembert. Quant aux éditions des œuvres de Voltaire qui se succèdent alors à jet continu, elles ne font que reprendre celle de Kehl sans rien y ajouter qu'une ou deux lettres isolées – avec cette innovation cependant, que les meilleurs de ces éditeurs, à savoir Clogenson (1824), puis Beuchot (dès 1828) renoncent à publier séparément la correspondance échangée entre Voltaire et D'Alembert et la ventilent dans la suite chronologique de la Correspondance générale de Voltaire.

Une seule lettre de D'Alembert figure dans l'édition des *Œuvres de Lebrun* de 1811, et une seule également dans la *Correspondance* de Bernardin de Saint-Pierre (servant de *Supplément* à celle de ses *Œuvres*) procurée par Louis Aimé-Martin en 1826. On avait pu en découvrir deux autres, peu auparavant, dans les *Mémoires* de l'abbé Morellet dont Pierre-Edouard Lémontey avait été l'éditeur en 1821.

Alors que près de 800 lettres de ou à D'Alembert avaient été publiées au cours du quart de siècle postérieur à sa mort (1784-1809), on compte donc sur les doigts de la main celles qui apparaissent durant les quatre décennies suivantes (1809-1848).

III.7 *Lettres publiées à partir des sources dans les grandes éditions du second XIXᵉ siècle*

Au milieu du XIXᵉ siècle, cependant, un tournant s'esquisse dans les éditions d'auteurs anciens, où la compétence des érudits apporte de nouvelles perspectives. La critique des textes se développe. L'École des chartes, fondée en 1821, est réorganisée en 1846, et on assiste, sinon aux débuts de l'édition savante, du moins à la naissance d'une curiosité et d'une exigence philologiques nouvelles. À noter qu'il s'agit là d'un mouvement qui se manifeste simultanément à travers toute l'Europe. La correspondance de D'Alembert en fournit un exemple.

Burton 1849

En 1849 paraît à Édimbourg et Londres un choix de *Letters of eminent persons addressed to David Hume*. Dans son introduction, l'éditeur de ce recueil, John Hill Burton, précise qu'il a opéré cette sélection dans l'énorme masse des papiers de David Hume légués à la Société royale d'Édimbourg, alors qu'il travaillait à la biographie de ce célèbre philosophe et historien (publiée par lui en 1846 déjà). On constate que ce florilège de près de 150 lettres anglaises et françaises émanant de 53 correspondants fait la part belle à D'Alembert, puisqu'il y figure par 14 lettres inédites, auxquelles s'en ajoutent encore 5 de Julie de Lespinasse.

Preuss 1846-1857

De 1846 à 1857 sortent des presses de l'Imprimerie royale de Berlin, les 33 volumes (et l'atlas) in-folio de l'édition des *Œuvres de Frédéric le Grand*. L'édition, qui réunit les œuvres historiques, philosophiques, poétiques et militaires de Frédéric II, toutes rédigées en français, est publiée simultanément chez Decker dans une série plus courante de 31 volumes in-octavo. Maître d'œuvre de cette entreprise, l'historiographe prussien Johann David Erdmann Preuss, connu pour être aussi l'auteur d'une vaste biographie du roi de Prusse en quatre volumes (1832-1834), fait précéder chaque section des œuvres d'un « avertissement » qui précise les sources utilisées (voir ci-dessus II. 3), essentiellement les lettres publiées en 1788, dont nous avons discuté plus haut la datation. Il ajoute 12 lettres et précise quelques dates. La suite chronologique des 272 lettres de Frédéric II et de D'Alembert (presque toutes déjà connues) occupe, dans l'une et l'autre édition, mais avec des paginations différentes, la seconde partie du tome XXIV et la première partie du tome XXV, tous deux datés de 1854.

Buffon 1860

Les *Œuvres complètes* de Buffon, imprimées pour la première fois en 1774 et rééditées plusieurs fois, n'avaient jamais inclus la correspondance. Mais Henri Nadault de Buffon, son arrière petit-neveu, publie en 1860 une *Correspondance inédite de Buffon à laquelle ont été réunies les lettres publiées jusqu'à ce jour*, reprise dans la nouvelle édition des *Œuvres* (14 vol.) publiée en 1884-1885 à Paris, par J.-L. Lanessan, dans laquelle se trouve la seule lettre connue de Buffon à D'Alembert.

Lescure 1865

En 1865, Mathurin de Lescure, publie à Paris, sur près de 1 400 pages, une édition de la *Correspondance complète de la marquise du Deffand*, suite chronologique de 702 lettres, dont plusieurs dizaines sont publiées là pour la première fois. Cette édition en deux tomes est munie d'une table analytique des matières, illustrée d'un portrait et de deux fac-similés d'écriture et précédée d'une biographie de plus de 200 pages ainsi que d'une « Notice » critique, fort critique même, des précédentes éditions de la correspondance de la marquise Du Deffand. Au total, on y compte 23 lettres, déjà publiées, entre D'Alembert et Mme Du Deffand, ainsi que quelques lettres échangées avec Montesquieu, Formont et d'Argens.

Sbornik 1871-1874

À Saint-Pétersbourg, dans le cadre d'une vaste édition analytique et critique des documents servant à l'histoire du règne de Catherine II, 15 lettres de la correspondance de cette impératrice avec D'Alembert sont publiées pour la première fois d'après les originaux ou les minutes authentiques, dans la *Revue historique impériale russe*, de 1871 à 1874. Les *Archives historiques Voronzov* publient à Moscou, en 1883, une lettre à Voronzov. Toutes ces lettres sont écrites en français.

Babeau 1878

En 1878, paraissent ensuite les *Lettres inédites de Grosley et de quelques-uns de ses amis*, recueillies par Truelle Saint-Evron et annotées par Albert Babeau qui publie en 1883 un mémoire sur les correspondants de Grosley. Parmi ces 110 lettres de ou à Pierre-Jean Grosley, 13, inédites, sont adressées à D'Alembert.

Contrairement aux éditions des *Œuvres* de Pierre-Simon Laplace (1843-1847) ou des *Opere* de Cesare Beccaria (1854) qui avaient exclu toute correspondance, celle des *Œuvres* de Condorcet publiée sous la direction de François Arago (1847-1849) consacre une partie de son premier tome à la correspondance, mais sans qu'on y trouve aucune lettre de D'Alembert. Il en va tout autrement de l'édition des *Œuvres* de Joseph-Louis Lagrange, publiée à Paris de 1867 à 1892, sous la direction de Joseph-Alfred Serret (14 vol. in-quarto) dont la correspondance remplit les deux derniers. C'est ainsi que l'on trouve au tome XIII, daté de 1882, la correspondance de Lagrange avec D'Alembert, éditée par Ludovic Lalanne (voir dans la section II.1 « le destin des papiers Condorcet » et dans la section II.3 « Lagrange ») et forte de 172 lettres, toutes publiées pour la première fois : il s'agit là de la plus importante série de lettres inédites à un même correspondant publiée au XIXe siècle.

III.8 Lettres publiées en série à la fin XIXe siècle

Le XVIIIe siècle est à la mode pendant toute la seconde moitié du XIXe siècle et les Goncourt ne sont pas les seuls à s'y intéresser. Ainsi, Luce Herpin, masquant sa féminité sous le pseudonyme de Lucien Perey, et Gaston Maugras dénichent des lettres curieuses dans des fonds oubliés ou même chez des particuliers, puis les insèrent dans un récit parfois anecdotique, mais toujours habilement construit. C'est ainsi que paraissent entre 1880 et 1910 chez Calmann Lévy, une trentaine d'ouvrages sur les Boufflers, la cour de Lorraine, les Choiseul, Mme du Deffand, Mme d'Epinay, l'abbé Galiani, le duc de Nivernais, d'autres encore. On y rencontre plusieurs lettres de D'Alembert.

Dans cette série parut en 1886 un petit volume (91 p.) intitulé *Trois mois à la cour de Frédéric, lettres inédites de D'Alembert publiées et annotées par Gaston Maugras*, recueil de 33 lettres, écrites par D'Alembert à Julie de Lespinasse durant son séjour à Berlin de 1763. Maugras les publiait d'après une copie faite par la destinataire et conservée à la Bibliothèque nationale.

Or cette même copie (Paris BnF, Fr. 15230) avait déjà éveillé l'attention de Maurice Tourneux qui l'avait signalée à Charles Henry, lequel avait publié ces mêmes lettres en les qualifiant lui aussi, mais à juste titre, d'inédites dans la livraison de septembre-décembre 1884 de la *Revue historique* (t. XXVI, p. 64-92). À l'évidence, les archives des Lumières suscitaient l'intérêt des historiens.

Les travaux de Charles Henry sont bien plus savants, en particulier en ce qui concerne les sources, que ceux de Perey et Maugras, sans être toujours totalement fiables. Il n'a signé qu'un petit nombre d'ouvrages, mais les articles qu'il publie dans les revues savantes se comptent par dizaines. C'est ainsi qu'il devient le correspondant du *Bullettino di bibliografia e di storia delle scienze matematiche e fisiche*, une revue de format in-quarto éditée à Rome et qu'il y publie au tome XVIII en 1885 (mais le tiré à part est daté de 1886) un recueil de 113 lettres de la *Correspondance inédite de D'Alembert avec Cramer, Lesage, Clairaut, Turgot, Castillon, Béguelin, etc.* Au tome XIX de la même revue, il donne coup sur coup, en 1886, trois autres recueils de lettres inédites, respectivement de Leonhard Euler, de Joseph-Louis Lagrange et de Pierre-Simon de Laplace, dans lesquels figure aussi un certain nombre de lettres de D'Alembert. Enfin, pour couronner ses années « dalembertiennes », Charles Henry publie à Paris en 1887, et simultanément, deux importants recueils : chez E. Dentu, une collection de *Lettres inédites de Mademoiselle de Lespinasse à Condorcet, à D'Alembert, à Guibert, au comte de Crillon*, qui vient s'ajouter à celles qu'Eugène Asse avait publiées en 1876 et 1877, mais qui ne contient à vrai dire qu'une seule lettre à D'Alembert ; chez Perrin, un recueil d'*Œuvres et correspondances inédites de D'Alembert, avec introduction, notes et appendices* (352 p.), qui contient plus 80 lettres de D'Alembert ou adressées à lui, mais qui donne à tort pour inédite la correspondance de D'Alembert avec Catherine II, parue dans une revue russe quinze ans plus tôt.

Menéndez y Pelayo 1894

Enfin, en 1894, quatorze lettres de D'Alembert au duc de Villahermosa, ami du marquis de Mora, lui-même amant de Julie de Lespinasse, sont publiées dans le premier tome de la *Revue d'histoire littéraire de la France* par Marcelino Menéndez y Pelayo. Les originaux de ces lettres, conservés dans les archives de la maison ducale, allaient être reproduits l'année suivante en fac-similé par le père Luis Coloma, dans l'ouvrage *Retratos de antaño*, publié à Madrid.

III.9 Lettres publiées isolément entre 1845 et 1914

Sans jamais atteindre à la célébrité de Voltaire ou de Rousseau, D'Alembert est néanmoins un auteur connu qui suscite l'intérêt et dont les manuscrits circulent sur le marché des autographes.

Au hasard d'une découverte, certaines de ses lettres sont ainsi publiées par des éditeurs qui ne sont parfois nullement des historiens des Lumières.

Ainsi, en 1846, Jacques Matter insère une lettre de D'Alembert à Formey (les *Souvenirs* de celui-ci n'en donnait qu'un extrait) dans ses *Lettres et pièces rares ou inédites*.

Le *Bulletin du bibliophile belge* publie en 1850 une lettre à Sedaine et en 1852 une lettre à Rapedius de Berg.

Charles Nisard publie en 1858 une lettre du duc de Nivernais dans ses *Mémoires et correspondances historiques et littéraires*.

Le *Cabinet historique et littéraire* publie en 1859 trois lettres inédites présentées comme des lettres de D'Alembert à Bernardin de Saint-Pierre (ce qui n'est pas le cas, une seule de ces lettres lui est adressée), et dont l'objectif est de montrer toute la vilenie des procédés des philosophes.

Dès la fin du siècle, les revues qui se sont multipliées font bon accueil à ce genre de publications : c'est ainsi que paraissent dans les *Travaux de l'Académie de Reims* en 1873 une lettre à Linguet éditée par E. de Barthélemy, dans le *Bulletin du Comité des travaux historiques et scientifiques* de 1882 les lettres de D'Alembert et Marmontel au cévenol Jean Ribotte-Charon communiquées par un M. de Richemond de La Rochelle, dans l'*Intermédiaire des chercheurs et des curieux* de 1894 deux lettres échangées entre D'Alembert et l'abbé Grosier, sous la signature de R.B., dans le *Carnet historique et littéraire* de 1898 une lettre à Grandjean de Fouchy. Enfin dans la *Revue du dix-huitième siècle* de 1914 la lettre de D'Alembert à Louis XVI relative à la fondation du premier prix de vertu décerné par l'Académie française, trouvée par Gabriel Vauthier.

Il convient de signaler encore que *Le salon de Madame Necker d'après des documents tirés des Archives de Coppet*, publié en 1882 chez Calmann Lévy par le vicomte d'Haussonville, l'un des propriétaires de ces archives, évoque avec trois lettres inédites les relations de D'Alembert avec Suzanne Curchod, épouse de Jacques Necker.

En 1898 encore l'érudit genevois Eugène Ritter donne à la *Revue critique d'histoire et de littérature* une longue lettre de D'Alembert au pasteur Jacob Vernes. Un autre Genevois, le bibliothécaire Pierre-Paul Plan, bibliographe de Rabelais destiné à devenir l'éditeur de Jean-Jacques Rousseau, publie à son tour dans le *Mercure de France* de 1912 plusieurs lettres de D'Alembert dans le cadre d'un dossier sur J.-J. Rousseau et Malesherbes.

Le bref échange de lettres de D'Alembert avec le botaniste norvégien John Ernst Gunner est publié à Trondhjem, au début du siècle dernier (1898-1908), par Ove Christian Dahl dans son *Biskop Gunnerus' virksomhed*.

De façon aussi dispersée, on trouve également une lettre à Jean-Nicolas Allamand publiée en 1881 à Elberfeld par Karl von der Heydt, un échange entre D'Alembert et Wielhorski, publié à Paris en 1898 dans les *Essais et Notices* de Norbert Delacroix, une lettre à un destinataire inconnu dans le *Bulletin de la société du vieux papier* de 1900, quatre lettres de D'Alembert à Beccaria, par le spécialiste de la poésie rythmée qu'est Eugène Landry dans sa thèse complémentaire de la Faculté des Lettres de Paris intitulée *Cesare Beccaria, scritti e lettere inediti*, publiée à Milan, chez Ulrico Hoepli en 1910, une lettre à Maillet du Boulay dans les *Documents de l'Académie de Rouen* de 1912.

III.10   *Lettres publiées isolément après 1918*

Tout au long du XXe siècle, les publications de lettres isolées, dans des contextes très variés et disparates, continuent à enrichir le corpus dalembertien.

Quatre lettres de Jean Le Rond d'Alembert à Jean-Baptiste de Boyer, marquis d'Argens sont luxueusement imprimées dans une plaquette sans nom d'éditeur par Maurice Darantière à Dijon en 1927.

Parmi les trente-et-un autographes inédits collectés dans les bibliothèques américaines par Richard Laurin Hawkins, on trouve dans la *Romanic Review* de 1930 trois lettres de D'Alembert.

En 1930 toujours, Fausto Nicolini fait paraître dans la *Revue de littérature comparée* un lot de lettres adressées, notamment par D'Alembert, à l'abbé Ferdinando Galiani.

De façon plus inattendue, dix lettres de D'Alembert au père Paolo Frisi sont publiées en 1938 par Francis Delbeke dans son recueil *La Franc-Maçonnerie et la Révolution française et autres essais sur le XVIIIe siècle*, tiré à 315 exemplaires sur beau papier aux éditions Lectura d'Anvers.

Au lendemain de la guerre, dans son fascicule d'octobre 1947, la *Revue scientifique*, fondée en 1863 et éditée par Jean Duhem, publie avec quatre pages de fac-similés « une correspondance mathématique inédite », présentée par René Taton. Ce sont cinq lettres de Monge, la première adressée à D'Alembert, les quatre autres à Condorcet.

Accompagnée aussi d'un fac-similé paraît en 1954 dans la *Revue d'histoire des sciences et de leurs applications* une lettre inédite de D'Alembert à Durival cadet, présentée par Yves Laissus.

Marie-Jeanne Durry publie en 1955 trois lettres (et des poèmes) de D'Alembert faisant partie des fameux *Autographes de Mariemont*.

Ronald Grimsley, avant de publier la première biographie anglaise de *Jean d'Alembert 1717-1783* (Oxford, Clarendon Press, 1963), fait paraître quelques lettres inédites de D'Alembert découvertes en cours de route. C'est ainsi qu'il publie une lettre à l'ambassadeur suédois Creutz dans la *Revue d'histoire littéraire de la France* de 1959, cinq lettres d'une correspondance échangée avec le savant allemand Johann David Michaelis dans la *Revue de littérature comparée* de 1959, deux lettres à David Hume dans la même revue en 1961 et pour finir, une dizaine de lettres au comte d'Argenson, aux abbés de Crillon et Mercier de Saint-Léger, à d'autres encore dans la *RHLF* de 1962.

Simultanément, mais à Paris, une partie de la correspondance de D'Alembert avec Malesherbes est éditée chez Fischbacher par Pierre Grosclaude, dans son gros ouvrage de 1961 sur *Malesherbes témoin et interprète de son temps*, puis dans le volume de 1966 qui lui fait suite, *Malesherbes et son temps, Nouveaux documents inédits*.

En 1965, une lettre de D'Alembert au poète et dramaturge allemand Ludwig Heinrich von Nicolay, tuteur du tsarévitch Paul, est publiée par Edmund Heier, dans son ouvrage *L. H. Nicolay (1737-1820) and his contemporaries* paru à La Haye.

En 1973 le volume CIX des *Studies on Voltaire* offre à ses lecteurs les lettres de D'Alembert au marquis d'Adhémar présentées par Edgar Mass dans le cadre de son étude sur cet ami des Philosophes à la cour de Bayreuth.

Cinq lettres de D'Alembert découvertes dans les archives de la Société royale de médecine sont publiées en 1976 dans *Dix-huitième siècle* par l'historien de la médecine Jean Théodoridès : D'Alembert sert ici d'intermédiaire entre Frédéric II et Vicq d'Azyr.

En 1977, Thomas Rutschmann prépare à Zurich une édition des 29 lettres de D'Alembert à Paolo Frisi, sous la forme d'un mémoire dactylographié.

John Pappas fait paraître en 1986 un *Inventaire de la Correspondance de d'Alembert* (voir section IV) où l'on rencontre au fil des pages le texte d'une quinzaine de lettres inédites de D'Alembert, publiées le plus souvent d'après des copies communiquées par Marta Rezler. Auparavant, John Pappas avait édité quelques autres lettres : à Madame Corneille (dans la *Revue des sciences humaines* de 1962), à Gabriel Cramer ainsi qu'à plusieurs autres correspondants non identifiés ou peu identifiés (dans *Dix-huitième siècle*, 1977).

Plus récemment, J. Pappas a publié en annexe des actes du colloque de Milan *Ideologia e scienza* consacré à Paolo Frisi (Milano, Franco Angeli, 1987) une correspondance de Frisi forte d'une douzaine de lettres inédites de D'Alembert ; il a donné dans *Dix-huitième siècle* en 1994 quelques lettres de D'Alembert et de Julie de Lespinasse à Louis Dutens tirées des archives de Coutts & C° ; et dans la même revue en 1996, il est revenu sur la correspondance de D'Alembert avec Gabriel Cramer, complétant ainsi sa publication de 1977 et la conférence que l'historien suisse Pierre Speziali avait faite le 6 décembre 1958 au Palais de la Découverte de Paris sur *Gabriel Cramer et ses correspondants*.

Plus récemment, en 1991, Anne-Marie Chouillet a publié une lettre importante de D'Alembert à Maupertuis, apportant du nouveau sur l'*Encyclopédie*, dans le n° 11 des *Recherches sur Diderot et sur l'Encyclopédie*.

III.11 *Dans les grandes éditions savantes du XXe siècle*

La seconde moitié du XXe siècle a vu paraître de nouvelles éditions savantes de la correspondance, voire des œuvres complètes des principaux écrivains du siècle des Lumières. Ces publications n'apportent pas forcément de l'inédit, elles complètent en revanche la localisation des manuscrits originaux et l'explication des textes.

En précurseur, John Young Thomson Greig avait publié en 1932 une édition savante et qui se voulait complète des *Letters of David Hume* (Oxford, Clarendon Press, 2 vol.). Mais en 1954, Raymond Klibansky et Ernest C. Mossner ont publié chez le même éditeur un recueil de *New letters of David Hume* qui contient en effet deux lettres jusque-là inédites de Hume à D'Alembert.

En 1953, Theodore Besterman lança sa première édition de la *Voltaire's Correspondence* dont les 107 volumes parurent en l'espace de douze ans (Genève, Institut Voltaire, 1953-1965). Après avoir quitté Genève pour Oxford, Besterman créa la Voltaire Foundation et mit en chantier la première édition des *Œuvres complètes* de Voltaire dans laquelle il publia de 1968 à 1977, mais avec un commentaire français cette fois, une nouvelle édition, dite définitive (BestD.) de la correspondance active et passive de Voltaire, qui passa de 20 054 à 21 221 lettres. Cette édition en 51 volumes formant les tomes 85-135 de la collection fait autorité, mais il ne faut pas négliger les corrections et adjonctions apportées par Frédéric Deloffre dans la version, réduite aux seules 15 284 lettres de Voltaire, qui prit place sitôt après dans la « Bibliothèque de la Pléiade » (Paris, Gallimard, 1977-1993, 13 vol.). Ces trois séries ont amplement mis à jour le texte et enrichi le commentaire de la correspondance échangée entre Voltaire et D'Alembert.

En 1955, Georges Roth entreprit de publier à Paris, aux Editions de Minuit, une édition de la *Correspondance* de Diderot qu'il acheva avec l'aide de Jean Varloot en 1970 et qui compte seize volumes. D'Alembert y est fort peu présent et ne le sera probablement pas davantage dans la nouvelle édition des *Œuvres complètes* de Diderot publiée depuis 1975 chez Hermann, Georges Dulac ayant établi que la lettre dite de Diderot à D'Alembert à propos du *Rêve de D'Alembert*, est une construction éditoriale sur la base probable d'une lettre de Diderot à Catherine II.

C'est en 1955 également que fut lancée chez Albin Michel la grande édition de la *Correspondance* de Lavoisier destinée à compléter celle des *Œuvres* en six volumes qui avait été publiée de 1864 à 1893, sous l'égide du ministère de l'Instruction publique. C'est dans cette nouvelle édition établie alors par René Fric, que paraît en 1964 la seule lettre connue de D'Alembert à Lavoisier.

L'édition des *Œuvres* de Jean-Jacques Rousseau, dans la « Bibliothèque de la Pléiade », avait exclu la correspondance. Mais celle-ci fut publiée de 1965 à 1998 par Ralph Leigh en 52 volumes. Comme l'édition Besterman pour Voltaire, elle contient non seulement les lettres de ou à Rousseau, mais également toute lettre ou extrait que l'éditeur a jugé utile. L'annotation est très détaillée et contient de riches matériaux pour la correspondance de D'Alembert.

De 1967 à 1972 a paru dans la série des « Miscellanea » de l'*American Institute of Musicology* les six volumes in-4° des *Complete Theoretical Writings* de Jean-Philippe Rameau, éditée par Erwin R. Jacobi. Le tome VI de cette édition contient, en fac-similé, les textes de toutes les lettres du débat public entre D'Alembert et Rameau.

L'édition de la *Correspondance de Charles Duclos (1704-1772)*, publiée par Jacques Brengues aux Presses universitaires de Bretagne, à Saint-Brieuc en 1970, ne contient aucune lettre de D'Alembert. Rien non plus dans celle de la *Corres-*

pondance de Jean-François Marmontel établie par John Renwick (Université de Clermont-Ferrand, 1974, 2 vol.) ni dans celle de la *Correspondance générale d'Helvétius*, dirigée par David Smith et éditée en cinq volumes de 1981 à 2004 à l'University of Toronto Press.

L'année 1980 en revanche a vu paraître la plus belle édition savante qui ait jamais été faite d'une correspondance inédite de D'Alembert: celle des 35 lettres que compte son échange épistolaire avec Leonhard Euler figure en effet au tome V du *Leonhardi Euleri Commercium epistolicum*, édité par Adolf P. Juskevic et René Taton[59], dans le cadre des *Opera omnia* du grand savant bâlois publiées à Bâle chez Birkhäuser.

Après Livia Giacardi et Silvia Roero qui avaient exploité les archives mathématiques de Turin et publié en 1987 une lettre de D'Alembert à Saluzzo, Luigi Pepe donna en 1988 deux lettres à Bonfioli Malvezzi dans *Viaggio in Europa e altri scritti* (a cura di Sandro Cardinali e Luigi Pepe) et en 1993 une lettre à Frisi restée jusque là inédite.

Enfin l'édition des *Lettres de l'abbé Morellet* publiée en trois volumes, de 1991 à 1994, par Dorothy Medlin, Jean-Claude David et Paul Leclerc (Oxford, Voltaire Foundation) publie la seule lettre connue de Morellet à D'Alembert.

IV. Origine de l'*Inventaire analytique* de la correspondance

Marta Rezler

Marta Rezler avait commencé en 1960, sur la suggestion de Théodore Besterman, les travaux d'approche en vue d'une édition de la correspondance de D'Alembert. La dispersion des fonds, les problèmes de datation, puis la maladie, l'avaient empêchée de mener à bien l'étape préliminaire indispensable, un inventaire des lettres. Elle rassembla néanmoins un premier ensemble de reproductions, de microfilms et de photocopies, dont elle commença l'identification. Ce fonds des années 60 est précieux car l'original de certaines de ces copies n'est parfois plus disponible ou localisé, et ses annotations sont toujours pertinentes.

John Pappas

À la mort de Marta Rezler, en 1973, ses papiers ont été dévolus à John Pappas[60], qui a repris les recherches qu'elle avait commencées. En 1977, il avait déjà réussi à localiser 1 700 lettres, dont 200 inédites, dispersées dans une soixantaine d'institutions. Au même moment, l'idée d'une édition des œuvres complètes de D'Alembert commençait à se faire jour en France, mais les difficultés, tant

---

59. Voir Christian Gilain « L'édition d'œuvres complètes et l'héritage de René Taton », *Archives internationales d'histoire des sciences*, vol. 57, n° 159, décembre 2007, p. 601-605.

60. Voir J. Pappas, « Quelques lettres inédites de D'Alembert », *Dix-Huitième Siècle*, n° 9, 1977, p. 231.

institutionnelles que matérielles, face à ce domaine quasiment vierge, étaient trop nombreuses pour que le projet se concrétise.

John Pappas mena donc à bien, avec la seule aide ponctuelle de quelques collègues, la publication d'un premier inventaire en 1986[61], auquel il ajouta un supplément trois ans plus tard[62]. Au total, J. Pappas donnait ainsi la liste de 2 038 lettres (sans distinction entre lettres privées et publiques, avec quelques « fantômes » datés). Ni les *incipit* ni les contenus de ces lettres, datées parfois différemment, n'ayant été collationnés, cet inventaire comportait de nombreux doublons. Afin de faciliter le repérage de nos lecteurs, nous donnons en Annexe II la liste des 151 lettres de cet inventaire que nous avons dû éliminer, ainsi que les cas éditoriaux analogues que nous avons pu repérer.

John Pappas a régulièrement mis au jour et publié de nouvelles lettres inédites, dont nous donnons les références (section III.10).

L'édition des Œuvres complètes de D'Alembert

En 1992, ce travail considérable accompli, John Pappas décida généreusement d'en faire profiter le projet encore naissant d'édition des œuvres complètes de D'Alembert, et prêta sa documentation (notamment toutes les photocopies qu'il avait pu rassembler) à Anne-Marie Chouillet et à Irène Passeron pour qu'elles en fassent copie. En 1992, le premier GDR (Groupement de Recherches CNRS) D'Alembert était créé, pour une durée de quatre ans, sous la direction de François De Gandt. Il permit d'établir un premier inventaire des manuscrits, de faire le choix chronologico-thématique de l'édition, sur la base des premières annotations et travaux des textes scientifiques de D'Alembert. En 1996, Jean-Daniel Candaux se joignit activement au groupe de travail sur la correspondance. Le travail continua ensuite sur de petits financements ponctuels, jusqu'à la création du second GDR, en 2004, sous la direction d'Irène Passeron, renouvelé en 2007. Le GDR a bénéficié du travail de deux ingénieures d'études CNRS, Françoise Dougnac, de 2002 à 2005, puis Marie-Laure Massot à partir de 2005. Depuis 2002, trois volumes de la série I, « Traités et mémoires mathématiques, 1736-1756 » ont été publiés chez CNRS Éditions, utilisant largement les ressources de la correspondance et les travaux transversaux du groupe. Le premier volume de la série III « *Opuscules* et mémoires mathématiques, 1757-1783 » est sorti en 2008, devançant de quelques mois le présent *Inventaire*.

L'*Inventaire*

L'*Inventaire de la correspondance de D'Alembert* est donc le fruit du travail collectif du Groupe D'Alembert, où chacun a apporté sa part d'érudition et de découverte. Les résumés ont bénéficié de la connaissance générale de l'œuvre de D'Alembert apportée par l'avancée parallèle des cinq séries. Mais il a profité également de l'infatigable réseau des dix-huitiémistes que nous avons sollicité sans relâche pour des précisions sur le vaste univers ouvert par la correspondance

---

61. John Pappas, *Inventaire de la correspondance de d'Alembert*, Oxford, Voltaire Foundation, 1986 (*SVEC* 245).

62. « Supplément à l'Inventaire de la correspondance de d'Alembert », Oxford, Voltaire Foundation, 1989 (*SVEC* 267).

de D'Alembert, jusque-là en grande partie inexploité. En particulier, nous avons bénéficié des documents issus des recherches entamées par Jean-Claude Messier, hélas décédé avant de les avoir menées à bien, et des remarques et additifs apportés par Morris Wachs, mort en 2001.

PRINCIPES D'ÉDITION

L'*Inventaire* est divisé en trois parties :

1) la liste des lettres de la correspondance tant active que passive, classées en une seule séquence chronologique, et numérotées par année de 1741 à 1783, soit de 41.01 à 83.40, pour un total de 2 144 lettres.

2) la liste des 21 lettres que nous n'avons pas réussi à dater, même à l'année près, classées par ordre alphabétique des correspondants de D'Alembert.

3) en Appendice, la liste chronologique des textes qui ont été publiés sous forme de « Lettre », le plus souvent dans des périodiques, mais qui n'ont pas les caractères des véritables lettres missives ou privées et sont de fait soit des épîtres, soit de petits écrits, souvent polémiques, se rattachant aux grands ouvrages de D'Alembert (voir l'Introduction, section 1) et que l'on trouvera pour l'essentiel dans les séries I, III et IV de la présente édition des *Œuvres complètes*.

Lorsque plusieurs lettres sont écrites à la même date, celles écrites par D'Alembert précèdent celles qui lui sont adressées.

Toutes les restitutions, de date, de personnes ou d'événements, sont indiquées par des crochets [ ].

Lorsqu'elles sont non pertinentes, les rubriques décrites ci-dessous sont absentes, sauf « Incipit » et « Contenu », toujours présentes, et pour lesquelles il est indiqué « [inconnu] » lorsqu'aucune information n'est disponible.

Rubriques de l'inventaire

Chaque fiche est numérotée par ordre chronologique, le premier nombre indiquant l'année (entre 41 et 83), le second nombre l'ordre dans l'année. Ainsi, le nombre de lettres par année se lit à la fin de chaque année.

Les caractéristiques de chaque lettre sont décrites dans les rubriques suivantes :

Date

La date indiquée est celle que nous avons retenue, qu'elle soit donnée par la source, ou que nous l'ayons restituée.

Lorsque nous n'avons pu dater une lettre que sur une semaine, une quinzaine, un mois, voire une année, la lettre est classée à la fin de la période indiquée. Par exemple, une lettre restituée à la date de [1751] est classée à la fin de l'année 1751, et une lettre restituée à la date de [septembre-novembre 1751] est classée à la fin du mois de novembre 1751. Lorsque la date se situe vraisemblablement autour d'une date centrale, nous utilisons l'abréviation c. pour *circa*, et la lettre est classée à cette date. Lorsqu'il s'agit d'une lettre publiée sans date dans un périodique, nous la classons à la fin du mois précédant la date de livraison du périodique.

L'ordre alphabétique et les graphies suivent ce que nous avons donné dans l'index des correspondants figurant en annexe.

Par rapport aux éditions et aux inventaires existants, nous avons pu et dû modifier ou restituer de nombreuses datations. Il peut donc être difficile, pour un lecteur ayant sous les yeux une lettre non datée et souhaitant la retrouver dans notre inventaire, de savoir où elle est classée. L'outil de recherche par incipit (voir la rubrique « Incipit ») est disponible sur le site web de l'édition des *Œuvres complètes de D'Alembert*, http://dalembert.univ-lyon1.fr.

Noms des correspondants

Les correspondants sont désignés par leur nom le plus courant et modernisé (exemple, Voltaire et non François-Marie Arouet). Pour faciliter la lecture de l'inventaire, nous avons employé la dénomination la plus courte possible. Le nom complet de la personne (avec prénom(s) et dates) est précisé dans l'index alphabétique des correspondants. Lorsqu'il y a risque d'ambiguïté, dans le contexte de la correspondance de D'Alembert, sur le personnage désigné, nous avons précisé le prénom dans la fiche.

Il est parfois difficile de savoir si une lettre est adressée à une personne ou au représentant d'une institution, par exemple à Formey ou au secrétaire de l'Académie de Berlin, à D'Alembert ou au secrétaire perpétuel de l'Académie française (voir l'Introduction, section I de cet *Inventaire*). L'inventaire décrit les minutes officielles des ministres, recueillies dans les registres de la Maison du Roi conservés aux Archives Nationales, en restituant le nom du ministre à cette date.

Signalons d'autre part que le nom de l'expéditeur ou du destinataire peut être restitué ou modifié par rapport aux éditions et inventaires précédents. Dans tous les cas, la recherche par incipit s'avère utile (voir la rubrique « Incipit »).

« D'Alembert »

Désirant conserver une graphie unique pour la série V, nous avons choisi la graphie « D'Alembert », avec un « D » majuscule.

Si, de façon générale, la graphie des noms propres au XVIIIe siècle est variable, le cas des fluctuations entre « D'Alembert », « d'Alembert », parfois « Dalembert » – mais jamais « Alembert » – est particulièrement intéressant, car la graphie est restée flottante jusqu'à maintenant pour des raisons tenant pour l'essentiel à l'origine de son nom. En effet, Jean Le Rond D'Alembert ne s'appelait pas D'Alembert à la naissance. À la naissance, d'ailleurs, il ne « s'appelait » pas, puisqu'il est un enfant trouvé. Son extrait baptistaire porte l'appellation de Jean « Le Rond », du nom de la chapelle sur les marches de laquelle on l'a trouvé. Il commence ses études sous ce nom, et les termine sous le nom de « Daremberg » puis se fait appeler D'Alembert.

C'est cette graphie qu'il utilisait dans ses manuscrits, source essentielle de la série V, lui qui avait choisi le nom sous lequel il écrivait et sous lequel il est passé à la postérité.

Toutes ses lettres sont signées « D'Alembert » et c'est également la graphie qu'il utilise quand il parle de lui, par exemple dans la lettre à Lagrange du 2 mars 1765 où il lui demande de publier son mémoire sous le titre « Extrait de différentes lettres de M. *D'Alembert* à M. de la Grange ». Il est intéressant de noter que dans la lettre à Cramer du 12 mai 1749, D'Alembert signe « JD » (voir reproduction).

Inversement, les graphies de ceux qui s'adressent ou parlent de lui sont fluctuantes et l'on trouve souvent la graphie « Dalembert » (voire D'Alambert ou dalambert) dans les manuscrits et même les imprimés du XVIIIe siècle.

Lorsque le brevet de sa pension est renouvelé une dernière fois en 1783, suite à une nouvelle augmentation, il lui est expédié au nom, encore une fois, de « D'Alembert ».

Si le « d' » minuscule est aujourd'hui associé à une appartenance aristocratique, ce n'était pas le cas au XVIIIe siècle, où toutes les graphies coexistaient dans les manuscrits.

Pour rendre compte de cette diversité des graphies, et de la diversité des sources utilisées, tout en gardant une unité de graphie par volume, les *Œuvres complètes* ont fait le choix d'écrire soit « d'Alembert », soit « D'Alembert ».

L'abréviation « D'A » qui apparaît sur la couverture de tous les volumes des *Œuvres complètes* ou « D'Al. » dans le corps de notre inventaire rappelle l'origine singulière du nom et le mot de Voltaire à propos d'une recrue dans la « lutte contre l'Infâme » éduquée par la lecture de D'Alembert et Diderot : « Il a pris quelques leçons des Da et des Di » (lettre à Damilaville du 8 avril 1765).

Source
: Il s'agit ici de la description matérielle de la source. Nous avons trois sortes de sources, un manuscrit, un imprimé, ou un catalogue de vente. Lorsque les trois existent, nous privilégions la première, sauf raison explicitée.

– 1 - Un manuscrit.

La description indique en ce cas le type : brouillon, minute (copie faite pour mémoire avant l'expédition), original (la lettre réellement expédiée), copie (ultérieure à l'expédition). Chacune de ces sources peut être autographe ou non. Pour respecter le principe de brièveté d'un inventaire, « autogr. » sans autre précision signifie qu'il s'agit de l'original autographe et « original » indique qu'il s'agit de la lettre expédiée, mais écrite d'une main autre que celle de l'auteur (par exemple, les nombreuses lettres de Voltaire écrites par son secrétaire J.-L. Wagnière). On précise ensuite s'il est daté complètement et signé « d.s. ». Lorsque Voltaire signe V., nous avons indiqué s. « V ». Si le manuscrit ne porte qu'une date incomplète (sans l'année par exemple), la mention « d. » n'apparaît pas, de même « s. »

n'apparaît pas si la lettre n'est pas signée[1]. Lorsque la lettre est datée par l'auteur d'un lieu précis, « à Lausane » par exemple, nous l'indiquons entre guillemets en respectant la graphie du manuscrit. Enfin nous mentionnons si la lettre comporte une adresse (adr.) et si elle porte ou a porté un cachet en cire (même s'il n'en reste que des fragments, des traces ou même qu'un simple trou), sa couleur lorsque nous la connaissons. Si aucune indication d'adresse ni de cachet n'est mentionnée, c'est que la lettre n'en porte pas, et qu'elle n'a probablement pas voyagé par la poste, ayant une enveloppe ou ayant été confiée à un intermédiaire. Signalons pourtant qu'une lettre transmise par un particulier peut porter adresse et cachet. Étant donné la variété des dimensions des feuilles utilisées comme aussi des écritures, l'indication de demi ou de quart de page n'a pas de sens et nous nous sommes donc contentés d'indiquer le nombre de pages sur lesquelles la lettre est écrite, ce qui signifie qu'un billet de quelques lignes qui tient sur une page sera décrit comme étant d'« 1 p. ». Le lieu de conservation du manuscrit est décrit dans la rubrique « Localisation du manuscrit ».

– 2 - Un imprimé.

La description est en ce cas plus succincte. Nous employons l'abréviation « impr. » suivie, si elle est indiquée, de la ville où la lettre a été écrite. La description de l'imprimé qui nous sert de source est donnée sous la rubrique « Édition ».

– 3 - Un catalogue de vente.

La description donnée en ce cas est celle du catalogue de vente : « cat. vente ». Nous indiquons le nom du libraire ou de l'expert, la date de la vente, le titre ou le numéro du catalogue, celui de la lettre vendue, lorsque nous possédons toutes ces informations. Nous mentionnons ici les seuls catalogues qui constituent l'unique source, voire une source contradictoire ou complémentaire. Les passages en vente successifs seront précisés dans la publication des lettres, car la connaissance de ces parcours a parfois son importance, même si les catalogues de vente successifs n'apportent que rarement une information nouvelle sur le contenu même de la lettre.

Localisation du manuscrit

Il s'agit du lieu de conservation ou de dépôt de la source manuscrite de la lettre. Les abréviations sont celles qui sont listées dans les « Abréviations des Institutions ». Nous abrégeons le mot Manuscrit en Ms., sauf si MS fait partie de la cote elle-même.

La cote d'un manuscrit peut avoir changé. Nous donnons la plus récente qui nous soit connue.

Dans certains fonds (par exemple, la correspondance de Voltaire à La Haye, certains registres des Archives nationales à Paris) la numérotation traditionnelle en

---

1. D'Alembert omettait souvent de signer ou de dater complètement ses lettres, quel qu'en soit le contenu. Rousseau lui reprocha *a posteriori* de ne pas signer ses lettres par crainte de se compromettre (*Confessions*, Pléiade, I, p. 574).

folios est remplacée par une numérotation par pièce ou une pagination. Nous n'indiquons pas les rectos et versos, sauf si la lettre ne se trouve que sur un verso.

Tous les manuscrits repérés seront indiqués dans l'édition même de la lettre, avec leur localisation.

Édition Nous fournissons la référence en abrégé (voir les « Abréviations des ouvrages imprimés ») de l'édition qui sert de source. Nous ajoutons d'autres éditions si besoin est, par exemple si la datation est différente. En général, seule la première et éventuellement l'édition de référence, est indiquée dans l'*Inventaire*, mais une liste plus complète des différentes éditions sera donnée dans l'édition même des lettres.

Remarque Cette rubrique a volontairement été réduite au minimum. En particulier, les justifications détaillées des restitutions de dates ou de personnes, ainsi que les références de tous les manuscrits et imprimés repérés, seront données dans l'édition même de la lettre.

Incipit Nous fournissons le début de la lettre, ou de l'extrait si le début n'est pas connu. Pour faciliter la recherche, nous avons modernisé et harmonisé l'orthographe de l'incipit les noms propres exceptés (alors que dans l'édition nous respecterons l'orthographe et les abréviations des manuscrits). Ainsi on trouvera l'usage moderne des majuscules en début de phrase et en initiale des noms propres. Les autres majuscules ont été supprimées. Le « Monsieur », le « Sire », ou le « Mon cher et illustre ami », lorsqu'il figure en tête de la lettre, n'est pas pris en compte, mais il est conservé lorsqu'il intervient au cours de la première phrase. Lorsqu'il est abrégé, nous avons écrit systématiquement « M. ». Nous avons transformé les « & » en « et ».

Contenu Il s'agit d'un résumé du contenu de la lettre, priorité étant donnée aux noms de personnes et d'ouvrages cités. Les restitutions des noms propres et des titres d'ouvrages auxquels il est fait allusion et que nous avons pu identifier sont indiquées entre crochets. Même si l'identification était aisée, nous avons utilisé les crochets pour que le lecteur comprenne qu'il s'agit d'une restitution et non d'une mention explicite. Ce qui est entre parenthèses vient du texte de la lettre. Comme dans l'incipit, les graphies sont modernisées et harmonisées.

Il s'agit bien entendu de la partie la plus subjective de ces rubriques, mais elle permet une lecture et une recherche soit par nom de personne, soit par titre, soit par thème explicité. Par souci de concision, un grand nombre de personnages et d'ouvrages ne sont que mentionnés, sans que le contexte soit évoqué. On nous pardonnera d'avoir souvent adopté un style télégraphique : « il », « son », renvoient à l'auteur de la lettre, quel qu'il soit, « lui » renvoie au destinataire, les noms n'étant rappelés que lorsqu'une confusion est possible. Dès qu'un développement un peu long ou la pertinence de l'évocation l'exigeaient, nous avons explicité l'allusion. Inversement, les compliments aux proches du destinataire ne sont pas tous cités. Bien entendu, l'édition des textes sera, quant à elle, aussi complète que le permet la source, et nous ne ferons pas comme les éditeurs de Kehl, qui ont supprimé tous les « complimens à Mme Denis »...

ABRÉVIATIONS

I. Institutions

Amsterdam UB	Universiteitsbibliotheek, Amsterdam
Angers BM	Bibliothèque municipale d'Angers
Augsburg SSB	Stadt-und Staatsbibliothek, Augsburg
Avignon BM	Bibliothèque municipale d'Avignon
Basel UB	Universitätsbibliothek, Basel
Bayeux BM	Bibliothèque municipale de Bayeux
Berlin SB	Staatsbibliothek Preussischer Kulturbesitz, Berlin
Berlin-Dahlem GSA	Geheimes Staatsarchiv Preussischer Kulturbesitz, Berlin
Bologna Archiginnasio	Biblioteca dell'Archiginnasio, Bologna
Bonn ULB	Universitäts-und Landesbibliothek, Bonn
Bordeaux BM	Bibliothèque municipale de Bordeaux
Boston AAAS	American Academy of Arts and Sciences, Boston, Massachusetts
Boston PL	Public Library, Department of Rare Books and Manuscripts, Boston, Massachusetts
Brunswick Bowdoin	George J. Mitchell Dept. of Special Collections & Archives, Bowdoin College Library, Brunswick, Maine
Bruxelles ARB	Académie royale des sciences, des lettres et des beaux-arts de Belgique, Bruxelles
Bruxelles BR	Bibliothèque royale, Bruxelles
Bruxelles Weissenbruch	Archives Weissenbruch, Bruxelles
Caen BM	Bibliothèque municipale de Caen
Cambridge UK	University Library, Cambridge, UK
Coburg	Kunstsammlungen der Veste Coburg
Cracovie	voir Krakow
Darmstadt	Hessische Landes-und Hochschulbibliothek, Darmstadt
Dartmouth College	Dartmouth College, Hanover, New Hampshire
Den Haag RPB	Koninklijke Bibliotheek, Collections royales des Pays-Bas, 's-Gravenhage, Den Haag
Dijon BM	Bibliothèque municipale de Dijon
Edinburgh NLS	National Library of Scotland, Edinburgh
Farmington	Lewis Walpole Library, Farmington, Connecticut
Forlì BC	Biblioteca comunale A. Saffi, fonds Piancastelli, Forlì
Genève BGE	Bibliothèque de Genève, Genève

INVENTAIRE ANALYTIQUE

Genève IMV	Institut et Musée Voltaire, Genève
Genova BU	Biblioteca Universitaria di Genova
Göttingen NSUB	Niedersächsische Staats-und Universitätsbibliothek, Göttingen
Grenoble BM	Bibliothèque municipale de Grenoble
Hamburg Staatsarchiv	Staatsarchiv der Freien und Hansestadt, Hamburg
Harvard	Harvard University Library, Cambridge, Massachusetts
Haverford College Library	Haverford College Library, Pennsylvania
Helsinki BU	Suomen Kansalliskirjasto, Bibliothèque universitaire d'Helsinki
Jena	Thüringer Universitäts-und Landesbibliothek, Jena
Karlsruhe LBW	Landesarchiv Baden-Württemberg, Karlsruhe
Kiew TsDIAK	Archives historiques centrales d'État d'Ukraine, Kiew
Krakow BJ	Biblioteka Jagiellonska, Krakow (Cracovie)
La Haye	voir Den Haag
Laon BM	Bibliothèque municipale de Laon
Leiden UB	Universiteitsbibliotheek, Leiden
Leipzig UB	Universitätsbibliothek, Leipzig
Leningrad	voir Saint-Pétersbourg
Lisboa Acad.	Academia das Ciencias de Lisboa
London BL	British Library, London
London BM	British Museum, London
London Coutts	Coutts & Co, London
London Royal Society	Archives of the Royal Society, London
London UC	Library of University College, London
London Wellcome	Wellcome Library for the History und Understanding of Medicine, London
Lyon Acad.	Bibliothèque de l'Académie des sciences, belles-lettres et arts de Lyon
Mariemont	Musée royal de Mariemont, Morlanwelz, Belgique
Marseille Alcazar	Bibliothèque municipale à vocation régionale, L'Alcazar, Marseille
Milano Ambrosiana	Biblioteca Ambrosiana, Milano
Modena Estense	Biblioteca Estense universitaria, Modena
Mont Saint-Aignan MNE	Musée national de l'éducation, Mont Saint-Aignan
Montmorency	
Musée Rousseau	Musée Jean-Jacques Rousseau, Montmorency
Montpellier AD	Archives départementales de l'Hérault, Montpellier
Moscou GIM OPI	Musée historique d'État, Département des sources manuscrites, Moscou
Moscou RGADA	Archives russes d'État des actes anciens, Moscou
Moscou RGASPI	Archives d'État d'histoire sociale et politique, Moscou
Moscou RGB OR	Bibliothèque d'État de Russie, Département des manuscrits, Moscou
München BSB	Bayerische Staatsbibliothek, München
München DM	Deutsches Museum, München

ABRÉVIATIONS

Nancy BM	Bibliothèque municipale de Nancy
Nantes BM	Bibliothèque municipale de Nantes
Neuchâtel BPU	Bibliothèque publique et universitaire de Neuchâtel
New York Columbia	Columbia University Rare Books Library, David Eugene Smith Historical Collection, New York
New York Morgan	The Morgan Library & Museum, New York
Nîmes AD	Archives départementales du Gard, Nîmes
Orléans AD	Archives départementales du Loiret, Orléans
Oxford Boldleian	Boldleian Library, Oxford
Oxford VF	Voltaire Foundation, Oxford
Paris AdM	Archives de l'Académie de médecine, Paris
Paris AdS	Archives de l'Académie des sciences, Paris
Paris AF	Archives de l'Académie française, Paris
Paris AN	Archives nationales, Paris
Paris Arsenal	BnF, Bibliothèque de l'Arsenal, Paris
Paris BHVP	Bibliothèque historique de la Ville de Paris
Paris BnF	Bibliothèque nationale de France, Paris
Paris Institut	Bibliothèque de l'Institut, Paris
Paris MAE	Archives du ministère des Affaires étrangères, Paris
Paris Mazarine	Bibliothèque Mazarine, Paris
Paris MNHN	Muséum national d'histoire naturelle, Paris
Paris Sorbonne	Bibliothèque de la Sorbonne, Paris
Philadelphia APS	American Philosophical Society, Philadelphia, Pennsylvania
Philadelphia HSP	Historical Society of Pennsylvania, Philadelphia, Pennsylvania
Pisa BU	Biblioteca universitaria, Pisa
Pittsburgh CIT	Rachel McMasters Miller Hunt Botanical Library, Carnegie Institute of Technology, Pittsburgh, Pennsylvania
Poitiers BM	Bibliothèque municipale à vocation régionale, médiathèque François Mitterand, Poitiers
Princeton	Princeton University Library, New Jersey
Reims AM	Archives municipales de Reims
Rouen BM	Bibliothèque municipale de Rouen
Saint-Malo AM	Archives municipales de Saint-Malo
Saint-Pétersbourg AAN	Archives de l'Académie des sciences de Russie, Saint-Pétersbourg
Saint-Pétersbourg RNB	Bibliothèque nationale de Russie, Saint-Pétersbourg
Saint-Pétersbourg SPII	Archives de l'Institut d'histoire de l'Académie des sciences de Russie, Saint-Pétersbourg
Stanford UL	Stanford University Librairies, California
Stockholm RA	Riksarkivet, Stockholm
Stockholm SMF	Stiftelsen Musikkulturens Främjande, Stockholm
Sydney SL	State Library of New South Wales, Sydney

Tartu BU	Ulikooli Raamatukoge, Tartu, Estonie
Torino BC	Biblioteca civica, Torino
Troyes BM	Médiathèque de l'agglomération troyenne
Uppsala UB	Universitetsbibliotek, Uppsala
Verona BC	Biblioteca civica, Verona
Versailles AD	Archives départementales des Yvelines, Versailles
Villeneuve-lez-Avignon	Archives de la familleRoubin
Vincennes Armée de terre	Ministère de la Défense, Service historique de la Défense, Vincennes
Washington Folger	The Folger Shakespeare Library, Washington, D.C.
Washington Smithsonian	Smithsonian Institute, Washington, D.C.
Weimar	Goethe-und Schiller-Archiv, Weimar
Wien ÖNB	Österreichische Nationalbibliothek, Wien
Yale Beinecke	Beinecke Rare Book and Manuscript Library, Yale University, New Haven
Yale Franklin	Benjamin Franklin Collection, Yale University, New Haven
Zürich ZB	Zentralbibliothek, Zürich

II. Ouvrages imprimés

A. Ouvrages de D'Alembert

Bastien 1805	*Œuvres philosophiques, historiques et littéraires de d'Alembert*, Paris, J.F. Bastien, 18 vol., 1805
Belin-Bossange	*Œuvres de D'Alembert*, Paris, Martin Bossange & fils, A. Belin impr., 5 vol., 1821-1822
Cause des vents	*Réflexions sur la cause générale des vents*, Berlin, Haude & Spener, 1747 ; Paris, David l'aîné, 1747
Destruction des jésuites	*Sur la destruction des jésuites en France, par un auteur désintéressé* [Genève, Cramer frères], 1765
Disc. prélim.	« Discours préliminaire », *Enc.*, t. I., [que D'Al. appelle « Préface » dans sa correspondance]
Éclaircissements	« Eclaircissemens sur différens endroits des Elemens de philosophie » dans *Mélanges* 1767, t. V
Élémens de musique 1752	*Élémens de musique théorique et pratique suivant les principes de M. Rameau*, Paris, David l'aîné, Le Breton, Durand, 1752
Élémens de musique 1762	*Élémens de musique théorique et pratique suivant les principes de M. Rameau, éclaircis, développés et simplifiés*, Lyon, Jean-Marie Bruyset, 1762
Élémens de philosophie	« Essai sur les Elémens de philosophie, ou sur les principes des connoissances humaines » dans *Mélanges* 1759, t. IV

ABRÉVIATIONS

Éloges 1779	*Éloges lus dans les séances publiques de l'Académie française*, Paris, Panckoucke et Moutard, 1779
Mélanges 1753	*Mélanges de littérature, d'histoire et de philosophie*, 2 vol., Berlin [Paris, Briasson], 1753
Mélanges 1759	*Mélanges de littérature, d'histoire et de philosophie*, 4 vol., Amsterdam, Zacharie Chatelain & fils [Lyon, Jean-Marie Bruyset], 1759
Mélanges 1767	*Mélanges de littérature, d'histoire et de philosophie*, 5 vol., Amsterdam, Zacharie Chatelain & fils [Lyon, J.-M. Bruyset], 1767
O.C. D'Al.	*Œuvres complètes de D'Alembert*
O.C. D'Al., I/4a	*Œuvres complètes de D'Alembert*, Série I, vol. 4a, *Textes de mathématiques pures 1745-1752*, 2007
O.C. D'Al., I/6	*Œuvres complètes de D'Alembert*, Série I, vol. 6, *Premiers textes de mécanique céleste 1747-1749*, 2002
O.C. D'Al., I/7	*Œuvres complètes de D'Alembert*, Série I, vol. 7, *Précession et nutation 1749-1752*, 2006
O.C. D'Al. III/1	*Œuvres complètes de D'Alembert*, Série III, vol. 1, *Opuscules mathématiques, t. I, 1761*, 2008
Opuscules	*Opuscules mathématiques ou Mémoires sur différents sujets de géométrie, de mécanique, d'optique, d'astronomie, etc.*, 8 vol., Paris, David [puis dès le t. II Briasson], 1761-1780, *O.C. D'Al.*, série III
Pougens 1799	*Œuvres posthumes de d'Alembert*, 2 vol., Paris, Charles Pougens, an VII-1799
Précession des équinoxes	*Recherches sur la précession des équinoxes et sur la nutation de l'axe de la terre dans le système newtonien*, Paris, David l'aîné, 1749
Quatre lettres 1927	*Quatre lettres de Jean Le Rond d'Alembert à Jean-Baptiste Boyer marquis d'Argens*, Dijon, Maurice Darantière, 1927
Résistance des fluides	*Essai d'une nouvelle théorie de la résistance des fluides*, Paris, David l'aîné, 1752
Supplément à la Destruction des jésuites	*Lettre à M. ***, conseiller au parlement de ******. Pour servir de supplément à l'ouvrage qui est dédié à ce même magistrat, et qui a pour titre « Sur la destruction des jésuites en France ». Seconde lettre à M. ***, conseiller au parlement de ******, sur l'édit du roi d'Espagne pour l'expulsion des jésuites* [Genève, Cramer frères], 1767
Système du monde I-II	*Recherches sur différents points importants du système du monde*, t. I-II, Paris, David l'aîné, 1754
Système du monde III	*Recherches sur différents points importants du système du monde*, t. III, Paris, David, 1756
Traité de dynamique	*Traité de dynamique*, Paris, David l'aîné, 1743 ; 2e éd. Paris, David, 1758

Traité des fluides	*Traité de l'équilibre et du mouvement des fluides*, Paris, David l'aîné, 1744; 2ᵉ éd. Paris, Briasson, 1770

B. Autres ouvrages

AL	*Année littéraire*
Asse 1876	*Lettres de Mademoiselle de Lespinasse*, Eugène Asse, Paris, G. Charpentier, 1876
Babeau 1878	*Lettres inédites de Grosley et de quelques-uns de ses amis*, annotées par Albert Babeau, Troyes, impr. Dufour-Bouquot, 1878
Bengesco	*Voltaire: bibliographie de ses œuvres*, Georges Bengesco, Paris, E. Rouveyre, G. Blond et E. Perrin, 4 vol., 1882-1890
Best. D	*Œuvres complètes* de Voltaire, vol. 85-135: *Correspondence and related documents*, Oxford, Voltaire Foundation, 1968-1977
Burton 1849	*Letters of eminent persons addressed to David Hume*, ed. J.H. Burton, Edinburgh and London, William Blackwood and sons, 1849
Corr. litt.	*Correspondance littéraire*
Delacroix 1898	Norbert Delacroix, *Essais et notices*, Salins, David-Mauvas, 1898
Delbeke 1938	Baron François Delbeke, *La Franc-maçonnerie et la Révolution française*, Anvers, Lectura, 1938
Delhaume 2006	Léger-Marie Deschamps, *Correspondance générale*, établie à partir des Archives d'Argenson par Bernard Delhaume, Paris, Honoré Champion, 2006
DHS	*Dix-huitième siècle*, revue de la Société française d'étude du XVIIIᵉ siècle
Durry 1959	*Autographes de Mariemont*, éd. Marie-Jeanne Durry, Paris, Nizet, 2 vol., 1955-1959
Enc.	*Encyclopédie ou Dictionnaire raisonné des sciences des arts et des métiers*, Paris, Briasson, David l'aîné, Le Breton, Durand, 1751-1765
Euler, *O. O.*, IV A, 5	Leonhard Euler, *Opera omnia*, série IV A, vol. V, 1980
Euler, *O. O.*, IV A, 6	Leonhard Euler, *Opera omnia*, série IV A, vol. VI, 1986
Fontius-Geissler-Häseler 1996	*Correspondance passive de Formey, lettres adressées à J.H.S. Formey par Antoine-Claude Briasson et Nicolas-Charles-Joseph Trublet 1739-1770*, éd. Martin Fontius Rolf Geissler et Jens Häseler Paris, Honoré Champion, 1996
Formey 1789	[Jean-Henri-Samuel Formey], *Souvenirs d'un citoyen*, Berlin, François de La Garde, 2 vol., 1789

Fuss 1843	*Correspondance mathématique et physique de quelques célèbres géomètres du XVIIIe siècle*, publiée par P.-H. Fuss, St-Pétersbourg, Académie impériale des sciences de Saint-Pétersbourg, 2 vol., 1843
Greig 1932	*Letters of David Hume*, ed. J. Y. T. Greig, Oxford, Clarendon Press, 1932
Grimsley 1959	Ronald Grimsley, «D'Alembert and J. D. Michaelis : unpublished correspondence», *Revue de littérature comparée*, 33, 1959
Grimsley 1961	Ronald Grimsley, «D'Alembert and Hume», *Revue de littérature comparée*, 35, 1961
Grimsley 1962	Ronald Grimsley, «Quelques lettres inédites de d'Alembert», *Revue d'histoire littéraire de la France*, 62, 1962
Grosclaude 1961	Pierre Grosclaude, *Malesherbes, témoin et interprète de son temps*, Paris, Fischbacher, 1961
HAB X (Y)	*Histoire de l'Académie royale des sciences et belles-lettres X*, [publié l'année] Y, Berlin
Haussonville 1882	Vicomte Othenin d'Haussonville, *Le Salon de Madame Necker*, Paris, Calmann-Lévy, 1882
Hawkins 1930	Richmond L. Hawkins, «Unpublished French letters of the eighteenth century», *Romanic review*, 21, 1930
Hawkins 1933	*Newly Discovered French Letters*, Richmond L. Hawkins ed., 1933 ; New York, Kraus reprint, 1966
Henry 1883	*Correspondance inédite de Condorcet et de Turgot, 1770-1779*, publiée par M. Charles Henry, Paris, Charavay frères, 1883
Henry 1885/1886	«Correspondance inédite de d'Alembert avec Cramer, Lesage, Clairaut, Turgot, Castillon, Béguelin, etc.», *Bullettino di bibliografia e di storia delle scienze matematiche e fisiche*, XVIII, 1885/1886
Henry 1886	«Lettres inédites de Lagrange», *Bullettino di bibliografia e di storia delle scienze matematiche e fisiche*, XIX, 1886
Henry 1887a	*Œuvres et correspondance inédites de d'Alembert*, publiées avec introduction, notes et appendice par M. Charles Henry, Paris, Perrin et Cie, 1887
Henry 1887b	*Lettres inédites de Mademoiselle de Lespinasse à Condorcet, à d'Alembert, à Guibert, au comte de Crillon*, publiées par M. Charles Henry, Paris, E. Dentu, 1887
Isambert 1876	Gustave Isambert, *Lettres de Mademoiselle de Lespinasse*, nouvelle éd. par Gustave Isambert, Paris, A. Lemerre, 1876
J. beaux-arts	*Journal des beaux-arts et des sciences*, 1768-1775
J. enc.	*Journal encyclopédique*
J. œconom.	*Journal œconomique*
J. sav.	*Le Journal des s(ç)avans*

Jacobi	Jean-Philippe Rameau, *Complete theoretical writings*, ed. Erwin R. Jacobi, Dallas (Tex.), American Institute of Musicology, 6 vol., 1967-1968
Kehl	Voltaire, *Œuvres complètes*, 70 vol., Kehl, 1784-1789
Klibansky-Mossner 1954	*New Letters of David Hume*, ed. Raymond Klibansky and Ernest C. Mossner, Oxford, Clarendon Press, 1954
Lalanne 1882	*Correspondance inédite de Lagrange et d'Alembert*, éd. Ludovic Lalanne, dans Joseph-Louis Lagrange, *Œuvres*, t. XIII, Paris, Gauthier-Villars, 1882
Landry 1910	*Cesare Beccaria, scritti e lettere inediti*, raccolti ed illustrati da Eugenio Landry, Milano, Ulrico Hoepli, 1910
Leigh	*Correspondance complète de Jean-Jacques Rousseau*, édition critique établie par R. A. Leigh, Oxford, Voltaire Foundation, 52 vol., 1965-2003
Lescure 1865	*Correspondance complète de la marquise du Deffand avec ses amis*, éd. M. [Adolphe] de Lescure, Paris, Henri Plon, 2 vol., 1865
MARS X (Y)	*Histoire de l'Académie royale des sciences avec les mémoires de mathématiques et de physique, année X*, [publié l'année] Y
Mass 1973	Edgar Mass, *Le Marquis d'Adhémar, la correspondance inédite d'un ami des philosophes à la cour de Bayreuth*, Oxford, Voltaire Foundation, 1973 (*SVEC* 109)
Medlin	André Morellet, *Lettres 1759-1810*, publiées et annotées par Dorothy Medlin, Jean-Claude David et Paul Leclerc, Oxford, Voltaire Foundation, 3 vol., 1991-1996
Mémoires secrets	*Mémoires secrets pour servir à l'histoire de la république des lettres en France depuis MDCCLXII jusqu'à nos jours...*, par feu M. de Bachaumont, 1777-1789
Menéndez-Pelayo 1894	Marcelino Menéndez Pelayo, «Lettres inédites de Beaumarchais, Galiani et D'Alembert adressées au duc de Villahermosa», *Revue d'histoire littéraire de la France*, 1, 1894
Mercure	*Mercure de France*
Pappas 1962	John Pappas, «D'Alembert et Mme Corneille, d'après des documents inédits», *Revue des sciences humaines*, 1962
Pappas 1977	John Pappas, «Quelques lettres inédites de d'Alembert», *Dix-huitième siècle*, 9, 1977
Pappas 1986	John Pappas, *Inventaire de la correspondance de d'Alembert*, Oxford, Voltaire Foundation, 1986 et «Supplément à l'Inventaire de la correspondance de d'Alembert», *ibidem*, 1989 (*SVEC* 245 et 267)
Pappas 1987	John Pappas, «Les relations entre Frisi et D'Alembert», *in Ideologia e scienza nell'opera di Paolo Frisi (1728-1784)*, 1987

Pappas 1989	John Pappas, « Problèmes pour un biographe de d'Alembert », dans *Jean d'Alembert savant et philosophe : portrait à plusieurs voix*, Paris, Éditions des Archives contemporaines, 1989
Pappas 1994	John Pappas, « Sur une petite levrette blanche. Lettres de D'Alembert et de Julie de Lespinasse à Louis Dutens », *DHS* 26, 1994, p. 227-237
Pappas 1996	« La correspondance de D'Alembert avec Gabriel Cramer », *DHS* 26, 1996, p. 229-258
Pascal 1990	Julie de Lespinasse, *Lettres à Condorcet*, éd. Jean-Noël Pascal, Paris, Desjonquères, 1990
Perey-Maugras 1881	*Ecrivains du XVIIIe siècle : l'abbé Galiani, correspondance*, éd. Lucien Perey et Gaston Maugras, Paris, Calmann-Lévy, 1881
Pléiade	Voltaire, *Correspondance*, édition Théodore Besterman, additions et corrections par Frédéric Deloffre, Paris, Gallimard, 13 vol., 1977-1993 (Bibliothèque de la Pléiade)
Preuss	*Œuvres de Frédéric le Grand*, éd. J. D. E. Preuss, Berlin, Imprimerie royale, 33 vol., 1846-1857
Prevost 1805	Pierre Prevost, *Notice de la vie et des écrits de George-Louis Lesage de Genève*, Genève, J. J. Paschoud, 1805
RDE	*Recherches sur Diderot et sur l'Encyclopédie*
Reg. Acad. fr.	*Les Registres de l'Académie française 1762-1793*, Paris, Firmin-Didot et Cie, 4 vol., 1895
RHLF	*Revue d'histoire littéraire de la France*
RL	*Revue du Lyonnais*
RLC	*Revue de littérature comparée*
Roth-Varloot	Denis Diderot, *Correspondance*, éd. Georges Roth et Jean Varloot, Paris, Editions de Minuit, 16 vol., 1955-1970
Rutschmann 1977	Thomas Rutschmann, « Ventinove lettere di Jean le Rond d'Alembert a Paolo Frisi », Edizione commentata, Adliswil/Zurigo, settembre 1977 [mém. dactylographié disponible à Zürich ZB]
Sbornik	*Sbornik russkago istoritecheskago obchestva, Revue historique impériale russe*, t. VII, X et XIII, Saint-Pétersbourg, 1871-1874
Ségur 1905	Pierre marquis de Ségur, *Julie de Lespinasse*, Paris, Calmann-Lévy, 1905
Speziali 1959	Pierre Speziali, « Gabriel Cramer (1704-1752) et ses correspondants », *Les Conférences du Palais de la Découverte*, Paris, Palais de la Découverte, 1959
Sprigge 1968	*The Correspondence of Jeremy Bentham*, Timothy L. S. Sprigge, University of London, The Athlone Press, 1968
SVEC	*Studies on Voltaire and the Eighteenth Century*
Théodoridès 1976	Jean Théodoridès, « D'Alembert, le traitement de la rage et la Société royale de médecine : cinq lettres inédites », *DHS* 8, 1976

Verri 1787	Pietro Verri, *Memorie appartenenti alla vita ed agli studi del signor don Paolo Frisi*, 1787
Winter 1957	Eduard Winter, *Die Registres der Berliner Akademie der Wissenschaften 1746-1766, Dokumente für das Wirken Leonhard Eulers in Berlin*, Berlin, Akademie-Verlag, 1957

III. Abréviations courantes

acad. / Acad.	académie / Académie
Acad. fr.	Académie française
Acad. sc.	Académie royale des sciences de Paris
adr.	adresse
app. / App.	appendice / Appendice
arch.	archives
art.	article
autogr.	autographe
c.	circa
cat. vente	catalogue de vente
coll.	collection
corr.	correction(s)
d.	daté
d.s.	daté et signé
éd.	éditeur(s) ou édition
f.	folio
fds	fonds
fig.	figure(s)
fr.	français(e)
ibid.	*ibidem* (au même endroit)
impr.	imprimé
l. / L.	lettre
lt	livres tournois
log.	logarithme(s)
M.	monsieur
Mlle	mademoiselle
Mme	madame
mém.	mémoire(s)
ms./Ms.	manuscrit(s)
n.	note
n°	numéro
N.B.	*nota bene*
orig.	original
p.	page(s)

P.-S.	post-scriptum
PV	procès-verbaux
r°	recto
rép.	réponse
s.	signé
suiv.	suivant(e)(s)
t.	tome(s)
trad.	traduction
v°	verso
vol.	volume(s)
Cath. II	Catherine II
D'Al.	D'Alembert
Fréd. II	Frédéric II
Volt.	Voltaire

ILLUSTRATIONS

dont vous verrés le détail dans l'ouvrage. mandés moy je vous prie
par quelle voye je pourray vous l'envoyer.
je suis charmé que mes Recherches sur le calcul intégral vous ayent
un peu satisfait. vous en Souverés je crois, la suite, dans le 9.e
volume des mémoires de Berlin qui est actuellement sous presse.
je suis bien curieux aussy de voir ce que vous avés fait sur les courbes.
M. Euler vient de me proposer un problème que j'ay resolu, &
de la solution duquel il resulte qu'il y a des courbes mechaniques,
dans les quelles on ne peut pas supposer $y = Ax^n$ lorsque y
& x sont infiniment petites. dans la courbe dont il s'agit on
trouve $x = \frac{y^2}{2} \log. \frac{1}{y}$ lorsque y & x sont infiniment petites.
vous verrés facilement que cette équation a lieu dans la courbe dont
l'equation est $\frac{ddx}{dy^2} = \frac{dx}{ydy} - 1$.
on donne icy un aristomene, par l'auteur de denis le tyran. cette
piece fait beaucoup de bruit, je l'entendis lire cet hyver, & je fus
assés surpris de son succès. au reste on m'a dit que l'auteur l'avoit
beaucoup changée et je ne l'ay pas encore vûe. à Dieu, mon cher
monsieur, je vous embrasse de tout mon cœur, & j'ay grande impatience de vous envoyer mon livre.   JD.
vous savés la disgrace de M. de Maurepas. adieu les Epitres

I. D'Alembert à Gabriel Cramer, 49.02, 12 mai 1749, document conservé à la BGE,
Ms. Suppl. 384, f. 184r° : lettre autographe signée JD. Cliché Bibliothèque de Genève.

m'y remettray; j'aurois decouvert le mystere, car j'avois déja quelques soupçons sur le terme dont il s'agit, et la nature de ma methode est telle, que j'aurois vu l'erreur très promptement, quoiqu'elle est plus difficile à appercevoir par elle de M. Clairaut. vous le diray je naturellement, je me defie beaucoup de cette methode. Il me semble que c'est très dangereux de se servir des indeterminées dans les questions de cette nature; vous en pouvés voir un exemple dans le chap. X de mon nouvel ouvrage. à l'egard de la loy d'attraction, l'objection de M. Parameder me paroit forte, quand on supposera, comme cela me paroit très vraisemblable que l'attraction n'a point de cause mechanique. ~~Je ne croy~~ je ne croy pas même qu'on puisse resoudre l'objection par la formule $M(\frac{1}{xx} + \frac{1}{x^4} + \text{etc.})$ car enfin x represente icy un parametre, et pour vous exprimer clairement ma pensée, soit φ la force à la distance a, on ne sauroit supposer que la force soit en general $\varphi(\frac{aa}{xx} + \frac{a^4}{x^4} \text{etc.})$ car la faisant $a = x$, la force deviendroit $\varphi(1 + 1 + \text{etc.})$ c'est à dire double ou triple ou multiple de φ quoy qu'elle ne soit (hyp) egale qu'à φ à la distance a. Il me semble que pour avoir une idée nette de la loy, il faut que la force à la distance x soit à la force à la distance a, comme une fonction de x est à une pareille fonction de a. or ces fonctions ne peuvent estre que des puissances. car d'ou viendroit le parametre, si elles en renfermoient. au reste toutes ces questions metaphysiques deviennent très indifferentes, dès qu'on peut couper le nœud gordien par le secours des faits. à Dieu mon cher monsieur, pardonnés cette longue lettre au plaisir que j'ay de m'entretenir avec vous. j'attends votre ouvrage sur les courbes avec impatience, et je tacheray de m'acquitter avec vous en vous disant tout ce que j'en penseray. mais je crains de ne m'acquitter qu'à moitié; car selon toute apparence, je n'auray que du bien à vous en dire. je vous aime de tout mon cœur, & vous embrasse avec toute la tendresse possible. D.

II. D'Alembert à Gabriel Cramer, 49.09, 21 septembre 1749, document conservé à la BGE, Ms. Suppl. 384, f. 190r° : lettre autographe signée D. Cliché Bibliothèque de Genève.

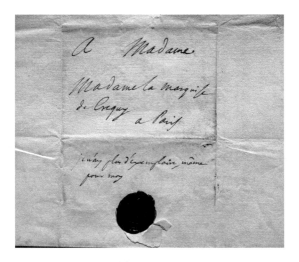

III. D'Alembert à la marquise de Créquy, 51.03, [c. 10 février 1751] coll. particulière
J.-D. Candaux : lettre autographe non datée non signée avec cachet noir. Cliché F. Prin.

Paris le 4 avril 1767.

Mon cher et illustre ami, mes yeux sont devenus un peu foibles aux lumieres, qui est le temps où j'écris mes lettres; c'est pour cela que je me sers d'une main etrangere; ma santé est d'ailleurs assés bonne, mais si sujette à s'alterer par le nombre de derangements, que je n'espere pas de vous voir cette année, et que je ne sais pas quand je pourrai avoir cette satisfaction. Je suis charmé que vous soyés content de mon 5.me Volume, et en particulier de ce que mes réflexions sur l'inocula- tion ne vous ont point déplu; vous verrés dans nos me- moires de 1760, que Daniel Bernoulli, presque pour unique reponse, m'exorte a me mettre au fait des matieres que je traite; je repondrai de la bonne sorte a cette politesse de sa part.

Comme je suis occupé de differents objets, je n'avois

IV. D'Alembert à Lagrange, 67.27, 4 avril 1767, document conservé à la Bibliothèque de l'Institut, Paris, Ms. 915, f. 48r° : lettre de la main d'un secrétaire de D'Alembert dont les yeux sont souffrants. Cliché F. Prin.

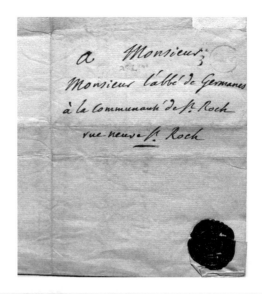

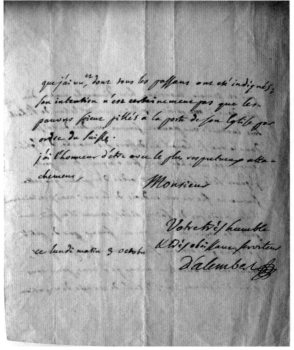

V. D'Alembert à l'abbé de Germanes, 74.69, 3 octobre [1774], coll. particulière
J.-D. Candaux : lettre autographe signée avec cachet noir.
Cliché F. Prin.

N.L. Le P. d'Alembert
       N.6.

Monseigneur,

J'ai l'honneur de vous envoyer mon extrait baptistaire; vous n'y trouverez point le nom de d'alembert qui ne m'a été donné que dans mon enfance, & que j'ai toujours porté depuis. Mais je suis connu de plusieurs personnes sous le nom de Le Rond, qui est mon nom veritable.

Si ma pension, Monseigneur, ne m'est pas continuée, l'unique grace que je vous demande, c'est de vouloir bien m'en prevenir assez à temps, pour que je puisse faire dans ma dépense, déja très modique, le retranchement

que cette suppression exigera. Je sai vivre de peu, surtout quand les besoins de l'Etat le demandent.

J'ai l'honneur d'être avec respect

Monseigneur,

à Paris ce 10 mars 1779

Votre très humble
et très obeissant serviteur
D'alembert

VI. D'Alembert à Amelot de Chaillou, 79.25, 10 mars 1779, document conservé aux Archives nationales, Paris, O1 666, pièce 85 r° et v° : lettre autographe signée, relative à son nom, pour l'obtention de sa pension. Cliché F. Prin.

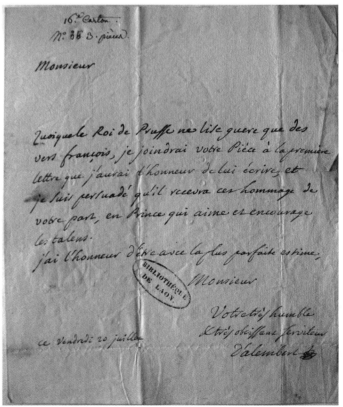

VII. D'Alembert à Luce de Lancival, 81.38, 20 juillet [1781], document conservé à la Bibliothèque municipale de Laon, Autographes, 16 CA 34 : lettre autographe signée, avec cachet de cire rouge. Cliché F. Prin.

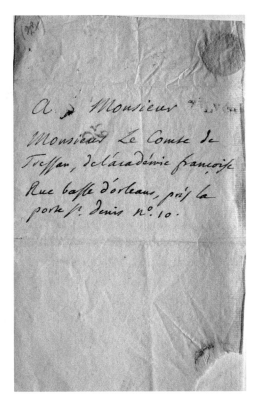

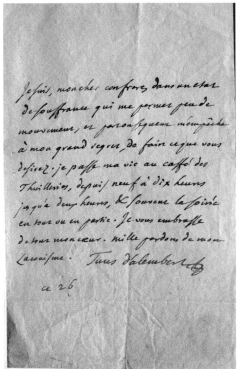

VIII. D'Alembert au comte de Tressan, 83.23, 26 [avril 1783], coll. particulière J.-D. Candaux : lettre autographe signée avec cachet rouge. Cliché F. Prin.

Mon cher et illustre ami, je suis si foible que j'ai peu la force d'écrire, et à peine de dicter quelques mots. Je prends la part la plus tendre à votre malheur, et ce que vous me dites là dessus m'a pénétré jusqu'au fond de l'âme. J'ai reçu votre beau mémoire, qu'à peine j'ai pu parcourir dans le triste état où je suis. Au nom de Dieu ne renoncez pas au travail, la plus forte pour vous de toutes les distractions. adieu, peut être pour la dernière fois; conservez quelque souvenir de l'homme du monde qui vous chérit et vous honore le plus. Mes complimens à M.r Bitaubé et mes excuses de ce que je ne lui écris pas

Tuus D'Alembert

à Paris le 27. 7.bre 1783

il est mort le 29 8.bre 1783
il étoit né le 17 9.bre 1717

IX. D'Alembert à Lagrange, 83.38, 27 septembre 1783, document conservé à la Bibliothèque de l'Institut, Paris, Ms. 915, f. 180v° : dernière lettre de D'Alembert, la signature seule de sa main, annotation de Lagrange. Cliché F. Prin.

le bien. M.r d'alembert ne s'en raporte
pas à moi, pour osas dire tout
l'interet qu'il prend à votre situation
je lui cede la plume.

Oui, mon cher ami, j'ai grande envie de savoir ainsi
que M.lle de lespinasse, le sujet qui vous afflige et qui vous
tourmente. je vois d'ici voltaire triompher, et dire; de quoi
diable aussi se mêloit il ? Pour moi je me contente de vous
plaindre, et de desirer passionnement d'être mieux instruit, pour
pouvoir persuader à tout le monde ce dont je suis déjà persuadé
d'avance, que Rousseau a grand tort avec vous. Cependant
je vous conseille d'y penser à deux fois avant que de mettre
vos griefs sous les yeux du public, parceque ces sortes de
querelles ne font souvent qu'échauffer davantage les
fanatiques obstinés, et parceque les indifferens en prennent
occasion de dire du mal des gens de lettres. mais je

X. D'Alembert et Julie de Lespinasse à Hume, 66.39, 6 juillet [1766], document conservé à la NLS, Edinburgh, Ms. 23153, n° 4 : lettre autographe en partie de Mlle de Lespinasse, en partie de D'Alembert. Cliché National Library of Scotland.

XI. Julie de Lespinasse à D'Alembert, 74.37, [2 juin 1774], cat. vente coll. C. Zafiropulo (P. Bérès et D. Courvoisier experts), 3 décembre 1993, n° 118, qui reproduit la dernière p. : seule lettre autographe connue de Mlle de Lespinasse à D'Alembert. Cliché F. Prin.

Quand Vous dites que la quantité e ne doit pas être considérée comme le paramètre de la logarithmique, mais comme l'ordonnée, qui repond à l'abscisse $x=1$ et qu'à cause de cela elle puisse être tant affirmative que negative; je pourrois dire avec autant de droit que la logarithmique a non seulement deux rames egaux et semblables selon les deux formules $x = l+y$ et $x = l-y$, mais aussi autant qu'on voudra $x = l+y$, $x = lny$; $x = lny$ et puisque toutes ces formules ont la même differentielle $dx = \frac{dy}{y}$. Pour ce qui regarde Votre transformation de e^x en $\frac{e^{\frac{x}{y}}}{a^{\frac{x}{y}}-1}$ ou $x:y$ comme un nombre impair à un pair, on le pourroit avec autant de droit imaginer cette formule, que $x:y$ = pair : impair ou impair : impair, et alors Vous ne trouverriez pas Votre corde. Il me semble donc que toutes ces raisons ne sont pas assez fortes pour prouver que $l+x = l-x$.

Ensuite Vous doutés si la formule tirée des sinus donne tous les logarithmes de -1; mais je ne sai pas si un doute simple destitué de demonstration puisse renverser ce que j'avance; et pour la formule $\frac{l\sqrt{-1}}{\sqrt{-1}}$ je soutiens qu'elle ne renferme que les valeurs $\pm (4n+1)\pi$, n marquant un nombre entier quelconque et π la circonference d'un cercle dont le diametre = 1, de sorte que cette formule ne puisse jamais devenir = 0. Il est vrai, que je ne me suis appuyé sur la formule tirée des sinus, mais je ne voi aucune raison, pourquoi cette formule ne donneroit tous les logarithmes de $\sqrt{-1}$, et je crois toujours que les raisons pour sont plus fortes que celles contre.

Enfin dans la formule des arcs de cercles $s = \sqrt{-1}\cdot l(x+\sqrt{(xx-1)})$, si x marque le cosinus de l'arc s, je ne voi aucune raison de douter, que si $x\not>1$, l'arc $\frac{s}{\sqrt{-1}}$ ne soit une imaginaire simple $b\sqrt{-1}$, de sorte que $l(x+\sqrt{(xx-1)}) = b$, et je ne crois pas que Vous prouverez le contraire.

J'ai communiqué à l'Académie une piece sur ce sujet ou je crois avoir tellement mis dans son jour cette matiere, qu'au moins moi, je n'y trouve plus la moindre difficulté, quoiqu'au paravant j'ai été extremement embarassé.
J'ai l'honneur d'être avec toute la consideration possible
Monsieur

Berlin ce 19me Août 1747.

Votre très humble & très obeissant
Serviteur L. Euler

XII. Leonhard Euler à D'Alembert, 47.06, 19 août 1747, document conservé à la Bibliothèque de l'Institut, Paris, Ms. 880, f. 22v° : lettre autographe d'Euler. Cliché F. Prin.

Mathematiques, et ma reconoissance egale l'estime que j'ai conçu de votre merite. Je suis surpris qu'on ait cherché à deprimer votre travail sur la Lune; il sufit, ce me semble, d'avoir vu votre theorie, et celly des autres Geometres, pour juger des avantages de la vôtre; quant à la theorie des Cometes n'ayant point vu ly travaux de Mr. Clairaut je n'en puis rien dire; mais il me paroit que vos reponses à ses objections sont sans replique.

J'ai l'honneur d'être

Monsieur

Turin ce 1 Juin 1762.

Votre tres humble et tres obeissant serviteur de la Grange

XIII. Lagrange à D'Alembert, 62.11, [1er ou 2] juin 1762, document conservé à la Bibliothèque de l'Institut, Paris, Ms. 876, f.105r° : première lettre connue de Lagrange à D'Alembert, autographe. Cliché F. Prin.

INVENTAIRE CHRONOLOGIQUE DES LETTRES PRIVÉES

1741

41.01 | **13 mai 1741.** Maurepas à D'Alembert
- source : minute du vol. « Dépêches année 1741 », d., « à Marly »
- localisation du ms. : Paris AN, O1 386, p. 185-[186]
- remarque : le registre contient les minutes de l. au contenu identique à d'Argenson, président, à Nicole, directeur et à de Mairan, secrétaire
- incipit : « Je vous donne avis avec bien du plaisir, monsieur, que le roi vous a choisi pour remplir la place d'adjoint astronome… »

contenu : Nomination de D'Al. comme adjoint astronome à l'Acad. sc. de Paris en remplacement de [Cassini de] Thury, passé associé mécanicien.

1746

46.01 | **1ᵉʳ mars 1746.** Maurepas à D'Alembert
- SOURCE : minute du vol. « Dépêches année 1746 », d., « à Versailles »
- LOCALISATION DU MS. : Paris AN, O1 391, p. 100
- REMARQUE : minutes de l. au contenu identique au duc de Chaulnes, président, à Morand, directeur et à de Fouchy, secrétaire. La l. à de Fouchy est dans le dossier D'Al. des archives de l'Acad. sc. À cette date, Maurepas est secrétaire de la Maison du Roi
- INCIPIT : « Je vous donne avis avec bien du plaisir, monsieur, que le roi... »

CONTENU : Nomination de D'Al. comme associé géomètre à l'Acad. sc. en remplacement de Le Monnier, passé pensionnaire.

46.02 | **[15] avril 1746.** Ludot à D'Alembert
- SOURCE : minute autogr., 2 p.
- LOCALISATION DU MS. : Troyes BM, Ms. 2584
- INCIPIT : « Il m'a été annoncé plus d'une fois par M. Trabaud... »

CONTENU : Il appris par Trabaud et Bergier que D'Al. l'a soutenu : [mém. présenté à l'Acad. sc. sur la manœuvre des vaisseaux] via Mairan. A failli le rencontrer à deux reprises : en 1739, alors que D'Al. logeait dans la même pension que Grosley ; puis quand D'Al. est venu avec Clairaut et deux académiciens faire des mesures à Troyes. A lu sans comprendre les formules de ses ouvrages de dynamique. A écrit une l. à Mairan et Clairaut. Erreurs de son mém.

46.03 | **21 avril [1746].** D'Alembert à Adhémar
- SOURCE : autogr., s., « à Paris », adr., cachet rouge, 3 p.
- LOCALISATION DU MS. : Berlin-Dahlem GSA, BPH, Rep. 92, Adhémar, I, f. 6
- ÉDITION : Mass 1973, p. 74-76
- INCIPIT : « J'ai fait rendre, mon cher ami, à l'abbé de Bernis le paquet que M. de Vauvenargues... »

CONTENU : La l. qu'Adhémar veut envoyer au roi [Louis XV] n'est pas correcte, il faut en envoyer une version corrigée à l'abbé de Bernis [voir l. du 15 juin 1746]. Ses activités [trad. de la *Cyclopædia* de Chambers].

46.04 | **[25 avril-10 juin 1746].** D'Alembert à Adhémar
- SOURCE : autogr., s., « à Paris », adr. à Lunéville, cachet rouge, 4 p.
- LOCALISATION DU MS. : Berlin-Dahlem GSA, BPH, Rep. 92, Adhémar, I, f. 4
- ÉDITION : Mass 1973, p. 77-78
- INCIPIT : « J'ai proposé à Diderot, mon cher monsieur, la place dont vous me parlez, et lui ai envoyé... »

CONTENU : Il a proposé à l'abbé de La Chapelle la place à Lunéville refusée par Diderot : demande plus d'informations sur cette place. Travaille à la traduction de Chambers. Mém. modifié transmis à l'abbé de Bernis.

46.05 | **15 juin 1746.** D'ALEMBERT à ADHÉMAR
- SOURCE : autogr., d.s., « à Paris », adr. à Lunéville, cachet rouge, 3 p.
- LOCALISATION DU MS. : Berlin-Dahlem GSA, BPH, Rep. 92, Adhémar, I, f. 5
- ÉDITION : Mass 1973, p. 79-80
- INCIPIT : « Je sens, mon cher ami, que j'ai grand tort avec vous, d'avoir été si longtemps sans répondre... »

CONTENU : Il a remporté le prix de l'Acad. de Berlin, et y est reçu associé étranger. A la demande de Maupertuis, fait un extrait de la *Cause des vents*. Donne à Adhémar les corrections qu'il a faites avec Bernis à son placet.

46.06 | **24 juin 1746.** D'ALEMBERT à FORMEY
- SOURCE : autogr., d.s., « à Paris », 2 p.
- LOCALISATION DU MS. : Washington Folger
- REMARQUE : la lettre est lue à l'Acad. de Berlin le 25 août par Formey
- INCIPIT : « Je viens de recevoir la lettre dont vous m'avez honoré, et dans laquelle vous m'apprenez que l'Académie... »

CONTENU : Remercie l'Acad. de Berlin de l'avoir reçu. Il va envoyer un mém.

46.07 | **[juin-juillet 1746].** D'ALEMBERT à FRÉDÉRIC II
- SOURCE : impr., « Paris », copie incorporée à la l. du 28 octobre 1746, Note ms. du roi en vue de la rép.
- ÉDITION : Preuss XXIV, n° 1, p. 367
- INCIPIT : « L'amour de Votre Majesté pour les lettres, et les bontés dont elle comble ceux qui les cultivent... »

CONTENU : Il demande à Fréd. II la permission de faire paraître sous ses auspices sa *Cause des vents*.

46.08 | **3 août 1746.** D'ALEMBERT à EULER
- SOURCE : autogr., d.s., « à Paris », adr., 3 p.
- LOCALISATION DU MS. : Saint-Pétersbourg AAN, 136/op2/2, f. 140-141
- ÉDITION : Euler, *O. O.*, IV A, 5, p. 249
- INCIPIT : « M. de Maupertuis veut bien se charger de vous remettre de ma part un exemplaire... »

CONTENU : Il lui envoie deux ouvrages par Maupertuis. Ses différends avec Daniel Bernoulli, en particulier à propos de la *Cause des vents*. Remercie Euler de sa présentation à l'Acad. de Berlin de la *Cause des vents*. Il la fait imprimer en France et elle paraîtra en novembre [1746].

46.09 | **9 août 1746.** D'ALEMBERT à ADHÉMAR
- SOURCE : autogr., d.s., adr. à Lunéville, cachet rouge, 3 p.
- LOCALISATION DU MS. : Berlin-Dahlem GSA, BPH, Rep. 92, Adhémar, I, f. 7
- ÉDITION : Mass 1973, p. 81-82
- INCIPIT : « Je n'ai point été malade, mon cher ami, et suis fort fâché que vous l'ayez été,... »

CONTENU : Très occupé à d'autres travaux, il lui envoie la devise de sa *Cause des vents*, dont l'impression sera achevée dans trois mois ; lui demande le secret.

46.10 | **24 septembre 1746.** Frédéric II à D'Alembert
- SOURCE : copie, d.s., « à Postdam », 1 p., citée dans la l. du 28 octobre 1746
- LOCALISATION DU MS. : Berlin-Dahlem GSA, BPH, Rep. 92, Adhémar, I, f. 2
- INCIPIT : « Je suis bien sensible, monsieur, à l'attention que vous me marquez en faisant paraître sous mes auspices... »

CONTENU : Il est satisfait de la dédicace de la *Cause des vents* et le complimente.

46.11 | **[septembre 1746].** D'Alembert à Adhémar
- SOURCE : autogr., s., adr. à Lunéville, cachet rouge, 3 p.
- LOCALISATION DU MS. : Berlin-Dahlem GSA, BPH, Rep. 92, Adhémar, I, f. 3
- ÉDITION : Mass 1973, p. 83
- INCIPIT : « J'ai reçu, mon cher ami, vos remarques sur mes vers, et je les trouve très justes, au moins pour la plupart... »

CONTENU : Discussion sur les vers de la *Cause des vents*, Marc Aurèle et Trajan.

46.12 | **2 octobre 1746.** Euler à D'Alembert
- SOURCE : *Catalogue of the collection [...] formed by Alfred Morrison*, A. W. Thibaudeau, vol. II, 1885, p. 104 : autogr., d.s., « Berlin », « on geometrical and scientific subjects », 4 p.
- REMARQUE : Euler, *O. O.*, IV A, 5, p. 250 renvoie à un cat. vente Charavay non identifié
- INCIPIT : inconnu

CONTENU : « démonstrations mathématiques ». La l. est mentionnée par D'Al. dans la l. du 28 octobre 1746 comme évoquant ses différends avec Daniel Bernoulli.

46.13 | **28 octobre 1746.** D'Alembert à d'Herten
- SOURCE : cat. Charavay, février 1992, n° 43148 (*RDE* 13, octobre 1992, p. 169, fac-similé partiel) : autogr., d.s., cachet rouge, 3 p.
- EXTRAIT : « ... Je vous remercie du détail que vous m'avez envoyé... »

CONTENU : Il le remercie de son récit de la bataille de Rocoux. La *Cause des vents*, dédicacée à Fréd. II, lauréate du prix de l'Acad. de Berlin (522 lt). Echange épistolaire avec Fréd. II qui l'invite à Berlin ; D'Al. a écrit à Maupertuis qu'il n'ira pas. L. « magnifique » d'Euler à propos de Daniel Bernoulli [l. du 2 octobre 1746].

46.14 | **13 décembre [1746].** Voltaire à D'Alembert
- SOURCE : impr.
- ÉDITION : Kehl LXVIII, p. 3. Best. D3484. Pléiade II, p. 199
- INCIPIT : « En vous remerciant, monsieur, de vos bontés et de votre ouvrage sur la cause générale des vents. »

CONTENU : Remerciements pour la *Cause des vents*. Mme du Châtelet.

46.15 | **29 décembre 1746.** Euler à D'Alembert
- Source : autogr., d.s., « à Berlin », adr., cachet noir, 3 p.
- Localisation du ms. : London BL, Egerton 19, f. 191-192
- Édition : Euler, *O. O.*, IV A, 5, p. 251-253
- Incipit : « Quoique d'autres occupations ne m'aient pas encore permis d'examiner avec assez d'application... »

Contenu : Dispute avec [Daniel] Bernoulli à propos du *Traité des fluides* de D'Al. Théorème fondamental de l'algèbre, log. de nombres négatifs [*O.C. D'Al.*, I/4a et b, et *Introductio* d'Euler].

46.16 | **[c. 1746].** D'Alembert à Mlle de L'Émeri [Lémery]
- Source : cat. vente Les Neuf Muses, décembre 1997, n° 1 : autogr., s., adr. « au second Pavillon des Quatre Nations », cachet rouge, 3 p.
- Remarque : écrit à la suite de Leclerc de La Bruère (parti à Rome en 1749) et de Mme Geoffrin qui laisse la plume à « Dalemberg », à rapprocher du Daremberg, nom d'université de D'Al. Mlle de L'Émeri est la fille du chimiste Louis Lémery, mort en 1743. Il en est fait encore mention dans la l. du 27 décembre 1751
- Incipit : « Je suis fleuve, madame, pour tout autre que vous,... »

Contenu : Mot galant : « je vous suivrais non seulement dans les enfers, mais dans tous les mondes dont M. de Fontenelle fait mention ».

1747

47.01 | **6 janvier 1747.** D'Alembert à Euler
- SOURCE : autogr., d.s., « à Paris », adr. à Berlin, 4 p.
- LOCALISATION DU MS. : Saint-Pétersbourg AAN, 136/op2/2, f. 214-215
- ÉDITION : Euler, *O. O.*, IV A, 5, p. 254-255
- INCIPIT : « Permettez-moi de m'adresser à vous dans l'incertitude où je suis de la santé de M. de Maupertuis... »

CONTENU : Paquet de livres (*Cause des vents, Traité de dynamique, Traité des fluides*) pour l'Acad. de Berlin et pour Fréd. II. Maupertuis malade. D'Al. a envoyé quatre mém. : cordes vibrantes, astronomie, calcul intégral, planètes. Corrections à faire. Il a lu les deux dissertations [d'Euler, dans *HAB 1746*].

47.02 | **29 janvier 1747.** D'Alembert à Euler
- SOURCE : autogr., d.s., « à Paris », adr. à Berlin, 4 p.
- LOCALISATION DU MS. : Saint-Pétersbourg AAN, 136/op2/2, f 216-217
- ÉDITION : Euler, *O. O.*, IV A, 5, p. 256-259
- INCIPIT : « Je suis très reconnaissant de la peine que vous avez bien voulu prendre d'examiner... »

CONTENU : Rép. à la l. du 29 décembre 1746, son différend avec Daniel Bernoulli. Log. de négatifs, calcul intégral. Envoi d'un nouveau mém. (Lune).

47.03 | **24 mars 1747.** D'Alembert à Euler
- SOURCE : autogr., d.s., « à Paris », adr. à Berlin, 4 p.
- LOCALISATION DU MS. : Saint-Pétersbourg AAN, 136/op2/2, f. 227-228
- ÉDITION : Euler, *O. O.*, IV A, 5, p. 260-262
- INCIPIT : « Je suis bien sensible à la manière dont l'Académie a bien voulu recevoir les pièces... »

CONTENU : Revient sur ses calculs précédents, log. et exemples de courbes. Pression de l'atmosphère (Daniel Bernoulli). Calculs nécessaires à la théorie de la Lune. Erreur de l'abbé de Gua sur le rebroussement de seconde espèce, évoquée dans son mém. envoyé le 6 décembre 1746.

47.04 | **15 avril 1747.** Euler à D'Alembert
- SOURCE : autogr., d.s., « Berlin », adr., cachet rouge, 3 p.
- LOCALISATION DU MS. : Paris Institut, Ms. 880, f. 20-21
- ÉDITION : Euler, *O. O.*, IV A, 5, p. 263-267
- INCIPIT : « Il est bien vrai que l'exemple de la courbe $y = \sqrt{x} + \sqrt{x}\sqrt{(x+a)}$... »

CONTENU : Rép. à la l. du 24 mars 1747. Log. hyperboliques, log. de négatifs, racines de l'unité. Jugement d'Euler sur le mém. de D'Al. sur la Lune et l'établissement de tables.

47.05 | **26 avril 1747.** D'Alembert à Euler
  • source : autogr., d.s., « à Paris », adr. à Berlin, 5 p.
  • localisation du ms. : Saint-Pétersbourg AAN, 136/op2/2, f. 247-249
  • édition : Euler, *O. O.*, IV A, 5, p. 267-269
  • incipit : « J'ai lu avec autant de fruit que de reconnaissance la lettre que vous m'avez fait l'honneur... »
contenu : Rép. à la l. du 15 avril 1747. Commente les objections d'Euler sur les log. de négatifs qui l'ont ébranlé. Discussion sur fonction et série. Annonce un mém. sur l'application de sa théorie de la Lune [voir *O.C. D'Al*, I/6, « Introduction »].

47.06 | **19 août 1747.** Euler à D'Alembert
  • source : autogr., d.s., « Berlin », adr., cachet rouge, 3 p.
  • localisation du ms. : Paris Institut, Ms. 880, f. 22-23
  • édition : Euler, *O. O.*, IV A, 5, p. 270-272
  • incipit : « Je profite du départ de M. Delisle pour vous répondre à votre dernière lettre et... »
contenu : Recommande le fils de Grischow. Controverse sur log. de négatifs et imaginaires : Euler pense avoir raison et répond à ses exemples, renvoie à son mém. [Euler, *O.O*, I, 19 et 17].

47.07 | **[septembre-octobre 1747].** D'Alembert à Euler
  • source : autogr., s., « à Paris », adr. à Berlin, cachet rouge, 3 p.
  • localisation du ms. : Saint-Pétersbourg AAN, 136/op2/2, f. 212-213
  • édition : Euler, *O. O.*, IV A, 5, p. 272-274
  • incipit : « M. Grischow m'a remis la lettre que vous m'avez fait l'honneur de m'écrire... »
contenu : Rép. à la l. du 19 août 1747. Grischow a vu Le Monnier. D'Al. pense aussi que la controverse sur les log. sera bientôt terminée. Indétermination de la valeur du log.

47.08 | **[c. 16 novembre 1747].** D'Alembert à Formey
  • source : autogr., adr. à Berlin, cachet rouge, 3 p.
  • localisation du ms. : Moscou RGASPI, fds 320, op. 1, 71, f. 1-2
  • édition : G. Dulac et S. Karp, *Les Archives de l'Est et la France des Lumières*, Ferney-Voltaire, CIEDS, 2007, t. II, p. 737-739
  • remarque : vers le 16 novembre 1747, date de la l. de Briasson (Fontius-Geissler-Häseler 1996, p. 39) dont D'Al. dit qu'elle partira en même temps que la sienne
  • incipit : « Je suis également sensible aux politesses et à la confiance dont vous m'honorez,... »
contenu : Lettre de change, griefs entre les libraires et l'abbé de Gua [à propos de l'*Enc.*]. Formey sera payé par l'abbé de Gua. L. que Briasson envoie en même temps. Il remercie, avec Diderot, Formey pour sa participation.

47.09 | **30 décembre 1747.** EULER à D'ALEMBERT
- SOURCE : autogr., d.s., « Berlin », adr., cachet rouge, P.-S. en marge, 1 p.
- LOCALISATION DU MS. : Paris Institut, Ms. 880, f. 17
- ÉDITION : Euler, *O. O.*, IV A, 5, p. 275-276
- INCIPIT : « Ayant appris de M. de Maupertuis, que vous voulez... »

CONTENU : A eu des nouvelles par Maupertuis de la santé de D'Al. altérée par les mathématiques. Il propose un développement en série en rép. aux doutes de D'Al. sur les log. imaginaires. Grischow.

1748

48.01 | **20 janvier 1748.** D'Alembert à Euler
- source : autogr., d.s., « à Paris », adr. à Berlin, cachet rouge, 4 p.
- localisation du ms. : Saint-Pétersbourg AAN, 136/op2/2, f. 342-346
- édition : Euler, *O. O.*, IV A, 5, p. 276-278
- incipit : « Je suis très sensible à l'intérêt que vous voulez bien prendre à ma santé, elle est à présent... »

contenu : Sa santé va mieux. Lui soumet une nouvelle interprétation de $e^{1/2}$. Il propose des hypothèses physiques sur la constitution interne de la Lune expliquant la différence entre le mouvement observé des apsides de la Lune et celui obtenu par la théorie [voir *O.C. D'Al*, I/6]. A lu les *Opuscula varia* d'Euler. Son *Traité des fluides*.

48.02 | **15 février 1748.** Euler à D'Alembert
- source : impr.
- édition : Euler, *O. O.*, IV A, 5, p. 279-282
- remarque : cat. coll. Gotthold Lessing, Berlin, 1916, n° 6099 : autogr., d.s., « Berlin », 4 p.
- incipit : « Je suis bien ravi que le moyen dont vous vous êtes servi a eu un si bon succès pour rétablir votre santé,... »

contenu : Forme de la loi d'attraction, il propose son hypothèse. Rép. à l'objection de D'Al. sur la représentation de e^x. Tables de la Lune. Lui enverra son « Analyse des infinis » et ses *Opuscula*. Relation liant les sommes de diviseurs de nombres.

48.03 | **30 mars 1748.** D'Alembert à Euler
- source : autogr., d.s., « à Paris », 4 p.
- localisation du ms. : Saint-Pétersbourg AAN, 136/op2/2, f. 374-375
- édition : Euler, *O. O.*, IV A, 5, p. 283-286
- incipit : « Je suis fort sensible à l'intérêt que vous voulez bien prendre à ma santé ; elle est très bonne... »

contenu : Il va envoyer des mém. à Berlin. Maupertuis lui donnera son éloge de [Jean I] Bernoulli [*Mercure*, mars 1748]. Apsides de la Lune, D'Al. résume son travail, ses hypothèses et ses doutes [voir *O.C. D'Al.*, I/6]. Suite de la discussion sur les log.

48.04 | **16 juin 1748.** D'Alembert à Cramer
- source : autogr., d., « Paris », adr. à Genève, cachet rouge, 4 p.
- localisation du ms. : London BL, Add. Ms. 23899, f. 4-5
- édition : Henry 1885/1886, p. 11-12
- incipit : « Les méditations les plus profondes, mon cher monsieur, sont agréablement troublées... »

CONTENU : Théorie de la Lune et attraction, le « coup de pied de l'âne » à Newton [voir O.C. D'Al., I/6]. *Histoire des Sarrasins*, *Histoire de Jovien* (La Bléterie). Comédie *La Péruvienne* [de Boissy]. *Enc.*

48.05	**17 juin 1748.** D'ALEMBERT à EULER

- SOURCE : autogr., d.s., « à Paris », adr. à Berlin, 4 p.
- LOCALISATION DU MS. : Saint-Pétersbourg AAN, 136/op2/2, f. 404-405
- ÉDITION : Euler, *O. O.*, IV A, 5, p. 287-288
- INCIPIT : « Il y a bien longtemps que je n'ai reçu de vos nouvelles, et de mon côté j'ai eu tant de... »

CONTENU : Prix de l'Acad. [sc., sur les inégalités du mouvement de Saturne] remporté par Euler. Développement en série trigonométrique de l'attraction, apsides de la Lune. Mém. de calcul intégral [voir *O.C. D'Al.*, I/4a], a écrit à Maupertuis à ce sujet.

48.06	**[juillet 1748].** CRAMER à D'ALEMBERT

- SOURCE : autogr., brouillon, 2 p.
- LOCALISATION DU MS. : Genève BGE, Ms. Fr. 657, f. 95
- REMARQUE : réponse à la l. du 16 juin 1748
- INCIPIT : « Ce serait comme vous le dites un furieux travail que de comparer les mouvements de la Lune... »

CONTENU : Théorie de la Lune et magnétisme. *Histoire des Sarrasins*. Vie de Mahomet à écrire.

48.07	**29 août 1748.** D'ALEMBERT à CRAMER

- SOURCE : autogr., d.s., 4 p.
- LOCALISATION DU MS. : Genève BGE, Ms. Suppl. 384, f. 177-178
- ÉDITION : Pappas 1996, p. 230-232
- INCIPIT : « Je suis bien sensible, mon cher monsieur, à toutes les amitiés que vous me faites,... »

CONTENU : Théorie de la Lune, résultats d'Euler et Tables de Newton, influence de la force magnétique. Représentation de la *Sémiramis* de Volt. *Panégyrique de Louis XV*. *Histoire de Jovien* de La Bléterie, a imité Simonide. Un bon philosophe devrait faire la vie de Mahomet.

48.08	**7 septembre 1748.** D'ALEMBERT à EULER

- SOURCE : autogr., d.s., « Paris », 4 p.
- LOCALISATION DU MS. : Saint-Pétersbourg AAN, 136/op2/2, f. 455-456
- ÉDITION : Euler, *O. O.*, IV A, 5, p. 289-292
- INCIPIT : « J'ai reçu avec beaucoup de reconnaissance le beau présent que vous m'aviez destiné de vos opuscules... »

CONTENU : Il commente leurs travaux respectifs sur la résistance de l'éther puis l'*Introduction à l'analyse des infinis* reçue il y a quelques jours : les facteurs binômes [théorème fondamental de l'algèbre], les points de rebroussement, les log. des quantités négatives. Tables et Système de Newton. A refait ses calculs. Va travailler sur la précession. Harper.

48.09 | **28 septembre 1748.** EULER à D'ALEMBERT
- SOURCE : autogr., d.s., « Berlin », adr., 3 p.
- LOCALISATION DU MS. : Paris Institut, Ms. 880, f. 18-19
- ÉDITION : Euler, *O. O.*, IV A, 5, p. 293-295
- INCIPIT : « Je profite du départ de M. de Maupertuis pour répondre aux deux lettres du 17 juin et du 7 sept[embre]... »

CONTENU : Son prix [voir l. du 17 juin]. Eclipse de Soleil et parallaxe de la Lune. Apprécie son traitement du mouvement dans un milieu résistant. Demande à D'Al. son avis sur sa théorie de la lumière mais ne répond pas aux log. imaginaires. Se justifie d'erreurs et de corrections [sur les points de rebroussement] pouvant induire une querelle de priorité : faute de l'éditeur, Bousquet.

48.10 | **27 octobre 1748.** D'ALEMBERT à EULER
- SOURCE : autogr., d.s., « à Paris », adr. à Berlin, 3 p.
- LOCALISATION DU MS. : Saint-Pétersbourg AAN, 136/op2/2, f. 462-463
- ÉDITION : Euler, *O. O.*, IV A, 5, p. 295-296
- INCIPIT : « M. de Maupertuis qui est arrivé ici en très bonne santé, m'a remis votre lettre du 28 septembre... »

CONTENU : Maupertuis. Théorie de Saturne d'Euler. Théorie de la Lune, masse de la Lune. Résistance des fluides. Objections sur les log. imaginaires. L'erreur de Bousquet, points de rebroussement.

48.11 | **27 octobre 1748.** D'ALEMBERT à FORMEY
- SOURCE : autogr., d.s., « Paris », adr., cachet, 3 p.
- LOCALISATION DU MS. : Krakow BJ, coll. Autographa
- INCIPIT : « Il y a déjà quelque temps que j'ai reçu la lettre que vous m'avez fait l'honneur... »

CONTENU : Arrivée de Maupertuis en bonne santé. Mémoire de Justi sur les monades injustement couronné. A fini sa partie de l'*Enc.*, s'est servi des mém. de Formey. Diderot occupé par les arts et les planches. Lui rendra honneur et papiers. Demande l'impression de ses deux mém. sur les cordes vibrantes.

48.12 | **5 décembre 1748.** D'ALEMBERT à CRAMER
- SOURCE : autogr., d.s., adr., traces de cachet, 4 p.
- LOCALISATION DU MS. : Berlin SB, H1740(1), acc. Darmstaedter 192b.10
- INCIPIT : « Vous aurez beau, mon cher monsieur, me donner les meilleures raisons du monde de m'avoir... »

CONTENU : Cramer lui manque. A travaillé sur la Lune, comparaison avec les tables, Newton a raison à ce sujet, ne se prononce pas sur l'apogée, accord avec les observations. *Précession des équinoxes*, le système de Newton ne suffit pas, a composé un mém. qui sera publié en 1749. Points de rebroussement, *Introductio* d'Euler. Critique théâtrale de *Catilina*, Crébillon et Volt. *Esprit des lois* de Montesquieu.

48.13 | **25 décembre 1748.** D'ALEMBERT à CRAMER
- SOURCE : autogr., d.s., « Paris », adr., cachet rouge, 4 p.
- LOCALISATION DU MS. : Genève BGE, Ms. Suppl. 384, f. 179-180
- ÉDITION : Pappas 1996, p. 232-235
- INCIPIT : « J'ai tant de plaisir, mon cher monsieur, à causer avec vous, que quelque occupé que je... »

CONTENU : Le peu de succès de la représentation de *Catilina* de Crébillon qu'il a vue le 20, contient des chapitres de Tacite mis en vers, éloges trop vite donnés. N'a pas encore vu *L'Esprit des lois*. Bradley et le mouvement de précession. Attend un mém. de Clairaut sur la Lune. Points de rebroussement de seconde espèce, mém. d'Euler. Va à la campagne.

48.14 | **27 décembre 1748.** EULER à D'ALEMBERT
- SOURCE : autogr., d.s., « à Berlin », 2 p.
- LOCALISATION DU MS. : Paris Institut, Ms. 880, f. 15-16
- ÉDITION : Euler, *O. O.*, IV A, 5, p. 297-299
- INCIPIT : « J'espère que vous aurez bien reçu ma dernière lettre, dont M. de Maupertuis a eu... »

CONTENU : L. précédente d'Euler remise par Maupertuis, celle-ci par Battier, mathématicien et cousin d'Euler qu'il recommande. Lui propose un contre-exemple à une formulation intervenant dans la démonstration de D'Al. du théorème fondamental de l'algèbre ($y = x^n$) [voir *O.C. D'Al.*, I/4a].

1749

49.01 | **4 mars 1749.** D'Alembert à Cramer
- SOURCE : autogr., d.s., « à Paris », adr., cachet rouge, 4 p.
- LOCALISATION DU MS. : Genève BGE, Ms. Suppl. 384, f. 181-182
- ÉDITION : Speziali 1959, p. 5-28. Pappas 1996, p. 235-239
- INCIPIT : « Vous m'avez écrit, mon cher monsieur, sur la tragédie de *Catilina*, une lettre... »

CONTENU : Critique sévère de *Catilina* de Crébillon, personnages de Tulie, Cicéron, Caton. A lu sa l. [inconnue] en public. Pièce de La Chaussée. Ses calculs de la précession pas totalement en accord avec le newtonianisme, il attend pour publier. Dernier mém. de Bradley sur la nutation. Points de rebroussement de seconde espèce : Euler s'était rétracté après la lecture des travaux de D'Al. Maupertuis lui apprend qu'Euler vient de lire un nouveau mém. contre de Gua. N'a pas encore eu l'occasion de lire l'*Esprit des lois* (livre cher). Demande s'il en existe à Genève une éd. in-12° non censurée. Veut lire l'ouvrage de Cramer sur les courbes.

49.02 | **12 mai 1749.** D'Alembert à Cramer
- SOURCE : autogr., d.s., « à Paris », adr., cachet rouge, 4 p.
- LOCALISATION DU MS. : Genève BGE, Ms. Suppl. 384, f. 183-184
- ÉDITION : Pappas 1996, p. 239-242
- INCIPIT : « Vous allez être bien surpris, mon cher monsieur, de la nouvelle que je vais vous apprendre... »

CONTENU : *Précession des équinoxes* sous presse, doit paraître fin juin, garder le secret (ne veut pas être devancé par les Anglais), résultats favorables à l'attraction. Bradley, Machin. Grâce à son principe de dynamique, il a levé un paralogisme qui lui faisait dire que l'attraction était en désaccord avec les phénomènes. Son introduction, masse de la Lune. Ses recherches sur le calcul intégral (*HAB 1748*, sous presse). Problème posé par Euler sur des courbes mécaniques qui n'ont pas d'approximation polynomiale en 0 [l. du 27 décembre 1748]. *Aristomène* [de Marmontel]. Disgrâce de Maurepas : fin des épîtres dédicatoires. Académiciens contents du [comte] d'Argenson.

49.03 | **12 mai 1749.** D'Alembert à Euler
- SOURCE : autogr., d.s., « à Paris », adr. incomplète, 3 p.
- LOCALISATION DU MS. : Saint-Pétersbourg AAN, 136/op2/3, f. 35-36
- ÉDITION : Euler, *O. O.*, IV A, 5, p. 299-301
- INCIPIT : « M. Battier a eu la bonté de me remettre votre lettre, et j'aurais eu l'honneur de vous faire réponse... »

CONTENU : Résout l'équation différentielle de la l. du 27 décembre 1748. Calcul intégral.

49.04 | **18 mai 1749.** D'Alembert à Grandjean de Fouchy
• SOURCE : cat. vente Librairie de l'Echiquier, Paris, printemps 1981, n° 5 : autogr., d.s. « à 7 heures du matin », « Paris », adr., cachet, 1 p.
• ÉDITION : *Carnet historique et littéraire*, 1898, p. 783
• INCIPIT : « Je vous prie, monsieur et cher confrère, de parapher à votre aise et fort exactement tous les papiers que je vous envoie. »
CONTENU : Ces papiers contiennent des recherches sur le système du monde qu'il a faites il y a plus d'un an (demande d'apposer la date du 18 mai), mais rien sur ce que Clairaut et lui ont lu le 17 mai. D'Al. enverra chercher les papiers dans huit à dix jours. Lui demande de garder la l.

49.05 | **6 juillet 1749.** D'Alembert à Cramer
• SOURCE : autogr., d.s., « à Paris », adr., cachet rouge, 4 p.
• LOCALISATION DU MS. : Genève BGE, Ms. Suppl. 384, f. 185-186
• ÉDITION : Pappas 1996, p. 241-242
• INCIPIT : « Je viens, mon cher monsieur, de remettre à l'abbé de Condillac notre ami un exemplaire... »
CONTENU : Lui envoie la *Précession des équinoxes* par Condillac et Champeaux. Justifie sa prise de position dans la querelle Clairaut-Buffon sur la forme de la loi d'attraction, à un terme ou plus.

49.06 | **11 juillet 1749.** D'Alembert à la marquise de Créquy
• SOURCE : cat. vente Drouot Paris, 20-21 avril 1948, n° 8 : autogr., d.s.
• REMARQUE : l. vendue dans un ensemble de l. à la marquise de Créquy, les autres sans lieu ni date, en tout environ 37 p. adr., cachets
• INCIPIT : inconnu
CONTENU : [Inconnu]

49.07 | **20 juillet 1749.** D'Alembert à Euler
• SOURCE : autogr., d.s., « à Paris », adr., 4 p.
• LOCALISATION DU MS. : Saint-Pétersbourg AAN, 136/op2/3, f. 45-46
• ÉDITION : Euler, *O. O.*, IV A, 5, p. 301-302
• INCIPIT : « M. Grischow a bien voulu se charger de vous remettre de ma part un exemplaire... »
CONTENU : Lui envoie la *Précession des équinoxes*. Il n'était pas d'accord avec Euler et Clairaut pour changer la forme de la loi d'attraction. Pense le système de Newton vrai. Courbes géométriques et $y = x^n$.

49.08 | **19 septembre 1749.** D'Alembert à Formey
• SOURCE : impr., « à Blancmesnil près Paris »
• ÉDITION : Formey 1789, II, p. 362-366
• INCIPIT : « Je suis très sensible à votre souvenir et aux soins que vous avez bien voulu prendre... »

ANNÉE 1749

CONTENU : Réception des Mém. [de l'Acad. de Berlin]. Avantages du philosophe sur l'homme du peuple quant aux notions communes. Impossible question de morale proposée pour le prix de 1751 (liberté et volonté divine) : il faut rédiger un nouveau programme. Cette l. peut être lue à l'Acad. [de Berlin]. Maupertuis. Détention de Diderot ; *Enc.* suspendue. D'Al. travaillera avec Diderot dès sa libération au prospectus qui sera bientôt sous presse.

49.09 | **21 septembre 1749.** D'ALEMBERT à CRAMER
- SOURCE : autogr., d.s. de l'initiale D, « à Blancmesnil près Paris », adr., cachet rouge, 7 p.
- LOCALISATION DU MS. : Genève BGE, Ms. Suppl. 384, f. 187-190
- ÉDITION : Pappas 1996, p. 242-248
- INCIPIT : « Je n'aurais pas été si longtemps sans vous répondre, mon cher monsieur, si je n'avais été distrait... »

CONTENU : Emprisonnement de Diderot suite à sa *Lettre sur les aveugles*. D'Al. n'a pu travailler. Ce que Cramer a dit de sa [*Précession des équinoxes*] : les fig., l'ordre et la méthode peuvent être améliorés. Prendre date devant le public. « La probabilité au secours de la certitude » : cette formule lui donne des idées métaphysiques qu'il développera. Son introduction et son épître, traiter Newton comme il convient, Descartes et les cartésiens. Esprit de système. Buffon, la formation de la Terre et les calculs. Le manque de rigueur de l'*Esprit des lois*. Programme de Berlin pour 1751. Rép. à sa l. du 20 juillet : Clairaut (question de priorité), loi d'attraction, problème du paramètre.

49.10 | **12 novembre 1749.** D'ALEMBERT à FORMEY
- SOURCE : autogr., d.s., adr., cachet, 4 p.
- LOCALISATION DU MS. : Krakow BJ, coll. Varnhagen
- INCIPIT : « Je suis très reconnaissant des soins que vous avez bien voulu vous donner pour m'expliquer... »

CONTENU : Programme du prix [de l'Acad. de Berlin], inutile débat sur la providence et l'optimisme. Demande des nouvelles de l'impression de trois de ses mém. [*HAB 1747*]. Inutile d'imprimer les mém. sur la Lune et sur d'autres points du système du monde, car D'Al. les imprimera dans un ouvrage séparé.

49.11 | **[10 décembre 1749].** D'ALEMBERT à GRANDJEAN DE FOUCHY
- SOURCE : autogr., « ce mercredy soir », adr., cachet rouge, 2 p.
- LOCALISATION DU MS. : Paris AdS, dossier D'Alembert
- INCIPIT : « Je crois avoir oublié, monsieur et cher confrère, de corriger dans le manuscrit de mon rapport une phrase... »

CONTENU : Corrections à apporter au ms. d'un rapport sur la musique qu'il a fait à l'Acad. sc. [rapport lu le mercredi 10 décembre 1749 sur un mém. de Rameau].

1750

50.01 | **3 janvier 1750.** Euler à D'Alembert
- SOURCE : copie ms. partielle de D'Al. dans les « Observations sur quelques Memoires, imprimés dans le volume de l'academie 1749 » et impr.
- LOCALISATION DU MS. : Paris Institut, Ms. 915, f. 184 et 193v°
- ÉDITION : D'Al., *Opuscules*, t. IV, 1768, p. 343. Euler, *O. O.*, IV A, 5, p. 303-304 et appendice II, p. 338 et 346
- REMARQUE : l. connue par un court extrait et une paraphrase partielle publiés par D'Al.
- EXTRAIT : « ... Vous avez entièrement raison... »

CONTENU : A reçu la *Précession des équinoxes*. Calculs relatifs à la Lune, sa précession et sa nutation [*O.C. D'Al.*, I/7].

50.02 | **9 janvier 1750.** D'Alembert à Cramer
- SOURCE : cat. vente Christie's, Paris, 25 juin 2004, n° 8 : autogr., « à Paris », adr. « à Geneve », cachet, 3 p.
- INCIPIT : « Il me semble, mon cher monsieur, qu'il y a un siècle que je ne vous ai écrit. Ce n'est pas que je n'aie souvent pensé à vous... »

CONTENU : A calculé « de nouveau et plus exactement » l'orbite de la Lune, « Newton en sortira à son honneur ». Diderot sorti de Vincennes depuis deux mois, le *Prospectus* de l'*Enc.* va sortir, croit qu'il en écrira le [*Discours préliminaire*]. Prix de morale de l'Acad. de Berlin sur la providence. Sujet d'un sermon mais non d'une dissertation. Ouvrages de Rameau et Maupertuis.

50.03 | **[c. 20-25 janvier 1750].** Cramer à D'Alembert
- SOURCE : autogr., brouillon, 2 p.
- LOCALISATION DU MS. : Genève BGE, Dossier ouvert d'autogr. « Cramer, Gabriel »
- INCIPIT : « Est-il vrai, mon cher monsieur, que le temps vous a paru long depuis que vous ne m'avez donné de vos nouvelles ? »

CONTENU : Théorie de la Lune, Newton à l'honneur. Diderot, l'*Enc.*, *Lettre sur les aveugles*. Mme Geoffrin. Sujet de prix de l'Acad. de Berlin. Ouvrages nouveaux : *Origine de l'univers*, *Essai de philosophie morale* [Maupertuis]. Le système musical de Rameau, celui de Smith.

50.04 | **12 février 1750.** D'Alembert à Cramer
- SOURCE : autogr., d.s., « A Paris », adr., cachet rouge, 4 p.
- LOCALISATION DU MS. : New York Columbia, Rare Books Coll., D. E. Smith Box A
- ÉDITION : Pappas 1977, p. 232-234
- INCIPIT : « Vos lettres, mon cher monsieur, seraient bien capables de me distraire de tous mes petits chagrins... »

CONTENU : L'*Essai de philosophie morale* de Maupertuis n'a pas de succès. *Mém.* de l'Acad. de Berlin (t. III), errata. Enverra désormais ses mém. à Berlin. Sa pension de 500 lt. Prix de l'Acad. de Saint-Pétersbourg sur la Lune, son propre travail, supériorité de sa méthode, va achever un ouvrage. *Lettre sur les aveugles*. Système de Rameau et ouvrage de Smith qu'il n'a pas encore lu. Tragédie d'*Oreste*, opéra de *Zoroastre*. Réponse de Montesquieu à la *Gazette ecclésiastique*. Traduction d'un roman anglais.

50.05 | **22 février 1750.** D'ALEMBERT à EULER
- SOURCE : autogr., d.s., « à Paris », adr. à Berlin, 4 p.
- LOCALISATION DU MS. : Saint-Pétersbourg AAN, 136/op2/3, f. 109-110
- ÉDITION : Euler, *O. O.*, IV A, 5, p. 304-305
- INCIPIT : « La lettre que vous m'avez fait l'honneur de m'écrire du 3 janvier dernier m'a fait d'autant plus de plaisir,... »

CONTENU : Par d'autres sources, D'Al. a appris qu'Euler n'était pas satisfait de sa *Précession*; il répond à ses critiques. Tous les mouvements de la Lune s'accordent avec la théorie de Newton. Ne sait s'il concourra pour le prix de l'Acad. de Saint-Pétersbourg. Tables de Halley [*O.C. D'Al.*, I/9].

50.06 | **[fin février 1750].** CRAMER à D'ALEMBERT
- SOURCE : autogr., brouillon dont il manque le début, 1 p.
- LOCALISATION DU MS. : Genève BGE, Ms. Fr. 657b, f. 97
- REMARQUE : rép. à la l. du 12 février 1750
- EXTRAIT : « ... indiquer les occasions. Encore un petit mot... »

CONTENU : Le félicite du plaisir procuré par ses ouvrages. Théorie de la Lune et longitudes, Clairaut y travaille aussi. Mém. sur la résistance des fluides refusé par l'Acad. de Berlin, ne peut croire Euler coupable. Attend son Traité de l'harmonie. Le rapport de D'Al. a rendu l'ouvrage de Rameau intelligible. D'Al. doit lire l'ouvrage anglais de Smith.

50.07 | **7 mars 1750.** EULER à D'ALEMBERT
- SOURCE : copie ms. de D'Al. d'un extrait dans les « Observations sur quelques Memoires, imprimés dans le volume de l'academie 1749 »
- LOCALISATION DU MS. : Paris Institut, Ms. 915, f. 184v°-185r°
- ÉDITION : Euler, *O. O.*, IV A, 5, p. 306
- EXTRAIT : « ... Depuis longtemps, je me suis appliqué à diverses reprises... »

CONTENU : Mouvement giratoire et précession : reconnaît les résultats de D'Al. [*O.C. D'Al.*, I/7].

50.08 | **30 mars 1750.** D'ALEMBERT à EULER
- SOURCE : autogr., d.s., « à Paris », adr. à Berlin, 4 p.
- LOCALISATION DU MS. : Saint-Pétersbourg AAN, 136/op2/3, f. 125-126
- ÉDITION : Euler, *O. O.*, IV A, 5, p. 307-308
- INCIPIT : « J'ai été très flatté de la lettre que vous m'avez fait... »

CONTENU : Il prend acte qu'Euler approuve son ouvrage sur la précession et cherchera à simplifier sa méthode si possible. Continue son travail sur la Lune, trouve un mouvement de l'apogée conforme aux observations, comme Clairaut. Ce qu'il a appris à Clairaut et ce que ce dernier lui a appris.

50.09 | **23 mai 1750.** Maupertuis à D'Alembert
- SOURCE : copie, d., « Berlin »
- LOCALISATION DU MS. : Saint-Malo AM, II 24, f. 92
- INCIPIT : « Je serais fort flatté si mon dernier ouvrage avait votre approbation : ce que j'ai dit sur... »

CONTENU : « Force ». Flatté que son dernier ouvrage ait l'approbation de D'Al. S'est rencontré avec le *Traité des systèmes* de Condillac. Les *Caractères* de Mme de Puisieux où il est maltraité. Mauvaises opinions sur Clairaut. N'a pas parlé à Euler des travaux de D'Al. sur la Lune.

50.10 | **5 août 1750.** Cramer à D'Alembert
- SOURCE : autogr., brouillon, d., 2 p.
- LOCALISATION DU MS. : Genève BGE, Ms. Fr. 657b, f. 63
- INCIPIT : « Vous laisseriez mourir vos amis sans demander de leurs nouvelles mon cher monsieur... »

CONTENU : Les raisons de son silence de six mois. Vacance de la place d'académicien étranger. A passé avec plaisir de professeur de mathématiques au poste de philosophie de Calandrini. A dû apprendre des discours algébriques. S'est fait mal en volant au secours d'une dame. Son *Traité sur les courbes* sort de presse, Mairan lui en donnera un exemplaire. Demande l'indulgence de D'Al.

50.11 | **2 octobre 1750.** Cramer à D'Alembert
- SOURCE : autogr., brouillon, d., 6 p.
- LOCALISATION DU MS. : Genève BGE, Ms. Fr. 657/b, f. 71-73
- INCIPIT : « Je suis extrêmement charmé, mon cher monsieur,... »

CONTENU : Il le remercie de ses remarques [sur son *Traité*] et y répond : notion de l'infini, série réelle et convergente, divergence. Points de serpentement différents des points multiples, différence dans le calcul et pas dans la figure. Définition de la courbure. Termes réguliers et irréguliers. Les erreurs de l'abbé de Gua. Lui souhaite bon séjour à [Segrais].

50.12 | **18 octobre [1750].** D'Alembert à Cramer
- SOURCE : autogr., « à Segrez [Segrais] ce 18 octobre », adr., cachet rouge, timbre postal d'Arpajon [Essonne], 5 p.
- LOCALISATION DU MS. : Genève BGE, Ms. Suppl. 359, f. 39-42
- ÉDITION : Henry 1885/1886, p. 13-14
- INCIPIT : « Je suis bien aise, mon cher monsieur, de vous voir dans les principes où j'ai toujours été. »

CONTENU : Sur les infinis de différents ordres. Calcul différentiel comme expression algébrique de la limite d'un rapport. Série convergente et représentation ; a eu tort de prendre les points singuliers pour des conjugués. Points de serpentement. A beaucoup travaillé : calculs sur la Lune achevés, paraîtront avant la pièce couronnée par l'Acad. de Saint-Pétersbourg ; son ouvrage sur la musique et celui sur la résistance des fluides sont aussi en état de paraître [paraîtront en 1752].

50.13 | **16 novembre 1750.** D'ALEMBERT à MAUPERTUIS
- SOURCE : impr. partiel, « à Paris », 2 p.
- ÉDITION : *HAB 1749* (1751), p. 372 (extrait)
- INCIPIT : « C'est sans doute par inadvertance, monsieur, que M. Euler m'a fait l'honneur de me citer dans vos *Mémoires* de 1741... »

CONTENU : Théorème sur les équations différentielles qui appartient à Fontaine.

50.14 | **20 novembre 1750.** CRAMER à D'ALEMBERT
- SOURCE : autogr., brouillon incomplet, d., 2 p.
- LOCALISATION DU MS. : Genève BGE, Ms. Fr. 657b, f. 77
- INCIPIT : « J'ai crû devoir attendre que vous fussiez sûrement de retour à Paris pour vous répondre... »

CONTENU : Maladie de son frère. L'infini dans les démonstrations. La définition de D'Al. du calcul différentiel. L'Anglais Parman et son *maximominus*. Demande des nouvelles de l'*Enc*. L'infini actuel. Séries divergentes.

50.15 | **[décembre 1750].** EULER à D'ALEMBERT
- SOURCE : autogr., très endommagée, s., « à Berlin », adr., cachet rouge, 1 p. avec figure
- LOCALISATION DU MS. : Paris Institut, Ms. 880, f. 14
- ÉDITION : Euler, *O. O.*, IV A, 5, p. 308-310
- INCIPIT : « J'ai pris la liberté d'envoyer par un libraire d'ici à M. Briasson quelques exemplaires... »

CONTENU : A envoyé par Briasson sa *Scientia Navalis* ; comparaison avec Bouguer. Il espère voir bientôt la pièce sur la Lune que D'Al. a envoyée à Saint-Pétersbourg. Problème hydraulique à résoudre sur une idée de Segner.

1751

51.01 | **4 janvier 1751.** D'Alembert à Euler
- SOURCE : autogr., d.s., « à Paris », adr. à Berlin, 1 p.
- LOCALISATION DU MS. : Saint-Pétersbourg AAN, 136/op2/3, f. 183
- ÉDITION : Euler, *O. O.*, IV A, 5, p. 310
- INCIPIT : « Je vous remercie d'avance de votre ouvrage *Scientia Navalis* que vous me destinez. »

CONTENU : Théorie de la Lune achevée il y a plus de 3 mois. Refuse de lui dire s'il concourt au prix de l'Acad. de Saint-Pétersbourg. Le problème d'hydrodynamique d'Euler sera résolu par sa *Résistance des fluides*.

51.02 | **5 janvier 1751.** D'Alembert à Cramer
- SOURCE : autogr., d., « à Paris », adr., cachet rouge, 5 p.
- LOCALISATION DU MS. : Genève BGE, Ms. Suppl. 384, f. 191-193
- ÉDITION : Pappas 1996, p. 249-251
- INCIPIT : « J'ai été surchargé, mon cher monsieur, depuis un mois, d'occupations de différentes espèces... »

CONTENU : Rép. à la l. du 20 novembre 1750. A reçu sa harangue inaugurale. A ajouté son *Traité sur les courbes* à l'art. « Courbe » de l'*Enc.* De Gua mécontent. Demande à Cramer son avis sur le *Prospectus*. Eloge de l'abbé Terrasson dans le *Mercure* de janvier. *Enc.* sous presse, il faut engager ses amis riches à souscrire pour lire Dumarsais et Daubenton ; Il est en accord avec Cramer sur tous les points mathématiques. Les questions sur l'espace infini et la vitesse en un point se résolvent en termes de rapports : idée donnée dans le *Traité de dynamique*.

51.03 | **[c. 10 février 1751].** D'Alembert à la marquise de Créquy
- SOURCE : autogr., adr., cachet noir, 2 p.
- LOCALISATION DU MS. : Genève, coll. J.-D. Candaux
- INCIPIT : « En vous remerciant, madame, de vos présents. Le mémoire de l'ordre de Malte est lu, examiné, approuvé, etc. »

CONTENU : A lu et fait ses remarques sur le mém. de l'ordre de Malte. Il va sortir avec les libraires de l'*Enc.* pour protester auprès de Malesherbes contre le *Journal de Trévoux*. *Eloge de Terrasson* [janvier 1751] exalté par les gens du monde, méprisé par les gens de lettres.

51.04 | **15 février 1751.** D'Alembert à Cramer
- SOURCE : autogr., d., « à Paris », adr., cachet rouge, 4 p.
- LOCALISATION DU MS. : Genève BGE, Ms. Suppl. 384, f. 194-195
- ÉDITION : Pappas 1996, p. 251-252
- INCIPIT : « Je suis bien flatté, mon cher monsieur, du suffrage que vous accordez à l'éloge de l'abbé Terrasson. »

| CONTENU : | Succès de l'*Eloge de Terrasson*; ne fera pas celui de d'Aguesseau. Travaille au *Disc. prélim.* de l'*Enc.* Diderot a répondu à Berthier par deux lettres et l'art. « Art ». L'art. « Abeille » pour le *Mercure* d'avril. Achat de livres pour Cramer. Ne pas s'occuper de l'abbé de Gua. D'Al. se chargera des souscriptions de Cramer. Sa définition de la vitesse. L'état des yeux de Condillac. |

51.05	**[fin février 1751].** D'Alembert à la marquise de Créquy
	• SOURCE : cat. vente *L'Autographe*, Genève, 1993 : autogr., adr., 2 p.
	• INCIPIT : « Je ne manquerai pas d'aller ce soir à l'hôtel du sentiment ; cela me fera dîner chez moi. »
CONTENU :	Fera semblant d'apprendre la perte du Doyen. Le peu de succès de leur rép. à Berthier [2 février 1751], n'ont pu faire aussi bien que Montesquieu contre la *Gazette ecclésiastique*. Il faut terminer la dispute avec les journalistes.

51.06	**[c. 20-25 mars 1751].** D'Alembert à Cramer
	• SOURCE : autogr., « reçu le 30 mars 1751 », signé D., adr., cachet rouge, 3 p.
	• LOCALISATION DU MS. : Genève BGE, Ms. Suppl. 384, f. 196-197
	• ÉDITION : Pappas 1996, p. 252-253
	• INCIPIT : « J'ai fait, mon cher monsieur, toutes vos commissions j'ai reçu les 500 lt et pris les 6 souscriptions... »
CONTENU :	Commissions de livres, achat de l'ouvrage de Macquer. Transpositions à faire dans l'arbre du Prospectus de l'*Enc.* Va lui envoyer les épreuves de son *Disc. prélim.* Voudrait lui envoyer la rép. de Diderot à Berthier et l'art. « Art ». L'art. « Abeille » de Daubenton dans le *Mercure*. Les yeux de Condillac vont mieux.

51.07	**15 juin 1751.** D'Alembert à Cramer
	• SOURCE : autogr., d., « à Paris », adr., cachet noir, 3 p.
	• LOCALISATION DU MS. : Genève BGE, Ms. Suppl. 384, f. 198-199
	• ÉDITION : Pappas 1996, p. 254-255
	• INCIPIT : « Vous avez bien raison, mon cher monsieur, c'est l'accablement de mes occupations... »
CONTENU :	Le premier vol. de l'*Enc.* paraîtra le 28 juin. Lui demande son avis sur le *Disc. prélim.* qu'il n'a pu lui soumettre. A fait un art. « Antipodes » qui ne plaît pas aux jésuites non plus que les art. « Chinois », « Confucius », etc. Achat et envoi de livres. Va se remettre à la géométrie. A trois ouvrages à peu près finis qu'il compte publier d'ici Pâques.

51.08	**20 juin 1751.** Buffon à D'Alembert
	• SOURCE : autogr., d.s., adr., cachet rouge, 1 p.
	• LOCALISATION DU MS. : Paris MNHN, Ms. 2753, n° 19
	• ÉDITION : *Œuvres complètes de Buffon, Correspondance*, éd. J.-L. Lanessan, XIII, 1885, lettre XLVII, p. 82-83
	• INCIPIT : « Je viens, mon cher monsieur, d'achever de lire votre *Discours*. Il est grand, très bien écrit et encore mieux raisonné. »

CONTENU : Félicite D'Al. de son *Disc. prélim*. Les pédants feront la grimace. Enchanté de la manière dont D'Al. l'a traité. Remerciements.

51.09 | **26 juin [1751].** Jean-Jacques ROUSSEAU à D'ALEMBERT
- SOURCE : impr.
- ÉDITION : Pougens 1799, p. 419-421. Leigh 162
- INCIPIT : « Je vous renvoie, monsieur, la lettre C que je n'ai pu relire plus tôt, ayant toujours été malade. »

CONTENU : A repris certains des morceaux (lettre C, *Enc.*) que D'Al. éditeur avait supprimés. Le remercie du *Disc. prélim.*, a été éclairé par la chaîne encyclopédique ; apprécie son idée sur l'imitation musicale. Cite La Mothe. Apprécie ses louanges.

51.10 | **29 juin 1751.** EULER à D'ALEMBERT
- SOURCE : copie ms. de D'Al. d'un extrait dans les « Observations sur quelques Memoires, imprimés dans le volume de l'academie 1749 »
- LOCALISATION DU MS. : Paris Institut, Ms. 915, f. 185v°
- ÉDITION : Euler, *O. O.*, IV A, 5, p. 311
- EXTRAIT : « ... l'astronomie m'était redevable de la vraie explication de la nutation de l'axe de la terre... »

CONTENU : [Inconnu sauf l'extrait].

51.11 | **6 juillet 1751.** D'ALEMBERT à CRAMER
- SOURCE : autogr., d., adr., cachet rouge, 3 p.
- LOCALISATION DU MS. : Genève BGE, Ms. Suppl. 384, f. 200-201
- ÉDITION : Pappas 1996, p. 255-256
- INCIPIT : « Toutes vos commissions sont faites, mon cher monsieur, j'ai touché les 100 lt de la lettre de change... »

CONTENU : Commissions, livres envoyés par Briasson. A demandé à D'Argenville s'il y avait d'autres envois à lui faire. Détail des frais. Demande son avis sur le *Disc. prélim.* Le succès dépasse ses espérances, le volume [I de l'*Enc.*] s'améliorera au fil des éditions.

51.12 | **12 juillet 1751.** D'ALEMBERT à HÉNAULT
- SOURCE : autogr., d.s., « à Paris », adr. à Compiègne, 2 p.
- LOCALISATION DU MS. : Paris BnF, NAFr. 25261, f. 17-18
- ÉDITION : Pougens 1799, p. 200-201. Henry 1885/1886, p. 15
- INCIPIT : « Je suis plus sensible, monsieur, que je ne puis vous le dire, aux éloges dont vous voulez bien honorer mon ouvrage. »

CONTENU : Le remercie des éloges sur son *Disc. prélim.*, dont il précisera le contenu dans les articles de l'*Enc.* à venir. Diderot et D'Al. n'oublieront jamais ce qu'ils lui doivent.

ANNÉE 1751

51.13 | **[mi-juillet 1751].** D'ALEMBERT à la marquise DU DEFFAND
- SOURCE : cat. Charavay, 808, mars 1994, n° 44003 : autogr., adr., cachet rouge, 3 p.
- ÉDITION : Pougens 1799, p. 149-151. Lescure 1865, p. 183-184
- INCIPIT : « J'ai été, madame, dès lundi, prendre une souscription pour vous. Vous aurez votre volume... »

CONTENU : A pris pour elle une souscription [à l'*Enc.*]. Aura son volume le lundi suivant. Le [*Disc. prélim.*] réussit. Les jésuites changent de ton ; il a six ou sept cents articles à leur service. Lui donne copie de l'épître dédicatoire au [comte d'Argenson].

51.14 | **10 septembre 1751.** D'ALEMBERT à CRAMER
- SOURCE : autogr., d., « à Blancmesnil », adr., cachet rouge, 3 p.
- LOCALISATION DU MS. : Genève BGE, Ms. Suppl. 384, f. 202-203
- ÉDITION : Pappas 1996, p. 256-257
- INCIPIT : « Je suis bien charmé, mon cher monsieur, que les volumes de l'*Encyclopédie* soient arrivés en bon état. »

CONTENU : Demande l'avis de Saladin sur l'*Enc.* Le [*Disc. prélim.*] l'avait épuisé. Après la rép. à Berthier, l'art. « Aristotélisme » a tourné en ridicule les jésuites, autres art. en prévision. Ne peut être accusé de jansénisme. Est au calme pour terminer ses ouvrages pour l'hiver : *Résistance des fluides*, *Elémens de musique suivant les principes de Rameau*, *Système du monde*, contenant les tables de la Lune achevées. Il ignore si Clairaut ira en Angleterre, croit que Le Monnier ira à Berlin.

51.15 | **10 septembre 1751.** D'ALEMBERT à EULER
- SOURCE : autogr., d.s., « à Blancmesnil », adr. à Berlin, 3 p.
- LOCALISATION DU MS. : Saint-Pétersbourg AAN, 136/op2/3, f. 220-221
- ÉDITION : Euler, *O. O.*, IV A, 5, p. 311-312
- INCIPIT : « Des occupations sans nombre m'ont empêché de répondre plus tôt à la dernière lettre... »

CONTENU : Accuse d'injustice les commissaires du prix de 1750 de l'Acad. de Berlin [*Résistance des fluides*], Grischow, mais aussi [Euler]. Mém. de Justi sur les monades couronné par cabale. Il retire donc sa pièce du concours [sur la Lune]. Il a fini sa théorie de la Lune et la fera publier.

51.16 | **[juillet-octobre 1751].** QUESNAY à D'ALEMBERT
- SOURCE : autogr., s., adr. « rue Michel le Comte », cachet, 1 p.
- LOCALISATION DU MS. : Berlin SB, Sammlung Darmstaedter, 2g 1756 (1), Bl. 1-2
- REMARQUE : le *Disc. prélim.* paraît dans le t. I de l'*Enc.* le 28 juin, D'Al. l'envoie et en reçoit des remerciements jusqu'en novembre

- INCIPIT : « Je ne puis vous dire, mon cher confrère, combien je suis reconnaissant du présent que vous m'avez... »

CONTENU : Apprécie le discernement du [*Disc. prélim.*]. Regrette de ne pas voir D'Al. que son horreur de la cour éloigne de Quesnay.

51.17 | **6 novembre 1751.** VOLTAIRE à D'ALEMBERT
- SOURCE : cat. Charavay, 809, juin 1994, n° 44252 : autogr., d.s., « au château de Postdam », 1 p.
- ÉDITION : *RDE* 18-19, octobre 1995, p. 270-271
- INCIPIT : « Je remercie en rougissant monsieur D'Alembert qui a parlé de moi avec autant de bonté,... »

CONTENU : Remerciements pour le *Disc. prélim.* où D'Al. a parlé de Volt. avec bonté, et a rendu justice à l'artiste Rameau.

51.18 | **[27 novembre 1751].** D'ALEMBERT à la marquise de CRÉQUY
- SOURCE : cat. vente Paris, Drouot (Cornuau expert), 7 juin 1961, n° 1 : autogr., 2 p., six lignes de Mme de Créquy au v°
- INCIPIT : inconnu

CONTENU : Il est allé voir une pièce médiocre, *Arlequin et Scapin, voleurs par amour* [jouée une fois, le 26 novembre 1751] qui l'a fait rire. N'ira pas dîner chez Buffon car il souffre d'un dérangement, mais ira lui faire sa cour le jour même.

51.19 | **[septembre-novembre 1751].** D'ALEMBERT à RAMEAU
- SOURCE : autogr., s., « ce mercredi matin », adr., 3 p.
- LOCALISATION DU MS. : Mariemont, 274c
- ÉDITION : Durry 1959, II, p. 485-486. Jacobi, VI, p. 233-234 qui la date de fin 1750 et reproduit le ms.
- INCIPIT : « Je suis malheureusement engagé aujourd'hui, monsieur, pour aller dîner à la campagne... »

CONTENU : Ira dîner chez La Popelinière. Lui demande un avis sur ses [*Elémens de musique*] qu'il a finis la veille et en donne le plan. Les calculs sont en note dans la théorie de l'harmonie, les règles dans la seconde partie.

51.20 | **[fin novembre 1751].** D'ALEMBERT à LE BRETON
- SOURCE : cat. vente Paris, Drouot, juin 1996, n° 1 : autogr., s., adr., cachet rouge, 3 p.
- INCIPIT : « Je crains, monsieur, que vous n'attendiez après l'article *Boussole* car vous y serez bientôt. »

CONTENU : D'Al. en fureur : La Condamine, réviseur de l'art. « Boussole », l'a envoyé par étourderie à Saint-Germain au lieu de le lui renvoyer. Faut-il suspendre l'impression et donner un répit à Diderot, laisser six colonnes, ou renvoyer à l'art. « Compas de mer » ?

ANNÉE 1751

51.21 | **[12] décembre 1751.** D'ALEMBERT à FORMEY
- SOURCE : cat. coll. Gotthold Lessing, Berlin, 1916, n° 5261 : d.s., « ce dimanche 11 déc. », 2 p.
- REMARQUE : l. datée d'après Winter 1957, p. 175, du 12 et non du 11 décembre 1751, lue à l'Académie le 27 janvier 1752, le dimanche est un 12 en décembre 1751
- INCIPIT : « J'envoyai au mois de décembre 1749 à l'Académie une pièce latine pour le prix sur la résistance des fluides,... »

CONTENU : Demande qu'on retire sa pièce latine (devise *Incipiam*) sur la résistance des fluides, puisque le prix est remis et que sa pièce sera publiée avant la fin décembre. Il en enverra plusieurs exemplaires à l'Acad. de Berlin.

51.22 | **[c. 22 décembre 1751].** D'ALEMBERT à la marquise de CRÉQUY
- SOURCE : cat. vente Hôtel Drouot, Paris (Thierry Bodin expert), 27-28 mai 2003, n° 616 : autogr., adr., notes au verso, 1 p.
- REMARQUE : l. à rapprocher de 51.18 pour l'état de son estomac
- INCIPIT : « Mon estomac va assez bien, madame, il y a cependant toujours une velléité de colique... »

CONTENU : Compte aller voir la tragédie *Varon* [jouée un mois à partir du 20 décembre 1751] grâce à Bailleul. Lui demande ce qu'elle va faire chez Coypel et la prie de faire la cour pour lui à Mme Geoffrin.

51.23 | **23 décembre [1751].** D'ALEMBERT à CRAMER
- SOURCE : autogr., « à Paris », adr., cachet rouge, 3 p.
- LOCALISATION DU MS. : Genève BGE, Dossier ouvert d'autographes « Alembert »
- ÉDITION : Pappas 1996, p. 257-258
- INCIPIT : « Sans les occupations qui m'accablent, mon cher monsieur, je vous aurais écrit il y a plus d'un mois... »

CONTENU : Santé de Cramer. Le vol. II de l'*Enc.* paraîtra le 15 janvier. Petit retard dû à l'indisposition de Diderot. Le *Disc. prélim.* n'étant pas imprimé à part par les libraires, Saladin devra acheter l'ouvrage. Est redevable de 169 lt. à Cramer. La *Résistance des fluides* va paraître. A lu à l'Acad. un extrait de sa préface. Les *Elémens de musique* paraîtront dans six semaines. Voudrait que Cramer succède à Folkes [comme associé étranger], mais tout se fait par cabale à l'Acad. sc.

51.24 | **[27 décembre 1751].** D'ALEMBERT à la marquise de CRÉQUY
- SOURCE : autogr., 3 p.
- LOCALISATION DU MS. : Neuchâtel BPU, Ms. R N.a.9
- ÉDITION : *Bulletin de l'Association Jean-Jacques Rousseau*, 1995, n° 47, p. 28
- REMARQUE : D'Al. dit « ce lundi matin, jour de ma fête, Jean tout court » ce qui permet de dater, la Saint-Jean tombant bien un lundi le 27 décembre 1751

- INCIPIT : « Vos perdrix, madame, vos bécasses et votre lettre meilleure que bécasses et perdrix m'ont trouvé couché, et qui pis est dormant... »

CONTENU : Est allé au Pavillon : il a dit avoir été malade et n'a pas eu de reproches. La thèse de l'abbé de Prades condamnée par Mme Lémery, Mlle Lémery l'a raccompagné. Condillac, Mlle Ferrand et Helvétius. Mourir suivant Boindin ou suivant La Mettrie. Il a quatre épreuves à corriger, un avertissement à achever, l'errata du second vol. [*Enc.*] à composer, Bache, Delamart, Brulé, Manvieux, Bailleul. La situation de Rousseau l'afflige.

1752

52.01 | **4 janvier 1752.** Maupertuis à D'Alembert
- Source : copie, d., 4 p.
- Localisation du ms. : Saint-Malo AM, II 24, f. 99v°-101r°
- Incipit : « J'ai reçu, mon cher ami, votre dernière lettre sans date et quelques jours auparavant M. Formey... »

Contenu : Faisant référence à la l. à Formey du 12 décembre 1751, il l'assure que sa pièce sera retirée. *Discours préliminaire* de l'*Enc.* Le remercie. Fait une nouvelle éd. de ses [*Œuvres*, 1752] à Dresde. *Cosmologie*. A écrit à La Condamine à propos de Kœnig, de la fausse lettre de Leibniz sur le principe [de moindre action]. La Mettrie et Boindin.

52.02 | **[13 ou 14 janvier 1752].** D'Alembert à René-Louis d'Argenson
- Source : l'original autogr. est inséré dans l'exemplaire de la *Résistance des fluides* du marquis d'Argenson, « ce vendredy 13 », 1 p.
- Localisation du ms. : Paris Arsenal, RES 4-S-3639
- Remarque : la datation d'un « vendredy 13 », est probablement une erreur pour « vendredi 14 » car la présentation à l'Acad. sc. date du 13 novembre et le rapport du 22 décembre 1751. New York Columbia, Rare Books Coll., D. E. Smith Box B : copie autogr., « lettre qui accompagnoit le volume », 1 p.
- Édition : Pougens 1799, p. 203-204
- Incipit : « Je vous dois sans doute des excuses d'oser vous dédier cet ouvrage sans vous en avoir... »

Contenu : L. d'accompagnement de l'épître dédicatoire [A51.03] de la *Résistance des fluides* [donné à l'Acad. sc. le 19 janvier]. Lui doit des excuses pour lui dédier l'ouvrage sans lui en avoir demandé la permission, mais ne pouvait autrement lui rendre hommage.

52.03 | **[c. 20 janvier 1752].** D'Alembert à la marquise de Créquy
- Source : autogr., 3 p.
- Localisation du ms. : Genève, coll. J.-D. Candaux
- Incipit : « Il faudra donc, madame, se passer de perdrix aujourd'hui, mais non de vous voir et de vous entendre... »

Contenu : Thèse de l'abbé de Prades ; guérisons, miracles et prophéties. Le syndic Digaultray, que Mme Du Deffand appelle « Dicotrets », a pris la défense de Prades. Position des jésuites et des cordeliers. Lui envoie son épître à d'Argenson (que celui-ci ignorait), ainsi que sa l. d'accompagnement [52.02], celle-là uniquement pour elle et son oncle [Bailly de Froulay].

52.04 | **1er mars 1752.** D'Alembert à Formey
- Source : autogr., d.s., « Paris », 1 p.
- Localisation du ms. : Krakow BJ, coll. Autographa

- ÉDITION : Formey 1789, II, p. 43-44 (extrait). J. Matter, *Lettres et pièces rares ou inédites*, 1846, p. 385-386
- INCIPIT : « Oserais-je vous supplier de remettre à M. de Maupertuis cette lettre ? J'ai mes raisons... »

CONTENU : Fait passer sa lettre en droiture par Formey. L'*Enc.* a été supprimée et ne sera pas continuée par D'Al.

52.05 | **24 mai 1752.** D'Alembert à Formey
- SOURCE : impr.
- ÉDITION : Formey 1789, II, p. 45-49
- INCIPIT : « Je suis très en peine de la santé de M. de Maupertuis. J'en ai reçu, il y a quelques jours... »

CONTENU : Il le supplie de lui donner des nouvelles de Maupertuis. Il se plaint de la façon dont il a été traité pour le prix sur les fluides [de 1750, reporté en 1752], Euler a remporté le prix de Paris grâce à lui. Ne veut continuer l'*Enc.* que si le *J. sav.* lui fait réparation, si le journaliste présente des excuses, si le conseil du Roi réhabilite l'*Enc.*, si les censeurs sont éclairés, si le sensualisme est accepté, s'il n'y a pas de carton pour le *Disc. prélim.* qu'il aurait droit d'imprimer à part, si les jésuites sont réduits au silence.

52.06 | **10 juillet 1752.** D'Alembert à Formey
- SOURCE : impr.
- ÉDITION : Formey 1789, II, p. 49-50 (extrait)
- EXTRAIT : « ... l'affaire de l'*Encyclopédie* est arrangée. J'ai consenti, après avoir résisté... »

CONTENU : A résisté pendant six mois avant de donner la partie mathématique de l'*Enc.*, sous condition de ne pas se mêler du reste, d'obtenir réparation du *J. sav.*, d'avoir liberté d'expression ou au moins un censeur choisi. Les libraires perfectionnent l'ouvrage.

52.07 | **4 août 1752.** D'Alembert à Maupertuis
- SOURCE : autogr., d., « à Paris », 4 p.
- LOCALISATION DU MS. : Paris AdS, Fonds Maupertuis 43J, n° 71
- ÉDITION : *RDE* 11, octobre 1991, p. 18-31
- INCIPIT : « J'ai reçu, il y a environ 15 jours, mon cher ami, par la voie de Strasbourg, un paquet... »

CONTENU : A reçu huit exemplaires de son ouvrage [*Œuvres de Maupertuis*] imprimé à Dresde, en a pris un pour lui et un autre pour La Condamine, lui demande ce qu'il doit faire des autres. A reçu une l. de lui la veille. Ses mém. et différends avec Euler : points de rebroussement et racines imaginaires. Euler lui doit le prix double de 1752. Lui laisse le choix d'imprimer son mém. sur les log. de nombres négatifs, modifier éventuellement son *Addition au mémoire sur les cordes vibrantes*. Connaît par La Condamine le jugement de l'Acad. de Berlin sur le procès de Maupertuis avec Kœnig, « fripon maladroit ». En fera mention à l'art. « Cosmologie » de l'*Enc.*, que Diderot doit adoucir pour la Sorbonne. L'a donné à l'abbé Raynal pour parution dans le *Mercure* d'août. A repris l'*Enc.* après s'être fait prier pour être plus libre. Ses art. non scientifiques ne paraîtront pas sous son nom. Le vol. III de l'*Enc.* Haller. Leibniz. Il écrira un discours postliminaire à l'*Enc.* Lui demande ses lettres philosophiques [*Lettres de M. de Maupertuis*] où il espère trouver du mal de la Sorbonne, des jésuites, etc.

52.08 | **24 août 1752.** D'Alembert à Voltaire
- SOURCE : autogr., d.s., « à Paris », 4 p.
- LOCALISATION DU MS. : Den Haag RPB 129, G16A30, 1
- ÉDITION : Best. D4990
- INCIPIT : « J'ai appris, monsieur, tout ce que vous avez bien voulu faire pour l'homme de mérite… »

CONTENU : Interventions en faveur de [l'abbé de Prades] qui est à Potsdam. La tempête essuyée par l'*Enc.*, Diderot et lui le remercient pour ses éloges dans *Le Siècle de Louis XIV*. A refusé pendant six mois de continuer. *Le Duc de Foix. Rome sauvée*. Admirateur zélé.

52.09 | **2 septembre 1752.** D'Argens à D'Alembert
- SOURCE : impr., « Postdam »
- ÉDITION : Pougens 1799, p. 427-428. Preuss XXV, p. 259-260
- INCIPIT : « Le roi recherchant, monsieur, avec empressement, les personnes qui ont des talents supérieurs… »

CONTENU : Fréd. II lui offre la présidence de l'Acad. de Berlin en remplacement de Maupertuis, fort malade : douze mille livres de pension, logement et table au château, attribution des pensions. L'abbé de Prades lui écrira.

52.10 | **5 septembre 1752.** Voltaire à D'Alembert
- SOURCE : autogr., d.s., « à Postdam, 5 septembre », adr., 2 p.
- LOCALISATION DU MS. : Oxford VF
- ÉDITION : Best. D5011a*, daté du 9. Pléiade III, p. 777-778. Pléiade XIII, p. 508, daté du 5.
- INCIPIT : « Vraiment, monsieur, c'est à vous à dire *je rendrai grâce au ciel et resterai dans Rome*… »

CONTENU : Compliments sur D'Al., Diderot et l'*Enc.* L'abbé de Prades est chez Volt. et il espère que Fréd. II l'accueillera.

52.11 | **16 septembre 1752.** D'Alembert à d'Argens
- SOURCE : impr., « à Paris »
- ÉDITION : Pougens 1799, p. 429-439. Preuss XXV, p. 260-264
- INCIPIT : « On ne peut être, monsieur, plus sensible que je ne le suis, aux bontés dont le roi m'honore… »

CONTENU : Décline l'invitation de venir présider l'Acad. sc. de Berlin : son admiration pour Fréd. II ; sa confiance en d'Argens ; sa gratitude pour l'accueil fait à l'abbé de Prades ; médiocrité de sa fortune (1 700 livres de rente) ; son amour de la tranquillité ; sa faible santé incompatible avec le climat de Berlin ; son engagement avec Diderot dans l'*Enc.* ; ses raisons de ne pas devenir « le chef d'un corps » ; ses égards pour Maupertuis. Pense que Fréd. II le comprendra. Promet le secret.

52.12 | **20 octobre 1752.** D'ARGENS à D'ALEMBERT
- SOURCE : impr., « Postdam »
- ÉDITION : Pougens 1799, p. 439-442. Preuss XXV, p. 264-265
- INCIPIT : « J'ai montré, monsieur, la lettre que vous m'avez fait l'honneur de m'écrire, au roi... »

CONTENU : Réfutation des motifs de refus donnés par D'Al. : Maupertuis, très malade, serait « charmé » d'avoir D'Al. pour successeur ; alliance franco-prussienne ; tranquillité et avantages assurés auprès d'un roi philosophe ; Berlin et la Bretagne ont le même climat. D'Al. pourrait écrire ses articles de l'*Enc.* et en laisser la direction à Diderot qui le rejoindra.

52.13 | **28 octobre 1752.** D'ALEMBERT à d'ARGENS
- SOURCE : impr., « à Paris, rue Michel le Comte », adr.
- ÉDITION : *Quatre lettres* 1927, p. 23-25
- INCIPIT : « M. de Beausobre m'a dit, monsieur, que vous n'aviez point reçu la réponse à la lettre... »

CONTENU : L'apologie de [l'abbé de Prades] a du succès mais il faut que celui-ci reste à Berlin. L'abbé [Yvon] manque d'argent à Amsterdam.

52.14 | **[fin octobre 1752].** D'ALEMBERT à MARMONTEL
- SOURCE : impr.
- ÉDITION : Pietro et Alessandro Verri, *Voyage à Paris et à Londres 1766-1767*, trad. française, ed. L. Teper, p. 321-322
- REMARQUE : l'ambassade de Kaunitz à Paris a pris fin le 5 novembre 1752
- EXTRAIT : « il ne reste donc plus qu'à M. K...z... »

CONTENU : Refuse de donner suite au désir de [Kaunitz] de le voir avec Diderot à la veille de prendre congé.

52.15 | **[mi-novembre 1752].** D'ALEMBERT à la marquise de CRÉQUY
- SOURCE : cat. vente Paris, Drouot (Thierry Bodin expert), 22-23 mai 1995, n° 2 : autogr., adr., 3 p.
- REMARQUE : la l. de Volt. est peut-être celle du 6 novembre 1751 ou du 5 septembre 1752, le samedi peut être celui de la rentrée académique de la Saint-Martin, vers la mi-novembre
- INCIPIT : « Voilà, madame, la lettre de Voltaire. Vous pouvez même si vous voulez, la garder mais... »

CONTENU : Ne pas montrer la l. de Volt. Le « beau chien de temps ». Se porte à merveille. Serait tenté de ne plus faire que des sermons pour lui plaire. Ecriture et papier exécrables. Il l'aime et l'adore en tous lieux. Veut-elle quelque chose de Bailleul ? Ne peut dîner chez elle : il doit être absolument à l'Acad. [sc.] samedi.

52.16 | **20 novembre 1752.** D'ALEMBERT à d'ARGENS
- SOURCE : impr., « Paris »
- ÉDITION : Pougens 1799, p. 443-445. Preuss XXV, p. 265-266
- INCIPIT : « Si j'ai tardé, monsieur, à répondre à votre seconde lettre, ce n'est point par une négligence... »

CONTENU : Rép. (tardive) à la l. du 20 octobre. Ses nouvelles réflexions et son persistant refus de se rendre à Berlin ; ne peut renoncer à sa patrie ni à ses amis. Maupertuis va mieux. L'assure que Berlin serait son asile s'il devait s'exiler. Protestations de sincérité et d'amitié.

52.17 | **[novembre 1752].** D'ALEMBERT à la marquise de CRÉQUY
- SOURCE : autogr., adr., cachet rouge, 2 p.
- LOCALISATION DU MS. : Cambridge UK, Ms. Leigh, Add. Ms. 8847/19
- REMARQUE : datée par rapprochement avec la précédente ; les vers sont plus anciens
- INCIPIT : « Voilà encore, madame, de fort vilain papier, mais il faudra que vous vous en contentiez pour aujourd'hui. »

CONTENU : Lui promet le secret sur la réunion d'hier. Lui envoie ses vers pour le maréchal [de Saxe], le prétendant [Charles Edouard Stuart] M. de Boufflers : toute sa poétique, douze vers, veut lui envoyer sa brochure pour satisfaire Helvétius.

52.18 | **4 décembre 1752.** D'ALEMBERT à la marquise DU DEFFAND
- SOURCE : autogr., d.s., « à Paris », 4 p.
- LOCALISATION DU MS. : Zürich ZB, Mus Jac D 149 : 24
- ÉDITION : Pougens 1799, p. 154-160. Lescure 1865, p. 153-156
- INCIPIT : « Je serais bien fâché, madame, que vous crussiez m'avoir perdu, mais malgré toute l'envie que j'ai de vous écrire souvent... »

CONTENU : Son *Système du monde* achevé. Ses articles math. de l'*Enc.* Sa rép. au détracteur de ses *Elémens de musique* est sous presse. Ses deux vol. de *Mélanges* sont prêts à paraître, en garder le secret. Chamrond. Querelle de Maupertuis et de Kœnig. Son refus réitéré d'accepter la présidence de l'Acad. de Berlin. Hostilité du ministère à son égard. Mène une vie retirée, ne voit que son abbé [Canaye] à l'Opéra. L'*Apologie de l'abbé de Prades* répond fort bien à l'évêque d'Auxerre. A renforcé son éloge de Montesquieu. A lu l'*Apologie de Bolingbroke* de Volt. Mme Denis retire sa comédie. Sottises des Chaulnes et de Duclos. Son admiration des « intermèdes italiens ».

52.19 | **22 décembre 1752.** D'Alembert à la marquise Du Deffand
• Source : autogr., d.s., « à Paris », 8 p.
• Localisation du ms. : Stanford UL, Special Collections, Misc. 169, f. 22-25
• Édition : Pougens 1799, p. 160-170. Lescure 1865, p. 156-160
• Incipit : « Voilà, madame, un bien gros paquet qui ne vous dédommagera guère de ce qu'il vous coûtera de port. »
Contenu : Lui communique sous le secret ses l. avec d'Argens à propos de la proposition de Fréd. II, a refusé car préfère mourir pauvre et estimé. A peint les ridicules des mécènes français dans ses [*Mélanges*] à paraître mi-janvier [1753]. Chamrond, Mâcon, Paris. Il est impossible d'ajouter le président [Hénault] dans le *Discours préliminaire* où ne sont loués que les grands génies de la nation. L'art. « Chronologie » de l'*Enc.* Hénault ne l'avait pas remercié de l'envoi de la *Résistance des fluides*. N'a pas participé à l'éloquente *Apologie de l'abbé de Prades*. Les *Lettres de Bolingbroke*. L'*Apologie* de Volt. que Julien enverra à Mme Du Deffand. Fadeur des vers de Bernis. Mme Du Deffand doit lire Rollin en ménageant ses yeux. Affaire de la sœur Perpétue. Schisme des musiques française et italienne.

52.20 | **[1752].** D'Alembert à la marquise de Créquy
• Source : cat. vente G. Morssen, automne 1966, n° 9 : autogr., adr., 2 p.
• Remarque : après 1751, le « démon de la composition » doit être celui des *Mélanges*
• Incipit : « Voilà, madame, l'économie de la vie humaine, dont le fond est très commun... »
Contenu : Lui renvoie l'*Economie de la vie humaine* [1751] qui lui déplait et y joint la liste des prédicateurs. Lui dit qu'elle tend à la béatification et devrait avoir cela avec Moncrif sous son coussin. Possédé du démon de la composition, il laisse ses amis aller « à 12 lieues d'ici à la chasse de la réputation ».

1753

53.01 | **[c. 10 janvier 1753].** D'Alembert à la marquise de Créquy
- SOURCE : cat. vente G. Morssen, mars 1960, n° 3 : autogr., adr., cachet, 1 p.
- INCIPIT : inconnu

CONTENU : Lui envoie des exemplaires de ses [*Mélanges*], dont quatre pour Mme Du Deffand, un pour Morand, un pour La Chapelle. Déclaration d'amour dans laquelle interviennent Mme Dupré, Helvétius, Duclos, Saurin, Trudaine.

53.02 | **[c. 15 janvier 1753].** D'Alembert à la marquise de Créquy
- SOURCE : cat. vente Tauski, janvier-février 1959 : autogr., adr., 2 p.
- LOCALISATION DU MS. : Paris, coll. Gourdin
- ÉDITION : J. Pappas, *RHLF*, 1966, p. 548-549
- REMARQUE : datée par les autres l. à Mme de Créquy et Mme Du Deffand du mois de janvier 1753
- INCIPIT : « Pardieu, vous m'écrivez sur de beau papier. Il n'y a que votre style au monde qui puisse faire passer du papier pareil. »

CONTENU : Va manger ses perdrix. Boze et La Chaussée crient contre lui. La cour est contente de son *Essai sur les gens de lettres*. Il est en grâce au Pavillon [chez Mme Lémery] où il va samedi. La chaleur d'Helvétius. L'opéra de Mondonville réussit contre les Bouffons. Diderot n'a pas la Prophétie [Le *Petit prophète de Boehmischbroda*].

53.03 | **17 janvier 1753.** D'Alembert à la marquise Du Deffand
- SOURCE : autogr., d.s., « à Paris », adr. à Mâcon, cachet rouge, 3 p.
- LOCALISATION DU MS. : New York Morgan, Misc. French, MA 2310
- ÉDITION : Pougens 1799, p. 173-176. Best. D5165
- INCIPIT : « Eh bien, madame, puisque vous êtes si contente de mes lettres je vous permets de les garder... »

CONTENU : L'autorise à lire ses l. à Formont, seulement à lui. Le succès de ses [*Mélanges* 1753], en vente depuis huit jours. Brouille entre Fréd. II et Volt., qui a publié un pamphlet contre Maupertuis. Ni lui ni Diderot n'est auteur du [*Petit prophète de Grimm*]. Médiocre opéra de Mondonville [*Titon et l'Aurore*] qui réussit. A vu Pont-de-Veyle à l'Opéra et lui a parlé de la richesse de Mme Du Deffand qui l'a rendue malheureuse.

53.04 | **17 janvier 1753.** D'Alembert à Moncrif
- SOURCE : autogr., d.s., « à Paris », adr. « en Cour », cachet rouge, 1 p.
- LOCALISATION DU MS. : Genève, coll. J.-D. Candaux
- INCIPIT : « J'ai reçu, monsieur, le paquet que vous avez eu la bonté de m'envoyer. M. de Maupertuis... »

CONTENU : Santé de Maupertuis identique depuis onze mois. L'opéra de Mondonville.

53.05 | **[c. 22 janvier 1753].** D'ALEMBERT à la marquise de CRÉQUY
• SOURCE : cat. vente Paris, Drouot (Thierry Bodin expert), 22-23 mai 1997, n° 4 : autogr., adr., 2 p.
• REMARQUE : à la suite des demandes de Mme de Créquy à propos du *Petit prophète*. Par ailleurs, elle semble lui envoyer des perdrix le lundi
• EXTRAIT : «... Et les prophéties ne m'ont point été envoyées ; car je ne les ai point reçues... »
CONTENU : En forme de pastiche : les prophéties [*Le Petit prophète*] ne lui ont pas été envoyées, mangera les deux perdrix, son Plutarque n'est pas revenu de chez le relieur.

53.06 | **27 janvier 1753.** D'ALEMBERT à la marquise DU DEFFAND
• SOURCE : autogr., d., « à Paris », adr. à Mâcon, cachet rouge, 3 p.
• LOCALISATION DU MS. : Genève, coll. hoirie Chaponnière
• ÉDITION : Pougens 1799, p. 176-179. Lescure 1865, p. 163-164
• INCIPIT : « Je suis, madame, d'autant plus sensible à votre suffrage, qu'en vérité je désirais ardemment de l'obtenir. »
CONTENU : Sensible à l'approbation qu'elle donne à ses [*Mélanges*] ; les Bissy et les Brancas ; son *Essai sur les gens de lettres* ; sa traduction de Tacite. Demande l'avis de Formont. Add. à l'éloge de [Jean I] Bernoulli. A maintenant ses entrées à la Comédie Française grâce à Mlle Clairon. La Tour a fait son portrait. A reçu de ses nouvelles par Delacroix, rencontré à l'Opéra. Mort de la duchesse du Maine. Mémoires de Mme de Staal.

53.07 | **[fin janvier 1753].** D'ALEMBERT à la marquise de CRÉQUY
• SOURCE : cat. vente G. Morssen, février 1961, n° 2 : autogr., adr., 3 p.
• INCIPIT : inconnu
CONTENU : Viendra la voir ce soir et lui donnera ses deux épîtres. L'abbé de Canaye vient de rentrer du Maroc et d'Alger. Lui lira l'éloge de Canaye [épître à l'*Essai sur les gens de lettres*] dont l'abbé a été content. Buffon. Montesquieu aura du mal à ne pas être condamné par la Sorbonne. Les éloges lus à l'Acad.

53.08 | **16 février [1753].** D'ALEMBERT à la marquise DU DEFFAND
• SOURCE : autogr., « à Paris », adr. à Mâcon, cachet, 3 p.
• LOCALISATION DU MS. : Genève IMV, Ms. CC 29
• ÉDITION : Pougens 1799, p. 170-173, Belin-Bossange, p. 25-26, qui la datent de 1752. Lescure 1865, p.165-166 qui la date de 1753
• INCIPIT : « J'attends, madame, avec beaucoup d'impatience les remarques que vous me promettez. »
CONTENU : « Prodigieux déchaînement » contre ses *Mélanges*. Jeliotte et Hénault à la tête d'une faction le dénigrant ; musique italienne. Critiques de feu M. de Forcalquier ; comte de Bissy s'est cru visé. Son marché avec les libraires ; n'a encore rien touché. Fera de la géométrie et lira Tacite. Volt. raccommodé avec Fréd. II et Maupertuis retombé.

ANNÉE 1753

53.09 | **10 mars 1753.** D'Alembert à la marquise Du Deffand
- SOURCE : impr., « Paris »
- ÉDITION : Pougens 1799, p. 180-183. Lescure 1865, p. 167-168
- INCIPIT : « Je viens d'apprendre, madame, dans le même moment, votre maladie et votre convalescence. »

CONTENU : Nouvelles apprises par Delacroix. L'abbé de Canaye, épris des lettres de Mme Du Deffand, voudrait aller la voir. La remercie pour les remarques sur les *Mélanges* provenant « d'un homme d'esprit » ; attend le jugement de Formont ; propos ambigus du président [Hénault]. Sa très chère géométrie. Ses *Mélanges* lui ont rapporté déjà 500 lt et pourraient lui en valoir 2 000.

53.10 | **22 mars 1753.** La marquise Du Deffand à D'Alembert
- SOURCE : impr., « Mâcon »
- ÉDITION : Lescure 1865, p. 169-170
- INCIPIT : « Si vous avez jamais entendu parler du greffier de Vaugirard, faites-m'en l'application. »

CONTENU : Gênée à l'idée que D'Al. communique ses l. Pense que Canaye, comme Diderot, ne lui fera qu'une seule visite. Avis de Formont sur l'*Essai sur les gens de lettres*. Désolée qu'il veuille rester enfermé dans la géométrie. Rentrera à Paris en juin, espérant y dîner souvent avec lui. Devient aveugle. Ira la semaine suivante à Lyon voir le cardinal [de Tencin]. Canaye et sa nièce lui évoquent *Thérèse philosophe*.

53.11 | **14 avril 1753.** D'Alembert à la marquise Du Deffand
- SOURCE : cat. vente A. Nicolas, automne 1992, n° 3 : autogr., adr., cachet rouge, 3 p.
- ÉDITION : Pougens 1799, p. 183-185. Lescure 1865, p. 171-172
- INCIPIT : « Quoique je vous croie à Lyon, madame, je vous adresse cette lettre à Mâcon... »

CONTENU : Canaye enchanté des l. de Mme Du Deffand. Malgré son avis et celui de Formont, il persiste à faire de la géométrie, qui est « sa femme ». N'a touché encore que 500 lt de son ouvrage au lieu des 2 000 qu'il espérait. Impatient du retour en juin de Mme Du Deffand à Paris. Canaye, sexagénaire, est « fou à lier ».

53.12 | **28 avril 1753.** D'Alembert à d'Argens
- SOURCE : autogr., d.s., adr., cachet rouge, 3 p.
- LOCALISATION DU MS. : Paris Institut, Ms. 2715, fauteuil 17
- ÉDITION : Best. D5271
- INCIPIT : « C'était uniquement, monsieur, l'amour de la retraite, de la pauvreté et de la liberté,... »

CONTENU : La proposition de septembre 1752 de la part du roi. Se félicite depuis de ne pas être au milieu de la dispute Volt.-Maupertuis. Très peiné de cette affaire. Son *Essai sur les gens de lettres*. Volt. est à Leipzig.

53.13 | **3 août 1753.** Georges-Louis Le Sage à D'Alembert
- SOURCE : minute autogr., d.s., « Par le Prof. Mallet »
- LOCALISATION DU MS. : Genève BGE, Ms. Suppl. 517, f. 3-4
- REMARQUE : f. 4, liste des mémoires de géométrie, calcul, physique dont il est fait mention dans la lettre ; voir Prevost 1805, p. 73
- INCIPIT : « Vous savez mieux que moi, qu'un auteur est toujours assez sûr de trouver un libraire et des lecteurs, si... »

CONTENU : Sur la publication des livres de mathématique et la notoriété de l'auteur. Demande l'appui de D'Al. pour publier parmi les correspondants de l'Acad. des sc. Se propose de lui envoyer certains de ses mém. par l'intermédiaire de Mallet.

53.14 | **29 août 1753.** D'Alembert à Georges-Louis Le Sage
- SOURCE : autogr., d.s., « à Paris », cachet rouge, 2 p.
- LOCALISATION DU MS. : Genève BGE, Ms. Suppl. 512, f. 11-12
- ÉDITION : Prevost 1805, p. 283
- INCIPIT : « Quelque accablé que je sois par des occupations de différente espèce, qui ne me permettent guère d'examiner des ouvrages... »

CONTENU : Rép. à la l. du 3 août. Demande les mém. pour la date de la Saint-Martin.

53.15 | **3 septembre [1753].** D'Alembert à la marquise Du Deffand
- SOURCE : autogr., « Blancmesnil », cachet rouge, 3 p.
- LOCALISATION DU MS. : New York Columbia, Rare Books Coll., D. E. Smith Box A
- ÉDITION : Pougens 1799, p. 186-188. Lescure 1865, p 177-178
- INCIPIT : « Il m'a été impossible, madame, d'avoir l'honneur de vous voir à Paris, quelqu'envie que j'en eusse... »

CONTENU : Est parti mercredi pour Blancmesnil. La remercie d'avoir parlé à d'Arg[enson] mais ne veut pas être secrétaire de l'Acad. sc. : donne ses raisons, difficile de succéder à Fontenelle. Oublier cette idée de Saint-Mard. Veut s'en tenir à la géométrie et rester pauvre, comme le veulent Maur[epas] et Mme de T[encin]. Le président Hénault et l'art. « Chronologie ». Revient à Paris vers le 12.

53.16 | **13 septembre 1753.** Mme de Menilglaise à D'Alembert
- SOURCE : cat. vente « Lettres autographes sur le XVIIIe siècle » (Etienne Charavay expert), 11 avril 1876, n° 49 : autogr., d.s., cachet, 1 p.
- INCIPIT : inconnu

CONTENU : Elle lui demande de venir voir son oncle [l'abbé de Canaye] qui est malade.

53.17 | **[15 septembre 1753].** D'Alembert à la marquise Du Deffand
- SOURCE : autogr., s., « ce samedy matin », adr., cachet rouge, 3 p.
- LOCALISATION DU MS. : Paris BnF, NAFr. 14898, f. 2-3
- ÉDITION : Pougens 1799, p. 151-153. Lescure 1865, p. 184-185
- INCIPIT : « Je reçus hier, madame, en arrivant de la campagne, une lettre de l'abbé de Canaye,... »

ANNÉE 1753

CONTENU : L. de Canaye l'informant de la « tracasserie » que Saint-Mard lui a faite avec elle et de la l. qu'il lui a écrite. D'Al. confirme ne pas vouloir être secrétaire de l'Acad. sc., ne veut pas aller sur les brisées de Montigny. Le *Disc. prélim.* de l'*Enc.* et les deux éloges dans le *Mercure* ont été faits sans arrière-pensée : « prouver qu'on peut être géomètre et avoir le sens commun ». Lui demande de ne pas lui en vouloir, pardonne à Saint-Mard. Ne fait que passer à Paris. Canaye la prie de ne pas parler de sa l.

53.18 | **11 octobre [1753].** D'ALEMBERT à la marquise DU DEFFAND
- SOURCE : autogr., « Blancmesnil »
- LOCALISATION DU MS. : Paris AdS, dossier D'Alembert
- ÉDITION : Pougens 1799, p. 189-193. Lescure 1865, p. 178-180
- INCIPIT : « J'avais appris, madame, par M. Duché une partie de votre conversation avec M. de Paulmy. »

CONTENU : La candidature de Condillac [à l'Acad. fr.] est soutenue par la cousine de Paulmy [d'Argenson]. Duché et lui à Blancmesnil depuis hier, retournent ce soir à Paris. L'*Enc.* [t. III] paraît d'hier, elle peut faire lire l'avertissement. Visite du chevalier de Lorenzi. Bougainville aura les voix d'Hardion et de Sallier par la reine. [Hénault], qui ne peut pas le souffrir, a reçu l'avertissement, est mentionné dans l'*Enc.* non à l'art. « Chronologie » mais à l'art. « Chronologique », mais il trouvera la louange mince. Ses séjours prochains à Fontainebleau (partira avec Duché le 22 ou le 23, et il verra Quesnay) et au Boulay. N'importunera pas Mme de Pompadour pour l'affaire de l'abbé Sigorgne. Reste « quaker ». Va écrire à Maupertuis. Duché écrit un P.-S. : D'Al. n'a plus la tête tournée par une « péronnelle ».

53.19 | **[mi-octobre 1753].** D'ALEMBERT à FORMEY
- SOURCE : autogr., s., « rue Michel Comte », 1 p.
- LOCALISATION DU MS. : Princeton, General ms., Box ALA-ALE, AM 16148
- REMARQUE : le vol. III de l'*Enc.* paraît le 10 octobre 1753
- INCIPIT : « M. Briasson s'est chargé de vous faire parvenir le 2d volume de l'*Encyclopédie*, et le 3e que nous venons de donner. »

CONTENU : D'Al. demande s'il a reçu le premier vol. et quand il recevra [HAB] pour 1750 et 1752. Maupertuis a dit à D'Al. qu'il les lui ferait parvenir.

53.20 | **19 octobre [1753].** D'ALEMBERT à la marquise DU DEFFAND
- SOURCE : cat. vente Paris, Drouot-Richelieu (Thierry Bodin expert), 28-29 avril 1997, n° 97 : autogr., « Paris », adr. au château de Nanteau, cachet, 3 p.
- ÉDITION : Pougens 1799, p. 193-196. Lescure 1865, p. 181-182
- INCIPIT : « Votre lettre, madame, est venue fort à propos, car j'étais en peine de vous,... »

CONTENU : Elle a écrit à M. de Macon une lettre triste. Espère que sa secrétaire va mieux. L'art. « Chronologie » de l'*Enc.* et Hénault ; peu lui importe l'Acad. fr., Hénault lui a fait une l. de compliment entortillée sur sa préface [au t. I ou au III ?]. Il a dû s'étendre dans le *J. sav.* pour répondre aux critiques. Contrairement à Mme Du Deffand, Condillac et Grimm ne sont pas contents [de l'*Enc.*]. Se rendra avec Duché à Fontainebleau la semaine suivante, verra Quesnay, lui parlera de l'abbé Sigorgne. Sa vie retirée. Mort de Mme d'Aumont et du vicomte de Chabot.

53.21 | **21 octobre 1753.** D'ALEMBERT à la marquise DU DEFFAND
• SOURCE : impr.
• ÉDITION : Lescure 1865, p. 182-183
• INCIPIT : « Premièrement, madame, vous avez tort de vous fâcher contre moi, car je n'ai point tort ;... »
CONTENU : A été trompé sur l'heure du départ du courrier de Nemours. Duché retenu à Paris. Ils partiront jeudi [25], seront au Boulay le dimanche ou lundi, pour une semaine. Ses imprimeurs se passeront de lui. Son appellation « chat moral » et la fin de sa passion pour Mlle Rousseau. Cet hiver, il ne verra que Mme Du Deffand et Canaye. Verra Quesnay à Fontainebleau. Lui reproche d'avoir écrit au président [Hénault] pour une place à l'Acad. fr.

53.22 | **31 octobre 1753.** D'ALEMBERT à MAUPERTUIS
• SOURCE : copie, d., « du Boulay », 2 p.
• LOCALISATION DU MS. : Saint-Malo AM, II 24, f. 130v°-131r°
• INCIPIT : « Mon cher président ou plutôt mon cher ami (car j'aime bien mieux pour vous et pour moi... »
CONTENU : Mme Du Deffand veut que D'Al. lui écrive, en rép. à sa l. ; sa santé ; sottises du roi et rancune [relative à l'affaire Akakia] ; Maupertuis doit différer son départ et rester en France. Volt. est à Colmar, il ne faut pas s'en soucier. Aurait dû recevoir cette l. trois semaines plus tôt mais quiproquo avec Mme Du Deffand.

53.23 | **14 novembre 1753.** MAUPERTUIS à D'ALEMBERT
• SOURCE : minute, d., 1 p.
• LOCALISATION DU MS. : Saint-Malo AM, II 24, f. 131
• INCIPIT : « J'ai reçu votre lettre, mon cher ami, remplie de choses dont je ne puis contester la vérité... »
CONTENU : Rép. à la l. du 31 octobre. Il trouve ses conseils justes mais inapplicables. Sa conduite envers les rois. Lui demande de lire sa l. à la généreuse amie [Mme Du Deffand].

53.24 | **16 novembre [1753].** MONTESQUIEU à D'ALEMBERT
• SOURCE : impr., « Bordeaux »
• ÉDITION : Pougens 1799, p. 422-423 la date de 1765. Bastien 1805, XIV, p. 404-405 la date de 1763. Lescure 1865, p. 187, la date de 1753, ce qui est bien sûr l'année exacte
• INCIPIT : « Vous prenez le bon parti, monsieur ; en fait d'huître on ne peut faire mieux. »

ANNÉE 1753

CONTENU : Dire à Mme Du Deffand qu'elle sera sa *marquise*. L'Acad. fr. a aussi ses matérialistes, témoin l'abbé d'Olivet. D'Al. doit en être aussi. Son *Disc. prélim.* est fort, charmant et précis. Serait heureux d'écrire dans [l'*Enc.*] mais pas « Démocratie » et « Despotisme », choisira d'autres art. chez Mme Du Deffand avec du marasquin. Comme le père Castel, ne peut se corriger. Pourrait se charger de l'art. « Goût ».

53.25 | **20 novembre 1753.** D'ARGENS à D'ALEMBERT
- SOURCE : impr., « Postdam »
- ÉDITION : Pougens 1799, p. 445-448. Preuss XXV, p. 266-267. Lescure 1865, p. 235-237, date, à tort, de 1758
- INCIPIT : « J'ai montré au roi, monsieur, la lettre que vous m'avez fait l'honneur de m'écrire au sujet de M. Toussaint... »

CONTENU : Fréd. II a invité Toussaint à Berlin, Beausobre s'en occupe, il faut garder le silence. Fréd. II invite D'Al. à passer quelques mois à Berlin, lui paye le voyage. Demande des nouvelles de Volt., qu'on dit en Alsace [automne 1753] dont la future « Histoire d'Allemagne » sera une méchante compilation, vaines intrigues pour rentrer en grâce. Maupertuis rétabli, pour la santé, non pour le caractère. Sa propre santé déclinante.

53.26 | **27 novembre 1753.** D'ALEMBERT à DUCHÉ
- SOURCE : autogr., d., « à Paris », 4 p.
- LOCALISATION DU MS. : Marseille Alcazar, Ms. 2145, n° 1
- INCIPIT : « J'ai lu, mon cher Duché, votre lettre à Mme Du Deffand... »

CONTENU : A lu sa l. à Mme Du Deffand, à Mme Geoffrin, à Canaye. Transmet leurs ferventes amitiés et celles de Valory, Combalusier, Lavirotte et de tout le « coin de la Reine ». Réussite de l'intermède *Bertholde* (qui est un Quaker) des Bouffons, leur éventuel renvoi. *Lettre sur la musique française* de J.-J. Rousseau a suscité le déchaînement jusqu'à la cour, le comte d'Argenson parle d'« athéisme », Hénault s'évanouit. Refus de Montesquieu d'écrire les art. de l'*Enc.* « Démocratie » et « Despotisme », mais accepterait « Goût ». Représentation d'*Athys*, Mme de Talmont s'y comporte en « veuve de Lully ». Grossesse de « Kismi ». Election de Bougainville à l'Acad. fr. samedi suivant, malgré l'opposition de Duclos. A reçu une l. anonyme de persiflage sur le renvoi des Bouffons. Parution du livre sur la physique de Diderot. *Vie de J.-C* du père Berruyer, préface contre les incrédules, désaveu des jésuites. Mme Du Deffand se dit jalouse de Mme Geoffrin. Ira dîner chez Vernage.

53.27 | **[8 ou 22 décembre 1753].** D'ALEMBERT à d'ARGENS
- SOURCE : impr., « à Paris », P.-S.
- ÉDITION : *Quatre lettres*, 1927, p. 27-32, datée « à Paris 8 décembre 1753 », P.-S. complet. Pougens 1799, p. 449-453, non datée. Belin-Bossange, p. 22-23, datée du 22 décembre 1758. Preuss XXV, p. 268-269, datée du 22 décembre 1753. Lescure 1865, p. 237-239, datée [1753]

- INCIPIT : « Je suis, monsieur, pénétré au-delà de toute expression des marques de bonté dont sa majesté me comble... »

CONTENU : Son attachement à Fréd. II, sa gratitude pour l'invitation. Sa collaboration à l'*Enc.* l'empêche présentement de s'éloigner de Paris, promet d'accélérer l'ouvrage et d'éviter tout autre engagement. Fréd. II sera seul capable de le tirer de sa « retraite ». Annonce une réponse ultérieure aux autres points de la l. de d'Argens, lui demande un avis sur l'avertissement du t. III de l'*Enc.*

53.28 | **[fin 1753].** D'ALEMBERT à la marquise de CRÉQUY
- SOURCE : cat. vente G. Morssen, février 1963, n° 3 : autogr., adr., 2 p.
- REMARQUE : pourrait être une allusion à la pendaison de Rousseau au foyer de l'opéra en novembre 1753
- EXTRAIT : « ... ah ! mon cher Rousseau, notre ami diogène va donc devenir aristippe... »

CONTENU : J.-J. Rousseau. La traite d'ingrate, aimerait avoir une castille avec elle. Lui renvoie « sa Christine » [« Réflexions et anecdotes sur Christine, reine de Suède », *Mélanges*, II] pour rendre à « la grosse cousine ».

53.29 | **[fin 1753].** D'ALEMBERT à DUCHÉ
- SOURCE : autogr., « ce vendredy matin », 2 p.
- LOCALISATION DU MS. : Marseille Alcazar, Ms. 2145, n° 6
- REMARQUE : l. contemporaine de la l. du 27 novembre 1753, antérieure au retour de Duché à Montpellier, début 1754
- INCIPIT : « Puisque vous m'assurez, mon cher Duché,... »

CONTENU : Présenter à Mme de Ronceray un exemplaire de son « avertissement » [t. III de l'*Enc.*], car le « coin de la Reine » lui doit un hommage. « Nos frères les Quakers ». Craint comme le marquis de Mascarille le vol de son cœur et préfère ne pas la voir.

1754

54.01 | **[janvier-février 1754].** D'ALEMBERT à FRÉDÉRIC II
- SOURCE : copie, 1 p.
- LOCALISATION DU MS. : New York Columbia, Rare Books Coll., D. E. Smith Box A. Autre copie, Washington Smithsonian, Ms. 71A
- REMARQUE : dédicace datée 6 ans après la paix d'Aix-la-Chapelle de 1748
- ÉDITION : Pougens 1799, p. 141-142. Preuss XXIV, n° 3, p. 369 qui date de [1751]
- INCIPIT : « Votre Majesté a bien voulu recevoir mes premiers hommages dans un temps où elle était principalement connue par des victoires. »

CONTENU : Ce que Fréd. II a exécuté pour le bonheur des peuples depuis six années de paix : il a convaincu l'Europe qu'il sait aussi bien régner que vaincre. D'Al. a consacré la [*Cause des vents*, 1746] à Frédéric conquérant et présente cet ouvrage [*Mélanges* 1753 ?] à Frédéric roi.

54.02 | **20 février 1754.** D'ALEMBERT à DUCHÉ
- SOURCE : autogr., d., « à Paris », adr. « à Montpellier », cachet rouge, 3 p.
- LOCALISATION DU MS. : Marseille Alcazar, Ms. 2145, n° 2
- INCIPIT : « Il y a un siècle, mon cher Duché, que je ne vous... »

CONTENU : N'a aucune activité depuis trois semaines à cause d'un dartre. S'inquiète de la santé des yeux de Duché. Pas de nouvelle du Parlement. La duchesse d'Orléans, bouffoniste déclarée, a la petite vérole. Election du comte de Clermont à l'Acad. [fr.] relatée dans le *Mercure*. D'Anville aura la première place à l'Acad. des belles-lettres, ne sait s'ils veulent de D'Al. Voit beaucoup Mme Du Deffand qui souhaite le retour de Duché, comme lui. Condillac a fait la connaissance de Mme Du Deffand, va chez Mme Châtel, ce qui le dégoûte « de notre péronnelle de la rue Feydeau ». Extrait de son « Discours préliminaire » dans le *Mercure*. Fréron a maltraité Diderot sur *L'Interprétation de la nature*. Nouvel intermède. *Platée* joué le 21. Rameau est le Descartes de la musique. Mme d'Héricourt. L'abbé de Canaye.

54.03 | **20 avril [1754].** D'ALEMBERT à DUCHÉ
- SOURCE : autogr., « à Paris 20 avril », adr. « à Montpellier », cachet rouge, 3 p.
- LOCALISATION DU MS. : Marseille Alcazar, Ms. 2145, n° 4
- REMARQUE : le contenu permet de dater de 1754
- INCIPIT : « Aussitôt votre lettre reçue, mon cher Duché, j'ai été... »

CONTENU : A été recommander Carlo Palanca chez Vernage, qui a écrit à Torrès, Lavirotte s'en mêle. Santé et retour de Duché, attendu aussi par Canaye et Du Deffand. Se porte mieux, se promènera cet été, n'ira plus à l'opéra. Bouffons pas payés par le prévôt des marchands qui a la goutte. Parlement inexistant. Dispute de Boyne et Gilbert à la chambre royale. Spectacle de Servandoni (31 mars 1754). « Frerons » pour « frelons » dans la *Métromanie* de Piron. Fréron, champion de Hénault, en veut à ses *Mélanges* et aux encyclopédistes.

54.04 | **29 mai 1754.** D'Alembert à Duché
- SOURCE : autogr., d., « à Paris », adr. « à Montpellier », cachet rouge, 3 p.
- LOCALISATION DU MS. : Marseille Alcazar, Ms. 2145, n° 3
- INCIPIT : « Premièrement, mon cher Duché, de peur que je ne l'oublie... »

CONTENU : Mme Du Deffand demande que Duché lui envoie six douzaines de bouteilles de ratafia de muscat et se plaint de son silence. A fait sa cour à Mme Geoffrin, désespère de son retour à Paris. Mme Du Deffand a fait venir de Lyon une demoiselle [Mlle de Lespinasse] qui lui rend long le chemin de la rue Michel le Comte à la rue Saint-Dominique. Le président [Hénault] décrie l'*Enc.* à la ville et à la cour, fait écrire Fréron, son protégé Bougainville sera reçu le 30 à l'Acad. [fr.]

54.05 | **[mai-juin 1754].** Voltaire à D'Alembert
- SOURCE : impr.
- ÉDITION : Kehl LXVIII, p. 10-11, datée de novembre 1755. Best. D5832. Pléiade IV, p. 180-181
- INCIPIT : « J'ai obéi comme j'ai pu à vos ordres... »

CONTENU : Art. « Littérature » de l'*Enc.* Remarques sur la littérature italienne et espagnole (Muratori, Crescembeni, Orsi, Gravina, Cervantès, Sainte-Thérèse), sur la façon de rédiger un art. Avait envoyé à « une certaine personne » ses remarques sur l'âme. Art. « Pensée », « Résurrection », « Clavecin ».

54.06 | **15 juin 1754.** D'Alembert à d'Argens
- SOURCE : impr.
- ÉDITION : *Quatre lettres*, 1927 p. 33-36
- INCIPIT : « Je viens, monsieur, d'apprendre par milord Marshall que le roi me destine une pension... »

CONTENU : Il a écrit immédiatement à Versailles pour obtenir la permission d'accepter la pension de 1 200 lt dont [Keith] lui a parlé. Remerciements, compliments à l'abbé de Prades.

54.07 | **17 juin [1754].** Formont à D'Alembert
- SOURCE : impr.
- ÉDITION : Lescure 1865, p. 218-219
- REMARQUE : incluse dans une l. à Mme Du Deffand du 17 juin 1754
- INCIPIT : « Mme Du Deffand, mon cher ami, vous montrera ce que je pense et ce que je sens... »

CONTENU : La pension que lui accorde Fréd. II. Succès de Canaye auprès de Mme Du Deffand. Il aime tendrement D'Al. « en chat moral, chat sauvage et même chat-huant ».

54.08 | **2 juillet 1754.** Frédéric II à D'Alembert
- SOURCE : brouillon dicté, 1 p.
- LOCALISATION DU MS. : Berlin-Dahlem GSA, BPH, Rep. 92, Prades B1

- ÉDITION : Preuss XXIV, n° 4, p. 370
- INCIPIT : « Le plaisir et la satisfaction de donner des marques de mon estime à un homme de mérite... »

CONTENU : Lui a donné une pension sans lui demander d'autre contrepartie que l'attachement dont témoigne la l. de D'Al. Le verra avec plaisir.

54.09 | **12 juillet 1754.** Georges-Louis Le Sage à D'Alembert
- SOURCE : minute autogr. en deux parties, d.s., « Genève, Rue Verdaine », 5 p.
- LOCALISATION DU MS. : Genève BGE, Ms. Suppl. 517, f. 5-8, f. 9
- ÉDITION : Leigh 234
- REMARQUE : le début était daté de mars mais Le Sage a corrigé
- INCIPIT : « Il serait fort inutile, de vous faire le détail des occupations, des indispositions... »

CONTENU : Rép. à la l. du 29 août 1753. Etude que l'on fait sur soi-même : son éducation et son père. La genèse de ses idées ; manie des hypothèses ; a comparé sept de ses mémoires à d'autres travaux ; Lumière, aberration et attraction. Melvil. Proposition d'article sur les Converses pour l'*Enc.*, ou pour une publication de l'Acad. sc. Il lui demande de combattre sa confusion. Les théologiens recherchent Rousseau. Joint la liste de ses mém. envoyée le 3 août 1753 et complétée.

54.10 | **16 juillet 1754.** D'Alembert à Frédéric II
- SOURCE : impr., « Paris »
- ÉDITION : Preuss XXIV, n° 5, p. 370-371
- INCIPIT : « La lettre dont Votre Majesté vient de m'honorer ajouterait encore à ma reconnaissance, s'il était possible qu'elle augmentât... »

CONTENU : Remerciements pour son invitation [voir l. du 20 novembre 1753].

54.11 | **21 juillet 1754.** Tressan à D'Alembert
- SOURCE : impr., Commercy
- ÉDITION : *Revue des feuilles de M. Fréron*, Londres, 1756, p. 394-398
- INCIPIT : « Je vais, monsieur, jouir des droits d'une confraternité qui m'honore autant qu'elle m'est chère... »

CONTENU : Se défend d'être l'ami et le protecteur de Fréron malgré son intervention auprès du roi de Pologne. Mme de Boufflers. Fréron a exagéré dans ses *Lettres...* La mauvaise pièce du *Souper* ; a laissé croire que c'était de Tressan. Il a écrit une lettre à l'abbé Raynal destinée au *Mercure*. Maupertuis et La Condamine ont passé une semaine avec lui à Toul. Lui demande de communiquer sa l. à son illustre ami [Diderot], Duclos et Saint-Lambert.

54.12 | **25 juillet 1754.** D'Alembert à Georges-Louis Le Sage
- SOURCE : autogr., d.s., « Paris », adr., cachet rouge, 3 p.
- LOCALISATION DU MS. : Genève, coll. J.-D. Candaux

- INCIPIT : « J'ai reçu la lettre que vous m'avez fait l'honneur de m'écrire, et l'article *Converse*... »

CONTENU : *Enc.* : son art. « Converse » pourra être utilisé à « Inverse ». N'a pas le temps de lui écrire longuement. N'est pas surpris du succès de Rousseau.

54.13 | **25 juillet 1754.** D'ALEMBERT à de RATTE
- SOURCE : autogr., d.s., « à Paris », adr., 3 p.
- LOCALISATION DU MS. : Montpellier, AD de l'Hérault, D203
- INCIPIT : « J'ai reçu, monsieur, la lettre que vous m'avez fait l'honneur de m'écrire. Je suis très fâché que les Etats de Languedoc... »

CONTENU : Les Etats du Languedoc ne veulent plus contribuer à l'impression des mém. [de la Société royale de Montpellier]. N'entend plus parler de Duché. Le docteur Maimbray se propose de faire un cours de physique à Paris. Le t. IV de l'*Enc.* qui sortira en septembre est supérieur aux précédents ; demande sa contribution pour les vol. suivants.

54.14 | **30 juillet [1754].** VOLTAIRE à D'ALEMBERT
- SOURCE : autogr., s., « à Colmar »
- LOCALISATION DU MS. : Paris BnF, NAFr. 24330, f. 9
- ÉDITION : Best. D5896. Pléiade IV, p. 220
- REMARQUE : copie à Augsbourg
- INCIPIT : « Madame Denis, monsieur, vous fait les plus sincères compliments et moi je vous demande les plus sincères pardons... »

CONTENU : Rogatons envoyés pour l'*Enc.* par l'intermédiaire de Briasson.

54.15 | **[c. 29 novembre 1754].** D'ALEMBERT à la marquise de CRÉQUY
- SOURCE : autogr., 1 p.
- LOCALISATION DU MS. : London BL, Egerton 15, f. 27-28
- ÉDITION : Grimsley 1962, p. 74
- INCIPIT : « Croyez-vous, madame, qu'il faille ignorer ces boules ? J'en suis assez d'avis, d'autant plus... »

CONTENU : Son élection à l'Acad. fr. [28 novembre], a pitié de l'abbé Trublet qu'il craint de trouver chez elle.

54.16 | **4 décembre [1754].** FORMONT à D'ALEMBERT
- SOURCE : impr.
- ÉDITION : Lescure 1865, p. 225-226
- INCIPIT : « Sous prétexte que vous êtes un des premiers hommes de l'Europe, vous vous donnez donc les airs... »

CONTENU : L'élection de D'Al. à l'Acad. fr. : doit l'emporter sur Bourdaloue ; ce serait compter sans la duchesse de Chaulnes qui dit que D'Al. n'est qu'un enfant ; pense qu'il va se tirer de son compliment. Les six boules noires sont six dévots. Trublet va donc rester archidiacre à Saint-Malo.

1755

55.01 | **[16 janvier 1755].** D'Alembert à la marquise de Créquy
- source : cat. vente Paris, Drouot, 27 octobre 1961, n° 4 : autogr., adr., cachet rouge, 3 p.
- remarque : 11 jetons de présence à l'Acad. fr. datent le jour de la 12ᵉ séance
- extrait : « … Et vraiment oui, madame, vous le verrez demain… »

contenu : Discours de réception à l'Acad. fr. [lu le 19 décembre] qu'il apporte à Versailles le lendemain matin. Lui en fera parvenir trois exemplaires avant midi : pour elle, l'ambassadeur [de Malte, le bailly de Froulay] et le chevalier d'Aydie. A déjà 11 jetons de l'Acad. fr. Ira la voir aujourd'hui en sortant de l'Acad. fr. En a assez des discours et des imprimeurs.

55.02 | **17 janvier 1755.** Nicolas Durival à D'Alembert
- source : minute, d., Lunéville, 1 p.
- localisation du ms. : Nancy BM, Ms. 1313 (863), f. 2-3
- incipit : « Je ne sais si c'est vous ou M. Diderot que je dois remercier de l'honneur qu'on m'a fait… »

contenu : Il le remercie d'avoir été nommé en tête du t. IV de l'*Enc*. Envoie des observations et des remarques. En promet de plus importantes.

55.03 | **[30 janvier 1755].** D'Alembert à la Société royale de Lyon
- source : autogr., 3 p.
- localisation du ms. : Lyon Acad., Ms. 266, vol. II, f. 142
- édition : l. datée du 30 janvier 1755 dans une brochure non d., *Pro Scholis Publicis adversus Encyclopædistas*, Lugduni, [1755] (Paris BnF, NAFr. 3348, f. 259). *Revue du Lyonnais*, vol. 4, 1836, p. 199
- incipit : « J'apprends de tous côtés par différentes lettres qu'un régent de rhétorique dont le nom… »

contenu : Protestation contre le contenu supposé de la harangue du père Tolomas prononcée le 30 novembre [1754] au collège jésuite [de Lyon] dont l'annonce lui est parvenue de multiples sources. Pour l'honneur de l'*Enc*. et des différentes Acad. dont il fait partie, dont la leur, il demande que justice lui soit faite, ou que la Société atteste que la harangue n'a rien d'injurieux.

55.04 | **21 février 1755.** Béraud à D'Alembert
- source : autogr., d.s., « Lyon », adr. rue Michel Le Comte, cachet rouge, 3 p.
- localisation du ms. : Paris Institut, Ms. 2466, f. 9-10
- édition : dans une brochure non d., *Pro Scholis Publicis adversus Encyclopædistas*, Lugduni, [1755] (Paris BnF, NAFr. 3348, f. 260). *Revue du Lyonnais*, vol. 4, 1836, p. 201-202, qui ne donne que le début
- incipit : « J'étais à la séance de notre Société lorsqu'on y fit la lecture de votre lettre dans laquelle… »

CONTENU : En tant que correspondant de l'Acad. sc., lui répond qu'il n'a rien entendu d'injurieux dans la harangue du Père Tolomas. Donne des observations pour l'Acad. des froids de janvier, d'après le thermomètre de Réaumur.

55.05 | **22 février 1755.** BOLLIOUD-MERMET à D'ALEMBERT
- SOURCE : autogr., d.s., « Lyon », 3 p.
- LOCALISATION DU MS. : Paris Institut, Ms. 2466, f. 11-12
- REMARQUE : minute à l'Acad. de Lyon, Ms. 266, vol. II, f. 144
- ÉDITION : dans une brochure non d., *Pro Scholis Publicis adversus Encyclopædistas*, Lugduni, [1755] (Paris BnF, NAFr. 3348, f. 259v°). *Revue du Lyonnais*, vol. 4, 1836, p. 200-201 qui ne donne pas de date.
- INCIPIT : « La Société royale voit avec peine, par la lettre que vous lui avez adressée, votre mécontentement contre le Père Tolomas... »

CONTENU : Rép. faite par le secrétaire à la l. du 30 janvier qui n'a été remise à l'Acad. de Lyon que le 14 février. Le jugement de la harangue n'est pas du ressort de l'Acad., mais sa l. a été lue en assemblée, devant Tolomas qui a protesté de sa bonne foi et va lui écrire.

55.06 | **25 février 1755.** TOLOMAS à D'ALEMBERT
- SOURCE : autogr., d.s., « Lyon », 2 p.
- LOCALISATION DU MS. : Paris Institut, Ms. 2466, f. 207
- REMARQUE : minute à l'Acad. de Lyon, Ms. 266, vol. II, f. 144, dont le texte est légèrement différent
- ÉDITION : dans une brochure non d., *Pro Scholis Publicis adversus Encyclopædistas*, Lugduni, [1755] (Paris BnF, NAFr. 3348, f. 260v°). *Revue du Lyonnais*, vol. 4, 1836, p. 203
- INCIPIT : « On vous a prévenu contre moi. J'en suis également surpris et affligé. Mais l'opinion... »

CONTENU : Son discours latin pour la défense des collèges attaqués dans l'*Enc.*, sujet très convenable traité avec modération. L'a déposé chez le prévôt des marchands, tant il est sûr de son innocence. Proteste de son estime.

55.07 | **[9 mars 1755].** D'ALEMBERT à SOUFFLOT
- SOURCE : minute, « ce dimanche matin », 1 p.
- LOCALISATION DU MS. : Lyon Acad., Ms. 266, vol. II, f. 158
- ÉDITION : *Revue du Lyonnais*, vol. 4, 1836, p. 206
- INCIPIT : « Je suis très fâché, monsieur, de ne m'être pas trouvé chez moi lorsque vous m'avez fait l'honneur d'y passer. »

CONTENU : Se plaint des procédés de la Société royale de Lyon [Soufflot en est directeur] qui refuse de juger le père Tolomas, bien qu'il en soit membre. Plusieurs amis ont donné leur démission. Lui demande de prendre ses responsabilités de directeur.

55.08 | **17 mars 1755.** D'Alembert à Bourgelat
• Source : impr.
• Édition : dans une brochure non d., *Pro Scholis Publicis adversus Encyclopædistas*, Lugduni, [1755], (Paris BnF, NAFr. 3348, f. 260-261), *Revue du Lyonnais*, vol. 4, 1836, p. 203-205
• Incipit : « Je suis bien étonné, monsieur, d'apprendre qu'on vous attribue, je ne sais pour quelle raison... »
Contenu : Sa l. du 30 janvier 1755 qu'on attribue à Bourgelat ; a écrit à Soufflot « ces jours derniers » pour lui demander justice. Montucla a dû écrire à Mathon. S'indigne qu'on attaque un académicien, pensionné par un roi philosophe. Lui demande de rendre sa l. publique, ainsi que les précédentes.

55.09 | **7 avril 1755.** D'Alembert à Bourgelat
• Source : brouillon autogr., très raturé, 3 p.
• Localisation du ms. : Paris Institut, Ms. 2466, f. 13-14
• Remarque : impr. Paris BnF, NAFr. 3348, f. 262-263 qui date
• Édition : *Revue du Lyonnais*, vol. 4, 1836, p. 211-214
• Incipit : « Si la conduite qu'on a tenue à mon égard, monsieur, dans l'affaire du P. Tolomas ne m'avait accoutumé... »
Contenu : Etonné de ce que Bourgelat lui dit dans sa l. [inconnue] : rumeurs selon lesquelles D'Al. serait brouillé avec lui car il l'aurait entraîné dans de fausses démarches. L'assure de son attachement, ne regrette rien, n'a pas agit à la légère contre Tolomas. N'a reçu d'attestation que de Béraud. Soufflot le défend. La l. de Montucla à Mathon. Les lettres patentes de la Société. Lui demande de rendre publique sa l., la dernière de la querelle. Compliments à Villers, Goiffon.

55.10 | **31 mai [1755].** D'Alembert à de Ratte
• Source : autogr., s., « à Paris », adr. « secrétaire perpétuel à la Société Royale de Montpellier », 1 p.
• Localisation du ms. : Montpellier, AD de l'Hérault, D203
• Incipit : « Je vous serais très obligé, monsieur, des articles *froid* et *glace*, que vous voulez bien vous charger... »
Contenu : Il faut qu'il ait le premier art. à la fin de juillet ou août. Part le 8 juin un mois pour Wesel. N'entend plus parler de Duché qui n'a pas répondu à ses deux l. Adresser les articles à Malesherbes.

55.11 | **16 août 1755.** D'Alembert à Scheffer
• Source : autogr., d.s., « à Paris », 2 p.
• Localisation du ms. : Stockholm RA, III, Dep 336 (registres Scheffer)
• Incipit : « M. le président Hénault a eu la bonté de me communiquer la lettre, par laquelle vous lui apprenez... »
Contenu : En remerciement de sa nomination à l'Acad. de Suède, flatté de voir son nom à côté du sien. Les bontés de la reine et celles de son frère [Fréd. II].

| 55.12 | **2 septembre [1755].** D'ALEMBERT à PRADES
• SOURCE : autogr., s., « Paris », adr., 3 p.
• LOCALISATION DU MS. : Berlin-Dahlem GSA, BPH, Rep. 92, Prades C3, f. 1-2
• ÉDITION : Preuss XXV, Appendice, p. 270-271
• INCIPIT : « J'appris hier, mon cher abbé, par M. de Knyphausen que je n'avais point vu depuis... »
CONTENU : Vraie « querelle d'Allemand ». N'a aucune nouvelle de Prades ni de ses affaires : il a une dette de 100 louis avec ses libraires et sa pension [de Fréd. II] n'est pas payée, mais il est gêné d'en parler. A parlé à l'abbé d'Héricourt rapporteur de Prades : sa rétractation est une affaire réglée. A appris par Knyphausen que Fréd. II a fait une chute. Compliments à d'Argens.

| 55.13 | **7 septembre 1755.** CANTERZANI à D'ALEMBERT
• SOURCE : minute d., « Al signor d'Alembert a Parigi li 7 Sett. 1755 », 1 p.
• LOCALISATION DU MS. : Bologna, Archivio dell'Accademia delle Scienze, Antica Accademia Titolo III, MZ 274
• INCIPIT : « Giovedi scorso, che fu li 4 Sett. 1755, fu per ordine di N.S.... »
CONTENU : D'Al. a été reçu à l'Institut de Bologne sur l'ordre du pape Benoît XIV le 4 septembre 1755. Compliments.

| 55.14 | **26 septembre [1755].** D'ALEMBERT à de RATTE
• SOURCE : autogr., s., « à Paris », adr., 3 p
• LOCALISATION DU MS. : Montpellier, AD de l'Hérault, D 203
• INCIPIT : « J'ai attendu, monsieur, la fin de votre article *froid* pour vous en témoigner ma reconnaissance... »
CONTENU : Art. « Froid », « Chaleur », excellente physique. Son confrère [de la Société royale de Montpellier, Barthez] et l'art. « Force (Economie animale) » ; le t. V de l'*Enc.* va paraître dans quinze jours, il s'arrête à « Et ». *Eloge de Montesquieu* dont il a fait tirer des exemplaires séparés, lui en envoie trois dont un pour Duché qui ne répond toujours pas, et un pour le Roy.

| 55.15 | **[c. 1ᵉʳ novembre 1755].** D'ALEMBERT à BENOÎT XIV
• SOURCE : minute avec corr. autogr., datée « décembre 1755 », 4 p.
• LOCALISATION DU MS. : Genève, coll. J.-D. Candaux. Copie datée « décembre 1765 », 4 p., à Karlsruhe LBW, FA 5A Corr. 91, n° 26
• ÉDITION : Henry 1885/1886, p. 16-17
• REMARQUE : la l. de réception est envoyée par Canterzani le 7 septembre et D'Al. parle de cette l. à La Condamine le 7 novembre
• INCIPIT : « La bonté singulière dont Votre Sainteté vient de m'honorer, en faisant témoigner à l'Académie de l'Institut de Bologne... »
CONTENU : Remerciements pour sa nomination à l'Acad. de Bologne, « contre ses lois ordinaires ». Le savoir est compatible avec la religion. Ses ouvrages.

ANNÉE 1755

55.16 | **6 novembre 1755.** D'Alembert à Formey
- Source : autogr., d.s., « à Paris », 2 p.
- Localisation du ms. : Krakow BJ, coll. Varnhagen
- Incipit : « J'ai l'honneur de vous envoyer un mémoire que j'ai annoncé il y a quelques jours à M. de Maupertuis... »

Contenu : Si l'Acad. de Berlin publie ses « Observations » [datées du 4 novembre 1755] ce doit être sans modification. A traité Euler et D. Bernoulli avec politesse, souhaite que la note de la p. 3 soit conservée. N'a pas reçu le volume [*HAB*, auquel répond le mém.] de 1753, prêté par un ami. Demande s'il a été décidé de ne plus lui envoyer *HAB*.

55.17 | **6 novembre 1755.** D'Alembert à de Ratte
- Source : autogr., d.s., « à Paris », adr., 3 p.
- Localisation du ms. : Avignon BM, Autographes Requien, 1re série, f. 142-144
- Incipit : « Je vous suis très obligé, monsieur, des articles que vous voulez bien vous charger de faire... »

Contenu : Accepte tous les art. que de Ratte lui envoie. Le t. V de l'*Enc.* paraît depuis quinze jours, le t. VI suivra bientôt : art. « Gelée blanche », « Glace », « Grêle ». Son *Eloge de Montesquieu*. Etait à la campagne lorsque Le Roy est passé lui remettre la l., Fouchy lui avait remis le recueil de l'Acad. de Montpellier. De Ratte se plaint de Fouchy. Il est fâché contre Duché.

55.18 | **7 novembre 1755.** D'Alembert à La Condamine
- Source : copie, d. (en date du 6, écrit sur 7) s., « recue le 26 nov. 1755 à Rome », 2 p.
- Localisation du ms. : Paris AdS, Fonds La Condamine, 50 J
- Remarque : la date retenue est celle du ms original passé en vente, cat. vente Charavay 1862 (Charron 1847) : autogr., d. « 7 novembre 1755 », s., cachet, 2 p.
- Incipit : « Je suis charmé, mon cher confrère, que vous soyez content... »

Contenu : Son *Eloge de [Montesquieu]*, l'*Eloge de [Montesquieu]* par Maupertuis, envoyé par Trublet. L'*Eloge* [paru au t. V de l'*Enc.*] est de lui et non de Diderot, malade. Le pape lui a fait une galanterie [nomination à l'Institut de Bologne], il lui a répondu, sera comme Volt. L'anarchie et le découragement règnent à l'Acad., d'Argenson et lui « s'en f... ».

55.19 | **9 décembre [1755].** Voltaire à D'Alembert
- Source : impr., « Aux Délices, près Genève »
- Édition : Kehl LXVIII, p. 12-13. Best. D6619. Pléiade IV, p. 632
- Incipit : « Le célèbre M. Tronchin qui guérit tout le monde hors moi m'avait parlé des articles *Goût* et *Génie*... »

CONTENU : Se chargerait volontiers de l'art. « Histoire », demande des précisions pour des articles aux lettres « F. », « G », « H » de l'*Enc.* Demande des nouvelles de la santé de Rousseau.

55.20 | **10 décembre 1755.** D'ALEMBERT à PRADES
- SOURCE : autogr., d.s., « à Paris », adr., 3 p.
- LOCALISATION DU MS. : Berlin-Dahlem GSA, BPH, Rep. 92, Prades C3, f. 3-4
- ÉDITION : Preuss XXV, Appendice, p. 271-272 (texte partiel)
- INCIPIT : « J'ai reçu, mon cher abbé, votre lettre, et j'ai déjà touché en conséquence les six premiers mois de la seconde année... »

CONTENU : Remerciements pour la pension de Fréd. II. Compte tenir sa promesse de voyage après la parution du t. VI de l'*Enc.* Demande si Fréd. II est content de l'*Eloge de Montesquieu*. Remboursement du voyage. Tableaux à vendre, Métra, celui de Mme Geoffrin [de Van Loo] fort cher. L'insolence des Anglais, le malheur de Lisbonne.

55.21 | **[mi-décembre 1755].** D'ALEMBERT à FORMEY
- SOURCE : autogr., s., avec des errata sur *HAB*, 2 p.
- LOCALISATION DU MS. : Berlin-Dahlem GSA, BPH, Rep. 47, pièce 7
- INCIPIT : « J'attendrai volontiers l'année 1757 pour la publication de mon mémoire... »

CONTENU : Peut attendre 1757 pour la publication des *Observations* [du 4 novembre 1755]. Euler peut enlever ce qu'il veut mais rien d'essentiel. Briasson lui a remis le vol. de 1753. Joint des errata au mémoire de 1750.

55.22 | **[26 décembre 1755].** D'ALEMBERT à TRESSAN
- SOURCE : impr.
- ÉDITION : Pougens 1799, p. 209-212, non datée. Leigh 356, qui date à partir d'une lettre de Palissot au roi de Pologne
- INCIPIT : « On ne peut être plus sensible que je le suis, mon cher et illustre confrère, au mouvement que vous avez bien... »

CONTENU : Défense de Rousseau insulté en présence du roi de Pologne [affaire Palissot, auteur de la comédie *Le Cercle*, jouée le 26 novembre 1755 à Nancy] ; l. du roi à Tressan. Insulte liée aux feuilles de Fréron. Fréron et Stanislas. Remercie Mme de Bassompierre.

55.23 | **[27 décembre 1755].** D'ALEMBERT à TRESSAN
- SOURCE : impr. qui contient un P.-S.
- LOCALISATION DU MS. : copie partielle, « Lettre de M. Dallembert à M. Le Comte de T... », 3 p., Paris Arsenal, Ms. 2759, f. 81v°-82
- ÉDITION : *Souvenirs du comte de Tressan*, 1897, p. 130-131. Leigh 359 ajoute le P.-S.
- INCIPIT : « Vous recevrez probablement cette lettre, monsieur et cher confrère, en même temps que celle que j'eus l'honneur de vous écrire hier. »

CONTENU : A envoyé la l. de Tressan à Rousseau et a vu la rép. de Rousseau. Il est tout à fait de l'avis de Rousseau qui demande qu'on pardonne à celui qui l'a insulté [Palissot]. P.-S. : ne lire au roi que ce qui le regarde, ne veut pas nuire à Fréron, ni à Palissot.

55.24 **27 décembre [1755].** Jean-Jacques ROUSSEAU à D'ALEMBERT
- SOURCE : autogr., 2 p.
- LOCALISATION DU MS. : Montmorency, Musée Jean-Jacques Rousseau
- ÉDITION : Pougens 1799, p. 238-239. Leigh 358
- INCIPIT : « Je suis sensible, mon cher monsieur, à l'intérêt que vous prenez à moi mais je ne puis approuver... »

CONTENU : Désapprouve le zèle amical qui lui fait « poursuivre ce pauvre M. Palissot ». Lui demande d'abandonner. Rien à dire sur Fréron qu'il faut mépriser. A écrit à Tressan d'en rester là. Il trouve même qu'il gagne à cette affaire.

55.25 **28 décembre [1755].** VOLTAIRE à D'ALEMBERT
- SOURCE : minute, « à Montriond près Lausanne », 2 p.
- LOCALISATION DU MS. : Oxford VF
- ÉDITION : Best. D6655. Pléiade IV, p. 652-653 et XIII, p. 531-532
- INCIPIT : « Voilà *Figuré* plus correct, *Force* dont vous prendrez ce qui vous plaira, *Faveur* de même... »

CONTENU : Envoi d'articles pour l'*Enc*. Demande du temps pour « Français » et « Histoire ». Fiabilité des témoignages, certitude et probabilité.

1756

56.01 | **[2 janvier 1756].** D'Alembert à Solignac
- source : cat. vente Loliée, 28 décembre 1889 : minute, 3 p.
- édition : Pougens 1799, p. 216-218. Leigh 364, qui la date
- incipit : « Le président Hénault vient, monsieur, de me faire en votre nom une proposition... »

contenu : Refuse la place de Palissot à la Société royale de Nancy. Donne sa chronologie [de l'affaire du *Cercle* de Palissot] : Stanislas, Tressan, Rousseau. D'accord avec Rousseau pour pardonner.

56.02 | **6 janvier 1756.** Solignac à D'Alembert
- source : autogr., d., « Lunéville », 4 p.
- localisation du ms. : Nancy, Musée historique lorrain
- édition : Pougens 1799, p. 219-220. Leigh 366
- incipit : « Ce fut, monsieur par ordre du roi de Pologne, que j'eus l'honneur d'écrire à M. le président Hénault... »

contenu : Regrets de [Stanislas] qui aurait souhaité l'avoir dans son académie.

56.03 | **10 février [1756].** Voltaire à D'Alembert
- source : autogr., « à Monrion », 1 p.
- localisation du ms. : Den Haag RPB 459, G16A453, f. 1
- édition : Best. D6724. Pléiade IV, p. 689
- incipit : « Je vous envoie, mon cher et illustre confrère, deux phénomènes littéraires... »

contenu : [Le projet d'*Enc. réduite*] de Formey. Adaptation de *Mérope* en livret d'opéra par Fréd. II. Art. « Français » et « Histoire ».

56.04 | **13 février 1756.** D'Alembert à Formey
- source : autogr., d.s., « à Paris », 2 p.
- localisation du ms. : Krakow BJ, coll. Varnhagen
- édition : *RDE* 16, avril 1994, p. 157-158
- incipit : « J'ai reçu le projet que vous m'avez fait l'honneur de m'envoyer. Je doute qu'il soit goûté... »

contenu : L'*Enc. réduite* est une mauvaise idée ; controverse avec Euler [*Observations* du 4 novembre 1755]. Il n'a pas lu Prémontval et ne peut en dire du mal.

56.05 | **16 février 1756.** D'Alembert à Malesherbes
- source : autogr., d., note ms de Malesherbes, 1 p.
- localisation du ms. : Paris BnF, NAFr. 21196, f. 1
- remarque : NAFr. 21196, f. 102 *Prospectus* imprimé par Formey du 1er janvier 1756, f. 103 Mémoire des libraires
- édition : *RDE* 16, avril 1994, p. 158

ANNÉE 1756

- INCIPIT : « Je suis chargé, monsieur, par les libraires de l'*Encyclopédie* de vous faire parvenir... »

CONTENU : Transmet la désapprobation des libraires, de Diderot et de Volt. [l. du 10 février] quant au projet d'*Enc. réduite* de Formey.

56.06 | **9 mars 1756.** VOLTAIRE à D'ALEMBERT
- SOURCE : autogr., d., s. V, « aux Délices », 1 p.
- LOCALISATION DU MS. : Den Haag RPB 459, G16A453, f. 2
- ÉDITION : Best. D6770. Pléiade IV, p. 712-713
- INCIPIT : « Me voici à un bout du lac. Je vais à l'autre, mon cher philosophe. Je change de lieu... »

CONTENU : N'ira pas voir *Mérope* à Berlin. Traitement ridicule dont D'Al. est l'objet à l'Acad. sc. Renonce à l'art. « Flagellants », enverra l'art. « Français ».

56.07 | **10 mars 1756.** D'ALEMBERT à un correspondant non identifié
- SOURCE : cat. vente Charavay, 482, mars 1917, n° 83168 : autogr., d.s., 2 p.
- INCIPIT : inconnu

CONTENU : Répond à la critique qu'un gazetier avait fait de son *Eloge de Montesquieu*; le roi lui donne une pension, Fréron dit qu'il n'a pas le sens commun et le gazetier qu'il est bon à brûler.

56.08 | **10 mars 1756.** Georges-Louis LE SAGE à D'ALEMBERT
- SOURCE : minute, d.s., « A Genève », 6 p.
- LOCALISATION DU MS. : Genève BGE, Ms. Suppl. 517, f. 10-13 dans le désordre. Copie partielle Ms. Fr. 2065, f. 6-7
- INCIPIT : « Vous ne sauriez croire à quel point j'ai été sensible aux offres obligeantes que vous m'avez faites... »

CONTENU : D'Al. l'a relancé via Necker pour ses mém., publication possible dans le troisième vol. des correspondants [de l'Acad. sc.] : erreur d'Euclide, approximation de racines carrées, machine à mesurer les forces variables. Proposera ses pensées pour art. « Fluide », « Force », « Frottement ». Sa théorie de la gravité n'est pas un roman : explications. Sa rép. à l'art. du *Mercure* de février, demande à D'Al. d'intervenir auprès de Boissy.

56.09 | **13 mars 1756.** D'ALEMBERT à FORMEY
- SOURCE : autogr., d.s., « à Paris », 2 p.
- LOCALISATION DU MS. : München BSB, Autographensammlung
- ÉDITION : *RDE* 16, avril 1994, p. 158-159
- INCIPIT : « Je n'ai jamais douté que l'entreprise de l'*Encyclopédie réduite* ne vous ait été suggérée,... »

CONTENU : L'*Enc. réduite* ferait du tort à l'*Enc.* Euler. Faire passer à Prémontval par Beausobre l'avis qu'il l'a prié de donner. Le roi de France lui a donné 1 200 livres de pension, comme Fréd. II; lui demande d'en informer Maupertuis et Beausobre.

56.10 | **[c. 15] mars 1756.** D'Alembert à Marc-Pierre d'Argenson
• SOURCE : autogr., 1 p. intitulée « mémoire », joint à une l. de d'Argenson demandant que ce mém. soit communiqué à l'Acad., datée du 21 mars
• LOCALISATION DU MS. : London BL, Add. Ms. 24210, f. 39
• ÉDITION : Henry 1885/1886, p. 23
• INCIPIT : « Le Sr D'Alembert ayant obtenu par les bontés de Monseigneur le comte d'Argenson une pension de 1 200 livres... »

CONTENU : Demande d'obtenir une place de pensionnaire surnuméraire à l'Acad. sc. [pension reçue le 5 mars 1756, place de pensionnaire surnuméraire le 8 avril].

56.11 | **24 mars [1756].** Voltaire à D'Alembert
• SOURCE : autogr., s. V., « aux Délices », 1 p.
• LOCALISATION DU MS. : Den Haag RPB 459, G16A453, f. 3
• ÉDITION : Best. D6803. Pléiade IV, p. 730-731
• INCIPIT : « Je commence, mon cher et illustre confrère, par vous faire mon compliment. J'apprends que vous êtes pensionné... »

CONTENU : Envoie ce qu'il peut sur l'art. « Français ». Ses poèmes sur Lisbonne et la religion naturelle lui prennent son temps. Doit s'occuper des éditions pirates de ses œuvres.

56.12 | **5 mai [1756].** D'Alembert à Maupertuis
• SOURCE : autogr., « à Paris », cachet, adr., 3 p.
• LOCALISATION DU MS. : Paris AdS, fonds Maupertuis 43J, n° 71.02
• INCIPIT : « J'ai, mon cher confrère, rendu compte à M. d'Argenson... »

CONTENU : A demandé pour lui qu'il soit réintégré à l'Acad. sc. sans avoir à en faire la demande. D'Argenson exige sa parole d'honneur qu'il ne refusera pas d'être pensionnaire vétéran. Il lui faut une rép. ostensible et le secret en cas de refus.

56.13 | **7 juin [1756].** D'Alembert à Marson
• SOURCE : autogr., s., adr. « au caffé anglais rue Jacob », cachet rouge, 1 p.
• LOCALISATION DU MS. : Paris AdS, dossier D'Alembert
• INCIPIT : « Notre intention, monsieur, à M. Clairaut et à moi, a été de vous obliger dans notre rapport... »

CONTENU : S'explique sur les critiques du rapport [2 juin 1756] relatif au mém. de Marson sur les séries [7 avril 1756]. Il ne peut le modifier.

56.14 | **25 juin [1756].** D'Alembert à Malesherbes
• SOURCE : autogr., s., « à Paris », adr., 2 p.
• LOCALISATION DU MS. : Paris BnF, Fr. 22191, f. 134-136
• INCIPIT : « J'apprends, monsieur, que dans la dernière feuille de Fréron l'*Encyclopedie* est traitée *d'ouvrage scandaleux*... »

CONTENU : S'indigne qu'un censeur [l'abbé Trublet] ait pu approuver l'art. de Fréron et demande justice.

ANNÉE 1756

56.15 | **29 juin 1756.** D'Alembert à Maupertuis
- source : autogr., d., 1 p.
- localisation du ms. : Paris AdS, fonds Maupertuis 43J, n° 71.03
- incipit : « Voilà, mon cher et triple confrère, la lettre de M. d'Argenson qui vous annonce... »

contenu : Ne lui a pas envoyé sa l. à Berlin car il a su qu'il était parti. Obtention de sa réintégration à l'Acad. sc. [15 juin].

56.16 | **28 juillet [1756].** D'Alembert à Voltaire
- source : autogr., s., « à Lyon », adr., cachet, 3 p.
- localisation du ms. : Den Haag RPB 129, G16A30, 2
- édition : Best. D6949
- incipit : « Puisque la montagne ne veut pas venir à Mahomet, il faudra donc, mon cher et illustre confrère, que Mahomet aille trouver... »

contenu : Viendra à Genève dans quinze jours, restera du 10 au 30 août. Sa visite à Lyon. Remarques sur le théâtre et la musique. Mlle Clairon, Soufflot.

56.17 | **2 août [1756].** Voltaire à D'Alembert
- source : autogr., s. V, « aux Délices », 2 p.
- localisation du ms. : Den Haag RPB 459, G16A453, f. 4 (11)
- édition : Best. D6954. Pléiade IV, p. 828-829
- incipit : « Si j'avais quelque vingt ou trente ans de moins... »

contenu : Le préfère à Mlle Clairon : pensait en effet assister à l'*Orphelin chinois* à Lyon [rép. à la l. du 28 juillet]. Mme Denis de son avis. Demande si D'Al. vient avec un autre philosophe. Tronchin et la maladie.

56.18 | **9 octobre [1756].** Voltaire à D'Alembert
- source : autogr., s. V., « aux Délices », adr., cachet
- localisation du ms. : Paris, coll. particulière
- édition : Kehl LXVIII, p. 8-9. Best. D7018. Pléiade IV, p. 863-864
- incipit : « Nous avons été sur le point, mon cher philosophe universel, de savoir, Mme de Fontaine et moi... »

contenu : Ses art. de l'*Enc.*, notamment « Histoire ». Ceux de théologie et de métaphysique. Prêt à souscrire à l'*Enc.* auprès de Briasson.

56.19 | **13 novembre [1756].** Voltaire à D'Alembert
- source : impr., « Aux Délices », et extrait dans cat. vente Nouveau Drouot, 27 juin 1983, n° 257
- édition : Best. D7055. Pléiade IV, p. 884-885
- incipit : « Mon cher maître, je serai bientôt hors d'état de mettre des points et des virgules à votre grand trésor... »

contenu : Art. « Froid », « Français », « Galant », « Garant » pour l'*Enc.* Sur ce que doit être un bon article de dictionnaire, critique des art. « Femme » et « Enthousiasme ». Politique et liberté. L'élection de Duclos. Briasson.

56.20	**26 novembre 1756.** D'Alembert à Formey
	• Source : autogr., d.s., « à Paris », 3 p.
	• Localisation du ms. : Paris AdS, dossier D'Alembert
	• Édition : Euler, *O. O.*, IV A, 5, p. 350-352
	• Incipit : « Je réponds sur le champ à la lettre que vous me faites l'honneur de m'écrire en date du 13... »
Contenu :	Polémique avec Euler à propos de ses « Observations » sur les cordes vibrantes [texte de novembre 1755]. La place d'associé surnuméraire étranger qu'il vient de faire obtenir à Euler. Consent à ce que son mém. ne soit pas imprimé, à condition qu'il lui soit renvoyé avec la rép. d'Euler. Maupertuis est à Saint-Malo. A reçu le tome X des [*HAB 1754* (1756)]. Le félicite d'avoir renoncé à son projet d'*Enc. réduite*.

56.21	**29 novembre [1756].** Voltaire à D'Alembert
	• Source : impr.
	• Édition : Kehl LXVIII, p. 20-22. Best. D7067. Pléiade IV, p. 893-894
	• Incipit : « J'envoie, mon cher maître, au bureau qui instruit le genre humain, *Gazette, Généreux, Genres de style, Gens de lettres*... »
Contenu :	Envoi d'art. pour la lettre G. Ne fera pas « Généalogie », ni « Guerre littéraire ». Le maudit art. « Femme ». Longueur et qualité des art. Demande à refondre l'art. « Histoire ». Pourrait faire « Idée » et « Imagination ». On lui impute des vers sanglants contre Fréd. II. Calomnies de La Beaumelle avec une fausse *Pucelle*.

56.22	**13 décembre [1756].** D'Alembert à Voltaire
	• Source : autogr., « à Paris », adr., cachet, 3 p.
	• Localisation du ms. : Den Haag RPB 129, G16A30, 3
	• Édition : Best. D7079
	• Incipit : « Vous avez, mon cher et illustre maître, très grande raison sur l'article *Femme* et autres, mais ces articles ne sont pas de mon fait... »
Contenu :	Art. « Femme ». [Diderot] n'est pas toujours maître de ses auteurs. Va renvoyer « Histoire ». On peut épargner le port des paquets grâce à Malesherbes. Confie à Volt. l'art. « Imagination ». Affaire du clergé et du Parlement. Les prétendus vers contre Fréd. II. La fausse *Pucelle*. Il recevra l'*Enc.*, retardée par la réimpression du vol. III.

56.23	**15 décembre [1756].** Voltaire à D'Alembert
	• Source : autogr., s. V., « aux Délices », adr., 3 p.
	• Localisation du ms. : Genève IMV, MS CA 96
	• Édition : *Genava* 29, 1981, p. 209-217. Pléiade XIII, p. 540-541
	• Incipit : « Mon cher maître, vous ne m'avez point accusé la réception de mon petit tribut. Je ne reçois ni mon article... »
Contenu :	L. qui s'est croisée avec la précédente : art. « Femmes », « Idées ». Ne fera pas « Littérature grecque » mais veut bien boucher les trous de sa compétence.

56.24 | **22 décembre [1756].** VOLTAIRE à D'ALEMBERT
- SOURCE : autogr., « aux Délices », 2 p.
- LOCALISATION DU MS. : Oxford VF
- ÉDITION : Best. D7093, D7093*. Pléiade IV, p. 909-910, et XIII, p. 541
- INCIPIT : « Mon cher maître, mon aimable philosophe, vous me rassurez sur l'article *Femme*, vous m'encouragez... »

CONTENU : Rép. à la l. du 13 décembre. Il aurait fallu un protocole pour les rédacteurs de l'*Enc.* A fait une faute à l'art. « Genre ». Duclos et l'art. « Etiquette ». Il manque de documentation. Tracasseries civiles de France et guerres civiles d'Allemagne. L'édition infâme de *La Pucelle*. A reçu l'art. « Histoire ».

56.25 | **28 décembre [1756].** VOLTAIRE à D'ALEMBERT
- SOURCE : autogr., s. V., « aux Délices », 1 p.
- LOCALISATION DU MS. : Oxford VF
- ÉDITION : Best. D7098. Pléiade IV, p. 912-913 et XIII, p. 541
- INCIPIT : « Je vous renvoie *Histoire*, mon cher grand homme, j'ai bien peur que cela ne soit trop long... »

CONTENU : Art. « Histoire », « Imagination », « Idole », « Idolâtre ».

56.26 | **[1756].** Louis NECKER à [D'ALEMBERT]
- SOURCE : impr. (extrait)
- ÉDITION : *Enc.* t. VII, 1757, p. 420b-421a, article « Gageure »
- EXTRAIT : « On demande la probabilité qu'il y a d'amener croix en deux coups... »

CONTENU : Probabilités.

1757

57.01 | **8 janvier [1757].** D'ALEMBERT à [un collaborateur de l'*Encyclopédie*]
- SOURCE : cat. vente Stargardt 667, 25-26 novembre 1997, n° 361 : autogr., s., 1 p.
- INCIPIT : « J'ai enfin... vos papiers entre les mains... »

CONTENU : Peut lui renvoyer sous l'enveloppe de Malesherbes les papiers que Diderot lui a remis « hier au soir », sinon il les gardera jusqu'à son retour. Lui souhaite une heureuse année. Attentat de Damiens du 5 janvier.

57.02 | **[5-10 janvier 1757].** D'ALEMBERT à FORMEY
- SOURCE : autogr., s., P.-S., annotation ms, « reçuë le 19 janv. 1757 », 4 p.
- LOCALISATION DU MS. : Paris AdS, dossier D'Alembert. Copie ms à Krakow BJ
- ÉDITION : Euler, *O.O.*, IV A, 5, app. II, n° 2a, p. 353-355
- INCIPIT : « Je n'avais consenti à la suppression de mon mémoire que pour faire plaisir à M. Euler,... »

CONTENU : La controverse avec Euler : D'Al. renvoie son mém. [« Observations »] légèrement modifié après avoir pris connaissance de la rép. d'Euler, et propose des modifications importantes au mém. d'Euler pour le vol. [*HAB*] de 1755.

57.03 | **16 janvier [1757].** VOLTAIRE à D'ALEMBERT
- SOURCE : autogr., s. V, « à Monrion », 2 p.
- LOCALISATION DU MS. : Den Haag RPB 459, G16A453, f. 5
- ÉDITION : Best. D7122. Pléiade IV, p. 924
- INCIPIT : « Je vous envoie, mon cher maître... »

CONTENU : Envoie l'art. « Imagination ». Question sur *La Religion vengée*. Damiens, Ravaillac et les fanatiques.

57.04 | **23 janvier [1757].** D'ALEMBERT à VOLTAIRE
- SOURCE : autogr., « à Paris », 2 p.
- LOCALISATION DU MS. : Den Haag RPB 129, G16A30, 4
- ÉDITION : Best. D7132
- INCIPIT : « La *Religion vengée*, mon cher et illustre Philosophe, est l'ouvrage des anciens maîtres de François Damiens... »

CONTENU : *La Religion vengée* et le jésuite Berthier. Ce que le *J. de Trévoux* dit de Volt. Damiens. A propos de l'*Essai sur les mœurs*. A reçu l'art. « Imagination ».

57.05 | **4 février 1757.** D'ALEMBERT à FORMEY
- SOURCE : autogr., d.s., « à Paris », P.-S., 3 p. et 1 p. impr.
- LOCALISATION DU MS. : Krakow BJ, coll. Varnhagen
- ÉDITION : la « petite lettre » dans Euler, *O.O.*, IV A, 5, app. II, n° 2b, p. 355-356, qui reproduit *HAB 1755* (1757), XI, p. 401
- REMARQUE : lue à l'Acad. de Berlin le 17 février 1757

- INCIPIT : « Vous me fîtes l'honneur de me mander il y a environ deux mois, que M. Euler désirait que la réponse que je lui ai faite... »
- CONTENU : D'Al. renonce à la publication des [« Observations sur deux mémoires de Mrs Euler et Bernoulli insérés dans les *Mémoires* de 1753 »], par complaisance pour Euler, mais demande d'insérer la « petite lettre » ci-jointe [*HAB*, 1757]. Réaffirme sa priorité sur Euler. Publiera les « Observations... » ailleurs [*Opuscules*, 1761 ; *O.C. D'Al.*, III/1].

57.06 | **4 février [1757].** VOLTAIRE à D'ALEMBERT
- SOURCE : autogr., s. V, « à Monrion », 3 p.
- LOCALISATION DU MS. : Oxford VF
- ÉDITION : Best. D7139*. Pléiade IV, p. 936-938
- INCIPIT : « Je vous envoie *Idole, Idolâtre, Idolâtrie*, mon cher maître... »
- CONTENU : Propose un « prêtre hérétique » [Polier de Bottens] pour l'art. « Liturgie ». Attaque calviniste contre le déisme. Berthier. Le remercie pour la correction sur l'expérience de Molineux et Bradley et la définition de la parallaxe. Son « Histoire générale » [*Essai sur les mœurs*].

57.07 | **19 février [1757].** VOLTAIRE à D'ALEMBERT
- SOURCE : autogr., s. « le suisse V », 1 p.
- LOCALISATION DU MS. : Oxford VF
- ÉDITION : Best. D7165*
- REMARQUE : Kehl LXVIII, p. 45-46 et Pléiade IV, p. 952 amalgament deux l. (D7165 et D7199a). Pléiade XIII, p. 542
- INCIPIT : « Voici une paperasse qu'un savant suisse me donne pour l'article *Isis*... »
- CONTENU : Envoie art. « Isis » à mettre au rebut s'il est déjà fait à Paris. Secte des margouillistes, dérivant des jansénistes. Damiens. Berthier. Théâtre à Lausanne.

57.08 | **10 mars [1757].** D'ALEMBERT à FORMEY
- SOURCE : autogr., s., « à Paris », 2 p.
- LOCALISATION DU MS. : Krakow BJ, coll. Varnhagen
- INCIPIT : « Je suis très sensible à toutes les peines que vous avez bien voulu vous donner pour ma petite contestation avec M. Euler. »
- CONTENU : Déclare la controverse finie avec Euler : il est satisfait de la publication dans *HAB*, et compte publier un autre texte dans les mém. de l'Acad. sc. de Paris ; lui demande le secret.

57.09 | **15 avril 1757.** Georges-Louis LE SAGE à D'ALEMBERT
- SOURCE : minute autogr., d.s., « à Genève, rue Verdaine », 2 p.
- LOCALISATION DU MS. : Genève BGE, Ms. Suppl. 517, f. 14
- ÉDITION : Henry 1885/1886, p. 18-19, qui transcrit 15 août 1757
- INCIPIT : « En m'accordant la permission de vous écrire, vous y joignîtes celle de le faire sans formalités... »

CONTENU : Reverdil lui présente cette l. *Essai sur l'origine des forces mortes* examiné à l'Acad. sc. L'action de la gravité n'est pas continue. Art. « Frottement », « Gravitation », « Inverse », « Levier ». Chaires de mathématiques et de philosophie qu'il ne disputera pas à [Louis] Necker.

57.10 | **15 avril [1757].** VOLTAIRE à D'ALEMBERT
- SOURCE : autogr., s. V., « aux Délices », 1 p.
- LOCALISATION DU MS. : Genève, coll. J.-D. Candaux
- ÉDITION : Best. D7199a. *RDE* 12, avril 1992, p. 198. *RDE* 14, avril 1993, p. 195. Pléiade XIII, p. 543. Ces eds corrigent l'amalgame (D7165 et D7199a) de l'éd. de Kehl, LXVIII, p. 45-46.
- INCIPIT : « Voici le mot *liturgie* qu'un savant prêtre m'a apporté et que je vous dépêche, à vous illustre et ingénieux fléau des prêtres... »

CONTENU : A beaucoup corrigé l'art. « Liturgie » pour le rendre chrétien. « Je ressemble aux vieilles maquerelles... ».

57.11 | **18 avril [1757].** VOLTAIRE à D'ALEMBERT
- SOURCE : cat. vente Stagardt, 9-10 mars 1988, n° 352 : autogr., s. V, « aux Délices », 1 p.
- ÉDITION : *Littérature* 14, 1986, p. 136. Pléiade XIII, p. 543-544
- INCIPIT : « Ce ne sont pas aujourd'hui des liturgies que je vous envoie, mon cher philosophe... »

CONTENU : Volt. lui envoie trois brochures de la *Religion vengée*, qu'il attribue à Berthier et consorts, et le prie de faire rendre à Briasson ce libelle. Compliments sur l'*Enc.*

57.12 | **26 avril [1757].** D'ALEMBERT à VOLTAIRE
- SOURCE : autogr., « Paris », adr., cachet, 3 p.
- LOCALISATION DU MS. : Den Haag RPB 129, G16A30, 7
- ÉDITION : Best. D7247
- INCIPIT : « J'ai reçu et lu, mon cher et illustre philosophe, l'article *Liturgie* ; il faudra changer un mot dans les Psaumes,... »

CONTENU : A reçu l'art. « Liturgie » qu'il faudra édulcorer, vu la peine de mort condamnant les écrits contre la religion. Sur l'*Enc.* et notamment le vol. VII. *La Religion vengée*. Berthier. Mandement de l'évêque de Soissons sur la tolérance.

57.13 | **9 mai [1757].** D'ALEMBERT à Georges-Louis LE SAGE
- SOURCE : autogr., s., « à Paris », adr., cachet, 3 p.
- LOCALISATION DU MS. : Genève BGE, Ms. Suppl. 512, f. 13-14
- ÉDITION : Henry 1885/1886, p. 17-18
- INCIPIT : « J'ai parlé à M. Bouguer. Il est content en général de votre mémoire, mais il n'en trouve pas la forme telle qu'il la voudrait. »

CONTENU : Critiques de Bouguer : Le Sage doit, entre autres, comparer son système à celui de Varignon (1690). Lui et Bouguer ne s'intéressent pas vraiment à ces hypothèses. N'a pas utilisé l'idée de Le Sage à l'art. « Frottement », mais a utilisé son idée de la pesanteur à l'art. « Force ». Lui propose son témoignage.

57.14 | **22 mai [1757].** VOLTAIRE à D'ALEMBERT
- SOURCE : autogr., s. V., « aux Délices », 2 p.
- LOCALISATION DU MS. : Den Haag RPB 459, G16A453, f. 6
- ÉDITION : Best. D7266. Pléiade IV, p. 1012
- INCIPIT : « Voici *Logomachie* par le même prêtre qui a fait *Liturgie*. »

CONTENU : Ajoute à l'art. « Logomachie » un fragment de la l. de l'auteur. Sa pension prussienne. Billet pour Briasson.

57.15 | **24 [mai 1757].** VOLTAIRE à D'ALEMBERT
- SOURCE : autogr., s. V., « aux Délices », 2 p.
- LOCALISATION DU MS. : Oxford VF
- ÉDITION : Best. D7267*. Pléiade IV, p. 1012-1013 et XIII, p. 544-545
- INCIPIT : « Voici, mon cher et illustre philosophe, l'article *Mages* de mon prêtre... »

CONTENU : Art. « Mages » tiré de Dom Calmet. L'art. « Enfer » et le chevalier de Jaucourt. Guerres d'Allemagne. Articles de théologie. Billet pour Briasson. Liste des art. que « son prêtre » [Polier de Bottens] prépare.

57.16 | **1er juin 1757.** D'ALEMBERT à VOLTAIRE
- SOURCE : autogr., d., « à Paris », 2 p.
- LOCALISATION DU MS. : Den Haag RPB 129, G16A30, 8
- ÉDITION : Best. D7274
- INCIPIT : « Je conviens avec vous, mon cher et illustre maître, qu'il vaut mieux dans le moment présent avoir une pension... »

CONTENU : Fréd. II et la paix. A envoyé sa l. à Briasson. Il est difficile d'obtenir L'*Enc.* en paiement des art. de son ami.

57.17 | **6 juillet [1757].** VOLTAIRE à D'ALEMBERT
- SOURCE : autogr., 1 p.
- LOCALISATION DU MS. : Oxford VF
- ÉDITION : Best. D7306*. Pléiade IV, p. 1043 et XIII, p. 545
- INCIPIT : « Voici encore ce que mon prêtre de Lausanne m'envoie. »

CONTENU : Son prêtre [Polier de Bottens] risquerait le fagot à Paris, art. inchangés. Conseille de mettre sur le trésor royal la pension de Berlin. Allusion à une défaite de Fréd. II.

57.18 | **8 juillet [1757].** VOLTAIRE à D'ALEMBERT
- SOURCE : autogr., « aux Délices », 2 p.
- LOCALISATION DU MS. : Oxford VF

- ÉDITION : Best. D7308*. Pléiade IV, p. 1045 et Pléiade XIII, p. 545
- INCIPIT : « Voilà encore de l'érudition orientale de mon prêtre ; il est infatigable. »

CONTENU : Les libraires ont-ils un correcteur hébraïque ? L'absurdité du jésuite Maire, de Marseille, qui était venu le voir. Fréd. II en mauvaise posture.

57.19 | **21 juillet 1757.** D'Alembert à Voltaire
- SOURCE : autogr., d., « à Paris », adr., cachet, 3 p.
- LOCALISATION DU MS. : Den Haag RPB 129, G16A30, 9
- ÉDITION : Best. D7320
- INCIPIT : « J'ai reçu il y a déjà quelque temps, mon cher et très illustre confrère, les articles *Magie*, *Magiciens* et *Mages*,... »

CONTENU : Briasson. Sur les articles du prêtre de Lausanne. L'art. « Enfer » n'est pas de Jaucourt mais de [Mallet]. Les articles de théologie et de métaphysique. Le vol. VII de l'*Enc.* sort dans deux mois. Pensions et affaires de Bohême.

57.20 | **23 juillet [1757].** Voltaire à D'Alembert
- SOURCE : autogr., s. V, « aux Délices », 1 p.
- LOCALISATION DU MS. : Oxford VF
- ÉDITION : Best. D7323*. Pléiade IV, p. 1053 et XIII, p. 545
- INCIPIT : « Voici encore de la besogne de mon prêtre... »

CONTENU : Autres articles de son prêtre. Le maréchal de Richelieu. Malheurs de Fréd. II.

57.21 | **30 juillet [1757].** D'Alembert à Voltaire
- SOURCE : autogr., « à Paris », adr., cachet, 2 p.
- LOCALISATION DU MS. : Den Haag RPB 129, G16A30, 14
- ÉDITION : Best. D7809 qui date du 30 juillet [1758]
- REMARQUE : Cette lettre est en fait de 1757 : voir 57.23 et 57.25 et la date de l'élection du nouveau pape, le 6 juillet 1758
- INCIPIT : « Cette lettre vous sera rendue, mon cher et très illustre confrère, par M. l'abbé Morellet... »

CONTENU : Morellet passe par Genève (où il espère voir Volt.) pour aller à Rome où le conclave ne tardera pas à se tenir [Benoit XIV, malade, meurt le 3 mai 1758 et le conclave se réunit de mai à juin]. Recommandation pour Morellet, nouvelle recrue de l'*Enc.*, quatrième théologien, susceptible de jouer la comédie à Genève, le présenter à Mme Denis.

57.22 | **[juillet 1757].** D'Alembert à Formey
- SOURCE : autogr., s., adr., 3 p.
- LOCALISATION DU MS. : Harvard, Ms. 57M-90
- INCIPIT : « Le voyage de la Cour à Compiègne m'a empêché d'avoir l'honneur de vous répondre plutôt. »

CONTENU : Peut adresser ses paquets au marquis de Paulmy. D'Al. n'entend plus parler de d'Argens qu'il croit à Berlin. Ne sait où trouver l'abbé de Prades. Message de condoléance et d'amitié pour Fréd. II.

57.23 | **[début août 1757].** VOLTAIRE à D'ALEMBERT
- SOURCE : autogr., s. « le Suisse V », adr., 1 p.
- LOCALISATION DU MS. : Oxford VF, copie Genève IMV, MS BK 488
- ÉDITION : Best. D7329. Pléiade IV, p. 1059
- INCIPIT : « Et toujours mon prêtre ! Et moi, je ne donne rien, mais c'est que je suis devenu russe. »

CONTENU : Articles de son prêtre [Polier de Bottens]. Pierre le Grand. Art. « Matière » : la matière pense comme l'esprit.

57.24 | **29 août [1757].** VOLTAIRE à D'ALEMBERT
- SOURCE : autogr., s. V, « Au Chêne », adr., 2 p.
- LOCALISATION DU MS. : Oxford VF, copie Genève IMV, MS BK 495
- ÉDITION : Best. D7357. Pléiade IV, p. 1078-1079
- INCIPIT : « Me voici, mon cher et illustre philosophe, à Lausanne. J'y arrange une maison où le roi de Prusse pourra venir loger... »

CONTENU : Fréd. II, lui en veut encore pour Mme Denis. Art. « Messie » donné à son prêtre. N'a pas vu l'envoyé de D'Al. [Morellet]. Les opinions religieuses à Genève. La glande pinéale de Rousseau. Accepte de mettre sa face entre celles de Campistron et de Crébillon.

57.25 | **1er septembre [1757].** VOLTAIRE à D'ALEMBERT
- SOURCE : cat. vente Paris, Drouot, 7 décembre 1979 (Michel Castaing expert), n° 177/3 : autogr., s. V, « Lausanne », 1 p.
- ÉDITION : R. Condat, « De quelques lettres inédites de Voltaire à D'Alembert », *Littérature* 19, 1988, p. 163-167. Pléiade XIII, p. 546
- EXTRAIT : « ... Manne me paraît assez bon quoiqu'un peu rabbiniste. Je crois que les philosophes et les curieux pourront être contents... »

CONTENU : Art. « Manne » au sens apothicaire. Fâché d'être à Lausanne, il demande à D'Al. de venir avec Diderot. Mme Du Deffand et Hénault.

57.26 | **18 septembre 1757.** D'ALEMBERT à MORELLET
- SOURCE : autogr., d., « à Paris », adr. à Lyon, 3 p.
- LOCALISATION DU MS. : Moscou, GIM OPI, f. 166, f. 179-180
- INCIPIT : « Je me doutais bien, mon cher Théologal, que vous seriez content de Genève. »

CONTENU : A bien fait de garder le silence sur l'art « Genève ». Regrette qu'il n'ait pas vu Volt. Ecrit le même jour à Bourgelat. Art. de l'*Enc.* à différer. L'affaire Rousselet. Rousseau n'a pas perdu la tête. L. de Fréd. II. L'abbé de Bernis. Le Breton fera sa commission.

| 57.27 | **1er octobre [1757].** D'ALEMBERT à Jean DURIVAL
• SOURCE : autogr., « à Paris », adr. « Durival le jeune à Lunéville »
• LOCALISATION DU MS. : Bruxelles, ARB, Fonds baron de Stassart, n° 53 (disparu)
• ÉDITION : Henry 1885/1886, p. 21
• INCIPIT : « J'arrive à l'instant, Monsieur, d'un voyage que j'ai été faire sur les côtes de Normandie... »
CONTENU : Remerciement pour les articles de l'*Enc*. Le vol. VII, le meilleur, est imprimé et paraîtra dans quinze jours au plus tard. Il y a fait l'*Eloge de Dumarsais*. Reconnaissance à son frère et à lui. |

| 57.28 | **1er octobre [1757].** D'ALEMBERT à MORELLET
• SOURCE : autogr., « à Paris », adr. à Lyon, cachet, 2 p.
• LOCALISATION DU MS. : New York Morgan, Misc. French, MA 3379
• INCIPIT : « J'arrive dans l'instant, mon cher abbé, et je m'empresse de répondre à votre lettre... »
CONTENU : S'adresser à Diderot pour l'art. « Gomaristes », lui ne lâchera pas le sien. Il a prêté ses livres sur le commerce à Bourgelat. Verra Hénault et écrira à Bourgelat sur son affaire ; procès avec Bartoldo. A transmis à Diderot ses reproches. Voyage de D'Al. pour observer les grandes marées d'équinoxe. L'*Enc*. |

| 57.29 | **2 décembre [1757].** VOLTAIRE à D'ALEMBERT
• SOURCE : autogr., s. V, « aux Délices », adr., 2 p.
• LOCALISATION DU MS. : Oxford VF
• ÉDITION : Best. D7490*. Pléiade IV, p. 1163-1164
• INCIPIT : « Du Marsais n'a commencé à vivre, mon cher philosophe, que depuis qu'il est mort... »
CONTENU : Les Eloges de D'Al. Sur l'art. « Genève » qu'il n'a pas encore vu ; intolérance des genevois. A consolé Fréd. II ; la pension de D'Al. Mot pour Briasson. |

| 57.30 | **6 décembre [1757].** VOLTAIRE à D'ALEMBERT
• SOURCE : impr., « aux Délices »
• ÉDITION : Best. D7499. Pléiade IV, p. 1175-1177
• INCIPIT : « Je reçois, mon très cher et très utile philosophe, votre lettre du premier de décembre... »
CONTENU : L'*Eloge de Dumarsais* par D'Al. A propos de Servet et de Calvin dans l'art. « Genève ». Il attend le vol. Accusation d'un prêtre [Vernes] sur l'art. [« Arrérages »]. Les Autrichiens, la France et Fréd. II [bataille de Rossbach]. La rép. de D'Al. dans le *Mercure*. Bolingbroke, Hume. La mort de Dumarsais. Attachement à [Mme Du Deffand]. |

| 57.31 | **12 décembre [1757].** VOLTAIRE à D'ALEMBERT
• SOURCE : impr., s. « le vieux Suisse V », « aux Délices »
• ÉDITION : Best. D7512. Pléiade IV, p. 1187 |

	• INCIPIT : « Vous savez, mon cher philosophe, tous les murmures de la synagogue. M. de Lubières a dû vous en parler... »
CONTENU :	Plaintes sur l'art. « Genève », mais il ne faut surtout pas se rétracter. Sur Fréd. II.

57.32 | **17 décembre 1757.** D'Alembert à Vernes
• SOURCE : autogr., d.s., « à Paris », adr., cachet rouge, 3 p.
• LOCALISATION DU MS. : Genève BGE, Ms. Suppl. 1036, f. 80-81
• ÉDITION : Leigh V, A190 (extrait)
• INCIPIT : « Il faut que vous n'ayez pas encore lu l'article *Genève*, puisque vous prétendez que j'y accuse vos ecclésiastiques... »

CONTENU : Le clergé genevois n'a rien à lui reprocher, devrait plutôt le remercier de l'art. « Genève ». Vernes sait qu'ils ne croient ni aux peines éternelles ni à la Trinité. Volt. n'a aucune part à l'art. S'étonne que Vernes ne lui ait pas communiqué la dissertation de Reverdil insérée dans son recueil, *Choix littéraire*, sur « Arrérages ». Il va y répondre (*Mercure* [déc. 1757]). Avait écrit le 1er novembre à [Louis] Necker, et a attendu sa rép. jusqu'au 20.

57.33 | **28 décembre 1757.** Georges-Louis Le Sage à D'Alembert
• SOURCE : brouillon autogr., d., « Genève », 2 p.
• LOCALISATION DU MS. : Genève BGE, Ms. Suppl. 517, f. 15
• INCIPIT : « Je vous dois de grandes excuses, pour vous avoir recommandé un homme qui avait eu la témérité d'écrire contre vous. »

CONTENU : Regrette de lui avoir recommandé Reverdil, le remercie de l'art. « Genève », mais lui demande de ne pas l'impliquer. A manqué aux promesses faites à Morellet. Jallabert au petit conseil ; [Louis] Necker et les chaires de philosophie et de mathématiques. Volt. est à Lausanne.

57.34 | **28 décembre 1757.** Tronchin à D'Alembert
• SOURCE : autogr., d.s., 3 p.
• LOCALISATION DU MS. : Genève BGE, Dossier ouvert d'autogr. « Tronchin »
• REMARQUE : copie ancienne, Paris BnF, Fr. 15230, f. 193-195
• ÉDITION : Pougens 1799, p. 415-417. Leigh V, A191
• INCIPIT : « Permettez, monsieur, à un citoyen qui connaît la bonté de votre cœur, la droiture de votre âme... »

CONTENU : Est peiné par l'art. « Genève » et les conséquences de rendre public ce qui peut porter tort aux genevois, comme ne pas être chrétien. En appelle à ses bonnes intentions pour leur écrire une réparation.

57.35 | **29 décembre [1757].** Voltaire à D'Alembert
• SOURCE : autogr., « tibi soli », « à Lausane », adr., 4 p.
• LOCALISATION DU MS. : Genève IMV, MS CA 97
• ÉDITION : Best. D7539. Pléiade IV, p. 1203-1205 et XIII, p. 548
• INCIPIT : « Mon cher et courageux philosophe, je viens de lire et de relire votre excellent article *Genève*... »

CONTENU : Réactions à l'art. « Genève ». Diatribes contre Vernet et son hypocrisie. Art. « Histoire », dont il demande le renvoi, et « Historiographie ». Critique des dissertations trop longues. Vernes et l'art. « Humeur ». Attend *Le Père de famille*.

1758

58.01 | **1ᵉʳ janvier 1758.** D'Alembert à Jean Durival
- Source : cat. Charavay 688, mai 1953, n° 24772 : autogr., « à Paris », d.s., adr. à Lunéville, annotation « Rep. le 12 janvier 1758 », cachet, 3 p.
- Localisation du ms. : Paris, coll. M.-J. Laissus
- Édition : Y. Laissus, *Revue d'histoire des sciences et de leur application*, VII, 1ᵉʳ mars 1955, p. 1-5
- Incipit : « L'Encyclopédie, monsieur, est très sensible à vos bontés... »

Contenu : D'Al. vient de déclarer à Malesherbes et aux libraires qu'il renonce à l'*Enc.* Déchaînement des dévots et de la cour, brochures infâmantes en vente publique, jésuite Chapelain, censeurs. Palissot les félicite, lui [Durival le jeune] et son frère, de ne pas être de l'Acad. de Nancy.

58.02 | **3 janvier [1758].** Voltaire à D'Alembert
- Source : cat. vente Paris, Drouot, 16 décembre 1977 (Michel Castaing expert), n° 251 : autogr., « à Lausanne », s. « le suisse V », 4 p.
- Édition : Kehl LXVIII, p. 27-28, daté de 1757. Best. D7550. Pléiade V, p. 4-5, et XIII, p. 548
- Incipit : « Le peu que je viens de lire du septième tome, mon cher grand homme, confirme bien ce que j'avais dit... »

Contenu : Lit le t. VII de l'*Enc.* Envoie les art. « Habacuc » et « Habile ». Va faire « Hémistiche ». Attend *Le Père de famille*. Abbé de Prades. Ce qu'il doit répondre aux « prêtres hérétiques » de Genève ; il faut s'en remettre à lui et ses amis. Attend « Histoire ». Fréd. II à Breslau.

58.03 | **6 janvier 1758.** D'Alembert à Tronchin
- Source : autogr., d.s., « Paris », P.-S., 4 p.
- Localisation du ms. : Genève BGE, Archives Tronchin 167, p. 305-308 ; brouillon autogr. dans la coll. Daniel Langlois-Berthelot ; copie ancienne Paris BnF, Fr. 15230, f. 196-200
- Édition : Henry 1885/1886, p. 22-23. Leigh V, A194
- Incipit : « Vous me rendez justice, monsieur, quand vous croyez que mes intentions dans l'article *Genève* ont été de rendre... »

Contenu : Rép. à la l. du 28 décembre 1757. Sa surprise de la réception hostile à l'art. « Genève ». Il se retire de l'*Enc.* pour d'autres raisons.

58.04 | **8 janvier [1758].** Voltaire à D'Alembert
- Source : autogr., s., « a Lausane », 3 p.
- Localisation du ms. : Genève IMV, MS CA 98
- Édition : Best. D7564. Pléiade V, p. 17-18 et XIII, p. 549
- Incipit : « On se vante à Genève que vous êtes forcé de quitter l'Encyclopédie non seulement a cause de l'article *Genève*... »

CONTENU : Incite D'Al. et ses amis à ne pas renoncer réellement à l'*Enc.*, mais à se faire désirer. Vernet et les réactions à l'art. « Genève ». Rester ferme. Envoie les art. « Hémistiche » et « Heureux ».

58.05 | **11 janvier 1758.** D'ALEMBERT à VOLTAIRE
- SOURCE : autogr., d., « Paris », 4 p.
- LOCALISATION DU MS. : Den Haag RPB 129, G16A30, f. 39(10)
- ÉDITION : Best. D7573
- INCIPIT : « Je reçois presque en même temps vos deux dernières lettres, mon très cher et très illustre philosophe... »

CONTENU : A reçu une l. de Tronchin [28 décembre 1757]. Sa rép. [6 janvier]. Rien sur les sociniens, etc. S'attend à une seconde l., les enverra à Volt. Députation prévue des ministres de Genève à la Cour, restera ferme, réactions catholiques. A reçu les art. « Habile », « Hauteur ». Va renvoyer « Histoire » à Volt. Se retire de l'*Enc.* à cause des attaques et des nouveaux censeurs, l'a signifié à Malesherbes et aux libraires. L'*Enc.* Fréd. II a repris Breslau. Abbé de Prades.

58.06 | **[c. 12 janvier 1758].** VOLTAIRE à D'ALEMBERT
- SOURCE : cat. vente Paris, Drouot, 7 décembre 1979 (Michel Castaing expert), n° 177/1 : autogr., s., adr., 1 p.
- ÉDITION : Best. D7583. Pléiade V, p. 33 et XIII, p. 549 (extrait)
- EXTRAIT : « ... Voici le temps d'une révolution dans l'esprit humain. Tenez ferme et on vous le devra. »

CONTENU : Se plaint du silence de D'Alembert. Ne pas abandonner l'*Enc.* Lui demande des exemplaires des *Mélanges*.

58.07 | **15 janvier [1758].** D'ALEMBERT à VERNES
- SOURCE : autogr., s., « Paris », adr., cachet rouge, 3 p.
- LOCALISATION DU MS. : Genève BGE, Ms. Suppl. 1036, f. 78-79
- ÉDITION : Leigh V, A195
- INCIPIT : « Je ne me rappelle point ce que vous m'avez fait l'honneur de me dire,... »

CONTENU : N'a rien dit dans l'art. « Genève » qui ne soit de notoriété publique. Volt. doit arranger l'affaire avec Tronchin. [Louis] Necker n'ose plus lui écrire. N'a pas vu l'art. « Humeurs ». Morellet ne lui a pas donné « Idolâtrie ». Vient de renoncer à l'*Enc.*, non à cause de « Genève », mais suite aux attaques personnelles faites avec approbation, aux censeurs nouveaux et à d'autres raisons.

58.08 | **19 janvier [1758].** VOLTAIRE à D'ALEMBERT
- SOURCE : impr.
- ÉDITION : Kehl LXVIII, p. 32-34. Best. D7592. Pléiade V, p. 38-39
- INCIPIT : « Je reçois, mon cher philosophe, votre lettre du 11. »

CONTENU : Vient de lire « Géométrie ». A envoyé les art. « Hémistiche » et « Heureux ». Ne pas abandonner l'*Enc.* : il a vu bien pire. Conseil d'aller négocier « en corps »

ANNÉE 1758

avec Malesherbes. L'art. « Genève ». Vernet et le médecin Tronchin. « L'âme atroce » de Calvin : ses démêlés avec les pasteurs de Genève, il faut être poli avec les sociniens.

58.09 | **20 janvier 1758.** D'ALEMBERT à VOLTAIRE
- SOURCE : autogr., d., « à Paris », adr., cachet, 3 p.
- LOCALISATION DU MS. : Den Haag RPB 129, G16A30, 11
- ÉDITION : Best. D7595
- INCIPIT : « C'est à tort, mon cher et illustre philosophe, que vous vous plaignez de mon silence ;... »

CONTENU : Reste ferme sur l'art. « Genève ». Déchaînement des libelles et des autorités contre l'*Enc.* Refuse une *Enc.* censurée. Ne sait quel parti prendra Diderot. Alcibiade et votre disciple [Le maréchal de Richelieu et Fréd. II], l'armée autrichienne. Les *Mélanges* [1753] sont épuisés, il faut réimprimer.

58.10 | **23 janvier [1758].** D'ALEMBERT à MALESHERBES
- SOURCE : autogr., s., 2 p.
- LOCALISATION DU MS. : Paris BnF, Fr. 22191, f. 140
- REMARQUE : répertorié dans Ernest Coyecque, *Bibliothèque Nationale. Inventaire de la Collection Anisson sur l'histoire de l'imprimerie et de la Librairie*, Paris, 1900, II, p. 459
- INCIPIT : « Mes amis me forcent à rompre le silence que j'étais résolu de garder sur la dernière feuille de Fréron. »

CONTENU : Fréron, en rendant compte des *Cacouacs*, l'attaque nommément. Demande justice.

58.11 | **28 janvier 1758.** D'ALEMBERT à VOLTAIRE
- SOURCE : autogr., d., « Paris », 4 p.
- LOCALISATION DU MS. : Den Haag RPB 129, G16A30, 5
- ÉDITION : Best. D7607
- INCIPIT : « Je suis infiniment flatté, mon très cher et très illustre philosophe, du suffrage que vous accordez à l'article *Géométrie*.... »

CONTENU : Liste de ses art. les plus importants dans le vol. VII de l'*Enc.* Libelles faits sur ordres supérieurs : Malesherbes n'a pu les empêcher. Les menaces se précisent. Malesherbes a « peu de nerf et de consistance ». Persiste à vouloir interrompre l'*Enc.* Sur les prêtres de Genève et la théologie. L'art. « Histoire » et les nouveaux censeurs. Doute que le vol. VIII se fasse. Liste des articles en H, I, J très périlleux. Conseille l'art. « Figure de la Terre » dans le vol. VI.

58.12 | **29 janvier [1758].** VOLTAIRE à D'ALEMBERT
- SOURCE : autogr., « à Lausane », « De mon lit d'ou je vois 10 lieues de lac », adr., 3 p.
- LOCALISATION DU MS. : Genève IMV, MS CA 99
- ÉDITION : Best. D7608. Pléiade V, p. 51-52 et XIII, p. 549

- INCIPIT : « N'appelez point vos lettres du bavardage, mon digne et courageux philosophe : il faut... »

CONTENU : Les « hérétiques » de Genève publient un « catéchisme ». La comédie dans l'art. « Genève ». Ignorait la brutalité des libelles contre l'*Enc.* L. de Volt. à D'Al. envoyée par l'intermédiaire de Mme Fontaine. Demande s'il est bien uni avec Diderot. Le contenu de l'*Enc.*

58.13 | **5 février [1758].** VOLTAIRE à D'ALEMBERT
- SOURCE : autogr., adr., 2 p.
- LOCALISATION DU MS. : Genève, coll. hoirie Chaponnière
- ÉDITION : Best. D7618. Pléiade V, p. 55-56 et XIII, p. 550
- INCIPIT : « A la réception de votre lettre du 28, j'ai lu vite les articles dont vous parlez... »

CONTENU : Si les encyclopédistes quittent, ce doit être ensemble. Deux l. à Diderot. Volt. a demandé de nouveau le renvoi de ses propres art. et n'a pas eu de réponse. Les sociniens et l'art. « Genève ». Mme de Pompadour, l'abbé de Bernis. Cachets. Les censeurs. Cœur navré.

58.14 | **8 février 1758.** D'ALEMBERT à VOLTAIRE
- SOURCE : autogr., d., « à Paris », adr., cachet, 3 p.
- LOCALISATION DU MS. : Den Haag RPB 129, G16A30, 6
- ÉDITION : Best. D7624
- INCIPIT : « Vous m'écrivez, mon cher et grand philosophe, de votre lit où vous voyez dix lieues de lac... »

CONTENU : A découvert de nouvelles persécutions depuis sa dernière l. Malesherbes laisse imprimer les *Cacouacs*. Satire dans les *Affiches de province* qui vient du bureau d'un ministre. Sur l'attitude que prendra Diderot. Compromis sur ce qu'il y a de mauvais dans l'*Enc.* Fréd. II. Les *Cacouacs* sont de l'auteur de l'*Observateur hollandais* [Moreau]. Lubières. Le consubstantiel, l'homoousios et l'homoiousios.

58.15 | **13 février [1758].** VOLTAIRE à D'ALEMBERT
- SOURCE : autogr., « Lausanne », adr., 3 p.
- LOCALISATION DU MS. : Den Haag RPB 459, G16 A453, 7
- ÉDITION : Best. D 7631. Pléiade V, p. 67-68 et XIII, p. 551
- INCIPIT : « Je vous demande en grâce, mon cher et grand philosophe, de me dire pourquoi Duclos en a mal usé avec vous ... »

CONTENU : Duclos. Il faut être unis comme des frères contre la superstition. Un sermon contre l'*Enc.* devant le roi. A écrit à Diderot, réclame la remise de ses articles en H, l. chez d'Argental. Les Russes à Kœnigsberg. Abbé de Prades. J.-J. Rousseau chez les Bataves ? [Jean] Huber et [Claire] Cramer.

58.16 | **15 février [1758].** D'ALEMBERT à VOLTAIRE
- SOURCE : autogr., « à Paris », adr., cachet, 3 p.
- LOCALISATION DU MS. : Den Haag RPB 129, G16A30, 12

ANNÉE 1758

- ÉDITION : Best. D7634
- INCIPIT : « Diderot ne vous traite pas mieux, mon cher maître, que ses meilleurs et ses plus anciens amis. »

CONTENU : L'attitude de Diderot. C'est D'Al. qui a les articles de Volt. Protecteurs de leurs ennemis. Réactions à l'art. « Fornication ». [Jean] Huber, attend la profession de foi [des ministres de Genève]. Lubières. Sur le consubstantiel, le Père, le Fils et Vernet. La Sorbonne aux abois.

58.17 | **16 février [1758].** MALESHERBES à D'ALEMBERT
- SOURCE : brouillon autogr., 3 p.
- LOCALISATION DU MS. : Paris BnF, Fr. 22191, f. 143-146
- ÉDITION : *Mémoires de l'abbé Morellet*, éd. J.-P. Guicciardi, 1988, p. 72-75
- INCIPIT : « J'ai reçu, monsieur, la lettre que vous m'avez fait l'honneur de m'écrire... »

CONTENU : Rép. à la l. du 23 janvier : la phrase ne lui semble pas injurieuse. Affligé des chagrins que lui causent les critiques de Fréron mais il refuse de l'interdire en tant qu'homme public. Distinction entre critique littéraire et critique personnelle.

58.18 | **19 février [1758].** VOLTAIRE à D'ALEMBERT
- SOURCE : autogr., s., « à Lausane », adr., 2 p.
- LOCALISATION DU MS. : Den Haag RPB 459, G16A453, f. 8 (44)
- ÉDITION : Best. D7639. Pléiade V, p. 72
- INCIPIT : « On doit avoir envoyé la profession de foi à M. de Malesherbes pour M. d'Alembert... »

CONTENU : La profession de foi des ministres de Genève. Redemande ses art. et les l. qu'il a écrites à Diderot.

58.19 | **25-26 février [1758].** VOLTAIRE à D'ALEMBERT
- SOURCE : autogr., s., « à Lausane », adr., 3 p.
- LOCALISATION DU MS. : Den Haag RPB 459, G16A453, f. 9
- ÉDITION : Best. D7651. Pléiade V, p. 77-78
- INCIPIT : « Dieu merci mon cher philosophe *turpiter allucinaris*,... »

CONTENU : Mme de Pompadour et l'abbé de Bernis ne sont pas contre l'*Enc*. Leurs ennemis. Prône toujours l'union. Mécontent de la l. de Diderot à Tronchin. Note : reçoit ce 26 une l. de Diderot. Veut qu'on lui rende ses papiers. « Profession servétine » [Catéchisme de Genève] donnée par Malesherbes. Socianisme. Abbé de Prades.

58.20 | **26 février [1758].** D'ALEMBERT à VOLTAIRE
- SOURCE : autogr., « Paris », adr., cachet, 2 p. 1/2
- LOCALISATION DU MS. : Den Haag RPB 129, G16A30, 13
- ÉDITION : Best. D7655
- INCIPIT : « Diderot doit vous avoir répondu, mon cher maître... »

CONTENU : Diderot a ses l. et lui ses art. Persiste à ne plus travailler à l'*Enc.* Brouille avec Duclos à propos d'art. de l'*Enc.* Volt. serait contre l'*Enc.* d'après des rumeurs que D'Al. a démenties. A reçu la profession de foi de Genève. J.-J. Rousseau est à Montmorency et non en Hollande.

58.21 | **7 mars [1758].** VOLTAIRE à D'ALEMBERT
- SOURCE : autogr., s., « à Lausane », 2 p.
- LOCALISATION DU MS. : Den Haag RPB 459, G16A453, f. 10 (47)
- ÉDITION : Best. D7666. Pléiade V, p. 92-93
- INCIPIT : « En réponse de votre lettre du 26 février... »

CONTENU : Lui demande le renvoi de ses art. La voix publique sera sa protection. Diderot et les libraires. L'*Enc.* pourrait être finie à Lausanne. Volt. prêt à financer et à loger les encyclopédistes. Sociniens. Comédie à Lausanne. Réaction aux rumeurs à son propos. Kœnig et lettres de Leibniz.

58.22 | **[25 mars 1758].** VOLTAIRE à D'ALEMBERT
- SOURCE : autogr., s., « aux Délices »
- LOCALISATION DU MS. : Den Haag RPB 459, G16A453, f. 48 (11)
- ÉDITION : Best. D7695. Pléiade V, p. 113-114
- INCIPIT : « Vous m'apprenez que je suis mort... »

CONTENU : Vers sur sa mort. Les prêtres de Genève le pensent complice. Regrette que D'Al. ne vienne pas à Genève. La désunion des encyclopédistes. Fréd. II.

58.23 | **10 avril [1758].** VOLTAIRE à D'ALEMBERT
- SOURCE : autogr., « aux Délices », 1 p.
- LOCALISATION DU MS. : Paris BnF, NAFr. 24330, f. 11
- ÉDITION : Best. D7708. Pléiade V, p. 120
- INCIPIT : « Mon cher philosophe, il est bon d'être ferme mais il ne faut pas être impitoyable. »

CONTENU : Il ne faut pas résister au cri du public et au mém. des libraires. Libelle atroce contre Diderot. Duclos. Les encyclopédistes doivent être inséparables.

58.24 | **[17 mai 1758].** D'ALEMBERT à HÉNAULT
- SOURCE : autogr., « Ce mercredi à midi », P.-S., 3 p.
- LOCALISATION DU MS. : Boston PL, Chamberlain G 2.1
- ÉDITION : Hawkins 1930, p. 4-6
- INCIPIT : « J'ai reçu, mon cher et illustre confrère, votre invitation pour lundi prochain... »

CONTENU : [Seconde éd. du *Traité de dynamique*] qui paraîtra à la fin de la semaine, dédiée au comte d'Argenson. Il va écrire le lendemain une l. d'accompagnement à d'Argenson pour qu'Hénault la lui remette. Lui demande le secret. Boullongne ne l'a pas encore payé [de sa pension du roi de 1756].

ANNÉE 1758

58.25 | **18 mai 1758.** D'ALEMBERT à Marc-Pierre d'ARGENSON
- SOURCE : fac-similé, d.s., « à Paris », 2 p.
- LOCALISATION DU MS. : Paris AF, 1 G 1
- REMARQUE : l'original autogr. figure sur un exemplaire du *Traité de dynamique*, passé en vente chez Christie's, New-York, 15-16 juin 1998, lot 245, vente 8922
- INCIPIT : « M. le président Hénault veut bien vous faire parvenir la nouvelle édition de mon *Traité de dynamique*... »

CONTENU : Dédicace de la seconde éd. du *Traité de dynamique*. Il ne lui a pas fait agréer de peur que la modestie de d'Argenson n'imposât silence à son zèle. Lui seul en France l'a honoré de ses bontés.

58.26 | **22 mai 1758.** Marc-Pierre d'ARGENSON à D'ALEMBERT
- SOURCE : copie, « aux Ormes, 22 mai 1758 », 1 p.
- LOCALISATION DU MS. : Paris BnF, Fr. 15230, f. 201
- ÉDITION : Henry 1885/1886, p. 23
- INCIPIT : « Le témoignage public des sentiments d'un homme aussi illustre que vertueux... »

CONTENU : Remerciements pour l'épître dédicatoire du *Traité de dynamique*.

58.27 | **[mai 1758].** KEITH à D'ALEMBERT
- SOURCE : impr.
- ÉDITION : Pougens, p. 354
- REMARQUE : cette l. comme toutes celles de Keith publiées par Pougens, est passée en vente à l'Hôtel Drouot le 26 février 1909 (Noël Charavay expert, n° 83), avec mention d'annotations autogr. de D'Al. qui a utilisé ces l. pour son *Eloge* de Keith
- INCIPIT : « J'ai reçu un trésor inestimable, des indulgences plénières *in articulo mortis* avec pouvoir d'en donner à douze élus. »

CONTENU : [Suite au décès du pape Benoît XIV le 3 mai 1758] il donne indulgence plénière obtenue « in articulo mortis » à David Hume et à D'Al.

58.28 | **7 juin 1758.** D'ALEMBERT à FRISI
- SOURCE : autogr., d.s., « Paris », adr. modifiée de Pise à Milan, 2 p.
- LOCALISATION DU MS. : Berlin SB, H 1740 (l)
- ÉDITION : Henry 1885/1886, p. 23-24. Rutschmann 1977, p. 16
- INCIPIT : « M. le chevalier Lorenzi m'a remis la lettre que vous m'avez fait l'honneur de m'écrire... »

CONTENU : A été trop occupé pour examiner la différence de vues entre eux sur la précession des équinoxes. Projette un voyage en Italie cette année, partira dans deux mois.

58.29 | **7 juin [1758].** Voltaire à D'Alembert
- SOURCE : autogr., « aux Délices », adr., timbre postal « Genève », 3 p.
- LOCALISATION DU MS. : Den Haag RPB 459, G16A453, f. 12(49)
- ÉDITION : Best. D7747. Pléiade V, p. 145-146
- INCIPIT : « Par ma foi, mon grand et aimable et indépendant Philosophe, vous devriez apporter votre dynamique à Genève. »

CONTENU : Lui propose de nouveau d'aller en Italie en passant par Genève, chez Necker et chez lui. Dédicace à un disgracié [d'Argenson] du *Traité de dynamique*. Remerciement et plaisanteries sur la physique. Rome et le nouveau pape. A changé l'art. « Histoire ».

58.30 | **25 juin 1758.** Jean-Jacques Rousseau à D'Alembert
- SOURCE : copie autogr., d., « à Montmorenci »
- LOCALISATION DU MS. : Neuchâtel BPU, Ms. R 90, p. 11
- ÉDITION : Leigh 659
- INCIPIT : « J'ai dû, monsieur, répondre à votre article *Genève*... »

CONTENU : Lui a adressé sa [*Lettre à D'Alembert sur les spectacles*]. Sait ce qu'il lui doit mais a fait son devoir.

58.31 | **27 juin [1758].** D'Alembert à Jean-Jacques Rousseau
- SOURCE : autogr., s., « à Paris », 1 p.
- LOCALISATION DU MS. : Genève BGE, Dossier ouvert d'autogr. « Alembert »
- ÉDITION : Henry 1885/1886, p. 25. Leigh 660
- INCIPIT : « Bien loin, monsieur, d'être offensé de ce que vous avez pu écrire contre mon article *Genève*,... »

CONTENU : Flatté de sa rép. à son art. « Genève » et empressé de la lire : il peut la lui envoyer par Malesherbes. Comte de Gisors. Deleyre.

58.32 | **8 juillet [1758].** D'Alembert à Malesherbes
- SOURCE : autogr., s., « à Paris », adr., cachet rouge, 1 p.
- LOCALISATION DU MS. : Paris BnF, NAFr. 1183, f. 14-15
- ÉDITION : Leigh 668
- INCIPIT : « Je vous suis très obligé du livre que vous voulez bien m'envoyer. »

CONTENU : Le paquet devait contenir une l. « oubliée » du libraire Rey. Accepte d'être censeur [de la *Lettre à D'Alembert sur les spectacles*].

58.33 | **18 juillet 1758.** D'Alembert à Rey
- SOURCE : autogr., d.s., « à Paris », adr., cachet, 1 p.
- LOCALISATION DU MS. : Den Haag RPB, G16A4, f. 1
- ÉDITION : Leigh 672
- INCIPIT : « J'ai reçu, monsieur, par la voie de M. de Malesherbes... »

CONTENU : A reçu l'ouvrage de Rousseau mais pas la l. de Rey que Malesherbes lui annonçait. Attend la suite.

ANNÉE 1758

58.34 | **22 [juillet 1758].** D'Alembert à Malesherbes
- Source : autogr., s., « Paris, ce samedi 22 », adr., cachet rouge, 1 p.
- Localisation du ms. : Paris BnF, NAFr. 1183, f. 16-17
- Édition : Leigh 674
- Incipit : « J'ai lu l'ouvrage de M. Rousseau contre moi... »

Contenu : La [*Lettre à D'Alembert sur les spectacles*] lui a fait grand plaisir, rien ne doit en empêcher la publication.

58.35 | **31 juillet 1758.** D'Alembert à Helvétius
- Source : cat. vente Paris, Drouot (T. Bodin expert), 10-11 décembre 1991, n° 1 : autogr., d.s., adr. « au château de Vauré par Regmalard [Voré par Rémalard] », cachet rouge, 2 p.
- Édition : *RDE* 12, avril 1992, p. 198. *Correspondance* d'Helvétius, éd. D. Smith, IV, p. 312-313, L. 292 bis.
- Incipit : « J'ai attendu, monsieur, pour vous remercier de votre ouvrage... »

Contenu : *De l'Esprit* lui fera honneur, mais il doit s'attendre à des critiques. Helvétius pourrait regretter de l'avoir imprimé avec approbation et privilège. Obligation des gens de lettres et ingratitude des gens du monde.

58.36 | **12 août 1758.** D'Alembert à Malesherbes
- Source : autogr., d.s., 2 p.
- Localisation du ms. : Paris BnF, NAFr. 1183, f. 38-39
- Édition : Leigh 678
- Incipit : « La lettre que le libraire Rey m'écrit est fort courte,... »

Contenu : Rey lui annonce un exemplaire en papier fin. Lui renvoie deux feuilles qu'il avait prises pour compléter son exemplaire.

58.37 | **14 août 1758.** D'Alembert à Morellet
- Source : autogr., d., « à Paris », adr., 3 p.
- Localisation du ms. : Paris Sorbonne, Ms. Cousin, 5, f. 3-4
- Édition : Henry 1885/1886, p. 25-26
- Incipit : « Je n'ai point répondu plus tôt, mon cher abbé, à votre lettre du 12 juillet,... »

Contenu : Turgot qui arrive de Rouen lui dit qu'il peut écrire à Morellet par l'abbé Mazeas. Prédiction qu'il avait faite à Mme Geoffrin réalisée. Le prince Ferdinand [de Brunswick] a battu M. de Chevert. Fréd. II. Les Anglais à Cherbourg. Voyage en Italie différé faute d'argent. Bourgelat lui remettra une l. pour Volt. Ne sait pas où en est le vol. VIII de l'*Enc.* ; Diderot ne l'a pas commencé, mais lui est prêt depuis deux mois.

58.38 | **1er septembre 1758.** D'Alembert à Malesherbes
- Source : autogr., d.s., « à Paris », 2 p.
- Localisation du ms. : Paris BnF, NAFr. 1183, f. 42-43

- ÉDITION : Leigh 685
- INCIPIT : « Je reçois en ce moment une lettre du libraire Rey... »

CONTENU : Rey vient d'expédier en France 1600 exemplaires du livre de Rousseau contre lui et en demande la permission. Rien dans le livre qui ne puisse en empêcher le débit. Témoignage de Turgot.

58.39 | **1ᵉʳ septembre 1758.** D'ALEMBERT à REY
- SOURCE : autogr., d.s., « à Paris », adr. « à Amsterdam », « reçue le 8 », 1 p.
- LOCALISATION DU MS. : Den Haag RPB, G16A4, f. 2
- ÉDITION : Leigh 686
- INCIPIT : « J'écris, monsieur, dans ce moment à M. de Malesherbes... »

CONTENU : Vient de recevoir sa l. du 21 août, ne doute pas que Malesherbes donne la permission.

58.40 | **2 septembre 1758.** VOLTAIRE à D'ALEMBERT
- SOURCE : autogr., s., « aux Délices », 2 p.
- LOCALISATION DU MS. : Den Haag RPB 459, G16A453, f. 51(13)
- ÉDITION : Best. D7842. Pléiade V, p. 204
- INCIPIT : « Vous vouliez, mon cher philosophe, aller voir le Saint-Père... »

CONTENU : A lu le « Discours préliminaire » du *Traité de Dynamique*. Demande des nouvelles de l'*Enc.* J.-J. Rousseau contre l'art. « Genève » et la comédie, double ingratitude. Fréd. II, Marie-Thérèse, pauvre siècle.

58.41 | **6 octobre 1758.** D'ALEMBERT à MALESHERBES
- SOURCE : autogr., d.s., P.-S., 3 p.
- LOCALISATION DU MS. : Paris BnF, Fr. 22191, f. 155-156
- INCIPIT : « J'ai eu l'honneur de me présenter hier à votre audience... »

CONTENU : Demande la permission tacite de faire réimprimer ses *Mélanges*, épuisés depuis un an. Lui demande le secret car ne veut pas passer par les libraires parisiens, mais par Bruyset à Lyon. Additions qui ne feront pas crier les dévots. Sollicite la permission de faire venir les épreuves sous son enveloppe.

58.42 | **22 octobre 1758.** D'ALEMBERT à MALESHERBES
- SOURCE : autogr., d.s., 1 p.
- LOCALISATION DU MS. : Paris BnF, Fr. 22191, f. 157
- INCIPIT : « Tous mes arrangements sont faits avec Bruyset, et je vous supplie en conséquence... »

CONTENU : Lui demande d'écrire à La Michodière, comme promis. Redemande de recevoir les épreuves sous son enveloppe, seront rendues promptement.

58.43 | **[octobre ou novembre 1758].** KEITH à D'ALEMBERT
- SOURCE : impr.
- ÉDITION : Pougens 1799, p. 347-348

ANNÉE 1758

| | • INCIPIT : « Je vous suis très obligé de l'intérêt que vous prenez à ce qui me regarde... »
CONTENU : | Les vers de D'Al. ont été très bien reçus. Réaction de Fréd. II. Le métier de commandant d'armée : « danser sur la corde ». Aime sa douceur plus encore que son esprit. Darget. Geoffrin.

58.44 | **20 novembre 1758.** D'ALEMBERT à FRISI
• SOURCE : impr.
• ÉDITION : Verri 1787, p. 84. Rutschmann 1977, p. 17
• INCIPIT : « Je ne saurais vous exprimer à quel point j'ai été affligé... »
CONTENU : A différé son voyage en Italie. Rome. D'Al. ne fera plus que des articles de mathématiques dans l'*Enc*. La dissertation de Frisi sur les atmosphères. Clairaut et la comète.

1759

59.01 | **19 février [1759].** Voltaire à D'Alembert
- SOURCE : autogr., s. Voltaire, « à Tournay par Genève 19 février », adr. rue Michel le Comte, 2 p.
- LOCALISATION DU MS. : Den Haag RPB 459, G16A453, f. 52(14)
- ÉDITION : Best. D8129. Pléiade V, p. 387-388
- INCIPIT : « J'ai besoin de savoir, mon cher et grand philosophe... »

CONTENU : Berthier, *J. de Trévoux*. Sur les jésuites portugais. Demande des précisions sur les auteurs de divers pamphlets, en particulier contre l'*Enc.* J.-J. Rousseau. Diderot. Helvétius.

59.02 | **24 février 1759.** D'Alembert à Voltaire
- SOURCE : autogr., « à Paris », adr., cachet, 3 p.
- LOCALISATION DU MS. : Den Haag RPB 129, G16A30, f. 15(53). Copie envoyée par Volt. à Tronchin, Genève BGE, Archives Tronchin 167, p. 289-292
- ÉDITION : Best. D8139
- INCIPIT : « Il y a plus de six ans, mon cher et illustre maître... »

CONTENU : Rép. à la l. du 19 février. *J. de Trévoux*, Berthier. Les jésuites. Caveyrac. Pompignan. Moreau auteur des *Cacouacs*. Chaumeix. J.-J. Rousseau. Diderot et la continuation de l'*Enc.* Fréd. II. Helvétius.

59.03 | **19 mars 1759.** D'Alembert à Formey
- SOURCE : impr. (extrait), « Paris »
- ÉDITION : Formey 1789, vol. II, p. 241-242
- INCIPIT : « Vous avez bien voulu me faire offre de services... »

CONTENU : Demande pour Turgot des morceaux de mine d'or, d'argent, cuivre, fer, étain, cobalt de différents états prussiens et avoisinants, si possible les métaux voisins et fossiles. Turgot lui conseille de s'adresser à M. Lehmann à Berlin, à qui il propose des échanges. Ce que l'*Enc.* doit à Turgot. Les sept volumes [de l'*Enc.*] supprimés et le privilège retiré. Attend la paix pour le voir.

59.04 | **22 avril 1759.** D'Alembert à Grosley
- SOURCE : autogr., d.s., « Paris », adr., cachet rouge, 2 p.
- LOCALISATION DU MS. : Troyes BM, Ms. 2977, n° 9
- INCIPIT : « Je vous suis très obligé de la lettre que vous m'avez fait l'honneur de m'écrire... »

CONTENU : Ferait une vie de Galilée s'il avait les matériaux « Mais je vois avec douleur qu'il faut presque y renoncer ».

59.05 | **4 mai [1759].** Voltaire à D'Alembert
- SOURCE : autogr., « Au château de Tournay 4 mai, venez nous y voir », adr. rue Michel le Comte, 3 p.
- LOCALISATION DU MS. : Den Haag RPB 459, G16A453, f. 15(54)

- ÉDITION : Best. D8286. Pléiade V, p. 471-472
- INCIPIT : « Je reçus hier la faveur de vos quatre volumes, mon cher philosophe... »

CONTENU : Réception des [*Mélanges* 1759], en particulier la « Laubrussellerie » [« Abus de la critique en matière de religion »]. « Luc » [Fréd. II]. Pas d'accord avec D'Al. sur le rôle de la France dans les sciences. Les sociniens. *Enc.* J.-J. Rousseau. Berthier.

59.06 | **9 mai 1759.** D'ALEMBERT à Marc-Pierre d'ARGENSON
- SOURCE : autogr., d.s., « à Paris », 2 p.
- LOCALISATION DU MS. : Paris Arsenal, Ms. 7053, n° 15
- ÉDITION : Grimsley 1962, p. 75
- INCIPIT : « J'ai prié M. le Président Hénault de vouloir bien vous faire... »

CONTENU : Attire son attention sur la p. 397 du vol. I de ses *Mélanges*. Sa reconnaissance pour la pension de 1756.

59.07 | **13 mai 1759.** D'ALEMBERT à VOLTAIRE
- SOURCE : autogr., d., « à Paris », adr., cachet, 3 p
- LOCALISATION DU MS. : Den Haag RPB 129, G16A30, 16
- ÉDITION : Best. D8297
- INCIPIT : « Vous ne m'avez pas bien lu, mon cher et illustre... »

CONTENU : Etat de l'astronomie physique en France aujourd'hui. Sa « Laubrussellerie ». A eu la visite d'un jésuite ennemi de Berthier.

59.08 | **13 août 1759 à 7 heures.** D'ALEMBERT à CLAIRAUT
- SOURCE : impr., « 13 août 1759 à 7 heures »
- ÉDITION : *J. sav.*, juin 1762, p. 361b-362a
- REMARQUE : cette l. et la suivante font partie d'un art. de Clairaut du *J. sav.*
- INCIPIT : « Je vous remercie, monsieur et cher confrère, de l'écrit... »

CONTENU : N'a pas à lui faire de reproche, autre que de n'être pas de son avis. Voir p. 130-131 du *Système du monde*, II. Erreur relative des calculs de la comète.

59.09 | **13 août [1759].** CLAIRAUT à D'ALEMBERT
- SOURCE : impr., « copie de la réponse de M. Clairaut datée de la même matinée »
- ÉDITION : *J. sav.*, juin 1762, p. 362b-363b
- INCIPIT : « Je ne serais jamais offensé, monsieur, que vous ne soyez point de mon avis, ni même... »

CONTENU : Il n'est offensé que de la manière de faire de D'Al., ses relations avec les écrits anonymes. Priorité sur des équations. N'a rien dit jusque là, mais prendra la parole si D'Al. attaque son ouvrage [*Théorie des comètes*].

59.10 | **25 août 1759.** Voltaire à D'Alembert
- source : autogr., d.s., « Aux Délices », 2 p.
- localisation du ms. : Den Haag RPB 459, G16A453, f. 56(16)
- édition : Best. D8451. Pléiade V, p. 579-580
- incipit : « Connaissez-vous, mon cher philosophe, un Simeon La Valette ou Simeon Vallette ou Simont Valet ? »

contenu : Lui demande qui est ce Valette qui se recommande de D'Al. Mort de Maupertuis. Plaisanteries tirées de l'*Arioste* pour le dissuader d'aller à Berlin. Il a quatre jésuites à sa porte, plaint Diderot d'être à Paris. Victoires ou défaites de Fréd. II.

59.11 | **27 septembre 1759.** D'Alembert à Lagrange
- source : autogr., d.s., « à Paris », P.-S., adr., cachet rouge, 3 p.
- localisation du ms. : Paris Institut, Ms. 915, f. 4-5
- édition : Lalanne 1882, XIII, p. 3-4
- incipit : « J'ai reçu avec beaucoup de reconnaissance et j'ai lu... »

contenu : Premier vol. des *Mémoires de Turin*. Cordes vibrantes. Log. imaginaires des quantités négatives. Euler. Daviet de Foncenex. Voyage en Italie.

59.12 | **27 septembre 1759.** D'Alembert à Voltaire
- source : autogr., d., « à Paris », 2 p.
- localisation du ms. : Den Haag RPB 129, G16A30, f. 17(57)
- édition : Best. D8497
- incipit : « Cette lettre vous sera rendue, mon cher et illustre confrère, par M. l'abbé de Saint Non, neveu de M. de Boullongne... »

contenu : L. de recommandation pour Saint-Non qui va à Rome en passant par Genève. Feu « notre ami » Benoît XIV.

59.13 | **15 octobre [1759].** Voltaire à D'Alembert
- source : autogr., 3 p.
- localisation du ms. : Den Haag RPB 459, G16A453, f. 17(58)
- édition : Best. D8536. Pléiade V, p. 640-641
- incipit : « Je trouve mon cher philosophe qu'un conseiller du parlement n'a rien de mieux à faire que d'aller en Italie. »

contenu : Saint-Non. Succès du théâtre de Volt. aux Délices. J.-J. Rousseau. Diderot. « Mme de La Raubière ». Le frère L'Arrivé. Luc [Fréd. II].

59.14 | **15 décembre 1759.** Voltaire à D'Alembert
- source : autogr., s., « aux Délices », 1 p.
- localisation du ms. : Paris BnF, Fr. 12938, f. 401
- édition : Best. D8651. Pléiade V, p. 716
- incipit : « Votre Siméon Valette ou Valet ou La Valette est chez moi, mon cher philosophe, il s'est fait moine... »

contenu : Demande des renseignements sur Siméon Valette. La paix est annoncée.

59.15 | **22 décembre [1759].** D'Alembert à Voltaire
- SOURCE : autogr., « à Paris », adr. « à Genève », cachet, 3 p.
- LOCALISATION DU MS. : Paris BnF, NAFr. 24338, f. 17-18
- ÉDITION : Best. D8673
- INCIPIT : « Le nouveau moine ou frère lai que vous venez de recevoir, mon cher et illustre maître, m'a été adressé... »

CONTENU : Donne des renseignements sur Siméon Valette, bon diable, auteur d'un traité de gnomonique. Attend la paix pour voyager. Querelle sur les planches de l'*Enc.*

1760

60.01 | **16 janvier 1760.** D'Alembert à Frisi
- source : autogr., d.s., « à Paris », adr., 2 p.
- localisation du ms. : Milano Ambrosiana, Y 153 sup., f. 487
- édition : Rutschmann 1977, p. 18. Pappas 1987, p. 149
- incipit : « Ne soyez point étonné, si je n'ai pas eu l'honneur de répondre... »

contenu : Rép. à la l. de Frisi de la mi 1759 remise par le chevalier Lorenzi et a une seconde l. annonçant livre non encore reçu. Sur la pièce envoyée par Frisi à l'Acad. sc. Pense aller en Prusse et en Italie à la fin de la guerre.

60.02 | **11 mars 1760.** D'Alembert à Frédéric II
- source : impr., « à Paris »
- édition : Preuss XXIV, n° 6 p. 371-372
- incipit : « J'ai trop bonne opinion de ma patrie pour imaginer... »

contenu : Remerciements pour l'*Epître* de Fréd. II [A60.02].

60.03 | **10 avril 1760.** Formey à D'Alembert
- source : cat. vente E. Charavay, 23 décembre 1885 : autogr., d.s., « Berlin », 2 p.
- extrait : « ... le défunt a exigé que je communiquasse cet éloge avant l'impression à ce Pylade dont il a été l'Oreste... »

contenu : Volt. lui a fait parvenir sa dernière l. Il publiera l'*Eloge de Maupertuis* dès que La Condamine aura envoyé ses observations. Maupertuis qu'il a tendrement aimé.

60.04 | **14 avril [1760].** D'Alembert à Voltaire
- source : autogr., « à Paris », adr., cachet, P.-S., 3 p.
- localisation du ms. : Den Haag RPB 129, G16A30, 19
- édition : Best. D8852
- incipit : « *Quand* on a le bonheur d'être dans un pays libre, mon cher et grand Philosophe, on est bienheureux... »

contenu : A reçu une petite feuille de Genève [*Les Quand*]. Volt. passe pour mort : ses successeurs [à l'Acad. fr.], son éloge. Vient de recevoir une Epître de Fréd. II contre les fanatiques. P.-S. : annonce *Les Philosophes modernes* [de Palissot], pièce fort protégée, où Rousseau marche à quatre pattes.

60.05 | **25 avril [1760].** Voltaire à D'Alembert
- source : impr.
- édition : Kehl LXVIII, p. 104-107. Best. D8872. Pléiade V, p. 877
- incipit : « Mon cher et digne philosophe, j'avoue que je ne suis pas mort... »

contenu : Berthier, Chaumeix, les philosophes divisés. J.-J. Rousseau. Fâché contre les marauds et contre les philosophes. Jugements sur les vers, la politique, et l'inconstance de Fréd. II. L'abbé de Prades, Darget, Algarotti, Chazot,

Maupertuis. Où en est l'*Enc.* ? Diderot, Helvétius. Saurin. Installation à Ferney dans quelques semaines. Ses l. ne sont point ouvertes, il n'a rien à craindre des affaires étrangères.

60.06 | **6 mai 1760.** D'ALEMBERT à VOLTAIRE
- SOURCE : autogr., d., « à Paris », 4 p.
- LOCALISATION DU MS. : Den Haag RPB 129, G16A30, 20
- ÉDITION : Best. D8894
- INCIPIT : « Mon cher et grand philosophe, je satisfais autant qu'il est en moi aux questions que vous me faites. »

CONTENU : [*Les Philosophes*] de Palissot joués vendredi pour la première fois et avec succès. Pas d'attaque personnelle contre lui-même et Volt. On s'indigne qu'Helvétius, Diderot, Rousseau, Duclos, Mme Geoffrin, Mlle Clairon y soient maltraités. Protectrices (Mesdames de Villeroy, de Robecq et Du Deffand) et protecteurs de cette pièce (Fréron, Séguier, Joly de Fleury). Propose à Volt. de retirer [*Tancrède*] de la Comédie fr., comme protestation. Epître, Satire de Fréd. II contre les prêtres. Helvétius, *Spartacus* de Saurin. A donné sa partie mathématique de l'*Enc.* sauf les deux dernières lettres. Gravure des planches.

60.07 | **21 mai [1760].** VOLTAIRE à D'ALEMBERT
- SOURCE : autogr., s. Voltaire, « Au château de Tourney par Geneve », 4 p.
- LOCALISATION DU MS. : Den Haag RPB 459, G16A453, f. 18
- ÉDITION : Best. D8926. Pléiade V, p. 913-914
- INCIPIT : « Mon cher philosophe, somme totale la philosophie de Démocrite est la seule bonne. »

CONTENU : J.-J. [Rousseau] et le théâtre, Fréron, Chaumeix, Berthier, Gauchat, Joly de Fleury. *Les Pour, Qui, Quoy*, d'auteur inconnu. *Epître* du métromane Fréd. II à D'Al. Silhouette et la guerre. Il s'est fâché contre Fréd. II. Il faut rire et être indépendant. Lui écrire comme gentilhomme du roi. Il est très bien avec la marquise et Choiseul.

60.08 | **22 mai 1760.** D'ALEMBERT à VOLTAIRE
- SOURCE : autogr., d., adr., cachet, 1 p.
- LOCALISATION DU MS. : Den Haag RPB 129, G16A30, 21
- ÉDITION : Best. D8930
- INCIPIT : « Vous aurez à Genève à la fin de ce mois, mon cher et illustre maître, une personne qui a grande envie de vous voir. »

CONTENU : Recommandation pour Favier qui passe à Genève venant d'Espagne avec le comte de Voronzov.

60.09 | **26 mai [1760].** D'ALEMBERT à VOLTAIRE
- SOURCE : autogr., « à Paris », adr., 3 p.
- LOCALISATION DU MS. : Den Haag RPB 129, G16A30, 22
- ÉDITION : Best. D8937

- INCIPIT : « Vous m'aviez paru, mon cher confrère, prendre le plus vif intérêt à la persécution que les philosophes éprouvent... »

CONTENU : Volt. paraissait vouloir prendre la défense des philosophes et dit maintenant qu'il « s'en fout ». On dit que Palissot a envoyé sa pièce à Volt. avant qu'elle fût jouée, il vient d'imprimer une préface où il le loue. Mme Du Deffand. Les variantes de l'Epître moins bonnes que l'original. « Adieu, mon cher confrère le rieur ».

60.10 | **26 mai [1760].** VOLTAIRE à D'ALEMBERT
- SOURCE : autogr., « à Tourney, par Geneve », 3 p.
- LOCALISATION DU MS. : Den Haag RPB 459, G16A453, f. 19
- ÉDITION : Best. D8934. Pléiade V, p. 918-919
- INCIPIT : « Mon cher et grand philosophe, j'ai suivi vos conseils,... »

CONTENU : A retiré [*Tancrède*] de la Comédie fr. N'a pas vu *Les Philosophes*. *Les Que, Les Oui, Les Non*, etc. D'Al. est cité dans la préface d'une comédie de Hume [*L'Ecossaise* de Volt.]. Comment faire approuver les *Elémens de Newton* par l'Acad. sc. ? Les libraires Cramer. Maladie de Mlle Clairon.

60.11 | **31 mai [1760].** D'ALEMBERT à VOLTAIRE
- SOURCE : autogr., « à Paris », adr. « gentilhomme ordinaire du Roi », 3 p.
- LOCALISATION DU MS. : Den Haag RPB 129, G16A30, 23
- ÉDITION : Best. D8949
- INCIPIT : « Mon cher et illustre philosophe, je reçois à l'instant votre lettre du 26 mai,... »

CONTENU : Le remercie du parti qu'il vient de prendre, n'est plus fâché. Va essayer de faire approuver les *Eléments de Newton* par l'Acad. sc., en parlera mercredi à l'Assemblée [Paris, AdS, séance du 4 juin], se fera nommer commissaire [avec Clairaut]. On s'arrache *La Vision de Palissot*. Fréd. II lui a envoyé l'édition de ses œuvres, épître à Keith. *L'Ecossaise* va être jouée à la Comédie fr., il remercie l'auteur.

60.12 | **31 mai [1760].** VOLTAIRE à D'ALEMBERT
- SOURCE : autogr., s. Voltaire, « aux Délices », 2 p.
- LOCALISATION DU MS. : Den Haag RPB 459, G16A453, f. 20
- ÉDITION : Best. D8948
- INCIPIT : « Mon cher philosophe de la secte de Démocrite... »

CONTENU : Rép. à la l. du 26 mai. Lui demande un exemplaire des *Quand*, etc. à envoyer à l'Arsenal chez Thiriot. Mme Du Deffand. Palissot et Patu. Palissot ne lui a pas envoyé sa pièce. Rire et patience, union des frères.

60.13 | **[mai 1760].** D'ALEMBERT à HÉNAULT
- SOURCE : autogr., 2 p.
- LOCALISATION DU MS. : Basel, coll. P. Meister
- INCIPIT : « Je vous suis très obligé, mon cher et illustre confrère... »

ANNÉE 1760

CONTENU : Le remercie de son soutien [contre la pièce de Palissot], les protecteurs « qu'il connaît » [Mme Du Deffand] sont plus infâmes encore.

60.14 | **10 juin [1760]. Voltaire à D'Alembert**
- SOURCE : autogr., adr. « rue Simon Le Franc », 3 p.
- LOCALISATION DU MS. : Den Haag RPB 459, G16A453, f. 21
- ÉDITION : Best. D8968. Pléiade V, p. 941-943
- INCIPIT : « Mon cher philosophe et mon maître, *Les si, Les pourquoi...* »

CONTENU : « Remarques sur la Prière du Déiste », *La Vision* [*de Palissot*, de Morellet]. Les traits contre la princesse de Robecq sont dangereux, Choiseul irrité. Robin en prison. L. de Palissot à Volt. et rép. diffusée par d'Argental. Diderot accusé à tort. Avait écrit à Thiriot pour qu'on n'accuse pas les philosophes à tort. Publiera-t-on un recueil des pièces ? Volt. pourra faire une préface. A beaucoup ri avec [*Le Pauvre Diable*] de « Vadé » [Volt.]. Catéchisme newtonien.

60.15 | **11 juin 1760. D'Alembert à Voltaire**
- SOURCE : autogr., d., « à Paris », adr., 3 p.
- LOCALISATION DU MS. : Den Haag RPB 129, G16A30, 24
- ÉDITION : Best. D8970
- INCIPIT : « Mon très cher et très illustre philosophe et maître,... »

CONTENU : Commissions pour Thiriot. Impertinences de Mme Du Deffand. Palissot protégé par Choiseul, l'auteur de *La Vision* recherché. Pompignan. Marmontel chez Volt.

60.16 | **16 juin 1760. D'Alembert à Voltaire**
- SOURCE : autogr., d., « Paris », 4 p.
- LOCALISATION DU MS. : Den Haag RPB 129, G16A30, 25
- ÉDITION : Best. D8982
- INCIPIT : « Mon cher et illustre maître, 1° ce n'est pas tout d'être *mourante*, il faut encore n'être pas *vipère*... »

CONTENU : Mme de Robecq a cabalé. *La Vision* est modérée sur Mme de Robecq. Robin est arrêté mais Mme de Robecq n'en est pas la cause. « Mords-les », théologal de l'*Enc.*, vengeur de la philosophie, arrêté, mais pas pour longtemps. Palissot va publier une lettre de Volt. Palissot est fâché avec Mme de La Marck. Diderot n'a jamais écrit contre Mme de Robecq. Attend le poème de « Vadé ». Volt. doit s'exprimer comme porte-parole des philosophes. Pompignan. Il faut rire. Attend le catéchisme newtonien.

60.17 | **17 juin [1760]. D'Alembert à Tressan**
- SOURCE : autogr., s., « à Paris », 1 p. r°v°
- LOCALISATION DU MS. : Nancy BM, Fonds Autogr. Dossier d'Alembert
- ÉDITION : *Souvenirs du comte de Tressan*, 1897, p. 132. *RDE* 1, octobre 1986, p. 129

- INCIPIT : « Cette lettre vous sera rendue, mon cher et illustre confrère, par mon intime ami M. Bourgelat,... »

CONTENU : L. transmise par Bourgelat, envoyé en Lorraine par le ministère, et qu'il recommande chaudement. Rit et méprise « les protégés et les protecteurs, les Palissots de Nancy et ceux de Versailles, les Palissots mâles et femelles » [Choiseul, Mme de Robecq].

60.18 | **20 juin [1760].** VOLTAIRE à D'ALEMBERT
- SOURCE : autogr., 3 p.
- LOCALISATION DU MS. : Den Haag RPB 459, G16A453, f. 22
- ÉDITION : Best. D8993. Pléiade V, p. 952-953
- INCIPIT : « Ma cousine Vadé me mande qu'elle a recouvré cet ouvrage moral depuis trois mois... »

CONTENU : « Vadé ». N'a pas lu Pompignan. Thiriot l'abandonne. Voir la l. à d'Argental pour son opinion sur Palissot. Morellet. Mme Du Deffand ne lui a rien écrit contre lui. Joly de Fleury. Persécutions contre les philosophes. Relations entre [Choiseul] et Palissot.

60.19 | **23 [juin 1760].** VOLTAIRE à D'ALEMBERT
- SOURCE : autogr., 3 p.
- LOCALISATION DU MS. : Den Haag RPB 459, G16A453
- ÉDITION : Best. D9006, Pléiade V, p. 962-964
- INCIPIT : « Je voudrais que Tiriot m'envoyât les nouveautés... »

CONTENU : Voudrait que Thiriot lui envoie Pompignan. *La Vision*, Mme de Robecq, Choiseul et le « Vadé ». Seconde réponse de Volt. à Palissot, via d'Argental : Chaumeix, Joly de Fleury, etc. Questions sur un nouvel ouvrage de D'Al. [*Opuscules*, t. I-II]. Lettre et folie de Rousseau. L'état de « l'infâme » en Angleterre.

60.20 | **[30 juin 1760].** Jean-Jacques ROUSSEAU à D'ALEMBERT
- SOURCE : copie autogr., 1 p.
- LOCALISATION DU MS. : Neuchâtel BPU, Ms. R 90, p. 149
- ÉDITION : Leigh 1039
- REMARQUE : insérée dans les *Confessions*
- INCIPIT : « Je n'ai pas attendu votre lettre, monsieur, pour... »

CONTENU : Détention de Morellet, intervention auprès du maréchal de Luxembourg et sa femme. Princesse de Robecq, philosophes. Mme de Luxembourg n'a pas besoin des remerciements dans l'*Enc.* promis par D'Al.

60.21 | **1ᵉʳ juillet [1760].** D'ALEMBERT à VOLTAIRE
- SOURCE : autogr., adr., cachet, 3 p.
- LOCALISATION DU MS. : Den Haag RPB 129, G16A30, 26
- ÉDITION : Best. D9034
- INCIPIT : « Je trouve, mon cher philosophe, que deux ans... »

ANNÉE 1760

CONTENU : Succès de « Vadé ». Pompignan ne vient plus à l'Acad. fr. depuis *Les Quand*. Mme de Robecq n'est qu'un prétexte, Palissot protégé, Mme Du Deffand protège Fréron, mauvaise critique de *L'Ecossaise*. Le remercie de ses l. à Palissot qu'il n'a pas vues.

60.22 | **9 juillet [1760].** VOLTAIRE à D'ALEMBERT
- SOURCE : autogr., 3 p.
- LOCALISATION DU MS. : Paris BnF, NAFr. 24330, f. 13-14
- ÉDITION : Best. D9047. Pléiade V, p. 985-986
- INCIPIT : « Mon cher philosophe, j'ai la vanité de croire que vous avez la même idée que moi... »

CONTENU : Ch[oiseul] les aidera à faire entrer Diderot à l'Acad. fr. Palissoteries. Protection de Mme de P[ompadour]. L'Acad. fr. indignée par Pompignan. Il serait doux d'y mettre Helvétius. Demande d'anecdotes pour rire de ses ennemis.

60.23 | **18 juillet [1760].** D'ALEMBERT à VOLTAIRE
- SOURCE : autogr., « à Paris », 2 p.
- LOCALISATION DU MS. : Den Haag RPB 129, G16A30, 27
- ÉDITION : Best. D9075
- INCIPIT : « Vous me paraissez persuadé, mon cher et grand philosophe, que je me trompe dans les jugements que je porte... »

CONTENU : Jugements différents à propos de [Choiseul]. Mme de Robecq morte et Morellet toujours à la Bastille. Désire voir Diderot à l'Acad. mais c'est impossible. Attend la paix mais pas pour servir Fréd. II.

60.24 | **24 juillet [1760].** VOLTAIRE à D'ALEMBERT
- SOURCE : impr.
- ÉDITION : Kehl LXVIII, p. 124-127. Best. D9085. Pléiade V, p. 1019-1020
- INCIPIT : « Je vous demande pardon, mon très cher philosophe... »

CONTENU : Son jugement sur « la personne dont vous me parlez » [Choiseul]. Celui-ci et Marmontel ; coups de bâton à Palissot, *La Vision*. Doute que Mme de Luxembourg intervienne pour Morellet. Diderot doit tenter l'Acad. fr. ; ce que peut Mme de Pompadour à ce sujet, commencer un soutien académique, viser l'Acad. sc. Recommande l'union des frères.

60.25 | **30 juillet [1760].** D'ALEMBERT à Jean-Jacques ROUSSEAU
- SOURCE : autogr., adr. « à Enghien », cachet, 1 p.
- LOCALISATION DU MS. : Neuchâtel BPU, Ms. R 290, f. 1-2, copie Ms. R 90, p. 150
- ÉDITION : Leigh 1070
- INCIPIT : « Je suis très sensible, mon cher monsieur, aux bontés... »

CONTENU : Remercie la maréchale de Luxembourg. Attend d'une heure à l'autre l'abbé [Morellet]. Sa mauvaise santé.

60.26 | **1ᵉʳ août [1760].** D'ALEMBERT à Jean-Jacques ROUSSEAU
• SOURCE : autogr., s., adr., « à Enghien », 1 p.
• LOCALISATION DU MS. : Neuchâtel BPU, Ms. R 292, f. 3-4, copie Ms. R 90, p. 151
• ÉDITION : Leigh 1075
• INCIPIT : « Grâce à vos soins, mon cher philosophe, l'abbé est... »
CONTENU : L'abbé [Morellet], libéré grâce à Rousseau, part à la campagne et le remercie.

60.27 | **3 août 1760.** D'ALEMBERT à VOLTAIRE
• SOURCE : autogr., d., « à Paris », 4 p.
• LOCALISATION DU MS. : Den Haag RPB 129, G16A30, 28
• ÉDITION : Best. D9114
• INCIPIT : « Il y a apparence, mon cher et grand philosophe, que... »
CONTENU : Ni lui ni Volt. ne sont disposés à changer d'avis sur [Choiseul]. Morellet sorti de la Bastille. Duclos, avec lequel il accepte de se réconcilier, peu optimiste sur l'entrée de Diderot à l'Acad. : rapport de forces défavorable. Succès de *L'Ecossaise*, malgré Fréron. Bourgelat. N'a pas envoyé l'*Epître au roi de Prusse* au *J. enc.*, ni à quelqu'un de sa connaissance. Querelle entre Palissot et Séguier. Sur la troisième l. de Volt. à Palissot.

60.28 | **6 août 1760.** D'ALEMBERT à MORELLET
• SOURCE : autogr., d., « à Paris », adr., 2 p.
• LOCALISATION DU MS. : Mariemont, Autographes XII/274A
• ÉDITION : Durry 1959, vol. II, p. 489
• INCIPIT : « Vous avez oublié, mon cher philosophe, de me... »
CONTENU : A envoyé sa l. au portier de Mme Mérard. Satisfaction sur l'élargissement de Morellet. *L'Ecossaise* a du succès, mauvais compte rendu de Fréron, « à la fripière Fréron ». Cassel, Ferdinand, Dresde, Russes.

60.29 | **13 août [1760].** VOLTAIRE à D'ALEMBERT
• SOURCE : impr., « à Ferney »
• ÉDITION : Kehl LXVIII, p. 130-132. Best. D9137. Pléiade V, p. 1055-1057
• INCIPIT : « Vous êtes assurément, mon divin Protagoras... »
CONTENU : « Les rieurs sont pour nous ». Duclos, Mairan. Faire entrer d'abord Diderot à l'Acad., puis « Mords-les ». D'Argental a fait plus pour sa libération que Jean-Jacques. Sur la publication de l. entre Volt. et Palissot. L. au « vieux Stentor Astruc ». Recherche toujours des anecdotes pour se moquer de ses ennemis. *Pierre le Grand. Conte du tonneau* [de Swift]. Fréd. II périra. Alain de La Roche.

60.30 | **2 septembre 1760.** D'ALEMBERT à VOLTAIRE
• SOURCE : autogr., d., « à Paris », adr., cachet, 3 p.
• LOCALISATION DU MS. : Den Haag RPB 129, G16A30, 29
• ÉDITION : Best. D9184
• INCIPIT : « Il y a un siècle, mon cher et grand philosophe, que je ne... »

CONTENU : « Un grand diable d'ouvrage de géométrie » [*Opuscules*, t. I-II] sous presse. Difficultés pour la candidature à l'Acad. de Diderot ; le sauver des boules noires. Morellet. A donné des anecdotes (Chaumeix, Trublet, etc.) à Thiriot. *L'Ecossaise*. A lu ses [« Réflexions sur la poésie », *Mélanges*, t. V] à l'Acad. fr.

60.31 | **[c. 8 septembre 1760].** VOLTAIRE à D'ALEMBERT
- SOURCE : autogr., 1 p.
- LOCALISATION DU MS. : Den Haag RPB 459, G16A453, f. 24
- ÉDITION : Best. D9206. Pléiade V, p. 1096-1097
- INCIPIT : « Pour l'amour de Dieu, envoyez-moi votre discours à l'académie. »

CONTENU : Sa l. à Stanislas II sur l'insolence des fanatiques approuvée par le dauphin et le roi. D'Al. peut adresser son discours à Chennevières ou Damilaville.

60.32 | **10 septembre 1760.** D'ALEMBERT à VOLTAIRE
- SOURCE : autogr., d., « à Paris », 2 p.
- LOCALISATION DU MS. : Den Haag RPB 129, G16A30, 30
- ÉDITION : Best. D9214
- INCIPIT : « Cette lettre vous sera remise, mon cher et illustre... »

CONTENU : Le chevalier de Maudave a écrit à Volt. une grande l. sur l'Inde et passera le voir en allant à Port-Mahon. Le recommande, regrette de ne pouvoir l'accompagner.

60.33 | **22 septembre 1760.** D'ALEMBERT à VOLTAIRE
- SOURCE : autogr., d., « à Paris », adr., cachet, 2 p.
- LOCALISATION DU MS. : Den Haag RPB 129, G16A30, 31
- ÉDITION : Best. D9252
- INCIPIT : « Mon cher et illustre maître, je viens de remettre à l'ami Thiriot une copie de ma petite *drôlerie*,... »

CONTENU : Ses « Réflexions sur la poésie » [*Mélanges*, t. V]. Larmes sur *Tancrède*, fait l'éloge de Mlle Clairon, demande à Volt. d'en faire un. L'abbé d'Olivet charmé. Recommandation pour Maudave et pour Turgot.

60.34 | **8 octobre [1760].** VOLTAIRE à D'ALEMBERT
- SOURCE : autogr., s., 4 p.
- LOCALISATION DU MS. : Paris BnF, NAFr. 24330, f. 16-17
- ÉDITION : Best. D9289. Pléiade VI, p. 13-15
- INCIPIT : « J'ai eu mon très cher maître, votre discours et M. de Maudave... »

CONTENU : Les différentes manières de jouer *Tancrède*. Théâtre à Genève. Visite d'un ancien officier, nouveau prosélyte. Rondeau de Volt. sur ses ennemis. Maudave et le phallum. Duclos, lettre « T ». A reçu quarante-neuf convives. La « perruque » de Boileau. Envisage une épître à Clairon. Attend Turgot. Fréd. II et [le général] Daun.

60.35	**18 octobre [1760].** D'Alembert à Voltaire
	• Source : autogr., « Paris », 5 p.
	• Localisation du ms. : Den Haag RPB 129, G16A30, 32
	• Édition : Best. D9329
	• Incipit : « Je m'attendais bien, mon cher et grand philosophe, que vous seriez content de l'Indien que je vous ai adressé,... »
Contenu :	Attaques de [Fréron] contre les [« Réflexions sur la poésie »] de D'Al. diverses réactions à *Tancrède*. L'officier conquis. Maudave et le dieu des Indes. Boileau et la poésie. Mlle Clairon. Turgot arrivera à Genève vers la fin du mois, c'est un cacouac qui ne doit pas trop le paraître. Les quarante-neuf convives de Volt. J.-J. Rousseau. Fréd. II. Duc de Broglie. Perte du Canada [cardinal de Bernis, Boyer]. Moins de « sottises intestines » à Paris. Raccommodé avec Mme Du Deffand.

60.36	**22 octobre 1760.** D'Alembert à Lenoir
	• Source : autogr., d.s., « à Paris », adr. « Baugé en Anjou », 2 p.
	• Localisation du ms. : Angers BM, Ms. 1352(1119), pièce 40
	• Incipit : « Mille pardons, monsieur, si je n'ai pas eu l'honneur... »
Contenu :	La description des arts par l'Acad. sc. n'a pour objet que les arts mécaniques, pas le dessin et la peinture. L'Acad. en vacances. Le remercie de ses compliments. L'abbé de G[ua] plus disposé à lui emprunter 1 400 livres qu'à les lui rendre.

60.37	**30 octobre [1760].** Voltaire à D'Alembert
	• Source : autogr., 4 p.
	• Localisation du ms. : Den Haag RPB 459, G16A453, f. 25
	• Édition : Best. D9366. Pléiade VI, p. 56-57
	• Incipit : « Soyez très sûr, mon cher philosophe, que je n'ai nulle part... »
Contenu :	L. à [Stanislas II], publication erronée. Le libraire Cramer n'a pas de part à l'édition de ces « facéties ». Thiriot doit lui donner un « Pierre » [*Histoire de l'empire de Russie*]. Acad. de Berlin dérangée. A reçu le fils d'Omer Joly de Fleury. Les péripéties amoureuses et genevoises de [Louis] Necker. D'Argental et *Tancrède*.

60.38	**[octobre 1760].** Jean-Henri Lambert à D'Alembert
	• Source : minute autogr., en deux parties, 4 p.
	• Localisation du ms. : Basel UB, Ms. L Ia 732, f. 39-41
	• Incipit : « Il y a deux ans que j'eus l'honneur de vous présenter... »
Contenu :	Lui a envoyé il y a deux ans les *Les Routes de la lumière*, et un exemplaire pour l'Acad. sc., avait regretté de ne pouvoir assister à une séance. Lui envoie sa [*Photometria*] ainsi qu'un exemplaire pour l'Acad. Analogies et différences entre la lumière, le feu et la chaleur. *Photometria* sortie des presses, les deux exemplaires lui parviendront de Strasbourg à l'adresse de la rue de

Montmartre. Mort de Bouguer. Projet sur la Pyrométrie. Mém. sur l'influence de la Lune sur le baromètre, 4ᵉ t. des *Actes helvétiques*. Retour de la comète prévu par Clairaut, ses propres calculs sur la comète de 1664.

60.39 | **5 novembre [1760].** D'ALEMBERT à VOLTAIRE
- SOURCE : autogr., « à Paris », 4 p.
- LOCALISATION DU MS. : Den Haag RPB 129, G16A30, f. 18
- ÉDITION : Best. D9384
- REMARQUE : le ms porte une date allographe de 1759, rectifiée par Best. La fin de la l. manque
- INCIPIT : « J'ai reçu mon cher maître, et lu l'histoire du Czar,... »

CONTENU : Compare l'*Histoire* [*de l'empire de Russie*] à celle de Charles XII. Sa piètre opinion de leurs talents scientifiques. Ridicule des recherches sur l'origine des peuples. Arts des chinois. Critique sur le portrait de la personnalité du czar. Cath. II, son portrait, son serment de ne faire mourir personne.

60.40 | **17 novembre [1760].** VOLTAIRE à D'ALEMBERT
- SOURCE : autogr., s., 4 p.
- LOCALISATION DU MS. : Paris BnF, NAFr. 24330, f. 19-20
- ÉDITION : Best. D9412. Pléiade VI, p 88-89
- INCIPIT : « Mon cher maître, mon digne philosophe, je suis encore tout plein de M. Turgot. »

CONTENU : Il loue Turgot, auteur de l'art. « Existence ». Deleyre n'est pas encore aux Délices, en route vers Parme. Condillac. *Tancrède*. Mme Du Deffand. Problèmes d'envois. Pierre le Grand et son fils. Diverses batailles de Fréd. II, protecteur dangereux.

60.41 | **22 décembre 1760.** D'ALEMBERT à FRÉDÉRIC II
- SOURCE : impr., « Paris »
- ÉDITION : Preuss XXIV, n° 7, p. 372
- INCIPIT : « J'ai respecté, comme je le devais, les grandes et glorieuses occupations de Votre Majesté durant cette campagne. »

CONTENU : Remerciements pour le cadeau d'une écritoire en porcelaine, reçue le 15 août, jour d'une victoire sur les Autrichiens. Mériterait d'être employée à écrire l'histoire de Fréd. II.

60.42 | **[1760].** D'ALEMBERT à HÉNAULT
- SOURCE : cat. vente Charavay : autogr., « ce jeudi », 3 p.
- INCIPIT : « Il est vrai, mon cher confrère, que ce puant d'abbé Lambert vint il y a sept ou huit ans chez moi... »

CONTENU : L'abbé Lambert lui demanda un morceau sur la musique, avant l'arrivée des bouffons. Il écrivit « moitié en dormant, moitié en digérant, tout ce qui me vint à la tête » [« Fragment sur la musique », Henry 1887a, p. 164-189 ?].

1761

61.01 | **6 janvier 1761.** Voltaire à D'Alembert
- SOURCE : autogr., d., « au château de Ferney pays de Gex », 4 p.
- LOCALISATION DU MS. : Paris BnF, NAFr. 24330, f. 22-23
- ÉDITION : Best. D9523
- INCIPIT : « Mon cher et aimable philosophe, je vous salue… »

CONTENU : « Jeanne ». Thiriot. « Capilotade » [*La Pucelle*]. Restitution d'un terrain par les jésuites. Veut envoyer un prêtre assassin aux galères. « Albergati Capacelli » : Epître sur l'état des lettres en France. « Faquins de Genève ». J.-J. Rousseau contre le théatre. Aventure de Louis Necker. Remarques sur l'état du monde.

61.02 | **9 février [1761].** Voltaire à D'Alembert
- SOURCE : autogr., « à Ferney pays de Gex », 4 p.
- LOCALISATION DU MS. : Paris BnF, NAFr. 24330, f. 25-26
- ÉDITION : Best. D9616. Pléiade VI, p. 268-269
- INCIPIT : « Mon cher et grand philosophe, vous devenez plus nécessaire que jamais aux fidèles, aux gens de lettres, à la nation. »

CONTENU : Lui déconseille d'aller en Prusse. A lu le discours que D'Al. a fait à l'Acad. [« Réflexions sur l'histoire »]. Malesherbes, Fréron et l'éducation de Mlle Corneille. Chaumeix. Il faut Diderot plutôt que l'abbé Le Blanc à l'Acad. Omer [Joly de Fleury].

61.03 | **10 février [1761].** D'Alembert à Jean-Jacques Rousseau
- SOURCE : autogr., s., adr. « à Montmorency », cachet rouge, 2 p.
- LOCALISATION DU MS. : Neuchâtel BPU, Ms. R 292, f. 5-6
- ÉDITION : Leigh 1276
- INCIPIT : « J'ai lu, monsieur, ou plutôt dévoré le nouveau livre… »

CONTENU : Félicite Rousseau de [*La Nouvelle Héloïse*] et suggère quelques modifications. L'exhorte à continuer à médire et à mériter du genre humain.

61.04 | **15 février 1761.** Jean-Jacques Rousseau à D'Alembert
- SOURCE : copie autogr., d., « M[ontmorency] », 1 p.
- LOCALISATION DU MS. : Neuchâtel BPU, Ms. R 19, f. 4r., copie Paris BnF, Fr. 15230, p. 202-203
- ÉDITION : Pougens 1799, p. 418-419. Leigh 1291
- INCIPIT : « Je suis charmé, monsieur, de la lettre que vous venez de m'écrire… »

CONTENU : Le remercie de sa louange car elle est jointe à une critique amicale. Pas d'opposition entre sa *Lettre sur les spectacles* et *La Nouvelle Héloïse* : la vérité change suivant les temps et les lieux. Partout où séjourne Volt., on peut jouer la comédie et lire des romans sans danger.

61.05 | **20 février 1761.** D'Alembert à Frédéric II
- Source : impr., « à Paris »
- Édition : Preuss XXIV, n° 8, p. 373
- Incipit : « Je dois de nouveaux remerciements à Votre Majesté... »

Contenu : Remerciements pour sa l. mais inquiétudes : vœux pour une paix prochaine à la satisfaction de la Prusse et de la France.

61.06 | **27 février [1761].** Voltaire à D'Alembert
- Source : impr., « au château de Ferney, pays de Gex »
- Édition : Kehl LXVIII, p. 153-155. Best. D9653. Pléiade VI, p. 291-292
- Incipit : « Vous êtes un franc savant dans votre charmante... »

Contenu : Plaisanteries sur la messe de minuit. Il faut se déclarer meilleur chrétien que leurs accusateurs. Curé assassin. Succès du *Père de Famille* : « le public est pour nous ». Vingt-cinq candidats à l'Acad. fr. L'abbé Le Blanc. Malesherbes. Omer [Joly de Fleury]. Demande le discours de D'Al. à l'Acad. sur l'histoire, réimpression de son « *Histoire générale* ».

61.07 | **3 mars [1761].** Voltaire à D'Alembert
- Source : impr., s.
- Édition : Kehl LXVIII, p. 155-156. Best. D9662. Pléiade VI, p. 296-297
- Incipit : « A quelque chose près, je suis de votre avis en tout... »

Contenu : Commentaire et questions sur les « Réflexions sur l'histoire » de D'Al. Veut l'envoyer au *J. enc.*

61.08 | **9 mars [1761].** D'Alembert à Voltaire
- Source : autogr., « à Paris », 4 p.
- Localisation du ms. : Den Haag RPB 129, G16A30, 33
- Édition : Best. D9674
- Incipit : « Je suis, mon cher et illustre maître, comme S. Dominique le Cuirassé ou l'Encuirassé, qui se donnait la discipline... »

Contenu : L'opprobre dont l'Acad. s'est couverte : élection de l'abbé Trublet qui n'a pas eu sa voix, mais a eu l'appui de d'Olivet, Nivernais, La Condamine, Mairan, Duclos. La façon d'écrire l'histoire, « de son temps » ou pas, à rebours ou pas. *Le Père de famille*, « le public est pour nous ». L'acharnement des fripons puissants et le dévouement des fripons lâches. Malesherbes, Omer [Joly de Fleury]. Reproches. Moreau. Extrait de son discours fait par un ami pour le *J. enc.*

61.09 | **[c. 10 mars 1761].** D'Alembert à Roussier
- Source : autogr., « à Paris », s., annotée d'une autre main « n° I réponse à la Lettre n° 1, du 3 mars 1761 », 4 p.
- Remarque : cette l. est passée en vente chez Charavay le 18 avril 1891, en mai-juin 1932 puis le 8 mars 1935
- Localisation du ms. : Paris BnF, NAFr. 25261, f. 19-23

- INCIPIT : « J'ai lu vos remarques, et je vous en fais mille et mille remerciements. Je vous les renvoye avec mes réponses en note... »

CONTENU : A adopté presque toutes ses remarques [à ses *Elémens de musique*, 1762, 2e éd.], regrette qu'il ne soit pas plus connu. Lui demande de corriger lui-même sur le manuscrit en suivant les notes qu'il fait à ses remarques. Lui répondra sous peu à ses observations pour l'exemplaire retouché.

61.10 | **13 mars [1761].** D'ALEMBERT à ROUSSIER
- SOURCE : cat. vente Bücher, Zurich, 10 mars 1950, n° 675 : autogr., « 13 mars », s., « n° 2 réponse à la seconde partie de la lettre n° 1 du 3 mars 1761 », 3 p.
- REMARQUE : New York Columbia, Rare Books Coll., D. E. Smith Box A contient une copie de corrections annotée de la même main que la l. n° I : « copie de M. Bruyset fils », « envoyées à M. Bourgelat selon la Lettre de M. D'Alembert, n° 2, du 13 mars 1761 »
- INCIPIT : inconnu

CONTENU : Suite des corrections au discours préliminaire des [*Elémens de musique*, 1762] : note à propos des *Réflexions sur le principe sonore* de Rameau, remerciements à l'abbé Roussier.

61.11 | **19 mars 1761.** VOLTAIRE à D'ALEMBERT
- SOURCE : autogr., d.s., « à Ferney pays de Gex », « ne m'écrivez plus avec *de l'académie* ni à Genève », 3 p.
- LOCALISATION DU MS. : Paris BnF, NAFr. 24330, f. 28-29
- ÉDITION : Best. D9682. Leigh 1373. Pléiade VI, p. 308-309
- INCIPIT : « Mon très digne et ferme philosophe, vrai savant... »

CONTENU : Rép. à la l. du 9 mars. *Epître à Mme Denis*. Trublet à l'Acad., Olivet, Hénault. Diatribe contre J.-J. Rousseau. Colardeau. Appel à l'unité des philosophes.

61.12 | **[fin mars 1761].** D'ALEMBERT à ROUSSIER
- SOURCE : autogr., s., P.-S., annotation d'une autre main « n° 3 (réponse à la lettre n° 3, du 24 mars 1761 »), 4 p.
- LOCALISATION DU MS. : New York Columbia, Rare Books Coll., D.E. Smith Box A
- REMARQUE : le dossier de Columbia, Box A et B, contient également 6 p. de corrections aux *Elémens de musique*, autogr., numérotées « n° 5, n° 6, n° 7, n° 9 » (Pappas 1986, n° 0350, 0351, 352, datées toutes trois de mars 1761). La l. « n° 3 » est passée en vente chez Charavay, le 18 avril 1891, en mars 1904, n° 4 et en août 1914
- INCIPIT : « Je vous réitère mes remerciements ; je vous serai... »

CONTENU : Le remercie de bien vouloir revoir avant lui les épreuves [des *Elémens de musique*] puis de lui en envoyer deux jeux, dont un que D'Alembert relira avant de l'envoyer à Bruyset. N'est pas pressé du moment que l'ouvrage se fait dans l'année. Commente ses corrections et trouve ses remarques si justes qu'il le prie de les faire directement sur l'épreuve. P.-S. : Rameau l'ayant attaqué indécemment, il imprimera une rép. à la fin de ses *Elémens* qu'il communiquera [à Roussier]. Lui demande d'ajouter au titre « éclaircis, developpés, & simplifiés ».

61.13 | **9 avril [1761].** D'ALEMBERT à VOLTAIRE
- SOURCE : autogr., « à Paris », 4 p.
- LOCALISATION DU MS. : Den Haag RPB 129, G16A30, 34
- ÉDITION : Best. D9731
- INCIPIT : « Je vous remercie, mon cher maître, de m'avoir envoyé... »

CONTENU : D'Al. a dû corriger l'*Epître sur l'agriculture* de Volt. pour la rendre présentable à la reine. Reproche à Volt. de l'avoir dénoncé auprès de d'Olivet pour Trublet, élections [à l'Acad. fr.], Marmontel ne sera pas élu. D'Al. tempère Volt. sur Rousseau. Son mém. sur l'inoculation [*J. enc.* 1er avril 1761].

61.14 | **15 avril 1761.** Jean-Henri LAMBERT à D'ALEMBERT
- SOURCE : minute autogr., d., 2 p.
- LOCALISATION DU MS. : Basel UB, Ms. L Ia 732, f. 45-46
- REMARQUE : il y a des paragraphes communs avec la l. d'octobre 1760, mais ce n'est pas la même : erreur possible de Lambert
- INCIPIT : « Il y a deux ans que j'eus l'honneur de vous présenter... »

CONTENU : A appris indirectement que D'Al avait approuvé son ouvrage [*Les Propriétés remarquables de la route de la lumière*...], lui envoie ses *Routes des comètes*, calcul facilité du temps employé à parcourir un arc parabolique. Mém. sur l'influence de la Lune sur le baromètre. La [*Photometria*] sorti des presses l'année passée, n'a pu la lui envoyer [voir l. d'octobre 1760], peut lui faire parvenir jusqu'à Strasbourg. *Acta Eruditorum*.

61.15 | **20 avril [1761].** VOLTAIRE à D'ALEMBERT
- SOURCE : autogr., « à Ferney », 4 p.
- LOCALISATION DU MS. : Paris BnF, NAFr. 24330, f. 31-32
- ÉDITION : Best. D9743. Leigh 1397. Pléiade VI, p. 348-350
- INCIPIT : « Je me hâte de vous répondre (mon grand calculateur... »

CONTENU : N'a pas cité son nom à d'Olivet. Discute le mém. sur l'inoculation. Vitupère contre J.-J. Rousseau. Veut faire une confrérie des philosophes. Mme Du Deffand. L'abbé Trublet. Ximenès et l'*Epître sur l'agriculture*. A lu le mém. « contre les jésuites banqueroutiers ».

61.16 | **[7 ou 8 mai 1761].** VOLTAIRE à D'ALEMBERT
- SOURCE : autogr., 4 p.
- LOCALISATION DU MS. : Paris BnF, NAFr. 24330, f. 34-35
- ÉDITION : Best. D9771. Pléiade VI, p. 377-379
- INCIPIT : « Monsieur le Protée, monsieur le multiforme,... »

CONTENU : Approuve son *Apologie de l'étude*. Défend Mlle Clairon contre « un polisson ». Les « convulsionnaires » ne sont pas plus à craindre que les jésuites. Proteste contre le choix par l'Acad. fr. de l'*Eloge de* [*d'Aguesseau*] comme sujet de prix. Appelle D'Al. à la lutte contre l'infâme. Question sur le calcul de l'espérance. Mme Du Deffand.

61.17 | **19 mai [1761].** D'ALEMBERT à VOLTAIRE
- SOURCE : autogr., « à Paris », 4 p.
- LOCALISATION DU MS. : Den Haag RPB 129, G16A30, 35
- ÉDITION : Best. D9781
- INCIPIT : « J'avais quelque confiance, mon cher philosophe, que vous jugeriez mon discours sur l'étude... »

CONTENU : « Ecrasez l'infâme » est plus facile à dire quand on est indépendant et riche que pauvre diable. Se propose de perfectionner la morale naturelle. Mlle Clairon et l'excommunication. *Eloge de d'Aguesseau*. *Oracle des fidèles*. Mettre le nom des souscripteurs en tête du premier vol. des œuvres que Volt. édite au profit de la nièce de Corneille. Tables de mortalité et espérance de vie. Mme Du Deffand se plaint d'être négligée. La l. de Volt. à [Trublet]. Le libraire Duchesne demande sa recommandation auprès des Cramer. Liberté, philosophie et raison raisonnable.

61.18 | **[31 mai 1761].** VOLTAIRE à D'ALEMBERT
- SOURCE : autogr., 2 p.
- LOCALISATION DU MS. : Den Haag RPB 459, G16A453, f. 27
- ÉDITION : Best. D9798. Pléiade VI, p. 397-398
- INCIPIT : « Non mon cher philosophe, je n'ai jamais prétendu... »

CONTENU : Lui conseille de lutter discrètement et adroitement. N'a pas de commerce avec M. Dardelle, méprise « maître Omer » [Joly de Fleury].

61.19 | **13 juin 1761.** D'ALEMBERT à TRONCHIN
- SOURCE : autogr., d.s., « Paris », P.-S., 3 p.
- LOCALISATION DU MS. : Genève BGE, Archives Tronchin 167, p. 301-303
- INCIPIT : « Permettez-vous à un homme qui n'est peut-être pas trop bien avec le consistoire de Genève... »

CONTENU : Recommandation pour l'abbé d'Héricourt, malade et partant pour Genève. Lui demande un avis franc, le lait est-il un bon remède ? S'en remet à ses lumières, demande le silence sur sa l.

61.20 | **25 juin [1761].** VOLTAIRE à D'ALEMBERT
- SOURCE : impr., « Aux Délices »
- ÉDITION : Best. D9849. Pléiade VI, p. 438
- INCIPIT : « Mon cher philosophe, vous n'avez peut-être pas... »

CONTENU : Passage de Vénus, satellite. Demande de faire de la publicité pour l'édition de Corneille à l'Acad. fr. L'abbé Grizel. Lui écrire par Damilaville.

61.21 | **6 juillet 1761.** Bonnet à D'Alembert
– • source : minute, d., 3 p.
– • localisation du ms. : Genève BGE, Ms. Bonnet 70, f. 246-247 r°
– • incipit : « Lisez, monsieur, ou au moins parcourez et veuillez... »

contenu : Lui demande son avis sur son *Essai analytique*. Le remercie pour ce qu'il a écrit sur sa patrie. Dans son ouvrage, pas de métaphysique mais une application de la méthode analytique et de l'esprit géométrique. Espère être arrivé au vraisemblable. Le considère comme un des meilleurs juges. Style et idées, a fait les ratures dans son cerveau. Les théologiens et le peuple des philosophes s'élèveront contre ses principes, mais il espère son approbation.

61.22 | **9 juillet [1761].** D'Alembert à Voltaire
– • source : autogr., « à Pontoise », adr. « aux Délices », 3 p.
– • localisation du ms. : Den Haag RPB 129, G16A30, 36
– • édition : Best. D9885
– • incipit : « J'ai reçu, mon cher philosophe, votre petit billet, en partant pour la campagne... »

contenu : Retard dans son courrier, car il publie un gros livre de géométrie [*Opuscules*, t. I-II]. Grizel. Opposition jésuites-parlements. Passage de Vénus, faux satellite, Fontenelle, Trublet. Toute l'Acad. fr. souscrira à l'édition de Corneille par Volt. Formey, *Bibliothèque impartiale*.

61.23 | **16 juillet [1761].** D'Alembert à Roussier
– • source : cat. vente Charavay 362, août 1911, n° 3 : autogr., « Paris 16 juillet », s., 2 p.
– • incipit : inconnu

contenu : Corrections des *Elémens de musique*.

61.24 | **20 août 1761.** D'Alembert à un correspondant non identifié
– • source : autogr., d.s., « à Paris », 1 p.
– • localisation du ms. : Washington Smithsonian, Ms. 71A
– • incipit : « Voilà, monsieur, les signatures que vous me demandez... »

contenu : Jussieu a joint sa signature à celles que son correspondant lui a demandées. Espère qu'il viendra bientôt à Paris. Coup porté par les parlements aux jésuites qui fermeront peut-être boutique en octobre. Les vrais philosophes contre la canaille.

61.25 | **23 août [1761].** D'Alembert à Roussier
– • source : cat. vente Charavay 548, septembre 1922, n° 95452 : autogr., s., 1 p.
– • incipit : inconnu

contenu : Il l'engage à prier son frère de venir le voir pour l'entretenir des corrections à faire sur un travail [*Elémens de musique*, voir l. précédentes à Roussier].

61.26 | **31 août [1761].** Voltaire à D'Alembert
• SOURCE : impr., « 31 d'auguste »
• ÉDITION : Kehl LXVIII, p. 170. Best. D9978. Pléiade VI, p. 552
• INCIPIT : « Messieurs de l'Académie françoise ou française... »

CONTENU : Edition de Corneille, corrections et commentaires de l'Acad. fr., intérêt de Duclos.

61.27 | **8 septembre 1761.** D'Alembert à Voltaire
• SOURCE : autogr., d., « à Paris », 4 p.
• LOCALISATION DU MS. : Den Haag RPB 129, G16A30, 37
• ÉDITION : Best. D9996
• INCIPIT : « Je ne sais, mon cher maître, si vous avez reçu une... »

CONTENU : Edition de Corneille : profiter de l'épître pour faire la leçon aux protecteurs, l'Acad. fr. contente des notes de Volt. sur *Horace*, mais pas de celles sur *Cinna* et *Le Cid*. Souscrit pour deux exemplaires. La paix en Allemagne est encore loin. Guerre des jésuites et du Parlement : ignorants intolérants entre eux.

61.28 | **15 septembre [1761].** Voltaire à D'Alembert
• SOURCE : impr.
• ÉDITION : Kehl LXVIII, p. 173-174. Best. D10013. Pléiade VI, p. 575-577. Pléiade XIII, p. 576
• INCIPIT : « Vos très plaisantes lettres, mon cher philosophe, égayeraient Socrate tenant en main son gobelet de ciguë... »

CONTENU : Edition de Corneille : fera davantage de compliments, défend ce qu'il a dit sur *Cinna*, demande surtout qu'on en corrige la grammaire, le remercie de son aide.

61.29 | **10 octobre [1761].** D'Alembert à Voltaire
• SOURCE : autogr., « à Paris », 4 p.
• LOCALISATION DU MS. : Den Haag RPB 129, G16A30, 38
• ÉDITION : Best. D10065
• INCIPIT : « Je ne sais pas, mon cher et illustre maître, si mes lettres... »

CONTENU : Pompignan fait rire avec son *Eloge historique du duc de Bourgogne*. Le théologien Martin Kahle. Remarques sur *Cinna* et sur le théâtre de Corneille en général.

61.30 | **20 octobre [1761].** D'Alembert à Ribotte-Charon
• SOURCE : impr., « Paris », adr. « à M. Ribote, à Montauban »
• ÉDITION : M. de Richemond, « Lettres de D'Alembert et Marmontel à Jean Ribotte-Charon », *Bulletin du Comité des travaux historiques*, 1882, p. 229-231
• INCIPIT : « Que voulez-vous que je réponde et surtout que je fasse aux atrocités absurdes que vous prenez la peine de me raconter ? »

CONTENU : Le plaint de voir ces horreurs et sottises, prend part à son affliction.

61.31 | **20 octobre [1761].** Voltaire à D'Alembert
- SOURCE : autogr., 4 p.
- LOCALISATION DU MS. : Paris BnF, NAFr. 24330, f. 37-38
- ÉDITION : Best. D10080. Pléiade VI, p. 621-622. Pléiade XIII, p. 576
- INCIPIT : « A quoi pensez-vous mon très cher philosophe ? »

CONTENU : Les deux Pompignan. [Première allusion à] Bertrand [D'Al.] et Raton [Volt.]. Remarques sur *Cinna*. Volt. a fait une tragédie en six jours. A joué *Mérope*. J.-J. Rousseau persécute son théatre.

61.32 | **31 octobre [1761].** D'Alembert à Voltaire
- SOURCE : autogr., « à Paris », 4 p.
- LOCALISATION DU MS. : Den Haag RPB 129, G16A30, 39
- ÉDITION : Best. D10116
- INCIPIT : « Je suis, mon cher et illustre maître, un peu inquiet... »

CONTENU : Il faut rire de Pompignan, « Moïse de Montauban », inutile de se fâcher. Jésuites du Portugal, Malagrida, jansénistes inquisiteurs. Remarques sur *Cinna* et sur les tragédies qui manquent de chaleur, attend les pièces de Volt. La l. de Volt. à d'Olivet (*J. enc.*). Les prêtres de Genève et les comédiens. J.-J. Rousseau malade. Mém. de justification des jésuites.

61.33 | **4 novembre 1761.** D'Alembert à l'Académie de berlin
- SOURCE : cat. vente Charavay 727, décembre 1967, n° 32053 : autogr., d.s., 2 p.
- EXTRAIT : « ... J'ai donné à l'Académie à la fin de 1746 ou au commencement de 1747 deux ou trois mémoires... »

CONTENU : Il demande qu'on lui renvoie ses mém. de 1746 et 1747 sur l'orbite de la Lune, avec leur date précise de remise. Ne reçoit plus les *HAB* depuis 1755, désire savoir « ce qu'ils contiennent quant à la partie mathématique ».

61.34 | **27 novembre 1761.** D'Alembert à Lagrange
- SOURCE : autogr., d.s., « à Paris », adr. à Turin, cachet rouge, 2 p.
- LOCALISATION DU MS. : Paris Institut, Ms. 915, f. 6-7
- ÉDITION : Lalanne 1882, XIII, p. 5
- INCIPIT : « Permettez moi de vous prier d'accepter un exemplaire... »

CONTENU : Envoi des *Opuscules* [t. I-II] par l'ambassadeur de France. Avis différent sur les cordes sonores.

61.35 | **[1761 ?].** La Condamine à D'Alembert
- SOURCE : autogr., adr., 1 p.
- LOCALISATION DU MS. : Oxford Bodleian, Ms. Eng. misc., c. 882, f. 186
- INCIPIT : « J'ai oublié de vous faire voir la lettre ci-jointe... »

CONTENU : Lui envoie une l. montrant comment les gens de cour tirent leur épingle du jeu. Demande la l. et le mém. d'Euler. Au désespoir de n'avoir pu lui présenter son neveu avec qui il a partagé une poularde. D'Al. ne lui a pas montré sa l. à Fréd. II et la rép.

1762

62.01 | **[c. 15 janvier 1762].** Voltaire à D'Alembert
- Source : autogr., 1 p.
- Localisation du ms. : Den Haag RPB 459, G16A453, f. 26
- Édition : Best. D10267. Pléiade VI, p. 758
- Incipit : « Je vous renvoie mon cher et grand philosophe *Les Etrennes* de M. le chevalier de Molmire. »

Contenu : *Les Etrennes* [Molmire pseudonyme de Volt.] l'ont amusé.

62.02 | **27 janvier [1762].** D'Alembert à Voltaire
- Source : autogr., « à Paris », 4 p.
- Localisation du ms. : Den Haag RPB 219, G16A30, 40
- Édition : Best. D10291
- Incipit : « Vous avez dû, mon cher et illustre confrère, recevoir... »

Contenu : Lui a fait parvenir par Damilaville le *Manuel des Inquisiteurs,* présenté avec les hommages de Morellet. Justifie *La Vision* de Morellet, théologal de *l'Enc.* et auteur de l'art. « Figure ». Demande à Volt. un mot pour Morellet et de remercier l'auteur des *Etrennes aux sots* et du *Sermon du Rabbin Akib.* Remarques de Volt. sur Corneille. Sur la façon de critiquer les auteurs de théâtre. *L'Ecueil du Sage.* Sur les règles du théâtre. Fréd. II. Le vicaire général des jésuites. Sur la pension du gouvernement à Volt.

62.03 | **[c. 10 février 1762].** Voltaire à D'Alembert
- Source : autogr., 4 p.
- Localisation du ms. : Paris BnF, NAFr. 24330, f. 40-41
- Édition : Best. D10323. Pléiade VI, p. 799-800
- Incipit : « Si j'ai lu la belle jurisprudence de l'Inquisition ! »

Contenu : Félicite l'auteur [du *Manuel des Inquisiteurs*]. *Testament* du curé Meslier imprimé. Crébillon a attaqué *L'Ecueil du Sage* dont l'auteur est un académicien de Dijon. Les *Elémens de musique* de D'Al. donnés à Mme Denis. Mlle Corneille. Les remarques de Volt. sur Corneille jugées trop indulgentes par Bernis. Mort de l'impératrice [Elisabeth Petrovna]. Assassinat manqué de Fréd. II, qui est un dangereux fou.

62.04 | **23 [février 1762].** D'Alembert à Jean-Jacques Rousseau
- Source : autogr., s., « ce mardi 23 », adr., 1 p.
- Localisation du ms. : Neuchâtel BPU, Ms. R 292, f. 7-8 et copie ms. de Rousseau, Neuchâtel BPU, Ms. R 90, p. 118, datée de 1760.
- Édition : Leigh 1692
- Remarque : Volt. a déjà la seconde éd. le 10 février et il y a des mardi 23 en février et mars
- Incipit : « Recevez, je vous prie, mon cher monsieur, cette nouvelle édition de mes *Elémens de musique*... »

CONTENU : Envoi de ses *Elémens de musique*. Pense la même chose que lui sur le monologue d'Armide. Attend son nouvel ouvrage.

62.05 | **25 février [1762].** VOLTAIRE à D'ALEMBERT
- SOURCE : autogr., « Ferney », 3 p.
- LOCALISATION DU MS. : Paris BnF, NAFr. 24330, f. 44-45
- ÉDITION : Best. D10342. Pléiade VI, p. 813-815
- INCIPIT : « Mon cher universel, vous avez le nez fin... »

CONTENU : Critiques de D'Al. sur *Cassandre et Olympie* : il observe que le sujet avait été choisi moins pour la tragédie que pour les notes sur les mystères et suicides rituels. Extrait de Meslier fidèle et utile. *Manuel des Inquisiteurs*. Mlle Corneille.

62.06 | **[fin février 1762].** BARTHEZ à D'ALEMBERT
- SOURCE : copie, 2 p.
- LOCALISATION DU MS. : Paris BnF, Fr. 15230, f. 214-215
- ÉDITION : Henry 1885/1886, p. 26-27
- INCIPIT : « Je viens d'apprendre chez M. de Malesherbes... »

CONTENU : On a douté à l'Acad. fr. d'un fait qu'il lui a certifié à propos de Falconet [le médecin, mort le 8 février 1762] et du refus que lui fit le curé de Saint-Roch de lui administrer l'extrême-onction.

62.07 | **29 mars 1762.** VOLTAIRE à D'ALEMBERT
- SOURCE : copie, « à Ferney »
- LOCALISATION DU MS. : Paris BnF, NAFr. 4821, f. 229
- ÉDITION : Best. D10394. Pléiade VI, p. 849-850. Pléiade XIII, p. 578-579
- INCIPIT : « Mon cher et grand philosophe, vous avez donc lu cet impertinent petit libelle d'un impertinent petit prêtre... »

CONTENU : Les [*Lettres critiques d'un voyageur anglais sur l'article « Genève »*] [de Jacob Vernet], dénoncées par le *J. enc.* « Cassandre » [*Olympie*] joué à Ferney devant deux cents spectateurs, suivi d'un bal. Toulouse : [Jean Calas] roué sans preuves.

62.08 | **31 mars [1762].** D'ALEMBERT à VOLTAIRE
- SOURCE : autogr., « à Paris », 4 p.
- LOCALISATION DU MS. : Den Haag RPB 129, G16A30, 41
- ÉDITION : Best. D10398
- INCIPIT : « Un malentendu a été cause, mon cher philosophe... »

CONTENU : Vient seulement de recevoir son extrait de Meslier. Epitaphe de Meslier. Progrès de la raison. L'expulsion des jésuites est imminente. [Jansénistes]. Volt. attaqué par le curé Le Roi dans un prêche à Saint-Eustache. Perte de la Martinique. Affaires internationales. *Olympie et Cassandre*. Où en est l'édition de Corneille ? La Chalotais. Le parlement de Toulouse. Monde atroce et ridicule.

62.09 | **4 mai [1762].** D'Alembert à Voltaire
- Source : autogr., « à Paris », 4 p.
- Localisation du ms. : Den Haag RPB 129, G16A30, 42
- Édition : Best. D10436
- Incipit : « Oui, mon cher et illustre maître, j'ai lu... »

Contenu : « Impertinente diatribe » d'un « petit socinien honteux » [Jacob Vernet]. Suite de l'art. « Genève ». Le théâtre et Genève. L'expulsion des jésuites, le curé de Saint-Sulpice. Le parlement de Toulouse fait rouer les innocents. Progrès de la tolérance et de la raison, Astruc dit que l'*Enc.* tue les jésuites : D'Al. voit tout « couleur de rose ». Fréd. II et le czar [Pierre III].

62.10 | **27 mai 1762.** D'Alembert à Frédéric II
- Source : impr., « Paris »
- Édition : Preuss XXIV, n° 9, p. 373-375
- Incipit : « ''Votre Majesté est bien ingrate d'avoir tant maltraité ses maîtres'' disait le général suédois Rehnsköld au czar Pierre... »

Contenu : Remerciements pour l'envoi de ses [*Réflexions sur les réflexions des géomètres sur la poésie*] et compliments ironiques sur son apologie de la poésie pastorale. Qu'un « beau désordre » ne suffit pas à produire les odes d'Horace, de [J.-B.] Rousseau ou de Fréd. II. Flatteries sur ses actions contre les Autrichiens et les Russes. Vœux pour une paix prochaine.

62.11 | **[1er ou 2] juin 1762.** Lagrange à D'Alembert
- Source : autogr., d.s., « Turin », 4 p.
- Localisation du ms. : Paris Institut, Ms. 876, f. 104-105
- Édition : Lalanne 1882, XIII, p. 6-7
- Incipit : « Il y a longtemps que j'aurais dû vous écrire pour... »

Contenu : Remerciements pour l'envoi des *Opuscules* [rép. à la l. du 27 novembre 1761] et de la rép. à Clairaut [voir A62.01]. Envoi des *Mémoires de Turin* par le chevalier Berzet. A répondu à ses objections sur la théorie des cordes vibrantes et à ses remarques sur les fluides. Théorie de la Lune de D'Al. Lagrange doit à D'Al. ses progrès en mathématiques. Théorie des comètes et Clairaut.

62.12 | **15 juin [1762].** D'Alembert à Jean-Jacques Rousseau
- Source : autogr., 4 p.
- Localisation du ms. : Neuchâtel BPU, Ms. R 292, f. 9-10
- Édition : Leigh 1874
- Incipit : « J'attendais, monsieur, comme j'ai eu l'honneur de vous... »

Contenu : Espérait pouvoir aller à Montmorency le remercier [de l'*Emile*] mais Rousseau persécuté. Lui offre de l'aider en lui obtenant une place auprès du roi de Prusse, ou dans ses Etats, à Neuchâtel, où Milord Marischal [Keith] l'accueillera. Grands compliments sur l'*Emile*.

ANNÉE 1762

62.13 | **17 juin [1762].** Voltaire à D'Alembert
- Source : autogr., s. V., adr., cachet, 3 p.
- Localisation du ms. : Paris BnF, NAFr. 24330, f. 47-48
- Édition : Best. D10515. Pléiade XIII, p. 580
- Incipit : « L'excès de l'orgueil et de l'envie a perdu Jean-Jacques... »

Contenu : Rousseau, chien de Diogène, détesté à Genève. Lui demande s'il a été aux assemblées de l'Acad. fr. où on a lu ses insolences sur *Rodogune*. Frère Thiriot dit du bien de Morellet.

62.14 | **12 juillet [1762].** Voltaire à D'Alembert
- Source : autogr., « aux Délices », adr., « pour frère d'Alembert », 3 p.
- Localisation du ms. : Paris BnF, NAFr. 24330, f. 50-51
- Édition : Best. D10581. Pléiade VI, p. 969-970
- Incipit : « Le nom de Zoïle me pique mon cher philosophe. »

Contenu : Persiste dans ses opinions sur Corneille. J.-J. Rousseau a composé sa *Lettre à D'Alembert* pour plaire aux prédicants de Genève. *Testament* de Meslier. Comédie de Palissot. Affaire Calas : il faut faire crier Mmes Du Deffand, de Luxembourg.

62.15 | **31 juillet [1762].** D'Alembert à Voltaire
- Source : autogr., « à Paris », 4 p.
- Localisation du ms. : Den Haag RPB 129, G16A30, 43
- Édition : Best. D10622
- Incipit : « Comment avez-vous pu imaginer, mon cher et illustre maître, que j'aie eu intention de vous comparer à Zoïle ? »

Contenu : Trouve trop sévère le ton des remarques sur Corneille (*Rodogune, Polyeucte*) et demande des adoucissements. J.-J. Rousseau près de Neuchâtel. Réactions diverses à Genève et succès à Paris de l'*Emile*. Diffusion du *Testament* de Meslier : tactiques prudentes vis-à-vis de la religion. Veut agir vigoureusement pour les Calas. Expulsion des jésuites n'est pas nécessairement le succès de la raison. Mme Du Deffand « n'encense point les faux dieux ».

62.16 | **4/15 août 1762.** Pictet à D'Alembert
- Source : impr., « Saint-Pétersbourg »
- Édition : Henry 1887a, p. 199-202
- Incipit : « Quoique je n'aie eu l'honneur de vous connaître... »

Contenu : Avait fait sa connaissance à Genève lors de sa visite à Volt., ne l'importune que pour le persuader de répondre favorablement à l'invitation de Cath. II à venir à Saint-Pétersbourg. N'écrit pas comme homme de cour, mais comme républicain, admire les vertus philosophiques de Cath. II qui sait que la fortune ne peut l'attirer. Epitre dédicatoire de Diderot à la princesse de Nassau. D'Al. pourrait terminer l'*Enc.* Grimm, Mme d'Epinay. Ecrire sous le couvert de Béranger. Joint une l. à Volt.

62.17 | **[9/20 août 1762].** Chouvalov à D'Alembert
• Source : impr., « Saint-Petersbourg »
• Édition : Henry 1887a, p. 202-203
• Incipit : « Vous n'êtes pas surpris sans doute d'apprendre que M. D'Alembert est aussi connu en Russie qu'en France... »
Contenu : Intermédiaire auprès de l'Impératrice, sa protectrice. L'*Enc.* pourrait être achevée en Russie, impression à Riga, support financier. Lui répondre par Golitsyn, ambassadeur à Vienne.

62.18 | **2 septembre 1762.** Odar à D'Alembert
• Source : copie annotée par D'Al., d., « de Vienne », 3 p.
• Localisation du ms. : Karlsruhe LBW, FA 5A Corr. 91, n° 1
• Édition : Henry 1887a, p. 193-194 (d'après la copie de la coll. G. Guizot, où Odar donne pour adresse chez le prince Golitsyn, ambassadeur de Russie à Vienne)
• Incipit : « La nature de ma commission peut excuser auprès de vous... »
Contenu : D'Al. ne le connaît pas, mais lui écrit par « zèle pour service de l'Etat », pour qu'il s'occupe de l'instruction du grand duc [Paul Pétrovitch] de Russie. Souhait de Panine, gouverneur du prince. Récompenses et bonheur d'approcher une princesse éclairée.

62.19 | **8 septembre [1762].** D'Alembert à Voltaire
• Source : autogr., « à Paris », 4 p.
• Localisation du ms. : Den Haag RPB 129, G16A30, 44
• Édition : Best. D10697
• Incipit : « L'Académie m'a chargé, mon cher confrère, en l'absence de M. Duclos, de vous remercier de la traduction... »
Contenu : L'Acad. fr. le remercie de la traduction de *Jules César* de Shakespeare, parallèle propre à relever le mérite de Corneille. D'Al. émet des réserves sur cette traduction. Notes de Volt. sur *Cinna*. Mémoire de Calas. A lu le jour de la Saint-Louis à l'Acad. des *Réflexions sur l'Ode*, qui vont déplaire aux partisans de [Jean-Baptiste] Rousseau. Mort de Crébillon, son « éloge » attribué à Volt. On dit que Volt. persécute [Jean-Jacques] Rousseau. D'Al. essaie de le tempérer. Le parlement et les jésuites : peu de bruit. Berthier. Fréd. II survit.

62.20 | **15 septembre [1762].** Voltaire à D'Alembert
• Source : impr., « Au château de Ferney »
• Édition : Kehl LXVIII, p. 213-215. Best. D10705. Pléiade VI, p. 1051-1053
• Incipit : « Mon très aimable et très grand philosophe, je suis emmitouflé. Je vise à être sourd et aveugle. »
Contenu : *Héraclius* de Calderón. Sa traduction de Shakespeare. Les mémoires sur Calas. J.-J. Rousseau et l'*Emile*. A écrit à Damilaville à propos d'une fausse lettre de Volt. à D'Al. imprimée en Angleterre. Réquisitoire d'Omer [Joly de Fleury] contre l'*Emile*. Fréd. II. Rousseau est fou et a refusé son hospitalité.

62.21 | **16 septembre 1762.** D'Alembert à Nicolay.
- Source : autogr., d.s., « à Paris », 2 p.
- Localisation du ms. : Helsinki BU, Nicolay Archives
- Édition : E. Heier, *L. H. Nicolay (1737-1820) and His Contemporaries*, The Hague, 1965, p. 24
- Incipit : « Je suis sensible, comme je le dois, à l'honneur... »

Contenu : L. jointe à sa réponse à Odar, non cachetée pour l'informer des motifs de son refus de la proposition de Cath. II. Lui demande de la transmettre.

62.22 | **16 septembre 1762.** D'Alembert à Odar
- Source : autogr., d.s., « à Paris », 4 p.
- Localisation du ms. : Moscou RGADA, fds Z n° 96, f. 1-2
- Édition : Henry 1887a, p. 195-197, qui la date d'octobre 1762
- Remarque : Karlsruhe LBW, FA 5A Corr. 91, n° 2 : copie datée par D'Al. d'octobre 1762, 6 p.
- Incipit : « Il faudrait être plus que philosophe, ou plutôt... »

Contenu : Flatté de la proposition d'instruire le prince, mais est dans l'incapacité de l'accepter. N'est pas trop mal dans sa patrie et ne veut pas changer de situation pour ne pas s'éloigner de ses amis. A écarté depuis dix ans les sollicitations du roi de Prusse, qui le pensionne néanmoins. Ne pourrait accepter une autre proposition.

62.23 | **25 septembre [1762].** D'Alembert à Voltaire
- Source : autogr., « à Paris », 4 p.
- Localisation du ms. : Den Haag RPB 129, G16A30, 45
- Édition : Best. D10731
- Incipit : « Ce que vous me mandez de votre santé, mon cher... »

Contenu : L'Acad. fr. et les traductions faites par Volt. Mémoires, innocence des Calas et parlement de Toulouse. Rousseau, sa profession de foi, son refus de l'asile de Volt., a quand même travaillé pour « la vigne du Seigneur ». Sur la fausse l. de Volt. à D'Al. Berthier à Versailles. D'Al. refuse le poste de professeur du grand duc de Russie. Canaille janséniste et canaille jésuitique. Fréd. II et la géométrie.

62.24 | **25 septembre [1762].** Voltaire à D'Alembert
- Source : autogr., 1 p.
- Localisation du ms. : Paris BnF, NAFr. 24330, f. 53
- Édition : Best. D10726. Pléiade VI, p. 1064-1065
- Incipit : « Avez-vous répondu mon cher philosophe à M. de Shouvalow ? Vous voilà entre Frédéric et Catherine. »

Contenu : La rép. de D'Al. à Chouvalov refusant la proposition de Cath. II doit être connue. Il faut la lui envoyer ainsi qu'à Damilaville.

62.25 | **2 octobre [1762].** D'ALEMBERT à VOLTAIRE
- SOURCE : autogr., « à Paris », 4 p.
- LOCALISATION DU MS. : Den Haag RPB 129, G16A30, 46
- ÉDITION : Best. D10740
- INCIPIT : « Oui, mon cher et illustre maître, j'ai reçu l'invitation de M. de Shouvalow, et j'y ai répondu comme vous vous y attendiez. »

CONTENU : Refus des places et des honneurs mais approuve la stratégie de Volt. Progrès de la philosophie chez les princes. Une *Lettre à Rousseau* et une *Réfutation* de l'*Emile* ont paru. Le *Dictionnaire des hérésies* [de l'abbé Pluquet].

62.26 | **10 octobre 1762.** VOLTAIRE à D'ALEMBERT
- SOURCE : copie datée, 3 p.
- LOCALISATION DU MS. : Augsburg SSB
- INCIPIT : « On m'envoie de Versailles la lettre ci-jointe... »

CONTENU : Se plaint d'une l. qu'on lui a envoyée et qu'on lui impute à tort. Le début est extrait d'une l. qu'il lui a envoyée au commencement de l'affaire Calas et qu'il a transmise à Damilaville [voir l. du 29 mars]. On y loue l'auteur du *Balai*, le tout est une calomnie. Demande s'il connait un Méhégan irlandais travaillant au *J. enc.* qui peut l'aider à identifier l'auteur. Demander à Damilaville et Thiriot à qui la l. a été communiquée et trouver l'auteur pour rassurer Versailles [Choiseul]. [Pierre] Rousseau de Bouillon l'a informé que le *J. enc.* y était insulté.

62.27 | **12 octobre [1762].** VOLTAIRE à D'ALEMBERT
- SOURCE : autogr., adr., 3 p.
- LOCALISATION DU MS. : Den Haag RPB 459, G16A453, 28
- ÉDITION : Best. D10758. Pléiade VI, p. 1082-1083
- INCIPIT : « Je suis encore forcé de vous écrire, mon cher philosophe, sur cette absurde infamie qu'on m'accuse de vous avoir écrite... »

CONTENU : Suite de la l. précédente. Accusé à tort par Versailles [Choiseul] d'avoir écrit une l. insolente et veut s'en disculper : la l. est en partie authentique et en partie un plagiat. Demande, par Damilaville, sa l. véritable, une copie de la « rapsodie », et un mot de D'Al.

62.28 | **17 octobre [1762].** VOLTAIRE à D'ALEMBERT
- SOURCE : impr., « Ferney »
- ÉDITION : Kehl LXVIII, p. 223-225. Best. D10768. Pléiade VI, p. 1087-1089
- INCIPIT : « Mon cher confrère, mon cher et vrai philosophe, je vous ai envoyé la traduction de cette infâme lettre anglaise insérée... »

CONTENU : Envoie la traduction de sa l. à D'Al. falsifiée, parue dans les papiers anglais [*St James Chronicle*] : riposte à ce sujet. Demande à D'Al. de lui renvoyer son billet original sur Calas sous l'enveloppe de Choiseul. Reconnait avoir dit du mal des juges, mais pas du roi. Prie D'Al. d'aller voir un Méhégan, place Sainte-Geneviève, travaillant au *J. enc.* pour trouver l'auteur.

ANNÉE 1762

62.29 | **25 octobre [1762].** Voltaire à D'Alembert
- Source : cat. vente Drouot (J.-E Raux expert), Paris, 16 mai 2000, n° 222 (avec fac-similé de la p. 1) : autogr., s. Voltaire, adr., 2 p.
- Localisation du ms. : Montreux, coll. Bornand
- Édition : R. Condat, *Littérature* 19, automne 1988, p. 164-165. Pléiade XIII, p. 582
- Incipit : « Mon cher et digne philosophe, nos lettres se sont croisées. »

Contenu : A reçu l'attestation de son indignation. Envoie le tout au duc de Choiseul, il faut le gronder. Soupçonne un commis de la poste. A lu le « Dictionnaire des erreurs » [de Pluquet].

62.30 | **26 octobre [1762].** D'Alembert à Voltaire
- Source : autogr., « à Paris », 4 p.
- Localisation du ms. : Den Haag RPB 129, G16A30, 47
- Édition : Best. D10779
- Incipit : « Je crois, mon cher et illustre confrère, avoir fait encore mieux que vous ne me paraissez désirer... »

Contenu : Lui a renvoyé l'original de la l. du 29 mars que Volt. doit envoyer au duc de Choiseul, impossible de croire Volt. coupable. Trublet, qui a acheté copie de la l. originale de Volt. à la porte des Tuileries, n'est pas à l'origine de cette copie. L'auteur doit être un réfugié à Londres. Volt. ne doit pas s'inquiéter et doit revenir à ses travaux.

62.31 | **1er novembre [1762].** Voltaire à D'Alembert
- Source : autogr., « aux Délices », 4 p.
- Localisation du ms. : Paris BnF, NAFr. 24330, f. 55-56
- Édition : Best. D10790. Pléiade VI, p. 1103-1104
- Incipit : « Mon très digne philosophe, n'est-ce pas Mécène qui... »

Contenu : Choiseul a su qu'il l'avait chagriné, Volt. lui doit tout. Le parlement de Toulouse doit réparation aux Calas. Sixième tome de Corneille, Mlle Corneille joue la comédie. *Olympie*. Théâtre à Ferney. [Meslier]. *Dictionnaire des hérésies*, il y a plus fort.

62.32 | **13 novembre 1762.** Catherine II à D'Alembert
- Source : copie de la main de D'Al., note « cette lettre a été imprimée dans toutes les gazettes », P.-S., 2 p.
- Localisation du ms. : Saint-Pétersbourg SPII, coll. 238, op. 2, carton 269, n° 2
- Édition : *Lettre de l'Impératrice de Russie à M. D'Alembert*, [8°, 2 p., s. l., 1762]. Pougens 1799, p. 23-24. *Sbornik* 1871, p. 178-180. *Reg. Acad. fr.*, t. III, 169.
- Remarque : il existe plusieurs autres copies, datées « à Moscou »
- Incipit : « M. d'Alembert, je viens de lire la réponse... »

CONTENU : Rép. à la l. de D'Al. à Odar : sur son refus de venir à Moscou faire l'éducation de son fils. D'Al. devrait servir l'humanité. Il devrait venir avec tous ses amis. Fréd. II n'a pas de fils. P.-S. : Elle n'a employé que les sentiments que D'Al. exprime dans ses ouvrages.

62.33 | **13 novembre 1762.** Panine à D'Alembert
- SOURCE : copie annotée par D'Al., d., « de Moscou », 2 p. impr., d., « Moscou »
- LOCALISATION DU MS. : Karlsruhe LBW, FA 5A Corr. 91, n° 4
- ÉDITION : Henry 1887a, p. 204
- INCIPIT : « L'incluse que vous trouverez ici est de la main de ma souveraine... »

CONTENU : Billet d'accompagnement de la l. de Cath. II. En tant que gouverneur du Grand-Duc, attend avec empressement sa rép.

62.34 | **15 novembre 1762.** D'Alembert à Lagrange
- SOURCE : autogr., d.s., « à Paris », P.-S., 3 p.
- LOCALISATION DU MS. : Paris Institut, Ms. 915, f. 8-9
- ÉDITION : Lalanne 1882, XIII, p. 7-8
- INCIPIT : « J'ai bien des excuses à vous faire d'avoir été si longtemps... »

CONTENU : Le remercie des *Mémoires de Turin* [vol. II]. Ses propres erreurs [*Opuscules*, t. I, mémoires 4 et 8]. Le remerciera dans ses *Opuscules*, t. III en cours. Cordes vibrantes et fluides. Voyage en Italie possible avec la paix. Envoi d'une dernière réponse à Clairaut [*J. enc.*, 15 août 1762].

62.35 | **15 novembre 1762.** Georges-Louis Le Sage à D'Alembert
- SOURCE : brouillon, d., « Genève », 1 p.
- LOCALISATION DU MS. : Genève BGE, Ms. Suppl. 517, f. 16
- INCIPIT : « Monsieur, je n'ai pas oublié que vous êtes en général ennemi des systèmes... »

CONTENU : « Première esquisse d'une Lettre à Monsieur D'Alembert pour accompagner un exemplaire de mon essai de Chymie mechanique ». Le sait prévenu contre son système, mais lui en doit un exemplaire, car il est cité et peut s'intéresser aux mathématiques indépendamment de la physique.

62.36 | **17 novembre [1762].** D'Alembert à Voltaire
- SOURCE : autogr., « à Paris », 4 p.
- LOCALISATION DU MS. : Den Haag RPB 129, G16A30, 48
- ÉDITION : Best. D10805
- INCIPIT : « Vous auriez eu très grand tort, mon cher et illustre... »

CONTENU : Choiseul. D'Al. évoque sa propre attitude en citant Tacite. Famille de Calas. Vingt-quatre jésuites à Versailles. Fréd. II, l'Autriche et la paix. Le *J. enc.* parle des propositions de Cath. II à D'Al. Corneille. Mort de Sarrazin. *Olympie. Dictionnaire des hérésies.*

ANNÉE 1762

62.37 | **20 novembre 1762.** Nicolay à D'Alembert
• Source : impr., « Vienne »
• Édition : Henry 1887a, p. 197-199
• Incipit : « Je viens de remettre à M. d'Odar la lettre... »

Contenu : Sur la l. [du 16 septembre] de D'Al. à Odar, à peine revenu de Venise. La résolution de D'Al. le charme, il avait écrit sa première l. sous la dictée de ses supérieurs. D'Al. doit avoir reçu une autre l. par le canal de Golitsyn [l. de Cath. II du 13 novembre], plus fine que celle d'Odar, mais sans doute pas plus efficace. Diderot répondra sûrement comme lui.

62.38 | **28 novembre [1762].** Voltaire à D'Alembert
• Source : autogr., 4 p.
• Localisation du ms. : Paris BnF, NAFr. 24330, f. 58-59
• Édition : Best. D10810. Pléiade VI, p. 1116-1117
• Incipit : « Mon cher confrère, mon grand philosophe, vous ne... »

Contenu : Les « grands » et les « petits ». Choiseul à qui Volt. doit d'être libre chez lui. Les intendants des provinces. Fréd. II et l'Autriche. Superstition et attentats. La veuve Calas. Patouillet et Caveyrac attaquent l'*Histoire générale*. Va envoyer l'*Héraclius*.

62.39 | **6 décembre 1762.** Ducharger à D'Alembert
• Source : autogr., d., « à Rennes », s. « Ducharger de Dijon », 9 p.
• Localisation du ms. : Paris Institut, Ms. 2466, f. 69-73
• Incipit : « Tous les ouvrages qui traitent de la musique m'intéressent trop pour ne point exciter ma curiosité... »

Contenu : A lu attentivement et avec plaisir les deux éditions des *Elémens de musique*. Lui envoie quelques remarques sur ses *Réflexions sur divers ouvrages de M. Rameau*. Origine donnée au mode mineur. Propose une nouvelle tablature.

62.40 | **7 décembre 1762.** D'Alembert à Daniel Bernoulli
• Source : autogr., d.s., 4 p.
• Localisation du ms. : Paris AdS, pochette du 7 décembre 1762
• Remarque : copie dans les procès-verbaux de l'AdS, p. 299-301 « M. D'Alembert a lu la réponse suivante à M. Bernoulli que l'académie m'a chargé de communiquer à ce dernier et de lui demander s'il juge à propos que son mémoire paraisse en 1758 » [note de Grandjean de Fouchy]
• Incipit : « M. Bernoulli se plaint dans une lettre qu'il a écrite à l'académie... »

Contenu : Sur le fait que sa rép. au mém. de Bernoulli sur l'inoculation paraisse avant le mém. : retard des *MARS* l'a obligé à publier dans ses *Opuscules*. Blâme le ton injurieux et les arguments non fondés.

62.41 | **[16 ou 23 décembre 1762].** Hénault à D'Alembert
• Source : impr., « Paris, jeudi »
• Édition : Henry 1887a, p. 208-209

- REMARQUE : D'Al. ayant reçu la l. de Cath. II du 13 novembre vers le 13 décembre, et la l. de Hénault devant précéder la proposition faite par Saltykov de 100 000 livres, probablement fin décembre, cette l. d'un jeudi peut être datée du 16 ou du 23 décembre
- INCIPIT : « J'ai reçu votre lettre mon cher confrère et... »

CONTENU : A omis de lui donner le seul motif décisif : sans appui ni protection, il doit songer à se défendre, ne pas refuser une telle protection. Il devrait traiter avec l'ambassadeur, et demander 50 000 livres pour pouvoir partir [en Russie] et 40 000 livres de rente sur la ville. Choix illustre, conseil d'ami, parti forcé. Reviendra sur un autre pied, décoré par l'Impératrice et hors de portée de la canaille littéraire.

62.42 | [c. 20 décembre 1762]. [Rémy] à D'Alembert
- SOURCE : impr.
- ÉDITION : Pougens, *Lettres philosophiques à Madame****, Paris, 1826, p. 65
- REMARQUE : Pougens dit que « M. R*** » est maître des comptes et ancien ami de D'Al., il s'agit donc de son exécuteur testamentaire, Alexandre Rémy
- EXTRAIT : « A quel prix mettez-vous vos amis ? »

CONTENU : Billet dissuadant D'Al. d'accepter les propositions de Cath. II.

62.43 | 23 décembre 1762. D'Alembert à Frédéric II
- SOURCE : impr., « Paris »
- ÉDITION : Preuss XXIV, n° 10, p. 376
- INCIPIT : « J'ai respecté, suivant la loi que je me suis toujours... »

CONTENU : Sa charmante *Epître* contenait des traits impitoyables, « l'humble géomètre » qu'il est se tient pour battu. Vœux pour les succès de Fréd. II et pour une paix « durable et glorieuse ».

62.44 | [31 décembre 1762 ou 3 janvier 1763]. Canaye à D'Alembert
- SOURCE : impr., « à Montreau »
- ÉDITION : Pougens 1799, p. 468-471 datée du 31 janvier 1763 sans nommer l'expéditeur. Henry 1887a, p. 209-212, datée du 31 janvier sans millésime.
- REMARQUE : la date du 31 janvier 1763 fait problème, puisque le refus définitif de D'Al. est alors public
- INCIPIT : « En attendant mon cher et infiniment cher ami, que nous puissions causer ensemble, à tête bien reposée... »

CONTENU : Premières réflexions à propos de la proposition de Cath. II : grandeur des avantages (100 000 livres de rente, gloire), mais fragilité (Russie dangereuse). Ne peut avoir résisté aux arguments philosophiques et céder aux arguments monétaires. Sagesse de résister. « Madame » et lui viendront incessamment à Paris.

1763

63.01 | **[c. 10 janvier 1763].** D'Alembert à Catherine II
- source : copie annotée par D'Al., d., « janvier 1763 », 5 p.
- localisation du ms. : Karlsruhe LBW, FA 5A Corr. 91, n° 6
- édition : Henry 1887a, p. 206-208, sans date
- remarque : écrite après la l. de Canaye (62.44) et avant le refus enregistré avec la présente l., le 24 janvier à l'Acad. fr.
- incipit : « La lettre dont Votre Majesté Impériale vient de m'honorer... »

contenu : Rép. [à la l. du 13 novembre]. Espère que l'équité de [Cath. II] lui fera accepter les raisons de son refus. Il aurait été flatté de l'approcher, mais ne saurait éduquer un jeune prince. Santé fragile et amis aussi sédentaires que lui. Reste très honoré.

63.02 | **12 janvier [1763].** D'Alembert à Turgot
- source : autogr., « à Paris », adr. à Limoges, cachet rouge, 2 p.
- localisation du ms. : Paris Institut, Ms. 880, f. 4-5
- édition : Henry 1885/1886, p. 27-28
- incipit : « Je viens, monsieur, d'écrire à l'abbé Bossut... »

contenu : Va demander confirmation à Bossut de sa bonne opinion de Viallet. Nouvelle éd. des *Mélanges* faite par Bruyset ; seule nouveauté, Tacite, délivré séparément. Deux nouveaux vol. d'*Opuscules* pour prouver qu'il s'intéresse à l'Acad. sc. Paix imminente avec Fréd. II [10 février]. Refus d'aller éduquer le fils de Cath. II. Mlle de Lespinasse le remercie, a souffert de l'oreille. L'évêque de Condom [Loménie de Brienne] aura l'archevêché de Toulouse.

63.03 | **12 janvier [1763].** D'Alembert à Voltaire
- source : autogr., « à Paris », P.S., 5 p.
- localisation du ms. : Den Haag RPB 129, G16A30, 49
- édition : Best. D10906
- incipit : « Il est vrai, mon cher et illustre maître, que je n'aime les *grands* que quand ils le sont comme vous... »

contenu : Sur les « grands ». Choiseul, la comédie des *Philosophes*, et les Philosophes. Hiérarchie, des philosophes aux jansénistes. Préjugés à Versailles. Le roi de Prusse et les Autrichiens superstitieux. Vernet contre Volt. et D'Al. La *Renommée littéraire* d'un certain Lebrun. Questions à Volt. sur ses œuvres en cours. Calas. Caveirac décrété de prise de corps (*L'Appel à la raison*, en faveur des jésuites). Un prêtre pendu. Damilaville. Lui envoie la *Renommée littéraire*, Lebrun associé à Aubry. Calderón, Shakespeare. Crébillon. Fait de la géométrie par rage, deux vol. en préparation [*Opuscules* III et IV]. Sur Volt. et l'*Enc.*

63.04 | **15 janvier 1763.** D'Alembert à Georges-Louis Le Sage
- source : autogr., d.s., « à Paris », 1 p.
- localisation du ms. : Genève BGE, Dossier ouvert d'autogr. « Alembert »

- ÉDITION : Prevost 1805, p. 291
- INCIPIT : « Il y a environ quinze jours que votre ouvrage... »

CONTENU : A reçu [l'*Essai de Chymie mécanique*] mais n'a pas eu le temps de le lire. Sûrement digne du prix qu'il a reçu.

63.05 | **18 janvier 1763.** D'ALEMBERT à TURGOT
- SOURCE : autogr., d.s., cachet, 1 p.
- REMARQUE : cat. vente Les Neuf Muses, mai 1983, n° 5
- INCIPIT : inconnu

CONTENU : Il vient de recevoir de Bossut une l. de recommandation pour Viallet dont il se porte garant et conseille de le demander à Trudaine.

63.06 | **18 janvier [1763].** VOLTAIRE à D'ALEMBERT
- SOURCE : impr.
- ÉDITION : Kehl LXVIII, p. 240-243. Best. D10922. Pléiade VII, p. 44-46
- INCIPIT : « Mon cher philosophe, si vous faites de la géométrie pour... »

CONTENU : Géométrie et littérature. *Héraclius*. Ignore les lettres de Vernet. L'*Emile* brûlé, J.-J. Rousseau. Les jésuites non encore détruits. Les Calas et la justice. *Olympie*. Lebrun. Sur le prêtre pendu. Sur la paix. Le *Sermon des cinquante*.

63.07 | **[fin janvier 1763].** D'ALEMBERT à SALTYKOV
- SOURCE : copie annotée par D'Al., d. par lui de « février 1763 », 2 p.
- LOCALISATION DU MS. : Karlsruhe LBW, FA 5A Corr. 91, n° 8
- ÉDITION : Henry 1887a, p. 212-213 sans date
- INCIPIT : « J'aurais cru manquer au profond respect dont je suis... »

CONTENU : Confirme son refus des propositions de Cath. II.

63.08 | **4 février 1763.** VOLTAIRE à D'ALEMBERT
- SOURCE : copie de la main de Wagnière, d. « au château de Ferney », 4 p.
- LOCALISATION DU MS. : Paris BnF, NAFr. 24330, f. 64-65
- ÉDITION : *Lettre de M. de Voltaire à M. Dalembert*, [1763], 8 p., datée du 11 février. Best. D 10980. Pléiade VII, p. 85-87
- REMARQUE : nombreuses autres copies. Publication dans le *J. Enc.*, dans les *Mémoires secrets* du 9 mars
- INCIPIT : « Mon cher et illustre confrère, il me semble que... »

CONTENU : Belle lettre de Cath. II à D'Al. Exemples venus du Nord, à comparer aux génies jésuites quasi inconnus, Berthier. Factums en faveur des Calas. Sur un libelle et Crébillon. Il marie Mlle Corneille, *Pertharite*. Envoie l'*Héraclius*. L'*Histoire générale*. Obligé de dicter.

63.09 | **10 février 1763.** D'ALEMBERT à ABEILLE
- SOURCE : autogr., d., « à Paris », adr. « à Rennes », cachet rouge, 3 p.
- LOCALISATION DU MS. : New York Columbia, Rare Books Coll., D. E. Smith Box A

- ÉDITION : Pappas 1977, p. 236-237
- INCIPIT : « Mille remerciements, monsieur, de la part que vous voulez... »

CONTENU : Le remercie de la part qu'il prend à l'offre des Russes, mais a résisté à tout. Il veut rester chez lui. Remerciements à La Chalotais.

63.10 | **12 février 1763.** D'Alembert à Voltaire
- SOURCE : autogr., « à Paris », 4 p.
- LOCALISATION DU MS. : Den Haag RPB 129, G16A30, 50
- ÉDITION : Best. D10997
- INCIPIT : « Je commence à croire, mon cher et illustre maître, que... »

CONTENU : Cath. II et le déclin du fanatisme. Paris et les jésuites. Le prédicateur Leroi. Avocats des Calas. Mariage de Mlle Corneille. Le *Mercure* infesté d'épitaphes de Crébillon. Attend l'*Héraclius* et l'*Histoire générale*.

63.11 | **13 février [1763].** D'Alembert à Turgot
- SOURCE : autogr., « à Paris », adr., cachet rouge, 2 p.
- LOCALISATION DU MS. : Paris Institut, Ms. 880, f. 5
- ÉDITION : Henry 1885/1886, p. 28-29
- INCIPIT : « Je crois, monsieur, que vous pouvez en toute sûreté placer... »

CONTENU : Bossut lui a encore dit du bien de Viallet dans sa dernière l. A résisté aux offres de Cath. II, ne sait rien sur l'empoisonnement de Pierre III. Traité de paix. Fréd. Il vend sa voix et son crédit.

63.12 | **[mi-février 1763].** D'Alembert à Catherine II
- SOURCE : copie annotée par D'Al., d. par lui « mars 1763 », 5 p.
- LOCALISATION DU MS. : Karlsruhe LBW, FA 5A Corr. 91, n° 9
- ÉDITION : Henry 1887a, p. 213-215 sans date
- INCIPIT : « L'indulgence avec laquelle votre Majesté Impériale... »

CONTENU : Lui offre la nouvelle édition de ses *Mélanges* [4 vol. voir l. à Turgot du 12 janvier] et de ses *Elémens de musique* [1762]. Compliments accompagnant son refus. La lettre de Cath. II [du 13 novembre] insérée dans les registres de l'Acad. fr. [avec la mention de son refus]. Proposition de [Saltykov] après la l. de Cath. II.

63.13 | **21 février [1763].** Voltaire à D'Alembert
- SOURCE : impr.
- ÉDITION : Kehl LXVIII, p. 150, qui la date de 1761. Best. D11033. Pléiade VII, p. 123-124
- INCIPIT : « J'envoie à mon digne et parfait philosophe... »

CONTENU : Envoi d'une « coïonnerie » venue de Montauban [l'*Hymne chanté au village de Pompignan*].

63.14 | **7 mars 1763.** D'Alembert à Frédéric II
- SOURCE : impr., « à Paris »
- ÉDITION : Preuss XXIV, n° 11, p. 377-378

| • INCIPIT : « Il m'est donc permis de respirer enfin, après tant de... »

CONTENU : Enfin la paix ! Félicite Fréd. II de ses succès. Les Autrichiens ont fait autant de mal que les jésuites, mais la France respire. Attend les ordres de Fréd. II pour se rendre auprès de lui et travailler à ses *Elémens de philosophie*. La géométrie signera la paix comme les Autrichiens.

63.15 | **[août 1762-mars 1763].** D'ALEMBERT à BEAUCLERK
- SOURCE : autogr., « ce vendredi à 7 heures », adr. « à l'hotel de Tours, rue du Paon », cachet, 1 p.
- LOCALISATION DU MS. : Yale Beinecke, Boswell Coll., Ms. C29
- INCIPIT : « M. D'Alembert est bien fâché de ne pouvoir pas avoir... »

CONTENU : Ne pourra pas dîner aujourd'hui avec Beauclerck et Langton suite à un engagement indispensable.

63.16 | **[janvier-mars 1763].** D'ALEMBERT à un correspondant non identifié
- SOURCE : autogr., s., P.-S., 2 p.
- LOCALISATION DU MS. : Washington Smithsonian, Ms. 71A
- INCIPIT : « Je suis très sensible, monsieur, à tout ce que vous... »

CONTENU : Offres de la cour de Russie. Serait charmé d'offrir ses *Mélanges* à l'ami de son correspondant, mais ceux-ci sont imprimés à Lyon, et lui n'a pas de lien avec les libraires de Paris. N'ose l'inviter chez lui car il est toujours « fort en l'air ». S'il va à Berlin cette année, ira prendre ses ordres pour ce pays, sinon le verra aux Tuileries.

63.17 | **14 avril 1763.** FRÉDÉRIC II à D'ALEMBERT
- SOURCE : copie, d., « Berlin », 1 p.
- LOCALISATION DU MS. : Berlin-Dahlem GSA, BPH, Rep. 47, J 242, f. 4
- ÉDITION : Preuss XXIV, n° 12, p. 378
- INCIPIT : « Nos campagnes sont finies. Je suis sensible à la part... »

CONTENU : La paix étant faite, il se prépare à « vivre tranquillement avec les Muses ». Donne rendez-vous à D'Al. en juin ou juillet au pays de Clèves.

63.18 | **29 avril 1763.** D'ALEMBERT à FRÉDÉRIC II
- SOURCE : impr., « à Paris »
- ÉDITION : Preuss XXIV, n° 13, p. 379
- INCIPIT : « Je me rendrai avec empressement à Wesel... »

CONTENU : Se rendra à Wesel au premier signal. Que le traité de paix de Hubertsbourg, contrairement à celui de Versailles, vaut à Fréd. II le respect des philosophes et lui permettra de réconcilier Géométrie et Poésie.

63.19 | **1er mai [1763].** VOLTAIRE à D'ALEMBERT
- SOURCE : autogr., s. V., 5 p.
- LOCALISATION DU MS. : Paris BnF, NAFr. 24330, f. 67-69

- ÉDITION : Best. D11182. Pléiade VII, p. 221-223
- INCIPIT : « Mon cher et grand philosophe, je suis aveugle quand... »

CONTENU : Il voit à nouveau. La *Poétique* [de Marmontel], l'auteur doit entrer à l'Acad. fr., puis Diderot et Rousseau (s'il avait été sage), *Lettre à Christophe* [*de Beaumont*]. Lefranc [de Pompignan]. Incite D'Al. à passer par Genève en allant voir Fréd. II et Cath. II. La langue française à la cour de Russie. Recommandation pour Macartney.

63.20 | **21 mai 1763.** Saint-Florentin à D'Alembert
- SOURCE : minute « Lettres missives de la Maison du Roi année 1763 », d., « à Versailles », 1 p.
- LOCALISATION DU MS. : Paris AN, O1 405, p. 229
- INCIPIT : « J'ai, monsieur, rendu compte au roi du mémoire qui était joint... »

CONTENU : Rép. à la l. de D'Al. du 17 mai. Le roi accepte que D'Al. aille à Wesel lorsque Fréd. II y sera et qu'il reste trois mois avec lui.

63.21 | **[24 ou 31 mai 1763].** D'Alembert à Watelet
- SOURCE : cat. vente Drouot, coll. Robert Schuman, Paris, mars 1965, n° 3 : autogr., s., « mardi matin » [24 ou 31 mai], adr., cachet, marques postales, 2 p.
- ÉDITION : Pappas 1986, n° 0448
- INCIPIT : « Je reçois à l'instant, mon cher Watelet une lettre du roi de Prusse qui sera le 8 à Wesel... »

CONTENU : N'a pas trois jours pour ses préparatifs, il a fait en cas d'accident son testament qui fait de Watelet son légataire universel, Mme Rousseau le lui remettrait. Ne pas laisser dans le besoin les personnes qu'il lui recommande.

63.22 | **10 juin [1763].** D'Alembert à Mlle de Lespinasse
- SOURCE : copie d'extraits, « à Gueldres », 3 p.
- LOCALISATION DU MS. : Paris BnF, Fr. 15230, p. 1-3
- ÉDITION : Henry 1887a, p. 262-263
- EXTRAIT : « Le Roy a déjà passé par Wezel le 6. »

CONTENU : Son arrivée à Gueldres. Fréd. II passera demain et l'emmènera avec lui, le prince Ferdinand de Brunswick et le prince Ferdinand de Prusse. Le prince royal [Frédéric-Guillaume] absent. La ville pavoise.

63.23 | **13 juin [1763].** D'Alembert à Mlle de Lespinasse
- SOURCE : copie d'extraits, « à Clèves », 8 p.
- LOCALISATION DU MS. : Paris BnF, Fr. 15230, p. 3-10
- ÉDITION : Henry 1887a, p. 263-265
- EXTRAIT : « Enfin, je l'ai vu, ce grand et digne roi... »

CONTENU : Arrivée du roi accompagné du prince Ferdinand de Brunswick à sept heures du matin, précédés du prince royal [Frédéric-Guillaume] de Prusse, larmes aux yeux, l'a pris dans sa voiture, dîne avec lui, conversation particulière. Son refus des propositions de Russie. Modestie, bonté de Fréd. II qui joue de la flûte.

63.24	**22 juin [1763].** D'Alembert à Mlle de Lespinasse
	• Source : copie d'extraits, « à Sans-Souci », 10 p.
	• Localisation du ms. : Paris BnF, Fr. 15230, p. 11-20
	• Édition : Henry 1887a, p. 266-270
	• Extrait : « Nous sommes partis de Clèves le 15... »
Contenu :	Récit du voyage de Clèves à Potsdam : excellent accueil à Salstal de la sœur du roi. Bibliothèque, opéra italien, bal, champ de bataille. Le roi, Milord Maréchal [Keith], le marquis d'Argens et lui. Plus bel endroit du monde mais sans ses amis, garde la tête froide. Le voyage lui a coûté à peine trois cents livres, retour payé par le roi. Ecrit par le même courrier à Mme Du Deffand, connue du roi par Volt. et Maupertuis. Arrêt du Parlement contre l'inoculation. Fréd. II et la musique.

63.25	**24 juin [1763].** D'Alembert à Mlle de Lespinasse
	• Source : copie d'extraits, « à Sans-Souci », 6 p.
	• Localisation du ms. : Paris BnF, Fr. 15230, p. 20-25
	• Édition : Henry 1887a, p. 270-271
	• Extrait : « Le roi a pensé sauter au plancher de surprise, quand... »
Contenu :	L'arrêt du Parlement et le sens commun des *Corps*. Galerie de peinture de Fréd. II. Vie simple avec Keith et le marquis d'Argens. Potsdam ville de soldats. Vont aller à Berlin.

63.26	**25 [juin 1763].** D'Alembert à la marquise Du Deffand.
	• Source : cat. vente 48 de la Librairie Michel Bouvier, Paris, février 2008, n° 78 : autogr. « à Sans Souci le 25 », cachet, 3 p.
	• Édition : Pougens 1799, p. 197-199.
	• Incipit : « Vous m'avez permis, madame, de vous donner de... »
Contenu :	Voyage moins fatigant que prévu, est arrivé le 22. Fréd. II aurait mieux aimé faire *Athalie* que cette guerre et dit que « le plus beau jour de la vie est celui où on la quitte ». Accueil de la maison de Brunswick. Espère qu'il aura de ses nouvelles par Mlle de Lespinasse. Le roi lui a demandé de ses nouvelles. M. et Mme de Luxembourg.

63.27	**25 juin [1763].** D'Alembert à Mlle de Lespinasse
	• Source : copie d'extraits, 2 p.
	• Localisation du ms. : Paris BnF, Fr. 15230, p. 25-26
	• Édition : Henry 1887a, p. 272
	• Extrait : « Le roi me paraît plus aimable de jour en jour... »
Contenu :	Conversations agréables avec le roi. Le baron de Breteuil est passé par Potsdam en revenant de Russie mais n'a pu voir le roi.

63.28	**27 juin [1763].** D'Alembert à Mlle de Lespinasse
	• Source : copie d'extraits, « à Sans-Souci », 3 p.
	• Localisation du ms. : Paris BnF, Fr. 15230, p. 26-28

- ÉDITION : Henry 1887a, p. 272-273
- EXTRAIT : « Je ne vous répéterai point, pour ne vous pas ennuyer... »

CONTENU : Bontés dont le comble Fréd. II. D'Argens et de Catt laissent entendre que Fréd. II lui fera bientôt des propositions. Les gazettes rapportent l'histoire de La Condamine.

63.29 | **28 [juin 1763].** D'ALEMBERT à Mlle de LESPINASSE
- SOURCE : copie d'extraits, « 28, jour de la poste », 3 p.
- LOCALISATION DU MS. : Paris BnF, Fr. 15230, p. 28-30
- ÉDITION : Henry 1887a, p. 273-274
- EXTRAIT : « Notre journée d'hier n'a pas été fort chargée... »

CONTENU : Le roi est resté dans sa chambre à travailler et faire diète. Peu de société, espère aller à Berlin. Le roi préfère la première édition [de l'*Abrégé chronologique*] de Hénault aux suivantes.

63.30 | **30 juin [1763].** D'ALEMBERT à Mlle de LESPINASSE
- SOURCE : copie d'extraits, « Sans-Souci », 3 p.
- LOCALISATION DU MS. : Paris BnF, Fr. 15230, p. 30-32
- ÉDITION : Henry 1887a, p. 274-275
- EXTRAIT : « Nous allons dîner et coucher aujourd'hui à Postdam... »

CONTENU : Amabilité du roi. Dire à Mme de Montrevel que le roi a parlé en bien du duc de Praslin et du roi de France.

63.31 | **1er juillet [1763].** D'ALEMBERT à Mlle de LESPINASSE
- SOURCE : copie d'extraits, « à Postdam », 8 p.
- LOCALISATION DU MS. : Paris BnF, Fr. 15230, p. 32-39
- ÉDITION : Henry 1887a, p. 275-278
- EXTRAIT : « Nous sommes en effet venus hier dîner et coucher ici. »

CONTENU : Beau défilé de bataillons, le roi à leur tête. Fréd. II lui a donné cent louis pour le voyage. Flatteries. Naïveté de Milord Maréchal [Keith] qui part le 20 pour l'Ecosse, où le rejoindra Rousseau. Le roi a donné des ordres en ce sens, voulait l'aider. Refus de Rousseau, brouille avec Mme de Boufflers. Appréciation de Fréd. II sur Rousseau. Ne veut pas servir d'intermédiaire.

63.32 | **2 juillet [1763].** D'ALEMBERT à Mlle de LESPINASSE
- SOURCE : copie d'extraits, « Ce 2 juillet, jour de la poste », 6 p.
- LOCALISATION DU MS. : Paris BnF, Fr. 15230, p. 39-44
- ÉDITION : Henry 1887a, p. 278-280
- EXTRAIT : « Nous ne partons point encore aujourd'hui pour Berlin. »

CONTENU : Promenade avec [Keith], plus belle vue du monde, village modèle, pas de mendiant. A été appelé à la cour de Brunswick « le marquis d'Alembert », malgré ses dénégations, usages locaux.

63.33 | **5 juillet [1763].** D'Alembert à Mlle de Lespinasse
• Source : copie d'extraits, « à Sans-Souci », 2 p.
• Localisation du ms. : Paris BnF, Fr. 15230, p. 44-45
• Édition : Henry 1887a, p. 280-281
• Extrait : « Nous n'avons point encore été à Berlin. »
Contenu : Mène une vie de chanoine. Compte aller voir l'Acad. [de Berlin].

63.34 | **6 juillet 1763.** D'Alembert à Frédéric II
• Source : impr., « Sans-Souci »
• Édition : Preuss XXIV, n° 14, p. 380
• Incipit : « J'ai l'honneur de présenter à Votre Majesté le placet et... »
Contenu : Lui transmet les sollicitations d'Espérandieu et l'assure du repentir du comte de Schwerin.

63.35 | **7 juillet 1763.** La marquise Du Deffand à D'Alembert
• Source : copie, d., 4 p.
• Localisation du ms. : Paris BnF, Fr. 15230, p. 204-207
• Édition : Pougens 1799, p. 465-467, qui précise « Ce jeudi 7 juillet 1763 »
• Incipit : « Non, non, monsieur je ne m'en rapporterai à personne... »
Contenu : A reçu de lui une lettre charmante qui lui a rappelé l'âge d'or de leur amitié. Fréd. II et son mot de Saint-Denis. D'Al. doit rentrer pour faire un académicien. Un catéchisme que l'on attribue à Voltaire serait-il de lui ? Sa santé n'est pas bonne. Voit Mme de Luynes pendant son horaire, de sept à neuf. A vu que le catéchisme n'est pas de lui.

63.36 | **9 juillet [1763].** D'Alembert à Mlle de Lespinasse
• Source : copie d'extraits, « à Sans-Souci », 4 p.
• Localisation du ms. : Paris BnF, Fr. 15230, p. 45-48
• Édition : Henry 1887a, p. 281-282
• Extrait : « Nous sommes toujours ici, et au moment de partir pour... »
Contenu : Suit le roi, bientôt privé de [Keith]. Les gazettes disent que le roi l'a fait président de l'Acad. de [Berlin], c'est faux. Sera de retour à Paris début septembre. Invasion de moustiques.

63.37 | **12 juillet [1763].** D'Alembert à Mlle de Lespinasse
• Source : copie d'extraits, « à Postdam », 1 p.
• Localisation du ms. : Paris BnF, Fr. 15230, p. 48
• Édition : Henry 1887a, p. 282
• Extrait : « Nous sommes revenus aujourd'hui de Sans-Souci. »
Contenu : La cour part pour Berlin, mais il restera quelques jours pour l'Acad.

63.38 | **13 juillet 1763.** Louis Necker à D'Alembert
• Source : autogr. partiel, copie de Grandjean de Fouchy pour le reste, « Extrait d'une lettre de M. Necker à M. d'alembert, de Marseille le 13 juillet 1763 », 1 p.

ANNÉE 1763

- LOCALISATION DU MS. : Paris AdS, pochette du 14 mars 1764, PV p. 59
- EXTRAIT : « ...Nous avons ressenti hier matin une secousse de... »

CONTENU : Description des conditions et du phénomène du tremblement de terre de Marseille.

63.39 | **[13 juillet 1763].** Hénault à D'Alembert
- SOURCE : copie d'une l. écrite « pendant qu'il était avec le Roi de Prusse à Wesel », 3 p.
- LOCALISATION DU MS. : Farmington (Connecticut), Lewis Walpole Library
- REMARQUE : la date de cette l. est donnée par D'Al. dans 63.55
- INCIPIT : « Ce que me rapporte M... de votre part, mon cher confrère... »

CONTENU : Fréd. II n'approuve pas les nouvelles augmentations [de son *Abrégé Chronologique*]. Il fait l'historique de son entreprise. L'abbé Velly l'a dépouillé. Motif de ses augmentations. A soumis son ouvrage à Paulmy et à Foncemagne. Lui enverra un exemplaire de sa traduction anglaise, lui a envoyé la traduction en français de la préface anglaise, l'abbé Arnaud y travaille aussi.

63.40 | **15 juillet [1763].** D'Alembert à Formey
- SOURCE : autogr., 1 p.
- LOCALISATION DU MS. : Krakow BJ
- INCIPIT : « M. D'Alembert remercie très humblement monsieur Formey... »

CONTENU : Il lira le manuscrit que Formey lui a confié et en discutera avec lui dès que possible.

63.41 | **16 juillet [1763].** D'Alembert à Mlle de Lespinasse
- SOURCE : copie d'extraits, « à Charlottenbourg », 12 p.
- LOCALISATION DU MS. : Paris BnF, Fr. 15230, p. 49-60
- ÉDITION : Henry 1887a, p. 282-286
- EXTRAIT : « Marmontel ne sera donc point de l'Académie ? »

CONTENU : Marmontel le plus digne de sa voix, mais certains confrères ne sont pas une perte, pourrait être de l'Acad. [de Berlin]. Le roi lui a proposé la présidence de l'Acad. mais il l'a refusée. On a parlé des *Elémens de philosophie*. Visite de Berlin. Lui écrire à Potsdam. La l. qu'il a reçue d'[Hénault] est très jolie, l'a lue au roi et à [Keith]. Lui a répondu.

63.42 | **16 juillet [1763].** D'Alembert à Morellet
- SOURCE : impr. « Charlottenbourg, près Berlin »
- ÉDITION : *Mémoires de l'abbé Morellet*, 1821, I, p. 61-62 (rééd. 2000, p. 92-94), qui date de 1762
- INCIPIT : « Le roi m'a chargé, mon cher abbé, de vous remercier des livres que je lui ai remis de votre part. »

CONTENU : Le roi croyait les brochures de Volt., trouve les *Si* et les *Pourquoi* meilleurs que les *Quand*, l'impression que lui a faite le *Manuel des Inquisiteurs*. Voyage des plus agréables, rentre début septembre. Parlement, Faculté de théologie et inoculation. La Condamine à Londres. Part le 25 ou 26.

63.43 | **18 [juillet 1763].** D'ALEMBERT à Mlle de LESPINASSE
- SOURCE : copie d'extraits, « à Charlottenbourg », 3 p.
- LOCALISATION DU MS. : Paris BnF, Fr. 15230, p. 60-62
- ÉDITION : Henry 1887a, p. 286-287
- EXTRAIT : « Milord Maréchal s'en va le 21 et me laissera... »

CONTENU : N'aura personne avec qui converser sauf le roi. Sa destinée est d'être libre. Vers et cavaleries excellents.

63.44 | **20 juillet 1763.** D'ALEMBERT à EULER
- SOURCE : autogr., d.s., « à Postdam », adr. à Berlin, 3 p.
- LOCALISATION DU MS. : Saint-Pétersbourg AAN, 136/op2/4, f. 306-307
- ÉDITION : Euler, *O. O.*, IV A, 5, p. 316-317
- INCIPIT : « Ma profonde estime pour vos talents et pour votre personne... »

CONTENU : D'Al. retournera à Berlin le voir avant son départ fin août. Ne se satisfait pas de la solution d'Euler et de Lagrange sur les cordes vibrantes. Lui donne raison sur l'erreur de calcul qu'il avait faite. Commente un mémoire d'Euler. Le théorème d'Euler sur l'intégration des différentielles. Remercie pour l'accueil de l'Acad. de Berlin.

63.45 | **20 juillet [1763].** D'ALEMBERT à Mlle de LESPINASSE
- SOURCE : copie d'extraits, « à Postdam », 4 p.
- LOCALISATION DU MS. : Paris BnF, Fr. 15230, p. 63-66
- ÉDITION : Henry 1887a, p. 287-289. Leigh 2833 (extrait)
- EXTRAIT : « Milord Maréchal est parti et prit hier congé du Roi... »

CONTENU : Fréd. II perd avec Keith une bonne compagnie en un pays où il n'y en a point. [Rousseau] n'ira pas en Ecosse avant le printemps. L'abbé de Prades ne reviendra jamais à Berlin. Fréd. II parle souvent de Volt. En fait de testament philosophique de Fréd. II, ne connaît que celui du *Mercure* de 1757 ou 1758.

63.46 | **22 juillet [1763].** D'ALEMBERT à Mlle de LESPINASSE
- SOURCE : copie d'extraits, 3 p.
- LOCALISATION DU MS. : Paris BnF, Fr. 15230, f. 66-68
- ÉDITION : Henry 1887a, p. 289-290
- EXTRAIT : « Je vous remercie des détails sur l'inoculation... »

CONTENU : Parlera de l'inoculation à Fréd. II. Doute que le *Catéchisme de l'honneste homme* soit de Rousseau, le croirait plutôt de Volt. [...] détachement des choses de la vie [...]. Restera polisson et de mauvais maintien à table. Marmontel et l'Acad. fr.

63.47 | **23 juillet [1763].** D'ALEMBERT à Mlle de LESPINASSE
- SOURCE : copie d'extraits, add. autogr. de D'Al., 1 p.
- LOCALISATION DU MS. : Paris BnF, Fr. 15230, f. 68
- ÉDITION : Henry 1887a, p. 290
- EXTRAIT : « Le roi prétend que la réponse de la Sorbonne... »

CONTENU : Fréd. II dit que la Sorbonne a fait, ce qui est fort pour elle, une réponse raisonnable sur l'inoculation, à savoir que ce n'était pas de son ressort.

63.48 | **25 juillet [1763].** D'ALEMBERT à Mlle de LESPINASSE
- SOURCE : copie d'extraits, « A Postdam », 7 p.
- LOCALISATION DU MS. : Paris BnF, Fr. 15230, f. 68-74
- ÉDITION : Henry 1887a, p. 290-293
- EXTRAIT : « Je me trouve ici absolument isolé et sans... »

CONTENU : Pas d'autres ressources que Fréd. II, trop au-dessus de sa nation, D'Al. lui est très attaché. Sottises de Lauraguais, sa l. à Bissy pourtant assez bonne, l'a lue au roi. L'arrêt du Parlement sur l'inoculation est aussi ridicule que la requête de La Condamine. Parler à d'Ussé de la musique de Fréd. II et l'assurer de son souvenir, malgré leurs dissensions. Huitième vol. de l'*Histoire générale* [*Essai sur les mœurs*] de Volt. fait pitié par sa bassesse. Rousseau brouillé depuis longtemps avec Mme de Boufflers.

63.49 | **[26] juillet [1763].** D'ALEMBERT à Mlle de LESPINASSE
- SOURCE : copie d'extraits, 3 p.
- LOCALISATION DU MS. : Paris BnF, Fr. 15230, f. 74-76
- ÉDITION : Henry 1887a, p. 293
- EXTRAIT : « Le temps s'est remis au beau et j'en suis fort aise... »

CONTENU : Heureux du beau temps pour lui et le pays. Fréd. II attend sa sœur, la margrave de Schwedt [Sophie].

63.50 | **26 juillet 1763.** EULER à D'ALEMBERT
- SOURCE : impr., dans *Opuscules*, t. IV, p. 146-147 (extrait)
- ÉDITION : Euler, *O. O.*, IV A, 5, p. 319
- EXTRAIT : « ... Je ne sais pas pourquoi on donnerait l'exclusion... »

CONTENU : Rép. à la remarque de D'Al. (l. du 20 juillet) sur sa solution des cordes vibrantes.

63.51 | **27 juillet [1763].** D'ALEMBERT à [FORMEY]
- SOURCE : autogr., s., « à Sans-Souci », 2 p.
- LOCALISATION DU MS. : Amsterdam UB, 37 Y 2
- ÉDITION : Henry 1885/1886, p. 37-38
- INCIPIT : « Je vous suis très obligé du rapport que vous avez... »

CONTENU : Lui demande de remercier Francheville, ne voit pas ce qu'il peut faire pour Sticotti. Recommande Bouchaud pour la place d'associé étranger. Demande la liste de ses ouvrages dans la bibliothèque de l'Acad. [de Berlin] pour la compléter. Remercie pour le paquet remis à Michelet qu'il prendra à Berlin. Assister peut-être à la première assemblée du 25 [août]. Lui déconseille de publier l'écrit qu'il lui a confié.

63.52 | **28-29 juillet [1763].** D'ALEMBERT à Mlle de LESPINASSE
• SOURCE : copie d'extraits, « à Postdam », 4 p.
• LOCALISATION DU MS. : Paris BnF, Fr. 15230, f. 76-79
• ÉDITION : Henry 1887a, p. 294-295
• EXTRAIT : « Les bontés du roi pour moi sont toujours les mêmes. »
CONTENU : Fréd. II comprend son refus et lui recommande le voyage d'Italie. Ils ont mêmes goûts et jugements. Seuls reproches : le roi est couche-tard et a une vie ambulante. La margrave de Schwedt [Sophie] et sa suite arrivées le 28, il a dîné avec elles, bal, comédie, emploi du temps fatigant à la longue.

63.53 | **29 juillet 1763.** D'ALEMBERT à EULER
• SOURCE : autogr., d.s., « à Postdam », adr. « à Berlin », 3 p.
• LOCALISATION DU MS. : Saint-Pétersbourg AAN, 136/op2/4, f. 304-305
• ÉDITION : Euler, *O. O.*, IV A, 5, p. 320
• INCIPIT : « Quoique je n'aie pas encore un mois à rester dans ce pays... »
CONTENU : D'Al. lui annonce qu'il l'a appuyé auprès de Fréd. II afin de le retenir. Calcul intégral, critère d'intégrabilité : travaillera à la réciproque à son retour. Cordes vibrantes. Sera à Berlin le 23 août. Appuie la candidature de Bossut à l'Acad. de Berlin.

63.54 | **30 [juillet 1763].** D'ALEMBERT à Mlle de LESPINASSE
• SOURCE : copie d'extraits, 3 p.
• LOCALISATION DU MS. : Paris BnF, Fr. 15230, f. 80-82
• ÉDITION : Henry 1887a, p. 295-296
• EXTRAIT : « Nous avons eu hier, dans l'appartement de madame la Margrave... »
CONTENU : Concert italien très beau, puis airs chantés par les princesses. Hénault aurait pu entendre sa chanson mal chantée, vient de recevoir sa l. du 13, ne peut lui répondre immédiatement, car il veut montrer sa l. au roi. Demain comédie à Sans-Souci.

63.55 | **1er août [1763].** D'ALEMBERT à Mlle de LESPINASSE
• SOURCE : copie d'extraits, « à Postdam », add. autogr. de D'Al., 6 p.
• LOCALISATION DU MS. : Paris BnF, Fr. 15230, f. 82-87
• ÉDITION : Henry 1887a, p. 296-299
• EXTRAIT : « Le mot sur M. Omer Joly de Fleury est très plaisant... »
CONTENU : Charenton conviendrait à Lauraguais. Pas plus de cour à Berlin qu'à Potsdam. Aura le cœur serré en quittant Fréd. II. N'a reçu que deux l. de Hénault, une du 28 juin, une du 13 juillet. Ne peut voir le roi tranquillement. Sottises des

gazetiers sur sa présidence à Berlin. Le roi aurait désiré la lui donner mais il l'a refusée. Regrets de Mme de Luxembourg de ne pas voir le roi. Sa santé souffre de son séjour. Son refus d'aller en Russie l'avantage.

63.56 | **7 août [1763].** D'ALEMBERT à VOLTAIRE
- SOURCE : autogr., « Postdam », adr., cachet, 3 p.
- LOCALISATION DU MS. : Den Haag RPB 129, G16A30, 51
- ÉDITION : Best. D11345
- INCIPIT : « Depuis six semaines, mon cher confrère, que je suis arrivé ici, j'ai toujours voulu vous écrire... »

CONTENU : N'a pu lui écrire. Bontés du roi. N'acceptera pas la présidence de l'Acad. de Berlin. Fréd. II parle souvent de Volt., lui rend justice. *Additions à l'Histoire générale*. Marquis d'Argens. Maupertuis. Seul le roi s'occupe de littérature. Inoculation et sottise française. Rentre à Paris à la fin du mois. Fera le voyage d'Italie.

63.57 | **8 août [1763].** D'ALEMBERT à Mlle de LESPINASSE
- SOURCE : copie d'extraits, « à Sans-Souci », 2 p.
- LOCALISATION DU MS. : Paris BnF, Fr. 15230, f. 87-88
- ÉDITION : Henry 1887a, p. 299
- EXTRAIT : « Non, ce château-ci ne sera non plus jamais le mien... »

CONTENU : Depuis le départ des princesses, il profite de la compagnie du roi. Le départ qu'il lui annoncera dans peu de jours lui coûtera.

63.58 | **9 [août 1763].** D'ALEMBERT à Mlle de LESPINASSE
- SOURCE : copie d'extraits, « le 9 au matin », 3 p.
- LOCALISATION DU MS. : Paris BnF, Fr. 15230, f. 88-90
- ÉDITION : Henry 1887a, p. 299-300
- EXTRAIT : « Je me porte mieux, parce que le roi m'a donné hier... »

CONTENU : Grâce à son intervention, le roi a accordé une augmentation à Leonhard Euler, veut faire d'autres bonnes œuvres et laisser un bon souvenir.

63.59 | **13 août [1763].** D'ALEMBERT à Mlle de LESPINASSE
- SOURCE : copie d'extraits, « à Sans-Souci », corr. autogr. D'Al., 4 p.
- LOCALISATION DU MS. : Paris BnF, Fr. 15230, f. 90-93
- ÉDITION : Henry 1887a, p. 300-301.
- EXTRAIT : « Le roi, à qui je dis hier que M. le président Hénault était très malade... »

CONTENU : Fréd. II s'inquiète pour Hénault. [...] A écrit une l. froide à Volt., que le roi apprécie avec justice et justesse. Espère la réhabilitation de Rousseau. [...] Conversation du roi, qui, d'après Grimm, a écrit du bien de lui à la duchesse de Saxe-Gotha. Sa santé incompatible avec le climat.

63.60 | **14 août [1763].** D'Alembert à Euler
- SOURCE : autogr., s., « à Sans-Souci », adr. à Berlin, 3 p.
- LOCALISATION DU MS. : Saint-Pétersbourg AAN, 136/op2/4, f. 316-317
- ÉDITION : Euler, *O. O.*, IV A, 5, p. 322
- INCIPIT : « Des distractions continuelles et des lettres sans nombre... »

CONTENU : D'Al. se félicite qu'Euler renonce à quitter Berlin, suite à son intervention auprès de Fréd. II pour améliorer sa condition financière. A lu ses mémoires. Rentre le 26 en France. A reçu une l. du fils d'Euler, ainsi qu'une l. en allemand du professeur [Karsten].

63.61 | **15 août 1763.** D'Alembert à Frédéric II
- SOURCE : impr., « Sans-Souci »
- ÉDITION : Preuss XXIV, n° 15, p. 380-381
- INCIPIT : « Mon congé devant expirer dans les premiers jours... »

CONTENU : Anniversaire de la bataille de Liegnitz. Son congé expirant début septembre et voulant encore voyager en Italie, demande la permission de repartir. Dira à toute l'Europe qu'il a vu « un véritable sage sur le trône ».

63.62 | **15 août [1763].** D'Alembert à Mlle de Lespinasse
- SOURCE : copie d'extraits, « à Sans-Souci », 2 p.
- LOCALISATION DU MS. : Paris BnF, Fr. 15230, f. 93-94
- ÉDITION : Henry 1887a, p. 302
- EXTRAIT : « Je viens d'écrire au roi une lettre courte, tendre... »

CONTENU : Conformément à l'usage, a écrit à Fréd. II pour lui demander son congé. Le roi et Mme de Luxembourg.

63.63 | **16 [août 1763].** D'Alembert à Mlle de Lespinasse
- SOURCE : copie d'extraits, « le 16 au matin », 1 p.
- LOCALISATION DU MS. : Paris BnF, Fr. 15230, f. 97
- ÉDITION : Henry 1887a, p. 303
- EXTRAIT : « Nous allons à Postdam, et demain, dit-on, à Berlin. »

CONTENU : Le roi paiera son retour, en plus des cent louis d'or.

63.64 | **16 [août 1763].** D'Alembert à Mlle de Lespinasse
- SOURCE : copie d'extraits, « le 16 après midi », 4 p.
- LOCALISATION DU MS. : Paris BnF, Fr. 15230, f. 94-96
- ÉDITION : Henry 1887a, p. 302-303
- EXTRAIT : « On dit que nous allons demain à Postdam... »

CONTENU : Rép. de Fréd. II qu'il lui garde. [...] Verra le prince Ferdinand, pas le prince Henri [de Prusse]. L'abbé de Prades est à Glogau, lui a écrit deux fois, le roi ne veut pas lui pardonner. Son séjour l'a rapproché du roi. Fréd. II et les Turcs.

ANNÉE 1763

63.65 | **[16 août 1763].** Frédéric II à D'Alembert
- SOURCE : copie de la main de D'Al., « Sans-Souci »
- LOCALISATION DU MS. : Paris BnF, NAFr. 15551, f. 14 v°
- ÉDITION : Pougens, I, p. 21-22. Preuss XXIV, n° 16, p. 381
- INCIPIT : « Je suis fâché de voir approcher le moment de votre départ... »

CONTENU : A vu un vrai philosophe. Conservera la place de président de son Acad. qui ne peut être remplie que par lui. Pressent que l'ingratitude de sa patrie obligera D'Al. à en choisir une autre.

63.66 | **18 août [1763].** D'Alembert à Mlle de Lespinasse
- SOURCE : copie d'extraits, « à Postdam », 6 p.
- LOCALISATION DU MS. : Paris BnF, Fr. 15230, f. 97-102
- ÉDITION : Henry 1887a, p. 304-306
- EXTRAIT : « Je ne puis vous cacher mes regrets de quitter le roi... »

CONTENU : Lui envoie sa l. au roi et la rép. du roi, à ne pas communiquer. Ne s'établira jamais à Berlin, mais regrette que le roi reste sans compagnie. A vraiment les mêmes manières de voir et de juger que lui. Sottises des gazettes. Il est très aimé. Voudrait rapprocher les deux cours. Lettres ouvertes par la poste.

63.67 | **7/18 août 1763.** Catherine II à D'Alembert
- SOURCE : copie annotée par D'Al., d., « à Saint-Pétersbourg », s. « Catherine », 4 p.
- LOCALISATION DU MS. : Karlsruhe LBW, FA 5A Corr. 91, n° 11
- ÉDITION : Reg. Acad. fr., III, p. 179-180 (« littéralement transcrite d'après l'original » lu à la séance de l'Acad. fr. du samedi 24 septembre) ; Henry 1887a, p. 215-216, qui la date du 7/18 avril 1763
- REMARQUE : une copie autogr. faite par Grimm est passée en vente, cat. Charavay, n° 677, Paris, décembre 1948, n° 22.244
- INCIPIT : « L'envoi de la nouvelle édition de vos ouvrages m'a fait... »

CONTENU : Rép. à la l. de D'Al de [mi-février 1763]. Compliments sur ses [*Mélanges*]. A été étonnée de voir sa l. enregistrée, sa démarche lui semblait naturelle. Elle choisit le meilleur pour son fils. Lui demande de lui écrire.

63.68 | **19 [août 1763].** D'Alembert à Mlle de Lespinasse
- SOURCE : copie d'extraits, « le 19, le matin », 2 p.
- LOCALISATION DU MS. : Paris BnF, Fr. 15230, f. 102-103
- ÉDITION : Henry 1887a, p. 306
- EXTRAIT : « On ne sait plus quand nous allons à Berlin... »

CONTENU : Va aujourd'hui dîner à Sans-Souci, grande chaleur. Ira peut-être à Berlin demain, car il n'a pas de temps à perdre.

63.69 | **20 août 1763.** D'Alembert à Euler
- SOURCE : autogr., d.s., « à Postdam », P.-S., adr. à Berlin, 3 p.
- LOCALISATION DU MS. : Saint-Pétersbourg AAN, 136/op2/4, f. 314-315

		• ÉDITION : Euler, *O. O.*, IV A, 5, p. 323
		• INCIPIT : « Je n'ai fait que ce que la vérité et ma conscience m'inspiraient... »
CONTENU :		A recommandé Euler et son fils à Fréd. II. Ira à Berlin lundi pour le voir et lui rendra ses ouvrages. Les trois axes principaux de rotation. Le Monnier lui a écrit pour demander qu'Euler corrige son mémoire de 1749 sur la parallaxe. Problème d'Euler sur le jeu d'échec. Le Monnier veut aussi savoir ce qu'Euler pense de la méthode de Klingenstierna pour les éclipses de soleil.

63.70 | **22 août [1763].** D'ALEMBERT à Mlle de LESPINASSE
• SOURCE : copie d'extraits, « à Berlin », 2 p.
• LOCALISATION DU MS. : Paris BnF, Fr. 15230, f. 103-104
• ÉDITION : Henry 1887a, p. 306-307
• EXTRAIT : « Avant de répondre à votre lettre d'hier, je vous apprends... »

CONTENU : Est à Berlin depuis ce matin, rép. à sa l. d'hier. A reçu 300 frédérics d'or. Recevra un autre présent la veille de son départ.

63.71 | **3 septembre [1763].** D'ALEMBERT à Mlle de LESPINASSE
• SOURCE : copie d'extraits, « à Francfort », « fin des extraits », 6 p.
• LOCALISATION DU MS. : Paris BnF, Fr. 15230, f. 105-110
• ÉDITION : Henry 1887a, p. 307-309
• EXTRAIT : « J'ai eu l'honneur de vous écrire un mot d'Eisenach... »

CONTENU : Les mauvais chemins ont empiré depuis sa dernière l. Pas fatigué mais volé par les aubergistes. Visite la ville et partira demain, a une grande impatience d'arriver. A fait ses adieux à Fréd. II le 25, les larmes aux yeux. A reçu une boite d'or garnie du portrait du roi. Il le chérit et l'admire. A seulement fait quelques additions [à la *Lettre de Rousseau à D'Alembert*], rien d'important.

63.72 | **21 septembre 1763.** D'ALEMBERT à Louis NECKER
• SOURCE : autogr., d. s., « à Paris », adr. « à Marseille », cachet, 2 p.
• REMARQUE : Genève, Archives Necker
• INCIPIT : « J'arrive, monsieur, depuis peu de jours du voyage de... »

CONTENU : Les agréments de son voyage auprès de Fréd. II, les compliments reçus. Nouvelle l. de Cath. II. Restera en France pour sa santé et ses amis. Transmettra les détails sur le tremblement de terre à l'Acad. [sc.] à la Saint-Martin. N'a pas connaissance de l'écrit envoyé par Necker au *Mercure*, le demandera à Delaplace. A sous presse un troisième vol. d'*Opuscules*. Ne sait où paraîtra l'*Enc.*, les libraires ont la totalité entre les mains, trois vol. de planches parus. La rép. de Clairaut à leur dispute se fait attendre. Ni lui-même, ni le ministre, ni l'Acad., ni la cour ne le veulent secrétaire de l'Acad. [fr.]. Va travailler à étendre ses *Elémens de philosophie*, à la demande de Fréd. II.

63.73 | **28 septembre [1763].** VOLTAIRE à D'ALEMBERT
• SOURCE : autogr., 4 p.
• LOCALISATION DU MS. : Paris BnF, NAFr. 24330, f. 71-72

- ÉDITION : Best. D11433. Pléiade VII, p. 385-386
- INCIPIT : « J'apprends que Platon est revenu de chez Denis de Syracuse. »

CONTENU : D'Al. et Fréd. II. Le félicite de ses refus. Regrette que D'Al. ne soit pas passé par Genève, où l'on pense comme à Londres. J.-J. Rousseau et le *Contrat Social*. Quatre syndics destitués à Genève pour avoir condamné Rousseau. *Catéchisme de l'honnête homme*. [Le Père Adam].

63.74 | **[fin septembre 1763].** D'ALEMBERT à LEFRANC DE POMPIGNAN
- SOURCE : minute autogr., intitulée « 1re lettre »
- LOCALISATION DU MS. : Genève, coll. J.-D. Candaux
- ÉDITION : Best. D11588, avec la l. de D'Al. à Volt.
- REMARQUE : copie autogr., Den Haag RPB 129, G16A30, 54
- INCIPIT : « On m'a apporté de votre part un ouvrage où je suis personnellement insulté. »

CONTENU : A reçu de sa part un ouvrage insultant, sans doute par erreur du libraire. L'a renvoyé.

63.75 | **1er octobre 1763.** D'ALEMBERT à FRISI
- SOURCE : autogr., d.s., « à Paris », 2 p.
- LOCALISATION DU MS. : Milano Ambrosiana, Y 153 sup. f. 488
- ÉDITION : Rutschmann 1977, p. 19. Pappas 1987, p. 150
- INCIPIT : « Je profite de l'occasion du voyage de mon ami M. Watelet... »

CONTENU : L. portée par Watelet. Lui envoie sa controverse avec Clairaut [1762]. Lui recommande Watelet, sa compagne et un ami. Le t. III de ses *Opuscules* sortira dans huit mois. Son voyage en Italie différé. Attend son ouvrage sur les fleuves.

63.76 | **1er octobre 1763.** D'ALEMBERT à LAGRANGE
- SOURCE : autogr., d.s., « à Paris », 2 p.
- LOCALISATION DU MS. : Paris Institut, Ms. 915, f. 10
- ÉDITION : Lalanne 1882, XIII, p. 9-10
- REMARQUE : ms suivi de notes de Lagrange (f. 11r°) sur son voyage à Paris en nov. 1763-juin 1764, sur les l. perdues de D'Al, sur la pièce sur la libration de la Lune dont D'Al. n'avait pas été juge
- INCIPIT : « Cette lettre vous sera remise par M. Watelet... »

CONTENU : Watelet, auteur de l'*Art de peindre*, en Italie. D'Al. diffère son voyage. Envoi de la seconde rép. à Clairaut [*J. enc.*, 15 août 1762]. Le t. III de ses *Opuscules* sous presse. Rencontre avec Leonhard Euler à Berlin qui voit en Lagrange un grand géomètre. Question sur les *Mémoires de Turin*, t. III.

63.77 | **8 octobre [1763].** D'ALEMBERT à VOLTAIRE
- SOURCE : autogr., « à Paris », adr., cachet, 3 p.
- LOCALISATION DU MS. : Den Haag RPB 129, G16A30, 52

- ÉDITION : Best. D11449
- INCIPIT : « Je ne me pique, mon cher et illustre maître, d'être... »

CONTENU : La comparaison par Volt. de D'Al. à Platon, Fréd. II voudrait que D'Al. soit président de l'Acad. de Berlin, lui a donné son portrait. D'Argens regrette Volt., mais non Maupertuis. Réhabilitation de J.-J. Rousseau. *Catéchisme de l'honnête homme* lu à Sans-Souci. Jean-Georges Lefranc [de Pompignan] lui a envoyé son ouvrage, qu'il a renvoyé. Est plus philosophe depuis sa visite à Fréd. II.

63.78 | **14 [octobre 1763].** LEFRANC DE POMPIGNAN à D'ALEMBERT
- SOURCE : autogr., signé « j. g. evêque du puy », « à monistrel le 14 octobre », 1 p.
- LOCALISATION DU MS. : Genève, coll. J.-D. Candaux
- ÉDITION : Best. D11588
- REMARQUE : copie de D'Alembert, Den Haag RPB 129, G16A30, 54
- INCIPIT : « Ce n'est point par mon ordre, monsieur, que mon instruction pastorale vous a été envoyée. »

CONTENU : Rép. à la l. de [fin septembre]. Fâché de la méprise, mais D'Al. n'est pas insulté dans l'ouvrage.

63.79 | **17 octobre 1763.** D'ALEMBERT à CATHERINE II
- SOURCE : autogr., d.s., « à Paris », 4 p.
- LOCALISATION DU MS. : Moscou RGADA, fds 5, 156 f. 14-5
- ÉDITION : *Sbornik* 1871, p. 180-181, en note
- REMARQUE : Karlsruhe, LBW, FA 5A Corr. 91, n° 12-13 : copie datée « ce 15 octobre 1763 »
- INCIPIT : « Votre Majesté Impériale, malgré la bonne opinion... »

CONTENU : Rép. à la l. du [7/18 août], excuses et justifications de son refus, n'a pas les talents d'éducateur d'un roi. Sa l. enregistrée à l'Acad. fr. encourage et console les philosophes. La raison mise à mal. Fréd. II l'encourage à développer ses *Elémens de philosophie*, lui demande également son avis.

63.80 | **[fin octobre 1763].** D'ALEMBERT à LEFRANC DE POMPIGNAN
- SOURCE : minute autogr., 1 p.
- LOCALISATION DU MS. : Genève, coll. J.-D. Candaux
- ÉDITION : Best. 11588
- REMARQUE : copie autogr., Den Haag RPB 129, G16A30, 54
- INCIPIT : « Monseigneur, vous m'avez mis expressément dans votre Instruction pastorale,... »

CONTENU : Rép. à la l. du 14 octobre. Lefranc de Pompignan l'a cité comme ennemi de la religion, D'Al. considère que c'est une insulte personnelle. Son libraire lui a envoyé l'ouvrage ainsi qu'à tous les membres de l'Acad. fr. Ne se sent pas blessé.

ANNÉE 1763

63.81 | **[octobre 1763].** D'Alembert à Belgrado
- SOURCE : autogr., s., adr., cachet rouge, 2 p.
- LOCALISATION DU MS. : Modena Biblioteca Estense, Autografoteca Campori
- REMARQUE : Clairaut a reçu l'ouvrage fin 1762 et répondu en janvier, D'Al. dit avoir différé sa rép. de huit mois, « surchargé d'occupations » et a donc dû répondre à son retour de Prusse (v. l. à Frisi du 1er octobre)
- INCIPIT : « Je n'ai point eu l'honneur de répondre plus tôt à la lettre... »

CONTENU : A lu son ouvrage de géométrie et l'a apprécié. Compliments sur ce second volume [*De Analyseos infinitorum usu in re physica volumen secundum*, Parme, 1762]. A concouru à son élection comme correspondant à l'Acad. sc. [le 10 février 1762]. Espère faire un voyage en Italie l'année prochaine.

63.82 | **21 novembre 1763.** D'Alembert à [Formey]
- SOURCE : cat. vente Liepmannssohn Antiquariat, Kat. 180, Berlin, [juin 1918], n° 1753 : autogr., d. s., « Paris », 2 p.
- INCIPIT : inconnu

CONTENU : Il envoie au nom de l'auteur [Bouchaud] quatre exemplaires d'une dissertation sur la poésie rythmique. Francheville et Bouchaud.

63.83 | **8 décembre [1763].** D'Alembert à Voltaire
- SOURCE : autogr., « à Paris », P.-S., 4 p.
- LOCALISATION DU MS. : Den Haag RPB 129, G16A30, 53
- ÉDITION : Best. D11541
- INCIPIT : « J'ai, mon cher et illustre maître, des remerciements et... »

CONTENU : *Lettre du Quaker*. Ses relations avec Lefranc de Pompignan. *Additions à l'Histoire générale*. Retraite de Malesherbes. Le *Traité sur la tolérance* envoyé à d'autres que lui. Marmontel à l'Acad. [fr.] grâce au prince Louis de Rohan. Tracasseries à propos de son voyage en Prusse. Un représentant du Sultan à Berlin. P.-S. Le Parlement, la Sorbonne, l'inoculation et le commerce des blés.

63.84 | **13 décembre [1763].** Voltaire à D'Alembert
- SOURCE : impr., P.-S.
- ÉDITION : Kehl LXVIII, p. 262-265. Best. D11552. Pléiade VII, p. 463-465
- INCIPIT : « Mon très aimable et très grand philosophe, ne faites... »

CONTENU : *Lettre du Quaker*, *Traité sur la tolérance*. Problèmes d'envois et de censure. Immoler les frères Lefranc de Pompignan au ridicule. Les paroles prêtées à D'Al. à son retour de Prusse. L'ouvrage de Dumarsais attribué à Saint-Evremond. Marmontel à l'Acad. fr. Ses envois de la *Tolérance*. P.-S. : Bourgelat a rué contre les Cramer.

63.85 | **15 décembre [1763].** Voltaire à D'Alembert
- SOURCE : autogr., adr. « pour frère D'Alembert », 2 p.
- LOCALISATION DU MS. : Paris BnF, NAFr. 24330, f. 74-75
- ÉDITION : Best. D11559. Pléiade VII, p. 469

- INCIPIT : « Mon très aimable philosophe, c'est pour vous dire que l'ouvrage du saint prêtre sur la Tolérance ayant été très toléré... »

CONTENU : Bourgelat et l'entrée de la *Tolérance* par Lyon. Demande copie de la lettre à [Lefranc de Pompignan]. L'*Examen de la religion* par Dumarsais attribué à Saint-Evremond.

63.86 | **[20 décembre 1763].** EULER à D'ALEMBERT
- SOURCE : copie incomplète, 8 p.
- LOCALISATION DU MS. : Basel UB, Ms. L Ia 689, f. 168-171
- ÉDITION : Euler, *O. O.*, IV A, 5, p. 324-327
- REMARQUE : résumé dans les *Opuscules*, t. IV, p. 162 qui datent la l.
- EXTRAIT : « ... Je me suis appliqué ces jours à examiner mes recherches... »

CONTENU : Conditions de validité de sa solution fonctionnelle des cordes vibrantes. Objections de D'Al. et discontinuités. Ses travaux et ceux de Lagrange sur le son. Circulation de l'eau et de l'air chauds, construction de fourneaux.

63.87 | **29 décembre [1763].** D'ALEMBERT à VOLTAIRE
- SOURCE : autogr., « à Paris », 4 p.
- LOCALISATION DU MS. : Den Haag RPB 129, G16A30, 54
- ÉDITION : Best. D11588
- INCIPIT : « Je vous prends au mot, mon cher et illustre maître,... »

CONTENU : La Reynière, fermier des postes, servira d'intermédiaire postal. Damilaville, la *Tolérance*. Frère Bourgelat prudent. Envoi des échanges brefs avec Lefranc de Pompignan. Travaille à faire chasser les jésuites de Silésie, temple des juifs. Marmontel. Ne connaît pas l'ouvrage de Dumarsais, mais deux jolis contes. Mme Blondel.

63.88 | **31 décembre 1763.** VOLTAIRE à D'ALEMBERT
- SOURCE : original, d., s. V., adr., 2 p.
- LOCALISATION DU MS. : Paris BnF, NAFr. 24330, f. 77-78
- ÉDITION : Best. D11597. Pléiade VII, p. 491-492
- INCIPIT : « Mon cher philosophe, vous ne me dites point si... »

CONTENU : D'Al. a-t-il reçu la *Tolérance*? Interceptions d'envois malgré l'approbation de Mme de P[ompadour]. Couper des têtes à l'hydre. Contes.

63.89 | **[fin 1763].** D'ALEMBERT à LEFRANC DE POMPIGNAN
- SOURCE : « Projet d'une lettre à M. L'évêque du Puy », minute non autogr. avec notes autogr. de D'Alembert
- LOCALISATION DU MS. : Paris Institut, Ms. 2470, f. 13-16
- ÉDITION : Henry 1885/1886, p. 32-33
- INCIPIT : « Votre zèle, Monseigneur, pour la défense de la religion... »

CONTENU : Commentaires caustiques sur l'*Instruction pastorale*. Répond sans ressentiment, en bon citoyen.

63.90 | **[fin 1763].** Keith à D'Alembert
• SOURCE : copie, d. « Nov.re 1764 », s. « Panglos », 2 p.
• LOCALISATION DU MS. : Edinburgh NLS, Ms. 23158, n° 19
• ÉDITION : *Eloge de Milord Marischal*, 1779, p. 59 (extrait dans lequel D'Al. indique que Keith répond ici à l'envoi de ses *Mélanges* [éd. parue en janvier 1763]). Pougens 1799, p. 349-350 (texte un peu différent)
• REMARQUE : le *Dictionnaire philosophique* de Volt. a paru mi-1764, ce qui conduit à modifier la date donnée par la copie
• INCIPIT : « Lord Maréchal est bien obligé à M. D'Alembert de l'honneur de son souvenir. »

CONTENU : A lu les quatre volumes [des *Mélanges* de D'Al.]. Conte de son précepteur à Edimbourg qui croyait mieux voir l'heure alors que le cadran avait été modifié. On va imprimer le *Dictionnaire philosophique*. Respects à Mme Geoffrin et au bon David [Hume, arrivé à Paris le 14 octobre 1763].

1764

64.01 | **7 janvier [1764].** D'ALEMBERT à Mme GEOFFRIN
- SOURCE : autogr., s., « samedi matin », adr., cachet, 4 p.
- LOCALISATION DU MS. : Forlì BC, coll. Piancastelli
- ÉDITION : Henry 1886, p. 5
- REMARQUE : copie ancienne, Torino BC
- INCIPIT : « Vous pouvez, madame, faire une œuvre méritoire... »

CONTENU : Recommandation pour Lagrange, un des plus grands géomètres, depuis six semaines à Paris et tombé malade. Caraccioli a pourvu à ses besoins. Loué par Fontaine, Clairaut. Devrait engager l'ambassadeur de Sardaigne à s'intéresser à Lagrange, le ferait lui-même s'il le rencontrait.

64.02 | **8 janvier [1764].** VOLTAIRE à D'ALEMBERT
- SOURCE : impr.
- ÉDITION : Kehl LXVIII, p. 272-274. Best. D11628. Pléiade VII, p. 511-513
- INCIPIT : « Enfin je me flatte qu'il vous parviendra deux exemplaires... »

CONTENU : Saisies d'exemplaires de la *Tolérance* destinés à Trudaine, Trudaine de Montigny et à l'intendant des Postes Bouret. Lefranc de Pompignan. Dumarsais. Jésuites de Silésie.

64.03 | **15 janvier 1764.** D'ALEMBERT à VOLTAIRE
- SOURCE : autogr., « à Paris », 4 p.
- LOCALISATION DU MS. : Den Haag RPB 129, G16A30, 55
- ÉDITION : Best. D11644
- INCIPIT : « Ce que j'ai d'abord de plus pressé, mon très cher et très respectable maître, c'est de justifier frère Hyppolite Bourgelat... »

CONTENU : Envoie copie d'une lettre de Bourgelat. La *Tolérance*. Jean-Georges [Lefranc de Pompignan]. Le prince Louis de Rohan. A propos de la rédaction de la dédicace des commentaires sur Corneille. Livre de Dumarsais. « Simon » Lefranc. Mandement de l'archevêque de Paris en faveur des jésuites. Fitz-James. Le nouveau contrôleur général, [Laverdy]. Cardinal de Bernis. Fréd. II. Marmontel.

64.04 | **20 janvier 1764.** D'ALEMBERT à FORMEY
- SOURCE : autogr., d.s., « à Paris », 1 p.
- LOCALISATION DU MS. : Krakow BJ, Collection Varnhagen
- INCIPIT : « Je viens d'apprendre par la *Gazette de Hollande* que M. Helvétius a été élu le 31 décembre... »

CONTENU : Demande confirmation qu'Helvétius a bien été élu à l'Acad. [de Berlin] afin qu'il en remercie la compagnie.

64.05 | **30 janvier [1764].** Voltaire à D'Alembert
- Source : impr.
- Édition : Kehl LXVIII, p. 278-279. Best. D11669. Pléiade VII, p. 547-548
- Incipit : « Mon illustre philosophe m'a envoyé la lettre d'Hippias-B. »

Contenu : A reçu la l. de Bourgelat. Les « T et sous-T » : D'Aguesseau, Maboul, et autres persécuteurs de la littérature. La *Tolérance*. *Histoire des singes*. *Quatre saisons* [Bernis]. Damilaville et le livre de Dumarsais attribué à Saint-Evremond. Rire et faire rire.

64.06 | **7 février 1764.** D'Alembert à Frédéric II
- Source : autogr., d.s., « à Paris », 4 p.
- Localisation du ms. : Berlin-Dahlem, BPH, Rep. 47, J 245, f. 1b-2
- Édition : Preuss XXVII, p. 303-305
- Incipit : « La philosophie, accueillie et honorée dans vos Etats... »

Contenu : Helvétius et Jaucourt, élus membres de l'Acad. de Berlin, le remercient. A fait les éclaircissements que Fréd. II voulait à ses *Elémens de philosophie*. Mémoires de Fréd. II. Leonhard Euler digne des bontés de Fréd. II (poste de son fils). Jésuites. Volt. vient de faire un ouvrage sur la tolérance.

64.07 | **10 février 1764.** D'Alembert à [Formey]
- Source : autogr., d.s., « à Paris », 1 p.
- Localisation du ms. : Krakow BJ, coll. Varnhagen
- Incipit : « M. Bouchaud, à qui j'ai communiqué votre lettre... »

Contenu : Helvétius et Jaucourt ont envoyé une l. de remerciement. Le prie de dire à Euler père et fils qu'il a écrit à Fréd. II, attend la rép. pour leur écrire. Transmet un paquet et une l. du père Bertier de l'Oratoire à l'Acad. [de Berlin].

64.08 | **10 février 1764.** D'Alembert à Louis Necker
- Source : autogr., d.s., « à Paris », adr. « à Marseille », cachet, 1 p.
- Remarque : Genève, Archives Necker
- Incipit : « Je n'ai point eu l'honneur, monsieur, de vous répondre... »

Contenu : Rép. à sa l. A écrit plusieurs fois à Delaplace [libraire] pour obtenir l'écrit dont Necker lui parle, Delaplace dit l'avoir donné au frère de Louis [Jacques Necker], celui-ci le nie, pense son écrit perdu. Aurait aimé le lire car D'Al. est conforté dans sa position. Ne peut lui transmettre les l. que Louis lui demande. Travaille à la philosophie, la géométrie, la littérature, la grammaire, l'histoire.

64.09 | **13 février [1764].** Voltaire à D'Alembert
- Source : impr.
- Édition : Kehl LXVIII, p. 280-282. Best. D11695. Pléiade VII, p. 566-567
- Incipit : « Gardez-vous bien, mon très cher philosophe, d'alarmer... »

CONTENU : Critiques de D'Al sur la *Tolérance*, l'indulgence ou la barbarie des juifs. Les philosophes, la tolérance et le christianisme, [Chaumont] tiré des galères. *Macare et Thélème*. M. Gallatin chargé de deux exemplaires.

64.10 | **15 février [1764].** D'ALEMBERT à CHOUVALOV
- SOURCE : autogr., « ce mercredi 15 février », adr. « A l'hotel de Piemont rue de Richelieu », 1 p.
- LOCALISATION DU MS. : Kiev Ts DIAK, fds 259 Rzewuski/1/137, f. 165
- REMARQUE : copie à Saint-Pétersbourg RNB Fr. Q. IV. 207, « Les consolations de l'absence », f. 41. Chouvalov est à Paris en 1764-1765, années où le 15 février n'est un mercredi qu'en 1764
- INCIPIT : « M. D'Alembert a l'honneur d'assurer de son respect... »

CONTENU : Recommande Lebrun pour l'éducation à laquelle le comte de Chouvalov s'intéresse.

64.11 | **18 février [1764].** VOLTAIRE à D'ALEMBERT
- SOURCE : impr., s. V.
- ÉDITION : Kehl LXVIII, p. 283. Best. D11709. Pléiade VII, p. 577
- REMARQUE : copie contemporaine, Yale Beinecke, Osborn Coll.
- INCIPIT : « Souffrirez-vous, mon cher et intrépide philosophe,... »

CONTENU : Crevier attaque Montesquieu et par là l'*Eloge* de D'Al. qui doit riposter.

64.12 | **22 février [1764].** D'ALEMBERT à VOLTAIRE
- SOURCE : autogr., « à Paris », 4 p.
- LOCALISATION DU MS. : Den Haag RPB 129, G16A30, 56
- ÉDITION : Best. D11720
- INCIPIT : « Je crains, mon cher et illustre maître, que votre frère... »

CONTENU : Juifs d'autrefois et chrétiens d'aujourd'hui. Sur la tolérance. Vient de faire entrer Helvétius et le chevalier de Jaucourt à l'Acad. de Berlin. *Macare et Thélème*. Sur les faux amis de Volt. [Mme du Deffand?]. L. de Volt. au prince Louis [de Rohan]. Diverses apologies des jésuites (archevêque de Paris, Caveyrac). [Cardinal de Bernis].

64.13 | **1er mars [1764].** VOLTAIRE à D'ALEMBERT
- SOURCE : impr.
- ÉDITION : Kehl LXVIII, p. 288-291. Best. D11738. Pléiade VII, p. 594-596
- INCIPIT : « Je dois vous dire, mon très cher philosophe, que si... »

CONTENU : Nécessité des lois, il faut inspirer l'indulgence, tolérance en progrès. Incite D'Al. à écrire à sa façon pour la tolérance, Crevier. [Mme Du Deffand]. Les *Contes de Guillaume Vadé* [Volt.]. Rire et instruire.

64.14 | **2 mars [1764].** D'ALEMBERT à VOLTAIRE
- SOURCE : autogr., « à Paris », 4 p.
- LOCALISATION DU MS. : Den Haag RPB 129, G16A30, 57

- ÉDITION : Best. D11745
- INCIPIT : « Je n'ai ni lu ni aperçu, mon cher et illustre maître, cet ouvrage ou rapsodie de Crevier dont vous me parlez... »

CONTENU : Ignorait le livre du janséniste Crevier sur Montesquieu. D'Al. a écrit des réflexions sur les jésuites, qu'il ne diffuse pas encore. Réactions diverses sur les jésuites et les jansénistes. Demande si Berthier se retire en Suisse. Les remarques de Volt. sur Corneille annoncées pour bientôt.

64.15 | **16 mars 1764.** D'ALEMBERT à EULER
- SOURCE : autogr., d.s., « à Paris », adr. « à Berlin », 3 p.
- LOCALISATION DU MS. : Saint-Pétersbourg AAN, 136/op2/4, f. 345-346
- ÉDITION : Euler, *O. O.*, IV A, 5, p. 328-329
- INCIPIT : « Je viens d'apprendre par une lettre de M. de Catt,... »

CONTENU : La pension du fils d'Euler. Lagrange est à Paris, a été malade. Ils ont parlé des cordes vibrantes qui causent des difficultés croissantes : applicabilité de sa solution, discontinuités. Prix pas encore jugé, n'est pas commissaire. Renouvelle ses offres de service auprès de Fréd. II.

64.16 | **20 mars 1764.** D'ALEMBERT à CATHERINE II
- SOURCE : copie, d., « de Vienne », 6 p.
- LOCALISATION DU MS. : Karlsruhe LBW, FA 5A Corr. 91, n° 14
- ÉDITION : Henry 1887a, p. 216-219
- INCIPIT : « Il y a plus de cinq mois que j'ai eu l'honneur d'écrire... »

CONTENU : Sa l. [du 17 octobre 1763] remise à Golitsyn s'est peut-être perdue, il la lui renvoie. Elle et Fréd. II secouent le joug de la superstition, jésuites. Demande des conseils pour ses [*Eclaircissements des Elémens de philosophie*].

64.17 | **6 avril [1764].** D'ALEMBERT à VOLTAIRE
- SOURCE : autogr., « à Paris », 4 p.
- LOCALISATION DU MS. : Den Haag RPB 129, G16A30, 58
- ÉDITION : Best. D11814
- INCIPIT : « Je vous dois une réponse depuis longtemps,... »

CONTENU : Débordement de bile, au sens propre. *La Dunciade* de Palissot. Crevier et les Parlements. Succès d'*Olympie* à Paris. *Education d'un Prince. Macare* dénigré par [Mme Du Deffand], lui offrir *Les Trois Manières* c'est « donner une chandelle au diable ». Les jésuites sont partis. Fréd. II dit la France belliqueuse. Traitera Crevier par le mépris. La *Tolérance*. Attend le *Corneille* de Volt. qui est entre les mains de Marin.

64.18 | **14 avril [1764].** VOLTAIRE à D'ALEMBERT
- SOURCE : impr.
- ÉDITION : Kehl LXVIII, p. 298-299. Best. D11822. Pléiade VII, p. 656-657
- INCIPIT : « Mon cher philosophe, auriez-vous jamais lu un chant de... »

CONTENU : Chant [XVII] de *La Pucelle*. Crevier. Bon mot de Fréd. II. Les jansénistes et l'université pires que les jésuites. Avoue avoir « donné une chandelle au diable ». Ses opinions franches sur Corneille.

64.19 | **17 avril 1764.** LE DRAN à D'ALEMBERT
- SOURCE : copie, d.s. du pseudonyme « Le Dodica », « à St Cloud », note et adr. autogr. de Le Dran, 2 p.
- LOCALISATION DU MS. : Paris BnF, NAFr. 4544, f. 30
- INCIPIT : « J'ai de vous, monsieur, aussi grande opinion... »

CONTENU : [Cath. II] voulait lui confier l'éducation de son fils. Admiratif des ouvrages de D'Al., il lui confie le ms joint et lui demande son avis. Se présentera à sa porte dans quinze jours vers onze heures du matin, et se conformera à son opinion sur la publication, ainsi qu'à ses corrections.

64.20 | **[12/23 avril 1764].** CATHERINE II à D'ALEMBERT
- SOURCE : copie avec deux notes, d., « à Saint-Pétersb. » s. « Caterine », 8 p.
- LOCALISATION DU MS. : Karlsruhe LBW, FA 5A Corr. 91, n° 17
- ÉDITION : Pougens 1799, p. 342-346 et Henry 1887a, p. 222-225, qui mentionnent deux notes de D'Al.
- INCIPIT : « Non, monsieur, votre lettre du 15 octobre n'est point perdue... »

CONTENU : N'avait pas répondu car chagrinée et retenue par la difficulté de donner son avis sur les ouvrages de D'Al. Il faut défendre aux citoyens de s'entrepersécuter. Les Grands valent-ils mieux à être connus de loin ? Le spirituel et le temporel.

64.21 | **27 avril 1764.** D'ALEMBERT à Johann III BERNOULLI
- SOURCE : autogr., d. s., « à Paris », adr. « à Berlin », P.S., 3 p.
- LOCALISATION DU MS. : Basel UB, Ms. L Ia 677, f. 101
- INCIPIT : « En écrivant à Potsdam en votre faveur, je n'ai fait... »

CONTENU : L'a recommandé auprès de Fréd. II, demande l'amitié que ne lui a pas donnée son oncle Daniel Bernoulli, pour de simples divergences d'avis. Comte de Bissy.

64.22 | **8 mai [1764].** VOLTAIRE à D'ALEMBERT
- SOURCE : impr., « Aux Délices »
- ÉDITION : Kehl LXVIII, p. 300-302. Best. D11864. Pléiade VII, p. 689-691
- INCIPIT : « Les uns me disent, mon cher philosophe, qu'il y aura... »

CONTENU : Les fautes de Corneille. La mort de Mme de Pompadour. Une « inquisition sur la littérature ». Thiriot. Un grand ouvrage de D'Al. [*Destruction des jésuites*].

64.23 | **10 mai 1764.** RAZOUMOVSKI à D'ALEMBERT
- SOURCE : impr., « Saint-Pétersbourg »
- ÉDITION : Henry 1887a, p. 230
- INCIPIT : « Si l'Académie impériale des sciences a tardé, monsieur... »

ANNÉE 1764

CONTENU : Excuses pour le retard à le nommer membre externe de l'Acad. [de Saint-Pétersbourg]. Approbation de l'Impératrice, diplôme joint.

64.24 | **28 mai [1764].** [D'Alembert] à [Clairaut]
- SOURCE : copie, « lundi 28 mai », « A Paris », P.-S. autogr., 2 p.
- LOCALISATION DU MS. : Paris Institut, Ms. 876, f. 88-89
- ÉDITION : Henry 1885/1886, p. 33
- INCIPIT : « J'ai communiqué à l'Académie, monsieur, dans la dernière séance les réflexions... »

CONTENU : Réflexions sur le programme [du prix pour 1766] « si mal conçu », communiquées à l'Acad. [sc.] samedi. Lui en fait copie et lui demande rép. Les autres commissaires du prix sont d'accord, il pense qu'il en sera de même pour Clairaut.

64.25 | **29 mai [1764].** Clairaut à D'Alembert
- SOURCE : autogr., « 29 mai », s., 1 p.
- LOCALISATION DU MS. : Paris Institut, Ms. 876, f. 90
- ÉDITION : Henry 1885/1886, p. 36-37
- REMARQUE : voir aussi la l. de D'Al. aux auteurs du J. enc. du 15 août 1764
- INCIPIT : « Je vous renvoie, monsieur, votre mémoire qui a été lu... »

CONTENU : A approuvé son mémoire le samedi à l'Acad. [sc.], sa demande donc inutile. Relève sa pique sur le « programme si mal conçu ». Le programme n'a pas été décidé par les commissaires qui s'en sont désintéressés. Lui n'était pas à l'assemblée où la question s'est décidée, est donc mal informé.

64.26 | **30 mai 1764.** Lagrange à D'Alembert
- SOURCE : autogr., d.s., « à Turin », P.-S., adr., cachet rouge, 3 p.
- LOCALISATION DU MS. : Paris Institut, Ms. 876, f. 106-107
- ÉDITION : Lalanne 1882, XIII, p. 10-11
- INCIPIT : « Mon cher et respectable ami, j'ai passé par Genève... »

CONTENU : Son passage à Genève. Dîner chez Volt., plaisanteries sur la religion. Reçu à Turin par le roi et les ministres qui sont impatients de connaître D'Al. Cordes vibrantes. Les conversations avec D'Al. à Paris. P.-S. Attend l'ouvrage de D'Al. sur l'optique [*Opuscules*, t. III].

64.27 | **7 juin 1764.** D'Alembert à Catherine II
- SOURCE : copie, d., 3 p.
- ÉDITION : Henry 1887a, p. 221-222
- LOCALISATION DU MS. : Karlsruhe LBW, FA 5A Corr. 91, n° 16
- INCIPIT : « M. le prince de Galitzin [Golitsyn] m'a remis ces jours derniers de la part de votre majesté... »

CONTENU : Remerciements pour la médaille de l'avènement [de Cath. II]. Espère que ses lettres lui sont parvenues.

64.28 | **15 juin 1764.** D'Alembert à Catherine II
- Source : copie, d., 11 p.
- Localisation du ms. : Karlsruhe LBW, FA 5A Corr. 91, n° 19-20
- Édition : Henry 1887a, p. 225-230
- Incipit : « Votre Majesté Impériale me traite comme Auguste... »

Contenu : A reçu sa l. [du 12/23 avril 1764], voudrait savoir s'il l'importune. N'a aucun talent d'éducateur de prince, écrire n'est pas enseigner, les sages comme les grands doivent être vus de loin, santé. Les *Elémens de philosophie* critiqués par Fréd. II, il lui a envoyé le ms. [des *Eclaircissements*]. Projet d'un catéchisme de morale. Jésuites du Nord et du Midi. Les grands en France bien en-dessous de la partie éclairée. Ne diffusera pas sa deuxième lettre.

64.29 | **25 juin 1764.** D'Alembert à Euler
- Source : autogr., d.s., « à Paris », P.-S., adr. « à Berlin », 3 p.
- Localisation du ms. : Saint-Pétersbourg AAN, 136/op2/4, f. 364-365
- Édition : Euler, *O. O.*, IV A, 5, p. 330-331
- Incipit : « Il y a bien longtemps que je vous dois une réponse... »

Contenu : Pension du fils d'Euler. Départ éventuel d'Euler pour Saint-Pétersbourg, lui demande de le consulter. A envoyé à Lalande pour lui la feuille de 1761 qui lui manquait. A tiré des expériences de Zeiher sur les lunettes plusieurs conséquences dans le t. III de ses *Opuscules*. Cordes vibrantes, nouvelles objections, loi de continuité. Lagrange y pense aussi.

64.30 | **[juin 1764].** D'Alembert à Clairaut
- Source : brouillon autogr.
- Localisation du ms. : Paris Institut, Ms. 876, f. 89r°
- Édition : Henry 1885/1886, p. 37
- Remarque : voir les « Réflexions sur le programme publié au nom de l'Académie pour le prix de 1766 », de D'Al., Paris AdS PV 26/05/64 et pochette
- Incipit : « J'ignorais, monsieur, quel avait été votre avis sur mon mémoire... »

Contenu : Proteste de sa sincérité et de ses bonnes intentions. Clairaut ne doit pas être blessé. Fâcheux que ni l'un ni l'autre n'ait été présent à l'assemblée où le sujet [du prix] a été choisi et que Clairaut en tant que commissaire l'ait implicitement approuvé.

64.31 | **9 juillet [1764].** D'Alembert à Voltaire
- Source : autogr., « à Paris », 4 p.
- Localisation du ms. : Den Haag RPB 129, G16A30, 60
- Édition : Best. D11979
- Incipit : « Si vous aviez l'honneur, mon cher et illustre maître... »

Contenu : « Laissez le Talmud ». Le *Corneille* de Volt. « Maître Aliboron » [Fréron] bien battu par Volt., vient d'être invité par le duc de Deux-Ponts qui l'emmènera à la cour de Mannheim. A reçu une l. de [Cath. II] à afficher dans toutes les salles de conseil. Les jésuites relèvent la tête. L'ouvrage de Dumarsais. Le *Testament* de Meslier. Réclame le *Dictionnaire philosophique*. Mme Denis.

64.32 | **16 juillet 1764.** VOLTAIRE à D'ALEMBERT
- SOURCE : impr.
- ÉDITION : Kehl LXVIII, p. 306-308. Best. D11987. Pléiade VII, p. 778-779
- INCIPIT : « Mon grand philosophe, et pour dire encore plus, mon... »

CONTENU : Le ton des remarques sur Corneille. [Le duc de Deux-Ponts] *versus* l'impératrice de Russie. Jésuites et jansénistes. *Testament* de Meslier. N'a nulle part au *Dictionnaire [philosophique]*. J.-J. Rousseau et le *Vicaire savoyard*. Folies de Rousseau. L. anonyme reçue contre les Calas.

64.33 | **6 août [1764].** D'ALEMBERT à [FORMEY]
- SOURCE : autogr., s., « à Paris », « reçu le 31 août » d'une autre main, 2 p.
- LOCALISATION DU MS. : Krakow BJ, coll. Varnhagen
- INCIPIT : « J'ai remis ces jours-ci à M. Mettra un gros paquet... »

CONTENU : A envoyé ses ouvrages manquant à la bibliothèque de l'Acad. [de Berlin]. Attend la nouvelle édition de ses *Mélanges*, sous presse. Demande des cartes et s'il est nécessaire d'avoir un ordre du roi. Les donner à Michelet pour Métra.

64.34 | **6 août [1764].** D'ALEMBERT à LAGRANGE
- SOURCE : autogr., « à Paris », adr., cachet rouge, (f. 13v°, note « suivant M. Cassini », sur les satellites), 2 p.
- LOCALISATION DU MS. : Paris Institut, Ms. 915, f. 12-13
- ÉDITION : Lalanne 1882, XIII, p. 11-12
- INCIPIT : « Vous recevrez mon cher et illustre ami par la première... »

CONTENU : Envoi annoncé par l'ambassadeur de Sardaigne des *Opuscules*, t. III, avec fautes d'impressions corrigées de sa main. Santé affaiblie par des problèmes d'estomac, impossibilité d'aller en Italie, sent sa fin proche.

64.35 | **28 août 1764.** STAATMAN à D'ALEMBERT
- SOURCE : autogr., d.s., « La Haye », 1 p.
- LOCALISATION DU MS. : Paris Institut, Ms. 2466, f. 205
- INCIPIT : « Agréez que je vous fais présent d'une collection... »

CONTENU : Lui offre un volume de l. écrites de Saint-Pétersbourg que Voronzov a interdit. Jeune libraire, a déjà gagné de l'argent avec la vente de ses livres et espère devenir aussi riche avec lui que [Rey] avec Rousseau. Espère publier ses nouvelles productions.

64.36 | **29 août [1764].** D'ALEMBERT à VOLTAIRE
- SOURCE : autogr., « à Paris », 4 p.
- LOCALISATION DU MS. : Den Haag RPB 129, G16A30, 61

- ÉDITION : Best. D12065
- INCIPIT : « Vous recevrez, mon cher et illustre maître, presque... »

CONTENU : Envoie *Sur le sort de la Poésie en ce siècle philosophique* de Chabanon. A lu le *Dictionnaire* [*philosophique*], en demande un exemplaire. A vu « Simon » Lefranc à l'enterrement de d'Argenson. Sa santé et les médecins. Les jésuites conservés par certains parlements, Fitz-James. Souhaite ardemment réconcilier Fréd. II et Volt. D'Al. n'est pas amoureux, contrairement à certains bruits répandus. Amour-propre et priapisme, Thiriot.

64.37 | **[août 1764].** FRÉDÉRIC II à D'ALEMBERT
- SOURCE : autogr., « 1764 aug », commentée par de Catt, 2 p.
- LOCALISATION DU MS. : Berlin-Dahlem, BPH, Rep. 47, J 242, f. 5
- ÉDITION : Preuss XXIV, n° 17, p. 382-383
- INCIPIT : « J'ai reçu le présent que vous m'avez fait... »

CONTENU : Le remercie de l'envoi d'[*Eclaircissements*] « dignes d'un grand philosophe » et commente le chapitre « de la Liberté ». Attend de lui un éclaircissement sur l'emploi de l'analyse en géométrie. Renonce pour l'instant à le voir chercher un asile hors de France. Oppose ses propres travaux destinés à l'oubli et ceux de D'Al. promis à l'éternité. Lui conseille de soigner ses incommodités par des remèdes doux.

64.38 | **1er septembre 1764.** LAGRANGE à D'ALEMBERT
- SOURCE : autogr., d.s., « à Turin », 4 p.
- LOCALISATION DU MS. : Paris Institut, Ms. 876, f. 108-109v°
- ÉDITION : Lalanne 1882, XIII, p. 12-14
- INCIPIT : « Voilà, mon cher et illustre ami, trois de vos lettres... »

CONTENU : Watelet à Turin. Santé de D'Al. Nouveau calcul sur les cordes vibrantes, sauts de la dérivée seconde, amélioration de ses *Recherches sur le son*. Méthode dans la résolution du problème des trois corps qui évite les substitutions. Attend les *Opuscules* [t. III]. Libration de la Lune. Promesses du roi de Sardaigne.

64.39 | **7 septembre [1764].** VOLTAIRE à D'ALEMBERT
- SOURCE : autogr., 4 p.
- LOCALISATION DU MS. : Paris BnF, NAFr. 24330, f. 80-81
- ÉDITION : Best. D12073. Pléiade VII, p. 829-831
- INCIPIT : « Mon très cher philosophe, vos lettres sont comme vous, au-dessus de notre siècle, et n'ont assurément rien de welche. »

CONTENU : D'Al. a été fidèle à d'Argenson. Volt. ne veut pas se réconcilier avec Fréd. II. Dîners de Mme Denis. Le *Dictionnaire* [*philosophique*] est à prendre chez Damilaville, lui demande son avis. Cercle d'athées à Genève. Sur la mort de d'Argenson. Il faut dire que le [*Dictionnaire*] portatif n'est pas de lui.

ANNÉE 1764

64.40 | **17 septembre 1764.** D'Alembert à Frédéric II
• source : impr., « Paris »
• édition : Preuss XXIV, n° 18, p. 384-386
• incipit : « L'ouvrage de philosophie que j'ai eu le bonheur de faire... »
contenu : Remerciements pour sa l. Futilité de la métaphysique. A déjà esquissé sa réponse sur l'emploi de l'analyse en géométrie. Géomètres et rois. Le climat de la France console de la Sorbonne. Sa santé se rétablit malgré l'incertitude de la médecine. Vœux pour le mariage du prince de Prusse. Lui propose « un fort honnête prêtre » pour professeur de belles-lettres.

64.41 | **19 [septembre 1764].** Voltaire à D'Alembert
• source : autogr., s. V, adr. d'une autre main « A M. D'Alembert », 4 p.
• localisation du ms. : Paris BnF, NAFr. 24330, f. 83-84
• édition : Best. D12090. Pléiade VII, p. 843-844
• incipit : « On dit mon cher philosophe que vous perfectionnez... »
contenu : D'Al. sur les lunettes [*Opuscules*, t. III]. Volt. inquiet de l'attribution qu'on lui impute du *Dictionnaire*. [Cath. II] a un parti violent contre elle.

64.42 | **20 septembre 1764.** Catherine II à D'Alembert
• source : copie, d., « à St Pétersb. », s., 6 p.
• localisation du ms. : Karlsruhe LBW, FA 5A Corr. 91, n° 22-23
• édition : Henry 1887a, p. 231-233
• incipit : « Monsieur, au retour de mon petit voyage... »
contenu : A reçu ses deux l. Nouvelle médaille. Fanatiques. Chaumeix. Demande l'avis de D'Al. sur le règlement de son académie.

64.43 | **22 septembre 1764.** Betzki à D'Alembert
• source : impr., « Saint-Pétersbourg »
• édition : Henry 1887a, p. 231
• incipit : « J'ai reçu à diverses fois, monsieur, par M. le prince Galitzin [Golitsyn] les compliments... »
contenu : Billet accompagnant la médaille d'or dont parle Cath. II [l. du 20].

64.44 | **[fin septembre 1764].** Frédéric II à D'Alembert
• source : copie, « (Novbr. 1770) », 1 p.
• localisation du ms. : Berlin-Dahlem GSA, BPH, Rep. 47, J 242, f. 8
• édition : Preuss XXIV, n° 89, p. 509-510
• remarque : D'Al. renonce au voyage d'Italie en août 1764 (voir la l. du 6 août) et la datation de 1770, reprise par Preuss, est exclue, puisque cette lettre s'insère dans l'échange sur les *Eclaircissements* qui vont paraître en 1767.
• incipit : « Je vous remercie des *Mélanges de littérature* que... »

CONTENU : Le remercie pour l'envoi des *Mélanges*. Avoir ses ouvrages à défaut de sa personne. Attend les nouvelles additions aux *Elémens de philosophie*. Déplore qu'il ait renoncé au voyage d'Italie. Les brocards de sa patrie ingrate devraient l'inciter à suivre l'exemple de Descartes et de Bayle.

64.45 | **1er octobre [1764].** VOLTAIRE à D'ALEMBERT
- SOURCE : autogr., 3 p.
- LOCALISATION DU MS. : Paris BnF, NAFr. 24330, f. 86-87
- ÉDITION : Best. D12113. Pléiade VII, p. 860-861
- INCIPIT : « Premièrement mon cher et grand philosophe... »

CONTENU : Lui demande de démentir qu'il est l'auteur du [*Dictionnaire philosophique*]. Critique ce que l'art. « Dictionnaire » de l'*Enc.* dit de de Bayle. Attaques de Fréron, Lefranc de Pompignan, etc.

64.46 | **4 octobre [1764].** D'ALEMBERT à VOLTAIRE
- SOURCE : autogr., « à Paris », 4 p.
- LOCALISATION DU MS. : Den Haag RPB 129, G16A30, 62
- ÉDITION : Best. D12123
- INCIPIT : « Vous ne voulez donc pas absolument, mon cher maître, être l'auteur de cette abomination... »

CONTENU : Plaisanterie sur les auteurs du *Dictionnaire philosophique* qui réussit. Faux amis : [Mme Du Deffand] aime Fréron plus que Volt. D'Argenson est mort assez joliment. [Cath. II] et le prince Ivan. Hénault.

64.47 | **10 octobre [1764].** D'ALEMBERT à VOLTAIRE
- SOURCE : autogr., « à Paris », adr., cachet, 3 p.
- LOCALISATION DU MS. : Den Haag RPB 129, G16A30, 63
- ÉDITION : Best. D12135
- INCIPIT : « Vous me paraissez, mon illustre maître, bien alarmé... »

CONTENU : Rassure Volt. à propos de l'attribution du *Dictionnaire* [*philosophique*]. Querelle de suisse à propos de ce que D'Al. a dit de Bayle.

64.48 | **12 octobre [1764].** VOLTAIRE à D'ALEMBERT
- SOURCE : autogr., 4 p.
- LOCALISATION DU MS. : Paris BnF, NAFr. 24330, f. 89-90
- ÉDITION : Best. D12137. Pléiade VII, p. 874-876
- INCIPIT : « Mon cher philosophe, on ne peut pas toujours rire... »

CONTENU : Toujours des craintes à propos du *Dictionnaire philosophique*. Certains articles ont été écrits pour l'*Enc.* Plusieurs auteurs, Polier, Abauzit, Warburton. Sollicite D'Al. pour une édition augmentée. Diderot est-il l'auteur du livre *De la Nature* ?

64.49 | **16 octobre [1764].** D'ALEMBERT à LAGRANGE
- SOURCE : autogr., s., « à Paris ce 16 octobre », P.-S., 4 p.
- LOCALISATION DU MS. : Paris Institut, Ms. 915, f. 14-15

	• ÉDITION : Lalanne 1882, XIII, p. 14-20
	• INCIPIT : « Ma santé, mon cher et illustre ami, est beaucoup... »
CONTENU :	Santé meilleure. Watelet de retour. Ce que Lagrange lui dit le conforte dans son interprétation des cordes vibrantes, *Opuscules*, t. I [mém. 1 et futur mém. 25 des *Opuscules*, t. IV]. Problème des trois corps et mouvement de l'apogée. *J. enc.*, programme [du prix de l'Acad. sc.]. Précession des équinoxes. Libration de la Lune, arcs de cercle. Réitère l'offre de ses services. L. de Fréd. II. *Opuscules* [t. III].

64.50	**19 octobre [1764].** VOLTAIRE à D'ALEMBERT
	• SOURCE : impr.
	• ÉDITION : Kehl LXVIII, p. 326-328. Best. D12149. Pléiade VII, p. 885-886
	• INCIPIT : « Non, vous ne brairez point, mon cher et grand philosophe, mais vous frapperez rudement les Welches qui braient. »
CONTENU :	S'indigne des *Lettres sur l'Encyclopédie* [de l'abbé Saas]. Omer [Joly de Fleury] persécuteur. Demande à D'Al. d'écrire sur la philosophie. Craintes sur le *Dictionnaire* [*philosophique*], Polier auteur de l'art. « Messie » que l'abbé d'Estrées a donné au procureur général.

64.51	**[octobre 1764].** FRÉDÉRIC II à D'ALEMBERT
	• SOURCE : copie
	• LOCALISATION DU MS. : Berlin-Dahlem, BPH, Rep. 47, J 242, f. 7
	• ÉDITION : Preuss XXIV, n° 19, p. 387-388
	• INCIPIT : « Pour vous montrer ce que je pense sur le sujet... »
CONTENU :	Lui envoie l'« Avant-propos » [de l'*Extrait du Dictionnaire de Bayle*] qu'il a écrit pour un choix d'extraits du *Dictionnaire* de Bayle. On a découvert à Berlin un nouveau satellite de Vénus auquel il propose de donner le nom de D'Al. Accepte son prêtre. Mariage et futurs enfants de son neveu. Espère que les jansénistes parviendront à bannir D'Al. de France.

64.52	**1ᵉʳ novembre 1764.** D'ALEMBERT à VORONZOV
	• SOURCE : impr., « à Paris ».
	• ÉDITION : *Archives historiques Voronzov*, Moscou, 1883, p. 299-300
	• INCIPIT : « Je vous suis très obligé des belles choses que... »
CONTENU :	Le remercie de ses envois. A envoyé la copie de la seconde lettre de [Cath. II] qui ne doit pas devenir publique et que Voronzov doit déjà avoir. Lui enverra les ouvrages demandés, sauf le *Traité de la religion* qu'il ne connaît pas et qui n'est pas un ouvrage de Fleury. Excuses car il lui écrit sur une feuille coupée.

64.53	**3 novembre 1764.** D'ALEMBERT à FRÉDÉRIC II
	• SOURCE : impr., « anniversaire de la bataille de Torgan », « Paris »
	• ÉDITION : Preuss XXIV, n° 20, p. 388-390
	• INCIPIT : « J'ai lu avec toute l'attention dont je suis capable... »

CONTENU : A lu l'[Avant-propos, voir 64.51] : les mérites de Bayle et de Gassendi ne doivent pas faire oublier les découvertes de ces « esprits créateurs » que sont Descartes et Leibniz. Lui abandonne Malebranche, les prédicateurs et les avocats. Le satellite de Vénus avait été observé déjà en 1645 par Fontana, en 1672 et 1686 par Cassini, en 1740 par Short. Si l'on découvre un satellite à Mars, on l'appellera Frédéric. Le prêtre renonce, d'Olivet en cherche un autre. Lui renvoie son écrit avec « de légers changements ».

64.54 | **3 novembre [1764].** D'ALEMBERT à RAZOUMOVSKI
- SOURCE : impr., « 3 novembre 1763 », « Paris »
- ÉDITION : *Les Razoumovski*, A. Wassilitchikow éd. fr. par A. Brückner, Halle, Tausch & Grosse, 1893, t. I, p. 203 qui donne pour localisation les « Archives du compte Ouwarow »
- REMARQUE : cette lettre de réception du diplôme envoyé avec la lettre du 10 mai 1764 ne peut être que postérieure, raison pour laquelle la datation a été déplacée de 1763 à 1764
- INCIPIT : « Je n'ai reçu que depuis très peu de jours par le canal… »

CONTENU : a reçu par le prince Golitsyn. le diplôme [de l'acad. de Saint-Pétersbourg] et la l. de Razoumovski. Réitère ses remerciements à l'acad.

64.55 | **9 novembre [1764].** VOLTAIRE à D'ALEMBERT
- SOURCE : impr.
- ÉDITION : Kehl LXVIII, p. 328-330. Best. D12185. Pléiade VII, p. 913-914
- INCIPIT : « J'ai su par M. Duclos, mon cher et grand philosophe… »

CONTENU : Le remercie d'avoir parlé comme il le voulait à propos du *Dictionnaire* [philosophique] à l'Acad. [fr.], le roi l'a lu. Philosophes contre fanatiques. Le *Testament du Cardinal de Richelieu* en accusation. Invitation du nouveau roi de Pologne.

64.56 | **13 novembre 1764.** LAGRANGE à D'ALEMBERT
- SOURCE : autogr., d.s., « à Turin », 4 p.
- LOCALISATION DU MS. : Paris Institut, 876, f. 110-111v°
- ÉDITION : Lalanne 1882, XIII, p. 20-23
- INCIPIT : « Je ne saurais vous exprimer, mon cher et illustre ami… »

CONTENU : Heureux que sa santé soit rétablie. A reçu et commente l'ouvrage d'optique [*Opuscules*, t. III]. Le programme du prix de l'Acad. [sc.]. S'accorde avec lui sur les hypothèses sur la courbe génératrice nécessaire à la résolution des cordes vibrantes. Précession des équinoxes. Libration de la Lune [*Opuscules*, t. II]. *Opuscules*, t. I, mém. 4 [fluides]. Offre de D'Al. d'aller à Berlin déclinée à cause de Leonhard Euler, s'en remet à lui.

64.57 | **[novembre 1764].** D'ALEMBERT à CATHERINE II
- SOURCE : copie annotée par D'Al., d., 8 p.
- LOCALISATION DU MS. : Karlsruhe LBW, FA 5A Corr. 91, n° 24-25

- ÉDITION : Henry 1887a, p. 234-237
- INCIPIT : « Les bontés multiples dont Votre Majesté Impériale... »

CONTENU : Remerciements pour la médaille. Aurait de quoi faire deux nouveaux volumes [des *Mélanges*] mais craint la persécution. Réflexions sur le repos. Nourrir Chaumeix et les chenilles. N'a plus part à l'*Enc*. Règlements de l'académie de Cath. II. Ne rendra pas publiques les lettres de Cath. II.

64.58 | **[début décembre 1764].** FRÉDÉRIC II à D'ALEMBERT.
- SOURCE : impr.
- ÉDITION : Preuss XXIV, n° 21, p. 390-392
- INCIPIT : « J'ai reçu vos remarques, et les changements... »

CONTENU : Remercie pour les corrections de son « Avant-propos » [voir l. du 3 novembre]. Persiste à préférer la raison de Bayle à celle de Descartes et de Newton. Attend les éclaircissements promis par D'Al. A dû nommer à l'Acad. [de Berlin] le géomètre Lambert « tout crotté du bourbier de la plus crasse pédanterie », mais admiré par Leonhard Euler. Est en revanche content de Toussaint. Flatteries.

64.59 | **11 décembre [1764].** D'ALEMBERT à FRISI
- SOURCE : autogr., s., « à Paris le 11 décembre », 3 p.
- LOCALISATION DU MS. : Milano Ambrosiana, Y 153 sup. f. 490-491
- ÉDITION : Rutschmann 1977, p. 18. Pappas 1987, p. 151-152
- INCIPIT : « Je reçois à l'instant votre ouvrage sur les fleuves... »

CONTENU : A reçu [*Del modo di regolare i fiumi*], via Lomellini. Watelet a regretté de ne pas l'avoir vu à Milan. Envoie par Lorenzi ses *Opuscules*, t. III. Espère donner l'année prochaine un quatrième tome. Prix de l'Acad. sc. : D'Al. n'est pas commissaire et conteste le programme (voir *J. enc.* [d'août 1764]). Lalande « petit drôle ».

64.60 | **19 décembre [1764].** VOLTAIRE à D'ALEMBERT
- SOURCE : impr.
- ÉDITION : Kehl LXVIII, p. 330-331. Best. D12245. Pléiade VII, p. 957-958
- INCIPIT : « Mon cher philosophe, à la réception de votre billet... »

CONTENU : Demande à Cramer d'envoyer les exemplaires du *Corneille* à l'Acad. fr. Attend « certains papiers ». L'abbé d'Estrées ne l'aime pas.

64.61 | **26 décembre [1764].** VOLTAIRE à D'ALEMBERT
- SOURCE : impr.
- ÉDITION : Kehl LXVIII, p. 331-332. Best. D12263. Pléiade VII, p. 970-971
- INCIPIT : « J'ai lu, mon cher philosophe, l'histoire de la *Destruction*... »

CONTENU : Enthousiasme pour la *Destruction des jésuites* dont il vient de lire le manuscrit. Le compare à Pascal. Va s'occuper de l'impression chez Cramer. Jésuites et jansénistes.

64.62 | **[fin décembre 1764].** LAPORTE à D'ALEMBERT
• SOURCE : autogr., « ce dimanche matin », note de la main de D'Al. « Lettre de l'abbé de la porte à M. D'Alembert », 3 p.
• LOCALISATION DU MS. : Paris Bibliothèque Mazarine, Ms. 4551, Liasse II, pièce 7
• INCIPIT : « Je mourais d'envie de vous voir aujourd'hui... »

CONTENU : Voulait le voir ce matin pour lui parler de son manuscrit [*Destruction des jésuites*], le « plus beau morceau d'histoire qui ait été écrit dans notre langue ». Louanges et enthousiasme. D'Al. a ménagé les parlements. Joly de Fleury. Lui propose de l'imprimer en France pour « 25 louis et 25 exemplaires ».

64.63 | **[1764].** D'ALEMBERT à HUME
• SOURCE : autogr., « ce samedi 14 », s., 3 p.
• LOCALISATION DU MS. : Edinburgh NLS, Ms. 23153, n° 2
• ÉDITION : Grimsley 1961, p. 584-585
• INCIPIT : « Vous êtes sûrement, monsieur, humain et compatissant... »

CONTENU : Mém. joint à la lettre, intervient pour une pauvre famille canadienne qui est à l'Ile de Ré et voudrait retourner dans son pays, recommandée par le chevalier d'Aulans, commandant à l'Ile de Ré, actuellement à Paris. Demande à l'ambassadeur de les protéger et les aider. L'embrasse « en Newton, en Locke, en Tacite ».

1765

65.01 | **[début janvier 1765].** Frédéric II à [D'Alembert]
- SOURCE : autogr. s. « Federic », annotée « Berlin 1765 », 1 p.
- LOCALISATION DU MS. : Krakow BJ
- REMARQUE : une note ultérieure identifie le destinataire comme D'Al.
- INCIPIT : « Vous n'avez qu'à engager notre homme car nous ne voulons que sa théorie... »

CONTENU : Lui demande de conclure avec « notre homme » [Dieudonné Thiébault ?] sur la base de mille écus d'appointement.

65.02 | **3 janvier [1765].** D'Alembert à Voltaire
- SOURCE : autogr., « à Paris », 4 p.
- LOCALISATION DU MS. : Den Haag RPB 129, G16A30, 64
- ÉDITION : Best. D12287
- INCIPIT : « Je ne vous le dissimule point, mon cher maître... »

CONTENU : Lui demande de veiller à l'impression de la [*Destruction des jésuites*] par Cramer et à la diffusion par Damilaville. Lettre des Corses à J.-J. Rousseau, Abauzit, rôle de Volt., *Lettres de la Montagne*, il faut compatir. Condillac n'est pas mort. Le *Corneille* pour l'Acad. fr., Duclos. D'Estrées. Le chevalier de La Tremblaye.

65.03 | **9 janvier [1765].** Voltaire à D'Alembert
- SOURCE : impr.
- ÉDITION : Kehl LXVIII, p. 336-338. Best. D12296. Pléiade VII, p. 987-988
- INCIPIT : « Mon cher et grand philosophe, en réponse à votre lettre du 3... »

CONTENU : La *Destruction* [*des jésuites*] à l'impression chez Cramer qui a promis de lui envoyer « ce que vous savez ». Élections à Genève. Diatribe contre J.-J. Rousseau, [*Lettres écrites de la Montagne*], *Émile*. Condillac et Tronchin. La Tremblaye.

65.04 | **12 janvier 1765.** D'Alembert à Lagrange
- SOURCE : autogr., d., « à Paris », 4 p.
- LOCALISATION DU MS. : Paris Institut, 915, f. 16-17
- ÉDITION : Lalanne 1882, XIII, p. 23-29
- INCIPIT : « Depuis votre lettre du 13 novembre... »

CONTENU : Sa santé s'améliore. Précisions sur le programme du prix de l'Acad. sc. sur les satellites [pour 1766], le mém. de D'Al. Cordes vibrantes et équation de la courbe initiale. Précession des équinoxes, mém. dans le futur vol. IV [des *Opuscules*]. Libration de la Lune. Calculs de variables complexes à propos des fluides, *Cause des Vents*. Problème des trois corps.

65.05 | **15 janvier 1765.** Le Dran à D'Alembert
  • SOURCE : copie, 2 p.
  • LOCALISATION DU MS. : Paris BnF, NAFr. 4544, f. 112-114
  • INCIPIT : « Ce n'est qu'après avoir beaucoup réfléchi, monsieur... »
CONTENU : Après leur discussion au sujet de la notation musicale « Do, Di, Ca », a décidé d'imprimer [*Sur les signes Do, Di, Ca*, 1765] et le lui envoie avec des exemples. Regrette que les retards de l'imprimeur l'ait empêché de la faire paraître avant la mort de Rameau qui avait apprécié sa méthode.

65.06 | **15 janvier [1765].** Voltaire à D'Alembert
  • SOURCE : impr.
  • ÉDITION : Kehl LXVIII, p. 338-339. Leigh 3882. Best. D12322. Pléiade VII, p. 1004-1005
  • INCIPIT : « Mon cher philosophe, j'ai vu aujourd'hui le commencement de la *Destruction* en gros caractère... »
CONTENU : La *Destruction des jésuites* et les *Commentaires sur Corneille*, Gabriel et Philibert Cramer sont négligents. J.-J. Rousseau a fait du tort à la bonne cause. Progrès de la raison.

65.07 | **17 janvier [1765].** D'Alembert à Voltaire
  • SOURCE : autogr., « à Paris », adr. « à Genève », 3 p.
  • LOCALISATION DU MS. : Den Haag RPB 129, G16A30, 65
  • ÉDITION : Leigh 3895. Best. D12332
  • INCIPIT : « Je commence, mon cher et illustre maître,... »
CONTENU : La *Destruction des jésuites*, lui envoie une l. pour Cramer. Espère en être content car il aura d'autres ouvrages à lui donner dans le courant de l'année. Répondre à J.-J. Rousseau avec sang-froid. Discordes dans le camp de la philosophie. La Tremblaye.

65.08 | **20 janvier 1765.** D'Alembert à Le Dran
  • SOURCE : autogr., d. s., « à Paris », add. autogr. de Le Dran, 2 p.
  • LOCALISATION DU MS. : Paris BnF, NAFr. 4544, f. 133
  • INCIPIT : « J'aurais eu l'honneur, monsieur, de vous répondre plutôt... »
CONTENU : N'avait pas son adresse. A lu pour la seconde fois son ouvrage ; sa méthode, qui fait mieux connaître la nature des accords, est plus simple. La difficulté est de persuader les musiciens de changer d'habitude. Aurait pu mettre les deux notations en comparaison sur ses exemples.

65.09 | **24 janvier 1765.** D'Alembert à Frédéric II
  • SOURCE : impr., « Paris », 1 p.
  • ÉDITION : Preuss XXIV, n° 22, p. 392-393
  • INCIPIT : « M. Thiébault, qui aura l'honneur de remettre cette lettre à... »
CONTENU : L. d'introduction pour Thiébault, professeur de grammaire.

ANNÉE 1765

65.10 | **25 janvier [1765].** Voltaire à D'Alembert
- SOURCE : impr.
- ÉDITION : Kehl LXVIII, p. 341-342. Best. D12346. Pléiade VII, p. 1020
- INCIPIT : « Vous devez, mon cher philosophe, avoir reçu une lettre satisfaisante de ce joufflu de Gabriel Cramer... »

CONTENU : La quatrième feuille de la *Destruction des jésuites* vient d'être imprimée par Gabriel Cramer. Les félicitations reçues de Fréd. II l'ont obligé à lui écrire. Va envoyer son propre exemplaire de *Corneille* pour l'Acad. fr.

65.11 | **26 janvier 1765.** Lagrange à D'Alembert
- SOURCE : autogr., d.s., « à Turin », 4 p.
- LOCALISATION DU MS. : Paris Institut, Ms. 876, f. 112-113
- ÉDITION : Lalanne 1882, XIII, p. 29-32
- INCIPIT : « Votre long silence, mon cher et illustre ami, m'avait... »

CONTENU : Incite D'Al. à venir en Italie pour sa santé. Cordes vibrantes et courbe initiale. Résultat de D'Al. sur les variables complexes. Annonce d'un mém. de Lagrange dans le vol. III des *Mémoires de Turin*. Problème des trois corps. Sollicite D'Al. pour les *Mémoires de Turin*. Édition de Leibniz en préparation, Lagrange sollicité pour la préface, propose à D'Al. de s'en occuper.

65.12 | **4 février 1765.** Keith à D'Alembert
- SOURCE : impr.
- ÉDITION : Pougens 1799, p. 350-352
- INCIPIT : « Notre négociation, monsieur le plénipotentiaire,... »

CONTENU : Allusions à une négociation qui a échoué, duc de Wurtemberg. Demande sa visite, ainsi que celle de [Hume] et d'Helvétius.

65.13 | **5 février [1765].** Voltaire à D'Alembert
- SOURCE : impr.
- ÉDITION : Kehl LXVIII, p. 342-343. Best. D12381. Pléiade VII, p. 1039-1040
- INCIPIT : « Mon adorable philosophe, nous en sommes à H. »

CONTENU : L'impression de la *Destruction des jésuites* en est au cahier H. Moines de Cîteaux et de Clairvaux. Cramer enverra la *Destruction des jésuites* via Bourgelat. Appel à l'unité contre l'inf[âme]. Son *Corneille* envoyé à Duclos, Damilaville en paiera les frais.

65.14 | **8 février [1765].** D'Alembert à Voltaire
- SOURCE : autogr., « à Paris », adr., 3 p.
- LOCALISATION DU MS. : Den Haag RPB 129, G16A30, 66
- ÉDITION : Best. D12390
- INCIPIT : « Mille et mille remerciements, mon cher et illustre maître... »

CONTENU : A reçu de Cramer une lettre obligeante. Damilaville persuadé que l'entrée [en France] ne fera pas problème, Bourgelat part de Lyon dans un ou deux mois. Les *Lettres de la Montagne* n'ont pas eu le succès escompté et [Rousseau] va passer pour un brouillon.

65.15 | **27 février [1765].** D'ALEMBERT à VOLTAIRE
- SOURCE : autogr., « à Paris », adr., 3 p.
- LOCALISATION DU MS. : Den Haag RPB 129, G16A30, 67
- ÉDITION : Best. D12423
- INCIPIT : « Mon cher et illustre maître, je compte que nous aurons... »

CONTENU : Damilaville lui annonce la fin de l'impression de la *Destruction des jésuites*. Il prépare un autre ouvrage [les deux *Lettres... pour servir de supplément...*, 1767]. Dire à Cramer de faire relier deux exemplaires pour de Catt à Berlin. On dit que Volt. a renoncé aux Délices. Fréron a insulté Mlle Clairon, protectrice. *Le Siège de Calais* [de Belloy].

65.16 | **1ᵉʳ mars 1765.** D'ALEMBERT à FRÉDÉRIC II
- SOURCE : impr., « à Paris »
- ÉDITION : Belin-Bossange, p. 257-258. Preuss XXIV, n° 23, p. 393-395
- INCIPIT : « M. Helvétius doit partir incessamment pour aller mettre... »

CONTENU : Départ imminent d'Helvétius pour Berlin. Sa santé l'empêche de l'accompagner. Sait que Fréd. II est content de « son nouvel ouvrage ». Connaît Lambert comme auteur d'un ouvrage qu'il estime bon. Recommande encore Thiébault. Annonce l'envoi prochain [de sa *Destruction des jésuites*].

65.17 | **2 mars [1765].** D'ALEMBERT à LAGRANGE
- SOURCE : autogr., « à Paris », 2 p.
- LOCALISATION DU MS. : Paris Institut, Ms. 915, f. 18-19
- ÉDITION : Lalanne 1882, XIII, p. 32-35
- INCIPIT : « Mon cher et illustre ami ma santé est beaucoup... »

CONTENU : Sa santé et son jugement sur la médecine. Courbes, cordes vibrantes, mém. de Daniel Bernoulli, [*MARS*] 1762, contre Lagrange et D'Al. Libration de la Lune. A donné dans la 1ère éd. de son *Traité de dynamique* la résolution de l'équation différentielle [rép. l. du 26 janvier]. Décline la proposition de Lagrange à propos d'une préface de Leibniz, art. « Différentiel » de l'*Enc.* Annonce la *Destruction des jésuites*, version atténuée de celle qu'il lui avait lue. Ses relations avec les Acad. de Paris et de Berlin, propose à Lagrange des l. factices pour les *Mémoires* [de Turin], annonçant le t. IV de ses *Opuscules*. D'Al. lui envoie une l. de Leibniz à Varignon. Hésite sur un voyage en Italie, Watelet.

65.18 | **16 mars 1765.** VOLTAIRE à D'ALEMBERT
- SOURCE : impr.
- ÉDITION : Kehl LXVIII, p. 345-346. Best. D12466. Pléiade VII, p. 1090-1091
- INCIPIT : « Frère Gabriel, mon cher destructeur, obéit... »

CONTENU : La *Destruction* [*des jésuites*] sera magnifiquement reliée et envoyée, Mme Denis l'a « dévoré[e] ». D'Al. a oublié que Fréron est un ancien jésuite, chassé avec Marsy, jésuite pédophile.

65.19 | **19 mars 1765.** D'ALEMBERT à [DUTENS]
- SOURCE : autogr., d.s., « à Paris », 1 p.
- LOCALISATION DU MS. : Modena, Biblioteca Estense, Autografoteca Campori
- INCIPIT : « Je n'ai point trouvé, monsieur, dans le prospectus que... »

CONTENU : Lui indique une épître en vers latins de Leibniz à Nicolas Remond, qui se trouve dans un recueil de l'abbé d'Olivet. A adressé à Lagrange une lettre de Leibniz à Varignon.

65.20 | **20 [mars 1765].** D'ALEMBERT à HUME
- SOURCE : autogr., s., « ce mercredi 20 », à Paris, adressée « à l'hotel de l'ambassadeur d'angleterre », 1 p.
- LOCALISATION DU MS. : Edinburgh NLS, Ms. 23153, n° 1
- REMARQUE : datée par le voyage de Grosley à Londres
- INCIPIT : « Cette lettre, monsieur, vous sera remise par M. Grosley... »

CONTENU : Lui demande de recommander Grosley, qui part en Angleterre, à ses amis.

65.21 | **20 mars [1765].** LAGRANGE à D'ALEMBERT
- SOURCE : autogr., « à Turin », 4 p.
- LOCALISATION DU MS. : Paris Institut, Ms. 876, f. 114-115
- ÉDITION : Lalanne 1882, XIII, p. 36-38
- INCIPIT : « Mon cher et illustre ami je vous remercie de votre lettre... »

CONTENU : Rép. à la l. du 2 [mars], régime de D'Al. Veut lire la *Destruction des jésuites*, qu'a seul le Cardinal delle Lanze. Censure. Mém. que D'Al. va envoyer pour les *Mémoires de Turin*. Lettre de Leibniz. Préface éventuelle aux œuvres de Leibniz. Contre les mém. de D. Bernoulli sur le son. Intégration d'équations différentielles. Libration de la Lune. Cordes vibrantes et fonctions discontinues. Voyage de D'Al. en Italie différé.

65.22 | **22 mars 1765.** D'ALEMBERT à HENNERT
- SOURCE : autogr., d.s., 2 p.
- LOCALISATION DU MS. : Den Haag RPB, 121 Dy/2 I
- ÉDITION : Henry 1885/1886, p. 38-39
- INCIPIT : « Je vous suis très obligé de la Harangue inaugurale latine... »

CONTENU : Lui sait gré de l'avoir mentionné dans son discours, mais lui reproche d'avoir attribué à Euler ses découvertes mathématiques (précession des équinoxes, fluides, figure de la Terre), et de n'avoir parlé de lui que comme écrivain « nerveux », demandé par les rois.

65.23 | **24 mars 1765.** FRÉDÉRIC II à D'ALEMBERT
- SOURCE : copie, d.s., « Sans-soucy », 4 p.
- LOCALISATION DU MS. : Genève BGE Ms. Tronchin 359

- ÉDITION : Preuss XXIV, n° 24, p. 395-397
- INCIPIT : « Je vous dois trois lettres, mon cher d'Alembert... »

CONTENU : Le remercie de son manuscrit « sur les hautes sciences » pour les ignorants. Est content de Thiébault. Lui soumet les nouveaux règlements de son Acad. Attend Helvétius, mais n'aime pas son livre. Interdit dans ses États la nouvelle bulle pontificale sur les jésuites. Corrige ses anciens vers. Conseils médicaux à D'Al. Sa correspondance avec Volt. La bête du Gévaudan. Séjour à Berlin d'un prince de Courlande après vingt ans passés en Sibérie.

65.24 | **25 mars [1765].** VOLTAIRE à D'ALEMBERT
- SOURCE : impr.
- ÉDITION : Kehl LXVIII, p. 346-348. Best. D12499. Pléiade VII, p. 1109-1110.
- INCIPIT : « Mon cher philosophe utile et agréable au monde... »

CONTENU : La *Destruction des jésuites* admirée par ses amis de Genève : on y reconnaît le style de D'Al., a demandé à Cideville de ne pas le nommer. Calas. Un grand seigneur espagnol anti fanatique. J.-J. Rousseau entièrement fou. Demande si Helvétius est à Berlin et si le réquisitoire d'Abraham Chaumeix l'a paralysé.

65.25 | **26 mars [1765].** D'ALEMBERT à VOLTAIRE
- SOURCE : autogr., « à Paris », adr. « à Ferney », 3 p.
- LOCALISATION DU MS. : Den Haag RPB 129, G16A30, 68
- ÉDITION : Best. D12486, daté du 20 mars.
- INCIPIT : « Oh la belle lettre, mon cher maître, que vous venez... »

CONTENU : Rép. à la l. [du 16 mars]. Le félicite de sa l. à Damilaville sur les Sirven, et de son succès en société. Quelques exemplaires de la *Destruction des jésuites* à Paris, secret mal gardé. « Simon » Lefranc invisible. Les Calas ont gagné. Elie de Beaumont va plaider pour les Sirven. Bêtise des parlements.

65.26 | **3 avril [1765].** VOLTAIRE à D'ALEMBERT
- SOURCE : impr.
- ÉDITION : Kehl LXVIII, p. 351. Best. D12521. Pléiade VIII, p. 8-9.
- INCIPIT : « Ma reconnaissance est vive, je l'avoue ; mais... »

CONTENU : Louanges sur le style et l'audace de D'Al. *Le Siège de Calais* par de Belloy.

65.27 | **9 avril [1765].** D'ALEMBERT à VOLTAIRE
- SOURCE : autogr., « à Paris », adr. « à Ferney », cachet, 3 p.
- LOCALISATION DU MS. : Den Haag RPB 129, G16A30, 69
- ÉDITION : Best. D12534
- INCIPIT : « Vous avez dû, mon cher et illustre maître, recevoir il y a peu de jours par frère Damilaville un excellent manuscrit... »

CONTENU : Lui a envoyé par Damilaville un errata pour un ms. à l'impression [*Observations sur une dénonciation de la Gazette littéraire faite à M. l'archevêque de Paris*]. La suspension de la *Destruction des jésuites* résulte de l'envoi prématuré d'exemplaires. Craint qu'on en fasse une éd. furtive. Être plus précautionné contre l'Inquisition. Fréd. II attend Helvétius. « Chien de Tobie ». J.-J. Rousseau va être chassé de Neuchâtel ; Genève et Sparte.

65.28 | **11 avril 1765.** Servan à D'Alembert
- SOURCE : copie, corr. d'une autre main, 8 p.
- LOCALISATION DU MS. : Paris BnF, Fr. 15230, f. 216-224
- ÉDITION : Henry 1885/1886, p. 39-41
- INCIPIT : « Je n'ai qu'un droit bien léger, monsieur, pour vous écrire... »

CONTENU : Ayant appris par Volt. que le petit ouvrage que D'Al. avait lu, à lui et Gervason, un an plus tôt, était publié à la suite de la *Destruction des jésuites*, est allé à Genève. Compliments. Les *Lettres de la Montagne* de Rousseau lui ont valu d'être cité par le consistoire de Neuchâtel. Étant à Genève, lui propose d'acheminer son courrier.

65.29 | **12 avril 1765.** Sartine à D'Alembert
- SOURCE : autogr., d.s.
- LOCALISATION DU MS. : Bruxelles ARB, Autographes Stassart, f. 4349 (disparu)
- INCIPIT : inconnu

CONTENU : [Inconnu]

65.30 | **15 avril 1765.** D'Alembert à Catherine II
- SOURCE : autogr., d.s., « à Paris », 2 p.
- LOCALISATION DU MS. : Moscou RGADA, fds 5, 56 f. 16
- ÉDITION : *Sbornik* 1872, p. 29, en note.
- INCIPIT : « Quoique des raisons particulières ne me permettent pas... »

CONTENU : Est l'auteur de la *Destruction des jésuites* dont il lui fait hommage. Espère publier des ouvrages plus importants dans l'année.

65.31 | **[c. 15 avril 1765].** La Chalotais à D'Alembert
- SOURCE : copie, 1 p.
- LOCALISATION DU MS. : Paris BnF, Fr. 15230, f. 252
- ÉDITION : Pougens 1799, p. 456
- INCIPIT : « Laudari a laudatissimo viro c'est un beau champ... »

CONTENU : Le remercie pour la *Destruction des jésuites* qui a passé dans les mains des siens et passera à la postérité. Flatté d'être uni à lui, reconnaissance.

65.32 | **16 avril [1765].** Voltaire à D'Alembert
- SOURCE : impr.
- ÉDITION : Kehl LXVIII, p. 356-357. Best. D12549. Pléiade VIII, p. 22
- INCIPIT : « Mon cher appui de la raison, c'est bien la faute à frère... »

CONTENU : Permission tacite ou pas Cramer débitera son édition de la *Destruction des jésuites*. J.-J. Rousseau et ses contradictions. Helvétius à Berlin.

65.33 | **20 avril [1765].** D'ALEMBERT à un correspondant non identifié
- SOURCE : autogr., s., « Ce samedi 20 avril », 1 p.
- LOCALISATION DU MS. : Modena Biblioteca Estense, Autografoteca Campori
- INCIPIT : « Les occupations dont je suis surchargé ne m'ont permis... »

CONTENU : Lui renvoie son ouvrage et lui conseille de ne pas le publier pour sa tranquillité. Doute que Diderot qui s'occupe seul de l'*Enc.*, l'utilise. Le style est bon, mais il y reste quelques traits de jeunesse.

65.34 | **27 avril [1765].** D'ALEMBERT à [LA CHALOTAIS]
- SOURCE : fac-similé de l'original autogr., s. avec paraphe, 1 p.
- LOCALISATION DU MS. : Paris BnF, NAFr. 24003 f. 30
- ÉDITION : Henry 1885/1886, p. 59
- REMARQUE : le fac-similé se trouve également à Paris AAF, 1G1 et ailleurs
- INCIPIT : « Quel que soit, monsieur, l'auteur de l'ouvrage sur la destruction des jésuites... »

CONTENU : Sur la *Destruction des jésuites*.

65.35 | **27 avril [1765].** D'ALEMBERT à VOLTAIRE
- SOURCE : autogr., « à Paris », adr. « à Ferney », 3 p.
- LOCALISATION DU MS. : Den Haag RPB 129, G16A30, 70
- ÉDITION : Best. D12572
- INCIPIT : « Mon cher et illustre maître, il est arrivé ce que nous espérions... »

CONTENU : La *Destruction des jésuites* appréciée, sauf par les jansénistes. D'Al. va envoyer des compléments à Cramer. Mlle Clairon, le maréchal de Richelieu et la Comédie. Colonie de Cayenne. Helvétius content de son voyage.

65.36 | **1er mai [1765].** VOLTAIRE à D'ALEMBERT
- SOURCE : impr.
- ÉDITION : Kehl LXVIII, p. 359-360. Best. D12576. Pléiade VIII, p. 43
- INCIPIT : « Votre indignation, mon cher philosophe, est une des... »

CONTENU : Le félicite des nasardes qu'il administre. Omer [Joly de Fleury] et l'abbé d'Estrées. Conseils à Mlle Clairon.

65.37 | **3 mai 1765.** D'ALEMBERT à FRÉDÉRIC II
- SOURCE : autogr., d.s., « à Paris », 4 p.
- LOCALISATION DU MS. : Berlin-Dahlem, BPH, Rep.47, J 245, f. 3-4
- ÉDITION : Preuss XXVII, p. 306-308
- INCIPIT : « Avant que de répondre aux différents articles de la lettre... »

CONTENU : Rép. [à la l. du 24 mars]. Santé de Fréd. II. Rien à changer aux règlements de l'Acad. de Fréd. II, remarques sur les enseignements de rhétorique, philosophie, morale et religion. Helvétius lui a écrit son admiration. Poésie de Fréd. II. La *Destruction des jésuites* et les jansénistes. Son estomac rétabli, mais faiblesse de tête. Bête du Gévaudan. Thiébault.

ANNÉE 1765

65.38 | **4 mai [1765].** D'Alembert à Servan
• Source : cat. vente « collection historique Jean Paul Barbier-Mueller », 16 décembre 2008 (Benoît Forgeot expert), n° 12 : autogr., s., « Paris », adr. à Grenoble, cachet rouge, 3 p.
• Incipit : « Je suis bien honteux, monsieur, de vous devoir depuis si longtemps une réponse... »
Contenu : Rép. [à la l. du 11 avril]. La *Destruction des jésuites* et les jansénistes. Incartades de J.-J. Rousseau. Donnera cette année encore « quelques coups de collier pour l'avancement de la philosophie ».

65.39 | **[c. 10 mai 1765].** Diderot à D'Alembert
• Source : copie portant la mention « Lettre de M. Diderot sur le livre intitulé : de la destruction des jésuites » et corr. de la main de D'Al., 3 p.
• Localisation du ms. : Paris BnF, Fr. 15230, f. 249-251
• Édition : Pougens 1799, p. 424-426. Roth-Varloot, V, p. 31-33.
• Incipit : « Grand merci, mon ami. Je vous avais déjà lu, et... »
Contenu : Sur la *Destruction des jésuites*. Achat de sa bibliothèque par Cath. II qui la lui paye mais la lui laisse. Est reconnaissant à D'Al. de son bonheur.

65.40 | **18 mai [1765].** D'Alembert à Malesherbes
• Source : autogr., s., « à Paris », P.-S., 3 p.
• Localisation du ms. : Nantes, Ms. 2212/3
• Incipit : « Il y a neuf ans que je suis pensionnaire surnuméraire... »
Contenu : Demande la place de pensionnaire laissée vacante par la mort de Clairaut [le 17 mai] car il est le plus ancien des associés. Espère que Malesherbes le soutiendra auprès de Saint-Florentin à qui il a écrit. P.-S. Ce que Guettard prétend à son propos est faux.

65.41 | **18 mai [1765].** D'Alembert à Voltaire
• Source : autogr., « à Paris », adr. « à Ferney », 3 p.
• Localisation du ms. : Den Haag RPB 129, G16A30, 71
• Édition : Best. D12604
• Incipit : « Mon cher et illustre confrère, voilà M. le comte de... »
Contenu : Recommandation pour le comte de Valbelle. Mlle Clairon, les comédiens excommuniés et les Welches, l'Assemblée du Clergé, le gazetier janséniste. Le Parlement ne poursuivra pas la *Destruction des jésuites*. « Alcibiade » [le maréchal de Richelieu].

65.42 | **27 mai [1765].** Voltaire à D'Alembert
• Source : impr., « Genève »
• Édition : Kehl LXVIII, p. 363. Best. D12617. Pléiade VIII, p. 69-70
• Incipit : « J'ai eu l'honneur de voir M. de Valbelle... »
Contenu : A vu Valbelle. Clairaut : sa mort, sa pension à l'Acad. sc. Si Mlle Clairon vient consulter Tronchin, Volt. devra faire rebâtir son théâtre.

65.43 | **18 juin [1765].** D'Alembert à Lagrange
- Source : autogr., « à Paris », 4 p.
- Localisation du ms. : Paris Institut, Ms. 915, f. 20-21
- Édition : Lalanne 1882, XIII, p. 38-41
- Incipit : « Mon cher et illustre ami je ne vous parlerai guère... »

Contenu : Ses difficultés à récupérer la partie des pensions de Clairaut qui lui revient. L'Acad. [sc.] a écrit au ministre. Prétendue pension de Cath. II. Le roi mécontent des ouvrages de D'Al. Détails sur ces injustices et ce qu'en pensera Fréd. II. La réaction des lecteurs à la *Destruction des jésuites*. Santé de D'Al. Recevra le *Calcul intégral* de Condorcet. Travaille depuis deux mois aux lunettes achromatiques et à la théorie de la Lune. Voyage du « morpion » Lalande en Italie.

65.44 | **21 juin 1765.** D'Alembert à Birch
- Source : autogr., d.s., « à Paris », P.-S., 3 p.
- Localisation du ms. : London BL, Add. Ms. 4444, f. 78-79
- Incipit : « C'est sous les auspices de votre ami M. Young... »

Contenu : Young a corrigé les fautes grossières d'une traduction de ses ouvrages, demande qu'on corrige les fautes si on fait une seconde édition. N'a osé s'adresser au traducteur, Radcliff, pour cela, lui a juste écrit que la traduction était fautive. Respects à la Royal Society.

65.45 | **21 juin 1765.** D'Alembert à Frisi
- Source : autogr., d.s., « à Paris », 4 p.
- Localisation du ms. : London BL, Egerton, 15, f. 30-31
- Édition : Delbeke 1938, p. 141-142. Rutschmann 1977, p. 22.
- Remarque : cette l. a été publiée dans le *Bollettino Storico Lucchese*, 1930, p. 248 par Gino Arrighi comme étant adressée à Boscovich, sur la base d'une copie (d'un extrait) non retrouvée
- Incipit : « J'ai reçu votre discours que je l'ai lu avec beaucoup... »

Contenu : Le père Noguès lui a remis les ouvrages [de Beccaria et de P. Verri]. *Les Délits et les peines* [Beccaria]. N'a toujours pas la pension de Clairaut, il veut qu'on sache en Italie l'injustice qui lui est faite, lui qui a refusé d'aller chez Cath. II et Fréd. II. Lui demande d'en parler « à tous les savants d'Italie ». Espère encore rester en France. Voyage de Frisi à Paris projeté pour l'année suivante.

65.46 | **24 juin [1765].** Voltaire à D'Alembert
- Source : autogr. sauf l'adr., adr., 2 p.
- Localisation du ms. : Paris BnF, NAFr. 24330, f. 92
- Édition : Best. D12655. Pléiade VIII, p. 91
- Incipit : « Mon cher philosophe je suis plus indigné que vous parce que... »

Contenu : Indignation sur la pension refusée à D'Al., on le fait attendre. Donner sa l. à Villette, frère aimable. Les prêtres et les ministres.

ANNÉE 1765

65.47 | **[27 juin 1765].** CATHERINE II à D'ALEMBERT
- SOURCE : brouillon autogr., 4 p.
- LOCALISATION DU MS. : Moscou RGADA, fds 5, 156 f. 7-8
- REMARQUE : Karlsruhe LBW, FA 5A Corr. 91, [n° 27] : copie annotée par D'Al. mal datée « ce 27 janvier 1765 »
- ÉDITION : *Sbornik* 1872, p. 29-31. Henry 1887a, p. 237-239, qui diffère du brouillon et donne la date à partir d'une copie
- INCIPIT : « J'ai été très édifiée, monsieur, de la saine raison... »

CONTENU : Commentaire sur la *Destruction des jésuites* et la raison. Lui demande son « catéchisme » dont elle gardera le secret. La l. de D'Al. du 15 avril, a lu son livre au milieu d'un campement militaire. Lui envoie un « cahier » pour lequel elle a « pillé » Montesquieu dont l'ouvrage est son bréviaire.

65.48 | **30 juin [1765].** D'ALEMBERT à FRISI
- SOURCE : autogr., s., « à Paris », adr. « à Milan », 1 p.
- LOCALISATION DU MS. : Berlin SB (PK h2), H1740 1, f. 15
- ÉDITION : Pappas 1987, p. 153
- REMARQUE : datée par la l. de recommandation à Lagrange du même jour et par le voyage en Italie de Desmarest
- INCIPIT : « M. Desmarest, philosophe très éclairé, et très instruit... »

CONTENU : Lettre de recommandation pour Desmarest qui part voyager en Italie.

65.49 | **30 juin [1765].** D'ALEMBERT à LAGRANGE
- SOURCE : autogr., s., « à Paris », 1 p.
- LOCALISATION DU MS. : Paris Institut, Ms. 915, f. 22 r°
- ÉDITION : Lalanne 1882, XIII, p. 41
- INCIPIT : « Mon cher et illustre ami je vous serais très obligé de... »

CONTENU : Lettre de recommandation pour le naturaliste Desmarest, philosophe éclairé.

65.50 | **30 juin [1765].** D'ALEMBERT à VOLTAIRE
- SOURCE : autogr., le ms porte l'année 1764, d'une autre main, « à Paris », 1 p.
- LOCALISATION DU MS. : Den Haag RPB 129, G16A30, 59
- ÉDITION : Best. D11964, qui date de 1764
- INCIPIT : « Cette lettre, mon cher et illustre confrère, vous sera... »

CONTENU : Desmarest lui remettra la présente l. en allant en Italie faire des observations d'histoire naturelle sur l'âge du monde.

65.51 | **30 juin [1765].** D'ALEMBERT à VOLTAIRE
- SOURCE : autogr., « à Paris », adr. « à Ferney », cachet, 3 p.
- LOCALISATION DU MS. : Den Haag RPB 129, G16A30, 72
- ÉDITION : Best. D12664
- INCIPIT : « Vous êtes bien bon, mon cher maître, de prendre... »

CONTENU : Injustice du traitement de sa pension. Être vieux et pauvre, sans la pension de Fréd. II, il aurait été à la campagne, santé incompatible avec Potsdam. Le prince Louis [de Rohan] le soutient, comme l'Acad. sc. et le public. Lui demande de diffuser son indignation. A écrit au ministre, ne fera rien d'autre.

65.52 | 6 juillet 1765. LAGRANGE à D'ALEMBERT
- SOURCE : autogr., d., « à Turin », adr., cachet rouge, 3 p.
- LOCALISATION DU MS. : Paris Institut, Ms. 876, f. 116-117
- ÉDITION : Lalanne 1882, XIII, p. 42-43
- INCIPIT : « Mon cher et illustre ami je n'ai pu apprendre l'injustice... »

CONTENU : Indigné de l'injustice faite à D'Al. A lu la *Destruction des jésuites*, réactions à Turin. Loue le *Calcul intégral* de Condorcet, sauf quelques obscurités. Les *Mémoires de Turin* [t. III] sous presse paraîtront fin 1765 ou début 1766, mémoire de D'Al. pour ce volume. Théorie de la Lune. Annonce d'un mém. sur les satellites de Jupiter pour l'Acad. sc.

65.53 | 8 juillet [1765]. VOLTAIRE à D'ALEMBERT
- SOURCE : autogr., adr., 3 p.
- LOCALISATION DU MS. : Paris BnF, NAFr. 24330, f. 95-96
- ÉDITION : Best. D12790. Pléiade VIII, p. 131-132
- INCIPIT : « Mon cher philosophe, votre lettre m'a pénétré le cœur. »

CONTENU : Lui livre un secret : les l. de D'Al. sont ouvertes à la poste, celle [du 27 avril] a irrité [Choiseul], comme celle à Cath. II et à Fréd. II. Silence de [Saint-Florentin]. Les ministres fâchés contre les philosophes depuis *La Vision* [de Morellet] à cause de la princesse de Robecq. Volt. prêt à agir pour la pension de D'Al., s'il le veut, lui écrire par une voie sûre. La *Destruction des jésuites* très utile pour la raison.

65.54 | 9 juillet 1765. D'ALEMBERT à FRISI
- SOURCE : autogr., d.s., « à Paris », P.-S., 4 p.
- LOCALISATION DU MS. : London BL, Egerton, 15, f. 32-33
- ÉDITION : Delbeke 1938, p. 143-145. Rutschmann 1977, p. 23-24
- INCIPIT : « Quand j'ai eu l'honneur de vous écrire il y a peu de temps... »

CONTENU : *Dei delitti e delle pene* [de Beccaria] : l'a lu en détail, enthousiasmé. Traduction française en cours [par Morellet]. Morceau sur le bonheur [de Pietro Verri]. L'affaire de sa pension, ministre injuste et incapable. P.-S. La *Destruction des jésuites* et Boscovich.

65.55 | [16] juillet [1765]. D'ALEMBERT à VOLTAIRE
- SOURCE : autogr., « à Paris », adr., 3 p.
- LOCALISATION DU MS. : Den Haag RPB 129, G16A30, 73
- ÉDITION : Best. D12803
- INCIPIT : « Mon cher et illustre maître, je reçois à l'instant... »

CONTENU : Rép. à sa l. du 8 juillet, reçue par M. de Villette. Courrier via Mlle Clairon. Sur « l'homme en place » [Choiseul] qui le déteste et réciproquement, mais le pense sans influence sur sa pension. Accepte les démarches de Volt. Fréd. II et la proposition de présidence de l'Acad. de Berlin : ne quitterait la France que pour un pays libre.

65.56 | **18 juillet [1765].** D'ALEMBERT à [MALESHERBES]
- SOURCE : autogr., s., « à Paris », 1 p.
- LOCALISATION DU MS. : München DM, HS 1953-38
- INCIPIT : « M. Hellot a été pensionnaire en pied, de surnuméraire... »

CONTENU : Attestation de Hellot jointe : est passé de surnuméraire à pensionnaire sans lettre du ministre. Lui demande d'agir sur Saint-Florentin.

65.57 | **19 juillet 1765.** D'ALEMBERT à FRÉDÉRIC II
- SOURCE : autogr., d.s., « à Paris », 4 p.
- LOCALISATION DU MS. : Berlin-Dalhem, BPH, Rep. 47, J 245, f. 5-6
- ÉDITION : Preuss XXVII, p. 308-310
- INCIPIT : « M. de Catt me mande qu'il a fait part à Votre Majesté... »

CONTENU : Propositions transmises par de Catt, reconnaissance. Mais sa santé est très affaiblie et l'air [de Postdam] néfaste. Se sent persécuté en France mais très attaché à deux ou trois amis. Espère aller le voir au printemps prochain. Ne peut vivre à Paris sans la pension de Fréd. II. La *Destruction des jésuites*.

65.58 | **5 août [1765].** VOLTAIRE à D'ALEMBERT
- SOURCE : autogr., s. Voltaire, « à Ferney 5 auguste », 4 p.
- LOCALISATION DU MS. : Paris BnF, NAFr. 24330, f. 98-99
- ÉDITION : Best. D12819. Pléiade VIII, p. 150
- INCIPIT : « Mon cher philosophe si la cause que je soupçonnais... »

CONTENU : Mlle Clairon maltraitée comme D'Al. Le duc de Choiseul. Déchaînement à la cour contre les philosophes, après *Le Siège de Calais*. Invite D'Al. à Ferney pour un long séjour. Lui écrire par Damilaville.

65.59 | **13 août [1765].** D'ALEMBERT à VOLTAIRE
- SOURCE : autogr., « à Paris », 4 p.
- LOCALISATION DU MS. : Den Haag RPB 129, G16A30, 74
- ÉDITION : Best. D12826
- INCIPIT : « J'ai pensé, mon cher et illustre maître, aller demander... »

CONTENU : Sa maladie et son rétablissement. Heureux que Volt. n'ait pas intercédé pour sa pension auprès de [Choiseul]. Le comte de Saint-Florentin, sa cabale de dévots et l'Acad. sc. Le roi de Prusse presse D'Al., qui préfère Paris à Berlin. Sollicitude du public et de ses amis durant sa maladie. Mlle Clairon. Quelques reproches. D'Al. va « être sevré », il va quitter [Mme Rousseau], lui laisse six cents livres de pension. Damilaville.

65.60 | **20 août 1765.** FRÉDÉRIC II à D'ALEMBERT
• SOURCE : impr., « Landeck »
• ÉDITION : Preuss XXIV, n° 25, p. 398-399
• INCIPIT : « J'ai été fâché d'apprendre la mortification qu'on vient de... »

CONTENU : D'Al., privé de sa pension, ne devrait pas s'exposer à souffrir d'autres affronts. Que tous les climats de l'Europe se valent, que l'air de Berlin n'est pas malsain, qu'il peut garantir sa fortune. Son sentiment sur la *Destruction des jésuites* : Choiseul lui en voudra d'avoir découvert ses « vues cachées ». Son séjour aux eaux, doutes sur ses analyses.

65.61 | **24 août 1765.** BECCARIA à D'ALEMBERT
• SOURCE : impr., « Milan »
• ÉDITION : Pougens 1799, p. 355-359
• REMARQUE : cat. vente Charavay-Castaing 812, juin 1995, n° 44502 : autogr., d.s., « Milan », 5 p.
• INCIPIT : « Pardonnez, monsieur, si je prends la liberté de vous... »

CONTENU : Il l'admire et le remercie des éloges dans la l. à Frisi. La Préface de l'*Enc.* et les *Elémens de philosophie*, ont fait de D'Al. son maître. La *Destruction des jésuites*. Traduction du [*Dei delitti e delle pene*], additions. Discours sur le bonheur de [Pietro] Verri.

65.62 | **28 août [1765].** VOLTAIRE à D'ALEMBERT
• SOURCE : autogr., « 28 auguste », 4 p.
• LOCALISATION DU MS. : Paris BnF, NAFr. 24330, f. 101-102
• ÉDITION : Leigh, 4620. Best. D12854. Pléiade VIII, p. 168-169
• INCIPIT : « Mon très cher et vrai philosophe, je m'intéresse pour... »

CONTENU : D'Al. a eu sa pension. Calas. Mlle Clairon. J.-J. Rousseau, Montmollin et Helvétius [*De l'Esprit*]. Art. « Femmes » de l'*Enc.* et participation de Rousseau. Appréciation des « grands seigneurs ».

65.63 | **6 septembre 1765.** LAGRANGE à D'ALEMBERT
• SOURCE : autogr., d., « à Turin », 4 p.
• LOCALISATION DU MS. : Paris Institut, Ms. 876, f. 118-119
• ÉDITION : Lalanne 1882, XIII, p. 43-45
• INCIPIT : « Mon cher et illustre ami cette lettre vous sera remise par... »

CONTENU : Dutens, éditeur de Leibniz à Genève, porteur de la l., souhaite discuter. Pièce envoyée à Fouchy pour le prix de l'Acad. sc., calculs nouveaux. Calculs sur les imaginaires pour la théorie des fluides. Rappelle la promesse de D'Al. de contribuer aux *Mémoires de Turin* avant la fin de l'année.

65.64 | **16 [septembre 1765].** D'ALEMBERT à BACULARD D'ARNAUD
• SOURCE : autogr., s., « lundi 16 », adr. « à M. D'Arnaud », cachet rouge, 1 p.
• LOCALISATION DU MS. : Genève, coll. J.-D. Candaux

ANNÉE 1765

- • REMARQUE : datée par le mariage de Mlle Mazzarelli en 1765 et par la publication la même année de son *Camedris* et de son *Eloge de René Descartes*. 1 p. autogr. de Baculard d'Arnaud au v°
- • INCIPIT : « Je vous suis très obligé, monsieur, de l'ouvrage... »

CONTENU : Remerciement pour l'envoi de l'ouvrage de Mlle Mazzarelli, il n'était pas de ses juges. Sa santé est rétablie.

65.65 | **18 septembre [1765].** VOLTAIRE à D'ALEMBERT
- • SOURCE : impr.
- • ÉDITION : Kehl LXVIII, p. 378-379. Best. D12888. Pléiade VIII, p. 188-189
- • INCIPIT : « Mon cher et digne philosophe, vous avez donc enfin... »

CONTENU : La pension acquise. Le marquis d'Argence qui lui a envoyé la l. de D'Al., a pris le parti de Calas, contre Fréron. J.-J. Rousseau contre Helvétius. Mlle Clairon de retour en octobre. Damilaville soigné par Tronchin. Invite D'Al. Progrès de la raison à Genève et ailleurs.

65.66 | **28 septembre 1765.** D'ALEMBERT à BECCARIA
- • SOURCE : autogr., d.s., « à Paris », 3 p.
- • LOCALISATION DU MS. : Milano Ambrosiana
- • ÉDITION : Landry 1910, p. 107-109
- • INCIPIT : « Lorsque j'ai reçu la lettre pleine de bonté que... »

CONTENU : Rép. à la l. [du 24 août], il se remet d'une grave maladie. A reçu les additions [au *Traité des délits et des peines*], les a données [à Morellet], compliments. Compte donner une seconde éd. de la *Destruction des jésuites*. Verri. Ecrit par le même courrier à Frisi.

65.67 | **28 septembre 1765.** D'ALEMBERT à FRISI
- • SOURCE : autogr., d.s., « à Paris », P.-S., 3 p.
- • LOCALISATION DU MS. : London BL, Egerton, 15, f. 34-35
- • ÉDITION : Delbeke 1938, p. 146-147. Rutschmann 1977, p. 25-26
- • INCIPIT : « J'ai été dangereusement malade depuis deux mois... »

CONTENU : Sa maladie, aucun rapport avec sa pension, consolé par l'intérêt du public et la sollicitude de ses amis. Le remercie de l'art. qu'il a fait insérer dans la *Gazette de Modène*, demande d'y ajouter un démenti. N'a toujours pas la pension malgré la démarche de l'Acad. [sc.]. Remercie Frisi pour ses corrections à la *Destruction des jésuites*, qu'il insérera dans la nouvelle éd. Si santé et fortune le permettent, ira en Italie. Beccaria et Verri. P.-S. Spallanzani.

65.68 | **28 septembre 1765.** D'ALEMBERT au JOURNAL ENCYCLOPÉDIQUE
- • SOURCE : impr., « à Paris », « Lettre de M. d'Alembert aux Auteurs de ce journal »
- • ÉDITION : *J. enc.*, 1er octobre 1765, p. 130-131. mentionnée par les *Mémoires secrets*, 27 octobre 1765, en date du 18 septembre
- • INCIPIT : « Vous avez été mal informé, messieurs, quand vous avez... »

CONTENU : Démenti de l'information parue dans le *J. enc.* du 25 août sur l'obtention de la pension. L'Acad. sc. a écrit le 18 mai et le 14 août au ministre, sans réponse. Démenti que sa maladie en soit une conséquence, deux ans de dérangements l'ont précédée, son désintéressement est bien connu.

65.69 | **28 septembre [1765].** D'ALEMBERT à LAGRANGE
- SOURCE : autogr., « à Paris », 3 p.
- LOCALISATION DU MS. : Paris Institut, Ms. 915, f. 23-24
- ÉDITION : Lalanne 1882, XIII, p. 45-47
- INCIPIT : « Je vois par votre lettre, mon cher et illustre ami, que... »

CONTENU : D'Al. convalescent. Son mém. pour Turin. Sur la mort. A propos de la pension refusée. Opinion sur les calculs de Lagrange relatifs aux imaginaires. Pièce de Lagrange sur les satellites. Théorie de la Lune de D'Al. Dutens reviendra cet hiver à Paris. *Dei delitti e delle pene.* Injustices contre Lagrange à Turin.

65.70 | **7 octobre [1765].** D'ALEMBERT à VOLTAIRE
- SOURCE : autogr., adr. « à Ferney », cachet, 3 p.
- LOCALISATION DU MS. : Den Haag RPB 129, G16A30, 75
- ÉDITION : Best. D12921
- INCIPIT : « Vous avez donc cru, mon cher maître, ainsi que frère... »

CONTENU : D'Al. n'a toujours pas sa pension, seconde l. de l'Acad. [sc.] du 14 août. [Saint-Florentin] blessé au poing. Lettre au *J. enc.* D'Al. sceptique à propos de Rousseau. Damilaville à Ferney. Sa santé et son emménagement [avec Mlle de Lespinasse]. *Adélaïde* [*du Guesclin*].

65.71 | **[mi-octobre 1765].** D'ALEMBERT à [MALESHERBES]
- SOURCE : autogr., 3 p.
- LOCALISATION DU MS. : Paris BnF, NAFr. 9544, f. 2-3
- INCIPIT : « M. D'Alembert est pensionnaire surnuméraire depuis... »

CONTENU : Demande à passer pensionnaire mécanicien vu les précédents de changements de classe (Montigny) et d'ancienneté (Courtivron et Vaucanson). Saint-Florentin n'a qu'à répondre « oui ou non », que Malesherbes lui représente que le « non » est injuste et odieux.

65.72 | **16 octobre [1765].** VOLTAIRE à D'ALEMBERT
- SOURCE : impr.
- ÉDITION : Kehl LXVIII, p. 380-383. Best. D12937. Pléiade VIII, p. 217-219
- INCIPIT : « Mon cher et vrai et grand philosophe, Mme de Florian... »

CONTENU : Mme de Florian lui dira que l'injustice du ministère est welche, pensions à de Belloy et au *Journal Chrétien.* J.-J. Rousseau contre *De l'Esprit* et le « matérialisme ». Welches et Genevois. Progrès de la lutte contre l'infâme [*Dictionnaire philosophique*]. Damilaville à Ferney. On mettra le nom de « Feu M. Boulanger » en tête du prochain ouvrage de D'Al. Sa mauvaise santé.

65.73 | **20 octobre 1765.** Guigon(t) à D'Alembert
- Source : autogr., d.s., « D'Agde », 4 p.
- Localisation du ms. : Paris Institut, Ms. 2466, f. 97-98
- Remarque : Guigon(t), qui s'intitule ici maître de chapelle, reste pour l'instant non identifié
- Incipit : « Permettez, monsieur que je prenne la liberté de vous... »

Contenu : Le remercie pour ses *Elémens de musique*. A suivi ses instructions de remettre en musique les ouvrages de Lully, a commencé par *Roland*. Goût italien. Lui envoie quelques morceaux et lui demande son jugement. Dispute entre les défenseurs de la musique française et Rousseau.

65.74 | **26 octobre 1765.** D'Alembert à Catherine II
- Source : autogr., d. s., « à Paris », 4 p.
- Localisation du ms. : Moscou RGADA, fds 5, 156 f. 17-18
- Édition : *Sbornik* 1872, p. 42-44, en note
- Remarque : Karlsruhe LBW, FA 5A Corr. 91, [n° 28] : copie d. « octobre 1765 », 4 p.
- Incipit : « Une maladie dangereuse, qui m'a mis aux portes... »

Contenu : Sa maladie. La réception flatteuse de la *Destruction des jésuites*, on lui refuse pourtant sa pension. Son attachement au roi ne s'étend pas jusqu'aux ministres. Son catéchisme. L'ouvrage *Sur la législation* que Cath. II lui annonce. Remerciements pour son ami Diderot.

65.75 | **28 octobre 1765.** D'Alembert à Frédéric II
- Source : impr., « à Paris »
- Édition : Preuss XXIV, n° 26, p. 400-401
- Incipit : « Tandis que Votre Majesté se plongeait dans les eaux... »

Contenu : A failli mourir d'une « inflammation d'entrailles ». Watelet [son exécuteur testamentaire]. Sa santé seule l'empêche de quitter « une patrie qui ne veut pas l'être ». Marques d'estime du public. Dans la *Destruction des jésuites*, il a voulu rendre les jansénistes aussi odieux que les jésuites. Succès de la cure thermale de Fréd. II à Landeck.

65.76 | **9 novembre 1765.** Saint-Florentin à D'Alembert
- Source : minute du vol. « Depêches année 1765 », d.
- Localisation du ms. : Paris, AN, O1 407, p. 440v°
- Remarque : minutes de l. identiques à Malesherbes, Le Monnier, Fouchy, « D'alambert ». La l. n'est transcrite que la première fois
- Incipit : « J'ai, monsieur, rendu compte au roi de la délibération... »

Contenu : La délibération de l'Acad. sc. du 14 août. D'Al. aura la place de pensionnaire, Vaucanson celle de pensionnaire surnuméraire. Classes de mécanique et de géométrie.

65.77 | **13 novembre 1765.** Castillon à D'Alembert
- Source : autogr., d.s., « à Berlin », adr., cachet rouge, 3 p.
- Localisation du ms. : Paris Institut, Ms. 876, f. 286-287
- Édition : Henry 1885/1886, p. 43-45
- Incipit : « Il y a un siècle que je n'ai pas directement de vos… »

Contenu : A appris par les journaux des nouvelles de sa santé et de sa pension, de Catt a parlé de lui dans ses l. Travaille sur des verres et veut exécuter l'objectif que D'Al. décrit p. 309 de son « Optique » [*Opuscules*, t. III]. La mise au point de D'Al. (*J. enc.* de mai 1765) sur le principe de dynamique revendiqué par Fontaine, et par lui-même. En a parlé à Berne en 1748, à Utrecht, à [Louis] Necker en 1751.

65.78 | **13 novembre 1765.** De Catt à D'Alembert
- Source : autogr. au dos de la lettre de Castillon du 13 novembre
- Localisation du ms. : Paris Institut, Ms. 876, v° du f. 287
- Édition : Henry 1885/1886, p. 45, n. 1
- Incipit : « Bonjour, mon bon ami, voici deux lettres… »

Contenu : Vœux de santé. Lui a envoyé six jours avant une l. de Fréd. II et une « du petit ami Catt » [non retrouvées].

65.79 | **21 novembre 1765.** Catherine II à D'Alembert
- Source : copie annotée par D'Al., d., « a St Petersb. », s. « Catherine », 3 p.
- Localisation du ms. : Karlsruhe LBW, FA 5A Corr. 91, n° 25
- Remarque : Moscou RGADA, fds 5, 156 f. 5, brouillon autogr. de Cath. II, non daté, 2 p.
- Édition : *Sbornik* 1872, p. 42-45. Henry 1887a, p. 242-243 datée
- Incipit : « J'ai su votre maladie ; j'ai tremblé pour vos jours… »

Contenu : Compatit à sa maladie et à l'injustice qu'il a subi. Le catéchisme de morale de D'Al., son « cahier » à elle n'est que l'ouvrage d'un écolier. Achat de la bibliothèque de Diderot : il aurait été cruel de l'en séparer.

65.80 | **22 novembre [1765].** D'Alembert à Voltaire
- Source : autogr. « à Paris », adr. « à Ferney », 3 p.
- Localisation du ms. : Den Haag RPB 129, G16A30, 76
- Édition : Best. D12998
- Incipit : « On a enfin accordé, mon cher maître, non à mes… »

Contenu : A enfin sa petite pension, mais n'oubliera pas l'outrage. Sa lettre au *J. enc.* A refusé les propositions de Fréd. II. J.-J. Rousseau irait à Potsdam. Voudrait être assez riche pour se retirer à la campagne. Ayant fait un supplément à la *Destruction des jésuites*, contre les jansénistes, demande où l'imprimer.

65.81 | **23 novembre 1765.** Frédéric II à D'Alembert
- Source : impr.
- Édition : Preuss XXIV, n° 27, p. 401-403
- Incipit : « Je vois par votre lettre que votre esprit est aussi malade… »

CONTENU : Les pensions ne décident pas du talent, exemples d'Ovide pour un littérateur, de Caïus Marius pour un militaire. Une « morale stoïcienne » vaut mieux que tous les calculs de la science. Sera charmé de le revoir.

65.82 | **2 décembre [1765].** VOLTAIRE à D'ALEMBERT
- SOURCE : impr.
- ÉDITION : Best. D13021. Pléiade VIII, p. 821-822
- INCIPIT : « Tout cela, mon cher et vrai philosophe, a été conduit... »

CONTENU : L'Acad. sc. sera bientôt sous la direction du lieutenant de police. D'Al. a raison de ne pas aller chez Fréd. II, Rousseau y serait mal traité. Envoyer la « petite drôlerie » à Genève, emballée de papier gris et toile cirée. Plaisirs de la vie champêtre.

65.83 | **28 décembre [1765].** D'ALEMBERT à LAGRANGE
- SOURCE : autogr., « à Paris », 2 p.
- LOCALISATION DU MS. : Paris Institut, Ms. 915, f. 25
- ÉDITION : Lalanne 1882, XIII, p. 47-48
- INCIPIT : « Mon cher et illustre ami, voilà ce que je vous ai promis. »

CONTENU : Envoi pour les *Mémoires de Turin*. Évoque la l. précédente [28 septembre] et sa santé. Projets. Déménagement à la rue Saint-Dominique. A obtenu sa pension, a fait un remerciement « très succinct et très sec ».

65.84 | **31 décembre 1765.** D'ALEMBERT à FRÉDÉRIC II
- SOURCE : autogr., d.s., « à Paris », 3 p.
- LOCALISATION DU MS. : Berlin-Dalhem, BPH, Rep. 47, J 245, f. 8-9
- ÉDITION : Preuss XXVII, p. 310-311
- INCIPIT : « La lettre que Votre Majesté m'a fait l'honneur... »

CONTENU : Craint d'avoir perdu l'estime de Fréd. II. Sa maladie n'a rien à voir avec le refus de la pension. Depuis son obtention, sa santé ne va pas mieux. Son désintéressement. Demande des bontés pour Candy, adressé par Helvétius.

65.85 | **19 [février, mars ou novembre 1765].** D'ALEMBERT à MARIN
- SOURCE : autogr., s., « à Paris », « ce mardi au soir 19 », adr. « censeur royal et de la police », cachet rouge, 1 p.
- LOCALISATION DU MS. : Genève, coll. J.-D. Candaux
- REMARQUE : En 1765, année de la parution de *Julie*, les seuls mardi 19 tombent en février, en mars et en novembre
- INCIPIT : « Recevez, je vous prie, monsieur, tous mes... »

CONTENU : Remerciements et compliments pour l'ouvrage de Marin, changements apportés à *Julie* [ou *Le triomphe de l'amitié*, paru dans les *Œuvres diverses* de Marin en 1765]. Lui adresse la l. chez Sartine.

65.86 | [1765]. D'ALEMBERT à un correspondant non identifié
• SOURCE : cat. vente Victor Degrange n° 31, 15 juin 1934, n° 8120 : autogr., s., 1 p.
• REMARQUE : à dater probablement de l'arrivée des premiers exemplaires de la *Destruction des jésuites* à Paris (mars 1765)
• INCIPIT : « On dit, monsieur, que vous avez un exemplaire d'un ouvrage qu'on m'attribue sur la *Destruction des jésuites*. »
CONTENU : Demande qu'on lui prête la *Destruction des jésuites* « le temps de le lire sans interruption » : « je ne sais pas si j'en suis l'auteur ».

1766

66.01 | **1ᵉʳ janvier 1766.** LAGRANGE à D'ALEMBERT
- SOURCE : autogr., d., « à Turin », 4 p.
- LOCALISATION DU MS. : Paris Institut, Ms. 876, f. 120-121
- ÉDITION : Lalanne 1882, XIII, p. 48-49
- REMARQUE : cette l. s'est croisée avec la l. de D'Al. du 28 décembre [1765]
- INCIPIT : « Mon cher et illustre ami, votre dernière lettre… »

CONTENU : Inquiétudes sur la santé de D'Al. Remercie pour l'accueil de Dutens. A vu Desmarest. Mém. de D'Al. pour les *Mémoires de Turin*. Son mém. sur les satellites. Vol. III de la *Mécanique* d'Euler. Ecrit à son ancienne adresse.

66.02 | **3 janvier 1766.** D'ALEMBERT à BECCARIA
- SOURCE : la l. est un P.-S. à la l. de Morellet, d., autogr., s., 2 p.
- LOCALISATION DU MS. : Milano Ambrosiana, Ms. Beccaria 232, cart. 124/1
- ÉDITION : Landry 1910, p. 137-138. Medlin, I, p. 50, note 11
- INCIPIT : « M. l'abbé Morellet me permet, monsieur, et me prie… »

CONTENU : A propos de la traduction de l'italien par Morellet du [*Traité des délits et des peines*], il approuve ses options. Souhaiterait qu'on retranche les expressions scientifiques, afin de ne pas s'écarter de la langue commune en métaphysique et en morale.

66.03 | **11 janvier [1766].** D'ALEMBERT à VOLTAIRE
- SOURCE : autogr., « à Paris », adr., 3 p.
- LOCALISATION DU MS. : Den Haag RPB 129, G16A30, 77
- ÉDITION : Best. D13106
- INCIPIT : « On dit, mon cher et illustre maître, que vous avez fait… »

CONTENU : Sur les vers qu'il espère lire grâce à Damilaville. J.-J. Rousseau est allé à Paris, puis est parti pour l'Angleterre. D'Olivet fait des vœux pour Volt.

66.04 | **11 janvier 1766.** Vincenzo RICCATI à D'ALEMBERT
- SOURCE : autogr., d.s., « Bologna », en italien, 4 p.
- LOCALISATION DU MS. : Paris Institut, Ms. 2466, f. 193-194
- INCIPIT : « E qualche settimana che mi corre l'obbligo di… »

CONTENU : Discussion sur l'ouvrage de Condorcet [*Du calcul intégral*, 1765].

66.05 | **15 janvier 1766.** LAGRANGE à D'ALEMBERT
- SOURCE : autogr., d., « à Turin », 4 p.
- LOCALISATION DU MS. : Paris Institut, Ms. 876, f. 122-123
- ÉDITION : Lalanne 1882, XIII, p. 50-52
- INCIPIT : « Mon cher et illustre ami, je viens de recevoir le Mémoire… »

CONTENU : Accuse réception du mém. de D'Al. pour les *Mémoires de Turin*. Ce volume ne paraîtra pas avant avril. Observations sur les calculs (coefficients des séries) de D'Al. Relations de Lagrange avec les ministres de Sardaigne.

66.06 | **20 janvier [1766].** VOLTAIRE à D'ALEMBERT
- SOURCE : impr.
- ÉDITION : Kehl LXVIII, p. 385-386. Best. D13125. Pléiade VIII, p. 343-344.
- INCIPIT : « Mon grand philosophe, mon frère et mon maître, vous... »

CONTENU : J.-J. Rousseau est fou, et le sera en Angleterre. Envoie à D'Al. ses vers, imprimés malgré lui. La pension de D'Al. avait été sollicitée par [Choiseul] même s'il a eu le tort de protéger Palissot. Genève. Demande des nouvelles.

66.07 | **28 février [1766].** D'ALEMBERT à HUME
- SOURCE : autogr., s., « à Paris », adr. « à Londres », 3 p.
- LOCALISATION DU MS. : Edinburgh NLS, Ms. 23153, n° 3
- ÉDITION : Burton 1849, p. 183-184
- INCIPIT : « Recevez, mon cher ami, tous mes remerciements... »

CONTENU : Le remercie pour la pension à « un malheureux homme » [Rousseau]. Pense que c'est le travail de Hume pour son « Histoire » qui l'empêche de revenir en France. Mlle de Lespinasse. Inoculation en France et en Angleterre. Excommunication contre le duc de Parme.

66.08 | **[janvier-février 1766]** ANGIVILLER à D'ALEMBERT
- SOURCE : copie, 8 p.
- LOCALISATION DU MS. : Paris BnF, Fr. 15230, f. 241-248
- ÉDITION : Henry 1885/1886, p. 57-59
- REMARQUE : l'original de cette l. est passé en vente, cat. vente « Lettres autographes sur le XVIIIe siècle » (Etienne Charavay expert), 11 avril 1876, n° 30 : autogr., s., « ce lundi », 4 p.
- INCIPIT : « Je reçois votre lettre dans le moment, monsieur... »

CONTENU : Son amitié, sa rép. sur la personnalité du Dauphin [mort le 20 décembre 1765, oraison à l'Acad. fr. le 6 mars], est à transmettre à l'abbé de Vauxcelles. Le Dauphin a fait des notes sur *L'Esprit des lois*, ses études, n'était pas aussi dévot qu'on le disait.

66.09 | **3 mars 1766.** D'ALEMBERT à EULER
- SOURCE : autogr., d.s., « à Paris », adr. « à Berlin », 3 p.
- LOCALISATION DU MS. : Tartu BU, Autographes français, coll. Schardius, f. 5, n° 39
- ÉDITION : Euler, *O.O.*, IV A, 5, p. 332-333
- INCIPIT : « Permettez à l'intérêt que [je] prends à l'académie... »

CONTENU : On dit qu'Euler a donné sa démission de Berlin pour aller à Saint-Pétersbourg. D'Al. voudrait l'en dissuader. Propose ses bons offices [auprès de Fréd. II].

66.10 | **3 mars [1766].** D'ALEMBERT à VOLTAIRE
- SOURCE : autogr., « à Paris », adr., 3 p.
- LOCALISATION DU MS. : Den Haag RPB 129, G16A30, 78

ANNÉE 1766

- ÉDITION : Best. D13195
- INCIPIT : « Il y a un siècle, mon cher et illustre maître, que je ne... »

CONTENU : Santé médiocre, activités diverses : dioptrique (différente de celle de l'abbé de Molières), « Eclaircissemens » aux *Elémens de philosophie*. *Supplément à la Destruction des jésuites*. N'ira pas en Prusse. Reste à Paris, son peu de fortune nécessite son « assiduité aux académies ». Fausses rumeurs sur son « mariage » avec son amie [Mlle de Lespinasse] dont il partage la maison. Mme Du Deffand, « vieille et infâme catin ». [Choiseul]. La pension de Clairaut sur la marine. On dit qu'Euler va quitter Berlin, en sera fâché, l'estime grand géomètre.

66.11 | **4 mars [1766].** D'ALEMBERT à LAGRANGE
- SOURCE : autogr., « à Paris », 4 p.
- LOCALISATION DU MS. : Paris Institut, Ms. 915, f. 26-27
- ÉDITION : Lalanne 1882, XIII, p. 52-55
- INCIPIT : « J'ai eu, mon cher et illustre ami, une belle peur... »

CONTENU : Il s'était inquiété de la fausse annonce de la mort de Lagrange (au lieu de Bertrandi). Félicite d'avance Lagrange pour le prix de l'Acad. Départ d'Euler de Berlin pour Saint-Pétersbourg, tente de le dissuader, propose de recommander Lagrange si celui-ci le veut. Errata pour la partie concernant les lunettes [§ V] du mém. envoyé à Turin. Erreur de d'Arcy dans son mém. sur la précession des équinoxes, contredisant D'Al., annonce d'autres recherches, « incongruité » de Newton sur le sujet.

66.12 | **[12 mars 1766].** VOLTAIRE à D'ALEMBERT
- SOURCE : impr.
- ÉDITION : Kehl LXVIII, p. 390-391 en date du 31 mars. Best. D13205 qui justifie la datation du 12 mars 1766. Pléiade VIII, p. 402-403
- INCIPIT : « Mon très cher philosophe, si vous étiez marié... »

CONTENU : Le « mariage » de D'Al., sa postérité. Sur les publications en cours de D'Al. [Choiseul] et la pension de D'Al. « Fluxions sur les yeux ». Chabanon chez Volt. Rép. de « notre protecteur » au Parlement. Procès de son ami La Chalotais. Réforme du droit de timbre en Angleterre [11 mars 1766]. J.-J. Rousseau. Turgot.

66.13 | **[mi-mars 1766].** LAGRANGE à D'ALEMBERT
- SOURCE : autogr., adr. à l'Acad. renvoyée « rue St Dominique vis-a-vis Bellechasse », cachet rouge, 3 p.
- LOCALISATION DU MS. : Paris Institut, Ms. 876, f. 124-125
- ÉDITION : Lalanne 1882, XIII, p. 55-56
- INCIPIT : « Mon cher et illustre ami, je suis infiniment sensible à... »

CONTENU : Rép. [à la l. du 4 mars] sur la mort de Bertrandi, ami de Lagrange. Accepte l'offre de la place d'Euler. Intégration des corrections de D'Al. pour le vol. des

Mémoires de Turin qui paraîtra fin du mois prochain. Avait lu à Paris le mém. de d'Arcy réfutant Simpson, erreur sur le calcul des forces accélératrices. Demande des nouvelles du prix de l'Acad. sc.

66.14 — **25 mars [1766].** D'ALEMBERT à LAGRANGE
- SOURCE : autogr., « à Paris », 3 p.
- LOCALISATION DU MS. : Paris Institut, Ms. 915, f. 28-29
- ÉDITION : Lalanne 1882, XIII, p. 56-58
- INCIPIT : « Mon cher et illustre ami, nous avons donné le prix à… »

CONTENU : Attribution du prix de 1766 [à Lagrange]. Le sujet du prix pour 1768 est sur la théorie de la Lune. Clairaut. Renvoie dos à dos d'Arcy et Simpson. Prépare une nouvelle édition de son *Traité des fluides*. A écrit à Fréd. II [pour recommander Lagrange en remplacement d'Euler].

66.15 — **29 mars 1766.** D'ALEMBERT à FRÉDÉRIC II
- SOURCE : autogr., d.s., « à Paris », 4 p.
- LOCALISATION DU MS. : Berlin-Dahlem BPH, Rep. 47, J 245, f. 10-11
- ÉDITION : Preuss XXVII, p. 312-314
- INCIPIT : « M. Bitaubé qui retourne à Berlin s'est chargé de mettre… »

CONTENU : Retour de Bitaubé à Berlin. A appris qu'Euler quitte Berlin pour Saint-Pétersbourg, perte pour l'Acad. [de Berlin], seul Lagrange pourrait le remplacer, pas mieux traité à Turin que D'Al. en France, se propose comme intermédiaire. A suivi les conseils paternels de Fréd. II en remerciant le ministre injuste. Keith avait raison de dire que Fréd. II est « le véritable philosophe ». Les *Lettres sur les miracles*. L'embarras du Parlement de Paris laisse respirer la philosophie.

66.16 — **4 avril [1766].** KEITH à D'ALEMBERT
- SOURCE : impr.
- ÉDITION : Pougens 1799, p. 352-353
- INCIPIT : « Je ne puis rien dire pour vous éclaircir sur l'auteur… »

CONTENU : Ignore quel est l'auteur de l'*Abrégé de l'histoire ecclésiastique*, imprimé à Berne, n'est pas de l'abbé « que vous soupçonnez ». Evêque de Breslau. Joint un billet pour Helvétius en priant D'Al. de le lui donner. Le *Mandement* [de Volt.] a trompé tout le monde y compris l'abbé Bastiani.

66.17 — **5 avril 1766.** LAGRANGE à D'ALEMBERT
- SOURCE : autogr., d., « à Turin », adr., cachet rouge, 3 p.
- LOCALISATION DU MS. : Paris Institut, Ms. 876, f. 126-127
- ÉDITION : Lalanne 1882, XIII, p. 58-59
- INCIPIT : « Mon cher et illustre ami, j'ai reçu votre lettre du 25 mars… »

CONTENU : Rép. à la l. du 25 mars. A écrit à Fouchy pour se déclarer l'auteur de la pièce lauréate. Promesses réitérées et non tenues du roi et des ministres de Sardaigne. Demande comment percevoir effectivement son prix [Acad. sc.]. Le prix pour 1768 [Acad. sc.].

ANNÉE 1766

66.18 | **5 avril [1766].** Voltaire à D'Alembert
• SOURCE : impr.
• ÉDITION : Kehl LXVIII, p. 352-354 qui date de 1765. Best. D13235. Pléiade VIII, p. 426-427
• INCIPIT : « Mon cher et grand philosophe, dans un fatras de lettres... »

CONTENU : A ouvert par étourderie sa l. qui lui arrivait d'Italie par la voie de Genève. Fréd. II. « Le monde se déniaise ». Impies et Spinoza. Interdiction injuste de l'*Enc*. Sot livre de Grotius. Bon art. sur Hobbes dans l'*Enc*.

66.19 | **15 avril 1766.** D'Alembert à Frisi
• SOURCE : autogr., d.s., « à Paris », adr., cachet, 3 p.
• LOCALISATION DU MS. : Milano Ambrosiana, Y 153 sup. f. 492-493
• ÉDITION : Rutschmann 1977, p. 27. Pappas 1987, p. 154
• INCIPIT : « La lettre que vous m'avez fait l'honneur de m'écrire, en date du 25 février dernier... »

CONTENU : La l. de Frisi du 25 février bloquée à Genève. D'Al. accueillera Frisi à Paris. Gatti et Watelet. Espère que Beccaria l'accompagnera. Fréron contre *Les Délits et les peines*. Facchinei. Lagrange lauréat de l'Acad. sc.

66.20 | **19 avril [1766].** D'Alembert à Lagrange
• SOURCE : autogr., « à Paris », 4 p.
• LOCALISATION DU MS. : Paris Institut, Ms. 915, f. 30-31
• ÉDITION : Lalanne 1882, XIII, p. 59-61
• INCIPIT : « Mon cher et illustre ami, il faut que pour toucher l'argent... »

CONTENU : Renseignements pratiques pour toucher le montant du prix. L'invite à concourir pour le prix de 1768 [Acad. sc.] et à examiner l'équation en liaison avec la théorie de la Lune, objet de litige entre Clairaut et D'Al. Annonce divers travaux sur la théorie de la Lune. Attend les *Mémoires de Turin*. A écrit au roi de Prusse pour le remplacement d'Euler. Chances de Foncenex pour un poste d'ingénieur en Prusse.

66.21 | **26 avril [1766].** D'Alembert à Lagrange
• SOURCE : autogr., s., « à Paris », 3 p.
• LOCALISATION DU MS. : Paris Institut, Ms. 915, f. 32-33
• ÉDITION : Lalanne 1882, XIII p. 61-62
• REMARQUE : deux copies : 1. Genève, coll. J.-D. Candaux. 2. Archives de l'Ecole Polytechnique, VI 1.b 2, dossier « Lagrange »
• INCIPIT : « Mon cher et illustre ami, le roi de Prusse me charge... »

CONTENU : Lui transmet l'offre (5 000 écus ou 6 000 lt françaises) de Fréd. II pour aller s'établir à Berlin. Remarques sur les motifs du départ d'Euler. Problèmes de santé.

66.22 | **28 avril 1766.** D'Alembert à Euler
- SOURCE : autogr., d.s., « à Paris », adr. « à Berlin », 3 p.
- LOCALISATION DU MS. : Saint-Pétersbourg AAN, 136/op2/11, f. 1-2
- ÉDITION : Euler, O.O., IV A, 5, p. 334-335
- REMARQUE : copie d'un extrait, Paris BnF, NAFr. 24003, f. 31r°
- INCIPIT : « Comme je ne sais que très imparfaitement l'affaire... »

CONTENU : Les différends d'Euler avec l'Acad. de Berlin. Essaie de le réconcilier avec Fréd. II, ne comprend pas pourquoi Euler préfère Saint-Pétersbourg. N'aura pas le courage de demander au roi la permission de laisser partir Euler.

66.23 | **29 avril 1766.** D'Alembert à de Ratte
- SOURCE : autogr., d.s., « à Paris », adr. « à Montpellier », 1 p.
- LOCALISATION DU MS. : Montpellier, AD de l'Hérault, D 203
- INCIPIT : « Je n'ai point eu l'honneur, monsieur, de vous répondre... »

CONTENU : Attendait pour lui répondre l'arrivée de La Serve, qui selon Marmontel ne viendra pas sans avoir sa place, vains efforts de Capperonnier. N'a plus aucune part à l'*Enc.* dont l'imprimeur [Le Breton] vient d'être mis à la Bastille. Compliments à Duché.

66.24 | **10 mai [1766].** Lagrange à D'Alembert
- SOURCE : autogr., « à Turin », 5 p.
- LOCALISATION DU MS. : Paris Institut, Ms. 876, f. 130-132
- ÉDITION : Lalanne 1882, XIII, p. 62-64
- INCIPIT : « Mon cher et illustre ami, vous aviez raison d'être fâché... »

CONTENU : Effets de la l. de D'Al. [du 26 avril] : il accepte les offres du roi de Prusse, manœuvres à Turin contre son départ. Mépris des autorités du Piémont pour la géométrie. Ses démarches pour toucher le prix de 1766. Passera peut-être à Paris. Annonce une autre l. du même jour par la voie officielle. Lui répondre par Bouvier et Martin. Se méfier d'un médecin de Turin nommé Carburi.

66.25 | **10 mai 1766.** Lagrange à D'Alembert
- SOURCE : autogr., d.s., « à Turin », adr., cachet rouge, 2 p.
- LOCALISATION DU MS. : Paris Institut, Ms. 876, f. 128-129
- ÉDITION : Lalanne 1882, XIII, p. 64-65
- INCIPIT : « Mon cher et illustre ami, j'ai été infiniment touché... »

CONTENU : Remerciements et acceptation pour l'offre d'aller à Berlin auprès de Fréd. II. A demandé la permission au roi, n'a pas encore la rép.

66.26 | **14 mai [1766].** Lagrange à D'Alembert
- SOURCE : autogr., « à Turin », 4 p.
- LOCALISATION DU MS. : Paris Institut, Ms. 876, f. 133-134
- ÉDITION : Lalanne 1882, XIII, p. 65-67
- INCIPIT : « Mon cher illustre ami, je compte que vous aurez reçu par... »

CONTENU : Commente les deux l. du 10 mai. Attend toujours son congé. Rancœur et inquiétude vis-à-vis des autorités. La l. de D'Al. [du 26 avril] rendue publique. [Foncenex] est en mer, l'informera à son retour. A vu Frisi qui va à Paris : son ouvrage probablement médiocre sur la gravité. Parution imminente des *Mémoires de Turin* [t. III]. Content des mém. de D'Al. sur les verres optiques. Théorie de la Lune. Ecrire sous l'enveloppe de Bouvier.

66.27 | **19 mai [1766].** D'ALEMBERT à DE CATT
- SOURCE : autogr., « à Paris », 4 p.
- LOCALISATION DU MS. : Berlin-Dahlem GSA BPH, Rep. 47 FII.12, f. 12-13
- INCIPIT : « Mon cher ami, je reçois à l'instant une lettre de M.... »

CONTENU : Lagrange vient de lui écrire qu'il accepte l'offre de Fréd. II. et qu'il attend la réponse du roi de Sardaigne. Ecrit à Lagrange par le même courrier. Sa nomination, son voyage. N'a pas reçu la l. de Fréd. II. Le prince de Brunswick est à Paris, dînera le lendemain avec lui chez le marquis de Paulmy. Le prince a assisté à une séance de l'Acad. sc. où D'Al. a lu un mém.

66.28 | **19 mai 1766.** D'ALEMBERT à FRÉDÉRIC II
- SOURCE : impr., « Paris »
- ÉDITION : Preuss XXIV, n° 28, p. 403-404
- INCIPIT : « Je ne perds point de temps pour apprendre... »

CONTENU : Avec la permission du roi de Sardaigne, Lagrange viendra bientôt remplacer Euler. Heureux d'avoir ainsi procuré à l'Acad. [de Berlin] un excellent sujet d'un « génie supérieur ».

66.29 | **20 mai [1766].** D'ALEMBERT à LAGRANGE
- SOURCE : autogr., « à Paris », P.-S., 4 p.
- LOCALISATION DU MS. : Paris Institut, Ms. 915, f. 34-35
- ÉDITION : Lalanne 1882, XIII, p. 67-69
- INCIPIT : « Mon cher et illustre ami, votre lettre m'a transporté de... »

CONTENU : Demandes et démarches pratiques pour aller à Berlin. Conseille à Lagrange d'écrire au roi de Prusse et à de Catt. Lagrange passera-t-il par Paris ? Confirmation du départ d'Euler pour Saint-Pétersbourg.

66.30 | **23 mai [1766].** D'ALEMBERT à LAGRANGE
- SOURCE : autogr., « à Paris », P.-S., 4 p.
- LOCALISATION DU MS. : Paris Institut, Ms. 915, f. 36-37
- ÉDITION : Lalanne 1882, XIII, p. 69-72
- INCIPIT : « Mon très cher et très illustre ami, j'ai répondu il y a déjà... »

CONTENU : Suite de ses démarches pour Lagrange et de sa correspondance avec de Catt. Fait pression pour que Lagrange passe à Paris. Autres conseils de lettres. A prévenu le prince de Brunswick. A vu [Carburi]. Demande si [Foncenex] est versé dans le génie et l'attaque des places et si Lagrange accepterait d'être président de l'Acad. de Berlin.

66.31 | **26 mai [1766].** D'ALEMBERT à de CATT
• SOURCE : autogr., 3 p.
• LOCALISATION DU MS. : Berlin-Dalhem BPH, Rep. 47 FII.12, f. 14-15
• INCIPIT : « Voici, mon cher ami, une lettre pour le grand roi. »

CONTENU : Lagrange ne demande qu'à partir, Fréd. II pourrait le demander au roi de Sardaigne. Parlera à Messier pour la place d'astronome, Castillon remplirait cette place très bien et pourrait former son fils. La place de président de l'Acad. de Berlin. Castillon lui a proposé quelques difficultés mathématiques auxquelles il répondra plus tard.

66.32 | **26 mai 1766.** D'ALEMBERT à FRÉDÉRIC II
• SOURCE : impr., « Paris », P.-S.
• ÉDITION : Preuss XXIV, n° 29, p. 404-405
• INCIPIT : « Toutes les lettres que je reçois de M. de Lagrange... »

CONTENU : Difficultés rencontrées par Lagrange pour obtenir son congé. Fréd. II pourrait le demander lui-même au roi de Sardaigne et assurer les frais de voyage. Castillon serait un astronome capable de remettre sur pied l'Observatoire [de Berlin] et pourrait former son fils. Séjour du prince de Brunswick à Paris, sa réception dans les académies. Demande que Lagrange puisse passer par Paris en allant à Berlin.

66.33 | **4 juin 1766.** LAGRANGE à D'ALEMBERT
• SOURCE : autogr., d., « à Turin », P.-S., 4 p.
• LOCALISATION DU MS. : Paris Institut, Ms. 876, f. 135-136
• ÉDITION : Lalanne 1882, XIII, p. 72-73
• INCIPIT : « Mon cher et illustre ami, j'ai reçu vos deux lettres... »

CONTENU : A écrit à Fréd. II et à de Catt, prépare son voyage bien qu'il ne soit pas encore autorisé. Hésite à accepter la présidence de l'Acad. de Berlin. [Foncenex] très capable de ce qu'on lui demanderait. A décliné l'offre d'Euler d'aller à Saint-Pétersbourg.

66.34 | **13 juin [1766].** VOLTAIRE à D'ALEMBERT
• SOURCE : impr.
• ÉDITION : Kehl LXVIII, p. 392-393. Best. D13345. Pléiade VIII, p. 496-497
• INCIPIT : « Vous aurez pu savoir, mon cher philosophe, par la lettre... »

CONTENU : Les insolences de Vernet dans ses [*Lettres critiques... sur l'article du Dictionnaire encyclopédique*] auxquelles a répondu la *Lettre... de Covelle* [de Volt.], faire répondre le *J. enc.* L'[*Examen critique*] attribué à Fréret. Exécution de Lally. Les arrêts non motivés du Parlement. Parution de l'*Enc.* Une rivale de Mlle Clairon. L'abbé Coyer. L'*Abrégé de l'histoire de l'Eglise* [de Fréd. II].

66.35 | **25 juin [1766].** D'ALEMBERT à VOLTAIRE
• SOURCE : autogr., « à Paris », 4 p.
• LOCALISATION DU MS. : Den Haag RPB 129, G16A30, 80

ANNÉE 1766

- ÉDITION : Best. D13372
- INCIPIT : « Je savais bien, mon cher et illustre maître, que le... »

CONTENU : Vernet qualifié de jésuite presbytérien. *Dissertation sur le feu*. L'[*Examen critique*] de « Fréret ». Lally. L'actrice nouvelle. Mlle Clairon. Le prince de Brunswick. Le « gros Prince de Deux-Ponts » protecteur de Fréron. L'abbé Coyer. La « Préface » de l'*Abrégé de l'histoire de l'Eglise* est bien de Fréd. II. Morellet. Le chevalier de Rochefort.

66.36 | **26 juin [1766].** VOLTAIRE à D'ALEMBERT
- SOURCE : impr.
- ÉDITION : Kehl LXVIII, p. 397-400. Best. D13374. Pléiade VIII, p. 515-516
- INCIPIT : « Mon digne et aimable philosophe, je l'ai vu ce brave... »

CONTENU : A vu Morellet. Philosophes *versus* fanatiques. Le livre attribué à Fréret. Tracasseries politiques à Genève, Vernet méprisé, « lettre curieuse de Robert Covelle ». Punition des antiphilosophes : jésuites chassés, Chaumeix enfui à Moscou, Berthier empoisonné, Fréron honni, Vernet mis au pilori. D'Al. devrait les ridiculiser par un autre livre.

66.37 | **1er juillet [1766].** VOLTAIRE à D'ALEMBERT
- SOURCE : impr.
- ÉDITION : Kehl LXVIII, p. 400-402. Best. D13382. Pléiade VIII, p. 520-522
- INCIPIT : « Oui, mon cher philosophe, ces deux mauvais vers sont de... »

CONTENU : L'épigraphe de la *Dissertation sur le feu* est bien de Volt. Le cartésianisme de l'Acad. sc. [en 1738]. Mlle Clairon. Fréd. II. La Barre. Le chevalier de Rochefort et Bergier chez Volt.

66.38 | **5 juillet 1766.** LAGRANGE à D'ALEMBERT
- SOURCE : autogr., d., « à Turin », P.-S., 4 p.
- LOCALISATION DU MS. : Paris Institut, Ms. 876, f. 137-138
- ÉDITION : Lalanne 1882, XIII, p. 73-75
- INCIPIT : « Mon cher et illustre ami, je viens enfin d'obtenir mon... »

CONTENU : A obtenu son congé dans des conditions honorables pour tout le monde. Démarches finales pour Berlin. Passera par Paris. Mme Geoffrin à Varsovie. Les *Mémoires de Turin* paraîtront bientôt, il les enverra au plus tôt à D'Al. et partira dans un mois environ.

66.39 | **6 juillet [1766].** Mlle de LESPINASSE et D'ALEMBERT à HUME
- SOURCE : l. en deux parties A. autogr. Mlle de Lespinasse, B. autogr. D'Al., 4 p.
- LOCALISATION DU MS. : Edinburgh NLS, Ms. 23153, n° 4
- ÉDITION : Burton 1849, p. 184-186. Greig 1932, II, p. 408-409. Leigh 5266
- INCIPIT : A. « Hé ! mon dieu, monsieur, qu'est-il donc arrivé entre vous et Rousseau... »
  B. « Oui, mon cher ami, j'ai grande envie de savoir... »

CONTENU : A. Elle veut savoir tous les détails de la querelle entre Rousseau et Hume. B. Il fait allusion à l'ironie de Volt. et aux torts probables de Rousseau. Il conseille à Hume de ne pas rendre ses griefs publics. Il aurait mieux aimé que l'*Abrégé de l'Histoire ecclésiastique* [de Fréd. II] soit de Hume.

66.40 | **8 juillet 1766.** D'ALEMBERT À DU TOUR
- SOURCE : autogr., d.s., « à Paris », adr. « à Riom », cachet, 2 p.
- LOCALISATION DU MS. : Philadelphia APS, Scientists Collection 1563-1973, Box 1
- ÉDITION : Pappas 1986, p. 172
- INCIPIT : « Ne serait-ce point, monsieur, être trop indiscret que... »

CONTENU : Vu l'absence de Nollet [dont Du Tour est correspondant], il lui demande pour un ami tous renseignements sur une éruption volcanique en Auvergne vers 1200. Bernard de Jussieu l'a renvoyé à Du Tour.

66.41 | **11 juillet 1766.** D'ALEMBERT À FRÉDÉRIC II
- SOURCE : impr., « Paris », P.-S.
- ÉDITION : Preuss XXIV, n° 30, p. 405-407
- INCIPIT : « M. de Lagrange a dû écrire il y a déjà quelque temps à... »

CONTENU : Lagrange retardé par les lenteurs de la cour de Turin. Castillon serait un excellent astronome pour l'Observatoire de l'Acad. [de Berlin]. Heureux séjour à Paris du prince de Brunswick. Séjour à Paris d'un prince de Deux-Ponts. Edifiant *Abrégé de l'histoire ecclésiastique* imprimé à Berne. L. reçue de Bitaubé.

66.42 | **15 juillet 1766.** HUME À D'ALEMBERT
- SOURCE : copie de la main de D'Al. sauf les extraits de Rousseau et corr. d'une troisième main, d., 16 p.
- LOCALISATION DU MS. : Edinburgh NLS, Ms. 5319, f. 13-20
- ÉDITION : Klibansky-Mossner 1954, p. 136-137.
- REMARQUE : autre copie Genève BGE, Ms. Fr. 280/8
- INCIPIT : « Ma querelle avec Rousseau m'a sans doute un peu... »

CONTENU : Sa querelle avec Rousseau : historique et transcription d'échange de l. Rousseau s'était d'abord vexé que Hume, de connivence avec Davenport, ait voulu lui épargner les frais d'un voyage. Puis il avait négocié une pension avec Milord Maréchal [Keith] que Rousseau refusa sous prétexte qu'elle était secrète. Hume persuadé d'une manœuvre de Rousseau. Veut se justifier pour la postérité et face aux écrits de Rousseau, au moins par rapport à ses amis, comme D'Al., amitié dont Rousseau est jaloux.

66.43 | **16 juillet [1766].** D'ALEMBERT À LAGRANGE
- SOURCE : autogr., « à Paris », adr. « à Turin », cachet rouge, annotation postérieure de la main de Lagrange, 3 p.
- LOCALISATION DU MS. : Paris Institut, Ms. 915, f. 38-39

- ÉDITION : Lalanne 1882, XIII, p. 75-76
- INCIPIT : « Mon cher et illustre ami, je suis ravi d'apprendre que... »

CONTENU : Ses dernières démarches. Espère voir Lagrange à Paris. Lui donnera des informations de vive voix. Attend les *Mémoires de Turin*. Réimprime le *Traité des fluides* et deux mém. sur les verres optiques [MARS 1764 et 1765, 1767 et 1768]. Précession des équinoxes : critique sévèrement à la fois d'Arcy, Simpson et Lalande. Mme Geoffrin est à Varsovie, pas lui, sottises des gazettes.

66.44 | **16 juillet [1766].** D'ALEMBERT à VOLTAIRE
- SOURCE : autogr., « à Paris », P.-S., 4 p.
- LOCALISATION DU MS. : Den Haag RPB 129, G16A30, 81
- ÉDITION : Best. D13424
- INCIPIT : « Avez-vous connu, mon cher maître, un certain M. ... »

CONTENU : Pasquier et [l'affaire d'Abbeville], jeunes gens condamnés pour rien. Longue relation du supplice de [La Barre]. [Morellet] de retour. *Concordance de la Bible*. Brouillerie de Rousseau et de Hume, ses motifs, la publicité de cette querelle sera exploitée par les ennemis de la raison. P.-S. Rendra Vernet ridicule.

66.45 | **18 juillet [1766].** VOLTAIRE à D'ALEMBERT
- SOURCE : autogr., N.B., 4 p.
- LOCALISATION DU MS. : Genève IMV, MS CA 100
- ÉDITION : Best. D13428
- INCIPIT : « Frère Damilaville vous a communiqué sans doute la... »

CONTENU : Relation d'Abbeville, pays de singes. Affaire de [La Barre]. Calas, Sirven, [Lally]. Juges jansénistes pires que l'inquisition. Le prince de Brunswick outré. « Avant-propos » [de Fréd. II]. N.B. Vernet et le Petit Conseil de Genève.

66.46 | **21 juillet [1766].** D'ALEMBERT à HUME
- SOURCE : autogr., s., « à Paris », 8 p.
- LOCALISATION DU MS. : Edinburgh NLS, Ms. 23153, n° 5
- ÉDITION : Burton 1849, p. 186-190. Greig 1932, II, p. 412-415. Leigh 5300
- INCIPIT : « Vous n'avez point perdu de temps, mon cher et digne... »

CONTENU : Le remercie pour les détails sur sa querelle avec Rousseau. A lu sa l. chez Mlle de Lespinasse, tous d'accord pour donner l'histoire au public « avec toutes ses circonstances », conseils d'exposition. La l. de Walpole contre Rousseau est une méchanceté. Etre modéré et clair dans la rép. Santé de Mlle de Lespinasse. Volt. et Hume.

66.47 | **23 juillet [1766].** Mme GEOFFRIN à D'ALEMBERT
- SOURCE : copie, « de Varsovie »
- LOCALISATION DU MS. : Paris BnF, Fr. 15230, f. 208-213
- ÉDITION : *Eloges de Madame Geoffrin*, 1812, p. 133-137

- REMARQUE : autogr. (adr., 3 p.) dans cat. vente « Lettres autographes sur le XVIIIe siècle » (Etienne Charavay expert), 11 avril 1876, n° 36 et cat. vente 8 mars 1962 (Vincent, Arnna experts)
- INCIPIT : « Si vous ne vouliez pas que je vous écrivisse,... »

CONTENU : Elle n'ira pas plus loin que Varsovie, sera de retour chez elle en octobre et n'ira pas voir Fréd. II qui n'aime pas les femmes. Repassera par Vienne, cour de Dourlac [Baden-Durlach]. Le roi de Pologne est une bonne âme malheureuse. La jalousie de [Mme Du Deffand], l'a empêché d'écrire à [Hénault], commissions par Mlle de Lespinasse.

66.48 | **23 juillet [1766].** VOLTAIRE à D'ALEMBERT
- SOURCE : copie, « aux eaux de Rolle en Suisse par Genève »
- LOCALISATION DU MS. : Oxford VF
- ÉDITION : Best. D13440. Pléiade VIII, p. 554
- INCIPIT : « Oui vraiment je le connais ce mufle de bœuf... »

CONTENU : Le bœuf-tigre [Pasquier]. Il faut envoyer la relation jointe à Fréd. II, et lui recommander [Etallonde et ses amis]. Morellet, Turgot, Damilaville doivent intervenir. J.-J. Rousseau méchant fou. Impossible de rire.

66.49 | **25 juillet 1766.** HUME à D'ALEMBERT
- SOURCE : copie en partie de la main. de D'Al. (d.), en partie d'une autre main, 8 p.
- LOCALISATION DU MS. : Edinburgh NLS, Ms. 5319, f. 21-24
- ÉDITION : Klibansky-Mossner 1954, p. 144-148.
- INCIPIT : « Enfin, le crédit de M. Davenport m'a procuré une réponse. »

CONTENU : Rép. de Rousseau, pamphlet de 18 p. où il met en cause D'Al. dans un complot monté contre lui (lettre de Walpole), soupçons de toutes sortes. Hume a répondu par une lettre courte et froide.

66.50 | **26 juillet 1766.** FRÉDÉRIC II à D'ALEMBERT
- SOURCE : impr.
- ÉDITION : Preuss XXIV, n° 31, p. 407-408
- INCIPIT : « Le sieur de Lagrange doit arriver à Berlin... »

CONTENU : Lagrange attendu à Berlin. Castillon et son fils astronomes : réparations en cours des bâtiments de l'Acad. et de son Observatoire. Euler parti, naufrage du vaisseau contenant ses mémoires. L'*Abrégé chronologique de l'histoire de l'Eglise*. Livres brûlés en France.

66.51 | **30 juillet [1766].** VOLTAIRE à D'ALEMBERT
- SOURCE : impr.
- ÉDITION : Kehl LXVIII, p. 409-410. Best. D13460. Pléiade VIII, p. 567
- INCIPIT : « Ma rage vous embrasse toujours tendrement... »

ANNÉE 1766

CONTENU : Gratification de Fréd. II pour les Sirven. Volt. indigné, D'Al. plaisantant. Les juges d'Abbeville. Polyeucte et Néarque. Affaires de Genève, arrivée des plénipotentiaires, Rousseau, nouveau mém. de Vernet.

66.52 | **3 août 1766.** D'ALEMBERT à Jean-Jacques ROUSSEAU
- SOURCE : autogr., d.s., « à Paris », 2 p.
- LOCALISATION DU MS. : Edinburgh NLS, Ms. 23158, n° 5
- ÉDITION : Leigh 5333
- REMARQUE : l. envoyée à Hume avec celle du 4 août
- INCIPIT : « J'apprends par M. Hume avec la plus grande surprise... »

CONTENU : Il n'a jamais été complice de la l. ironique de Walpole, qu'il ne connaît pas. Cent témoins peuvent dire qu'il l'a désapprouvée. N'a jamais été l'ennemi de Rousseau, le plaint de ne pas croire à la vertu de Hume.

66.53 | **4 août 1766.** D'ALEMBERT à HUME
- SOURCE : autogr., d.s., 12 p.
- LOCALISATION DU MS. : Edinburgh NLS, Ms. 23153, n° 6
- ÉDITION : Burton 1849, p. 191-199. Leigh 5338
- INCIPIT : « Ah ! pardieu, mon cher Jean-Jacques, il n'y a pas moyen... »

CONTENU : Plaisante sur les soupçons de Rousseau, le « regard fixe » de Hume, la vertu proclamée et la rhétorique de Rousseau. Ne rien publier, attendre l'attaque, et lui envoyer copie. Rousseau tout à fait fou, lui faire parvenir sa l. [du 3 août]. La l. de Walpole est inspirée par la méchanceté de Mme Du Deffand. Il n'a jamais rien intenté contre Rousseau et a même tenté d'apaiser Volt. L'engage à revenir en France malgré l'affaire La Barre qui a tellement ému Volt. qu'il songe à s'expatrier. Frisi, tout prêtre qu'il est, est indigné. Affaire La Chalotais contre les jésuites. Recommande Frisi qui va à Londres. Envoyer sa l. à Rousseau par Davenport, après copie.

66.54 | **10 août [1766].** D'ALEMBERT à HUME
- SOURCE : autogr., « à Paris », adr. « à Londres », 2 p.
- LOCALISATION DU MS. : Edinburgh NLS, Ms. 23153, n° 7
- ÉDITION : Grimsley 1961, p. 586-587 qui date de 1767
- REMARQUE : cette l. de recommandation pour Frisi porte sur sa p. d'adr. une note donnant l'adr. de Frisi à Londres
- INCIPIT : « Je vous ai déjà prévenu, mon cher ami... »

CONTENU : Frisi, qui voyage en Angleterre, désire le connaître, il le lui recommande chaudement, Frisi lui parlera de l'affaire de Rousseau et des juges d'Abbeville. Affaire criante de La Chalotais.

66.55 | **[c. 10 août 1766].** VOLTAIRE à D'ALEMBERT
- SOURCE : autogr., adr., 3 p.
- LOCALISATION DU MS. : Paris BnF, NAFr. 24330, f. 104-105
- ÉDITION : Best. D13485

- INCIPIT : « Vous pensez bien mon vrai philosophe que mon sang a bouilli quand j'ai lu ce mémoire avec un cure-dent... »

CONTENU : Déteste le pays des singes et des tigres. D'Al. doit écrire au roi de Prusse. Ecraser les jansénistes. J.-J. Rousseau.

66.56 | **11 août 1766.** D'Alembert à Catherine II
- SOURCE : autogr., d.s., « à Paris », 3 p.
- LOCALISATION DU MS. : Moscou RGADA, fds5, 159 f. 19-20
- ÉDITION : *Sbornik*, 1872, p. 131-133, en note
- INCIPIT : « Je respecte depuis longtemps les occupations de... »

CONTENU : Si sa réponse à la question que Cath. II lui a posée dans une l. à Mme Geoffrin n'est pas suffisante, qu'elle demande des éclaircissements. Séjour de Mme Geoffrin à Varsovie chez le roi de Pologne. Les Euler chez elle. Atrocité de l'affaire La Barre.

66.57 | **11 août [1766].** D'Alembert à Voltaire
- SOURCE : autogr., « à Paris », adr., 2 p.
- LOCALISATION DU MS. : Den Haag RPB 129, G16A30, 82
- ÉDITION : Best. D13490.
- INCIPIT : « Il n'y a rien de nouveau, que je sache,... »

CONTENU : Affaire d'Abbeville, Moinel blâmé. La Chalotais et les jésuites de Rennes. Calonne discrédité. Querelle Rousseau-Hume : D'Al. et la l. de Walpole. Fous et méchants.

66.58 | **16 août 1766.** Lagrange à D'Alembert
- SOURCE : autogr., d., « à Turin », adr., cachet rouge, 1 p.
- LOCALISATION DU MS. : Paris Institut, Ms. 876, f. 139-140
- ÉDITION : Lalanne 1882, XIII, p. 77
- INCIPIT : « Mon cher et illustre ami, je pars jeudi 21 pour Paris... »

CONTENU : Compte arriver à Paris le 2 septembre, apporte le vol. III des *Mémoires de Turin*. Subvention et passeport du roi de Prusse pour son voyage.

66.59 | **25 août [1766].** Voltaire à D'Alembert
- SOURCE : impr.
- ÉDITION : Kehl LXVIII, p. 414-415. Best. D13511. Pléiade VIII, p. 599
- INCIPIT : « Le roi de Prusse, mon cher philosophe, me mande... »

CONTENU : Opinion de Fréd. II sur l'affaire d'Abbeville. Mém. d'Elie de Beaumont en faveur des Sirven. D'Al. doit « échauffer les tièdes ». [Pasquier]. Facétie sur Vernet.

66.60 | **[26 août 1766].** D'Alembert à Dutens
- SOURCE : autogr., « ce mardi matin », 1 p.
- LOCALISATION DU MS. : London Coutts, 3058
- ÉDITION : Pappas 1994, p. 237, qui ne date pas

ANNÉE 1766

• REMARQUE : séance de l'Acad. sc., samedi 30 août 1766 (PV p. 297) : « M. Dalembert a présenté de la part de M. du Tens un ouvrage sur les nouvelles découvertes puisées dans les anciens »
• INCIPIT : « M. D'Alembert a l'honneur d'assurer de ses respects monsieur Dutens... »

CONTENU : Sera charmé de le voir et se propose d'aller le chercher. Lagrange très content. Donnera à l'Acad. sc. l'ouvrage de Dutens [*Recherches sur l'origine des découvertes...*, 1766], le samedi suivant, la séance du mercredi n'ayant pas lieu.

66.61 | **29 août [1766].** D'ALEMBERT à VOLTAIRE
• SOURCE : autogr., « à Paris », adr. « à Ferney pays de Gex », 3 p.
• LOCALISATION DU MS. : Den Haag RPB 129, G16A30, 83
• ÉDITION : Best. D13522
• INCIPIT : « Je ne sais trop où vous prendre, mon cher maître... »

CONTENU : Le chevalier de Rochefort, le paquet sur l'affaire d'Abbeville. La Chalotais injustement persécuté. A reçu une lettre de Rousseau envoyée par Hume : calomnies de Jean-Jacques contre D'Al., le croyait charlatan mais pas méchant. Se demande s'il doit intervenir.

66.62 | **[31 août 1766].** CATHERINE II à D'ALEMBERT
• SOURCE : autogr., brouillon, 3 p.
• LOCALISATION DU MS. : Moscou RGADA, fds5, 156 f. 12-13
• ÉDITION : *Sbornik* 1872, p. 131-134. Henry 1887a, p. 245-247, qui donne la date précise.
• INCIPIT : « Monsieur, mes principales occupations depuis deux ans... »

CONTENU : Elle a reçu le petit écrit par lequel il répond à une question vague. A appris le voyage de Mme Geoffrin. Euler et ses fils viennent d'arriver.

66.63 | **1er septembre [1766].** D'ALEMBERT à HUME
• SOURCE : autogr., « à Paris », 4 p.
• LOCALISATION DU MS. : Edinburgh NLS, Ms. 23153, n° 8
• ÉDITION : Burton 1849, p. 200-202. Greig 1932, II, p. 438-439. Leigh 5396
• INCIPIT : « J'ai reçu, mon cher ami, votre gros paquet,... »

CONTENU : « La *commère* Rousseau », lui conseille d'être à Paris pour décider de publier. Espère qu'il a envoyé sa « déclaration », l'a envoyée aussi par une autre voie. Persiste à penser que la l. de Walpole était une erreur qui a fait perdre l'esprit à Rousseau. Sa « voisine la Vipère » [Mme Du Deffand], ce qu'elle doit à Mlle de Lespinasse. L'orgueil de Rousseau.

66.64 | **5 septembre 1766.** VOLTAIRE à D'ALEMBERT
• SOURCE : impr.
• LOCALISATION DU MS. : était en 1884 dans la coll. G. Guizot

- ÉDITION : Best. D13534. Pléiade VIII, p. 618-619
- INCIPIT : « Oui, sans doute, mon digne philosophe, il faut publier... »

CONTENU : Publier la lettre de Rousseau et la lui envoyer avec ses commentaires. Ce que D'Al doit écrire à [La Chalotais]. Transmettre à Fréd. II son attachement.

66.65 | **9 septembre [1766].** D'Alembert à Voltaire
- SOURCE : autogr., adr., 3 p.
- LOCALISATION DU MS. : Den Haag RPB 129, G16A30, 84
- ÉDITION : Best. D13544
- INCIPIT : « C'est en effet, mon cher et illustre maître, un *jugement*... »

CONTENU : Rép. à la l. du 25 août. Affaire d'Abbeville : Broutel, Cour des Aides, Malesherbes, Goudin, dissensions au Parlement de Paris, abbé de Guébriant, Dionis du Séjour a empêché que La Tournelle rende un jugement semblable. L'abbé de La Porte demande à Volt. sa notice pour un almanach des gens de lettres [*La France littéraire*].

66.66 | **11 septembre 1766.** D'Alembert à Du Tour
- SOURCE : autogr., d.s., « à Paris », adr. « correspondant de l'académie royale des sciences à Riom », cachet, 2 p.
- LOCALISATION DU MS. : Philadelphia APS, Scientists Collection 1563-1973, Box 1
- ÉDITION : Pappas 1986, p. 179
- INCIPIT : « J'ai reçu, monsieur, votre lettre du 27 août dernier... »

CONTENU : Rép. à ses l. du 27 août et du 6 septembre. Le volcan du XIIe siècle est une chimère. Communique ses l. à Mme d'Espinassy. Moncrif a écrit à Mme Remond avant de savoir que Du Tour avait répondu.

66.67 | **12 septembre 1766.** D'Alembert à Frédéric II
- SOURCE : impr., « Paris »
- ÉDITION : Preuss XXIV, n° 32, p. 408-410
- INCIPIT : « M. de Lagrange est arrivé ici le 2 de ce mois... »

CONTENU : Arrivée de Lagrange à Paris le 2 septembre. S'avère « très grand géomètre et vrai philosophe » et mérite de succéder à Euler à la tête de la classe de mathématiques. Après un court séjour à Londres, il arrivera à Berlin vers le 15 octobre. Le chevalier Daviet de Foncenex, officier du génie sarde, serait une bonne acquisition pour l'Acad. de Berlin. Sa santé.

66.68 | **14 septembre 1766.** D'Alembert à Frédéric II
- SOURCE : impr., « Paris »
- ÉDITION : Preuss XXIV, n° 33, p. 410-412
- INCIPIT : « Ce sera M. de Lagrange qui aura l'honneur de remettre... »

CONTENU : L. confiée à Lagrange. Compliments. Jugement de Salomon qu'aurait rendu Fréd. II. sur la révoltante affaire des « enfants d'Abbeville », fanatisme des parlements français. Voyage de Lagrange.

66.69 | **16 septembre 1766.** Voltaire à D'Alembert
- Source : impr.
- Édition : Kehl LXVIII, p. 419-420. Best. D13561. Pléiade VIII, p. 637-638
- Incipit : « Mon cher et grand philosophe, vous saurez que j'ai chez… »

Contenu : Rép. à la l. du 9 septembre. Un parent de son neveu d'Hornoy est venu à bout de Broutel. Il est toujours attaché à Fréd. II. Le procureur général de Besançon a envoyé en prison un libraire. Discorde à Genève. La Porte doit attendre [sa notice]. Publications de Fréret, Dumarsais, Bolingbroke et autres.

66.70 | **23 septembre 1766.** Lagrange à D'Alembert
- Source : autogr., d., « à Londres », adr., cachet rouge, 3 p.
- Localisation du ms. : Paris Institut, Ms. 876, f. 141-142
- Édition : Lalanne 1882, XIII, p. 77-78
- Incipit : « Mon cher et illustre ami, je suis arrivé ici le 20… »

Contenu : Est arrivé à Londres le 20 septembre. A vu le ministre de Fréd. II. Partira la semaine prochaine. Ecrira à de Catt, lui indiquera sa route. Loge chez le marquis de Caraccioli qui le présente partout.

66.71 | **2 [octobre 1766].** D'Alembert à [Marc-René d'Argenson]
- Source : cat. vente Saffroy, bulletin 67, février 1970, n° 6492 : autogr., s., « ce jeudi matin 2 », 1 p.
- Édition : Pappas 1986, p. 246
- Remarque : le rapprochement avec les l. au même de novembre 1766 permet de proposer la datation du jeudi 2 [octobre 1766]
- Incipit : « Je suis très fâché, Monsieur, de ne m'être point trouvé chez moi quand vous m'avez fait l'honneur d'y venir…. »

Contenu : Fâché de n'avoir pas été chez lui lors de sa venue, ira le voir le lendemain matin. Reconnaissance pour la mémoire du comte [Marc-Pierre d'Argenson, son père] et du marquis [René-Louis son oncle].

66.72 | **[c. 2 octobre 1766].** Suard à D'Alembert
- Source : autogr. 1 p. avec la rép. de D'Al. (66.73) sur la même p.
- Localisation du ms. : Genève IMV MS AS 722
- Édition : Leigh 5457
- Incipit : « Monsieur d'Alembert croit-il qu'on pourrait mettre… »

Contenu : Lui propose une épigraphe de Sénèque [pour l'*Exposé succinct*]. A conservé la graphie « Milord Mareschal » [Keith].

66.73 | **[c. 2 octobre 1766].** D'Alembert à Suard
- Source : autogr., 2 p. sur le même feuillet que la l. de Suard (66.72)
- Localisation du ms. : Genève IMV MS AS 722
- Édition : Leigh 5458
- Incipit : « Je trouve l'Epigraphe assez peu claire… »

CONTENU : Lui propose en retour une autre épigraphe de Tacite et lui envoie une addition « piquante ».

66.74 | [c. 5 octobre 1766]. D'ALEMBERT à SUARD
- SOURCE : autogr., 3 p.
- LOCALISATION DU MS. : Genève IMV MS AS 725
- ÉDITION : Leigh 5465
- INCIPIT : « Voici une note qui serait, je crois, très bonne à ajouter. »

CONTENU : Note à ajouter à l'*Exposé succinct*, si Suard le veut, sur la « vraie cause du chagrin violent de M. Rousseau », ainsi qu'une note pour la fin de l'avertissement. Dire plutôt une « personne » qu'une « dame » en parlant de Mme de Verdelin.

66.75 | 6 octobre [1766]. D'ALEMBERT à HUME
- SOURCE : autogr., s., « à Paris », adr. « London », 3 p.
- LOCALISATION DU MS. : Edinburgh NLS, Ms. 23153, n° 9
- ÉDITION : Burton 1849, p. 202-204. Leigh 5466
- INCIPIT : « Vos intentions, mon cher ami, seront exécutées... »

CONTENU : Suard a traduit tous ses papiers [*Exposé succinct*], a fait avec le baron [d'Holbach] les changements convenables, joindra un avertissement, paraîtra dans huit jours sous le nom de ses amis. Donnera à Suard sa « Déclaration » qui parviendra ainsi à Rousseau. [Mme Du Deffand]. Nivernais l'a lu, Mmes de Boufflers et de Verdelin ne veulent pas être nommées. Arrangement pour l'impression. Frisi.

66.76 | 6 octobre [1766]. D'ALEMBERT à LAGRANGE
- SOURCE : autogr., « à Paris », adr., cachet noir, 2 p.
- LOCALISATION DU MS. : Paris Institut, Ms. 915, f. 40-41
- ÉDITION : Lalanne 1882, XIII, p. 79
- INCIPIT : « Mon cher ami, j'ai reçu votre lettre de Londres... »

CONTENU : Lagrange arrivera probablement à Berlin le 15 octobre. De Catt lui donnera la présente l. Compliments à Bitaubé, Castillon, Thiébault, etc. La place de directeur de l'Acad. de Berlin est à voir avec Fréd. II. Sa tête fort peu capable d'application.

66.77 | [8 octobre 1766]. D'ALEMBERT à SUARD
- SOURCE : autogr., 2 p.
- LOCALISATION DU MS. : Genève IMV, MS AS 727
- ÉDITION : Leigh 5468
- INCIPIT : « Voyez, monsieur, ce que vous pensez de ceci... »

CONTENU : Additions à faire à l'extrait de l. [pour l'*Exposé succinct*], querelles de Rousseau.

ANNÉE 1766

66.78 | **15 octobre [1766].** Voltaire à D'Alembert
- SOURCE : impr.
- ÉDITION : Kehl LXVIII, p. 420-421. Best. D13607. Pléiade VIII, p. 675-676
- INCIPIT : « Mon vrai philosophe, Jean-Jacques est un maître fou... »

CONTENU : J.-J. Rousseau. L. de Hume. Parlements de Toulouse et de Paris. Fréd. II devient plus humain. Edit de Cath. II sur la tolérance. Révolution générale dans les esprits.

66.79 | **27 octobre 1766.** Voltaire à D'Alembert
- SOURCE : impr.
- LOCALISATION DU MS. : était en 1884 dans la coll. G. Guizot
- ÉDITION : Henry 1887a, p. 316-317. Best. D13625. Pléiade VIII, p. 692
- INCIPIT : « Je viens de lire le procès d'un philosophe bienfaisant... »

CONTENU : Nie avoir écrit à J.-J. Rousseau. Election [à l'Acad. fr.] de Thomas à la place de Hardion.

66.80 | **3 novembre 1766.** Lagrange à D'Alembert
- SOURCE : autogr., d., « à Berlin », 4 p.
- LOCALISATION DU MS. : Paris Institut, Ms. 876, f. 144-146
- ÉDITION : Lalanne 1882, XIII, p. 80-82
- INCIPIT : « Mon cher et illustre ami, je suis ici depuis cinq... »

CONTENU : Se trouve à Potsdam avec de Catt, a vu Fréd. II et les princes. Est nommé directeur de la classe de mathématiques avec pension rétroactive. Son voyage a été bon, mais long. Démarches et conseils pour Foncenex à Berlin. Le roi, l'Acad. et Lagrange attendent D'Al.

66.81 | **8 novembre [1766].** Voltaire à D'Alembert
- SOURCE : original, d., s. « Boursier », « à Genève », adr., 3 p.
- LOCALISATION DU MS. : Den Haag RPB 459, G16A453, 29
- ÉDITION : Best. D13664. Pléiade VIII, p. 721-722
- INCIPIT : « J'ai reçu avec un extrême plaisir, votre lettre du 27e... »

CONTENU : A reçu par « Cithara » le paquet de « Lamberta » [de D'Al.]. « Nouvelles formules sur les courbes à double courbure » [*Supplément à la Destruction des jésuites*]. L'a proposé à [Cramer], discute sur les conditions. J.-J. Rousseau et Hume.

66.82 | **10 novembre 1766.** D'Alembert à Hume
- SOURCE : autogr., d., « à Paris », adr. « London », 3 p.
- LOCALISATION DU MS. : Edinburgh NLS, Ms. 23153, n° 10
- ÉDITION : Burton 1849, p. 204-205. Leigh 5540
- INCIPIT : « Vous avez dû, mon cher ami, recevoir il y a trois... »

CONTENU : Hume a dû recevoir il y a trois semaines [l'*Exposé succinct*], Suard a oublié de lui écrire sur leurs modifications. Effet sur le public. La « déclaration », ne sait si Walpole qui est à l'origine de la querelle en sera content. Lui demande la date de son retour, Smith parti il y a dix jours.

66.83 | **14 novembre [1766].** Le père RAY à D'ALEMBERT
- SOURCE : autogr., s., « à saint dyez en lorraine », 4 p.
- LOCALISATION DU MS. : Paris Institut, Ms. 2466, f. 188-189
- INCIPIT : « L'intérêt général que vous prenez en qualité de... »

CONTENU : Connaît D'Al. par ses écrits. Voudrait qu'il s'occupe d'un enfant illettré mais prodige mathématicien, ne voit que D'Al. à pouvoir développer ses talents.

66.84 | **21 novembre 1766.** D'ALEMBERT à FRÉDÉRIC II
- SOURCE : impr., « Paris », P.-S.
- ÉDITION : Preuss XXIV, n° 34, p. 412-413
- INCIPIT : « La lettre que Votre Majesté m'a fait l'honneur de... »

CONTENU : Heureux d'apprendre la bonne arrivée de Lagrange à Berlin. Sa santé ne se soutient que « par le repos et le régime ». Abus et atrocités de la jurisprudence criminelle française. P.-S. Castillon aimerait obtenir la pension attachée à la place d'astronome dont il remplit les fonctions.

66.85 | **21 novembre [1766].** D'ALEMBERT à LAGRANGE
- SOURCE : autogr., « à Paris », P.-S., adr., cachet rouge, 3 p.
- LOCALISATION DU MS. : Paris Institut, Ms. 915, f. 42-43
- ÉDITION : Lalanne 1882, XIII, p. 82-83
- INCIPIT : « J'ai reçu, mon cher et illustre ami, avec le plus grand... »

CONTENU : A reçu sa l. [du 3 novembre]. A écrit à Fréd. II en rép. à sa l. [non retrouvée] disant sa satisfaction. Espère lui envoyer des « fragments de lettres » pour *HAB*. Travaille à un supplément pour la nouvelle édition de son *Traité des fluides* qui est sous presse. Verres optiques, *Opuscules*, t. IV en cours, t. V en projet. Tête faible. Rendre service à Castillon. P.-S. Demande vol. *HAB* manquants.

66.86 | **22 novembre [1766].** D'ALEMBERT à Marc-René d'ARGENSON
- SOURCE : autogr., s., « à Paris », 2 p.
- LOCALISATION DU MS. : Poitiers BM, Ms. 199(147), f. 10
- ÉDITION : Delhaume 2006, n° 114, p. 147-148
- REMARQUE : datée par une l. de Deschamps du 18 janvier 1767 (Delhaume 2006, n° 127, p. 159 et note 3)
- INCIPIT : « Je n'ai pu, monsieur, à cause d'un mal de tête... »

CONTENU : Lui renvoie le manuscrit [de dom Deschamps] qu'il lui a confié, n'a pas changé d'avis et n'espère pas en faire changer à l'auteur : n'a lu ces « controverses creuses et interminables de la métaphysique » que pour lui être agréable, a des occupations d'un autre genre.

66.87 | **[c. 22 novembre 1766].** D'ALEMBERT à [dom DESCHAMPS]
- SOURCE : copie de la main de Dom Patert, 3 p.
- LOCALISATION DU MS. : Poitiers BM, Ms. 199(147), f. 18-19
- ÉDITION : Delhaume 2006, n° 115, p. 148-149

ANNÉE 1766

- • REMARQUE : cette l. accompagnait sans doute celle du 22 novembre pour transmission à l'auteur (Delhaume 2006, p. 148, n. 1)
- • INCIPIT : « L'ouvrage que M. le marquis de Voyer m'a fait l'honneur de me communiquer est certainement d'un homme d'esprit,... »

CONTENU : Discussion des idées métaphysiques de l'auteur, distinction entre *un* et *être unique*, néant, contradictions. A des occupations d'un autre genre. Système de Spinoza pas mieux prouvé. Admet l'objection [au *Disc. prélim.* de l'*Enc.*], mais a été prudent.

66.88 | **29 [novembre 1766].** D'ALEMBERT à [SUARD]
- • SOURCE : autogr., s., « samedi 29 », 2 p.
- • LOCALISATION DU MS. : Genève IMV MS AS 729
- • ÉDITION : Henry 1885/1886, p. 15-16 qui donne Hénault comme destinataire. Leigh 5587.
- • INCIPIT : « J'ai l'honneur de vous renvoyer, monsieur, la traduction... »

CONTENU : Lui renvoie sa traduction, les notes ajoutées sont bonnes sauf celle sur les postes qui donnera du chagrin à Hume. Souhaite que les contresens dans la traduction de sa déclaration soient relevées et demande à Suard de le signaler dans les papiers anglais.

66.89 | **29 novembre [1766].** VOLTAIRE à D'ALEMBERT
- • SOURCE : impr.
- • ÉDITION : Kehl LXVIII, p. 422-423. Best. D13698. Pléiade VIII, p. 745-746
- • INCIPIT : « Il y a trois heures que j'ai reçu le cinquième volume... »

CONTENU : A reçu le t. V [des *Mélanges*] de D'Al. « Apologie de l'étude ». Manuscrit envoyé à « Boursier » [Volt.]. Vernet avec Rousseau. « Ouvrage sur les courbes » [*Supplément à la Destruction des jésuites*]. *Lettre au Docteur Pansophe*, de l'abbé Coyer. Hume.

66.90 | **[fin novembre 1766].** D'ALEMBERT à Marc-René d'ARGENSON
- • SOURCE : autogr., s., « ce vendredi matin », 1 p.
- • LOCALISATION DU MS. : Poitiers BM, Ms. 199(147), f. 11
- • ÉDITION : Delhaume 2006, n° 115, p. 148-149
- • REMARQUE : cette l. se place vraisemblablement peu de temps après celle du 22 novembre 1766, alors qu'Argenson est encore à Paris
- • INCIPIT : « Je suis charmé, monsieur, de m'être rencontré avec vous... »

CONTENU : Content qu'il soit de son avis sur certains sophismes de [dom Deschamps]. Va dîner au moulin [chez Watelet], que d'Argenson ne passe pas chez lui car il n'y sera pas, mais viendra le voir avant son départ [pour les Ormes].

66.91 | **2 décembre [1766].** VOLTAIRE à D'ALEMBERT
- • SOURCE : impr.
- • ÉDITION : Kehl LXVIII, p. 424-426. Henry 1887a, p. 317-319. Best. D13710. Pléiade VIII, p. 754-756

INVENTAIRE ANALYTIQUE

- INCIPIT : « Mon cher philosophe, vous êtes mon philosophe... »

CONTENU : Commentaire sur le t. V des *Mélanges*. « Boursier » [Volt.] dit qu'il faut attendre. Lui recommande La Harpe pour le prix de l'Acad. fr.

66.92 | **8 décembre 1766.** D'ALEMBERT à CHANGEUX
- SOURCE : cat. vente coll. Léon Muller (expert Michel Castaing), Versailles, 31 mars 1968, n° 3 : autogr., s., adr., cachet rouge, 1 p.
- INCIPIT : inconnu

CONTENU : Remerciement pour son ouvrage. Lui communiquera les réflexions que cette lecture lui aura fait naître.

66.93 | **10 décembre [1766].** D'ALEMBERT à VOLTAIRE
- SOURCE : autogr., « à Paris », 4 p.
- LOCALISATION DU MS. : Den Haag RPB 129, G16A30, 85
- ÉDITION : Best. D13724
- INCIPIT : « Je puis donc me flatter, mon cher et illustre maître... »

CONTENU : N'est pas dupe des assemblées de l'Acad. fr. et des jugements du public. A lu le commentaire sur Beccaria [de Volt.]. Affaire de Creyge. Locke rapporte l'histoire de l'aveugle sans citer Saunderson. Veillera à remédier à la négligence [de La Harpe]. Coudrette a été son directeur au collège et lui reprochait d'étudier la géométrie. Le conseiller usurier. Eloge de Mazarin par le cardinal de Richelieu. La Chalotais devant ses juges.

66.94 | **12 décembre 1766.** D'ALEMBERT à FRÉDÉRIC II
- SOURCE : impr., « Paris »
- ÉDITION : Preuss XXIV, n° 35, p. 414-415
- INCIPIT : « Votre Majesté recevra incessamment... »

CONTENU : Envoi du vol. V de ses *Mélanges*. Changements qu'il a faits aux textes connus de Fréd. II, sollicite sa critique. Prochaine naissance d'un nouvel héritier de Fréd. II.

66.95 | **12 décembre 1766.** D'ALEMBERT à LAGRANGE
- SOURCE : autogr., d., « à Paris », P.-S., adr., 3 p.
- LOCALISATION DU MS. : Paris Institut, Ms. 915, f. 44-45
- ÉDITION : Lalanne 1882, XIII, p. 84-85
- INCIPIT : « Mon cher ami, vous recevrez incessamment... »

CONTENU : Envoi de plusieurs exemplaires du vol. V des *Mélanges*, indique les destinataires. Problèmes de frais de port. Errata sur les probabilités. Enverra des broutilles pour l'*HAB. Opuscules* t. IV et V. Frisi à Paris pour l'hiver. P.-S. Reçoit l'errata à l'instant.

66.96 | **15 décembre 1766.** D'ALEMBERT à CATHERINE II
- SOURCE : autogr., d.s., « à Paris », 4 p.
- LOCALISATION DU MS. : Moscou RGADA, fds5, 156 f. 21-22
- ÉDITION : *Sbornik* 1872, p. 166-168

ANNÉE 1766

• INCIPIT : « Votre Majesté Impériale a bien voulu recevoir il y a environ deux ans quatre volumes... »

CONTENU : Le vol. V des *Mélanges*, lui parviendra par Golitsyn. Lui demande ses critiques. Attend un ouvrage de Cath. II. La remercie pour ce qu'elle fait pour Diderot. Voyage de Mme Geoffrin. Sottises théologiques.

66.97 | **15 décembre [1766].** D'ALEMBERT à DUTENS
- SOURCE : autogr., s., « à Paris », adr., 3 p.
- LOCALISATION DU MS. : London Coutts, 3057
- ÉDITION : Pappas 1994, p. 228-229
- INCIPIT : « Vous aviez, monsieur, fait espérer à Mlle de Lespinasse... »

CONTENU : Mlle de Lespinasse et lui attendent Dutens. Lagrange et Fréd. II. Le prie de remettre la levrette blanche pour Mlle de Lespinasse à Verri qui doit revenir d'Angleterre en France. Valette lui transmettra sa l. Mariage projeté de Dutens.

66.98 | **16 décembre 1766.** RIBOTTE-CHARON à D'ALEMBERT
- SOURCE : autogr., d. s., « à Montauban », adr., cachet rouge, 2 p.
- LOCALISATION DU MS. : Paris Institut, Ms. 2466, f. 190-192
- REMARQUE : est jointe une copie de sa l. à Volt. du 15 décembre (Best. D13778)
- INCIPIT : « Avez-vous ouï dire que nous avons manqué à nous noyer... »

CONTENU : Un académicien ayant affirmé que les débordements du Tarn avaient détruit le commerce local, il a adressé un démenti à Volt. Demande à D'Al. de corriger sa l. et de la faire connaître. Lui enverra son ouvrage (affaire d'Abbeville) quand Volt. l'aura vu. Prend parti pour Hume contre Rousseau.

66.99 | **29 décembre [1766].** VOLTAIRE à D'ALEMBERT
- SOURCE : autogr., 2 p.
- LOCALISATION DU MS. : Den Haag RPB 459, G16A453, 30
- ÉDITION : Best. D13775. Pléiade VIII, p. 799
- INCIPIT : « Mon cher et vrai philosophe ma petite école de campagne est heureuse... »

CONTENU : La Harpe a reçu le prix de prose [Acad. fr]. Les « doubles courbures » [*Supplément à la Destruction des jésuites*] bientôt prêtes, vont arriver à Paris. « Le bon temps est passé ».

66.100 | **31 décembre 1766.** Le père RAY à D'ALEMBERT
- SOURCE : autogr., 4 p.
- LOCALISATION DU MS. : Paris Institut, Ms. 2466, f. 186-187
- INCIPIT : « Je réponds aussitôt à votre dernière, afin que... »

CONTENU : D'Al. lui a écrit. Calculs que fait l'enfant doué pris à la maison. Son état professionnel incertain, difficulté de trouver un bénéfice sans protection, que D'Al. ne perde pas de temps avec lui, accepterait un poste de précepteur malgré sa répugnance, aurait voulu se rapprocher de Paris et faire des études suivies.

1767

67.01 | **5 janvier 1767.** Servan à D'Alembert
- Source : copie, d., « De Grenoble »
- Localisation du ms. : Paris BnF, Fr. 15230, f. 225-230
- Édition : Henry 1885/1886, p. 42-43
- Incipit : « On est bien dégoûté d'écrire, monsieur... »

Contenu : A voulu dans son [*Discours sur l'administration de la justice criminelle*, 1766] parler sans les nommer de D'Al., Volt., Diderot et Buffon faisant le bien de l'humanité. Le Parlement [de Grenoble] l'a écouté sans murmure. Une semaine de séjour à Paris lui fait regretter la retraite de la province. Attend le vol. de développement des *Elémens de philosophie*.

67.02 | **7 janvier 1767.** D'Alembert à Dutens
- Source : autogr., d.s., « à Paris », adr., 3 p.
- Localisation du ms. : London Coutts, 3056
- Édition : Pappas 1994, p. 229-230
- Incipit : « Mlle de Lespinasse a été transportée de joie,... »

Contenu : La levrette confiée à Verri, lui demande son coût. N'a pas reçu de nouvelles de Lagrange. Fréd. II l'a fait directeur de la classe mathématique avec 1 000 lt d'appointements. Offre de services à Valette. Le remercie de la « Feuille de gazette » sur Rousseau.

67.03 | **7 janvier 1767.** Frisi à D'Alembert
- Source : impr. « Lettre du P. Frisi à M. D'Alembert. »
- Édition : *Journal de Trévoux*, février 1767, p. 294-306
- Incipit : « Il m'est tombé entre les mains un Livre du P. Scarella ... »

Contenu : Critique des *Commentarii* de Scarella : Euler, Lagrange, Clairaut, D'Al. attaqués mal à propos. Discontinuité de l'attraction de la surface sphérique par D'Al. Paradoxe d'Euler. Tuyaux capillaires de Clairaut. Travaux de Gerdil et de Frisi sur la capillarité. Expériences de Musschenbroek, Weitbrecht, Sigorgne. Objections de Frisi à l'hypothèse de l'attraction, conjectures sur l'éther, rép. de Scarella.

67.04 | **10 janvier 1767.** D'Alembert à [Lagrange père]
- Source : autogr., d.s., « à Paris », 1 p.
- Localisation du ms. : Washington Folger, Ms. W. a. 169
- Remarque : l. cryptée (voir l. du 6 février à Fréd. II et du 7 février à Lagrange)
- Incipit : « Je n'ai point eu l'honneur de répondre sur le champ... »

Contenu : L'« ami » [Lagrange fils] se porte bien. Nouvelles du 23 décembre [par Fréd. II et de Catt]. Tout le monde l'apprécie à Berlin. Fera part des inquiétudes [de Lagrange père].

ANNÉE 1767

67.05 | **[11 janvier 1767].** Morellet à D'Alembert
- SOURCE : copie, 2 p.
- LOCALISATION DU MS. : Paris BnF, Fr. 15230, f. 239-240
- ÉDITION : Pougens 1799, p. 454-455. Medlin, I, p. 77-78
- REMARQUE : Morellet écrit le dimanche 11 janvier que le mauvais temps l'empêche d'aller chez Mlle de Lespinasse (Medlin, lettre 21)
- INCIPIT : « Je vous renvoie, mon cher ami, le discours... »

CONTENU : A trouvé le discours [de Servan] que D'Al. lui a envoyé très bon, avec des idées neuves par rapport à Beccaria. Il faut le lui faire savoir. Le baron [d'Holbach] voudrait le lire. Le mauvais temps l'empêche d'aller chez Mlle de Lespinasse.

67.06 | **15 janvier [1767].** D'Alembert à Servan
- SOURCE : autogr., s., « à Paris ce 15 janvier », adr., 3 p.
- LOCALISATION DU MS. : Princeton, John Hinsdale Schiede Coll., vol. VII, leaf 52
- ÉDITION : H. C. Rice, *The Princeton University Library Chronicle*, vol. XVIII, 1956-1957, p. 190
- REMARQUE : copie Grenoble BM, R.90523, f. 16. X. de Portets éditeur des *Œuvres choisies de Servan*, 1825, p. cxxxij-cxxxiij date du 15 juin sans millésime et tronque la lettre
- INCIPIT : « J'ai reçu, monsieur, et j'ai lu avec un plaisir... »

CONTENU : A fait lire son [*Discours sur l'administration de la justice criminelle*] à l'abbé Morellet qui en est content lui aussi. Sa santé. Le vol. V des *Mélanges* imprimé à Lyon chez Bruyset paraîtra incessamment. Réflexions analogues aux siennes à la p. 79.

67.07 | **18 janvier [1767].** Voltaire à D'Alembert
- SOURCE : impr.
- ÉDITION : Kehl LXVIII, p. 426. Best. D13857. Pléiade VIII, p. 876-877
- INCIPIT : « Je ne peux jamais vous écrire que par ricochet... »

CONTENU : Sa guerre avec les Genevois. S'étonne que l'imprimeur Regnard donne 25 louis d'un discours académique. Vers à la louange de Vernet. Thomas à l'Acad. fr. Sa rép. à l'abbé d'Olivet. Fréd. II.

67.08 | **26 janvier 1767.** D'Alembert à Voltaire
- SOURCE : autogr., d., 4 p.
- LOCALISATION DU MS. : Den Haag RPB 129, G16A30, 86
- ÉDITION : Best. D13883
- INCIPIT : « J'ai d'abord, mon cher et illustre maître, mille... »

CONTENU : Notes de Volt. sur le triumvirat. La l. de Volt. à l'abbé d'Olivet lue à l'Acad. fr. La Harpe. Brochures en faveur de J.-J. Rousseau. *L'Hypocrisie* (sur Vernet). [*Mélanges*], t. V : passages sur Vernet et Rousseau. Guerre de Genève. Beauteville. Les discours à l'Acad. se vendent bien. Le *Discours sur l'administration de la justice criminelle* de Servan. « Ouvrage sur les courbes » [*Supplément à la Destruction des jésuites*]. Boullongne. La Harpe et Gaillard, dont il se méfie. Musique et poésie. Réception de Thomas à l'Acad. fr.

| 67.09 | **28 janvier 1767.** Voltaire à D'Alembert
- SOURCE : impr., « A Ferney »
- ÉDITION : Kehl LXVIII, p. 429-430. Best. D13884. Pléiade VIII, p. 893
- INCIPIT : « Mon cher philosophe, je vous ai déjà mandé qu'il... »

CONTENU : Rien ne peut passer en France. D'Al., Socrate et Pascal. N'a pas vu Cramer. [Duclos] en Italie. [Thomas] secondera D'Al. Si Fréd. II « persévère, il faut tout oublier ».

| 67.10 | **30 janvier 1767.** Voltaire à D'Alembert
- SOURCE : impr.
- ÉDITION : Henry 1887a, p. 320-321. Best. D13895. Pléiade VIII, p. 901
- INCIPIT : « Voici une lettre, mon cher philosophe, qui vous surprendra autant qu'elle m'afflige. »

CONTENU : Cramer a perdu un cahier du [*Supplément à la Destruction des jésuites*] en ne voulant pas se charger lui-même de la besogne. Esprits troublés à Genève, blocus à Ferney. Envoyer copie du cahier perdu par Damilaville.

| 67.11 | **2 février 1767.** D'Alembert à Le Brigant
- SOURCE : cat. vente Noël Charavay n° 559, août 1923, n° 97475 : autogr., d.s., « Paris », 1 p.
- INCIPIT : inconnu

CONTENU : N'a pas le temps d'examiner son ouvrage, espère qu'il trouvera des juges plus habiles.

| 67.12 | **3 février 1767.** Catherine II à D'Alembert
- SOURCE : brouillon autogr., 2 p.
- LOCALISATION DU MS. : Moscou RGADA, fds 5, 156 f. 6
- ÉDITION : *Sbornik* 1872, p. 166-169. Henry 1887a, p. 247-248 qui donne la date précise d'après un ms. conservé « à Saint-Pétersbourg » mais non retrouvé
- INCIPIT : « Monsieur, je viens de recevoir le cinquième volume de *Mélanges*... »

CONTENU : A reçu le t. V des *Mélanges*. Rép à la l. du 15 décembre. A réécrit son code. Part pour Moscou et plus loin. Reviendra en novembre, Falconet a dû parler à Diderot de ses établissements d'éducation.

| 67.13 | **6 février 1767.** D'Alembert à Frédéric II
- SOURCE : impr., « Paris »
- ÉDITION : Preuss XXIV, n° 36, p. 415-417.
- INCIPIT : « Votre Majesté me rend, je crois, assez de justice... »

ANNÉE 1767

CONTENU : Lui transmet une l. du prince de Salm. Violents mémoires. Banqueroute papale. Stainville trompé fait enfermer sa femme. La correspondance entre les Lagrange père et fils interceptée à Turin. De Catt lui remettra son mém. lu à l'Acad. sc. devant le prince de Brunswick. Sommeil et digestion. T. V des *Mélanges*. Volt. charmé des l. de Fréd. II.

67.14 | **7 février [1767].** D'ALEMBERT à LAGRANGE
- SOURCE : autogr., « à Paris », adr., cachet rouge, 3 p.
- LOCALISATION DU MS. : Paris Institut, Ms. 915, f. 46-47
- ÉDITION : Lalanne 1882, XIII, p. 85-87
- REMARQUE : sur la p. d'adr., de Catt ajoute à l'intention de Lagrange un mot d'explication sur le retard du courrier dû à la malhonnêteté d'un domestique
- INCIPIT : « Il y a un siècle, mon cher ami, que je n'ai entendu parler... »

CONTENU : Inquiétudes à Turin : a rép. au père de Lagrange, Saluces aussi inquiet, a écrit à Fréd. II. T. V de ses *Mélanges*. Problème des trois corps. Voudrait *HAB 1759* et *HAB 1760*. De Catt lui remettra son mém. lu à l'Acad. sc. en présence du prince de Brunswick. Dutens.

67.15 | **10 février 1767.** D'ALEMBERT à FRÉDÉRIC II
- SOURCE : impr., « Paris »
- ÉDITION : Preuss XXIV, n° 37, p. 417-418
- INCIPIT : « J'ai eu l'honneur, il y a peu de jours, d'écrire à Votre... »

CONTENU : Lui présente une l. et un ouvrage [*Bélisaire*] de Marmontel, son ami et confrère à l'Acad. fr. Une rép. flatterait Marmantel.

67.16 | **20 février 1767.** CASTILLON à D'ALEMBERT
- SOURCE : autogr., d.s., « à Berlin », adr., 2 p.
- LOCALISATION DU MS. : Paris Institut, Ms. 876, f. 288-289
- ÉDITION : Henry 1885/1886, p. 45-46
- INCIPIT : « Il y a longtemps que j'avais commencé à répondre... »

CONTENU : Retard de sa rép. Défauts de ses objectifs, flint-glass, remercie pour ses réflexions sur les lunettes achromatiques. Lagrange lui semble « fort aimable garçon », a pris son parti de la place de directeur. Fatigué, il compte démissionner de son poste d'astronome.

67.17 | **23 février 1767.** LAGRANGE à D'ALEMBERT
- SOURCE : autogr., d., « A Berlin », 4 p.
- LOCALISATION DU MS. : Paris Institut, Ms. 876, f. 147-148
- ÉDITION : Lalanne 1882, XIII, p. 87-90
- INCIPIT : « Mon cher et illustre ami, je suis bien touché... »

CONTENU : A reçu le t. V des *Mélanges*. Subtilité du mém. sur l'inoculation. Idées sur le calcul des probabilités. « Eclaircissemens sur les Élémens de philosophie », poésie et L'Arioste. Mém. sur les objectifs achromatiques, remis par de Catt. Envoi par Formey d'*HAB 1759* contenant le mém. d'Euler. Se sent presque seul à l'Acad., Castillon a pris ses distances et Jean III Bernoulli est encore jeune. Prix de l'Acad. sc. [sur la Lune]. Solution du problème des tautochrones avec résistance en accord avec celle de Fontaine. L. de son père. Le domestique qu'il a renvoyé gardait les lettres. Frisi. Thiébault. Bitaubé.

67.18 | **26 février 1767.** D'ALEMBERT à DUTENS
- SOURCE : autogr., d.s., « à Paris », 4 p.
- LOCALISATION DU MS. : London Coutts, 3055
- ÉDITION : Pappas 1994, p. 230-232
- INCIPIT : « Mlle de Lespinasse est aussi confuse que reconnaissante... »

CONTENU : Donner la levrette de Mlle de Lespinasse au duc de Lauzun pour Mme de Boufflers et y joindre une écritoire. Excuses et remerciements pour la peine prise par Dutens. Rousseau et Davenport. Jésuites en Angleterre. Fréd. II content de Lagrange. Espère son retour.

67.19 | **28 février 1767.** D'ALEMBERT à GROSLEY
- SOURCE : de la main d'un secrétaire, d.s., « à Paris », adr., cachet rouge, 1 p.
- LOCALISATION DU MS. : Moscou RGB OR, Ms. F. 183, dossier 1 n° 1, f. 1-2
- INCIPIT : « Un mal d'aventure qui m'est survenu à la main... »

CONTENU : Ne connaît point Walpole, mais lui fera parvenir l'avis. Le remercie pour les *Éphémérides troyennes*. Les exemplaires qui lui manquent. Cherche le livre de Ludot contre Grosley et contre lui. Hénault. Mme Geoffrin. Mme Cottin.

67.20 | **6 mars 1767.** VOLTAIRE à D'ALEMBERT
- SOURCE : impr.
- ÉDITION : Henry 1887a, p. 321-322. Best. D14019. Pléiade VIII, p. 999
- INCIPIT : « Mon cher philosophe, il y a une dizaine de fautes... »

CONTENU : Fautes du [*Supplément à la Destruction des jésuites*, première lettre], lui adressera par Marin. On jouera *Les Scythes*. La « Lettre à un conseiller » [*Supplément*, seconde lettre] est un chef-d'œuvre.

67.21 | **9 mars 1767.** D'ALEMBERT à ALLAMAND
- SOURCE : impr.
- ÉDITION : Karl von der Heydt, « Briefwechsel Voltaires und d'Alemberts mit Professor Allamand », *Festgabe für Wilhelm Crecelius zur Feier der Fünfundzwanzig jährigen Lehrtätigheit in Elberfeld*, Elberfeld, 1881, p. 220-222
- INCIPIT : « Je ne sais par quelle fatalité je n'ai reçu qu'il y a... »

CONTENU : A reçu sa l. du 8 octobre et les livres le 7 mars. Le remercie et lui fait des éloges. Remerciera Mme de Boufflers de lui avoir fait connaître Allamand.

67.22 | **11 mars [1767].** D'ALEMBERT à VOLTAIRE
- SOURCE : de la main d'un secrétaire, s. autogr., « A Paris ce 11 mars », 3 p.
- LOCALISATION DU MS. : Den Haag RPB 129, cote G16A30, 87

ANNÉE 1767

- ÉDITION : Best. D14030
- INCIPIT : « Je ne vous écris pas de ma main, mon cher et illustre ami... »

CONTENU : Ménage ses yeux. Voudrait recevoir le premier exemplaire de l'ouvrage sur les « courbes à double courbure » [*Supplément à la Destruction des jésuites*]. L'affaire Marmontel « avec la Canaille sorbonique ». Portrait de Volt. Boullongne. *Les Scythes*. La dauphine au plus mal. Le t. V des [*Mélanges*] ne paraîtra à Paris qu'au mois prochain.

67.23 | **11 mars [1767].** D'ALEMBERT à VOLTAIRE
- SOURCE : autogr., s., « à Paris ce 11 mars », « 1766 » ajouté d'une autre main, 3 p.
- LOCALISATION DU MS. : Den Haag RPB 129, G16A30, 79
- ÉDITION : Best. D14030a Supplément
- REMARQUE : écrite le même jour que la précédente à Volt. mais confiée à Verri et Frisi
- INCIPIT : « Ce n'est point un jésuite, mon cher et illustre ami, qui... »

CONTENU : [Père Adam]. Recommandation pour Frisi, son ami, barnabite qui rentre à Milan avec [A. Verri]. Le pape [Clément XIII] en banqueroute.

67.24 | **22 mars 1767.** D'ALEMBERT à DUTENS
- SOURCE : de la main d'un secrétaire, s. autogr., « A Paris », adr. « Londres », 2 p.
- LOCALISATION DU MS. : London Coutts, 3054
- ÉDITION : Pappas 1994, p. 232-233
- INCIPIT : « Le besoin de ménager mes yeux, qui sont devenus un peu faibles aux lumières... »

CONTENU : Mlle de Lespinasse a reçu la chienne. Nouvelle fonction de Hume. A reçu des nouvelles de Lagrange, dont le domestique volait les l.

67.25 | **29 mars [1767].** D'ALEMBERT à DESCAMPS.
- SOURCE : autogr., s., « à Paris », adr. « à Rouen », cachet, 1 p.
- LOCALISATION DU MS. : Rouen BM, coll. Duputel 516
- INCIPIT : « L'Académie française, monsieur, vous a adjugé... »

CONTENU : Descamps a obtenu à l'unanimité le prix du discours sur les écoles gratuites de dessin. Faisant fonction de secrétaire pour Duclos, il remettra la médaille à qui Descamps lui indiquera. Incorrections de style dans son ouvrage ; lui propose de relire les épreuves.

67.26 | **3 avril 1767.** D'ALEMBERT à DESCAMPS
- SOURCE : cat. vente Drouot (Noël Charavay expert), Paris, 14 février 1906, n° 4 : autogr., d.s., « Paris », cachet, 1 p.
- INCIPIT : inconnu

CONTENU : A remis à Cideville la médaille ; fâché qu'elle ne convienne pas mieux au sujet, mais c'est celle qui a été remise à l'Acad. fr.

67.27 | **4 avril 1767.** D'Alembert à Lagrange
- SOURCE : de la main d'un secrétaire, d., deux dernières lignes et s. de D'Al., « A Paris », P.-S., adr., « reçu le 18 avril » (autogr. Lagrange), cachet rouge, 3 p.
- LOCALISATION DU MS. : Paris Institut, Ms. 915, f. 48-49
- ÉDITION : Lalanne 1882, XIII, p. 91-92
- INCIPIT : « Mon cher et illustre ami, mes yeux sont devenus un peu... »

CONTENU : Sa santé. Le t. V des [*Mélanges*] : inoculation, controverse avec D. Bernoulli sur les probabilités (*MARS 1760*) fera une rép. Enverra pour *HAB* ses recherches récentes sur les tautochrones. Le père de Lagrange. Lagrange doit ménager sa santé. Prix [Acad. sc.] sur la Lune. Demande [*HAB*] de 1759 et 1760. Frisi reparti à Milan. Dutens, Caraccioli. Vallette. P.-S. Compliments à Thiébault et à Bitaubé.

67.28 | **6 avril 1767.** D'Alembert à Hume
- SOURCE : de la main d'un secrétaire, d., s. autogr., « A paris », 4 p.
- LOCALISATION DU MS. : Edinburgh NLS, Ms. 23153, n° 11
- ÉDITION : Burton 1849, p. 206-207
- INCIPIT : « Quoique je n'ai pas comme vous, mon cher ami... »

CONTENU : Il a mal aux yeux. Félicitations pour son poste. Lettre de Deyverdun à Hume. Dutens l'a informé de la pension de Rousseau. Lui demande d'obliger un M. de Catt anglais, parent de son intime ami, le secrétaire de Fréd. II. La canaille théologique condamne le *Bélisaire* de Marmontel. Mlle de Lespinasse a eu la rougeole.

67.29 | **6 avril 1767.** D'Alembert à Voltaire
- SOURCE : de la main d'un secrétaire, d., s. autogr., « A Paris », 4 p.
- LOCALISATION DU MS. : Den Haag RPB 129, cote G16A30, 88
- ÉDITION : Best. D14090
- INCIPIT : « Je vous remercie, mon cher maître, de l'ouvrage de... »

CONTENU : Le [*Supplément à la Destruction des jésuites*] est rempli de fautes. Négligences de Bruyset pour le t. V des *Mélanges*. Marmontel aux prises avec les fanatiques. *Anecdote sur Bélisaire*. J.-G. Lefranc de Pompignan a refusé de faire l'oraison funèbre de la Dauphine. Le Parlement de Paris et les évêques. *Les Scythes*. J.-J. Rousseau a une pension du roi d'Angleterre.

67.30 | **10 avril 1767.** D'Alembert à Frédéric II
- SOURCE : impr., « Paris »
- ÉDITION : Preuss XXIV, n° 38, p. 418-420
- INCIPIT : « C'est avec la plus grande circonspection que j'ose parler... »

CONTENU : Lui transmet le mém. d'un Français emprisonné « plus malheureux que coupable ». Avis sur la poésie et la musique, Algarotti. Marmontel, Fréd. II sur sa *Poétique*, persécution de la Sorbonne sur son *Bélisaire*. L. de Fréd. II. Pologne, Dantzig, les « dissidents ». L'abbé d'Olivet et les fautes de la *Prosodie*. Nouveau séjour du prince de Brunswick à Paris. Vœux.

ANNÉE 1767

67.31 | **11 avril 1767.** D'ALEMBERT à DESCAMPS
- SOURCE : autogr., d.s., « A Paris », adr., cachet, 2 p.
- LOCALISATION DU MS. : Rouen BM, coll. Duputel 516
- INCIPIT : « Je vous suis infiniment obligé du présent que vous avez... »

CONTENU : Connaissait son ouvrage sur l'histoire des peintres flamands par l'estime des connaisseurs. A corrigé les épreuves de son discours qui paraîtra dans cinq ou six jours. Les soixante exemplaires d'auteur.

67.32 | **13 avril [1767].** VOLTAIRE à D'ALEMBERT
- SOURCE : impr.
- ÉDITION : Henry 1887a, p. 322-324. Best. D14016. Pléiade VIII, p. 1071
- INCIPIT : « Je me suis douté, monsieur, que vous ne seriez pas... »

CONTENU : « L'étui de mathématiques » [*Supplément à la Destruction des jésuites*] mal fabriqué. Fréron. Pension de Rousseau. Lui a adressé une statue de marbre franche de port.

67.33 | **23 avril 1767.** D'ALEMBERT à un correspondant non identifié
- SOURCE : cat. vente (J. Chenu, B. Scrive, A. Bérard, A. Ajasse, experts), Lyon, mardi 14 octobre 2003, n° 101 : autogr., d.s., « Paris », 3 p.
- INCIPIT : inconnu

CONTENU : Envoi du t. V des *Mélanges*.

67.34 | **24 avril 1767.** D'ALEMBERT à [DESCAMPS]
- SOURCE : de la main d'un secrétaire, d., s. autogr., « A Paris », 2 p.
- LOCALISATION DU MS. : Philadelphia HSP
- REMARQUE : dans l'« Essai sur la latinité des modernes » (*Mélanges*, t. V, p. 565), D'Al. rép. à un « chanoine de Rouen » qui l'a attaqué. Le seul académicien de Rouen en correspondance avec D'Al. est Descamps qui vient de lui envoyer son ouvrage sur les peintres flamands, voir 67.31
- INCIPIT : « Permettez-moi, monsieur, de vous présenter un ouvrage... »

CONTENU : Durand le neveu lui remettra [le t. V des *Mélanges*], « fort peu analogue aux objets dont vous vous occupés » : p. 565 il y traite mal un « confrère » du destinataire qui l'a attaqué grossièrement. A « bec et ongles contre les chiens hargneux ».

67.35 | **24 avril [1767].** D'ALEMBERT à LAGRANGE
- SOURCE : de la main d'un secrétaire, s. autogr., « A Paris », « reçu le 6 mai » (autogr. Lagrange), 4 p.
- LOCALISATION DU MS. : Paris Institut, Ms. 915, f. 50-51
- ÉDITION : Lalanne 1882, XIII, p. 93-94
- INCIPIT : « Je ne sais, mon cher et illustre ami, si vous aurez... »

CONTENU : Envoie un « abominable grimoire » [mém. sur les tautochrones pour HAB], lui demande de le corriger, en fournira tous les ans. Dutens est passé en allant à Tours. Echange de lettres entre D'Al. et Castillon.

67.36 | **[18 ou 25 avril 1767].** D'Alembert à Rochefort d'Ally
- SOURCE : autogr., s., « ce samedi à onze heures », adr., cachet noir, 1 p.
- LOCALISATION DU MS. : Genève, coll. J.-D. Candaux
- REMARQUE : Rochefort s'étant marié le 3 mai 1767, le dernier samedi possible est le 25 avril
- INCIPIT : « Si vous aviez besoin, mon cher monsieur, pour le mariage que vous allez faire, d'une excellente ouvrière en linge et en modes... »

CONTENU : Lui propose les services de la femme de son domestique pour son mariage. Le couple habite chez D'Al.

67.37 | **30 avril 1767.** Castillon à D'Alembert
- SOURCE : autogr., d.s., « à Berlin », 4 p.
- LOCALISATION DU MS. : Paris Institut, Ms. 876, f. 290-291
- ÉDITION : Henry 1885/1886, p. 46-48
- INCIPIT : « J'apprends avec un déplaisir extrême que la faiblesse... »

CONTENU : Conseil de santé. A fait faire un oculaire suivant les instructions de D'Al. que de Catt lui a remises. Les cours qu'il donne aux officiers, Maclaurin, Euler et Cramer. Son fils [Frédéric] a publié une nouvelle traduction d'Euclide, dont il a fait la préface. *Elémens de philosophie* de D'Al. Ses rapports avec l'Acad. de Berlin, le remercie de son intervention, aurait besoin d'un secrétaire. Demande qu'on le décharge de l'astronomie et qu'on appuie son fils.

67.38 | **3 mai [1767].** Voltaire à D'Alembert
- SOURCE : autogr., 3 p.
- LOCALISATION DU MS. : Paris BnF, NAFr. 24330, f. 107-108
- ÉDITION : Best. D14157. Pléiade VIII, p. 1119-1120
- INCIPIT : « M. Necker qui part dans l'instant, mon cher... »

CONTENU : Necker. Censure à la poste. *Lettre au conseiller*. Retoucher la *Destruction des jésuites*, lesquels sont dignes de pitié. Pas de communication entre Genève et Ferney. L'impératrice de Russie et la tolérance. *Anecdote sur Bélisaire*.

67.39 | **4 mai [1767].** D'Alembert à Voltaire
- SOURCE : de la main d'un secrétaire., les deux vers latins, dernières lignes et s. autogr., « à Paris », P.-S., 6 p.
- LOCALISATION DU MS. : Den Haag RPB 129, G16A30, 89
- ÉDITION : Best. D14161
- INCIPIT : « Gens inimica mihi Tyrrhenum navigat æquor... »

CONTENU : L. de d'Ossun. Les jésuites et l'Espagne, il devrait leur être permis de se justifier. Hume et la pension de J.-J. Rousseau. La Sorbonne et Marmontel. Volt. va-t-il demeurer à Lyon ? P.-S. Le chevalier de Rochefort [d'Ally]. Chabanon. Arrêt du Conseil cassant celui du Parlement contre les évêques. Réclame l'*Anecdote sur Bélisaire* et d'autres écrits de Volt.

ANNÉE 1767

67.40 | **5 mai 1767.** Frédéric II à D'Alembert
- SOURCE : impr.
- ÉDITION : Preuss XXIV, n° 39, p. 420-422
- INCIPIT : « Il m'est impossible de vous répondre au sujet de ce prisonnier auquel vous vous intéressez... »

CONTENU : Sur le français emprisonné, attend les rapports des tribunaux d'Emden et de Clèves. Avis sur les additions faites par D'Al. à ses *Mélanges*. Poésie et mythologie. Avis divergent sur la musique. Fréd. II fier d'avoir été cité par d'Olivet. Les jésuites chassés d'Espagne.

67.41 | **9 mai [1767].** Voltaire à D'Alembert
- SOURCE : impr.
- ÉDITION : Kehl LXVIII, p. 437-438. Best. D14164. Pléiade VIII, p. 1123-1124
- INCIPIT : « Si on vous a appelé Rabsacès, mon cher philosophe... »

CONTENU : « Rabsacès » et « Capanée ». Foucher. *Lettre au conseiller* envoyée par [Louis] Necker. Soldats à Genève. Pas de nouvelles du *Supplément à la Destruction des jésuites*.

67.42 | **12 mai 1767.** D'Alembert à Voltaire
- SOURCE : de la main d'un secrétaire, d., 4 dernières lignes et s. autogr., « A Paris », adr., 3 p.
- LOCALISATION DU MS. : Den Haag RPB 129, G16A30, 90.
- ÉDITION : Best. D14169
- INCIPIT : « Je crois, mon cher maître, vous avoir parlé dans... »

CONTENU : La Sorbonne a fait une liste des propositions à condamner du *Bélisaire* de Marmontel, Damilaville lui enverra. Lui demande de l'indulgence pour la tragédie de son ami Chabanon. Se demande s'il faut avoir de la pitié pour les jésuites. Demande des exemplaires du [*Supplément*].

67.43 | **14 mai 1767.** D'Alembert à Hume
- SOURCE : de la main d'un secrétaire, d., s. autogr., « A Paris », adr. « London », 3 p.
- LOCALISATION DU MS. : Edinburgh NLS, Ms. 23153, n° 12
- ÉDITION : Grimsley 1961, p. 592, note 4
- INCIPIT : « Je n'ai aucune idée, mon cher ami, de M. de Graffigny... »

CONTENU : N'est jamais allé chez Mme de Graffigny et n'a jamais vu M. de Graffigny. Ne publiera pas la l. qui met Rousseau dans son tort mais lui recommande de le faire. Ecrira à Berlin pour avoir des éclaircissements sur de Catt. Plaint les jésuites.

67.44 | **23 mai 1767.** D'Alembert à Voltaire
- SOURCE : de la main d'un secrétaire., d., une ligne et s. autogr., « A Paris », adr., 3 p.
- LOCALISATION DU MS. : Den Haag RPB 129, G16A30, 91

- ÉDITION : Best. D14195
- INCIPIT : « J'ai reçu, mon cher et illustre maître, le paquet que… »

CONTENU : A reçu les écrits de Volt. par Necker. L'abbé Foucher « plat janséniste » ne serait pas l'auteur du *Supplément à la Philosophie de l'Histoire*. La Sorbonne et *Bélisaire*. [*Supplément à la Destruction des jésuites*].

67.45 | **25 [mai 1767].** D'ALEMBERT à ROCHEFORT D'ALLY
- SOURCE : autogr., « ce lundi 25 », 2 p.
- LOCALISATION DU MS. : Genève, coll. J.-D. Candaux
- REMARQUE : les rogations sont fêtées du 25 au 27 mai 1767
- INCIPIT : « M. D'Alembert n'a point la dernière édition du *Dictionnaire philosophique*… »

CONTENU : Mlle de Lespinasse lui envoie son édition du *Dictionnaire philosophique* et six autres petites pièces dont l'*Extrait de la lettre de Genève* qu'il peut garder en renvoyant les autres mercredi ainsi que les deux chants de *La Guerre de Genève*. D'Al. est allé aux processions des rogations pour avoir des petits pois à bon marché.

67.46 | **25 mai [1767].** LAGRANGE à D'ALEMBERT
- SOURCE : autogr., « à Berlin », P.-S., 4 p.
- LOCALISATION DU MS. : Paris Institut, Ms. 876, f. 149-150
- ÉDITION : Lalanne 1882, XIII, p. 94-96
- INCIPIT : « Mon cher et illustre ami, j'ai reçu votre beau mémoire… »

CONTENU : Les mém. de D'Al. et Lagrange sur les tautochrones paraîtront dans le vol. sous presse [*HAB 1765*], plus approfondis que ceux de Fontaine et d'Euler (*Mém. de Pétersbourg*, t. X). De Catt lui a montré la l. de D'Al. concernant Bossut. Il faut limiter le nombre des membres étrangers à l'Acad. de Berlin. Euler va perdre la vue. Compliments à Dutens, et aux Vallette. P.-S. Bitaubé lui a envoyé les *HAB*.

67.47 | **30 mai [1766 ou 1767].** D'ALEMBERT à HUME
- SOURCE : autogr., s., « à Paris ce 30 mai », adr. à Londres
- LOCALISATION DU MS. : Edinburgh NLS, Ms. 23153, n° 20
- ÉDITION : Grimsley 1961, note 1, p. 595
- REMARQUE : [Jean-Marie II] Bruyset a fait un voyage de six mois de janvier à juin 1767
- INCIPIT : « Permettez-moi, mon cher ami, de recommander à vos bontés M. Bruyset… »

CONTENU : Lui recommande avec chaleur Bruyset, libraire lyonnais, qui voyage en Angleterre pour son instruction et son commerce. Mlle de Lespinasse dit « qu'il faut renoncer à vous aimer puisqu'on ne saurait espérer de vous voir ».

67.48 | **31 mai 1767.** D'Alembert à Frédéric II
• source : impr., « Paris »
• édition : Preuss XXIV, n° 40, p. 423
• incipit : « M. Pernety, que Votre Majesté appelle à Berlin... »

contenu : L. d'introduction pour Pernety, « homme de mérite » digne de la place que Fréd. II lui destine.

67.49 | **2 juin 1767.** D'Alembert à Beccaria
• source : de la main d'un secrétaire., d.s., autogr., « A Paris », P.-S., 3 p.
• localisation du ms. : Milano Ambrosiana, Fonds Beccaria
• édition : Landry 1916, p. 149-150
• incipit : « Il y a un siècle que je vous dois une réponse... »

contenu : Avait prié Frisi de l'informer de son retard, dû à l'état de ses yeux. Le remercie de ce qu'il lui a dit sur son ouvrage. Deux nouveaux vol. d'*Opuscules* sous presse, catéchisme de morale. Lui parle de voyage en Russie. P.-S. Compliments à Verri.

67.50 | **2 juin 1767.** D'Alembert à Frisi
• source : de la main d'un secrétaire, d.s. autogr., « à Paris », 4 p.
• localisation du ms. : London BL, Egerton 15, f. 36-37
• édition : Delbeke 1938, p. 148-150. Rutschmann 1977, p. 28-29.
• incipit : « Mon cher et illustre ami, je ne vous écris point... »

contenu : Doit ménager ses yeux. Watelet. Le remercie de ses envois. Désolé que Frisi n'ait pu voir Volt. Les jésuites d'Espagne, Boscovich. Beccaria. Après les [t. IV et V] des *Opuscules*, aura donné 14 vol. de mathématiques. Lagrange et Fréd. II contents l'un de l'autre. Eloges amicaux. Le comte Firmian et les jésuites.

67.51 | **2 juin [1767].** D'Alembert à Thibault de Longecour
• source : de la main d'un secrétaire, « ce 2 juin », s. autogr., 1 p.
• localisation du ms. : Wien ÖNB, Autogr. 5/2-2, copie Paris BnF, NAFr. 3352, f. 158v°
• édition : Henry 1885/1886, p. 86
• remarque : l. liée à celle du mercredi 10 juin [1767]
• incipit : « J'ai donné votre mémoire pour M. l'abbé de Breteuil... »

contenu : Mém. pour Breteuil donné à Mme Geoffrin et mém. pour Thiard donné à la présidente d'Aligre [morte en décembre 1767]. Aura des nouvelles par lui ou directement. Espère que Mme Geoffrin aura engagé l'abbé de Breteuil à lui être favorable.

67.52 | **4 juin 1767.** D'Alembert à un correspondant non identifié
• source : de la main d'un secrétaire., d.s. autogr., « a Paris », 1 p.
• localisation du ms. : Leipzig UB, Samml. Kestner II C III, 47
• incipit : « Il y a, monsieur, plus de six semaines que vous auriez... »

CONTENU : *Mélanges*, t. V, l'avait remis avant Pâques à Mme Duchesne qui ne lui a toujours pas rendu [à rapprocher de la l. du 24 avril]. Demande par quelle voie lui faire parvenir le vol.

67.53 | **4 juin [1767].** VOLTAIRE à D'ALEMBERT
- SOURCE : impr.
- ÉDITION : Kehl LXVIII, p. 441-442. Best. D14211. Pléiade VIII, p. 1157
- INCIPIT : « Mon cher philosophe, j'ai envoyé vos gants d'Espagne... »

CONTENU : L'éditeur du [*Supplément à la Destruction des jésuites*], Cramer et ses sous-traitants. Fin de crise en vue à Genève. Triomphes de la raison depuis quinze ou vingt ans.

67.54 | **8 juin 1767.** Mlle de LESPINASSE et D'ALEMBERT à HUME
- SOURCE : l. en deux parties, A. dicté par Mlle de Lespinasse à un secrétaire, B. autogr. de D'Al., d., 4 p.
- LOCALISATION DU MS. : Edinburgh NLS, Ms. 23153, n° 13
- ÉDITION : Burton 1849, p. 208-209
- INCIPIT : A. « J'ai vu, monsieur, la lettre pleine d'humanité que... »
  B. « Le docteur James vous remettra, mon cher maître... »

CONTENU : A. L. de Hume à Turgot en faveur de J.-J. Rousseau. Demande le recueil complet des ouvrages de Hume. Mme de Boufflers aux eaux de Pougues avec le prince de Conti.
B. James lui remettra le t. V de ses [*Mélanges*, 1767], à la p. 93 se trouve un projet à communiquer au sultan. Attendent la condamnation de *Bélisaire*.

67.55 | **10 juin [1767].** D'ALEMBERT à [THIBAULT DE LONGECOUR]
- SOURCE : cat. vente *Les Autographes*, Thierry Bodin 106, septembre 2003, n° 3 : de la main d'un secrétaire, à la troisième personne, « mercredi 10 juin », 1 p.
- REMARQUE : cette l. et celle du 2 juin sont liées ; le 10 juin tombe un mercredi en 1767 et 1772, mais le fait que la l. soit écrite de la main d'un secrétaire et que la présidente d'Aligre soit morte fin 1767 date ces deux l. de l'année 1767
- INCIPIT : « M. D'Alembert fait bien des compliments à... »

CONTENU : Envoie à « Thibeault » le billet qu'il vient de recevoir de Mme Geoffrin.

67.56 | **19 juin [1767].** VOLTAIRE à D'ALEMBERT
- SOURCE : impr.
- ÉDITION : Kehl LXVIII, p. 442-444. Best. D14230. Pléiade VIII, p. 1170-1171
- INCIPIT : « Mon cher et grand philosophe, un brave officier... »

CONTENU : Le comte de Wargemont. La *Seconde lettre* [du *Supplément à la Destruction des jésuites*]. La censure en France. La sixième édition du *Dictionnaire Philosophique*. Cath. II. Fréd. II et la superstition. *37 Vérités* [de Turgot]. Larcher, Riballier. Demande si Diderot a écrit *L'Homme sauvage*.

67.57 | **22 juin [1767].** D'Alembert à Mandinet
- Source : impr.
- Édition : Henry 1885/1886, p. 59-60
- Remarque : C. Henry indique un autogr. appartenant à la coll. de J. Z. Mazel non retrouvé : s., adr. « rue de Bourbon Villeneuve », 2 p.
- Incipit : « Quel que soit, monsieur, l'auteur du livre... »

Contenu : L'auteur anonyme de la [*Destruction des jésuites*] a fait une suite composée de deux lettres [*Supplément à la Destruction des jésuites*] dont la seconde se trouve chez un libraire du Palais-Royal, et la première est plus rare. Il lui prête pour vingt-quatre heures au plus et son domestique la lui apportera.

67.58 | **22 juin [1767].** D'Alembert à [Van Goens]
- Source : fragment de l'écriture du secrétaire de D'Al. (voir l. de février à juin 1767), « à Paris ce 22 juin », s. autogr., 2 p.
- Remarque : datation et destinataire précisé par le *Catalogus Epistularum Neerlandicarum*
- Incipit : « Je n'ai reçu que depuis très peu de jours les savants ouvrages que vous avez bien... »

Contenu : A bien reçu ses ouvrages. [la l. étant mutilée, une partie du contenu est inconnu].

67.59 | **25 juin [1767].** Voltaire à D'Alembert
- Source : autogr., s. « V. », adr., 2 p.
- Localisation du ms. : Den Haag RPB 459, G16A453, 31
- Édition : Henry 1887a, p. 324. Best. D14240. Pléiade VIII, p. 1177-1178
- Incipit : « Mon cher et vrai philosophe vous avez dû recevoir la... »

Contenu : D'Al. a dû recevoir la *Seconde lettre* du [*Supplément à la Destruction des jésuites*]. Demande si Marmontel est à Aix-la-Chapelle. La devise de La Harpe pour l'*Eloge de Charles V*. J.-J. Rousseau et Londres.

67.60 | **3 juillet 1767.** D'Alembert à Frédéric II
- Source : impr., « Paris »
- Édition : Preuss XXIV, n° 41, p. 243-245
- Incipit : « J'ose me flatter que Votre Majesté est assez persuadée... »

Contenu : Condoléances pour le décès [du prince Henri, neveu de Fréd. II]. Suite du débat sur la poésie et sur la musique. L'Espagne expulse les jésuites, mais reste gouvernée par l'Inquisition. Remercie Fréd. II d'avoir accordé « une enseigne » à [d'Etallonde]. L'abbé Bossut, « bon géomètre et bon philosophe », ferait un excellent associé étranger de l'Acad. de Berlin. Sa santé « toujours flottante ».

67.61 | **4 juillet [1767].** D'Alembert à Voltaire
- Source : autogr., 2 p.
- Localisation du ms. : Den Haag RPB 129, G16A30, 92

- ÉDITION : Best. D14255
- INCIPIT : « Je reçois votre lettre à l'instant, mon cher maître... »

CONTENU : Marmontel est aux eaux d'Aix-la Chapelle avec Mme Filleul. A reçu les brochures envoyées par Wargemont. Pressé par l'heure de la poste. Lui écrira ainsi qu'à La Harpe.

67.62 | **13 juillet [1767].** D'ALEMBERT à HUME
- SOURCE : autogr., s., « à Paris », adr. « London », 3 p.
- LOCALISATION DU MS. : Edinburgh NLS, Ms. 23153, n° 15
- ÉDITION : Burton 1849, p. 210-211
- INCIPIT : « Je viens, mon cher ami, de recevoir réponse de Berlin... »

CONTENU : Renseignements sur le de Catt anglais. Voudrait qu'il vienne à Paris. Départ de J.-J. Rousseau d'Angleterre ; on dit qu'il convient de ses torts avec Hume. A-t-il reçu un gros paquet de livres par James ? Sublime Porte. *Bélisaire*.

67.63 | **14 juillet [1767].** D'ALEMBERT à VOLTAIRE
- SOURCE : autogr., « à Paris », 4 p.
- LOCALISATION DU MS. : Den Haag RPB 129, G16A30, 93
- ÉDITION : Best. D14274
- INCIPIT : « Je n'ai pas besoin de vous dire, ou plutôt de vous... »

CONTENU : Réclame des écrits de Volt. La nouvelle édition de la *Destruction des jésuites*. Fréd. II. Larcher et le syndic de Riballier. Marmontel et [Coger], régent au collège Mazarin. *37 Vérités*. La Harpe, et l'*Eloge de Charles V*; approbation des éloges de l'Acad. fr. par deux docteurs en théologie. Rousseau et Hume.

67.64 | **21 juillet [1767].** D'ALEMBERT à VOLTAIRE
- SOURCE : autogr., adr., 3 p.
- LOCALISATION DU MS. : Den Haag RPB 129, G16A30, 94
- ÉDITION : Best. D14297
- INCIPIT : « Il est juste, mon cher confrère, de vous laisser... »

CONTENU : La Harpe a remporté hier le prix d'éloquence de l'[Acad. fr.] ; il peut demander la médaille ou l'argent, mais ne peut être payé par le libraire pour son discours et doit subir la censure des théologiens. [*La Défense de mon oncle*] . *L'Ingénu*. Demande l'envoi de la nouvelle édition de la [*Destruction des jésuites*] par Marin.

67.65 | **[25 juillet 1767].** VOLTAIRE à D'ALEMBERT
- SOURCE : original, 1 p.
- LOCALISATION DU MS. : Oxford VF
- ÉDITION : Best. D14308. Pléiade IX, p. 33
- REMARQUE : copie Paris BnF, Fr. 12937, f. 299
- INCIPIT : « Pendant que la Sorbonne entraînée par un zèle... »

CONTENU : *Bélisaire*, censuré par la Sorbonne, est traduit en Russie. Lui demande de faire passer un billet à Marmontel.

67.66 | **27 juillet [1767].** Voltaire à D'Alembert
• Source : autogr., 1 p.
• Localisation du ms. : Den Haag RPB 459, G16A453, 32
• Édition : Henry 1887a, p. 325. Best. D14311. Pléiade IX, p. 34
• Incipit : « Je suis enchanté mon cher et grand philosophe... »
Contenu : La gloire de son « petit La Harpe ». Capperonnier. *Bélisaire* traduit en russe.

67.67 | **3 [août 1767].** D'Alembert à Rochefort d'Ally
• Source : autogr., s., billet « pour Monsieur le comte de Rochefort », « ce lundi 3 à onze heures », 1 p.
• Localisation du ms. : Genève, coll. J.-D. Candaux
• Remarque : ce billet est manifestement écrit de Paris à Paris où Dom Deschamps, si c'est bien de lui qu'il s'agit, a séjourné en août 1767 et a sollicité D'Al.
• Incipit : « Je viens de chez l'abbé Des. d'après une lettre... »
Contenu : Il vient de chez l'abbé Des[champs ?] en rép. à une l. que celui-ci lui a écrite. « Tout est dit, et il n'y aura rien. Tuus »

67.68 | **3 août [1767].** Voltaire à D'Alembert
• Source : impr., « 3 d'auguste »
• Édition : Kehl LXVIII, p. 451-452. Best. D14330. Pléiade IX, p. 41-42
• Incipit : « Il faut que je vous dise ingénument, mon cher... »
Contenu : *L'Ingénu*. Lui et D'Al. sont les seuls à avoir prévu que la destruction des jésuites rendrait les jansénistes trop puissants. « *Coge pecus* » [Coger].

67.69 | **4 août [1767].** D'Alembert à Voltaire
• Source : autogr., « à Paris », 4 p.
• Localisation du ms. : Den Haag RPB 129, G16A30, 95
• Édition : Best. D14333
• Incipit : « Tranquillisez-vous, mon cher maître... »
Contenu : Capperonnier. Coger. *La Défense de mon oncle*. La Beaumelle et Warburton indignes de sa colère. Pensions non payées. Marmontel. Des phrases retranchées du discours de La Harpe : prudence exagérée de l'Acad. fr.

67.70 | **7 août [1767].** D'Alembert à Lagrange
• Source : autogr., « à Paris », adr., cachet rouge, 3 p.
• Localisation du ms. : Paris Institut, Ms. 915, f. 52-53
• Édition : Lalanne 1882, XIII, p. 98-100
• Incipit : « Mon cher et illustre ami, je suis charmé... »
Contenu : Tautochrones. Santé. Euler aveugle. Pousse Lagrange à concourir pour le prix sur la Lune. Méprises de Clairaut sur la théorie de la Lune. A reçu *HAB 1759* et *HAB 1760* et le t. X des *Mémoires de Pétersbourg*. Le t. IV des *Opuscules* est sous presse et sera probablement le dernier. Sa tête est épuisée.

67.71	**10 août [1767].** Voltaire à D'Alembert
• SOURCE : impr.
• ÉDITION : Kehl LXVIII, p. 455-456. Best. D14347. Pléiade IX, p. 54
• INCIPIT : « Mon cher philosophe saura que le maudit libraire... »
CONTENU :	[Cramer] ne veut plus imprimer le [*Supplément à la Destruction des jésuites*], la première édition ayant été en partie saisie à Lyon, et l'intérêt pour les jésuites étant tombé. Riballier, Larcher, [Coger] au collège Mazarin. Warburton. La Harpe.
67.72	**14 août 1767.** D'Alembert à Catherine II
• SOURCE : autogr., d.s., « à Paris », 3 p.
• LOCALISATION DU MS. : Moscou RGADA, fds 5, 156 f. 23-24
• ÉDITION : *Sbornik* 1872, p. 168-169, en note
• INCIPIT : « Je respecte trop les occupations importantes de Votre... »
CONTENU :	Diderot, [Marmontel]. Une collection d'estampes est à vendre à Berlin.
67.73	**14 août [1767].** D'Alembert à Voltaire
• SOURCE : autogr., « à Paris », N.B., 4 p.
• LOCALISATION DU MS. : Den Haag RPB 129, G16A30, 96
• ÉDITION : Best. D14368
• INCIPIT : « Les philosophes, mon cher et illustre confrère, doivent... »
CONTENU :	*L'Ingénu* et son auteur [Volt.]. La *Théologie portative*. Marmontel et la censure de *Bélisaire*. Christophe de Beaumont. Seconde éd. de « l'ouvrage de mathématiques » [*Supplément à la Destruction des jésuites*]. Compliments à Chabanon et à La Harpe. N.B. Le collège Mazarin est un des plus mauvais, Riballier et Cogé pecus [Coger] en tête.
67.74	**17 août [1767].** D'Alembert à Voltaire
• SOURCE : autogr., 2 p.
• LOCALISATION DU MS. : Den Haag RPB 129, G16A30, 97
• ÉDITION : Best. D14376
• INCIPIT : « Ce n'était pas la peine, mon cher maître, que le libraire... »
CONTENU :	Lui demande de reprendre au libraire le [*Supplément à la Destruction des jésuites*] et de lui renvoyer par Marin. A parlé à Boullongne pour la gratification de La Harpe. Il a reçu sa l. et avait déjà fait la correction demandée.
67.75	**[avril-août 1767]** D'Alembert à un libraire non identifié
• SOURCE : autogr., s., « vendredi matin », 2 p.
• LOCALISATION DU MS. : New-York Columbia, Rare Book Coll. D. E Smith Box A
• ÉDITION : Pappas 1977, p. 231-239, qui la date de [1762] et donne [Bruyset] comme destinataire, mais l'ouvrage corrigé n'est pas les *Elémens de musique* de 1762

ANNÉE 1767

- REMARQUE : les corrections données par D'Al. ne correspondent à aucun imprimé connu de D'Al. Boullongne, accidenté en décembre 1767, est mort en février 1769. D'Al. le cite début 1767 dans ses l. à Volt. à propos de la gratification de La Harpe, parallèlement à la publication du *Supplément à la Destruction des jésuites*
- INCIPIT : « Si vous ne pouvez pas, monsieur, m'envoyer les exemplaires que vous me promites hier, je vous prie de m'en envoyer au moins... »

CONTENU : A déjà envoyé l'ouvrage en province, avec les précautions pour éviter les contrefaçons. Fautes remarquées : « 1° à la préface page 5, deux fois *avec* dans les deux 1eres lignes de l'alinea. 2° dans l'ouvrage p. 7, lig. 4 *donneroit* pour *donnât*. 3° p. 67, lig 12 lisez *de* la façon au lieu de *à la façon* ». Lui dire le jour de parution et s'il peut donner un exemplaire à Boullongne, en l'avertissant de ne point le prêter. Lui souhaite le bonjour.

67.76 | **4 septembre [1767].** Voltaire à D'Alembert
- SOURCE : impr.
- ÉDITION : Kehl LXVIII, p. 458-460. Best. D14404. Pléiade IX, p. 83-84
- INCIPIT : « Mon cher philosophe, voici une occasion d'exercer... »

CONTENU : Les libraires de Genève d'aussi mauvaise foi que les théologiens : Cramer avait délégué à Chirol l'impression de la [*Destruction des jésuites*], Chirol ne veut pas faire la seconde éd., ni rendre le ms. *Panégyrique de Saint-Louis* par Bassinet. La *Théologie portative*. Parution de l'[*Examen important de Milord Bolingbroke* de Volt.].

67.77 | **15 septembre 1767.** D'Alembert à Frédéric II
- SOURCE : impr., « Paris »
- ÉDITION : Preuss XXIV, n° 42, p. 425-426
- INCIPIT : « Un grammairien philosophe, nommé M. Beauzée... »

CONTENU : Lui présente l'ouvrage dont le « profond » grammairien Beauzée a désiré lui faire hommage. Compliment pour le mariage imminent de la princesse Guillelmine [Wilhelmine de Prusse] avec le prince stadhouder [Guillaume V d'Orange-Nassau].

67.78 | **21 septembre 1767.** D'Alembert à Lagrange
- SOURCE : autogr., d., « à Paris », adr., cachet rouge, 3 p.
- LOCALISATION DU MS. : Paris Institut, Ms. 915, f. 54-55
- ÉDITION : Lalanne 1882, XIII, p. 100-102
- INCIPIT : « Mon cher et illustre ami on m'écrit de Berlin... »

CONTENU : Le mariage de Lagrange, « saut périlleux ». Inquiétudes sur la santé de celui-ci. Se conformer au *De morbis litteratorum* de Tissot. Prix de l'Acad. sc. sur la théorie de la Lune remis à 1770. Demande des nouvelles d'Euler. Le t. IV des *Opuscules* paraîtra courant 1769. Suite de ses recherches sur les verres (MARS). Prépare des travaux sur la théorie de la Lune.

67.79 | **22 septembre [1767].** D'Alembert à Voltaire
• Source : autogr., « à Paris », 4 p.
• Localisation du ms. : Den Haag RPB 129, G16A30, 98
• Édition : Best. D14436
• Incipit : « Avouez, mon cher et illustre maître, que les pauvres mathématiciens à double courbure ont bien raison... »

Contenu : Le [Supplément à la Destruction des jésuites] et les imprimeurs négligents. Panégyrique de Saint-Louis par Bassinet. D'Olivet. Nombreux ouvrages contre l'Infâme, venant de Hollande, Riballier, Larcher. Bélisaire et la censure de la Sorbonne. L. à remettre à La Harpe. D'Al. écrit à Chabanon. Est enchanté de L'Ingénu.

67.80 | **30 septembre [1767].** Voltaire à D'Alembert
• Source : impr.
• Édition : Kehl LXVIII, p. 464-465. Best. D14447. Pléiade IX, p. 109-110
• Incipit : « Mon cher philosophe, Gabriel Cramer dit qu'il n'a... »

Contenu : Cramer a perdu le [Supplément à la Destruction des jésuites]. Un régiment loge à Ferney. L'Examen de Milord Bolingbroke. Changements dans l'administration, rois philosophes. Bélisaire et la Sorbonne. Chabanon et La Harpe.

67.81 | **[août-septembre 1767].** D'Alembert à Rochefort d'Ally
• Source : autogr., « ce samedi à midi », adr. « M. le comte de Rochefort », cachet rouge, 1 p.
• Localisation du ms. : Genève, coll. J.-D. Candaux
• Remarque : La Défense de mon oncle de Voltaire a paru en août 1767
• Incipit : « Je ne connais point, mon cher monsieur, de Défense de mon oncle à vendre... »

Contenu : Mlle de Lespinasse étant à la campagne jusqu'à mardi, inutile de venir la chercher. Respects à sa femme.

67.82 | **2 octobre 1767.** D'Alembert à Frisi
• Source : autogr., d.s., « à Paris », P.-S., 4 p.
• Localisation du ms. : London BL, Egerton 15, f. 38-39
• Édition : Delbeke 1938, p. 151-154. Rutschmann 1977, p. 30-32.
• Incipit : « Mon cher et illustre ami, je vois par ce que vous me... »

Contenu : Nouvelle occupation de Frisi [censeur royal]. Attends l'ouvrage dont Frisi lui a donné le prospectus. Théorie de la Lune : le prix sera remis à 1770. Pour envoyer l'ouvrage dédié à Fréd. II à Berlin, passer par Girard et de Catt. Portraits que Watelet (à la campagne) doit lui envoyer. D'Holbach. Beccaria. Le comte de Firmian, Morellet et Suard, proposé comme correspondant littéraire. Le t. IV des Opuscules imprimé lentement. MARS 1764 et suivant sur les lunettes achromatiques, son mém. sur la théorie de la Lune et le système du monde à venir. P.-S. Mariage de Lagrange, peu de nouvelles.

ANNÉE 1767

67.83 | **9 octobre [1767].** D'Alembert à Hume
- Source : autogr., s., « à Paris », adr. « à Londres », P.-S., 3 p.
- Localisation du ms. : Edinburgh NLS, Ms. 23153, n° 16
- Édition : Burton 1849, p. 211-212
- Incipit : « Mlle de Lespinasse me charge de vous dire... »

Contenu : Mlle de Lespinasse a reçu par le chevalier d'Arcy les six vol. de son *Histoire*, mais elle ne peut lui écrire. L'histoire d'Angleterre écrite par une Ecossaise ? Franklin et Pringle ont été à Paris peu de temps. Marmontel soutenu par les princes du nord, censure de la Sorbonne. P.-S. Recommande de Catt.

67.84 | **4 novembre 1767.** Voltaire à D'Alembert
- Source : autogr. sauf la date, d., 4 p.
- Localisation du ms. : Paris BnF, NAFr. 24330, f. 110-111
- Édition : Best. D14517. Pléiade IX, p. 154-155
- Incipit : « Mon cher philosophe, car il faut toujours vous... »

Contenu : Chabanon va à Paris et a un beau plan de tragédie. Persécution de la philosophie. Défaites militaires de la France. Lally. Persécution de La Barre.

67.85 | **9 novembre 1767.** D'Alembert à Formey
- Source : autogr., d.s., « à Paris », 1 p.
- Localisation du ms. : Krakow BJ, coll. Varnhagen
- Incipit : « Un de mes amis qui a composé pour le prix de l'année... »

Contenu : Envoie la pièce d'un ami, avec sa l. et demande récépissé par de Catt. Salutations à l'Acad. de Berlin, Lagrange, Bitaubé, Thiébault.

67.86 | **14 novembre [1767].** D'Alembert à Voltaire
- Source : autogr., « à Paris », 3 p.
- Localisation du ms. : Den Haag RPB 129, G16A30, 99
- Édition : Best. D14531
- Incipit : « Je répondrai au premier jour, mon cher maître, à la lettre... »

Contenu : Répondra à la l. qu'a apportée Chabanon. Damilaville est dénoncé par Sauvigny à d'Ormesson comme « athée, philosophe, encyclopédiste », risque de ne pas avoir le poste de directeur promis. D'Al. demande à Volt. d'écrire à Choiseul afin qu'il protège Damilaville. Il écrit à la hâte.

67.87 | **20 novembre 1767.** Béguelin à [D'Alembert]
- Source : autogr., d.s., « à Berlin », 4 p.
- Localisation du ms. : London BL, Egerton 16, f. 89-90
- Remarque : l'allusion au voyage de D'Al. à Potsdam et la l. de Béguelin du 20 avril 1768 permettent d'identifier D'Al. comme destinataire
- Incipit : « Je ne sais si j'existe encore dans votre souvenir,... »

Contenu : Se souvient de son séjour à Potsdam. N'a pu faire de géométrie pendant seize ans à cause de ses fonctions auprès de Fréd. II. Lui demande son avis sur la partie de calcul d'un mém. sur la réfraction qu'il vient de lire à l'Acad. [de Berlin] : équation achromatique en contradiction avec le prisme de l'Acad., achromatique sous toute incidence. Autre question sur la vision.

67.88 | **20 novembre 1767.** LAGRANGE à D'ALEMBERT
- SOURCE : autogr., d., « à Berlin », P.-S., 4 p.
- LOCALISATION DU MS. : Paris Institut, Ms. 876, f. 153-154
- ÉDITION : Lalanne 1882, XIII, p. 102-104
- REMARQUE : copie Paris Institut, Ms. 2466, f. 115-116
- INCIPIT : « Mon cher et illustre ami, j'ai reçu vos lettres... »

CONTENU : Ses idées sur le mariage et les raisons du sien. A dû composer neuf ou dix mém. pour l'Acad. de Berlin et pourra concourir pour la théorie de la Lune si le prix est reporté en 1770. Bitaubé lui a envoyé *HAB 1765* : tautochrones. *HAB 1760*, sous presse, ne contient rien de lui, mais il insérera un mém. dans le prochain vol. Euler, qui n'est pas aveugle, est content d'être à Saint-Pétersbourg. Davila associé étranger de l'Acad. [de Berlin] grâce à son catalogue. Cent cinquante membres étrangers. Demande pourquoi Pernety, bibliothécaire du roi, n'est pas à l'Acad. de Berlin. P.-S. Enchanté du *Supplément à la Destruction des jésuites*.

67.89 | **8 décembre [1767].** D'ALEMBERT à HUME
- SOURCE : autogr., s., « à Paris », 2 p.
- LOCALISATION DU MS. : Edinburgh NLS, Ms. 23153, n° 17
- ÉDITION : Burton 1849, p. 212-214
- INCIPIT : « Voila, mon cher ami, une lettre que M. de Catt... »

CONTENU : L. de de Catt de Berne qui ne demande qu'une petite pension, le « chien de Diogène » [Rousseau] en a bien eu une, celui-ci est maintenant à Tri près de Gisors et écrit contre la musique française. La Sorbonne vient de donner sa censure de *Bélisaire*. Santé et vue mauvaises de Mlle de Lespinasse.

67.90 | **14 décembre 1767.** D'ALEMBERT à FRÉDÉRIC II
- SOURCE : impr., « Paris »
- ÉDITION : Preuss XXIV, n° 43, p. 426-428
- INCIPIT : « Il y a quelque temps que j'eus l'honneur de recevoir... »

CONTENU : Met fin au débat sur la poésie et la musique. Propose l'abbé Bossut comme associé étranger de l'Acad. [de Berlin]. Castillon et son fils. La *Grammaire* de Beauzée. *L'Honnête criminel*. Les jésuites chassés de Naples et bientôt de Parme. La censure de *Bélisaire*, chef-d'œuvre d'absurdité de la Sorbonne.

67.91 | **24 décembre 1767.** SAINT-FLORENTIN à D'ALEMBERT
- SOURCE : minute d. « du 24e du d. » à « M. Dalambert sous Directeur », 1 p.
- LOCALISATION DU MS. : Paris AN, O1 409, f. 857
- INCIPIT : « Je vous donne avis avec beaucoup de plaisir... »

CONTENU : D'Al. nommé par le roi sous-directeur de l'Acad. sc. pour l'année 1768.

ANNÉE 1767

67.92 | **26 décembre 1767.** Voltaire à D'Alembert
• Source : copie, « Lettre du même a M. Dalembert sur le même sujet », d., « de Ferney », 2 p.
• Localisation du ms. : Darmstadt B, Ms. Hs 2322, p. 372-373
• Édition : Best. D14623, Pléiade IX, p. 230-231
• Remarque : incipit différent dans Best. (Kehl LXVIII, p. 467-468) : « Sur une lettre que frère Damilaville m'a écrite, j'ai envoyé... »
• Incipit : « J'ai envoyé mon cher frère, chercher dans tout Genève les lettres qui pourraient... »
Contenu : Ne va jamais à Genève. La foi est anéantie. La douane a saisi à Lyon les « lettres sur les jansénistes » [*Supplément à la Destruction des jésuites*]. A écrit à Choiseul. Epigramme contre Dorat faussement attribué à Volt. Chardon et l'affaire Sirven. Il faut gouverner l'opinion.

67.93 | **[fin 1767].** Chabanon de Maugris à D'Alembert
• Source : autogr., s., « jeudi », 1 p.
• Localisation du ms. : Paris Institut, Ms. 2466, f. 49
• Incipit : « Je vous envoie, monsieur, deux brochures à vous... »
Contenu : Lui envoie ses deux brochures [*Supplément à la Destruction des jésuites*?] qu'il a prises chez M. de Rulhière, car D'Al. n'avait pu les lui prêter. Lui et son aîné admirent D'Al.

1768

68.01 | **7 janvier 1768.** Frédéric II à D'Alembert
- SOURCE : impr.
- ÉDITION : Preuss XXIV, n° 44, p. 428-430
- INCIPIT : « Je vous suis obligé des vœux que le nouvel an... »

CONTENU : Retenu par la futile diète de Ratisbonne. Aime à égayer les matières graves. Lui envoie son *Eloge du prince Henri* qui a fait pleurer l'Acad. [de Berlin]. Castillon fils « sur la tour de l'Observatoire ». A reçu de Paris les tragédies *Les Canadiens* [Vadé] et *Cosroès* [Rotrou]. Les jésuites chassés de la moitié de l'Europe. Eloge de la tolérance. Les découvertes de la science importent peu si la morale et les mœurs se dégradent.

68.02 | **18 janvier [1768].** D'Alembert à Hume
- SOURCE : autogr., « à Paris », 3 p.
- LOCALISATION DU MS. : Edinburgh NLS, Ms. 23153, n° 12
- INCIPIT : « Recevez, mon cher ami, tous mes remerciements... »

CONTENU : Le remercie pour de Catt. Mlle de Lespinasse a souffert du froid. Folie de Rousseau. Ecrira ces jours-ci à Volt. pour lui. *Bélisaire* rendu célèbre par la Sorbonne.

68.03 | **18 janvier [1768].** D'Alembert à Lagrange
- SOURCE : autogr., « à Paris », 3 p.
- LOCALISATION DU MS. : Paris Institut, Ms. 915, f. 56-57
- ÉDITION : Lalanne 1882, XIII, p. 104-106
- INCIPIT : « Puisque votre mariage, mon cher et illustre ami... »

CONTENU : Le mariage arrangé de Lagrange. Prix sur la Lune. Tautochrones. Ses *Opuscules* [t. IV et V], imprimés pour s'en débarasser. Froid terrible pour sa santé. Davila et D. Bernoulli. A écrit à Fréd. II pour Bossut. Pernety. Castillon. Lui a envoyé son mém. sur les verres optiques [MARS 1764]. Annonce une nouvelle éd. augmentée de la *Destruction des jésuites*.

68.04 | **18 janvier [1768].** D'Alembert à Voltaire
- SOURCE : autogr., « à Paris », 2 p.
- LOCALISATION DU MS. : Den Haag RPB 129, G16A30, 100
- ÉDITION : Best. D14691
- INCIPIT : « J'ai reçu, mon cher et illustre maître, la lettre de Genève... »

CONTENU : A reçu la l. de Genève, sans importance. *Les lettres sur Rabelais* [de Volt.]. Lui rappelle le *Dîner du comte de Boulainvilliers*. J.-J. Rousseau, Hume, Davenport. Mém. de Rousseau en préparation. Hume et Volt. La Harpe. Damilaville et d'Ormesson.

ANNÉE 1768

68.05 | **29 janvier 1768.** D'Alembert à Frédéric II
- Source : impr., « Paris »
- Édition : Preuss XXIV, n° 45, p. 430-432
- Incipit : « Je viens de recevoir et de lire avec la plus grande... »

Contenu : Son émotion à la lecture de l'*Eloge*. Demande pourquoi il croit sa fin prochaine, cite Horace. Risible procession papale pour la Pologne. Géométrie et morale. [Jean III] Bernoulli ayant eu la place d'astronome, Castillon fils pourrait servir d'aide à son père.

68.06 | **9 [février 1768].** D'Alembert à Rochefort d'Ally
- Source : autogr., « ce mardi 9 », adr. « Rue Sainte-Anne », cachet rouge, 1 p.
- Localisation du ms. : Genève, coll. J.-D. Candaux
- Remarque : le *Dîner* est paru fin décembre 1767
- Incipit : « J'ai mal entendu, mon cher monsieur ; je croyais... »

Contenu : Il ne sait où trouver le *Dîner* [*du comte de Boulainvilliers* de Volt.]. Demandera à Mlle de Lespinasse. Respects à la Comtesse.

68.07 | **18 février [1768].** D'Alembert à Voltaire
- Source : autogr., « à Paris », adr., 3 p.
- Localisation du ms. : Den Haag RPB 129, G16A30, 101
- Édition : Best. D14762
- Incipit : « Marmontel vient de me dire, mon cher et illustre Maître... »

Contenu : Problèmes de poste entre D'Al. et Volt. Le *Dîner du comte de Boulainvilliers*. Excommunication du duc de Parme par le pape Clément XIII. Affichage du mandement de Christophe de Beaumont contre *Bélisaire*. Affaire Sirven. La Harpe et Boullongne.

68.08 | **22 février 1768.** Voltaire à D'Alembert
- Source : de la main de Wagnière, « à Ferney », P.-S., 2 p.
- Localisation du ms. : Oxford VF. Copie VF BK
- Édition : Best. D14770. Pléiade IX, p. 327-328
- Incipit : « J'ai balancé longtemps, mon cher philosophe... »

Contenu : La Harpe a diffusé *la Guerre civile de Genève* contre sa volonté. Il lui garde son amitié, mais il faut le « gronder paternellement ». P.-S. Il cherche ce que D'Al. lui demande.

68.09 | **29 février [1768].** D'Alembert à Voltaire
- Source : autogr., « à Paris », adr., 3 p.
- Localisation du ms. : Den Haag RPB 129, G16A30, 102
- Édition : Best. D14782
- Incipit : « Il y a trois jours, mon cher maître, que frère Damilaville... »

Contenu : D'Al. a écrit à La Harpe et à Volt., mais trop tard. Marmontel. Ouvrage de St-Hyacinthe. Boullongne et ce qu'on imprime à Genève ; ports francs.

68.10	**5 mars 1768.** Lagrange à D'Alembert
	• SOURCE : autogr., d., « à Berlin », 4 p.
	• LOCALISATION DU MS. : Paris Institut, Ms. 876, f. 155-156
	• ÉDITION : Lalanne 1882, XIII, p. 106-108
	• INCIPIT : « Mon cher et illustre ami, j'ai lu avec autant de... »
CONTENU :	A lu le nouveau mém. de D'Al. sur les verres optiques. Calculs et fabrication des lunettes, remarques sur théorie et pratique. Tautochrones. Sur la diffusion et l'envoi des vol. de l'*HAB*. Métra, Michelet. Problème des trois corps, concourra peut-être au prix de 1770. Prix de l'Acad. de Berlin. *L'Histoire impartiale des jésuites* [de Linguet]. Euler.

68.11	**5 mars [1768].** Voltaire à D'Alembert
	• SOURCE : de la main de Wagnière, s. « V. », 4 p.
	• LOCALISATION DU MS. : Oxford VF. Copie VF BK
	• ÉDITION : Henry 1887a, p. 325-327 (version différente). Best. D14809. Pléiade IX, p. 354-355
	• INCIPIT : « Mon cher et illustre confrère, je compte sur votre amitié... »
CONTENU :	Le journal de Neuchâtel annonce la parution de *La Guerre civile de Genève* [de Volt]. Infidélité et lâcheté de La Harpe qui l'a donné à Dupuits. Son secrétaire indigné que La Harpe fouille ses papiers. Les ouvrages d'Abauzit justifient l'art. « Genève », contradictions des calvinistes.

68.12	**6 mars 1768.** Voltaire à D'Alembert
	• SOURCE : autogr., d.s. « V. », « à Ferney », 4 p.
	• LOCALISATION DU MS. : Oxford VF. Copie VF BK
	• ÉDITION : Best. D14810. Pléiade IX, p. 356-357
	• INCIPIT : « Jugez, mon très cher philosophe, si j'ai envie... »
CONTENU :	A fait accorder des pensions à La Harpe, par Boullongne et Choiseul. Tronchin malmené par les Genevois. Mensonges de La Harpe. Lui avait confié un paquet et une l. pour D'Al. Il continuera cependant à lui rendre service.

68.13	**7 mars 1768.** D'Alembert à Voltaire
	• SOURCE : autogr., d., « à Paris », adr., 3 p.
	• LOCALISATION DU MS. : Den Haag RPB 129, G16A30, 103
	• ÉDITION : Best. D14816
	• INCIPIT : « J'ai reçu votre lettre, mon cher maître, par M. de La Harpe... »
CONTENU :	Plaide pour La Harpe, coupable d'une imprudence de jeune homme. Remercie pour son envoi. Il ne dort plus.

68.14	**9 mars 1768.** Desmoulins à D'Alembert
	• SOURCE : autogr., d., s. « Carme, chappelain des Dames », « A Hautes-Bruyères », 3 p.
	• LOCALISATION DU MS. : Paris Institut, Ms. 2466, f. 66-67
	• INCIPIT : « Je viens de lire plusieurs fois de suite... »

ANNÉE 1768

CONTENU : A lu avec attention et plaisir ses *Elémens de musique*. A trouvé la vraie basse fondamentale du mode mineur descendant, demande son avis, un «non» suffira. Le mode mineur est mixte.

68.15 | **13 mars [1768].** D'ALEMBERT à VOLTAIRE
- SOURCE : autogr., «à Paris», adr., 3 p.
- LOCALISATION DU MS. : Paris BnF, Fr. 12900, f. 332-333
- ÉDITION : Best. D14829
- INCIPIT : «Mon cher et illustre ami, j'ai reçu coup sur coup vos...»

CONTENU : L'imprudence et les torts de La Harpe qui doit les réparer. Compte parler à Mme Denis. Livre d'Abauzit, «billevesées théologiques». Il est retenu à Paris par sa santé, le directorat de l'Acad. sc. et l'impression d'un ouvrage de mathématique, sinon il irait consoler Volt.

68.16 | **19 mars [1768].** D'ALEMBERT à FRISI
- SOURCE : autogr., s., «à Paris», 2 p.
- LOCALISATION DU MS. : Milano Ambrosiana, Y 153 sup., f. 497
- ÉDITION : Rutschmann 1977, p. 33. Pappas 1987, p. 155
- INCIPIT : «Je n'ai point répondu plus tôt à votre première lettre...»

CONTENU : Frisi va voir le comte Firmian à Vienne. Le t. IV des *Opuscules* va paraître, le t. V est sous presse. Il est malade. Excommunication du duc de Parme. Lagrange. Le prix sur la Lune [Acad. sc.] sera reporté.

68.17 | **21 mars [1768].** D'ALEMBERT à LAGRANGE
- SOURCE : autogr., «à Paris», adr., cachet rouge, 3 p.
- LOCALISATION DU MS. : Paris Institut, Ms. 915, f. 58-59
- ÉDITION : Lalanne 1882, XIII, p. 108-110
- INCIPIT : «Mon cher et illustre ami, je suis fort aise que vous...»

CONTENU : Lui enverra un second mém. sur les verres [MARS 1765] et les *Essais d'analyse* de Condorcet. *Opuscules*, t. IV en fin d'impression. *Opuscules*, t. V sous presse, paraîtra dans cinq ou six mois. Sa tête «plus capable d'application». Le prix sur la Lune sera reporté à 1770. Attend HAB 1765. Réclame les vol. manquants, problèmes d'envois, Michelet et de Catt. *L'Histoire impartiale des jésuites*, assez bonne, est condamnée par le Parlement. Nouvelle éd. de la *Destruction des jésuites*. Mém. de Fontaine et de Borda sur les isopérimètres, où Lagrange est critiqué.

68.18 | **21 mars 1768.** VOLTAIRE à D'ALEMBERT
- SOURCE : autogr., 4 p.
- LOCALISATION DU MS. : Oxford VF. Copie VF BK
- ÉDITION : Best. D14859. Pléiade IX, p. 380-381
- INCIPIT : «Mon très cher et très vrai philosophe, oui je vous avoue...»

CONTENU : Malgré le tort irréparable de La Harpe, il lui a pardonné. Maman [Mme Denis] est partie à Paris régler leurs affaires. L'homme « au mufle de bœuf et au cœur de tigre » [Pasquier]. Tronchin. D'Al., second « géomètre tendre » après Clairaut. Demande où trouver la « petite géométrie » ou « physiométrie naturelle » de Clairaut.

68.19 | **23 mars 1768.** Voltaire à D'Alembert
- SOURCE : de la main de Wagnière, d., adr., 2 p.
- LOCALISATION DU MS. : Oxford VF. Copie VF BK
- ÉDITION : Best. D14874. Pléiade IX, p. 390-391
- INCIPIT : « Je pense que vous vous moquez de moi, mon cher... »

CONTENU : D'Al. se trompe sur son âge. Vendra peut-être Ferney, ruiné par son métier d'aubergiste de l'Europe et les fêtes de Mme Denis. Grands seigneurs mauvais payeurs. Ode à ne pas publier. Il pardonne à La Harpe. L'amitié de D'Al.

68.20 | **24 mars 1768.** Frédéric II à D'Alembert
- SOURCE : impr.
- ÉDITION : Preuss XXIV n° 46, p. 432-434
- INCIPIT : « Vous avez reçu un *Eloge* moins fait pour l'ostentation... »

CONTENU : L'*Eloge* a touché non par son éloquence, mais par sa vérité. Le pape ressemble « à un vieux danseur de corde » en excommuniant le duc de Parme, petit-fils de Louis XV. Epître de Marmontel en faveur d'une « fille de théâtre ». D'Al. occupé à « augmenter l'édition de ses œuvres ». Volt. travaillerait à un ouvrage pour Cath. II. Vœux de santé.

68.21 | **1er avril [1768].** D'Alembert à Voltaire
- SOURCE : autogr., « à Paris », « Vendredi-saint », adr., 3 p.
- LOCALISATION DU MS. : Den Haag RPB 129, G16A30, 104
- ÉDITION : Best. D14909
- INCIPIT : « La date de ma lettre, mon cher maître, me fait souvenir... »

CONTENU : Grand « poisson d'avril » pour le genre humain. Rassuré qu'il n'aille pas en Russie. Il est usé par le travail à cinquante ans. Vente de Ferney. A vu La Harpe. Damilaville lui fera parvenir la géométrie de Clairaut.

68.22 | **5 avril [1768].** D'Alembert à Voltaire
- SOURCE : autogr., « à Paris », adr., 3 p.
- LOCALISATION DU MS. : Den Haag RPB 129, G16A30, 105
- ÉDITION : Best. D14922
- INCIPIT : « Mon cher et ancien ami, j'ai une grâce à vous demander... »

CONTENU : L. d'introduction pour le marquis de Mora, jeune Espagnol, gendre du marquis d'Aranda, esprit éclairé qui sera accompagné par le duc de Villahermosa et se propose de venir converser à Ferney. Demande un mot de réponse « ostensible ». Ils partiront le 20.

ANNÉE 1768

68.23 | **11 avril [1768].** Voltaire à D'Alembert
- SOURCE : de la main du secrétaire, « à Ferney », adr., 3 p.
- LOCALISATION DU MS. : Oxford VF
- ÉDITION : Best. D14936
- REMARQUE : copie Darmstadt B, Ms. Hs 2322, f. 330-332
- INCIPIT : « Si je recevrai des grands d'Espagne qui ne sont point superstitieux ! »

CONTENU : Recevra [Mora et Villahermosa]. La Harpe et sa l. hypocrite sont la cause de sa séparation avec Mme Denis à qui il a fait une pension. A établi Mlle Corneille, n'aura rien à se reprocher.

68.24 | **15 avril 1768.** D'Alembert à Frédéric II
- SOURCE : impr., « Paris »
- ÉDITION : Preuss XXIV, n° 47, p. 434-435
- INCIPIT : « J'ai déjà eu l'honneur de faire à Votre Majesté... »

CONTENU : Nouvel éloge de l'*Eloge*. Succès de l'image du « vieux danseur de corde ». Marmontel. Volt. fait ses pâques à Ferney, renvoie sa nièce [Mme Denis] à Paris, reste seul avec le jésuite Adam, se dit ruiné par le duc de Wurtemberg. Fait imprimer « deux volumes de grimoires algébriques », faits depuis deux ans. Le fils de la comtesse de Boufflers-Rouverel à Berlin.

68.25 | **20 avril 1768.** Béguelin à D'Alembert
- SOURCE : autogr., d.s., « à Berlin », P.-S., 2 p.
- LOCALISATION DU MS. : Paris Institut, Ms. 876, f. 277
- ÉDITION : Henry 1885, p. 61-62
- REMARQUE : l'extrait annoncé, solution du problème de « Croix et pile » est le Ms. 876, f. 278-279
- INCIPIT : « J'eus l'honneur de vous écrire au mois de novembre... »

CONTENU : Avait donné son mém. sur les prismes de Dollond au vol. 31 d'*HAB* que Formey devait lui envoyer, mais le vol. n'est pas encore parti. Joint un extrait de son mém. sur les probabilités après lecture du t. V des *Mélanges*. A lu dans le *J. enc.* des remarques sur les doutes de D'Al. P.-S. Objectif à cinq verres.

68.26 | **20 avril [1768].** D'Alembert à Voltaire
- SOURCE : autogr., « à Paris », adr., 3 p.
- LOCALISATION DU MS. : Den Haag RPB 129, G16A30, 106
- ÉDITION : Best. D14972
- INCIPIT : « Vous croyez bien, mon cher maître, qu'aussitôt votre... »

CONTENU : Mora reconnaissant à Volt. de le recevoir. La Harpe ne l'a pas informé du contenu de sa l., les bontés de Volt. L'hypocrite janséniste La Bléterie auteur d'une traduction de Tacite, y a écrit contre les « vieux poètes » et Volt. Conseille à Volt. de lui répondre et lui rapporte une anecdote sur La Bléterie croisé en 1750.

68.27 | **23 avril [1768].** D'Alembert à Voltaire
- Source : autogr., « à Paris », 2 p.
- Localisation du ms. : Den Haag RPB 129, G16A30, 107
- Édition : Best. D14978
- Incipit : « Mon cher et illustre confrère, M. le Marquis de Mora... »

Contenu : L. remise par Mora et Villahermosa. Souhaiterait à la France des grands seigneurs comme ceux-là.

68.28 | **25 avril 1768.** D'Alembert à Frisi
- Source : autogr., d.s., « à Paris », P.-S., 3 p.
- Localisation du ms. : London BL, Egerton 15, f. 40-41
- Édition : Delbeke 1938, p. 155-156. Rutschmann, 1977 p. 34
- Incipit : « Je vous envoie deux ouvrages de ma façon... »

Contenu : Envoie *Opuscules*, t. IV ; le t. V va paraître. Nouvelle éd. de la *Destruction des jésuites* et du *Supplément*, très mal imprimé la première fois. A lu les premières feuilles du *Calcul intégral* de Leseur et Jacquier, en est très content. Civilités pour Beccaria, Verri et Firmian. P.-S. A reçu les livres de Saladini et de Riccati, attend celui de Frisi.

68.29 | **25 avril [1768].** D'Alembert à Hume
- Source : autogr., « à Paris », 1 p.
- Localisation du ms. : Edinburgh NLS, Ms. 23153, n° 18
- Édition : Grimsley 1961, p. 595, note 1
- Incipit : « Voilà, mon cher ami, une lettre de M. de Catt... »

Contenu : Billet accompagnant la l. de remerciement écrite par de Catt pour son cousin anglais. Mlle de Lespinasse le regrette comme lui.

68.30 | **27 avril 1768.** Castillon à D'Alembert
- Source : autogr., d.s., « à Berlin », adr., cachet rouge, P.-S., 5 p.
- Localisation du ms. : Paris Institut, Ms. 876, f. 292-294
- Édition : Henry 1885/1886, p. 48-49
- Incipit : « Il m'a été impossible de répondre plus tôt à la lettre... »

Contenu : Rép. à sa l. du 29 janvier, problèmes de son fils réglés par Fréd. II. Objectifs construits suivant ses hypothèses, l'un flou, l'autre excellent. Lui demande ses mesures pour les oculaires de flint-glass (Réflexions du 14 mai 1766, p. 19). Négociations pour le poste de directeur, son avenir. P.-S. Veut vendre à un libraire parisien un recueil d'artillerie établi à partir de Chezeaux, Robins, Euler, d'Arcy, Lambert, etc.

68.31 | **27 avril 1768.** De Catt à D'Alembert
- Source : autogr. au dos de la lettre de Castillon du 27 avril
- Localisation du ms. : Paris Institut, Ms. 876, v° du f. 293
- Édition : Henry 1885/1886, p. 50
- Incipit : « Voila, mon cher ami, une lettre de M. Castillon. »

CONTENU : Lui répondra quand le « grand homme » lui écrira. Le cousin n'a pas de pension. Lui demande de penser à sa l. et à celle du marquis. Retard du courrier, ce que le marquis et lui ont demandé.

68.32 | **27 avril [1768].** VOLTAIRE à D'ALEMBERT
- SOURCE : impr.
- ÉDITION : Kehl LXVIII, p. 475-476. Best. D14983. Pléiade IX, p. 461-462
- INCIPIT : « Mon cher ami, mon cher philosophe, je suis tenté de... »

CONTENU : L'abbé de La Blétérie vexé d'un *Avis* attribué à Volt., épigramme sur La Blétérie « envoyée de Lyon ». Les pâques de Volt. Malgré sa faible santé, attend les deux aimables Espagnols.

68.33 | **29 avril [1768].** D'ALEMBERT à LAGRANGE
- SOURCE : autogr., « à Paris », adr., cachet rouge, 3 p.
- LOCALISATION DU MS. : Paris Institut, Ms. 915, f. 60-61
- ÉDITION : Lalanne 1882, XIII, p. 110-112
- INCIPIT : « Mon cher et illustre ami, le 4e volume de mes... »

CONTENU : Envoi des *Opuscules*, t. IV et d'autres ouvrages pour lui et l'Acad. [de Berlin] par Métra. D. Bernoulli malmené dans les *Opuscules*, doutes sur le calcul des probabilités, cordes vibrantes [Mém. 25]. *Opuscules*, t. V sont sous presse. Attend toujours *HAB 1765*, faire les envois par Michelet à moindre frais. Prix de la théorie de la Lune. Envoie un mot de Bailly. N'ira pas à Berlin à cause de sa santé.

68.34 | **1er mai [1768].** VOLTAIRE à D'ALEMBERT
- SOURCE : impr.
- ÉDITION : Kehl LXVIII, p. 477-478. Best. D14991. Pléiade IX, p. 468-469
- INCIPIT : « Mon cher ami, mon cher philosophe, que l'être des êtres... »

CONTENU : Progrès des « Ibériens », contrairement à la France. Triomphe de « l'abominable jansénisme ». Prudence recommandée aux « Frères ».

68.35 | **7 mai 1768.** FRÉDÉRIC II à D'ALEMBERT
- SOURCE : impr., « Postdam »
- ÉDITION : Preuss XXIV, n° 48, p. 436-437
- INCIPIT : « Un dieu favorable aux philosophes a envoyé un esprit... »

CONTENU : Nouvelles extravagances du pape. Plaisanteries sur le destin des philosophes (Diderot, Marmontel, Volt., Rousseau, d'Argens). Certificat de communion envoyé par Volt. à Versailles. Galilée, Descartes, Bayle et Michel Servet ont été plus maltraités que D'Al.

68.36 | **13 mai [1768].** D'ALEMBERT à VOLTAIRE
- SOURCE : autogr., « à Paris », 3 p.
- LOCALISATION DU MS. : Den Haag RPB 129, G16A30, 108
- ÉDITION : Best. D15016
- INCIPIT : « Dieu m'est témoin, mon cher maître, combien j'ai été... »

CONTENU : Les pâques de Volt. Pasquier. Prudence à recommander aux imprimeurs Chirol, Grasset, Marc-Michel Rey. Le marquis de Mora enchanté de Volt. Le mot de Fréd. II sur l'excommunication. La mauvaise traduction de La Bléterie. La l. de Villahermosa.

68.37 | **13 mai 1768.** VOLTAIRE à D'ALEMBERT
- SOURCE : impr.
- ÉDITION : Henry 1887a, p. 328. Best. D15014. Pléiade IX, p. 480-481
- INCIPIT : « Mon cher et vrai philosophe, lisez la page 48 de la... »

CONTENU : La Bléterie. Frère Marin et l'impression à Paris de la *Guerre civile de Genève*. Deux éditions de la mort du chevalier de La Barre, attendre trois mois pour avoir les livres de Hollande.

68.38 | **26 mai [1768].** D'ALEMBERT à DUTENS
- SOURCE : autogr., s., « à Paris », adr., 3 p.
- LOCALISATION DU MS. : London Coutts, 3053
- ÉDITION : Pappas 1994, p. 233-234
- INCIPIT : « Je n'ai reçu que depuis très peu de jours les trois... »

CONTENU : Trois premiers vol. de l'édition de Leibniz présentée par les Frères de Tourne, a lu sa préface. Mlle de Lespinasse et lui le regrettent. Le bon Hume. Chastellux.

68.39 | **26 mai [1768].** D'ALEMBERT à VOLTAIRE
- SOURCE : autogr., « à Paris », adr., 3 p.
- LOCALISATION DU MS. : Den Haag RPB 129, G16A30, 109
- ÉDITION : Best. D15037
- INCIPIT : « J'ai reçu, mon cher et illustre maître, le poème... »

CONTENU : La Borde lui a transmis le poème [*Guerre civile de Genève*] et la relation de la mort de La Barre. Rochefort [d'Ally] n'est pas à Paris. L. de Fréd. II sur l'excommunication du duc de Parme. Expédition de Corse. Wilkes.

68.40 | **29 mai [1768].** LAGRANGE à D'ALEMBERT
- SOURCE : autogr., « à Berlin », 4 p.
- LOCALISATION DU MS. : Paris Institut, Ms. 876, f. 151-152
- ÉDITION : Lalanne 1882, XIII, p. 96-98
- REMARQUE : d'abord datée de 1767 puis corrigée dans le supplément de Lalanne
- INCIPIT : « Mon cher et illustre ami, une légère indisposition que... »

CONTENU : A envoyé deux vol. de l'*HAB* par Michelet et Métra. *HAB 1766* sous presse. Mém. de Lagrange sur le prochain passage de Vénus. Imprimera les mém. d'Euler dans *HAB 1762* et *HAB 1763*. Attend les ouvrages envoyés. Prix de la Lune. Prochain prix de l'Acad. de Berlin sur les lunettes achromatiques : incite D'Al. à concourir. Critiques de Fontaine sur sa méthode des isopérimètres. Insiste pour que D'Al. fasse le voyage de Berlin. Rép. au mot de Bailly, équations séculaires de Jupiter.

68.41 | **31 mai [1768].** D'Alembert à Rochefort d'Ally
- SOURCE : autogr., s., « à Paris », adr. « à Mende », cachet rouge, 3 p.
- LOCALISATION DU MS. : Genève, coll. J.-D. Candaux
- INCIPIT : « Je vous suis très obligé, mon cher ami, d'avoir bien… »

CONTENU : Respect à la comtesse de Rochefort. Il se repose pour « faire vie qui dure », maladie de Duclos. La mère et la femme de Rochefort. Brochures de Genève. *Voyages d'un philosophe* de Poivre [1768], *Traité de la liberté* de Fontenelle. Attend leur retour le 20, Mlle de Lespinasse remercie pour le carrosse.

68.42 | **31 mai [1768].** D'Alembert à Voltaire
- SOURCE : autogr., « à Paris », adr., 3 p.
- LOCALISATION DU MS. : Den Haag RPB 129, G16A30, 110
- ÉDITION : Best. D15049
- INCIPIT : « Je profite, mon cher et illustre maître, d'une occasion… »

CONTENU : Ne passe pas par la poste, sur les pâques de Volt. comédie dangereuse. La rage des dévots contre Volt. L'évêque d'Annecy [Biord]. Rochefort [d'Ally] à Mende et sera de retour le 20.

68.43 | **11 juin 1768.** D'Alembert à Dutens
- SOURCE : autogr., s., « à Paris », P.-S., 3 p.
- LOCALISATION DU MS. : London Coutts, 3052
- ÉDITION : Pappas 1994, p. 234-235
- INCIPIT : « Cette lettre vous sera remise par M. l'abbé de Vauxcelles… »

CONTENU : Voyage à Londres de Vauxcelles, recommandé par lui et Mlle de Lespinasse. Sa chienne Themire. Les préfaces au Leibniz. P.-S. Recommandation pour Suard qui accompagne Vauxcelles.

68.44 | **11 juin [1768].** D'Alembert à Hume
- SOURCE : autogr., s., « à Paris », P.-S., adr., cachet, 3 p.
- LOCALISATION DU MS. : Edinburgh NLS, Ms. 23153, n° 14
- ÉDITION : Burton 1849, p. 214-215
- INCIPIT : « Mon cher ami, mon cher philosophe, voilà M. l'abbé de Vauxcelles… »

CONTENU : Vauxcelles va en Angleterre, « Wilkes and liberty ». Histoire de la reine Anne. Sottises qu'on a faites en Europe. P.-S. Mlle de Lespinasse rappelle la promesse de Hume d'une nouvelle édition de ses œuvres philosophiques.

68.45 | **[15 juin 1768].** D'Alembert et Damilaville à Voltaire
- SOURCE : doublement autogr., deux lignes de Damilaville, adr., 3 p.
- LOCALISATION DU MS. : Den Haag RPB 129, G16A30, 111
- ÉDITION : Best. D15073
- INCIPIT : « Mon cher maître, mon cher confrère, mon cher ami, avez-vous lu une brochure… »

CONTENU : L'*Examen de l'Histoire d'Henri IV par M. de Bury* n'épargne pas Volt. La *Profession de foi des théistes* [de Volt.]. Chapitre IX d'Esther. Brochures de M.-M. Rey. Choiseul protège La Bléterie. Au chevet de Damilaville qui a une sciatique.

68.46 | **16 juin [1768].** D'ALEMBERT à LAGRANGE
- SOURCE : autogr., « à Paris », P.-S. « du 18 », 4 p.
- LOCALISATION DU MS. : Paris Institut, Ms. 915, f. 62-63
- ÉDITION : Lalanne 1882, XIII, p. 112-114
- INCIPIT : « Mon cher et illustre ami, j'ai enfin reçu les deux volumes de vos *Mémoires* de 1765 et 1761. »

CONTENU : Méthode de Lagrange pour les tautochrones supérieure à celle de Fontaine. D'Al. doit sa mauvaise santé à son premier voyage à Berlin. Envisage un voyage en 1770, car il sera directeur de l'Acad. sc. en 1769. Bailly remercie Lagrange. Enverra un « carton » pour son mémoire sur les lunettes achromatiques. Paiement de la poste pour les *HAB*. Envoyer les l. à de Catt. Prix sur la Lune. P.-S. S'étonne des élections [Acad. de Berlin], voudrait que Bossut en soit.

68.47 | **20 juin 1768.** D'ALEMBERT à FRÉDÉRIC II
- SOURCE : impr., « Paris », P.-S.
- ÉDITION : Preuss XXIV, n° 49, p. 437-439
- INCIPIT : « J'en demande pardon à Votre Majesté, je reconnais toute... »

CONTENU : Les sottises du pape ne feront pas cesser les persécutions des philosophes. Saisie d'Avignon par Louis XV. Départ de Métra pour Berlin, ne peut l'accompagner. Pâques de Volt., intervention de son curé auprès de l'évêque d'Annecy [Biord]. Vœux de santé. P.-S. La *Profession de foi des théistes*, « fruit des pâques de Ferney ».

68.48 | **23 juin 1768.** D'ALEMBERT à DU TOUR
- SOURCE : cat. vente Charavay n° 706, juin 1961, n° 28123 (2) : autogr., s., « Paris »
- EXTRAIT : « ... occupé par l'impression d'un cinquième volume... »

CONTENU : Occupé par l'impression du vol. V des *Opuscules*, mais lui donnera un avis sincère sur son mém.

68.49 | **28 juin 1768.** VOLTAIRE à D'ALEMBERT
- SOURCE : impr.
- ÉDITION : Henry 1887a, p. 329 la date du 22. Best. D15102. Pléiade IX, p. 533-534 qui datent du 28
- INCIPIT : « Un homme qui n'a jamais fait de vers voulait lire... »

CONTENU : Epigramme sur La Bléterie, lui préfère Tacite. D'Al. « seul homme digne de traduire Tacite ».

ANNÉE 1768

68.50 | **7 juillet 1768.** D'ALEMBERT à un correspondant non identifié
• SOURCE : autogr., d.s., « à Paris », 1 p.
• LOCALISATION DU MS. : Leipzig UB, Samml. Nebauer W 114
• INCIPIT : « M. l'abbé Bossut, correspondant de l'Académie des sciences, et homme de beaucoup de mérite, aura l'honneur... »

CONTENU : L. de recommandation pour l'abbé Bossut.

68.51 | **10 juillet [1768].** D'ALEMBERT à VOLTAIRE
• SOURCE : autogr., s., « à Paris », 1 p.
• LOCALISATION DU MS. : Den Haag RPB 129, G16A30, 112
• ÉDITION : Best. D15136
• INCIPIT : « Voulez-vous bien, mon cher maître, que je vous... »

CONTENU : L. de recommandation pour Young, « véritable sage », qui a déjà vu Volt. « il y a environ 2 ans ».

68.52 | **11 juillet 1768.** D'ALEMBERT à DU TOUR
• SOURCE : cat. vente Charavay n° 706, juin 1961, n° 28.123 (2) : autogr., d.s., « Paris »
• EXTRAIT : « ... J'ai lu avec attention [...] le mémoire que vous m'avez fait l'honneur de m'envoyer... »

CONTENU : D'Al. réfute les principes et le résultat du calcul de la décomposition de Du Tour, relative aux angles de réfraction. Peut faire examiner son mém. par d'autres mathématiciens.

68.53 | **20 juillet 1768.** CASTILLON à D'ALEMBERT
• SOURCE : autogr., d.s., « à Berlin », adr., cachet, 2 p.
• LOCALISATION DU MS. : Paris Institut, Ms. 876, f. 295-296
• ÉDITION : Henry 1885/1886, p. 50-51
• INCIPIT : « Si les libraires ne veulent pas payer raisonnablement les manuscrits, je garderai les miens. »

CONTENU : La lunette avance, oculaire de crown-glass, destinée au roi. Les lunettes suivant la théorie d'Euler sont mauvaises. Remarque et doute sur le § 10 du dernier mém. de D'Al. sur les oculaires.

68.54 | **30 juillet 1768.** D'ALEMBERT à FRISI
• SOURCE : autogr., d.s., « à Paris », adr. « à Vienne, en Autriche », cachet, 3 p.
• LOCALISATION DU MS. : London BL, Egerton 15, f. 42-43
• ÉDITION : Delbeke 1938, p. 156-158. Rutschmann 1977, p. 35-36
• INCIPIT : « Je reçois à l'instant votre ouvrage et votre lettre... »

CONTENU : A reçu sa théorie de la Lune. Frisi n'avait pas reçu le 10 juin le vol. IV des *Opuscules*. D'Al. l'avait donné à l'abbé Nicoli, chargé de l'envoyer à Milan. Écrit à de Catt pour un ami de Frisi. Demande les mém. de Boscovich sur les lunettes achromatiques. Deleyre n'est plus à Parme. Bailly, Tenon et Du Séjour. Impression des *Opuscules*, t. V. Travaille sur la précession des équinoxes et le calcul intégral, MARS. La cour de Rome.

68.55	**4 août 1768.** FRÉDÉRIC II à D'ALEMBERT
	• SOURCE : impr.
	• ÉDITION : Preuss XXIV, n° 50, p. 439-441
	• INCIPIT : « Je vois que votre attachement à la philosophie est... »
CONTENU :	A compris qu'il préfère, comme Epicure, sa « retraite philosophique » à toute chose. A Berlin le marquis [d'Argens] va jusqu'à s'interdire tout mouvement. Lui envoie sa propre dissertation sur la paresse. Liste de plaisants paradoxes qu'il tient en réserve.

68.56	**15 août 1768.** LAGRANGE à D'ALEMBERT
	• SOURCE : autogr., d., « à Berlin », P.-S., 8 p.
	• LOCALISATION DU MS. : Paris Institut, Ms. 876, f. 157-160
	• ÉDITION : Lalanne 1882, XIII, p. 114-119
	• INCIPIT : « Mon cher et illustre ami, j'ai reçu depuis quelque temps... »
CONTENU :	A reçu tous les livres sauf la *Destruction des jésuites* saisie à Strasbourg. Remercie D'Al. pour les *Opuscules*. Béguelin lit le mém. de D'Al. sur l'optique. Lagrange discute plusieurs mém. des *Opuscules*, t. IV : mécanique [21-22], cordes vibrantes [25], force d'inertie [28 § III] ; le plus important est celui sur le calcul intégral [26]. S'explique sur les élections des associés étrangers, lui demande d'être directeur. Métra ne lui fera plus payer le port. Travaille toujours sur la théorie de la Lune. Fait de l'arithmétique (discute Wallis). Discussions de Fontaine et de Borda sur les isopérimètres. Mort de Camus, entrée possible de Condorcet à [l'Acad. sc.]. P.-S. Concours de Berlin sur les lunettes.

68.57	**26 août [1768].** D'ALEMBERT à VOLTAIRE
	• SOURCE : autogr., « à Paris », 2 p.
	• LOCALISATION DU MS. : Den Haag RPB 129, G16A30, 113
	• ÉDITION : Best. D15191
	• INCIPIT : « Vous m'avez entièrement oublié, mon cher... »
CONTENU :	Le prix de l'Acad. fr. a échappé à La Harpe, il a été donné à l'abbé Langeac. Il voudrait qu'il lui envoie les feuilles volantes qui paraissent dans son canton. Damilaville très malade.

68.58	**2 septembre [1768].** VOLTAIRE à D'ALEMBERT
	• SOURCE : impr.
	• ÉDITION : Kehl LXVIII, p. 485-487. Best. D15199. Pléiade IX, p. 599-600
	• INCIPIT : « Comment donc ! il y avait de très beaux vers dans... »
CONTENU :	La Harpe et « les avantages de la philosophie ». L'abbé de Langeac. Demande si d'Olivet a eu une apoplexie. Il a été préfet de Volt. A vu trépasser Le Tellier et Bourdaloue. Ne peut plus lui envoyer les brochures hollandaises de

M.-M. Rey que Chirol débite à Genève. Damilaville n'ayant plus de bureau, il demande à D'Al. de trouver un autre intermédiaire. Ridicule de Needham sur la génération des anguilles, Buffon. La *Destruction des jésuites*. Chercher la l. écrite par Volt. à Damilaville.

68.59 | **14 septembre [1768].** D'ALEMBERT à VOLTAIRE
- SOURCE : autogr., « à Paris », adr., 3 p.
- LOCALISATION DU MS. : Den Haag RPB 129, G16A30, 114
- ÉDITION : Best. D15210
- INCIPIT : « Je crois, mon cher maître, que la pièce... »

CONTENU : Prix [de l'Acad. fr.]. Envoyer les brochures à l'abbé Morellet. Les *Colimaçons* [de Volt.]. Needham et Buffon. « Que sais-je ? » est sa devise. Damilaville toujours malade. Guerre russo-turque. Expédition de Corse pour le compte des Génois. D'Olivet mourant.

68.60 | **16 septembre 1768.** D'ALEMBERT à FRÉDÉRIC II
- SOURCE : impr., « Paris »
- ÉDITION : Preuss XXIV, n° 51, p. 441-442
- INCIPIT : « Quelque éloge que Votre Majesté fasse de la paresse... »

CONTENU : Retour de Métra avec de bonnes nouvelles de la santé de Fréd. II. Est d'accord avec l'éloge de la paresse et avec J.-J. Rousseau. Le Grand Turc attaque la Russie. Paradoxes sur le bonheur des peuples.

68.61 | **[c. septembre 1768].** CONDORCET à D'ALEMBERT
- SOURCE : autogr., adr., cachet noir, 3 p.
- LOCALISATION DU MS. : Paris Institut, Ms. 876, f. 2-3
- ÉDITION : Henry 1885/1886, p. 60-61
- INCIPIT : « Enfin, monsieur, la lettre que vous avez bien voulu me permettre de vous adresser va paraître... »

CONTENU : Le remercie pour l'aide à la publication de la [*Lettre à D'Al. sur le système du Monde*, voir A68.01, privilège du 14 septembre, présenté par D'Al. à l'Acad. sc. le 16 novembre 1768]. Résolution d'équations aux différentielles partielles. La place de Camus revient à Bossut [nommé adjoint à l'Acad. sc. le 6 août 1768]. Enverra dans peu un mém. qu'il a fait. Mlle de Lespinasse.

68.62 | **4 octobre 1768.** FRÉDÉRIC II à D'ALEMBERT
- SOURCE : impr.
- ÉDITION : Preuss XXIV, n° 52, p. 442-444
- INCIPIT : « Je ne pensais pas devenir chef de secte... »

CONTENU : Bienfaits de la paresse. Troupes turques au Monténégro pour réduire un rebelle. Plaisanteries sur ses prochains ouvrages : la *Massue du despotisme* et un traité *De l'utilité de la pauvreté*. Son accès trisannuel de goutte. Le marquis [d'Argens] à Aix[-en-Provence]. Caricature de Volt. se confessant.

68.63 | **10 octobre [1768]** D'Alembert à Formey
- Source : autogr., s., « à Paris », 1 p.
- Localisation du ms. : Krakow BJ, coll. Varnhagen
- Incipit : « Depuis votre lettre du 20 avril j'ai attendu... »

Contenu : L'informe que, depuis sa l. du 20 avril, il n'a pas reçu les ouvrages annoncés.

68.64 | **15 octobre [1768].** Voltaire à D'Alembert
- Source : impr.
- Édition : Kehl LXVIII, p. 489-490. Best D15252. Pléiade IX, p. 633-634
- Incipit : « Je ne sais plus où j'en suis, mon très cher et très... »

Contenu : Inquiétude pour Damilaville. « La pluie des livres contre la prêtraille ». La *Riforma d'Italia*. Ses *Droits des hommes*. Les *Lettres philosophiques* [de Toland]. Moncrif. Demande qui succèdera à d'Olivet.

68.65 | **22 octobre [1768].** D'Alembert à Voltaire
- Source : impr.
- Édition : Kehl LXVIII, p. 490-491. Best. D15271
- Incipit : « Vous devez, mon cher maître, avoir reçu une lettre de... »

Contenu : Damilaville lui a écrit, mais son état est critique. Saint-Fargeau et Pasquier condamnent un pauvre diable pour des livres, dont *L'Homme aux quarante écus*. Condillac succèdera à d'Olivet. L'abbé Batteux demande à Volt. des anecdotes sur d'Olivet.

68.66 | **2 novembre 1768.** Georges-Louis Le Sage à D'Alembert
- Source : minute autogr., d.s., « Genève, à côté de St Pierre », 2 p.
- Localisation du ms. : Genève BGE, Ms. Suppl. 517, f. 17
- Édition : Henry 1885, p. 19-20
- Remarque : cat. vente « Lettres autographes sur le XVIIIe siècle » (Etienne Charavay expert), 11 avril 1876, n° 48 (l. passée en vente jusqu'en 1890) : 6 p. autogr. avec cachet, dont 2 p. de la main d'un secrétaire ; cet original contient la notice détaillée des travaux de Stanhope
- Incipit : « Loin de chercher à justifier mon silence de 5 à 6 ans... »

Contenu : Mort de Morton, sa place d'associé étranger devrait aller à Stanhope dont il a réuni les mém., envoie celui sur la quadrature approchée du cercle. Envoie la notice à Lalande. Espère que leurs différends ne joueront pas. Analystes modernes.

68.67 | **2 novembre 1768.** Voltaire à D'Alembert
- Source : original, s. « V. », 3 p.
- Localisation du ms. : Paris BnF, NAFr. 24330, f. 113-114
- Édition : Best. D15281. Pléiade IX, p. 653
- Incipit : « Mon cher et illustre philosophe, je ne sais d'autre... »

Contenu : Sur l'abbé d'Olivet. Berger et Fréron. *Les Trois Empereurs en Sorbonne* de l'abbé Caille [Volt.] ; Morellet en a donné un exemplaire à Marmontel. A envoyé pour D'Al. un *Siècle de Louis XIV* et *de Louis XV* [de Volt.].

68.68 | **4 novembre 1768.** SAINT-FLORENTIN à D'ALEMBERT
- SOURCE : minute, « Missives année 1768 », d.
- LOCALISATION DU MS. : Paris AN, O1 410, p. 705-706
- INCIPIT : « Il ne me sera pas possible, monsieur, de me trouver à la rentrée publique de l'Académie des sciences, le retour du roi... »

CONTENU : Les mém. que D'Al. lui a annoncés l'auraient intéressé. Zèle de D'Al. pour la gloire de l'Acad. sc.

68.69 | **7 novembre 1768.** NAU à D'ALEMBERT
- SOURCE : autogr., d.s., « à Paris », adr., cachet noir, 3 p.
- LOCALISATION DU MS. : Paris Institut, Ms. 2466, f. 160-161
- INCIPIT : « Lorsque j'ai eu l'honneur de vous consulter sur le mot... »

CONTENU : « Réguliers » dans l'art des dates. Pingré. Musique : Système de Boisgelon, cité par J.-J. Rousseau et l'*Enc.* Art. « Durée » : question sur les formules, doute sur l'exactitude.

68.70 | **7 novembre 1768.** VOLTAIRE à D'ALEMBERT
- SOURCE : de la main de Wagnière, adr. autogr.
- LOCALISATION DU MS. : Paris BnF, NAFr. 24330, 116-117
- ÉDITION : Best. D15298. Pléiade IX, p. 662-663
- INCIPIT : « Mon Dieu que les articles de physique de M. O sont bien faits ! On me lit l'*Encyclopédie* tous les soirs. »

CONTENU : Eloge des art. de physique de D'Al. dans l'*Enc. Bélisaire*. Abbé Caille, *Trois empereurs*.

68.71 | **12 novembre 1768.** D'ALEMBERT à NAU
- SOURCE : copie intitulée « Réponse de Monsieur d'Alembert à M. Nau » au v° « Observation générale sur cette réponse »
- LOCALISATION DU MS. : Paris Institut, Ms. 2466, entre f. 163 et f. 164
- EXTRAIT : « Il est aisé de voir, ce semble, que dans la gamme d'ut... »

CONTENU : Rép. à sa l. Formule pas applicable au mode mineur, difficulté d'avoir une règle générale.

68.72 | **12 novembre [1768].** D'ALEMBERT à VOLTAIRE
- SOURCE : autogr., adr., 3 p.
- LOCALISATION DU MS. : Den Haag RPB 129, G16A30, 115
- ÉDITION : Best. D15309
- INCIPIT : « J'ai reçu mon cher maître, il y a déjà quelques jours... »

CONTENU : Accuse réception des envois de Volt. Censeur Riballier. Le roi de Danemark à Paris, dit que [Volt.] lui a « appris à penser ». Paoli. Damilaville toujours en triste état. Donnera à Condillac l'anecdote sur d'Olivet qui était un mauvais confrère et envoyait à Fréron les brochures contre Volt.

68.73 | **17 novembre [1768].** D'Alembert à Georges-Louis Le Sage
- Source : autogr., s., « Paris », 1 p.
- Localisation du ms. : Genève BGE, Ms. Suppl. 512, f. 15
- Édition : Henry 1885/1886, p. 20-21
- Incipit : « Je suis persuadé de tout le mérite de milord Stanhope... »

Contenu : Ne connaît pas les ouvrages de Stanhope, la place d'associé étranger demande des « titres publics », Lagrange tout indiqué ou le remplaçant de Milord Morton à la place de président de la Royal Society.

68.74 | **20 novembre 1768.** D'Alembert à Lagrange
- Source : autogr., d.s., « à Paris », 4 p.
- Localisation du ms. : Paris Institut, Ms. 915, f. 64-65
- Édition : Lalanne 1882, XIII, p. 120-122
- Incipit : « M. le comte de Redern veut bien se charger, mon cher... »

Contenu : Envoi du t. V des *Opuscules*, peut-être le dernier hors MARS. Attire son attention sur des rép. à des remarques de Lagrange. Son « far niente ». Prix de la Lune, erreurs de Clairaut. Problèmes de Diophante et calcul intégral, *Mémoires de Pétersbourg*, t. VI. Fontaine et les tautochrones. On a donné la place de Camus à Bossut et non à Condorcet qui ne demeure pas encore à Paris. Mort de Deparcieux. Enverra un troisième mém. sur les lunettes [MARS 1767]. Attend HAB 1762 et HAB 1766.

68.75 | **20 novembre 1768.** D'Alembert à Maillet du Boulay
- Source : de la main d'un secrétaire, d., s. autogr., « à Paris », adr., cachet, 1 p.
- Localisation du ms. : Rouen BM, Archives de l'Académie des sciences, belles-lettres et arts, C 24
- Édition : *Documents concernant l'histoire littéraire du XVIIIe siècle conservés à Rouen*, 1912, p. 235
- Incipit : « On m'écrit d'Allemagne, monsieur, pour m'informer... »

Contenu : Voudrait connaître le sort de l'éloge de Corneille, « j'aurai du moins l'honneur de l'avoir entrepris », pour répondre à un correspondant allemand.

68.76 | **21 novembre [1768].** D'Alembert à Mme Duclos
- Source : cat. vente Charavay n° 784, février 1985, n° 40771 : autogr., s., « Paris », 2 p.
- Extrait : « Notre ami, madame, vous a jusqu'à présent donné lui-même de ses nouvelles, il ne le peut plus aujourd'hui et il me prie... »

Contenu : A propos de Damilaville très souffrant [mort en décembre 1768]. M. Roux persuadé qu'il n'a plus longtemps à vivre. Ses amis redoublent d'assiduité.

68.77 | **28 [juillet-novembre 1768].** D'Alembert à Rochefort d'Ally
- Source : autogr., « ce 28 », 2 p.
- Localisation du ms. : Genève, coll. J.-D. Candaux

	• REMARQUE : Mme de Rochefort a ici dix-neuf ans, le billet date donc de 1768, année où le couple n'est à Paris que de fin juin à fin novembre
	• INCIPIT : « Voilà, mon cher ami, tout ce que vous me demandâtes »
CONTENU :	Lui demande de ne pas faire de copies et de renvoyer ces pièces par voie sûre. Respects à « Mme Dixneuf ans » [Mme de Rochefort d'Ally].

68.78 | **29 novembre 1768.** D'ALEMBERT à LAGRANGE
- SOURCE : autogr., d., « à Paris », adr., cachet noir, 2 p.
- LOCALISATION DU MS. : Paris Institut, Ms. 915, f. 66-67
- ÉDITION : Lalanne 1882, XIII, p. 122-123
- INCIPIT : « Il y a environ huit jours, mon cher et illustre ami… »

CONTENU : Suite de sa l. du 20 novembre, transmises toutes les deux par le comte de Redern. Joint son troisième mém. d'optique [MARS 1767] pour lui et Castillon et les [Essais d'analyse] de Condorcet pour lui et l'Acad. [de Berlin]. Bon régime. Ecrira à Bitaubé. Compliments à Thiébault, Formey.

68.79 | **6 décembre [1768].** D'ALEMBERT à VOLTAIRE
- SOURCE : autogr., « à Paris », 2 p.
- LOCALISATION DU MS. : Den Haag RPB 129, G16A30, 116
- ÉDITION : Best. D15352
- INCIPIT : « Vous ne m'écrivez plus que de petits billets… »

CONTENU : Duclos le remercie pour l'envoi du Siècle de Louis XIV. L'agonie de Damilaville. Visite du roi de Danemark aux deux académies, son discours. Le roi lui a parlé de Volt.

68.80 | **6 décembre 1768.** LAGRANGE à D'ALEMBERT
- SOURCE : autogr., d., « a Berlin », 4 p.
- LOCALISATION DU MS. : Paris Institut, Ms. 876, f. 161-162
- ÉDITION : Lalanne 1882, p. 123-125
- INCIPIT : « Mon cher et illustre ami, j'ai remis à M. Métra… »

CONTENU : Se plaint du silence de D'Al. Fait suivre une l. envoyée par Euler à l'Acad. [de Berlin] ; continuera à travailler sur la Lune. A envoyé HAB 1766. HAB 1762, sous presse, contient un mém. de Béguelin sur les objectifs achromatiques avec critiques de D'Al. et Clairaut. A lu un très long mém. sur les problèmes indéterminés. Remercie Condorcet pour son ouvrage sur le problème des trois corps et attend sa Lettre à D'Alembert.

68.81 | **12 décembre [1768].** VOLTAIRE à D'ALEMBERT
- SOURCE : impr.
- ÉDITION : Kehl LXVIII, p. 496-497. Best. D15361. Pléiade IX, p. 700-701
- INCIPIT : « Mon cher philosophe, mon cher ami, je suis étonné… »

CONTENU : Damilaville. Son ami Rochefort [d'Ally] et sa jolie femme à Ferney. La Blétérie et la traduction de Tacite. Les philosophes et le roi de Danemark. Bélisaire traduit en russe. Erratum pour Le Siècle de Louis XIV.

68.82 | **14 décembre 1768.** D'Alembert à Mme Duclos
- SOURCE : cat. vente Drouot (J. Arnna expert), Paris, 8 mars 1962, n° 1/1) : autogr., d.s., « Paris », 2 p.
- EXTRAIT : « ... J'ai été témoin de l'état affreux où il était depuis trois semaines ; Liégeois m'a épargné la douleur de voir son agonie... »

CONTENU : Mort de Damilaville.

68.83 | **17 décembre [1768].** D'Alembert à Voltaire
- SOURCE : de la main d'un secrétaire, s. autogr., « A Paris », adr., 3 p.
- LOCALISATION DU MS. : Den Haag RPB 129, G16A30, 117
- ÉDITION : Best. D15373
- INCIPIT : « Je suis dans mon lit avec un rhume... »

CONTENU : Décès de Damilaville le 13 décembre après une difficile agonie. Duclos est malade et remercie Volt. de son ouvrage. Rochefort [d'Ally], ami de la philosophie. Le roi de Danemark. La Blétérie. *L'A.B.C.* [de Volt.].

68.84 | **19 décembre 1768.** D'Alembert à Frédéric II
- SOURCE : impr., « Paris »
- ÉDITION : Preuss XXIV, n° 53, p. 445-446
- INCIPIT : « Je crains d'importuner trop souvent Votre Majesté... »

CONTENU : Plaisanteries sur le Grand Turc soutenant la Pologne catholique. Le roi de Danemark harassé par six semaines à Paris. Il lui a envoyé son discours lors de la visite du roi à l'Acad. sc. Paresseux marquis [d'Argens] en Bourgogne. A reçu de Genève « quelques brochures édifiantes », notamment *L'A.B.C.* Vœux de Nouvel An.

68.85 | **19 décembre 1768.** D'Alembert à Lagrange
- SOURCE : de la main d'un secrétaire, d., s. autogr., « A Paris », P.-S., adr., cachet rouge, 4 p.
- LOCALISATION DU MS. : Paris Institut, Ms. 915, f. 68-69
- ÉDITION : Lalanne 1882, XIII, p. 126-127
- INCIPIT : « Je me sers d'un secrétaire, mon cher et illustre ami... »

CONTENU : A répondu il y a plus d'un mois, *via* Redern, à la l. remise par Métra. Ecrira à Condorcet. Euler a envoyé à l'Acad. sc. la même lettre qu'à Berlin, y annonce une théorie de la Lune. Attend les remarques de Béguelin sur ses objectifs. Curieux de voir ses recherches sur les équations indéterminées du second degré, matière difficile. Ne travaille pas en ce moment. P.-S. A reçu *HAB 1766*.

68.86 | **20 décembre 1768.** D'Alembert à Frisi
- SOURCE : de la main d'un secrétaire, d., s. et P.-S. autogr., « A Paris », adr., cachet, 3 p.
- LOCALISATION DU MS. : London BL, Egerton 15, f. 44-45
- ÉDITION : Delbeke 1938, p. 158-160. Rutschmann 1977, p. 37
- INCIPIT : « Je me sers d'une main étrangère pour vous écrire... »

CONTENU : Lui envoie à Milan le t. V des *Opuscules*. N'a pas encore lu l'ouvrage de Frisi. Discute un point de la théorie de la Lune de Frisi, sera l'objet d'un mém. que D'Al. lira bientôt à l'Acad. sc. Doute de ce qu'Euler a promis dans son projet sur la Lune. Visite du roi de Danemark. P.-S. A reçu mais n'a pas encore lu le livre de Boscovich.

68.87 | **21 décembre 1768.** SAINT-FLORENTIN à D'ALEMBERT
- SOURCE : minute, « Missives année 1768 », d.
- LOCALISATION DU MS. : Paris AN, O1 410, p. 808
- INCIPIT : « J'ai reçu, M., le nouveau volume que vous venez de donner au public. Votre nom à la tête d'un ouvrage assure... »

CONTENU : Remercie pour le [t. V des *Opuscules*], ne négligera pas les occasions de le satisfaire ; s'il reste de l'argent à l'Acad. sc., ne l'oubliera pas.

68.88 | **23 décembre [1768].** VOLTAIRE à D'ALEMBERT
- SOURCE : impr., P.-S.
- ÉDITION : Kehl LXVIII, p. 500-501. Best. D15382. Pléiade IX, p. 715-716
- INCIPIT : « Nos lettres s'étaient croisées, mon très cher philosophe. »

CONTENU : La mort de Damilaville. Demande l'envoi par Marin du discours prononcé devant le roi de Danemark. [La Bléterie] a fait écrire à Volt. Linguet a de l'esprit, mais est maladroit. On dit que D'Al. fait un ouvrage de géométrie. Leibniz et Descartes charlatans. *L'A.B.C.*

68.89 | **26 décembre 1768.** D'ALEMBERT à GROSLEY
- SOURCE : de la main d'un secrétaire, d., s. autogr., « A Paris », 2 p.
- LOCALISATION DU MS. : Troyes BM, Ms. 2977, n° 10
- ÉDITION : Babeau 1878, p. 148
- INCIPIT : « Je n'ai point eu l'honneur, monsieur, de vous écrire étant retenu au lit par un rhume... »

CONTENU : Vœux de nouvel an. Le discours [au roi de Danemark] n'est pas public car réservé aux MARS. Négligence des libraires de Grosley. Demande les *Ephémérides troyennes* de 1768. Si Grosley n'a pas la nouvelle éd. de la *Destruction des jésuites* qu'il croyait lui avoir donnée, la transmettra à Guy pour lui.

68.90 | **31 décembre 1768.** SAINT-FLORENTIN à D'ALEMBERT
- SOURCE : minute, « Missives année 1768 », d., 1 p.
- LOCALISATION DU MS. : Paris AN, O1 410, p. 828
- INCIPIT : « Je vous donne avis avec plaisir, monsieur, que le roi... »

CONTENU : Nomination de D'Al. comme directeur de l'Acad. [sc.] pour 1769.

68.91 | **31 décembre 1768.** VOLTAIRE à D'ALEMBERT
- SOURCE : de la main de Wagnière, d., s. autogr., adr., 3 p.
- LOCALISATION DU MS. : Den Haag RPB 459, G16A453, 33
- ÉDITION : Best. D15400. Pléiade IX, p. 727-728
- INCIPIT : « Mon cher philosophe, le démon de la discorde... »

CONTENU : Attaques contre Volt. dans des journaux de novembre. Les Choiseul protègent La Bléterie. Attaques de ce dernier contre Linguet, Marmontel, Hénault. Problèmes divers d'attribution : *Le Catécumène*, la *Lettre au docteur Pansophe*, le livre attribué à Fréret, *Le Christianisme dévoilé*, *Le Despotisme oriental*, *Enoch et Elie*, l'*ABC*. La Barre.

68.92 | **[fin décembre 1768].** FERDINAND, duc de Parme à D'ALEMBERT
- SOURCE : impr.
- ÉDITION : *MARS 1768*, (1770), « Histoire », p. 9
- REMARQUE : l. d'accompagnement de sa trad. du discours de D'Al prononcé le 3 déc. 1768, à laquelle D'Al. répond le 28 janvier 1769
- EXTRAIT : « ... Les vérités exprimées dans votre discours sont... »

CONTENU : A traduit le discours [de D'Al. au roi de Danemark] afin d'imprimer dans son âme ces règles pour les princes. Il y retrouve les sentiments d'humanité qu'on lui a inspirés dès l'enfance.

1769

69.01 | **2 janvier [1769].** D'Alembert à Voltaire
- SOURCE : de la main d'un secrétaire, d.s., « à Paris », adr., 3 p.
- LOCALISATION DU MS. : Den Haag RPB 129, G16A30, 118
- ÉDITION : Best. D15405
- INCIPIT : « Je ne suis plus enrhumé, mon cher maître… »

CONTENU : Envoie son discours [au roi de Danemark] qui a eu du succès ; le renvoyer par Marin. [Le duc de Duras]. Critique de [La Bléterie] par Linguet. La veuve et le domestique de Damilaville. N'a pas lu Leibniz. A publié [les t. IV et V des *Opuscules*] qui seront les derniers. [Duclos]. L'*A.B.C*, traduit de l'anglais par un avocat.

69.02 | **12 janvier 1769.** Ducrest à D'Alembert
- SOURCE : autogr., d., s. « baron, officier du génie », « de Mezieres », 2 p.
- LOCALISATION DU MS. : Paris Institut, Ms. 2466, f. 74
- INCIPIT : « Je prends la liberté, monsieur, de vous envoyer l'explication d'une machine… »

CONTENU : Lui demande son avis sur une machine qu'il a inventée, à faire aller les vaisseaux de tout vent. Lui demande la solution de deux problèmes. Fera un modèle réduit sur ses remarques. S'en remet à sa probité.

69.03 | **13 janvier 1769.** Voltaire à D'Alembert
- SOURCE : autogr. en partie, d., 4 p.
- LOCALISATION DU MS. : Paris BnF, NAFr. 24330, f. 118-119
- ÉDITION : Best. D15427. Pléiade IX, p. 750-751
- INCIPIT : « Je vous renvoie, mon cher philosophe, votre chien danois. »

CONTENU : Retourne le « chien danois », discours [au roi de Danemark] qu'il a fait copier, il faut l'insérer dans le *Mercure* qui devient bon. La Bléterie. Hénault. A envoyé à Marin la l. que le marquis de Belesta lui a écrite. Regrette Damilaville. L'*A.B.C*. Nombreux livres de Hollande. Ménager [Choiseul]. *Le Siècle de Louis XIV*.

69.04 | **14 janvier [1769].** D'Alembert à Hume
- SOURCE : autogr., s., « à Paris », adr. « à Londres », 3 p.
- LOCALISATION DU MS. : Edinburgh NLS, Ms. 23153, n° 19
- ÉDITION : Burton 1849, p. 215-216. Leigh 6528 (extrait)
- INCIPIT : « La mort de Milord Morton ne laisse aucune place… »

CONTENU : Pas de place vacante d'associé étranger car la place de surnuméraire est mal remplie. Donnerait volontiers son suffrage à Stanhope, si on choisit un Anglais, sinon à Lagrange. Ne sait ce que devient Rousseau, attend ses mém. avec indifférence, ne sait pourquoi il a quitté le prince de Conti, a épousé sa gouvernante querelleuse. Mlle de Lespinasse et lui renoncent à le revoir.

69.05 | **16 janvier 1769.** Frédéric II à D'Alembert
- SOURCE : impr.
- ÉDITION : Preuss XXIV, n° 54, p. 446-448
- INCIPIT : « Je vous aurais répondu plus tôt, si je ne m'étais vu... »

CONTENU : Bravo pour sa harangue au roi de Danemark et sa nomination [de directeur de l'Acad. sc.]. Satellite de Saturne perdu et prédictions astrologiques. Critique de L'A.B.C. de Volt. : n'entend ni Grotius ni Hobbes, juge correctement Montesquieu, voudrait bien douter de Dieu. « Le cher Isaac [d'Argens] » à Dijon. La [Pologne] en feu.

69.06 | **19 janvier [1769].** D'Alembert à Voltaire
- SOURCE : impr., « à Paris »
- ÉDITION : Kehl LXIX, p. 7-8. Best. D15438
- INCIPIT : « Vous aimez la raison et la liberté, mon cher... »

CONTENU : L. d'introduction pour un « philosophe républicain », Jennings, qui donnera des nouvelles de Suède, et des princes éclairés.

69.07 | **24 janvier [1769].** D'Alembert à la comtesse de Rochefort d'Ally
- SOURCE : autogr., adr. « à Mende en Gévaudan », cachet rouge, 2 p.
- LOCALISATION DU MS. : Genève, coll. J.-D. Candaux
- INCIPIT : « Vous faites, madame, plus d'honneur à ma petite... »

CONTENU : N'a pas recours aux contre-seings depuis les nouveaux règlements de la poste. N'a qu'une copie de son discours [au roi de Danemark] qu'il lui donnera à son retour. Parlera de son neveu Tramond à Bézout, mais seul compte le résultat à l'examen. Compliments de Mlle de Lespinasse.

69.08 | **25 janvier 1769.** Costar à D'Alembert
- SOURCE : autogr., s., « à Quâng Tcheou Fou », 3 p.
- LOCALISATION DU MS. : Paris Institut, Ms. 2466, f. 58-59
- INCIPIT : « Permettez que j'aie recours à vos connaissances... »

CONTENU : Lui demande son aide sur des points d'analyse, possède l'algèbre de Clairaut et Saunderson. L'*Enc.* est entre les mains d'un de ses « camarades ». Art. « nombre figuré », plus grand diviseur commun, voudrait démonstrations et résolution d'équations où l'inconnue est en exposant. Ose s'adresser à lui connaissant ses bonnes dispositions. Fera un long séjour.

69.09 | **28 janvier 1769.** D'Alembert à Frisi
- SOURCE : autogr., d.s., « à Paris », adr., 2 p.
- LOCALISATION DU MS. : Milano Ambrosiana, Y 153 sup. f. 494
- ÉDITION : Rutschmann 1977, p. 38. Pappas 1986, p. 156
- INCIPIT : « Je commence par vous rassurer au sujet de M. Bailly... »

CONTENU : Le père de Bailly est mort et non Bailly, à qui il a remis l'ouvrage de Frisi ainsi qu'à l'Acad. sc., à Condorcet et à Du Séjour. Lui a envoyé le t. IV des *Opus-*

cules au mois de juin dernier et le t. V il y a deux mois. L'encourage à continuer son travail sur la Lune. L. imprimée d'Euler à propos du problème des trois corps. Melander. Kaunitz. Comte Firmian.

69.10 | **28 janvier 1769.** D'Alembert à [Ferdinand, duc de Parme]
- Source : copie, d., corrections certaines autogr., note, 3 p.
- Localisation du ms. : Paris Institut, Ms. 2466, f. 2-3
- Édition : Henry 1885/1886, p. 66-67
- Remarque : autre copie non corrigée, d., « A l'Infant de Parme », 2 p., Milano Ambrosiana, Y 153 sup., f. 208
- Incipit : « M. Deleyre m'a remis la traduction que V.A.R a daigné… »

Contenu : Traduction de son discours [au roi de Danemark] faite par Ferdinand, de sa propre main : meilleure éducation qu'aucun prince ait jamais reçue, lui a fait connaître l'utilité des sciences. Souverain éclairé, il ne lui manque que les années.

69.11 | **16 février 1769.** Saint-Florentin à D'Alembert
- Source : minute du vol. « Missives année 1769 », à « M. Dalembert, directeur », d., 1 p.
- Localisation du ms. : Paris AN, O1 411, p. 113
- Incipit : « Je vous donne avis, M., que le roi désire…

Contenu : L'Acad. sc. doit faire l'élection pour la place d'adjoint mécanicien.

69.12 | **28 février 1769.** Lagrange à D'Alembert
- Source : autogr., d., « à Berlin », 4 p.
- Localisation du ms. : Paris Institut, Ms. 876, f. 163-164
- Édition : Lalanne 1882, XIII, p. 127-129
- Incipit : « J'ai reçu, mon cher et illustre ami, il y a près d'un mois… »

Contenu : A reçu et remis les ouvrages au comte de Redern. Indisposition passagère. Lit des mém. une fois par mois à l'Acad. de Berlin. Commentaires sur le t. V des *Opuscules*. Fluides et précession des équinoxes : sujets un peu perdus de vue. Problème des trois corps : accord avec D'Al. contre Clairaut. Equations du second degré à deux inconnues : lacunes des mém. d'Euler, long mém. de Lagrange pour *HAB 1763*. *HAB 1762* en cours d'impression. Le *Calcul intégral* d'Euler vient de paraître. Se propose d'envoyer régulièrement à D'Al. les *Mémoires de Pétersbourg*.

69.13 | **1er mars 1769.** D'Alembert à [Grosley]
- Source : impr., « à Paris »
- Édition : Henry 1885/1886, p. 65 qui n'identifie pas le destinataire
- Incipit : « Pardon, monsieur, si la faiblesse de mes yeux aux lumières ne me permet pas de vous répondre de suite. »

Contenu : Grosley lui a envoyé un manuscrit qu'il a remis à Prault avec quelques corrections. *Destruction des jésuites* remise à Guy pour lui. *Voyage en Italie* de Lalande qui a utilisé les mém. de Gougenot et parle de Grosley dans sa préface. Dément son mariage, sottise écrite dans les gazettes trois ans plus tôt.

69.14 | **3 mars 1769.** SAINT-FLORENTIN à D'ALEMBERT
• SOURCE : minute du vol. « Missives année 1769 », à « M. Dalembert, directeur », d., 1 p.
• LOCALISATION DU MS. : Paris AN, O1 411, p. [150]
• INCIPIT : « Je vous donne avis, M., que le roi a nommé...
CONTENU : Nomination de Condorcet à la place d'adjoint mécanicien en remplacement de Bézout.

69.15 | **15 mars [1769].** VOLTAIRE à D'ALEMBERT
• SOURCE : impr.
• ÉDITION : Kehl LXIX, p. 8-9. Best. D15516. Pléiade IX, p. 824-825
• INCIPIT : « J'ai vu votre Suédois, mon cher ami ; et quoique... »
CONTENU : « Votre suédois » [Jennings] est un bon disciple de D'Al. Turgot doit être à Paris. Un jeune homme martyr [Le chevalier de La Barre]. Serait persécuté sans [Choiseul]. Envoie par Marin son testament [*Epître à Boileau*].

69.16 | **16 mars [1769].** D'ALEMBERT à FRISI
• SOURCE : autogr., s., « à Paris », adr. « à Milan », 2 p.
• LOCALISATION DU MS. : Paris AdS, Dossier D'Alembert
• ÉDITION : Pappas 1986, p. 157
• REMARQUE : dans l'*Elogio del Signor d'Alembert* de Frisi se trouve une phrase de cette lettre
• INCIPIT : « Mon cher et illustre ami le père de Nogués m'a fort... »
CONTENU : Paquet de livres perdu : *Opuscules* t. IV et V, envoyés par Nicoli en juin dernier. A écrit par Keralio. L'invite à envoyer une pièce sur la Lune, mouvement moyen des nœuds, Kaunitz. Noguès. Ses « grands coups sont frappés en Géométrie ».

69.17 | **23 mars [1769].** D'ALEMBERT à [GROSLEY]
• SOURCE : autogr., s., « à Paris », 1 p.
• LOCALISATION DU MS. : Moscou OR RGB, Ms. F. 183, dossier 1 n° 2, f. 1
• INCIPIT : « Toutes vos commissions sont faites, monsieur... »
CONTENU : Est allé chez Guy, le retard est dû au graveur, a envoyé l'épreuve du plan de Londres, publication dans 15 jours. Duclos et *L'Observateur françois*. Le remercie de l'anecdote du chanoine.

69.18 | **10 avril 1769.** D'ALEMBERT à FRÉDÉRIC II
• SOURCE : impr., « Paris »
• ÉDITION : Preuss XXIV, n° 55, p. 448-450
• INCIPIT : « J'ai cru voir, par la dernière lettre que Votre Majesté... »
CONTENU : Nouvelles de sa santé par son ministre le baron de Goltz. « Accident » de la princesse de Nassau. Saturne et son satellite. Corse, Russie, armées tartares. L'Empereur [Joseph II] à Rome pour le choix d'un nouveau pape. Le curé de

Volt. [l'abbé Ancian ?] refuse d'entendre sa confession. *Les Saisons* de Saint-Lambert. Calomnies du *Courrier du Bas-Rhin* (de Clèves) contre D'Al. (de Catt en rendra compte).

69.19 | **10 avril [1769].** D'ALEMBERT à LAGRANGE
- SOURCE : autogr., « à Paris », adr., cachet rouge, 3 p.
- LOCALISATION DU MS. : Paris Institut, Ms. 915, f. 70-71
- ÉDITION : Lalanne 1882, XIII, p. 129-131
- INCIPIT : « Mon cher et illustre ami, je suis fort aise que vous ne... »

CONTENU : Attend d'autres commentaires sur le t. V des *Opuscules*. Erreur de Clairaut, d'habitude exact, sur l'orbite de la Lune. Mém. à l'Acad. sur la libration [*MARS 1768*], calcul intégral [*MARS 1767* et *MARS 1769*], peu de choses. Attend *HAB 1767*. Dioptrique, Lune, calcul intégral d'Euler, aveugle. Briasson les reçoit. Condorcet enfin académicien ; le métier de savant déroge à la noblesse. Il est affaibli et demande s'il a répondu à Béguelin sur les verres optiques. Newton et le repos. Redern.

69.20 | **12 avril 1769.** SAINT-FLORENTIN à D'ALEMBERT
- SOURCE : minute du vol. « Missives année 1769 », à « M. Dalembert, directeur », d., 1 p.
- LOCALISATION DU MS. : Paris AN, O1 411, p. [266]
- INCIPIT : « Je vous donne avis, M., que le roi désire... »

CONTENU : L'Acad. sc. doit faire l'élection de la place de pensionnaire anatomiste vacante par le décès de Ferrein.

69.21 | **22 avril 1769.** FRÉDÉRIC II à D'ALEMBERT
- SOURCE : impr.
- ÉDITION : Preuss XXIV, n° 56, p. 450-452
- INCIPIT : « Ne pensez pas, mon cher D'Alembert, que les querelles... »

CONTENU : La Prusse n'a rien à redouter des guerres en Podolie, en Corse ou en Suède. Seule la vieillesse est à craindre. Sages instructions de l'Empereur [Joseph II] aux cardinaux du conclave. Le prochain pape supprimera l'ordre des jésuites, sauf en Silésie. Littérature française en déclin, attend le poème de Saint-Lambert. D'Al. doit dédaigner le folliculaire de Clèves : ode [III/3] d'Horace. Lui donnera satisfaction.

69.22 | **29 avril 1769.** SAINT-FLORENTIN à D'ALEMBERT
- SOURCE : minute du vol. « Missives année 1769 », d., à « M. Dalembert, directeur », 2 p.
- LOCALISATION DU MS. : Paris AN, O1 411, p. 310-311
- INCIPIT : « Je vous donne avis, M., que le roi... »

CONTENU : Nomination de Herissant à la place de pensionnaire anatomiste surnuméraire. A rendu compte des mérites de Demours, nommé au grade d'associé vétéran ; sera fait mention dans les registres que cet exemple ne pourra faire loi.

69.23 | **4 mai 1769.** SAINT-FLORENTIN à D'ALEMBERT
• SOURCE : minute du vol. « Missives année 1769 », d., à « M. Dalembert, directeur », 2 p.
• LOCALISATION DU MS. : Paris AN, O1 411, p. [324]
• INCIPIT : « Je vous donne avis, M., que le roi désire... »
CONTENU : L'Acad. sc. doit faire l'élection de la place d'associé anatomiste.

69.24 | **[7-9 mai 1769].** GALIANI à D'ALEMBERT
• SOURCE : cat. Charavay, 121, 1er janvier 1867, n° 19832 : autogr., cachet, 1 p.
• ÉDITION : Perey-Maugras 1881, p. 645
• INCIPIT : « Je vous fais, mon cher D'Alembert, mes adieux... »
CONTENU : L. d'adieu, en quittant Paris. N'a pas eu le courage de prendre congé de lui.

69.25 | **20 mai 1769.** GILLEMAN à D'ALEMBERT
• SOURCE : autogr., d.s., « Larraga près de Pampelune », 5 p. dont croquis
• LOCALISATION DU MS. : Paris Institut, Ms. 2466, f. 91-93
• REMARQUE : Les « Remarques sur la lettre » (f. 94-95, pas de l'écriture de D'Al. sauf deux lignes à la fin) renvoient aux *Recherches sur la construction des digues* de Bossut et Viallet
• INCIPIT : « Le rang distingué que votre éminent savoir vous donne... »
CONTENU : S'en remet à son amour du bien public pour le conseiller sur la construction d'un ouvrage hydraulique destiné à l'irrigation. Lui donne le détail de ses calculs, de la construction, de ses questions. A consulté Belidor et d'autres.

69.26 | **24 mai [1769].** VOLTAIRE à D'ALEMBERT
• SOURCE : impr.
• ÉDITION : Kehl LXIX, p. 9-12. Best. D15660. Pléiade IX, p. 915-917
• INCIPIT : « Il y a longtemps que le vieux solitaire n'a écrit à son... »
CONTENU : D'Al. serait chargé d'embellir une nouvelle édition de l'*Enc.* [Panckoucke]. Livre de La Bastide avec une lettre à D'Al. [Mallet, *Lettre d'un avocat genevois à M. d'Alembert*]. L'evêque d'Annecy « ce scélérat » et ses démêlés avec Volt., *La Théologie portative* [de d'Holbach] et *L'Examen important de Milord Bolingbroke* [de Volt.].

69.27 | **2 juin 1769.** LAGRANGE à D'ALEMBERT
• SOURCE : autogr., d., « à Berlin », 6 p.
• LOCALISATION DU MS. : Paris Institut, Ms. 876, f. 166-168
• ÉDITION : Lalanne 1882, XIII, p. 131-133
• INCIPIT : « Mon cher et illustre ami, la maladie que j'ai eue... »
CONTENU : Convalescent. Ne sait pas s'il concourra pour le prix de la Lune. [Jean III] Bernoulli absent et Castillon infirme. Détails sur les mém. qu'il lit à l'Acad. *HAB 1767* en cours d'impression, avec de longs mém. d'arithmétique de

Lagrange. Les ouvrages d'Euler étaient prêts depuis longtemps. *Lettres à une princesse d'Allemagne*. *HAB 1762* paru à Pâques, il l'enverra. Béguelin. Redern. Etat actuel de l'Acad. de Berlin. Lagrange lit le t. V des *Opuscules*.

69.28 | **3 juin [1769]** Mlle de LESPINASSE dictant, D'ALEMBERT écrivant, à CONDORCET
- SOURCE : copie par Eliza O'Connor de l'original autogr. de D'Al., « ce samedi 3 juin », 3 p.
- LOCALISATION DU MS. : Paris Institut, Ms. 2475, pièce 78
- ÉDITION : Henry 1887b, p. 37-39. Pascal 1990, p. 25-26
- INCIPIT : « Vous êtes bien aimable, monsieur, d'avoir pensé... »

CONTENU : Salue l'arrivée de Condorcet à [Ribemont] chez sa mère avec le perroquet. Soins pour son éducation. L. de Mlle d'Ussé. « Excellente lettre » de Volt. à « mon secrétaire » [D'Al.].

69.29 | **4 juin [1769].** VOLTAIRE à D'ALEMBERT
- SOURCE : impr.
- ÉDITION : Kehl LXIX, p. 12-15 (incomplet). Best. D15676. Pléiade IX, p. 927-929 et XIII, p. 614
- INCIPIT : « Mon très cher philosophe, je crois connaître beaucoup M. de Schomberg, quoique je ne l'aie jamais vu... »

CONTENU : Accueillera volontiers Schomberg. A envoyé un paquet par M. de Rochefort [d'Ally] (le livre de Bastide et la lettre de Mallet). D'Argence de Dirac. Patouillet, évêque d'Auch, Nonotte. Calomnies de l'évêque d'Annecy, sa riposte. L'*Enc.* de Felice et celle de Panckoucke. Eloge de [Maupéou]. Il faudrait que Marin soit de l'Acad. Renvoie à sa l. [du 24 mai] remise par Rochefort.

69.30 | **11 juin [1769]** D'ALEMBERT à FRISI
- SOURCE : autogr., s., « à Paris », adr., cachet, 2 p.
- LOCALISATION DU MS. : New York Morgan, Misc., MA unassigned
- ÉDITION : Henry 1885/1886, p. 24-25 qui date de 1768. Rutschmann 1977, p. 40
- INCIPIT : « Vous avez donc enfin reçu le 5ème tome de mes *Opuscules*. »

CONTENU : Essaie de retrouver le t. IV des *Opuscules*. A reçu le livre sur la Lune, l'a présenté à l'Acad. sc. Ne sait si Euler et Lagrange concourent pour le prochain prix. Nouvelle dignité de Noguès. Remercie pour le livre de Riccati sur les cordes. Firmian et le *Supplément* de l'*Enc.*, celui de Suisse lui a l'air mauvais. Santé passable.

69.31 | **11 juin 1769.** D'ALEMBERT à JACQUIER
- SOURCE : impr., « à Paris », adr. « au collège de la Trinité du Mont, à Rome »
- ÉDITION : *Mémoires de la Société des Sciences et Arts de Vitry-Le-François*, t. XXX, 1923, p. 239-240
- REMARQUE : l'original autogr. de Vitry-le-François BM, a été détruit en 1944
- INCIPIT : « Je recevrai avec beaucoup de reconnaissance l'ouvrage... »

CONTENU : Bailly lui a déjà communiqué l'ouvrage de Jacquier sur le calcul intégral, le remercie de l'avoir cité dans la préface, pense qu'il aurait dû mettre les citations dans le corps de l'ouvrage. Utile aux sciences.

69.32 | **12 juin [1769].** D'ALEMBERT à FRISI
- SOURCE : autogr., s., « à Paris », adr. « à Milan », 3 p.
- LOCALISATION DU MS. : London BL, Egerton 15, f. 59-60
- ÉDITION : Pappas 1986, p. 158-159
- INCIPIT : « Je vous écrivis hier, mon cher et illustre ami, une lettre... »

CONTENU : A reçu une l. de Frisi du 20 mai. Rép. à sa question sur les *Recherches sur le système du monde*. Attend une pièce de Frisi pour le concours, ne sait si Euler et Lagrange y participent. Reparle du mouvement de l'anneau, renvoie au Mém. 37 du t. V des *Opuscules*.

69.33 | **16 juin 1769.** D'ALEMBERT à FRÉDÉRIC II
- SOURCE : impr., « Paris »
- ÉDITION : Preuss XXIV, n° 57, p. 452-454
- INCIPIT : « Votre Majesté me rassure beaucoup par la dernière lettre... »

CONTENU : Plaisanteries sur la guerre russo-turque, sur le choix du cordelier Ganganelli pour pape, sur les jésuites, sur Volt., sa communion et son évêque. Les calomnies imprimées [à Clèves] s'en prenaient à ses « mœurs ». Sa visite au sculpteur Coustou qui achève deux statues de Mars et Vénus pour Fréd. II. *Les Synonymes* de [Girard] envoyés à Fréd. II en hommage. Lagrange malade.

69.34 | **16 juin [1769].** D'ALEMBERT à LAGRANGE
- SOURCE : autogr., « A Paris », 4 p.
- LOCALISATION DU MS. : Paris Institut, Ms. 915, f. 72-73
- ÉDITION : Lalanne 1882, XIII, p. 134-136
- INCIPIT : « Mon cher et illustre ami, je me disposais à vous envoyer... »

CONTENU : Mauvaise santé de Lagrange due à l'excès de travail. Doute qu'Euler concoure au prix de 1770 qui sera peut-être remis. Joint un mém. sur les cordes [pour *HAB 1763*, 1770, voir A69.03]. Demande réflexions de Lagrange sur le calcul des probabilités. Attend *HAB 1762*, Béguelin. Prêt à agir pour qu'il soit président de l'Acad. [de Berlin]. Doute du talent de Lambert. Ouvrages d'Euler, grand analyste et mauvais philosophe. Ses nouvelles objections à Daniel Bernoulli sur les cordes. [Jean III] Bernoulli a passé quinze jours à Paris. D. Bernoulli.

69.35 | **18 [juin 1769].** Mlle de LESPINASSE dictant, D'ALEMBERT écrivant, à CONDORCET
- SOURCE : copie par Eliza O'Connor de l'original autogr. de D'Al., « ce dimanche 18 », 3 p.
- LOCALISATION DU MS. : Paris Institut, Ms. 2475, pièce 78

• ÉDITION : Henry 1887b, p. 40-41. Pascal 1990, p. 27-28
• REMARQUE : l'original autogr. est passé en vente chez T. Bodin en octobre 1996 daté du 18 [septembre 1770], adr. « à Ribemont », 3 p.
• INCIPIT : « Allons, monsieur, vous êtes si docile que mon secrétaire et moi, nous continuons à vous donner de bons avis... »

CONTENU : Condorcet doit se tenir droit. Contente qu'il ait écrit à Mme d'Ablois. Mlle d'Ussé. Demande des nouvelles de sa mère. Son « secrétaire » [D'Al.] est pressé d'aller dîner au Marais. Il n'écrit que pour Condorcet et M. d'Ussé. Mme de Brionne menacée d'une fausse couche.

69.36 | **21 juin 1769.** SAINT-FLORENTIN à D'ALEMBERT
• SOURCE : minute du vol. « Missives année 1769 », d., à « M. Dalembert, directeur », 1 p.
• LOCALISATION DU MS. : Paris AN, O1 411, p. 447
• INCIPIT : « Je vous donne avis [...] que le roi désire que l'Académie des sciences procède incessamment... »

CONTENU : L'Acad. sc. doit procéder à l'élection de la place d'adjoint anatomiste vacante par la promotion de Morand à celle d'associé.

69.37 | **21 juin 1769.** SAINT-FLORENTIN à D'ALEMBERT
• SOURCE : minute du vol. « Missives année 1769 », d., à « M. Dalembert, directeur », 2 p.
• LOCALISATION DU MS. : Paris AN, O1 411, p. [448]
• INCIPIT : « J'ai, M., l'honneur de vous informer que le roi... »

CONTENU : Le roi a nommé Morand à la place d'associé anatomiste.

69.38 | **23 juin 1769.** GUNNERUS à D'ALEMBERT
• SOURCE : minute, d., en latin
• LOCALISATION DU MS. : BU Trondheim, Gunnerusbiblioteket
• ÉDITION : O. Dahl, *Biskop Gunnerus' Virksomhed*, Thjem, 1899-1908, vol. V, p. 49
• INCIPIT : « Ut regia Societas Scientiarum norvegica, sibi... »

CONTENU : Nomination de D'Al. à la Société royale des sciences de Norvège.

69.39 | **30 juin [1769].** D'ALEMBERT à LAGRANGE
• SOURCE : autogr., « A Paris », 2 p.
• LOCALISATION DU MS. : Paris Institut, Ms. 915, f. 74
• ÉDITION : Lalanne 1882, XIII, p. 136-137
• INCIPIT : « Mon cher et illustre ami, voici un petit Supplément... »

CONTENU : Envoie un supplément [pour *HAB 1763* (1770), voir A69.04] et un P.-S. sur le *Calcul intégral* d'Euler, « diable d'homme ». Fait parapher des recherches sur le calcul intégral.

69.40 | **1er juillet 1769.** Comtesse ÖTTINGEN-WALLERSTEIN à D'ALEMBERT
- SOURCE : autogr., d., « Hohenattheim », 1 p.
- LOCALISATION DU MS. : Paris Institut, Ms. 2466, f. 184
- INCIPIT : « Sans des arrangements antérieurs à la lettre... »

CONTENU : D'Al. lui a écrit pour recommander un ami comme compagnon de voyage de son fils, mais des arrangements antérieurs avaient été pris.

69.41 | **2 juillet 1769.** FRÉDÉRIC II à D'ALEMBERT
- SOURCE : impr.
- ÉDITION : Preuss XXIV, n° 58, p. 454-458
- INCIPIT : « Vous avez toujours les yeux fixés, mon cher... »

CONTENU : Plaisanteries sur la guerre russo-turque, la Pologne, la Corse, la suppression des jésuites. Tous les princes de l'Europe, endettés, veulent s'approprier les richesses des monastères. Volt. fait ses pâques, ne lui écrit plus, ne lui a pas pardonné son amitié pour Maupertuis. Ridicules accusations du gazetier du Bas-Rhin. [Lagrange] a observé le passage de Vénus sur le disque solaire. Connaît déjà les utiles *Synonymes français*. Misère de la littérature française actuelle. Vœux de santé pour Athénagoras [D'Al.].

69.42 | **2 juillet [1769].** GROSLEY à D'ALEMBERT
- SOURCE : autogr., s., adr. « faubourg S. Germain près Belle-chasse », cachet rouge, 3 p.
- LOCALISATION DU MS. : Troyes BM, Ms. 2977, n° 966
- ÉDITION : Babeau 1878, p. 149-151
- INCIPIT : « Enfin, monsieur, il a plu à Mme Duchesne... »

CONTENU : A enfin obtenu le t. V des *Mélanges*, le remercie pour la mention flatteuse de son voyage d'Italie. Dans son *Voyage* [*à Londres*], articles relatifs à Genève qu'il lui copie. Le remercie de lui avoir conseillé Saurin comme censeur. Révision des épreuves par Meusnier de Querlon. Guy et Duchesne. Foudre le 28 juin aux Riceys.

69.43 | **4 juillet 1769.** D'ALEMBERT à [Mme DUCLOS]
- SOURCE : autogr., d.s., 2 p.
- LOCALISATION DU MS. : Stockholm SMF, The Nydahl Collection, n° 49
- INCIPIT : « Je n'ai pas eu l'honneur, madame, de vous répondre... »

CONTENU : Naigeon ne lui a remis la l. que la veille au soir. Il ne sait ce que veut dire l'auteur du *Traité de l'équitation*, ni pourquoi il le cite. Seconde question des forces centrales traitée dans le t. IV de ses *Mélanges*. Les [*Opuscules*], dont il n'a plus qu'un exemplaire, ne sont « en aucune manière à son usage ». Sa santé est passable. Compliments à M. Duclos.

ANNÉE 1769

69.44 | **5 juillet 1769.** SAINT-FLORENTIN à D'ALEMBERT
• SOURCE : minute du vol. « Missives année 1769 », d., à « M. Dalembert, directeur », 2 p.
• LOCALISATION DU MS. : Paris AN, O1 411, p. 487
• INCIPIT : « Je vous donne avis, M., que le roi... »
CONTENU : Le roi a nommé Portal pour remplir la place d'adjoint anatomiste vacante.

69.45 | **9 juillet [1769].** VOLTAIRE à D'ALEMBERT
• SOURCE : impr.
• ÉDITION : Kehl LXIX, p. 15-16. Best. D15739. Pléiade IX, p. 980
• INCIPIT : « Mon cher philosophe, je vous envoie la copie d'une lettre... »
CONTENU : Volt. envoie une l. au *Mercure* pour démentir la paternité de *L'Histoire du Parlement*, lui demande de le soutenir. Attend Schomberg.

69.46 | **13 [juillet 1769]** Mlle de LESPINASSE dictant, D'ALEMBERT écrivant, à CONDORCET
• SOURCE : copie par Eliza O'Connor de l'original autogr. de D'Al., P.-S., 3 p.
• LOCALISATION DU MS. : Paris Institut, Ms. 2475, pièce 78
• ÉDITION : Henry 1887b, p. 42-45. Pascal 1990, p. 29-30
• REMARQUE : l'original autogr. est passé en vente Drouot (T. Bodin expert), Paris, 19-20 juin 1996, n° 59 : « ce jeudi 13 août », adr. « à Ribemont », 3 p. La l. suivante, du 7 août, précise qu'il y a eu confusion entre juillet et août
• INCIPIT : « D'abord, monsieur, vous avez tort de ne pas dater vos lettres : c'est un avis très important que je vous donne... »
CONTENU : Condorcet a « tort de faire de la géométrie comme un fou » : ce n'est pas [D'Al.] qui dit cela. Vers de Volt. Santé de la mère de Condorcet. Ussé de retour de Lisieux. Mme d'Ablois et les Meulan. L'amitié de [D'Al.] pour Condorcet. P.-S. : Maly va accompagner un jeune seigneur à Spa.

69.47 | **15 juillet 1769.** LAGRANGE à D'ALEMBERT
• SOURCE : autogr., d., « A Berlin », 10 p.
• LOCALISATION DU MS. : Paris Institut, Ms. 876, f. 169-173
• ÉDITION : Lalanne 1882, XIII, p. 137-143
• INCIPIT : « Mon cher et illustre ami, j'ai reçu successivement... »
CONTENU : A reçu les trois mém. de D'Al., trop tard pour *HAB 1767*, lui propose *HAB 1768* ou *HAB 1763*. Cordes vibrantes, contre D. Bernoulli. Equation de Riccati. Tautochrones. Commentaires sur le t. V des *Opuscules* : condition nécessaire d'équilibre des fluides, équilibre exact et approché [Mém. 30]. Convergence des séries [Mém. 35 § I] et [Jean III] Bernoulli. Paradoxe de la résistance des fluides [Mém. 34]. Santé rétablie. Béguelin. Loue Lambert, la *Photometria* et le mém. sur l'aimant dans *HAB 1766* mais son abord est difficile. Sur la place de président de l'Acad. Sa vie familiale. *HAB 1762* a été envoyé. *Lettres à une princesse d'Allemagne*, autres vol. du *Calcul intégral*. Euler et le prix de 1770 sur la Lune.

69.48 | **23 juillet [1769].** Voltaire à D'Alembert
• Source : impr.
• Édition : Kehl LXIX, p. 16-17. Best. D15770. Pléiade IX, p. 1002-1003
• Incipit : « La providence fait toujours du bien à ses serviteurs... »
Contenu : A reçu [Schomberg], c'est un ange. L'*Histoire du Parlement*. Dialogue avec l'ombre du chevalier de La Barre.

69.49 | **2 août 1769.** Lagrange à D'Alembert
• Source : autogr., d., « A Berlin », 4 p.
• Localisation du ms. : Paris Institut, 876, f. 174-175
• Édition : Lalanne 1882, XIII, p. 144-145
• Incipit : « Mon cher et illustre ami, depuis ma dernière lettre... »
Contenu : L. remise par Métra, par Briasson. Envoi pour D'Al. et Condorcet de ses mém. d'arithmétique avant publication dans *HAB 1767*; équations numériques de tous les degrés. Mém. de Fontaine plus ingénieux qu'utile. Art. « Equation » de l'*Enc*. Ne veut pas faire de peine à Fontaine. N'a pas envoyé les *Lettres à une princesse d'Allemagne*. Demande si Euler a concouru pour le prix de 1770.

69.50 | **7 août 1769.** Mlle de Lespinasse dictant, D'Alembert écrivant, à Condorcet
• Source : copie par Eliza O'Connor de l'original autogr. de D'Al., « A Paris, ce 7 août, lundi, 1769 neuf heures et demie et 5' du matin et quatre secondes. Temps moyen »
• Localisation du ms. : Paris Institut, Ms. 2475, pièce 78
• Édition : Henry 1887b, p. 45-47. Pascal 1990, p. 31-32
• Remarque : Pappas 1986, n° 0960 localise cette lettre à Genève IMV en 1963, mais elle a passé en vente à Paris, Drouot (T. Bodin expert) 19-20 juin 1996, n° 54 : autogr. de D'Al., adr. « à Ribemont », 3 p.
• Incipit : « Voilà ! monsieur, ce qui s'appelle une date... »
Contenu : « Mon secrétaire » ne sait ce qu'il dit (« pure bêtise » dit [D'Al.]) et a écrit août pour juillet dans la l. précédente. Plaisanteries à propos des bains de Condorcet, de sa lecture de la [*Cause des vents*], de la géométrie et de l'amour (vers de Volt.). Mme d'Ablois, M. et Mme de Meulan. Voyages de M. d'Ussé. Retour de Condorcet à la Saint-Martin. « Le directeur » [D'Al.] ira peut-être au Boulay.

69.51 | **7 août 1769.** D'Alembert à Frédéric II
• Source : impr., « Paris »
• Édition : Preuss XXIV, n° 59, p. 459-461
• Incipit : « Me voilà, Dieu merci, parfaitement tranquille... »
Contenu : Rép. aux plaisanteries sur la guerre russo-turque, les Corses et le poltron Paoli, le pape [Clément XIV] et les jésuites. Volt., sa confession et sa *Paix perpétuelle*. Excellents travaux de Lagrange, Lambert, Béguelin dans les *HAB*. Digestion, insomnies. Compliments pour le mariage du prince de Prusse.

69.52 | **7 août [1769].** D'ALEMBERT à LAGRANGE
- SOURCE : autogr., « à Paris », adr., cachet, 3 p.
- LOCALISATION DU MS. : Paris Institut, Ms. 915, f. 75-76
- ÉDITION : Lalanne 1882, XIII, p. 145-148
- INCIPIT : « Mon cher et illustre ami, je suis charmé que vous... »

CONTENU : Sur les dates de publication des mém. dans *HAB*, s'en remet à lui. Cordes vibrantes. Son « opiniâtreté éparpillée ». Tautochrones. Répondra aux commentaires sur le t. V des *Opuscules*. Intégrales et *Mémoires de Turin* de 1762-1765 [t. III]. A reçu *HAB 1762* et les mém. de Béguelin sur les verres. A loué Béguelin et Lambert à Fréd. II. *Photométrie* de Lambert. Faiblesse des *Lettres à une princesse d'Allemagne* [Euler]. Attend *HAB 1767*.

69.53 | **13 août 1769.** D'ALEMBERT à VOLTAIRE
- SOURCE : autogr., d., « à Paris », adr., 3 p.
- LOCALISATION DU MS. : Den Haag RPB 129, G16A30, 119
- ÉDITION : Best. D15821
- INCIPIT : « Mon cher et illustre confrère, quelque scrupule que je... »

CONTENU : L. de recommandation pour Maty, fils de l'auteur du *Journal britannique*. Schomberg est revenu enchanté de Ferney. On ne parle pas de l'*Histoire du Parlement* [de Volt.].

69.54 | **15 août [1769].** VOLTAIRE à D'ALEMBERT
- SOURCE : impr.
- ÉDITION : Kehl LXIX, p. 19-20. Best. D15824. Pléiade IX, p. 1040-1041
- INCIPIT : « De cent brochures qu'on m'a envoyées... »

CONTENU : Brochure sur Malebranche et Spinoza. Erreur judiciaire [affaire Martin]. [L'évêque d'Annecy]. Il faut qu'on joue *Les Guèbres*.

69.55 | **22 [août 1769].** Mlle de LESPINASSE dictant, D'ALEMBERT écrivant, à CONDORCET
- SOURCE : copie par Eliza O'Connor de l'original autogr. de D'Al., « ce mardi 22 du bain où je suis », P.-S., 3 p.
- LOCALISATION DU MS. : Paris Institut, Ms. 2475, pièce 78
- ÉDITION : Henry 1887b, p. 48-50. Pascal 1990, p. 33-34
- INCIPIT : « Toutes vos commissions sont faites, monsieur, je viens d'envoyer chez M. de Clermont... »

CONTENU : Courses : paquets, tirages de loterie. [Loménie de Brienne]. Ussé à Paris, procès de l'oncle de Condorcet. Ira au Boulay avec le directeur [D'Al. est directeur de l'Acad. sc. en 1769]. Mém. de Morellet et de Necker, Compagnie des Indes. Lire l'*Esprit de Marivaux* et *La Fausse délicatesse*, trad. par Mme Riccoboni. Clermont lui parlera de Mme de Brionne. [D'Al.] maussade attend Condorcet à la Saint-Martin. P.-S. : Santé de Saint-Chamans ?

69.56 | **25 août 1769.** D'ALEMBERT à LE CANU
- SOURCE : autogr., d.s., « à Paris », P.-S., adr. « à Caen », cachet rouge, 3 p.
- LOCALISATION DU MS. : Mont Saint-Aignan MNE, 1979.30755
- INCIPIT : « Il est juste de vous laisser la satisfaction d'annoncer... »

CONTENU : Nomination de Laplace à l'Ecole militaire et conditions matérielles. Laplace doit écrire à D'Al., car il part pour 3 semaines à la campagne le 7 septembre, et écrire à Bizot, futur directeur des études. Laplace doit aller voir Bizot avant le 20 septembre chez Paris-Duverney.

69.57 | **28 août 1769.** FRÉDÉRIC II à D'ALEMBERT
- SOURCE : impr., « Neisse »
- ÉDITION : Preuss XXIV, n° 60, p. 461
- EXTRAIT : « ... L'Empereur serait un particulier aimable s'il n'était pas un si grand prince. »

CONTENU : Son « amitié cordiale » pour l'empereur [Joseph II], qui « égalera Charles-Quint ».

69.58 | **29 août [1769].** D'ALEMBERT à VOLTAIRE
- SOURCE : autogr., « à Paris », 4 p.
- LOCALISATION DU MS. : New York Columbia, Rare Books Coll., D. E. Smith Box A
- ÉDITION : Best. D15848
- REMARQUE : copie Genève IMV, MS CD 647
- INCIPIT : « J'ai reçu mon cher maître le petit *Tout en dieu*... »

CONTENU : *Tout en Dieu* : a reçu la brochure sur Malebranche et Spinoza. Commentaire sur Spinoza, Descartes, renvoie aux *Mélanges de philosophie*, t. V. Affaire [Martin] : La Tournelle, Du Séjour. Prix de poésie de l'Acad. fr. : le sujet de D'Al. sur les progrès de la raison refusé.

69.59 | **1er septembre 1769.** D'ALEMBERT à LE CANU
- SOURCE : autogr., d.s., « à Paris », adr., P.-S., 2 p.
- LOCALISATION DU MS. : Bayeux BM, Ms. 133, n° 3
- INCIPIT : « Ignorant l'adresse de M. l'abbé de Laplace... »

CONTENU : On n'a pas besoin de Laplace avant le 15 octobre, pas nécessaire de dépenser son argent à Paris, Bizot lui écrira. D'Al. sera le 7 septembre à la campagne pour trois semaines.

69.60 | **4 septembre [1769].** VOLTAIRE à D'ALEMBERT
- SOURCE : impr.
- ÉDITION : Kehl LXIX, p. 20-23. Best. D15868. Pléiade IX, p. 1069-1070
- INCIPIT : « Martin était un cultivateur établi à Bleurville... »

CONTENU : Histoire de l'innocent Martin, roué, il ne peut rien faire. S'occupe des Sirven, famille ruinée, le parlement de Toulouse. Le sujet du prix de l'Acad. fr. A vu le fils de Maty. Lettre de Locke à Lady Peterborough. Affaire de Turquie. Le chevalier de La Barre.

ANNÉE 1769

69.61 | **9 septembre [1769].** Mlle de Lespinasse dictant, D'Alembert écrivant, à Condorcet
• SOURCE : copie par Eliza O'Connor de l'original autogr. de D'Al., « au Boulai, par Nemours, ce 9 septembre », 2 p.
• LOCALISATION DU MS. : Paris Institut, Ms. 2475, pièce 78
• ÉDITION : Henry 1887b, p. 51-53. Pascal 1990, p. 35-36
• REMARQUE : cat. vente Drouot (T. Bodin expert), Paris, 19-20 juin 1996, n° 55 qui date de [1770] : autogr. de D'Al., adr. « à Ablois, près Epernai », adr. 2 p. Calculs de Condorcet sur le feuillet d'adr.
• INCIPIT : « Et moi aussi, monsieur, me voilà à la campagne ainsi que mon secrétaire (qui vous *salue*)... »

CONTENU : Voyage désagréable par vent et pluie. Promenades et lectures agréables au Boulay. Elle n'a pu aller à Ablois, les Saint-Chamans. Chanoines de Lisieux (le « secrétaire » [D'Al.] est empêché de parler à ce sujet). Dez nommé à l'Ecole militaire *via* D'Al. Ussé doit venir à Nantau, chez Mme de Choiseul. Mme d'Héricourt et son fils.

69.62 | **12 septembre 1769.** Lagrange à D'Alembert
• SOURCE : autogr., d., « A Berlin », 4 p.
• LOCALISATION DU MS. : Paris Institut, Ms. 876, f. 176-177
• ÉDITION : Lalanne 1882, XIII, p. 148-150
• INCIPIT : « Mon cher et illustre ami, je compte que vous aurez déjà... »

CONTENU : Envoi par Briasson de mém. sur la résolution des équations, à lui et Condorcet. Béguelin. Lambert, envoi de la *Photometria* et d'un petit traité sur l'orbite des astres. [Jean III] Bernoulli vient de se marier. Comment Messier est devenu associé de l'Acad. [de Berlin] ; comète. Castillon toujours absent.

69.63 | **13 septembre [1769].** D'Alembert à Messier
• SOURCE : autogr., s., « au Boulai par Nemours », P.-S., 1 p.
• LOCALISATION DU MS. : Nancy BM, Fonds Autogr. Dossier d'Alembert
• ÉDITION : Henry 1885/1886, p. 64-65
• REMARQUE : note ms « reçue le 15 répondue le 16 »
• INCIPIT : « J'ai, monsieur, un plaisir à vous demander. »

CONTENU : Turgot voudrait des informations sur la comète qui paraît. Il est à la campagne, tous les astronomes dispersés par les vacances. Répondre à Limoges sans passer par lui.

69.64 | **14 septembre 1769.** Frédéric II à D'Alembert.
• SOURCE : impr.
• ÉDITION : Preuss XXIV, n° 61, p. 461-462
• INCIPIT : « Je profite du départ du sieur Grimm pour vous faire... »

CONTENU : Profite du départ de Grimm pour lui confier sa lettre. Issue incertaine de la guerre russo-turque, le prince Golitsyn retiré auprès de Kaminiec. *HAB*, [Lagrange, Lambert, Béguelin], rareté des hommes supérieurs. Le presse de venir le voir.

69.65 | **1er octobre 1769.** D'ALEMBERT à GUNNERUS
- SOURCE : autogr., d., « à Paris », en latin, 2 p.
- LOCALISATION DU MS. : BU Trondheim, Gunnerusbiblioteket
- ÉDITION : O. Dahl, *Biskop Gunnerus' Virksomhed*, Thjem, 1899-1908, IV, p. 131-132
- INCIPIT : « Litteras tuas, vir eximie, die 23 junii ad me datas... »

CONTENU : Rép. à sa l. du 23 juin : remerciements pour avoir été élu à la Société royale des sciences de Norvège.

69.66 | **15 octobre [1769].** D'ALEMBERT à VOLTAIRE
- SOURCE : autogr., « à Paris », adr., P.-S., 3 p.
- LOCALISATION DU MS. : Den Haag RPB 129, G16A30, 120
- ÉDITION : Best. D15955
- INCIPIT : « J'ai reçu, mon cher et illustre confrère, en arrivant... »

CONTENU : Triste affaire Martin, D'Al. veut intervenir. Qui est l'auteur de *Michaut et Michel* ? Affaire Sirven. Mme Denis lui parlera du domestique de Damilaville. P.-S. L'Infant de Parme dévot malgré son éducation.

69.67 | **16 octobre 1769.** D'ALEMBERT à FRÉDÉRIC II
- SOURCE : impr., « Paris »
- ÉDITION : Preuss XXIV, n° 62, p. 462-463
- INCIPIT : « M. Grimm, qui n'est de retour en France... »

CONTENU : Retour en France de Grimm, avec la l. de Fréd. II et de bonnes nouvelles. Acad. [de Berlin] : Lagrange, Béguelin, Lambert sont les meilleurs ; le jeune [Jean III] Bernoulli promet. Cochius. [Joseph II] de retour à Vienne, se dit « enchanté » de Fréd. II : gage de tranquillité. Sa santé incertaine.

69.68 | **16 octobre 1769.** D'ALEMBERT à LAGRANGE
- SOURCE : autogr., d.s., « A Paris », adr., cachet, 3 p.
- LOCALISATION DU MS. : Paris Institut, Ms. 915, f. 77-78
- ÉDITION : Lalanne 1882, XIII, p. 150-152
- REMARQUE : sur la p. d'adr., de Catt ajoute à l'intention de Lagrange un mot daté du 5e dimanche, i.e. le 30 octobre
- INCIPIT : « Mon cher et illustre ami, j'ai été faire à la campagne... »

CONTENU : Revient de la campagne. Briasson n'a pas encore le paquet. Lagrange trop gentil avec Fontaine. Euler décevant pour le prix de la Lune que D'Al. souhaite remettre. L'Acad. de Turin lui réclame des mém. Béguelin et lunettes achromatiques. Lettres à Fréd. II sur Béguelin et Lambert. Messier, les observateurs et les géomètres. Réclame le t. II du *Calcul intégral* d'Euler. Enverra un mém. sur le calcul intégral et un ouvrage de Frisi sur la Lune.

ANNÉE 1769

69.69 | **20 octobre 1769.** Jean-Henri Lambert à D'Alembert
- Source : minute autogr., d.s., « Berlin », adr. « rue St Dominique », 1 p.
- Localisation du ms. : Basel UB, Ms. L Ia 705, f. 2
- Incipit : « A en croire des personnes, qui me l'assurent... »

Contenu : Le remercie d'avoir parlé de lui à Fréd. II pour une augmentation de sa pension. Sa *Photométrie* et ses *Orbitæ cometarum*.

69.70 | **22 octobre [1769].** D'Alembert à Grosley
- Source : autogr., s., « à Paris », adr., cachet rouge, 2 p.
- Localisation du ms. : Genève, coll. J.-D. Candaux
- Incipit : « J'ai lu, monsieur, avec très grand plaisir... »

Contenu : A lu le [*Voyage de Londres* de Grosley], l'a examiné avec soin, et lui enverra des remarques légères. *Ephémérides troyennes*. *Dissertation sur la conjuration de Venise*.

69.71 | **24 octobre 1769.** D'Alembert à un correspondant non identifié
- Source : Pappas 1989, n° 0976 qui dit « à Luigi Cibrario », lequel doit plutôt être le collectionneur du XIXe siècle qui possédait la l.
- Localisation du ms. : coll. particulière, non retrouvée
- Incipit : inconnu

Contenu : [Inconnu].

69.72 | **25 octobre 1769.** Despiau à D'Alembert
- Source : autogr., d.s., « Auch », adr. « rue Michel-le-Comte » que Fouchy fait suivre « rue St Dominique vis-à-vis Bellechasse », cachet rouge, 3 p.
- Localisation du ms. : Paris AdS, pochette du mercredi 22 novembre 1769
- Remarque : le PV en date du 22 novembre indique que le directeur [D'Al.] a présenté cette l. sur les aurores boréales
- Incipit : « Votre bonté autorise la liberté que je prends de vous... »

Contenu : Description d'une aurore boréale spectaculaire à Auch le 24 octobre à 9h1/4 du soir et de nouveau le 25, à 9h3/4, plus insignifiante.

69.73 | **28 octobre [1769].** Voltaire à D'Alembert
- Source : impr.
- Édition : Kehl LXIX, p. 25-27 (incomplet). Best. D15976. Pléiade X, p. 18-20
- Incipit : « Mme Denis, mon très cher et très grand philosophe, m'apporte votre lettre du 15... »

Contenu : Affaire Martin. *Michaut, ou Michon et Michel* n'est pas de lui. Panckoucke lui a proposé de travailler à la partie littéraire du *Supplément* de l'*Enc.* et dit que D'Al. travaille à la partie physique et mathématique. Suppressions à faire, Maupertuis. Damilaville. Grimm assure que « l'empereur est des nôtres », mais la duchesse de Parme contre.

69.74	**9 novembre [1769].** D'Alembert à Voltaire
	• Source : autogr., « à Paris », adr., 3 p.
	• Localisation du ms. : Den Haag RPB 129, G16A30, 121
	• Édition : Best. D15992
	• Incipit : « Que béni soit l'homme de Dieu, mon très cher et très... »
Contenu :	Attend le retour de Du Séjour pour l'affaire Martin. N'a pas vu *Michaut et Michel*. A promis à Panckoucke des art. de mathématiques et de physique, pour le *Supplément* de l'*Enc.*, mais ne veut pas être éditeur. Maupertuis. Donnera au valet de Damilaville le billet [au porteur] de Volt. Quadrature. Ne sait si l'empereur [Joseph II] est à Paris.

69.75	**17 novembre 1769.** D'Alembert à Laleu
	• Source : cat. vente Lambert 1987, n° 186 : autogr., d., 1 p.
	• Incipit : inconnu
Contenu :	Prie Laleu de payer au porteur [le valet de Damilaville] un billet de Volt.

69.76	**20 novembre 1769.** Lagrange à D'Alembert
	• Source : autogr., d., « à Berlin », P.-S., 4 p.
	• Localisation du ms. : Paris Institut, Ms. 876, f. 178-179
	• Édition : Lalanne 1882, XIII, p. 153-156
	• Incipit : « Mon cher et illustre ami, j'ai reçu votre lettre... »
Contenu :	Rép. à la l. du 16 octobre, détails sur divers envois en retard. Enverra tout ce qu'Euler fera imprimer, ainsi que les *Mémoires de Pétersbourg*. Attend le mém. de Fontaine contre lui. Lagrange considère que son premier mém. *(De maximis et minimis)* est ce qu'il a fait de mieux en géométrie. Lambert. Béguelin futur président de la classe de métaphysique. *Opuscules*, t. V. Simpson et précession des équinoxes [Mém. 37]. P.-S. Deux mém. de D'Al. en cours d'impression dans *HAB 1763* (1770).

69.77	**21 novembre 1769.** Grosley à D'Alembert
	• Source : autogr., d.s., adr., cachet rouge, 3 p.
	• Localisation du ms. : Troyes BM, Ms. 2977, n° 967
	• Édition : Babeau 1878, p. 152-153
	• Incipit : « Agréez mes remerciements des questions... »
Contenu :	Remercie pour les corrections du *Voyage à Londres*. A relu l'histoire de la *Destruction des jésuites* et le [*Supplément*], les jésuites et la bibliothèque de Passionei. Demande si le « géomètre » d'avis contraire, cité par D'Al., est Boscovich ou Frisi. Récuse leur témoignage.

69.78	**23 novembre 1769.** D'Alembert à la Royal Society
	• Source : autogr., d.s., « à Paris »
	• Localisation du ms. : Washington Smithsonian, Ms. 71A
	• Incipit : « J'ai l'honneur de vous envoyer le mémoire... »

CONTENU : Prie la Société Royale d'agréer son mém. en hommage ; il n'est pas nécessaire d'envoyer des épreuves : se conformer au ms. pour les calculs et la ponctuation, et lui en accuser réception.

69.79 | **23 novembre 1769.** D'ALEMBERT à DESMAREST
- SOURCE : cat. vente d'« un amateur du nord de la France », Drouot (Etienne Charavay expert), Paris, 13 mai 1886, n° 3 : autogr., d.s., 1 p.
- EXTRAIT : « ... Ce sera avec grand plaisir que je concourrai... »

CONTENU : Va le soutenir pour son entrée à l'Acad. [sc.]. L'affaire de Tillet traitée après le retour de Buffon. Son élection fera honneur à l'année de son directorat.

69.80 | **25 novembre 1769.** FRÉDÉRIC II à D'ALEMBERT.
- SOURCE : copie, « Postdam », 6 p., P.-S.
- LOCALISATION DU MS. : Genève IMV 75/22, MS 42, p. 1-6
- ÉDITION : Preuss XXIV, n° 63, p. 463-465
- REMARQUE : la copie de l'IMV est datée du 15 novembre 1769, mais pour les motifs exposés dans l'introduction, c'est la datation de Preuss qui a été retenue
- INCIPIT : « Je suis bien aise d'avoir fait la connaissance du sieur... »

CONTENU : Content d'avoir connu Grimm, « tête philosophique ». Sa tranquillité d'âme. Charlatanerie de la papauté. Le peuple ne peut se passer de fables dans un système religieux. Son Acad., la visite espérée de D'Al. P.-S. Lui envoie un *Prologue* de comédie, composé pour l'Electrice de Saxe.

69.81 | **30 novembre 1769.** SAINT-FLORENTIN à D'ALEMBERT
- SOURCE : minute du vol. « Missives année 1769 », d., à « M. Dalembert, directeur », 1 p.
- LOCALISATION DU MS. : Paris AN, O1 411, p. 835
- INCIPIT : « Je recevrai, M., avec grand plaisir, dimanche prochain, MM. de l'Académie des sciences... »

CONTENU : Présentera les académiciens au roi à dix heures du matin.

69.82 | **1er décembre 1769.** D'ALEMBERT à FRÉDÉRIC II
- SOURCE : impr., « Paris »
- ÉDITION : Preuss XXIV, n° 64, p. 465-466
- INCIPIT : « Je crois Votre Majesté fort occupée, dans ce moment de... »

CONTENU : Naissance d'un nouveau prince de Prusse [20 octobre, Frédéric, fils de Ferdinand], autre naissance annoncée [3 août 1770, Frédéric-Guillaume III fils de Frédéric-Guillaume II]. Demande des nouvelles de la Pologne. Volt. content des défaites des Turcs, le grand vizir décapité.

69.83 | **1er décembre 1769.** D'ALEMBERT à Jean-Henri LAMBERT
- SOURCE : autogr., d.s., adr., cachet, 3 p.
- LOCALISATION DU MS. : Basel UB, Ms. L Ia 677, f. 104-105
- INCIPIT : « Je n'ai reçu que depuis très peu de jours par M. le duc... »

CONTENU : Le duc de La Rochefoucauld a servi d'intermédiaire. Intercède auprès de Fréd. II. N'a pas reçu les deux ouvrages de photométrie. Ecrira à Lagrange et Bitaubé.

69.84 | **3 décembre 1769.** SAINT-FLORENTIN à D'ALEMBERT
- SOURCE : minute du vol. « Missives année 1769 », d., à « M. Dalembert, directeur », 1 p.
- LOCALISATION DU MS. : Paris AN, O1 411, p. [846]
- INCIPIT : « Je vous donne avis, M., que le roi désire... »

CONTENU : L'Acad. sc. doit procéder à une élection pour remplir la place d'académicien honoraire vacante par le décès du duc de Chaulnes.

69.85 | **11 décembre 1769.** D'ALEMBERT à VOLTAIRE
- SOURCE : autogr., « à Paris », adr., 3 p.
- LOCALISATION DU MS. : Den Haag RPB 129, G16A30, 122
- ÉDITION : Best. D16037
- INCIPIT : « Je vous dois, mon cher et illustre maître, des remerciements pour la tragédie des *Guèbres*... »

CONTENU : Il faudrait représenter *Les Guèbres*. *Athalie* : très beaux vers, mais ni action ni intérêt, critique de Racine. Retour de Volt. La France manque d'argent parce qu'on n'y connaît pas l'économie.

69.86 | **15 décembre 1769.** SAINT-FLORENTIN à D'ALEMBERT
- SOURCE : minute du vol. « Missives année 1769 », d., à « M. Dalembert, directeur », 1 p.
- LOCALISATION DU MS. : Paris AN, O1 411, p. [878]
- INCIPIT : « Je vous donne avis, M., que le roi a nommé... »

CONTENU : Le duc de Praslin nommé pour remplir à l'Acad. sc. la place d'honoraire vacante par le décès du duc de Chaulnes.

69.87 | **18 décembre [1769].** D'ALEMBERT à FRISI
- SOURCE : autogr., s., « à Paris », adr. « à Milan », 3 p.
- LOCALISATION DU MS. : Paris AdS, coll. Bertrand, carton 1
- ÉDITION : Luigi Pepe, « Boscovich and the Mathematical Historiography of his time », *R. J. Boscovich Vita e attività scientifica*, Roma, 1993, p. 508-509
- INCIPIT : « Mon cher et illustre ami, il y a bien longtemps... »

CONTENU : Retard de sa rép. dû à sa santé, son séjour à la campagne et son directorat de l'Acad. sc. Ne peut pas mettre son supplément, arrivé trop tard, dans la pièce concourant pour le prix, le sujet sera remis. Comte de Firmian, chance pour Milan. Boscovich venu pour sa jambe, peu apprécié sauf de Lalande et La Condamine, vermine de jésuites. La seconde éd. de son *Traité des fluides* va paraître. Renvoie le t. IV des *Opuscules*, puisque définitivement égaré depuis dix-huit mois.

69.88 | **18 décembre 1769.** D'Alembert à Frédéric II
• Source : impr., « Paris »
• Édition : Preuss XXIV, n° 65, p. 466-467
• Incipit : « Il n'y a que peu de temps que j'ai eu l'honneur... »
Contenu : Remerciements pour le *Prologue*, dont la plaisanterie sur les bâtards l'a fait rire. La « drogue » du catholicisme trouve encore des acquéreurs. Propose que l'Acad. de Berlin mette au concours la question si le peuple pourrait « se passer des fables dans le système religieux ». Lagrange, Lambert, Béguelin. Vœux de Nouvel An.

69.89 | **18 décembre 1769.** D'Alembert à Lagrange
• Source : autogr., d., « à Paris », 4 p.
• Localisation du ms. : Paris Institut, Ms. 915, f. 79-80
• Édition : Lalanne 1886, XIII, p. 157-159
• Incipit : « Mon cher et illustre ami, je commence par vous envoyer... »
Contenu : Remarques jointes sur le mém. de Béguelin [voir A69.06 et 07]. N'a reçu que les deux ouvrages de Lambert, se plaint de Briasson, le duc de la Rochefoucauld lui a remis *HAB 1766* et pas *1767*. Demande ouvrages d'Euler. Va envoyer un mém. de Borda [maxima et minima] et la seconde éd. du *Traité des fluides*. La pièce d'Euler sur la Lune. Rép. (25 novembre) de Fréd. II à propos de Béguelin et Lambert. Nouvelle critique de Simpson (*Opuscules*, t. V [Mém. 37]).

69.90 | **21 décembre [1769].** D'Alembert à [Marc-René d'Argenson]
• Source : cat. vente Saffroy, bulletin 67, février 1970, n° 6491 : autogr., s., « à Paris ce 21 décembre », 1 p.
• Édition : Pappas 1986, n° 1987, p. 247
• Remarque : entre 1765 et 1770, Daubenton n'a publié qu'un seul mém., dans *MARS 1768* (1770) ; le rapprochement dans la vente Saffroy avec la l. du jeudi 2 [octobre1766] permet d'identifier le destinataire
• Incipit : « Vous ne devez point douter, monsieur, du plaisir... »
Contenu : Daubenton à Montbard. Ne peut lui transmettre le mém. de Daubenton car il est entre les mains du secrétaire dont il ne doit pas sortir. D'Al. [directeur en 1769] l'a remis à l'Acad. sc.

69.91 | **27 décembre [1769].** D'Alembert à Lagrange
• Source : autogr., « A Paris », N.B., 4 p.
• Localisation du ms. : Paris Institut, Ms. 915, f. 81-82
• Édition : Lalanne 1882, XIII, p. 159-161
• Incipit : « M. le baron de Goltz veut bien se charger, mon cher et illustre ami, de vous remettre ce paquet. »
Contenu : Paquet envoyé par Goltz. Carton pour son mém. [voir A69.06]. Pique contre Lalande. Envoi des mém. de Fontaine et de Borda. Santé. Envoi de deux pièces médiocres de Frisi sur la Lune. Enoncés de théorèmes sur le calcul

intégral [*MARS 1767*]; les démonstrations suivront [*MARS 1769*]. Les *MARS 1768* sous presse, avec deux mém. de D'Al. sur la libration de la Lune. Son mém. sur Béguelin. Difficulté à se concentrer, délivré du directorat de l'Acad. Compliments à Bitaubé, Lambert, Thiébault, Béguelin. N.B. N'a pas encore reçu son paquet de Briasson.

69.92	**[décembre 1769].** MALESHERBES à D'ALEMBERT
	• SOURCE : autogr., de la main de D'Al. : « Lettre de M. de Malesherbes à M. D'Alembert sur les memoires précedens », s., 6 p.
	• LOCALISATION DU MS. : Paris Institut, Ms. 876, f. 91-93
	• ÉDITION : Henry 1885/1886, p. 68-70
	• INCIPIT : « Je suis très flatté, monsieur, de l'honneur que vous... »
CONTENU :	Le projet de réforme que D'Al. a présenté à l'Acad. [sc. le 6 décembre 1769, voir *O. C. D'Al.*, III/11] : d'accord pour donner à tous voix délibérative aux élections. Mais n'est plus de son avis pour la suppression du grade d'adjoint et donne ses raisons : népotisme (fils Geoffroy), mauvais sujets (Mathieu).

1770

70.01 | **4 janvier 1770.** Frédéric II à D'Alembert
- Source : copie, d.s., « à Berlin », 6 p.
- Localisation du ms. : Genève IMV, MS 42, p. 6-11
- Édition : Preuss XXIV, n° 66, p. 468-469
- Incipit : « Le Nord, monsieur Protagoras, est plus tranquille... »

Contenu : Plaisanteries sur la confusion de l'Europe. Sa famille fait des enfants, lui-même fait des mém. pour l'Acad. Lui en adresse un échantillon touchant la morale.

70.02 | **[8] janvier 1770.** Frédéric II à D'Alembert
- Source : copie, d.s., « A Potzdam », 10 p.
- Localisation du ms. : Genève IMV, MS 42, p. 12-21
- Édition : Preuss XXIV, n° 67, p. 469-472
- Incipit : « Vous savez que nous autres poètes, nous sommes... »

Contenu : Son *Prologue* et sa « petite sortie sur les comédiens ». Plaisanteries sur le pape, la France, la banqueroute. Question proposée pour un concours de l'Acad. : estime que la crédulité et la superstition l'emporteront toujours dans le public. Fontenelle refusait de répandre les vérités dont sa main était pleine. Vœux à Diagoras [D'Al.].

70.03 | **9 janvier 1770.** [Angiviller] à D'Alembert
- Source : original, d., adr., cachet rouge, marque postale de « Versailles », 3 p.
- Localisation du ms. : Paris Institut, Ms. 2466, f. 216-217
- Édition : mention dans Henry 1887a, p. 349
- Incipit : « Je n'ai pu voir M. de Chousy qu'hier au soir... »

Contenu : Les changements que D'Al. lui avait proposés dans la constitution du Collège royal : chaire de philosophie transformée en chaire de physique et chaire d'arabe en chaire de mathématiques puis attribuée à Laplace à la rentrée. Soutien pour « l'autre affaire ». Compliments de Mme de Marchais à Mlle de Lespinasse.

70.04 | **12 janvier 1770.** D'Alembert à Dutens
- Source : autogr., d.s., « à Paris », 3 p.
- Localisation du ms. : London Coutts, 3051
- Édition : Pappas 1994, p. 235
- Incipit : « Je suis très sensible à l'honneur de votre souvenir... »

Contenu : Mlle de Lespinasse et lui heureux de le revoir au printemps. Son attachement à l'Italie. Lagrange. Le comte de Saluces. Voyage de Dutens en Italie.

70.05 | **12 janvier [1770].** Voltaire à D'Alembert
- Source : impr.
- Édition : Kehl LXIX, p. 31-32. Best. D16087. Pléiade X, p. 87-88
- Incipit : « Premièrement, mon cher philosophe, il faut... »

CONTENU : Prospectus d'un *Supplément* à l'*Enc.* [*Questions sur l'Encyclopédie*]. *Avis aux gens de lettres*, par Falbaire. Luneau de Boisjermain. Auteur de « Michon ou Michault » pardonné s'il assomme un « bœuf-tigre ». L'abbé Alary.

70.06 | **20 janvier 1770.** DESPIAU à [D'ALEMBERT]
• SOURCE : autogr., d.s., « Auch », P.-S., cachet rouge, 2 p.
• LOCALISATION DU MS. : Paris AdS, pochette du mercredi 7 février 1770
• INCIPIT : « Je prends la liberté de vous faire part de l'apparition... »

CONTENU : Description d'une aurore boréale encore plus remarquable [v. l. du 25 octobre 1769] le 18 janvier. Il reconnaît son erreur sur Newton et demande à être correspondant de l'Acad. sc. P.-S. : demande s'il vaut mieux acheter l'ancienne éd. de l'*Enc.* à 1 000 lt et le *Supplément* ou la nouvelle éd.

70.07 | **25 janvier [1770].** D'ALEMBERT à VOLTAIRE
• SOURCE : autogr., « à Paris », 3 p.
• LOCALISATION DU MS. : Den Haag RPB 129, G16A30, 123
• ÉDITION : Best. D16112
• INCIPIT : « Mon cher confrère, mon cher maître, mon cher ami... »

CONTENU : *Michault et Michel* et son auteur supposé. Despréaux [Boileau], Racine et Volt. N'a pas lu le Prospectus d'un *Supplément* à l'*Enc.*, verra Panckoucke. Luneau de Boisjermain. *Dialogue sur le commerce des blés* [de Galiani]. Confrères mourants : Alary, Hénault, Moncrif. Sa santé.

70.08 | **29 janvier 1770.** D'ALEMBERT à FRÉDÉRIC II
• SOURCE : impr., « Paris »
• ÉDITION : Preuss XXIV, n° 68, p. 472-473
• INCIPIT : « La lettre que Votre Majesté m'a fait l'honneur... »

CONTENU : Retard de la l. du 4, reçue le 27. Le félicite de son mém. sur la source de la morale. Avait exprimé le même avis dans ses *Elémens de philosophie* (*Mélanges*, t. IV, p. 79 et 92). Reste à savoir comment rendre vertueux les hommes qui n'ont pas même de quoi nourrir leur famille. Ses vertiges fréquents.

70.09 | **30 janvier 1770** D'ALEMBERT à FRISI
• SOURCE : de la main d'un secrétaire, d.s., « à Paris », P.-S., 3 p.
• LOCALISATION DU MS. : Milano Ambrosiana, Y 153 sup. f. 505-506
• ÉDITION : Rutschmann 1977, p. 41. Pappas 1987, p. 160
• INCIPIT : « Une grande faiblesse de tête causée par des... »

CONTENU : A reçu la l. de Frisi du 10 janvier (de Milan). Envoie par Keralio le t. IV des *Opuscules* et le *Traité des fluides*. Le prix de l'Acad. sc. sera peut-être reporté. [Boscovich]. Le comte Firmian. P.-S. Ne plus écrire par Genève.

70.10 | **31 janvier [1770].** Voltaire à D'Alembert
  - SOURCE : impr.
  - ÉDITION : Kehl LXIX, p. 35-36. Best. D16123. Pléiade X, p. 111-112
  - INCIPIT : « Rétablissez votre santé, mon très cher philosophe... »

CONTENU : Affaire Martin. « Edit des Libraires » (*Prospectus*). Volt. ne peut pas apparaître parmi les auteurs d'un *Supplément*. [*Questions sur l'Encyclopédie*].

70.11 | **2 février 1770.** Lagrange à D'Alembert
  - SOURCE : autogr., d., « à Berlin », 4 p.
  - LOCALISATION DU MS. : Paris Institut, Ms. 876, f. 180-181
  - ÉDITION : Lalanne 1882, XIII, p. 162-165
  - INCIPIT : « J'ai reçu, mon cher et illustre ami, vos deux paquets... »

CONTENU : Accuse réception des envois de D'Al. Remercie Frisi et Borda. Béguelin et Lambert remercient D'Al. Béguelin lit le mém. de D'Al. Lagrange enverra le second mém. de Béguelin. Problèmes de courrier. La Condamine. Apprécie les théorèmes de calcul intégral de D'Al. Critique le mém. (*De maximis et minimis*) de Fontaine, mais loue celui de Borda qu'il discute.

70.12 | **5 février 1770.** Nort à D'Alembert
  - SOURCE : autogr, d.s., « au Cap-françois, isle St. Domingue », 2 p.
  - LOCALISATION DU MS. : Paris AdS, pochette du samedi 28 avril 1770
  - REMARQUE : La pochette contient aussi une l. à Nivernais sur le même objet. V. *MARS 1769*, partie « Histoire », p. 47
  - INCIPIT : « J'ai remis à M. Du Buisson à la requête duquel... »

CONTENU : Envoie par Du Buisson les certificats demandés par l'Acad. sc. concernant le muleton produit par une mule chez lui. Demande à être inscrit au nombre des membres de l'Acad. « à quelque titre que ce soit ».

70.13 | **17 février 1770.** Frédéric II à D'Alembert
  - SOURCE : copie, d.s., « A Potzdam », 4 p.
  - LOCALISATION DU MS. : Genève IMV, MS 42, p. 21-24
  - ÉDITION : Preuss XXIV, n° 69, p. 474-475
  - INCIPIT : « L'approbation que vous donnez à mon mémoire... »

CONTENU : Le remercie de l'approbation donnée à son mém. Rép. à l'objection sur la vertu difficile des affamés par l'usage de la charité. Les trois « principes réprimants du vice » d'après lui : l'amour de la conservation, de la réputation, de la belle gloire.

70.14 | **22 février [1770].** D'Alembert à Voltaire
  - SOURCE : autogr., « à Paris », adr., 3 p.
  - LOCALISATION DU MS. : Den Haag RPB 129, G16A30, 124
  - ÉDITION : Best. D16176
  - INCIPIT : « Que vous êtes heureux, mon cher et illustre maître... »

CONTENU : Ne travaille plus depuis six semaines. Nouveau contrôleur général [Terray]. Déconfiture des libraires de l'*Enc.* Affaire Martin. Sirven. Tragédie des *Guèbres*. La Harpe [*Mélanie*], lui ouvrir l'Acad. [fr.]. Delille, traduction des *Géorgiques*. Sur les vers de Volt. Mme Maron de Meilhonas. [*Questions sur l'Encyclopédie*]. Le chevalier de La Tremblaye.

70.15 | **28 février [1770].** VOLTAIRE à D'ALEMBERT
- SOURCE : impr., s. « Frère V., capucin indigne »
- ÉDITION : Kehl LXIX, p. 39-40. Best. D16186. Pléiade X, p. 149
- INCIPIT : « Je suis bien étonné et bien affligé, mon cher philosophe... »

CONTENU : Désastre de Panckoucke. [*Questions sur l'Encyclopédie*]. Assassinats et troubles à Genève. « Frère Amatus de Lamballa ». Assemblée du clergé. La « Religieuse de La Harpe » [*Mélanie* ?].

70.16 | **3 mars [1770].** VOLTAIRE à D'ALEMBERT
- SOURCE : impr.
- ÉDITION : Kehl LXIX, p. 40-41. Best. D16194. Pléiade X, p. 152-153
- INCIPIT : « Je commence à être dans le cas de notre pauvre... »

CONTENU : Rép. à la l. du 22 février. L'auteur de [*Michaut et Michel*]. Sirven. L'abbé Audra enseigne l'*Histoire générale* de Volt. Le parlement de Toulouse. Lui envoie la première feuille d'un ouvrage imprimé en Hollande.

70.17 | **7 mars 1770.** TRESSAN à D'ALEMBERT
- SOURCE : impr.
- ÉDITION : Pougens 1799, p. 235-237
- INCIPIT : « J'ai lu et relu la brochure de *** que vous avez eu la bonté de m'envoyer... »

CONTENU : Parle d'une lettre qu'il a envoyée à *** en 1763 ; revient sur le passé.

70.18 | **9 mars 1770.** D'ALEMBERT à FRÉDÉRIC II
- SOURCE : impr., « Paris »
- ÉDITION : Preuss XXIV, n° 70, p. 475-476
- INCIPIT : « Je suis pénétré de reconnaissance de la bonté avec... »

CONTENU : Ses rêveries métaphysiques. L'indigent sans espérance de secours mais assuré de pouvoir dérober en cachette doit-il voler ou se laisser mourir de faim ? Quant au débat sur l'utilité de tromper le peuple, estime que Fontenelle avait tort de tenir sa main fermée, il fallait seulement l'ouvrir avec précaution.

70.19 | **9 mars 1770.** D'ALEMBERT à LAGRANGE
- SOURCE : autogr., d.s., « à Paris », adr., cachet rouge, 3 p.
- LOCALISATION DU MS. : Paris Institut, Ms. 915, f. 83-84
- ÉDITION : Lalanne 1882, XIII, p. 167-168
- INCIPIT : « J'ai depuis six semaines, mon cher et illustre ami... »

ANNÉE 1770   261

CONTENU : A reçu les mém. de Lagrange sur les équations de Diophante. Renonce à travailler pour deux mois. Béguelin. Lambert. Ne pas laisser impunie l'insolence de Fontaine. Amabilités sur Borda. Frais de port. Dans un mois, enverra trois exemplaires de la nouvelle éd. du *Traité des fluides*, pour lui, Lambert et l'Acad. [de Berlin]. La Condamine.

70.20 | **9 mars [1770].** D'ALEMBERT à VOLTAIRE
- SOURCE : autogr., « à Paris », 3 p.
- LOCALISATION DU MS. : Den Haag RPB 129, G16A30, 125
- ÉDITION : Best. D16214
- INCIPIT : « Nos lettres se sont croisées, mon cher et illustre maître... »

CONTENU : Santé. Rassurera Panckoucke, si possible. Troubles de Genève. Volt. capucin, jésuites chassés de Bretagne. [Clément XIV] et Fréd. II. « Frère Amatus de Lamballa ». Le contrôleur général [Terray]. L'assemblée du clergé. A lu la « Religieuse de La Harpe ». Delille, Galiani.

70.21 | **10 mars [1770].** D'ALEMBERT à VOLTAIRE
- SOURCE : autogr., « à Paris », 3 p.
- LOCALISATION DU MS. : Den Haag RPB 129, G16A30, 126
- ÉDITION : Best. D16216
- INCIPIT : « Nos lettres vont toujours se croisant, mon cher... »

CONTENU : Envoie ses observations sur divers points des [*Questions sur l'Encyclopédie*]. Hiatus. La Bléterie. Attend la suite de l'ouvrage. Sirven. A reçu par l'abbé Audra l'*Histoire générale abrégée* d'après Volt.

70.22 | **14 mars [1770].** D'ALEMBERT à [Charles-Louis AUBRY]
- SOURCE : autogr., s., « à Paris », 2 p.
- LOCALISATION DU MS. : London BL, Egerton 15, f. 54
- REMARQUE : le nom du destinataire, « Auberry », est ajouté d'une autre main sur le ms. Il s'agit probablement de l'ingénieur Charles-Louis Aubry, correspondant de Volt. et de Condorcet
- INCIPIT : « J'ai fait à la vérité quelques additions à la nouvelle édition... »

CONTENU : Nouvelle édition du *Traité des fluides* qui vient de paraître, les add. ne forment que 25 p. Allusion à des expériences de Borda, qui ne sont pas contraires à la « vraie théorie ». Faiblesse de tête.

70.23 | **19 mars 1770.** VOLTAIRE à D'ALEMBERT
- SOURCE : impr., s. « V. », P.-S.
- ÉDITION : Kehl LXIX, p. 47-49. Best. D16241. Pléiade X, p. 183-184
- INCIPIT : « Mon cher philosophe, mon cher ami, vous êtes... »

CONTENU : Le contrôleur général [Terray] lui a pris deux cent mille francs. Orthographe du mot « français ». Sur la prononciation des voyelles et sur les hiatus. Saint-Lambert et La Harpe. P.-S. Duclos. La Harpe. Galiani. *Les Quatre Saisons* de Saint-Lambert. Affaire Royou et Fréron. La Chalotais et autres protagonistes à Rennes.

70.24 | **25 mars 1770.** D'Alembert à Formey
• Source : autogr., d.s., « à Paris », 2 p.
• Localisation du ms. : Krakow BJ, coll. Varnhagen
• Incipit : « J'ai l'honneur de vous renvoyer le volume de 1766... »
Contenu : [*HAB*] 1766 lui a été envoyé par erreur. Réclame les vol. de 1767 et 1763. Recommande le libraire Bruyset.

70.25 | **25 mars 1770.** D'Alembert à Lagrange
• Source : autogr., d.s., « à Paris », adr., cachet rouge, 1 p.
• Localisation du ms. : Paris Institut, Ms. 915, f. 85-86
• Édition : Lalanne 1882, XIII, p. 168-169
• Incipit : « Voilà, mon cher et illustre ami, trois exemplaires de... »
Contenu : Envoie son *Traité des fluides* pour Lagrange, l'Acad. [de Berlin] et Lambert. Attend toujours *HAB 1763* et *HAB 1767*. Œuvres d'Euler. Sa tête va mieux.

70.26 | **26 mars [1770].** D'Alembert à Voltaire
• Source : autogr., « à Paris », adr., 3 p.
• Localisation du ms. : Den Haag RPB 129, G16A30, 127
• Édition : Best. D16261
• Incipit : « Mon cher et illustre ami, je pourrais vous dire... »
Contenu : [*Questions sur l'Encyclopédie*], louange mal placée à [Choiseul]. [Terray] lui fait perdre 600 livres. Sur « françois », « français » et « francés ». Hiatus. Duclos absent depuis trois semaines. La Chalotais. [Fréron] sauvé par [Choiseul]. Mort de Trublet le 14 mars à Saint-Malo, qu'il espère voir remplacé [à l'Acad. fr.] par Saint-Lambert.

70.27 | **26 mars 1770.** Lagrange à D'Alembert
• Source : autogr., d., « A Berlin », adr., cachet rouge, 3 p.
• Localisation du ms. : Paris Institut, Ms. 876, f. 184-185
• Édition : Lalanne 1882, XIII, p. 169-171
• Incipit : « Votre lettre, mon cher et illustre ami, me donne... »
Contenu : S'inquiète de la santé de D'Al. L'incite à voyager et à venir à Berlin. A reçu une lettre de Condorcet. Envoie *HAB 1767* par Czernichev. *HAB 1763* imprimé. *HAB 1768* bientôt sous presse, avec mém. de Lagrange. Les mém. de D'Al. Lui demande des ouvrages de Bossut et Bézout, plutôt que de le rembourser.

70.28 | **3 avril 1770.** Frédéric II à D'Alembert
• Source : copie, d.s., « A Potzdam », 12 p.
• Localisation du ms. : Genève IMV, MS 42, p. 25-36
• Édition : Preuss XXIV, n° 71, p. 476-480
• Remarque : la copie de l'IMV est datée du 5 avril 1770, mais pour les motifs exposés dans l'introduction, c'est la datation de Preuss qui a été retenue
• Incipit : « Je souhaiterais que votre santé, plus forte et plus... »

ANNÉE 1770

CONTENU : Rép. à Anaxagoras [D'Al.] : le cas évoqué est impossible, mais s'il advenait, le vol serait légitime. Pour ce qui est de l'utilité de tromper le peuple, distinguer deux sortes d'imposture. Réforme, jésuites et fanatisme : l'homme est un animal incorrigible. Lui envoie son *Catéchisme*. Souffre de la goutte.

70.29 | **10 avril [1770].** D'ALEMBERT à FRISI
- SOURCE : autogr., s., « à Paris », 3 p.
- LOCALISATION DU MS. : Milano Ambrosiana, Y 153 sup. f. 499-500
- ÉDITION : Rutschmann 1977, p. 42-43. Pappas 1987, p. 161
- INCIPIT : « Nous avons décidé il y a peu de jours l'affaire du prix... »

CONTENU : Prix de l'Acad. [sc.] : Euler a la moitié du prix, le sujet est renvoyé double pour 1772. Frisi doit corriger sa pièce. D'Al. lui signale quelques erreurs. « Tracasserie au sujet de l'almanach ». Vertiges, mauvais sommeil, tristesse.

70.30 | **10 avril 1770.** D'ALEMBERT à LAGRANGE
- SOURCE : autogr., d., « à Paris », adr., cachet rouge, P.-S., 4 p.
- LOCALISATION DU MS. : Paris Institut, Ms. 915, f. 87-88
- ÉDITION : Lalanne 1882, XIII, p. 171-173
- INCIPIT : « Mon cher et illustre ami, nous avons en effet... »

CONTENU : Le prix sur la Lune est remis à 1772. Discute le texte d'Euler et incite Lagrange à participer en 1772 ou 1774 si le prix est reporté. A reçu *HAB 1767* et le mém. de Béguelin sur l'aberration. Tristesse.

70.31 | **12 avril [1770].** D'ALEMBERT à VOLTAIRE
- SOURCE : autogr., « à Paris », 3 p.
- LOCALISATION DU MS. : Den Haag RPB 129, G16A30, 128
- ÉDITION : Best. D16287
- INCIPIT : « M. *Duclos* est arrivé il y a dix ou douze jours, mon cher... »

CONTENU : Affaire Royou : prudence. Duclos se renseigne en Bretagne. Négociation avec La Chalotais à Saintes. Affaire du duc d'Aiguillon. Panckoucke va bientôt voir Volt. [Fréron]. L'« imbécillité » de D'Al.

70.32 | **15 avril 1770.** D'ALEMBERT à FRÉDÉRIC II
- SOURCE : impr.
- ÉDITION : Preuss XXIV, n° 72, p. 480
- INCIPIT : « Monsieur le prince héréditaire de Salm... »

CONTENU : Lui transmet une lettre du prince de Salm partant pour sa principauté. Sa mauvaise santé.

70.33 | **20 avril [1770].** D'ALEMBERT à LALEU
- SOURCE : autogr., adr. « Monsieur de Laleu, notaire, vieille rue du Temple », 1 p.
- LOCALISATION DU MS. : Genève IMV, MS CC 30
- INCIPIT : « M. D'Alembert, de l'Académie française, a l'honneur... »

CONTENU : Souscriptions à la statue de Volt. Détail des 24 louis : lui, Duclos, Condorcet, Rochefort. Promesse d'envoyer d'autres souscriptions.

70.34 | **21 avril 1770.** D'Alembert à Frédéric II
- SOURCE : impr., « Paris »
- ÉDITION : Preuss XXIV, n° 73, p. 481
- INCIPIT : « De toutes les lettres que Votre Majesté m'a fait l'honneur... »

CONTENU : La l. du 3 avril l'a rassuré sur sa santé. Le récent *Traité de la goutte* de Paulmier propose pour remède l'application de sangsues. Métra lui enverra cet ouvrage. Répondra quand sa santé le lui permettra à sa l. ainsi qu'à son *Catéchisme de morale*.

70.35 | **24 avril 1770.** D'Alembert à Laleu
- SOURCE : cat. vente J.A. Stargardt, Berlin, 4-5 avril 1991, n° 497 : autogr., d.s., adr., 1 p.
- EXTRAIT : « ... Pour M. Marmontel de l'Académie française 6 louis... »

CONTENU : Souscriptions à la statue de Volt. D'Al. envoie 32 louis à Laleu pour Marmontel, Saurin, Barthélemy, Voisenon, « les professeurs de mathématique de l'Ecole militaire », Dusaulx et Barthe, auteur dramatique.

70.36 | **27 avril 1770.** Nau à D'Alembert
- SOURCE : autogr., d.s., 6 p.
- LOCALISATION DU MS. : Paris Institut, Ms. 2466, f. 162-164
- INCIPIT : « Lorsque j'ai pris la liberté de vous consulter en 1768... »

CONTENU : Revient sur les remarques envoyées en 1768 et la rép. de D'Al. jointe en copie : formule de Boisgelon donnée à l'art. « Clef transposée » de l'*Enc.* Calculs et interprétation. Deux corr., l'une pour J.-J. Rousseau l'autre pour D'Al. à l'art. « Mode » dans la perspective d'une seconde édition de l'[*Enc.*].

70.37 | **27 avril 1770.** Voltaire à D'Alembert
- SOURCE : original, « à Versoy pour Ferney », adr., cachet, 3 p.
- LOCALISATION DU MS. : Oxford VF, 66 et copie Lespinasse III, p. 1-4
- ÉDITION : Best. D16316
- INCIPIT : « Il n'y a pas d'apparence, mon cher philosophe... »

CONTENU : Volt. se sent mourant. [Sa statue] est un monument contre le fanatisme. Fréd. II devrait souscrire ; son ouvrage. Remercie Duclos, Audouard. Fréron espion à Rennes et à Paris. Panckoucke et [*L'Année littéraire* de Fréron] tomberont dans l'oubli comme J.-J. Rousseau.

70.38 | **30 avril 1770.** D'Alembert à Frédéric II
- SOURCE : impr., « Paris »
- ÉDITION : Preuss XXIV, n° 74, p. 482-483
- INCIPIT : « Je profite, non pas d'un moment de lucidité... »

CONTENU : Rép. à la l. [du 3 avril]. Oui, en cas de nécessité absolue, le vol est permis, vérité dont on ne peut faire publicité. Tout le mal résulte de l'inégalité « monstrueuse » des fortunes. Oui, il faut combattre l'erreur et la superstition, mais en usant de finesse et de patience. Estime le *Catéchisme de morale* fort propre à la jeune noblesse.

70.39 | **11 mai [1770].** D'ALEMBERT à LALEU
- SOURCE : autogr., « ce vendredi 11 mai », adr., 1 p.
- LOCALISATION DU MS. : Washington Smithsonian, Ms. 71A
- INCIPIT : « M. D'Alembert a l'honneur d'envoyer à monsieur... »

CONTENU : Souscription à la statue de Volt. Deux louis, pour Delisle [de Sales], auteur de la *Philosophie de la nature*.

70.40 | **17 mai 1770.** FRÉDÉRIC II à D'ALEMBERT
- SOURCE : copie, d.s., « Potzdam », 6 p.
- LOCALISATION DU MS. : Genève IMV, MS 42, p. 36-41
- ÉDITION : Preuss XXIV, n° 75, p. 484-486
- INCIPIT : « Je vous suis très obligé de la part que vous prenez à... »

CONTENU : Le régime l'a guéri de la goutte. A lu l'*Essai sur les préjugés*, a entrepris de le réfuter (la vérité n'est pas faite pour l'homme) et envoie son « factum » à Anaxagoras.

70.41 | **29 mai [1770].** D'ALEMBERT à LALEU
- SOURCE : cat. vente *Autographes et manuscrits*, C. Coulet et A. Faure, 129, 1972, n° 491 : autogr., s., adr., 1 p.
- EXTRAIT : « ... Ce n'est point M. Delisle, auteur de la philosophie... »

CONTENU : Deux souscriptions, l'une de Levenhaupt, l'autre d'un anonyme. La précédente est de l'abbé Delille, professeur au collège de la Marche et non de Delisle [de Sales].

70.42 | **30 mai 1770.** D'ALEMBERT à VOLTAIRE
- SOURCE : autogr., « à Paris », P.-S., 3 p.
- LOCALISATION DU MS. : Den Haag RPB 129, G16A30, 129
- ÉDITION : Best. D16368
- INCIPIT : « C'est M. *Pigalle* qui vous remettra lui-même cette... »

CONTENU : La statue de Volt. par Pigalle. Long éloge de Pigalle. « Je suis toujours imbécille ». P.-S. Un grand nombre de gens de lettres ont contribué pour la statue.

70.43 | **8 juin 1770.** D'ALEMBERT à FRÉDÉRIC II
- SOURCE : impr., « Paris »
- ÉDITION : Preuss XXIV, n° 76, p. 486-488
- INCIPIT : « Dans l'état de faiblesse et presque d'imbécillité... »

CONTENU : N'a pas lu l'*Essai sur les préjugés* [de d'Holbach]. Approuve cependant la critique qu'il en fait. Ne lit plus de brochures contre « l'infâme ». La vraie égalité consiste à être également soumis aux lois. Les républiques, à commencer par celle de Rome, ont fait, comme les rois, des guerres injustes. Admirer sa modération quand il parle de la « guerre de 1756 ».

70.44 | **8 juin [1770].** D'ALEMBERT à VOLTAIRE
- SOURCE : autogr., « à Paris », 3 p.
- LOCALISATION DU MS. : Den Haag RPB 129, G16A30, 130
- ÉDITION : Best. D16398
- INCIPIT : « Mon cher et illustre confrère, cette lettre vous sera... »

CONTENU : Panckoucke recommandé chaudement. Malheurs de l'*Enc.*, [*Questions sur l'Encylopédie*]. De Félice et ses coopérateurs, « écrivailleurs français » et l'*Enc.* d'Yverdon.

70.45 | **11 juin 1770.** D'ALEMBERT à CLARET DE LA TOURRETTE
- SOURCE : impr., « A Paris »
- ÉDITION : *Journal de Lyon*, 1784, p. 250-251. Leigh 6731
- INCIPIT : « M. Bourgelat m'a remis votre ouvrage... »

CONTENU : *Voyage au Mont Pilat*. A reçu la souscription de J.-J. Rousseau pour la statue de Volt. A rompu tout commerce avec Rousseau.

70.46 | **11 juin 1770.** VOLTAIRE à D'ALEMBERT
- SOURCE : copie, d., 3 p.
- LOCALISATION DU MS. : Oxford VF, Lespinasse III, p. 4-6
- ÉDITION : Best. D16400
- INCIPIT : « Mon cher ami, mon cher philosophe, êtes-vous toujours... »

CONTENU : Demande de confirmer l'entrée de Loménie de Brienne à l'Acad. [fr.] Ouvrage de Fréd. II contre l'*Essai sur les préjugés* dont il demande si l'auteur en est Diderot, Damilaville ou Helvétius. L'état physique de Volt. et la sculpture de Pigalle.

70.47 | **17 juin 1770.** D'ALEMBERT à LALEU
- SOURCE : autogr., d.s., adr., cachet, 1 p.
- LOCALISATION DU MS. : Montmorency Musée Rousseau
- INCIPIT : « M. D'Alembert a l'honneur d'envoyer 40 louis à... »

CONTENU : Souscriptions à la statue de Volt. : La Touraille, d'Azincourt, Mérard de Saint-Just, Bordes, de Lyon, d'Hémery, inspecteur de la Librairie, Cideville, J.-J. Rousseau, Rozen, [Charles] Le Roy professeur à Montpellier, et deux souscriptions anonymes.

70.48 | **17 juin 1770.** LAGRANGE à D'ALEMBERT
- SOURCE : autogr., d., « à Berlin », adr., cachet rouge, 3 p.
- LOCALISATION DU MS. : Paris Institut, Ms. 876, f. 186-187
- ÉDITION : Lalanne 1882, XIII, p. 173-175
- INCIPIT : « Pardonnez-moi, mon cher et illustre ami, si... »

CONTENU : Il est malade. Approuve les arrangements pour le prix de la Lune, discute les déclarations d'Euler et demande un résumé de sa pièce. N'a pas encore reçu le *Traité des fluides*. La *Dioptrique* et le troisième vol. du *Calcul intégral* d'Euler ne sont pas parus. Ecrira à Condorcet, HAB 1768. Santé de D'Al.

70.49 | **22 juin 1770.** VOLTAIRE à D'ALEMBERT
- SOURCE : original, d.s. « V. », P.-S., 4 p.
- LOCALISATION DU MS. : Saint-Pétersbourg RNB, fonds Voltaire, manuscrits, vii, p. 101-102
- ÉDITION : Best. D16436. Pléiade X, p. 229-301
- REMARQUE : copie Oxford VF, Lespinasse III, p. 7-12 qui ajoute des vers en tête et un P.-S. sur Panckoucke
- INCIPIT : « C'est un beau soufflet, mon cher et vrai philosophe... »

CONTENU : [Pigalle]. Choiseul, Palissot et Fréron son régent. Désordres à Genève : l'action de Volt. et Choiseul. Fréd. II doit souscrire à la statue. Discussions avec Pigalle, Bertin et la fin de la coutume de représenter des esclaves aux pieds des rois.

70.50 | **23 juin 1770.** D'ALEMBERT à FRISI
- SOURCE : autogr., d.s., « à Paris », adr., cachet, 3 p.
- LOCALISATION DU MS. : London BL, Egerton 15, f. 46-47
- ÉDITION : Rutschmann, p. 44-45
- INCIPIT : « Ma santé est meilleure depuis quelque temps, grâce... »

CONTENU : Reprend les objections au calcul de Frisi avec d'autres notations. Renvoie aux travaux de Lagrange, Clairaut, Euler et lui-même. Peut le recommander pour Berlin. Fin des tracasseries sur l'Almanach. Respect à Firmian. Beccaria.

70.51 | **25 juin 1770.** VOLTAIRE à D'ALEMBERT
- SOURCE : copie, d., 2 p.
- LOCALISATION DU MS. : Oxford VF, Lespinasse III, p. 12-13
- ÉDITION : Best. D16446. Pléiade X, p. 303
- INCIPIT : « Mon cher et vrai philosophe, on a imprimé dans une... »

CONTENU : J.-J. Rousseau aurait donné pour la statue via La Tourrette il faut refuser sa souscription. Pigalle a fait un chef-d'œuvre d'un squelette. Palissot.

70.52 | **30 juin [1770].** D'ALEMBERT à VOLTAIRE
- SOURCE : autogr., « à Paris », 3 p.
- LOCALISATION DU MS. : Den Haag RPB 129, G16A30, 131
- ÉDITION : Best. D16462
- INCIPIT : « Vous avez dû, mon cher maître, recevoir une lettre... »

CONTENU : Imbécillité et mélancolie. L'archevêque de Toulouse élu à l'Acad. [fr.] à la place du duc de Villars. Fréd. II et l'*Essai sur les préjugés*. Opinion de D'Al. sur ce livre. L'arrivée de Pigalle à Ferney. A reçu la contribution de J.-J. Rousseau pour la statue de Volt.

70.53 | **[juin 1770].** D'ALEMBERT à LALEU
• SOURCE : autogr., adr., 1 p.
• LOCALISATION DU MS. : Paris, coll. part.
• INCIPIT : « M. D'Alembert a l'honneur d'envoyer à monsieur de Laleu... »
CONTENU : Souscriptions pour 38 louis de Duvernet, Marin, Chabanon, Saint-Non, Saint-Lambert, Breteuil, Coyer, Bailly, [Pierre] Le Roy horloger, La Harpe, les de Beaumont, Le Roi de l'Acad. sc.

70.54 | **1er juillet 1770.** D'ALEMBERT à LALEU
• SOURCE : cat. vente, *Voltaire : autographes et documents*, Jacques Lambert, Paris, [octobre] 1957, n° 67 : autogr., d.s.
• INCIPIT : inconnu
CONTENU : Souscription [à la statue de Volt.] pour la comtesse d'Egmont, Rulhière, Pomaret de Montpellier.

70.55 | **2 juillet [1770].** D'ALEMBERT à VOLTAIRE
• SOURCE : autogr., « à Paris », 3 p.
• LOCALISATION DU MS. : Den Haag RPB 129, G16A30, 132
• ÉDITION : Best. D16486
• INCIPIT : « Mon cher et illustre ami, j'ai reçu à la fois... »
CONTENU : A reçu les deux l. de Volt. par Marin. Sa mauvaise santé. Partisan d'accepter la souscription de J.-J. Rousseau, mais de refuser celle de La Beaumelle, pour les mêmes raisons que pour Fréron et Palissot. Calomnies à propos de la statue de Volt. : Mme Du Deffand. Palissot, auteur du *Satirique*.

70.56 | **6 juillet 1770.** D'ALEMBERT à FRÉDÉRIC II
• SOURCE : copie autogr., d., 3 p.
• LOCALISATION DU MS. : Genève IMV, MS 42, p. 49-51
• ÉDITION : Preuss XXIV, p. 488-489 dans une version différente
• INCIPIT : « Je supplie très humblement V. M. de pardonner la... »
CONTENU : Les philosophes et les gens de lettres ont résolu d'ériger une statue à Volt. Ils espèrent que Fréd. II, « leur chef et leur modèle », acceptera que son nom figure à la tête des leurs. Témoignages d'admiration.

70.57 | **6 juillet 1770.** D'ALEMBERT à LALEU
• SOURCE : cat. vente, *Voltaire : autographes et documents*, Jacques Lambert, Paris, [octobre] 1957, n° 68 : autogr., d.
• INCIPIT : inconnu
CONTENU : Souscriptions [à la statue de Volt.] pour le duc de La Vallière, et « l. B. d. V. »

70.58 | **7 juillet 1770.** D'ALEMBERT à VANDERMEERSCH
• SOURCE : autogr., d.s., adr. « professeur de Théologie &c., à Amsterdam », cachet rouge, 3 p.
• LOCALISATION DU MS. : Genève, coll. J.-D. Candaux
• INCIPIT : « Je n'ai pas l'honneur d'être connu de vous ; mais la... »

CONTENU : Lui écrit, au nom de sa probité, pour rétablir la vérité sur le frère de Vandermeersch, objet de calomnies ; sa conduite à Paris est irréprochable.

| 70.59 | **7 juillet 1770.** Frédéric II à D'Alembert
• SOURCE : copie, d., s. « Federic », « à sans-souci », 8 p.
• LOCALISATION DU MS. : Genève IMV, MS 42, p. 41-48
• ÉDITION : Preuss XXIV, n° 78, p. 489-491
• REMARQUE : la copie de l'IMV est datée du 12 juillet, mais pour les motifs exposés dans l'introduction, c'est la datation de Preuss qui a été retenue
• INCIPIT : « Je suis bien fâché de vous savoir toujours languissant... »

CONTENU : L'usage des bains rétablirait la santé de D'Al. A réfuté le *Système de la nature* [de d'Holbach] et lui envoie ses remarques. Etourderie de l'auteur, qui risque la Bastille. L'homme ne parviendra jamais à la perfection et les écrits de l'abbé de Saint-Pierre ne sont que les rêves d'un honnête homme.

| 70.60 | **7 [juillet 1770].** Voltaire à D'Alembert
• SOURCE : copie, s. « V », N.B., 5 p.
• LOCALISATION DU MS. : Oxford VF, Lespinasse III, p. 23-27 datée du 7 juin 1770 incompatible avec le fait d'être une rép. à la l. du 2 juillet
• ÉDITION : Best. D16499. Pléiade X, p. 323-324
• INCIPIT : « J'ai un petit moment pour répondre à la lettre du 2 juillet... »

CONTENU : Souscriptions : Fréd. II, J.-J. Rousseau, Fréron, l'archevêque de Toulouse. Mme Calas. Sirven. Riquet. Volt. est en guerre avec Genève, les Choiseul le soutiennent. Mme Du Deffand. L'*Enc.* et Panckoucke. N.B. Propose d'aller en Grèce avec D'Al.

| 70.61 | **9 juillet [1770].** Voltaire à D'Alembert
• SOURCE : copie, 3 p.
• LOCALISATION DU MS. : Oxford VF, Lespinasse III, p. 14-16
• ÉDITION : Best. D16505. Pléiade X, p. 326-327
• INCIPIT : « Je vous prie instamment, mon cher philosophe... »

CONTENU : Souscription de J.-J. Rousseau à refuser et de Fréd. II à encourager. Mme Du Deffand est une enfant ; Fréron est un fripon soutenu.

| 70.62 | **13 juillet 1770.** D'Alembert à Lagrange
• SOURCE : autogr., d., « à Paris », 4 p.
• LOCALISATION DU MS. : Paris Institut, Ms. 915, f. 89-90
• ÉDITION : Lalanne 1882, p. 175-177
• INCIPIT : « Il serait difficile, mon cher et illustre ami, de publier... »

CONTENU : Donne une idée de la pièce d'Euler, qu'il critique au passage (convergence des approximations, équation séculaire). Les calculs des astronomes ne s'accordent pas avec cette théorie. Inquiétude pour la santé de Lagrange. D'Al. pas assez riche pour aller en Italie. N'a pas lu en détail *HAB 1767*. Condorcet est hors de Paris.

70.63 | **16 juillet 1770.** D'ALEMBERT à LALEU
• SOURCE : cat. vente Paris, Drouot (Thierry Bodin expert), 22-23 mai 1995, n° 3 : autogr., d.s., adr., 2 p.
• INCIPIT : « Quoique vous m'ayez fait l'honneur de me mander... »

CONTENU : D'Al. demande que la souscription pour la statue de Volt. reste ouverte, 12 000 lt ne suffiront peut-être pas, et des gens de mérite manquent. Si la somme recueillie dépasse les frais prévus pour la statue, l'excédent sera employé à bon escient pour Volt. et les souscripteurs. Nouveaux souscripteurs : M. et Mme Necker (dix louis), Thomas (6 louis), de Belloy (2 louis).

70.64 | **16 juillet 1770.** VOLTAIRE à D'ALEMBERT
• SOURCE : original, d., 3 p.
• LOCALISATION DU MS. : Paris BnF, NAFr. 24330, f. 124-125
• ÉDITION : Best. D16523. Pléiade X, p. 337-338
• REMARQUE : copie, Oxford VF, Lespinasse III, p. 19-23
• INCIPIT : « Mon très cher philosophe, je vous prie de me dire... »

CONTENU : Le *Système de la nature* : livre plutôt bon mais dangereux. Ne veut pas de J.-J. Rousseau sur la souscription. Le *Satirique* [de Palissot]. Demandera la protection de l'archevêque de Toulouse pour Sirven. Interroger Thiriot sur Fréron et les *Anecdotes* ; voir avec Marmontel le parti à en tirer.

70.65 | **24 juillet [1770].** D'ALEMBERT à [TURGOT]
• SOURCE : autogr., « à Paris », 2 p.
• LOCALISATION DU MS. : Paris Institut, Ms. 876, f. 85
• ÉDITION : Henry 1885/1886, p. 70
• REMARQUE : le contenu permet d'identifier le destinataire
• INCIPIT : « Je ne manquerai pas, monsieur, de communiquer... »

CONTENU : Le remercie pour les observations astronomiques [de Pouillard ?] communiquées à l'Acad. [sc.], Pingré a déjà calculé la comète. Donnera sa voix à Desmarest s'il se présente, Duhamel opposé, Tillet. Lauraguais s'est désisté de sa place d'associé, Condorcet pourrait être élu. Election après la Saint-Martin. Compliments de Mlle de Lespinasse qui va mieux.

70.66 | **25 juillet [1770].** D'ALEMBERT à VOLTAIRE
• SOURCE : autogr., adr., 3 p.
• LOCALISATION DU MS. : Den Haag RPB 129, G16A30, 133
• ÉDITION : Best. D16545
• INCIPIT : « Vous voulez savoir, mon cher maître, ce que je pense... »

CONTENU : Son opinion sur le *Système de la nature*. Préd. II. La souscription de J.-J. Rousseau. D'Al. a fait empêcher de jouer le *Satirique*, grâce à Sartine. On écrira à Riquet. Fréron et les *Anecdotes*. Doute sur la souscription de Choiseul.

ANNÉE 1770

70.67 | **27 juillet 1770.** Voltaire à D'Alembert
- Source : autogr. d. (non autogr.), s. « V », adr. (non autogr.), 3 p.
- Localisation du ms. : Paris BnF, NAFr. 24330, p. 121-122
- Édition : Best. D16548. Pléiade X, p. 355-356
- Remarque : copie Oxford VF, Lespinasse III, p. 27-31
- Incipit : « Premièrement mon cher philosophe ayez soin de... »

Contenu : Ecrit de Fréd. II contre le *Système de la nature*. Opinion de Volt. à ce sujet. Guerre civile entre les incrédules. Sur Fréd. II et Cath. II à propos de la souscription. J.-J. Rousseau.

70.68 | **28 juillet 1770.** D'Alembert à Frédéric II
- Source : impr.
- Localisation du ms. : Genève IMV, MS 42, p. 59-61, copie autogr., d., 3 p.
- Édition : Preuss XXIV, n° 80, p. 493. Henry 1885/1886, p. 71
- Remarque : la copie de l'IMV est datée du 3 août, mais pour les motifs exposés dans l'introduction, c'est la datation de Preuss qui a été retenue (autre copie, Paris Institut, Ms. 1786, f. 210-212), datation confirmée par le fait que D'Al. écrit à Volt. le 4 août qu'il a fait cette demande une semaine plus tôt
- Incipit : « J'ai osé demander à Votre Majesté une grâce pour... »

Contenu : Son insomnie, sa mélancolie. A besoin d'un voyage en Italie. Lui demande un subside de deux mille écus de France pour accomplir ce voyage « avec quelque aisance ».

70.69 | **28 juillet 1770.** Frédéric II à D'Alembert
- Source : copie, d., « Sans-souci », 3 p.
- Localisation du ms. : Genève IMV, MS 42, p. 52-54 Copie de la main de D'Al., New York Morgan (Voltaire-Letters to Frederic the Great), MA unassigned
- Édition : Preuss XXIV, n° 79, p. 491-492. Best. D16552
- Incipit : « Le plus beau monument de Voltaire est celui qu'il... »

Contenu : Pérennité des ouvrages de Volt. Ne peut refuser de souscrire à sa statue. Hommage à Volt. ; éloge des belles-lettres.

70.70 | **28 juillet 1770.** Nau à D'Alembert
- Source : autogr., d.s, 7 p., (suivi f. 169-170 de ses « Réflexions sur quelques propriétés du son » 4 p.)
- Localisation du ms. : Paris Institut, Ms. 2466, f. 165-168
- Incipit : « Je me suis aperçu il y a quelque temps de la nécessité... »

Contenu : Corr. au troisième alinéa de sa dernière l. : art. « Clef transposée » de l'*Enc.*, à propos des formules de Boisgelon appliquées aux modes majeur et mineur. Critiques de l'art. de J.-J. Rousseau. Genre chromatique.

70.71 | **2 août 1770.** D'Alembert à Frédéric II
- SOURCE : impr., « Paris »
- ÉDITION : Preuss XXIV, n° 81, p. 494-496
- INCIPIT : « Quoique l'état de faiblesse où ma tête est toujours... »

CONTENU : Le remercie de son écrit sur le *Système de la nature* et lui répond sur l'incertitude des connaissances, la liberté d'action et ses limites, la religion chrétienne et son recours à la violence, les gouvernements en général et celui de Louis XIV en particulier.

70.72 | **4 août 1770.** D'Alembert à Voltaire
- SOURCE : autogr., d., « à Paris », adr., 3 p.
- LOCALISATION DU MS. : Den Haag RPB 129, G16A30, 134
- ÉDITION : Best. D16562
- INCIPIT : « Je n'ai point encore de réponse, mon cher et illustre... »

CONTENU : Souscription de Fréd. II va arriver en rép. à sa l. du 7 juillet [70.56], d'après la l. écrite par de Catt le 22 [non retrouvée]. Projette un voyage en Italie en passant par Ferney, cherche un compagnon et de l'argent. A demandé une aide à Fréd. II. J.-J. Rousseau protégé. A écrit à Fréd. II à propos du *Système de la nature*.

70.73 | **7 août 1770.** D'Alembert à Laleu
- SOURCE : cat. vente Librairie de L'Abbaye, Paris, [1972], bulletin 207 : autogr., d.s., 1 p.
- EXTRAIT : « ... 2 louis pour M. Mercier, auteur de divers ouvrages... »

CONTENU : Souscription [à la statue de Volt.] pour Mercier, auteur.

70.74 | **9 août [1770].** D'Alembert à Voltaire
- SOURCE : autogr., s., « à Paris », 2 p.
- LOCALISATION DU MS. : Den Haag RPB 129, G16A30, 135
- ÉDITION : Best. D16570
- INCIPIT : « Je ne perds pas un moment, mon cher et illustre ami... »

CONTENU : L. très flatteuse de Fréd. II à propos de la souscription. Lui enverra copie de leurs lettres. Voyage d'Italie.

70.75 | **11 août [1770].** D'Alembert à Voltaire
- SOURCE : autogr., « à Paris », 3 p.
- LOCALISATION DU MS. : Den Haag RPB 129, G16A30, 136
- ÉDITION : Best. D16577
- INCIPIT : « Je ne pus, mon cher maître, vous envoyer... »

CONTENU : Envoie copie de sa l. à Fréd. II [du 6 juillet, 70.56] et la rép. de Fréd. II [du 28 juillet, 70.69] en lui demandant de ne pas les faire imprimer.

ANNÉE 1770

70.76 | **11 août 1770.** Voltaire à D'Alembert
- SOURCE : copie, d., s. « V », 3 p.
- LOCALISATION DU MS. : Oxford VF, Lespinasse III, p. 31-33
- ÉDITION : Best. D16574. Pléiade X, p. 373-374
- INCIPIT : « Mon cher philosophe, mon cher ami, vous êtes donc... »

CONTENU : Fontenelle s'est passé de voyage en Italie, l'aide de Fréd. II ne suffira pas. Rép. [de Volt.] au *Système de la nature*. Rentes de Fréron.

70.77 | **12 août [1770].** D'Alembert à Voltaire
- SOURCE : autogr., « à Paris », 2 p.
- LOCALISATION DU MS. : Den Haag RPB 129, G16A30, 137
- ÉDITION : Best. D16578
- INCIPIT : « Tous les honneurs, mon cher maître, vous viennent... »

CONTENU : D'Al. a lu à l'Acad. [fr.] la l. de Fréd. II du 28 juillet (70.69) qui sera insérée dans les registres. Pour que Cath. II souscrive, il faudrait que Diderot lui écrive, car lui ne sera plus à Paris. Demande que Volt. remercie Fréd. II et l'Acad.

70.78 | **12 août 1770.** D'Alembert à Frédéric II
- SOURCE : impr., d. du « 12 août », « Paris », P.-S.
- LOCALISATION DU MS. : copie autogr., 4 p. Genève IMV, MS 42, p. 55-58 (incomplète et datée du 13)
- ÉDITION : Preuss XXIV, p. 497-498
- REMARQUE : la copie de l'IMV est datée du 13 août, mais pour les motifs exposés dans l'introduction, c'est la datation de Preuss qui a été retenue
- INCIPIT : « Je n'ai pas perdu un moment pour apprendre à M. de Voltaire... »

CONTENU : Reconnaissance pour son soutien au projet d'ériger une statue à Volt. Lui demande l'autorisation de faire circuler sa l. Un écu suffira, le maréchal de Richelieu a donné vingt louis. Nomination de Cochius à l'Acad. [de Berlin]. Béguelin. P.-S. L'Acad. fr. a décidé d'insérer sa l. dans ses registres.

70.79 | **18 août 1770.** Frédéric II à D'Alembert
- SOURCE : copie de la main de D'Al., « Réponse du roi », d. « Postdam », 2 p.
- LOCALISATION DU MS. : Genève IMV, MS 42, p. 61-62
- ÉDITION : Preuss XXIV, n° 83, p. 499
- REMARQUE : Henry 1885/1886, p. 71-72 basé sur Paris Institut Ms. 1786 f. 212-213, note ms. f. 213-214, corr. de D'Al.
- INCIPIT : « Je trouve votre faculté de médecine bien aimable. »

CONTENU : Plaisanteries sur les médecins de D'Al. Part pour la Silésie et la Moravie. A son retour, la somme demandée pour son voyage d'Italie lui sera payée à Paris.

70.80 | **19 [août 1770].** D'Alembert à Sedaine
- SOURCE : autogr. s., « ce dimanche 19 », adr. au « secrétaire de l'académie d'architecture, au Louvre », 2 p.

- LOCALISATION DU MS. : d'après le *Bulletin du bibliophile belge*, autogr. ajouté par Pixérécourt à l'exemplaire de La Borde de l'*Essai sur la musique* de Jean-Benjamin de La Borde, Paris, 1780, t. III, p. 544
- ÉDITION : *Bulletin du bibliophile belge*, t. VII, Bruxelles, 1850, p. 91
- REMARQUE : Sedaine devient secrétaire de l'Acad. d'architecture le 4 juillet 1768, la pièce est probablement *Maillard ou Paris sauvé*, voir l. du 27 mars [1771]
- INCIPIT : « J'ai entendu votre pièce, monsieur, avec un si grand... »

CONTENU : Mlle de Lespinasse qui vit dans la même maison que lui, meurt d'envie de connaître la pièce et l'auteur. Lui demande de venir en faire lecture jeudi prochain à cinq heures ou un autre jour.

70.81 | **19 août 1770.** VOLTAIRE à D'ALEMBERT
- SOURCE : copie de la main de D'Al., d., 3 p.
- LOCALISATION DU MS. : Oxford VF, Lespinasse III, p. 33-35
- ÉDITION : Best. D16594. Pléiade X, p. 383-384
- INCIPIT : « Denis a raison, mon très cher philosophe ; c'est à vous... »

CONTENU : Sait « taire les faveurs des vieilles maîtresses ». On dit que D'Al. part avec Condorcet ; leur recommande de passer par Dijon et par chez lui. Envoie sa rép. sur le [*Système de la nature*], mais ne sait si elle plaira à Fréd. II.

70.82 | **20 août 1770.** VOLTAIRE à D'ALEMBERT
- SOURCE : copie de la main de D'Al., d., 2 p.
- LOCALISATION DU MS. : Oxford VF, Lespinasse III, p. 35-36
- ÉDITION : Best. D16598. Pléiade X, p. 386-387
- INCIPIT : « Mon cher ami, vous mettez le comble à vos bontés. »

CONTENU : Il écrit à Duclos et à Fréd. II. Sa santé très mauvaise. Pensée et estomac.

70.83 | **26 août 1770.** LAGRANGE à D'ALEMBERT
- SOURCE : autogr., d., « à Berlin », 4 p.
- LOCALISATION DU MS. : Paris Institut, Ms. 876, f. 188-189
- ÉDITION : Lalanne 1882, XIII, p. 179-182
- INCIPIT : « Je vous suis infiniment obligé, mon cher et illustre ami... »

CONTENU : Le remercie pour le résumé du mém. d'Euler sur la Lune. Enverra quelque chose pour le concours prochain. Inquiet pour la santé de D'Al., l'incite à aller en Italie. Bitaubé. Caraccioli, nommé ambassadeur de Naples à Paris, pourra servir d'intermédiaire pour la correspondance. *HAB 1763* paru, *HAB 1768* sous presse. L'*Algèbre* allemande d'Euler vient de paraître et la traduction française est en projet. Donne un théorème sur la résolution des équations littérales par les séries.

70.84 | **28 août 1770.** D'ALEMBERT à [Marc-René d'ARGENSON]
- SOURCE : cat. vente Paris, Nouveau Drouot, 7 et 8 mai 1981 (Thierry Bodin expert), n° 7 : autogr., d.s., « à Paris », 2 p.

- ÉDITION : A.-M. Chouillet, P. Crépel, « Un voyage d'Italie manqué », *RDE* 17, octobre 1994, p. 23
- INCIPIT : « Je suis, monsieur, très porté à croire que l'air des Ormes... »

CONTENU : Décline l'invitation du comte d'Argenson aux Ormes [propriété des d'Argenson] pour partir en Italie « dans quinze jours », sur le conseil de ses amis médecins.

70.85 | **30 août [1770].** D'ALEMBERT à ROCHEFORT D'ALLY
- SOURCE : autogr., « ce jeudi 30 aout », adr., cachet rouge, 1 p.
- LOCALISATION DU MS. : Genève, coll. J.-D. Candaux
- INCIPIT : « M. D'Alembert, qui compte partir sous 15 jours au... »

CONTENU : Partant en voyage sous quinzaine, D'Al. est venu prendre congé du comte de Rochefort et le prier de lui renvoyer son portrait dont le peintre doit avoir terminé la copie.

70.86 | **[fin août 1770].** D'ALEMBERT à VOLTAIRE
- SOURCE : impr., 1 p.
- ÉDITION : Jacob Jonas Björnstahl, *Briefe auf seinen ausländischen Reisen an den Königlichen Bibliothekar C.C. Gjörwell in Stockholm*, Rostock und Leipzig, 1777, p. 135
- REMARQUE : reproduite dans le recueil des l. de voyage de Björnstahl, fait par son ami Gjörwell. Datée entre l'inscription de D'Al. sur l'*Album amicorum* du 21 août 1770 (A70.01) et la l. à Gjörwell du 14 septembre
- INCIPIT : « Ce billet vous sera remis, mon cher et illustre confrère, par deux honnêtes étrangers M. de Rudbeck et M. Björnstahl... »

CONTENU : Billet d'introduction auprès de Volt.

70.87 | **[août 1770].** BOURLET DE VAUXCELLES à D'ALEMBERT
- SOURCE : autogr., adr., 4 p.
- LOCALISATION DU MS. : Paris Institut, fonds Bertrand, Ms. 2031, pièces 10-10bis
- ÉDITION : A.-M. Chouillet, P. Crépel, « Un voyage d'Italie manqué », *RDE* 17, octobre 1994, p. 17-21
- INCIPIT : « L'abbé de Vauxcelles a l'honneur de souhaiter le bonjour... »

CONTENU : Lui envoie le plan d'un voyage en Italie avec le temps estimé, en passant deux fois par Genève et en entrant en Italie par Gênes.

70.88 | **4 septembre 1770.** SAINT-FLORENTIN à D'ALEMBERT
- SOURCE : minute du vol. « Missives année 1770 », d., 1 p
- LOCALISATION DU MS. : Paris AN, O1 412, p. 624
- REMARQUE : le brevet daté du 5 septembre (Paris AN, O1 116, f. 949) est publié dans *RDE* 17, octobre 1994, p. 22
- INCIPIT : « Je joins ici, M. le brevet qui vous permet de voyager... »

CONTENU : Joint les brevets pour D'Al. et Condorcet, permettant de voyager en Italie.

| 70.89 | **5 septembre 1770.** D'Alembert à Pigalle
• Source : autogr., d.s., « à Paris », adr. « A Monsieur Pigalle, sculpteur du roi », 1 p.
• Localisation du ms. : Genève IMV, MS CD 711
• Édition : Best. D16634, qui donne Laleu comme destinataire
• Remarque : le reçu de Pigalle est à l'IMV, MS CD 712
• Incipit : « Je prie M. de Laleu de vouloir bien donner à... »

Contenu : Demande à Laleu de remettre à Pigalle l'argent nécessaire à l'acquisition du marbre de la statue de Volt.

| 70.90 | **6 septembre 1770.** D'Alembert à Lagrange
• Source : autogr., d., « à Paris », P.-S., 6 p.
• Localisation du ms. : Paris Institut, Ms. 915, f. 91-93
• Édition : Lalanne 1882, XIII, p. 182-187
• Incipit : « Je pars incessamment, mon cher et illustre ami, pour... »

Contenu : Va à Lyon puis en Italie ou en Provence, part avec Condorcet. Envoie des mém. des *MARS 1768* avant la publication : mém. de D'Al. sur la libration de la Lune et de Fontaine sur les tautochrones, ne pas l'épargner. A écrit à Fréd. II en faveur de Béguelin. Revient sur son mém. des *Opuscules*, t. IV [Mém. 28-III], démonstration du principe d'inertie [*MARS 1769*]. Revient sur les critiques de Simpson [*Opuscules*, t. V, Mém. 37]. Théorie de la Lune de Mayer, D'Al. a donné un mém. à l'Acad. sur le sujet. Possède *HAB* complet jusqu'à 1767. Envoie son *Discours* de 1768, les l. du duc de Parme et du prince de Suède (*MARS 1768*). Sera de retour en janvier ou juin. Compliments de Condorcet.

| 70.91 | **8 septembre 1770.** Christian VII, roi de Danemark, à D'Alembert
• Source : original, d., s. « Christian », 1 p.
• Localisation du ms. : Paris BHVP, Ms. Rés. 2030. f. 209
• Édition : Best. D16638
• Incipit : « J'ai toujours désiré de marquer plus particulièrement... »

Contenu : Participation à la souscription pour la statue de Volt. Vœux pour son voyage en Italie.

| 70.92 | **11 septembre 1770.** D'Alembert à Laleu
• Source : autogr., d.s, adr., 2 p.
• Localisation du ms. : Genève IMV, MS CC 31
• Incipit : « J'ai l'honneur d'envoyer à Monsieur de Laleu... »

Contenu : Souscriptions [à la statue de Volt.] : Turgot, deux anonymes, [Julien] Le Roy de l'Acad. des belles-lettres, Maillet du Clairon. Sera absent six mois. Donner l'argent nécessaire à Pigalle. La souscription de Fréd. II va arriver.

| 70.93 | **12 septembre 1770.** D'Alembert à Lagrange
• Source : autogr., d., « à Paris », P.-S. « ce 14 sept. », 4 p.
• Localisation du ms. : Paris Institut, Ms. 915, f. 94-95

ANNÉE 1770

- ÉDITION : Lalannne 1882, XIII, p. 187-189
- INCIPIT : « Mon cher et illustre ami, j'ai reçu il y a peu de jours... »

CONTENU : A reçu sa l. du 26 août. Lagrange a raison sur la théorie d'Euler. La théorie de Mayer imprimée à Londres a l'air plus simple. Fréd. II lui donne 6 000 livres pour son voyage en Italie. Espère voir Caraccioli chez Mlle de Lespinasse. A reçu *HAB 1763*. Rend *HAB 1767* en double à Lalande pour Formey. Lagrange peut lui écrire à Paris en son absence. D'Al. donnera de ses nouvelles directement ou par de Catt. Attendra la traduction de l'*Algèbre* d'Euler. Fera envoyer l'*Hydraulique* de Bossut. Condorcet. A envoyé le *Traité de navigation* de Bézout. P.-S. Partira le 16 septembre à Genève, à Lyon et, suivant son état, passera les Alpes ou ira en Provence.

70.94 | **14 septembre 1770.** D'ALEMBERT à LALEU
- SOURCE : cat. vente, *Voltaire : autographes et documents*, Jacques Lambert, Paris, [octobre] 1957, n° 72 : autogr., d.s.
- INCIPIT : inconnu

CONTENU : Souscription [à la statue de Volt.] de la baronne de Newkerck. Part le 16 pour Ferney.

70.95 | **15 septembre 1770.** D'ALEMBERT à FRÉDÉRIC II
- SOURCE : impr., « Paris »
- ÉDITION : Preuss XXIV, n° 84, p. 499-500
- INCIPIT : « Je pars demain pour tâcher de retrouver la santé... »

CONTENU : Part le lendemain, n'ira peut-être qu'en Languedoc et en Provence, se décidera après Genève et Lyon. Lui écrira en route.

70.96 | **26 septembre 1770.** FRÉDÉRIC II à D'ALEMBERT
- SOURCE : copie, « A Potzdam », 3 p.
- LOCALISATION DU MS. : Genève IMV, MS 42, p. 63-65
- ÉDITION : Preuss XXIV, n° 85, p. 500-501
- INCIPIT : « Je ne m'attendais certainement pas à ce que la lettre... »

CONTENU : Lui pardonne d'avoir lu sa l. à l'Acad. fr. Revient d'une « course longue et vive ». Répondra à la l. « très philosophique » de D'Al. [du 2 août, 70.71]. Ordonne à Métra de verser deux cents écus pour le buste de Volt. Espère que, l'année prochaine, le médecin de D'Al. lui prescrira Berlin.

70.97 | **3 octobre 1770.** D'ALEMBERT à SUARD
- SOURCE : cat. vente Dubrunfaut (Charavay expert), 23 décembre 1887, n° 4 : autogr., « Ferney », 2 p.
- ÉDITION : extrait du cat. vente dans Best. D16683 et Pléiade X, p. 1261. Cat. vente Gourio de Refuge, N. Charavay, 1902, n° 208 (1)
- EXTRAIT : « ... je compte partir d'ici le 9 pour aller en Languedoc... »

CONTENU : Faire passer une l. à Mlle de Lespinasse. Va partir bientôt pour la Provence, regrette la « vie tranquille et uniforme » et ses amis. Recommandation de Volt. auprès de Choiseul pour la *Gazette*.

70.98 | **6 octobre [1770].** D'ALEMBERT à FRISI
- SOURCE : autogr., s., « à Ferney », adr., 2 p.
- LOCALISATION DU MS. : Milano Ambrosiana, Y 153 sup. f. 501
- ÉDITION : Pappas 1987, p. 162, Rutschmann 1977, p. 46
- INCIPIT : « Je reçois à l'instant votre lettre chez M. de Voltaire... »

CONTENU : De passage à Ferney, ira à Lyon, Montpellier et Marseille, et de là peut-être à Nice et Gênes, où Frisi pourrait le rejoindre pour le conduire ensuite à Milan. Un élève de Beccaria est passé à Ferney. Ne renonce pas au voyage d'Italie. Remercie Venini pour son ouvrage. Compliments de Condorcet. Transmet une l. de Mme Du Boccage.

70.99 | **11 octobre 1770.** VOLTAIRE à CONDORCET et D'ALEMBERT
- SOURCE : original, adr. « à Monsieur le marquis de Condorcet à Lyon », 1 p.
- LOCALISATION DU MS. : New York Morgan, MA 638 et MA 1076
- ÉDITION : Best. D16695. Pléiade X, p. 438
- INCIPIT : « Le vieux malade de Ferney embrasse de ses deux maigres... »

CONTENU : L. arrivée pour Condorcet. Réfutation [par dom Deschamps] du *Système de la nature* envoyée [par Marc-René d'Argenson] : nouvelle philosophie et révolution ; il est « impossible d'empêcher de penser », « vous verrez de beaux jours ».

70.100 | **12 octobre 1770.** D'ALEMBERT à FRÉDÉRIC II
- SOURCE : impr., « Lyon »
- ÉDITION : Preuss XXIV, n° 86, p. 501-502
- INCIPIT : « Je viens de passer quinze jours à Ferney, chez... »

CONTENU : Vient de passer quinze jours chez Volt. Vœux unanimes pour la conservation de Fréd. II. Métra lui a ouvert un crédit de six mille livres, mais ses frais seront moindres, car il doit renoncer à l'Italie et passera deux mois dans la France méridionale. Est à Lyon depuis deux jours, en partira le surlendemain pour Montpellier où il trouvera des médecins. Sa santé.

70.101 | **13 octobre [1770].** D'ALEMBERT à DUCHÉ
- SOURCE : autogr., « à Lyon ce 13 8bre », adr. « à Montpellier », cachet rouge, 2 p.
- LOCALISATION DU MS. : Marseille Alcazar, Ms. 2145, n° 5
- REMARQUE : D'Al. est à Lyon, de passage entre Ferney et Montpellier, du 10 au 14 octobre 1770
- INCIPIT : « Mon cher ami, je vous ai déjà annoncé par une lettre de Ferney... »

CONTENU : Aura le plaisir de l'embrasser incessamment. Ils [Condorcet et lui] partiront le 14 ou le 15, seront à Montpellier le 19 ou le 20, resteront jusqu'au 1er novembre. Souhaitent aller voir le canal [du Midi] avec lui et voir peu de monde.

70.102 | **14 octobre [1770].** D'ALEMBERT à SUARD
- SOURCE : cat. vente Maison Silvestre, 4 février 1847, n° 18 : autogr., s., «Lyon», 3 p.
- REMARQUE : écrite de Lyon un 14 octobre, cette lettre ne peut dater que de 1770
- INCIPIT : inconnu

CONTENU : Sa manière de vivre à Paris, Volt., Mlle de Lespinasse.

70.103 | **18 octobre 1770.** FRÉDÉRIC II à D'ALEMBERT
- SOURCE : copie, «A Potzdam», 17 p.
- LOCALISATION DU MS. : Genève IMV, MS 42, p. 70-86
- ÉDITION : Preuss XXIV, p. 503-507
- INCIPIT : «Mon voyage en Moravie, des camps assemblés...»

CONTENU : Son voyage en Moravie et la visite de l'Electrice de Saxe ont retardé sa rép. [à la l. du 2 août, 70.71]. L'univers est doté d'une intelligence que l'on peut deviner mais non pas définir. La fatalité des lois n'exclut pas toute liberté d'action chez l'homme. La religion chrétienne n'est plus celle de Jésus, mais un pur déisme sans dogme. Qu'importe les cultes s'il y a tolérance. La politique de Louis XIV est trop critiquée, avantages des grandes armées de métier. A réfuté le *Système de la nature*, mais ne voudrait pas voir brûler son auteur. Vœux de santé.

70.104 | **20 octobre 1770.** VOLTAIRE à D'ALEMBERT
- SOURCE : copie, d., s. «V.», 2 p.
- LOCALISATION DU MS. : Oxford VF, Lespinasse III, p. 37-38
- ÉDITION : Best. D16713. Pléiade X, p. 449-450
- INCIPIT : «Mon cher et véritable philosophe, il y a d'étranges...»

CONTENU : Séguier est à Ferney et Palissot à Genève qui fait imprimer un ouvrage contre la philosophie. [Du Paty] enfermé à Pierre-Encise [à Lyon]. Si D'Al. va à Aix, il peut rencontrer [l'avocat] Castillon. Amitiés à Duché et Venel à Montpellier.

70.105 | **1er novembre 1770.** FRÉDÉRIC II à D'ALEMBERT
- SOURCE : copie, d.s., «A Potzdam», 5 p.
- LOCALISATION DU MS. : Genève IMV, MS 42, p. 65-69, autre copie p. 87-91
- ÉDITION : Preuss XXIV, n° 88, p. 507-509
- INCIPIT : «Vous et Voltaire, vous vous égayez sur mon compte...»

CONTENU : N'est qu'un «dilettante» comparé aux Descartes, Newton, D'Al., Bayle et Volt. Le matérialisme seul est susceptible de démonstration. Déplore que D'Al. ait renoncé à l'Italie pour aller visiter les «cannibales» de Toulouse et les «bûchers encore fumants» de la Provence. Espère que son médecin lui ordonnera le voyage de Berlin.

70.106 | **2 novembre 1770.** VOLTAIRE à D'ALEMBERT
- SOURCE : original, 2 p.
- LOCALISATION DU MS. : Paris BnF, Fr. 12939, p. 359-360

- ÉDITION : Best. D16739. Pléiade X, p. 463-464
- INCIPIT : « Mon cher philosophe, j'aurais bien embrassé... »

CONTENU : *Système de la nature*, mal moral. A vu Séguier : les philosophes assimilés à l'athéisme. *Questions sur l'Encyclopédie* dont il lui soumet deux feuilles d'épreuves. Guerre russo-ottomane. Affaire Le Rouge.

70.107 | **5 novembre 1770.** VOLTAIRE à D'ALEMBERT
- SOURCE : copie, d. s., « V », 2 p.
- LOCALISATION DU MS. : Oxford VF, Lespinasse III, p. 39-40
- ÉDITION : Best. D16743. Pléiade X, p. 465-466
- INCIPIT : « Mon cher et très grand philosophe, mon cher ami... »

CONTENU : Il se meurt doucement, a reçu ses deux l. de Montpellier. Souscription du roi de Danemark obtenue grâce à D'Al., puissances du Nord sympathisantes, Midi encroûté, mais avocats généraux philosophes : Duché, Castillon [d'Aix], Servan. [Du Paty]. Terray. Palissot à Genève. Condorcet a écrit à Volt.

70.108 | **14 novembre [1770].** VOLTAIRE à D'ALEMBERT
- SOURCE : autogr., s. « V », « à Ferney », 1 p.
- LOCALISATION DU MS. : Den Haag RPB 459, G16A453, 37
- ÉDITION : Best. D16761. Pléiade X, p. 479
- INCIPIT : « Je n'ai, mon très cher philosophe, que le temps de cacheter... »

CONTENU : Wagnière mourant. Allusion à des vers. Compliments à [Condorcet] et à M. de Valbelle si D'Al. est chez lui.

70.109 | **21 novembre 1770.** D'ALEMBERT à un correspondant non identifié
- SOURCE : autogr., d.s., « à Paris », 2 p.
- LOCALISATION DU MS. : Washington Smithsonian, Ms. 71A
- INCIPIT : « J'arrive en ce moment à Paris, après une course de deux mois que j'ai été faire dans nos provinces méridionales... »

CONTENU : Rép. à la l. du 8 octobre, lui dit qu'il a tous les titres pour être au nombre des souscripteurs de la statue de Volt., souscription 48 livres, la fera parvenir au notaire. Se souvient du séjour de son correspondant à Paris.

70.110 | **23 novembre 1770.** VOLTAIRE à D'ALEMBERT
- SOURCE : copie, d., s. « V », 3 p.
- LOCALISATION DU MS. : Oxford VF, Lespinasse III, p. 41-43
- ÉDITION : Best. D16778. Pléiade X, p. 490-491
- INCIPIT : « De tous les malades, mon cher philosophe, le plus... »

CONTENU : L'archevêque de Toulouse a fait mourir l'abbé Audra. [Souscripteurs] fameux. Recommande Gaillard pour succéder à Moncrif [à l'Acad. fr.].

70.111 | **26 novembre 1770.** D'ALEMBERT à FRÉDÉRIC II
- SOURCE : impr., « Paris »
- ÉDITION : Preuss XXIV, n° 90, p. 510-513

CONTENU : • REMARQUE : Belin-Bossange p. 299-301, date du 30
• INCIPIT : « J'ai trouvé, en arrivant à Paris il y a trois jours, trois lettres... »
CONTENU : De retour à Paris, il y trouve trois l. de Fréd. II. Commence par répondre à celles du 26 septembre (70.96) et du 1er novembre (70.105). La l. de Fréd. II lue à l'Acad. [fr.] n'a rien de « tudesque ». Fréd. II est nécessaire au progrès de la philosophie. Le Languedoc et l'Italie se valent pour un philosophe. Est rentré « plus fatigué que guéri ». A rendu à Métra trois mille cinq cents livres de lettres de crédit. Condoléances pour la mort d'un des princes de Brunswick, neveu de Fréd. II.

70.112 | **30 novembre 1770.** D'ALEMBERT à FRÉDÉRIC II
• SOURCE : impr., « Paris »
• ÉDITION : Preuss XXIV, n° 91, p. 513-518
• INCIPIT : « Me voilà donc encore, puisque Votre Majesté le permet... »
CONTENU : Réponse à sa l. « métaphysique » [du 18 octobre, 70.103]. Poursuit le débat sur l'intelligence non créatrice de l'univers et la matérialité de l'âme. Son spinozisme adouci en scepticisme. Liberté de l'homme, altération du christianisme par les dogmes. Louis XIV et les grandes armées. Son long verbiage.

70.113 | **4 décembre [1770].** D'ALEMBERT à VOLTAIRE
• SOURCE : autogr., « à Paris », 3 p.
• LOCALISATION DU MS. : Den Haag RPB 129, G16A30, 138
• ÉDITION : Best. D16802
• INCIPIT : « Il y a dix jours, mon cher maître, que je suis ici... »
CONTENU : Palissot à Genève, redoutable pour la philosophie. Du Paty exilé à Roanne. D'Al. s'est trouvé avec le « réquisitorien » [Séguier] dans plusieurs villes. Souscription du roi de Danemark, attend mieux encore. Archevêque de Toulouse : attendre des informations. [Condorcet] heureux de son séjour à [Ferney]. Gaillard à l'Acad. fr.

70.114 | **10 décembre 1770.** VOLTAIRE à D'ALEMBERT
• SOURCE : copie, d., s. « V », « à Ferney », 3 p.
• LOCALISATION DU MS. : Oxford VF, Lespinasse III, p. 46-48
• ÉDITION : Best. D16815. Pléiade X, p. 512-513
• INCIPIT : « Mon cher philosophe, mon cher ami, il est important... »
CONTENU : Candidatures à l'Acad. fr. de Gaillard, Malesherbes, de Brosses. Volt. propose Marin. Archevêque de Toulouse. Condorcet.

70.115 | **12 décembre [1770].** D'ALEMBERT à VOLTAIRE
• SOURCE : autogr., « à Paris », adr., 3 p.
• LOCALISATION DU MS. : Den Haag RPB 129, G16A30, 139
• ÉDITION : Best. D16820
• INCIPIT : « Je vous ai déjà averti il y a quelques jours, mon cher... »

CONTENU : Manœuvres pour l'Acad. [fr.] : Foncemagne soutient de Brosses. Volt. devrait intervenir via d'Argental et écrire aussi à Voisenon. Gaillard est favori pour succéder à Moncrif; trop tôt pour La Harpe. Delille.

70.116 | **12 décembre 1770.** FRÉDÉRIC II à D'ALEMBERT
- SOURCE : copie, d., s. « Federic », « a Potzdam », 4 p.
- LOCALISATION DU MS. : Genève IMV, MS 42, p. 91-95 [sans p. 92]
- ÉDITION : Preuss XXIV, n° 92, p. 518-519
- INCIPIT : « Regagner une partie de sa santé est un avantage... »

CONTENU : Le félicite de sa santé retrouvée, que D'Al. ne lui parle plus d'argent. Lui envoie le *Rêve* d'un certain philosophe [*Facétie à Voltaire*]. Mort de son neveu [Brunswick] : circonstances du décès, douleur de la mère.

70.117 | **18 décembre 1770.** FRÉDÉRIC II à D'ALEMBERT
- SOURCE : impr.
- ÉDITION : Preuss XXIV, n° 93, p. 519-523
- INCIPIT : « Vous trouverez peut-être singulier que je me mêle de... »

CONTENU : Suite du débat métaphysique sur Dieu, la liberté de l'homme, la religion, la politique, les guerres. Remercie Louis XIV pour la révocation de l'Edit de Nantes, serait heureux que [Louis XV] bannisse les philosophes de son royaume pour les recevoir chez lui.

70.118 | **19 décembre 1770.** VOLTAIRE à D'ALEMBERT
- SOURCE : copie, « Ferney »
- LOCALISATION DU MS. : Oxford VF, Lespinasse III, p. 48-50
- ÉDITION : Best. D16841. Pléiade X, p. 525-526
- INCIPIT : « Je suis bien embarrassé, vrai ami, vrai philosophe. »

CONTENU : Suite des manœuvres pour l'Acad. Volt. soutient Marin, ne peut écrire à Foncemagne et Voisenon, la solution est Delille ou un grand seigneur. *Edit du roi contre le Parlement*. Souscription du roi de Danemark. Faire lire la déclaration [contre de Brosses] à V[oisenon] et aux autres académiciens.

70.119 | **20 décembre 1770.** D'ALEMBERT à LALEU
- SOURCE : cat. vente, *Voltaire : autographes et documents*, Jacques Lambert, Paris, [octobre 1957], n° 73 : autogr., d.s.
- INCIPIT : inconnu

CONTENU : Souscriptions [à la statue de Volt.] de Bézout et Saint-Aulas, ancien capitaine d'infanterie.

70.120 | **20 décembre 1770.** LAGRANGE à D'ALEMBERT
- SOURCE : autogr., d., « à Berlin », 4 p.
- LOCALISATION DU MS. : Paris Institut, Ms. 876, f. 190-191
- ÉDITION : Lalanne 1882, XIII, p. 190-192
- INCIPIT : « Mon cher et illustre ami j'ai reçu la lettre... »

ANNÉE 1770

CONTENU : Rép. à la l. du 12 septembre, n'a su où le joindre. Il aurait été reçu à bras ouverts en Italie. Remercie pour les mém. des *MARS 1768*, notamment sur la libration de la Lune. Indigné par les mém. de Fontaine, a envoyé un mém. à Turin sur le sujet. *HAB 1768* paru. *HAB 1769* paraîtra dans deux mois. Problèmes d'envois. Bruyset va imprimer une traduction de l'*Algèbre* d'Euler avec add. de Lagrange. N'a pas reçu le *Traité des fluides*. Théorie de la Lune de Mayer. Demande si D'Al. est réconcilié avec Lalande et brouillé avec Volt. et si Caraccioli est à Paris.

70.121 | **[c. 20 décembre 1770].** Voltaire à D'Alembert
- SOURCE : impr.
- ÉDITION : Kehl LXIX, p. 90-91. Best. D16853. Pléiade X, p. 533
- INCIPIT : « Cher et digne philosophe, c'est pour vous dire… »

CONTENU : Fait part à Thomas de la menace de [Brosses], écrit en ce sens à d'Argental pour Foncemagne.

70.122 | **21 décembre 1770.** Voltaire à D'Alembert
- SOURCE : copie, d., « a Ferney », 3 p.
- LOCALISATION DU MS. : Oxford VF, Lespinasse III, p. 50-52
- ÉDITION : Best. D16854. Pléiade X, p. 533
- INCIPIT : « Cher et digne philosophe, c'est une petite douceur… »

CONTENU : Les assassins du chevalier de La Barre humiliés. Vers de Fréd. II. Roi de Danemark. Envoyer les lettres chez Marin, avec pour adr. « à V. ».

70.123 | **[22] décembre [1770].** D'Alembert à Voltaire
- SOURCE : autogr., « à Paris », 4 p.
- LOCALISATION DU MS. : Den Haag RPB 129, G16A30, 140
- ÉDITION : Best. D16860
- INCIPIT : « J'étais bien sûr, mon cher maître, que l'archevêque… »

CONTENU : L'affaire de l'archevêque de Toulouse, aux principes tolérants, et de l'abbé Audra. Contrer le président de Brosses à l'Acad. : écrire à Foncemagne, Voisenon, au duc de Nivernais, à Duclos. Répond de « nos amis », qui sont huit à dix. Ne pas compromettre Marin. Fréd. II envoie 200 louis pour la statue.

70.124 | **28 décembre 1770.** Voltaire à D'Alembert
- SOURCE : copie, d., s. « V. », « à Ferney », 3 p.
- LOCALISATION DU MS. : Oxford VF, Lespinasse III, p. 52-54
- ÉDITION : Best. D16869. Pléiade X, p. 541-542
- INCIPIT : « Ah ! mon cher ami, mon cher philosophe, c'est une chose… »

CONTENU : L'abbé Audra, une grande perte. Renoncera à sa place [à l'Acad. fr.] si [Brosses] est élu. Souscription du roi de Danemark plutôt que de Prusse. Les « bœufs-tigres pleurent ». Mme Necker.

1771

71.01 | **2 janvier 1771.** Jean Durival à D'Alembert
- SOURCE : de la main d'un secrétaire, d.s. autogr., « Versailles », 2 p.
- LOCALISATION DU MS. : Paris Institut, Ms. 2466, f. 78
- INCIPIT : « J'avais différé, monsieur, de répondre à la lettre dont... »

CONTENU : Rép. à la l. de D'Al. du 2 décembre 1770, dans l'espoir, au début de 1771, de « faire consommer l'arrangement des 800 lt annuels sur la *Gazette*, arrêté en votre faveur par M. le Duc de Choiseul ». Mais retard suite aux événements arrivés depuis. Fera pour le mieux.

71.02 | **3 janvier 1771.** D'Alembert à Frédéric II
- SOURCE : impr., « Paris »
- ÉDITION : Preuss XXIV, n° 94, p. 523-525
- INCIPIT : « Votre Majesté peut me dire comme Auguste à Cinna... »

CONTENU : Remercie pour le don qu'il lui a fait du solde de son voyage d'Italie. Le félicite pour sa *Facétie*. Aimerait recevoir aussi les vers charmants qu'il a envoyés à Volt. « de la part du roi de la Chine ». Préfère être ignorant avec Fréd. II que savant avec d'Holbach. Eloge de la lunette et des mém. de Béguelin.

71.03 | **3 janvier 1771.** Monge à D'Alembert
- SOURCE : autogr., d.s., « Mezieres », adr., 7 p.
- LOCALISATION DU MS. : Paris Institut, Ms. 2396, f. 172-178
- ÉDITION : R. Taton, « Une correspondance mathématique inédite de Monge », *Revue scientifique*, 1947, vol. 85, p. 963-967
- INCIPIT : « Il y a peut-être bien de l'indiscrétion à interrompre... »

CONTENU : Monge soumet à D'Al. l'essai de généralisation du calcul des variations aux surfaces courbes qu'il a entrepris depuis environ dix semaines. Notations particulières et présentation du calcul des surfaces rendant maximum ou minimum une intégrale double. Lui soumet une difficulté de méthode. Application aux ailes de moulin. Aurait voulu lui envoyer la résolution, avec le « petit traité des développées des courbes à double courbure qui contient des choses curieuses » donné à Jeaurat [soumis à l'Acad. sc. le 31 août 1771].

71.04 | **11 janvier 1771.** Linguet à D'Alembert
- SOURCE : cat. vente Charavay, juin 1868, qui la date du 11 janvier 1771 : autogr., d.s., 7 p.
- ÉDITION : extraits dans Linguet, *Réponse aux docteurs modernes*, [1771], vol. II, p. 235-250. Complète mais datée du 11 janvier 1774 dans E. de Barthélemy, *Travaux de l'Académie de Reims*, 51e vol., n° 1 et 2, Reims, 1873, p. 172-178
- INCIPIT : « Ma vie, monsieur, n'est depuis trois mois qu'une... »

CONTENU : S'excuse de n'avoir pas répondu plus tôt à la lettre [non retrouvée] de D'Al. Mœurs et batailles des gens de lettres, la cabale dont il est l'objet, se défend, attaque les encylopédistes et le « parti » de D'Al. D'Al. et Duclos « despotes » de l'Acad. [fr.], sa candidature éventuelle.

71.05 | **18 janvier 1771.** VOLTAIRE à D'ALEMBERT
- SOURCE : copie, d., s. « V. », « à Ferney », 4 p.
- LOCALISATION DU MS. : Oxford VF, Lespinasse III, p. 54-57
- ÉDITION : Best. D16969. Pléiade X, p. 589-590
- INCIPIT : « Je demande, mon cher ami, la bénédiction de M. l'évêque... »

CONTENU : Gaillard successeur de Hénault ; pourquoi pas Marin successeur d'Alary ? Le *Système de la Nature* a achevé de nous perdre. A écrit au maréchal de Richelieu et au duc de Nevers [Nivernais].

71.06 | **29 janvier 1771.** FRÉDÉRIC II à D'ALEMBERT
- SOURCE : copie, d., s. « Federic », « Potzdam », 6 p.
- LOCALISATION DU MS. : Genève IMV, MS 42, p. 95-100
- ÉDITION : Preuss XXIV, n° 95, p. 525-526
- REMARQUE : la copie de l'IMV est datée du 11 février, mais pour les motifs exposés dans l'introduction, c'est la datation de Preuss qui a été retenue
- INCIPIT : « Moi qui n'arrange que des mots, j'ai été fort étonné qu'un... »

CONTENU : Envoie à Diagoras son *Epître* chinoise, et des réflexions désabusées. Mettre son *Rêve* en vers inutile. La poésie tombe. Son « ergotage métaphysique » [du 18 décembre 1770, 70.117]. Les lunettes d'approche de Béguelin : calcul admirable, mais n'a rien vu. Vœux de santé.

71.07 | **1er février 1771.** D'ALEMBERT à FRÉDÉRIC II
- SOURCE : impr., « Paris »
- ÉDITION : Preuss XXIV, n° 96, p. 527-528
- INCIPIT : « J'ai eu l'honneur de remercier, il y a un mois, Votre Majesté... »

CONTENU : Remerciements pour la l. [du 18 décembre 1770]. Ses conclusions sur la définition de Dieu et de la liberté, la religion qu'il faut au peuple, la révocation de l'Edit de Nantes. Envoi d'un ouvrage que Fréd. II avait approuvé en manuscrit et auquel il a fait quelques additions.

71.08 | **1er février 1771.** D'ALEMBERT à LAGRANGE
- SOURCE : autogr., d., « à Paris », adr., cachet rouge, 3 p.
- LOCALISATION DU MS. : Paris Institut, Ms. 915, f. 96-97
- ÉDITION : Lalanne 1882, XIII, p. 192-193
- INCIPIT : « Mon cher et illustre ami, je n'ai point été en Italie... »

CONTENU : Raison de son renoncement à l'Italie, ira peut-être à Berlin. Recherches sur le calcul intégral (*MARS 1769*). *MARS 1768* parus, répondre à Fontaine. Condorcet à Paris jusqu'en mai. Recevra l'*Optique* d'Euler par Lalande. Réconcilié avec Lalande. D'Al. est toujours très bien avec Volt. S'inquiète de la réception de son *Traité des fluides*, va envoyer l'*Hydrodynamique* de Bossut. Caraccioli n'est pas arrivé à Paris. Théorie de la Lune de Mayer. Espère une pièce de Lagrange pour le prix et l'impression de mém. inédits.

71.09 | **2 février 1771.** Voltaire à D'Alembert
- SOURCE : copie, d., s. « V. », « à Ferney », 3 p.
- LOCALISATION DU MS. : Oxford VF, Lespinasse III, p. 57-59
- ÉDITION : Best. D16998. Pléiade X, p. 604-605
- INCIPIT : « Mon très cher philosophe, c'est une consolation bien... »

CONTENU : Clément critique de Saint-Lambert et de Delille, « petit Fréron ». Mairan malade, abbé Delille. Amitiés à Condorcet. Mme Necker. *Questions* [*sur l'Enc.*], vol. I.

71.10 | **3 février 1771.** D'Alembert à Turgot
- SOURCE : autogr., d., « à Paris », cachet rouge, 2 p.
- LOCALISATION DU MS. : Paris Institut, Ms. 880, f. 8
- ÉDITION : Henry 1885/1886, p. 29
- INCIPIT : « Quelque désir que j'aie, monsieur, de faire ce qui vous... »

CONTENU : Election [à l'Acad. sc.] de Desmarest à une voix près, grâce à Duhamel et Guettard. Sa santé meilleure. Doute que la paix signée entre l'Espagne et l'Angleterre dure. Contre la candidature de Brosses, soutenu par Richelieu, à l'Acad. [fr.]. « Regrette » que Pasquier ne se présente pas, confrère de Séguier.

71.11 | **4 février 1771.** Voltaire à D'Alembert
- SOURCE : copie, d., s. « V. », 2 p.
- LOCALISATION DU MS. : Oxford VF, Lespinasse III, p. 59-60
- ÉDITION : Best. D17000. Pléiade X, p. 605
- INCIPIT : « Je vous suis infiniment obligé, mon cher ami, de... »

CONTENU : Remercie de son *Discours prononcé devant le roi de Danemark* [MARS 1768 (1771)]. N'ose lui envoyer sa facétie sur la liberté de la presse. Les plaisirs et les niches de l'homme [Richelieu] qui soutient le « nasillonneur » [Brosses], avoue sa honte à Gaillard. Lebeau.

71.12 | **6 février 1771.** D'Alembert à Vausenville
- SOURCE : copie par Vausenville, citée dans sa l. [novembre 1773], « signé D'Alembert », p. 1
- LOCALISATION DU MS. : Paris AdS, pochette du 8 janvier 1774
- ÉDITION : Le Roberger de Vausenville, *Essai physico-géométrique*, Paris, 1778, p. 174
- INCIPIT : « Je ne connais point, monsieur, de démonstration... »

CONTENU : Doute qu'on parvienne jamais à démontrer rigoureusement l'impossibilité de la quadrature définie du cercle, étant donné la difficulté.

ANNÉE 1771

71.13 | **13 février [1771].** Voltaire à D'Alembert
- SOURCE : impr.
- ÉDITION : Kehl LXIX, p. 97-98. Best. D17014. Pléiade X, p. 618
- INCIPIT : « Je crois notre doyen converti, et je me flatte qu'il... »

CONTENU : Le doyen [de l'Acad. fr., Richelieu] n'est plus opposé à Gaillard. A envoyé trois volumes à D'Al. *Epître au roi de Danemark sur la liberté de la presse*. Le Parlement de Paris. Mme Necker. Condorcet à l'Acad. fr.? Est-il vrai que Mairan se meure ?

71.14 | **14 février 1771.** D'Alembert à Lagrange
- SOURCE : autogr., d., « à Paris », 1 p.
- LOCALISATION DU MS. : Paris Institut, Ms. 915, f. 98
- ÉDITION : Lalanne 1882, XIII, p. 194
- INCIPIT : « Je vous envoie, mon cher et illustre ami, cet ouvrage... »

CONTENU : Envoi de l'[*Hydrodynamique*] de Bossut par D'Al. et non par Bossut, vexé.

71.15 | **20 février 1771.** Voltaire à D'Alembert
- SOURCE : copie, d., s. « V. »
- LOCALISATION DU MS. : Oxford VF, Lespinasse III, p. 60-61
- ÉDITION : Best. D17032. Pléiade X, p. 630
- INCIPIT : « Avez-vous reçu, mon cher ami, trois volumes reliés... »

CONTENU : Trois vol. auraient dû être remis par Marin. Clément a outragé Saint-Lambert, Delille, Watelet, Dorat. Palissot a outragé des dames dans son ouvrage de Genève.

71.16 | **1er mars 1771.** D'Alembert à Falconet
- SOURCE : autogr., d.s., « à Paris », adr. « à St Petersbourg », cachet, 1 p.
- LOCALISATION DU MS. : Paris BnF, NAFr. 24983, f. 313-314
- INCIPIT : « Je n'ai reçu qu'avant-hier, monsieur, la lettre que vous... »

CONTENU : Réponse à sa lettre du 17 octobre 1770 reçue avant-hier. Helvétius et lui le remercient pour la place procurée à Vailly, regrettent son attitude, ne s'occupent plus de lui. Helvétius et lui désolés de l'indiscrétion commise. Attend l'ouvrage annoncé et le remercie d'y avoir été mis « à contribution ».

71.17 | **[1er mars 1771].** D'Alembert à la comtesse de Rochefort d'Ally
- SOURCE : autogr., « ce vendredi matin », adr. « rue Ste Anne », cachet rouge, 1 p.
- LOCALISATION DU MS. : Genève, coll. J.-D. Candaux
- INCIPIT : « M. d'Alembert a appris hier au soir par M. Duclos... »

CONTENU : L. de condoléances [pour la mort de leur jeune fils, voir les l. de Volt. aux Rochefort du 13 mars 1771 (Best. D17078 et D17079]. Mlle de Lespinasse se joint à lui.

71.18 | **2 mars [1771].** Voltaire à D'Alembert
• source : impr.
• édition : Kehl LXIX, p. 98-99. Best. D17054. Pléiade X, p. 644-645
• incipit : « Mon cher philosophe ne m'a point répondu quand je lui... »

contenu : Lui demande des nouvelles des trois vol. envoyés par Marin, envoie l'*Epître au roi de Danemark*, et [l'*Epître à d'Alembert*] : ne pas en faire de copie. Brosses et Lalande. Condorcet peut-il succéder à Mairan ? Chevalier de La Barre.

71.19 | **4 mars [1771].** Voltaire à D'Alembert
• source : impr.
• édition : Kehl LXIX, p. 99-100. Best. D17056. Pléiade X, p. 646
• incipit : « Je m'aperçois, mon cher philosophe, que je ressemble... »

contenu : Changements dans les vers de l'*Epître au roi de Danemark* pour éviter une répétition. Lui envoie de la prose. Content de l'édit. Discours du chancelier.

71.20 | **6 mars 1771.** D'Alembert à Frédéric II
• source : impr., « Paris »
• édition : Preuss XXIV, n° 97, p. 529-530
• incipit : « J'ai reçu, il y a environ quinze jours, des vers charmants... »

contenu : Le remercie et le félicite pour l'*Epître* à l'empereur de Chine. Estime Fréd. II plus « géomètre » qu'il ne pense. Lui envoie le discours et le dialogue qu'il a lus devant le roi de Suède à l'Acad. sc. et à l'Acad. fr., contenant l'éloge de Fréd. II. Départ « accéléré » de ce prince pour Magdebourg.

71.21 | **13 mars 1771.** Frédéric II à D'Alembert
• source : copie, d., s. « Federic », « Potzdam », P.-S., 6 p.
• localisation du ms. : Genève IMV, MS 42, p. 101-106
• édition : Preuss XXIV, n° 98, p. 531-532 incomplète
• remarque : la copie de l'IMV est datée du 23 mars, mais pour les motifs exposés dans l'introduction, c'est la datation de Preuss qui a été retenue
• incipit : « Pour égayer quelquefois la stérilité de la philosophie... »

contenu : Suite du débat sur Dieu, la nécessité, la révocation de l'édit de Nantes. Sa « confession de foi ». P.-S. Affaire de la chanoinesse de Clèves.

71.22 | **15 mars 1771.** Jacques à D'Alembert
• source : autogr., d.s., « Besançon », 4 p.
• localisation du ms. : Paris Institut, Ms. 2466, f. 106-107
• incipit : « La bonté avec laquelle vous avez reçu mes deux... »

contenu : Bonté avec laquelle D'Al. a reçu ses deux mém., lui en présente un troisième et lui demande si sa méthode de résolution des équations du troisième degré est neuve. Autres classes d'équations résolubles ainsi.

ANNÉE 1771

71.23 | **15 mars [1771].** VOLTAIRE à D'ALEMBERT
- SOURCE : impr.
- ÉDITION : Kehl LXIX, p. 100-101. Best. D17082. Pléiade X, p. 665
- INCIPIT : « On me mande, mon cher ami, qu'on a élu Lemierre... »

CONTENU : Election à l'Acad. [fr.]. Approuve l'édit sur le Parlement de Paris. Le sang de La Barre et Lally.

71.24 | **18 mars [1771].** VOLTAIRE à D'ALEMBERT
- SOURCE : impr.
- ÉDITION : Kehl LXIX, p. 101-102. Best. D17097. Pléiade X, p. 672-673
- INCIPIT : « Mon très cher philosophe, je pense comme vous que... »

CONTENU : Eloge de Delille. Démenti de l'attribution à Volt. d'une feuille [*L'avis important...*] sur le parlement. Mme Necker se plaint que Pigalle veuille le sculpter nu, donne sa rép. Lui demande ses deux discours [devant le roi de Suède].

71.25 | **21 mars [1771]** D'ALEMBERT à Pierre ROUSSEAU
- SOURCE : autogr. s., « à Paris », adr. « à Bouillon », cachet rouge, 3 p.
- LOCALISATION DU MS. : Saint-Pétersbourg SPII, section occidentale, coll. 11, carton 370, n. 7
- INCIPIT : « Ce serait, monsieur, avec le plus grand plaisir que je... »

CONTENU : Lui donnerait volontiers [pour le *J. enc.*] ses deux discours lus aux Acad. en présence du roi de Suède [6 et 7 mars 1771], mais empêché par des « raisons particulières ». S'il a des extraits, le prie de ne pas en faire usage, lui donnerait la préférence à tout autre journaliste. [P. Rousseau] ne rend pas assez justice à Condorcet, qui lui enverra la liste de ses art. pour l'*Enc.* [*Supplément*], qu'il s'arrange pour le reste avec [Jean III] Bernoulli, un des « bons coopérateurs ». « M. de L-L. » [Lalande ?] est venu lui demander son amitié il y a un an, qu'il fasse l'astronomie, en a parlé à Castillon. D'Al. ne pourra faire que corrections et petites additions. Hydraulique de Bossut. Remercie pour le professeur de Toulouse.

71.26 | **27 mars [1771].** D'ALEMBERT à SEDAINE
- SOURCE : cat. vente Cornuau, bulletin 10, [c. 1948], n° 405 : autogr., s., « Paris 27 mars », 2 p.
- REMARQUE : *Maillard ou Paris sauvé*, tragédie en prose, dont une première lecture est faite en août 1770, voir l. du 19 août 1770 (70.80)
- INCIPIT : inconnu

CONTENU : Mlle de Lespinasse incommodée par une fluxion sur les yeux ne peut ni lire ni écrire. Lui faire entendre une seconde fois sa pièce de *Paris sauvé*, la charmera ainsi que lui.

71.27 | **1er avril 1771.** VOLTAIRE à D'ALEMBERT
- SOURCE : copie, d., s. « V. », 3 p.
- LOCALISATION DU MS. : Oxford VF, Lespinasse III, p. 61-63

- ÉDITION : Best. D17118. Pléiade X, p. 680-681
- INCIPIT : « On dit que M. l'abbé Arnaud sera élu ; j'en suis très aise. »

CONTENU : Arnaud bonne acquisition, Delille pour punir Clément. Six conseils souverains, idée admirable. Assassins humiliés. Demande les discours aux deux académiciens.

71.28 | **4 avril 1771.** D'ALEMBERT à [WIMPFEN]
- SOURCE : cat. vente coll. d'un amateur belge, Paris, Drouot, 25-26 janvier 1977 (Michel Castaing expert), n° 11 : autogr., d.s., 1 p.
- INCIPIT : « Comme il est naturel, monsieur, qu'une très petite affaire vous échappe au milieu d'affaires importantes... »

CONTENU : Il n'a pas reçu l'ordonnance de paiement du 14 novembre au 31 décembre 1770 et craint que ce retard ne repousse bien loin l'ordonnance qu'il doit avoir pour les six premiers mois de 1771 [de sa pension de Fréd. II].

71.29 | **4 avril 1771.** FRÉDÉRIC II à D'ALEMBERT
- SOURCE : copie, d, s. « Federic », « a Potzdam », 9 p.
- LOCALISATION DU MS. : Genève IMV, MS 42, p. 106-114
- ÉDITION : Preuss XXIV, n° 99, p. 532-535
- REMARQUE : la copie de l'IMV est datée du 8 avril, mais pour les motifs exposés dans l'introduction, c'est la datation de Preuss qui a été retenue
- INCIPIT : « Vous faites plus d'éloges que n'en mérite la réponse... »

CONTENU : Sa « réponse de l'empereur de la Chine à Voltaire ». Les opinions des géomètres et celles des bourreaux. Le remercie et le félicite pour le discours au roi de Suède et le *Dialogue de Descartes*. La Suède pays arriéré, abdication de la reine Christine. Le *Testament politique de Voltaire* « forgé à plaisir ». Eloge funèbre de d'Argens. Demande une fable de Nivernais.

71.30 | **4 avril 1771.** LAGRANGE à D'ALEMBERT
- SOURCE : autogr., d., « à Berlin », 4 p.
- LOCALISATION DU MS. : Paris Institut, Ms. 876, f. 192-193
- ÉDITION : Lalanne 1882, XIII, p. 194-197
- INCIPIT : « Mon cher et illustre ami, depuis ma dernière lettre... »

CONTENU : A reçu le *Traité des fluides*. Joint une l. de Lambert. Sur les passages du *Traité des fluides* où Lagrange est cité. Enverra bientôt *HAB 1768*, *HAB 1769* et des tables numériques de Lambert. A reçu le troisième vol. du *Calcul intégral* d'Euler, le lui enverra. A renoncé à imprimer des opuscules, a envoyé quelques mém. pour les *Mémoires de Turin IV*. Son mém. sur les ressorts dans *HAB 1769*. Fontaine. Mayer, sa théorie est médiocre et peu cohérente avec ses tables. Va envoyer une pièce sur le problème des trois corps. Dutens à Berlin. Caraccioli sera à Paris en avril.

71.31 | **5 avril 1771.** Jean-Henri LAMBERT à D'ALEMBERT
- SOURCE : autogr., d., « Berlin », 3 p.
- LOCALISATION DU MS. : Basel UB, Ms. L Ia 705, f. 3-5
- INCIPIT : « L'honneur de la Vôtre du 1 Déc. 1769 m'a été bien... »

CONTENU : Remercie de l'envoi du *Traité des fluides*. Discussion sur l'élasticité. Equilibre et pression dans un vase. Ses *Orbitae Cometarum*, autre mém. sur les comètes. Se conforme à la mode en publiant en allemand, mais regrette le peu de diffusion de ses ouvrages.

71.32 | **8 avril 1771.** D'ALEMBERT à LALEU
- SOURCE : cat. vente, *Voltaire : autographes et documents*, Librairie Jacques Lambert, Paris, [octobre] 1957, n° 74 : autogr., d.
- INCIPIT : inconnu

CONTENU : Souscription [à la statue de Volt.] de Watelet (4 louis).

71.33 | **8 avril 1771.** VOLTAIRE à D'ALEMBERT
- SOURCE : copie, d., « à Ferney », 4 p.
- LOCALISATION DU MS. : Oxford VF, Lespinasse III, p. 63-66
- ÉDITION : Best. D17129. Pléiade X, p. 687-688
- INCIPIT : « Mon très cher philosophe, je vous rends mille grâces... »

CONTENU : Ses yeux et la neige. S'est fait lire le *Dialogue* de D'Al. *entre Descartes et Christine* et l'éloge de Fréd. II [*Discours*]. Attaché à [Choiseul], pas à des compagnies. Sur les persécutions de l'*Enc.*

71.34 | **21 avril 1771.** D'ALEMBERT à FRÉDÉRIC II
- SOURCE : impr., « Paris »
- ÉDITION : Preuss XXIV, n° 100, p. 535-536
- INCIPIT : « J'ai reçu presque en même temps les deux dernières... »

CONTENU : Rép. à deux l. de Fréd. II. Pour répondre à sa demande, a écrit à Nivernais pour lui demander ses *Fables* et lui envoie l'original de sa rép. négative. Préfère son *Discours* à son *Dialogue*. Fin de leur « discussion métaphysique », la philosophie a tout à craindre d'un retour des jésuites. D'Argens regretté, délivré de la « difficulté d'être ». Mort de Mairan à 93 ans. Travaux de Volt. et Fréd. II.

71.35 | **21 avril 1771.** D'ALEMBERT à LAGRANGE
- SOURCE : autogr., d., « à Paris », adr., cachet rouge, 3 p.
- LOCALISATION DU MS. : Paris Institut, Ms. 915, f. 99-100
- ÉDITION : Lalanne 1882, XIII, p. 197-199
- INCIPIT : « Je suis charmé, mon cher ami, que vous ayez enfin reçu le *Traité des fluides*. »

CONTENU : Répond à Lambert par le même courrier. Annonce de nouvelles recherches sur les fluides [*Opuscules*, t. VI, Mémoire 51-IV]. Attend avec impatience sa théorie des courbes élastiques et les nouveaux mém. de Béguelin sur les lunettes. Fontaine, la réfutation et les doutes. Accord avec lui sur la théorie de Mayer. Prix sur la Lune. Dutens. Caraccioli.

71.36 | **21 avril 1771.** D'ALEMBERT à Jean-Henri LAMBERT
- SOURCE : autogr., d.s., « à Paris », 2 p.
- LOCALISATION DU MS. : Basel UB, Ms. L Ia 677, f. 106
- INCIPIT : « L'ouvrage *sur les fluides* que vous avez bien voulu... »

CONTENU : A reçu ses deux excellents ouvrages, comètes et physico-mathématique. Démonstration de la loi fondamentale de l'hydrostatique. Comètes. Les ouvrages de science devraient être écrits en latin, fautif lui-même.

71.37 | **27 avril [1771].** VOLTAIRE à D'ALEMBERT
- SOURCE : original, d., adr., 3 p.
- LOCALISATION DU MS. : Paris BnF, NAFr. 24330, f. 127-128
- ÉDITION : Best. D17155. Pléiade X, p. 698-699
- INCIPIT : « Je ne sais pas ce qui arrivera, mon cher ami, mais... »

CONTENU : A envoyé les *Questions sur l'Enc.* à Condorcet via Briasson. A été très malade, sa vue. L'*Epître au roi de Danemark* dans le *J. enc.* De qui est l'éloge de l'abbé Trublet dans le *J. enc.* ? Enc. d'Yverdon, avec articles de Lalande. Y a-t-il un recueil des ouvrages de Mairan ? L'abbé Arnaud à l'Acad. fr.

71.38 | **7 mai 1771.** FRÉDÉRIC II à D'ALEMBERT
- SOURCE : copie, d., s. « Federic », « a Potzdam », 6 p.
- LOCALISATION DU MS. : Genève IMV, MS 42, p. 114-119
- ÉDITION : Preuss XXIV, n° 101, p. 537-539
- REMARQUE : la copie de l'IMV est datée du 13 mai, mais pour les motifs exposés dans l'introduction, c'est la datation de Preuss qui a été retenue
- INCIPIT : « C'est dommage que le duc de Nivernais prive le public... »

CONTENU : Regrette de ne pouvoir lire Nivernais, seul lettré de la noblesse française. Il s'entretient avec Anaxagoras pour s'instruire, non pour le réfuter. Notre ignorance de la nature divine. Amusants soubresauts de la politique française. Les jésuites ne seront pas rappelés. D'Al. peut trouver asile chez Fréd. II. Passage du roi de Suède à Berlin. Envoie une pièce curieuse. Exhorte D'Al. à la gaîté.

71.39 | **11 mai 1771.** NAU à D'ALEMBERT
- SOURCE : autogr., s., 5 p.
- LOCALISATION DU MS. : Paris Institut, Ms. 2466, f. 173-175
- INCIPIT : « J'ai vu avec bien du plaisir dans les papiers publics que... »

CONTENU : Espère que sa santé revenue lui permettra de présenter à l'Acad. [sc.] ses mém. et d'y intégrer ses observations à sa l. du 27 avril 1770 (70.36). Lui communique en détail ses observations sur ses *Elémens de musique*.

71.40 | **15 mai 1771.** D'ALEMBERT à Fredric MALLET
- SOURCE : autogr., d.s., « à Paris », adr., cachet, 2 p.
- LOCALISATION DU MS. : Uppsala UB, MSS G 360
- ÉDITION : Henry 1885/1886, p. 72
- INCIPIT : « Je vous prie de m'excuser si je n'ai pas eu l'honneur... »

CONTENU : N'a pu lui répondre plus tôt, tête affaiblie. Même si le théorème de Klingenstierna [sur la réfraction et la fausseté d'une loi de Newton] n'a pas la conséquence qu'il pensait, ce théorème n'est quand même pas concluant. Donnera les explications dans un mém. à l'Acad. [sc.].

71.41 | **23 mai 1771.** NAU à D'ALEMBERT
- SOURCE : autogr., s., 3 p.
- LOCALISATION DU MS. : Paris Institut, Ms. 2466, f. 171-172
- INCIPIT : « Agréez, s'il vous plaît, mes très humbles remerciements... »

CONTENU : Le remercie tardivement de l'envoi de ses *Elémens de musique*, heureux que sa santé rétablie lui permettre de continuer ses travaux académiques. Profite des vacances à venir pour lui soumettre quatre questions : calcul du concurrent d'une année, gamme de Guy, période victorienne et période julienne. L'avertit que le lendemain de Pâques, la voiture de provisions pour le duc de Fleury ira à Paris, lui répondre sous double enveloppe via le concierge du château. S'étonne qu'il n'ait pas fait allusion à sa dissertation sur le mode mineur de ré.

71.42 | **1er juin 1771.** LAGRANGE à D'ALEMBERT
- SOURCE : autogr., d., « à Berlin », P.-S., 4 p.
- LOCALISATION DU MS. : Paris Institut, Ms. 876, f. 194-195
- ÉDITION : Lalanne 1882, XIII, p. 199-202
- INCIPIT : « Mon cher et illustre ami, j'ai reçu à la fois votre lettre... »

CONTENU : Eloge de l'*Hydrodynamique* de Bossut. Excuse de ne pas avoir remercié celui-ci il y a quatre ans. Enverra à Bossut sa traduction de l'*Algèbre* d'Euler, ainsi qu'à D'Al. et à Condorcet. A envoyé les livres promis. Commente quelques mém. des *HAB 1768* et *HAB 1769*. Est presque sûr d'envoyer quelque chose pour le prix de la Lune. Détails sur l'acheminement, difficile de passer par Métra, mieux de passer par un libraire. P.-S. sur des envois remis à Lalande et sur le traité de calcul intégral de Fontaine.

71.43 | **13 juin 1771.** D'ALEMBERT à [THIBAULT DE LONGECOUR]
- SOURCE : autogr., d.s., « à Paris », 2 p.
- LOCALISATION DU MS. : Paris Arsenal, Ms. 9623, n° 823 (1)
- ÉDITION : Henry 1885/1886, p. 73
- REMARQUE : Thibault de Longecour[t] était un protégé de Marc-René d'Argenson puis obtint un poste à La Rochelle (Delhaume 2006, p. 194)
- INCIPIT : « Je vous envoie, monsieur, la lettre que vous désirez... »

CONTENU : Lui envoie la l. pour La Chalotais dont il est peu connu. Duclos aurait pu écrire à l'intendant de La Rochelle [Sénac de Meilhan]. Vient d'écrire au chevalier de

Chastellux pour lui. Le « ténébreux scotisco-spinosiste » [Dom Deschamps] chagriné par l'abbé Yvon. Il aimerait que le protecteur de Thibault [Marc-René d'Argenson] puisse aider l'abbé Yvon.

71.44		**14 juin 1771.** D'ALEMBERT à FRÉDÉRIC II
		• SOURCE : impr., « Paris »
		• ÉDITION : Preuss XXIV, n° 102, p. 539-540
		• INCIPIT : « Les philosophes qui aiment à rire, et ce ne sont pas les moins philosophes... »
	CONTENU :	Plaisanteries sur le bref papal au mufti recueilli par l'abbé Nicolini. « Vilain tour » que le secrétaire des brefs prépare à Ganganelli. La France est mal gouvernée et les philosophes n'y reçoivent point de subsides. Subsiste depuis six mois grâce à la pension de Fréd. II.

71.45		**14 juin 1771.** D'ALEMBERT à LAGRANGE
		• SOURCE : autogr., d.s., « à Paris », adr., cachet rouge, P.-S., 3 p.
		• LOCALISATION DU MS. : Paris Institut, Ms. 915, f. 101-102
		• ÉDITION : Lalanne 1882, XIII, p. 202-204
		• INCIPIT : « Mon cher et illustre ami, j'ai lu à l'abbé Bossut l'article... »
	CONTENU :	Bossut. Castillon se plaint de Lagrange. Incite Lagrange à lire le mém. de Borda [*MARS 1766*], qu'il critique. Pas de nouveau traité de Fontaine. Lambert. Sur l'envoi de la pièce du prix de la Lune. Va lui envoyer les *MARS 1769*. Condorcet va revenir. Prix exagérés de Michelet pour les envois, utilisera d'autres canaux. Affranchissement à l'ordre de Fréd. II. P.-S. Lalande vient de recevoir sa balle de livres.

71.46		**14 juin 1771.** VOLTAIRE à D'ALEMBERT
		• SOURCE : copie, d., s. « V. », « à Ferney », 4 p.
		• LOCALISATION DU MS. : Oxford VF, Lespinasse III, p. 69-72
		• ÉDITION : Best. D17234. Pléiade X, p. 745-746
		• INCIPIT : « Je ne sais plus, mon très cher philosophe, comment... »
	CONTENU :	Suite des *Questions sur l'Enc.*, ne sait comment l'envoyer. Calas, La Barre. L'*Homme dangereux*. [Palissot]. Schomberg. Condorcet.

71.47		**18 juin 1771.** TRESSAN à D'ALEMBERT et DIDEROT
		• SOURCE : impr., « Paris », P.-S.
		• ÉDITION : Pougens 1799, p. 223-225
		• INCIPIT : « Je ne peux, messieurs, ni ne dois désavouer la lettre que... »
	CONTENU :	Sa lettre à [Palissot] de janvier ou février 1763 que [Palissot] vient de faire publier, circonstances ; sa [*Dunciade*]. Art. « Parade » envoyé en janvier 1756 en réponse à [Palissot]. P.-S. Invite les destinataires de cette lettre à la faire publier.

ANNÉE 1771

71.48 | **20 juin 1771.** Tressan à D'Alembert
- Source : impr., « Paris », P.-S.
- Édition : une phrase citée dans le *Supplément à l'Enc.*, t. IV, 1777, p. 234b, article « Parade ». Pougens 1799, p. 221-222
- Remarque : passée en cat. vente, (E. Charavay expert), Drouot, 17 novembre 1894, n° 74
- Incipit : « J'avais espéré, monsieur et illustre confrère, que mon... »

Contenu : A été indigné par l'art. de [Palissot] dans sa nouvelle *Dunciade*, ne voudrait pas que les rédacteurs de l'*Enc.* soient compromis. Demande d'imprimer sa l. du 18 juin jointe. Espère le voir à l'Acad. sc. le mercredi. Que sa l. soit publiée avec son art. « Parade » pour une nouvelle éd. de l'*Enc.*

71.49 | **8 juillet 1771.** D'Alembert à Pierre Rousseau
- Source : autogr., d.s., « à Paris », 2 p.
- Localisation du ms. : Bruxelles Weissenbruch, ancien XVII 3
- Incipit : « Je vois, monsieur, par la lettre que vous me faites... »

Contenu : D'après la l. (non retrouvée) de P. Rousseau, voit que Fréd. II a laissé prendre des copies de son *Discours* [prononcé le 6 mars 1771 en présence du roi de Suède] : le gazetier de Berlin l'a imprimé, ne lui fait plus de reproche de l'imprimer [*J. enc.* du 1er juin 1771]. Si le *Dialogue* [entre Descartes et Christine] est imprimé aussi à Berlin, P. Rousseau peut faire de même. Lui enverra un *errata* au Discours, à publier. Mariage de Weissenbruch. Incendie de la maison d'Euler. Marques d'amitié.

71.50 | **8 juillet 1771.** Voltaire à D'Alembert
- Source : copie, d., s. « V. », « à Ferney », 3 p.
- Localisation du ms. : Oxford VF, Lespinasse III, p. 72-74
- Édition : Best. D17285. Pléiade X, p. 774
- Incipit : « Comme je suis quinze vingt, mon cher philosophe... »

Contenu : Envoyer l'adresse perdue de Condorcet pour expédier les [*Questions sur l'Enc.*], vol. IV et V. L'ouvrage aura du succès grâce aux libraires.

71.51 | **22 juillet 1771.** Nau à D'Alembert
- Source : autogr., d.s., 2 p.
- Localisation du ms. : Paris Institut, Ms. 2466, f. 176
- Incipit : « Permettez-moi de profiter d'une occasion pour... »

Contenu : Prend de ses nouvelles. Lui demande, s'il a le temps, rép. à sa l. de mai contenant ses remarques sur les *Elémens de musique* et à sa l. de 1770 sur les modulations majeures et mineures et autres remarques musicales, J.-J. Rousseau, l'*Enc.* Rép. par Didier, religieux demeurant à Paris, qu'il verra à son retour en août. Continue ses remarques sur le calendrier, Rivard.

71.52 | **25 juillet 1771.** Frédéric II à D'Alembert
• SOURCE : copie, « Potzdam », 8 p.
• LOCALISATION DU MS. : Genève IMV, MS 42, p. 119-125 [deux pages successives sont paginées 124]
• ÉDITION : Preuss XXIV, n° 103, p. 541-543
• REMARQUE : la copie de l'IMV est datée du 15 juillet, mais pour les motifs exposés dans l'introduction, c'est la datation de Preuss qui a été retenue
• INCIPIT : « Je suis bien aise que les philosophes de Paris ne... »

CONTENU : Le pape [Clément XIV] et le mufti sont « de même métier ». Succession des guerres en Europe. Richesse de la France, seul pays où l'on ait de l'esprit d'après Bouhours. S'indigne de la page « atroce » du t. IV des *Questions sur l'Enc.* contre Maupertuis et demande à D'Al. d'intervenir auprès de Volt. Congratulations à Anaxagoras.

71.53 | **[juillet 1771].** D'Alembert à Tressan
• SOURCE : impr.
• ÉDITION : Pougens 1799, p. 226-228
• INCIPIT : « Je n'ai lu, monsieur, ni l'ancienne ni la nouvelle D... »

CONTENU : Récuse son rôle d'éditeur des dix derniers vol. de l'*Enc.*, qui contient l'art. « Parade ». N'a aucun lien avec les éditeurs des nouvelles *Enc.* L'envoie à [Diderot] pour rendre sa l. publique, lui renvoie sa lettre.

71.54 | **10 août 1771.** D'Alembert à Lagrange
• SOURCE : autogr., d.s., adr., cachet rouge, 1 p.
• LOCALISATION DU MS. : Paris Institut, Ms. 915, f. 103
• ÉDITION : Lalanne 1882, XIII, p. 204
• INCIPIT : « Je profite, mon cher ami, du départ de M. d'Arget pour... »

CONTENU : A reçu *HAB 1768* et *HAB 1769* et le volume d'Euler. Mal de tête.

71.55 | **12 août 1771.** Lagrange à D'Alembert
• SOURCE : autogr., d., « à Berlin », adr., cachet rouge, 3 p.
• LOCALISATION DU MS. : Paris Institut, Ms. 876, f. 196-197
• ÉDITION : Lalanne 1882, XIII, p. 205-207
• INCIPIT : « Mon cher et illustre ami, je suis bien sensible à tout... »

CONTENU : Son estime pour Bossut. Lagrange vit isolé, pas de relation avec [Castillon], doit être malheureux vu son caractère, ses prétentions en raison inverse de son mérite. Demande à D'Al. son avis sur ses derniers mém. Caraccioli est-il à Paris ? Intermédiaires pour envois (Lalande, Durand), pas Bourdeau. Les *HAB* ont rattrapé leur retard et introduisent une section « Histoire ». Question sur le Recueil des prix de l'Acad. sc.

71.56 | **17 août 1771.** D'Alembert à Frédéric II
• SOURCE : impr., « à Paris »
• ÉDITION : Preuss XXIV, n° 104, p. 543-545
• INCIPIT : « La lettre que Votre Majesté a fait l'honneur de m'écrire... »

CONTENU : Finances françaises, cigale et fourmi, aimerait avoir de l'esprit en argent. Sa dévotion très tiède, le bien de l'humanité. A déjà conseillé sans succès à Volt. de ne pas s'acharner sur les morts, mais recommencera.

71.57 | **17 août 1771.** D'ALEMBERT à LAGRANGE
- SOURCE : autogr., d., « à Paris », adr., cachet rouge, P.-S., 4 p.
- LOCALISATION DU MS. : Paris Institut, Ms. 915, f. 104-105
- ÉDITION : Lalanne 1882, XIII, p. 207-209
- INCIPIT : « Mon cher et illustre ami, vous recevrez bientôt... »

CONTENU : Envoi de prépublications des *MARS 1769*. Sur les mém. de Lagrange dans *HAB 1768* et *HAB 1769* : convaincu par ses mém. sur les équations littérales, mais désaccord sur les ressorts [*Opuscules*]. Lagrange veut-il la traduction française de l'ouvrage de Boscovich sur la figure de la Terre ? Note malhonnête de Boscovich contre D'Al. qui lui a répondu [*Opuscules*, t. VI]. P.-S. Le prix de la Lune. Attend la *Dioptrique* d'Euler.

71.58 | **19 août 1771.** VOLTAIRE à D'ALEMBERT
- SOURCE : original, d., s. « V. », adr., 3 p.
- LOCALISATION DU MS. : Paris BnF, NAFr. 24330, f. 130-131
- ÉDITION : Best. D17336. Pléiade X, p. 802-803
- REMARQUE : copie de D'Al. Oxford VF, Lespinasse III, p. 74-76
- INCIPIT : « Mon cher ami, j'ai vu le descendant du brave Crillon qui... »

CONTENU : Succession [du comte de Clermont] à l'Acad. [fr.] La Harpe. Delille. Le *Système de la Nature* imprimé par « le Banneret de Neuchâtel »[Ostervald]. Six vol. de l'*Enc.* d'Yverdon, entrée à Paris. A fait passer des textes pour D'Al. par Crillon.

71.59 | **1er septembre 1771.** D'ALEMBERT à Mme NECKER
- SOURCE : autogr., d.s., 1 p.
- LOCALISATION DU MS. : Genève BGE, Dossier ouvert d'autogr. « Alembert »
- ÉDITION : Prevost 1805, p. 193 (extrait). Henry 1885/1886, p. 73.
- INCIPIT : « J'ai l'honneur de vous renvoyer, madame, la lettre de... »

CONTENU : Lui renvoie la l. de [G.-L.] Le Sage qu'elle lui avait communiquée. Dates des lettres de Mairan (1739, 1740, 1750) demandées par Le Sage. Invite Le Sage à donner les preuves de son système au public.

71.60 | **4 septembre [1771].** Un médecin non identifié à D'ALEMBERT
- SOURCE : 1 p.
- LOCALISATION DU MS. : Paris Institut, Ms. 2466, f. 219
- REMARQUE : calculs au verso. Les sept billets entre le 4 et le 27 septembre sur l'état de [Mme de Rochefort] sont de la même écriture
- INCIPIT : « Le calme se soutint hier toute la journée, soit en ce... »

CONTENU : Etat de la malade [Mme de Rochefort] : fièvre et toux l'ont fatiguée. Pourra boire demain du lait d'ânesse.

71.61 | **5 septembre [1771].** Un médecin non identifié à D'Alembert
• Source : 1 p.
• Localisation du ms. : Paris Institut, Ms. 2466, f. 220
• Remarque : calculs au verso
• Incipit : « La malade eut hier plus d'inquiétudes, de malaise et d'abattement que la journée précédente. »
Contenu : Etat de la malade : petite amélioration, a bu du lait d'ânesse.

71.62 | **6 septembre 1771.** D'Alembert à Lagrange
• Source : autogr., d., « à Paris », adr., cachet, 3 p.
• Localisation du ms. : Paris Institut, Ms. 915, f. 106-107
• Édition : Lalanne 1882, XIII, p. 209-211
• Incipit : « Mon cher et illustre ami, j'ai attendu pour répondre à votre dernière lettre du 12 août... »
Contenu : Caraccioli vient d'arriver, logé à l'hôtel de Suède. Sur [Castillon], et ses relations avec Lagrange. Mort de Fontaine ruiné, génial géomètre et vilain homme. Attend les recherches de Lagrange sur les tautochrones. Aura le lendemain les pièces du prix. Sur ses prochains envois.

71.63 | **6 septembre 1771.** Luneau de Boisjermain à D'Alembert
• Source : autogr., d.s., « Paris », 1 p.
• Localisation du ms. : Paris Institut, Ms. 2466, f. 143
• Remarque : calculs au verso
• Incipit : « J'ai l'honneur de vous envoyer la réponse que je viens... »
Contenu : Lui envoie la réponse qu'il a faite à Diderot, le remercie de son intérêt.

71.64 | **8 septembre 1771.** Butel-Dumont à D'Alembert
• Source : autogr., d.s., « à Paris », 1 p.
• Localisation du ms. : Paris Institut, Ms. 2466, f. 77
• Remarque : calculs au verso
• Incipit : « Un de mes amis, monsieur, a jugé à propos de prendre la défense de mon ouvrage sur le luxe... »
Contenu : Son ouvrage sur le luxe a été attaqué dans les *Ephémérides*. Il diffuse avec « répugnance » la brochure d'un ami le défendant. Ne l'envoie qu'à ceux qui peuvent comprendre son ouvrage.

71.65 | **13 septembre 1771.** Voltaire à D'Alembert
• Source : original, d., 2 p.
• Localisation du ms. : Paris BnF, NAFr. 24330, f. 133
• Édition : Best. D17358. Pléiade X, p. 814
• Remarque : copie Oxford VF, Lespinasse III, p. 77-79, de la main de D'Al.
• Incipit : « Mon très cher philosophe, tâchez que nous ayons... »

CONTENU : Réforme des Parlements, rappel improbable des jésuites Discours de D'Al. à l'Acad. fr., aimerait qu'il soit imprimé. *Apparition de notre Seigneur Jésus-Christ* en Basse-Bretagne.

71.66 | **13 septembre 1771.** Un médecin non identifié à D'ALEMBERT
- SOURCE : d., 1 p.
- LOCALISATION DU MS. : Paris Institut, Ms. 2466, f. 221
- REMARQUE : calculs au verso
- INCIPIT : « La malade fut assez tranquille toute la journée d'hier... »

CONTENU : Etat de la malade : pouls élevé, matière expectorée, toux, mal de tête que la malade attribue à sa fluxion, insomnie. Opération sur les dents pas à l'origine du sang, mais poitrine.

71.67 | **14 septembre 1771.** [ROCHEFORT D'ALLY] à D'ALEMBERT
- SOURCE : d., « Paris », 1 p.
- LOCALISATION DU MS. : Paris Institut, Ms. 2466, f. 218
- REMARQUE : calculs au verso
- INCIPIT : « L'adresse de M. de Grange Blanche, mon cher ami... »

CONTENU : Adresse de M. de Grange Blanche, rue du fossé montmartre, qui ira demain à Versailles. La maladie de son « enfant » [sa femme, « Mme Dixneufans »] sera longue et l'inquiète. Son attachement pour lui et Mlle de Lespinasse.

71.68 | **15 septembre 1771.** Un médecin non identifié à D'ALEMBERT
- SOURCE : d., 1 p.
- LOCALISATION DU MS. : Paris Institut, Ms. 2469, f. 431
- REMARQUE : calculs au verso
- INCIPIT : « La journée d'hier fut assez tranquille, le mal de tête... »

CONTENU : Etat de la malade [Mme de Rochefort] : mal de tête et toux diminuant. Fièvre et matière expectorée. Va donner du lait matin et soir.

71.69 | **16 septembre 1771.** FRÉDÉRIC II à D'ALEMBERT
- SOURCE : copie, d.s., « a Potzdam », 6 p.
- LOCALISATION DU MS. : Genève IMV, MS 42, p. 126-131
- ÉDITION : Preuss XXIV, n° 105, p. 546-547
- REMARQUE : la copie de l'IMV est datée du 10 septembre, mais pour les motifs exposés dans l'introduction, c'est la datation de Preuss qui a été retenue
- INCIPIT : « Si vous le voulez absolument, je croirai que le beau... »

CONTENU : Plaisanteries sur la gestion de la France, rétablir le crédit. En Allemagne, deux années de mauvaise récolte font craindre la famine. L'encourage à admonester Volt. sur sa susceptibilité, passions et raison.

71.70 | **16 septembre 1771.** Un médecin non identifié à D'Alembert
- SOURCE : d., 1 p.
- LOCALISATION DU MS. : Paris Institut, Ms. 2466, f. 222
- REMARQUE : calculs au verso
- INCIPIT : « La malade fut assez tranquille hier, cependant la toux... »

CONTENU : Etat de la malade : amélioration dans la journée, nuit passable.

71.71 | **19 septembre [1771].** D'Alembert à la comtesse de Rochefort d'Ally
- SOURCE : autogr., « à Paris », adr. « chez M. de Voltaire à Ferney pays de Gex », cachet rouge, 3 p.
- LOCALISATION DU MS. : Genève, coll. J.-D. Candaux
- INCIPIT : « Ma très chère et très respectable malade, je ne suis... »

CONTENU : Aurait préféré un « je me porte bien » aux raisonnements d'Esculape. Bien embrasser Voltaire qui ne lui a pas écrit depuis longtemps, très occupé au bien public. A fait un discours à la Saint-Louis sur Volt. Bonjour de Mlle de Lespinasse, en mauvaise santé elle aussi. Lui gardera le secret sur son voyage.

71.72 | **26 septembre 1771.** Un médecin non identifié à D'Alembert
- SOURCE : d., 1 p.
- LOCALISATION DU MS. : Paris Institut, Ms. 2466, f. 223
- REMARQUE : calculs au verso
- INCIPIT : « La journée d'hier fut à peu près comme la précédente. »

CONTENU : Etat de la malade : amélioration sauf la fièvre. Malade agitée et inquiète.

71.73 | **27 septembre 1771.** Un médecin non identifié à D'Alembert
- SOURCE : d., 1 p.
- LOCALISATION DU MS. : Paris Institut, Ms. 2466, f. 224
- REMARQUE : calculs au verso
- INCIPIT : « La malade passa hier une journée assez tranquille. »

CONTENU : Etat de la malade : journée et nuit bonnes. Passage à la diète blanche après un mois de lait d'ânesse. Dernier bulletin.

71.74 | **28 septembre 1771.** Voltaire à D'Alembert
- SOURCE : original, d., 2 p.
- LOCALISATION DU MS. : Paris BnF, NAFr. 24330, f. 135
- ÉDITION : Best. D17387. Pléiade X, p. 830-831
- REMARQUE : copie Oxford VF, Lespinasse III, p. 79-80
- INCIPIT : « Mon cher ami, voici donc de quoi exercer la philosophie. »

CONTENU : Eloge de Fénelon par La Harpe. Le tenir au courant de cette affaire. Mme « Dixneufans » [Mme de Rochefort d'Ally] dont D'Al. est le médecin est à Ferney A écrit au chancelier pour La Harpe.

ANNÉE 1771

71.75 | **30 septembre 1771.** Lagrange à D'Alembert
- SOURCE : autogr., d., « à Berlin », 4 p.
- LOCALISATION DU MS. : Paris Institut, Ms. 876, f. 198-199
- ÉDITION : Lalanne 1882, XIII, p. 211-214
- INCIPIT : « Mon cher et illustre ami, j'ai reçu vos deux lettres du... »

CONTENU : Enchanté par les recherches de D'Al. sur le calcul intégral (*MARS 1769*), réserves sur quelques articles. Sa pièce sur la Lune laisse à désirer, celle d'Euler doit être meilleure. Sur la *Dioptrique* d'Euler. Doit recevoir d'autres vol. de Saint-Pétersbourg. Indulgence de Lagrange vis-à-vis de Fontaine. Sur le retard des *Mémoires de Turin*. Lui recommande Caraccioli. Dutens à Rome et sa brochure anonyme *Le Tocsin*. A lu l'ouvrage de Boscovich, accord avec D'Al. sur le litige, lui donne la raison et le calcul.

71.76 | **7 octobre [1771].** D'Alembert à Voltaire
- SOURCE : autogr., « à Paris », adr., 3 p.
- LOCALISATION DU MS. : Den Haag RPB 129, G16A30, 141
- ÉDITION : Best. D17393
- INCIPIT : « Il n'est que trop vrai, mon cher maître, qu'il y a un arrêt... »

CONTENU : L'arrêt du Conseil supprimant le discours de La Harpe [prix d'éloquence pour l'Eloge de Fénelon] a été demandé par les archevêques de Paris et de Reims. Le seul soutien à Versailles est le prince Louis [Rohan]. Les approbations des discours de l'Acad. par la Sorbonne. « Je gémis et je me tais. »

71.77 | **15 octobre [1771].** Mlle de Lespinasse dictant, D'Alembert écrivant, à Condorcet
- SOURCE : copie par Eliza O'Connor de l'original autogr. de D'Al., 2 p.
- LOCALISATION DU MS. : Paris Institut, Ms. 2475, pièce 78
- ÉDITION : Henry 1887b, p. 69-70. Pascal 1990, p. 48
- INCIPIT : « Mon revêche secrétaire veut bien écrire à mon bon... »

CONTENU : D'Al. écrit sous sa dictée à Condorcet, ce qu'il ne fait pas pour d'autres. Demandent des nouvelles de sa santé physique et morale, le pressent de lutter, l'une contre ses douleurs, l'autre contres ses « sottises ». Condorcet a pris l'écriture d'Anlézy pour celle de Chastellux. D'Al. lui a envoyé des conseils quelques jours plus tôt.

71.78 | **19 octobre 1771.** Voltaire à D'Alembert
- SOURCE : copie, d., 4 p.
- LOCALISATION DU MS. : Oxford VF, Lespinasse III, p. 80-83
- ÉDITION : Best. D17410. Pléiade X, p. 845-846
- INCIPIT : « Mon cher et vrai philosophe vous aviez grand besoin de... »

CONTENU : Persécutions diverses. Election à l'Acad. fr. Comment envoyer les vol. VI et VII des *Questions*? Finit comme Candide.

71.79 | **1ᵉʳ novembre [1771].** Mlle de LESPINASSE dictant, D'ALEMBERT écrivant, à CONDORCET
- SOURCE : copie par Eliza O'Connor de l'original autogr. de D'Al., 2 p.
- LOCALISATION DU MS. : Paris Institut, Ms. 2475, pièce 78
- ÉDITION : Henry 1887b, p. 71-73. Pascal 1990, p. 49-50
- INCIPIT : « J'ai désiré vous écrire tous les jours.... »

CONTENU : D'Al. lui a dit avoir écrit à Condorcet. Santé physique et morale de Condorcet. Souffrir mais éviter le ridicule. Santé de l'oncle et de la mère de Condorcet. Evêque de Lisieux viendra avec Mlle d'Ussé. Ussé voyage, Pons se meurt. Mme Suard. Mme de Mellet. Mme de Meulan. *L'ami de la maison* joué à Fontainebleau. Clausonette s'en va. Elle ne regrette pas la campagne. Election à l'Acad. fr. vers le 20. Maupéou devenu colonel. Cossé sera ambassadeur d'Angleterre.

71.80 | **8 novembre 1771.** D'ALEMBERT à FRÉDÉRIC II
- SOURCE : impr., « Paris »
- ÉDITION : Preuss XXIV, n° 106, p. 548-550
- INCIPIT : « Je vois, par la dernière lettre que Votre Majesté m'a... »

CONTENU : La divine providence, l'anecdote du maître à danser Marcel. Avant de crier « Crédit rétabli », il faut crier « Economie ». Volt. Lettres opprimées, Collège royal bientôt supprimé. Ne subsiste que par les bienfaits de Fréd. II. La bibliothèque de Magdebourg conserverait un manuscrit d'une *Histoire, en vingt livres, des guerres des Romains...* de Pline, le naturaliste. Anecdote de Mme Maldack, veuve du tsarévitch Alexis, morte à Vitry en janvier 1771.

71.81 | **8 novembre 1771.** D'ALEMBERT à LAGRANGE
- SOURCE : autogr., d., « à Paris », P.-S., 6 p.
- LOCALISATION DU MS. : Paris Institut, Ms. 915, f. 108-110
- ÉDITION : Lalanne, XIII, p. 214-221
- INCIPIT : « Mon cher et illustre ami, je suis très flatté du suffrage... »

CONTENU : Faiblesse de sa tête, n'a pu encore examiner ses objections sur le calcul intégral. Pièces de Lagrange et d'Euler sur la Lune. A reçu la *Dioptrique* d'Euler, I et II, s'est occupé de la théorie des observations. Attend la rép. de Lagrange à Fontaine. Par Condorcet et le comte de Saluces interviendra pour le retard des *Mémoires de Turin.*, vol. IV. Dutens et son *Tocsin*. Boscovich et son « traducteur ». Longues remarques et calculs à propos des idées de Lagrange sur le problème de l'élastique et des ressorts [*HAB 1769*]. Caraccioli et le salon de Mlle de Lespinasse. P.-S. Lui redemande son opinion sur le mém. de Borda. D'Al. a une nouvelle théorie des fluides.

71.82 | **13 novembre 1771.** NAU à D'ALEMBERT
- SOURCE : autogr., d.s., adr., cachet rouge, 3 p.
- LOCALISATION DU MS. : Paris Institut, Ms. 2466, f. 178-179
- INCIPIT : « Je sais bien mauvais gré à la faiblesse de votre santé de... »

ANNÉE 1771

CONTENU : N'a toujours pas de réponse de D'Al. à ses remarques sur les *Elémens de musique*, édition de 1766 Profite de ce contretemps pour lui poser une autre question sur la p. 188 faisant allusion à un ouvrage de Rameau non précisé sur la règle de placement des dièses et bémols.

71.83 | **14 novembre 1771.** VOLTAIRE à D'ALEMBERT
- SOURCE : copie, d., s. « V. », 3 p.
- LOCALISATION DU MS. : Oxford VF, Lespinasse III, p. 83-85
- ÉDITION : Best. D17446. Pléiade X, p. 868-869
- INCIPIT : « Je vous ai écrit, mon cher philosophe, par M. Bacon... »

CONTENU : Envoie les [*Questions*], VI et VII par Mme Le Gendre. *Histoire critique de Jésus-Christ* et autres ouvrages dangereux de [d'Holbach].

71.84 | **18 novembre 1771.** D'ALEMBERT à VOLTAIRE
- SOURCE : autogr., « à Paris », adr., 3 p.
- LOCALISATION DU MS. : Den Haag RPB 129, G16A30, 142
- ÉDITION : Best. D17457
- INCIPIT : « Je ne sais, mon cher maître, par quelle fatalité je n'ai reçu que depuis deux jours votre lettre du 19 octobre... »

CONTENU : *Discours d'Anne Dubourg*, les *Pourquoi*, la *Méprise d'Arras*, sa vision du monde. Recommande l'abbé Duvernet. Election [à l'Acad. fr.] le 23.

71.85 | **27 novembre 1771.** VOLTAIRE à D'ALEMBERT
- SOURCE : copie, d., s. « V. », « à Ferney », 2 p.
- LOCALISATION DU MS. : Oxford VF, Lespinasse III, p. 85-86
- ÉDITION : Best. D17473. Pléiade X, p. 878-879
- INCIPIT : « Mon cher philosophe, je vous envoie ce rogaton qui sort... »

CONTENU : D'Al. muet sur les *Lettres de Memmius*, ne lui a pas plu ? Intelligence bornée de la Nature.

71.86 | **30 novembre 1771.** FRÉDÉRIC II à D'ALEMBERT
- SOURCE : copie, « à Potzdam », P.-S., 9 p.
- LOCALISATION DU MS. : Genève IMV, MS 42, p. 131-140 [la pagination saute de 131 à 133]
- ÉDITION : Preuss XXIV, n° 107, p. 550-553
- REMARQUE : la copie de l'IMV est datée du 8 décembre, mais pour les motifs exposés dans l'introduction, c'est la datation de Preuss qui a été retenue
- INCIPIT : « Je crois que les Dieux se sont réservé pour eux le bonheur... »

CONTENU : A pris le parti de rire de tout. Lui envoie deux chants de son poème sur les Confédérés de Pologne. Le génie ne suffit pas aux gens de lettres, il faut aussi « des mœurs ». A écrit à Magdebourg pour le manuscrit de Pline. Imposture de la veuve du tsarévitch découverte à Brunswick. Va faire l'apologie de quelques généraux français de la dernière guerre pour entrer à l'Acad. fr.

71.87 | **5 décembre 1771.** D'Alembert à [Wimpfen]
• Source : cat. vente Victor Degrange, 60, *Autographes Anciens et Modernes*, 1957, n° 4445 : autogr., d.s., « Paris », 1 p.
• Incipit : inconnu
Contenu : Il envoie un certificat de vie dont le baron de Wimpfen lui a remis le modèle et le remercie de l'ordonnance pour les six premiers mois de 1771.

71.88 | **16 décembre 1771.** Lagrange à D'Alembert
• Source : autogr., « à Berlin », 4 p.
• Localisation du ms. : Paris Institut, Ms. 876, f. 200-201
• Édition : Lalanne 1882, XIII, p. 221-224
• Incipit : « Vous recevrez, mon cher et illustre ami, ou peut-être... »
Contenu : Envoie par Salomon, musicien du prince Henri, le premier vol. des *Nouveaux commentaires* de Göttingen, médiocre idée de la science allemande, défense de l'*Hydraulique* de Johann [I] Bernoulli contre D'Al., par Kæstner. Pièce de Lagrange sur le problème des trois corps. *HAB 1770* à l'impression, changement de maquette, contient son mém. sur les tautochrones. Diversité forcée de ses centres d'intérêt. Discussion sur les ressorts. Caraccioli. Lira les mémoires de Borda sur les fluides, mais ne veut pas de querelles.

71.89 | **[1771].** D'Alembert à l'abbé de Crillon
• Source : autogr., s., « ce jeudi à midi », adr., 2 p.
• Localisation du ms. : Avignon BM, Ms. 2704, f. 65
• Édition : Grimsley 1962, p. 76
• Incipit : « Je reçus hier, monsieur, par M. le Comte de Crillon, l'ouvrage que vous m'avez fait l'honneur de m'envoyer. »
Contenu : Compliments sur son ouvrage [*L'Homme moral*, 1771], et sur le fait de n'avoir pas craint d'y mettre son noble nom.

71.90 | **[1771].** L'abbé de Crillon à D'Alembert
• Source : copie, 2 p.
• Localisation du ms. : Avignon BM, Ms. 2704, f. 65v°-66
• Édition : Grimsley 1962, p. 76
• Incipit : « Un suffrage, monsieur, tel que le vôtre est bien fait pour... »
Contenu : Rép. à la l. de D'Al. : compliments gênants pour le moraliste. Mettre son nom en tête de ses ouvrages.

71.91 | **[1771].** D'Alembert à Laleu
• Source : cat. vente, *Voltaire : autographes et documents*, Jacques Lambert, Paris, [octobre] 1957, vendu avec quatre l. de La Condamine dans le n° 78 : autogr.
• Extrait : « ... fera usage de l'avis que M. de Laleu lui donne, cependant il attendra encore quelque temps pour des raisons particulières... »
Contenu : A propos de la souscription de La Condamine refusée par Laleu, car anonyme.

1772

72.01 | **2 janvier 1772.** D'Alembert à Frédéric II
- Source : impr., « Paris »
- Édition : Preuss XXIV, n° 108, p. 553-556
- Incipit : « Je crains que Votre Majesté ne me prenne... »

Contenu : Le remercie et le félicite de son *Epître à la reine de Suède* et de son poème sur les Confédérés de Pologne (l'évêque de Kiev possède-t-il vraiment un tableau de la Saint-Barthélemy ?). Délabrement de la République des Lettres. Lui envoie deux ms. : l'*Histoire de madame Maldack* et un art. destiné à la *Gazette du Bas-Rhin* (n° 88) en réparation d'une injure faite à une famille de ses amis. Demande s'il y a un ms. de Pline à Magdebourg.

72.02 | **26 janvier 1772.** Frédéric II à D'Alembert
- Source : copie, d., « a Postdam », P.-S., 10 p.
- Localisation du ms. : Genève IMV, MS 42, p. 150-156
- Édition : Preuss XXIV, n° 109, p. 556-559
- Incipit : « Je vois par votre réponse qu'il y a beaucoup d'objets... »

Contenu : Gouvernement anarchique de la Pologne, Confédérés méprisables, évêque de Kiev. Lui envoie deux autres chants de son poème. Ses efforts en faveur de la paix. Mort d'Hélvétius, son poème inédit sur le Bonheur. Manuscrit de Pline non à Magdebourg, peut-être à Augsbourg. Mme Maldack. Refuse d'intervenir auprès du gazetier du Bas-Rhin en faveur de la famille de Loyseau de Mauléon, qui accorde trop d'importance à son cas : indifférence de l'Allemagne et liberté de la presse. P.-S. Attaque de goutte.

72.03 | **6 février 1772.** D'Alembert à Lagrange
- Source : autogr., d., « à Paris », P.-S., 4 p.
- Localisation du ms. : Paris Institut, Ms. 915, f. 111-112
- Édition : Lalanne 1882, XIII, p. 224-228
- Incipit : « M. de Fouchy m'a dit, mon cher et illustre ami... »

Contenu : Lagrange doit révéler à Fouchy le nom de l'auteur de sa pièce anonyme. Mort de Morgagni, D'Al. pense que Lagrange pourrait le remplacer comme associé étranger de l'Acad. [sc.]. Inutile de rép. à Kæstner. D'Al. va envoyer les *Elémens de mécanique* de Bossut. A reçu les trois vol. du *Calcul intégral* d'Euler. Attend *HAB 1770*. *MARS 1770* est à l'impression. Va publier d'autres *Opuscules* [VI et peut-être VII]. Suite de la discussion sur les ressorts. Critique précise du mém. de Borda [*MARS 1766*], demande l'avis de Lagrange et évoque d'autres problèmes sur les fluides. P.-S. Fera ce que lui demande Bitaubé dans la lettre du 2 décembre.

72.04 | **22 février 1772.** D'Alembert à [Saint-Florentin]
- Source : cat. vente Charavay non identifié, n° 502 : autogr., s., « à Monseigneur » 1 p.

| • INCIPIT : inconnu
CONTENU : Remerciement pour la gratification qu'il vient de toucher au bureau de la *Gazette de France*.

72.05 | **24 février 1772.** LAGRANGE à D'ALEMBERT
- SOURCE : autogr., d., « à Berlin », adr.,, cachet rouge, 3 p.
- LOCALISATION DU MS. : Paris Institut, Ms. 876, f. 202-203
- ÉDITION : Lalanne 1882, XIII, p. 228-230
- INCIPIT : « Mon cher et illustre ami, M. le marquis Caraccioli... »

CONTENU : Envoie par Caraccioli le billet cacheté pour Fouchy en vue du prix. Plaisir qu'il aurait à être de l'Acad. [sc.]. Remercie d'avance Bossut pour sa *Mécanique*. Euler. Mémoire de Lexell et autres écrits venant de Saint-Pétersbourg. La partie mathématique de *HAB 1770* imprimée, il la lui enverra peut-être. Attend les nouveaux vol. des *Opuscules*. Décadence de la géométrie ? Réponse sur les ressorts. Vient de lire Borda : raisonnements pitoyables.

72.06 | **3 mars 1772.** D'ALEMBERT à FRÉDÉRIC II
- SOURCE : impr., « Paris »
- ÉDITION : Preuss XXIV, p. 559-562
- INCIPIT : « La lettre que Votre Majesté m'a fait l'honneur... »

CONTENU : Sa l. du 26 janvier est arrivée le 21 février. Le félicite des deux nouveaux chants [de son poème sur les Confédérés]. Le remercie d'empêcher la guerre de s'étendre en Pologne. Helvétius regretté. N'insiste pas pour le ms. de Pline, ni pour la femme du tsarévitch, ni pour la famille de Mauléon. La liberté de la presse ne devrait pas permettre la satire personnelle, son but étant « d'éclairer, non d'offenser ».

72.07 | **6 mars 1772.** D'ALEMBERT à VOLTAIRE
- SOURCE : autogr., d., « à Paris », adr., 3 p.
- LOCALISATION DU MS. : Den Haag RPB 129, G16A30, 143
- ÉDITION : Best. D17628
- INCIPIT : « Il y a un siècle, mon cher maître, que je ne vous ai rien dit... »

CONTENU : Clément a écrit une satire contre Volt. : c'est un protégé de l'abbé Mably, frère de Condillac. Triste état de la littérature et de son moral. Le remercie pour les *Questions*, vol. VIII, envoyées à lui et Mlle de Lespinasse.

72.08 | **12 mars 1772.** VOLTAIRE à D'ALEMBERT
- SOURCE : copie, d., s. « V. », 5 p.
- LOCALISATION DU MS. : Oxford VF, Lespinasse III, p. 86-90
- ÉDITION : Best. D17634. Pléiade, X, p. 970-971
- INCIPIT : « Mon très cher philosophe, je conçois par votre lettre... »

CONTENU : Etat des lettres et de la finance. N'a pas vu la « Clémentine », dont La Harpe et Chabanon lui parlent. Condorcet lui a parlé des *Druides*. Aimerait voir *Castor et Pollux*. Gabriel Cramer et ses *Mélanges*.

ANNÉE 1772

72.09 | **16 mars [1772].** D'Alembert à Adanson
- SOURCE : autogr., s., « ce lundi », adr. « rue neuve des petits champs », cachet, 1 p.
- LOCALISATION DU MS. : Pittsburgh CIT
- REMARQUE : sur la page d'adr. : « brouillon de réponse d'Adanson »
- INCIPIT : « Cette lettre vous sera remise, mon cher confrère, par l'abbé Rémy, qui cultive l'histoire naturelle... »

CONTENU : Lettre de recommandation pour l'abbé Rémy, désireux d'assister au cours d'Adanson [qui a commencé le 3 janvier 1772] sans en avoir les moyens financiers.

72.10 | **25 mars [1772].** D'Alembert à [Caraccioli]
- SOURCE : autogr., « ce mercredi 25 mars », 1 p.
- LOCALISATION DU MS. : Milano Ambrosiana, Y 153 sup. f. 496
- ÉDITION : Rutschmann 1977, p. 95
- REMARQUE : il n'y a de mercredi 25 mars qu'en 1767 et 1772, année où le mém. de Frisi sur la Lune n'est pas primé, mais mentionné
- INCIPIT : « Il a été décidé dans l'assemblée d'hier que la Pièce... »

CONTENU : La pièce [de Frisi] « citée avec eloge », comme D'Al. l'a dit à Keralio, qui pourra le dire à Frisi, avant que D'Al. écrive à ce dernier.

72.11 | **25 mars 1772.** D'Alembert à Lagrange
- SOURCE : autogr., d., « à Paris », adr., cachet rouge, note autogr. de Lagrange « repondue le 20 avril » 3 p.
- LOCALISATION DU MS. : Paris Institut, Ms. 915, f. 113-114
- ÉDITION : Lalanne 1882, XIII, p. 231-233
- INCIPIT : « Je ne crains pas, mon cher et illustre ami, de vous constituer... »

CONTENU : Le prix double de la Lune partagé entre Euler et Lagrange dans l'assemblée d'hier. Enverra le programme du prochain prix sur la Lune. Bossut et Condorcet saluent Lagrange. A reçu les *Mémoires de Pétersbourg*, t. XIV, et d'autres textes. Condorcet lui écrira. Les *Opuscules* [t. VI] de D'Al. vont paraître. Etat de la géométrie. Méthode de travail de Condorcet. Poursuite de la discussion sur les ressorts. Mém. de Borda : D'Al. content de la réaction de Lagrange. Annonce sa nouvelle méthode pour les fluides. Verra avec Caraccioli pour l'argent du prix [de l'Acad. sc].

72.12 | **[mars 1772].** Adanson à D'Alembert
- SOURCE : brouillon de rép. sur la l. du 16 mars, autogr., 1 p.
- LOCALISATION DU MS. : Pittsburgh, CIT
- INCIPIT : « Il suffit mon cher confrère que vous vous intéressiez... »

CONTENU : Les frais qu'il a engagés pour ses cours ne lui permettent pas d'en diminuer le prix mais il voudrait obliger l'ami de D'Al., l'abbé Rémy, qu'il invite à venir le voir. Ne peut lui écrire à cause de la mort de sa mère.

72.13 | **3 avril 1772.** LAISSAC à D'ALEMBERT
- SOURCE : impr., d.s., « A Dinan », « Lettre à M. d'Alembert au sujet de la mort de M. Duclos »
- ÉDITION : *Mercure*, mai 1772, p. 167-169
- INCIPIT : « Ce serait priver la mémoire de M. Duclos de l'hommage... »

CONTENU : Affliction des habitants de Dinan à la mort de Duclos, le bien qu'il a fait à sa ville, sa générosité et ses recommandations. Lui écrit comme son ami et souhaite que D'Al. fasse l'éloge de ses vertus.

72.14 | **7 avril 1772.** FRÉDÉRIC II à D'ALEMBERT
- SOURCE : copie, « Sans-Souci », 7 p.
- LOCALISATION DU MS. : Genève IMV, Ms. 10, p. 150-156
- ÉDITION : Preuss XXIV, n° 111, p. 562-564
- REMARQUE : la copie de l'IMV est datée du 17 avril, mais pour les motifs exposés dans l'introduction, c'est la datation de Preuss qui a été retenue
- INCIPIT : « Je ne sais par quel hasard il se rencontre toujours... »

CONTENU : Sa rép. retardée par la goutte. La reine douairière de Suède, la duchesse de Brunswick. Lui envoie encore un chant de son poème [sur les Confédérés]. Mot de Van Haaren à Volt. sur son *Léonidas*. Aimerait obtenir le poème d'Helvétius sur le Bonheur. Prochaine paix générale en Europe orientale. L'examen des ouvrages prévient les abus de la liberté. Conciliera les Mauléon et le *Courrier du Bas-Rhin*.

72.15 | **19 avril 1772.** LAGRANGE à D'ALEMBERT
- SOURCE : autogr., d., « à Berlin », adr., cachet rouge, 3 p.
- LOCALISATION DU MS. : Paris Institut, Ms. 876, f. 204-205
- ÉDITION : Lalanne 1882, XIII, p. 234-236
- INCIPIT : « Permettez, mon cher et illustre ami, qu'avant de répondre... »

CONTENU : Nomination de D'Al. comme secrétaire de l'Acad. fr. Très content du prix et du partage avec Euler. L'argent du prix. Attend le programme pour 1774. Place d'associé étranger. Caraccioli. [Jean III] Bernoulli enverra un paquet à Lalande contenant *HAB 1770*. Voudrait se procurer la nouvelle édition des *MARS*.

72.16 | **22 avril [1772].** VOLTAIRE à D'ALEMBERT
- SOURCE : autogr.
- LOCALISATION DU MS. : Brunswick Bowdoin, coll. de Charles H. Livingston
- REMARQUE : copie, s. « V », dans Oxford VF, Lespinasse III, p.90-91
- ÉDITION : Best. D17707. Pléiade X, p. 1012 et XIII, p. 629
- INCIPIT : « Sage, digne d'un autre siècle, mon cher ami... »

CONTENU : A appris par Condorcet l'élection de D'Al. comme secrétaire perpétuel de l'Acad. fr. Lui envoie un petit conte. Ne croit pas Diderot l'auteur des *Réflexions sur la jalousie* [de Le Roy]. La Harpe. A envoyé le vol. IV des *Questions* à Condorcet par Mme de Meulan.

72.17 | **23 avril 1772.** D'ALEMBERT à LAGRANGE
• SOURCE : autogr., d., « à Paris », « repondue le 2 juin », 4 p.
• LOCALISATION DU MS. : Paris Institut, Ms. 915, f. 115-116
• ÉDITION : Lalanne 1882, XIII, p. 236-238
• INCIPIT : « Mon cher et illustre ami, je profite de l'occasion... »
CONTENU : Envoi de l'ouvrage de Bossut et du mém. de Condorcet *(MARS 1770)*. *MARS 1769* non encore paru à cause de l'ineptie de [Grandjean de Fouchy]. Programme du prix [pour 1774]; argent du précédent. D'Al. succède à Duclos comme secrétaire perpétuel de l'Acad. fr., travaille à faire Condorcet secrétaire de l'Acad. sc. et Lagrange associé étranger. Problèmes de santé. *Opuscules*, t. VI. Annonce des écrits sur les fluides. Voit [Caraccioli].

72.18 | **[avril 1772].** D'ALEMBERT à LAISSAC
• SOURCE : impr.
• ÉDITION : *Mercure*, mai 1772, p. 169-170
• INCIPIT : « Je reçois à l'instant la lettre que vous me faites l'honneur... »
CONTENU : Rép. à la l. du 3 avril 1772 concernant la mort de son ami Duclos, fort regretté. D'Al. lui succède comme secrétaire perpétuel à l'Acad. fr.

72.19 | **4 mai 1772.** NAU à D'ALEMBERT
• SOURCE : autogr., d. s., adr., cachet rouge, 4 p.
• LOCALISATION DU MS. : Paris Institut, Ms. 2466, f. 180-181
• INCIPIT : « Permettez-moi de vous faire mon sincère compliment... »
CONTENU : Compliment pour sa place de secrétaire [de l'Acad. fr.], regrette que D'Al. ne lui réponde pas. A refondu ses observations sur l'art. « Clef transposée ». Critique de la réponse de D'Al. en 1769, confrontée à ses *Elémens de musique* de 1766. Attend beaucoup de son esprit méthodique, espère ne pas l'avoir dégoûté avec sa lettre d'avril 1770 (70.36), ne peut croire J.-J. Rousseau mathématicien.

72.20 | **10 mai 1772.** LE COZIC à D'ALEMBERT
• SOURCE : autogr., d.s., « à La Fere », adr., cachet rouge, 2 p.
• LOCALISATION DU MS. : Paris Institut, Ms. 2466, f. 123
• INCIPIT : « Je suis, monsieur, plus fâché que vous ne pouvez l'être... »
CONTENU : Répond tardivement à la l. de D'Al. lui demandant compte des expériences faites sur les boulets tirés verticalement. A dû passer par des intermédiaires très lents et n'a obtenu que des réponses vagues et contradictoires avec la théorie. Expériences peu concluantes quant à la mesure de la rotation de la Terre, paramètres mal maîtrisés. Lui propose de venir avec Condorcet, reste à son service.

72.21 | **12 mai [1772].** D'ALEMBERT à VILLAHERMOSA
• SOURCE : autogr., « ce jeudi 12 mai », 1 p.
• LOCALISATION DU MS. : fac-similé et transcription à la suite de *Retratos de Antano*, P. Luis Coloma, Madrid, 1895

		• ÉDITION : Ségur 1905, p. 620
		• INCIPIT : « M. D'Alembert est venu pour avoir l'honneur... »
CONTENU :		Lui demande de faire parvenir à Mora une l. et enverra à Volt. une l. du duc.

72.22	12 mai 1772. NIVERNAIS à D'ALEMBERT
	• SOURCE : impr., d., « Mardi, à six heures du soir »
	• ÉDITION : *Mémoires et correspondances historiques et littéraires inédits, 1726 à 1816*, publiés par Charles Nisard, Paris, Michel Lévy frères, 1858, p. 224
	• INCIPIT : « Mon cher confrère, les choses ne vont pas comme je l'aurais désiré, mais comme je le prévoyais. »
CONTENU :	Le roi [Louis XV] voulant de nouvelles élections, il tâchera de venir le jeudi à l'Acad. [fr.] pour rendre compte de son audience. Il espère que les exclus [Delille et Suard] pourront être élus une autre fois.

72.23	16 mai 1772. D'ALEMBERT à FRÉDÉRIC II
	• SOURCE : impr., « Paris »
	• ÉDITION : Preuss XXIV, n° 112, p. 564-567
	• INCIPIT : « Permettez-moi de commencer cette lettre par le compliment... »
CONTENU :	Lagrange de nouveau couronné par l'Acad. sc. et bientôt élu associé étranger. Félicite Fréd. II de son *Discours* [sur l'utilité des sciences et des arts], déjà lu dans la *Gazette des Deux-Ponts*. Plaisir que lui a procuré le chant V de son poème sur les Confédérés. Bravo pour la paix annoncée. Le poème d'Helvétius *Le Bonheur* imprimé en Hollande. D'Al. nommé secrétaire de l'Acad. fr. depuis un mois, littérature persécutée.

72.24	20 mai 1772. [NIVERNAIS] à D'ALEMBERT
	• SOURCE : copie, d., « Chantilly », 1 p.
	• LOCALISATION DU MS. : Paris MAE, Mémoires et documents, France, vol. 319, f. 46r°
	• ÉDITION : Henry 1885/1886, p. 74-75
	• INCIPIT : « Il est bien triste, mon cher et illustre confrère, qu'il faille tant d'arrangements pour une chose qui devrait être si simple. »
CONTENU :	[Obtention de la permission pour Delille et Suard de se présenter de nouveau à l'Acad. fr.]. Vœux pour sa santé.

72.25	21 mai 1772. D'ALEMBERT à LAGRANGE
	• SOURCE : autogr., d., « à Paris », adr., cachet rouge, « repondue le 2 juin », 3 p.
	• LOCALISATION DU MS. : Paris Institut, Ms. 915, f. 117-118
	• ÉDITION : Lalanne 1882, XIII, p. 238-241
	• INCIPIT : « Mon cher et illustre ami, vous avez dû apprendre il y a peu de jours par un mot que j'ai écrit à M. de Catt... »
CONTENU :	Lagrange élu associé étranger à l'Acad. sc. Manœuvres à l'Acad. fr. contre D'Al., contre l'élection de [Delille et Suard]. Devra remercier pour son élection

Cassini, Le Monnier et Lalande. Protestation de [Frisi] à propos du prix. A écrit à Fréd. II à propos de Lagrange. Corrige *Opuscules*, t. VI. La nouvelle éd. des *MARS* n'est encore qu'un projet de Panckoucke. Santé du roi de Sardaigne. N.B. Hérissant a voté Camper.

72.26 | **1ᵉʳ juin 1772.** D'Alembert à Frédéric II
- SOURCE : impr., « à Paris »
- ÉDITION : Preuss XXIV, n° 113, p. 567-568
- INCIPIT : « Un jeune militaire plein d'ardeur, d'esprit et de connaissance nommé M. de Guibert... »

CONTENU : Lui présente l'*Essai général de tactique* de Guibert, hommage d'un jeune militaire plein d'admiration. Lagrange nommé associé étranger de l'Acad. sc. Aimerait que Fréd. II obtienne du sultan Mustapha « la réédification du temple de Jérusalem ».

72.27 | **2 juin 1772.** Lagrange à D'Alembert
- SOURCE : autogr., d., « à Berlin », adr., cachet rouge, 3 p.
- LOCALISATION DU MS. : Paris Institut, Ms. 876, f. 206-207
- ÉDITION : Lalanne 1882, XIII, p. 241-243
- INCIPIT : « Je ne veux ni ne dois, mon cher et illustre ami, attendre... »

CONTENU : Remercie en particulier Cassini, Le Monnier et Lalande pour son élection. Son amitié. Questions sur l'Acad. sc. et l'Acad. fr. [Frisi]. Euler a plus d'ambitions qu'autrefois. Sujet du prix de l'acad. de Berlin pour 1774 sur les comètes. Prix sur les lunettes donné à un auteur médiocre. A reçu les livres de Condorcet et Bossut. Enverra *HAB 1770* et le second vol. des mém. de Göttingen. Fréd. II.

72.28 | **4 juin 1772.** D'Alembert à Fromant
- SOURCE : cat. vente Charavay n° 298, septembre 1899, n° 43478 : autogr., d.s., « Paris », 2 p.
- EXTRAIT : « ... Mais elle [l'élection de Diderot] nous est interdite par malheur, au moins quant à présent. Dieu veuille que la liberté puisse un jour nous être rendue à ce sujet !... »

CONTENU : Parle de sa nomination comme secrétaire perpétuel de l'Acad. fr. Loue l'Acad. fr. d'avoir élu Beauzée. Diderot serait la meilleure acquisition, mais impossible pour l'instant.

72.29 | **5 juin [1772].** Lagrange à D'Alembert
- SOURCE : autogr., d., « à Berlin », 2 p.
- LOCALISATION DU MS. : Paris Institut, Ms. 876, f. 208
- ÉDITION : Lalanne 1882, XIII, p. 244
- INCIPIT : « Mon cher et illustre ami, je vous envoie nos *Mémoires*... »

CONTENU : Envoie *HAB 1770* pour lui et Condorcet mais n'a pas encore les mém. de Göttingen. Envoie les *Dissertations* de Kæstner et un autre ouvrage. A répondu à sa l. du 21 mai « il y a deux ou trois jours ».

72.30 | **20 juin 1772.** D'Alembert à Mme Necker
- Source : autogr., d.s., « ce samedi », 1 p.
- Localisation du ms. : Moscou GIM OPI, Fds. 166 (coll. Orlov), 5/129, f. 181r°
- Incipit : « J'ai toujours oublié de vous dire, madame, qu'on ne... »

Contenu : N'a pu encore récupérer les originaux des lettres d'Abauzit à Mairan, donnés au copiste à sa demande, la prie d'intervenir. Lui demande les réponses de Mairan.

72.31 | **30 juin 1772.** Frédéric II à D'Alembert
- Source : copie, « Sans-Souci », 5 p.
- Localisation du ms. : Genève IMV, MS 42, p. 156-160
- Édition : Preuss XXIV, n° 114, p. 568-570
- Incipit : « Je commence par vous féliciter de votre nouvelle... »

Contenu : Le félicite de sa nouvelle dignité académique. Rend justice à Lagrange. Heureux effet en Prusse de son discours sur les sciences et les beaux-arts. Sixième chant [de son poème sur les Confédérés]. Œuvres posthumes d'Helvétius. Séjour de la reine de Suède à Berlin, pièces de théâtre jouées pour elle. Mort de Toussaint, demande « un bon rhétoricien » pour le remplacer, Delille de préférence.

72.32 | **1er juillet 1772.** Voltaire à D'Alembert
- Source : copie, d., s. « V », 3 p.
- Localisation du ms. : Oxford VF, Lespinasse III, p. 91-93
- Édition : Best. D17808. Pléiade XI, p. 3-4
- Incipit : « J'en appelle aux étrangers qui ont poussé les hauts cris... »

Contenu : Le chevalier de La Barre et le discours prononcé à Cassel le 8 avril [par Jacques Mallet, *Quelle est l'influence de la philosophie sur les belles lettres ?*]. Marmontel et *Les Systèmes*. *Les Druides*.

72.33 | **[10 juillet 1772].** Mlle de Lespinasse dictant, D'Alembert écrivant, à Condorcet
- Source : copie par Eliza O'Connor de l'original autogr. de D'Al., « à Paris ce vendredi », 2 p.
- Localisation du ms. : Paris Institut, Ms. 2475, pièce 78
- Édition : Henry 1887b, p. 83-85 et Pascal 1990, p. 57-58 datent seulement de [juillet 1772]
- Remarque : datée du vendredi qui suit la réception de Beauzée
- Incipit : « Mon secrétaire et moi, nous vous écrivons en commun, bon et très bon et trop bon Condorcet... »

Contenu : Santé de Condorcet. Mora se porte bien. Mme de Meulan a fait une fausse couche et va bien. Son « secrétaire » [D'Al.] lira ce que Condorcet lui enverra. Qu'il lise l'ouvrage de Guibert. *Le Dépositaire* de Volt. [Loménie de Brienne] à Mouy du 19 au 20. Bréquigny et Beauzée ont été reçus lundi [6 juillet 1772].

Tonnerre tombé chez Mme Ledroit. Saint-Chamans se réjouit de voir Condorcet. Guibert lui plait. Elle a fait la connaissance de Dutillot. Condorcet manque à Turgot.

72.34 | **13 juillet 1772.** VOLTAIRE à D'ALEMBERT
- SOURCE : original, d., s. « V. », 3 p.
- LOCALISATION DU MS. : Paris BnF, NAFr. 24330, f. 137-138, copie Oxford VF, Lespinasse III, p. 93-98
- ÉDITION : Best. D17824. Pléiade XI, p. 20-21
- INCIPIT : « Mon très cher ami, mon très illustre philosophe, Mme de Saint-Julien qui veut bien se charger de ma lettre... »

CONTENU : L'affaire [de l'élection annulée de Delille et Suard]. « Votre *chut* ». Veut être « français suisse et libre ». Persécution des gens de lettres. S'intéresse au procès de Morangiés ; dire à Rochefort [d'Ally] qu'il lui faut davantage d'informations.

72.35 | **18 juillet [1772].** D'ALEMBERT à ABEILLE
- SOURCE : cat. vente Dubrunfaut (Girard et Charavay, experts), Paris, Drouot, 29 mars 1888, n° 1 : autogr., s., « Paris », cachet, 1 p.
- INCIPIT : inconnu

CONTENU : Demande des renseignements sur Duclos pour l'éloge qu'il doit prononcer à l'Acad. fr.

72.36 | **23 [juillet 1772].** D'ALEMBERT à ROCHEFORT D'ALLY
- SOURCE : autogr., « ce jeudi 23 », adr. « rue Ste Anne », cachet rouge, 1 p.
- LOCALISATION DU MS. : Genève, coll. J.-D. Candaux
- REMARQUE : le 23 juillet 1772 tombe bien un jeudi et la datation est corroborée par le contenu de la lettre 72.38
- INCIPIT : « M. D'Alembert a l'honneur de faire bien ses compliments à monsieur le comte de Rochefort. »

CONTENU : Lui demande de « vouloir bien lui prêter les probabilités » [un ms. de l'*Essai sur les probabilités en fait de justice* de Volt., 1772].

72.37 | **23 juillet 1772.** FRÉDÉRIC II à D'ALEMBERT
- SOURCE : copie, « Postdam », d., s. « Federic », 7 p.
- LOCALISATION DU MS. : Genève IMV, MS 42, p. 161-167
- ÉDITION : Preuss XXIV, n° 115, p. 570-572
- REMARQUE : la copie de l'IMV est datée du 29 juillet, mais pour les motifs exposés dans l'introduction, c'est la datation de Preuss qui a été retenue
- INCIPIT : « Je ne m'attendais pas à recevoir un ouvrage de tactique... »

CONTENU : L'*Essai de tactique* est « l'ouvrage d'un génie », mais Guibert a tort de penser que les Prussiens ne sont pas braves. Le sultan Mustapha, ruiné par la guerre, n'a pas les moyens de rebâtir le temple de Jérusalem, non plus que les juifs de Constantinople. Sarcasmes sur la Sorbonne, Tamponnet, Riballier, Garasse. Hommages aux philosophes ; autel à Anaxagoras.

72.38 | **24 [juillet 1772].** D'Alembert à Rochefort d'Ally
- SOURCE : autogr., « ce vendredi 24 », 1 p.
- LOCALISATION DU MS. : Genève, coll. J.-D. Candaux
- INCIPIT : « Je vous renvoie, mon cher monsieur, les papiers que vous m'avez confiés. »

CONTENU : L'affaire de Morangiés est si bien embrouillée qu'il est difficile de prendre parti. Qu'il envoie ses « éclaircissements au Patriarche » pour la défense de son ami.

72.39 | **26 juillet [1772].** Mlle de Lespinasse dictant, D'Alembert écrivant, à Condorcet
- SOURCE : copie par Eliza O'Connor de l'original autogr. de D'Al., 2 p.
- LOCALISATION DU MS. : Paris Institut, Ms. 2475, pièce 78
- ÉDITION : Henry 1887b, p. 86-88. Pascal 1990, p. 59-60
- INCIPIT : « Bon Condorcet, mon secrétaire et moi, nous vous écrivons toujours de concert... »

CONTENU : Suard est très content de l'ouvrage de Condorcet qu'il remettra à D'Al. à son retour de la campagne. Lui donner des nouvelles de la santé de Saint-Chamans. Le « secrétaire » [D'Al.] entre ennui et abattement. Elle et lui demandent à Condorcet de ne pas aller à Ablois. Affaire des évêques de Rennes et de Verdun. *Roméo et Juliette* de Ducis [27 juillet 1772]. Graines de raves de Turgot adressées à Bertin. Elle a pris de l'opium.

72.40 | **14 août [1772].** Mlle de Lespinasse dictant, D'Alembert écrivant, à Condorcet
- SOURCE : copie par Eliza O'Connor de l'original autogr. de D'Al., 2 p
- LOCALISATION DU MS. : Paris Institut, Ms. 2475, pièce 78
- ÉDITION : Henry 1887b, p. 89-90. Pascal 1990, p. 61
- REMARQUE : cat. vente Drouot (T. Bodin expert), Paris, 19-20 juin 1996, n° 56 qui date de [1771] : autogr. de D'Al., adr. « à Ablois, près Epernai », cachet rouge, 2 p.
- INCIPIT : « Nous ne voulons pas laisser partir Henri sans vous... »

CONTENU : Elle est malade et triste. Elle ne voit plus Ussé, également malade. Crillon a écrit. Mme de Boufflers. [D'Al.] dit « le bon Condorcet suivi du bon Henri ».

72.41 | **14 août 1772.** D'Alembert à Frédéric II
- SOURCE : impr., « à Paris »
- ÉDITION : Preuss XXIV, n° 116, p. 572-574
- INCIPIT : « Je n'ai rien négligé pour répondre à la confiance dont... »

CONTENU : Lui envoie un professeur de rhétorique et de logique (détails par de Catt). Guibert et sa page sur le courage des Prussiens. Mustapha doit rebâtir le temple de Jérusalem. Un officier russe mordu par un cheval à Spa : il faut changer l'uniforme de l'infanterie russe. Va continuer son *Histoire de l'Académie française*.

72.42 | **22 août 1772.** D'ALEMBERT à FRÉDÉRIC II
- SOURCE : impr., « à Paris », P.-S.
- ÉDITION : Preuss XXIV, n° 117, p. 575-578
- INCIPIT : « Cette lettre sera présentée à Votre Majesté par... »

CONTENU : L. d'introduction pour Borelly, le remplaçant de Toussaint (référence à de Catt). Lui présente le traité *De la félicité publique* de Chastellux, seul noble français lettré. Cabale menée par le maréchal de Richelieu pour le priver de sa place de secrétaire perpétuel. Delille exclu de l'Acad. Ouvrages d'Helvétius imprimés aux Deux-Ponts. P.-S. Joint un portrait gravé de Fréd. II dont il a composé la légende en vers.

72.43 | **22 août [1772].** D'ALEMBERT à LAGRANGE
- SOURCE : autogr., « à Paris », deux P.-S., note de Lagrange « repondue le 17 octobre 1772 », 6 p.
- LOCALISATION DU MS. : Paris Institut, Ms. 915, f. 119-121
- ÉDITION : Lalanne 1882, XIII, p. 245-249
- INCIPIT : « Mon cher et illustre ami, je profite de l'occasion de... »

CONTENU : Envoie sa l. par Borelly qui va à Berlin remplacer Toussaint. A reçu *HAB 1770* et le livre de Kæstner. Corrige le t. VI des *Opuscules*. Ecrit l'*Histoire de l'Académie française*. Ne va à l'Acad. sc. qu'une fois par semaine. Fréd. II satisfait de l'élection de Lagrange. Rép. à Lagrange sur les élections académiques, ne veut pas loger [au Louvre]. Plaintes de Frisi sur le jugement du prix [sur la Lune]. Envoie deux vol. de Cassini. Kæstner pas très sérieux. P.-S. Franklin associé étranger. Margraff le sera sans doute bientôt. P.-S. Envoi des feuilles déjà imprimées des *Opuscules*, réfute Boscovich. Argent du prix de l'Acad. pour Lagrange via Lalande.

72.44 | **28 août 1772.** D'ALEMBERT à SALIGNAC DE LA MOTHE-FÉNELON
- SOURCE : copie, « à l'évêque de Lombez », 2 p.
- LOCALISATION DU MS. : Paris MAE, Mémoires et documents, France, vol. 319, f. 89
- ÉDITION : Henry 1885/1886, p. 75-76
- INCIPIT : « Je ne perds pas un moment pour avoir l'honneur... »

CONTENU : Affaires de l'Acad. fr. : délibérations au sujet de l'abbé Maury, louanges sur son panégyrique [prononcé le 25 août], a communiqué sa l. du 1er juillet à l'Acad. L'archevêque de Lyon, le prince de Beauvau et lui-même feront une députation au cardinal de La Roche Aymon.

72.45 | **[fin août 1772].** La Condamine à D'Alembert
• source : autogr., « Remarques sur l'eloge de Fontenelle par Duclos », 4 p.
• localisation du ms. : London BL, Egerton 22, f. 34-35
• incipit : « Sa réputation fut bientôt *hors d'atteinte*... »
contenu : Duclos avait des ennemis, n'était pas avare. Il a trouvé son billet d'hier avec l'éloge qui l'entourait et l'avait pris pour un cahier de papier blanc. Le remercie pour le discours [de D'Al.] devant le roi de Suède [6 mars 1771], l'a vu imprimé [*J. enc.* juin 1772]. Nouveau vol. d'*Opuscules* [t. VI, janvier 1773]. L'éd. des œuvres de La Motte par Trublet. D'Al. devrait écrire à Gustave III à l'occasion de la révolution de Suède [19 août]. « Sourd, goutteux et perclus ainsi qu'un vieux Pacha / Je recueille les fruits semés à Ptchiacha ».

72.46 | **4 septembre 1772.** Voltaire à D'Alembert
• source : original, d.s., adr., 3 p.
• localisation du ms. : Paris BnF, NAFr. 24330, f. 140-141
• édition : Best. D17899. Pléiade XI, p. 62-63
• remarque : copie Oxford VF, Lespinasse III, p. 98-101
• incipit : « Je voudrais, mon très cher, et très grand philosophe... »
contenu : Les *Maximes du droit public français* [C. Mey, 1772]. Coup d'état [suédois]. Fréd. II lui envoie de la porcelaine. Les « anti-tonnerres » sont à la mode. Lui adresse un billet pour Condorcet.

72.47 | **16 septembre 1772.** Voltaire à D'Alembert
• source : original, d., s. « V », 2 p.
• localisation du ms. : Paris BnF, NAFr. 24330, f. 143
• édition : Best. D17913. Pléiade XI, p. 73
• remarque : copies Oxford VF, Lespinasse III, p. 101-103 et Paris BnF, Fr. 12937, f. 561
• incipit : « Mon cher philosophe, ce siècle-ci ne vous paraît-il pas celui des révolutions... »
contenu : *Lettre* de l'abbé Pinzo pour laquelle l'imprimeur a utilisé l'orthographe de Volt. et qui lui a été attribuée. Le Kain joue *Adélaïde Du Guesclin* à Ferney. Lettre à Watelet.

72.48 | **17 septembre 1772.** Frédéric II à D'Alembert
• source : impr.
• édition : Preuss XXIV, n° 118, p. 578-579
• incipit : « Le professeur en rhétorique dont vous venez de faire... »
contenu : Le remercie pour le choix du professeur de rhétorique. Etant devenu vieux, doit renoncer au « beau métier » de la guerre. Sixième chant de son poème sur les Confédérés. Sarcasmes sur le temple de Jérusalem et la Sorbonne. Le félicite d'écrire l'histoire de l'Acad. fr. et d'en être un secrétaire digne de Fontenelle.

ANNÉE 1772

72.49 | **24 septembre 1772.** D'ALEMBERT à TURGOT
- SOURCE : autogr., d., « à Paris », adr., cachet, 3 p.
- LOCALISATION DU MS. : Paris Institut, Ms. 880, f. 9-10
- ÉDITION : Henry 1885/1886, p. 29
- INCIPIT : « Je me charge, monsieur, avec grand plaisir... »

CONTENU : Présentera l'ouvrage de Montagne à l'Acad. sc. pour approbation. Difficultés pour imprimer cet ouvrage ; les libraires sont en état de détresse. Aventure de Suède. Despotisme et liberté. Décintrement du Pont de Neuilly.

72.50 | **[juin-septembre 1772].** D'ALEMBERT à ROCHEFORT D'ALLY
- SOURCE : autogr., « ce mardi au soir », 1 p.
- LOCALISATION DU MS. : Genève, coll. J.-D. Candaux
- INCIPIT : « J'ai lu il y a plus de deux mois ce mémoire, monsieur... »

CONTENU : Mlle de Lespinasse a été comme lui attendrie et indignée par la lecture du mémoire [sur l'affaire Morangiés]. Ils s'ennuient de ne point le voir.

72.51 | **1ᵉʳ octobre [1772].** BUCCI à D'ALEMBERT
- SOURCE : autogr., d. « Kalendis octobris », en latin, 1 p.
- LOCALISATION DU MS. : Paris Institut, Ms. 2466, f. 24
- REMARQUE : datée par la rép. de D'Al., du 22 novembre publiée en 1773.
- INCIPIT : « Gloriosum in primis mihi esse duc, quod animum... »

CONTENU : Lettre de compliment.

72.52 | **6 octobre 1772.** FRÉDÉRIC II à D'ALEMBERT
- SOURCE : copie, d., « Postdam », 6 p.
- LOCALISATION DU MS. : Genève IMV, MS 42, p. 168-173
- ÉDITION : Preuss XXIV, n° 119, p. 579-581
- INCIPIT : « M. Borelly vient d'arriver. Il m'a remis le paquet dont... »

CONTENU : Arrivée de Borelly. Son Académie des nobles, réformes. L. jointe pour Chastellux. Vrai mérite de Delille. Médaille récemment frappée. Espère que la paix fera venir D'Al. à Berlin.

72.53 | **9 octobre 1772.** D'ALEMBERT à FRÉDÉRIC II
- SOURCE : impr., « Paris »
- ÉDITION : Preuss XXIV, n° 120, p. 581-583
- INCIPIT : « J'ai reçu la nouvelle diatribe de Votre Majesté... »

CONTENU : A reçu la nouvelle diatribe de Fréd. II contre les pauvres confédérés polonais, est désolé qu'on y plaisante aussi les chevaliers français. Paix annoncée, mais congrès rompu. Le temple de Jérusalem. Le professeur [Borelly] doit être arrivé à Berlin. Propose Suard pour remplacer Thiriot mourant.

72.54 | **15 octobre 1772.** LAGRANGE à D'ALEMBERT
- SOURCE : autogr., d., « à Berlin », adr., cachet rouge, P.-S., 3 p.
- LOCALISATION DU MS. : Paris Institut, Ms. 876, f. 209-210

- ÉDITION : Lalanne 1882, XIII, p. 249-252
- INCIPIT : « Mon cher et illustre ami, M. Borelly m'a remis de votre part une lettre et un paquet contenant deux ouvrages de M. Cassini... »

CONTENU : Remerciements à Cassini. Les astronomes devraient donner l'histoire des points principaux du système du monde. Content des nouveaux mém. de D'Al. sur la figure de la Terre [*Opuscules*, t. VI, Mém. 45-48], cela lui donne des idées. Nombreux mém. de Lagrange en français, qu'il n'imprime pas. Les *Mémoires de Turin* ne paraissent pas. Bruyset n'a toujours pas publié l'*Algèbre* d'Euler. Kæstner. Envoie le dernier vol. de Göttingen. On imprime *HAB 1771*. Argent du prix. Ne veut pas la nouvelle éd. des *MARS* sans les mém. de mathématiques. Franklin. Margraff. Caraccioli. P.-S. Ressorts. Frisi. Le secrétaire de l'Acad. fr. a-t-il la franchise postale ?

72.55 | **18 octobre [1772].** CASTILLON à D'ALEMBERT
- SOURCE : autogr., d. de 1771, s., « à Berlin », adr., 5 p.
- LOCALISATION DU MS. : Paris Institut, Ms. 876, f. 297-300
- ÉDITION : Henry 1885/1886, p. 51-54
- REMARQUE : la date de 1771 écrite par Castillon doit être erronée car Duclos n'est mort que le 26 mars 1772 et D'Al. est nommé secrétaire de l'Acad. fr. le 9 avril.
- INCIPIT : « Quoique je n'aie aucune lettre de M. de Sartine... »

CONTENU : Suppose que Sartine a donné sa permission tacite, demande l'avis de D'Al. sur son ouvrage. Reproche à Hume son silence sur son injonction. Félicite D'Al. d'être secrétaire perpétuel de l'Acad. fr. S'est arrangé avec Robinet, Condorcet, art. mécanique, optique, musique, refus de Rousseau. Ses divergences avec Lagrange : comptes de l'Observatoire de Berlin, impression de *HAB*, et avec [Jean III] Bernoulli. A proposé à Jombert fils un recueil de pièces sur l'artillerie, demande à D'Al. de le recommander.

72.56 | **20 octobre 1772.** D'ALEMBERT à TURGOT
- SOURCE : autogr., d., « à Paris », 2 p.
- LOCALISATION DU MS. : Paris Institut, Ms. 880, f. 11
- ÉDITION : Henry 1885/1886, p. 30-31
- INCIPIT : « Je crois, monsieur, que M. Montagne s'épargnerait... »

CONTENU : Montagne peut suivre le conseil de Turgot pour son ouvrage mais il aura des frais, peut ajouter des tables et l'augmenter de théorèmes. Mlle de Lespinasse et lui espèrent le voir le mois prochain.

72.57 | **27 octobre 1772.** FRÉDÉRIC II à D'ALEMBERT
- SOURCE : copie, « Postdam », 9 p.
- LOCALISATION DU MS. : Genève IMV, MS 42, p. 173-181
- ÉDITION : Preuss XXIV, n° 121, p. 583-585
- REMARQUE : la copie de l'IMV est datée du 29 octobre, mais pour les motifs exposés dans l'introduction, c'est la datation de Preuss qui a été retenue
- INCIPIT : « J'ai conçu toute la témérité d'un Allemand... »

CONTENU : Son poème « tudesque ». Paix prochaine. Le sultan ne s'opposerait pas au nouveau temple de Jérusalem si un riche juif en faisait les frais. Bon début du professeur [Borelly]. Thiriot avait baissé, que celui que D'Al. propose [Suard] envoie un échantillon de ses feuilles. Aimerait trouver un législateur encyclopédiste pour la Pologne.

72.58 | **30 octobre 1772.** D'ALEMBERT à CATHERINE II
- SOURCE : autogr., d.s., « à Paris », 5 p, duplicata daté du 24 novembre 1772, 4 p.
- LOCALISATION DU MS. : Moscou RGADA, fds 5, 156 f. 25-27r°, duplicata f. 28-29
- REMARQUE : copie Paris Institut, Ms. 2466, f. 31-34v° et f. 41-46v°
- ÉDITION : *Sbornik*, 1874, p. 279-281, en note
- INCIPIT : « Il y a longtemps, et trop longtemps... »

CONTENU : Renoue une correspondance pour implorer la grâce de huit officiers français faits prisonniers à Cracovie, au nom des gens de lettres. La philosophie éclairée réclame ses bontés, et exaltera sa générosité. La France et Cath. II. Il faut pardonner comme Fréd. II.

72.59 | **5 novembre 1772.** D'ALEMBERT à ERBACH
- SOURCE : autogr., d., « ce jeudi », adr. sur enveloppe, cachet rouge, 1 p.
- LOCALISATION DU MS. : New York Columbia, Rare Book Coll. D. E. Smith, Box A
- ÉDITION : Pappas 1977, p. 236
- INCIPIT : « Monsieur le Comte d'Erbach voudra bien présenter simplement ce billet aux Suisses... »

CONTENU : Invitation à une séance de l'Acad. fr. Demande au concierge de l'Acad., Lucas, de le placer convenablement.

72.60 | **11 novembre [1772].** D'ALEMBERT à TURGOT
- SOURCE : autogr., « à Paris », adr. « à Limoges », cachet rouge, 3 p.
- LOCALISATION DU MS. : Paris Institut, Ms. 880, f. 12-13
- ÉDITION : Henry 1885/1886, p. 31-32
- INCIPIT : « Le théorème sur la différence des puissances est connu... »

CONTENU : Lui donne la démonstration du théorème sur la m^e différence des puissances a^m pour Montagne. Présentera son ouvrage à l'Acad. sc. A remis la l. de Turgot à Mlle de Lespinasse toujours souffrante, et remettra l'autre à Condorcet qui arrive à Paris le 13 au soir et va demeurer chez Suard. Paix prochaine en Russie. Sa l. ne partira que le 15.

72.61 | **13 novembre 1772.** VOLTAIRE à D'ALEMBERT
- SOURCE : original, d., 3 p.
- LOCALISATION DU MS. : Paris BnF, NAFr. 24330, f. 145-146
- ÉDITION : Best. D18010. Pléiade XI, p. 127-129

- REMARQUE : copie Oxford VF, Lespinasse III, p. 103-108, d., s. « V. »
- INCIPIT : « Mon cher et grand philosophe, mon véritable ami, j'ai reçu par une voie détournée, une lettre que je n'ai pas cru... »

CONTENU : A reçu une l. de D'Al. Ignorait qu'il fût ami de Mme Geoffrin. Lui demande de signer ses lettres par « un D » pour les reconnaître. *Les lois de Minos*. Mérione. Le comte d'Hessenstein. Lui envoie l'*Epître à Horace*. Ganganelli [Clément XIV] et l'abbé Pinzo. La porcelaine de Fréd. II.

72.62 | **14 novembre 1772.** D'Alembert à Bonfioli Malvezzi
- SOURCE : autogr., d., « ce samedi », 1 p.
- LOCALISATION DU MS. : Bologna Archiginnasio, Ms. A 1942
- ÉDITION : Alfonso Bonfioli Malvezzi, *Viaggio in Europa e altri scritti*, a cura di Sandro Cardinali e Luigi Pepe, Università degli Studi di Ferrara, 1988, p. XLVII
- INCIPIT : « L'assemblée commence à trois heures et demie précises mais je conseille à monsieur le comte Malvezzi... »

CONTENU : Recommande à Malvezzi de se présenter avant trois heures pour être placé.

72.63 | **[20 novembre 1772].** Catherine II à D'Alembert
- SOURCE : brouillon autogr., 2 p.
- LOCALISATION DU MS. : Moscou RGADA fds 5, 156 f. 9
- ÉDITION : *Sbornik* 1874, p. 279-284. Henry 1887a, p. 255-256, qui donne la date précise
- REMARQUE : d. par la copie de Paris Institut, Ms. 2033, f. 131-132, 3 p., note : « écrite de la main de cette princesse »
- INCIPIT : « J'ai reçu la belle lettre que vous avez jugé à propos de... »

CONTENU : Rép. à la l. du 30 octobre, sur les officiers français prisonniers de guerre dans ses Etats, réclamés au nom de la philosophie. Ils sont à Kiev et bien traités. Bruits calomnieux.

72.64 | **20 novembre 1772.** D'Alembert à Frédéric II
- SOURCE : impr., « Paris »
- ÉDITION : Preuss XXIV, n° 121, p. 585-587
- INCIPIT : « Je viens de recevoir la belle médaille que Votre Majesté... »

CONTENU : Le remercie pour la médaille, le félicite pour la Baltique et la paix prochaine. Mort de Thiriot et envoi d'une feuille de Suard. A envoyé la l. de Fréd. II à Chastellux absent de Paris. Fréd. II aurait donné par le truchement de Mustapha une mortification à la Sorbonne. Ses insomnies.

72.65 | **20 novembre 1772.** D'Alembert à Lagrange
- SOURCE : autogr., d., « à Paris », adr., cachet rouge, « repondue le 1er mars 1773 », 3 p.
- LOCALISATION DU MS. : Paris Institut, Ms. 915, f. 122-123
- ÉDITION : Lalanne 1882, XIII, p. 253-254
- INCIPIT : « Mon cher et illustre ami, j'ai communiqué à M. Cassini... »

CONTENU : Cassini [IV, Dominique] remercie Lagrange. Les insomnies empêchent D'Al. de travailler. Propose Briasson pour imprimer les mém. de Lagrange. A écrit à Bruyset pour hâter l'impression des remarques sur l'*Algèbre* d'Euler. A reçu le nouveau vol. de Göttingen. A envoyé, par Lalande, MARS 1769 auxquels Lagrange a droit comme associé étranger. Caraccioli.

72.66 | **[22 novembre] 1772** D'ALEMBERT à BUCCI
- SOURCE : copie, d. « X°. Calend. Decembris », en latin, 1 p.
- LOCALISATION DU MS. : Forlì BC
- ÉDITION : *Efemeridi Letterarie di Roma*, [1773], p. 159-160
- INCIPIT : « Paucis tantum ab hinc diebus litteras tuas... »

CONTENU : Réponse à la lettre du 1er octobre. Remerciements et éloges de son *De instituenda, regendaque mente*.

72.67 | **4 décembre [1772].** D'ALEMBERT à MACQUER
- SOURCE : autogr., s., « ce vendredi », « à Paris », adr., cachet rouge, 1 p.
- LOCALISATION DU MS. : Paris BnF, Fr. 12305, f. 11-11bis
- REMARQUE : Baumé est nommé adjoint chimiste le 25 décembre 1772
- INCIPIT : « Mon cher confrère, le désir que j'ai d'obliger M. Baumé... »

CONTENU : Désire avoir une copie fidèle de la l. que Baumé a écrite à l'Acad. [sc.]. Lui en dira davantage mercredi prochain.

72.68 | **4 décembre 1772.** FRÉDÉRIC II à D'ALEMBERT
- SOURCE : copie, d.s., « Potzdam », 8 p.
- LOCALISATION DU MS. : Genève IMV, MS 42, p. 182-189
- ÉDITION : Preuss XXIV, n° 123, p. 587-590
- REMARQUE : la copie de l'IMV est datée du 8 décembre, mais pour les motifs exposés dans l'introduction, c'est la datation de Preuss qui a été retenue
- INCIPIT : « Vous nous faites trop d'honneur et à la Baltique et à moi... »

CONTENU : Plaisanteries sur les effets de sa péroraison. N'est pas le protecteur des jésuites. Décadence de la littérature française, Paris est un « gouffre de débauche ». Faute de matière, les écrivains ne sont plus que des compilateurs. Ne veut plus de correspondant littéraire à Paris.

72.69 | **7 décembre 1772.** D'ALEMBERT à VILLAHERMOSA
- SOURCE : autogr., d., « ce lundi », « à Paris », 2 p.
- LOCALISATION DU MS. : fac-similé et transcription à la suite de *Retratos de Antano*, P. Luis Coloma, Madrid, 1895
- ÉDITION : Menéndez-Pelayo 1894, p. 337-338
- INCIPIT : « Quoique M. D'Alembert ait bien peu l'honneur d'être... »

CONTENU : Voudrait des nouvelles de la convalescence du marquis de Mora, sur laquelle Magallon n'a donné que des généralités : séquelles des alarmes de Bagnères et Saragosse, évanouissements, régime. « Ceux qui sont attachés » à Mora veulent la vérité.

| 72.70 | **8 décembre 1772.** Voltaire à D'Alembert
| | • Source : copie, d., s. « V. », « à Ferney », 5 p.
| | • Localisation du ms. : Oxford VF, Lespinasse III, p. 108-112
| | • Édition : Best. D18070. Pléiade XI, p. 170-171
| | • Incipit : « J'ai pensé, mon cher ami, qu'il faut un successeur à... »
| Contenu : | Suggère Grimm ou La Harpe pour succéder à Thiriot comme correspondant de Fréd. II à qui il a écrit à ce sujet. Fréd. II a donné une compagnie à Etallonde. Le chevalier de La Barre. Souvenir à Condorcet. Mme Denis a été très malade.

| 72.71 | **14 décembre 1772.** Voltaire à D'Alembert
| | • Source : copie, d., s. « V. », « à Ferney », 2 p.
| | • Localisation du ms. : Oxford VF, Lespinasse III, p. 112-113
| | • Édition : Best.18083. Pléiade XI, p. 177-178
| | • Incipit : « Très aimable et très cher secrétaire, on est toujours... »
| Contenu : | Ignorait que Suard succèdait à Thiriot comme correspondant de Fréd. II. La Harpe « véritable homme de lettres ». Découverte d'un rhinocéros pétrifié en Sibérie. Compliments de Mme Denis et de lui-même.

| 72.72 | **17 décembre 1772.** D'Alembert à un correspondant breton non identifié
| | • Source : cat. vente, Paris, Nouveau Drouot (T. Bodin et Chrétien, experts), 15-16 mars 1983, n° 195 : autogr., d.s., « Paris », 1 p.
| | • Incipit : « J'ai reçu l'ouvrage que vous m'avez fait l'honneur... »
| Contenu : | Remercie l'auteur d'un ouvrage en breton, langue qu'il ne connait pas. Ne peut porter de jugement sur des sujets aussi éloignés des siens.

| 72.73 | **[c. 20 décembre 1772].** Voltaire à D'Alembert
| | • Source : copie, 1 p.
| | • Localisation du ms. : Oxford VF, Lespinasse III, p. 114 avec une copie de la l. de Fréd. II à Volt. du 4 décembre 1772, p. 114-118
| | • Édition : Best. D18096. Pléiade XI, p. 186
| | • Incipit : « Je crois bien faire, mon cher ami, de vous envoyer... »
| Contenu : | Envoi d'une l. que Fréd. II lui a écrite, le 4 décembre 1772, à sa louange : « ne faites pas courir, mais montrez. »

| 72.74 | **26 décembre [1772].** D'Alembert à Voltaire
| | • Source : autogr., « à Paris », 4 p.
| | • Localisation du ms. : Den Haag RPB 129, G16A30, 144
| | • Édition : Best. D18104
| | • Incipit : « Oui, oui, assurément, mon cher et illustre ami, je ferai lire à tout le monde, sans néanmoins en laisser prendre de copie... »

ANNÉE 1772

CONTENU : La l. de Fréd. II à Volt. Les censeurs royaux. « Le recteur *Coge pecus* » [Coger]. Le prix annuel d'éloquence latine à la Sorbonne, répondre en français. Clément. L'abbé de Radonvilliers et l'abbé Batteux. Sabatier de Castres et le comte de Lautrec. Larcher. Fréd. II et les jésuites.

72.75 | **[31 décembre 1772].** D'ALEMBERT à CATHERINE II
- SOURCE : autogr., d.s., « à Paris », 6 p.
- LOCALISATION DU MS. : Moscou RGADA fds 5, 156 f. 30-32
- ÉDITION : *Sbornik* 1874, p. 288-289, en note
- REMARQUE : copies, Paris Institut, Ms. 2033, f. 133-137 et 2466 f. 37-40, avec une note de Condorcet
- INCIPIT : « La philosophie qui connaît et qui révère... »

CONTENU : La nouvelle du mauvais traitement des prisonniers français venait de haut et d'une voie sûre, mais il n'accusait pas Cath. II. S'estime maintenant détrompé et le fera savoir. Demande à sa générosité et au nom de la philosophie de les libérer.

72.76 | **[décembre 1772].** VILLAHERMOSA à D'ALEMBERT
- SOURCE : minute, 2 p.
- LOCALISATION DU MS. : fac-similé à la suite de *Retratos de Antano*, P. Luis Coloma, Madrid, 1895
- ÉDITION : Ségur 1905, p. 295
- REMARQUE : la présente lettre répond manifestement à celle du 7 décembre (72-69)
- INCIPIT : « Il n'y a personne au monde, monsieur, qui puisse moins craindre d'être peu connu que vous. »

CONTENU : Le remercie de l'intérêt qu'il porte à son beau-frère Mora qui se rétablit et a écrit la semaine dernière à Mlle de Lespinasse, ainsi que trois postes plus tôt. Respect à Mme Geoffrin.

72.77 | **[1772].** D'ALEMBERT à SUARD
- SOURCE : cat. vente *Lettres de femmes*, Alain Nicolas, Les Neuf Muses, automne 1987, n° 104 : autogr. de D'Al. intitulé *Réponse de Mlle de Lespinasse à M. Suard*, 3 p.
- EXTRAIT : « ...Mlle de Lespinasse ne tousse presque plus... »

CONTENU : Santé de Mlle de Lespinasse. Si Suard veut aller la voir. Ambassadeur d'Espagne [Mora]. Nouveau chapitre au *Voyage sentimental* traduit par [Frénais, 1769] « que ce fut une bonne journée que celle des pots cassés ! ».

1773

73.01 | **1ᵉʳ janvier 1773.** D'Alembert à Frédéric II
- Source : impr., « à Paris »
- Édition : Preuss XXIV, n° 124, p. 590-592
- Incipit : « Pénétré comme je le suis, des sentiments aussi tendres... »

Contenu : Vœux. Charmante l. de Fréd. II à Volt. Plaisanteries sur la destruction du « nid de chenilles » des jésuites. Juste jugement de Fréd. II sur le poème d'Helvétius. Demande si Fréd. II ne veut plus de correspondant littéraire. La littérature française tient pourtant encore « la place la plus distinguée ».

73.02 | **1ᵉʳ janvier 1773.** D'Alembert à Lagrange
- Source : autogr., d., « à Berlin », P.-S., adr., cachet rouge, en note « repondue le 19 janvier 1773 », 3 p.
- Localisation du ms. : Paris Institut, Ms. 915, f. 124-125
- Édition : Lalanne 1882, XIII, p. 254-256
- Incipit : « J'ai, mon cher et illustre ami, une affaire qui m'intéresse à traiter avec vous. »

Contenu : Recommande longuement Laplace pour un poste rémunéré à l'Acad. de Berlin, préférable aux opportunités parisiennes. Son livre [*Opuscules*, t. VI] presque achevé d'imprimer. Insiste sur son mém. relatif aux fluides [Mém. 51-IV]. Va travailler à l'*Histoire de l'Académie française*.

73.03 | **1ᵉʳ janvier 1773.** Voltaire à D'Alembert
- Source : original, d., s. « V. », 2 p.
- Localisation du ms. : Paris BnF, NAFr. 24330, f. 148
- Édition : Best. D18110. Pléiade XI, p. 195-196
- Remarque : copie Oxford VF, Lespinasse III, p. 119-122
- Incipit : « Mon cher et digne soutien de la raison expirante, je... »

Contenu : Le *Non magis* l'a fait rire, prend plaisir à tirer les marrons du feu. Le charmant Savatier [Sabatier de Castres]. *Les Lois de Minos* prêtées par Rochefort. Le Franc de Pompignan. Correspondance de Fréd. II.

73.04 | **4 janvier [1773].** Voltaire à D'Alembert
- Source : impr.
- Édition : Kehl LXIX, p. 139-140. Best. D18118. Pléiade XI, p. 201-202
- Incipit : « J'ai découvert, mon cher ami, que l'auteur du discours... »

Contenu : Belleguier. Catau [Cath. II]. Doit répondre à Condorcet, lui reproche, comme à D'Al., de ne pas signer ses l., même d'une initiale.

73.05 | **8 janvier 1773.** D'Alembert à Villahermosa
- Source : autogr., « à Paris », d., 4 p.
- Localisation du ms. : fac-similé et transcription à la suite de *Retratos de Antano*, P. Luis Coloma, Madrid, 1895

- ÉDITION : Menéndez-Pelayo 1894, p. 339-340
- INCIPIT : « Je suis si pénétré de reconnaissance de vos bontés... »

CONTENU : Santé de Mora, risque de rhume, froid à Madrid. Mora aurait écrit à Mlle de Lespinasse mais celle-ci n'a rien reçu. Il pense que ses l. ne sont pas parvenues non plus. Mme Geoffrin et Mlle de Lespinasse. Succès d'une nouvelle actrice de théâtre tragique. Renvoi des jésuites d'Espagne. Dialogue entre le pape, les jésuites et les princes de l'Europe que Mora a pu montrer à Villahermosa.

73.06 | **9 janvier [1773].** D'ALEMBERT à VOLTAIRE
- SOURCE : autogr., « à Paris », 4 p.
- LOCALISATION DU MS. : Den Haag RPB 129, G16A30, 145
- ÉDITION : Best. D18127
- INCIPIT : « Je me hâte, mon cher maître, de vous tirer d'inquiétude... »

CONTENU : *Non magis*. [Coger] et le programme imprimé. Les coups de bâton à Savatier [Sabatier de Castres], Marin. [Clément XIV]. L. de Fréd. II à propos des jésuites qu'il a donnée aux ministres de Naples et d'Espagne. Mandement de l'incendie de l'Hôtel-Dieu. Fête du *Triomphe de la foi* contre les philosophes. Fréd. II ne veut plus de correspondant littéraire. *Eloge de Racine*. Remarques sur *Les Lois de Minos*.

73.07 | **9 janvier [1773].** VOLTAIRE à D'ALEMBERT
- SOURCE : impr.
- ÉDITION : Kehl LXIX, p. 140-141. Best. D18126. Pléiade XI, p. 208
- INCIPIT : « Raton tire les marrons pour Bertrand, du meilleur... »

CONTENU : *Eloge de Racine* par La Harpe à lui envoyer via Marin ou autre. Curé de Fresnes. Damilaville. Chastellux.

73.08 | **10 janvier 1773.** D'ALEMBERT à LALEU
- SOURCE : cat. vente *L'Autographe*, 4, Genève, 1983, n° 2 : autogr., d.s., adr., 1 p.
- INCIPIT : « M. D'Alembert a l'honneur de faire mille compliments à M. Delaleu, et de lui envoyer 6 louis pour la statue... »

CONTENU : Souscription anonyme de six louis pour la statue de Volt.

73.09 | **10 janvier [1773].** DUVAL à D'ALEMBERT
- SOURCE : autogr., d.s., « Paris », 1 p.
- LOCALISATION DU MS. : Paris Institut, Ms. 2466, f. 79
- INCIPIT : « Si les philosophes doivent la vérité à ceux qui la cherchent de bonne foi, et la leur demandent comme une grâce... »

CONTENU : Lui demande son aide pour lever ses doutes sur le mouvement des planètes du second ordre. Petit écrit qu'il lui envoie.

73.10 | **11 janvier 1773.** Christophe de BEAUMONT à D'ALEMBERT
- SOURCE : de la main d'un secrétaire, d., s. autogr., « Paris », P.-S., 1 p.
- LOCALISATION DU MS. : Paris AF, A1/IV
- IMPRIMÉ : *Reg. Acad. fr.*, séance du 14 janvier, p. 327
- INCIPIT : « Je vous prie, monsieur, de vouloir bien faire part à votre Compagnie de ma sensibilité sur le don de douze cent livres... »

CONTENU : Remerciements pour le don de 1 200 livres accordé par l'Acad. fr. aux pauvres de l'Hôtel-Dieu [à la suite de l'incendie].

73.11 | **12 janvier [1773].** D'ALEMBERT à VOLTAIRE
- SOURCE : autogr., « à Paris », 4 p.
- LOCALISATION DU MS. : Den Haag RPB 129, G16A30, 146
- ÉDITION : Best. D18131
- INCIPIT : « Encore une lettre, direz-vous, mon cher maître ? »

CONTENU : Collecte à l'Acad. fr. pour les pauvres de l'Hôtel-Dieu, Batteux récalcitrant ; envoi à l'archevêque de Paris alors qu'il allait dire sa messe à Saint-Roch contre les philosophes ; demande à Volt. ses 30 lt et poursuivra les mauvais payeurs. *L'Avant-Coureur* s'est moqué de [Coger]. Le comte de Hessenstein, via Mme Geoffrin, veut faire insérer dans le *Mercure* et le *J. enc.* un extrait flatteur d'une l. que Volt. a écrite à D'Al. à son sujet, et lui en demande son autorisation. *Histoire de l'Académie française*.

73.12 | **13 janvier 1773.** D'ALEMBERT à BONFIOLI MALVEZZI
- SOURCE : autogr., d. « ce mercredi », 1 p.
- LOCALISATION DU MS. : Bologna Archiginnasio, Ms. A 1942
- ÉDITION : Alfonso Bonfioli Malvezzi, *Viaggio in Europa e altri scritti*, a cura di Sandro Cardinali e Luigi Pepe, Universita degli Studi di Ferrara, 1988, p. XLVII, note 10
- INCIPIT : « M. D'Alembert est venu pour avoir l'honneur de voir M. le comte Malvezzi. »

CONTENU : Visite de D'Al. à Malvezzi dont il n'a pas pu s'acquitter plus tôt en raison de ses affaires et de sa santé.

73.13 | **15 janvier 1773.** VOLTAIRE à D'ALEMBERT
- SOURCE : copie, « Ferney », s. « Raton », 3 p.
- LOCALISATION DU MS. : Oxford VF, Lespinasse III, p. 122-124
- ÉDITION : Best. D18135. Pléiade XI, p. 211-212
- INCIPIT : « Raton convient que Bertrand a raison par sa lettre du 9... »

CONTENU : Réponse à la l. du 9 janvier (73.06) : censure des « commis à la phrase » [*Les Lois de Minos*]. Belleguier et son discours pour les prix de l'université.

73.14 | **18 janvier [1773].** VOLTAIRE à D'ALEMBERT
- SOURCE : original, d., s. « Raton »
- LOCALISATION DU MS. : Paris BnF, NAFr. 24330, f. 150

ANNÉE 1773

- ÉDITION : Best. D18141. Pléiade XI, 214-215
- INCIPIT : « On ne peut faire une aumône de cinquante louis... »

CONTENU : Christophe [de Beaumont, archevêque de Paris]. L. sur le comte de Hessenstein et la censure des journaux. Belleguier et l'université. D'Al. a dû recevoir deux l. de lui par Bacon et par Marin.

73.15 | **18 janvier [1773].** D'ALEMBERT à VOLTAIRE
- SOURCE : autogr., s. Bertrand, « à Paris », 4 p.
- LOCALISATION DU MS. : Den Haag RPB 129, G16A30, 147
- ÉDITION : Best. D18145
- INCIPIT : « J'ai entendu parler, mon cher maître, de cet avocat... »

CONTENU : Belleguier. Université et philosophie. La *Gazette des Deux-Ponts* lue à l'Acad. fr. Essai de plaidoirie à la place de Belleguier. Plaidoyer infructueux de Bertrand auprès de Catau [Cath. II]. L'*Eloge de Racine* a été envoyé par les soins de Marin. Chastellux et le curé de Fresnes. Archevêque de Paris, curé de Saint-Roch et Malide, évêque d'Avranches.

73.16 | **19 janvier [1773].** LAGRANGE à D'ALEMBERT
- SOURCE : autogr., « à Berlin », adr., cachet rouge, 3 p.
- LOCALISATION DU MS. : Paris Institut, Ms. 876, f. 272-273
- ÉDITION : Lalanne 1882, XIII, p. 256-260
- INCIPIT : « Mon cher et illustre ami ! pour répondre à la confiance... »

CONTENU : Etat de la classe de mathématiques à l'Acad. de Berlin. Mérites de [Laplace]. Ne croit pas pouvoir lui-même l'aider, D'Al. mieux placé pour cela. Remarques sur les pensions et les conditions de travail, il faut que [Laplace] réfléchisse bien. Lagrange attend [le t. VI des *Opuscules*]. Attraction des corps solides, théorie des ressorts. Enverra une pièce sur l'équation séculaire de la Lune. Envisage un autre mém. pour les MARS. Caraccioli.

73.17 | **25 janvier 1773.** VOLTAIRE à D'ALEMBERT
- SOURCE : original, d., N.B., 2 p.
- LOCALISATION DU MS. : Paris BnF, NAFr. 24330, f. 152
- ÉDITION : Best. D18155. Pléiade XI, p. 222-223
- INCIPIT : « Oui, mon illustre Bertrand, j'ai lu l'annonce... »

CONTENU : La diatribe de Belleguier partira le 27. Fontanelle dans la *Gazette des Deux-Ponts*. Demande l'adresse de Condorcet. Catau [Cath. II]. Questions sur la fête du *Triomphe de la foi*. N.B. Belleguier et Raton.

73.18 | **28 janvier 1773.** FRÉDÉRIC II à D'ALEMBERT
- SOURCE : copie, « a Potsdam », 8 p.
- LOCALISATION DU MS. : Genève IMV, MS 42, p. 190-197
- ÉDITION : Preuss XXIV, n° 125, p. 592-594
- REMARQUE : la copie de l'IMV est datée du 31 janvier, mais pour les motifs exposés dans l'introduction, c'est la datation de Preuss qui a été retenue
- INCIPIT : « J'implore moi (au lieu des dieux auxquels s'adressait... »

CONTENU : Vœux de longévité. Volt. est «un phénomène de la littérature», rareté des génies sublimes (Homère, Aristote, Epicure, Cicéron, Démosthène, Virgile, Bayle, Leibniz, Newton); stérilité aujourd'hui générale. Content d'être né en son temps. Il faut jouir du présent.

73.19 | **29 janvier 1773.** HOLLÉ à D'ALEMBERT
- SOURCE : autogr., d.s., «a l'école royale militaire», adr., cachet rouge, 3 p.
- LOCALISATION DU MS. : Paris Institut, Ms. 2466, f. 99-100
- INCIPIT : «J'apprends à l'instant, avec bien de la douleur, que la délation dont les injustes coups m'auraient accablé autrefois...»

CONTENU : L. d'excuses à D'Al. dans la mesure où, suite à une délation calomnieuse, il aurait pu lui déplaire. Se défend d'avoir dit quoi que ce soit. Sait ce qu'il lui doit. Flatteries. Ira dimanche matin lui présenter ses respects.

73.20 | **[janvier 1773].** VOLTAIRE à D'ALEMBERT
- SOURCE : impr.
- ÉDITION : Kehl LXIX, p. 148-149. Best. D18137. Pléiade XI, p. 213
- INCIPIT : «Oui, vous m'avez dit, mon cher et grand philosophe...»

CONTENU : L. de Luc [Fréd. II] sur les jésuites et de Catau [Cath. II]. N'a pas lu l'*Eloge de Racine*. [*Les lois de Minos*]. D'Al. est hardi d'écrire «par la poste en droiture», car les l. sont ouvertes, écrire par Marin qui les fait passer sous un contreseing. Condorcet. Disculper Volt. d'être Belleguier et ne pas en rire.

73.21 | **1er février [1773].** D'ALEMBERT à VOLTAIRE
- SOURCE : autogr., s. «Bertrand», «à Paris», 4 p.
- LOCALISATION DU MS. : Den Haag RPB 129, G16A30, 148
- ÉDITION : Best. D18179
- INCIPIT : «J'attends, mon cher maître, avec impatience...»

CONTENU : Condorcet habite rue Louis-Le-Grand. Lui envoie en février les *Eloges* des académiciens des sciences, par Condorcet, qu'il espère être élu secrétaire de l'Acad. [sc.]. Attend la réponse de Catau [Cath. II]. La fête annuelle du *Triomphe de la foi* où l'on entend Charbonnet, l'abbé Pavé [Pavée], oncle de Mme de Rochefort, le Père Villars. A donné vingt écus pour l'honneur d'être des deux acad. *Les Lois de Minos* censurées. *Commentaire de Corneille*.

73.22 | **1er février 1773.** VOLTAIRE à D'ALEMBERT
- SOURCE : original, d., s. «Raton», 2 p.
- LOCALISATION DU MS. : Paris BnF, NAFr. 24330, f. 154
- ÉDITION : Best. D18164. Pléiade XI, p. 228-229
- REMARQUE : copie Oxford VF, Lespinasse III, p. 124-126 et Paris BnF, Fr. 12937, 562
- INCIPIT : «Vous savez, mon cher Bertrand, la déconvenue arrivée...»

CONTENU : Valade et l'édition trafiquée des *Lois de Minos*. Fréron. A demandé justice à Sartine.

ANNÉE 1773

73.23 | **4 février [1773].** D'ALEMBERT à LAGRANGE
- SOURCE : autogr., « repondue le 19 juin 1773 », 1 p.
- LOCALISATION DU MS. : Paris Institut, Ms. 915, f. 126
- ÉDITION : Lalanne 1882, XIII, p. 260
- INCIPIT : « Voilà, mon cher et illustre ami, le reste de mon sixième... »

CONTENU : Envoi des feuilles manquantes du t. VI des *Opuscules*. Signale l'envoi à Lambert, à l'Acad. [de Berlin] et, par Lalande, à [Jean III] Bernoulli.

73.24 | **4 février [1773].** D'ALEMBERT à VOLTAIRE
- SOURCE : autogr., N.B., 3 p.
- LOCALISATION DU MS. : Den Haag RPB 129, G16A30, 149
- ÉDITION : Best. D18182
- INCIPIT : « Raton Belleguier est un saint homme de chat... »

CONTENU : A diffusé le texte de Belleguier, rien à craindre pour les pattes de Raton. Attend la rép. de Cath. II N.B. : Garder le secret sur la l. de D'Al. à Cath. II et sur la copie de cette l. qu'il lui envoie.

73.25 | **9 février 1773.** D'ALEMBERT à VILLAHERMOSA
- SOURCE : autogr., d.s., « à Paris », 2 p.
- LOCALISATION DU MS. : fac-similé et transcription à la suite de *Retratos de Antano*, P. Luis Coloma, Madrid, 1895
- ÉDITION : Menéndez-Pelayo 1894, p. 340-341
- INCIPIT : « Quelque affligeantes que soient les nouvelles... »

CONTENU : Santé compromise de Mora, auquel Lorry a écrit pour lui conseiller de quitter Madrid. A dû recevoir le discours de Volt. et un autre ouvrage. Remerciements de D'Al. et de Mlle de Lespinasse.

73.26 | **9 février [1773].** D'ALEMBERT à VOLTAIRE
- SOURCE : autogr., 4 p.
- LOCALISATION DU MS. : Den Haag RPB 129, G16A30, 150
- ÉDITION : Best. D18193
- INCIPIT : « Bertrand a reçu successivement et avec une exactitude... »

CONTENU : D'Al. suggère à Volt. une plaisanterie sur la théologie ennemie des rois et de Dieu. Lui reproche de flatter le « marmiton Alcibiade » [le maréchal de Richelieu].

73.27 | **12 février 1773.** VOLTAIRE à D'ALEMBERT
- SOURCE : original, d., s. « Raton », 2 p.
- LOCALISATION DU MS. : Paris BnF, NAFr. 24330, f. 156
- ÉDITION : Best. D18198. Pléiade XI, p. 252-253
- REMARQUE : copie Oxford VF, Lespinasse III, p. 127-130
- INCIPIT : « Monsieur Bertrand dans un très éloquent discours... »

CONTENU : Mort de Fréron annoncée. Valade. A écrit à [Cath. II] pour soutenir D'Al. A envoyé trois textes à D'Al. Adresse de Condorcet. Ne pas divulguer le nom de l'auteur des trois textes.

73.28 | **[13] février 1773.** D'Alembert à Voltaire
- SOURCE : autogr., « à Paris », adr., 3 p.
- LOCALISATION DU MS. : Den Haag RPB 129, G16A30, 151
- ÉDITION : Best. D18202
- INCIPIT : « Bertrand continue à recevoir avec gratitude... »

CONTENU : Reçoit et diffuse les marrons. Valade. Petite remontrance à Raton à propos d'une l. à la « vieille poupée » [le maréchal de Richelieu] au sujet de Mlle de Rocourt.

73.29 | **15 février 1773.** D'Alembert à un correspondant non identifié
- SOURCE : autogr., d.s., « à Paris », « R. 19 juillet 1773 », 2 p.
- LOCALISATION DU MS. : Hamburg Staatsarchiv, Autographen Sammlung Ulex, Mappe 23
- INCIPIT : « Mon peu de santé, qui me permet à peine d'écrire quelques lignes depuis près d'un mois... »

CONTENU : N'est ni l'auteur de l'art. « Leibnitz », ni l'éditeur de la nouvelle *Enc.*, mais transmettra ses remarques aux éditeurs. Le remercie de son programme. Buffon malade n'est pas à Paris. Avoir une correspondance avec de Gaignes. Faiblesse de sa tête.

73.30 | **19 février 1773.** Voltaire à D'Alembert
- SOURCE : original, d., s. « Raton couché dans son trou », 2 p.
- LOCALISATION DU MS. : Paris BnF, NAFr. 24330, f. 158
- ÉDITION : Best. D18212. Pléiade XI, p. 261-262
- REMARQUE : copie Oxford VF, Lespinasse III, p. 130-132
- INCIPIT : « Raton a donné tout ce qu'il avait de marrons... »

CONTENU : Raton malade. Suite de l'histoire de Mlle Rocourt, [le maréchal de Richelieu]. Condorcet lui a écrit.

73.31 | **[20 février] 1773.** D'Alembert à Bayer
- SOURCE : brouillon autogr., en latin, 10 p.
- LOCALISATION DU MS. : Paris Institut, Ms. 2471, f. 13-22
- ÉDITION : Henry 1885/1886, p. 76-79
- INCIPIT : « Tametsi quadraginta fere abhinc annis, vir clarissime... »

CONTENU : Quoiqu'ayant délaissé depuis quarante ans les muses latines pour la géométrie, il recourt au latin pour le remercier de sa l. du 31 janvier et de l'envoi de la traduction espagnole de Salluste par l'infant Gabriel [de Bourbon]. Faire ses compliments à l'Infant. Bienfaits accordés par le duc d'Albe. La littérature espagnole dans l'essai *sur l'harmonie des langues* [*Mélanges*]. Bayer flambeau du savoir, son essai sur l'alphabet phénicien, n'aura pas de peine à réfuter ses contradicteurs Barthélemy et Swinton.

73.32 **27 février [1773].** D'ALEMBERT à Leonhard EULER
- SOURCE : autogr., 1 p.
- LOCALISATION DU MS. : Saint-Pétersbourg AAN, fds. 1, op. 3, 59, f. 326
- ÉDITION : Euler, *O.O.*, IV A, 5, p. 336
- INCIPIT : « M. D'Alembert prie M. Léonard Euler de vouloir bien recevoir ce volume de ses opuscules, comme un faible gage... »

CONTENU : Envoi [du t. VI] des *Opuscules*.

73.33 **27 février 1773.** D'ALEMBERT à Johann Albrecht EULER
- SOURCE : autogr., d. s., « à Paris », adr., 2 p.
- LOCALISATION DU MS. : Saint-Pétersbourg AAN, fds. 1, op. 3 n. 59, f. 306-307
- ÉDITION : Euler, *O.O.*, IV A, 5, Appendice II, p. 356
- REMARQUE : sur la première page : « reçu le 15 juin 1773 et lu à l'Acad. des Sciences le 17 du même mois »
- INCIPIT : « J'ai l'honneur d'envoyer à Monsieur votre illustre père... »

CONTENU : Le t. VI des *Opuscules*, que D'Al. a envoyé à Euler père, est pour le père et le fils. Il envoie un autre exemplaire pour l'Acad. [de Saint-Pétersbourg]. Il demande si la bibliothèque de l'Acad. possède ses *Opuscules*, sinon il les leur fera parvenir.

73.34 **27 février [1773].** D'ALEMBERT à VOLTAIRE
- SOURCE : autogr., « à Paris », adr., 3 p.
- LOCALISATION DU MS. : Den Haag RPB 129, G16A30, 152
- ÉDITION : Best. D18222
- INCIPIT : « Bertrand a reçu tous les sacs de marrons... »

CONTENU : Inquiétude pour la strangurie de Volt. Ne sait pas quels sont les auteurs des *Trois siècles* : Clément, Palissot, Linguet, Bergier, Pompignan, Grou, entre autres. Ce qu'a dit la « vieille poupée » [le maréchal de Richelieu] au sujet de la l. sur Mlle Rocourt. *Les Lois de Minos*. Le bien que D'Al. pense des *Eloges* de Condorcet que Volt. a dû recevoir. « Simon Lefranc de Pompignan », auteur de l'art. Volt. dans les *Trois siècles*.

73.35 **[janvier-février 1773].** CATHERINE II à D'ALEMBERT
- SOURCE : brouillon autogr., 3 p.
- LOCALISATION DU MS. : Moscou RGADA fds 5, 156 f. 10-11
- ÉDITION : *Sbornik* 1874, p. 288-292
- REMARQUE : la l. n'a pas été envoyée ou n'est pas parvenue à D'Al.
- INCIPIT : « M. D'Alembert, J'ai reçu une seconde lettre écrite de votre main au sujet des prisonniers français... »

CONTENU : A reçu deux l. identiques de D'Al., puis une troisième de relance pour la libération des prisonniers français. Lui reproche de ne pas s'intéresser aux Turcs et Polonais manipulés. Libérera tout le monde en son temps.

73.36 | **1er mars 1773.** VOLTAIRE à D'ALEMBERT
- SOURCE : copie, « à Ferney », 3 p.
- LOCALISATION DU MS. : Oxford VF, Lespinasse III, p. 132-134
- ÉDITION : Best. D18231. Pléiade XI, p. 269
- INCIPIT : « J'ai lu en mourant le petit livre de M. de Condorcet. »

CONTENU : A lu les *Eloges* de Condorcet. Sa réponse à Lacroix dans l'affaire de Morangiés. Epître dédicatoire aux *Lois de Minos*.

73.37 | **20 mars 1773.** MARGUERIE à D'ALEMBERT
- SOURCE : autogr., d.s., 2 p.
- LOCALISATION DU MS. : Paris Institut, Ms. 2466, f. 145
- INCIPIT : « Voilà, monsieur, la lettre dont nous sommes convenus... »

CONTENU : Joint sa l. [f. 146, A73.01, « pour les académiciens des sciences »]. A le soutien [pour sa candidature à l'Acad. sc.] de Montigny et de Vaucanson, Condorcet doit en parler à Le Roy. Trudaine pourrait demander à La Vrillière la place d'adjoint surnuméraire, Condorcet l'appuyer auprès de Chousy. Il pourrait ainsi finir associé libre. Que D'Al. se concerte avec Condorcet.

73.38 | **21 mars 1773.** D'ALEMBERT à GUSTAVE III, roi de Suède
- SOURCE : autogr., d.s., « à Paris », 3 p.
- LOCALISATION DU MS. : Stockholm RA, Skrivelser till konungen, Gustaf III, vol.1
- INCIPIT : « L'Académie française vient de recevoir, des mains de M. Roslin, le portrait de Votre Majesté qu'elle désirait depuis si... »

CONTENU : L. de remerciement en tant que secrétaire de l'Acad. fr. pour le portrait qui rappellera la présence d'un roi encourageant le « progrès des connaissances & des lumières », admiré par tous les gens de lettres dignes de ce nom. Ajoût de ses propres compliments.

73.39 | **27 mars 1773.** VOLTAIRE à D'ALEMBERT
- SOURCE : original, copie, s. « V. »
- LOCALISATION DU MS. : Oxford VF, Lespinasse III, p. 134-138
- ÉDITION : Best. D18273. Pléiade XI, p. 290-291
- REMARQUE : copie Paris BnF, NAFr. 24330, f. 160-161
- INCIPIT : « Mon très aimable Bertrand, votre lettre a bien attendri... »

CONTENU : Cramer a imprimé un recueil contenant *Les Lois de Minos*, précédées d'une épître dédicatoire [au maréchal de Richelieu], l'*Epître à Horace*, le discours de Belleguier, les réflexions sur le *Panégyrique de Saint-Louis* par l'abbé Maury,

ANNÉE 1773

Le Philosophe de Dumarsais inédit, deux l. de Cath. II, le dialogue de D'Al. entre Descartes et Christine, la l. de Fréd. II. La Harpe mentionné dans l'épître dédicatoire. Il faut finir comme Candide. Condorcet.

73.40 | **6 avril [1773].** D'ALEMBERT à VOLTAIRE
- SOURCE : autogr., s. « Bertrand », « à Paris », 4 p.
- LOCALISATION DU MS. : Den Haag RPB 129, G16A30, 154
- ÉDITION : Best. D18299
- INCIPIT : « Mon cher et ancien et respectable ami, j'ai fait part... »

CONTENU : Attend le recueil imprimé par Cramer, fâché que celui-ci l'y ait inclus. L'*Histoire de l'Académie* ne sera pas dédiée à [Richelieu]. La l. de Cath. II sur les « *deux puissances* ». Cath. II n'a pas répondu à sa dernière l., il demande à Volt. d'intervenir. Réflexions sur la guerre. La Harpe.

73.41 | **9 avril 1773.** D'ALEMBERT à FRÉDÉRIC II
- SOURCE : impr., « Paris, vendredi saint »
- ÉDITION : Preuss XXIV, n° 126, p. 595-597
- INCIPIT : « Les nouvelles publiques ont tant parlé depuis deux mois... »

CONTENU : Le félicite d'être l'arbitre de ses voisins, espère qu'il ne sera pas héros de la guerre. Volt. sérieusement malade. Inquisition exercée sur les ouvrages de littérature : les gens de lettres doivent se faire imprimer par Marc-Michel Rey [à Amsterdam] ou Gabriel Cramer [à Genève]. Ecrit l'*Histoire de l'Académie française*.

73.42 | **9 avril 1773.** D'ALEMBERT à LAGRANGE
- SOURCE : autogr., d., « à Paris », adr., cachet rouge, 3 p.
- LOCALISATION DU MS. : Paris Institut, Ms. 915, f. 127-128
- ÉDITION : Lalanne 1882, XIII, p. 260-263
- INCIPIT : « Mon cher et illustre ami, j'ai communiqué... »

CONTENU : A transmis à Laplace l'avis de Lagrange sur une éventuelle place à Berlin. Laplace à l'Acad. sc. de Paris. Condorcet secrétaire adjoint de l'Acad. sc. Les éloges rédigés par celui-ci. Mém. sur les fluides dans le t. VI des *Opuscules*, Borda. Va interrompre ses recherches mathématiques pendant un an. *Histoire de l'Académie française* : travail bien avancé. Changements liés à la mort du roi de Sardaigne ? Lagrange devrait probablement rester à Berlin. Le prix des montres marines attribué à Le Roy et non à Berthoud. Prix sur les aiguilles aimantées. Prix sur la Lune. Compliments de Caraccioli.

73.43 | **11 avril [1773].** VOLTAIRE à D'ALEMBERT
- SOURCE : impr.
- ÉDITION : Kehl, LXIX, p. 174-175. Best. D 18309. Pléiade XI, p. 309-310
- INCIPIT : « J'ai bien des choses à vous dire, mon cher et vrai... »

CONTENU : Les deux puissances. Cath. II ne répond pas. Clément et Sabatier cherchent à nuire à Volt. Comment faire représenter les *Lois de Minos*? Censure sur les paquets.

73.44 | **19 avril 1773.** VOLTAIRE à D'ALEMBERT
- SOURCE : original, d. adresse, 3 p.
- LOCALISATION DU MS. : Paris BnF, NAFr. 24330, f. 163-164
- ÉDITION : Best. D18322. Pléiade XI, p. 316-317
- REMARQUE : copie Oxford VF, Lespinasse III, p. 138-141
- INCIPIT : « Il faut, mon cher et grand philosophe, que je vous fasse part d'une petite anecdote. »

CONTENU : Citation d'une l. de « la personne » [Cath. II] qui répond aux l. de D'Al. [sur l'affaire des prisonniers]. Demande si elle lui a écrit, craintes sur les l. lues. Difficultés à lui faire parvenir le recueil promis.

73.45 | **20 avril 1773.** D'ALEMBERT à VOLTAIRE
- SOURCE : autogr., s. « Bertrand », « à Paris », adr., 3 p.
- LOCALISATION DU MS. : Den Haag RPB 129, G16A30, 155
- ÉDITION : Best. D18329
- INCIPIT : « Mon cher et ancien ami, mon cher maître, mon cher... »

CONTENU : A écrit deux l. à Mme Denis pour avoir de ses nouvelles : toute l'Acad. s'inquiète aussi de sa santé. Morangiés. Succès des *Eloges* de Condorcet, l'Acad. sc. vient de lui donner la place de secrétaire adjoint.

73.46 | **21 avril 1773.** D'ALEMBERT à SAINT-FLORENTIN
- SOURCE : cat. vente coll. Gourio de Refuge, 23 et 24 décembre 1902 (Noël Charavay expert) ; cat. vente coll. du duc de M[orny], 17 avril 1945 (P. Cornuau expert), n° 17/1 : autogr., d.s, « à Paris », 2 p in-4°
- INCIPIT : « Je jouis, en qualité de secrétaire de l'Académie française... »

CONTENU : Le prie de faire ordonnancer en sa faveur le traitement de 1 200 livres pour la place de secrétaire de l'Acad. fr. en remplacement de Duclos, à partir du 26 mars 1772. Donne son adresse rue Saint-Dominique.

73.47 | **22 avril 1773.** D'ALEMBERT à un ministre non identifié
- SOURCE : cat. vente Ronald Davis, 1967, n° 1 : autogr., d.s., 1 p. in-8°, la description est différente de la l. du 21 avril
- INCIPIT : inconnu

CONTENU : Réclame des bontés de son correspondant, les mêmes appointements que ceux de ces prédécesseurs, notamment feu M. Duclos.

73.48 | **26 avril 1773.** D'ALEMBERT à VILLAHERMOSA
- SOURCE : autogr., d.s., « à Paris », P.-S., 6 p.
- LOCALISATION DU MS. : fac-similé et transcription à la suite de *Retratos de Antano*, P. Luis Coloma, Madrid, 1895

- ÉDITION : Menéndez-Pelayo 1894, p. 341-343
- INCIPIT : « J'ai attendu qu'il me fût permis, après ces saintes... »

CONTENU : Santé de Mora. Difficultés des échanges de l. Etat meilleur de la duchesse de Villahermosa. Le comte de Fuentes attendu en France. Tremblement de terre à Madrid. Nouvelle actrice de théâtre. Guerre, paix. Les philosophes attendent la destruction des jésuites. A reçu la caisse de livres du duc d'Albe. Ecrit à l'infant don Gabriel pour sa traduction de Salluste. Mlle de Lespinasse espère son retour. P.-S. Lettres de Lorry pour Mora et, via le comte d'Egmont, pour le comte de Fuentes. Duchesse de Villahermosa. Mlle de Lespinasse s'inquiète.

73.49 | **26 avril [1773]** [THOMASSEAU] DE CURSAY à D'ALEMBERT
- SOURCE : autogr., s. « L. de Cursay », « à communiquer à M. de Voltaire », « 26 avril », 2 p.
- LOCALISATION DU MS. : Paris Institut, Ms. 2466, f. 60
- REMARQUE : d. par la rép. de Voltaire du 3 juillet [1773]
- INCIPIT : « On a prétendu, fort mal à propos, que Harvé [Harvey], médecin anglais a été le premier qui, en 1628, a fait... »

CONTENU : Sur la circulation du sang. Il « fait mil complimens a son cher et respectable voisin Monsieur D'Alembert ».

73.50 | **27 avril 1773.** D'ALEMBERT à VOLTAIRE
- SOURCE : autogr., « à Paris », 3 p.
- LOCALISATION DU MS. : Den Haag RPB 129, G16A30, 156
- ÉDITION : Best. D18339
- INCIPIT : « Mon cher maître, mon cher ami, je répondrai... »

CONTENU : La rép. de [Cath. II] est un persiflage, la philosophie persécutée. [Maréchal de Richelieu]. Attend le recueil de Cramer.

73.51 | **27 avril 1773.** FRÉDÉRIC II à D'ALEMBERT
- SOURCE : copie, « a Potz$^{d.}$ », 10 p.
- LOCALISATION DU MS. : Genève IMV, MS 42, p. 198-207
- ÉDITION : Preuss XXIV, n° 127, p. 597-599
- INCIPIT : « Je partage ma lettre entre vous à qui j'écris et les commis... »

CONTENU : Lui envoie deux pièces de vers, dont une *Epître* en écho à la *Confession d'un incrédule*. La paix règne dans le Nord de l'Europe. Volt. Le plaint d'avoir à parler de médiocrités telles que Coyer, Marmontel ou La Harpe [dans son *Histoire de l'Académie française*]. Sarcasmes sur les commis des postes qui ouvrent les paquets. Arrivée de Grimm accompagnant le prince héréditaire de Darmstadt.

73.52 | **1er mai 1773.** D'ALEMBERT à HUME
- SOURCE : autogr., d.s., « à Paris », 3 p.
- LOCALISATION DU MS. : Edinburgh NLS, Ms. 23153, n° 21
- ÉDITION : Burton 1849, p. 217-218
- INCIPIT : « Il y a environ deux mois que je vous dois une réponse. »

CONTENU : Justifie son retard à répondre. Visite de Jardine. Santé de Mlle de Lespinasse. Regret de son absence. Ecrit « quelques sottises philosophiques et littéraires ». La censure. Hume a dit du bien de l'*Histoire des deux Indes* dont [Raynal] prépare une seconde éd. Lui réclame l'histoire ecclésiastique que Hume est seul capable d'écrire en Europe.

73.53 | **1er mai 1773.** LAGRANGE à D'ALEMBERT
- SOURCE : autogr., d., « à Berlin », adr., cachet rouge, 3 p.
- LOCALISATION DU MS. : Paris Institut, Ms. 876, f. 211-212
- ÉDITION : Lalanne 1882, XIII, p. 263-265
- INCIPIT : « Je vous remercie de tout mon coeur, mon cher… »

CONTENU : Commentaires et appel à la discrétion à propos de [Laplace]. Aucune proposition du nouveau roi de Sardaigne. A reçu les *Eloges* de Condorcet. Se demande si sa l. est arrivée. Laplace académicien. *HAB 1771* va paraître et sera envoyé avec divers ouvrages : contient surtout des mém. sur la théorie des équations. Envoi d'un mém. pour les *MARS* ou pour un vol. d'opuscules. Reçoit à l'instant par Bernoulli un paquet de livres et la suite du t. VI des *Opuscules.*

73.54 | **8 mai 1773.** D'ALEMBERT à LALEU
- SOURCE : cat. vente *Arts et Autographes* (J.-Em. Raux, expert), n° 29, mars 2005 : autogr., d. « ce samedi », s., adr., cachet de cire rouge, 1 p.
- INCIPIT : « M. D'Alembert a l'honneur de faire mille compliments… »

CONTENU : Compliments à Laleu. Envoi de vingt louis, souscription du duc d'Albe, grand d'Espagne, pour la statue de Volt.

73.55 | **8 mai 1773.** VOLTAIRE à D'ALEMBERT
- SOURCE : copie, « Ferney »
- LOCALISATION DU MS. : Oxford VF, Lespinasse III, p. 142-144
- ÉDITION : Best. D18355. Pléiade XI, p. 338-339
- INCIPIT : « Mon très cher et très intrépide philosophe, Dieu veuille… »

CONTENU : Envoie trois exemplaires du recueil imprimé par Cramer, pour D'Al., Condorcet et La Harpe. La « personne » [Cath. II] et ses prisonniers. Valade et *Les Lois de Minos.*

73.56 | **13 mai [1773].** D'ALEMBERT à VOLTAIRE
- SOURCE : autogr., « je ne voudrois pas datter du 14 », « à Paris », 4 p.
- LOCALISATION DU MS. : Den Haag RPB 129, 157
- ÉDITION : Best. D18365
- INCIPIT : « Je me hâte, mon cher et illustre ami, de vous faire part… »

CONTENU : Le duc d'Albe envoie vingt louis pour la statue de Volt., *via* Magallon ; suggère remerciements. Traduction en espagnol de Salluste par l'Infant don Gabriel. Sur une liste de douze pièces, soumises par Le Kain à Childebrand [Richelieu] pour être jouées aux fêtes de la cour et à Fontainebleau, ce dernier a préféré des pièces de Crébillon à celles de Volt. dont il n'a gardé que *L'Orphelin de la Chine*. D'Al. affligé par l'extrait de la l. de Pétersbourg [de Cath. II] à Volt.

73.57 | **14 mai 1773.** D'ALEMBERT à FRÉDÉRIC II
- SOURCE : impr., « Paris »
- ÉDITION : Preuss XXIV, n° 128, p. 600-602
- INCIPIT : « Il paraît bien, par les deux pièces que Votre Majesté... »

CONTENU : Compliments sur l'*Epître au marquis d'Argens* et sur l'autre *Epître* de Fréd. II. L'*Histoire de l'Académie française* est une pilule à avaler, s'en servira pour parler d'autre chose. Volt. Attaques hypocrites contre les philosophes.

73.58 | **17 mai 1773.** D'ALEMBERT à FRÉDÉRIC II
- SOURCE : copie, d., « à Paris », 10 p.
- LOCALISATION DU MS. : Genève IMV, MS 42, p. 207-216
- ÉDITION : Preuss XXIV, n° 129, p. 602-604
- REMARQUE : la copie de l'IMV est datée du 13 mai, mais pour les motifs exposés dans l'introduction, c'est la datation de Preuss qui a été retenue
- INCIPIT : « M. de Guibert, colonel commandant de la légion corse... »

CONTENU : L. d'introduction pour Guibert, venu rendre hommage à son modèle, lui lire sa tragédie *Le Connétable de Bourbon*, assister aux fameuses manœuvres des troupes prussiennes et se laver du reproche d'avoir méconnu leur valeur.

73.59 | **19 mai 1773.** VOLTAIRE à D'ALEMBERT
- SOURCE : original, d., 4 p.
- LOCALISATION DU MS. : Paris BnF, NAFr. 24330, f. 166-167
- ÉDITION : Best. D18378. Pléiade XI, p. 349-351
- REMARQUE : copie Oxford VF, Lespinasse III, p. 145-149
- INCIPIT : « S'il est coupable de la petite infamie... »

CONTENU : Affligé par le comportement de [Richelieu], lui reproche ses reproches. Ecrira en Ibérie. Déboires de Volt. à propos des montres fournies pour le mariage du Dauphin.

73.60 | **20 mai 1773.** VOLTAIRE à D'ALEMBERT
- SOURCE : original, d., corr. par Volt., 2 p.
- LOCALISATION DU MS. : Paris BnF, NAFr. 24330, f. 169
- ÉDITION : Best. D18383. Pléiade XI, p. 354-355
- REMARQUE : copie Oxford VF, Lespinasse III, p. 149-153
- INCIPIT : « Ce que vous m'avez mandé est très vrai... »

CONTENU : Les conseils et souhaits de D'Al. ont été mal reçus [par Cath. II]. La comète de Lalande et la rumeur publique. Demande à D'Al. de féliciter Lalande d'avoir gagné son « procès » contre [Coger]

73.61 | **[mai 1773].** MAGALLON à D'ALEMBERT
• SOURCE : autogr., « à Paris, ce dimanche », 2 p.
• LOCALISATION DU MS. : Paris Institut, Ms. 2466, f. 144
• ÉDITION : Henry 1885/1886, p. 79
• INCIPIT : « M. de Magallon a l'honneur de renvoyer à M. D'Alembert le Salluste espagnol de l'Infant don Gabriel... »
CONTENU : Lui renvoie la trad. de Salluste en espagnol par l'infant [don Gabriel], en le remerciant de lui avoir permis de la lire. Jugement élogieux sur cette trad., dont il traduit une des remarques en français à l'intention de D'Al.

73.62 | **2 juin 1773.** VOLTAIRE à D'ALEMBERT
• SOURCE : copie, « à Ferney »
• LOCALISATION DU MS. : Oxford VF, Lespinasse III, p. 153-156
• ÉDITION : Best. D18408. Pléiade XI, p. 369-370
• INCIPIT : « Je suis tenté, mon très cher philosophe, de croire... »
CONTENU : Mauvaise année : a reçu ordre de ne plus utiliser pour l'envoi des paquets la seule voie qui lui restait. [Richelieu]. Le « fripon de normand » qui a écrit à D'Al. a été formé par l'abbé Desfontaines qui ressemble à Nonotte. N'aime pas l'Ovide de l'exil, mais estime Chéréas.

73.63 | **7 juin 1773.** VOLTAIRE à D'ALEMBERT
• SOURCE : copie, d., s. « V », « à Ferney », 4 p.
• LOCALISATION DU MS. : Oxford VF, Lespinasse III, p. 156-159
• ÉDITION : Best. D18416. Pléiade XI, p. 377
• INCIPIT : « Il me mande, mon cher ami, que c'est un malentendu... »
CONTENU : [Richelieu]. [Cath. II]. Procès Morangiés. Espère trouver un moyen pour envoyer *Les Lois de Minos*.

73.64 | **8 juin 1773.** D'ALEMBERT à JOUIN DE SAUSEUIL
• SOURCE : impr., d.s. « à Paris »
• ÉDITION : *Le Censeur universel anglais*, vol. I, 6 novembre 1785, p. 506
• INCIPIT : « M. le marquis de Pezay vient de me remettre... »
CONTENU : A appris son adresse par Pezay, avait reçu les deux vol. de sa *Grammaire*, les avait présentés à l'Acad. fr., qui l'a chargé de le remercier. Mais l'Acad. ne se prononce jamais sur les ouvrages imprimés.

73.65 | **13 juin 1773.** D'ALEMBERT à LAGRANGE
• SOURCE : autogr., d., « à Paris », « repondue le 29 juin 1773 », adr., cachet rouge, 3 p.
• LOCALISATION DU MS. : Paris Institut, Ms. 915, f. 129-130
• ÉDITION : Lalanne 1882, XIII, p. 265-267
• INCIPIT : « Mon cher et illustre ami, je vous prie instamment de me... »
CONTENU : La *Gazette des Deux-Ponts* parle d'une traduction française des voyages de Banks et Solander : questions précises et confidentielles à ce sujet. A parlé à

ANNÉE 1773

Bartoli d'éventuelles propositions pour Lagrange à Turin. Programme du Prix pour 1775 par de Catt. Condorcet remercie Lagrange des éloges sur ses *Eloges*. La géométrie manque à D'Al. A fait deux vol. d'*Histoire de l'Académie française*. *Opuscules*, t. VI : insiste encore sur son mémoire d'hydrodynamique.

73.66 | **16 juin 1773.** Voltaire à D'Alembert
- SOURCE : copie, d., « à Ferney », 7 p.
- LOCALISATION DU MS. : Oxford VF, Lespinasse III, p. 159-165
- ÉDITION : Best. D18425. Pléiade XI, p. 382-383
- INCIPIT : « Mais pourtant, mon cher philosophe, vous m'avouerez... »

CONTENU : Rousseau, Paris et lui. Trahison de [Richelieu] niée. Le livre posthume d'Helvétius [*De l'Homme*] est ennuyeux avec « de beaux éclairs ». Helvétius attribue à un nommé Robinet ce qui est dit à l'art. « déistes » du *Système de la Nature*, Spinoza est le seul qui ait bien raisonné.

73.67 | **26 juin 1773.** Frédéric II à D'Alembert
- SOURCE : copie, d., « a Potsdam », 6 p.
- LOCALISATION DU MS. : Genève IMV, MS 42, p. 216-221
- INCIPIT : « Vous connaissez assez mon exactitude pour ne me... »

CONTENU : Rép. à ses deux l. [de mai] tardivement, a fait un voyage en Prusse. Première l. : vers de Fréd. II que lui-même juge assez mauvais. Formey l'a attaqué. Anecdote de Volt. sur le poème *Léonidas* de Van Haaren. Deuxième l. portée par Guibert, tactique et tragédie. Système des encyclopédistes.

73.68 | **26 juin 1773.** Voltaire à D'Alembert
- SOURCE : copie, d., « à Ferney », 3 p.
- LOCALISATION DU MS. : Oxford VF, Lespinasse III, p. 166-168
- ÉDITION : Best. D18438. Pléiade XI, p. 389-390
- INCIPIT : « L'œuvre posthume de ce pauvre Helvétius, ou plutôt de ce riche Helvétius est-elle... »

CONTENU : Golitsyn veut dédier l'œuvre posthume d'Helvétius à [Cath. II]. Censure impitoyable. Thomas.

73.69 | **29 juin 1773.** D'Alembert à Beccaria
- SOURCE : autogr., d.s., « à Paris », 2 p.
- LOCALISATION DU MS. : Milano Ambrosiana, Z 248-249, f. 3
- ÉDITION : Landry 1910, p. 185-186
- INCIPIT : « Je ne sais si vous vous souvenez encore de moi, mais... »

CONTENU : L. de recommandation pour La Borde qui fait un voyage en Italie et qui doit séjourner à Milan d'où Frisi est absent.

73.70 | **29 juin 1773.** D'Alembert à Galiani
- SOURCE : impr., « A Paris »
- ÉDITION : Fausto Nicolini, *RLC*, 10ᵉ année, 1930, p. 749-750

- INCIPIT : « Mon cher petit abbé, car je n'ose plus vous appeler, comme autrefois, "mon petit *briccone*", vous ne pensez plus guère à moi... »

CONTENU : Lui demande quelques moments pour La Borde qui lui remettra la lettre et qui veut aller à Naples et à Herculanum. Mlle de Lespinasse.

73.71 | **29 juin 1773.** LAGRANGE à D'ALEMBERT
- SOURCE : autogr., « à Berlin », adr., cachet rouge, 3 p.
- LOCALISATION DU MS. : Paris Institut, Ms. 876, f. 213-214
- ÉDITION : Lalanne 1882, XIII, p. 267-269
- INCIPIT : « Voici, mon cher et illustre ami, ce que j'ai pu apprendre... »

CONTENU : Rép. précises sur les traductions française et allemande des voyages de Banks et Solander. A lu le t. VI des *Opuscules*, communiquera ultérieurement ses remarques. Déménage. Remerciements de diverses personnes pour des envois. Parution et envoi à D'Al. et à Condorcet via le fils Bruyset, à l'abbé Bossut et à Caraccioli de la traduction française de l'*Algèbre* d'Euler.

73.72 | **30 juin 1773.** D'ALEMBERT à BONFIOLI MALVEZZI
- SOURCE : autogr., d.s., « à Paris », adr. à Bologne, cachet, 2 p.
- LOCALISATION DU MS. : Amsterdam UB, coll. Diederichs 3.7Y
- ÉDITION : Henry 1885/1886, p. 76
- INCIPIT : « Vous m'avez permis de compter sur vos bontés... »

CONTENU : Lettre de recommandation pour La Borde pendant son voyage en Italie.

73.73 | **1er juillet 1773.** D'ALEMBERT à un correspondant non identifié
- SOURCE : autogr., d.s., « à Paris », « R. le 1er juillet 1773 », 2 p.
- LOCALISATION DU MS. : London Wellcome, Ms. 66597
- INCIPIT : « Quoique que j'aie à peine, monsieur, l'honneur d'être connu de vous, la connaissance que j'ai de votre vertu... »

CONTENU : Lettre de recommandation pour un enfant de neuf ans, orphelin de père et pauvre, qu'il veut faire entrer au dépôt des Gardes françaises.

73.74 | **2 juillet 1773.** D'ALEMBERT à [GUIBERT]
- SOURCE : cat. vente Drouot (Thierry Bodin expert), 14 octobre 1993, Paris, n° 73 : autogr., d.s., « Paris », 3 p.
- INCIPIT : « Vive votre éloquence, monsieur ! car en vérité je n'en fais honneur à la mienne ; vous avez donc obtenu ce que vous désiriez... »

CONTENU : La l. de Guibert à Mlle de Lespinasse sur Fréd. II et sa tragédie, il écrira à Fréd. II à son sujet. Prince Louis [de Rohan], abbé Georgel.

73.75 | **3 juillet [1773].** VOLTAIRE à D'ALEMBERT
- SOURCE : impr.
- ÉDITION : Kehl LXIX, p. 194-195. Best. D18450. Pléiade XI, p. 398-399
- INCIPIT : « Voici, mon cher et grand philosophe, ma réponse à... »

CONTENU : Lui envoie sa rép. à [Thomasseau de Cursay]. Citations d'Helvétius [*De l'Homme*].

73.76 | **14 juillet [1773].** VOLTAIRE à D'ALEMBERT
- SOURCE : impr.
- ÉDITION : Kehl LXIX, p. 195-196. Best. D18473. Pléiade XI, p. 411-412
- INCIPIT : « Je trouve une occasion, mon cher ami, de vous faire... »

CONTENU : Trois exemplaires de son recueil, Saurin. Inquiétudes pour le courrier. Catau [Cath. II]. Diderot. Sur les comètes. Condorcet.

73.77 | **23 juillet 1773.** D'ALEMBERT à VILLAHERMOSA
- SOURCE : autogr., d., « à Paris », 3 p.
- LOCALISATION DU MS. : fac-similé et transcription à la suite de *Retratos de Antano*, P. Luis Coloma, Madrid, 1895
- ÉDITION : Menéndez-Pelayo 1894, p. 343-344
- INCIPIT : « Je viens d'apprendre avec beaucoup de chagrin la perte... »

CONTENU : Condoléances de D'Al. à Villahermosa pour la mort de son frère. Suppose que Villahermosa et Mora suivent la cour d'Espagne à Saint-Ildephonse. Condoléances de Mlle de Lespinasse et de Mme Geoffrin. S'enquiert de la santé de la duchesse de Villahermosa.

73.78 | **24 juillet [1773].** VOLTAIRE à D'ALEMBERT
- SOURCE : impr., s. « Le vieux Raton »
- ÉDITION : Kehl LXIX, p. 197. Best. D18485. Pléiade XI, p. 420
- INCIPIT : « Raton sera toujours prêt à tirer les marrons du feu pour le déjeuner des Bertrands. »

CONTENU : Billet joint à une lettre à donner à Marmontel. Doit se procurer la correspondance de Sabatier.

73.79 | **29 juillet 1773.** Le prince Louis de ROHAN à D'ALEMBERT
- SOURCE : autogr., d., « de Töplitz », 3 p.
- LOCALISATION DU MS. : Paris MAE, Acquisitions extraordinaires, vol. 9, f. 62-63
- INCIPIT : « J'espère depuis longtemps, et mon espoir est vain... »

CONTENU : Ouvrage de Thomas. Il est à Töplitz, aux frontières de la Saxe et de la Bohême, pays riche mais où la population est pauvre. Vit avec l'abbé Georgel. Absence de six semaines. Ne peut voir Fréd. II. L'Acad. Sa santé suite à son accident de descente de voiture. [*Histoire de l'Académie française*]. L'abbé Batteux ne lui a pas envoyé le livre de Thomas. Va répondre à Marmontel.

73.80 | **30 juillet 1773.** D'ALEMBERT à FRÉDÉRIC II
- SOURCE : impr., « à Paris »
- ÉDITION : Preuss XXIV, n° 130, p. 605-606
- INCIPIT : « M. de Guibert est pénétré de reconnaissance.... »

CONTENU : Le remercie d'avoir si bien accueilli Guibert. Que pense-t-il de la tragédie de celui-ci ? Pacification de la Russie, de la Pologne et des Turcs. Gaîté de sa dernière lettre. Le félicite de nouveau pour ses poèmes.

73.81 | **2 août 1773.** D'ALEMBERT à [SAINT-FLORENTIN ?]
- SOURCE : cat. vente Charavay non identifié, n° 56800, cité d'après Pappas 1986, n° 1338
- INCIPIT : inconnu

CONTENU : Demande le paiement de la pension de 1 200 livres dont il jouit sur le trésor royal.

73.82 | **2 août 1773.** VOLTAIRE à D'ALEMBERT
- SOURCE : copie, d., s. « V. »
- LOCALISATION DU MS. : Oxford VF, Lespinasse III, p. 169-170
- ÉDITION : Best. D18494. Pléiade XI, p. 425-426
- INCIPIT : « Je crois, mon cher et illustre Bertrand, qu'il faudra... »

CONTENU : A reçu M. de Saint-Rémi. Princes et princesses de Savoie et de Lorraine à Lausanne et à Genève pour consulter Tissot ou se promener. L'évêque de Noyon loge à Lausanne. Seconde édition d'Helvétius [*De l'Homme*] faite à la Haye, dédiée à Cath. II.

73.83 | **19 août 1773.** D'ALEMBERT à un correspondant non identifié
- SOURCE : cat. vente Konrad Meuschel, 32, [avril 1979], n° 33 : autogr., d.s., « Paris », 1 p.
- INCIPIT : « Je reçois à l'instant, monsieur, la lettre que vous me faites l'honneur de m'écrire... »

CONTENU : Envoie un billet pour la musique, la messe et le sermon de la Saint Louis [25 août], autant de billets qu'il veut, inviolable attachement.

73.84 | **21 août 1773.** ROUBIN à D'ALEMBERT
- SOURCE : autogr., d.s., « au Pont St Esprit », 7 p.
- LOCALISATION DU MS. : Paris Institut, Ms. 2466, f. 196-199, minute autogr., Archives de la famille Roubin, Villeneuve-lez-Avignon
- ÉDITION : Best. D18494
- INCIPIT : « Puis-je me flatter, monsieur, que n'ayant pas l'honneur... »

CONTENU : D'Al. « flambeau de l'Europe », lui communique ses remarques pour « être éclairé ». Surface de la sphère ; remarques faites lorsqu'il naviguait sur la Baltique avec le régiment dont il était lieutenant à propos du calcul des longitudes, transmises à l'Acad. sc. ; en feuilletant le cours de mathématiques de Bézout ; grandeur apparente des astres. Notation simplifiée de la musique, expérimentée sur ses enfants, la proposerait à l'Acad. sc. si D'Al. le jugeait utile.

ANNÉE 1773

73.85 | **22 août 1773.** D'ALEMBERT à un correspondant non identifié
- SOURCE : cat. vente Charavay non identifié, n° 2 : autogr., 2 p., « à M. » ; autre cat. vente Charavay non identifié, n° 50, l. datée du 22 avril 1773
- INCIPIT : inconnu

CONTENU : Les préparatifs pour la séance publique de l'Acad. fr. l'empêcheront d'être au rendez-vous.

73.86 | **30 août 1773.** D'ALEMBERT à ROUBIN
- SOURCE : autogr., d.s., « à Paris », adr. « à Pont », cachet, 1 p.
- LOCALISATION DU MS. : Villeneuve-lez-Avignon, Archives de la famille Roubin
- INCIPIT : « Mon peu de santé, monsieur, ne m'a pas permis de... »

CONTENU : A cause de son « peu de santé », il n'a pas pu répondre « sur le champ » et ne peut répondre en détail à sa l. [du 21 août], s'interdisant tout ce qui demande quelque application.

73.87 | **31 août 1773.** LAGRANGE à D'ALEMBERT
- SOURCE : autogr., d., « à Berlin », adr., cachet rouge, 3 p.
- LOCALISATION DU MS. : Paris Institut, Ms. 876, f. 215-216
- ÉDITION : Lalanne 1882, XIII, p. 269-271
- INCIPIT : « Je compte, mon cher et illustre ami, que vous aurez... »

CONTENU : Les libraires de Berlin se désistent de la traduction française du voyage de Banks et Solander. Additions de Lagrange à l'*Algèbre* d'Euler. Mém. de Lagrange dans les *Mémoires de Turin*, t. IV. Lagrange n'a reçu aucune proposition de Turin. Va envoyer un nouveau vol. des *Mémoires* de Göttingen. Nouvelle théorie d'Euler sur la Lune : commentaires. N'a pu envoyer de pièce pour le prix de l'Acad. sc. de Paris. Commentaire nuancé sur les *Opuscules*, t. VI [Mém. 45-I]. Incertitude relative à l'impression des Mém. de Lagrange. Condorcet.

73.88 | **13 septembre 1773.** D'ALEMBERT à FRÉDÉRIC II
- SOURCE : impr., « Paris »
- ÉDITION : Preuss XXIV, n° 131, p. 607
- INCIPIT : « M. le marquis de Puységur, lieutenant-général des... »

CONTENU : Lui présente de la part du marquis de Puységur, fils du maréchal, un ouvrage sur l'art de la guerre.

73.89 | **21 septembre 1773.** D'ALEMBERT à un correspondant non identifié
- SOURCE : cat. vente Charavay non identifié, n° 2 : autogr., d.s., 3/4 p.
- INCIPIT : inconnu

CONTENU : [Inconnu]

73.90 | **25 septembre [1773].** GALIANI à D'ALEMBERT
- SOURCE : cat. vente Charavay 7 mai 1892, n° 27 : autogr., d., « Naples », 4 p.
- ÉDITION : Pougens 1799, p. 407-412. Perey-Maugras 1881, II, p. 264-268

- REMARQUE : les cat. de vente (coll. Minoret) datent de 1775, mais les éditeurs la replacent en 1773, date du voyage de Laborde en Italie
- INCIPIT : « La meilleure chose, sans contredit, qu'ait faite M. de La Borde dans son voyage d'Italie, c'est de s'être avisé... »

CONTENU : L. apportée par La Borde, portrait de D'Al. La Borde à Naples. Les jésuites vaincus par La Chalotais et D'Al. Galiani se verrait bien en associé étranger de l'Acad. fr. Séjour à Naples ennuyeux. Mlle de Lespinasse, sa chienne et son perroquet. Demande à D'Al. de le réconcilier avec Morellet.

73.91 | **27 septembre 1773.** D'ALEMBERT à FRÉDÉRIC II
- SOURCE : impr., « Paris »
- ÉDITION : Preuss XXIV, n° 132, p. 607-609
- INCIPIT : « Je ne crains point d'abuser des bontés dont Votre... »

CONTENU : L. d'introduction pour le comte de Crillon, colonel au service de France, descendant du « *brave Crillon* » et digne d'être appelé « le *sage et vertueux Crillon* », venu admirer les troupes prussiennes. Action de Fréd. II au pont de Weissenfels. Guibert reconnaissant à Fréd. II pour son accueil.

73.92 | **27 septembre 1773.** D'ALEMBERT à LAGRANGE
- SOURCE : autogr., d., « à Paris », adr., cachet rouge, « repondue le 20 10bre 1773 », 3 p.
- LOCALISATION DU MS. : Paris Institut, Ms. 915, f. 131-132
- ÉDITION : Lalanne 1882, XIII, p. 272-273
- INCIPIT : « Mon cher et illustre ami, je dois réponse à deux... »

CONTENU : Recommande le comte de Crillon. Additions de Lagrange à l'*Algèbre* d'Euler. Les libraires et traducteurs français des voyages de Banks et Solander. *Mémoires de Turin*, t. IV. Turin. Théorie d'Euler sur la Lune. Prix de l'Acad. de Paris. *Opuscules*, t. VI. Opuscules de Lagrange ? Condorcet est à Ribemont en Picardie et ne reviendra que vers le 10 novembre.

73.93 | **1er octobre 1773.** VOLTAIRE à D'ALEMBERT
- SOURCE : original, d., 1 p.
- LOCALISATION DU MS. : Den Haag RPB 459, G16A453, 34
- ÉDITION : Best. D18569. Pléiade XI, p. 475-476
- INCIPIT : « Mon cher et grand philosophe, il faut mourir en servant... »

CONTENU : Se venger des Sabatier. Lui envoie un petit ouvrage, peut lui en envoyer d'autres exemplaires, garder le secret.

73.94 | **2 octobre 1773.** VOLTAIRE à D'ALEMBERT
- SOURCE : original, d., 1 p.
- LOCALISATION DU MS. : Den Haag RPB 459, G16A453, 35
- ÉDITION : Best. D18572. Pléiade XI, p. 477
- INCIPIT : « Si vous trouvez, mon cher philosophe, qu'il soit utile... »

CONTENU : Faire passer un exemplaire de l'ouvrage sur Sabatier à Saurin et à d'autres. Sabatier ne doit pas être ménagé.

73.95 | **6 octobre 1773.** VOLTAIRE à D'ALEMBERT
- SOURCE : original, d., 1 p.
- LOCALISATION DU MS. : Den Haag RPB 459, G16A453, 36
- ÉDITION : Best. D18575. Pléiade XI, p. 478
- INCIPIT : « C'est un plaisir si honnête de démasquer les coquins... »

CONTENU : [Sabatier]. Donner quelques exemplaires de ses rogatons à La Harpe.

73.96 | **12 octobre 1773.** Jean-Henri LAMBERT à D'ALEMBERT
- SOURCE : autogr., d.s., « Berlin », 6 p.
- LOCALISATION DU MS. : London BL, Egerton 22, f. 75-77
- REMARQUE : minute, Basel UB, Ms. L Ia 705, f. 7-11
- INCIPIT : « Il y a longtemps que je devais répondre à l'honneur de la vôtre du 21 avril 1771... »

CONTENU : Le remercie pour le nouveau volume des *Opuscules*. Lui envoie une planche de la pleine lune faite d'après Hevelius et ses observations, insérée dans les Ephémérides allemandes. Théorème sur la composition des forces. Critique des calculs de Béguelin pour l'aberration de sphéricité.

73.97 | **[19 ou 26 octobre 1773].** D'ALEMBERT à Bernardin de SAINT-PIERRE
- SOURCE : cat. vente Gabriel Charavay, 26 janvier 1885, n° 3 : autogr., « à Paris ce mardi à midi », adr. « à l'hôtel de Bourbon », cachet, 3 p.
- ÉDITION : Asse 1876, p. 320-321 qui la date de 1772, comme L. Aimé-Martin dans la *Correspondance de J.H. Bernardin de Saint-Pierre*, t. IV, 1826, p. 308.
- REMARQUE : En 1773, année de la dispute entre Saint-Pierre et son libraire, la cour revient de Fontainebleau à mi-novembre.
- INCIPIT : « Mlle de Lespinasse est dans son lit, monsieur, avec la fièvre double tierce depuis huit jours... »

CONTENU : Mlle de Lespinasse a une rechute de fièvre, a lu sa l., il ne doit pas être troublé par ce qu'on a dit de ses ennuis avec son libraire ; Saint-Pierre pourrait être recommandé pour entrer au service du Roi de Sardaigne, ou en Russie, par M. de Carbury et son frère. Pour l'Espagne, M. de Mora occupé par sa mère mourante [la comtesse de Fuentes, morte le 12 octobre 1773 à Madrid] et sa propre santé, mais peut lui proposer une autre recommandation, attendre le retour [de la cour] de Fontainebleau. Mlle de Lespinasse et lui veulent l'aider.

73.98 | **[3 ou 10 novembre 1773].** D'ALEMBERT à Bernardin de SAINT-PIERRE
- SOURCE : autogr., s., « mercredi matin à onze h. », adr. « à l'hôtel de Bourbon », cachet rouge, 2 p.
- LOCALISATION DU MS. : Jena, Thüringer Universitäts-und Landesbibliothek, Aut. W. M. v. Goethe 730
- REMARQUE : cette l. suit de près celle du 19 ou 26 octobre 1773

| • INCIPIT : « Si Mademoiselle de Lespinasse, Monsieur, n'avait craint de vous déplaire... »

CONTENU : Mlle de Lespinasse le remercie pour sa bouteille de vin. Elle a toujours la fièvre. S'occupera de lui dès que ses amis reviendront de Fontainebleau. Pourquoi on a pensé pour lui à la Sardaigne.

73.99 | **11 novembre 1773.** La Ville à D'Alembert
- SOURCE : cat. vente non identifié 1907 : autogr., d.s., « Fontainebleau », 1 p.
- INCIPIT : inconnu

CONTENU : Demande trois billets [pour l'assemblée publique de l'Acad. fr.], remis à Versailles pour MM. de l'Acad. fr.

73.100 | **12 novembre 1773.** D'Alembert à Villahermosa
- SOURCE : autogr., d., « à Paris », 4 p.
- LOCALISATION DU MS. : fac-similé et transcription à la suite de *Retratos de Antano*, P. Luis Coloma, Madrid, 1895
- ÉDITION : Menéndez-Pelayo 1894, p. 344-345
- INCIPIT : « J'ai reçu avec autant de reconnaissance que de plaisir... »

CONTENU : Condoléances pour le décès de la comtesse de Fuentes. A eu de ses nouvelles par Magallon et Mora. Santé de la duchesse de Villahermosa. Santé du comte de Fuentes. Le nonce dont le duc lui a parlé est là. Fêtes pour le mariage du comte d'Artois. Mme Geoffrin. Mlle de Lespinasse et ses problèmes de santé. Santé de Mora.

73.101 | **19 novembre 1773.** Voltaire à D'Alembert
- SOURCE : copie, s. « Le vieux malingre Raton », « à Ferney », 3 p.
- LOCALISATION DU MS. : Oxford VF, Lespinasse III, p. 171-174
- ÉDITION : Best. D18634. Pléiade XI, p. 515-516
- REMARQUE : copie à la Eleutheran Mills-Hagley Fondation, Willmington, Delaware
- INCIPIT : « Mon cher philosophe aussi intrépide que circonspect... »

CONTENU : Lui envoie sa satire contre le *Connétable de Bourbon* de Guibert qu'il avait déjà envoyée à Condorcet. Libraire Caille. Les jésuites veulent se réfugier chez Fréd. II. Dédicace d'une église catholique à Berlin. Cath. II. L'abbé Terray. L'abbé Sabotier [Sabatier]. Diderot. Chouvalov à Ferney.

73.102 | **[novembre 1773].** Vausenville à D'Alembert
- SOURCE : autogr., s., 8 p.
- LOCALISATION DU MS. : Paris AdS, pochette du 8 janvier 1774. Des copies autogr. ont été envoyées à l'Acad. fr. (lue le 18 décembre 1773) et à l'Acad. de chirurgie (lue le 23 décembre) (Paris AdM, ARC 13 d.29 n° 2), à l'Acad. sc. le 12 janvier 1774, etc.
- ÉDITION : Le Roberger de Vausenville, *Essai physico-géométrique*, Paris, 1778, p. 174 sq, « Lettre de M. Le Rohbergherr... à M. D'Alembert » qui la

certifie conforme le 20 juin 1774, imprimée séparément (p. 1-24) avec visa du 30 juin 1774 signé Ruellon (exemplaire BnF Vz 2541)
- INCIPIT : « Vous devez vous rappeler qu'en 1770 [1771], j'ai eu l'honneur de vous écrire, pour savoir de vous... »

CONTENU : Sur ses propositions de quadrature du cercle et le rapport de Jeaurat, puis celui de Pingré, concluant que tout dépendait de la validité des équations proposées. D'Al. opposé à l'enregistrement de ce rapport. Son « art de Rayer » approuvé par l'Acad. [sc.] en 1766, D'Al. l'aurait fait rayer de la liste de correspondants. Pourquoi quadrateurs envoyés au « commissaire des enfants perdus » ? Proteste de l'injustice dont il est victime, se réclame de la duchesse d'Orléans. Invoque un motif secret de combattre la quadrature. Prétend toujours avoir la résolution de la quadrature et du problème des longitudes. Demande rép. publique.

73.103 | **5 décembre 1773.** VOLTAIRE à D'ALEMBERT
- SOURCE : copie, d., s. « V. », « à Ferney »
- LOCALISATION DU MS. : Oxford VF, Lespinasse III, p. 174-177
- ÉDITION : Best. D18662. Pléiade XI, p. 530-531
- INCIPIT : « Votre lettre, mon cher philosophe, vaut beaucoup mieux que ma Tactique. »

CONTENU : Rép. à une l. [perdue] de D'Al., fait venir [l'*Histoire de Maurice comte de Saxe*, Paris 1773, par d'Espagnac] pour lire la p. 101. Demande à Condorcet son *Eloge de Fontaine*. Mme Necker. Chastellux. Fréd. II et les jésuites.

73.104 | **6 décembre 1773.** D'ALEMBERT à LAGRANGE
- SOURCE : autogr., d., « à Paris », adr., cachet rouge, « repondue le 20 10bre 1773 », 3 p.
- LOCALISATION DU MS. : Paris Institut, Ms. 915, f. 133-134
- ÉDITION : Lalanne 1882, XIII, p. 274-276
- INCIPIT : « Mon cher et illustre ami, je viens de lire une lettre que vous avez écrite à M. de Condorcet... »

CONTENU : Raisons du retard de sa l. précédente. De Catt, Bitaubé. Condorcet. Mém. de Lagrange [MARS 1772]. Prix sur la Lune. Le jésuite Boscovich à Paris, sa pension, ses prétentions. Le marquis de Rossignano [Rosignan]. Poème de Bitaubé, attend sa l. *Opuscules*, t. VI, son mém. sur les fluides contre Borda. Santé, regrette la géométrie. *Histoire de l'Académie française*. Lalande. [Caraccioli]. Envois divers. *Eloge de Fontaine* par Condorcet.

73.105 | **10 décembre 1773.** D'ALEMBERT à FRÉDÉRIC II
- SOURCE : impr., « Paris »
- ÉDITION : Preuss XXIV, n° 133, p. 609-613
- INCIPIT : « J'ai eu l'honneur d'écrire à Votre Majesté, il y a plus de deux mois, une lettre que j'espérais qu'elle recevrait... »

CONTENU : Crillon, porteur de la précédente l. de D'Al., a dû retarder son voyage. L'asile que Fréd. II offre aux jésuites. Objection faite au marquis de Puységur. Retour de Guibert, comblé, par Ferney. Inscription de Fréd. II pour l'église catholique de Berlin. Bravo pour la naissance d'un prince de Prusse. Bitaubé voudrait venir en France pour achever son poème *Guillaume* et sa traduction de l'*Iliade*. Vœux.

73.106 | **15 décembre 1773.** VOLTAIRE à D'ALEMBERT
- SOURCE : copie, « Ferney », s. « Miaou »
- LOCALISATION DU MS. : Oxford VF, Lespinasse III, p. 177-180
- ÉDITION : Best. D18683. Pléiade XI, 543-544
- INCIPIT : « Vraiment Raton s'est brûlé les pattes jusqu'aux os. »

CONTENU : L'auteur de la p. 101 dit la même chose que lui, il faut que Raton fasse patte de velours. La Harpe. *Eloge de Fontaine* par Condorcet. Delisle, capitaine de dragons. Nouvelle édition de l'*Enc.* à Genève. Corneille.

73.107 | **16 décembre 1773.** FRÉDÉRIC II à D'ALEMBERT
- SOURCE : copie, « a Potzdam »
- LOCALISATION DU MS. : Genève IMV, MS 42, p. 222-225
- ÉDITION : Preuss XXIV, n° 134, p. 614-615
- INCIPIT : « M. de Crillon m'a rendu votre *crillonnade*, qui m'a mis au fait de l'histoire de tous les... »

CONTENU : Crillon lui a remis sa « Crillonnade », puis est parti pour la Russie retrouver Diderot et Grimm. Parution à Berlin d'un *Dialogue des morts* entre la Vierge et la Pompadour. Guibert, ayant vu Volt., renonce à ses ambitions militaires. Séjour [à Berlin] de la Landgrave de Darmstadt revenant de Saint-Pétersbourg enchantée de l'Impératrice. Vœux pour Anaxagoras.

73.108 | **20 décembre 1773.** LAGRANGE à D'ALEMBERT
- SOURCE : autogr., d., « à Berlin », P.-S., adr., cachet rouge, 2 p.
- LOCALISATION DU MS. : Paris Institut, Ms. 876, f. 219-220
- ÉDITION : Lalanne 1882, XIII, p. 277-279
- INCIPIT : « Quoique ma conscience ne me reprochât nullement... »

CONTENU : Crillon lui a remis la l. de D'Al. du 27 septembre puis a reçu celle du 6 [décembre]. Crillon va à Pétersbourg pour l'hiver et reviendra à Berlin au printemps. A son retour Lagrange lui remettra des livres et mém. pour D'Al. et l'Acad. *Opuscules*, t. VI. Boscovich. Girault de Keroudou brigue une place à l'Acad. de Berlin. Bitaubé. Pièce de Lagrange sur l'équation séculaire de la Lune. P.-S. : Son mém. [pour les *MARS 1772*].

73.109 | **23 décembre 1773.** D'ALEMBERT à GAGNIÈRE
- SOURCE : cat. vente Thierry Bodin, *Les Autographes*, 13, Noël 1981, n° 103 : autogr., d.s., « Paris », adr., cachet rouge, 1 p.
- INCIPIT : « J'ai reçu l'ouvrage que vous m'avez l'honneur... »

ANNÉE 1773

CONTENU : Juge l'ouvrage qu'il lui a adressé [*Les Principes physiques*, poème, Avignon, 1773] plein de connaissance mais manquant un peu de poésie.

73.110 | **28 décembre 1773.** SAURI à D'ALEMBERT
- SOURCE : autogr., d.s., « à Paris », 1 p.
- LOCALISATION DU MS. : Paris Institut, Ms. 2466, f. 204
- INCIPIT : « Les bontés que vous m'avez témoignées dans différentes occasions me font espérer que... »

CONTENU : Question sur un point du *Calcul intégral* de Leseur et Jacquier, vol. II, p. 526 : transformation.

73.111 | **[c. 1773].** Mlle de LESPINASSE et D'ALEMBERT à Mme NECKER
- SOURCE : cat. vente Carl Robert Lessings, Berlin, 1916 : autogr., « jeudi au soir », 1 p.
- INCIPIT : « Mlle de Lespinasse aura l'honneur d'aller diner demain vendredi chez Madame Necker, elle lui rend mille graces... »

CONTENU : Mlle de Lespinasse n'a pas besoin du carrosse de Mme Necker car elle ira avec l'ambassadeur de Naples. La santé de D'Al. ne lui permet pas de dîner, mais il ira la voir de bonne heure.

73.112 | **[c. 1773].** [Mme Abel de VICHY] à D'ALEMBERT
- SOURCE : autogr., « à Monceaux ce lundi », 3 p.
- LOCALISATION DU MS. : Paris Institut, Ms. 2466, f. 233-234
- REMARQUE : cette l. est antérieure à la rupture de Mlle de Lespinasse avec Abel de Vichy (mars 1774) et postérieure au début de la rédaction des *Eloges* de D'Al.
- INCIPIT : « Vous êtes véritablement bon, monsieur, il me serait difficile... »

CONTENU : Elle lui renvoie le mém. (ou Eloge) qu'il lui avait communiqué [en ms] et qu'elle a lu avec sa sœur. Compte lui expliquer de vive voix la raison de sa curiosité.

1774

74.01 | **7 janvier 1774.** D'Alembert à Melanderhjelm
- Source : autogr., d.s., « à Paris », P.-S., adr., 3 p.
- Localisation du ms. : Uppsala UB, Ms. G 172, f. 141-143
- Édition : Henry 1885/1886, p. 80-81
- Incipit : « Une indisposition m'a empêché d'avoir l'honneur de... »

Contenu : Rép. à sa l. du 3 décembre 1773 retardée pour problème de santé. Il connaît son abrégé de la Théorie de la Lune [*Danielis Melandri et Pauli Frisii, alterius ad alterum de theoria lunae Commentaria*, Parmae, 1769] mais n'a pas eu ses commentaires sur la quadrature des courbes de Newton [*Isaaci Newtoni Tractatus de quadrature curvarum illustratus*, 1762]. Louanges sur ses travaux. Santé de D'Al. lui fait différer ses recherches mathématiques. P.-S. Dans mém. de l'Acad. de Stockholm, Mallet défend Klingstierna. Eclaircissements de D'Al. sur ce sujet dans les t. VI des *Opuscules*.

74.02 | **7 janvier 1774.** D'Alembert à Michaelis
- Source : autogr., d.s., « à Paris », 3 p.
- Localisation du ms. : Göttingen NSUB, Ms. Michaelis 320, f. 16-17
- Édition : Grimsley 1959, p. 258-259
- Remarque : voir aussi la l. de D'Al. à Fréd.II du 15 décembre 1775
- Incipit : « Votre illustre ami M. Schlœtzer m'a remis il y a peu de... »

Contenu : Sa l. remise par son ami Schlœtzer. N'a pas encore répondu à cause de sa santé. L'a recommandé en 1763 à Fréd. II dont il a refusé les propositions. Peut à nouveau le recommander, entre autres pour sa maîtrise du français.

74.03 | **7 janvier 1774.** Frédéric II à D'Alembert
- Source : copie, « Berlin », P.-S.
- Localisation du ms. : Genève IMV, MS 42, p. 225-230
- Édition : Preuss XXIV, n° 135, p. 615-617
- Incipit : « Vous pouvez être sans appréhension pour ma personne... »

Contenu : Les jésuites ne l'effrayent pas. Il n'est pas le seul à les avoir conservés, les Anglais et les Russes aussi. N'a pu entendre la tragédie de Guibert, qui reviendra l'année prochaine. Fâché par le dernier ouvrage d'Helvétius [*De l'Homme*]. Diderot à Saint-Pétersbourg, « arrogance » de ses ouvrages. Vœux pour Anaxagoras. P.-S. Crillon est allé « crillonner » en Russie.

74.04 | **8 janvier 1774.** Georges-Louis Le Sage à D'Alembert
- Source : brouillon ou minute autogr., d., « Genève », 1 p.
- Localisation du ms. : Genève BGE, Ms. Supp. 517, f. 19
- Incipit : « Je ne connais point personnellement M. Bianchi... »

CONTENU : Lui recommande Bianchi, musicien de l'Académie philharmonique de Bologne, pour plaire à une « jeune et charmante philosophe », Mme Necker, Mme de Vermenoux le connait, amateurs napolitains. Le remercie des copies de fragments de l. que D'Al. lui a envoyées.

74.05 | **19 janvier 1774.** [Le prince Louis de ROHAN] à D'ALEMBERT
- SOURCE : autogr., d., « Vienne », 6 p.
- LOCALISATION DU MS. : Paris MAE, Acquisitions extraordinaires, vol. 51, f. 9-11
- INCIPIT : « Je vous remercie, M. D'Alembert, et vous... »

CONTENU : Le buste de D'Al. dans son cabinet, Mme Geoffrin. Admirable Choisy. A été à Cracovie, émotion patriotique. L'intervention de D'Al. auprès de Cath. II, elle n'aurait pas dû le persifler. Critique de l'enthousiasme de Diderot. Fréd. II. Espère obtenir un congé et le revoir, peut compter sur l'abbé Georgel. Kaunitz.

74.06 | **25 janvier [1774].** Le comte de CRILLON à D'ALEMBERT
- SOURCE : minute, « Petersbourg », 1 p.
- LOCALISATION DU MS. : Paris MAE, Mémoires et documents, France, vol. 319, f. 329
- ÉDITION : Maurice Tourneux, *Diderot et Catherine II*, Paris, 1899, p. 466-467
- INCIPIT : « M. Diderot m'a dit qu'il n'écrivait à personne. »

CONTENU : Diderot lui a donné les raisons de son silence épistolaire, va partir le mois prochain, reconnaissant des bontés de l'impératrice dont il chante les louanges.

74.07 | **[janvier 1774].** WATELET à D'ALEMBERT
- SOURCE : impr., « Lettre de M. Watelet à M. D'Alembert »
- ÉDITION : *Correspondance littéraire*, vol. X, janvier 1774, p. 348-349
- REMARQUE : publié aussi dans la *Gazette des Deux-Ponts*, n° 24, 1774, p. 192
- INCIPIT : « Je vous envoie, mon cher ami, un plâtre de votre buste... »

CONTENU : Lui envoie un plâtre de son buste, réparé par Lecomte à sa demande, auquel il a ajouté cinq vers à la louange de D'Al. Buste que D'Al. destine à Mlle de Lespinasse.

74.08 | **3 février 1774.** PHIPPS à D'ALEMBERT
- SOURCE : autogr., d.s., adr., cachet rouge, 5 p.
- LOCALISATION DU MS. : London BL, Egerton 24, f. 135-138
- INCIPIT : « Le temps qu'il m'a fallu pour dresser les cartes... »

CONTENU : Parle de son voyage. D'Al. lui a demandé d'observer les distances de la Lune et de Vénus pendant son voyage [au nord du Spitzberg, expédition de 1773]. Il n'a pu le faire à cause des effets de mirage. S'est servi des mém. de Bouguer.

74.09 | **7 février [1774].** D'ALEMBERT à DOTTEVILLE
• SOURCE : autogr., s., « à Paris ce lundi 7 février », 1 p.
• LOCALISATION DU MS. : Versailles, AD des Yvelines, Minutier des notaires, 3E Versailles, Bekelynck 334, acte du 24 septembre 1807
• REMARQUE : l'acte contient aussi une l. de Dupuy, secrétaire de l'Acad. des Inscriptions, datée du 18 mars 1774
• INCIPIT : « Je vous suis très obligé, mon Révérend Père, du nouveau... »
CONTENU : Le remercie de l'envoi de sa nouvelle traduction française de Tacite [*Annales... Règnes de Claude et de Néron*, 1774] et l'en félicite, fait allusion au succès antérieur de l'*Histoire de Tacite* [1772].

74.10 | **10 février 1774.** L'abbé de BRETEUIL à D'ALEMBERT
• SOURCE : autogr., d.s., « à Paris », 1 p.
• LOCALISATION DU MS. : Paris Institut, Ms. 2466, f. 17
• INCIPIT : « Vous ne devez pas douter, monsieur, que ce ne soit... »
CONTENU : Regrets que D'Al. ne puisse accepter l'offre du duc d'Orléans et admet ses raisons de santé et de liberté.

74.11 | **12 février [1774].** D'ALEMBERT à VOLTAIRE
• SOURCE : autogr., « à Paris », adr., 3 p.
• LOCALISATION DU MS. : Den Haag RPB 129, G16A30, 158
• ÉDITION : Best. D18811
• INCIPIT : « Il y a longtemps, mon cher et illustre maître, que je n'ai... »
CONTENU : *Regulus. Orphanis* : extrait de La Harpe dans le *Mercure*. Pousse Volt. à intervenir auprès de [Terray] en faveur de La Harpe. Cath. II et les Turcs. Cath. II et les prisonniers de Cracovie, témoignage de Choisy.

74.12 | **14 février 1774.** D'ALEMBERT à Johann Albrecht EULER
• SOURCE : autogr., d.s., « à Paris », P.-S, 3 p.
• LOCALISATION DU MS. : Saint-Pétersbourg AAN, fds.1 op.3, n° 59, f. 432-433
• ÉDITION : Euler, *O. O.*, IV A, 5, Appendice II, n° 4, p. 357-358
• REMARQUE : mention « reçu ce 30 mars 1774, lu à l'académie le 31 »
• INCIPIT : « J'ai remis à M. Delalande un paquet à votre adresse... »
CONTENU : Lui a fait parvenir, via Lalande, un paquet de ses ouvrages qui manquent à l'Acad. de Pétersbourg. Compliments à son père [L. Euler]. A cinquante-six ans, à cause de sa santé, a renoncé pour un temps à la géométrie.

74.13 | **14 février 1774.** D'ALEMBERT à FRÉDÉRIC II
• SOURCE : impr., « Paris »
• ÉDITION : Preuss XXIV, n° 136, p. 617-619
• INCIPIT : « Je ressemble au maître de philosophie du *Bourgeois*... »
CONTENU : A lu le traité de Sénèque sur la colère, remarques sur les jésuites de Pologne et d'ailleurs. Lui recommande Diderot qui gagne à être connu. Ouvrage d'Helvétius [*De l'Homme*] : opinions hasardées et vérités utiles. Jugement

sur le siècle. Guibert retournera à Berlin. Diderot et Grimm en Russie. Anecdote de la bataille de Zorndorf. Désire ardemment lire le *Dialogue*. Lui recommande Crillon.

74.14 | **14 février 1774.** D'ALEMBERT à LAGRANGE
- SOURCE : autogr., d., « à Paris », adr., cachet rouge, « repondue le 20 mai 1774 », 2 p.
- LOCALISATION DU MS. : Paris Institut, Ms. 915, f. 135-136
- ÉDITION : Lalanne 1882, XIII, p. 279-281
- INCIPIT : « Nous avons reçu, mon cher et illustre ami, une excellente pièce de Berlin pour le prix de 1774. »

CONTENU : L'Acad. a reçu la pièce [de Lagrange] sur la Lune. Mém. de Lagrange pour les MARS [1772] et rapport de Condorcet. Girault de Kéroudou et l'Acad. [de Berlin]. Boscovich et l'Acad. [sc. de Paris]. Crillon repassera par Berlin. Le roi de Sardaigne guéri par l'image de Saint-Antoine de Padoue, il faut que Lagrange reste à Berlin. D'Al. occupé de littérature, regrette la géométrie.

74.15 | **25 février 1774.** VOLTAIRE à D'ALEMBERT
- SOURCE : original, d., s. « raton », « à Ferney », 3 p.
- LOCALISATION DU MS. : Paris BnF, NAFr. 24330, f. 171-172
- ÉDITION : Best. D18819. Pléiade XI, p. 616-617
- REMARQUE : copie Oxford VF, Lespinasse III, p. 181-185
- INCIPIT : « Mon très cher philosophe, la nature donne furieusement... »

CONTENU : Défiance justifiée de Condorcet envers l'espion [Marin] qui ouvre la correspondance de Volt. L'homme au nom d'instrument [La Harpe]. Prévenir Rochefort qu'il ne peut écrire. Mort de La Condamine. Fait l'éloge de Beaumarchais. Childebrant [maréchal de Richelieu].

74.16 | **26 février [1774].** D'ALEMBERT à VOLTAIRE
- SOURCE : autogr., « à Paris », 4 p.
- LOCALISATION DU MS. : Den Haag RPB 129, G16A30, 159
- ÉDITION : Best. D18824
- INCIPIT : « Je viens de lire, mon cher maître, avec le plus grand... »

CONTENU : Suite de l'*Histoire de l'Inde*. Projet de rétablissement des jésuites en France : double jeu de l'archevêque de Toulouse [Loménie de Brienne] ; précisions sur les dangers de ce projet. D'Al. appelle Volt. à agir, plutôt qu'à s'occuper de Morangiés et La Beaumelle. Intrigues des Broglie. Situation chez Fréd. II et Catau [Cath. II.]

74.17 | **4 mars 1774.** D'ALEMBERT à VILLAHERMOSA
- SOURCE : autogr., d., « à Paris », 4 p.
- LOCALISATION DU MS. : fac-similé et transcription à la suite de *Retratos de Antano*, P. Luis Coloma, Madrid, 1895

- ÉDITION : Menéndez-Pelayo 1894, p. 345-346
- INCIPIT : « Je suis pénétré de reconnaissance de vos bontés... »

CONTENU : Inquiet pour la santé de Mora, effets néfastes du quinquina et du fer pris contre l'avis de Lorry. Lorry déconseille l'été à Madrid. L. de Villahermosa à Magallon et à D'Al., il le félicite pour sa connaissance de la langue française. Attend l'arrivée du courrier de samedi. Madame Geoffrin rajeunit, Mlle de Lespinasse a la fièvre. Les jésuites.

74.18 | **5 mars [1774].** Voltaire à D'Alembert
- SOURCE : original, 3 p.
- LOCALISATION DU MS. : Paris BnF, NAFr. 24330, f. 174-175
- ÉDITION : Best. D18834. Pléiade XI, p. 627-628
- INCIPIT : « Oui vraiment monsieur Bertrand, ce que vous dites là... »

CONTENU : Jésuites : Volt. va voir ce qu'il peut faire, exemple de Beaumarchais. A envoyé le « fatras de l'Inde ». Tanucci. Catau [Cath. II] passe sa vie avec Diderot. Condorcet. L'archevêque [de Toulouse]. Esquisse de la l. demandée. Ecrire par Bacon, substitut du procureur général.

74.19 | **11 mars 1774.** D'Alembert à Villahermosa
- SOURCE : autogr., d., « à Paris », 4 p.
- LOCALISATION DU MS. : fac-similé et transcription à la suite de *Retratos de Antano*, P. Luis Coloma, Madrid, 1895
- ÉDITION : Menéndez-Pelayo 1894, p. 346-347
- INCIPIT : « Vous augmentez tous les jours la reconnaissance... »

CONTENU : D'Al. est si inquiet qu'il va attendre à la poste l'arrivée du courrier. Meilleure santé de Mora, nouvelle transmise à Mlle de Lespinasse et à Lorry. Nouvelles par Magallon. Propose au duc de revenir en France avec la duchesse et Mora pour la santé de ce dernier. Santé du prince de Pignatelli. Compliments de Madame Geoffrin et de Mlle de Lespinasse.

74.20 | **11 mars 1774.** Frédéric II à D'Alembert
- SOURCE : copie, « à Postdam »
- LOCALISATION DU MS. : Genève IMV, MS 42, p. 231-236
- ÉDITION : Preuss XXIV, n° 137, p. 619-621
- REMARQUE : la copie de l'IMV est datée du 18 mars, mais pour les motifs exposés dans l'introduction, c'est la datation de Preuss qui a été retenue
- INCIPIT : « Vous pouvez être entièrement tranquille sur le sujet... »

CONTENU : Les jésuites sont nécessaires pour l'éducation de la jeunesse. Guérison de sa goutte par le régime, sans recours à Saint-Antoine de Padoue. Verra Diderot et Grimm à leur retour de Saint-Pétersbourg et Varsovie. Helvétius. Le *Dialogue* lui parviendra par Grimm. *Le Taureau blanc* de Volt. publié à Berlin. Attend Guibert et sa tragédie. Attend aussi Crillon, à son retour de Laponie, de Suède et du Danemark, avec le prince de Salm.

ANNÉE 1774

74.21 | **14 mars [1774].** D'ALEMBERT à VILLAHERMOSA
- SOURCE : autogr., « à Paris », 4 p.
- LOCALISATION DU MS. : fac-similé et transcription à la suite de *Retratos de Antano*, P. Luis Coloma, Madrid, 1895
- ÉDITION : Menéndez-Pelayo 1894, p. 348-349
- INCIPIT : « M. Lorry a répondu à la consultation. Il a dit... »

CONTENU : Lorry a écrit plusieurs lettres à Mora qui, d'après D'Al., devrait revenir à Paris pour se soigner, quitte à ce que le duc l'accompagne. Le prince Pignatelli va rejoindre son père qui se fait soigner. Magallon chargé d'une lettre. Billet joint pour Mora.

74.22 | **15 mars [1774].** D'ALEMBERT à VOLTAIRE
- SOURCE : autogr., 1 p.
- LOCALISATION DU MS. : Den Haag RPB 129, G16A30, 153
- ÉDITION : Best. D18854
- INCIPIT : « Bertrand a reçu le volume sur l'Inde, dont il remercie... »

CONTENU : A reçu le volume sur l'Inde et le remercie. Lui a déjà renvoyé « le petit manuscrit » par Condorcet. Projet nuisible de rétablissement des jésuites.

74.23 | **20 mars 1774.** D'ALEMBERT à VILLAHERMOSA
- SOURCE : autogr., d.s., 3 p.
- LOCALISATION DU MS. : fac-similé et transcription à la suite de *Retratos de Antano*, P. Luis Coloma, Madrid, 1895
- ÉDITION : Menéndez-Pelayo 1894, p. 348, avec une datation erronée. Ségur 1905, 638-639
- INCIPIT : « Je n'ai plus d'expressions pour vous marquer ma... »

CONTENU : A fait part à Lorry des nouvelles : faiblesse de Mora qui ne tousse plus et qui doit avoir reçu le courrier de Lorry. Santé du comte de Fuentes. Mora ne doit pas perdre de temps s'il veut partir. Mort de l'Infant [don Gabriel]. Compliments de Mme Geoffrin et de Mlle de Lespinasse. Duchesse de Villahermosa.

74.24 | **21 mars 1774.** VOLTAIRE à D'ALEMBERT
- SOURCE : copie, s. « V. », « à Ferney »
- LOCALISATION DU MS. : Oxford VF, Lespinasse III, p. 185-186
- ÉDITION : Best. D 18863. Pléiade XI, p. 642
- INCIPIT : « Raton s'est trop pressé de servir Bertrand, et par... »

CONTENU : A propos d'envois de Volt. à D'Al. S'inquiète de la diffusion du *Taureau blanc*. Sa strangurie. Très attaché aux « deux secrétaires ».

74.25 | **22 mars [1774].** D'ALEMBERT à VOLTAIRE
- SOURCE : autogr., « A Paris », adr., 3 p.
- LOCALISATION DU MS. : Den Haag RPB 129, G16A30, 160
- ÉDITION : Best. D18868
- INCIPIT : « *Pulchrè, benè, rectè* ; Bertrand a reçu trois ou quatre... »

CONTENU : Sur le projet de rétablissement des jésuites sous forme d'une communauté destinée à l'instruction de la jeunesse. Le duc d'Aiguillon. Réformer le plan de l'éducation et donner « aux universités plus d'argent et de considération ».

74.26 | **23 mars [1774].** D'ALEMBERT à [Mme de LA CONDAMINE]
• SOURCE : cat. vente *Charles de La Condamine* (J.-E. Prunier expert), Louviers, Hôtel Le Pré Saint-Germain, 7 juillet 1991, n° 1 : autogr., s., « ce mercredi matin 23 mars », 1 p.
• ÉDITION : *RDE* 11, octobre 1991, p. 185-185
• INCIPIT : « Je ne fais point de vers, et je me mêle encore moins... »

CONTENU : Ne corrige pas les vers des autres, mais les montrera à de meilleurs poètes que lui et lui en fera part [La Condamine est mort le 4 février 1774].

74.27 | **[fin mars 1774].** D'ALEMBERT à VILLAHERMOSA
• SOURCE : autogr., 3 p.
• LOCALISATION DU MS. : fac-similé et transcription à la suite de *Retratos de Antano*, P. Luis Coloma, Madrid, 1895
• ÉDITION : Menéndez-Pelayo 1894, p. 349-350
• REMARQUE : Se place entre le 20 mars (74.19) et le départ de Mora
• INCIPIT : « Les dernières nouvelles que vous avez eu la bonté de... »

CONTENU : Santé désolante de Mora. Lorry écrit une seconde lettre à Mora. Seul un départ peut le sauver. Attend des nouvelles « mercredi prochain ». Affreux de devoir attendre « quatre jours ».

74.28 | **7 avril 1774.** D'ALEMBERT à VOGLIE
• SOURCE : autogr., d.s., « A Paris », 1 p.
• LOCALISATION DU MS. : New York Morgan, Misc. Ray, MA 4500
• INCIPIT : « Un de mes amis, homme d'esprit et de mérite... »

CONTENU : Présente un mém. du chevalier de La Tramblaye, insiste pour qu'il obtienne une rép. favorable. Se recommande de ses bontés.

74.29 | **9 avril [1774].** D'ALEMBERT à VILLEMAIN
• SOURCE : autogr., s., « ce samedi 9 avril », adr. « à Monsieur Willemain », 1 p.
• LOCALISATION DU MS. : London BL, Add. Ms. 28105, f. 31-32
• ÉDITION : Henry 1885/1886, p. 85
• INCIPIT : « J'ai l'honneur de vous envoyer, monsieur, un billet... »

CONTENU : Lui envoie un billet pour l'Assemblée [publique] de l'Acad. sc. du mercredi 13 où il entendra l'*Eloge de La Condamine* [de Condorcet lu par D'Al.]. Il faut arriver une heure en avance. Lui enverra des billets pour la réception de Delille [à l'Acad. fr.] à la fin du mois.

74.30 | **25 avril 1774.** D'ALEMBERT à FRÉDÉRIC II
• SOURCE : impr., « à Paris »
• ÉDITION : Preuss XXIV, n° 138, p. 621-624
• INCIPIT : « Ce n'est point pour Votre Majesté que je crains le... »

CONTENU : Craint les jésuites non pour Fréd. II mais pour ses imitateurs. Guibert peut retourner à Berlin, Crillon plus heureux. Diderot à La Haye, pressé de revenir en France, persuadé qu'il aurait plu à Fréd. II. Demande pour Villoison une place d'associé étranger dans l'Acad. [de Berlin]. Voyage de Bitaubé pour son poème de *Guillaume*. Attend le *Dialogue*, *Le Taureau blanc* l'a fait rire. Lagrange mieux à Berlin qu'en Italie. Nouveau prix de l'Acad. sc. de Paris pour Lagrange.

74.31 | **25 avril [1774].** D'ALEMBERT à LAGRANGE
- SOURCE : autogr., « à Paris », « repondue le 20 mai 1774 », 3 p.
- LOCALISATION DU MS. : Paris Institut, Ms. 915, f. 137-138
- ÉDITION : Lalanne 1882, XIII, p. 281-282
- INCIPIT : « Mon cher et illustre ami, vous avez appris par M. de... »

CONTENU : Succès de l'*Eloge de La Condamine* par Condorcet. Va envoyer à Lagrange le montant du prix sur la Lune. Caraccioli s'en va, provisoirement à ce qu'il dit, à Naples. Mém. de Lagrange pour MARS 1772. Condorcet a fait toute l'« Histoire » des MARS 1771. D'Al. toujours occupé de littérature. *Mémoires de Turin*, t. IV. Programme du prix de 1776 sur les perturbations des comètes. Rôle de Le Monnier dans la réserve faite par l'Acad. sc. au prix de 1774. Lambert. Crillon.

74.32 | **25 avril 1774.** D'ALEMBERT à MELANDERHJELM
- SOURCE : autogr., d.s., « à Paris », adr., 3 p.
- LOCALISATION DU MS. : Uppsala UB, Ms. G172, f. 145-148
- ÉDITION : Henry 1885/1886, p. 81-82
- INCIPIT : « Je n'ai point eu l'honneur de vous répondre plus tôt... »

CONTENU : Sa nomination comme correspondant [de l'Acad. sc.], les règlements exigent un mois entre la demande et l'élection. Il faut écrire une l. de remerciement à l'Acad. A reçu son commentaire sur la quadrature des courbes remis par l'intermédiaire du duc de la Rochefoucauld. Prix de 1774 pour Lagrange. Sujet du prix de 1776 sur les comètes.

74.33 | **15 mai 1774.** FRÉDÉRIC II à D'ALEMBERT
- SOURCE : copie, « à Postdam », passage sur Crillon rayé
- LOCALISATION DU MS. : Genève IMV, MS 42, p. 236-243
- ÉDITION : Preuss XXIV, n° 139, p. 624-626
- INCIPIT : « Tant de fiel entre-t-il dans le coeur d'un vrai sage ? »

CONTENU : Les jésuites nécessaires pour l'éducation. Diderot a fait route de Stettin à Hambourg et La Haye sans passer par Berlin. Arrivée de Crillon, un peu ennuyeux, avec le prince de Salm. Attend « intrépidement » Guibert et sa tragédie. Citation de Bouhours. Lagrange brille, Villoison sera proposé. S'intéresse à Anaxagoras.

74.34 | **20 mai 1774.** D'ALEMBERT à LAGRANGE
- SOURCE : autogr., d., « à Paris », adr., cachet noir, « repondue le 5 juin 1774 », 1 p.
- LOCALISATION DU MS. : Paris Institut, Ms. 915, f. 141
- ÉDITION : Lalanne 1882, XIII, p. 283
- INCIPIT : « Je viens de recevoir, mon cher et illustre ami, les 2 000... »

CONTENU : Envoi du montant du prix de l'Acad., déduit les 24 livres du secrétaire de Buffon. Dans l'expectative après la mort de Louis XV.

74.35 | **21 mai 1774.** LAGRANGE à D'ALEMBERT
- SOURCE : autogr., d., « à Berlin », adr., cachet rouge, 3 p.
- LOCALISATION DU MS. : Paris Institut, Ms. 876, f. 221-222
- ÉDITION : Lalanne 1882, XIII, p. 283-285
- INCIPIT : « Mon cher et illustre ami, M. le comte de Crillon... »

CONTENU : Envois divers par Crillon : *HAB 1772*, *Mémoires de Göttingen*, vol. III et IV. Condorcet. Déclaration de Le Monnier sur l'équation séculaire. Le prix de Berlin sur les comètes remis à 1778. Mém. de Lagrange sur les tables des planètes (*MARS 1772*). Empressé de lire les récents écrits de Condorcet (*MARS 1771*). Caraccioli. Le voyage de Crillon dans le Nord.

74.36 | **[c. mai 1774].** [MARIETTE] à D'ALEMBERT
- SOURCE : autogr., s., 7 p.
- LOCALISATION DU MS. : Paris Institut, Ms. 2466, f. 147-149
- REMARQUE : le libraire Mariette est mort le 11 septembre 1774 et l'« Avis » de D'Al. demandant de la documentation sur les académiciens dont il allait faire l'éloge, dont Fleury, avait paru en février 1774
- INCIPIT : « Le premier ouvrage qui a été donné au public par M. l'abbé Fleury... »

CONTENU : Bibliographie des publications et « particularités » sur l'abbé Fleury. Il suppose que D'Al. travaille à son éloge [qui utilise cette l.]. L'abbé Le Roy a davantage d'informations.

74.37 | **[2 juin 1774].** Mlle de LESPINASSE à [D'ALEMBERT]
- SOURCE : copie Paris Institut, Ms. 2475, f. 32 et cat. vente coll. C. Zafiropulo (P. Bérès et D. Courvoisier experts), 3 décembre 1993, n° 118, qui reproduit la dernière p. : autogr., s., « a 6 heures du matin jeudi », adr., cachet noir, 3 p.
- ÉDITION : Henry 1887b, p. 205-207
- INCIPIT : « Je vous dois tout, je suis si sûre de votre amitié... »

CONTENU : Adieux et dernières volontés : lui demande de brûler sans les lire les l. de Mora, de récupérer les siennes à Bordeaux par Magallon, et de les brûler elles aussi. Ce que lui doivent La Borde, le duc d'Orléans et d'Albon. Donner son secrétaire à Guibert. L'amour réciproque qui l'unissait à Mora. Veut mourir. Un mot pour Mme Geoffrin, qui aimait [Mora].

ANNÉE 1774

74.38 | **4 juin [1774].** D'ALEMBERT à Mme NECKER
- SOURCE : impr.
- ÉDITION : Haussonville 1882, p. 810
- INCIPIT : « J'ai lu, madame votre lettre à Mlle de Lespinasse... »

CONTENU : Mlle de Lespinasse hors d'état de lui répondre. L'amitié de D'Al. pour elle comme les vertus de [Mora] le rendent tout aussi souffrant et malheureux. Assure Jacques Necker de son respect.

74.39 | **4 juin 1774.** VOLTAIRE à D'ALEMBERT
- SOURCE : copie, « à Ferney »
- LOCALISATION DU MS. : Oxford VF, Lespinasse III, p. 187-188
- ÉDITION : Best. D18972. Pléiade XI, p. 699
- INCIPIT : « M. de Chambon que je ne connais point... »

CONTENU : « M. de Chambon » [Volt.] lui a envoyé son *Eloge* [*funèbre de Louis XV*], mais seul D'Al. est capable d'en juger. Lui ne porte pas de jugement sur des « calculs si épineux ».

74.40 | **[c. 5 juin 1774].** D'ALEMBERT à VILLAHERMOSA
- SOURCE : autogr., 3 p.
- LOCALISATION DU MS. : fac-similé et transcription à la suite de *Retratos de Antano*, P. Luis Coloma, Madrid, 1895
- ÉDITION : Menéndez-Pelayo 1894, p. 350-351
- INCIPIT : « J'ai appris il y a quelques jours la perte... »

CONTENU : Décès de Mora. Condoléances de D'Al., de Mlle de Lespinasse et de Mme Geoffrin au duc et à la duchesse de Villahermosa.

74.41 | **6 juin 1774.** LAGRANGE à D'ALEMBERT
- SOURCE : autogr., d., « à Berlin », adr., cachet rouge, 3 p.
- LOCALISATION DU MS. : Paris Institut, Ms. 876, f. 223-224
- ÉDITION : Lalanne 1882, XIII, p. 285-287
- INCIPIT : « J'ai remis, mon cher et illustre ami, il n'y a pas... »

CONTENU : Envois par le comte de Crillon. Remercie de la bonne réception du montant du prix de l'Acad. sc. de Paris. Prix de Berlin sur les comètes. Remarque de Lagrange à propos de la pièce française [de Condorcet] pour ce prix. Problème sur les satellites de Jupiter (discussion Lalande-Bailly), proposition de mém. de Lagrange à ce sujet.

74.42 | **15 juin 1774.** VOLTAIRE à D'ALEMBERT
- SOURCE : original, 2 p.
- LOCALISATION DU MS. : Den Haag RPB 459, G16A453, 38
- ÉDITION : Best. D18987. Pléiade XI, p. 707-708
- REMARQUE : copie Oxford VF, Lespinasse III, p. 188-190
- INCIPIT : « Mon cher maître, le petit discours patriotique de... »

CONTENU : « Chambon ». Testament de Louis XV. Louis XV a établi l'Ecole militaire, a détruit les jésuites. Espoirs en Louis XVI. S'emploie à réformer l'injustice [affaire La Barre] avant de mourir.

74.43 | **25 [juin 1774].** Mlle de LESPINASSE dictant, D'ALEMBERT écrivant, à CONDORCET
- SOURCE : copie par Eliza O'Connor de l'original autogr. de D'Al., « ce samedi 25 », 2 p.
- LOCALISATION DU MS. : Paris Institut, Ms. 2475, 78, f. 34
- ÉDITION : Henry 1887b, p. 121-124. Pascal 1990, p. 81-82
- REMARQUE : autre copie d'un extrait, Paris Institut, Ms. 867, f. 79
- INCIPIT : « Vous voyez bien, monsieur, que je prends un secrétaire et que, tout de mauvaise humeur qu'il est.... »

CONTENU : Répond à son amitié. Condorcet manque à Turgot. Elle regrette qu'il n'ait pas écouté *Les Barmécides* de La Harpe avec eux. Clausonette lui écrit pour elle. Colysée ouvert. Anlézy estime Condorcet. [D'Al.] trouve « qu'en voilà assez ». Suard et Morellet l'attendent.

74.44 | **30 juin 1774.** Le prince et la princesse de BEAUVAU-CRAON à D'ALEMBERT
- SOURCE : autogr., d. « ce jeudi 30 juin 1774 4h ap. midi », P.-S de Mme de Beauvau, 3 p.
- LOCALISATION DU MS. : Moscou, GIM OPI, fds 166, opis 1, 1/129, f. 213-214
- INCIPIT : « Mandez-moi s'il vous plaît, ce que vous entendez par... »

CONTENU : N'a pas connaissance d'un retour des « exilés », mais l'informe « sous le secret » que l'ordre de rappel du comte de Br[oglie] va être expédié. Ch[oiseul] n'a pas défense de paraître. Mme de Beauvau terminera la l. Va partir au Conseil.

74.45 | **1er juillet 1774.** D'ALEMBERT à FRÉDÉRIC II
- SOURCE : impr. « à Paris »
- ÉDITION : Preuss XXIV, n° 140, p. 626-628
- INCIPIT : « La dernière fois que Votre Majesté me fit l'honneur... »

CONTENU : Le croit de retour de « toutes ses revues ». Inoculation de [Louis XVI] et de la famille royale. Les jésuites. Regrette que Diderot ait eu peur de Berlin. Lettre de Crillon, admirateur de la Prusse, mais non de la Russie. Guibert. La France vaut mieux que Bouhours. Villoison.

74.46 | **1er juillet 1774.** D'ALEMBERT à LAGRANGE
- SOURCE : autogr., « à Paris », adr., cachet noir, « repondue le 1 Oct : 1774 », 3 p.
- LOCALISATION DU MS. : Paris Institut, Ms. 915, f. 135-140
- ÉDITION : Lalanne 1882, XIII, p. 287-289
- INCIPIT : « Mon cher et illustre ami, je n'attends M. de Crillon... »

CONTENU : Occupé de « broutilles philosophiques et littéraires ». Mort du roi. Impression de deux mém. de Lagrange. Sollicite Lagrange pour le prix de 1774 [1776]. MARS 1771 et écrits de Condorcet. L'« Histoire » des MARS 1772 sera-t-elle faite par Condorcet ? Caraccioli à Naples. Condorcet ne concourra probablement pas pour le prix des comètes. Lalande et Bailly. D'Al. accepte d'avance un mém. de Lagrange sur les satellites. Salue Bitaubé, Thiébault et Formey.

74.47 | **4 juillet [1774].** D'ALEMBERT à WIELHORSKI
- SOURCE : impr., « ce lundi 4 juillet », adr.
- ÉDITION : Delacroix 1898, p. 137. Leigh 7044
- INCIPIT : « On m'assure, monsieur, que vous avez une lettre de... »

CONTENU : L. de J.-J. Rousseau [à Wielhorski Leigh 7043] prétendant que D'Al. a donné au libraire Guy à Paris un ms. de Rousseau sur la Pologne. Lui demande des éclaircissements sur cette l. pour confondre Guy.

74.48 | **[4 juillet 1774].** WIELHORSKI à D'ALEMBERT
- SOURCE : impr., « ce lundi 4 juillet », adr.
- ÉDITION : Delacroix 1898, p. 138-139. Leigh 7045
- INCIPIT : « Il est certain, monsieur, que le sieur Guy libraire vint chez M. Rousseau le 30 du mois passé pour lui demander... »

CONTENU : Guy a seulement dit que D'Al. avait entre les mains un écrit de Rousseau sur le gouvernement de la Pologne. Ce ms. appartient à Wielhorski qui fait confiance à D'Al. pour obtenir de Guy l'origine de la copie.

74.49 | **28 juillet 1774.** FRÉDÉRIC II à D'ALEMBERT
- SOURCE : copie, « a Postdam »
- LOCALISATION DU MS. : Genève IMV, MS 42, p. 243-250
- ÉDITION : Preuss XXIV, n° 141, p. 628-631
- REMARQUE : le passage où il est question de Crillon est raturé dans la copie de l'IMV
- INCIPIT : « Vous avez deviné juste. Il y a trois semaines... »

CONTENU : De retour depuis trois semaines de ses « courses ». La duchesse de Brunswick [à Berlin], pièces de théâtre jouées pour elle par Aufresne. Mort de Louis XV : quel roi est sans faiblesse ? On dit merveille de Louis XVI. Allusions à Sartine, à Nivernais, au pape Alexandre VI. Les jésuites. Crillon. Guibert. Anecdote russe sur Diderot. Liste de Français qu'il admire. L'Arétin. Vœux de bonheur.

74.50 | **[1er août 1774].** D'ALEMBERT à VILLEMAIN
- SOURCE : autogr., « Ce lundi », 1 p.
- LOCALISATION DU MS. : Genève IMV, MS AS 311
- INCIPIT : « M. D'Alembert a l'honneur de faire mille compliments... »

CONTENU : Lui envoie l'oraison funèbre [de Louis XV par Boismont] et trois billets dont un pour Fournel, pour la réception de Suard [jeudi 4 août], D'Al., s'il n'est pas enrhumé, lira l'éloge de Massillon, sinon Delille lira un chant de l'*Enéide*.

74.51 | **3 août 1774.** D'ALEMBERT à un correspondant non identifié
- SOURCE : cat. vente Charavay non identifié, n° 365/2° : autogr., d.s., « Paris », 1 p.
- INCIPIT : inconnu

CONTENU : [Inconnu].

74.52 | **12 août 1774.** D'ALEMBERT à Jean-Baptiste AUBRY
- SOURCE : cat. vente Etienne Charavay, 2 avril 1887, n° 7 : auto, d.s., adr., 2 p.
- INCIPIT : inconnu

CONTENU : L'exhorte à éviter, dans son *Dictionnaire critique*, les injures et les déclamations.

74.53 | **17 août 1774.** VOLTAIRE à D'ALEMBERT
- SOURCE : autogr., 2 p.
- LOCALISATION DU MS. : Paris BnF, NAFr. 24330, f. 177
- ÉDITION : Best. D19083. Pléiade XI, p. 766-767
- REMARQUE : copie Oxford VF, Lespinasse III, p. 190-192
- INCIPIT : « Mon très cher Bertrand, le discours de M. Suard... »

CONTENU : Discours de Suard. *Lettre d'un théologien* : imprudence de Pascal second [Condorcet] ; Volt. craint d'en être accusé. Sabatier de Castres.

74.54 | **18 août 1774.** CARACCIOLI à D'ALEMBERT
- SOURCE : impr., « Naples »
- ÉDITION : Pougens 1799, p. 360-364
- INCIPIT : « Je viens de recevoir, mon cher ami, la lettre que vous... »

CONTENU : A reçu la l. de D'Al. Santé de Mlle de Lespinasse, mort de [Mora]. A écrit à Mme de Beauvau et à Mlle de Lespinasse. Respects à Mme Geoffrin. Soirées de la rue Saint-Dominique, avec « entre autres MM. De Condorcet, Suard, Guibert, Devaines, Morellet, et l'abbé Arnaud... ». Musique : musique italienne, opéra, Grétry, Philidor, *Iphigénie* et *Orphée* de Gluck, Jomelli, Sacchini et Piccini. Sera de retour à Paris pour Noël. L'abbé Galiani. Content que Turgot soit ministre. A vu le pape. A vu Lomellini, Gatti.

74.55 | **20 août [1774].** D'ALEMBERT à l'abbé d'ANJOU
- SOURCE : cat. vente Charavay non identifié, n° 287 : autogr., « Paris », « le 20 août », s. « à M... », 2 p.
- REMARQUE : cette l. est à rapprocher de la suivante du dimanche 21, il y a un dimanche 21 août en 1763, 1768, et 1774, année probable car à partir du ministère Turgot, D'Al. est très sollicité
- INCIPIT : inconnu

CONTENU : Il rendra avec grand plaisir tous les services qu'il pourra à l'abbé d'Anjou.

74.56 | **21 [août 1774].** D'ALEMBERT à l'abbé d'ANJOU
• SOURCE : autogr., « ce dimanche 21 », adr. « Hôtel de Bretagne », cachet rouge, 1 p.
• LOCALISATION DU MS. : Genève, coll. J.-D. Candaux
• INCIPIT : « M. D'Alembert prie M. l'abbé d'Anjou de lui venir parler... »
CONTENU : Il souhaite le rencontrer le matin de bonne heure, vers les huit heures.

74.57 | **27 août [1774].** VOLTAIRE à D'ALEMBERT
• SOURCE : impr.
• ÉDITION : Kehl LXIX, p. 221. Best. D19096. Pléiade XI, p. 774-775
• INCIPIT : « La femme du frère de feu Damilaville, m'écrit... »
CONTENU : Lui demande d'intercéder auprès de Turgot pour le frère de feu Damilaville. La *Lettre du théologien* attribuée à l'abbé Duvernet. A vu un grand vicaire de Toulouse.

74.58 | **29 [août 1774].** Mlle de LESPINASSE dictant, D'ALEMBERT écrivant, à Bernardin de SAINT-PIERRE
• SOURCE : cat. vente H. Saffroy, *Autographes et documents historiques*, n° 4, mars 1986, n° 611 : autogr. (de D'Al.), « ce lundi au soir 29 », adr. « à l'hôtel de Bourbon », 1 p.
• ÉDITION : Pappas 1986, p. 247
• REMARQUE : Turgot est nommé ministre des finances le 24 août et le 29 août est bien un lundi en 1774
• INCIPIT : « Mlle de Lespinasse est bien touchée des marques de... »
CONTENU : Mlle de Lespinasse veut obliger le chevalier de Saint-Pierre. Elle a remis sa l. à Condorcet qui voit Turgot à tous moments, mais Turgot est accablé dans « ces premiers moments ». Mlle de Lespinasse ne sera pas chez elle mardi. Compliments de D'Al.

74.59 | **[5 septembre 1774].** Mlle de LESPINASSE dictant, D'ALEMBERT écrivant, à Bernardin de SAINT-PIERRE
• SOURCE : cat. vente Blaizot 317, n° 8548 : autogr. (de D'Al.), « ce lundi matin », adr., 1 p.
• REMARQUE : cette l. est datée par la précédente qu'elle suit de peu
• INCIPIT : inconnu
CONTENU : M. Turgot a la l. qu'il lui a écrit. Il a grande envie de l'obliger ; mais il est tellement accablé, que d'ici au départ pour Compiègne il ne peut pas lui donner une heure...

74.60 | **7 septembre 1774.** D'ALEMBERT à PHIPPS
• SOURCE : autogr., d.s. « à Paris », 3 p.
• LOCALISATION DU MS. : Coll. particulière
• ÉDITION : mentionnée dans A. Savours, « The 1773 Phipps Expedition towards the North Pole », *Artic*, vol. 37, déc. 1984, p. 402-428

- INCIPIT : « Je n'ai point eu l'honneur de répondre sur le champ à votre obligeante lettre du 6 août dernier... »

CONTENU : Le remercie de l'envoi [de *A Voyage toward s the North Pole undertaken by His Majesty's command*, 1773] via le ministère des Affaires étrangères, à lui et à l'Acad. sc., qui l'a chargé, dans la séance de la veille, de le remercier. Toutes les sociétés doivent en orner leur bibliothèque.

74.61 | **10 septembre 1774.** VOLTAIRE à D'ALEMBERT
- SOURCE : impr., « A Ferney »
- ÉDITION : Kehl LXIX, p. 222. Best. D19113. Pléiade XI, p. 784
- INCIPIT : « Mon cher philosophe, Cramer s'est avisé d'imprimer... »

CONTENU : *Questions sur l'Encyclopédie* : édition d'un nouveau morceau par Cramer. Lui enverra un courrier à lui et à Condorcet. Fréd. II en Silésie. Affaire d'Etallonde.

74.62 | **12 septembre 1774.** D'ALEMBERT à FRÉDÉRIC II
- SOURCE : impr., « Paris »
- ÉDITION : Preuss XXIV, n° 142, p. 631-633
- INCIPIT : « Je crois en ce moment Votre Majesté plus occupée... »

CONTENU : Paix entre la Russie et la Turquie. Louis XV, la guerre, Louis XVI, son nouveau contrôleur général [Turgot]. Les jésuites. Crillon. Guibert, empêché de partir par le duc d'Aiguillon. Les Français sont moins frivoles qu'on ne dit. Vœux. De Catt rendra compte de l'engagement du sculpteur [Tassaert].

74.63 | **12 septembre 1774.** D'ALEMBERT à LAGRANGE
- SOURCE : autogr., d., « à Paris », adr., cachet noir, « Repondue le 6 janvier 1775 », 3 p.
- LOCALISATION DU MS. : Paris Institut, Ms. 915, f. 142-143
- ÉDITION : Lalanne 1882, XIII, p. 289-290
- INCIPIT : « Je n'ai pas, mon cher et illustre ami, de nouvelles fort... »

CONTENU : Crillon est rentré avec les vol. de Göttingen et *HAB 1772* donnés par Lagrange : éloge du mém. de Lagrange sur les racines imaginaires. Perturbations des comètes. A lu un excellent mém. pour le prix sur les aiguilles aimantées. *MARS 1771* avec la partie « Histoire » par Condorcet et l'*Eloge de Fontaine*. Condorcet, Fouchy et Fontenelle. A lu à l'Acad. fr. les éloges de Massillon, [Boileau] Despréaux, Fénelon. Content des nouveaux ministres.

74.64 | **17 septembre 1774.** D'ALEMBERT à BEXON
- SOURCE : autogr., d.s., « à Paris », adr. à Nancy, cachet noir, 4 p.
- LOCALISATION DU MS. : Paris MNHN, Ms. 863
- INCIPIT : « J'ai lu votre mémoire et votre lettre ; j'ai vu Mme Durival ; nous avons conclu de notre conversation... »

ANNÉE 1774

CONTENU : Refus d'intercéder auprès de Turgot, « accablé d'affaires », avant plusieurs mois pour la demande de Bexon. Conseils pour une seconde édition de son « catéchisme d'agriculture ». Le moment venu, appuiera son mém. et demandera à Buffon et à ses autres amis de se joindre à lui.

74.65 | **28 septembre [1774].** VOLTAIRE à D'ALEMBERT et CONDORCET
- SOURCE : original, notes autogr., « Duplicata. Secret » barré, 4 p.
- LOCALISATION DU MS. : Paris BnF, NAFr. 24330, f. 179-180
- ÉDITION : Best. D19130. Pléiade XI, p. 794-796
- REMARQUE : copie, Oxford VF, Lespinasse III, p. 192-200
- INCIPIT : « O Bertrans ! Bertrans ! Raton a été prêt (je crois) de mourir... »

CONTENU : La *Lettre d'un théologien* attribuée à Volt. Le chancelier [Maupeou]. L'abbé de Voisenon. Le grand vicaire de l'archevêque de Toulouse. Affaire La Barre-Etallonde. Diverses intercessions de Volt. en faveur d'Etallonde, il sollicite maintenant via D'Al. et Condorcet, Vergennes et Turgot. Vient de lire l'*Edit sur la liberté du commerce des blés*.

74.66 | **30 septembre 1774.** D'ALEMBERT à FUENTES
- SOURCE : impr., « Paris », publié avec une note de D'Al.
- ÉDITION : Pougens 1799, p. 144-148
- INCIPIT : « M. le chevalier de Magallon nous a fait part, à Mlle... »

CONTENU : Rép. à la l. du comte de Fuentes remerciant des condoléances de Mlle de Lespinasse et D'Al. pour son fils. Mora, « incomparable ami ». Perte pour ses amis, l'Espagne, sa famille. Aurait voulu pouvoir dire « il vit et il m'aime ».

74.67 | **30 septembre 1774.** D'ALEMBERT à VILLAHERMOSA
- SOURCE : autogr., d.s., « à Paris », 3 p.
- LOCALISATION DU MS. : fac-similé et transcription à la suite de *Retratos de Antano*, P. Luis Coloma, Madrid, 1895
- ÉDITION : Menéndez-Pelayo 1894, p. 351
- INCIPIT : « Depuis la perte commune et irréparable... »

CONTENU : D'Al. et Mlle de Lespinasse demandent des nouvelles de la santé du duc et de la duchesse. La France, le nouveau roi [Louis XVI] et Turgot.

74.68 | **1er octobre 1774.** LAGRANGE à D'ALEMBERT
- SOURCE : autogr., d., « à Berlin », 4 p.
- LOCALISATION DU MS. : Paris Institut, Ms. 876, f. 225-226
- ÉDITION : Lalanne 1882, XIII, p. 291-293
- INCIPIT : « Si j'avais, mon cher et illustre ami, une voie pour vous... »

CONTENU : Envoie un mém., demande à D'Al. de le lire et de le corriger. A reçu la *Cosmographie* de Frisi, en est scandalisé. Se propose de travailler sur les comètes. Lettre de Mme de Maupertuis à Mme de La Condamine. Condorcet auteur de la pièce sur les comètes. Crillon, Caraccioli.

74.69 | **3 octobre [1774].** D'Alembert à Germanès
- SOURCE : autogr., « ce lundi matin 3 octobre », s., adr. « à la communauté de St. Roch », cachet noir, 2 p.
- LOCALISATION DU MS. : Genève, coll. J.-D. Candaux
- REMARQUE : Il n'y a de lundi 3 octobre qu'en 1774 et 1768 ; le cachet est noir comme pour les autres l. de cette période de 1774
- INCIPIT : « J'ai été témoin, monsieur, hier dimanche matin... »

CONTENU : Lui demande d'intervenir auprès du curé de Saint-Roch car il a vu le suisse persécuter une pauvre femme qui vendait du raisin en la faisant piller par des polissons.

74.70 | **9 octobre 1774.** D'Alembert à Guibert
- SOURCE : cat. vente Drouot (T. Bodin expert), Paris, 14 octobre 1993, n° 74 : autogr., d., « à Paris », adr. à Montauban en Quercy, cachet noir, 3 p.
- INCIPIT : « Je ne sais, monsieur, par quelle fatalité je n'ai reçu... »

CONTENU : N'a reçu qu'hier sa l. du 30 sept. [non retrouvée]. Sait que Guibert a reçu des nouvelles par Mlle de Lespinasse inquiète de sa santé. Aura plaisir de le revoir dans un mois. Eloge de Turgot. Les oraisons funèbres [de Louis XV] le dégoûtent. Nouveau règne. [*Edit sur la liberté du commerce des blés*]. « Revenez ! » Les jésuites. Mort du pape. Année fertile en événements.

74.71 | **18 octobre 1774.** Frédéric II à D'Alembert
- SOURCE : copie, « Sans-Souci »
- LOCALISATION DU MS. : Genève IMV, MS 42, p. 251-255
- ÉDITION : Preuss XXIV, n° 143, p. 633-635 qui ne date que d' « octobre ».
- REMARQUE : les sept dernières lignes de la p. 252 et les huit premières lignes de la p. 253 sont raturées. Ici, c'est la datation de l'IMV qui a été retenue car la l. du 31 octobre répond à celle-ci
- INCIPIT : « Mes occupations ne sont pas aussi considérables que... »

CONTENU : Paix de l'Europe. Le poème *Louis XV aux Champs Elysées*. Crillon éclipsé par le prince de Salm. A entendu faire l'éloge de Turgot. Délai pour juger d'un règne, Volt. s'était trompé sur le roi de Danemark. Attestation du commandant de Wesel pour [d'Etallonde]. De Catt malade. Quid du sculpteur [Tassaert] ?

74.72 | **20 octobre 1774.** D'Alembert à un correspondant non identifié
- SOURCE : cat. vente *Lettres autographes*, (E. Charavay expert), Paris, Hôtel Drouot, 12 décembre 1890, n° 3 : autogr., d.s, « Paris », 2 p.
- INCIPIT : inconnu

CONTENU : [Inconnu].

74.73 | **22 octobre 1774.** D'Alembert à Fromant
- SOURCE : cat. vente Charavay 10 mai 1872, n° 41 : autogr., d.s., « à Paris », 1 p.
- INCIPIT : inconnu

CONTENU : [Inconnu].

ANNÉE 1774

74.74 | **28 octobre 1774.** D'Alembert à Murr
- Source : autogr., d.s., « à Paris », adr. à Nuremberg, « R. 16 juillet 1781 », cachet, 2 p.
- Localisation du ms. : München BSB, C.g.m. 6982
- Incipit : « J'ai reçu l'ouvrage que vous m'avez fait l'honneur de... »

Contenu : Remercie pour un ouvrage « utile à l'histoire des beaux-arts » et une lettre « en date du 29 juillet » [non retrouvée]. N'a pas reçu le paquet qu'il doit envoyer à Montucla. A envoyé la lettre pour Guettard.

74.75 | **29 octobre [1774].** Voltaire à D'Alembert
- Source : copie, s. « V. », N.B., 5 p.
- Localisation du ms. : Oxford VF, Lespinasse III, p. 200-205
- Édition : Best. D19166. Pléiade XI, p. 820-822
- Incipit : « Mon cher et grand philosophe, je vous ai légué d'Etallonde, comme je ne sais quel Grec donna en mourant sa fille... »

Contenu : Pour la grâce d'Etallonde, qui est toujours à Ferney, et surtout pour la révision du procès, Fréd. II a dû envoyer à D'Al. une attestation. Miromesnil, la duchesse d'Enville. D'Argental. N.B. Vers français d'un fils du comte de Romanzov.

74.76 | **31 octobre 1774.** D'Alembert à Frédéric II
- Source : impr., « à Paris »
- Édition : Preuss XXIV, n° 144, sp. 635-637
- Incipit : « M. Grimm qui n'est de retour ici que depuis très peu... »

Contenu : Grimm de retour à Paris. A reçu par lui le *Dialogue* entre deux dames et s'en est diverti. Aimerait voir un autre Dialogue, en vers celui-là. Dissensions au Sud de l'Europe. Turgot, sa « vertu à toute épreuve ». Louis XVI. Rétablissement prochain du parlement [de Paris]. Certificat en faveur d'Etallonde, a prévenu Volt. Sarcasmes sur la mort du pape Clément XIV. Plaint de Catt. Le sculpteur [Tassaert] se rendra à Berlin à ses frais.

74.77 | **3 novembre 1774.** D'Alembert à [Perronet]
- Source : fac-similé, autogr., d.s., « à Paris », 1 p.
- Localisation du ms. : Paris AF, dossier D'Alembert
- Édition : Henry 1885/1886, p. 87
- Incipit : « M. de Fontanes pour lequel vous avez bien voulu... »

Contenu : Demande pour Fontanes une place d'élève aux Ponts et Chaussées et renouvelle la même demande pour Barbot au sujet duquel il a déjà écrit.

74.78 | **7 novembre 1774.** Hess à D'Alembert
- Source : autogr., d., s. « conseiller de Regence de Suede », « à Hambourg », 2 p.
- Localisation du ms. : Paris Institut, Ms. 2466, f. 101
- Incipit : « Le zèle, qui m'anime pour les intérêts du roi... »

CONTENU : Son zèle et sa compassion pour les pauvres lui ont fait écrire un ouvrage pour lequel il lui demande de souscrire.

74.79 | **7 novembre 1774.** VOLTAIRE à D'ALEMBERT
- SOURCE : copie, d., 5 p.
- LOCALISATION DU MS. : Oxford VF, Lespinasse III, p. 205-209
- ÉDITION : Best. D19178. Pléiade XI, p. 830-831
- INCIPIT : « Mon digne philosophe aussi humain que sage, je viens... »

CONTENU : Fréd. II et Etallonde : Volt. insiste encore sur l'intervention de D'Al, il faut demander justice et non pas grâce. Richelieu ne lui a pas payé sa rente depuis cinq ans, mais ne se plaint pas. Mémoires de Mme de Saint-Vincent.

74.80 | **10 novembre 1774.** D'ALEMBERT à FRÉDÉRIC II
- SOURCE : impr., « Paris »
- ÉDITION : Preuss XXIV, n° 145, p. 637-638
- INCIPIT : « J'ai eu l'honneur d'annoncer à Votre Majesté, par ma... »

CONTENU : Lettre d'introduction pour le sculpteur Tassaert. Demande le portrait de Fréd. II en miniature, réalisé par sa manufacture de porcelaine, dont il a vu un exemplaire chez Grimm.

74.81 | **15 novembre 1774.** FRÉDÉRIC II à D'ALEMBERT
- SOURCE : copie, « a Potzdam »
- LOCALISATION DU MS. : Genève IMV, MS 42, p. 255-259, 230-232 (erreur de pagination)
- ÉDITION : Preuss XXIV, n° 146, p. 638-640
- REMARQUE : IMV même date. Après la p. 259, la pagination reprend à 230
- INCIPIT : « J'ai été d'autant plus fâché de la maladie de Catt, qu'elle... »

CONTENU : De Catt malade, nouveau Tirésias puni pour avoir copié le *Dialogue*. Louis XVI se conduit sagement. Retour du parlement [de Paris]. Son scepticisme sur les causes de la mort du pape [Clément XIV]. Le pauvre officier [d'Etallonde]. « Tranquillité parfaite » de la Prusse. Le sculpteur annoncé [Tassaert] aura de l'ouvrage. Lui envoie des vers en guise d'étrennes. Vœux à Protagoras.

74.82 | **20 novembre 1774.** D'ALEMBERT à un correspondant non identifié
- SOURCE : cat. vente Charavay non identifié, n° 11 : autogr., d.s., « Paris », 2 p.
- INCIPIT : inconnu

CONTENU : [Inconnu].

74.83 | **21 novembre 1774.** VOLTAIRE à D'ALEMBERT et CONDORCET
- SOURCE : original, d., « à Ferney », 4 p.
- LOCALISATION DU MS. : Paris BnF, NAFr. 24330, f. 182-183
- ÉDITION : Best 19194. Pléiade XI, p. 841-843
- REMARQUE : copie, Oxford VF, Lespinasse III, p. 210-218
- INCIPIT : « Messieurs les deux Ajax qui combattez pour la raison... »

ANNÉE 1774

CONTENU : Craint que sa dernière l., envoyée via Bacon, soit retenue dans les papiers de Joly de Fleury. Etallonde : Volt. récapitule, renouvelle son éloge de ce jeune homme qui étudie chez lui et sollicite encore D'Al. Implorer la protection de Turgot et agir auprès de Fréd. II également.

74.84 | **24 novembre 1774.** D'ALEMBERT à [SARTINE]
- SOURCE : autogr., d.s., « à Paris », 2 p.
- LOCALISATION DU MS. : London BL, Egerton 15, f. 48-49
- ÉDITION : Grimsley 1962, p. 78
- REMARQUE : le destinataire est probablement Sartine qui est alors directeur de la librairie
- INCIPIT : « M. le marquis de Condorcet vous a parlé, et j'ai eu... »

CONTENU : Parle d'une *Gazette des banquiers*, de M. de Francia, banquier à Paris. Prospectus approuvé par le censeur Senneville (premier commis de Trudaine) que Le Noir lui a renvoyé. Francia veut faire seul cette *Gazette*, « à ses risques et périls ». Se fie à ses principes de « laisser à chacun la liberté d'imprimer sur ces matières ». D'Al. lui demande sa permission pour le prospectus et de le renvoyer à Le Noir.

74.85 | **[septembre-novembre 1774].** LA CHALOTAIS à D'ALEMBERT
- SOURCE : cat. vente « Lettres autographes sur le XVIIIe siècle » (Etienne Charavay expert), 11 avril 1876, n° 45, et cat. vente Emmanuel Fabius, 1934, n° 951 : autogr., « Kerancaas [sic] près de Morlaix », adr., cachet à ses armes, 1 p.
- REMARQUE : suite à l'affaire du parlement de Bretagne en 1765, La Chalotais est emprisonné à Saint-Malo puis exilé à Saintes, jusqu'à sa libération avec assignation au château de Keranroux près de Morlaix, du 27 août 1774 au début de décembre, lorsqu'il est autorisé à rentrer à Rennes
- EXTRAIT : « ... on annonce de toutes parts le calme et la paix et le règne de la justice... »

CONTENU : « ... un des commencemens a été de me renvoyer dans ma patrie, mais non encore avec une entière liberté [...] mon amitié [...] jusqu'à présent n'a fait que peser sur tous mes amis ».

74.86 | **9 décembre 1774.** VOLTAIRE à D'ALEMBERT
- SOURCE : original, s. « Raton », adr., 3 p.
- LOCALISATION DU MS. : Paris BnF, NAFr. 24330, f. 185-186
- ÉDITION : Best. D19218. Pléiade XI, p. 868-869
- REMARQUE : copie, Oxford VF, Lespinasse III, p. 218-222
- INCIPIT : « Le vieux malade a reçu une lettre du 1er décembre de... »

CONTENU : A reçu des l. des secrétaires [D'Al. et Condorcet]. Froid, neige et glace. Aucune intention de solliciter « un académicien » [Richelieu], stratégie à suivre pour l'affaire [d'Etallonde], appui de la duchesse d'Enville. Cette l. est envoyée par un intermédiaire [Turgot].

74.87 | **14 décembre 1774.** Frédéric II à D'Alembert
- SOURCE : copie, « à Potzdam », 4 p.
- LOCALISATION DU MS. : Genève IMV, MS 42, p. 232-235
- ÉDITION : Preuss XXIV, n° 147, p. 640-641
- INCIPIT : « Le sculpteur est arrivé avec la lettre dont vous avez... »

CONTENU : Arrivée du sculpteur [Tassaert]. Lui conviendra mieux que son prédécesseur. Grimm, son portrait en porcelaine. Tirésias [de Catt] commence à se rétablir.

74.88 | **15 décembre 1774.** D'Alembert à Frédéric II
- SOURCE : impr., « à Paris »
- ÉDITION : Preuss XXIV, n° 148, p. 642-644
- INCIPIT : « Il faut, et je n'ai pas de peine à le croire, que tous les... »

CONTENU : Les vers et la l. de Fréd. II du 15 novembre (74.81) ont mis plus de trois semaines à lui parvenir. Félicitations pour la satire. Qualités de Louis XVI et du roi d'Espagne. Attend l'annonce d'un nouveau pape. Les jésuites. Le sculpteur [Tassaert], « bon Flamand droit et honnête », doit être arrivé. Demande le portrait de Fréd. II exécuté par sa manufacture de porcelaine. Travaille à faire rendre justice [à d'Etallonde]. Vœux.

74.89 | **15 décembre 1774.** D'Alembert à Lagrange
- SOURCE : autogr., d., « à Paris », adr., cachet noir, « repondue le 6 janvier 1775 », 3 p.
- LOCALISATION DU MS. : Paris Institut, Ms. 915, f. 144-145
- ÉDITION : Lalanne 1882, XIII, p. 293-295
- INCIPIT : « Mon cher et illustre ami, je vous ai déjà dit et je... »

CONTENU : Ne pas se préoccuper des frais de poste qu'il réglera volontiers. A fait avec Condorcet le rapport sur le mém. de Lagrange. Remarques sur [Frisi]. Santé moins mauvaise. A composé 72 éloges en 18 mois, « pour tuer le temps ». Attend le travail sur les comètes. Le comte de Crillon s'est marié. Caraccioli s'arrêtera à Rome pour le conclave. A lu son mém. dans HAB. Bitaubé, Thiébault.

74.90 | **21 ou 27 décembre 1774.** D'Alembert à [Vergennes ?]
- SOURCE : cat. vente Librairie de l'Abbaye cat. 58 [1966], n° 2 : autogr., d.s., adressée à « Monseigneur » [probablement le ministre des Affaires étrangères dont dépend alors la *Gazette*, Vergennes], minute sur le haut de la l. « Rép. que ces 800 livres ne lui seront sûrement pas ôtées », 1 p.
- REMARQUE : avait passé en vente avec une autre l. de 1770, 1 p. in-4° dans cat. vente Charavay 1880, sans aucune précision ; autre cat. vente Charavay, 50, janvier 1877, n° 6 : autogr., datée du 27 décembre, s., « à Paris », en tête la minute de la réponse positive, 1 p ; cat. vente Charavay 461, n° 2 : autogr., datée du 27, s., 1 p.
- EXTRAIT : « ... aux bontés des ministres vos prédécesseurs, je prends la liberté de réclamer les vôtres pour que cette gratification me soit... »

CONTENU : Réclamation pour la pension annuelle de 800 livres qu'il reçoit sur la *Gazette de France* depuis plusieurs années.

74.91 | **[25 ou 26] décembre 1774.** MALESHERBES à D'ALEMBERT
• SOURCE : impr., mention des lignes biffées.
• ÉDITION : Pierre Grosclaude, *Malesherbes et son temps, nouveaux documents inédits*, Paris, Fischbacher, 1964, p. 93-95
• INCIPIT : « J'ai l'honneur de vous envoyer, monsieur, ma lettre pour M. de Voltaire en vous priant... »

CONTENU : Commente sa l. à Volt. et lui demande de la faire mettre à la poste s'il l'approuve. Veut lui marquer qu'il n'éprouve aucun ressentiment à propos de la rép. de Volt. aux remontrances de la Cour des Aides. Attribue les divergences à des malentendus.

74.92 | **27 décembre 1774.** D'ALEMBERT à MALESHERBES
• SOURCE : copie ms faite dans les années 1820, d.s., « Paris », 1 p.
• LOCALISATION DU MS. : Paris Arsenal, Ms. 9388, dossier 1
• INCIPIT : « Votre lettre à M. de Voltaire est à merveille... »

CONTENU : Ne doute pas que la l. de Malesherbes, qu'il vient de faire partir, flatte Volt. et fasse effet. Les « erreurs de fait » de Volt. Assure Malesherbes de sa « reconnaissance patriotique ».

74.93 | **30 décembre [1774].** VOLTAIRE à D'ALEMBERT et CONDORCET
• SOURCE : original, 1 p.
• LOCALISATION DU MS. : Paris BnF, NAFr. 24332, f. 6
• ÉDITION : Best. D19259. Pléiade XI, p. 898
• INCIPIT : « Le pauvre Raton souhaite aux deux Bertrands des années dignes d'eux. »

CONTENU : Il soumet son brimborion sur les blés et un projet de requête pour lequel il faut choisir un avocat. M. d'Hornoy.

74.94 | **[1774].** D'ALEMBERT à Mme NECKER
• SOURCE : autogr., « ce mardi matin », adr. « à Madame Necker, place Vendôme », cachet rouge, 1 p.
• LOCALISATION DU MS. : London BL, Add. Ms. 28105, f. 33-34
• ÉDITION : Henry 1885/1886, p. 74
• INCIPIT : « Je n'aurais pas pris la liberté, madame, de vous présenter... »

CONTENU : Lui envoie son portrait [dessiné par Pujos, 1774] qu'elle lui a demandé par Bossut. Ce qu'elle ajoutera au bas l'honorera davantage que les vers de Marmontel, surtout si elle lui permet d'écrire qu'elle l'honore de ses bontés. Mlle de Lespinasse partage son « tendre respect ».

1775

75.01 | **6 janvier 1775.** D'Alembert à Thibault de Longecour
- source : autogr., d.s., 1 p.
- localisation du ms. : Wien ÖNB, Autogr. 5/2-1
- édition : Henry 1885/1886, p. 86
- remarque : copie Paris BnF, NAFr. 3352, f. 158r°
- incipit : « Ce n'est point à mes faibles sollicitations mais à… »

contenu : Ravi de le voir jouir du bonheur qu'il mérite et dont il lui souhaite la continuation.

75.02 | **6 janvier 1775.** Frédéric II à D'Alembert
- source : copie, d., « à Berlin »
- localisation du ms. : Genève IMV, MS 42, p. 235-239
- édition : Preuss XXV, n° 149, p. 3-4
- incipit : « Je serais fort flatté, s'il était sûr que mes mauvais vers… »

contenu : La présente l. et une autre lui parviendront non par la poste, mais par le sculpteur Tassaert, avec lequel le contrat est passé. Pronostics sur Louis XVI. Empoisonnement du pape ? Que disparaisse Rome avec toutes ses superstitions. Lui promet son portrait. Plaint d'Etallonde.

75.03 | **9 janvier [1775].** Lagrange à D'Alembert
- source : autogr., « à Berlin », adr., cachet rouge, 3 p.
- localisation du ms. : Paris Institut, Ms. 876, f. 270-271
- édition : Lalanne 1882, XIII, 295-297
- incipit : « Je vous obéis, mon cher et illustre ami, en vous écrivant… »

contenu : Rhume. Impatient de lire ses *Eloges*. Le remercie du rapport de son mém. à l'Acad. [sc.]. Problème des comètes. Retour de Caraccioli. Rosignan à Berlin. Décès de Meckel. Margraff paralysé. Jugement sur Frisi.

75.04 | **13 janvier 1775.** D'Alembert à [Formey]
- source : autogr., d.s., 1 p.
- localisation du ms. : Bonn, ULB, Autographen Sammlung, D'Alembert
- édition : Henry 1885/1886, p. 86
- incipit : « On imprime actuellement ici *L'Esprit du Marquis d'Argens* ; on voudrait mettre son *Eloge* à la tête de l'ouvrage. »

contenu : Lui demande de faire l'*Eloge de d'Argens* et de l'envoyer à Demonville libraire à Paris. Souvenirs à Bitaubé, Thiebault, Borelly, Lagrange.

75.05 | **[14 janvier 1775].** D'Alembert à Malesherbes
- source : autogr., « ce samedi à 8h. du matin », s., 1 p.
- localisation du ms. : Paris AN, 263 AP 22 (Fonds Lamoignon), dossier 4, pièce 1

- REMARQUE : Malesherbes est élu à l'Acad. fr. le jeudi 2 janvier 1775 et agréé par le roi le samedi 14
- INCIPIT : « M. l'évêque de Senlis qui avait été chargé par l'Académie... »

CONTENU : Le roi a agréé l'élection de Malesherbes à l'Acad. fr. D'Al. l'en félicite et s'en réjouit.

75.06 | **16 janvier 1775.** VOLTAIRE à D'ALEMBERT et CONDORCET
- SOURCE : original, adr. à « Condorcet, [...], rue Louis le grand »
- LOCALISATION DU MS. : New York Morgan, MA 638 et MA 1076
- ÉDITION : Best. D19291. Pléiade XII, p. 13-15
- INCIPIT : « Raton avait adressé quelques exemplaires d'un petit écrit à Messieurs Bertrand. »

CONTENU : A envoyé sous l'enveloppe de Rosny-Colbert [Turgot] un écrit où il a répondu aux sophismes de Linguet sur la liberté du commerce des blés. Leur demande de mobiliser la duchesse d'Enville, l'ambassadeur de Fréd. II, Maurepas et d'Argental afin d'obtenir un sauf-conduit d'un an pour [d'Etallonde].

75.07 | **21 janvier 1775.** VOLTAIRE à D'ALEMBERT et CONDORCET
- SOURCE : original, 2 p.
- LOCALISATION DU MS. : Paris BnF, NAFr. 24332, f. 11-12
- ÉDITION : Best. D19301. Pléiade XII, p. 19-20
- INCIPIT : « Mme Denis et moi, nous avons l'un et l'autre... »

CONTENU : Linguet et le commerce des blés. Remercier « Féderic » pour la protection de d'Etallonde, ingénieur compétent et aimable. La duchesse d'Enville, Vergennes, Maurepas. L'inanité du procès, d'Hornoy.

75.08 | **28 janvier 1775.** VOLTAIRE à D'ALEMBERT
- SOURCE : copie, s. « V », « à Ferney »
- LOCALISATION DU MS. : Oxford VF, Lespinasse III, p. 222-223
- ÉDITION : Best. D19314. Pléiade XII, p. 30
- INCIPIT : « Le jeune écolier qui vous adresse ce chiffon... »

CONTENU : Se sert de la permission [de Turgot] de leur adresser de petits paquets ; croit avoir découvert les manœuvres d'un dévot [contre l'abbesse de Villancour, La Barre et d'Etallonde].

75.09 | **[janvier 1775].** D'ALEMBERT à VILLAHERMOSA
- SOURCE : autogr., 2 p.
- LOCALISATION DU MS. : fac-similé et transcription à la suite de *Retratos de Antano*, P. Luis Coloma, Madrid, 1895
- ÉDITION : Menéndez-Pelayo 1894, p. 352
- INCIPIT : « Ni l'absence ni le temps n'affaibliront la reconnaissance... »

CONTENU : Demande des nouvelles de la santé du duc et de la duchesse. Mlle de Lespinasse est malade. Mme Geoffrin. A reçu une l. du comte de Fuentès.

75.10 | **4 février 1775.** Torné à D'Alembert
• SOURCE : cat. vente « Lettres autographes sur le XVIIIe siècle » (Etienne Charavay expert), 11 avril 1876, n° 57 : autogr., d.s., « Prieuré de Saint-Paul, près Bagnères », 6 p.
• EXTRAIT : « ... Le clergé en grande partie est retardé au moins d'un siècle plus que le monde savant.... »
CONTENU : « Il devroit pourtant s'accomoder au torrent et le suivre, au lieu de faire, pour le rompre ou pour l'arrêter, des efforts aussi honteux qu'inutiles ».

75.11 | **6 février 1775.** Voltaire à D'Alembert
• SOURCE : autogr., 4 p.
• LOCALISATION DU MS. : Paris Sorbonne, Ms. Cousin
• ÉDITION : Best. D19322, Pléiade XII, p. 36-38
• INCIPIT : « Raton reçoit une lettre un peu consolante du 30 janvier... »
CONTENU : Cherche à obtenir une place pour le jeune homme [d'Etallonde], lui enverra un mém. dont il donne un résumé ; la justice qui lui est due. A envoyé à Roni [Turgot] un petit livret où il lui rend hommage [Epître dédicatoire à *Don Pèdre*].

75.12 | **7 février 1775.** D'Alembert à Frédéric II
• SOURCE : impr., « Paris »
• ÉDITION : Preuss XXV, n° 150, p. 4-6
• INCIPIT : « Je me prosterne aux pieds de Votre Majesté, et je... »
CONTENU : Le remercie pour les porcelaines et le portrait remis par Tassaert. A aimé le portrait de Fréd. II conquérant (reçu 12 ans plus tôt), adore celui de Fréd. II philosophe. A reçu de Volt. son *Don Pèdre* avec l'*Eloge de la raison*. Affaire d'Etallonde. Honnête et vertueux Louis XVI. De Catt est en mauvaise santé. Tassaert, son logement souhaité, son retour à Berlin fin juillet.

75.13 | **8 février 1775.** Voltaire à D'Alembert
• SOURCE : copie, « à Ferney »
• LOCALISATION DU MS. : Oxford VF, Lespinasse III, p. 223-236
• ÉDITION : Best. D19324. Pléiade XII, p. 39-40
• INCIPIT : « Un secrétaire de l'Académie devrait bien avoir ses ports francs. »
CONTENU : Problèmes de courrier et de tarifs, s'aperçoit par une l. de Condorcet qu'ils n'ont pas reçu son envoi. Ne doute pas que D'Al. ait écrit à Luc [Fréd. II] pour recommander [d'Etallonde], devenu bon géomètre praticien (cite Vauban et Euler).

75.14 | **18 février 1775.** D'Alembert à Anisson
• SOURCE : autogr., d.s., 2 p.
• LOCALISATION DU MS. : Paris AN, 90 AP/65 (Fonds Saint-Fargeau), dossier 2 « correspondance de Jacques II Anisson »
• INCIPIT : « Comme vous ne cessez point de me faire éprouver vos bontés, et que je ne cesse point d'y avoir confiance, j'ose... »

ANNÉE 1775

CONTENU : Lui envoie un mém. [de Beaufleury] qu'il lui recommande chaudement car [Beaufleury] intéresse d'honnêtes gens qu'il veut obliger.

75.15 | **21 février 1775.** D'ALEMBERT au baron d'ESPAGNAC
- SOURCE : impr., « de Paris »
- ÉDITION : *J. enc.*, 15 avril 1775, p. 328
- INCIPIT : « Je reçois à l'instant, monsieur, la nouvelle édition de votre excellent et magnifique ouvrage... »

CONTENU : *Histoire du maréchal de Saxe* : bien que mauvais juge, appréciera les augmentations de cette nouvelle édition.

75.16 | **22 février 1775.** FRÉDÉRIC II à D'ALEMBERT
- SOURCE : copie, d.s. « Federic », « Potzdam », 5 p.
- LOCALISATION DU MS. : Genève IMV, MS 42, p. 239-243
- ÉDITION : Preuss XXV, n° 151, p. 7-8
- INCIPIT : « Je suis bien aise que les bagatelles... »

CONTENU : Heureux d'avoir fait plaisir à Anaxagoras. Passage [à Berlin] de Tchernychev, qui a parlé de D'Al. et de Louis XVI. Les injustices du Parlement de Paris, d'Etallonde, La Barre. Prochain voyage de Volt. à Paris, où la reine veut le voir. Traduction du Tasse, avec un avant-propos « unique ». Les ducs de Lauzun et de Montmorency-Laval à Berlin, en « comètes ». Paris se prépare donc au sacre. Promet de faire bâtir un logement pour Tassaert.

75.17 | **24 février 1775.** [ANISSON] à D'ALEMBERT
- SOURCE : brouillon [de la rép. à la l. de D'Al. du 18 février 1775]
- LOCALISATION DU MS. : Paris AN, 90 AP/65 (Fonds Saint-Fargeau), dossier 2 « correspondance de Jacques II Anisson »
- INCIPIT : « J'ai reçu, monsieur, le Mémoire et le plan de *M. de Beaufleury* que vous m'avez adressés. »

CONTENU : Accuse réception du mém. de Beaufleury. Fera examiner sa demande. Ne la perdra pas de vue.

75.18 | **26 février 1775.** VOLTAIRE à D'ALEMBERT
- SOURCE : copie, d., s. « V », « à Ferney »
- LOCALISATION DU MS. : Oxford VF, Lespinasse III, p. 236-238
- ÉDITION : Best. D19355. Pléiade XII, p. 51-52
- INCIPIT : « Cher seigneur et maître, cher Bertrand, il y a longtemps... »

CONTENU : D'Al. a « élogié » l'abbé de Saint-Pierre selon les gazettes de Berne. Les prix et les éloges de l'Acad. fr. Seconde éd. de *Don Pèdre*, voir la note à la fin de *La Tactique*.

75.19 | **18 mars 1775.** FRÉDÉRIC II à D'ALEMBERT
- SOURCE : copie, d., s. « Federic », « à Potzdam »
- LOCALISATION DU MS. : Genève IMV, MS 42, p. 243-245 (du 18 mars)

- ÉDITION : Preuss XXV, n° 152, p. 8-9
- REMARQUE : Preuss date du 16 mars, mais la réponse de D'Al. du 12 avril donne la date du 18 mars
- INCIPIT : « M'ayant paru que vous trouviez la porcelaine de Berlin... »

CONTENU : Lui envoie le buste [de Volt.]. Passage de « colonies russes ». Long séjour du duc de Lauzun [à Berlin], parti ensuite pour Varsovie. On dit D'Al. « intendant des eaux et rivières ».

75.20 | **24 mars 1775.** D'ALEMBERT à [TURGOT ou TRUDAINE]
- SOURCE : cat. vente Drouot (T. Bodin expert), Paris, 22 mai 1997, n° 3 : autogr., d.s., 2 p.
- REMARQUE : à rapprocher des l. du 18 et 24 février 1775. Le 25 février 1775, Turgot subit une violente attaque de goutte à Versailles
- EXTRAIT : « [les propositions qu'il leur fait] me paraissent non seulement très raisonnables, mais très avantageuses pour ces moines. »

CONTENU : « L'affaire de M. de Beaufleuri avec les minimes ». « J'ose me flatter que vous voudrez bien les appuyer de votre crédit, si comme je le crois, elles vous paroissent justes. Vous ajouterez cette nouvelle grâce... »

75.21 | **30 mars 1775.** D'ALEMBERT à Bernardin de SAINT-PIERRE
- SOURCE : impr., adr. « chez M. de Marguerie, chevalier de Saint-Louis, en sa terre des Loges, près Livarot, par Lizieux »
- ÉDITION : *Le Cabinet historique*, sous la direction de Louis Paris, t. IV, Paris, 1859, « Trois lettres de D'Alembert », p. 121
- REMARQUE : cat. vente Charavay 16-17 janvier 1856 : autogr., d., cachet, 2 p. Un autre cat. Charavay propose un lot de 3 l., 1771-1778, à Saint-Pierre, publiées par le *Cabinet historique*, dont seule celle-ci est correctement attribuée.
- INCIPIT : « Il est difficile que M. de Sartine puisse faire ce que... »

CONTENU : Il est nécessaire que Sartine et ses bureaux connaissent le nom du consul et du consulat que Saint-Pierre vise. Mlle de Lespinasse et Magallon pensent que Saint-Pierre doit lui écrire directement. Sartine a promis à Mme d'Epinay et à Magallon de l'aider, lui remettra les l. à son retour. Mlle de Lespinasse remercie [Catherine de Saint-Pierre] pour l'étui, lui écrira.

75.22 | **[mars 1775].** D'ALEMBERT à SAINT-FLORENTIN
- SOURCE : minute autogr., corr. autogr., 1 p.
- LOCALISATION DU MS. : Paris Institut, Ms. 2470, f. 217
- ÉDITION : Henry 1885/1886, p. 67
- REMARQUE : voir le « Memoire sur quelques arrangemens a faire dans les dépenses de l'académie des sciences », Ms. 2470, f. 2bis-9 dont la note autogr. précise « ce memoire fut fait en 1775 » et la l. du 20 avril 1775 dont D'Al. dit qu'elle suit de peu le mém.
- INCIPIT : « Voici en peu de mots l'histoire du mémoire... »

CONTENU : L'idée de ce mém. ne vient ni de lui ni de Condorcet, mais de « personnes en place ». Arrangement [de trésorerie pour le remplacement de Fouchy par Condorcet] qui aurait pu convenir à Fouchy et à l'Acad. [sc.] mais si ce n'est pas le cas, ces personnes renoncent.

75.23 | **[c. mars 1775].** D'ALEMBERT à BEAUFLEURY
- SOURCE : cat. vente Stargardt, 30-31 mai 1961, n° 350 : autogr., s., « ce mercredi matin », 1 p.
- REMARQUE : cat. vente Thorenc, Paris, Drouot, 15 juin 1888 (E. Charavay expert), n° 35
- INCIPIT : inconnu

CONTENU : Annonce à Beaufleury un soutien écrit du contrôleur général.

75.24 | **6 avril 1775.** D'ALEMBERT à [ANISSON]
- SOURCE : autogr., d.s., 2 p.
- LOCALISATION DU MS. : New-York Columbia Rare Books Coll., D. E. Smith Box A
- ÉDITION : Pappas 1977, p. 237
- REMARQUE : un mém. de Beaufleury présenté à Trudaine (voir *ibid*. Box B), révèle que Beaufleury veut éviter un procès à propos d'un terrain situé à Juvisy
- INCIPIT : « Vous m'avez paru prendre intérêt à l'affaire litigieuse... »

CONTENU : L'affaire de « l'honnête et équitable » Beaufleury avec les Minimes. Lui demande une dernière grâce : écrire à ces moines qu'il a nommé Hauteclerre pour conciliateur.

75.25 | **8 [avril 1775].** Mme GRANDJEAN DE FOUCHY à D'ALEMBERT
- SOURCE : cat. vente « Lettres autographes sur le XVIIIe siècle » (Etienne Charavay expert), 11 avril 1876, n° 37, 2° : autogr., « samedi 8 », 1 p.
- REMARQUE : le même cat. vente au n° 37, 1° propose la l. autogr., du 20 avril 1775, au 3°, la l. du 19 octobre [1775]. La l. de Mme Grandjean de Fouchy est citée (sans la date) dans la note de D'Al. à la l. de Fouchy du 20 avril 1775. Le 8 avril 1775 est bien un samedi
- EXTRAIT : « ...un moyen, monsieur, de vous faire un honneur très grand dans le monde, est d'aider M. de Fouchy... »

CONTENU : Vient de voir [l'huissier chargé de l'expulsion]. Cinq ou six mille francs tireraient Fouchy d'affaire. Compliments.

75.26 | **8 avril 1775.** VOLTAIRE à D'ALEMBERT et CONDORCET
- SOURCE : copie, d., « à messieurs les Bertrands », « à Ferney »
- LOCALISATION DU MS. : Oxford VF, Lespinasse III, p. 338-341
- ÉDITION : Best. D19409. Pléiade XII, p. 91-92
- INCIPIT : « Raton a reçu la petite histoire de Jean Vincent Antoine... »

CONTENU : Ecrits imputés à Volt. « Jean Vincent Antoine ». Le chevalier de Morton et le comte de Tressan. Lui rendre justice. [Etallonde]. Santé de Mme Denis.

75.27 | **12 avril 1775.** D'ALEMBERT à Bernardin de SAINT-PIERRE
- SOURCE : autogr., d.s., « à Paris », adr., cachet rouge, 1 p.
- LOCALISATION DU MS. : Moscou GIM OPI, fds 166, op. 1, 5/127
- INCIPIT : « M. le chevalier de Magallon part aujourd'hui ou demain pour l'Angleterre... »

CONTENU : Doute que Magallon puisse parler au ministre [Turgot], lui a néanmoins porté sa l., avec une autre de lui. Par lui ou par Mme d'Epinay, on atteindra Sartine, lui suggère d'aller le voir rapidement. Mlle de Lespinasse, remerciements à sa sœur. N'a pas trouvé l'occasion d'employer son peintre.

75.28 | **12 avril 1775.** D'ALEMBERT à FRÉDÉRIC II
- SOURCE : impr., « à Paris »
- ÉDITION : Preuss XXV, n° 153, p. 9-11
- REMARQUE : Belin-Bossange V, p. 359-61, date du 22 avril
- INCIPIT : « Je n'ai reçu qu'aujourd'hui 12 avril la lettre que... »

CONTENU : Reçoit le 12 avril sa l. du 18 mars. A fait monter son portrait afin de le porter avec lui. Attend le buste de Volt. Le comte de Tchernychev. Ne croit pas que Volt. vienne à Paris. Affaire d'Etallonde, preuves de son innocence. Le zélé Tassaert arrivera à Berlin début juin. Eloge du vertueux de Catt.

75.29 | **14 avril 1775.** D'ALEMBERT à LAGRANGE
- SOURCE : autogr., d., « à Paris », adr., cachet rouge, « repondue le 30 mai 1775 », 3 p.
- LOCALISATION DU MS. : Paris Institut, Ms. 915, f. 146-147
- ÉDITION : Lalanne 1882, XIII, p. 297-298
- INCIPIT : « Il y a un siècle, mon cher et illustre ami, que je n'ai reçu... »

CONTENU : Acad. [sc.] vient de remettre le prix de 1775 sur les aiguilles, espère que Lagrange postulera pour celui de 1776 sur les comètes. Rumeur fausse de sa direction des canaux : D'Al. est chargé, avec Bossut et Condorcet, de donner son avis sur les canaux, ont refusé les appointements. Demande son avis sur sa méthode dans le t. VI des *Opuscules*. Condorcet et lui essuient des « tracasseries » à l'Acad. sc. S'occupe toujours de ses *Eloges* à l'Acad. fr. On dit que Caraccioli, parti de Naples à Rome, reviendra en France par Vienne et Berlin.

75.30 | **20 avril 1775.** GRANDJEAN DE FOUCHY à D'ALEMBERT
- SOURCE : autogr., d.s., « à Paris », note de D'Al., adr., cachet rouge, 4 p.
- LOCALISATION DU MS. : Paris AdS, coll. Bertrand, carton 9
- REMARQUE : la l. est suivie d'une note autogr. de D'Al., dans laquelle il cite la l. de Mme Grandjean de Fouchy du 8 avril et l'aide qu'il a apportée, afin de prouver ses bons procédés à l'égard de Fouchy, malgré « les sujets qu'il avait de s'en plaindre ».
- INCIPIT : « Lorsque j'ai reçu votre lettre, monsieur et cher confrère, j'étais dans mon lit avec la fièvre dont j'avais été attaqué... »

ANNÉE 1775   379

CONTENU : Il le remercie [d'être intervenu auprès de Turgot, contrôleur général, pour résoudre ses problèmes d'argent].

75.31 | [c. 30 avril 1775]. VOLTAIRE à D'ALEMBERT et CONDORCET
- SOURCE : original, d. d'une autre main « 1er mai », « A Messieurs les deux secrétaires », 3 p.
- LOCALISATION DU MS. : Paris Arsenal, Ms. 7567, n° 69
- ÉDITION : Best. D19448. Pléiade XII, p. 121-122
- REMARQUE : copie Oxford VF, Lespinasse III, p. 241-245
- INCIPIT : « Je comptais envoyer aujourd'hui à l'un des Bertrands l'ouvrage très utile sur le commerce des blés. »

CONTENU : « Jean Vincent Antoine », question posée par un des Bertrands : Ganganelli [Clément XIV]. Officier prussien [d'Etallonde], d'Hornoy ; avocats. Épître de Morton et Tressan, Condorcet prié d'imposer silence. L. écrite à Fréd. II. L'article « Monopole » sera envoyé le 3 mai.

75.32 | [c. 1er mai 1775]. D'ALEMBERT à VOLTAIRE
- SOURCE : copie
- LOCALISATION DU MS. : Genève IMV MS CD 845a
- ÉDITION : Best. D19454
- REMARQUE : [la date est fixée par la date du départ de Mme Suard de Paris]
- INCIPIT : « Mon cher et illustre ami, Mme Suard qui vous apporte des lettres de bien des gens qui valent mieux que moi... »

CONTENU : Mme Suard n'a pas besoin de recommandation. Elle le guérirait, mais son mari ne voudrait pas la laisser à Ferney. Finit son bavardage.

75.33 | 8 mai 1775. FRÉDÉRIC II à D'ALEMBERT
- SOURCE : copie, d., s. « Federic », « Potzdam », 9 p.
- LOCALISATION DU MS. : Genève IMV, MS 42, p. 245-253
- ÉDITION : Preuss XXV, n° 154, p. 11-13
- INCIPIT : « Vous avez deviné juste sur le buste qui vous est envoyé, c'est celui de Voltaire. »

CONTENU : Aimerait faire exécuter en pendant du buste de Volt. celui de D'Al. Rusticité des Allemands et les frimas de l'Allemagne (référence à Ovide). Sainte ampoule, sacre du roi. Fera élever un bâtiment pour loger Tassaert.

75.34 | 11 mai 1775. LACÉPÈDE à D'ALEMBERT
- SOURCE : autogr., d.s., « à Agen », 2 p.
- LOCALISATION DU MS. : BnF, Département de la musique, Lettres autographes, vol. 60, f. 74
- INCIPIT : « Quoique je n'ai pas l'avantage d'être connu de vous... »

CONTENU : Lui demande un éclaircissement sur une question de musique, a progressé grâce à ses Elémens [de musique]. Propose de donner à l'accord de dominante tonique une nouvelle dissonance et argumente. A testé sur son clavecin et demande conseil. Lui demande la permission de venir le voir lorsqu'il viendra à Paris.

75.35 | **17 mai 1775.** D'ALEMBERT à FRÉDÉRIC II
- SOURCE : impr., « à Paris »
- ÉDITION : Preuss XXV, n° 155, p. 14-16
- REMARQUE : Belin-Bossange, p. 361-363, date du 27 mai
- INCIPIT : « Je viens de recevoir le nouveau présent dont... »

CONTENU : Le remercie du buste de Volt. Troubles en France, cherté du pain, manœuvres perfides, courage de Louis XVI, silence des évêques, *Instruction* royale aux curés. Le prochain départ de Tassaert, son logement à Berlin. Turgot et la hausse des fonds publics.

75.36 | **23 mai 1775.** D'ALEMBERT à MERCIER DE SAINT-LÉGER
- SOURCE : autogr., d.s., « à Paris », adr. « à St Louis la Culture, rue St Antoine », adr., cachet rouge, 1 p.
- LOCALISATION DU MS. : London BL, Egerton 15, f. 50-51
- ÉDITION : Grimsley 1962, p. 77
- INCIPIT : « Je vous renouvelle, monsieur, avec grand plaisir et avec encore plus de reconnaissance tous mes remerciements... »

CONTENU : A lu avec profit son ouvrage [*Supplément à l'histoire de l'imprimerie*]. Demandera une audience pour lui à Turgot, mais les corvées regardent Trudaine. Lui écrira et prendra rendez-vous pour la description de l'art de l'imprimerie.

75.37 | **25 mai [1775].** D'ALEMBERT à MERCIER DE SAINT-LÉGER
- SOURCE : autogr., « à Paris ce jeudi 25 mai », adr., cachet, 1 p.
- LOCALISATION DU MS. : London BL, Egerton 15, f 55-56
- ÉDITION : Grimsley 1962, p. 77
- INCIPIT : « M. le Contrôleur général m'a fait, monsieur, la réponse... »

CONTENU : Il vient de voir Turgot et le renvoie à Trudaine : les corvées vont être abolies. L'art. de l'art de l'imprimerie ne dépend pas de lui seul, il faut qu'il fasse un petit mém. que D'Al. transmettra à l'Acad. [sc.] et qu'il appuiera.

75.38 | **29 mai 1775.** LAGRANGE à D'ALEMBERT
- SOURCE : autogr., d., « à Berlin », P.-S., adr., cachet rouge, 3 p.
- LOCALISATION DU MS. : Paris Institut, Ms. 876, f. 230-231
- ÉDITION : Lalanne 1882, XIII, p. 298-300
- INCIPIT : « On ne saurait être plus sensible que je le suis... »

CONTENU : Finit une théorie des variations des éléments des planètes. Les écrits de Laplace sur le sujet sont très intéressants, lui demande que Laplace ne lui envoie pas de ms, seulement ses imprimés. Condorcet directeur de la Monnaie ? Reçoit les ouvrages de l'Acad. sc. par Lalande. Cherche la liste

ANNÉE 1775

des vol. déjà imprimés par l'Acad. sc. sur les arts et métiers. Renoncera probablement au prix sur les comètes. A lu le mém. de D'Al. sur le mouvement des fluides [*Opuscules* t. VI, Mém. 51-IV]. P.-S. Lui enverra le dernier HAB.

75.39 | **31 mai 1775.** D'ALEMBERT à FRÉDÉRIC II
- SOURCE : impr., « à Paris »
- ÉDITION : Preuss XXV, n° 156, p. 16
- INCIPIT : « Milord Dalrymple, qui aura l'honneur de présenter cette… »

CONTENU : Lettre d'introduction pour milord Dalrymple, allant à Berlin après plusieurs voyages en France.

75.40 | **4 juin [1775].** D'ALEMBERT à MERCIER DE SAINT-LÉGER
- SOURCE : autogr., d.s., « à Paris », adr., cachet noir, 1 p.
- LOCALISATION DU MS. : London BL, Egerton 15, f. 57-58
- ÉDITION : Grimsley 1962, p. 77
- INCIPIT : « Je ne crois pas, monsieur, que la voie de M. le duc… »

CONTENU : Il ne croit pas que Nivernais puisse lui être utile pour la place qu'il désire et lui suggère de s'adresser ailleurs. D'Al. n'a que peu de pouvoir sur Nivernais, ne peut que faire des vœux pour lui.

75.41 | **14 juin 1775.** D'ALEMBERT à un correspondant non identifié
- SOURCE : autogr., d.s., « à Paris », 1 p.
- LOCALISATION DU MS. : Nantes BM, Ms. 669-54
- REMARQUE : cat. de livres « provenant de la bibliothèque de M.*** », vente du 7 mars 1933, Maison Sylvestre, 1933, n° 520
- INCIPIT : « J'ai été, monsieur, chez M. Lacombe et ne l'ayant… »

CONTENU : A écrit à Lacombe pour l'engager à faire usage de la l. du destinataire, a parlé à [Pierre] Rousseau qu'il a rencontré par hasard « sur la signature de vos lettres » [dans le *J. Enc*], P. Rousseau a convenu de sa faute. N'est pas allé voir ce qui s'est passé à Reims. Souhaite le voir plus souvent « dans ce pays-ci ».

75.42 | **19 juin 1775.** FRÉDÉRIC II à D'ALEMBERT
- SOURCE : copie, d., s. « Federic », « Potsdam », 6 p.
- LOCALISATION DU MS. : Genève IMV, MS 42, p. 253-258
- ÉDITION : Preuss XXV, n° 157, p. 17-18
- REMARQUE : la copie de l'IMV est datée du 20 juin 1775, mais pour les motifs exposés dans l'introduction, c'est la datation de Preuss qui a été retenue
- INCIPIT : « Un petit voyage équivalent à 300 lieues de France… »

CONTENU : Un voyage a retardé sa réponse. Le buste de Volt. Vit en solitaire. Tout est pacifié. Son admiration pour [Louis XVI], son mépris pour les « charlatans sacrés ». Laval-Montmorency et Clermont-Gallerande l'ont accompagné en Pomérellie. Etablit cent quatre-vingts écoles. Arrivée de Tassaert. Anaxagoras se décidera-t-il à venir voir « l'ermite de Sans-Souci » ?

75.43 | **29 juin 1775.** D'Alembert à [Turgot]
- Source : autogr., d.s., « à Paris », 1 p.
- Localisation du ms. : Paris AF, dossier D'Alembert, 1G1
- Remarque : en marge, rép. « 2 700 lt au nom de M. dalembert »
- Incipit : « L'Académie française, ayant besoin dans le travail… »

Contenu : Sollicite de [Turgot] 1 200 lt pour l'achat de dictionnaires dont l'Acad. fr. a besoin dans ses séances et si possible, 1 500 lt pour l'achat de l'*Enc*.

75.44 | **6 juillet 1775.** Lagrange à D'Alembert
- Source : autogr., d., « à Paris », 3 p.
- Localisation du ms. : Paris Institut, Ms. 876, f. 232-233
- Édition : Lalanne 1882, XIII, p. 301-302
- Incipit : « Je profite, mon cher et illustre confrère, d'une occasion… »

Contenu : Lui envoie par Thiébault *HAB* [*1773*] avec des feuilles pour Condorcet et Cassini. Fait des recherches arithmétiques, sait D'Al. peu amateur. Enverra les *Mémoires de Göttingen*. Où est Caraccioli ? Redemande la liste des Arts et Métiers de l'Acad. [sc.].

75.45 | **7 juillet 1775.** Voltaire à D'Alembert
- Source : copie, s. « V », « à Ferney »
- Localisation du ms. : Oxford VF, Lespinasse III, p. 249-250
- Édition : Best. D19549. Pléiade XII, p. 174
- Incipit : « Vous n'avez probablement point reçu, mon cher… »

Contenu : Lui a envoyé une l. un mois plus tôt par Devaines : Fréd. II pensionne Morival [Etallonde] auprès de lui. [*Le Cri du sang innocent*], mém. de [d'Etallonde] qui ne demande rien à la France.

75.46 | **10 juillet 1775.** D'Alembert à Frédéric II
- Source : impr., « à Paris »
- Édition : Preuss XXV, n° 158, p. 18-20
- Remarque : Belin-Bossange p. 363-364, date du 15 juillet
- Incipit : « On m'avait alarmé beaucoup, il y a peu de temps… »

Contenu : Inquiétudes sur la santé de Fréd. II dissipées par le baron de Goltz. Eloge de Louis XVI et de ses vertueux ministres, Malesherbes (successeur de La Vrillière) et Turgot. Offre ses services (gratuits) au contrôleur général. Murmure des prêtres. Cordon bleu donné par Louis XVI au meilleur de ses instituteurs. Cérémonie du sacre, les prêtres sont les plus grands ennemis des rois. Sait mauvais gré à l'auteur du *Système de la nature* [d'Holbach]. Lumières et justice en Pomérellie. Tassaert. Flatteries.

75.47 | **10 juillet 1775.** D'Alembert à Lagrange
- Source : autogr., d., « à Berlin », « repondue le 6 septembre 1775 », 2 p.
- Localisation du ms. : Paris Institut, Ms. 915, f. 148
- Édition : Lalanne 1882, XIII, p. 302-303

ANNÉE 1775

| | • INCIPIT : « Mon cher et illustre ami, j'ai communiqué à... »
CONTENU : Laplace et la théorie des planètes. Condorcet est directeur de la Monnaie. Envoie la liste des Arts et Métiers, on en fait une édition moins chère à Neuchâtel. S'est remis au travail mathématique. A lu dans *HAB 1773* deux mém. de Lagrange (sur quatre). Compliments à Thiébault, Bitaubé, Borelly, Formey, Lambert, etc.

75.48 | **17 juillet 1775.** VOLTAIRE à D'ALEMBERT
- SOURCE : copie, « Ferney »
- LOCALISATION DU MS. : Oxford VF, Lespinasse III, p. 250-254
- ÉDITION : Best. D19566. Pléiade XII, p. 186-187
- REMARQUE : la lettre de D'Al. du 11 juillet manque
- INCIPIT : « Mon cher ami, mon cher philosophe, je suis bien affligé. Votre lettre du 11 juillet me pétrifie. »

CONTENU : Inquiet que ses paquets ne soient pas arrivés. [Etallonde]. Turgot. S'informer des paquets auprès de Devaines. Condorcet, d'Argental. Fréd. II change en bien. Santé de Mme Denis. « M. Melon ». Morellet.

75.49 | **29 juillet 1775.** VOLTAIRE à D'ALEMBERT
- SOURCE : copie, s. V, « à Ferney »
- LOCALISATION DU MS. : Oxford VF, Lespinasse III, p. 254-257
- ÉDITION : Best. D19579. Pléiade XII, p. 192-193
- INCIPIT : « Vous ferez assurément une très bonne action... »

CONTENU : D'Al. doit remercier Fréd. II pour La Barre et d'Etallonde. *Le Bon sens* [de d'Holbach] : bien mais imprudent.

75.50 | **5 août 1775.** FRÉDÉRIC II à D'ALEMBERT
- SOURCE : copie, d., s. « Federic », « Potsdam », 9 p.
- LOCALISATION DU MS. : Genève IMV, MS 42, p. 258-266
- ÉDITION : Preuss XXV, n° 159, p. 21-23
- INCIPIT : « On vous avait alarmé mal à propos... »

CONTENU : Un voyage en Prusse guérirait et rajeunirait Anaxagoras, « point de santé sans exercice ». Visite de l'original [Dalrymple] venant de Londres. Louis XVI et ses nouveaux ministres. Turgot, Malesherbes, Malézieu. Les ministres sont de peu de durée en France. Abandonne les évêques « aux anathèmes encyclopédiques », mais non pas « les bons pères jésuites ». A vu jouer Lekain, chez qui « l'art étouffe la nature ». Volt. et D'Al.

75.51 | **10 août 1775.** D'ALEMBERT à Elisabeth VIGÉE
- SOURCE : cat. vente coll. Gourio de Refuge, 23 et 24 décembre 1902 (Noël Charavay expert), n° 209 (2) : autogr., d.s. 3 p.
- ÉDITION : *J. enc.*, 1er octobre 1775, p. 146-147. *Mémoires secrets*, 12 septembre 1775, t. VIII, p. 175-176 et autres périodiques. *Souvenirs de Mme Vigée-Lebrun*, H. Fournier, 1835-1837, p. 43-45
- REMARQUE : Belin-Bossange p. 44-45 date de « septembre »

	• INCIPIT : « L'Académie française a reçu avec toute la reconnaissance possible la lettre charmante que vous lui avez écrite... »
CONTENU :	Remerciements pour les portraits de Fleury et de La Bruyère envoyés à l'Acad. par Mlle Vigée. L'Acad. fr. lui offre l'entrée à toutes les séances publiques [*Reg. Acad. fr.*, p. 379].

75.52	**13 août 1775.** D'ALEMBERT à FRÉDÉRIC II
	• SOURCE : impr., « Paris »
	• ÉDITION : Preuss XXV, n° 160, p. 23-24
	• INCIPIT : « M. de Voltaire vient de m'écrire, pénétré des... »
CONTENU :	L. de Volt., l'informant de la protection accordée par Fréd. II à d'Etallonde. Remerciements.

75.53	**15 [août 1775].** D'ALEMBERT à VOLTAIRE
	• SOURCE : autogr., adr., cachet, 3 p.
	• LOCALISATION DU MS. : Den Haag RPB 129, G16A30, 161
	• ÉDITION : Best. D19609
	• INCIPIT : « Je ne sais, mon cher et illustre maître, par quelle fatalité... »
CONTENU :	A reçu le 12 la lettre du 29 juillet (75.49). A écrit au roi de Prusse suivant son souhait à propos d'Etallonde. La Harpe a remporté des prix de l'Acad. fr., par ailleurs poursuivi pour un article du *Mercure*. *Le Bon sens* plus dangereux que le *Système de la Nature*. La duchesse de Châtillon à Ferney, le comte d'Anlézy à qui D'Al. a donné une l. pour Volt.

75.54	**18 [août 1775].** D'ALEMBERT à VOLTAIRE
	• SOURCE : autogr., s. « Bertrand l'ainé », « à Paris », 2 p.
	• LOCALISATION DU MS. : Den Haag RPB 129, G16A30, 162
	• ÉDITION : Best. D19613
	• INCIPIT : « M. François de Neufchâteau, que je ne connaissais pas, vint hier chez moi... »
CONTENU :	François de Neufchâteau : La Beaumelle et Fréron contre *La Henriade*, demande l'autorisation de répondre. Neufchâteau attend une l. de Volt.

75.55	**20 août 1775.** DURAS à D'ALEMBERT
	• SOURCE : impr. d., « à Versailles »
	• ÉDITION : *Reg. Acad. fr.*, p. 380
	• INCIPIT : « J'ai exécuté vos ordres, monsieur, et ceux de l'Académie,... »
CONTENU :	A pris le « Bon » du roi pour les deux mois de vacances demandés par l'Acad. fr., le lui remettra samedi. Prendre ses arrangements en conséquence [l'Acad. en vacances du 31 août au 4 novembre].

75.56	**[21 août 1775].** D'ALEMBERT à [DUCROCQ]
	• SOURCE : copie, « lundi au soir », d., 1 p.
	• LOCALISATION DU MS. : Paris Institut, Ms. 2470, f. 162v°-163
	• ÉDITION : Pappas 1989, p. 101

ANNÉE 1775

- • REMARQUE : citée dans le mém. incomplet sur l'affaire Devaines (Ms. 2470, f. 160bis-171) comme écrit « le lundi d'avant la S. Louis du mois d'août 1775 »
- • INCIPIT : « On consent à tout. Ne perdez pas un moment.... »

CONTENU : Demande à Ducrocq de faire porter chez lui l'édition [de la *Lettre d'un profane à l'abbé Baudeau. 1er juillet 1775*, violent pamphlet contre Devaines, premier commis de Turgot], il donnera 30 louis au porteur.

75.57 | **23 août [1775].** D'ALEMBERT à MALESHERBES
- • SOURCE : cat. vente Lajariette, 15 novembre, 1860, n° 49 et cat. vente coll. Gourio de Refuge, 23-24 décembre 1902 (Noël Charavay expert), n° 209 : autogr., s., « mercredi 23 », 1 p.
- • EXTRAIT : « Et montrez Malesherbes au peuple qui l'attend... »

CONTENU : Le public désire passionnément voir Malesherbes à l'Assemblée du jour de la Saint-Louis, l'Acad. [fr.] le désire encore plus vivement.

75.58 | **24 août 1775.** VOLTAIRE à D'ALEMBERT
- • SOURCE : copie
- • LOCALISATION DU MS. : Oxford VF, Lespinasse III, p. 257-260
- • ÉDITION : Best. D19624. Pléiade XII, p. 222-223
- • INCIPIT : « Mon cher ami, mon cher soutien de la raison et du bon goût, mon cher philosophe, mon cher Bertrand... »

CONTENU : A reçu d'Anlézy et la duchesse de Châtillon. La Harpe. Le parlement de Besançon en faveur des moines [de Saint-Claude]. Dire à François de Neufchâteau qu'il faut combattre, mais pas la *Henriade* de Fréron : pas de procès, se contenter d'écrire dans les journaux. Etallonde part pour la Prusse. Le remercie de son influence sur Fréd. II.

75.59 | **6 septembre 1775.** LAGRANGE à D'ALEMBERT
- • SOURCE : autogr., d., « à Berlin », adr., cachet rouge, 4 p.
- • LOCALISATION DU MS. : Paris Institut, Ms. 876, f. 234-235
- • ÉDITION : Lalanne 1882, XIII, p. 303-305
- • INCIPIT : « Je vous remercie, mon cher et illustre ami, de la liste... »

CONTENU : Va faire paraître dans *HAB* un mém. sur les intégrales particulières. N'a pas concouru au prix sur les comètes, espère une remise du prix, participera en ce cas. Meckel remplacé par Walter à l'Acad. de Berlin. Demande à D'Al. de recommander un chimiste pour le cas où Margraff mourrait. Heinius est mort, demande la place pour Béguelin plutôt que Formey.

75.60 | **9 septembre 1775.** FRÉDÉRIC II à D'ALEMBERT
- • SOURCE : copie, d., s. « Federic », « Potzdam », 4 p.
- • LOCALISATION DU MS. : Genève IMV, MS 42, p. 267-270
- • ÉDITION : Preuss XXV, n° 161, p. 24-25
- • REMARQUE : L'incipit de Preuss est « La religion n'est donc pas... »

- INCIPIT : « L'infâme n'est donc pas la seule qui ait ses martyrs et la philosophie aura également les siens. »

CONTENU : *Divus Etallundus* martyr. La tolérance commence à s'acclimater en France. Malesherbes et Turgot apôtres de la vérité. Laval-Montmorency et Clermont-Gallerande en Silésie. D'Al. ne peut-il obtenir un congé pour venir le voir avant qu'il ne soit trop vieux ?

75.61 | **10 septembre 1775.** VOLTAIRE à D'ALEMBERT et CONDORCET
- SOURCE : original, d., 4 p.
- LOCALISATION DU MS. : Paris BnF, NAFr. 24330, f 186-189
- ÉDITION : Best. D19653. Pléiade XII, p. 244-245
- INCIPIT : « Le vieux Raton se cache dans son coin derrière les Bertrands. »

CONTENU : A envoyé par Devaines un mém. à Turgot pour rendre les Etats de Gex indépendants de la ferme générale ; a été examiné par Trudaine ; peut-on le soutenir ? Cabale contre Turgot. [D'Al., Etallonde] et Fréd. II. Discours de Guibert et La Harpe. Neufchateau. Recevra le marquis de Montesquiou. Abolition de l'esclavage, Turgot, Malesherbes. A donné des prix : médaille représentant Turgot gagnée par Mme de Saint-Julien.

75.62 | **12 septembre 1775.** LACÉPÈDE à D'ALEMBERT
- SOURCE : autogr., d.s., « St Amans près d'Agen », P.-S., cachet rouge, 3 p.
- LOCALISATION DU MS. : Paris BnF, Département de la musique, Lettres autographes, vol. 60, f. 75-76
- INCIPIT : « La bonté avec laquelle vous avez répondu à une lettre... »

CONTENU : Continue l'exposition de ses réflexions sur la cause des différents effets de la musique. La sensation produite par un air influence la mémoire et les sensations ultérieures. Sensations simples primitives et plus complexes, associées au projet du musicien. L'art de produire des effets à partir d'éléments simples. Peut être généralisable à tous les arts. Lui demande rép. à Agen. Admiration. Projet d'écrire un livre sur la musique.

75.63 | **15 septembre 1775.** D'ALEMBERT à FRÉDÉRIC II
- SOURCE : impr., « Paris »
- ÉDITION : Preuss XXV, n° 162, p. 25-27
- INCIPIT : « J'ai eu l'honneur d'écrire il y a quelque temps... »

CONTENU : Remerciements pour d'Etallonde et pour lord Dalrymple. Craint de tomber malade en voyage, mais souhaite aller en Hollande et à Berlin. Eloge de Louis XVI. Lekain, Mlle Clairon. A envoyé par Strasbourg le catalogue de la collection Mariette. Tassaert. Vœux.

75.64 | **15 septembre 1775.** D'ALEMBERT à LAGRANGE
- SOURCE : autogr., d., « à Paris », « repondue le 12 [*sic* pour 14] Oct. 1775 », 2 p.
- LOCALISATION DU MS. : Paris Institut, Ms. 915, f. 149

- ÉDITION : Lalanne 1882, XIII, p. 306-307
- INCIPIT : « J'ai reçu, mon cher et illustre confrère, le volume... »

CONTENU : A reçu *HAB 1772*, a remis leurs paquets à Condorcet et Cassini. A lu le mém. sur les sphéroïdes elliptiques, et lui envoie une note pour *HAB 1773* [en fait *HAB 1774*, voir A75.03]. Caraccioli à Paris pour le sacre. Une seule pièce pour le prix sur les comètes. Prépare lentement un septième vol. d'*Opuscules*.

75.65 | **24 septembre [1775].** Mlle de LESPINASSE dictant, D'ALEMBERT écrivant, à CONDORCET
- SOURCE : copie par Eliza O'Connor de l'original autogr. de D'Al., « ce 24 septembre », 2 p.
- LOCALISATION DU MS. : Paris Institut, Ms. 2475, pièce 78
- ÉDITION : Henry 1887b, p. 170-172. Pascal 1990, p. 116-117
- INCIPIT : « Vous êtes trop aimable, bon Condorcet, de trouver le temps au milieu de tout ce qui vous accable.... »

CONTENU : Les parents de Condorcet. Elle a dîné avec Turgot qui espère voir le prix du blé diminuer. Le clergé demande au roi d'interdire les ouvrages anonymes pour lutter contre l'incrédulité. Les Suard. Turgot a défendu Devaines publiquement. Saint-Chamans va mieux. Le secrétariat de Condorcet. Apophtegme d'Angiviller.

75.66 | **24 [septembre 1775].** D'ALEMBERT à VICQ D'AZYR
- SOURCE : autogr., s., « ce dimanche 24 », adr., cachet, 2 p.
- LOCALISATION DU MS. : New York Morgan, Misc. Heineman, MAH 9
- REMARQUE : Vicq d'Azyr est nommé commissaire chargé d'étudier l'épizootie en novembre 1774. Le premier dimanche 24 suivant est en septembre 1775, avant le second voyage de Vicq d'Azyr
- INCIPIT : « Recevez tous mes remerciements du travail... »

CONTENU : Le travail [étude de l'épizootie] dont Vicq s'est chargé « à sa prière ». Lui remettra à son retour l'« instruction pastorale de l'archevêque de Toulouse » [probablement l'*Ordonnance concernant les sépultures*, Loménie de Brienne, mai 1775]. L'ouvrage italien. Voyage qu'il va faire d'une grande utilité pour l'Etat, Turgot ne pouvait faire meilleur choix.

75.67 | **3 octobre 1775.** D'ALEMBERT à FRÉDÉRIC II
- SOURCE : impr., « à Paris »
- ÉDITION : Preuss XXV, n° 163, p. 27-30
- REMARQUE : Belin-Bossange, p. 367-369 date du 15 octobre
- INCIPIT : « Il n'y a que très peu de temps que j'ai eu l'honneur... »

CONTENU : Le remercie de sa l. « pleine de bonté ». Ligue des prêtres et des parlements. Publication des scandaleuses *Formules du sacre*. Tanucci à Naples avait empêché pareille cérémonie. Propose de chercher un successeur à Margraff, le chimiste de l'Acad. de Berlin. Mort de Heinius, que Béguelin pourrait remplacer. Sa faible santé et ses amis qui ont besoin de lui l'empêchent de voyager.

75.68 | **3 octobre 1775.** D'ALEMBERT à LAGRANGE
- SOURCE : autogr., d., « à Paris », adr., cachet rouge, « repondue le 12 octobre 1775 », 3 p.
- LOCALISATION DU MS. : Paris Institut, Ms. 915, f. 150-151
- ÉDITION : Lalanne 1882, XIII, p. 307-309
- INCIPIT : « Mon cher et illustre ami, je venais de mettre à la poste... »

CONTENU : A reçu sa l. du 6 sept. alors qu'il venait d'écrire à Fréd. II. A trouvé un successeur pour Margraff et s'occupe de la succession de Heinius. Béguelin. Mém. de Laplace sur les intégrales particulières (*MARS 1772*). Courbes élastiques. Trouve une erreur dans le mémoire de Lagrange sur les sphéroïdes elliptiques [*HAB 1773*].

75.69 | **9 octobre 1775.** D'ALEMBERT à BOISSY D'ANGLAS
- SOURCE : autogr., adr., cachet rouge, 1 p.
- LOCALISATION DU MS. : New York Columbia Rare Books Coll., D. E. Smith Box A
- ÉDITION : Pappas 1977, p. 238
- INCIPIT : « Je n'ai point eu d'autres mémoires sur M. Fléchier que Moreri, Niceron... »

CONTENU : Conseille à Boissy de puiser dans les mêmes sources que lui sur Fléchier : Moreri, Niceron, le recueil de ses œuvres. Occupations dont il est surchargé.

75.70 | **14 octobre [1775].** LAGRANGE à D'ALEMBERT
- SOURCE : autogr., d., « à Berlin », adr., cachet rouge, 4 p.
- LOCALISATION DU MS. : Paris Institut, Ms. 876, f. 274-275
- ÉDITION : Lalanne 1882, XIII, p. 309-311
- INCIPIT : « Mon cher et illustre ami, comme je prenais la plume pour répondre à votre lettre du 15 septembre... »

CONTENU : A lu à l'Acad. [de Berlin] le texte de D'Al. A trouvé une démonstration du théorème de Maclaurin sur les sphéroïdes. D'accord sur l'erreur signalée. Remercie pour les démarches en faveur de Béguelin, mais Sulzer a eu la place. Questions de succession à l'Acad. de Berlin. Le mém. de Laplace sur les intégrales est très bien. Lagrange fera imprimer d'autres recherches sur ce sujet [*HAB 1774*]. Caraccioli.

75.71 | **18 octobre 1775.** D'ALEMBERT à RÉMY
- SOURCE : copie de la main de Ducrocq, d., 2 p.
- LOCALISATION DU MS. : Paris Institut, Ms. 2470, f. 167
- ÉDITION : Pappas 1989, p. 105

ANNÉE 1775

- REMARQUE : transcription insérée dans le mém. de Ducrocq, Ms. 2470, f. 160bis-171
- INCIPIT : « J'aurai soin de tous ces infortunés, et j'ai même pris des mesures pour... »

CONTENU : D'Al. a pris des mesures pour aider la famille de Ducrocq, « s'il venait à mourir », lui demande d'en faire part à Ducrocq.

75.72 | **19 octobre [1775].** Mme GRANDJEAN DE FOUCHY à D'ALEMBERT
- SOURCE : cat. vente « Lettres autographes sur le XVIIIe siècle » (Etienne Charavay expert), 11 avril 1876, n° 37, (3) : autogr., « 19 octobre 1755 », 1 p.
- REMARQUE : 1775 est plus probable que l'année 1755 donnée par le cat. vente : voir l. du 8 et 20 avril.
- INCIPIT : inconnu

CONTENU : Elle implore la protection de D'Al.

75.73 | **21 octobre 1775.** D'ALEMBERT à DUCHÉ
- SOURCE : autogr., d.s., « à Paris », adr. « à Montpellier », cachet rouge, 1 p.
- LOCALISATION DU MS. : Marseille Alcazar, Ms. 2145, n° 7
- INCIPIT : « Vous avez, mon cher ami, perdu ce que vous aimiez... »

CONTENU : Compatit à son malheur, aimerait lui offrir les consolations de son ancienne amitié, mais est attaché à sa « glèbe ». L'assure de son amitié. « Tuus ex animo ».

75.74 | **23 octobre 1775.** FRÉDÉRIC II à D'ALEMBERT
- SOURCE : copie, « Postdam », s. « Federic », 4 p.
- LOCALISATION DU MS. : Genève IMV, MS 42, p. 270-273
- ÉDITION : Preuss XXV, n° 164, p. 30-31
- REMARQUE : la copie de l'IMV est datée du 27 octobre 1775, mais pour les motifs exposés dans l'introduction, c'est la datation de Preuss qui a été retenue.
- INCIPIT : « Quoiqu'en dise Posidonius, la goutte est un mal physique... »

CONTENU : La goutte l'a paralysé quatre semaines. Se réjouit de revoir Anaxagoras. Vœux pour Louis XVI et ses ministres. Arrivée de d'Etallonde. A l'Acad. [de Berlin], la place demandé par D'Al. est déjà donnée.

75.75 | **[c. octobre 1775].** D'ALEMBERT à Mme NECKER
- SOURCE : cat. vente Charavay-Castaing, novembre 1964, n° 29972 : autogr., « ce vendredi matin », adr., 2 p.
- REMARQUE : datée approximativement d'octobre par les poires et de 1775 par la maladie de Mlle de Lespinasse
- INCIPIT : « Mille très humbles remerciements à M. et Mme Necker. »

CONTENU : N'a pas encore eu ce matin de nouvelles de Mlle de Lespinasse. Demande qu'on lui garde quelques morceaux de colle d'âne. Mlle de Lespinasse pourra profiter des belles poires envoyées. Le médecin l'y a autorisée, au lieu de bouillon.

75.76 | **25 octobre [1775].** Mlle de LESPINASSE dictant, D'ALEMBERT écrivant, à BERNARDIN DE SAINT-PIERRE
• SOURCE : cat. vente non identifié n° 264 : autogr. de D'Al., « 25 octobre »
• REMARQUE : [D'Al fait office de secrétaire pour Mlle de Lespinasse dans ses l. à Condorcet en 1769, oct-nov 1771, ce qui est trop tôt, puis l'été 1772, l'été 1774 et l'automne 1775]
• INCIPIT : inconnu

CONTENU : [Inconnu].

75.77 | **6 novembre 1775.** VOLTAIRE à D'ALEMBERT
• SOURCE : original, d., s. « V », adr., cachet, 3 p.
• LOCALISATION DU MS. : Paris BnF, NAFr. 24330, f. 191-192
• ÉDITION : Best. D19729. Pléiade XII, p. 296-297
• REMARQUE : copie Oxford VF, Lespinasse III, p. 261-264
• INCIPIT : « Vous devez être surchargé continuellement de lettres... »

CONTENU : D'Argental lui a envoyé des billets de Mme d'Espinas [Mlle de Lespinasse,] il prie D'Al. de la remercier de son intervention. D'Etallonde est à Potsdam. Supplice de La Barre, aurait pu devenir ministre [comte de Saint-Germain]. La goutte de Fréd. II et des grands hommes [Turgot]. Prix relatif au salpêtre proposé par l'Acad. sc. Kangxi [Louis XVI] et les bonzes [parlements].

75.78 | **13 novembre 1775.** [MALESHERBES] à D'ALEMBERT
• SOURCE : minute du vol. « Missives année 1775 », d., à « M. Dalembert », 1 p.
• LOCALISATION DU MS. : Paris AN, 01 471, f. 323v°
• INCIPIT : « L'intérêt, monsieur, que vous prenez à M. Barthès a augmenté le désir... »

CONTENU : Aurait voulu répondre positivement à sa demande mais le roi a refusé la grâce que les enfants de Barthez demandaient pour lui lors du conseil du 28 [octobre].

75.79 | **22 novembre 1775.** LOMBARD à D'ALEMBERT
• SOURCE : autogr., d., s. « professeur royal aux écoles d'artillerie », « Auxonne », 7 p.
• LOCALISATION DU MS. : Paris Institut, Ms. 2466, f. 134-137
• INCIPIT : « Il s'en est peu fallu, monsieur, qu'il ne parût en même temps deux traductions des remarques de M. Euler... »

CONTENU : Traductions des remarques d'Euler sur les principes d'artillerie de Robins : l. de D'Al. à Euler dans le *J. enc.* de septembre. Explications sur sa propre traduction, commencée en 1748, achevée en 1754, pour lui-même, motivé de faire paraître la sienne par les autres tentatives, expériences réalisées. Bézout et Borda. Demande l'avis de D'Al. sur sa méthode.

75.80 **15 décembre 1775.** D'ALEMBERT à FRÉDÉRIC II
- SOURCE : impr. « anniversaire de la bataille de Kesselsdorf »
- ÉDITION : Preuss XXV, n° 165, p. 31-34
- INCIPIT : « Je suis absolument de l'avis de Votre Majesté, et nullement de celui... »

CONTENU : Goutte. A reçu une l. reconnaissante de d'Etallonde. Béguelin. Pour succéder à Margraff, suggère Scheele (de Stockholm) ou Michaelis (de Göttingen). L. de la marquise d'Argens au sujet du mausolée de son mari. Demandes des évêques refusées par Louis XVI, réformes annoncées dans le militaire et la Maison du roi. Vœux.

75.81 **15 décembre 1775.** D'ALEMBERT à LAGRANGE
- SOURCE : autogr., d., « à Paris », « repondue le 25 mars 1776 », 2 p.
- LOCALISATION DU MS. : Paris Institut, Ms. 915, f. 152
- ÉDITION : Lalanne 1882, XIII, p. 311-313
- INCIPIT : « Mon cher et illustre ami, je vous suis obligé de la lecture... »

CONTENU : Envoie une autre « lettre » qu'il le prie d'insérer dans HAB avec la précédente [A75.03 et A75.04]. Béguelin, Margraff. Courbes élastiques. Prépare le vol. VII des *Opuscules*, notamment sur les fluides [*Opuscules* t. VII, Mém. 57]. Prix sur les comètes. Caraccioli. Euler a reçu de Turgot une gratification pour l'éd. française de la *Construction des vaisseaux*. Compliments à Lambert, Béguelin, Thiébault, Borelly, Formey.

75.82 **16 décembre 1775.** DUPLAIN à D'ALEMBERT
- SOURCE : impr., s. « Joseph Duplain », « à Lyon »
- ÉDITION : *Mercure*, janvier 1776, vol. 2, p. 190-191
- INCIPIT : « Monsieur de La Tourette, notre inspecteur, m'a communiqué... »

CONTENU : Ordres de M. Albert au sujet du *Dictionnaire de l'Académie* : son prospectus d'une nouvelle éd. sans changement. Fait d'un « libraire *marchand* ».

75.83 **30 décembre 1775.** FRÉDÉRIC II à D'ALEMBERT
- SOURCE : copie, « Postdam », d., s. « Federic », 7 p.
- LOCALISATION DU MS. : Genève IMV, MS 42, p. 274-280
- ÉDITION : Preuss XXV, n° 166, p. 34-36
- INCIPIT : « Je vous avoue que je ne suis pas aussi grand stoïcien que Posidonius. »

CONTENU : Ses quatorze accès de goutte, la présence d'Anaxagoras le guérirait. Volt. « marquis et intendant du Pays de Gex ». Wéguelin. Margraff encore vivant. [D'Etallonde] est un « bon garçon ». Tirade contre « l'infâme ».

1776

76.01 | **5 janvier 1776.** D'Alembert à Massieu
- Source : autogr., d.s., « à Paris », adr. « à Nancy », 1 p.
- Localisation du ms. : Krakow BJ, coll. Radowitz, n° 4904
- Édition : Henry 1885/1886, p. 87
- Incipit : « Je n'ai pu voir qu'hier M. le Prince de Beauvau... »

Contenu : Beauvau n'a pu encore s'informer sur lui, mais D'Al. l'a encore recommandé. Lui communiquera sa rép. dès qu'il l'aura. Le remercie de ses vœux.

76.02 | **6 janvier 1776.** D'Alembert à Rémy
- Source : copie de la main de Ducrocq, d., 1 p.
- Localisation du ms. : Paris Institut, Ms. 2470, f. 168r°
- Édition : Pappas 1989, p. 106
- Remarque : transcription insérée dans le mém. de Ducrocq, Ms. 2470, f. 160bis-171
- Incipit : « On me demande un contrat, je n'en ferai jamais... »

Contenu : Pour la famille de [Ducrocq] qu'il a promis d'aider [dans sa lettre du 18 octobre 1775 (75.71)], D'Al. ne veut pas faire de contrat, estimant que sa parole vaut signature devant notaire, et demande à son correspondant d'être garant de ses promesses.

76.03 | **28 janvier 1776.** [Saint-Florentin] à D'Alembert
- Source : minute du vol. « Depêches année 1776 », d., à « M. Dalembert », 1 p.
- Localisation du ms. : Paris AN, O1 472, f. 25r°
- Incipit : « L'intérêt que vous me paraissez, monsieur, prendre au Sr Golyon et les témoignages que vous... »

Contenu : Aurait voulu que l'intérêt que D'Al. porte à Golyon lui ait permis d'obtenir la place de maire de Châlons-sur-Saône, mais elle dépend des élus de Bourgogne qui ont présenté Noirot, choix approuvé par le roi.

76.04 | **6 février 1776.** Voltaire à D'Alembert
- Source : copie, d.s, « à Ferney », 2 p.
- Localisation du ms. : Oxford VF, Lespinasse III, p. 269-270
- Édition : Best. D19904. Pléiade XII, p. 417
- Incipit : « Je vous avertis, illustre secrétaire de notre Académie... »

Contenu : Poncet va faire le buste de D'Al. en marbre, après s'être essayé sur Volt.

76.05 | **8 février 1776.** Voltaire à D'Alembert
- Source : copie, d., 9 p.
- Localisation du ms. : Oxford VF, Lespinasse III, p. 265-269
- Édition : Best. D19910. Pléiade XII, p. 419-421
- Incipit : « Notre maître à tous, notre grand Bertrand, vous... »

ANNÉE 1776

CONTENU : Gex a gagné contre les [moines de Saint-Claude]. [Poncet] veut sculpter D'Al. et Turgot. Qui succédera à Saint-Aignan à l'Acad. ? Bardin, libraire, annonce une édition de Volt. en quarante vol., avec des ouvrages qui lui sont attribués à tort. Les sociniens et l'Eglise de Genève.

76.06 | **15 février 1776.** D'ALEMBERT à FABRONI
- SOURCE : autogr., d.s., «à Paris», adr., «à Pise», cachet rouge, 2 p.
- LOCALISATION DU MS. : Pisa BU, Ms. 422, fasc. 26, l. 29
- ÉDITION : Henry 1885/1886, p. 88
- INCIPIT : «J'ai reçu, il y a déjà quelque temps, la Ve décade...»

CONTENU : Le remercie de son ouvrage, fort intéressant pour l'histoire littéraire italienne. Aimerait se procurer les décades précédentes.

76.07 | **22 février 1776.** MAGALLON à D'ALEMBERT
- SOURCE : copie, note autogr. de D'Al. «extrait d'une l. de Mr Magallon du 22 février 1776», 3p.
- LOCALISATION DU MS. : Paris Institut, Ms. 866, pièce 3
- ÉDITION : Henry 1885/1886, p. 78-79
- EXTRAIT : «La traduction du livre de M. Bowles a été faite ici...»

CONTENU : Magallon transmet à D'Al. l'extrait d'une l. d'Azara, éditeur de l'*Histoire naturelle d'Espagne*, se plaignant des fautes de la traduction du vicomte de Flavigny faite à Madrid. Flavigny aurait écrit à D'Al. ainsi qu'à un ministre, D'Azara veut faire savoir qu'il désapprouve cette traduction, préférerait que Le Camus s'en occupe.

76.08 | **23 février 1776.** D'ALEMBERT à FRÉDÉRIC II
- SOURCE : impr., «à Paris»
- ÉDITION : Preuss XXV, n° 167, p. 36-38
- INCIPIT : «Je ne sais s'il y a quelque sympathie physique entre...»

CONTENU : Son accès de rhumatismes. Affreux hiver, comparable à celui de 1709, ravages du froid, charité de [Louis XVI]. Volt. et le Pays de Gex. Béguelin, Etallonde. Nouveaux méfaits du parlement [de Paris]. Guerre d'Amérique. Pauvreté de la littérature contemporaine.

76.09 | **[3 mars 1776].** D'ALEMBERT à [Mme NECKER]
- SOURCE : cat. vente London, Sotheby, 4-5 décembre 1997, n° 285 : autogr., s., «ce dimanche», 1 p.
- REMARQUE : ce billet est placé au premier dimanche après la lecture publique de l'*Eloge de Dangeau*.
- INCIPIT : inconnu

CONTENU : Lui envoie les ms de deux éloges, dont celui de l'abbé Dangeau, qu'il a adouci pour la «lecture publique» [du 29 février 1776]. La prie de les lui retourner pour le jeudi suivant.

76.10 | **16 mars 1776.** VOLTAIRE à D'ALEMBERT
- SOURCE : copie, d., s. « V. », P.-S., 2 p.
- LOCALISATION DU MS. : Oxford VF, Lespinasse III, p 270-271
- ÉDITION : Best. D19915. Pléiade XII, p. 473-474
- INCIPIT : « Mon cher philosophe, il me paraît démontré par... »

CONTENU : Condorcet doit être de l'Acad. fr.. Remontrances des parlements.

76.11 | **17 mars 1776.** FRÉDÉRIC II à D'ALEMBERT
- SOURCE : copie, d.s., « Postdam ce 16 ème mars 1776 », 7 p.
- LOCALISATION DU MS. : Genève IMV, MS 42, p. 280-286
- ÉDITION : Preuss XXV, n° 168, p. 39-40
- REMARQUE : la copie de l'IMV est datée du 16 mars 1776, mais pour les motifs exposés dans l'introduction, c'est la datation de Preuss qui a été retenue. L'incipit de Preuss est « Depuis la dernière fois que je vous ai écrit »
- INCIPIT : « Depuis que je vous ai écrit la dernière fois, j'ai encore... »

CONTENU : Ses deux nouveaux accès de goutte. Hiver violent, comparable à celui de 1740. Parallèle des horloges de fer et des hommes. Le parlement [de Paris]. Volt. et Anaxagoras, derniers champions de la littérature. Wéguelin. La guerre d'Amérique, « un combat de gladiateurs ».

76.12 | **25 mars 1776.** LAGRANGE à D'ALEMBERT
- SOURCE : autogr., d.s., « à Berlin », P.-S., adr., cachet rouge, 3 p.
- LOCALISATION DU MS. : Paris Institut, Ms. 876, f. 238-239
- ÉDITION : Lalanne 1882, XIII, p. 314-315
- INCIPIT : « Mon cher et illustre ami, j'ai remis de jour en jour... »

CONTENU : Le bruit court que D'Al. viendra à Berlin. Remerciements de Béguelin. Discussion sur le remplacement éventuel de Margraff. Théorie des ressorts. Son mém. sur les intégrales particulières [HAB 1774]. Condorcet. P.-S. Les extraits de D'Al. sont imprimés, la démonstration par Lagrange du théorème de Maclaurin paraîtra dans un autre vol.

76.13 | **29 mars 1776.** D'ALEMBERT au *MERCURE DE FRANCE*
- SOURCE : impr., « Lettre de M. d'Alembert à l'auteur du Mercure de France », « à Paris »
- ÉDITION : *Mercure*, avril 1776, vol. 1, p. 208
- REMARQUE : le même texte « aux auteurs de ce journal » dans le *J. enc.*, 1er mai 1776, III, p. 524. Voir la l. de D'Al. à Fréd. II du 26 avril 1776 et la l. désavouée en Annexe I, « Lettres apocryphes », F10
- INCIPIT : « On a inséré, monsieur, dans une Gazette étrangère, et... »

CONTENU : D'Al. désavoue une prétendue l. de Fréd. II parue dans une gazette étrangère et quelques journaux. L. absolument factice.

76.14 | **2 avril [1776].** D'ALEMBERT à DUTENS
- SOURCE : autogr., « Ce mardi 2 avril », 1 p.
- LOCALISATION DU MS. : London Coutts

- ÉDITION : Pappas 1994, p. 237
- INCIPIT : « M. D'Alembert a l'honneur de faire mille... »

CONTENU : Remerciements pour la deuxième édition de son ouvrage.

76.15 | **12 avril 1776.** VOLTAIRE à D'ALEMBERT
- SOURCE : copie, d., 4 p.
- LOCALISATION DU MS. : Oxford VF, Lespinasse III, p. 271-273
- ÉDITION : Best. D20058. Pléiade XII, p. 505-506
- INCIPIT : « Vous vous moquez toujours du poète ignorant qui... »

CONTENU : Sur la disgrâce du [maréchal de Richelieu]. Chabanon. Copie défigurée d'une l. de Volt. à Fréd. II. Bailly et les brahmanes. [Dionis du Séjour] et Saturne. Poncet a-t-il fait son buste ?

76.16 | **20 avril 1776.** D'ALEMBERT à GAIGNE
- SOURCE : cat. vente London, Sotheby's, 27 février 1973, coll. Strachey, n° 442 : autogr., d.s., « Paris », adr., cachet, 1 p.
- REMARQUE : sans doute la l. vendue dans le cat. vente Gabriel Charavay (E. Charavay expert) 27 mai 1885, n° 1, datée, sans résumé
- INCIPIT : inconnu

CONTENU : Remerciements pour sa proposition, a des réflexions à lui communiquer, propose un rendez-vous chez D'Al. ou chez Gaigne.

76.17 | **21 avril 1776.** D'ALEMBERT à [LEROUX]
- SOURCE : impr. « à Paris », d.
- ÉDITION : *Journal d'éducation*, rédigé par Charles Leroux, octobre 1776, p. 81
- INCIPIT : « J'ai reçu et lu les deux ouvrages que vous m'avez fait... »

CONTENU : Le remercie pour ses ouvrages et sa l. obligeante. Ses vues sur l'éducation sont « saines et utiles », fait des vœux pour leur mise en pratique.

76.18 | **25 [avril 1776].** D'ALEMBERT à VOLTAIRE
- SOURCE : autogr., « 25 mars », « à Paris », adr., 3 p.
- LOCALISATION DU MS. : Den Haag RPB 129, G16A30, 163
- ÉDITION : Best. D20086 qui remplace mars par avril.
- INCIPIT : « Bertrand plaint très sincèrement Raton de se croire obligé... »

CONTENU : Différences d'opinion sur le [maréchal de Richelieu]. Chabanon et l'Acad. [fr.]. L. de Raton à « Cormoran » Fréd. II. « Messieurs » [les parlementaires] contre Turgot. Contre Bailly et son [*Atlantide*], le beau et le vrai. Poncet hâbleur. La Harpe sera enfin à l'Acad.

76.19 | **25 avril [1776].** VOLTAIRE à D'ALEMBERT
- SOURCE : impr., s. « V »
- ÉDITION : Kehl LXIX, p. 262. Best. D20085. Pléiade XII, p. 522-523
- INCIPIT : « Mon cher ami, on me mande que Mlle... »

CONTENU : Demande de renseignements sur la santé de Mlle de Lespinasse, très malade.

76.20 | **26 avril 1776.** D'Alembert à Frédéric II
- Source : impr., « Paris »
- Édition : Preuss XXV, n° 169, p. 41-43.
- Incipit : « Quoique les dernières nouvelles que Votre Majesté... »

Contenu : Sa mauvaise santé et le dépérissement de [Mlle de Lespinasse] l'empêchent de se déplacer. Prétendue l. de Fréd. II à D'Al. diffusée dans les gazettes, son démenti. Louis XVI et ses vertueux ministres, parlements malintentionnés. Les futurs éditeurs de Froissart pourraient-ils avoir communication du manuscrit de Breslau ? Béguelin n'est pas Wéguelin. Paix.

76.21 | **26 avril 1776.** D'Alembert à Lagrange
- Source : autogr., d., « à Paris », adr., cachet rouge, 3 p.
- Localisation du ms. : Paris Institut, Ms. 915, f. 153-154
- Édition : Lalanne 1882, XIII, p. 316-318
- Remarque : note de Lagrange : « répondue le 17 juin [l. manquante] et envoyé en meme temps l'extrait des lettres du 8 9bre 1771... »
- Incipit : « Je vous envoie, mon cher et illustre ami, le prospectus... »

Contenu : Le prix de l'Acad. a été remis : pièce envoyée de Pétersbourg pas assez bonne, nouveau programme. D'Al. n'ira pas à Berlin, à cause de ses affaires et de la santé de [Mlle de Lespinasse]. Béguelin et Wéguelin. D'Al. a proposé Scheele pour remplacer Margraff. Reprise de la discussion sur les ressorts. Le t. VII des *Opuscules* en préparation. Attend les mém. de Lagrange [*HAB 1774*].

76.22 | **26 avril 1776.** D'Alembert à [Massieu]
- Source : autogr., d.s., « à Paris », 1 p.
- Localisation du ms. : Paris BHVP, Ms. 3019, f. 215
- Édition : Grimsley 1962, p. 78
- Remarque : rapprochée de la l. du 5 janvier 1776 à Massieu, professeur au collège de Nancy.
- Incipit : « Je savais déjà par M. le prince de Beauvau que les... »

Contenu : Les informations à son sujet favorables, mais n'ont pas eu l'effet attendu. Vanité des Noailles qui leur fait désirer une croix de Saint-Louis pour institutrice. Parlera encore à Beauvau mais peu d'espoir.

76.23 | **1er mai 1776.** D'Alembert à un correspondant non identifié
- Source : autogr., d.s., 1 p
- Localisation du ms. : Dijon BM, Ms. 2139
- Édition : Henry 1885/1886, p. 89
- Remarque : pourrait être à Massieu (voir l. du 26 avril)
- Incipit : « Trés sensible à votre peine, et plus rempli que jamais... »

Contenu : Lui demande ce qu'il est en état d'enseigner en qualité d'instituteur, fera ce qu'il pourra malgré ses occupations.

ANNÉE 1776

76.24 | **4 mai 1776.** [Saint-Florentin] à D'Alembert
- SOURCE : minute du vol. « Depêches année 1776 », d., à « M. Dalembert », 1 p.
- LOCALISATION DU MS. : Paris AN, O1 472, f. 129r°
- INCIPIT : « Je connais, monsieur, tout le prix de la recommandation... »

CONTENU : Suite à la dissension entre la compagnie des Jeux floraux de Toulouse et les capitouls, un édit avait été pris pour servir de règlement. L'exécution regarde le Garde des sceaux.

76.25 | **7 mai 1776.** D'Alembert à Lorgna
- SOURCE : autogr., d.s., « à Paris », 1 p.
- LOCALISATION DU MS. : Verona BC, Ms. 209, n° 1
- ÉDITION : Henry 1885/1886, p. 89-90. F. Piva, *Anton Maria Lorgna e la Francia*, Accademia di agricoltura, scienze e lettere di Verona, 1985, p. 107
- INCIPIT : « M. de Lalande m'a remis il y a peu de jours... »

CONTENU : Le « savant ouvrage sur les séries » de Lorgna [*Specimen de seriebus...*, 1775] justifie qu'il soit correspondant de l'Acad. sc. Le remercie pour sa l.

76.26 | **10 mai 1776.** Lagrange à D'Alembert
- SOURCE : autogr., d., « à Berlin », 4 p.
- LOCALISATION DU MS. : Paris Institut, Ms. 876, f. 240-241
- ÉDITION : Lalanne 1882, XIII, 318-320
- INCIPIT : « Voici, mon cher et illustre ami, le mémoire sur les intégrales... »

CONTENU : Sollicite l'avis de D'Al. sur ses mém. [HAB 1774]. Annonce d'autres envois. Enverra une pièce pour le prix des comètes (remis à 1778). Margraff : *statu quo*. Caraccioli. Le t. V des *Mémoires de Turin* paru avec beaucoup de retard.

76.27 | **16 mai 1776.** Frédéric II à D'Alembert
- SOURCE : impr.
- ÉDITION : Preuss XXV, n° 170, p. 44-45
- INCIPIT : « J'ignore ce qui se débite à Paris au sujet de ma maladie... »

CONTENU : Ses dix-huit accès de goutte. Le remercie pour le démenti. Sympathie pour Anaxagoras et vœux de santé pour Mlle de Lespinasse. Fait écrire à l'abbé Bastiani pour Froissart. Ses tournées dans les provinces jusqu'à la mi-juin. La guerre d'Amérique assimilable aux combats de gladiateurs.

76.28 | **[29 mai 1776].** D'Alembert à Mme Necker
- SOURCE : impr., « ce mercredi au soir »
- ÉDITION : Haussonville 1882, p. 181
- REMARQUE : Mlle de Lespinasse est morte le mercredi 22 mai
- INCIPIT : « Que vous avez de bonté, madame, vous et... »

CONTENU : Décrit sa douleur : a perdu la douceur et l'intérêt de sa vie, n'y tient plus que pour accomplir les dernières volontés [de Mlle de Lespinasse]. Les « âmes honnêtes et sensibles » comme les Necker lui sont nécessaires.

76.29 | **10 juin 1776.** Voltaire à D'Alembert
- SOURCE : original, d., s. « V », 2 p.
- LOCALISATION DU MS. : Paris BnF, NAFr. 24330, f. 194
- ÉDITION : Best. D20162. Pléiade XII, p. 568
- INCIPIT : « C'est pour le coup, mon cher ami, que la philosophie... »

CONTENU : A appris le décès de [Mlle de Lespinasse] par d'autres que D'Al. Logement triste de D'Al. Disgrâce de [Turgot]. Condorcet affligé et en colère. Consolations.

76.30 | **14 juin 1776.** D'Alembert à Baculard d'Arnaud
- SOURCE : autogr., d.s., « à Paris », adr. « Monsieur D'Arnaud, rue des Postes près l'estrapade maison de M. de Fouchy », cachet, 1 p.
- LOCALISATION DU MS. : Bruxelles BR, Ms. II 1864
- INCIPIT : « Je suis très reconnaissant, monsieur, de la part que... »

CONTENU : Reconnaissant de la part prise à sa douleur, perte irréparable, vide dans sa vie. Lui restent les « personnes sensibles et honnêtes ».

76.31 | **24 juin 1776.** D'Alembert à Frédéric II
- SOURCE : impr., « à Paris »
- LOCALISATION DU MS. : Coll. Herbert Adam (en 1986)
- ÉDITION : Pappas 1986, n° 1546
- INCIPIT : « Depuis trois semaines j'ai plus d'une fois essayé de... »

CONTENU : Mort de [Mlle de Lespinasse] : « la plume lui tombe des mains » pour lui répondre. A perdu appétit et sommeil, résiste grâce à ses amis. Pour comble de malheur, il est son exécuteur testamentaire. Projet d'aller à Berlin à l'été 1777.

76.32 | **24 juin 1776.** D'Alembert à Voltaire
- SOURCE : autogr., d.s., 2 p.
- LOCALISATION DU MS. : Den Haag RPB 129, G16A30, 164
- ÉDITION : Best. D20189
- INCIPIT : « Je ne vous ai point appris mon malheur, mon très... »

CONTENU : Sur son « abîme de douleur » après la mort de [Mlle de Lespinasse]. *Eloge de* [*Sacy*] lu à la réception de La Harpe à l'Acad. fr.

76.33 | **29 juin [1776].** D'Alembert à Guibert
- SOURCE : cat. vente Drouot (T. Bodin expert), Paris, 14 octobre 1993, n° 75 : autogr., « à Paris », adr., cachet rouge, 3 p.
- ÉDITION : Ségur 1905, vol. 2, p. 199. RDE 18-19, p. 269
- INCIPIT : « Me voilà tranquille, monsieur, sur les paquets que je... »

CONTENU : Lui a envoyé des paquets, vente des estampes de Mlle de Lespinasse, « son injuste et malheureuse amie ». La voix publique a raison, peur du ridicule. *Eloge* [*de Sacy*] lors de la réception de La Harpe. Lui demande de lui conserver son amitié. « Tout est perdu pour moi, et je n'ai plus qu'à mourir ».

76.34 | **9 juillet 1776.** Frédéric II à D'Alembert
• Source : cat. vente Drouot (E. Charavay expert), Paris, 4 avril 1889, n° 3 : copie de D'Alembert, d.s., « Postdam », 3 p.
• Édition : Pougens I, 328-330. Preuss XXV, n° 171, p. 45-46
• Incipit : « Je compatis au malheur qui vous est arrivé de perdre une... »
Contenu : [Mort de Mlle de Lespinasse] : compassion pour le malheur de D'Al., indication d'un remède, exemple de Cicéron à la mort de Tullie. Espère voir D'Al. « passer quelques mois » chez lui en 1777.

76.35 | **25 juillet 1776.** D'Alembert au *Mercure de France*
• Source : impr., « A Paris », « à l'Auteur du Mercure »
• Édition : *Mercure*, août 1776, p. 189-190. *J. enc.* 1er septembre 1776, p. 378
• Incipit : « On vient encore, monsieur, d'imprimer dans les gazettes... »
Contenu : La l. que Fréd. II lui aurait envoyée sur les ordonnances militaires, publiée dans les gazettes étrangères est un faux.

76.36 | **26 juillet [1776].** Voltaire à D'Alembert
• Source : impr., « à Ferney »
• Édition : Kehl LXIX, p. 265. Best. D20225. Pléiade XII, p. 594
• Incipit : « Secrétaire de bon goût plus que de l'Académie... »
Contenu : Son « factum » contre Letourneur [*L. de Volt. à l'Acad. fr.*], sollicite D'Al. à cet égard.

76.37 | **4 [août 1776].** D'Alembert à Voltaire
• Source : autogr., s. « à Paris », P.-S. « entre vous et moi », 4 p.
• Localisation du ms. : Den Haag RPB 129, G16A30, 165
• Édition : Best. D20242
• Incipit : « J'ai lu hier à l'Académie, mon cher et illustre confrère,... »
Contenu : [L. écrite en tant que secrétaire de l'Acad. fr.] : a lu à l'Acad. l'ouvrage de Volt., notamment sur Shakespeare. L'Acad. souhaite le faire lire à l'assemblée publique, lui demande des modifications. P.-S. Excellent ouvrage contre le mauvais goût, lui écrire une « l. honnête » pour l'Acad., grossièretés de Shakespeare. Souhaite les corrections avant le lundi 19.

76.38 | **10 août 1776.** Béguelin à D'Alembert
• Source : autogr., d.s., « à Berlin », adr., cachet rouge, 3 p.
• Localisation du ms. : Paris Institut, Ms. 876, f. 140
• Édition : Henry 1885/1886, p. 63-64
• Incipit : « J'apprends que vous avez daigné me recommander au roi... »
Contenu : Le remercie d'être intervenu auprès de Fréd. II pour sa pension, lui demande de ne plus intervenir, c'est inutile. Avait demandé à Lagrange de le lui dire, mais celui-ci n'était pas persuadé de l'inutilité.

76.39 | **10 août [1776].** LAGRANGE à D'ALEMBERT
- SOURCE : autogr., adr., 1 p.
- LOCALISATION DU MS. : Paris Institut, Ms. 876, f. 285r°
- ÉDITION : Henry 1885/1886, p. 64 qui date du 20 août.
- REMARQUE : billet collé sur la lettre de Béguelin du 10 août.
- INCIPIT : « M. Béguelin m'a remis cette lettre pour vous l'envoyer… »

CONTENU : Béguelin lui a remis sa l. pour l'envoyer, n'a rien à ajouter à ses deux dernières lettres.

76.40 | **10 août [1776].** VOLTAIRE à D'ALEMBERT
- SOURCE : original, 4 p.
- LOCALISATION DU MS. : Paris BnF, NAFr. 24330, f. 196-197
- ÉDITION : Best. D20248. Pléiade XII, p. 603-604
- INCIPIT : « Mon très cher grand homme, premièrement je vous… »

CONTENU : Pierre Letourneur insulte les philosophes dans sa préface, rayer son nom, l'*Année chrétienne*. Français et Anglais, grossieretés de Shakespeare. Souhaiterait que la séance commence par sa lecture.

76.41 | **13 août 1776.** D'ALEMBERT à HÉBERT
- SOURCE : autogr., d.s., « à Paris », adr., « aux écuries de Monsieur », cachet rouge, 1 p.
- LOCALISATION DU MS. : Genève, coll. J.-D. Candaux
- INCIPIT : « Je desirerais, monsieur, de savoir où vous en êtes du… »

CONTENU : Lui demande des nouvelles du « recouvrement des deniers » de Mlle de Lespinasse, rentes de Laborde et du duc d'Orléans, faire toucher à Mlle de Saint-Martin le reste. Lui demande d'aller chez Lambot. Ne le trouvera pas chez lui.

76.42 | **13 août 1776.** VOLTAIRE à D'ALEMBERT
- SOURCE : impr., s., « à Ferney »
- ÉDITION : Kehl LXIX, p. 271-272. Best. D20253. Pléiade XII, p. 606-607
- INCIPIT : « Je sens bien, mon cher ami, que je n'ai pas assez… »

CONTENU : Les secrets rhétoriques de D'Al, les grossièretés de Shakespeare. Contre Letourneur. Le Kain. La reine, soutien du bon goût. Volt. retravaillera son petit morceau.

76.43 | **15 août 1776.** D'ALEMBERT à FRÉDÉRIC II
- SOURCE : impr., « Paris »
- ÉDITION : Preuss XXV, n° 172, p. 46-48
- INCIPIT : « Mon âme et ma plume n'ont point d'expressions pour… »

CONTENU : Le remercie de ses condoléances. Se réjouit du voyage du grand-duc de Russie à Berlin. Son seul espoir est de revoir Fréd. II, solitude de son âme, « vide irréparable », épuisement, mélancolie.

ANNÉE 1776

76.44 | **16 août 1776.** D'ALEMBERT à LAGRANGE
- SOURCE : autogr., d., « à Paris », adr., cachet rouge, « repondue le 26 septembre par M. Thiébault », 3 p.
- LOCALISATION DU MS. : Paris Institut, Ms. 915, f. 155-156
- ÉDITION : Lalanne, XIII, p. 320-322
- INCIPIT : « Je vous dois depuis longtemps une réponse... »

CONTENU : Accablé par la perte de Mlle de Lespinasse. Remerciement pour l'envoi de la discussion ancienne sur les ressorts. Condoléances du roi de Prusse. Projet d'aller à Berlin. Condorcet et le mémoire sur les intégrales particulières. Béguelin. Demeure au Louvre comme secrétaire de l'Acad. fr. Condorcet élu secrétaire de l'Acad. sc. à la place de Fouchy. Caraccioli. Lettre de Borelly à Malesherbes et manuscrit.

76.45 | **17 août 1776.** D'ALEMBERT à [VERGENNES]
- SOURCE : autogr., d.s., « à Paris », à « Monseigneur », en note « R. le 30 août 1776 que les greffes... », 2 p.
- LOCALISATION DU MS. : Paris BnF, NAFr. 24003, f. 32
- INCIPIT : « Permettez moi, malgré le peu de titres que j'ai pour... »

CONTENU : Demande pour la seconde fois une place pour Barruel. Répond de la capacité, de la probité, des mœurs et de la conduite du sujet.

76.46 | **20 août [1776].** D'ALEMBERT à VOLTAIRE
- SOURCE : autogr., « à Paris », 2 p.
- LOCALISATION DU MS. : Den Haag RPB 129, G16A30, 166
- ÉDITION : Best. D20266
- INCIPIT : « Vos ordres seront exécutés, mon cher et illustre... »

CONTENU : Des passages de Volt. seront retranchés à la lecture publique [du 25 août], mais sans doute imprimés, avec un avertissement.

76.47 | **27 [août 1776].** D'ALEMBERT à VOLTAIRE
- SOURCE : autogr., « à Paris », adr., 2 p.
- LOCALISATION DU MS. : Den Haag RPB 129, G16A30, 167
- ÉDITION : Best. D20272
- INCIPIT : « M. le Marquis de Villevieille a dû, mon cher et illustre... »

CONTENU : Villevieille, parti la veille pour Ferney lui rendra compte du succès de la lecture des réflexions de Volt. à l'Acad. Les ordures de Shakespeare, Anglais mécontents. Impression par l'Acad. [fr.] avec retranchements.

76.48 | **[30 août 1776].** D'ALEMBERT à Mme NECKER
- SOURCE : autogr., « ce vendredi à 7h », « repondu », adr., cachet, 1 p.
- LOCALISATION DU MS. : Saint-Pétersbourg RNB 129, F 993, Op. 2, n° 1225
- ÉDITION : Haussonville 1882, p. 182
- REMARQUE : Mme de la Ferté-Imbault lui fermant la porte de Mme Geoffrin, sa mère, le 2 septembre, cette l. date vraisemblablement du vendredi précédent

- INCIPIT : « Quoique j'ai pris le parti, madame, de me remettre à mon ancienne manière de vivre, qui toute triste qu'elle est... »

CONTENU : Serait allé la voir, ce qu'il n'avait fait depuis longtemps, si la santé de Mme Geoffrin ne le lui interdisait. Il perd tout à la fois. Sa peine.

76.49 | **2 septembre 1776.** Mme de LA FERTÉ-IMBAULT à D'ALEMBERT
- SOURCE : 1. copie conforme de D'Al. avec note explicative, d., 5 p. 2. minute autogr. de Mme de La Ferté-Imbault avec note explicative
- LOCALISATION DU MS. : 1. Paris Institut, Ms. 1786, p. 193-197. 2. Paris AN, 508 AP 37 (archives de la famille d'Etampes), pièce 1-3
- ÉDITION : 1. Ségur datée du 1er septembre. 2. Pougens, I, p. 240-242, datée du 2 septembre, « dans la chambre de ma mère »
- REMARQUE : les deux imprimés sont issus de deux originaux différents et non retrouvés, vraisemblablement le brouillon et la l. envoyée
- INCIPIT : « Je vais vous parler, monsieur, avec la franchise qui m'est... »

CONTENU : Lui ferme l'accès à la chambre de sa mère pour des raisons religieuses.

76.50 | **3 septembre 1776.** VOLTAIRE à D'ALEMBERT
- SOURCE : impr.
- ÉDITION : Kehl LXIX, p. 276-277. Best. D20276. Pléiade XII, p. 617-618
- INCIPIT : « Mon général, mes troupes ne peuvent actuellement... »

CONTENU : On imprime actuellement la campagne qu'il a faite sans D'Al. contre Shakespeare. La Harpe. Chimères de la physique.

76.51 | **6 septembre 1776.** AMELOT DE CHAILLOU à D'ALEMBERT
- SOURCE : 1. original, d. « A Vlles », s., 2 p. ; 2. minute du vol. « Missives année 1776 », d. « A Vlles », 1 p.
- LOCALISATION DU MS. : 1. Paris, AF ; 2. Paris AN, O1 487, p. 675
- INCIPIT : « Je sais, monsieur, que les fondations réunies... »

CONTENU : Fondations de Balzac, Clermont-Tonnerre et Gaudron pour le prix d'éloquence et de poésie. Arrangement autorisé en 1755 par le roi, mais impossible de trouver trace de la décision dans les bureaux. A dû être consignée dans les registres de l'Acad. fr., le prie de lui en envoyer une copie. Dès réception, soumettra au roi le mém. de l'Acad. demandant un fonds pour deux prix par an.

76.52 | **7 septembre 1776.** FRÉDÉRIC II à D'ALEMBERT
- SOURCE : copie, d., « Postdam », 5 p.
- LOCALISATION DU MS. : Weimar, Goethe und Schiller Archiv, 83/2142
- ÉDITION : Preuss XXV, n° 173, p. 49-50. Pougens, I, 330-333
- INCIPIT : « Votre lettre, mon cher D'Alembert m'a été rendue... »

CONTENU : Lui répond à son retour de Silésie. Nouvelles condoléances. Sensibilité et philosophie. Résoudre un problème bien difficile est le seul vrai remède. Se réjouit à l'espérance de le revoir.

ANNÉE 1776

76.53 | **11 septembre 1776.** ETAMPES à D'ALEMBERT
- SOURCE : autogr., d.s., adr., cachet rouge, 1 p.
- LOCALISATION DU MS. : Paris Institut, Ms. 2466, f. 82-83
- INCIPIT : « Je n'ai pas manqué, monsieur, d'informer ma tante... »

CONTENU : A informé [Mme de La Ferté-Imbault] de sa demande, ainsi que Bouvard, comme il l'a désiré. Celui-ci n'a pas confiance dans la « doctrine de cet empirique » dont il lui a parlé et ne peut lui confier la santé de [Mme Geoffrin].

76.54 | **14 septembre 1776.** D'ALEMBERT à John HOME frère de David HUME
- SOURCE : autogr., d.s., adr., cachet, 2 p.
- LOCALISATION DU MS. : Edinburgh NLS, 23158, n° 3
- ÉDITION : Burton 1849, p. 218-219
- INCIPIT : « J'avais déjà appris par des lettres particulières la triste... »

CONTENU : L. de condoléance sur la mort de David Hume, illustre et vertueux philosophe, et son ami. Retirera le legs précieux que Hume lui a fait en novembre prochain.

76.55 | **25 septembre 1776.** LAGRANGE à D'ALEMBERT
- SOURCE : autogr., d., « à Berlin », adr., cachet rouge, 3 p.
- LOCALISATION DU MS. : Paris Institut, Ms. 876, f. 242-243
- ÉDITION : Lalanne 1882, XIII, p. 322-324
- INCIPIT : « Je profite, mon cher et illustre ami, du départ de M... »

CONTENU : Envoie par Thiébault sa l., le nouveau vol. d'*HAB* et les deux derniers volumes de Göttingen. A envoyé son mém. sur les intégrales particulières et son mém. sur le mouvement des nœuds pour Condorcet. Lui envoie les figures du mém. en double, pour Condorcet et Laplace. Conseille à D'Al. un voyage, accompagné de Condorcet. Relations avec Fréd. II et son successeur. Suite de la discussion sur les ressorts, l. du 8 novembre 1771. Béguelin [sa l. du 10 août] et Wéguelin : problème de pensions. Thiébault lui en dira plus de vive voix.

76.56 | **1er octobre [1776].** D'ALEMBERT à VOLTAIRE
- SOURCE : autogr., s., « à Paris », 1 p.
- LOCALISATION DU MS. : Den Haag RPB 129, G16A30, 168
- ÉDITION : Best. D20321
- INCIPIT : « Si vous désirez, mon cher maître, des nouvelles... »

CONTENU : « Moyreau » [Moureau] a imprimé sur le champ la l. de Volt. à l'Acad. fr. mais le Garde des sceaux en a refusé la permission. Le roi a refusé un crédit de 1 500 lt à l'Acad. fr. pour les prix. La faute aux dévots de Versailles.

76.57 | **6 octobre 1776.** ROCHON à D'ALEMBERT
- SOURCE : cat. vente « Lettres autographes sur le XVIIIe siècle » (Etienne Charavay expert), 11 avril 1876, n° 55, 2° : autogr., d.s., « de l'Observatoire », 3 p.

- REMARQUE : la même vente mentionne l'« envoi d'un extrait du calcul trigonométrique » : n° 55, 1° : autogr. s. cachet, 1 p.
- INCIPIT : inconnu

CONTENU : Ses expériences pour calculer la direction à laquelle on rapporte les objets.

76.58 | **7 octobre 1776.** D'Alembert à Frédéric II
- SOURCE : impr., « Paris »
- ÉDITION : Preuss XXV, n° 174, p. 50-53
- INCIPIT : « Des maux de tête violents et continuels... »

CONTENU : Ses maux de tête. Relit tous les jours la l. amicale de Fréd. II, le temps seul soulagera ses peines. A soixante ans, ne retrouvera plus d'amis. Nouveau malheur : Mme Geoffrin, son amie depuis trente ans, paralysée est séquestrée par sa famille dévote et stupide. Son désir d'aller voir Fréd. II. Vœux de santé pour Fréd. II et de paix pour l'Europe.

76.59 | **7 octobre 1776.** Molines à D'Alembert
- SOURCE : autogr., d.s., « Val[l]eraugue », adr., cachet rouge, 3 p.
- LOCALISATION DU MS. : Paris Institut, Ms. 2466, f. 153-154
- INCIPIT : « Je ne peux résister au désir de vous remercier... »

CONTENU : La l. que D'Al. lui a écrite a calmé ses inquiétudes. Compliments du cœur. La tolérance devrait être plus répandue chez les évêques de France.

76.60 | **7 octobre 1776.** Voltaire à D'Alembert
- SOURCE : impr.
- ÉDITION : Kehl LXIX, p. 278. Best. D20335. Pléiade XII, p. 646-647
- INCIPIT : « Le vieux Raton, le malheureux Raton est tout ébaubi... »

CONTENU : A été calomnié, la censure est peut-être une intrigue du traducteur [Letourneur]. Les exemplaires envoyés n'ont pas été reçus, ne sait comment faire. Avait projeté une seconde l. plus intéressante que la première.

76.61 | **15 octobre [1776].** D'Alembert à Voltaire
- SOURCE : autogr., « à Paris », 2 p.
- LOCALISATION DU MS. : Den Haag RPB 129, G16A30, 169
- ÉDITION : Best. D20348
- INCIPIT : « Il faut que Bertrand rassure un peu Raton... »

CONTENU : La l. de Volt. [sur Shakespeare] est en vente aux Tuileries, Versailles persuadé que c'est un ouvrage impie. Le ministère a refusé un crédit à l'Acad. [fr.] en rétorsion. D'Al. envisage d'aller voir Fréd. II. Mme Geoffrin au plus mal, sa fille a éloigné les « philosophes ». Despréaux, Terrasson. Espère une seconde « lettre » de Volt.

76.62 | **22 octobre 1776.** Frédéric II à D'Alembert
- SOURCE : impr.
- ÉDITION : Preuss XXV, n° 175, p. 53-55
- INCIPIT : « Vous voilà accablé de vers dont je crois... »

ANNÉE 1776

CONTENU : Lui envoie des vers accordés à sa « douce mélancolie ». Attend avec impatience l'été pour le revoir. Rulhière à Berlin, s'informe de Nivernais, d'Anaxagoras, de l'*Enéide* de Delille. Plaisanteries sur « l'aventure » et le sexe de d'Eon (références à Vergennes, de Pons, d'Olivet).

76.63 | **22 octobre 1776.** VOLTAIRE à D'ALEMBERT
- SOURCE : original, d., s. « V », adr., 3 p.
- LOCALISATION DU MS. : Paris BnF, NAFr. 24330, f. 199-200
- ÉDITION : Best. D20361. Pléiade XII, p. 659-660
- INCIPIT : « Raton n'a plus ni pattes, ni griffes, ni barbe, ni dents... »

CONTENU : Mort prochaine de Mme Geoffrin. *Les Erreurs de la vérité* [de Louis-Claude de Saint-Martin]. *Lettres de quelques juifs* [de l'abbé Guénée]. Shakespeare. Beaumarchais. A lu ce que Condorcet a écrit sur Pascal. Santé du contrôleur général [Clugny]. Maurepas. Les troupes de Franklin battues.

76.64 | **25 [octobre 1776].** D'ALEMBERT à COURT DE GÉBELIN
- SOURCE : autogr., « ce vendredi 25 », s., adr., cachet, 2 p.
- LOCALISATION DU MS. : Washington Smithsonian, Ms. 71A
- REMARQUE : La l. de Fréd. II écrite « 3 ou 4 ans » plus tôt est du 4 décembre 1772, le seul vendredi 25 possible est dès lors celui d'octobre 1776
- INCIPIT : « Le roi de Prusse m'a écrit après la mort de M. Thiriot... »

CONTENU : Fréd. II lui avait dit [le 4 décembre 1772] ne plus vouloir de correspondant à Paris, ignore s'il a changé d'avis. Aurait un autre candidat [Suard] que l'ami de Court de Gébelin.

76.65 | **26 octobre 1776.** FRÉDÉRIC II à D'ALEMBERT
- SOURCE : copie, 6 p.
- LOCALISATION DU MS. : Weimar, Goethe und Schiller Archiv, 83/2142
- ÉDITION : Preuss XXV, n° 176, p. 55-57
- INCIPIT : « Il y a, mon cher D'Alembert, un vieux proverbe qui... »

CONTENU : Paralysie et prochaine apoplexie de Mme Geoffrin. Réflexions mélancoliques sur la vieillesse. Soulagement procuré par la lecture de Lucrèce. Son abcès à l'oreille, se reproche son badinage. Risques de guerre sur mer, pas sur le continent. Voyage salutaire que D'Al. ferait à Berlin, lui recommande le travail à l'exemple de Cicéron.

76.66 | **28 octobre 1776.** D'ALEMBERT à John HOME frère de David HUME
- SOURCE : autogr., d.s., « à Paris », adr., cachet, 2 p.
- LOCALISATION DU MS. : Edinburgh, NLS, Ms. 23158, n° 4
- INCIPIT : « Vous m'avez fait l'honneur de me mander que le legs... »

CONTENU : Demande comment retirer le legs de David Hume de 200 £, acquittable le 11 novembre. Quittance et lettre de change par un banquier de Paris.

76.67	**5 novembre 1776.** D'Alembert à Voltaire
	• Source : autogr., d.s., « à Paris », adr., cachet, 3 p.
	• Localisation du ms. : Den Haag RPB 129, G16A30, 170
	• Édition : Best. D20385
	• Incipit : « Le triste Bertrand au malingre Raton, salut… »
Contenu :	Continuer à égratigner Gilles-Shakespeare. La Nouvelle Yorck [New York]. La philosophie vaincra. Les *Lettres de quelques juifs* sont de Guénée, ce qui lui a valu un « pourboire » du cardinal de La Roche-Aymon. Reçoit des l. et des vers de Fréd. II.

76.68	**8 novembre 1776.** Voltaire à D'Alembert
	• Source : original, d.s., « à Paris », 2 p.
	• Localisation du ms. : Paris BnF, NAFr. 24330, f. 202
	• Édition : Best. D20392. Pléiade XII, p. 673-674
	• Incipit : « Vous ne vous vantez pas des faveurs de votre maîtresse… »
Contenu :	Epître du roi de Prusse à D'Al. que Fréd. II lui a adressée. Souhaite que D'Al. passe par Ferney pour aller à Berlin. Condorcet à l'Acad. fr. *Lettres de quelques juifs*, La Harpe. Devaines quitte sa place.

76.69	**14 novembre 1776.** D'Alembert à Frédéric II
	• Source : impr., « Paris »
	• Édition : Preuss XXV, n° 177, p. 57-60
	• Incipit : « J'ai reçu presque en même temps les deux nouvelles… »
Contenu :	Retards subis par les l. de Fréd. II des 22 et 26 octobre, dus aux commis des postes « gens de lettres ». Sa reconnaissance pour Fréd. II. Se console par moments, mais la mort seule le soulagera vraiment. Anecdotes du solitaire heureux et de la vieille femme non dévote. Fréd. II est Germanicus pour l'âme, Sénèque et Montaigne pour la prose, Lucrèce et Marc-Aurèle pour les vers. Etat stationnaire de Mme Geoffrin qu'il ne peut plus voir. Vœux de santé et promesse de visite au printemps prochain.

76.70	**18 novembre 1776.** Voltaire à D'Alembert
	• Source : original, d., s. « V », 2 p.
	• Localisation du ms. : Paris BnF, NAFr. 24330, f. 204
	• Édition : Best. D20407. Pléiade XII, p. 682-683
	• Incipit : « Mon très cher philosophe, on m'engage à vous prier… »
Contenu :	Recommande l'abbé d'Espagnac pour la Saint-Louis [1777]. Guénée. A lu les deux l. de Fréd. II à D'Al. Billets de Condorcet à La Harpe. Voudrait savoir ce que pense Condorcet de la révolution ministérielle. Voudrait que Devaines reste en place.

76.71	**21 novembre 1776.** Grosier à D'Alembert
	• Source : cat. vente « Lettres autographes sur le XVIIIe siècle » (Etienne Charavay expert), 11 avril 1876, n° 39 1° : autogr., d.s., « Paris », 2 p.

- ÉDITION : *L'Intermédiaire des chercheurs et des curieux*, t. XXX, 10 octobre 1894, p. 360
- REMARQUE : repassée dans cat. vente Drouot 1973, n° 234
- INCIPIT : « Quelque différente que soit notre façon de penser sur... »

CONTENU : L'accuse de l'avoir dénoncé au magistrat de police [Lenoir] comme auteur d'une comédie contre les Philosophes [*Le Bureau d'esprit*], et d'avoir envoyé chez lui une perquisition. Se défend d'en être l'auteur et rapporte la calomnie à « une intention générale de nuire ». Charlatanisme de sagesse.

76.72 | **22 novembre 1776.** D'ALEMBERT à GROSIER
- SOURCE : cat. vente « Lettres autographes sur le XVIIIe siècle » (Etienne Charavay expert), 11 avril 1876, n° 39 (2) : minute autogr., d.s., « Paris », 3 p.
- ÉDITION : *L'Intermédiaire des chercheurs et des curieux*, t. XXX, 10 octobre 1894, p. 360-361
- REMARQUE : cat. vente de la Librairie de l'Abbaye, 18, 1962, n° 2 : autogr. d.s., « Paris », adr. cachet rouge, 3 p.,
- INCIPIT : « Il est très faux que je vous aie dénoncé comme l'auteur... »

CONTENU : Répond aux accusations de Grosier. Explique pourquoi il a écrit à Lenoir que l'on trouvait la satire « chez les auteurs de l'*Année littéraire* », et demandé qu'on ne répandît pas cette attaque contre Mme Geoffrin qui mérite des égards. Peut demander sa l. à Lenoir. Sa réputation morale.

76.73 | **23 novembre [1776].** D'ALEMBERT à VOLTAIRE
- SOURCE : autogr., s., « à Paris », adr., 3 p.
- LOCALISATION DU MS. : Den Haag RPB 129, G16A30, 171
- ÉDITION : Best. D20417
- INCIPIT : « Nos lettres, mon cher maître, se sont croisées sans doute... »

CONTENU : Guénée. Il ira voir Fréd. II au printemps. *Eloge de Leseur* (ami de Jacquier) par Condorcet. Santé de Mme Geoffrin, insolence et bêtise de sa fille, Mme de La Ferté-Imbault. *Le Bureau d'esprit* (contre Mme Geoffrin), vendu chez son protégé le libraire Moureau.

76.74 | **29 novembre 1776.** FRÉDÉRIC II à D'ALEMBERT
- SOURCE : impr.
- ÉDITION : Preuss XXV, n° 178, p. 60-62
- INCIPIT : « Ceux qui ont le malheur d'être méfiants poussent... »

CONTENU : D'Al. doit continuer à se distraire. Mort du général Koschembahr. Mme Geoffrin mourante et tyrannisée : fanatisme en France, (Calas, Sirven, La Barre, Argens, Necker) tandis que la tolérance progresse en Allemagne. Opération de son érésipèle à la jambe. L. mélancolique de Volt.

76.75 | **8 décembre 1776.** VOLTAIRE à D'ALEMBERT
- SOURCE : original, d.s., « de Lyon », adr., cachet, 3 p.
- LOCALISATION DU MS. : Den Haag RPB 459, G16A453, 39

- ÉDITION : Best. D20458. Pléiade XII, p. 705-706
- INCIPIT : « C'est à votre lettre du 30 novembre, mon très cher... »

CONTENU : Rép. à la l. du 30 novembre. Abbé d'Espagnac. Fréd. II. Hume. Guénée et l'aumônier du comte de Gramont. Ouvrage du jésuite Ko [Cibot] dédié à Bertin. Kien Long et les jésuites.

76.76 | **10 décembre 1776.** MELANDERHJELM à D'ALEMBERT
- SOURCE : copie incomplète, « Lettre de M. Melander, correspondant de l'academie des sciences à M. D'Alembert », séance de l'Acad. des sciences du 14 janvier 1777, d., « Upsal », 3 p.
- LOCALISATION DU MS. : Paris AdS, fonds Lavoisier, dossier 837, doc. 41 (registre des prix du salpêtre)
- INCIPIT : « M. de Fouchy me fit l'honneur, il y a un an... »

CONTENU : Rép. à une annonce envoyée par Grandjean de Fouchy aux chimistes pour un prix sur la production du salpêtre. Il y a du salpêtre près de Stockholm, produit par Engestrom, un de ses amis. Celui-ci va communiquer son procédé à l'Acad. sc. Ses travaux mathématiques sont ralentis par les leçons qu'il doit donner.

76.77 | **18 décembre 1776.** D'ALEMBERT à la SOCIÉTÉ TYPOGRAPHIQUE DE NEUCHÂTEL
- SOURCE : autogr., d.s., « Messieurs », « à Paris », 2 p.
- LOCALISATION DU MS. : Neuchâtel BPU, Ms. 1113, f. 155-156
- ÉDITION : Darnton, *L'Aventure de l'*Encyclopédie, Paris, 1982, p. 59, qui transcrit 8 décembre
- INCIPIT : « Quoique ma santé d'une part, et de l'autre des... »

CONTENU : Ne peut prendre part autant qu'il le voudrait à la [nouvelle éd. de l'*Enc.*], mais Suard le fera. Ira à Berlin en mai [1777] et interviendra auprès de Fréd. II. Apportera « un peu de mortier aux architectes ».

76.78 | **28 décembre [1776].** D'ALEMBERT à VOLTAIRE
- SOURCE : autogr., s., « à Paris », adr., cachet, 3 p.
- LOCALISATION DU MS. : Den Haag RPB 129, G16A30, 172
- ÉDITION : Best. D20491
- INCIPIT : « Votre protégé d'Espagnac, mon cher et illustre maître... »

CONTENU : [L'abbé] d'Espagnac attendra 1778 pour faire le panégyrique de Saint-Louis, « roi plus moine que roi » (référence à Joinville). L'Inquisition en Espagne. Paul IV et Pie V. Henri IV et Du Perron, Recollet. Fréd. II. Guénée. Kien Long, Cath. II. Il faut dire et écrire des sottises, mais ne pas être brûlé.

76.79 | **30 décembre 1776.** D'ALEMBERT à FRÉDÉRIC II
- SOURCE : impr., « à Paris »
- ÉDITION : Preuss XXV, n° 179, p. 63-65
- INCIPIT : « Si je ne respectais les occupations de Votre Majesté... »

CONTENU : S'est remis à la géométrie. Mme Geoffrin. France superstitieuse, Inquisition à Cadix, publication des bulles de Paul IV et Pie V, condamnation d'un noble espagnol. *La Bible enfin expliquée*, Volt. inquiété, que Fréd. Il intervienne en déclarant ses aumôniers auteurs du livre. Exemple d'un octogénaire guéri de la goutte. Félicitations pour le nouveau prince de Prusse. Vœux de santé.

76.80 | **30 décembre 1776.** D'ALEMBERT à VERGENNES
• SOURCE : autogr., d.s., « à Paris », à « Monseigneur », 3 p.
• LOCALISATION DU MS. : Yale Franklin, Fonds Franklin Uncat.
• INCIPIT : « Quoique j'ai à peine l'honneur d'être connu de vous... »
CONTENU : Lui a déjà écrit et demande mêmes bontés pour l'abbé Mercier [de Saint-Léger], chanoine de Sainte-Geneviève qui veut lui présenter un recueil de l. originales de Desnoyers, secrétaire des commandements de la reine de Pologne, destiné au dépôt des Affaires étrangères.

76.81 | **[1776].** MERCADIER à D'ALEMBERT
• SOURCE : autogr., s., adr., 2 p.
• LOCALISATION DU MS. : Paris Institut, Ms. 2466, f. 151
• INCIPIT : « Un ouvrage destiné à fixer les vrais principes... »
CONTENU : Lui envoie le [*Nouveau système de musique théorique et pratique*, 1776]. Lui avait présenté « en tremblant » son premier essai, l'offre aujourd'hui au public.

76.82 | **[fin 1776].** SABOUREUX DE FONTENAY à D'ALEMBERT
• SOURCE : autogr., s., 2 p.
• LOCALISATION DU MS. : Paris Institut, Ms. 2466, f. 202
• REMARQUE : D'Al. a préparé cette l. pour une publication, notant « écrit de sa propre main par un sourd et muet ». Cette l. se situe entre la mort de Mlle de Lespinasse (23 mai 1776) et la l. de Saboureux du 16 mars 1777
• INCIPIT : « Une jeune dame de mon voisinage à Paris qui aime ma compagnie... »
CONTENU : A parlé de D'Al. à une jeune dame qui a une tante voisine d'une « des bonnes amies » de D'Al. récemment décédée [Mlle de Lespinasse]. Vers de sa tante, Mme de Bazincourt, (voisine et amie de Fontenelle) au sujet de [la mort de Mlle de Lespinasse]. Lui demande quel jour venir lui donner les vers. Son adr. est « à la Machine royale de Marly ».

1777

77.01 | **4 janvier [1777].** Voltaire à D'Alembert
- Source : impr.
- Édition : Kehl LXIX, p. 292-293. Best. D20501. Pléiade XII, p. 734-735
- Incipit : « Mon très cher philosophe, il y a dans ma petite colonie... »

Contenu : Sur la cavalcade de l'Inquisition en Espagne. « Benavidès-Olavidès » a passé huit jours aux Délices. Le Pascal [de Condorcet]. Palissot et Clément, et le nombre des journaux. Villevieille.

77.02 | **15 janvier [1777].** D'Alembert à Milly
- Source : autogr., « ce mercredi 15 janvier », adr., cachet, 1 p.
- Localisation du ms. : Philadelphia APS, Benjamin Franklin Papers, part 12, section II, LXXI, 113
- Remarque : il n'y a de mercredi 15 janvier dans la période où Franklin est en France qu'en 1777 et 1783
- Incipit : « M. D'Alembert a l'honneur de faire mille compliments... »

Contenu : Lui envoie un homme de mérite à qui il pourra rendre service auprès de Franklin. Lui en dira davantage quand il le verra.

77.03 | **25 janvier 1777.** Frédéric II à D'Alembert
- Source : impr.
- Édition : Preuss XXV, n° 180, p. 65-67
- Remarque : Best. D 20539, partiellement
- Incipit : « Je suis bien aise d'apprendre par vous-même... »

Contenu : La géométrie, le temps, le voyage de Berlin le rétabliront. Le roi d'Espagne. Malheurs de Volt., ses Commentaires sur la Bible. Inconvénients de la longévité (Pompée et Swift). Mort du petit prince de Prusse à trois jours.

77.04 | **14 février 1777.** D'Alembert à Lagrange
- Source : autogr., d., « à Paris », adr., cachet rouge, « repondue le 15 juillet dont un paquet... », 3 p.
- Localisation du ms. : Paris Institut, Ms. 915, f. 157-158
- Édition : Lalanne 1882, XIII, p. 325-327
- Incipit : « Mon cher et illustre ami, j'attendais l'arrivée de... »

Contenu : Thiébault à Paris. Lalande n'a rien reçu. Condorcet a les figures du mém. mais pas le mém. sur les nœuds. A lu en partie le mém. sur les intégrales particulières. Fait un peu de géométrie. Estomac fort affaibli. Envisage d'aller à Berlin en juin, mais sans Condorcet. Proposera Margraff comme associé étranger à l'Acad. [sc.]. Béguelin. Prix sur les comètes. Discussion sur les ressorts. *Opuscules* t. I [Mém. 7] et questions de priorités avec Euler et Clairaut.

77.05 | **15 février 1777.** Voltaire à D'Alembert
- source : original, d., 2 p.
- localisation du ms. : Paris BnF, NAFr. 24330, f. 206
- édition : Kehl LXIX, p. 293-294. Best. D20564. Pléiade XII, p. 761-762
- incipit : « Mon cher et grand philosophe, vous avez déchiré... »

contenu : S'est trompé sur l'Espagne. Pascal-Condor[cet]. Le journal de La Harpe. L'abbé d'Olivet. Charlatanismes. Que D'Al. passe par Ferney.

77.06 | **17 février 1777.** D'Alembert à Frédéric II
- source : impr., « Paris »
- édition : Preuss XXV, n° 181, p. 67-69
- remarque : Belin-Bossange p. 383-384, date du 27
- incipit : « Je suis toujours comblé et pénétré des bontés de Votre... »

contenu : Lents progrès de sa « convalescence morale ». Espère pouvoir aller le voir. Le roi d'Espagne. Difficultés financières de Volt. : manque de secours pour son établissement de Ferney depuis le départ de Turgot, retard dans le paiement des rentes du duc de Bouillon, du maréchal de Richelieu et du duc de Würtemberg.

77.07 | **26 février [1777].** Voltaire à D'Alembert
- source : autogr., s. « Raton », 1 p.
- localisation du ms. : Paris BnF, NAFr. 24330, f. 208
- édition : Kehl LXIX, p. 295. Best. D20578. Pléiade XII, p. 766
- incipit : « Voici, mon sage maître, la lettre ostensible écrite... »

contenu : L. ostensible pour qui D'Al. veut. Il est persécuté comme dans sa jeunesse, sort des gens de lettres.

77.08 | **6 mars [1777].** D'Alembert à Voltaire
- source : autogr., s., « à Paris », adr., 3 p.
- localisation du ms. : Den Haag RPB 129, G16A30, 173
- édition : Kehl LXIX, p. 295-296. Best. D20595
- incipit : « J'ai reçu mon cher et illustre maître, la lettre ostensible... »

contenu : A reçu la l. ostensible et l'a donnée à La Harpe qui pense que Volt. pourrait être plus explicite : « Maître Aliboron » [Fréron]. Pascal-Condor. Condorcet secrétaire de l'Acad. sc. *Lettres* [*sur l'origine des sciences... adressées à M. de Voltaire*, Bailly, 1777] : charlatanerie.

77.09 | **7 mars 1777.** Frédéric II à D'Alembert
- source : impr.
- édition : Preuss XXV, n° 182, p. 69-71
- incipit : « Les remèdes de l'âme opèrent lentement, mon cher... »

contenu : Convalescence d'Anaxagoras. Inquisition espagnole. Pauvre Volt. Pneumonie de son frère, le prince Henri de Prusse, à Brunswick.

77.10 | **12 mars [1777].** D'Alembert à Gaigne
- SOURCE : autogr., s., « à Paris », adr., cachet, 1 p.
- LOCALISATION DU MS. : Angers BM, Ms. 615
- REMARQUE : nous avons choisi l'année de la première publication de l'*Encyclopédie poétique* de Gaigne chez Nourse à Londres [1777], voir aussi la l. du 20 avril 1776
- INCIPIT : « J'accepte, puisque vous le désirez, l'exemplaire de votre... »

CONTENU : Le remercie pour l'ouvrage, mais exige une explication. Propose un rendez-vous.

77.11 | **16 mars 1777.** Saboureux de Fontenay à D'Alembert
- SOURCE : autogr., d.s., « à la Machine Royale de Marly », 1 p.
- LOCALISATION DU MS. : Paris AdS, pochette du 19 mars 1777
- INCIPIT : « Je m'estimerois heureux si vous vouliez bien... »

CONTENU : Lui demande de lire pour lui un mém. météorologique où il décrit la machine de Marly et ses instruments, ses vues sur la salubrité de l'air. D'Al. témoin de ses connaissances.

77.12 | **8 avril 1777.** Voltaire à D'Alembert
- SOURCE : original, d., s. « V », 2 p.
- LOCALISATION DU MS. : Paris BnF, NAFr. 24330, f. 210
- ÉDITION : Kehl LXIX, p. 297-298. Best. D20626. Pléiade XII, p. 793
- INCIPIT : « Raton n'a pu répondre à la lettre du 6e mars... »

CONTENU : Les *Anecdotes* sur Fréron. Accident de santé. Thiriot. Journal de La Harpe et journal de Linguet. *La Philosophie de la Nature* [Delisle de Sales]. Opéra comique qui divise Paris.

77.13 | **28 avril 1777.** D'Alembert à Frédéric II
- SOURCE : impr., « Paris »
- ÉDITION : Preuss XXV, n° 183, p. 71-73
- INCIPIT : « M. de Catt a dû instruire Votre Majesté... »

CONTENU : De Catt lui aura appris pourquoi D'Al. doit renoncer à aller le voir. Séjour à Paris du comte de Falkenstein [Joseph II], sa visite impromptue à l'Hôtel Dieu, son indignation. S'il vient, D'Al. lui lira un *Eloge de Fénelon* à l'Acad. fr. et des réflexions sur la théorie de la musique à l'Acad. des sc. Campagne décisive en Amérique. Nouvelles du Portugal et de l'Espagne.

77.14 | **2 mai 1777.** D'Alembert à Voltaire
- SOURCE : autogr., d.s., 2 p.
- LOCALISATION DU MS. : Den Haag RPB 129, G16A30, 174
- ÉDITION : Kehl LXIX, p. 298-299. Best. D20659
- INCIPIT : « Vous avez cru, mon cher maître, aller voir les sombres... »

CONTENU : Renonce à aller voir Fréd. II pour cause d'estomac défaillant. Delisle. [Maréchal de Richelieu]. Fréron. Ne sait si le comte de Falkenstein [Joseph II] viendra aux Acad.

77.15 | **9 mai 1777.** D'ALEMBERT à FABRONI
- SOURCE : autogr., d.s., « à Paris », adr., cachet rouge, 3 p.
- LOCALISATION DU MS. : Pisa BU, Corrispondenza di Angelo Fabroni, Ms. 422, fasc. 26, lettera 30
- ÉDITION : Henry 1885/1886, p. 88
- INCIPIT : « J'ai reçu avec toute la reconnaissance possible les trois... »

CONTENU : A déjà lu les trois vol. reçus (Manfredi, Gravina, Fortiguerra, Malpighi, Morgagni), voudrait lire tout l'ouvrage, attend le volume sur Galilée et ses disciples, lui manque la décade IV. A reçu Nannoni de sa part et l'a recommandé aux anatomistes.

77.16 | **9 mai 1777.** D'ALEMBERT à MICHAELIS
- SOURCE : autogr., d.s., adr., cachet, 3 p.
- LOCALISATION DU MS. : Göttingen, NSUB, Ms. Michaelis 320, f. 18-19
- ÉDITION : Grimsley 1959, p. 259-260
- INCIPIT : « En recevant, comme je le devais, monsieur votre fils... »

CONTENU : Ne fera pas le voyage à Berlin car sa santé est mauvaise depuis deux mois et ne pourra donc pas le recommander à Fréd. II autrement que par lettres. Estime à son fils.

77.17 | **9 mai 1777.** VOLTAIRE à D'ALEMBERT
- SOURCE : impr.
- ÉDITION : Kehl LXIX, p. 299-300. Best. D20665. Pléiade XII, p. 811
- INCIPIT : « Votre estomac et votre cul, mon cher ami... »

CONTENU : Sur leurs santés : apoplexie et déjections. Sur ses adversaires. Delisle. Pascal-Condor[cet].

77.18 | **23 mai 1777.** D'ALEMBERT à FRÉDÉRIC II
- SOURCE : impr., « Paris »
- ÉDITION : Preuss XXV, n° 184, p. 73-75
- INCIPIT : « Je crois devoir rendre compte à Votre Majesté... »

CONTENU : Lors d'une conversation à l'Acad. fr. le 17 mai, le comte de Falkenstein [Joseph II] lui a fait des compliments sur Fréd. II. D'Al. a lu un « morceau » sur des synonymes (« simplicité »), et un sur Fénelon. Joseph II est allé voir Œdipe [de Volt.] au théâtre, où il a été applaudi pour sa simplicité, il est allé à l'Acad. des [inscriptions et] belles-lettres, il a fait une remarque à Turgot sur la « fureur du jeu » à la cour. Pluies continuelles.

77.19 | **[mai 1777].** D'ALEMBERT à DOMPIERRE D'HORNOY
- SOURCE : autogr., « doit être du mois de mai 1777 » de la main d'Hornoy, s., 1 p.
- LOCALISATION DU MS. : Genève IMV, MS CD 930

- ÉDITION : Best. D20671
- INCIPIT : « La lettre que vous me faîtes l'honneur de m'envoyer... »

CONTENU : Le remercie de sa l. à propos de la statue de Volt. : ne doutait pas que la famille d'Hornoy accepterait le transport de la statue dans un lieu public, conservera la l. non comme titre de propriété pour les souscripteurs, mais comme témoignage de sensibilité du neveu.

77.20 | **1er juin 1777.** FRÉDÉRIC II à D'ALEMBERT
- SOURCE : impr.
- ÉDITION : Preuss XXV, n° 185, p. 76
- INCIPIT : « Je suis fâché d'apprendre le dérangement où se trouve... »

CONTENU : Santé de D'Al. Voyage en France du comte de Falkenstein [Joseph II], prince instruit, affable et « un peu coquet ». Imagine ce que sera le discours de D'Al. sur Fénelon et *Télémaque*. A lu la *Philosophie de la nature* de Delisle [de Sales]. Va partir pour la Prusse.

77.21 | **23 juin 1777.** D'ALEMBERT à VOLTAIRE
- SOURCE : autogr., « à Paris », adr., cachet, 3 p.
- LOCALISATION DU MS. : Den Haag RPB 129, G16A30, 175
- ÉDITION : Best. D20704
- INCIPIT : « Il y a un siècle, mon cher et illustre ami, que... »

CONTENU : L. portée par Delisle : les persécutions dont celui-ci a été victime. Mort de Gresset. Condorcet ne sera pas candidat à l'Acad. fr., sauf si l'élection est repoussée à novembre. Rétablissement des jésuites au Portugal grâce à une nouvelle reine superstitieuse. Le roi d'Espagne. La perte [de Mlle de Lespinasse].

77.22 | **23 juin 1777.** FRÉDÉRIC II à D'ALEMBERT
- SOURCE : impr.
- ÉDITION : Preuss XXV, n° 186, p. 77-78
- INCIPIT : « Je suis fâché d'apprendre que votre santé ne se remet... »

CONTENU : Santé de D'Al. Belles qualités de [Joseph II]. Jaucourt, parent de l'encyclopédiste, accompagne Fréd. II de Magdebourg en Poméranie, avant de partir pour Vienne. Son parent l'encyclopédiste formé chez Boerhaave, sa parente institutrice des princesses de Prusse. Est allé jusqu'à la patrie de Copernic [Thorn]. Publication d'un discours contre la guerre aux Américains. Grimm rentrera de Russie par Berlin, il lui manque d'avoir vu le Groënland. Mais seul Anaxagoras mérite d'être recherché.

77.23 | **28 juin 1777.** D'ALEMBERT à COUSIN
- SOURCE : autogr., d.s., « à Paris », adr. « M. Cousin fils puiné, à Cadenet par Aix-en-Provence », cachet, 1 p.
- LOCALISATION DU MS. : Reims AM, collection Tarbé, carton XVIII/64
- INCIPIT : « Je ne puis, monsieur, que louer beaucoup votre ardeur... »

CONTENU : L'exhorte à l'étude et à la lecture des bons ouvrages, verra avec plaisir ses succès, si mérités.

ANNÉE 1777

77.24 | **15 [juillet 1777].** D'ALEMBERT à l'abbé d'ESPAGNAC
- SOURCE : autogr., s., « ce mardi 15 », adr. « au college de Boncourt », 1 p.
- LOCALISATION DU MS. : Paris AN, 315 AP/4, dossier 4, pièce 92
- REMARQUE : l'abbé d'Espagnac a lu son panégyrique de Saint-Louis le 25 août 1777. Il n'y a de « mardi 15 » en 1777 qu'en avril et juillet
- INCIPIT : « J'oubliai, monsieur, lorsque j'eus l'honneur... »

CONTENU : A oublié de lui signaler la veille que son « discours » [pour le panégyrique] contenait une erreur à propos du duc de Savoie.

77.25 | **15 juillet [1777].** LAGRANGE à D'ALEMBERT
- SOURCE : autogr., 4 p.
- LOCALISATION DU MS. : Paris Institut, Ms. 876, f. 248-249
- ÉDITION : Lalanne 1882, XIII, p. 327-329
- INCIPIT : « Si je suis quelquefois longtemps sans vous écrire... »

CONTENU : Envoie un paquet contenant l'*Addition au mém. sur les sphéroïdes* [HAB 1775], et demande de communiquer les autres matières à Condorcet et Laplace, a reçu le mém. de Laplace. Envoi d'une balle de livres. Impression de HAB 1776 et 1777, mém. de Messier. Rép. à sa l. du 14 février. Margraff élu associé étranger à l'Acad. sc., sa santé. Sulzer et Lambert très malades. Discussion sur les intégrales particulières, mém. de D'Al. dans HAB 1748.

77.26 | **28 juillet 1777.** D'ALEMBERT à FRÉDÉRIC II
- SOURCE : impr., « Paris »
- ÉDITION : Preuss XXV, n° 187, p. 79-81
- INCIPIT : « Je suis pénétré de reconnaissance de l'intérêt... »

CONTENU : Saison pluvieuse et froide. Solitude. De Catt lui apprend la bonne santé de Fréd. II. Départ du comte de Falkenstein [Joseph II] fin mai, son retour par Genève où il a dû voir « le Patriarche de Ferney ». Eloge de [Marie-Thérèse]. Delisle chez Volt. Grimm. Ne voit plus Jaucourt, occupé d'une nouvelle édition de Moreri. Discours de Pitt. Aimerait l'opinion de Fréd. II sur les Anglais en guerre contre l'Amérique.

77.27 | **3 août 1777.** VOLTAIRE à D'ALEMBERT
- SOURCE : original, s. « Voltaire », 2 p.
- LOCALISATION DU MS. : Paris BnF, NAFr. 24330, f. 212
- ÉDITION : Kehl LXIX, p. 302-303. Best. D20749. Pléiade XIII, p. 16
- INCIPIT : « Notre martyr ne vous reverra pas de sitôt, mon cher... »

CONTENU : [Delisle de Sales] va rentrer à Paris par Strasbourg et Nancy mais il devrait plutôt se réfugier à Sans-Souci : il faut que D'Al. intervienne auprès de Fréd. II. Demande si D'Al. réussira à faire entrer Pascal-Condor [Condorcet] à l'Acad. [fr.].

77.28 | **10 août [1777].** D'ALEMBERT à Mme VIGÉE-LEBRUN
- SOURCE : autogr., « à Paris ce Dimanche 10 Août », s., 1p.
- LOCALISATION DU MS. : Paris AF, dossier D'Alembert, 1G1

- REMARQUE : à partir du moment où D'Al. est secrétaire perpétuel, les seuls dimanches 10 août possibles sont en 1777 et 1783
- INCIPIT : « J'ai l'honneur de vous envoyer avec beaucoup... »

CONTENU : Lui envoie le billet [pour la Saint-Louis] qu'elle désire.

77.29 | **13 août 1777.** Frédéric II à D'Alembert
- SOURCE : impr.
- ÉDITION : Preuss XXV, n° 188, p. 81-84
- INCIPIT : « Je commence ma lettre par des vers de Chaulieu... »

CONTENU : Citation de Chaulieu sur la vieillesse. [Joseph II] a évité Volt., pour obéir à sa mère. Son bon fonds, son précepteur Batthyani. Référence à Hélvétius et à *De l'Esprit*. Tout est déterminé dans l'univers. Pense comme le public que les Anglais ont commis de nombreuses fautes (Gages, Carletin, Burgoyne). Ses prédictions (Cicéron) pour 1778 : indépendance américaine, retour du Canada à la France. Grimm à Stockholm.

77.30 | **19 septembre 1777.** D'Alembert à [Vicq d'Azyr]
- SOURCE : cat. vente Charavay 666, avril 1945, n° 19217 : autogr., 1p.
- REMARQUE : voir l. suivante à Fréd. II. Vicq d'Azyr est secrétaire de la Société royale de médecine.
- EXTRAIT : « Je vous prie d'assurer votre illustre et respectable société du zèle avec lequel je répondrai à la confiance dont elle m'honore... »

CONTENU : Dit qu'il écrira au roi de Prusse pour obtenir les éclaircissements qu'on lui demande. Assure la Société [royale de médecine] de son zèle.

77.31 | **22 septembre 1777.** D'Alembert à Frédéric II
- SOURCE : impr., « Paris »
- ÉDITION : Preuss XXV, n° 189, p. 84-86
- INCIPIT : « En revenant de la campagne, où j'avais été passer... »

CONTENU : De retour de la campagne, trouve la lettre de Fréd. II et le *Rêve* joint. Sa triste vie. [Joseph II] et Volt. Guerre des Anglais contre l'Amérique, bientôt contre la France. Grimm à Stockholm projetant d'aller à Berlin. Le *Rêve* fait rire et pleurer des sottises humaines. Propose que l'Acad. [de Berlin], qui n'a pas de censeur, mette au concours la question « s'il peut être utile de tromper le peuple ». Lagrange. Lui transmet un mém. de la part de la Société royale de médecine de Paris. Bel automne.

77.32 | **22 septembre 1777.** D'Alembert à Lagrange
- SOURCE : autogr., d., « à Paris », adr., « repondue le 23 janvier 1778 », cachet rouge, 3 p.
- LOCALISATION DU MS. : Paris Institut, Ms. 915, f. 159-160
- ÉDITION : Lalanne 1882, XIII, p. 330-332
- INCIPIT : « Mon cher et illustre ami, j'ai reçu il y a environ 15 jours... »

ANNÉE 1777

CONTENU : Rép. à la l. du 15 juillet, enchanté de l'addition au mém. sur les sphéroïdes, sa méthode moins analytique. Condorcet, Laplace, problème de Pétersbourg, Messier. Attend toujours HAB 1775, Lalande est à Bourg-en-Bresse. Tonnerre sur la maison de Lagrange. Acad. fr. pis-aller. Recherches sur la figure de la Terre [*Opuscules* t. VII, Mém. 53]. Publication annoncée de Buffon, « le Balzac de la philosophie ». Prix sur les comètes. Lambert. Intégrales particulières, Clairaut. Prix de métaphysique de l'Acad. de Berlin : sujet inintelligible.

77.33 | **22 septembre 1777.** VOLTAIRE à D'ALEMBERT
- SOURCE : original, d., 2 p.
- LOCALISATION DU MS. : Paris BnF, NAFr. 24330, f. 214
- ÉDITION : Kehl LXIX, p. 304-305. Best. D20808. Pléiade XIII, p. 44-45
- INCIPIT : « Je vous prie, mon véritable et cher philosophe d'avoir... »

CONTENU : Delisle. Rémy, *Eloge de Michel de l'Hôpital*, l'a emporté sur [Condorcet]. Querelles sur la musique.

77.34 | **28 septembre [1777].** D'ALEMBERT à CONDORCET
- SOURCE : copie, « Paris » ; adr. « à la Roche-Guyon », 1 p.
- LOCALISATION DU MS. : Paris Institut, Ms. 2475, f. 53
- ÉDITION : Henry 1883, note 4, p. 297-298
- REMARQUE : cat. vente Charavay-Cornuau, 22 novembre 1962, n° 4 : autogr., 2 p.
- INCIPIT : « Mon cher et illustre ami, j'ai vu M. Turgot par qui... »

CONTENU : Turgot verra Dupuy [secrétaire de l'Acad. des inscriptions et belles-lettres] mardi prochain : si Dupuy fait l'éloge [de La Vrillière mort le 27 février 1777], Condorcet ne peut se dispenser d'en faire un [à l'Acad. sc.]. Sinon, répit jusqu'à Pâques et ne pas faire celui de Trudaine. Sécheresse et poussière : mal de tête. Condorcet pourrait entrer à l'Acad. fr., surtout s'il fait cet éloge. Bossut cherchera l'homme qu'il demande.

77.35 | **[septembre 1777].** D'ALEMBERT à un correspondant non identifié
- SOURCE : autogr., s., P.-S., 2 p.
- LOCALISATION DU MS. : Leiden UB, BPL 2885
- INCIPIT : « J'ai reçu avec beaucoup de reconnaissance l'honnête et...

CONTENU : Le remercie pour l'ouvrage savant [vol. I, 1 de la *Bibliotheca critica* de Daniel Wyttenbach, 1777, d'après une note ms.], le prie d'en faire remerciement à l'auteur qu'il ne connaît pas mais qu'il admire. P.-S. Sa l. datée du 30 juillet et l'ouvrage viennent seulement de lui parvenir, d'où le retard de la rép.

77.36 | **[septembre 1777].** FRÉDÉRIC II à D'ALEMBERT
- SOURCE : impr.
- ÉDITION : Preuss XXV, n° 190, p. 87
- INCIPIT : « Je me sers de l'occasion de M. le colonel Grimm... »

CONTENU : Lui envoie par Grimm son *Essai sur le gouvernement* tiré à huit exemplaires. Souhaite à Anaxagoras « l'heureuse apathie des stoïciens ».

77.37 | **3 octobre 1777.** LAGRANGE à D'ALEMBERT
- SOURCE : autogr., d., « à Berlin », adr., cachet rouge, 3 p.
- LOCALISATION DU MS. : Paris Institut, Ms. 876, f. 217-218
- ÉDITION : Lalanne 1882, XIII, p. 332-334
- INCIPIT : « Mon cher et illustre ami, quoique je n'aie rien... »

CONTENU : Remet cette l. à Bitaubé. Sa démonstration du théorème de Maclaurin [*HAB 1775*]. Mort de Lambert, long éloge scientifique et humain, *Photométrie* peu connue, trois vol. de mém. en allemand à traduire.

77.38 | **5 octobre 1777.** FRÉDÉRIC II à D'ALEMBERT
- SOURCE : impr.
- ÉDITION : Preuss XXV, n° 191, p. 87-90
- INCIPIT : « Je suis persuadé que l'air de la campagne... »

CONTENU : Passage de Grimm, qu'il a chargé d'un ouvrage plus sérieux que le *Rêve*. La bonne humeur permet de supporter la vie (Volt. et Joseph II). Pour le sujet de prix à proposer à l'Acad. [de Berlin], « S'il est permis de tromper les hommes ? ». Lambert est mort, reste Béguelin. Remède contre la rage, envoie la préparation. Pronostics pour l'Amérique. Espère toujours le revoir.

77.39 | **[c. 5 octobre 1777].** VILLETTE à D'ALEMBERT
- SOURCE : impr., « Ferney »
- ÉDITION : *Œuvres du marquis de Villette*, 1788, p. 108-112
- INCIPIT : « Vos nouvelles ont beaucoup diverti M. de Voltaire... »

CONTENU : Vie domestique à Ferney : corrections d'épreuves, fête, vers, gaîté de Volt., accord entre lui et son curé, constructions, sensibilité, colère envers la cruauté.

77.40 | **14 octobre 1777.** D'ALEMBERT à BRISSOT
- SOURCE : copies, d.s., 2 p.
- LOCALISATION DU MS. : Paris AN, 446 AP 1
- REMARQUE : la première copie est suivie de la mention « cette copie est inexacte ; voici ce qu'elle devrait être » et d'une seconde copie assez différente ; nous donnons les deux incipit
- INCIPIT : 1. « Malgré les occupations dont je suis accablé... » ; 2. « Quoique les occupations dont je suis surchargé... »

CONTENU : N'a pu lire en détail l'ouvrage qu'il lui renvoie [*Plan du pyrrhonisme universel*] : érudition et philosophie. Ne croit pas entièrement au pyrrhonisme universel, bien que persuadé de ne savoir que peu de choses.

77.41 | **17 octobre 1777.** D'ALEMBERT à [VICQ D'AZYR]
- SOURCE : autogr., d.s., « à Paris », de la main de Vicq d'Azyr « seance du 21 8bre » 3 p.
- LOCALISATION DU MS. : Paris, AdM, 119 d. 17, n° 7(a)

ANNÉE 1777

- ÉDITION : Théodoridès 1976, p. 325-326
- INCIPIT : « Je reçus hier au soir la réponse du roi de Prusse... »

CONTENU : Remède contre la rage reçu la veille au soir de Fréd. II (l. du 5 octobre). La dose de la préparation doit arriver, par Grimm probablement, lui enverra l'extrait d'une l. de [de Catt] donnant des détails : description de l'insecte, [Cothenius, Louis XVI]. Exécutera les ordres de la Société [royale de médecine].

77.42 | **27 octobre 1777.** VOLTAIRE à D'ALEMBERT
- SOURCE : original, d., s. « Voltaire », « à Ferney », 2 p.
- LOCALISATION DU MS. : Paris BnF, NAFr. 24330, f. 216
- ÉDITION : Kehl LXIX, p. 305. Best. D20859. Pléiade XIII, p. 71
- INCIPIT : « Je vous écris n'en pouvant plus, mon très cher et... »

CONTENU : Bitaubé à Ferney. Pascal [Condorcet]. [Delisle] a oublié ses bienfaiteurs. « Ma vie n'aura été qu'une longue mort ».

77.43 | **11 novembre 1777.** FRÉDÉRIC II à D'ALEMBERT
- SOURCE : impr.
- ÉDITION : Preuss XXV, n° 192, p. 90
- INCIPIT : « J'ai chargé Catt de vous informer de tout... »

CONTENU : De Catt l'informera du remède contre la rage. L'Acad. [de Berlin] répond aux lettres, pas besoin de permission. Surpris de voir imprimées des l. qu'il lui a écrites et d'apprendre que d'autres circulent. Rien de tel n'était arrivé entre Pythagore et Numa, entre Platon et Denys, entre Aristote et Alexandre : princes actuels obligés au silence.

77.44 | **[14 novembre 1777].** D'ALEMBERT à [VICQ D'AZYR]
- SOURCE : autogr., s., « ce vendredi », de la main de Vicq d'Azyr « seance du 14 9bre repondu tout de suite », 1 p.
- LOCALISATION DU MS. : Paris, AdM, Ms. 33, f. 42
- ÉDITION : Théodoridès 1976, p. 327-328
- INCIPIT : « On vient de me dire que M. l'abbé Gaston, premier... »

CONTENU : Recette du remède prussien contre la rage à envoyer à Versailles à l'abbé Gaston, aumônier du comte d'Artois et à l'évêque de Bayeux, premier aumônier de la comtesse. Y joindre celui de Paris. Ecrire aussi à Caen, pour Le Vaillant Saint Denis qui a un fermier attaqué de la rage.

77.45 | **15 novembre 1777.** LAPLACE à D'ALEMBERT
- SOURCE : autogr., d.s., « à Paris », « samedi 15 novembre », 2 p.
- LOCALISATION DU MS. : Paris Institut, Ms. 876, f. 9
- ÉDITION : *Œuvres complètes de Laplace*, Paris, Gauthier-Villars, 1912, XIV, p. 346-348
- INCIPIT : « Au lieu d'aller demain vous importuner... »

CONTENU : Remettra ce soir son mém. [*MARS 1775*] à Condorcet avec « l'addition dont nous sommes convenus » dont la copie suit : reconnaissance de priorité à

D'Alembert avec la *Cause des vents*, les travaux de Laplace n'étant qu'une suite permise par les progrès de l'analyse. Enchanté de lui témoigner sa reconnaissance, *Résistance des fluides*, Euler.

77.46 | **[17] novembre 1777.** D'ALEMBERT à FRÉDÉRIC II
- SOURCE : impr., « Paris 27 novembre 1777 »
- ÉDITION : Preuss XXV, n° 193, p. 91-93
- REMARQUE : Best. fait remarquer que d'après la date de la l. à Volt. du 18 novembre, cette l. doit être datée du 17 et non du 27 novembre
- INCIPIT : « M. Grimm, à son arrivée à Paris, m'a remis… »

CONTENU : A son arrivée à Paris, Grimm lui a remis l'[*Essai sur le gouvernement*] dont il fait l'éloge. Mort de Mme Geoffrin [6 octobre], sa dernière amie. Motive sa proposition à l'Acad. [de Berlin] pour un sujet de prix. Parlement anglais et guerre d'Amérique. Tassaert. Delisle aurait besoin d'un « protecteur philosophe », si Fréd. II voulait se l'attacher. Volt. va lui écrire.

77.47 | **18 novembre 1777.** D'ALEMBERT à VOLTAIRE
- SOURCE : copie, d. « à Paris », s. « Tuus Bertrand », 3 p.
- LOCALISATION DU MS. : Genève IMV, MS CD 938
- ÉDITION : Best. D20905
- INCIPIT : « Mon cher et illustre maître, M. Delisle et M. Bitaubé… »

CONTENU : Delisle et Bitaubé. Ecrit à Fréd. II pour recommander Delisle, lui dit d'en faire autant car sa l. « est partie d'hier ». La Sorbonne veut condamner l'abbé Rémy pour son *Eloge de Michel de l'Hôpital*. [Condorcet] n'est pas encore à l'Acad. [fr.]. Chabanon. Prix de Berne : à modifier. Querelle sur la musique (La Harpe, contre Suard et Arnaud).

77.48 | **26 novembre 1777.** VOLTAIRE à D'ALEMBERT
- SOURCE : original, d., s. « V », 2 p.
- LOCALISATION DU MS. : Paris BnF, NAFr. 24330, f. 218
- ÉDITION : Best. D20925. Pléiade XIII, p. 108
- INCIPIT : « Non, vous n'êtes plus Bertrand, vous êtes Caton… »

CONTENU : A écrit à « Julien » [Fréd. II], qui pourrait faire du « martyr de la raison », Delisle [de Sales], son bibliothécaire. Intermédiaire de Fréd. II auprès du duc de Wurtemberg. Le mariage de Villette à Ferney.

77.49 | **28 novembre 1777.** D'ALEMBERT à FRÉDÉRIC II
- SOURCE : impr., « Paris »
- ÉDITION : Preuss XXV, n° 194, p. 93-95
- INCIPIT : « Je dois à Votre Majesté de nouveaux remerciements… »

CONTENU : Justification relative à la publication de lettres écrites par Fréd. II. : a donné des copies des deux l. de condoléances de Fréd. II. Un journal en a publié des extraits, sans sa participation, mais avec applaudissement général. Aucune l. de Fréd. II ne court dans Paris en ms., mais il a paru de prétendues lettres de Fréd. II auxquelles D'Al. a donné un démenti public.

77.50 | **28 novembre 1777.** D'ALEMBERT à MAUDUYT DE LA VARENNE
- SOURCE : autogr., d.s., adr. « rue des Ecouffes », cachet, de la main de Vicq d'Azyr « seance du 28 9bre 1777 sans reponse », 3 p.
- LOCALISATION DU MS. : Paris, AdM, 119, d. 17, n° 7(b)
- ÉDITION : Théodoridès 1976, p. 328-330
- INCIPIT : « Voici ce que le roi de Prusse me fait l'honneur... »

CONTENU : Extrait de la l. de Fréd. II du 14 [datée par Preuss du 11 novembre] sur la correspondance avec l'Acad. de [Berlin], extrait de la l. écrite par de Catt, son secrétaire, et donnant des précisions : Cothenius, Mœhsen.

77.51 | **30 [novembre 1777].** D'ALEMBERT à [VICQ D'AZYR]
- SOURCE : autogr., s., « ce dimanche 30 », 1 p.
- LOCALISATION DU MS. : Paris, AdM, 119, d. 17, n° 7(c)
- ÉDITION : Théodoridès 1976, p. 330
- INCIPIT : « Je viens enfin, monsieur, de recevoir la petite boîte... »

CONTENU : Lui envoie sans l'ouvrir la boîte qu'il vient de recevoir de Prusse et qui doit contenir le remède [contre la rage].

77.52 | **[10] décembre 1777.** FRÉDÉRIC II à D'ALEMBERT
- SOURCE : impr.
- ÉDITION : Preuss XXV, n° 195, p. 95, qui date du 20
- REMARQUE : la l. de D'Al. à Fréd. II date du 17 novembre, celle-ci, que connait D'Al. le 27, doit dater plutôt du 10
- INCIPIT : « Je me contente d'accuser la réception de votre lettre... »

CONTENU : Laconique car sa l. pourrait courir tout Paris : il n'y a point de place à Berlin pour Delisle, qui ferait mieux d'aller en Hollande.

77.53 | **11 décembre 1777.** D'ALEMBERT à GUSTAVE III, roi de Suède
- SOURCE : cat. vente *Verzeichniss der Dorow'schen Autographen Sammlung*, I : A-M, Frankfurt am Main, 25 janvier 1847, n° 17 : autogr., d.s., « Paris », 2 p.
- INCIPIT : inconnu

CONTENU : Ses relations avec Mme Geoffrin.

77.54 | **15 décembre 1777.** [Gottlieb Emanuel von HALLER] à D'ALEMBERT
- SOURCE : cat. vente « Lettres autographes sur le XVIIIe siècle » (Etienne Charavay expert), 11 avril 1876, n° 28, 6° : « Berne », 17 des calendes de janvier 1778, 1 p.
- INCIPIT : inconnu

CONTENU : Faire-part du décès de Haller.

77.55 | **19 décembre [1777].** Voltaire à D'Alembert
- source : impr.
- édition : Kehl LXIX, p. 307-308. Best. D20955. Pléiade XIII, p. 123-124
- incipit : « Mon très cher philosophe, j'ai lu la *Bienfaisance prouvée par les faits*... »

contenu : *La Bienfaisance prouvée par les faits* [*Eloge de Mme Geoffrin*, par D'Al.]. Autres éloges par Morellet et Thomas. Volt. a écrit à Fréd. II en faveur de [Delisle] et n'a pas eu de rép., D'Al. aura plus de succès. Alexandre et les Athéniens. Villette et son mariage.

77.56 | **27 décembre [1777].** D'Alembert à Voltaire
- source : autogr., s. « Tuus ex animo Bertrand », « à Paris », adr., 3 p.
- localisation du ms. : Den Haag RPB 129, G16A30, 176
- édition : Kehl LXIX, p. 309-310. Best. D20960
- incipit : « Ma négociation pour M. Delisle n'a pas été heureuse... »

contenu : Fréd. II mécontent dit non pour Delisle : c'est peut-être mieux pour Delisle. Thomas (l'esprit), Morellet (l'âme) et D'Al. (le cœur) sur Mme Geoffrin. L'élection à l'Acad. fr. de Condorcet étant impossible, l'abbé Millot a été préféré à Lemierre et Chabanon. D'Al. chargé de la réception car Buffon est à Montbard et Louis a des affaires : fera donc l'oraison de Gresset. M. et Mme de Villette.

77.57 | **[fin 1777].** D'Alembert à Laus de Boissy
- source : impr., « en lui envoyant un exemplaire de sa première lettre à M. de Condorcet sur la mort de Mme Geoffrin »
- édition : Pougens 1799, p. 271-272
- remarque : elle se situe entre la « Première Lettre sur Mme Geoffrin » [octobre 1777, A77.01] et la seconde [1779, A79.05]
- incipit : « J'ai l'honneur de vous envoyer la petite lettre... »

contenu : Lui envoie la « petite lettre » [sur Mme Geoffrin]. Il faut que Laus de Boissy sache que Mme de la Ferté-Imbault lui a fait fermer la porte de sa mère un an avant sa mort.

1778

78.01 | **4 janvier 1778.** Voltaire à D'Alembert
- Source : original, d., s. « Voltaire », 2 p.
- Localisation du ms. : Paris BnF, NAFr. 24330, f. 221
- Édition : Kehl LXIX, p 311-312. Best. D20971. Pléiade XIII, p. 128-129
- Incipit : « Ce héros, mon cher philosophe, n'aime pas... »

Contenu : Fréd. II et son refus de Delisle. Le petit laquais [Villaume] devenu secrétaire de Fréd. II. Sabatier et Palissot ont fait fortune. Dumarsais athée. A lu les trois éloges [de Mme Geoffrin], Condé et Turenne n'avaient eu que deux oraisons funèbres. Election [de Millot à l'Acad. fr.], voudrait bien mourir confrère de Pascal-Condorcet. Villette a eu la meilleure femme du monde.

78.02 | **6 janvier 1778.** D'Alembert à un correspondant non identifié
- Source : autogr., d.s., 1 p.
- Localisation du ms. : Washington Smithsonian, Ms. 71A
- Incipit : « Quoique la réception ne doive se faire que le lundi 19... »

Contenu : N'a plus de billet [pour la réception de l'abbé Millot], demande à son correspondant de l'excuser auprès du chevalier de Cubières.

78.03 | **24 janvier 1778.** D'Alembert à Voltaire
- Source : autogr., d.s., « à Paris », adr., 3 p.
- Localisation du ms. : Den Haag RPB 129, G16A30, 177
- Édition : Kehl LXIX, p. 312-313. Best. D21003
- Incipit : « Mon cher et illustre confrère, vous recevrez... »

Contenu : Lui envoie son discours pour la réception [à l'Acad. fr.] de l'abbé Millot, Condorcet devrait en être. Fréd. II, la métaphysique et la géométrie, fâché par le *Système de la Nature*. Delisle.

78.04 | **27 janvier 1778.** Lagrange à D'Alembert
- Source : autogr., d., « à Berlin », 4 p.
- Localisation du ms. : Paris Institut, Ms. 876, f. 244-245
- Édition : Lalanne 1882, XIII, p. 334-336
- Incipit : « Permettez, mon cher et illustre ami, que je prenne... »

Contenu : L. de Jourdan, parent de Bitaubé, pour [le margrave d'Anspach]. Le tonnerre chez Lagrange. L'impression de *HAB 1775* et *1776* traîne. Raison de sa non-participation au prix des comètes. Schulze, élève de Lambert, élu à l'Acad. de Berlin, ses travaux (recueil envoyé par Thiébault). Métaphysique allemande. Question de Fréd. II « s'il est utile de tromper le peuple ». Clairaut, D'Al. et les intégrales particulières.

78.05 | **30 janvier 1778.** D'Alembert à Frédéric II
- Source : impr., « Paris »
- Édition : Preuss XXV, n° 196, p. 96-97
- Incipit : « Votre Majesté persiste à me croire coupable... »

CONTENU : Réitère sa justification relative aux l. de Fréd. II publiées. Rappelle les indiscrétions de la poste. Le remercie pour la copie du ms de Froissart conservé à Breslau. Après la mort de Mme Geoffrin, reste « seul dans l'univers ». Lui envoie le discours qu'il a prononcé à la réception de [Millot], successeur de Gresset [à l'Acad. fr.]. Vœux.

78.06 | **8 février 1778.** D'ALEMBERT à [FORMEY]
- SOURCE : autogr., d.s., « à Paris », 2 p.
- LOCALISATION DU MS. : Mariemont, AC, 274d
- ÉDITION : Durry 1959, II, p. 492
- INCIPIT : « Avant d'avoir reçu la lettre que vous m'avez fait l'honneur de m'écrire, j'avais déjà demandé au margrave... »

CONTENU : Avait demandé au margrave [d'Anspach] pour quelqu'un d'autre la place dont Formey lui parle dans sa lettre. Bitaubé, qui s'en va, lui remettra le discours de réception du successeur de Gresset [Millot], il aurait aimé écouter l'éloge de Lambert. Fréd. II et une nouvelle guerre.

78.07 | **9 [février 1778].** D'ALEMBERT à RUAULT
- SOURCE : cat. vente London, Sotheby, 25 mai 1976, n° 306 : autogr., s., « ce lundi 9 », adr., « libraire rue de la Harpe », 1 p.
- INCIPIT : « Vous avez, monsieur, imprimé dans le t. IV de... »

CONTENU : Demande la Table des académiciens et de leurs ouvrages contenue dans le tome IV de la Table des *MARS*.

78.08 | **11 février 1778.** D'ALEMBERT à RUAULT
- SOURCE : autogr., d.s., cachet, 1 p.
- LOCALISATION DU MS. : Saint-Pétersbourg SPII, Section Occidentale, coll. 11, carton 370, n° 2
- INCIPIT : « Je vous suis très obligé du livre que vous avez bien voulu m'apporter... »

CONTENU : Remerciements, refuse le don de l'ouvrage, qu'il veut payer. Son domestique portant la l. lui en remettra le prix.

78.09 | **14 février 1778.** D'ALEMBERT à STANISLAS II, roi de Pologne
- SOURCE : autogr., d.s., « à Paris », 2 p.
- LOCALISATION DU MS. : Genève, coll. J.-D. Candaux
- INCIPIT : « En mettant aux pieds de Votre Majesté le faible hommage que j'ai rendu à la mémoire de ma vertueuse et respectable amie... »

CONTENU : [*Eloge de Mme Geoffrin*], rép. à sa l. et remerciements, Thomas et Morellet se joignent à lui.

78.10 | **18 février [1778].** D'ALEMBERT à TRONCHIN
- SOURCE : autogr., s., adr., 1 p.
- LOCALISATION DU MS. : Genève BGE, Archives Tronchin 167, p. 293-294

ANNÉE 1778

- ÉDITION : Best. D21052
- INCIPIT : « Vous avez fait, mon cher et illustre confrère, tout... »

CONTENU : Il faut tranquilliser Volt. qui est à Paris et s'inquiète des « suites désagréables ». Il l'a vu hier. Volt. a besoin des soins de Tronchin.

78.11 | **6 mars 1778.** D'ALEMBERT à LE BRUN PINDARE
- SOURCE : autogr., d.s., « Paris », 1 p.
- LOCALISATION DU MS. : Saint-Pétersbourg SPII, Section Occidentale, coll. 11, carton 370, n° 3
- ÉDITION : *Œuvres de Le Brun*, 1811, t. IV, Correspondance, p. 243
- INCIPIT : « Vous ne vous êtes point trompé, en pensant... »

CONTENU : A reçu ses vers [sur Volt.] avec plaisir et l'en remercie.

78.12 | **10 mars 1778.** D'ALEMBERT à MALESHERBES
- SOURCE : autogr., d.s., 1 p.
- LOCALISATION DU MS. : Paris AN, AP 154 (Archives Tocqueville), dossier 119, f. 1
- ÉDITION : Grosclaude 1961, p. 427
- INCIPIT : « Vous avez eu la bonté de m'envoyer la lettre de Fléchier... »

CONTENU : A fait des modifications à l'*Eloge de Fléchier* en fonction de la l. reçue. Lui rappelle sa promesse de lui envoyer ce qu'il lui a lu.

78.13 | **16 mars 1778.** MALESHERBES à D'ALEMBERT
- SOURCE : minute non autogr., d., « à Malesherbes », P.-S., 2 p.
- LOCALISATION DU MS. : Paris AN, AP 154 (Archives Tocqueville), dossier 119, f. 2
- ÉDITION : Grosclaude 1961, p. 427
- INCIPIT : « Il s'en faut beaucoup beaucoup, monsieur, que je n'ai... »

CONTENU : Il va lui donner ses notes sur Fléchier et l'histoire de la guerre des Cévennes, son envoi attendait ses dernières recherches sur les extraits de l. de Bâville et la comparaison avec l'imprimé. Retourne à Paris pour Pâques et le lui donnera. P.-S. Volt. aussi bon catholique que Fléchier et Bâville.

78.14 | **19 mars 1778.** VOLTAIRE à D'ALEMBERT
- SOURCE : original, d.s., 1 p.
- LOCALISATION DU MS. : Paris BnF, NAFr. 24330, f. 226
- ÉDITION : Kehl LXIX, p. 314. Best. D21113. Pléiade XIII, p. 182
- INCIPIT : « Très aimable chef de notre Académie, je vous prie de... »

CONTENU : L. d'accompagnement de l'épître dédicatoire d'*Irène* lue à l'Acad. [fr.] [le 19 mars].

78.15 | **26 [mars 1778].** D'ALEMBERT à ROCHEFORT D'ALLY
- SOURCE : autogr., « ce jeudi matin 26 », « à Versailles », adr., cachet rouge, 2 p.
- LOCALISATION DU MS. : Genève, coll. J.-D. Candaux

- INCIPIT : « M. de Voltaire m'a paru, mon cher ami, très touché de l'état de Mme la comtesse de Rochefort et votre affliction... »

CONTENU : Affliction du comte, indigestion de D'Alembert, consolation pour la comtesse malade, Volt., versatile, veut faire jouer après Pâques, avec *Irène*, *Le Droit du Seigneur*.

78.16 | **30 mars 1778.** D'ALEMBERT à FRÉDÉRIC II
- SOURCE : impr., « Paris »
- ÉDITION : Preuss XXV, n° 197, p. 98-99
- REMARQUE : Belin-Bossange p. 398-399, datée du 23 mars
- INCIPIT : « Je voulais d'abord commencer cette lettre par dire... »

CONTENU : Vœux pour « le protecteur de l'Allemagne ». Son innocence dans l'affaire des l. publiées. Volt. à Paris, fêté et malade ; sa tragédie [*Irène*], ouvrage étonnant. Passe ses journées seul avec son estomac malade et supplie Fréd. II de lui rendre ses bontés qu'il n'a pas mérité de perdre.

78.17 | **30 mars 1778.** D'ALEMBERT à LAGRANGE
- SOURCE : autogr., d., « à Paris », adr., cachet rouge, « repondue le 10 juillet 1778 », 3 p.
- LOCALISATION DU MS. : Paris Institut, Ms. 915, f. 161-162
- ÉDITION : Lalanne 1882, XIII, p. 337-338
- INCIPIT : « Mon cher et illustre ami, M. Bitaubé vous aura rendu... »

CONTENU : Bitaubé lui aura dit qu'il n'a rien pu faire pour Jourdan. Prix des comètes. D'Al. à l'origine de la question de Fréd. II sur l'utilité de « tromper le peuple ». Euler et le mém. de D'Al. (*HAB 1748*). Discours de D'Al. à l'Acad. fr. [réception de l'abbé Millot]. S'amuse un peu à la géométrie.

78.18 | **[30 mars 1778].** VOLTAIRE à D'ALEMBERT
- SOURCE : original, s. « V », cachet, adr., 2 p.
- LOCALISATION DU MS. : Paris BnF, NAFr. 24330, f. 223-224
- ÉDITION : Kehl LXIX, p. 314. Best. 21126
- REMARQUE : les premiers éd. avaient daté 19 mars, mais Volt. est venu à l'Acad. le 30 mars
- INCIPIT : « J'aime à voir par vos vitres mon cher maître... »

CONTENU : Compte venir à l'Acad. [fr.] ce jour. Veut mourir en s'éclairant avec lui.

78.19 | **31 mars 1778.** D'ALEMBERT à FRÉDÉRIC II
- SOURCE : impr., « Paris »
- ÉDITION : Preuss XXV, n° 198, p. 99-100
- INCIPIT : « Votre Majesté m'a tellement accoutumé depuis... »

CONTENU : L. d'introduction pour le vicomte d'Houdetot, ancien colonel, jeune militaire dont la mère admire Fréd. II. Ouvrage très attendu de Fréd. II sur la situation de l'Empire.

78.20 | **3 avril [1778].** D'Alembert à Gaigne
- Source : cat. vente Charavay, juin 1944, n° 664 : autogr., s., « Paris, vendredi 3 avril », adr., cachet, 1 p.
- Remarque : l'édition française de l'*Encyclopédie poétique* de Gaigne date de 1778-1780 et le 3 avril est un vendredi en 1778
- Incipit : « Je distribuerai avec plaisir les programmes que vous... »

Contenu : Vœux pour le succès de son ouvrage.

78.21 | **7 avril 1778.** D'Alembert à Mme Corneille
- Source : minute, d.s., « à Paris », adr., 3 p.
- Localisation du ms. : Paris AF, dossier D'Alembert, 1G1
- Édition : Pappas 1962, p. 41-42
- Incipit : « Vous vous rappelez sans doute, madame, la manière... »

Contenu : Lui rappelle tout ce qu'il a fait pour elle, son intervention auprès de l'Acad. fr., le mém. qu'il a présenté en sa faveur au ministre, les raisons qu'il a eues de ne pas écrire aux comédiens pour qu'elle fasse sa demande elle-même, les 240 lt que l'Acad. a envoyées aux comédiens, les remerciements qu'elle lui a faits avant son départ. Calomnies à leur sujet dans un journal imprimé à Londres et distribué à Paris.

78.22 | **14 avril 1778.** Mme Corneille à D'Alembert
- Source : autogr., d.s., « à Paris », 2 p.
- Localisation du ms. : Paris AF, dossier D'Alembert, 1G1
- Édition : Pappas 1962, p. 42-43
- Incipit : « Vous me rendez justice, monsieur, puisque vous pensez... »

Contenu : Les offenses de Linguet. L'aumône qu'elle n'a jamais demandée, le conseil de se mettre en service qui l'amena à demander l'assistance d'un de ses confrères pour arrêter le zèle de D'Al. Reconnaissance pour ses autres procédés rappelés dans la l. du 7, les comédiens, Le Kain.

78.23 | **15 avril 1778.** D'Alembert à un correspondant non identifié
- Source : autogr., d.s., « à Paris », 1 p.
- Localisation du ms. : Uppsala UB, coll. Erik Walker
- Incipit : « Je trouve vos prétentions très légitimes, et les objections... »

Contenu : Rép. à une demande de soutien à une élection à l'Acad. [des inscriptions et] belles-lettres. Va en parler aux académiciens qu'il connaît mais s'intéresse aussi à deux autres concurrents, demandera à ses amis leurs voix pour lui plus tard.

78.24 | **15 avril 1778.** D'Alembert à Mme Corneille
- Source : brouillon autogr., « à Paris le 15 avril », 2 p.
- Localisation du ms. : Paris AF, dossier D'Alembert, 1G1
- Édition : Pappas 1962, p. 43
- Incipit : « Quand je vous ai conseillé, madame, si mes démarches... »

CONTENU : N'a pas voulu la blesser par ses conseils, comme Thomas peut en témoigner, n'a pas renoncé à faire des sollicitations auprès du ministre et à l'aider. Préventions contre Corneille. S'adresser aux comédiens en corps. Il la croyait à Evreux.

78.25 | **23 avril 1778.** D'ALEMBERT à [Pierre ROUSSEAU]
- SOURCE : autogr., d.s., « à Paris », 1 p.
- LOCALISATION DU MS. : Paris BnF, Arsenal, Ms. 9623, n° 823 (2)
- ÉDITION : *Le Cabinet historique*, 1858, p. 122, qui donne pour destinataire Bernardin de Saint-Pierre. Henry 1885/1886, p. 98
- INCIPIT : « Vous savez sans doute, mon cher et ancien camarade, qu'il plait à M. Linguet de me déchirer dans toutes ses feuilles... »

CONTENU : N'a jamais voulu répondre à Linguet, mais un ami a fait la rép. ci-jointe au n° 23, imprimée dans le *Journal de Paris*. Voudrait aussi qu'elle paraisse dans le [*J. enc.*] sous le titre « Errata pour le journal de M. Linguet ». Rien de direct contre Linguet. Faire au mieux.

78.26 | **27 avril 1778.** PALISSOT à D'ALEMBERT
- SOURCE : impr. « Paris »
- ÉDITION : *Œuvres complètes de M. Palissot*, Liège, 1779, p. 39-40
- REMARQUE : le cat. vente « Lettres autographes sur le XVIIIe siècle » (Etienne Charavay expert), 11 avril 1876, n° 53, mentionne 5 lettres autogr. s. de 1778 à 1779, 11 p.
- INCIPIT : « J'ai toujours pensé, monsieur, que parmi nos divisions... »

CONTENU : Estime qu'il a pour lui, malgré la différence de bannières. Pièce qu'il lui a adressée pour l'hommage à [Volt.], ce qu'il a dit à [Volt.] de D'Al. Sa profession de foi de philosophe.

78.27 | **28 avril [1778].** D'ALEMBERT à PALISSOT
- SOURCE : impr., s., « Paris ce 28 avril », 2 p.
- ÉDITION : *Œuvres complètes de M. Palissot*, Liège, 1779, p. 41-42
- REMARQUE : repassé en cat. vente Noël Charavay, 1902, n° 208, 2°
- INCIPIT : « Je vous suis trés obligé, monsieur, de l'ouvrage que vous m'avez fait l'honneur de m'envoyer, & que j'ai lu avec plaisir... »

CONTENU : L'hommage à [Volt.]. Querelles littéraires plus envenimées que jamais.

78.28 | **17 mai [1778].** D'ALEMBERT à DUBESSET
- SOURCE : autogr., s., adr. « chez M. Loisel », cachet, 1 p.
- LOCALISATION DU MS. : London Wellcome, Ms. 12377, p. 5
- ÉDITION : Henry 1885/1886, p. 98-99
- REMARQUE : l'année 1778 est ajoutée d'une autre main, Le Roy est bien directeur en 1778. L'affaire Dubesset rebondit en 1779
- INCIPIT : « Je vous renvoie votre projet dont l'Académie des sciences ne peut pas se mêler, si elle n'est consultée là-dessus... »

CONTENU : Le projet sur les fosses d'aisance à Paris est du ressort de la police plus que des sciences. Lui propose de s'adresser à Le Roy directeur, ou à Condorcet. Inutile de lui écrire désormais.

78.29 | **[18 mai 1778].** VOLTAIRE à D'ALEMBERT
- SOURCE : autogr., s. « V », adr., 1 p.
- LOCALISATION DU MS. : Den Haag RPB 459, G16A453, 40 (112)
- ÉDITION : Kehl LXIX, p. 314. Best. D21198. Pléiade XIII, p. 214
- REMARQUE : ce billet d'excuse ne peut se rapporter qu'à la séance du 18 mai 1778 (*Reg. Acad. fr*, III, p. 433)
- INCIPIT : « Mon très cher secrétaire et maître perpétuel... »

CONTENU : Voulait courir à l'Acad. [fr.] mais retenu par deux maladies cruelles. Recommande à ses confrères « les vingt quatre lettres de l'alphabet ».

78.30 | **[22 mai 1778].** D'ALEMBERT à SUARD
- SOURCE : autogr., « ce vendredi matin », adr. « rue Louis-Le-Grand », 3 p.
- LOCALISATION DU MS. : Genève, coll. J.-D. Candaux
- INCIPIT : « Je ne sais, mon cher confrère, si je vous ai dit hier... »

CONTENU : S'en remet à lui pour les corrections au *Parallèle de M. de Voltaire avec Despréaux et Racine* [publié dans le *J. enc.*, 1ᵉʳ juin 1778]. Vers sur Franklin à mettre dans le [*Journal de Paris*], avec les corrections de La Harpe, traduction en plusieurs versions, « incommodé de la veine poétique ». Donner au porteur des billets de spectacle. Est obligé d'aller chez l'archevêque d'Aix [Boisgelin de Cucé].

78.31 | **[c. 25 mai 1778].** D'ALEMBERT à SUARD
- SOURCE : autogr., 2 p.
- LOCALISATION DU MS. : Genève, coll. J.-D. Candaux
- INCIPIT : « Puisque ces vers ne vous déplaisent pas, faites-en donc, comme des choux de votre jardin... »

CONTENU : Estime que les vers sur Franklin ne doivent pas paraître dans la même feuille du [*Journal de Paris*], que le morceau sur Volt. Corrections supplémentaires à la l. à Suard du [22 mai 1778], Sparte plutôt que Rome.

78.32 | **29 mai [1778].** D'ALEMBERT à JABINEAU DE LA VOUTE
- SOURCE : autogr., s., « à Paris », adr. « Rue de la Harpe », cachet, 1 p.
- LOCALISATION DU MS. : Orléans, AD du Loiret, fonds Jarry, 2J 913
- ÉDITION : Henry 1885/1886, p. 102
- REMARQUE : Jabineau a fait l'éloge de Colardeau, mort à Pâques 1776, dans ses *Œuvres* parues en 1779
- INCIPIT : « Toutes réflexions faites, monsieur, et après m'être bien consulté de nouveau... »

CONTENU : Impossible pour lui de faire l'éloge de Colardeau que [Jabineau] veut mettre à la tête de ses œuvres et s'en excuse. Ne plus le solliciter.

78.33 | **[fin mars et début juin 1778].** BENTHAM à D'ALEMBERT
• SOURCE : brouillon autogr., s., 4 p, P.-S. 1 p.
• LOCALISATION DU MS. : London UC, Bentham Papers, CLXIX, f. 50-51, P.-S. f. 51b
• ÉDITION : Sprigge 1968, vol. 2, p. 115-118 et P.-S. p. 121-122
• REMARQUE : l'envoi de la l. est daté par la l. du 26 juin où D'Al. dit avoir reçue la l. de Bentham « depuis peu de jours » et les deux ouvrages « il y a déjà quelque temps ». Le P.-S. qui commence par « Voilà deux mois et davantage qui se sont écoulés » est écrit début juin, après la mort de Volt. (le 30 mai) d'après une note marginale de Bentham. Le début de la l. date donc de la fin mars
• INCIPIT : « Je viens de profiter une occasion qui s'est présentée... »
CONTENU : Lui envoie deux livres (*A Fragment on Government*, 1776 et *A View of the Hard-Labour Bill*, 1778) qu'il confie à Sylvestre, imprimeur à Paris. Ces livres concernent la réforme de la jurisprudence et font partie d'un système qui l'occupera sa vie durant. Critique [de William Blackstone] et louanges de Eden. Lui envoie l'esquisse de son système, fondé sur les idées d'Helvetius, qu'il considère, avec D'Al., comme ses maîtres. Lui demande conseil, voudrait la faire traduire [en français]. Le problème de la « sanction religieuse ». Déplore de ne pouvoir rencontrer D'Al. Envoie des duplicatas à Morellet et Chastellux, aurait voulu l'envoyer à Volt. P.-S. : écrit deux mois plus tard, le paquet n'ayant pu être envoyé par la poste, les frais étant trop élevés.

78.34 | **23 juin 1778.** D'ALEMBERT à l'abbé d'ESPAGNAC
• SOURCE : autogr., d.s., « à Paris », adr. « à Vichy les bains », 2 p.
• LOCALISATION DU MS. : Paris AN, 315 AP/4, dossier 4, pièce 93
• INCIPIT : « Ce que vous désirez de l'académie, monsieur, est... »
CONTENU : Préfère lui dire franchement que ce qu'il désire de l'Acad. [fr.] est presque impossible, fera tout pour l'obliger, lui conseille en attendant de s'occuper du panégyrique [de Saint-Louis]. Faire la cour à Mme de Moley, galanteries.

78.35 | **25 juin 1778.** D'ALEMBERT à [JABINEAU DE LA VOUTE]
• SOURCE : cat. vente Paris, Drouot, coll. Boutron-Charlard (Noël Charavay expert), 9 avril 1913, n° 4 : autogr., d.s., 1 p.
• INCIPIT : inconnu
CONTENU : L'Acad. [fr.] n'a pas conservé la lettre de remerciements que Colardeau lui avait adressée.

78.36 | **26 juin 1778.** D'ALEMBERT à BENTHAM
• SOURCE : copie dans la l. de Jeremy Bentham à son frère Samuel du 6 juillet 1778, d.s., « Paris »
• LOCALISATION DU MS. : London BM, Add. Ms. 33538, f. 207-208
• ÉDITION : Sprigge 1968, vol. 2, p. 135-136
• REMARQUE : cat. vente Nouveau Drouot, 16 décembre 1983 (A. Brieux et C. Galantaris experts), n° 10 : autogr., d.s., adr., cachet, 2 p.

| • INCIPIT : « J'ai reçu, monsieur, il y a déjà quelque temps... »

CONTENU : A reçu les deux ouvrages [*A Fragment on Government* et *A View of the Hard-Labour Bill*] et la l. pour lesquels il le complimente, des philosophes comme lui préparent le changement. Paquets remis à Morellet et Chastellux.

78.37 | **29 juin 1778.** D'ALEMBERT à FRÉDÉRIC II
- SOURCE : impr., « Paris »
- ÉDITION : Preuss XXV, n° 199, p. 100-102
- INCIPIT : « Votre Majesté ne sera sans doute ni étonnée ni offensée... »

CONTENU : Son silence depuis trois mois pour respecter les occupations de Fréd. II. Mort de Volt. enterré hors de Paris, refus d'une messe à l'Acad. fr., joie des fanatiques. Remercie pour l'accueil réservé au vicomte d'Houdetot, dont le fils a été baptisé Frédéric.

78.38 | **30 juin-3 juillet 1778.** D'ALEMBERT à FRÉDÉRIC II
- SOURCE : impr., « Paris »
- ÉDITION : Preuss XXV, n° 200, p. 102-114
- REMARQUE : début de la l. au 30 juin, en rép. à la l. de Fréd. II reçue le 29. P.-S. du 2 et du 3 juillet
- INCIPIT : « Je n'ai reçu qu'hier 29 juin, au soir, la lettre que... »

CONTENU : Relation détaillée des dernières semaines de Volt. à Paris : se conduire comme Fontenelle et Montesquieu, ne pas finir comme [Adrienne] Lecouvreur (sa confession à l'abbé Gaultier, sa profession de foi, le curé de Saint-Sulpice) ; la réception triomphale de Volt. à l'Acad. fr. et son apothéose à la [Comédie fr.] avec *Irène* ; vaines démarches de son neveu l'abbé Mignot en vue de sa sépulture à Paris ; sa mort, son embaumement, son enterrement à l'abbaye de Scellières ; menaces d'exhumation ; désapprobation de l'archevêque de Lyon et autres curés, messe à l'Acad. fr., remplacement, journalistes, comédiens. La l. reçue de Fréd. II, compte sur lui pour honorer la mémoire de Volt. P.-S. Mort de « mylord Marischal » [Keith]. Don de Volt. aux pauvres de Saint-Sulpice. Prêtres toujours ennemis des rois. P.-S. Volt. aurait vécu plus vieux à Ferney, sa vivacité d'esprit, sa mémoire, Epître de Pope. *Irène*. Terre-cuite [de Houdon] représentant Volt.

78.39 | **10 juillet 1778.** LAGRANGE à D'ALEMBERT
- SOURCE : autogr., d., adr., cachet rouge, 3 p.
- LOCALISATION DU MS. : Paris Institut, Ms. 876, f. 246-247
- ÉDITION : Lalanne 1882, XIII, p. 338-340
- INCIPIT : « Mon cher et illustre ami quoique je n'ai rien de nouveau... »

CONTENU : Bitaubé, Jourdan. Condorcet a envoyé le programme du prix de l'Acad. sc. de Paris sur les comètes pour 1780, va concourir. Mém. de Laplace sur le flux et le reflux. Eloge rétrospectif de la *Cause des vents* de D'Al. Laplace, Newton. Le remercie de son beau discours [pour la réception de l'abbé Millot]. Condorcet a partagé le prix de Berlin sur les comètes, mais n'a pas encore répondu à sa l. ni à celle de Formey. Guerre [contre le Palatinat].

78.40 **13 juillet 1778.** D'ALEMBERT à l'abbé d'ESPAGNAC
- SOURCE : autogr., d.s., « à Paris », adr. « à Vichy les bains », 2 p.
- LOCALISATION DU MS. : Paris AN, 315 AP/4, dossier 4, pièce 94
- INCIPIT : « Je suis vieux, monsieur, et vous êtes jeune... »

CONTENU : L'encourage à persévérer dans les lettres, comme le maréchal de Villars avait persévéré dans les armes. Mme de Moley. Abbé Delille. Duchesse de Châtillon.

78.41 **[juillet 1778].** LAPLACE à D'ALEMBERT
- SOURCE : autogr., adr., cachet rouge, 2 p.
- LOCALISATION DU MS. : Paris Institut, Ms. 876, f. 10-11
- ÉDITION : Charles Henry, « Lettres inédites de Laplace », Rome, 1886, p. 15-17, qui date de [1777]
- REMARQUE : datée par Laplace dans sa *Théorie du mouvement et de la figure elliptique des planètes*, Paris, 1784, p. 124
- INCIPIT : « Vous avez eu raison, mon très cher et très illustre... »

CONTENU : La remarque de D'Al. sur l'équilibre des sphéroïdes homogènes qui ne peut avoir que deux solutions est exacte. Partant de l'équation des *Opuscules*, VI, p. 50, Laplace le démontre en transformant l'équation de D'Al. et en analysant une courbe adéquate.

78.42 **15 août 1778.** D'ALEMBERT à FRÉDÉRIC II
- SOURCE : impr., « Paris »
- ÉDITION : Preuss XXV, n° 201, p. 114-117
- REMARQUE : Belin-Bossange p. 411-413, date du 16 août
- INCIPIT : « Les deux lettres du 22 et du 23 juillet... »

CONTENU : A reçu le 13 août les deux l. de Fréd. II des 22 et 23 juillet. Rép. relatives à [Volt.] : le maréchal de Richelieu, l'opium, ses derniers ouvrages, ses manuscrits, sa bibliothèque achetée par [Cath. II]. L'éloge de Fréd. II servira de signal à bien d'autres. Embarras de l'Acad. fr. Magnifique buste de Volt. par Houdon. Quatrain sur Volt. et Christophe de Beaumont.

78.43 **17 [août 1778].** D'ALEMBERT à Mme NECKER
- SOURCE : minute autogr., « Ce lundi matin 17 », 1 p.
- LOCALISATION DU MS. : Genève, coll. J.-D. Candaux
- REMARQUE : cette l. écrite apparemment plus d'une année après la mort de Mlle de Lespinasse (non nommée ici) pourrait faire allusion aux *Eloges* (les « rogatons »), et Mme Necker étant à la campagne, le « lundi 17 » qui conviendrait le mieux pourrait être le 17 août 1778
- INCIPIT : « J'ai l'honneur, madame, de vous envoyer la suite de ces rogatons que vous avez la patience et la bonté de lire. »

ANNÉE 1778

CONTENU : Lui envoie la suite de ses « rogatons ». Espère que Mme Necker sera contente de « l'exactitude, du zèle et de la capacité » de Jacquesson. N'ose demander une voiture pour aller à Saint-Ouen vendredi.

78.44 | **5 septembre [1778].** D'Alembert à Duché
- SOURCE : autogr., adr. « ancien procureur general », cachet rouge, 1 p.
- LOCALISATION DU MS. : Marseille Alcazar, Ms. 2145, n° 8
- REMARQUE : Duché a démissionné de sa charge le 20 août 1776
- INCIPIT : « Mon cher et ancien ami, M. de La Mure... »

CONTENU : Recommandation de La Mure pour L'Œuillart qui vient d'obtenir à 19 ans la première distinction du prix de poésie [de l'Acad. fr., le 25 août 1778]. L'a vu et encouragé. L'assure de son amitié à vie.

78.45 | **14 septembre 1778.** D'Alembert à Lagrange
- SOURCE : autogr., d., « à Paris », adr., cachet rouge, « repondue le 12 Decembre 1778 », 3 p.
- LOCALISATION DU MS. : Paris Institut, Ms. 915, f. 163-164
- ÉDITION : Lalanne 1882, XIII, p. 340-342
- INCIPIT : « Il y a longtemps, mon cher et illustre ami, que je vous dois une réponse... »

CONTENU : Article de D'Al. dans le *Mercure* du 5 septembre, où il parle de Lagrange. Prix sur les comètes. *Cause des vents* (août–décembre 1745). Laplace. Demande s'il a reçu l'*Eloge de Fénelon*, lu devant [Joseph II] et publié dans le *Mercure*. Publiera de même et lui enverra l'*Eloge de La Motte*. Un vol. des *Opuscules* [t. VII] paraîtra l'an prochain. Condorcet et son prix de l'Acad. de Berlin, Formey, Rougemont. Craintes à propos des guerres.

78.46 | **1er octobre 1778.** D'Alembert à Lorgna
- SOURCE : autogr., d.s., « à Paris », 1 p.
- LOCALISATION DU MS. : Verona, Biblioteca civica
- ÉDITION : Henry 1885/1886, p. 90, qui date de 1782. F. Piva, *Anton Maria Lorgna e la Francia*, Accademia di agricultura, scienze e lettere di Verona, 1985, p. 108
- INCIPIT : « Je n'ai reçu que depuis peu de jours par M. le comte Pompei... »

CONTENU : A reçu par le comte de Pompei sa l. du 15 mai [1778] et son ouvrage [*De Casu irreductibili*...]. Ne s'occupe plus guère de recherches mathématiques.

78.47 | **9 octobre 1778.** D'Alembert à Frédéric II
- SOURCE : impr., « Paris »
- ÉDITION : Preuss XXV, n° 202, p. 117-119
- INCIPIT : « J'ai reçu avec la plus vive reconnaissance... »

CONTENU : Remercie Fréd. II d'honorer la mémoire de Volt. A proposé à l'Acad. fr. de faire de l'éloge de Volt. le sujet du prix de poésie de 1779, a donné 600 lt pour en doubler le montant. A offert à l'Acad. le buste de Volt. par Houdon (en terre-cuite). A lu le 25 août son *Eloge de Crébillon*. Vœux pour la fin de la guerre. De Catt lui remettra son *Eloge de La Motte* et un traité de médecine de Barthez, Acad. de Berlin. Rougemont attend une rép. Sujet du prix de l'Acad. [fr.].

78.48 | **25 octobre 1778.** D'ALEMBERT à [FRANKLIN]
- SOURCE : autogr., d.s., « à Paris », 1 p.
- LOCALISATION DU MS. : Harvard
- ÉDITION : Hawkins 1933, p. 48-49
- REMARQUE : la lettre est lue à l'Acad. de Berlin le 25 août 1779 par Formey.
- INCIPIT : « Vous avez bien voulu, mon très illustre et très respectable confrère... »

CONTENU : Lettres à Danières, prisonnier en Amérique, à faire passer. Reconnaissance de sa famille.

78.49 | **27 [octobre 1778 ?].** D'ALEMBERT à Mme NECKER
- SOURCE : autogr., s., « à Paris ce mardi 27 »
- LOCALISATION DU MS. : Genève BGE, Dossier ouvert d'autographes, Alembert
- REMARQUE : Cette l. est à rapprocher de celle du 17 [août 1778] (78.43). La lecture qui intéresserait la comtesse d'Houdetot serait celle de l'*Eloge de Milord Maréchal* paru en 1779
- INCIPIT : « J'aurai l'honneur, madame, d'aller dîner vendredi... »

CONTENU : Lecture qu'il lui fera vendredi à Saint-Ouen, ainsi qu'à la comtesse d'Houdetot.

78.50 | **2 novembre 1778.** D'ALEMBERT à FROMANT
- SOURCE : autogr., d.s., « à Paris », adr. « à Vernon », cachet, 1 p.
- LOCALISATION DU MS. : Paris BnF, NAFr. 22899, f. 5-6
- INCIPIT : « J'ai lu le manuscrit que vous m'avez confié... »

CONTENU : Le ms lui paraît très bien, mais doute qu'on lui permette de l'imprimer, dans le *Mercure* ou ailleurs. A remis son ms à Formantin.

78.51 | **15 novembre 1778.** D'ALEMBERT à MERCIER DE SAINT-LÉGER
- SOURCE : copie, d., « ce dimanche », 1 p.
- LOCALISATION DU MS. : Paris BnF, NAFr. 815, f. 157
- INCIPIT : « M. D'Alembert fait mille compliments et remerciements à M. l'abbé de Saint-Léger... »

CONTENU : Fera traduire la l. que Mercier lui envoie pour le *Mercure* et la lui renverra. L'invite à « ses assemblées » des lundis, jeudis, et samedis au soir.

78.52 | **20 novembre 1778.** D'ALEMBERT à FRISI
- SOURCE : impr., texte partiel
- ÉDITION : Verri 1787, p. 87
- EXTRAIT : « ... Je n'ai pas lu avec moins de plaisir vos *Eloges*... »

CONTENU : *Eloges de Galilée et Cavalieri*, les jésuites s'y opposent évidemment. Il lira avec plaisir son ouvrage sur l'état des sciences chez les jésuites.

78.53 | **24 novembre 1778.** D'ALEMBERT à MERCIER DE SAINT-LÉGER
- SOURCE : autogr., d., traduction en italien jointe, 1 p.
- LOCALISATION DU MS. : Torino, Biblioteca civica centrale, Fondo Nomis di Cossilla
- INCIPIT : « M. D'Alembert a l'honneur de faire mille compliments à M. l'abbé de Saint-Léger... »

CONTENU : Lui renvoie la l. de Metastase, traduite pour le *Mercure*. Ne pourra aller le voir à cause du « temps horrible qu'il fait ».

78.54 | **[octobre-novembre 1778].** FRÉDÉRIC II à D'ALEMBERT
- SOURCE : impr.
- ÉDITION : Preuss XXV, n° 203, p. 119-120 qui date de [décembre] cette rép. à la l. de D'Al. du 9 octobre
- INCIPIT : « Voici cet *Eloge de Voltaire*, moitié minuté dans les... »

CONTENU : Lui envoie son *Eloge de Voltaire* écrit durant la campagne de Bohême, corrigé dans les quartiers d'hiver. Rougemont est payé. Quant à la guerre, Fréd. II se dit « dans les mains de la fatalité ».

78.55 | **1er décembre 1778.** D'ALEMBERT à CHASTELLUX
- SOURCE : impr., « ce mardi »
- ÉDITION : comte de Ségur, *Mémoires ou souvenirs et anecdotes*, Paris, 1826, II, p. 54-56
- INCIPIT : « Je suis enchanté, mon cher ami, de l'écrit que vous... »

CONTENU : Compliments sur l'ouvrage d'un jeune auteur [Ségur], qu'il lui a prêté.

78.56 | **2 décembre 1778.** VOIMERVILLE à D'ALEMBERT
- SOURCE : autogr., d.s., adr., cachet rouge, marque postale « Angleterre », 1 p.
- LOCALISATION DU MS. : Paris Institut, Ms. 2466, f. 208-209
- INCIPIT : « Depuis l'instant que j'ai quitté Paris appelé par le général Carleton... »

CONTENU : N'a pu s'entendre avec les Carleton sur ses appointements depuis son départ de Paris jusqu'à son retour présent en Angleterre. S'est mis d'accord avec Mme Carleton sur l'arbitrage de D'Al., son « zélé protecteur ». Lui fera parvenir des informations dès que D'Al. lui aura donné son accord. Gratitude.

78.57 | **5 décembre 1778.** VOIMERVILLE à D'ALEMBERT
- SOURCE : autogr., d.s., « Londres », adr., cachet noir, marque postale « Dangleterre », 1 p.
- LOCALISATION DU MS. : Paris Institut, Ms. 2466, f. 210-211
- INCIPIT : « Je vous demande mille pardons de mon étourderie. »

CONTENU : A oublié de mettre son adresse sur la l. précédente. Revient à Paris car le général [Carleton] voulait un valet de chambre, a donné sa place à deux soldats allemands.

78.58 | **10 décembre 1778.** Gandini à D'Alembert
- SOURCE : original de la main d'un secrétaire, d.s. autogr., « Gênes », adr., cachet rouge, 2 p.
- LOCALISATION DU MS. : Paris Institut, Ms. 2466, f. 86-87
- INCIPIT : « Le mépris que la plupart des médecins italiens... »

CONTENU : Les critiques faites à ses ouvrages sur l'incertitude de la médecine. Hippocrate, pratique et méthode. Lui envoie douze problèmes à communiquer à ses confrères.

78.59 | **11 décembre 1778.** D'Alembert à Creutz
- SOURCE : autogr., d.s., « à Paris », « Monsieur l'ambassadeur », 2 p.
- LOCALISATION DU MS. : Uppsala UB, F 491, n° 24, f. 67
- ÉDITION : R. Grimsley « Une lettre inédite de D'Alembert », *RHLF*, 1959, p. 376
- INCIPIT : « Permettez-moi de ne pas vous renvoyer, et de garder bien... »

CONTENU : A reçu le discours de [Gustave III] qu'il gardera, n'en connaît pas de plus beau. [Gustave III, Gustave Adolphe et Gustave Vasa] passeront à la postérité, bel exemple pour les despotes.

78.60 | **12 décembre 1778.** Lagrange à D'Alembert
- SOURCE : autogr., d., « à Berlin », adr., cachet rouge, 3 p.
- LOCALISATION DU MS. : Paris Institut, Ms. 876, f. 250-251
- ÉDITION : Lalanne 1882, XIII, p. 342-344
- INCIPIT : « Mon cher et illustre ami, comme cette lettre... »

CONTENU : Vœux, Newton, Volt. *Mercure* du 5 septembre. Attend les *Eloges* et le t. VII des *Opuscules* de D'Al. HAB 1775 envoyé. HAB 1776 prêt, son mém. sur les moyens mouvements. Délais pour le prix des comètes, Condorcet. Liste et prix de la *Description des arts et métiers*. Places d'associés étrangers à l'Acad. sc. de Paris : Pringle, Margraff. Recherches de Laplace sur les marées. L'Europe en feu.

78.61 | **[22 décembre 1778].** Antoine-Simon Lambert à D'Alembert
- SOURCE : minute autogr. jointe à la l. de Lambert à Beccaria du 22 décembre 1778, 1 p.
- LOCALISATION DU MS. : Milano Ambrosiana, Beccaria, B 232
- ÉDITION : *Edizione Nazionale delle Opere di Cesare Beccaria*, L. Firpo et G. Franciani ed., vol. IV, 1996, p. 534
- REMARQUE : Lambert écrit en tête de la minute « je joins ici copie d'une lettre que j'ai en meme tems ecrite à M. d'alembert »
- INCIPIT : « Il n'est point d'homme sensible sur lequel nos besoins... »

CONTENU : Témoignage de l'Acad. de Châlons-sur-Marne (prix proposé le 25 août) et de ses confrères, mais il paraît que D'Al. pense qu'il n'est que le plagiaire de Beccaria. D'Al. et l'Acad. fr. doivent accorder plus d'attention à son mém. [sur la législation criminelle]. Si la dernière l. qu'il lui a écrite n'a pas suffi, se fera entendre d'une autre manière, son désespoir.

78.62 | **23 décembre 1778.** D'ALEMBERT à VARENNES
- SOURCE : autogr., d.s., « Paris », 1 p.
- LOCALISATION DU MS. : Paris BnF, NAFr. 22199, f. 1
- INCIPIT : « Je vous suis très obligé de l'honneur que vous me faites... »

CONTENU : A reçu ses vers et l'en remercie.

78.63 | **24 décembre 1778.** Guillaume LE SAGE à D'ALEMBERT
- SOURCE : autogr., d.s., « Alençon », 4 p.
- LOCALISATION DU MS. : Paris Institut, Ms. 2466, f. 128-129
- REMARQUE : tableau de tirages joint, f. 131, 2 p. et un feuillet de calculs autogr. de D'Al., f. 130
- INCIPIT : « La façon honnête avec laquelle vous communiquez... »

CONTENU : Pose un problème sur un tirage de loterie, dont il donne une solution par « l'expérience » sur les tirages effectifs de la Loterie royale de France depuis son établissement en 1758. Flatteries : D'Al. a arraché « le bandeau des préjugés ».

1779

79.01 | **1ᵉʳ janvier [1779].** D'Alembert à Lagrange
- SOURCE : autogr., « à Paris », adr., cachet rouge, « repondue le 20 Mars 1779 », 3 p.
- LOCALISATION DU MS. : Paris Institut, Ms. 915, f. 165-166
- ÉDITION : Lalanne 1882, XIII, p. 345-346
- INCIPIT : « Mes sentiments pour vous, mon cher et illustre ami... »

CONTENU : Les éloges de Fénelon et de La Motte envoyés à de Catt pour épargner le port ont brûlé dans l'incendie de ses effets en Bohême. Ses *Eloges* viennent d'être imprimés, il les enverra. Nouveau vol. d'*Opuscules* en cours [t. VII]. *HAB 1775* et *1776*. A les *Mémoires de Göttingen* t. VI. Prix sur les comètes, envoyer avant le 1ᵉʳ septembre, Condorcet. Tronchin associé étranger. Suite des recherches de Laplace sur le flux et le reflux. Guerre de l'Autriche.

79.02 | **3 janvier 1779.** D'Alembert à Frédéric II
- SOURCE : impr., « Paris »
- ÉDITION : Preuss XXV, n° 204, p. 120
- INCIPIT : « Je prends la liberté de mettre aux pieds de Votre Majesté... »

CONTENU : Lui envoie par Rougemont l'ouvrage annoncé dans sa l. du 1ᵉʳ janvier [*Eloges*], note sur la statue de Volt. Barthez, « savant médecin de Montpellier », aimerait savoir si Fréd. II a reçu par de Catt ses *Nouveaux éléments de la science de l'homme* et s'il peut espérer devenir associé étranger de l'Acad. de Berlin.

79.03 | **4 janvier [1779].** D'Alembert à l'abbé d'Espagnac
- SOURCE : autogr., s., « à Paris ce 4 janvier », adr. « aux Invalides », cachet, 1 p.
- LOCALISATION DU MS. : Paris AN, 315 AP/4, dossier 3, pièce 19
- INCIPIT : « Mille tendres remerciements, monsieur, de tout... »

CONTENU : En rép. à ce qui lui dit l'abbé d'Espagnac sur ses *Eloges*. L'évêque de Senlis est directeur et D'Al. chancelier [en 1779]. A envoyé au directeur la liste des concurrents au panégyrique [de Saint-Louis], où il a exprimé le vœu de l'Acad. fr. pour l'abbé Talbert.

79.04 | **5 janvier [1779].** Sabbathier à D'Alembert
- SOURCE : autogr., d. (année d'une autre main que nous suivons) s., 3 p.
- LOCALISATION DU MS. : Paris Institut, Ms. 2466, f. 200-201
- INCIPIT : « A la lecture de la réponse dont vous m'avez honoré... »

CONTENU : A Châlons-sur-Marne, son frère lui avait appris à vénérer son nom en lui faisant lire l'*Enc.*, à Paris, il a appris sa générosité. Admiration pour Necker auquel il a envoyé des vers non signés il y a un an. Compte sur la protection de D'Al.

79.05 | **6 janvier 1779.** Fléchier à D'Alembert
- SOURCE : autogr., d.s., adr., cachet rouge, 2 p.
- LOCALISATION DU MS. : Paris Institut, Ms. 2466, f. 84-85

ANNÉE 1779

> - REMARQUE : il s'agit d'un petit neveu d'Esprit Fléchier dont D'Al. a lu l'éloge à l'Acad. fr. le 19 janvier 1778, voir l. du 20 janvier à Séguier
> - INCIPIT : « Je reçois votre lettre, monsieur, au moment ou j'allai... »

CONTENU : Partait pour Versailles, en espérant la « note obligeante et juste » que D'Al lui avait promise la veille. Cherin. Originaux de ses actes à 150 lieues. Ira cet été au Cantal. A recours à lui pour éviter les rumeurs.

79.06 | **18 janvier 1779.** Vausenville à D'Alembert
> - SOURCE : copie, d.s., 1 p.
> - LOCALISATION DU MS. : Paris AN, T/160 23, n° 224, n° 2
> - REMARQUE : envoie aussi son appel à réfutation à Lalande, Pingré, Vandermonde, Bossut et Bézout (AN, T/160 23, n° 224, n° 6)
> - INCIPIT : « J'ai reçu, monsieur, la lettre que vous m'avez fait... »

CONTENU : Rép. à la l. de D'Al., comme secrétaire de l'Acad. fr., du 15 janvier, pour son ouvrage sur la quadrature du cercle [*Essai phisico-géométrique*]. Lui en envoie un exemplaire pour qu'il puisse le réfuter, comme l'ouvrage l'y invite. « La guerre finira quand il vous plaira ».

79.07 | **20 janvier 1779.** D'Alembert à Vausenville
> - SOURCE : copie, d.s., 1 p.
> - LOCALISATION DU MS. : Paris AN, T/160 23, n° 224, n° 3
> - INCIPIT : « Je vous suis, monsieur, très obligé de votre ouvrage et je vous souhaite tout le succès que vous désirez... »

CONTENU : L'Acad. sc. (*MARS 1775*) a pris le parti de ne plus examiner de quadrature du cercle, D'Al. fait de même et ne répondra pas à sa provocation.

79.08 | **20 [janvier] 1779.** Séguier à D'Alembert
> - SOURCE : autogr., s., de Nîmes d'après le tampon, adr., cachet rouge, 2 p.
> - LOCALISATION DU MS. : Paris Institut, Ms. 876, f. 305-306
> - INCIPIT : « Je me rappelle avec plaisir que j'eus l'honneur... »

CONTENU : Il se souvient du passage de D'Al. à Nîmes avec Condorcet en 1770. Ne peut répondre à ses questions sur les aïeux du prélat [Fléchier]. A été lié d'amitié avec le père du jeune homme que D'Al. a vu à Paris. Peut lui adresser un exemplaire de l'éloge couronné par l'Acad. de Nîmes, qui ne donne pas d'accessit.

79.09 | **24 janvier 1779.** Choquet à D'Alembert
> - SOURCE : autogr., d.s., 3 p.
> - LOCALISATION DU MS. : Paris Institut, Ms. 2466, f. 53-55
> - REMARQUE : éd. partielle dans *SVEC*, 302, p. 1-5
> - INCIPIT : « Il faut que je me sois mal exprimé dans ma dernière... »

CONTENU : D'Al. n'a pas compris la demande de sa dernière l. Lui avait parlé de ses dettes qu'une messe ne pouvait combler, promesses de l'archevêque de Toulouse [Loménie de Brienne] Si D'Al. avait été riche comme Volt., aurait accepté son offre mais il peut mourir sans l'avoir remboursé. Lui envoie [f. 55] l'acte de baptême d'Armand Arouet [frère aîné de Volt.] daté de 1685, [qu'il confond avec] Volt. Demander un éclaircissement à Mme Denis. Paroisse de Saint-Germain-le-Vieil, père Porée, l'étude du père de Volt., cédée à Charlier, protection du duc de Richelieu père. Vertu de Mme Arouet, Volt. enfant « le petit duc ». A la fièvre. Lui envoie un portrait des enfants d'Arouet avec des extraits.

79.10 | **30 janvier 1779.** Vausenville à D'Alembert
- SOURCE : copie autogr., d.s., « Paris », 3 p.
- LOCALISATION DU MS. : Paris AN, T/160 23, n° 224, n° 4
- INCIPIT : « J'ai reçu, monsieur, la lettre que vous m'avez fait l'honneur de m'écrire le 20 de ce mois... »

CONTENU : Le refus indigne de D'Al. à sa provocation (*Essai phisico-géométrique*), suite à l'opposition à l'enregistrement en 1771 du rapport en sa faveur de Pingré. Entend forcer juridiquement D'Al. à répondre. L'Acad. sc. ne peut faire de loi. A communiqué leur correspondance au Garde des sceaux, au ministre [de la Maison du roi ?] et à divers souverains.

79.11 | **6 février 1779.** Astori à D'Alembert
- SOURCE : autogr., d.s., « Naples », adr., cachet rouge, 2 p.
- LOCALISATION DU MS. : Paris Institut, Ms. 2466, f. 5-6
- INCIPIT : « Je serai toujours sensible, avec l'Europe entière... »

CONTENU : Aux pièces de poésie qu'il a adressées à D'Al., il ajoute un dystique sur la mort de Volt. Louanges : D'Al. « l'homme le plus grand de l'Europe » maintenant que Volt. est mort.

79.12 | **6 février [1779].** Un correspondant non identifié à D'Alembert
- SOURCE : autogr., s. « de Gv.[ou Dr Go ?] », « Bruxelles », 2 p.
- LOCALISATION DU MS. : Paris Institut, Ms. 2466, f. 96
- REMARQUE : l'*Eloge de Fléchier*, lu à l'Acad. fr. le 19 janvier 1778, paraît dans les *Eloges,* début janvier 1779
- INCIPIT : « Il vient de paraître ici, monsieur, une petite brochure... »

CONTENU : Vient de paraître à Bruxelles une brochure contre Fréd. II. Le « roquet rémois » [Linguet] auquel ses impertinences sur D'Al. et Montesquieu ont fait perdre des souscripteurs, est comparé à L'Arétin. [Linguet] vient de perdre 2 400 livres. Lui fera passer la suite éventuelle de la brochure, le prie de donner à Turgot les autres exemplaires joints. L'*Eloge de Fléchier*, espère celui de Duclos, ami de La Chalotais.

79.13 | **14 février 1779.** Jabineau de La Voute à D'Alembert
- SOURCE : impr.
- LOCALISATION DU MS. : ms probablement détruit pendant la première guerre mondiale

- ÉDITION : B. Gineste, *Corpus étampois*, 2003, http://www.corpusetampois/cle-18-pjabineau-lettredalembert.html
- INCIPIT : « Je sors de chez moi, monsieur, pour avoir l'honneur de vous voir... »

CONTENU : S'il ne trouve pas D'Al. laissera sa l. avec un exemplaire des *Œuvres de Colardeau*, en hommage à l'Acad. fr. et à D'Al. Regrette que D'Al. n'ait pas voulu en faire l'éloge.

79.14 | **15 février 1779.** D'Alembert à Jabineau de La Voute
- SOURCE : autogr., d.s., « à Paris », adr., 1 p.
- LOCALISATION DU MS. : Coburg, Kunstsammlungen der Veste Coburg, Autographen-Sammlung
- REMARQUE : La base Kalliope donne par erreur cette lettre « à Pabineau »
- INCIPIT : « Recevez, je vous prie, monsieur, mes très humbles... »

CONTENU : Le remercie de [l'édition des *Œuvres de Colardeau*]. Compliment sur son Eloge [de Colardeau].

79.15 | **[c. 15 février 1779].** Astori à D'Alembert
- SOURCE : autogr., s., adr., cachet rouge, 2 p.
- LOCALISATION DU MS. : Paris Institut, Ms. 2466, f. 7-8
- REMARQUE : avec l'ode à Volt.
- INCIPIT : « Votre ami trépassé me sera toujours présent... »

CONTENU : Lui envoie encore des pièces de vers sur Volt. Témoignages d'admiration et de reconnaissance.

79.16 | **18 février 1779.** D'Alembert à Villemain
- SOURCE : cat. vente London Maggs Bros, *Autograph Letters* 1345, 2003, n° 1 : autogr., d., adr., « Monsieur Willemain », 1 p.
- ÉDITION : Henry 1885/1886, p. 85-86
- REMARQUE : « 12 février » d'après le cat. Charavay 678, mars 1949, n° 22.358
- INCIPIT : « M. D'Alembert a l'honneur de faire mille compliments... »

CONTENU : Lui demande l'expédition de l'ordonnance des jetons de l'Acad. fr. à de Cotte, et de le lui faire savoir.

79.17 | **20 février 1779.** La comtesse de Mornay à D'Alembert
- SOURCE : autogr., d.s., préparée par D'Al. pour son *Eloge de l'abbé de Gédoyn*, 3 p.
- LOCALISATION DU MS. : Paris Institut, Ms. 2466, f. 159
- INCIPIT : « Il y a monsieur, bien de la témérité à écrire à un homme... »

CONTENU : Regrette mais ne peut s'empêcher de lui faire perdre du temps « à lire une lettre de femme ». Plaisir à la lecture des *Eloges*, Massillon, Bossuet, Fénelon son « héros de tous tems », Fléchier. Regrette de n'avoir pas trouvé l'éloge de l'abbé Gédoyn, traducteur de Quintilien et de Pausanias, auteur d'une « apologie des traductions », admiré par l'abbé d'Olivet. Gédoyn la regardait comme sa fille adoptive et était un familier de leur maison. Maréchal de Richelieu, Volt.

79.18 | **23 février 1779.** Luchet à D'Alembert
- SOURCE : autogr., « Cassel », adr., 3 p.
- LOCALISATION DU MS. : Paris Institut, Ms. 2466, f. 139-140
- REMARQUE : D'Al. avait reçu un diplôme de membre honoraire de la Société des Antiquités de Cassel, fondée par Frédéric II, landgrave de Hesse-Cassel, en date du 6 février 1779, signé de Luchet
- INCIPIT : « J'ai mis sous les yeux de Monseigneur le Landgrave... »

CONTENU : Rép. à la l. de D'Al. [à Fréd. II de Hesse-Cassel] : estime pour ses lumières. *Eloges* de D'Al. Volt. n'a pas eu le temps de le recommander. Joint le diplôme, le règlement et l'*Eloge de Haller*. L. de D'Al. sur l'éloge de Volt.

79.19 | **24 février 1779.** D'Alembert à Tollius
- SOURCE : autogr., d.s., « à Paris », adr., cachet, 1 p.
- LOCALISATION DU MS. : Leiden UB, BPL 2582
- INCIPIT : « J'ai lu avec autant de plaisir que de fruit le beau discours... »

CONTENU : Compliments sur le discours [*De Gerardo Vossio perfecto grammatico*] que Tollius lui a envoyé.

79.20 | **27 février 1779.** D'Alembert à Amelot de Chaillou
- SOURCE : autogr., d.s., « à Paris », « à Monseigneur », 2 p.
- LOCALISATION DU MS. : Paris AN, O1 666, f. 84
- ÉDITION : Henry 1885/1886, p. 99-100
- REMARQUE : note « R. le 4 mars 1779 en lui renvoyant son brevet »
- INCIPIT : « J'ai l'honneur de vous envoyer, conformément à l'article... »

CONTENU : Par l'art. VI de la déclaration du 7 janvier, il lui sera dû 4 années. A sur l'extraordinaire des guerres un autre brevet, qu'il envoie à Montbarey. Pension de l'Acad. sc. et appointements de l'Acad. fr.

79.21 | **27 février [1779].** D'Alembert à Mercier de Saint-Léger
- SOURCE : autogr., « au Louvre ce 27 février », 1 p.
- LOCALISATION DU MS. : London BL, Add. Ms. 24210, f. 50
- ÉDITION : Henry 1885/1886, p. 97-98
- REMARQUE : puisque la brochure de Mercier est à l'origine de la demande de D'Al. il s'agit probablement des *Remarques critiques sur la Bibliothèque...*, octobre 1778, 29 p.
- INCIPIT : « M. D'Alembert, qui a lu avec beaucoup de profit... »

CONTENU : A lu avec profit sa brochure et lui demande où trouver sa critique de la *Bibliographie* de Debure parue « il y a plusieurs années » [1763].

79.22 | **3 mars 1779.** Palissot à D'Alembert
- SOURCE : autogr., d.s., « Paris », adr., cachet rouge, adressée à l'Acad. française au Louvre, 1 p.
- LOCALISATION DU MS. : Genève, coll. J.-D. Candaux
- INCIPIT : « Je vous prie d'accepter, monsieur, ce nouveau volume... »

CONTENU : Envoi du vol. [VII des *Œuvres complètes de M. Palissot*, 1779] : son attachement à Volt., son mépris des fanatiques « anti-philosophes ». Dans ces « circonstances très délicates », il n'avait parlé de D'Al. qu'avec décence.

79.23 | **4 mars 1779.** Amelot de Chaillou à D'Alembert
- SOURCE : minute du vol. « Dépêches année 1779 », d., « A Vers.lles », 1p.
- LOCALISATION DU MS. : Paris AN, O1 420, p. 62v°
- INCIPIT : « Je vous renvoye, monsieur, le brevet de votre pension... »

CONTENU : Ne peut utiliser son brevet, son extrait baptistaire suffit. Si nécessaire, lui adressera un nouveau titre pour toucher sa pension. Cas différent de celui de sa pension de l'Acad. [sc.] et de ses appointements.

79.24 | **6 mars 1779.** D'Alembert à [Lassone]
- SOURCE : autogr., d.s., « à Paris », 1 p.
- LOCALISATION DU MS. : Paris AdM, Ms. 33, f. 43
- ÉDITION : Grimsley 1962, p. 75. Théodoridès 1976, p. 330-331
- REMARQUE : Théodoridès identifie le destinataire comme l'un des deux présidents de la Société royale de médecine, ses confrères à l'Acad. sc., Lieutaud ou Lassone. Le second, né la même année que D'Al. pouvait bien avoir fait ses humanités avec lui 45 plus tôt
- INCIPIT : « Vous ne me devez point de reconnaissance, monsieur... »

CONTENU : Rép. à ses remerciements : Dans ses *Mélanges*, t. V, p. 71, D'Al. formulait le projet maintenant exécuté. Leur amitié de 45 ans.

79.25 | **10 mars 1779.** D'Alembert à Amelot de Chaillou
- SOURCE : autogr., d.s., « Monseigneur », « à Paris », 2 p.
- LOCALISATION DU MS. : Paris AN, O1 666, f. 85
- ÉDITION : Henry 1885/1886, p. 100-101
- INCIPIT : « J'ai l'honneur de vous envoyer mon extrait baptistaire... »

CONTENU : Lui envoie son extrait baptistaire qui ne contient pas le nom de D'Alembert, donné dans son enfance. Connu aussi sous son vrai nom de Le Rond. Lui demande de le prévenir si sa pension est arrêtée, se pliera aux besoins du service.

79.26 | **10 mars 1779.** D'Alembert à [Montbarey]
- SOURCE : autogr., d.s., « Monseigneur », « à Paris », 2 p.
- LOCALISATION DU MS. : Washington Smithsonian, Ms. 71A
- REMARQUE : porte les décomptes des deux pensions mentionnées par D'Al. dans sa l. du 27 février, établis par une autre main. D'Al. dit le 27 février qu'il a envoyé son brevet sur le budget de la guerre à Montbarey. L. bien distincte de la précédente, même si contenu quasi identique
- INCIPIT : « J'ai eu l'honneur de vous envoyer le brevet d'une pension... »

CONTENU : Brevet de la pension de 1 200 lt dont il jouit sur l'extraordinaire des guerres. Lui envoie son extrait baptistaire qui ne contient pas le nom de D'Alembert, donné dans son enfance. Connu aussi sous son vrai nom de Le Rond. Le prévenir si pension arrêtée, se pliera aux besoins du service.

79.27 | **15 mars 1779.** [TINSEAU] à D'ALEMBERT
- SOURCE : autogr., d., « Nevers », incomplet de la fin, deux lignes biffées en bas de la deuxième p., 2 p.
- LOCALISATION DU MS. : Paris Institut, Ms. 2466, f. 225
- REMARQUE : dans la note 9 de son *Eloge de Massillon*, D'Al. rapporte l'anecdote de 1741 en l'attribuant à un « prélat très respectable, qui vit encore [...] et que son seul mérite a fait évêque » : la présente l. étant écrite de Nevers, on peut supposer que son auteur est Tinseau, évêque de Nevers de 1751 à 1782
- INCIPIT : « Je ne veux pas mon cher monsieur, que quelqu'un... »

CONTENU : Fait passer ses hommages et nouvelles par un neveu qui se rend à [Paris]. Saison favorable depuis la dernière l. de D'Al. N'a pas de manuscrit de Massillon : croyait avoir vu en 1741 entre les mains d'un ami à Paris un de ses mandements. L. au cardinal de Fleury. Personne n'en a entendu parler depuis. A vu deux ou trois l. à une religieuse.

79.28 | **20 mars 1779.** D'ALEMBERT à DECROIX
- SOURCE : autogr., d.s., « à Paris », adr. « secrétaire du Roi rue Princesse à Lille en flandres », cachet, 1 p.
- LOCALISATION DU MS. : Hanover (New Hampshire, USA), Dartmouth College, Baker Memorial Library, Ms. 779220, f. 39
- INCIPIT : « Je n'ai point les facéties parisiennes, et depuis... »

CONTENU : A reçu sa l. mais n'a pu se procurer les *Facéties parisiennes*. Renvoie néanmoins la table avec les apostilles qu'il a faites.

79.29 | **20 mars 1779.** LAGRANGE à D'ALEMBERT
- SOURCE : autogr., d., « à Berlin », adr., cachet rouge, P.-S., 3 p.
- LOCALISATION DU MS. : Paris Institut, Ms. 876, f. 252-253
- ÉDITION : Lalanne 1882, XIII, p. 347-348
- INCIPIT : « Recevez mon cher et illustre ami mes remerciements... »

CONTENU : A reçu les *Eloges*, les admire, en particulier celui de Massillon. Fin de la guerre [« des pommes de terre »]. Mém. de Laplace. P.-S. Envoie *HAB 1775* et *1776* par Lalande et Bernoulli, enverra suite des *Commentaires* de Göttingen.

79.30 | **22 mars 1779.** D'ALEMBERT à [MESLIN]
- SOURCE : autogr., d.s., « à Paris ce 22 mars 1779 », 2 p.
- LOCALISATION DU MS. : Torino, Biblioteca civica centrale, Fondo Nomis di Cossilla
- REMARQUE : le destinataire est sans doute le premier commis de la guerre nommé dans la l. 79.32
- INCIPIT : « M. le prince de Montbarey, monsieur, me fait... »

CONTENU : En sa qualité d'ancien secrétaire interprète du régiment royal de Bavière, demande une nouvelle expédition de son brevet de 1200 lt sur l'Extraordinaire des guerres. Il jouit en outre d'un autre brevet de 1200 lt sur le Trésor royal dont il lui est dû quatre années.

79.31 | **25 mars [1779].** D'ALEMBERT à DECROIX
- SOURCE : cat. vente *Autographen* Henrici, Berlin, 27-28 mai 1927, n° 1 : autogr., s., « à Paris », adr. « Monsieur De Croix à Lille », cachet, 1 p.
- INCIPIT : « On m'a enfin prêté les facéties, et voici les pièces... »

CONTENU : Pièces qui lui paraissent de Volt. dans les *Facéties parisiennes*.

79.32 | **26 mars 1779.** D'ALEMBERT à AMELOT DE CHAILLOU
- SOURCE : autogr., d.s., « à Paris », note d'une autre main « M. Dalembert demande un certificat de la pension de 1200 lt... », 2 p.
- LOCALISATION DU MS. : Paris AN, O1 666, f. 83
- ÉDITION : Henry 1885/1886, p. 101
- INCIPIT : « J'ai eu l'honneur de vous mander, en vous envoyant... »

CONTENU : Meslin, par ordre de Montbarey, lui dit qu'il a besoin pour délivrer un nouveau brevet, d'un certificat pour la pension sur le Trésor royal.

79.33 | **28 mars [1779].** D'ALEMBERT à GINGUENÉ
- SOURCE : autogr., 1 p.
- LOCALISATION DU MS. : Paris BnF, NAFr. 25261, f. 26
- INCIPIT : « M. D'Alembert n'a point entendu l'expression... »

CONTENU : Regrette d'avoir employé une expression qui peut être prise dans un sens déplaisant. Désire faire connaissance avec lui et le félicite pour son ouvrage sur la musique [*Entretiens sur l'état actuel de l'opéra*, 1779] qu'il n'a pu offrir aux personnes qui s'assemblent chez lui.

79.34 | **[janvier-mars 1779].** GROSLEY à D'ALEMBERT
- SOURCE : autogr., s., adr., cachet rouge, 3 p.
- LOCALISATION DU MS. : Troyes BM, Ms. 2977, n° 973
- ÉDITION : Babeau 1878, n° 110, p. 198-201
- INCIPIT : « Pour vous remercier, monsieur, d'une manière... »

CONTENU : Remerciements du présent [les *Eloges*] par des remarques : p. 41, le sublime ouvrage dicté par [Dongois] ; p. 53-54, l'épigramme de Boileau, le docteur Falconet, Brossette et l'apothicaire Martin ; p. 151, B[ossuet] et le latin, Leibniz ; p. 156, affaire des *Franchises* ; p. 279, jésuite Tellier ; p. 319, le converti de l'abbé Dangeau est l'abbé de Choisy ; p. 431, conception de Crébillon le fils ; p. 503, Boileau, Racine, Fontenelle. D'Al. obsédé par la satyre ; style des *Eloges* et style des *Mélanges*, note de Cicéron ou Quintilien, Rollin ; dédicace au duc de Montausier. Commission par son « maestro di camera » auprès de Le Jay pour le *Dictionnaire des Illustres*, à remettre à Humblot pour Sainton, libraire à Troyes.

79.35 | **13 avril [1779].** D'ALEMBERT à ROCHEFORT D'ALLY
- SOURCE : autogr., « ce treize avril », s., adressée à Marvejols en Gévaudan, au commandant pour le roi en Gévaudan, « Rép. le 24 avril », adr., cachet, 1 p.
- LOCALISATION DU MS. : Genève, coll. J.-D. Candaux
- REMARQUE : Mme de Rochefort d'Ally est morte fin 1778 ou début 1779
- INCIPIT : « Mlle Quinault m'a fait part de votre lettre... »

CONTENU : Joint un mot à la l. de Mlle Quinault. Lui conseille de faire diversion à son chagrin, et de s'occuper de l'éducation de l'enfant.

79.36 | **14 avril 1779.** CHOISEUL à D'ALEMBERT
- SOURCE : cat. vente « Lettres autographes sur le XVIIIe siècle » (Etienne Charavay expert), 11 avril 1876, n° 33 : autogr., d.s., « Chanteloup », 1 p.
- INCIPIT : inconnu

CONTENU : A reçu l'*Eloge de Milord Maréchal* et le lira avec plaisir.

79.37 | **28 avril [1779].** D'ALEMBERT à FRISI
- SOURCE : autogr., d.s., « à Paris ce 28 avril », P.-S., 2 p.
- LOCALISATION DU MS. : Milano Ambrosiana, Y 153 sup., f. 503-504
- ÉDITION : Verri 1787, p. 87-88. Rutschmann 1977, p. 48
- REMARQUE : Milord Maréchal [Keith] est mort le 25 mai 1778 et l'*Eloge de Newton* est paru en 1778
- INCIPIT : « Je vous suis très obligé de l'*Eloge de Newton*... »

CONTENU : Est très content de l'*Eloge de Newton*, après ceux de Cavalieri et Galilée. Vient de faire l'*Eloge de Milord Maréchal*, que Kéralio lui envoie. Va mettre sous presse le t. VII des *Opuscules* [1780], 45 ans de travail, qui sera son dernier ouvrage de mathématiques. P.-S. Justification du retard de sa rép.

79.38 | **29 avril 1779.** LE BRUN PINDARE à D'ALEMBERT
- SOURCE : minute autogr., d.s., « en lui envoyant la 2e edition de l'ode à M. de B. », 1 p.
- LOCALISATION DU MS. : Paris BnF, NAFr. 9198, f. 1
- INCIPIT : « C'est avec le plus grand plaisir que j'offre ce second... »

CONTENU : Offre un second hommage [à Buffon]. Compliments pour l'*Essai sur les gens de lettres* qu'il vient de relire, digne de Tacite.

79.39 | **30 avril 1779.** D'ALEMBERT à FRÉDÉRIC II
- SOURCE : impr., « à Paris »
- ÉDITION : Preuss XXV, n° 205, p. 121-122
- INCIPIT : « M. le baron de Goltz a bien voulu se charger de faire... »

CONTENU : Lui a fait parvenir par le baron de Goltz son *Eloge de Milord Maréchal* A-t-il reçu les *Eloges* envoyés il y a trois mois par de Catt ? Son accès de fièvre. Vœux pour la paix de l'Europe. L'hommage de Fréd. II à Volt. Lui envoie le discours qu'il a prononcé à l'Acad. fr. pour la réception de [Ducis], successeur de Volt. Buste de Volt. par Houdon.

ANNÉE 1779

79.40 | **30 avril 1779.** D'Alembert à Lagrange
- SOURCE : autogr., d., « à Paris », adr., cachet rouge, « repondue le 25 juin 1779 », 3 p.
- LOCALISATION DU MS. : Paris Institut, Ms. 915, f. 167-168
- ÉDITION : Lalanne 1882, XIII, p. 348-349
- INCIPIT : « Je suis très flatté, mon cher et illustre ami, de tout... »

CONTENU : Recevra par Bitaubé l'*Eloge de Milord Maréchal*, compte donner un vol. du même genre l'hiver prochain. Retard du t. VII des *Opuscules*. Prix des comètes. Laplace sur le flux et le reflux. *HAB 1775* et *1776*. Paix en Allemagne.

79.41 | **23 mai 1779.** D'Alembert à un correspondant non identifié
- SOURCE : cat. vente Charavay non identifié, n° 22 : autogr., d.s., « Paris », 1 p.
- INCIPIT : inconnu

CONTENU : [Inconnu].

79.42 | **1er juin 1779.** Ostervald à D'Alembert
- SOURCE : minute autogr., d., 3 p.
- LOCALISATION DU MS. : Neuchâtel BPU, 1105, p. 1551-1553
- REMARQUE : lue le 10 juin par D'Al. à l'Acad. sc.
- INCIPIT : « Puisque je me flatte que vous ne désapprouvez pas la... »

CONTENU : Peu connu de lui mais l'a vu grâce à [Suard] à Paris en 1777 : lui et Bertrand directeurs de la Société Typographique de [Neuchâtel] occupés à publier une nouvelle éd. de la *Description des arts*, lui en envoie aujourd'hui le précis. A présenté le Prospectus à l'Acad. sc. en 1775, accueil favorable. Les libraires de Paris empêchent la diffusion, mais la STN espère soutien et succès, que l'Acad. laisse agir « la personne en place ». D'Arcy avait reconnu l'utilité. Demande l'autorisation de présenter les 9 vol. publiés. Publiera un vol. tous les 3 mois.

79.43 | **2 juin 1779.** Ansse de Villoison à [D'Alembert]
- SOURCE : autogr., d.s., « à Venise », cachet, 4 p.
- LOCALISATION DU MS. : London BL, Egerton, Ms. 15, f. 119-120
- INCIPIT : « Le respect que j'ai pour les occupations d'un grand... »

CONTENU : Foncemagne a dû lui rendre compte de ses occupations à Venise, ms. grecs de la bibliothèque Saint-Marc. Lui recommande le comte de la Decima qui a lu tous ses ouvrages de mathématiques à l'université de Bologne et vient à Paris prendre ses conseils, Condorcet, Acad. sc. Cécile Grimani Cornaro le recevrait volontiers à Venise, son intime ami Alvise Zen, Angelo Quirini ne se consolent pas que D'Al. ne vienne pas en Italie. Ses ouvrages, ceux de Volt., Thomas, Marmontel. Mauvais libelle d'Amelot de La Houssaye. Mme Contarini Barbarigo à Paris. Cavalier Zeno.

79.44 | **5 juin 1779.** D'Alembert à Gadbled
- SOURCE : impr., adr. « professeur royal de mathématiques et chanoine du Saint-Sépulchre à Caen

- ÉDITION : Henry 1885/1886, p. 102
- INCIPIT : « J'ai reçu les deux exemplaires de votre thèse... »

CONTENU : Le remercie pour sa thèse sur la navigation et de ce que Gadbled a dit de lui.

79.45 | **5 juin 1779.** LUCHET à D'ALEMBERT
- SOURCE : autogr., d.s., « Cassel », 2 p.
- LOCALISATION DU MS. : Paris Institut, Ms. 2466, f. 138
- INCIPIT : « J'ai l'honneur de vous remercier de l'Eloge... »

CONTENU : Compliments sur l'*Eloge de Milord Maréchal* envoyé par le baron de Budon. Ce qu'il disait à Volt. de ses *Eloges* et ce que Volt. lui a répondu.

79.46 | **6 juin 1779.** FRÉDÉRIC II à D'ALEMBERT
- SOURCE : impr.
- ÉDITION : Preuss XXV, n° 206, p. 123-124
- INCIPIT : « J'ai reçu deux de vos lettres avec l'*Eloge* de quelques... »

CONTENU : A reçu les *Eloges* [lus, de D'Al.] et l'*Eloge de Milord Maréchal*. Il vient d'arriver, ayant passé quatorze mois dans les tempêtes de la politique et de la finance. N'est ni Fontenelle, ni Volt., plus bon à rien. Buste de Volt. Lui demande de venir le voir.

79.47 | **7 juin 1779.** D'ALEMBERT à MELANDERHJELM
- SOURCE : autogr., d.s., « à Paris », adr., « à Upsal », 1 p.
- LOCALISATION DU MS. : Uppsala UB, G 172, f° 149-152
- ÉDITION : Henry 1885/1886, p. 82
- INCIPIT : « J'aurais eu l'honneur de répondre plutôt à votre lettre... »

CONTENU : Lui répondra plus en détail quand il aura reçu les ouvrages annoncés par sa l. du 30 mars.

79.48 | **10 juin 1779.** D'ALEMBERT à OSTERVALD
- SOURCE : cat. vente T. Bodin, décembre 2004, n° 2 : autogr., d.s., « à Paris », adr. « Monsieur le Banneret d'Herval, à Neufchâtel en Suisse », cachet rouge, 1 p.
- LOCALISATION DU MS. : copie à Neuchâtel BPU, Ms. 1113, f. 157
- REMARQUE : Paris AdS, PV du mercredi 9 juin (p. 182) : « M. D'Alembert a lu une lettre des Libraires de Neufchâtel »
- INCIPIT : « J'ai lu à l'Académie des sciences la lettre que vous m'avez... »

CONTENU : L'Acad. sc. a des engagements avec les libraires qu'elle a prié Condorcet de lui rappeler. Condorcet lui répondra, D'Al. ne peut rien lui dire de plus.

79.49 | **17 juin 1779.** Un correspondant non identifié à D'ALEMBERT
- SOURCE : autogr., d., « à Nancy », P.-S., 4 p.
- LOCALISATION DU MS. : Paris Institut, Ms. 2466, f. 226-227
- INCIPIT : « J'ai reçu la réponse que vous m'avez fait l'honneur... »

ANNÉE 1779

CONTENU : Le remercie de sa rép. L'éloge qu'il a fait [de Volt.]. Anniversaire de la mort de Volt. fêté par la représentation d'*Agatocle*. Devancé par Mme Denis, mais demande que D'Al. soit témoin avec ses confrères, de sa priorité. Dorat consterné, poursuivi par l'ombre de [Volt.]. Lui envoie un nouveau paquet. Insère dans sa l. celle d'une femme que D'Al. connaît, à faire parvenir à son adr. « Comme on ne sait ce qui peut arriver dans la vie monsieur. S'il vous plaît toujours a même adresse de M. le Mis de Kambesc rue Ste caterine, et cachet noir ».

79.50 | **25 juin 1779.** LAGRANGE à D'ALEMBERT
- SOURCE : autogr., d., « à Berlin », adr., cachet rouge, 3 p.
- LOCALISATION DU MS. : Paris Institut, Ms. 876, f. 254-255
- ÉDITION : Lalanne 1882, XIII, p. 350-351
- INCIPIT : « Vous recevrez d'ici, mon cher et illustre ami, une pièce... »

CONTENU : Envoie sa pièce sur les comètes par le marquis de Pons et Condorcet. A reçu l'*Eloge de Milord Maréchal* par Bitaubé. Les amis de d'Argens sont mécontents. Attend le second vol. d'*Eloges* et le nouveau vol. d'*Opuscules*. *HAB 1777* est sous presse. Caraccioli. Voudrait voyager.

79.51 | **2 juillet 1779.** D'ALEMBERT à FRÉDÉRIC II
- SOURCE : impr., « à Paris »
- ÉDITION : Preuss XXV, n° 207, p. 124-126
- INCIPIT : « Lorsque j'eus l'honneur d'écrire ma dernière lettre à... »

CONTENU : Félicitations pour la paix donnée à l'Allemagne. Admiration universelle et « enthousiasme » pour Fréd. II., demande s'il viendra « faire un tour à Paris ». Santé de D'Al. trop faible pour permettre un voyage. Ses *Eloges*. Le prix de poésie, doublé par D'Al. et consacré à l'éloge de Volt. va être jugé. Buste de Volt. [par Houdon].

79.52 | **5 juillet [1779].** D'ALEMBERT à ROCHEFORT D'ALLY
- SOURCE : autogr., d., « à Paris », adr. « à Marvejols en Gévaudan », cachet rouge, 2 p.
- LOCALISATION DU MS. : Genève, coll. J.-D. Candaux
- REMARQUE : « il y a loin d'ici au printemps 1780 » écrit D'Al. dans la présente l.
- INCIPIT : « Je vous félicite, mon cher ami, quelqu'affligé... »

CONTENU : Le félicite d'avoir retrouvé ses « dieux pénates », lui qui a encore dans son malheur un objet de joie, contrairement à D'Al. Il n'est pas allé à Berlin malgré une nouvelle invitation. Education de l'enfant de Rochefort. Poème de Roucher sur les douze mois. Poème de Lemierre.

79.53 | **16 juillet 1779.** D'ALEMBERT à HEMSTERHUYS
- SOURCE : autogr., d.s., « à Paris », adr., cachet, 1 p.
- LOCALISATION DU MS. : Weimar, Gœthe und Schiller Archiv
- INCIPIT : « Je n'ai reçu que depuis peu de temps les deux ouvrages... »

CONTENU : A reçu depuis peu sa l. du 10 mai et ses deux ouvrages, de « philosophie saine » et de « morale intéressante ».

79.54 | **17 juillet [1779].** Grosley à D'Alembert
- SOURCE : autogr., s., « Troyes », adr., cachet rouge, 3 p.
- LOCALISATION DU MS. : Troyes BM, Ms. 2977, n° 970
- ÉDITION : Babeau 1878, p. 170-173
- REMARQUE : Foncemagne est mort le 26 septembre 1779
- INCIPIT : « Je viens encore, monsieur, de rencontrer... »

CONTENU : Eloge du cardinal de Cusa [Nicolas de Cuse] devrait être fait à l'Acad. sc. Renseignements sur Granier [Auger de Moléon] pour note à l'éloge de l'abbé de Saint-Pierre, Lalande pourrait éclairer D'Al. Pélisson. Ouvrage de Cyran contre Garasse. Libraire Bouillerot, expulsion de Granier. Neveu [de Volt.]. Terray, Abélard, Volt., a vu Malesherbes. *J. enc.* donne des extraits du *Supplément de l'Enc.*, n'a pas vu d'art. de D'Al., Marmontel. Santé de Foncemagne.

79.55 | **18 [juillet 1779].** D'Alembert à Cadet de Vaux
- SOURCE : autogr., s. « à Paris ce dimanche 18 », 1 p.
- LOCALISATION DU MS. : Genève, coll. J.-D. Candaux
- ÉDITION : E. Lizé, « A travers les chiffons d'Alexis Rousset », *RHLF* 78, 1978, p. 441-442
- INCIPIT : « J'ignorais à qui j'avais l'obligation de ce qui a été dit... »

CONTENU : Il ignorait ce que Cadet de Vaux avait dit d'honnête à son sujet dans le [*J. Paris* du 17 juillet 1779], l'en remercie. Rage de ses adversaires dans des journaux qu'il ne lit jamais, rép. par le mépris, les honnêtes gens témoignent pour lui.

79.56 | **18 juillet 1779.** D'Alembert à Dotteville
- SOURCE : autogr., d.s., « à Paris », cachet, adr., 2 p.
- LOCALISATION DU MS. : Versailles, AD des Yvelines, Minutier des notaires, 3E Versailles, Bekelynck 334, acte du 24 septembre 1807
- REMARQUE : le même acte contient la l. du 7 février [1774]
- INCIPIT : « Je reçois à l'instant les deux nouveaux volumes... »

CONTENU : Il loue les nouveaux vol. de sa traduction de Tacite [1779, 7 vol.], bien meilleure que celle de La Bléterie. Devrait faire *Agricola* et les *Mœurs des Germains*. Engagera La Harpe et l'abbé Rémy à faire de bonnes critiques.

79.57 | **2 août 1779.** Le comte de Montausier à D'Alembert
- SOURCE : autogr., d.s., « Paris », 1 p.
- LOCALISATION DU MS. : Paris AF, « Montausier »
- ÉDITION : *Reg. Acad. fr.*, III, p. 456, « jointe aux papiers de l'Académie »
- INCIPIT : « J'ai appris, monsieur, avec plaisir que l'Académie... »

CONTENU : L'Acad. fr. propose l'éloge du duc de Montausier, son trisaïeul maternel, pour le prix d'éloquence de 1781, il ajoute 600 lt.

ANNÉE 1779

79.58 | **11 août 1779.** D'Argental à D'Alembert
- SOURCE : copie de la main de D'Al. en tant que secrétaire perpétuel
- LOCALISATION DU MS. : Paris AF, registre manuscrit, 1779, p. 172
- ÉDITION : *Reg. Acad. fr.*, III, p. 457
- INCIPIT : « D'après les instructions dont je suis chargé, vous pouvez... »

CONTENU : Lui demande d'ouvrir le billet cacheté joint à la pièce qui a remporté le prix [vers sur l'éloge de Volt.] et qui contient son nom. Il représente l'auteur qui avait des raisons personnelles de ne pas se faire connaître. Il espère que l'Acad. l'autorisera à laisser la médaille à celui qui a obtenu l'accessit.

79.59 | **29 août 1779.** Saint-Ange à D'Alembert
- SOURCE : autogr., d.s., « Paris », 2 p.
- LOCALISATION DU MS. : Paris Institut, Ms. 2466, f. 203
- INCIPIT : « Quelque vivement, monsieur, que votre réponse ait... »

CONTENU : Le remercie en se défendant de « prostituer la louange ». D'Al. est son général sans qu'il se soit nommé soldat, urgence de sa position. Excuse son papier déchiré.

79.60 | **[août 1779].** Malesherbes à D'Alembert
- SOURCE : deux minutes corrigées par Malesherbes, en plusieurs parties
- LOCALISATION DU MS. : Paris AN, AP 154 (Archives Tocqueville), L 119, dossier « Protestants »
- ÉDITION : Grosclaude 1961, vol. 1, p. 428-429 et p. 161
- REMARQUE : datée par 1° « depuis 3 ans, j'ai été chez les étrangers », or Malesherbes a voyagé à partir de l'été 1776 ; 2° par la l. du 10 septembre à Lagrange qui mentionne la critique sur Jacques II. La l. annonce deux mém.
- INCIPIT : « J'ai enfin achevé, monsieur, les lettres que je me suis... »

CONTENU : Se fait un devoir de justifier son ancêtre Bâville à l'occasion de ce que D'Al. en dit dans son [*Eloge de Fléchier*] où D'Al. a laissé subsister le parallèle entre Bâville, Fléchier et Fénelon. Résume ses deux [mém.] et reproche à D'Al. son ton à la Volt. et son manque d'information sur Bâville. La critique que faisait D'Al. de Desfontaines peut lui être retournée, il compare l'abus que D'Al. fait de son autorité littéraire aux lettres de cachet. L'*Eloge de Milord Maréchal* contient une critique infondée de Jacques II, l'intolérance fait partie de la religion du peuple comme l'avait observé Hume, Edit de Nantes et Louis XIV. Blâme D'Al. d'amuser le public par des plaisanteries. En voyage depuis trois ans, il entend les admirateurs de Volt., Montesquieu, Rousseau, Buffon, regretter les disputes littéraires ; c'est à D'Al. d'y mettre fin. Evoque le modèle de Montesquieu qui ne voulut jamais être chef de parti.

79.61 | **6 septembre 1779.** Mimeure à D'Alembert
- SOURCE : autogr., d., « à Dijon », 1 p.
- LOCALISATION DU MS. : Paris Institut, Ms. 2466, f. 152
- INCIPIT : « Comme il y a quelque temps, monsieur que vous... »

CONTENU : Rép. à la l. de D'Al. en vue de l'éloge de son grand-oncle [Valon, marquis de Mimeure]. N'avait pu lui donner qu'une note succincte, vient de trouver le livre de d'Artigny (1753) qui contient une pièce de vers [de Valon], adressée au roi, qu'il en fasse l'usage qu'il souhaitera, louanges.

79.62 | **10 septembre 1779.** D'ALEMBERT à LAGRANGE
- SOURCE : autogr., d., « à Paris », adr., cachet rouge, « repondue le 11 10bre 1779 », 3 p.
- LOCALISATION DU MS. : Paris Institut, Ms. 915, f. 169-170
- ÉDITION : Lalanne 1882, XIII, p. 351-352
- INCIPIT : « Nous avons reçu, mon cher et illustre ami, la pièce... »

CONTENU : A reçu [sa] pièce sur les comètes. Réactions diverses à l'*Eloge de Milord Maréchal*, Jacques II, d'Argens. Ne sait quand il donnera son second vol. d'*Eloges*, a pris le parti d'imprimer le t. VII de ses *Opuscules* qu'il fait relire par un ami. Caraccioli pourra loger Lagrange à Paris.

79.63 | **11 septembre 1779.** D'ALEMBERT à FRISI
- SOURCE : autogr., d.s., « à Paris », adr., 2 p.
- LOCALISATION DU MS. : London BL, Egerton, Ms. 15, f. 52-53
- ÉDITION : Delbeke 1938, p. 160. Rutschmann 1977, p. 50
- INCIPIT : « Permettez-moi de recommander à vos soins... »

CONTENU : Recommande Démeunier qui va séjourner à Milan, et qui voudrait rencontrer Beccaria.

79.64 | **19 septembre 1779.** D'ALEMBERT à FRÉDÉRIC II
- SOURCE : impr., « Paris »
- ÉDITION : Preuss XXV, n° 208, p. 126-128
- INCIPIT : « J'arrive de la campagne, où j'ai été passé environ... »

CONTENU : S'est reposé trois semaines à la campagne d'un « travail un peu forcé », rép. à la l. [du 6 juin] de Fréd. II. Heureux de l'union qui s'établit entre la France et la Prusse, naguère contrariée [par Mme de Pompadour et Bernis]. Prix de l'Acad. fr. pour l'éloge de Volt. attribué à un poète anonyme (peut-être La Harpe). Buste de Volt. [par Houdon], soit à l'antique, soit en perruque, le marbre pour mille écus. Décadence générale.

79.65 | **22 septembre 1779.** D'ALEMBERT à MELANDERHJELM
- SOURCE : autogr., d.s., « à Paris », adr., 3 p.
- LOCALISATION DU MS. : Uppsala UB, G 172 f. 153-156
- ÉDITION : Henry 1885/1886, p. 82-83
- INCIPIT : « Je reçois à l'instant par M. Baër les trois volumes... »

CONTENU : A reçu par Baer les trois exemplaires [du *Conspectus praelectionum academicarum...*, 1779], transmet les leurs à Du Séjour et Lalande. N'a pas le temps de le lire en détail, occupé à de nouveaux vol. de ses *Opuscules*. Le remercie pour la traduction de l'*Essai sur les gens de lettres*. Demandera à Baer de traduire la préface.

79.66 | **25 septembre 1779.** DUGAST DE LA BARTHERIE à D'ALEMBERT
- SOURCE : autogr., d.s., 3 p.
- LOCALISATION DU MS. : Paris Institut, Ms. 2466, f. 75-76
- INCIPIT : « Je sais que vous faites le plus noble usage de vos revenus... »

CONTENU : Sollicite D'Al. dont la générosité est bien connue : il perdra sa liberté, précieuse pour ses enfants et leur mère, si D'Al. ne lui prête 12 louis, ou au moins 6 ou 4. Les lui rendra sous huit jours, demande que son laquais lui apporte la somme chez le marchand Rauter rue Saint-Honoré, vis-à-vis l'hôtel d'Angleterre avant dix heures.

79.67 | **29 septembre 1779.** D'ALEMBERT à BERTIN
- SOURCE : autogr., d.s., 1 p.
- LOCALISATION DU MS. : New York Columbia Rare Books Coll., D. E. Smith Box A.
- ÉDITION : Pappas 1977, p. 238
- INCIPIT : « L'honnête ecclésiastique qui vous présentera cette lettre a un frère laborieux et zélé... »

CONTENU : Demande d'accorder une audience au porteur de la l. qui présente un mém. de son frère sur « un objet important d'administration » qui tombe dans son département.

79.68 | **2 octobre 1779.** D'ALEMBERT à CAZE DE LA BOVE
- SOURCE : copie non autogr. de D'Al., d.s., 2 p.
- LOCALISATION DU MS. : Paris Institut, Ms. 2466, f. 1
- ÉDITION : Henry 1885/1886, p. 103
- INCIPIT : « Quoique j'aie à peine l'honneur d'être connu de vous... »

CONTENU : Lui recommande chaudement le porteur de la l., Lacour [Lafont ?] qui a été autrefois son secrétaire, est maintenant établi à Rennes avec sa femme, marchande de modes.

79.69 | **7 octobre 1779.** FRÉDÉRIC II à D'ALEMBERT
- SOURCE : impr.
- ÉDITION : Preuss XXV, n° 209, p. 129-130
- INCIPIT : « Pour que vous ne croyiez pas qu'après la mort... »

CONTENU : Lui adresse un *Commentaire* « fait selon les principes de Huet, de Calmet et de Labadie », ainsi que ses *Lettres sur l'amour de la patrie*. A envie d'acheter le buste de Volt. [par Houdon] mais la guerre l'a mis à sec ; ce sera pour l'année prochaine. Espère de nouveau revoir Protagoras à Berlin, sa vie ne tient plus qu'à « un fil d'araignée ». La politique internationale a ses schismes comme la religion. Commence à radoter.

79.70 | **12 octobre 1779.** CASTILLON à D'ALEMBERT
- SOURCE : autogr., d.s., « à Berlin », adr., cachet rouge, 2 p.
- LOCALISATION DU MS. : Paris Institut, Ms. 876, p. 301-302
- ÉDITION : Henry 1885/1886, p. 54-55
- INCIPIT : « Le retard de la lettre que j'eus l'honneur de vous écrire... »

CONTENU : Retard de sa l. du 16 avril [non retrouvée] et du petit livre [t. I de sa traduction de Cicéron, 1779], dû à leur envoi par un marchand de la foire de Leipzig. Envoie le t. II *via* Borelly. N'a pas pu joindre le texte à la traduction. Son désaccord avec « l'éditeur du Sénèque de Lagrange », on dit que cet éditeur est Diderot, espère que D'Al. ne lui en voudra pas. Fait fabriquer à Berlin un cercle azimutal.

79.71 | **16 octobre 1779.** BORELLY à D'ALEMBERT
- SOURCE : cat. vente « Lettres autographes sur le XVIIIe siècle » (Etienne Charavay expert), 11 avril 1876, n° 32 : autogr., d.s., « Berlin », 3 p.
- INCIPIT : inconnu

CONTENU : Ayant échoué dans ses spéculations, il voudrait la protection de D'Al. pour obtenir une augmentation de pension de Fréd. II.

79.72 | **17 octobre 1779.** BERTIN à D'ALEMBERT
- SOURCE : minute de la rép., sur la lettre de D'Al. du 29 septembre, et instructions du ministre datées du 15 octobre 1779
- LOCALISATION DU MS. : New York Columbia Rare Books Coll., D. E. Smith Box A.
- ÉDITION : Pappas 1977, p. 239
- INCIPIT : « Je souhaite de tout mon cœur, monsieur, que votre protégé... »

CONTENU : Souhaite que son protégé trouve de quoi s'enrichir dans l'exploitation de la mine de plomb qu'il sollicite. Envoie son mém. à l'Intendant auquel il demande les éclaircissements nécessaires. Dès qu'il aura sa rép., il donnera une permission provisoire d'exploiter la mine.

79.73 | **[c. 15 novembre 1779].** D'ALEMBERT à AUDE
- SOURCE : impr.
- ÉDITION : *Vie privée du comte de Buffon*, par M. le chevalier Aude, Lausanne, 1788, p. 85
- INCIPIT : « M. d'Alembert a l'honneur de faire mille compliments... »

CONTENU : Lui envoie une l. de Fréd. II, reçue « toute ouverte », [l. du 20 octobre en rép. au poème d'éloges à Fréd. II, faisant allusion à la mort de Volt.].

79.74 | **17 novembre 1779.** D'ALEMBERT à FROMANT
- SOURCE : impr.
- ÉDITION : Henry 1885/1886, p. 103
- REMARQUE : cat. vente Charavay (Castaing), 678 bis, juillet 1949, n° 22642 : autogr., d.s., 1 p.
- INCIPIT : « Je rendrai avec grand plaisir à votre parent... »

ANNÉE 1779

CONTENU : L'assure de sa bonne volonté, mais on s'adresse peu à lui, surtout pour des places telles que celle que veut son parent.

79.75 | **19 novembre 1779.** D'ALEMBERT à FRÉDÉRIC II
- SOURCE : impr., « à Paris »
- ÉDITION : Preuss XXV, n° 210, p. 131-133
- INCIPIT : « J'ai été pendant quelques semaines dans la plus... »

CONTENU : S'est inquiété de son silence avant sa l. du 7 octobre (79.69) restée cinq semaines en route. Le félicite du *Commentaire*, que Frédéric devrait envoyer à [Jean-Georges Lefranc de Pompignan] et à [Christophe de] Beaumont. Le félicite aussi pour les *Lettres sur l'amour de la patrie*. Fâché néanmoins que Fréd. II y combatte les encyclopédistes : l'*Enc.* ne contient rien contre le patriotisme, les prêtres sont les véritables ennemis. Malgré sa santé, garde l'espoir de le revoir.

79.76 | **23 novembre 1779.** Un correspondant non identifié à D'ALEMBERT
- SOURCE : copie par D'Al., d., 2 p.
- LOCALISATION DU MS. : Paris Institut, Ms. 2470, f. 196-197
- REMARQUE : l'auteur de cette l. est un « homme de lettres de Berlin très estimable à tous égards »
- EXTRAIT : « M. Stosch se prépare à publier ici la correspondance de Milord Maréchal... »

CONTENU : La publication prochaine de la correspondance de [Keith] et de J.-J. Rousseau démontrera que [Muzell] Stosch avait dit vrai. Pourquoi Du Peyrou ne défend-il pas la mémoire de [Keith] comme celle de Rousseau ?

79.77 | **3 décembre 1779.** FRÉDÉRIC II à D'ALEMBERT
- SOURCE : impr.
- ÉDITION : Preuss XXV, n° 211, p. 133-135
- INCIPIT : « J'étais dans quelque inquiétude sur le sort de mes lettres... »

CONTENU : Ses inquiétudes sur son paquet [du 7 octobre] susceptible de fâcher [Christophe de Beaumont], ses faibles productions de « vieillard ignorant ». L'amour de la patrie a été taxé de préjugé par de prétendus philosophes, *Système de la Nature*. Lui ne confond pas les D'Al. avec les Diderot, [Rousseau], etc. Si D'Al. veut le revoir vivant, qu'il ne tarde plus.

79.78 | **11 décembre 1779.** LAGRANGE à D'ALEMBERT
- SOURCE : autogr., d., « à Berlin », 4 p.
- LOCALISATION DU MS. : Paris Institut, Ms. 876, f. 256-257
- ÉDITION : Lalanne 1882, XIII, p. 353-354
- INCIPIT : « J'ai reçu, mon cher et illustre ami, votre lettre... »

CONTENU : A reçu sa l. du 10 septembre et les compliments transmis par Bitaubé. Comètes. Attend le t. VII des *Opuscules* et surtout ses nouveaux travaux sur les fluides [*Opuscules* t. VIII, Mém. 57], via Bernoulli et Lalande, D'Al. recevra

HAB 1777 et les *Novi Commentarii* [de Göttingen] auxquels il manque quelques planches. Exemplaires pour Condorcet et Laplace. Compte aller à Paris. Caraccioli.

79.79 | **19 décembre 1779.** Nérot à D'Alembert
- SOURCE : autogr., d.s., 3 p.
- LOCALISATION DU MS. : Paris Institut, Ms. 2466, f. 182-183
- INCIPIT : « Je prends la liberté de vous écrire sans avoir l'honneur... »

CONTENU : N'est pour rien dans l'art. [du *J. enc.*] qui annonce qu'il a fait exécuter une pendule sous les yeux de D'Al. Il fait bien exécuter une pendule, mais toute simple, pour prouver l'effet du remontoir de son invention. Les papiers publics font état d'une autre de ses pendules. Espère que son remontoir sera utile à l'horlogerie et sollicite sa protection.

79.80 | **[décembre 1779].** D'Alembert à Frédéric II
- SOURCE : impr., « Paris »
- ÉDITION : Preuss XXV, n° 212, p. 135-137
- REMARQUE : Belin-Bossange, p. 422-424 date du 7 décembre
- INCIPIT : « Je commence, comme je le dois, cette lettre... »

CONTENU : Vœux. Il apprend par Grimm que, paralysé de la main droite par la goutte, Fréd. II écrit désormais de la main gauche. Autres nouvelles de Fréd. II par La Haye de Launay. Insiste pour l'acquisition du buste de Volt. Regrette qu'on donne aux ennemis de la patrie le nom d'encyclopédistes, *Système de la nature*. Ménagements exigés par sa santé. Lui envoie par de Catt le mém. d'un curé persécuté par son évêque fanatique.

79.81 | **[1779].** Moluquère à D'Alembert
- SOURCE : autogr., s., porte d'une tierce main « Nouvelle Variété pour le Mercure n° 20 », adr., cachet rouge, marque postale « Fleche », 3 p.
- LOCALISATION DU MS. : Paris Institut, Ms. 2466, f. 155-156
- INCIPIT : « J'ai vu votre Mercure n° 18, et j'ai dit les censeurs royaux... »

CONTENU : S'indigne contre les vers parus dans l'art. *Variétés* du *Mercure* n° 18, p. 199 et surtout p. 222 et plus généralement contre les indécences « anti-politiques ». D'Aguesseau, Montesquieu, Volt., Fontenelle. D'Al. ne pourra ériger Volt. en grand homme, ses obscénités et erreurs, ses œuvres, son buste. Linguet et le *Mercure*. Vers anti-philosophiques. Notera tout ce qu'il y a de répréhensible dans les « Mercures Panckoucke ».

79.82 | **[1778-1779]** Rutlidge à D'Alembert
- SOURCE : cat. vente « Lettres autographes sur le XVIIIe siècle » (Etienne Charavay expert), 11 avril 1876, n° 56 : autogr., s., 5 p pour trois l. datées de 1778-1779
- INCIPIT : inconnu

CONTENU : [Inconnu].

1780

80.01 | **6 janvier 1780.** D'Alembert à Lagrange
- Source : autogr., d., « à Paris », adr., cachet rouge, « repondue le 20 mars 1780 par M. Bitaubé », 3 p.
- Localisation du ms. : Paris Institut, Ms. 915, f. 171-172
- Édition : Lalanne 1882, XIII, p. 354-356
- Incipit : « Mille et mille remerciements, mon cher et illustre ami... »

Contenu : Imprime ses derniers « rogatons ». La géométrie est passée de « maîtresse » à « vieille femme ». La pièce sur les comètes aura sûrement le prix. *HAB 1777.* Voyages possibles. Condorcet. Laplace. Caraccioli.

80.02 | **13 janvier 1780.** Christin à D'Alembert
- Source : autogr., d.s., « St. Claude », 3 p.
- Localisation du ms. : Paris Institut, Ms 2466, f. 212-213
- Incipit : « Les anciens protégés de M. de Voltaire ont des droits... »

Contenu : Réclame ses bontés comme ancien protégé de Volt. Est persécuté par des prélats contre lesquels il a plaidé. Maire et lieutenant général de police de Saint-Claude, il a été destitué. Montbarey. Citoyens opprimés, injustice flagrante, mais pas de protection. D'Al. doit remplacer Volt., Nivernais, Maurepas. *Annales* de Linguet.

80.03 | **14 janvier 1780.** D'Alembert au marquis et à la marquise d'Orléans
- Source : autogr., d., adr., cachet rouge, 1 p.
- Localisation du ms. : New York Columbia Rare Books Coll., D. E. Smith Box A.
- Édition : Pappas 1977, p. 239
- Incipit : « M. D'Alembert a l'honneur d'assurer de son respect... »

Contenu : Leur envoie les billets qu'ils demandent mais regrette que leur demande tardive les fasse ôter à d'autres.

80.04 | **25 janvier 1780.** Castillon à D'Alembert
- Source : autogr., d.s., « à Berlin », 4 p.
- Localisation du ms. : Paris Institut, Ms. 876, f. 303-304
- Édition : Henry 1885/1886, p. 55-56
- Incipit : « Je suis très sensible à l'accueil que vous avez daigné faire à mon petit ouvrage... »

Contenu : Remarques sur Sénèque et Cicéron dans la préface de sa traduction. La lunette qu'il a fait construire a bien répondu à son attente. Instrument du duc de Chaulnes, mém. de 1765, quart de cercle de Magnié à améliorer : instructions, division de Nonius. Il espère une récompense. Lui demande s'il doit écrire à Bailly.

80.05 | **29 janvier 1780.** Rossignol à D'Alembert
• Source : autogr., d.s., « à Embrun », 1 p.
• Localisation du ms. : Paris Institut, Ms. 2466, f. 195
• Incipit : « Ce n'est qu'en tremblant que je prends la liberté de… »
Contenu : Présente son essai sur le mouvement qui contient une multiplicité d'idées singulières. Critique vive de Boscovich qui lui a écrit une l. d'injures. Lui a répondu que « le pays des lettres est un état républicain ». Vif échange avec Lalande. Demande son suffrage.

80.06 | **[janvier 1780].** Frédéric II à D'Alembert
• Source : impr.
• Édition : Preuss XXV, n° 213, p. 137-140
• Incipit : « Comme chez moi les vœux d'un philosophe sont bien… »
Contenu : Vœux laïques. Les prêtres contre Volt. et le combat contre la superstition. Armure de Fontenelle. Combat contre les Autrichiens et la goutte. Rendra justice au prêtre de Neuchâtel dont lui a parlé D'Al. Son retour à Berlin, ses entretiens avec Formey, Bitaubé, Wéguelin, Bernoulli (qui a découvert un nouveau satellite de Vénus), Lagrange, Mérian et Achard. N'a rien d'autre à apprendre « au sublime Anaxagoras ».

80.07 | **1ᵉʳ février 1780.** [Du Plessis d'Argentré] à D'Alembert
• Source : original, d., s. « L. C. Evêque de Limoges », 1 p.
• Localisation du ms. : Paris Institut, Ms. 2466, f. 4
• Incipit : « Je ne puis qu'admirer, monsieur, la charité… »
Contenu : La bienfaisance de D'Al. envers son diocésain Isecq, contribution aux frais d'éducation de la fille d'Isecq. S'assurera que la somme sera bien employée.

80.08 | **10 février 1780.** D'Alembert à Court de Gébelin
• Source : minute autogr., d., « M. le secrétaire lui a écrit sur le champ par ordre et sous les yeux de l'académie… »
• Localisation du ms. : Paris AF, Registres manuscrits
• Édition : *Reg. Acad. fr.*, III, p. 466-467
• Incipit : « J'ai l'honneur de vous envoyer, monsieur, avec beaucoup… »
Contenu : Lui envoie l'extrait joint de la décision de l'Acad. fr. de lui accorder le prix [de 900 lt du legs annuel de Valbelle].

80.09 | **[22 février 1780].** D'Alembert à un correspondant non identifié
• Source : autogr., s., « ce mardi », adr. « Monsieur [nom effacé] à l'hôtel de Bayonne vis-à-vis l'opera », cachet rouge, 1 p.
• Localisation du ms. : Saint-Pétersbourg SPII, carton 370, n° 4
• Remarque : note d'une autre main « paris 22 févr. 1780 » qui tombe bien un mardi
• Incipit : « Je fus hier aussi fâché que vous de ne pouvoir vous… »

ANNÉE 1780 459

CONTENU : N'a pas reçu son visiteur « l'heure à laquelle vous vîntes hier est destinée à la société de quelques amis », ne peut recevoir que le matin avant neuf heures.

80.10 | **29 février 1780.** D'ALEMBERT à FRÉDÉRIC II
- SOURCE : impr., « Paris »
- ÉDITION : Preuss XXV, n° 214, p. 140-143
- INCIPIT : « Les deux lettres que j'ai reçues de Votre Majesté... »

CONTENU : A reçu coup sur coup deux l. de Fréd. II restées trois semaines en route. Renseigné sur la santé de Fréd. II par le baron de Goltz. A reçu les six exemplaires du *Commentaire sur la Barbe-bleue*, qu'il a distribués. Suggère à Fréd. II de faire célébrer un service funèbre dans l'église catholique de Berlin pour Volt. Le parlement de Rouen favorise l'administration de la justice. Launay est venu à ses réunions tri-hebdomadaires. Ordonnances de Fréd. II. Rulhière demande des mém. sur la Pologne à Fréd. II.

80.11 | **29 février 1780.** Un correspondant non identifié à D'ALEMBERT
- SOURCE : copie par D'Al., d., 2 p.
- LOCALISATION DU MS. : Paris Institut, Ms. 2470, f. 199-200
- REMARQUE : l'auteur de cette l. paraît être le même « homme de lettres de Berlin » que celui de la l. du 23 novembre 1779 (79.76)
- EXTRAIT : « M. Stosch m'a fait le plaisir de me communiquer les lettres de Hume... »

CONTENU : Stosch lui a communiqué les l. de Hume qui présentent J.-J Rousseau comme un « monstre d'ingratitude ».

80.12 | **5 mars 1780.** D'ALEMBERT à RALLIER
- SOURCE : cat. vente *Précieux autographes* (Pierre Cornuau expert), 25 et 26 mai 1934, n° 5, (4) : autogr., d.s., « Paris », cachet rouge, 2 p.
- EXTRAIT : « ... à l'égard de votre lettre aux Américains, la lecture... »

CONTENU : A montré l'écrit de Rallier sur la Guadeloupe et son histoire naturelle à Daubenton, ces mém. ne sont pas présentables à l'Acad. [sc.]. N'a pu faire usage de sa « lettre aux Américains ». S'approche de la mort.

80.13 | **17 mars 1780.** D'ALEMBERT à ROUCHER
- SOURCE : autogr., d.s., adr. « à Monfort l'Amaury », cachet noir, 1 p.
- LOCALISATION DU MS. : Genève, Coll. J.-D. Candaux
- INCIPIT : « J'ai reçu hier, monsieur, l'exemplaire relié de votre... »

CONTENU : D'Al. a remis hier *Les Mois* de Roucher à l'Acad. fr. qui le remercie, ainsi que lui pour son propre exemplaire. Souhaite voir des notes retranchées.

80.14 | **19 mars 1780.** LESENNE à D'ALEMBERT
- SOURCE : autogr., d.s., adr., cachet noir, 2 p.
- LOCALISATION DU MS. : Paris Institut, Ms. 2466, f. 132-133
- INCIPIT : « La bonté avec laquelle vous voulez bien m'accorder... »

CONTENU : En rép. à ses conseils, lui communique les conditions auxquelles Ostervald et [la STN] l'engagent comme rédacteur, payé à la feuille et au nombre de souscripteurs, sur un an. Lui demande son avis, veut être à l'abri des gens d'église. Les torts envers D'Al. de l'abbé Grosier, qui veut se réconcilier. Art. dus à Cosson, demande une visite pour lui répondre verbalement.

80.15 | **20 mars 1780.** LAGRANGE à D'ALEMBERT
- SOURCE : autogr., d., « à Berlin », 4 p.
- LOCALISATION DU MS. : Paris Institut, Ms. 876, f. 258-259
- ÉDITION : Lalanne 1882, XIII, p. 356-358
- INCIPIT : « J'ai reçu, mon cher et illustre ami, votre lettre du 6... »

CONTENU : Envoie par Bitaubé un certain nombre de brochures, en particulier une d'Achard sur les cristaux (pour Condorcet à qui il a écrit) et ses mém. dans *HAB 1778*, qui est sous presse. Laplace dans *MARS 1777*, Caraccioli, Bézout auxquels il a écrit. Espère qu'il ira à Paris ou que D'Al. viendra à Berlin.

80.16 | **23 mars [1780].** D'ALEMBERT à LAVOISIER
- SOURCE : autogr., d.s., adr. « fermier général à l'Arsenal », 1 p.
- LOCALISATION DU MS. : Paris AdS, cartons Lavoisier, 1410-3
- ÉDITION : *Correspondance de Lavoisier*, René Fric éd., Albin Michel, 1964, III, p. 666-667
- REMARQUE : voir la correspondance de Lavoisier pour la datation
- INCIPIT : « Je viens, mon cher confrère, de lire à Mme Necker... »

CONTENU : Rép. à une l. de Lavoisier sur un rapport demandé par Mme Necker qui remercie les commissaires associés à Lavoisier et attend le rapport sur les prisons.

80.17 | **26 mars 1780.** FRÉDÉRIC II à D'ALEMBERT
- SOURCE : impr.
- ÉDITION : Preuss XXV, n° 215, p. 143-145
- INCIPIT : « Il faut que les mauvais chemins aient retardé l'arrivée... »

CONTENU : Les retards dans la correspondance sont dus aux dégâts que les eaux ont causés aux routes. Maladies de vieillesse. *Barbe-bleue*. Leçons de théologie que lui donne [Duval-Pyrau], son plaisant projet de finir ses jours à la Sorbonne. Difficile en Allemagne de célébrer une messe pour Volt. estimé athée. Connaît Rulhière, mais juge prématuré de faire l'histoire des troubles de la Pologne, résume ce qu'on peut en dire « en gros ».

80.18 | **[mars 1780].** FRÉDÉRIC II à D'ALEMBERT
- SOURCE : impr.
- ÉDITION : Preuss XXV, n° 216, p. 145-146
- REMARQUE : Preuss indique en note que ce pourrait être une suite de la l. du 26 mars
- INCIPIT : « Je ne sais par quel hasard les détails des jugements... »

ANNÉE 1780

CONTENU : Explique pourquoi il surveille ceux qui sont chargés de rendre la justice et de faire exécuter les lois. Il pratique les bonnes leçons des philosophes, Platon, Aristote, Lycurgue, Solon.

80.19 | **1er avril 1780.** GROSLEY à D'ALEMBERT
- SOURCE : autogr., d.s., « Troyes », adr., cachet rouge, 4 p.
- LOCALISATION DU MS. : Troyes BM, Ms. 2977, n° 971
- ÉDITION : Babeau, p. 173-176
- INCIPIT : « Voici, monsieur, le détail que je vous ai promis sur Crébillon père. »

CONTENU : Informations pour [l'*Eloge de Crébillon père*, en notes] : château de Courtivron, Des Barreaux, M. de Blaisy, parents de Crébillon. Lui a passé par Barrois l'ouvrage sur les *Devoirs*, Briasson. L'abbé de Bonnaire.

80.20 | **2 avril [1780].** D'ALEMBERT à SHERLOCK
- SOURCE : autogr., « ce 2 avril », adr., 1 p.
- LOCALISATION DU MS. : Mariemont, 274b
- ÉDITION : Durry 1959, II, p. 495-497, qui date de [1778]
- REMARQUE : Pappas 1986 date de [1780]
- INCIPIT : « M. D'Alembert est venu pour avoir l'honneur de faire ses adieux à M. Sherlock... »

CONTENU : Lui apporte ses mauvais vers [joints]. N'a point reçu son ouvrage [*Lettres d'un Voyageur anglais*, éd. de 1779 ou de 1780] qu'il attend avec empressement.

80.21 | **14 avril 1780.** D'ALEMBERT à FRÉDÉRIC II
- SOURCE : impr., « Paris »
- ÉDITION : Preuss XXV, n° 217, p. 146-148
- REMARQUE : Belin-Bossange, p. 426-428, date du 14 avril 1781
- INCIPIT : « Je ne puis répéter trop souvent et avec trop de plaisir... »

CONTENU : La l. piquante du 26 mars. Insiste pour que les catholiques de Berlin rendent à Volt. les honneurs funèbres. Il lui communique deux pièces des neveux de Volt., Mignot et Hornoy. Prix du buste de Volt. [par Houdon] : 3 000 livres. Rulhière remercie. Vers de Georgelin louant Fréd. II d'avoir appris leur devoir aux juges. Nouvelles de la santé de Fréd. II transmises par de Catt.

80.22 | **17 avril 1780.** GEORGELIN à D'ALEMBERT
- SOURCE : autogr., d.s., « a Corlay par Quentin en Bretagne », 2 p.
- LOCALISATION DU MS. : Paris Institut, Ms. 2466, f. 90
- INCIPIT : « L'accueil flatteur que vous avez bien voulu faire... »

CONTENU : Les vers qu'il lui a adressés pour Fréd. II ; lui envoie de nouvelles vues fondées sur la philosophie de D'Al. ; louanges. Voudrait créer une nouvelle Acad. La mémoire de Volt. Souhaite que D'Al. transmette ses vues à Fréd. II.

80.23 | **1er mai [1780].** Frédéric II à D'Alembert
- SOURCE : impr.
- ÉDITION : Preuss XXV, n° 218, p. 148-151
- INCIPIT : « Comme je n'ai la goutte qu'aux pieds, je ne l'ai pas... »

CONTENU : Aime mieux rire que pleurer. Entame à Berlin la négociation pour le service funèbre de Volt. Lettre d'un géomètre français se vantant d'avoir découvert la quadrature du cercle. Le mécanicien Hermite à Berlin. Demande que le buste de Volt. [par Houdon] lui soit expédié en septembre. De Catt lui récrira. Huit décès en un mois dans les cours allemandes.

80.24 | **5 mai 1780.** D'Alembert à Georgelin
- SOURCE : impr.
- ÉDITION : J. Trévédy, « Un sénéchal de Corlay correspondant de Voltaire », *Mémoires de la Société d'émulation des Côtes du Nord*, 1887, p. 24
- INCIPIT : « J'écris peu au roi de Prusse, parce qu'il a mieux à faire... »

CONTENU : Avait envoyé à Fréd. II les premiers vers [de Georgelin], mais les seconds ne sont pas assez bons. Fréd. II ne répond pas aux propositions comme celles de Georgelin. Le remercie des compliments à Fréd. II et à lui-même.

80.25 | **4 juin 1780.** Georges-Louis Le Sage à D'Alembert
- SOURCE : minute autogr., d., « Genève », 6 p.
- LOCALISATION DU MS. : Genève BGE, Ms. Suppl. 517, f. 20-22
- ÉDITION : Prevost 1805, p. 292-296
- REMARQUE : lettre enrichie de parties de mémoires
- INCIPIT : « Je profite de l'occasion que me fournit mon cher Prevost... »

CONTENU : Demande que soient soumises à l'Acad. [sc.] ses vues sur le temps périodique des astres, en envoie une partie à Bailly et à Lalande. Réflexions à propos des observations de Tycho-Brahé et de l'exactitude de la loi de Képler (Bouillaud, Lacaille). Fluide gravifique et attraction. Calculs de Bossut. Sa santé l'avait empêché de voir D'Al. lors de son passage à Genève en 1770.

80.26 | **8 juin 1780.** D'Alembert à Frédéric II
- SOURCE : impr., « à Paris »
- ÉDITION : Preuss XXV, n° 219, p. 151-153
- INCIPIT : « J'écris à M. de Catt le malheureux et ennuyeux détail... »

CONTENU : Sa situation physique et morale (expliquée à de Catt) l'empêche de faire le voyage de Berlin. Honneurs funèbres rendus à Volt. Assemblée du clergé, à qui Necker va demander de l'argent. Troisième campagne contre « la piraterie anglaise ». Déclaration de Cath. II et son entrevue à Mohilew avec Joseph II. Le buste de Volt. sera prêt fin septembre, attend des instructions par de Catt. Nouvelle éd. en préparation des œuvres de Volt., sera imprimée hors de France.

ANNÉE 1780

80.27 | **[17 juin 1780].** Michaelis à D'Alembert
• Source : brouillon autogr., d., 4 p.
• Localisation du ms. : Göttingen NSUB, Ms. Michaelis 320
• Édition : Grimsley 1959, p. 260
• Remarque : datée d'après la rép. de D'Al. du 6 septembre (80.46)
• Incipit : « Voilà un livre, tout à fait du ressort de la philologie... »

Contenu : Lui demande de lire l'art. « Chaldaei » de son [*Spicilegium geographiæ...*, 1780]. Cath. II. Veut en donner des exemplaires à l'Acad. des inscriptions, à Villoison, Thierry, Capperonnier. Lui demande, s'il a l'occasion de parler à Franklin, de lui dire que son fils est en Amérique avec Clinton.

80.28 | **22 juin 1780.** Frédéric II à D'Alembert
• Source : impr.
• Édition : Preuss XXV, n° 220, p. 153-156
• Incipit : « Nous croyions vous voir arriver d'un moment à l'autre... »

Contenu : La gravelle de D'Al. l'excuse. Lui conseille le remède de Mme Stephens. Volt. : un service célébré à Berlin, ses fréquentations aux Champs-Elysées, la nouvelle éd. de ses œuvres à élaguer. Vains efforts de son docteur de Sorbonne pour le convertir. La guerre franco-hispano-anglaise est « dans le goût de Crébillon ». Buste de Volt. à habiller en Français non en Grec.

80.29 | **27 juin 1780.** Amelot de Chaillou à D'Alembert
• Source : cat. vente « Lettres autographes sur le XVIIIe siècle » (Etienne Charavay expert), 11 avril 1876, n° 29 : autogr., d.s., « Versailles », 1 p.
• Incipit : inconnu

Contenu : Il se fait un plaisir d'accorder à D'Alembert ses entrées à l'Opéra.

80.30 | **27 juin 1780.** Convenance à D'Alembert
• Source : autogr., d., s. « De Convenance supérieur du Collège de Vitry », adr., cachet rouge, 2 p.
• Localisation du ms. : Paris Institut, Ms. 2466, f. 62-63
• Remarque : le f. 61 est l'attestation professionnelle datée du 20 mars 1780 pour Jean-Baptiste Leduc qualifiée de faux dans la l.
• Incipit : « Le jeune homme au sujet duquel vous m'avez fait... »

Contenu : [Leduc de Corneille] a professé la quatrième et la troisième au collège de Vitry, donne les circonstances de son emploi. Le croyait descendant du grand Corneille. Lui certifie que l'attestation datée du 20 mars est un faux, aurait préféré que Leduc lui demande.

80.31 | **29 juin 1780.** D'Alembert à Rochefort d'Ally
• Source : autogr., d.s., « à Paris », N.B., 3 p.
• Localisation du ms. : Genève, coll. J.-D. Candaux
• Incipit : « Vous ne serez sûrement pas fâché, mon cher ami, de lire ce petit pamphlet... »

CONTENU : Le pamphlet dont il a reçu quelques exemplaires de Berlin. Comprend l'affliction de Rochefort, il doit s'occuper de son enfant. La gravelle a empêché D'Al. d'aller à Berlin. Ne se mêlera pas des retouches de l'*Enc.* « Paresse et tranquillité ». Réflexions sur les l. de Rousseau et sur Roucher. *Eloge de Voltaire* par La Harpe, l'éd. des œuvres de Volt. sera magnifique. N.B. : Cite la l. de Fréd. II sur la messe dite pour Volt.

80.32 | **2 juillet [1780].** LEDUC DE CORNEILLE à D'ALEMBERT
- SOURCE : autogr., s., « Paris ce 2 juillet », « chez M. Pautrel maître de pension rue St Jacques », 2 p.
- LOCALISATION DU MS. : Paris Institut, Ms. 2466, f. 125
- INCIPIT : « J'allai ces jours derniers chez M. Poulletier... »

CONTENU : Espère qu'au vu du certificat de Poulletier, D'Al. voudra bien l'aider. Sa mère malade. Lui demande de parler en sa faveur à La Harpe, Marmontel, Diderot, etc., pour le tirer d'une « place où un laquais se trouve malheureux ».

80.33 | **6 juillet 1780.** D'ALEMBERT à CHOISEUL
- SOURCE : autogr., d.s., « à Paris », 3 p.
- LOCALISATION DU MS. : Vincennes Armée de terre, A^1 3753, pièce 106
- INCIPIT : « Quoique je n'aie pas l'honneur d'être connu... »

CONTENU : Implore sa protection pour un malheureux ministre nommé Voulan-Roche, exilé de Valence et persécuté. Autre l. de l'Intendant de Grenoble. Envoie un discours de Voulan-Roche. La bienfaisance est le principe de son importunité.

80.34 | **13 juillet 1780.** D'ALEMBERT à [DECROIX]
- SOURCE : autogr., d.s., « à Paris », 1 p.
- LOCALISATION DU MS. : Yale Franklin, Fonds Franklin Uncat.
- REMARQUE : la l. à Fréd. II du 24 juillet mentionne l'envoi d'une ode d'un « poète flamand peu connu » qu'André Magnan a identifié comme étant Decroix auteur de l'ode « La mort de Voltaire » qu'il distribua en juin-juillet 1780
- INCIPIT : « Je vous suis très obligé de l'ode que vous m'avez fait... »

CONTENU : Le remercie pour son ode sur la mort de Volt. qu'il enverra à Fréd. II. Lui envoie un pamphlet.

80.35 | **17 juillet 1780.** CHOISEUL à D'ALEMBERT
- SOURCE : autogr., d., « A Versailles », 1 p.
- LOCALISATION DU MS. : Vincennes Armée de terre, A^1 3753, pièce 107
- INCIPIT : « J'ai reçu, monsieur, la lettre que vous avez pris la peine... »

CONTENU : Discours de Voulan-Roche. Les motifs du roi pour l'éloigner du diocèse de Valence sont trop légitimes pour changer les ordres.

80.36 | **18 juillet 1780.** Poulletier de La Salle à D'Alembert
- SOURCE : autogr., d.s., « à Rouen », 1 p.
- LOCALISATION DU MS. : Paris Institut, Ms. 2466, f. 185
- INCIPIT : « Recevez, je vous prie, monsieur, mes excuses d'avoir... »

CONTENU : Son séjour en Normandie a retardé sa rép. due depuis longtemps. L'abbé Leduc est fils de son meunier de Croisy, c'est un bon sujet pour lequel il a signé le certificat présenté à D'Al.

80.37 | **24 juillet 1780.** D'Alembert à Frédéric II
- SOURCE : impr., « Paris »
- ÉDITION : Preuss XXV, n° 221, p. 156-158
- INCIPIT : « Quelque désolé que je sois de ne pouvoir aller mettre... »

CONTENU : Son calcul des reins, remèdes. Connaît l'ennui, se sent « déchu ». Volt. : bravo pour la messe de Berlin, idée d'une statue à commander à Tassaert, buste [de Houdon] prêt dans deux mois, son éloge en vers par un poète flamand peu connu. Nouveau mém. et certificats du curé de Neufchâtel persécuté (envoi par de Catt).

80.38 | **30 juillet 1780.** Amelot de Chaillou à D'Alembert
- SOURCE : minute du vol. « Dépêches année 1780 », d., « Versailles »
- LOCALISATION DU MS. : Paris AN, O1 421, p. 369
- REMARQUE : minute de l. au contenu identique au directeur de l'Acad. fr.
- INCIPIT : « Le roi m'ordonne, monsieur, de vous écrire que... »

CONTENU : Pension de deux milles livres à Saurin en remplacement de l'abbé Batteux.

80.39 | **[juin ou juillet] 1780.** D'Alembert à Saint-Auban
- SOURCE : autogr., s., « à Paris », 3 p.
- LOCALISATION DU MS. : Paris BnF, NAFr. 17365, f. 68-69
- INCIPIT : « Je reçois, monsieur, en rentrant chez moi l'honnête... »

CONTENU : Rép. au billet déposé en son absence, Condorcet et Bossut certifieront qu'il ne dîne plus dehors. Remerciements [pour avoir été reçu à l'Acad. de Berlin] à faire à Fréd. II et Formey. Mettre la l. à la poste.

80.40 | **1er août [1780].** D'Alembert à Mme Necker
- SOURCE : cat. vente Charavay 28 décembre 1889, n° 96177 : autogr., « mardi 1er août », 2 p.
- REMARQUE : « mardi 1er août » en 1775 (D'Al. parle à la Saint-Louis) et 1780 (D'Al. ne parle pas à la Saint-Louis)
- INCIPIT : inconnu

CONTENU : Lui annonce l'envoi de ses manuscrits. Fénelon et le Pyrrhonisme. Il sera muet le jour de la Saint-Louis car il y a beaucoup de bonnes choses à entendre.

80.41 | **1er août 1780.** Frédéric II à D'Alembert
- SOURCE : impr.
- ÉDITION : Preuss XXV, n° 222, p. 158-160
- INCIPIT : « Il règne un ton de tristesse dans votre lettre... »

CONTENU : Infirmités et désagréments de la vieillesse. « La vie n'est qu'un songe ». Apothéose de Volt. : mausolée impossible dans l'église de Berlin, son buste sera placé à l'Acad. Critique de l'ode envoyée. Delisle [de Sales] à Berlin, allant en Russie avec le prince de Ligne. Conseils à Anaxagoras.

80.42 | **16 août [1780].** D'ALEMBERT à TRESSAN
- SOURCE : cat. vente Thierry Bodin, 44, février 1991, n° 3 : autogr., 1 p.
- INCIPIT : « Je vous supplie instamment, mon cher et illustre confrère, de ne pas prendre la peine de venir chez moi... »

CONTENU : Candidature de Tressan à l'Acad. fr. [au fauteuil de Condillac] : le dispense de venir le voir chez lui où il n'est presque jamais. Ne doute pas du succès de son ouvrage. Pour les deux places vacantes, « silence que nos loix nous ordonnent ».

80.43 | **18 [août 1780].** D'ALEMBERT à CUBIÈRES
- SOURCE : autogr., s., « ce vendredi 18 », adr., cachet, 1 p.
- LOCALISATION DU MS. : Avignon BM
- INCIPIT : « Tous mes billets sont retenus depuis plus de 15 jours... »

CONTENU : Ses billets sont retenus depuis plus de quinze jours. Billets en nombre limité par l'Acad. [fr.]. Ses excuses et ses regrets.

80.44 | **20 août [1780].** D'ALEMBERT à DAUNOU
- SOURCE : cat. vente Paris, Drouot, 22 novembre 1881 (E. Charavay expert) : autogr., s., « Paris, 20 août », 2 p.
- INCIPIT : inconnu

CONTENU : Il regrette de ne pouvoir recommander l'abbé Daunou, qui désire obtenir un emploi de précepteur.

80.45 | **4 septembre 1780.** D'ALEMBERT à DUSAULX
- SOURCE : autogr., d.s., « à Paris », cachet, 2 p.
- LOCALISATION DU MS. : Philadelphia HSP
- ÉDITION : http://franklinpapers.org
- INCIPIT : « Voulez-vous bien, monsieur, me faire le plaisir, quand vous verrez M. Franklin... »

CONTENU : Lui demande de dire à Franklin qu'il a reçu une l. de Michaëlis, de Göttingen, dont le fils est en Amérique, premier médecin des troupes hessoises dans l'armée de Clinton. Michaëlis s'inquiète et demande si Franklin aurait des nouvelles.

80.46 | **6 septembre 1780.** D'ALEMBERT à MICHAELIS
- SOURCE : autogr., d.s., « à Paris », 3 p.
- LOCALISATION DU MS. : Göttingen NSUB, Ms. Michaelis 320
- ÉDITION : Grimsley 1959, p. 260-261
- INCIPIT : « Il n'y a que peu de jours que j'ai reçu votre honnête... »

ANNÉE 1780

CONTENU : A bien reçu la l. et les ouvrages de Michaelis à distribuer : Villoison est en Italie. Capperonier est mort (donnera au fils), a donné à Thierry. Admiration pour son érudition. A donné l'exemplaire restant à [La Rochefoucauld] d'Enville. A transmis la demande de Michaelis à Franklin qui est à la campagne Sa santé est faiblissante.

80.47 | **15 septembre 1780.** D'ALEMBERT à FRÉDÉRIC II
- SOURCE : impr., « Paris »
- ÉDITION : Preuss XXV, n° 223, p. 160-162
- INCIPIT : « L'intérêt que Votre Majesté veut bien prendre… »

CONTENU : N'est qu'un « pauvre géomètre littérateur ». Maladies, ennui. Monument de Volt. à Berlin et de Raphaël à Rome. Le buste [de Volt.] est presque fini, demande s'il faut en faire un autre. Tassaert. Raison et justice outragées en France. Il n'y est retenu que « par l'extrême danger de changer de place ».

80.48 | **18 septembre 1780.** D'ALEMBERT à un correspondant non identifié
- SOURCE : cat. vente coll. Gourio de Refuge, 23-24 décembre 1902 (Noël Charavay expert) n° 208, 2° : autogr., d.s., « Paris », 1 p.
- INCIPIT : inconnu

CONTENU : Sa santé est passable mais ses facultés intellectuelles diminuent à vue d'œil. « Bientôt je ne pourrai plus que végéter. Heureux encore si je végète sans douleur et si j'approche doucement du terme dont je me crois être bien près. »

80.49 | **24 septembre 1780.** D'ALEMBERT à [PORTELANCE]
- SOURCE : autogr., d.s., « à Paris », 2 p.
- LOCALISATION DU MS. : Caen BM, Ms. 407/1
- REMARQUE : la l. du 30 septembre 1781 est adressée à Portelance en son château de Toury, près Château-Landon, dont le propriétaire est l'épouse de Charles-Louis de Portelance
- INCIPIT : « Je suis très fâché que la nourrice me soit venue chercher… »

CONTENU : Sort tous les jours à neuf heures, viendra le voir, fera connaissance de sa fille aux progrès intéressants. Compliments pour le succès contre le « Saint maraud ».

80.50 | **2 octobre 1780.** FRÉDÉRIC II à D'ALEMBERT
- SOURCE : impr.
- ÉDITION : Preuss XXV, n° 224, p. 163-164
- INCIPIT : « Je suis bien fâché que l'état de votre santé soit assez… »

CONTENU : N'est pas au courant des persécutions dont D'Al. est victime. Disette de grands génies. Volt. à Berlin : son buste à l'Acad. mieux qu'un cénotaphe dans l'église catholique. Vicissitudes et bon temps passé.

80.51 | **16 octobre 1780.** D'Alembert à un correspondant non identifié
- Source : autogr., d.s., « Paris », 1 p.
- Localisation du ms. : Philadelphia HSP
- Édition : Hawkins 1930, p. 211. Hawkins 1933, p. 49-51
- Incipit : « Quoique je n'aie aucun accès, monsieur, ni auprès de... »

Contenu : Ne peut intervenir auprès de Maurepas et Vergennes, mais fera son possible pour recommander le pauvre chanoine persécuté dont il n'a pas le nom. Emprisonnement de Linguet. Sort des lettres en France. Mauvaise santé.

80.52 | **3 novembre 1780.** D'Alembert à Frédéric II
- Source : impr., « Paris »
- Édition : Preuss XXV, n° 225, p. 164-166
- Incipit : « Il y a aujourd'hui 3 novembre vingt années, jour... »

Contenu : Anniversaire de la victoire de Torgau sur les Autrichiens. Son manque d'énergie, sa fatigue, sa tristesse. Volt. : Houdon achève son buste, regrets pour le monument de Berlin. Refus d'un mausolée dans l'église du village où il est enterré. Prêtres acharnés contre les progrès de la raison ; lui n'est que spectateur, mais tant de gens de lettres en souffrent. Vœux.

80.53 | **11 novembre 1780.** Portelance à D'Alembert
- Source : impr.
- Édition : Henri 1887a, p. 347-348 qui a pour source la coll. René Kerviler et en donne de larges extraits
- Remarque : cat. vente « Lettres autographes sur le XVIIIe siècle » (Etienne Charavay expert), 11 avril 1876, n° 54 : 2 l. autogr. s. 1780-1781, 12 p., anecdotes historiques sur Louis XV, l'abbé de Saint Pierre
- Incipit : « Vous m'aviez bien dit que j'aurais du plaisir à lire vos *Eloges*... »

Contenu : Louanges pour ses *Eloges* ; références aux Stuarts ; Baron à propos de Massillon. Admire chez D'Al. l'amour de la vertu et la haine des « harpies de la littérature ». Places à [l'Acad. fr.] et religion : a pris sa défense et en est fier.

80.54 | **20 novembre 1780.** Frédéric II à D'Alembert
- Source : impr.
- Édition : Preuss XXV, n° 226, p. 166-168
- Incipit : « Bien des hommes ont gagné des batailles... »

Contenu : Comparaison des travaux du philosophe [*Disc. prélim.* de l'*Enc.*] et du guerrier ; pour comparer leurs nerfs, ils devront attendre d'être disséqués. Il faut combattre les cagots avec les armes du ridicule. Il se tient prêt à attaquer la Sorbonne, [Christophe de] Beaumont et Braschi [Pie VI]. Mettra le buste de Volt. à l'Acad. [de Berlin]. Quatre semaines de goutte. Encouragements à Anaxagoras.

80.55 | **15 décembre 1780.** D'Alembert à Frédéric II
- Source : impr., « anniversaire de la bataille de Kesselsdorf »
- Édition : Preuss XXV, n° 227, p. 168-170
- Incipit : « Chaque lettre dont Votre Majesté m'honore réveille... »

CONTENU : Ses sentiments pour Fréd. II, la mort de [Marie-Thérèse]. Paix de Teschen, nouvelle guerre en Europe. Souhaite que Fréd. II fasse durer la paix. Buste de Volt. par [Houdon] achevé. *Discours préliminaire* et activités de Fréd. II. Vœux pour la 41e année de son règne.

80.56 | **21 décembre 1780.** D'ALEMBERT à CHEVANCE
- SOURCE : autogr., d.s., « à Paris », adr. « marchand de bois, rue de Bellechasse », cachet noir, 1 p.
- LOCALISATION DU MS. : Brunswick Bowdoin, Charles H. Livingstone French Autograph Collection
- INCIPIT : « Je vous prie, monsieur, de vouloir bien me mander par la petite poste... »

CONTENU : Demande le nombre de bûches dans une « voie de bois » et son prix. Demande si le bois qu'il a payé n'a pas été livré ailleurs et de ne pas en parler à son domestique.

80.57 | **21 décembre 1780.** JOLY à D'ALEMBERT
- SOURCE : autogr., d.s., « Dijon », « Repondue le 25 decembre », 7 p.
- LOCALISATION DU MS. : Paris Institut, Ms. 2466, f. 108-111
- INCIPIT : « J'ai reçu, monsieur, avec beaucoup de joie, la réponse dont vous m'avez honoré le 8 septembre dernier. »

CONTENU : Le regarde comme le prince de la littérature européenne. Critique du *Supplément de l'Enc.* Panckoucke lui écrit de contacter Bexon pour utiliser ses matériaux d'histoire naturelle dans l'*Enc. méthodique*. Buffon, Daubenton, Guéneau de Montbeillard. *Prospectus*. Art. « Quiétisme », art. « Quillotisme », promis à Robinet, histoire de cette secte. D'Aguesseau. A refusé d'écrire contre l'*Enc.* Pourrait corriger et fournir de nouveaux art. d'histoire littéraire. Ses vers loués par J.-J. Rousseau. Sa passion pour la métaphysique ; spinozisme, âme des bêtes. Duhamel du Monceau. Croit pouvoir être utile, a écrit beaucoup mais pas publié, propose ses services littéraires. Lui demande d'envoyer un mém. à Panckoucke pour le *Mercure* et de lui dire de ne pas publier ses l. à Volt.

80.58 | **21 décembre 1780.** AMELOT DE CHAILLOU à D'ALEMBERT
- SOURCE : autogr., d., « à Vlles », 2 p.
- LOCALISATION DU MS. : Paris AN, O1 421, f. 625 et O1 589, f. 1390
- INCIPIT : « Le roi, monsieur est sensible à l'empressement que... »

CONTENU : Le roi recevra les compliments de l'Acad. fr. à l'occasion du décès de l'Impératrice reine le mercredi 27 décembre.

80.59 | **22 décembre 1780.** D'ALEMBERT à LAGRANGE
- SOURCE : autogr., d., « à Paris », note autogr. de Lagrange, 4 p.
- LOCALISATION DU MS. : Paris Institut, Ms. 915, f. 173-174
- ÉDITION : Lalanne 1882, XIII, p. 358-360
- INCIPIT : « Enfin, mon cher et illustre ami, ma rapsodie géométrique... »

CONTENU : Lui envoie les t. VII et VIII des *Opuscules* qui viennent de sortir. Sa tête est affaiblie, il n'a pas eu la force de corriger les épreuves. Inertie de son âme. Envoie une caisse pour Formey par Strasbourg.

80.60 | **30 décembre 1780.** D'ALEMBERT à OSTERVALD
- SOURCE : copie, d.s., « à Paris », 1 p.
- LOCALISATION DU MS. : Neuchâtel BPU, Ms. 1113, f. 157
- REMARQUE : l'autogr. est passé en vente, dans le cat. Charavay-Castaing 699, février 1958, n° 26170
- INCIPIT : « M. l'abbé Lesenne me prie, monsieur, d'avoir l'honneur... »

CONTENU : L. de recommandation pour Lesenne, il faut presser l'abbé de Bellelay pour la place promise. Demande si Lesenne, établi à Neuchâtel, pourrait corriger des épreuves d'un ouvrage éventuel de D'Al. Vœux pour son journal dont il a reçu le prospectus.

80.61 | **[fin 1780].** D'ALEMBERT à PANCKOUCKE
- SOURCE : autogr., s., « ce 27 », adr., 1 p.
- LOCALISATION DU MS. : Philadelphia APS, Scientists Collection 1563-1973, Box 10
- REMARQUE : le *Dictionnaire de physique* de Brisson a obtenu un privilège de l'Acad. sc. le 2 septembre 1780. Monge signe un contrat avec Panckoucke le 23 janvier 1781
- INCIPIT : « Je vous prie, monsieur, de m'envoyer le dictionnaire de M. Brisson, comme nous sommes convenus... »

CONTENU : Veut parcourir le *Dictionnaire* [*raisonné de physique*, 1780-1781] pour voir l'usage fait de l'*Enc.* Le lui renverra ensuite avec une proposition de « choix d'un travailleur » [Monge].

80.62 | **[1780].** [LA BORDE] à D'ALEMBERT
- SOURCE : autogr., 2 p.
- LOCALISATION DU MS. : Paris Institut, Ms. 2466, f. 114
- REMARQUE : premier paragraphe barré. La mention « La Borde à D'al. » semble de Condorcet. L'ouvrage de Jean-Benjamin de Laborde sur Marion de Lorme date de 1780
- INCIPIT : « Ma santé, mon cher ami, m'a empêché d'avoir le plaisir... »

CONTENU : Anecdote de « Marion Delorme » en 1752 : la tient de La Motte, médecin, mené par Guéret, curé de St-Paul à son chevet. Richelieu et Cinq Mars. Conjectures sur sa vie.

80.63 | **[c. 1780].** ENCONTRE à D'ALEMBERT
- SOURCE : autogr., s., cachet rouge, 3 p.
- LOCALISATION DU MS. : Paris Institut, Ms. 2466, f. 80-81
- REMARQUE : rép. demandée « chez M. Germain à St Ambroise en Languedoc » d'où il part vers 1780, à 18 ans
- INCIPIT : « Permettez qu'un jeune homme qui doué d'une grande... »

CONTENU : Critique d'une démonstration des *Institutions newtoniennes* de l'abbé Sigorgne sur l'hyperbole. Il l'avait soumise à un académicien de Dijon, mais n'avait pas été convaincu. Espère que la bonté de D'Al. excusera sa timidité.

1781

81.01 | **1ᵉʳ janvier 1781.** Lagrange à D'Alembert
- SOURCE : autogr., d., « Berlin », 4 p.
- LOCALISATION DU MS. : Paris Institut, Ms. 876, f. 260-261
- ÉDITION : Lalanne 1882, p. 360-362
- INCIPIT : « Permettez-moi, mon cher et illustre ami, de vous écrire... »

CONTENU : A des nouvelles par Bitaubé. Sa méthode de travail. A lu à l'Acad. [de Berlin] deux mém. sur la libration de la Lune et de nouvelles équations séculaires. La pièce de Condorcet sur les comètes est imprimée. Prochain sujet du prix, Formey. *HAB 1777, 1778*. Laplace. Demande si Caraccioli est parti en Sicile.

81.02 | **5 janvier 1781.** Ostervald à D'Alembert
- SOURCE : minute, 2 p.
- LOCALISATION DU MS. : Neuchâtel BPU, Ms. 1109, p. 182-183
- INCIPIT : « Je viens de recevoir la vôtre du 30 décembre... »

CONTENU : Rép. à la l. du 30 décembre. Les intérêts de Lesenne, « protégé » de D'Al. : l'abbé de Bellelay n'a plus de place d'instituteur pour lui dans son séminaire, mais il insistera. Espère imprimer du D'Al. Privilège de Moutard pour les « Arts » de l'Acad. sc. pour l'in-folio et l'in-4°, qu'il n'a pas réalisé.

81.03 | **[6] janvier 1781.** Frédéric II à D'Alembert
- SOURCE : impr.
- ÉDITION : Preuss XXV, n° 228, p. 171-172
- INCIPIT : « Je crois que le meilleur parti qu'on puisse tirer de... »

CONTENU : Tranquillité d'âme, sérénité (chez D'Al.), impassibilité (chez lui). Regrette Marie-Thérèse, estime et ne craint pas son fils [Joseph II]. Sa brochure sur les défauts de la littérature allemande. Grimm. Aux Champs-Elysées, présentera Gessner et Gellert au cygne de Mantoue [Virgile]. Vœux pour Anaxagoras.

81.04 | **6 janvier 1781.** Joly à D'Alembert
- SOURCE : autogr., d.s., « à Dijon », adr., cachet noir, 4 p.
- LOCALISATION DU MS. : Paris Institut, Ms. 2466, f. 112-113
- INCIPIT : « Je ne puis, monsieur, assez vous remercier de la peine... »

CONTENU : Le remercie d'être allé voir Panckoucke à la réception de sa l. Reste dans l'incertitude sur de nombreux points : se demande s'il faut retirer ses « Réflexions d'histoire naturelle » à Panckoucke et les faire insérer dans le *Journal de Physique* anonymement ; aurait de quoi faire un vol. in-12 de l. de Leibniz et de Mariotte qu'il possède ; comptait revoir tous les art. de l'*Enc.* de son ressort, mais ne sait comment se concerter avec Gaillard ; Bayle, les désavantages de la province ; l'art. « quiétisme », l'abbé Bergier est un censeur rigide ; les conditions auxquelles il s'engage avec Panckoucke (pas d'argent mais des ouvrages). Pas d'intérêt pour la gloire littéraire, le travail permet de supporter le fardeau de la vie. Envoie six vers sur le « misérable » Linguet et Villon.

81.05 | **18 janvier 1781.** Duvernet à D'Alembert
- SOURCE : cat. vente « Lettres autographes sur le XVIIIe siècle » (Etienne Charavay expert), 11 avril 1876, n° 34 : autogr., d.s., 1 p.
- INCIPIT : inconnu

CONTENU : Sur Volt. : il n'y a point d'homme de lettres qui, avant d'être de l'Acad. fr., n'ait dit quelque mal de cette société.

81.06 | **28 janvier 1781.** D'Alembert à Vimeux
- SOURCE : cat. vente Paris, Drouot, 10 juin 1893 (Delestre et Etienne Charavay experts), n° 4 : autogr., d.s., en latin, cachet, 1 p.
- INCIPIT : inconnu

CONTENU : Lettre d'envoi des discours prononcés devant l'Acad. fr.

81.07 | **2 février 1781.** D'Alembert à [Vermeil]
- SOURCE : autogr., d.s., « à Paris », 1 p.
- LOCALISATION DU MS. : New York Morgan, MA 729, V 12 A
- REMARQUE : voir *Reg. Acad. fr.*, III, p. 486, 1er février 1781
- INCIPIT : « J'ai lu à l'Académie, dans son assemblée d'hier... »

CONTENU : A lu à l'Acad. [fr.] sa lettre et présenté l'[*Essai sur les réformes à faire dans notre législation criminelle*] qui lui étaient destinés.

81.08 | **7 février 1781.** D'Alembert à Jean-Baptiste Aubry
- SOURCE : autogr., d.s., « à Paris », adr. « à Toul », 2 p.
- LOCALISATION DU MS. : coll. Anne-Marie Chouillet
- INCIPIT : « Je n'ai point eu l'honneur de voir Mme Dardennes... »

CONTENU : Mme Dardennes est venue en son absence. A reçu l'*Ami Philosophe* et son précis contre les incrédules. Petites observations faute de temps : athées de bonne foi, incrédulité et intérêt des passions, idées innées.

81.09 | **9 février 1781.** D'Alembert à Frédéric II
- SOURCE : impr., « Paris »
- ÉDITION : Preuss XXV, n° 229, p. 172-175
- INCIPIT : « Je viens de recevoir l'excellent ouvrage... »

CONTENU : A reçu sa l. du 6 janvier et son ouvrage sur la littérature allemande, envoyé à Grimm. Félicitations. Une imprécision p. 36. Eloge de Marie-Thérèse. Réception le 25 janvier de deux nouveaux académiciens, le discours de l'abbé Delille cite Fréd. II. Lui recommande pour l'Acad. [de Berlin] Mayer [Johannes von Müller], auteur d'une philosophique *Histoire des Suisses*.

81.10 | **10 février 1781.** Garat à D'Alembert
- SOURCE : copie autogr. de D'Al., d., 1 p.
- LOCALISATION DU MS. : Paris AF, Registres des séances, 10 février 1781
- ÉDITION : *Reg. Acad. fr.*, III, p. 489. *L'Esprit des journaux*, avril 1781, p. 278
- INCIPIT : « L'Académie m'honore infiniment dans le choix... »

CONTENU : Remerciement pour l'attribution du legs annuel de Valbelle. Secours et honneur. Ne voudrait cependant pas le disputer à Court de Gebelin et propose de rendre le legs en gardant l'honneur.

81.11 | **[c. 20 février 1781].** D'ALEMBERT à FRISI
- SOURCE : autogr., s., adr. « à Milan », cachet, 3 p.
- LOCALISATION DU MS. : Genova BU, Autografi, 114
- ÉDITION : Verri, p. 86-87. Rutschmann 1977, p. 51-52
- REMARQUE : Auguste Keralio, de Paris, transmet à Frisi cette l. le 25 février
- INCIPIT : « M. de Keralio m'a remis votre obligeante lettre... »

CONTENU : Ses deux derniers vol. d'*Opuscules* [t. VII et VIII parus en décembre 1780]. Le remercie de sa l. et des livres reçus *via* Keralio. L'abbé de Boismont fera l'oraison funèbre de [Marie-Thérèse] à l'Acad. fr. en avril. Fréd. II lui a écrit [le 6 janvier] quatre lignes d'éloge citées.

81.12 | **21 février 1781.** CALANDRELLI à D'ALEMBERT
- SOURCE : autogr., d.s., « Roma », en italien, 8 p.
- LOCALISATION DU MS. : Paris Institut, Ms. 2466, f. 25-28
- INCIPIT : « La vostra bontà in altra occasione da me esperimentata... »

CONTENU : Discussions sur les aspects mathématiques du t. VI des *Opuscules*. Mém. 51, § 1, p. 362 : à propos des équations fonctionnelles. Mém. 46, remarque (a), p. 134 : au sujet de l'apparition des quantités imaginaires dans les intégrales. Mém. 46, remarque (b), p. 144 : comparaison à l'infini entre la variable et son logarithme. Mém. 46, appendice, p. 420 : suite des débats sur les logarithmes des quantités négatives, notamment à l'occasion d'un mém. de Pietro Paoli.

81.13 | **24 février 1781.** FRÉDÉRIC II à D'ALEMBERT
- SOURCE : impr.
- ÉDITION : Preuss XXV, n° 230, p. 175-177
- INCIPIT : « L'ouvrage que je vous ai envoyé est l'ouvrage d'un *dilettante*... »

CONTENU : A fouetté la littérature allemande avec des roses, sa « méthode d'instruction ». Marc-Aurèle et Epictète. Troisième accès de goutte depuis son retour de Berlin, Chaulieu. A trouvé Mayer [Johannes von Müller] minutieux et bavard.

81.14 | **17 mars 1781.** LUCHET à D'ALEMBERT
- SOURCE : autogr., d.s., « Cassel », 3 p.
- LOCALISATION DU MS. : Paris Institut, Ms. 2466, f. 141-142
- INCIPIT : « Je vous prie d'être bien convaincu que vos conseils... »

CONTENU : Tiendra compte de ses conseils pour la réimpression, ouvrage imprimé à Paris différent de l'allemand : censure. A été puni pour son interprétation de [Jeanne d'Arc]. L'influence de D'Al. S'indigne des attaques des journaux. A présenté les respects de D'Al. au Landgrave [de Hesse-Cassel].

81.15 | **26 mars 1781.** D'Alembert à Calandrelli
- source : autogr., d.s., « à Paris », adr., cachet noir, 2 p.
- localisation du ms. : New York Morgan, Autogr. Misc. French (Azzolini coll.)
- édition : Henry 1885/1886, p. 104
- incipit : « J'ai reçu avec reconnaissance le Mémoire manuscrit et l'ouvrage imprimé... »

contenu : Rép. laconique à la l. du 21 février, sa santé ne lui permet plus de s'occuper de mathématiques : sa démonstration du parallélogramme des forces, continuité ; rien à ajouter aux *Opuscules* I et IV sur les logarithmes ; levier et puissances symétriques.

81.16 | **30 mars 1781.** D'Alembert à Frédéric II
- source : impr., « Paris »
- édition : Preuss XXV, n° 231, p. 177-179
- incipit : « La dernière lettre que Votre Majesté m'a fait l'honneur... »

contenu : Long hiver, craint la goutte pour Fréd. II. Excellente rép. de Fréd. II aux ministres luthériens de Berlin, succès à Paris. Littérature allemande, universités françaises. Maintenant éclairé sur Mayer [Johannes von Müller].

81.17 | **30 mars [1781].** D'Alembert à Gail
- source : autogr., s., « ce vendredi 30 mars », adr., cachet noir, 1 p.
- localisation du ms. : Paris AF, dossier D'Alembert, 1G1
- édition : Henry 1885/1886, p. 111
- remarque : il y a un vendredi 30 mars en 1770 (Gail a 15 ans) et en 1781
- incipit : « M. Suard désire, monsieur, de vous voir et de causer... »

contenu : Suard désire causer avec lui sur ce dont D'Al. lui a parlé. Gail doit aller chez Suard le matin de bonne heure rue Louis le Grand et insister pour le voir.

81.18 | **13 avril 1781.** Frédéric II à D'Alembert
- source : impr.
- édition : Preuss XXV, n° 232, p. 179-181
- incipit : « La nature a voulu que la santé et l'espérance fussent... »

contenu : A vaincu la goutte par le régime. Conflit suscité par les nouveaux cantiques des protestants : « l'incrédule » qu'il est a rétabli la paix dans l'église de Berlin (Platon, Volt.). Un prince, ami de Beaumont, archevêque de Paris, a fait dire sans succès une messe sur le ventre de sa femme de cinquante-trois ans pour la rendre grosse.

81.19 | **15 avril 1781.** Lagrange à D'Alembert
- source : autogr., d., « à Berlin », 4 p.
- localisation du ms. : Paris Institut, Ms. 876, f. 262-263
- édition : Lalanne 1882, p. 362-366
- incipit : « J'ai bien des excuses à vous faire, mon cher et illustre... »

CONTENU : Formey a présenté les t. VII et VIII des *Opuscules* à la séance publique du 27 janvier de l'Acad. de Berlin. Lagrange les lit et travaille sur les fluides à la suite. Théorème sur l'intégrabilité d'une forme différentielle à trois variables liée à ce sujet. Equation séculaire de la Lune.

81.20 | **19 avril 1781.** D'ALEMBERT à DECROIX
- SOURCE : autogr., d.s., adr., cachet noir, 2 p.
- LOCALISATION DU MS. : New York Columbia, Rare Books, Box A
- ÉDITION : Pappas 1977, p. 239
- INCIPIT : « J'ai consulté, pour avoir une décision plus sûre,... »

CONTENU : A consulté l'Acad. fr. : la prononciation de l'« r » final à la fin de léger était commune (voir *Dictionnaire* de 1762), l'est moins, mais il est « permis », surtout dans les vers. Les vers de Volt. communiqués par Decroix doivent rester tels quels, Racine a fait pis.

81.21 | **19 avril 1781.** LA MOTTE à D'ALEMBERT
- SOURCE : autogr., d.s., « Stutgart », 3 p.
- LOCALISATION DU MS. : Paris Institut, Ms. 2466, f. 117-118
- INCIPIT : « Souffrez que je profite de l'occasion d'un de mes amis... »

CONTENU : Le remercie pour sa l. et demande des instructions pour la traduction des *Eloges* de D'Al. Eloges de Milord Maréchal, Quesnay, La Condamine. *Disc. prélim.* de l'*Enc.* A traduit l'*Eloge de Massillon*. Lui envoie deux brochures allemandes de sa façon. Ce qu'il a dit de D'Al. dans son *Essai sur la littérature française*. Lui envoie un exemplaire pour Necker.

81.22 | **20 avril 1781.** STONINGTON à D'ALEMBERT
- SOURCE : autogr., d.s., « Le Menil près d'Epernay, Maison de M. Didelot », en anglais, 2 p.
- LOCALISATION DU MS. : Paris Institut, Ms. 2466, f. 206
- REMARQUE : calculs de D'Al. sur la l.
- INCIPIT : « I am almost confident that the contents of this letter... »

CONTENU : Dans sa campagne, les gens sont ignorants en mathématiques. A commencé l'étude des mathématiques il y a quelques mois, a lu son [*Traité de dynamique*] et sa [*Résistance des fluides*], mais a été arrêté par deux difficultés qu'il lui soumet.

81.23 | **21 avril 1781.** DUVAL-PYRAU à D'ALEMBERT
- SOURCE : autogr., d.s., « à Potsdam », 3 p.
- LOCALISATION DU MS. : Paris Institut, Ms. 2466, f. 214-215
- INCIPIT : « Vous ne connaissez de moi que le nom : et quoi que... »

CONTENU : Se défend d'être responsable de la disgrâce dont de Catt est l'objet auprès de Fréd. II, malgré leur mésentente. Demande son jugement, qu'il estime.

ANNÉE 1781

81.24 | **[avril 1781].** Grosley à D'Alembert
- Source : autogr., cachet rouge, 4 p.
- Localisation du ms. : Troyes BM, Ms. 2977, n° 974
- Édition : Babeau, p. 178-182
- Remarque : premier paragraphe barré
- Incipit : « Ci-joint, monsieur, un avis qui m'intéresse, ainsi... »

Contenu : Lui demande de mettre des avis dans le *Mercure* dont l'« extrait des notes recueillies, par M. Grosley de Troyes, dans son voyage de Bretagne en 1776 ». Reproches aux auteurs des *Nouvelles descriptions de Paris*, sur une maison d'orphelines à Troyes montée par l'instituteur-curé Dubois. Cette l. est confiée à l'abbé Maydieu pour être remise en se faisant annoncer un matin de sa part, il lui laissera un certificat sur le sujet de sa l. à Mongès.

81.25 | **11 mai 1781.** D'Alembert à Frédéric II
- Source : impr. « 11 mai 1781, anniversaire de la bataille de Fontenoi »
- Édition : Preuss XXV, n° 233, p. 181-182
- Incipit : « Votre Majesté prétend, dans la dernière lettre... »

Contenu : Anniversaire de la bataille de Fontenoy. Gaieté et sagesse de Fréd. II. Mandement de l'évêque d'Amiens, Machault, contre l'éd. en préparation des œuvres de Volt. [éd. de Kehl]. Joseph II s'en prend aux prêtres et au pape.

81.26 | **11 mai 1781.** D'Alembert à Lagrange
- Source : autogr., d., « à Paris », adr., cachet noir, « repondue le 21 septembre 1781 par M. le B. de Bagge », 3 p.
- Localisation du ms. : Paris Institut, Ms. 915, f. 175-176
- Édition : Lalanne 1882, p. 366-367
- Incipit : « Quelque plaisir que j'ai, mon cher et illustre ami... »

Contenu : Très intéressé par les recherches de Lagrange sur les fluides. N'a toujours pas *HAB 1778*. Continue à écrire quelques remarques [*Opuscules* t. IX inédit]. Caraccioli est parti, très regretté. Disparition de ses amis, tristesse.

81.27 | **12 mai 1781.** Grosley à D'Alembert
- Source : autogr., d.s., « Troyes », N.B., 2 p.
- Localisation du ms. : Troyes BM, Ms. 2977 n° 975
- Édition : Babeau 1878, p. 182-185
- Incipit : « Ci-joint, monsieur, quelques-unes des lettres que M. de Voltaire m'a écrites depuis mon retour d'Italie... »

Contenu : L. écrites par Volt. en 1759, 1760 et 1761 après le séjour de Grosley aux Délices. Eclaircissements : château de Rémond, Bouhours, Fontenelle. *Projet de Sadoc Zorobabel* [1760], extrait de Berthier (1762), préface de la *Vie de Pierre-le-Grand* et *Ephémérides*. Avis à faire passer au *Mercure*, additifs. N.B. Se demande si Beaumarchais pourrait faire embarquer son neveu, mauvais sujet, à Rouen.

81.28 | **28 mai 1781.** Frédéric II à D'Alembert
• SOURCE : impr.
• ÉDITION : Preuss XXV, n° 234, p. 182-184
• INCIPIT : « Quand on frise la soixante et dixième année, on doit être... »
CONTENU : Bonne humeur de Fréd. II, excuses au public pour sa longévité. Anecdote sur l'empereur Léopold. Démêlés de Joseph II avec le pape. Sort du Ferrarois à la mort du duc de Modène. Arrivée à Berlin d'un prince de Salm (Scudéry, Bouhours, Bernis, La Rochefoucauld). Va faire la tournée des provinces jusqu'au 15 juin.

81.29 | **8 juin 1781.** D'Alembert à Frédéric II
• SOURCE : impr., « Paris », P.-S.
• ÉDITION : Preuss XXV, n° 235, p. 184-185
• INCIPIT : « M. l'abbé de Boismont, homme de beaucoup d'esprit... »
CONTENU : Lui présente en hommage l'oraison funèbre de Marie-Thérèse [par Boismont]. Fréd. II admiré à l'Acad. fr. P.-S. Reçoit à l'instant sa l. du 28 mai.

81.30 | **13 juin 1781.** D'Alembert à Vimeux
• SOURCE : cat. vente A. Blaizot, 317, [1962], n° 8549 : autogr., d.s., en latin, 1 p.
• INCIPIT : inconnu
CONTENU : Billet écrit en latin pour un collégien.

81.31 | **14 [juin] 1781.** Frédéric II à D'Alembert
• SOURCE : impr.
• ÉDITION : Preuss XXV, n° 236, p. 185-187
• REMARQUE : Bastien reproduit la date du 14 juillet de Preuss, alors qu'une note de celui-ci précise qu'il faut lire 14 juin, Fréd. II étant revenu le 13 juin
• INCIPIT : « Me voici de retour des frontières des Sarmates... »
CONTENU : Il est de retour des frontières. Le prince de Salm. Regard stoïque sur la maladie et l'approche de la mort, consolations des vieillards. Joseph II fait trembler les riches abbés qu'il veut dépouiller pour payer ses dettes de guerre. Ce qu'aurait dit Calvin. Estime pour Anaxagoras.

81.32 | **22 juin 1781.** Frédéric II à D'Alembert
• SOURCE : impr.
• ÉDITION : Preuss XXV, n° 237, p. 188-189
• INCIPIT : « Je n'ai connu de Beaumont que l'archevêque de Paris... »
CONTENU : Beaumont l'archevêque du diable, Beaumont l'avocat et l'abbé de Beaumont [Boismont]. Vanité de la gloire et méfaits de l'orgueil chez les rois, vers [de Volt.] à ce sujet, se réfère à Quélus, Maugiron, Luynes, Richelieu, Henri III, Louis XIII, Louis XIV.

ANNÉE 1781

81.33 | **29 juin 1781.** D'ALEMBERT à FORMEY
- SOURCE : autogr., d.s., « à Paris », 2 p.
- LOCALISATION DU MS. : Krakow BJ
- INCIPIT : « M. Barthès de Montpellier, qui est à Paris depuis peu... »

CONTENU : Barthez a écrit à Formey pour obtenir son diplôme d'académicien [de Berlin], craint que la l. ne soit pas parvenue. Paiera volontiers le port. L'adr. de Barthez à Paris est à l'hôtel de Vauban.

81.34 | **29 juin 1781.** D'ALEMBERT à FRÉDÉRIC II
- SOURCE : impr., « Paris »
- ÉDITION : Preuss XXV, n° 238, p. 190-191
- INCIPIT : « Je crois Votre Majesté revenue maintenant... »

CONTENU : Rép. à la l. du 28 mai. Il souffre non d'hypocondrie, mais de dépérissement dû à l'âge. Le prince de Salm. Contrastes dans la nation française, guerre ruineuse, réédification de l'Opéra incendié, retraite récente de Necker. Joseph II incognito à Versailles. Il va accorder la liberté de conscience aux juifs, tolérance dont Fréd. II a donné l'exemple.

81.35 | **30 juin 1781.** CASTET DE MARTRES à D'ALEMBERT
- SOURCE : autogr., d.s., « Castillon en Couzérans », adr., poste de St Girons [Ariège], cachet rouge, 1 p.
- LOCALISATION DU MS. : Paris Institut, Ms. 2033, f. 153
- REMARQUE : adr : « A M. D'Alembert. A Paris »
- INCIPIT : « Cinge comam, Newtone, geras hunc solus honorem... »

CONTENU : Quatrain en latin [adapté de l'*Emblematum liber* d'Alciati, Emblema 133 et 135].

81.36 | **3 juillet 1781.** D'ALEMBERT à CARACCIOLI
- SOURCE : autogr., d.s., « à Paris », 3 p.
- LOCALISATION DU MS. : Genève BGE, Ms. Suppl. 359, f. 43-44
- ÉDITION : Henry 1885/1886, p. 106-107
- INCIPIT : « Mon cher et ancien ami (car ce titre est bien plus respectable pour moi que ceux d'ambassadeur, de vice roi... »

CONTENU : Vient d'apprendre que Caraccioli est arrivé à Naples. Retraite de Necker, son favori Suard, « manipulation des finances ». Incendie de l'Opéra, Gluck. Décret du parlement contre l'abbé Raynal. L. remise par l'abbé de La Poterie qu'il recommande.

81.37 | **5 juillet 1781.** SARCONI à D'ALEMBERT
- SOURCE : impr., « Napoli », en italien
- ÉDITION : Henry 1885/1886, p. 105
- INCIPIT : « Sono mai scorsi dieci mesi dacchè fu a V. S. Ill. inviato... »

CONTENU : L. d'accompagnement du diplôme de l'*Accademia Reale delle Scienze e delle Belle Lettere* de Naples que Sarconi lui avait déjà envoyé [D'Al. est élu le 29 mars 1779] mais que sans rép. de sa part, il a estimé perdu et qu'il renvoie par le canal de [Caraccioli].

81.38 | **20 juillet [1781].** D'ALEMBERT à LUCE DE LANCIVAL
- SOURCE : autogr., s., « ce vendredi 20 juillet », adr. « Monsieur l'abbé Luce, étudiant au collège Louis le grand », cachet rouge, 1 p.
- LOCALISATION DU MS. : Laon, BM, Autographes, 16 CA 34
- REMARQUE : Luce de Lancival a 14 ans en 1781 où le 20 juillet tombe un vendredi
- INCIPIT : « Quoique le roi de Prusse ne lise guère que des vers français... »

CONTENU : Joindra ses vers [latins] à la prochaine l. qu'il écrira à Fréd. II [30 juillet].

81.39 | **20 juillet 1781.** D'ALEMBERT à VIMEUX
- SOURCE : cat. vente J. A. Stargardt 609, 1-2 juin 1976, n° 323 : autogr. en latin, d. en latin s., adr., cachet, 1 p.
- REMARQUE : adr. « Chez M. le Comte d'argental. Quai d'orçai près le Pont-Royal »
- EXTRAIT : « Perge ut cepisti, & carissimæ matri tuæ dominoque Arnaldo satisfacere non desine. Hac lege, quidquid a me postulabis... »

CONTENU : L'encourage à donner satisfaction à sa mère et à son maître Arnaud.

81.40 | **21 juillet 1781.** CARACCIOLI à D'ALEMBERT
- SOURCE : impr., « Naples »
- ÉDITION : Pougens 1799, p. 364-371
- INCIPIT : « Mon cher et tendre ami, j'ai reçu, par la main de M. l'abbé de La Poterie, l'estimable lettre... »

CONTENU : Attendri par l'amitié de sa l., La Poterie engagé comme secrétaire, ira à Palerme avec lui. Voit Gatti, Galiani, Hamilton. Démission de Necker, Mme Necker à plaindre, Suard. Ne plaint pas Raynal, son anglomanie. Gluckistes sans opéra, Piccini reste seul, [Johann Christian] Bach. Ne se soucie plus de politique. Lui écrire.

81.41 | **30 juillet 1781.** D'ALEMBERT à FRÉDÉRIC II
- SOURCE : impr., « Paris », P.-S. daté de dix heures
- ÉDITION : Preuss XXV, n° 239, p. 192-195
- INCIPIT : « Je commencerai cette lettre par présenter à Votre Majesté... »

CONTENU : Poème latin d'un écolier de quatorze ans sur Marie-Thérèse et Fréd. II (Horace et Psaume VIII). Lettres de Fréd. II dignes d'Epictète. Anecdote du vicaire mort d'une indigestion d'hosties. Boismont et Beaumont. Joseph II à Versailles le 28. Calvin, Bourdaloue. P.-S. Joseph II à Paris, ne verra que Maurepas et Vergennes. Mot de Fontenelle. Demande un léger don pour le jeune poète indigent [Luce de Lancival].

ANNÉE 1781

81.42 | **2 août 1781.** D'ALEMBERT à [SERVAN]
• SOURCE : autogr., d.s., « à Paris », 1 p.
• LOCALISATION DU MS. : Haverford College Library, C. Roberts Autograph Collection, 205
• REMARQUE : Grenoble BM, R 90523, f. 17 : copie « du même au même », c'est-à-dire de D'Alembert à Servan
• INCIPIT : « J'ai lu, monsieur, avec beaucoup d'intérêt et de plaisir... »
CONTENU : Rép. à l'envoi du [*Discours sur le progrès des sciences humaines*, 1781] : vérités utiles, courage et force. Ne se serait pas reconnu dans la p. 67.

81.43 | **3 août 1781.** D'ALEMBERT à ROCHEFORT D'ALLY
• SOURCE : autogr., d.s., « à Paris », adr. « commandant pour le Roi, à Marvéjols en Gévaudan », cachet rouge, 3 p.
• LOCALISATION DU MS. : Genève, coll. J.-D. Candaux
• INCIPIT : « Mon cher ami, je reçois toujours avec grand plaisir... »
CONTENU : Reçoit de ses nouvelles par Mlle Quinault. Après l'avoir lu, remettra son paquet [de l.] aux éditeurs de Volt., il est aussi curieux de la correspondance de Moncrif. Doute qu'on donne un exemplaire de l'édition à tous ceux qui procurent des l., à commencer par lui. Raynal n'aurait pas dû rester anonyme, ayant dîné à Spa avec [Joseph II] et Henri de Prusse. Leurs rapports aux prêtres. L. factice de [Caraccioli du 1er mai 1781]. Planète Mars. L'éducation du fils de Rochefort.

81.44 | **7 août [1781].** D'ALEMBERT au comte de MONTAUSIER
• SOURCE : autogr., « ce mardi 7 août », cachet rouge, 1 p.
• LOCALISATION DU MS. : Nancy BM, Fonds autographes, dossier d'Alembert
• ÉDITION : Henry 1885/1886, p. 105-106
• REMARQUE : Voir la l. du 2 août 1779 (79.57)
• INCIPIT : « M. D'Alembert est venu pour avoir l'honneur... »
CONTENU : Le prix [pour l'*Eloge du duc de Montausier*] a été attribué [le 6 août 1781] à Garat, qui avait déjà remporté le prix pour l'*Eloge de Suger*. D'Al. ira vendredi 10 chez le notaire. Demande le nombre de billets que Montausier désire [pour la Saint-Louis].

81.45 | **12 août 1781.** FRÉDÉRIC II à D'ALEMBERT
• SOURCE : impr.
• ÉDITION : Preuss XXV, n° 240, p. 195-198
• INCIPIT : « Je suis obligé de confesser que vous êtes universel... »
CONTENU : Plaisanteries sur l'érudition biblique de D'Al. Félicitations pour les vers de [Luce de Lancival] (Pic de La Mirandole, Baratier), son banquier le récompensera. « Prospectus » d'un « recueil nouveau de choses que j'ai vues ». Apostrophe aux « décacheteurs de lettres ». Appelle Anaxagoras à partager ses agapes avec Chaulieu, Horace, Virgile, Volt., Sapho et Apollon.

81.46 | **14 août 1781.** Caraccioli à D'Alembert
  • Source : impr., « Naples », P.-S., N.B.
  • Édition : Pougens 1799, p. 372-379
  • Incipit : « J'ai trouvé ici, mon cher ami, une Académie... »
Contenu : Projets pour l'Acad. de Naples, bien dotée par le roi : Lagrange, Laplace, un bon chimiste. Manque de bons mathématiciens à Naples. Prestige de D'Al. : lui faire rép. ostensible et rapide à la mauvaise thèse du père Cavallo sur la balistique, Galilée, Kepler, Newton. Jean [Johann I] Bernoulli. Force de gravité et impulsion, résistance de l'air. N.B. Demande de renseignement sur un ouvrage de [Angelo della] Decima.

81.47 | **[14 août 1781].** [Vimeux] à D'Alembert
  • Source : autogr., d. en latin, s. « carolum », adr. « ad Dominum », cachet rouge, 1 p.
  • Localisation du ms. : Paris Institut, Ms. 2466, f. 30
  • Remarque : l'auteur est Charles de Vimeux (voir l. du 20 juillet)
  • Incipit : « Tandem factus sum dignior gratiæ tuæ carissima mater... »
Contenu : Sa chère mère et son maître sont presque contents. S'appliquera et espère que D'Al. ne l'oubliera pas pour la séance de la Saint-Louis.

81.48 | **19 [août 1781].** D'Alembert à [Debure]
  • Source : autogr., s., « ce dimanche 19 », cachet, 1 p.
  • Localisation du ms. : Paris BnF, NAFr. 27259, Autographes Rothschild A. XVIII. 10
  • Remarque : le cat. de vente de la bibliothèque du duc de La Vallière fait par Debure fils aîné, a été imprimé en 1783. Debure dit qu'il a commencé à y travailler en mai 1781, année où le seul dimanche 19 tombe en août. Cette l. est passée pour la première fois en vente en 1853, dans le cat. des lettres de J. J. De Bure, ainsi que quatre lettres (1781-1783) de la duchesse de Châtillon à Debure
  • Incipit : « M. Naigeon aurait dû vous dire, monsieur, non que... »
Contenu : Mme de Châtillon [fille du duc de La Vallière] ne l'a pas encore nommé officiellement pour la vente, même si elle est très disposée à le faire. Lui promet de suivre l'affaire.

81.49 | **20 août 1781.** Montmorin à D'Alembert
  • Source : cat. vente Dubrunfaut (E. Charavay expert), 25 juin 1888, n° 100 : autogr., d.s., « Saint-Ildefonse », 3 p.
  • Incipit : inconnu
Contenu : Lui envoie un exemplaire du *Don Quichotte* dont l'Académie de Madrid lui fait hommage.

81.50 | **24 août 1781.** D'Alembert à La Maillardière
  • Source : autogr., d.s., « au Louvre », 1 p.
  • Localisation du ms. : Paris AF, dossier D'Alembert, 1G1

ANNÉE 1781

• INCIPIT : « Tous mes billets sont distribués, monsieur, et ils étaient... »
CONTENU : Regrette de ne pouvoir lui donner une place [pour l'assemblée de la Saint-Louis], tout est retenu depuis longtemps. Lui en promet une pour une prochaine fois, s'il est prévenu assez tôt. Remercie pour le prospectus.

81.51 | **10 septembre 1781.** D'ALEMBERT à CARACCIOLI
• SOURCE : autogr., d.s., « à Paris », 4 p.
• LOCALISATION DU MS. : Genève BGE, Ms. Suppl. 359, f. 45-46
• ÉDITION : Henry 1885/1886, p. 107-109
• INCIPIT : « Mon illustre et respectable ami, je ne reçois qu'aujourd'hui 10 du mois votre lettre du 14 du mois dernier... »
CONTENU : Rép. à sa l. arrivée en retard : Galilée, la force d'impulsion n'est pas homogène à la force de la gravité ; la trajectoire des projectiles est une parabole par composition et non par homogénéité ; résistance de l'air. Stevin (principe de la diagonale). Prix de l'Acad. de Berlin sur la théorie des projectiles, expériences avec Bossut et Condorcet (résistance des fluides). Ne connaît pas l'ouvrage d'Angeli [Angelo della] Decima. Ravi de sa bonne santé.

81.52 | **10 septembre 1781.** D'ALEMBERT à FRÉDÉRIC II
• SOURCE : impr., « Paris »
• ÉDITION : Preuss XXV, n° 241, p. 198-200
• INCIPIT : « Votre Majesté me paraît si stupéfaite... »
CONTENU : Son érudition « hébraïque » vient de ce qu'il a été élevé par des dévots qui lui faisaient réciter les psaumes. A reçu la gratification pour le jeune homme [Luce de Lancival], actuellement en vacances. L. de Joseph II au pape sur les limites de leur puissance. Gaieté communicative de Fréd. II. Dubois, ses ouvrages, a passé six ans à Varsovie, ses envois à l'Acad. de Berlin, ses qualités, pourrait être de l'Acad. de Berlin ou employé par Fréd. II.

81.53 | **19 septembre 1781.** GROSLEY à D'ALEMBERT
• SOURCE : autogr., d.s., « Troyes », adr., cachet rouge, 3 p.
• LOCALISATION DU MS. : Troyes BM, Ms. 2977, N° 976
• ÉDITION : Babeau 1878, p. 185-188
• INCIPIT : « A la suite, monsieur, d'une incommodité... »
CONTENU : Lors de son voyage en Bourgogne, le 25 juillet à Chaumont, a été témoin du supplice d'un assassin impie. Anecdote sur le rôle de Judas. L'abbé Trémet a obtenu justice grâce au prince de Beauvau qu'il faut remercier du « manteau de réforme ».

81.54 | **21 septembre 1781.** LAGRANGE à D'ALEMBERT
• SOURCE : autogr., d., « à Berlin », 3 p.
• LOCALISATION DU MS. : Paris Institut, Ms. 876, f. 264-265
• ÉDITION : Lalanne 1882, p. 368-370
• INCIPIT : « J'ai reçu, mon cher et illustre ami, votre dernière lettre... »

CONTENU : Bagge apportera cette lettre. La physique et la chimie offrent plus de perspectives que la géométrie. A envoyé *HAB* [*1777* et *1778*] à Condorcet, ajoute les planches. Imprime son travail sur la libration de la Lune. A reçu deux l. de Condorcet par Caillard et Poterat. Ne reçoit plus les *MARS*, ni les *Mémoires des savants étrangers*. Caraccioli.

81.55 | **27 septembre 1781.** D'ALEMBERT à ROCHEFORT D'ALLY
- SOURCE : autogr., d.s., « à Paris », 2 p.
- LOCALISATION DU MS. : Genève, coll. J.-D. Candaux
- INCIPIT : « Il y a huit à dix jours, mon cher ami, que M. de Breval m'a remis votre paquet. »

CONTENU : A remis toutes les l. [de Volt. pour l'éd. de Kehl] à Panckoucke pour copie, puis les lui renverra. N'a pas transmis la demande de Breval d'un exemplaire, lui-même n'a rien demandé. Joseph II et les prêtres : exemple de Fréd. II. Le fils de Rochefort. Santé de D'Al. assez bonne.

81.56 | **27 septembre 1781.** FRÉDÉRIC II à D'ALEMBERT
- SOURCE : impr.
- ÉDITION : Preuss XXV, n° 242, p. 201-202
- INCIPIT : « Un ignorant de mon espèce s'édifie des leçons... »

CONTENU : Sur l'art de la citation. Kaunitz, Joseph II et sa négociation avec le pape. Perte de crédit du Vatican. L'avenir (Maupertuis). La vie est trop courte pour s'affliger. Ne se souvient plus de Dubois, attend que D'Al. l'informe sur ses mœurs et sa conduite.

81.57 | **30 septembre 1781.** D'ALEMBERT à PORTELANCE
- SOURCE : autogr., d.s., « à Paris », adr. « en son chateau de Thoury, près Chateau Landon », P.-S., 2 p.
- LOCALISATION DU MS. : ancienne coll. Sven Stelling Michaud, Genève, localisation actuelle inconnue
- ÉDITION : Pappas 1986, n° 1877
- INCIPIT : « J'ai eu l'honneur de me présenter chez vous il y a... »

CONTENU : A pu joindre l'ambassadeur d'Espagne et sa rép. est négative. Pas de place pour le jeune homme, comme D'Al. s'y attendait. Espère Portelance en meilleure santé à la campagne, prenant soin de sa vue. Sa santé à lui est meilleure, exercice.

81.58 | **24 octobre 1781.** D'ALEMBERT à AMELOT DE CHAILLOU
- SOURCE : autogr., d.s., « au Louvre », 2 p.
- LOCALISATION DU MS. : ancienne coll. du marquis de Flers, localisation actuelle inconnue
- ÉDITION : Henry 1885/1886, p. 101-102
- INCIPIT : « Le roi recevra sans doute les compliments ordinaires sur la naissance de monseigneur le Dauphin... »

ANNÉE 1781

CONTENU : L'Acad. fr. est en vacances et il voudrait être informé du jour et de l'heure où sa majesté recevra les respects de la compagnie pour la naissance du Dauphin, afin de réunir les académiciens.

81.59 | **26 octobre 1781.** D'Alembert à de Catt
- SOURCE : autogr., d., 2 p.
- LOCALISATION DU MS. : Berlin-Dahlem GSA, BPH, Rep. 47, FII, f. 1
- INCIPIT : « Mon cher ami, voici une lettre pour le Grand Roi... »

CONTENU : Sans ordre contraire, continue à faire passer par lui ses l. à Fréd. II. Affligé des mauvaises nouvelles de sa santé. D'Al. va mieux depuis la fin de l'été, mais pas au point d'aller à Berlin. De Catt doit prendre soin de sa vue. Le baron de Goltz. Ne sait comment intercéder pour lui auprès de Fréd. II. De Catt ne doit pas se fatiguer pour le prix de 1200 livres. Abbé [Duval-]Pyrau. Le prince de Brunswick.

81.60 | **26 octobre 1781.** D'Alembert à Frédéric II
- SOURCE : impr., « Paris »
- ÉDITION : Preuss XXV, n° 243, p. 203
- INCIPIT : « J'ai l'honneur de présenter à Votre Majesté la lettre... »

CONTENU : Présentation de Sélis, professeur de [Luce de Lancival]. Les ouvrages de Sélis. Sélis souhaite devenir associé étranger de l'Acad. de Berlin et pourrait envoyer des mém. intéressants sur la littérature.

81.61 | **26 octobre 1781.** D'Alembert à Frédéric II
- SOURCE : impr., « Paris »
- ÉDITION : Preuss XXV, n° 244, p. 203-205
- REMARQUE : 2 l. écrites le même jour : seule la deuxième est dans Belin-Bossange p. 448-449
- INCIPIT : « Je commence par mettre aux pieds de Votre Majesté... »

CONTENU : Lui transmet une l. de remerciement [de Luce de Lancival]. Joseph II commence à inquiéter le Saint-Siège. Exemple de tolérance et de mépris des superstitions donné par Fréd. II, sa gaieté philosophique. Dubois est un homme de bonne conduite, connu à Varsovie et de Bitaubé, de Thiébault, de l'imprimeur Decker, et cité par [Johann III] Bernoulli dans la relation de son voyage de Pologne. Marie-Antoinette a accouché d'un fils le 22 de ce mois.

81.62 | **28 octobre 1781.** D'Alembert à Formey
- SOURCE : autogr., d.s., « à Paris », 2 p.
- LOCALISATION DU MS. : Krakow BJ
- INCIPIT : « J'ai l'honneur de vous adresser pour l'Académie la lettre... »

CONTENU : Lui envoie pour l'Acad. de Berlin la l. et les ouvrages de Sélis, qui voudrait être associé étranger, a écrit au roi à ce sujet. Sélis a formé l'auteur [Luce de Lancival] de la pièce latine qu'il lui a déjà envoyée.

81.63 | **2 novembre 1781.** D'ALEMBERT à [LAFOES]
• SOURCE : autogr., d.s., « à Paris », « Monsieur Le Duc », 3 p.
• LOCALISATION DU MS. : Lisboa Acad.
• INCIPIT : « M. l'ambassadeur du Portugal m'a fait remettre... »
CONTENU : A reçu la l. [de Lafoes] du 29 septembre et le diplôme d'académicien. Se souvient de ses anciennes bontés et pense qu'il leur doit son titre. L. jointe pour l'Acad. [de Lisbonne]. Sa santé n'empêchera pas son intérêt pour les travaux de Lafoes.

81.64 | **10 novembre 1781.** FRÉDÉRIC II à D'ALEMBERT
• SOURCE : impr.
• ÉDITION : Preuss XXV, n° 245, p. 205-207
• INCIPIT : « J'ai été étonné du style de votre jeune écolier... »
CONTENU : Style étonnant du jeune écolier, mais il refuse de se laisser prendre aux flatteries. Joseph II ne cherche pas à détruire la superstition, mais à s'emparer de Ferrare. Ses pronostics semi-pessimistes sur les progrès de la raison. Demande que D'Alembert lui envoie Dubois. Vœux pour le petit Dauphin.

81.65 | **19 novembre 1781.** D'ALEMBERT à ROCHEFORT D'ALLY
• SOURCE : autogr., d., « à Paris », adr. « à Marvéjols en Gevaudan », cachet rouge, 1 p.
• LOCALISATION DU MS. : Genève, coll. J.-D. Candaux
• INCIPIT : « Vos lettres sont copiées, mon cher ami... »
CONTENU : L. [de Volt.] copiées, seront remises à Breval pour lui. Rochefort a bien fait de se faire inoculer pour encourager son enfant. Ne pense pas que Joseph II ait demandé Linguet. Santé médiocre. Mort de Saurin.

81.66 | **7 décembre 1781.** LAGRANGE à D'ALEMBERT
• SOURCE : autogr., d., « à Berlin », 4 p.
• LOCALISATION DU MS. : Paris Institut, Ms. 876, f. 266-267
• ÉDITION : Lalanne 1882, p. 371-372
• INCIPIT : « Mon cher et illustre ami, cette lettre vous sera rendue... »
CONTENU : Recommandation pour Viotti, musicien, qui vient se faire entendre à Paris. Envoie *HAB 1779* et un vol. des *Mémoires de Göttingen*. A écrit un mém. sur les fluides [*HAB 1781*]. Comparaison entre parallélisme des tranches et méthode analytique, pour les fluides. Bitaubé lui annonce un ouvrage de D'Al.

81.67 | **11 décembre 1781.** D'ALEMBERT à [James BOWDOIN]
• SOURCE : autogr., d.s., « à Paris », 3 p.
• LOCALISATION DU MS. : Boston, AAAS, Records, I, p. 48
• REMARQUE : l'American Academy of Arts and Sciences, dite Académie de Boston, est fondée par John Adams à Boston en 1779 et son premier président est James Bowdoin
• INCIPIT : « J'ai reçu par M. le chevalier de Chastellux la lettre... »

CONTENU : A reçu sa l. de nomination comme membre étranger, exprime sa reconnaissance, mais ne peut contribuer, étant trop loin et trop faible. A remis à Lalande et Court de Gebelin les paquets envoyés. A lu à l'Acad. sc. une partie de la l. Lalande s'est chargé de transmettre les observations demandées sur l'éclipse du 24 juin 1778.

81.68 | **12 décembre 1781.** D'ALEMBERT à un dramaturge italien
- SOURCE : autogr., d.s., « à Paris »
- LOCALISATION DU MS. : New York Morgan, Autogr. Misc. French
- INCIPIT : « Quoique j'aie reçu depuis quelque temps les deux tragédies... »

CONTENU : A reçu ses deux tragédies mais ses occupations de membre de l'Acad. sc. et de secrétaire de l'Acad. fr., et sa mauvaise santé ont différé sa rép. de plusieurs mois. Son italien ne lui permet pas de juger du style, mais lui croit des talents qu'il l'encourage à cultiver.

81.69 | **14 décembre 1781.** D'ALEMBERT à de CATT
- SOURCE : autogr., d., 3 p.
- LOCALISATION DU MS. : Berlin-Dahlem GSA, BPH, Rep 47, FII, f. 2-3
- REMARQUE : de Catt note : « huit lettres de M. D'Alembert à moi »
- INCIPIT : « Voilà, mon cher ami, une lettre pour le grand Prince... »

CONTENU : Les bontés de Fréd. II : a admis à l'Acad. [de Berlin] un de ses amis [Sélis] sur sa recommandation. Espère qu'il remet ses l. pour Fréd II lui-même. Douleurs dans la vessie, ne peut voyager. Plaisir de recevoir les l. écrites par de Catt, qui doit ménager sa vue. Espère qu'il pourra concourir pour le prix proposé fin 1782 pour un ouvrage imprimé. Commission pour le baron [de Goltz]. Vœux. Joint deux l. à faire remettre.

81.70 | **14 décembre 1781.** D'ALEMBERT à FRÉDÉRIC II
- SOURCE : impr., « Paris »
- ÉDITION : Preuss XXV, n° 246, p. 207-210
- INCIPIT : « Une indisposition assez douloureuse, qui m'a fait... »

CONTENU : Son début de « néphrétique » l'a paralysé durant huit jours. Le remercie pour l'admission de Sélis à l'Acad. [de Berlin] ; émulation excitée à l'université de Paris. Joseph II. [Christophe de] Beaumont se meurt, sa censure du théâtre. Une femme brûlée pour quiétisme en Espagne. Gibraltar. Dubois renonce à Berlin.

81.71 | **14 décembre 1781.** D'ALEMBERT à LAGRANGE
- SOURCE : autogr., d., « à Paris », adr., 2 p.
- LOCALISATION DU MS. : Paris Institut, Ms. 915, f. 177
- ÉDITION : Lalanne 1882, p. 370-371
- INCIPIT : « J'ai reçu, mon cher et illustre ami votre dernière lettre par M. le baron de Bagge... »

CONTENU : Envoi de corrections à *HAB 1746* et au t. VII des *Opuscules*, pour le prochain vol. d'*HAB* [A81.03]. A reçu les paquets. Condorcet enverra les vol. manquants de l'Acad. [sc.] ; partie « Histoire » très appréciée. Adr. de Caraccioli, à Palerme depuis le 15 octobre. Nombre de géomètres.

81.72 | **[26 décembre 1781].** D'ALEMBERT à Mme SUARD
- SOURCE : autogr., « mercredi matin », adr. « rue Louis le Grand », cachet, 1 p.
- LOCALISATION DU MS. : Genève IMV, MS AS 310
- REMARQUE : l. écrite le lendemain de Noël qui ne tombe un mercredi qu'en 1770 et 1781
- INCIPIT : « L'Enfant Jésus a très bien fait d'aller embrasser Mme de Leyre et ses enfants... »

CONTENU : Mme Deleyre et ses enfants, « l'enfant Jésus » [Mme Suard] sera pardonnée par les « docteurs », aura de bonnes poires pour son goûter et sera aimée par D'Al. plus que l'eau à la glace.

81.73 | **[1781].** D'ALEMBERT à MUSTEL
- SOURCE : copie, 1 p.
- LOCALISATION DU MS. : Bordeaux BM, Ms. 828, t. 27, pièce 11
- REMARQUE : autre copie London Royal Society, RSL/2/11
- INCIPIT : « Je n'ai reçu que depuis peu de jours l'ouvrage... »

CONTENU : Remerciements pour le [*Traité théorique et pratique de la végétation*, Rouen, 1781 pour le 1er vol.] de Mustel et sa l. Le lira avec profit bien que le sujet ne le concerne pas, car son travail mérite l'attention des « physiciens éclairés ».

81.74 | **[1780-1781].** D'ALEMBERT à PORTELANCE
- SOURCE : autogr., s., « ce 13 », billet, adr. « rue des francs-bourgeois au marais », cachet, 2 p.
- LOCALISATION DU MS. : Caen BM, Ms. in fol. 407/2
- INCIPIT : « Mille remerciements, monsieur, de votre précieuse... »

CONTENU : Conservera son anecdote avec soin. Lui conseille de préserver yeux et santé. « Tuus ex animo ».

1782

82.01 | **10 janvier 1782.** Galiani à D'Alembert
- SOURCE : impr. « Naples », s. « Gagliani le petit coquin »
- ÉDITION : Pougens 1799, p. 412-414. Perey-Maugras 1881, II, p. 625-626
- INCIPIT : « Voici une excellente occasion pour vous écrire enfin... »

CONTENU : Poli, que D'Al. connaît déjà, lui donnera la l. Duc de Gravina. Fait faire carte du royaume de Naples par Zannoni. Caraccioli fera le bonheur des autres. Aimerait que D'Al. voyage en Italie.

82.02 | **13 janvier 1782.** D'Alembert à un correspondant non identifié
- SOURCE : cat. vente « Lettres autographes sur le XVIIIe siècle » (Etienne Charavay expert), 11 avril 1876, n° 6 : autogr., d.s., 1 p.
- INCIPIT : inconnu

CONTENU : [Inconnu].

82.03 | **13 janvier 1782.** Frédéric II à D'Alembert
- SOURCE : impr.
- ÉDITION : Preuss XXV, n° 247, p. 210-212
- INCIPIT : « J'ai reçu votre lettre le 7 janvier, et la multitude d'affaires... »

CONTENU : A reçu le 7 janvier la l. [du 14 décembre], ses occupations ont différé sa rép. [Luce de Lancival], Fréd. II jeune et l'usage de l'hyperbole. Joseph II persiste ; le pape à Vienne, nouveau Canossa. Sa pitié pour les faibles. Mort de l'archevêque de Beaumont. Voulait parler à Dubois avant de l'engager, préjugés anti-Pologne. Acad. [de Berlin] : nouvelle comète ou planète. Lagrange, Formey, Achard, Wéguelin [Béguelin]. Vœux.

82.04 | **26 janvier 1782.** D'Alembert à Collenot-David
- SOURCE : autogr., d.s., « à Paris », adr. « rue Thibautodé », cachet, 1 p.
- LOCALISATION DU MS. : Paris AN, AA/63
- INCIPIT : « Je ne puis qu'applaudir à votre projet patriotique... »

CONTENU : Vœux pour son succès, mais l'arrangement de sa vie ne lui permet pas d'assister à ses exercices. Lui présente ses excuses, ainsi qu'à Leroux.

82.05 | **[fin janvier 1782].** D'Alembert à Delisle de Sales
- SOURCE : impr.
- ÉDITION : Delisle de Sales, *De la philosophie de la nature*, cinquième éd., Londres, 1789, I, p. xlvj-xlvij. P. Malandain, « Delisles de Sales, philosophe de la nature », *SVEC* 1982, n° 203, p. 304-305
- REMARQUE : une note signale qu'il existe d'autres l., impubliables « à cause de [leur] franchise cynique ».
- INCIPIT : « J'ai reçu, monsieur, les premiers volumes de votre... »

CONTENU : Compliments pour les premiers vol. de son *Histoire des hommes* [1780-1785], pendant à la *Philosophie de la Nature*. Election de Pascal [Condorcet] à l'Acad. fr. [10 janvier 1782].

82.06 | **9 février [1782].** D'ALEMBERT à GUYOT
- SOURCE : autogr., « ce samedi 9 février », 1 p.
- LOCALISATION DU MS. : Orléans, AD du Loiret, fonds Jarry, 2J 1102
- REMARQUE : Guyot a écrit un *Eloge de Maurepas* paru en 1782, année où le 9 février est bien un samedi
- INCIPIT : « M. D'Alembert a lu avec empressement et avec plaisir... »

CONTENU : A lu l'[*Eloge historique de M. le comte de Maurepas*] que Guyot lui a envoyé, l'annoncera à ses amis.

82.07 | **22 février 1782.** FRÉDÉRIC II à D'ALEMBERT
- SOURCE : impr.
- ÉDITION : Preuss XXV, n° 248, p. 212-213
- INCIPIT : « Mon dieu, mon cher Anaxagoras, quel fatras de... »

CONTENU : Le « fatras de philosophie » que D'Al. lui a envoyé : t. I, une réfutation superflue de systèmes absurdes, t. II, un chaos. L'auteur cartésien [Marivetz, voir 82.13], croyant réfuter Newton, est à mettre aux Petites-Maisons. Sa goutte, son rhumatisme, sa fièvre, sa très mauvaise humeur.

82.08 | **24 février 1782.** D'ALEMBERT à FRISI
- SOURCE : autogr., d.s., « à Paris », 2 p.
- LOCALISATION DU MS. : Milano Ambrosiana, Y 153 sup. f. 507
- ÉDITION : Rutschmann 1977, p. 53. Pappas 1987, p. 167
- INCIPIT : « J'ai reçu votre ouvrage très utile et très bien fait sur... »

CONTENU : Rép. à la l. du 10 janvier. N'a pas vu la marquise de Villani. Remerciements au père Sacchi. Watelet, Condorcet, Bossut, Le Monnier. Lagrange ne songe pas à quitter Berlin. Caraccioli ne trouvera pas de quoi composer une Acad. à Palerme. Confrère à l'Acad. de Lisbonne. [Joseph II].

82.09 | **27 février 1782.** D'ALEMBERT à un correspondant non identifié
- SOURCE : ms. non retrouvé dans la bibliothèque indiquée par Pappas 1986
- LOCALISATION DU MS. : Bruxelles ARB, Ms. divers, 2648 (4)
- REMARQUE : inventoriée par Pappas 1986, n° 1964
- INCIPIT : inconnu

CONTENU : [Inconnu].

82.10 | **1er mars 1782.** D'ALEMBERT à FRÉDÉRIC II
- SOURCE : impr., « Paris »
- ÉDITION : Preuss XXV, n° 249, p. 213-215
- INCIPIT : « Depuis la dernière lettre dont Votre Majesté m'a honoré... »

CONTENU : Alarmes sur la santé de Fréd. II dissipées par le baron de Goltz. [Luce de Lancival] est premier de sa classe. Affrontement de [Joseph II] et du pape. Prise de Port-Mahon par les Espagnols, mais résistance de Gibraltar. Projet d'invasion de la Turquie. Non pas une comète, mais une pauvre petite planète [Uranus].

82.11 | **1er mars 1782.** D'ALEMBERT à LAGRANGE
- SOURCE : autogr., d., « à Paris », « r. le 5 nov. 1782 », 4 p.
- LOCALISATION DU MS. : Paris Institut, Ms. 915, f. 178-179
- ÉDITION : Lalanne 1882, XIII, p. 373-374
- INCIPIT : « Mon cher et illustre ami, M. Viotti, que vous m'avez recommandé, est venu chez moi deux fois sans me trouver. »

CONTENU : Viotti et la musique en France. Attend le mém. de Lagrange sur la libration de la Lune. Son affaiblissement physique et intellectuel. Théorie des fluides. A reçu *HAB 1779*. A reçu les *Mémoires de Göttingen* : ils sont médiocres, comme Kæstner. Bitaubé. Mot de D'Al. pour les *HAB 1780*. Fait quelques brouillons de mathématiques [*Opuscules* t. IX]. Regrets de Caraccioli à Palerme. Problèmes de vessie.

82.12 | **2 mars 1782.** D'ALEMBERT à GROSLEY
- SOURCE : autogr., d.s., « à Paris », adr. « à Troyes », cachet rouge, 3 p.
- LOCALISATION DU MS. : Troyes BM, Ms. 2977, n° 11
- INCIPIT : « J'ai lu, monsieur, l'ouvrage auquel vous vous intéressez... »

CONTENU : L'ouvrage que Coqueley lui a prêté pourra concourir, mais aura des rivaux. [L'Acad. fr.] jugera en décembre prochain. Nom du roué de Chaumont, en parlera à Du Séjour. Sa remarque sur le vers « œuvre de chair » est juste, mais l'Acad. est d'avis de laisser l'art. tel qu'il est. La Vrillière et Crispus, n'a pu faire part de sa remarque à Dussaulx et la seconde éd. est identique : discussion sur la phrase latine. Ne connaît pas les *Essais de Physique* dont il lui parle, « esprit de l'eau » mot vague. Desmarest vient de perdre la place des manufactures avec 2 000 lt de retraite.

82.13 | **8 mars 1782.** D'ALEMBERT à FRÉDÉRIC II
- SOURCE : impr., « Paris »
- ÉDITION : Preuss XXV, n° 250, p. 216
- INCIPIT : « Je me hâte de répondre par le courrier d'aujourd'hui... »

CONTENU : N'a envoyé aucun « mauvais livre de physique », ne sait qui est fautif. Le baron de Marivetz, qu'il ne connaît pas, avait chargé le banquier Rougemont d'un envoi. Carra a dédié un ouvrage de physique au prince de Prusse et l'a envoyé à Berlin, mais l'a assuré ne pas s'être servi de son nom.

82.14 | **10 mars 1782.** LAPLACE à D'ALEMBERT
- SOURCE : autogr., d.s., adr., cachet noir, 2 p.
- LOCALISATION DU MS. : Paris Institut, Ms. 876, f. 12-13

- ÉDITION : *Bulletin des Sciences mathématiques*, 1879, p. 219-221. « Lettres inédites de Laplace », *Bulletino di bibliographia e storia delle scienze, mathematiche e fisiche* 19 (Rome 1886), p. 17-19
- INCIPIT : « Je suis très flatté que mes recherches sur les suites aient... »

CONTENU : Son mém. [MARS 1779]. Sa solution du problème des cordes vibrantes, au moyen du « calcul intégral aux différences finies partielles », conditions initiales, résumé de son raisonnement. Rép. à l'objection que D'Al. lui a faite la veille à l'Acad. [sc.]. L'exigence de continuité restreint la généralité de la solution : résolution par Lagrange (*HAB*, t. III), Euler pas assez exigeant, D'Al. trop. Justice qu'il lui rend.

82.15 | **16 mars 1782.** D'Alembert à Collenot-David
- SOURCE : autogr., d.s., « à Paris », adr. « rue des fossés Saint Victor au coin de la rue des Boulangers », cachet, 1 p.
- LOCALISATION DU MS. : Paris AN, AA/63
- INCIPIT : « Je vous suis très obligé de votre prospectus... »

CONTENU : Applaudit à son zèle pour l'éducation de la jeunesse. Ne pourra assister au discours annoncé, lui souhaite tout le succès qu'il mérite.

82.16 | **17 mars 1782.** Frédéric II à D'Alembert
- SOURCE : impr.
- ÉDITION : Preuss XXV, n° 251, p. 217-218
- INCIPIT : « Vous n'avez pas été aussi mal informé sur mon sujet... »

CONTENU : Sa goutte à la main et au pied droits. Le corps humain résiste cependant mieux au temps que les horloges en fer des clochers, hors d'usage au bout de vingt ans. Le pape va faire amende honorable à Vienne. L'abbé Raynal embastillé bien qu'ayant dîné à Spa avec Joseph II. Vœux de conservation pour Anaxagoras seulement.

82.17 | **23 mars 1782.** D'Alembert à Luce de Lancival
- SOURCE : cat. vente Nicolas Rauch cat. 13, Genève, 23 novembre 1955, n° 170 : autogr., d.s., 1 p.
- INCIPIT : inconnu

CONTENU : L. de félicitations à l'élève de rhétorique du collège Louis-le-Grand.

82.18 | **23 mars 1782.** Frédéric II à D'Alembert
- SOURCE : impr.
- ÉDITION : Preuss XXV, n° 252, p. 218-219
- INCIPIT : « Non, mon cher Anaxagoras, mon zèle philosophique... »

CONTENU : « Le philosophe des Petites-Maisons » [Marivetz] détruit le système de Buffon, mélange ceux de Descartes et de Newton, se précipite dans une mer de contradictions ([Guez de] Balzac). La Prusse est tranquille.

ANNÉE 1782

82.19 | **27 mars 1782.** D'Alembert à Frédéric II
- source : impr., « Paris »
- édition : Preuss XXV, n° 253, p. 220-221
- incipit : « Dans la dernière lettre que j'ai eu l'honneur d'écrire… »

contenu : Lui présente de la part de l'université de Paris les statuts du nouveau collège de Saint-Louis (collège dont [Luce de Lancival] est boursier, premier de sa classe).

82.20 | **4 avril 1782.** D'Alembert à Louis XVI
- source : autogr., d.s., « au roi, protecteur de l'Académie française », 3 p.
- localisation du ms. : Paris AN, O1 611, pièce 406
- édition : *Revue du dix-huitième siècle*, 1914, n° 4, p. 408-409
- incipit : « Sire, un citoyen qui ne veut point être connu… »

contenu : L. présentant le mém. relatif à la fondation d'un prix de vertu, avec les amendements proposés par l'Acad. [annonce à l'Acad. fr. le 25 août 1782].

82.21 | **7 avril 1782.** D'Alembert à l'Académie de Padoue
- source : cat. vente Tauski, été 1952, n° 20003 : autogr., d.s., « Paris », aux membres de l'Académie des sciences de Padoue, 2 p.
- incipit : « Monsieur l'ambassadeur de Venise vient de me remettre le diplôme très honorable… »

contenu : Remerciements pour sa nomination.

82.22 | **7 avril 1782.** D'Alembert à Falconet
- source : autogr., d., 1 p.
- localisation du ms. : Paris BnF, NAFr. 24983, f. 315
- incipit : « La négligence du relieur, et les fêtes, ont empêché… »

contenu : N'a pu lui envoyer plus tôt son ouvrage relié [*Eloges*, 1779], qu'il le prie d'accepter avec indulgence.

82.23 | **10 avril 1782.** D'Alembert à [Mlle] de Tournon
- source : impr., « Paris », adressée à « Monsieur »
- édition : Henry 1885/1886, p. 110
- remarque : voir cat. vente Paris (Eugène Charavay expert), Paris 29 janvier 1889, n° 1 : autogr., d.s., adr., « au baron de Tournon », cachet, 1 p.
- incipit : « Je n'ai plus depuis longtemps aucune relation avec l'Impératrice de Russie… »

contenu : Lui conseille d'envoyer directement ses vers à Cath. II, après les avoir fait revoir, car ceux qu'il a reçus sont susceptibles de critique.

82.24 | **11 avril 1782.** Caraccioli à D'Alembert
- source : impr., « à Palerme »
- édition : Pougens 1799, p. 386-393

- REMARQUE : la l. se trouve dans le « *Mercure de France* » du 1er juin, p. 42-44, l'« *Almanach littéraire, ou Etrennes d'Apollon* » pour 1783 et le « *Journal Encyclopédique* » du 15 janvier 1783, p. 291-293
- INCIPIT : « Mon cher et ancien ami c'est un titre dont vous m'honorez... »

CONTENU : Santé psychique et physique. Souvenirs de sa société du soir, Condorcet, discours de Beauvau. La Sicile est un pays fertile, paysage de Bruckel [Breughel ?]. Difficultés de délivrer les hommes de leurs chaînes, libre commerce du blé, construction de routes et de cimetières. Abolition de l'inquisition le 27 mars, décret de Ferdinand IV, opération tranquille.

82.25 | **15 avril 1782.** D'ALEMBERT à FALCONET
- SOURCE : autogr., d.s., « à Paris », 1 p.
- LOCALISATION DU MS. : Paris BnF, NAFr. 24983, f. 316
- INCIPIT : « Si vous voulez songer un moment à la statue du czar... »

CONTENU : Ses *Eloges* ne valent pas la statue du tsar Pierre ou ses écrits sur les arts. Le remercie pour ses compliments. Regrette son éloignement.

82.26 | **20 avril 1782.** D'ALEMBERT à Mlle de TOURNON
- SOURCE : impr., « à Paris », adr. à « Mlle de Tournon au Chateau de Ville par Flixécourt en Picardie »
- LOCALISATION DU MS. : Bruxelles, ARB, fonds Stassart (disparu en 1940)
- ÉDITION : Henry 1885/1886, p. 110
- INCIPIT : « Je vous demande mille pardons, mademoiselle, de mon inattention. Je suis si accablé de lettres,... »

CONTENU : Regrette d'avoir confondu « Mlle » et « M. ». L'invite à cultiver sa poésie et à se perfectionner.

82.27 | **24 avril 1782.** MORENAS à D'ALEMBERT
- SOURCE : autogr., d.s., « Beaumes », mention autogr. de D'Al. « repondu », 4 p.
- LOCALISATION DU MS. : Paris Institut, Ms. 2466, f. 157-158
- INCIPIT : « La cinquième lettre de M. l'abbé Paulian me décide à l'honneur de vous réécrire... »

CONTENU : Paulian lui conseille de communiquer à D'Al. ses preuves sur la quadrature, il le respecte comme son maître. Si D'Al. ne peut les examiner, qu'il veuille bien les communiquer à l'Acad. [sc.], puisque la majeure partie des mathématiques dépend de la quadrature, malgré le peu d'approbation de D'Al. dans ses l. précédentes. Pense que le refus de l'Acad. d'examiner les quadratures ne s'applique pas à lui, évoque les rép. de D'Al., celles de Condorcet et Montucla. Paulian, Piquet, le comte de Lanspars, Saint-Jacques [de Silvabelle], directeur de l'observatoire de Marseille.

82.28 | **26 avril 1782.** FRÉDÉRIC II à D'ALEMBERT
- SOURCE : impr.
- ÉDITION : Preuss XXV, n° 254, p. 221-222
- INCIPIT : « Non, mon cher Anaxagoras, vous n'êtes pas entré... »

CONTENU : N'en veut pas à Anaxagoras, mais ne peut pardonner à un auteur qui dégrade la philosophie. N'a pas encore reçu [les statuts de Saint-Louis]; collège Mazarin, Port-Royal, le siècle de Louis XIV. Abaissement de la nation britannique.

82.29 | **3 mai 1782.** D'Alembert à de Catt
- SOURCE : autogr., d., « à Paris », 2 p.
- LOCALISATION DU MS. : Berlin-Dahlem GSA, BPH Rep. 47 FII, f. 4
- INCIPIT : « Je commence, mon cher ami, par vous parler de… »

CONTENU : Succès des concerts de Viotti qui restera à Paris, manie de la difficulté chez les virtuoses. Fâché de ne pouvoir voyager. Ses remèdes, l'eau à la glace, détails urinaires. Eprouve de la compassion pour de Catt. A parlé de lui au baron [de Goltz].

82.30 | **3 mai 1782.** D'Alembert à Frédéric II
- SOURCE : impr., « Paris »
- ÉDITION : Preuss XXV, n° 255, p. 223-225
- REMARQUE : Belin-Bossange p. 454-455, date du 3 mars 1782
- INCIPIT : « J'ai reçu presque en même temps deux lettres dont… »

CONTENU : A reçu ses deux l. [des 17 et 23 mars]. Crise de goutte de Fréd. II. La morale d'Epictète ne convient pas à la nature humaine, La Fontaine, la philosophie de Fréd. II vaut mieux. Le pape à Vienne, progrès de la raison depuis Grégoire VII et [l'empereur] Henri IV. Raynal, condamné par le parlement, s'est mis à couvert (à Bruxelles, puis chez l'électeur de Mayence). Temps de révolution d'[Uranus]. Port-Mahon repris par Crillon. Gibraltar.

82.31 | **[1 ou 8 mai 1782].** D'Alembert à Tressan
- SOURCE : autogr., s., « ce mercredi à 7 heures du matin », 1 p.
- LOCALISATION DU MS. : Genève, coll. J.-D. Candaux
- REMARQUE : en 1782, Tressan est longuement absent de l'Acad. fr (16 séances), entre le 16 mars et le 25 avril. Sa présence est en revanche attestée les lundis 6 et 13 mai
- INCIPIT : « Je serai ravi, mon cher confrère, de vous embrasser lundi prochain, comme vous me le faites espérer, et d'apprendre… »

CONTENU : A bien reçu ses « contes » avant-hier au soir [*Corps d'extraits de romans de chevalerie*, 1782], y consacrera tous ses instants libres.

82.32 | **18 mai 1782.** Frédéric II à D'Alembert
- SOURCE : impr.
- ÉDITION : Preuss XXV, n° 256, p. 225-228
- INCIPIT : « Il m'arrive comme à vous d'admirer la morale… »

CONTENU : Son estime pour la morale des Stoïciens et ses réserves (Lélius, Caton d'Utique, Epictète, Marc-Aurèle, Zénon). Calculs rénaux. Le pape à Vienne.

La France dominée par les prêtres, l'Allemagne par les superstitions (secte en Saxe, franc-maçonnerie). Fontenelle avait raison. Arrivée [à Berlin] de Raynal. Reçoit de Paris un projet de pacification générale.

82.33 | **20 mai 1782.** D'ALEMBERT à MELANDERHJELM
- SOURCE : autogr., d.s., « à Paris », 3 p.
- LOCALISATION DU MS. : Uppsala UB, G 172, f. 165-167
- ÉDITION : Henry 1885/1886, p. 83-84
- INCIPIT : « Vous avez été deux ans malade, et vous commencez... »

CONTENU : La pierre douloureuse de D'Al. et ses remèdes. Lui envoie ses deux vol. d'*Opuscules* [t. VII et t. VIII, 1780]. Le félicite pour son *Astronomie* et lui demande de la continuer car elle est utile pour les astronomes physiciens et mieux que les absurdités de Marivetz. Nouvelle planète [Uranus], d'autres à venir.

82.34 | **26 mai 1782.** GROSLEY à D'ALEMBERT
- SOURCE : autogr., d.s., mention autogr. de D'Al. « repondu », 2 p.
- LOCALISATION DU MS. : Troyes BM, Ms. 2977, n° 977
- ÉDITION : Babeau 1878, p. 188-189
- INCIPIT : « Je viens, monsieur, de lire une partie du mémoire... »

CONTENU : Mém. de Servan pour le comte de Vocance. Sensibilité des femmes. Anecdote champenoise sur le curé de Chalautre qui s'est attiré une rime grivoise.

82.35 | **31 mai 1782.** D'ALEMBERT à DULAURE
- SOURCE : autogr., d.s., « à Paris », 1 p.
- LOCALISATION DU MS. : London Wellcome, A/L5, 66597
- INCIPIT : « Quelque désir que j'aie de vous obliger dans la situation... »

CONTENU : Son regret de ne pouvoir lui venir en aide, le prie de passer chez lui un matin avant neuf heures, pour des conseils.

82.36 | **6 juin 1782.** D'ALEMBERT à GALIANI
- SOURCE : impr., « à Paris »
- ÉDITION : Fausto Nicolini, *RLC*, 1930, p. 750-751
- INCIPIT : « M. Poli et M. le duc de Gravina m'ont fait... »

CONTENU : Poli et Gravina sont venus lui porter sa l. Gaîté de Galiani, sa tristesse. Caraccioli est regretté à Paris. La comédie française à Palerme. Nostalgie du voyage en Italie. Gravelle.

82.37 | **15 juin 1782.** CARACCIOLI à D'ALEMBERT
- SOURCE : impr., « Palerme »
- ÉDITION : Pougens 1799, p. 393-395
- INCIPIT : « Il est très vrai, mon ami, que la mauvaise conduite... »

CONTENU : Sa l. à Mme de Grammont. Mauvaise conduite de l'abbé recommandé par D'Al. Vœux pour sa santé. Demande la description de la machine à faire monter l'eau. Les tracasseries qui suivent les innovations utiles.

82.38 | **21 juin 1782.** D'ALEMBERT à de CATT
- SOURCE : autogr., d., « à Paris », 3 p.
- LOCALISATION DU MS. : Berlin-Dahlem GSA, BPH Rep 47 FII, f. 5-6
- INCIPIT : « Je continue toujours, mon cher ami, puisqu'on ne me prescrit... »

CONTENU : Continue à faire passer par lui ses l. pour Fréd. II, qui finira par lui rendre justice. Demande si Fréd. II a vraiment envoyé l'abbé Duval-Pyrau à Vienne, et s'il est toujours en faveur. Sa santé. Viotti reste à Paris, concert spirituel. Verra bientôt le baron [de Goltz]. Raynal. Le comte et la comtesse du Nord [grand-duc de Russie et sa femme] après un mois à Paris, sont partis pour Brest.

82.39 | **21 juin 1782.** D'ALEMBERT à FRÉDÉRIC II
- SOURCE : impr., « Paris »
- ÉDITION : Preuss XXV, n° 257, p. 228-231
- INCIPIT : « Ce que Votre Majesté me fait l'honneur de m'écrire... »

CONTENU : La morale des Stoïciens, sa vessie. Effets du voyage du pape à Vienne. La France continue d'épargner prêtres et moines. Défaite aux Antilles, siège de Gibraltar. Raynal. Séjour des comte et comtesse du Nord à Paris, les deux visites du comte à D'Al. Demande si Fréd. II a reçu l'ouvrage offert par l'université de Paris.

82.40 | **5 juillet 1782.** FRÉDÉRIC II à D'ALEMBERT
- SOURCE : impr.
- ÉDITION : Preuss XXV, n° 258, p. 231-232
- INCIPIT : « Je vous avoue qu'après avoir bien étudié les opinions... »

CONTENU : Opinions des Stoïciens sur la nature humaine. Joseph II continue de séculariser les riches couvents. Disgrâce de Grasse. Qualité du grand-duc [de Russie]. Raynal à Berlin, prépare une histoire de la révocation de l'édit de Nantes. A remercié pour l'ouvrage sur le collège Louis-Le-Grand.

82.41 | **10 juillet 1782.** GROSLEY à D'ALEMBERT
- SOURCE : autogr., d.s., « Troyes », adr., cachet rouge, 3 p.
- LOCALISATION DU MS. : Troyes BM, Ms. 2977, n° 978
- ÉDITION : Babeau 1878, p.189-190
- REMARQUE : le texte qui se trouve f. 1 et que Grosley demande à D'Al. de publier dans la l. qui débute f. 2, est distinct de la l. ; le texte est publié dans le *Mercure* du 21 septembre 1782, p. 139-141 « Lettre de M. Grosley de l'Académie des belles-lettres à M. d'Alembert » et dans les *Annonces, affiches et avis divers de Troyes*, 23 octobre 1782, p. 168
- INCIPIT : « En parcourant, monsieur, le dernier volume des mémoires de l'Académie de Berlin... »

CONTENU : Mém. de Francheville dans le dernier *HAB* en rép. aux questions proposées par Grosley à Formey. Lui demande de faire insérer sa rép. [f. 1] dans le *Mercure*, comme une l. à D'Al. La bibliothèque de Bouhier « vient se faire enterrer à Clairvaux », il faudra attendre vingt ans pour le bâtiment et le bibliothécaire.

82.42 | **11 juillet 1782.** Un professeur de mathématiques du collège d'Auxerre à D'Alembert
- SOURCE : copie, d., « Auxerre », 5 p.
- LOCALISATION DU MS. : Paris BnF, Ms. Joly de Fleury 1692, f. 213-217
- REMARQUE : note des bureaux de Joly de Fleury f. 218 datée du 20 juillet 1782
- INCIPIT : « La découverte que je viens de faire doit vous être... »

CONTENU : Dom Bertucat bénédictin, professeur de rhétorique [au collège d'Auxerre], fait jouer aux élèves une comédie, *Les Manies*, tirée de Palissot, insultant Volt., l'Acad. fr. et les auteurs de l'*Encyclopédie*. Cite des extraits.

82.43 | **19 juillet 1782.** D'Alembert à Martin de Choisy
- SOURCE : autogr., d.s., « à Paris », 1 p.
- LOCALISATION DU MS. : Archives du château du Teillan, Aimargues (Gard), n° 51 ; microfilm Nîmes, AD du Gard, 1 Mi 126R8
- INCIPIT : « Le prix a été donné hier à M. de Florian, auteur de... »

CONTENU : Florian, auteur de pièces à succès aux Italiens, a obtenu le prix [de l'Acad. fr.] qui n'a pas d'accessit, mais mention sera faite de pièces, dont la sienne si elle a la devise et s'il veut être nommé. Ses compliments à Duché.

82.44 | **9 août 1782.** D'Alembert à Frédéric II
- SOURCE : impr., « Paris »
- ÉDITION : Preuss XXV, n° 259, p. 233-235
- INCIPIT : « Je viens d'apprendre par les nouvelles publiques la mort... »

CONTENU : Mort de la sœur de Fréd. II [Louise-Ulrique], reine douairière de Suède. Rhume et rhumatisme ont suspendu ses maux de vessie. Vœux de longévité pour Fréd. II. Indécent spectacle anti-philosophique au Théâtre français. Conspiration cléricale contre Joseph II. L'abbé Raynal, son ouvrage. Siège de Gibraltar.

82.45 | **9 août 1782.** Grosley à D'Alembert
- SOURCE : autogr., d.s., adr., cachet rouge, 4 p.
- LOCALISATION DU MS. : Troyes BM, Ms. 2977, n° 979
- ÉDITION : Babeau 1878, p. 190-194
- INCIPIT : « L'ami Desmarest m'écrit que M. le marquis de Condorcet... »

CONTENU : Origine troyenne des Tronchin pour [l'*Eloge* par] Condorcet. Délai de publication de sa « Lettre à D'Al. » dans le *Mercure*. Avait renseigné Foncemagne et

ANNÉE 1782

Bellille en 1757 pour la généalogie Tronchin (réf. à un art. de Bayle), donne ses arguments dans ce débat. Tronchin du Breuil. Loteries. La maladie de langueur de Bayle, *Matières du tems*. Desmarest, Lutton, *J. enc.*

82.46 | **14 août 1782.** D'ALEMBERT à GROSLEY
- SOURCE : cat. vente Paris, Delestre-Boulage, 9 mars 1829, n° 1197
- INCIPIT : inconnu

CONTENU : [Inconnu].

82.47 | **2 septembre 1782.** CARACCIOLI à D'ALEMBERT
- SOURCE : impr., « Palerme »
- ÉDITION : Pougens 1799, p. 396-400
- INCIPIT : « Je vous le dis une fois pour toutes, mon cher ami... »

CONTENU : Rép. aux éloges de D'Al., à la publication dans le *Mercure*. Remercie pour la machine à élever l'eau. Santé. Recommandation de l'abbé. Le vers de Volt. sera sa règle. Montaigne.

82.48 | **8 septembre 1782.** FRÉDÉRIC II à D'ALEMBERT
- SOURCE : impr.
- ÉDITION : Preuss XXV, n° 260, p. 235-237
- INCIPIT : « Je vous suis obligé de la part que vous prenez à la perte... »

CONTENU : La mort de sa sœur, ses « inutiles regrets ». L'abbé Delille, seul écrivain « digne du siècle de Louis XIV ». Ramponeau. Penchant de l'homme pour le merveilleux et la superstition. Sage mot de Fontenelle. L'abbé Raynal chez [Henri de Prusse].

82.49 | **29 septembre 1782.** LA MOTTE à D'ALEMBERT
- SOURCE : autogr., d.s. « Stoutgart », 3 p.
- LOCALISATION DU MS. : Paris Institut, Ms. 2466, f. 119-120
- INCIPIT : « Souffrez que je vous envoie quelques exemplaires... »

CONTENU : Lui envoie la première partie de sa traduction en allemand des *Eloges* de D'Al. Bien reçue dans sa province. Surchargé de leçons à l'université et chez lui, place peu lucrative. Lui demande de communiquer la traduction à Baer, prédicateur à l'ambassade de Suède et au professeur Friedel.

82.50 | **1er octobre 1782.** CARACCIOLI à D'ALEMBERT
- SOURCE : impr., « Palerme »
- ÉDITION : Pougens 1799, p. 380-385
- INCIPIT : « Il règne dans votre dernière lettre un ton de tristesse... »

CONTENU : Mélancolie de D'Al. qui doit ne pas songer à la mort malgré Montaigne. Barthez. Machine à élever l'eau. Littérature et Gibraltar. Succès de Delille. Raynal embarrassé à Berlin à cause de son *Histoire philosophique* [*des deux Indes*]. Instruit de sa santé par La Rochefoucauld. Demande nouvelles plus détaillées. Abbé Arnaud, Gluckistes, etc.

| 82.51 | **9 octobre 1782.** D'Alembert à Frisi
• Source : impr.
• Édition : Verri 1787, p. 88. Rutschmann 1977, p. 55
• Incipit : « Recevez tous mes remerciements de l'ouvrage sur... »

Contenu : Réception de l'ouvrage sur l'algèbre [1782] de Frisi : logarithmes des quantités négatives, probabilités. Le remercie de l'avoir mentionné. Prépare le t. VIII [en fait IX] des *Opuscules*.

| 82.52 | **11 octobre 1782.** D'Alembert à de Catt
• Source : autogr., d., « à Paris », 2 p.
• Localisation du ms. : Berlin-Dahlem GSA, BPH, Rep. 47, FII, f. 7
• Incipit : « Je vous dois depuis longtemps une réponse, mon cher... »

Contenu : Vessie douloureuse, ne pense pas avoir la pierre. « Faisons notre devoir et laissons faire aux dieux ». Silence de Fréd. II sur de Catt. Le baron [de Goltz] lui écrira, s'il l'ose. [Duval-Pyrau] sera remis à sa place par Fréd. II. Vers composés par de Catt. Compliments à Raynal.

| 82.53 | **11 octobre 1782.** D'Alembert à Frédéric II
• Source : impr., « à Paris »
• Édition : Preuss XXV, n° 261, p. 237-240
• Incipit : « Votre Majesté a bien raison de dire que le mauvais tonneau... »

Contenu : Son inflammation de vessie, son médecin. Les l. de Fréd. II sont d'un « roi philosophe ». Le marquis d'Esterno, nouveau ministre de France à Berlin. L'équipée de Gibraltar. L'abbé Raynal établi en Prusse pour écrire l'histoire de la révocation de l'édit de Nantes. Banqueroute de vingt millions du prince de Rohan-Guémené. Conseils et vœux de santé.

| 82.54 | **15 octobre 1782.** Bruyset à D'Alembert
• Source : autogr., d.s., « Lyon », adr., cachet rouge, 3 p.
• Localisation du ms. : Paris Institut, Ms. 2466, f. 18-19
• Incipit : « M. Bruyset le J[eune] nous a fait part à son retour de Paris de l'entretien qu'il avait eu l'honneur d'avoir avec vous... »

Contenu : Décline la proposition faite par D'Al. à Bruyset le Jeune de publier un nouveau vol. de morceaux de Tacite, autres traductions, Dotteville, Dureau de La Malle. L'assure que leur privilège pour les *Mélanges* n'empêchera pas D'Al. de publier chez un autre libraire. Avait obtenu le privilège par Néville. Santé de D'Al. et de Bruyset père.

| 82.55 | **27 octobre 1782.** D'Alembert à Viaud de Belair
• Source : autogr., d.s., « à Paris », adr. « en l'Isle de Noirmoutier Bas Poitou », cachet rouge, 2 p.
• Localisation du ms. : Nantes BM, Ms. 2503
• Incipit : « L'Académie française s'est fait une loi, fondée sur de... »

CONTENU : L'Acad. fr. ne répond pas aux questions sur lesquelles il y a un pari. Il suit la même loi que le secrétaire de l'Acad. [sic].

82.56 | **30 octobre 1782.** FRÉDÉRIC II à D'ALEMBERT
- SOURCE : impr.
- ÉDITION : Preuss XXV, n° 262, p. 240-243
- INCIPIT : « Il faut, mon cher D'Alembert, que nous rendions... »

CONTENU : Est « aux prises avec sa mémoire ». Arrivée de M. d'Esterno, fort galant homme. Gibraltar. La paix en Europe orientale. L'abbé Raynal trouve ses matériaux parmi les réfugiés. Nomination de l'abbé Denina, auteur d'une *Histoire des révolutions de Grèce*, à l'Acad. [de Berlin]. Banqueroute de six millions en début d'année à Berlin. Attend la mort « avec une entière résignation ».

82.57 | **2 novembre 1782.** BRUYSET (père et fils) à D'ALEMBERT
- SOURCE : autogr., d.s., « Lyon », adr., cachet rouge, 2 p.
- LOCALISATION DU MS. : Paris Institut, Ms. 2466, f. 20-21
- REMARQUE : f. 22 et 23 copie par Bruyset de « reçus et traités », entre D'Al. et eux à partir de 1758, relatifs à l'édition des *Mélanges*
- INCIPIT : « Nous avions bien pensé comme vous qu'il ne suffisait... »

CONTENU : Pensaient bien que la l. précédente ne suffirait pas pour affranchir D'Al. pour l'éd. de sa traduction de Tacite. Donne un engagement plus formel pour que D'Al. trouve un libraire. Pas de traité en forme pour les quatre premiers vol. des *Mélanges*, un plus formel pour le 5e vol. Mortifiés de sa mauvaise santé et de celle de Bruyset père.

82.58 | **2 novembre 1782.** LAGRANGE à D'ALEMBERT
- SOURCE : autogr., d., « à Berlin », adr., cachet rouge, 4 p.
- LOCALISATION DU MS. : Paris Institut, Ms. 876, f. 268-269
- ÉDITION : Lalanne 1882, XIII, p. 375-377
- INCIPIT : « Mon cher et illustre ami, ce n'est ni par oubli ni par... »

CONTENU : A envoyé ses recherches sur la libration [de la Lune] par l'intermédiaire de Laplace. Mort de Margraff, remplacé par Achard. Denina, nouveau confrère. Caraccioli veut attirer Lagrange à Naples : indécision, demande à D'Al. de se renseigner. Doit à Caraccioli son amitié avec D'Al. (1764). Quelques recherches sur la mécanique céleste. Va lui envoyer son mém. sur les fluides.

82.59 | **3 novembre 1782.** D'ALEMBERT à SANCHES
- SOURCE : autogr., d.s., « au Louvre », 1 p.
- LOCALISATION DU MS. : Wien ÖNB, Ms. 12713, f. 575
- INCIPIT : « Recevez tous mes remerciements de l'ouvrage que vous... »

CONTENU : Le remercie de l'ouvrage qui l'a tranquillisé sur la crainte qu'il avait d'avoir la pierre. Souffre moins grâce à Barthez et à son régime. Vœux.

82.60 | **18 novembre 1782.** D'Alembert à Melanderhjelm
- Source : autogr., d.s., « à Paris », 1 p.
- Localisation du ms. : Uppsala UB, G 172, f. 157
- Édition : Henry 1885/1886, p. 84
- Incipit : « Je suis malade et souffrant, toujours de ma vessie... »

Contenu : Profite d'un moment de mieux pour lui faire rép. Avait été mal informé que l'Acad. des belles-lettres de Suède s'était dissoute et n'avait donc pas mentionné ce titre dans son dernier ouvrage. Lui demande de faire ses excuses à la Société.

82.61 | **lundi 9 [décembre 1782].** D'Alembert à Panckoucke
- Source : cat. vente Charavay-Castaing 739, décembre 1970, n° 33992 : autogr., s., daté « lundi 9 », 1 p.
- Remarque : entre l'automne 1778 et mai 1783, Panckoucke s'occupe de rassembler la correspondance de Volt. pour l'éd. de Kehl. Les mois possibles pour un « lundi 9 » étant novembre 1778, août 1779, octobre 1780, avril et juillet 1781, septembre et décembre 1782, nous plaçons la l. le plus tard possible, étant donné qu'il s'agit d'un renvoi de l. et que D'Al. promet à Rochefort fin 1781 (81.55) que Panckoucke lui renverra ses lettres. La date reste hypothétique
- Extrait : « M. de Saint Lambert se plaint amèrement, monsieur, de ce que vous ne voulez pas lui rendre ses lettres à M. de Voltaire : il m'en paraît si blessé, que je vous conseille et vous prie même, de vouloir bien lui écrire sans délai un mot de réponse à ce sujet qui puisse le satisfaire et le calmer... »

Contenu : Il faut rendre à Saint-Lambert les originaux de ses l. à Volt.

82.62 | **13 décembre [1782].** D'Alembert à de Catt
- Source : autogr., « ce 13 décembre », 3 p.
- Localisation du ms. : Berlin-Dahlem GSA, BPH Rep. 47 FII, f. 8-9
- Incipit : « Il y a longtemps, mon cher ami, que je vous dois une... »

Contenu : A souffert de la vessie en novembre, profite d'un répit pour écrire. L'Europe en crise, invasion projetée de la Turquie. Remettre une l. à Fréd. II. Reposer ses yeux. A parlé au baron [de Goltz]. Compliments à Raynal. A reçu Knecht que de Catt lui a envoyé.

82.63 | **13 décembre 1782.** D'Alembert à Frédéric II
- Source : impr., « Paris », P.-S.
- Édition : Preuss XXV, n° 263, p. 243-246
- Incipit : « J'ai prié M. le baron de Goltz de faire à Votre Majesté... »

Contenu : A transmis ses excuses par Goltz pour sa réponse tardive, due à ses maux de vessie. Sa mém. est défaillante. Le marquis d'Esterno. Siège de Gibraltar, paix prochaine. La déclaration de Fréd. II au clergé catholique de Silésie est un modèle de tolérance. Requête cléricale contre la nouvelle éd. des œuvres de Volt. Ouvrage de l'abbé Raynal. Banqueroute scandaleuse de Rohan-Guémené. Vœux. P.-S. Lettre de Villars et prospectus d'un journal imprimé à Neuchâtel.

82.64 | **22 décembre 1782.** AMELOT DE CHAILLOU à D'ALEMBERT
- SOURCE : autogr., d.s., adr., 1 p.
- LOCALISATION DU MS. : Genève, coll. J.-D. Candaux
- INCIPIT : « Le roi, monsieur, a bien voulu vous accorder... »

CONTENU : Le roi lui donne une pension de 1200 lt à compter du 1er janvier, pour trouver un logement près de l'Acad. fr. plus commode que celui qu'il occupe au Louvre. D'Al. doit expédier brevets et extrait baptistaire pour l'obtenir.

82.65 | **30 décembre 1782.** FRÉDÉRIC II à D'ALEMBERT
- SOURCE : impr.
- ÉDITION : Preuss XXV, n° 264, p. 246-248
- INCIPIT : « Vous me faites un grand plaisir de m'apprendre... »

CONTENU : Compassion pour Anaxagoras. Paix imminente en Espagne, Orient menacé d'une nouvelle guerre. Raynal. Tolérance. Que Villars imprime ce qu'il veut à Neuchâtel. Publication des œuvres de Volt. Vœux de bonne année.

1783

83.01 | **1er janvier 1783.** D'ALEMBERT à un correspondant non identifié
- SOURCE : cat. vente Blaizot 302, 1952, n° 1744 : autogr., d.s., « à Paris », 1 p.
- INCIPIT : inconnu

CONTENU : [Inconnu].

83.02 | **3 janvier 1783.** D'ALEMBERT à [Quentin DE LA TOUR]
- SOURCE : autogr., d.s., 1 p.
- LOCALISATION DU MS. : Laon BM, 16 CA 34
- ÉDITION : *DHS* 16, 1984, p. 106-107 qui n'identifie pas le destinataire
- REMARQUE : une pièce jointe à la l., vraisemblablement de la main de Quentin de La Tour, précise que cette l. de D'Al. a été écrite « à l'occasion de l'inscription à mettre sur la porte de l'Ecole Royale de Dessin » [fondée par La Tour à Saint-Quentin en 1782]
- INCIPIT : « N'ayant reçu que lundi 30 au soir votre lettre du 29... »

CONTENU : L'Acad. [fr.] pense que l'on peut « dès à présent » orthographier dessin (figure) sans « e », mais ne blâme pas ceux qui l'écrivent encore dessein.

83.03 | **5 janvier 1783.** D'ALEMBERT à [GUÉRIN DE VENCE]
- SOURCE : autogr., d.s., « à Paris », adr. qui n'est pas de la main de D'Alembert, 1 p.
- LOCALISATION DU MS. : Paris BnF, NAFr. 22199, f. 2
- ÉDITION : Henry 1885/1886, p. 110-111
- REMARQUE : la *Revue des sociétés savantes*, 1875, II, p. 281 mentionne cette lettre mais avec la date erronée du 5 janvier 1773
- INCIPIT : « Je suis malade et souffrant, urinant le sang très souvent... »

CONTENU : Ne peut écrire à cause de ses douleurs. Des raisons personnelles l'empêchent de faire la double sollicitation demandée.

83.04 | **12 janvier 1783.** D'ALEMBERT à DECROIX
- SOURCE : cat. vente Charavay 71, juin 1855, n° 6532 : autogr., d.s., cachet, 1 p.
- INCIPIT : inconnu

CONTENU : Indication de pièces de vers qu'il a reconnu être de Volt.

83.05 | **18 janvier 1783.** Mme d'EPINAY à D'ALEMBERT
- SOURCE : copie, d.s. « D'esclavelles d'Epinay », 2 p.
- LOCALISATION DU MS. : Genève BGE, Archives Tronchin, 179, f. 35
- ÉDITION : *Corr. litt.*, XIII, p. 263-264. *Reg. Acad. fr.*, t. III, p. 522
- INCIPIT : « L'Académie française vient de donner, monsieur, une grande preuve de son indulgence... »

CONTENU : Remerciement pour le prix de l'Acad. fr. [legs de Valbelle] attribué aux *Conversations d'Emilie*. Elle a le bonheur de passer par lui et [Saint-Lambert].

83.06 | **19 janvier 1783.** D'Alembert à Mme d'Epinay
- SOURCE : copie, d.s., « au Louvre », 1 p.
- LOCALISATION DU MS. : Genève BGE, Archives Tronchin 179, f. 36
- ÉDITION : *Corr. litt.*, XIII, p. 264. *Reg. Acad. fr.*, t. III, p. 522
- INCIPIT : « L'Académie me charge, madame, d'avoir l'honneur de... »

CONTENU : Rép. au remerciement pour le prix de l'Acad. fr. Encouragements à persévérer.

83.07 | **21 janvier 1783.** Caraccioli à D'Alembert
- SOURCE : impr., « Palerme »
- ÉDITION : Pougens 1799, p. 400-403
- INCIPIT : « Je suis plus satisfait de vous, mon cher D'Alembert... »

CONTENU : Satisfait des bonnes nouvelles de santé. Lagrange n'a pas de raison de le croire froissé, voulait l'attirer à Naples qui a le meilleur climat de la terre. A reçu des l. de Mme d'Houdetot, de Marmontel et de Saint-Lambert. Délabrement de la littérature, naturalistes phrasiers dans la nouvelle *Enc.*, Buffon. Lui envoie la l. qu'il a écrite pour Lagrange, à lui transmettre.

83.08 | **30 janvier 1783.** Amelot de Chaillou à D'Alembert
- SOURCE : minute, d., 1 p.
- LOCALISATION DU MS. : Paris AN, O1 494, p. 48
- INCIPIT : « Vous trouverez ci-joint, monsieur, le nouveau brevet... »

CONTENU : Nouveau brevet de toutes les grâces sur le trésor royal, avec la pension de 1 200 lt attribuée le 22 décembre.

83.09 | **2 février 1783.** D'Alembert à Delandine
- SOURCE : cat. vente « collection historique Jean Paul Barbier-Mueller », 16 décembre 2008 (Benoît Forgeot expert), n° 11 : autogr., d.s., « Au Louvre », 3 p.
- ÉDITION : *Journal de la langue française*, 1er octobre 1784, p. 74-76, où elle est non datée. *RDE* 21, octobre 1996, p. 185-187
- INCIPIT : « L'Académie française, à qui j'ai fait part de votre lettre... »

CONTENU : A fait part de sa l. à l'Acad. fr. qui ne donne pas de rép. dans les journaux : la syntaxe autorise l'imparfait dans le second membre, mais il peut être mieux d'employer le présent lorsque le premier membre est une assertion absolue. Dans le cas proposé, imparfait. Remerciements et éloges.

83.10 | **10 février 1783.** Rapedius de Berg à D'Alembert
- SOURCE : minute, d., « Lettre à M. d'Alembert [...] en lui adressant la note précédente », 1 p.
- LOCALISATION DU MS. : Bruxelles ARB, dossier 417
- REMARQUE : La note mentionnée est également transcrite dans le même dossier 417 et renvoie au prix de l'Acad. fr.
- INCIPIT : « Deux motifs différents me déterminent à vous présenter... »

CONTENU : Lui envoie mém. [sur le droit romain pour le prix d'utilité] et note. Lui demande une rép.

83.11 | **14 février [1783].** D'ALEMBERT à de CATT
- SOURCE : autogr., « ce 14 février », 1 p.
- LOCALISATION DU MS. : Berlin-Dahlem GSA, BPH Rep. 47 FII, f. 10
- INCIPIT : « Ma santé, mon cher ami, continue toujours à être bien... »

CONTENU : Santé, a reçu son ami Knecht. Le baron [de Goltz]. Lettre pour Fréd. II. Santé du prince [Henri] de Prusse.

83.12 | **14 février 1783.** D'ALEMBERT à MELANDERHJELM
- SOURCE : autogr., d.s., « à Paris », 1 p.
- LOCALISATION DU MS. : Uppsala UB, G 172, f. 161
- ÉDITION : Henry 1885/1886, p. 84-85
- INCIPIT : « Recevez tous mes remerciements de l'ouvrage... »

CONTENU : Remerciements pour l'ouvrage reçu par Rosenstein qui lui a traduit le passage concernant D'Al. Le voit souvent. Ses souffrances.

83.13 | **14 février 1783.** D'ALEMBERT à PREVOST
- SOURCE : autogr., d.s., « au Louvre », adr. « à Berlin », cachet rouge, 1 p.
- LOCALISATION DU MS. : Genève BGE, Ms. Suppl. 1048, f. 2-3
- INCIPIT : « Je n'ai reçu que depuis très peu de jours... »

CONTENU : A reçu depuis peu de jours son ouvrage, n'a pu lire que la vie d'Euripide et les notes, voudrait savoir assez de grec pour comparer sa traduction au texte original.

83.14 | **16 février 1783.** D'ALEMBERT à FRÉDÉRIC II
- SOURCE : cat. vente Charavay, 23 mai 1885 : autogr., d.s., « Paris », 4 p.
- ÉDITION : Preuss XXV, n° 265, p. 248-250
- INCIPIT : « Ma santé n'est depuis plus de trois mois... »

CONTENU : Violents maux de vessie depuis trois mois. Paix avec l'Angleterre. L'ambassadeur d'Espagne fait interdire une tragédie sur la mort de don Carlos au Théâtre français. Menace de troubles en Turquie. Nouvelle éd. des œuvres de Volt. Droit divin, prêtres, *Système de la nature*. Nouvelle traduction d'Euripide par [Prevost], un membre de l'Acad. de Berlin.

83.15 | **21 février 1783.** D'ALEMBERT à RAPEDIUS DE BERG
- SOURCE : impr.
- ÉDITION : *Bulletin du bibliophile belge*, Bruxelles, 1852, IX, p. 338-339
- INCIPIT : « J'ai communiqué à l'Académie française le savant ouvrage... »

CONTENU : En rép. à l'envoi de son ouvrage, programme du prix pour janvier 1784. Prix de l'Acad. fr. attribué en [janvier 1783] aux *Conversations d'Emilie* de Mme d'Epinay. Le prix exclut les ouvrages de jurisprudence locale, comme celui de Rapedius de Berg.

ANNÉE 1783

83.16 | **23 février 1783.** D'Alembert à Frisi
- Source : autogr., d.s., « à Paris », adr., cachet, 1 p.
- Localisation du ms. : Milano Ambrosiana, Y 153 sup. f. 509
- Édition : Rutschmann 1977, p. 55. Pappas 1987, p. 168
- Incipit : « Ma santé est une alternative continuelle de douleurs... »

Contenu : Doit faire trois vol. d'Eloges, deux de Mélanges littéraires, deux de traductions, principalement Tacite et même un de mathématiques, mais ne peut travailler. Boscovich restera en Italie malgré la pension française.

83.17 | **12 mars 1783.** Rapedius de Berg à D'Alembert
- Source : brouillon raturé, d., « Lettre à M. d'Alembert », P.-S., 2 p.
- Localisation du ms. : Bruxelles ARB, dossier 417
- Incipit : « La lettre obligeante dont vous m'avez honoré... »

Contenu : Le remercie de sa rép., se sent encouragé, envoie un « Rapport à Messieurs de l'Académie française » pour le prix de 1784. Lui envoie 12 exemplaires de son ouvrage sur le droit romain avec recommandations d'envoi. P.-S. En envoyer un au *Mercure*. Lui envoie également son mém. sur l'épizootie et sa *Lettre à M. Linguet*.

83.18 | **25 mars [1783].** Joseph II à D'Alembert
- Source : impr.
- Édition : Ernst Bernedikt, *Kaiser Joseph II. 1741-1790. Mit Benützung ungedruckter Quellen*, Wien, Gerold, 1936, p. 258
- Incipit : « Monsieur d'Alembert, ma surprise fut grande... »

Contenu : Surpris à la réception de la l. de D'Al. lui demandant son portrait pour l'Acad. fr. Pensait que la précédente demande de D'Al. était une politesse. [L'édit de tolérance, 13 octobre 1781] qu'il vient de promulguer sera à juger sur ses effets.

83.19 | **1er avril 1783.** D'Alembert à [Rapedius de Berg]
- Source : cat. vente Théodore Tausky, liste 22, janvier 1956, n° 2 : autogr., d.s., « Au Louvre », 1 p.
- Extrait : « ... Je n'ai reçu qu'hier le paquet que vous m'avez fait l'honneur de m'envoyer... »

Contenu : A reçu le paquet envoyé [par Rapedius de Berg] de son mém. pour l'Acad. fr. Les a distribués aux douze plus anciens académiciens présents à la dernière assemblée, qui les prêteront aux autres. Le mém. ms. sera examiné pour le prix. Inutile de l'envoyer aux journaux de Paris.

83.20 | **5 avril 1783.** D'Alembert à Frédéric II
- Source : impr., « Paris »
- Édition : Preuss XXV, n° 266, p. 251
- Incipit : « Cette lettre sera présentée à Votre Majesté par un jeune... »

CONTENU : L. d'introduction pour [Seran], fils du gouverneur du duc d'Angoulême. Répondra à sa l. du 23 mars quand il souffrira moins.

83.21 | **[6 avril 1783].** D'ALEMBERT à BUFFEVENT
- SOURCE : autogr., s., 2 p.
- LOCALISATION DU MS. : Genève, coll. J.-D. Candaux
- REMARQUE : Buffevent est sous-gouverneur du duc d'Angoulême, la l. du 5 avril lui est donc destinée. Voir l. du 18 mai de Fréd. II
- INCIPIT : « J'ai l'honneur d'envoyer à monsieur le chevalier de Buffevent la lettre qu'il m'a demandée hier... »

CONTENU : Recommandation à Fréd. II pour un jeune homme dont il ne sait plus s'il se nomme « Séran ou Sabran ». Ne peut la recommencer dans ses souffrances. Lui demande de transmettre au roi des nouvelles de sa santé.

83.22 | **24 avril 1783.** D'ALEMBERT à un correspondant non identifié
- SOURCE : cat. vente Paris, Drouot, 28-29 novembre 1996 (T. Bodin expert), n° 1 : autogr., d.s., « au Louvre », 1 p.
- ÉDITION : *Bulletin de la société du vieux papier*, 1900, p. 93
- INCIPIT : « L'Académie, qui a vaqué pendant huit jours, n'est rentrée qu'hier... »

CONTENU : A fait part à l'Acad. [fr.] de son discours. « Femme Menthe », prix de vertu attribué en juin. L'informera du résultat

83.23 | **26 [avril 1783].** D'ALEMBERT à TRESSAN
- SOURCE : autogr., s., « ce 26 », cachet rouge, 1 p.
- LOCALISATION DU MS. : Genève, coll. J.-D. Candaux
- ÉDITION : Henry 1885/1886, p. 16
- REMARQUE : Tressan et lui se voient à presque toutes les séances de l'Acad. fr. jusqu'au 30 août, puis sont absents jusqu'à leur mort. La fin avril semble le dernier moment où D'Al. a encore écrit de sa main.
- INCIPIT : « Je suis, mon cher confrère, dans un état de souffrance... »

CONTENU : Ne peut se déplacer et faire ce que Tressan désire. Est au café des Tuileries depuis neuf jusqu'à deux heures et souvent dans la soirée. Laconisme. « Tuus ».

83.24 | **28 avril [1783].** D'ALEMBERT à de CATT
- SOURCE : autogr., « ce 28 avril », 2 p.
- LOCALISATION DU MS. : Berlin-Dahlem GSA, BPH Rep.47 FII, f. 11
- INCIPIT : « Je suis un peu mieux, mon cher ami, au moins... »

CONTENU : Son mal est périodique, craint la rechute, ne peut guère écrire, si ce n'est à Fréd. II. Timidité chez le baron [de Goltz]. Tranquillité d'âme chez de Catt. Demande la traduction de Moulines dont lui parle Fréd. II.

83.25 | **28 avril 1783.** D'Alembert à Frédéric II
- source : impr., « Paris »
- édition : Preuss XXV, n° 267, p. 251-253
- incipit : « Je suis presque honteux d'entretenir sans cesse... »

contenu : Son malheureux état de santé. Visites du chevalier de Gaussens, secrétaire d'ambassade, à son arrivée à Paris. Mém. lu par Hertzberg à l'Acad. de Berlin. Paix conclue. Nouvelle éd. de Volt. faite à Kehl. L'*Histoire de la Bastille* de Linguet, l'ouvrage sur les lettres de cachet. Joseph II. Traductions d'Euripide par Prevost et de l'*Histoire Auguste* par Moulines. Son mal n'est pas la pierre.

83.26 | **18 mai 1783.** Frédéric II à D'Alembert
- source : impr.
- édition : Preuss XXV, n° 268, p. 254
- incipit : « M. de Séran m'a remis votre lettre dans un temps où j'étais trop occupé... »

contenu : La l. remise à Séran est bien arrivée. Mauvaises nouvelles de la santé de D'Al., les hémorragies peuvent se guérir, lui enverra des recettes.

83.27 | **26 mai 1783.** Chavannes de La Giraudiere à D'Alembert
- source : autogr., d.s., « Amsterdam », 1 p.
- localisation du ms. : Paris Institut, Ms. 2466, f. 52
- incipit : « Ne m'accusez pas de la plus légère négligence... »

contenu : A eu beaucoup de mal à se procurer la *Gazette littéraire de l'Europe* qui a publié à [Amsterdam] en septembre, des « assertions indignes ». Lui en envoie un extrait copié fidèlement, lui demande l'autorisation d'envoyer une note dans le *Courrier de l'Europe* en sommant l'éditeur des *Confessions* de J.-J. Rousseau d'y répondre. Ne peut laisser la réputation de D'Al. outragée.

83.28 | **1er juin 1783.** [Caraccioli] à D'Alembert
- source : autogr., d. « Palerme », 1 p.
- localisation du ms. : Paris Institut, Ms. 2466, f. 29
- édition : Henry 1885/1886, p. 109
- incipit : « J'avais résolu de ne pas vous troubler un seul instant... »

contenu : Exprime son affliction de le savoir malade, rép. à sa l., lui demande de ne pas prendre la peine de lui écrire pendant sa maladie, aura des nouvelles par les amis. Ne négliger ni remède ni la résignation. Adieu.

83.29 | **3 juin 1783.** Grosley à D'Alembert
- source : autogr., d.s., « Troyes », cachet rouge, adr., 2 p.
- localisation du ms. : Troyes BM, Ms. 2977, n° 980
- édition : Babeau 1878, p. 194-196
- incipit : « Vous m'avez demandé, monsieur, ce que je pourrais... »

CONTENU : Rép. à la question de D'Al. sur Granier expulsé de l'Acad. fr. par Richelieu en 1636 : Malherbe, Ménage ; bibliothèque de Coislin, Colomiez, Mariana, Mlle de Lafayette, Louis XIII, P. Joseph, Pélisson. Explication des trois boules noires. Dusaulx. Santé de D'Al. meilleure.

83.30 | **7 juillet 1783.** D'Alembert à Frédéric II
- SOURCE : impr., « Paris »
- ÉDITION : Preuss XXV, n° 269, p. 254-255
- INCIPIT : « Je supplie très humblement Votre Majesté de me permettre... »

CONTENU : Lui écrit « par une main étrangère ». Son état languissant, ses nouveaux remèdes. Gratitude de la famille de Séran. Invasion de la Crimée par la Russie.

83.31 | **13 juillet 1783.** D'Alembert à Frédéric II
- SOURCE : impr. « au Louvre »
- ÉDITION : Preuss XXV, n° 270, p. 255
- INCIPIT : « M. le baron d'Escherny, conseiller d'Etat de Votre... »

CONTENU : Le baron d'Escherny, conseiller d'Etat à Neuchâtel, ancien ami de [Keith] et auteur des *Lacunes de la philosophie*, ouvrage qu'il lui avait envoyé « sans se faire connaître ». Lui donnera des nouvelles de sa santé.

83.32 | **22 juillet 1783.** Frédéric II à D'Alembert
- SOURCE : impr.
- ÉDITION : Preuss XXV, n° 271, p. 256-257
- INCIPIT : « Il est très fâcheux de se trouver assujetti à la férule des médecins... »

CONTENU : Le médecin de D'Al. est un charlatan, la gravelle et les hémorroïdes n'ont rien en commun. D'Al. aurait été guéri en trois mois à Berlin. Nouveaux troubles en Orient. Exemples d'abdication chez les souverains.

83.33 | **25 juillet [1783].** D'Alembert à Franklin
- SOURCE : original, s., adr. « ministre plenipotentiaire des Etats-unis de l'Amerique à Passy », 1 p.
- LOCALISATION DU MS. : Dartmouth College
- ÉDITION : http://franklinpapers.org
- INCIPIT : « M. D'Alembert a l'honneur d'assurer son illustre et... »

CONTENU : Remerciements pour le « beau présent ».

83.34 | **2 août 1783.** Caraccioli à D'Alembert
- SOURCE : autogr., d., « Palerme », 3 p.
- LOCALISATION DU MS. : London BL, Egerton 18, f. 33
- INCIPIT : « Vous ne direz pas que je suis égoïste, mon cher ami... »

CONTENU : Demande des nouvelles de sa santé directement, en a eu par le duc de La Rochefoucauld. Certitude que D'Al. n'a pas la pierre et n'est pas débarrassé de son ancienne mélancolie. Ses propres tourments. Musique italienne. Neuf chapitres du *Cronicon Siculum* envoyés. Vœux de santé.

83.35 | **6 août 1783.** D'ALEMBERT à SALUZZO
- SOURCE : original, de la main d'un secrétaire, d.s., « au Louvre », 1 p.
- LOCALISATION DU MS. : Torino, Archivio de l'Accademia delle scienze, n° 32094
- ÉDITION : *Bibliotheca mathematica. Documenti per la storia delle Matematica nelle Biblioteche Torinesi*, a cura di Livia Giacardi e Clara Silvia Roero, Torino, 1987, p. 128
- INCIPIT : « L'état de souffrance où je suis depuis longtemps... »

CONTENU : La souffrance ne lui permet pas d'écrire de sa main, respects au roi et à l'Acad.

83.36 | **23 août 1783.** LA MOTTE à D'ALEMBERT
- SOURCE : autogr., d.s., « Stoutgart », 3 p.
- LOCALISATION DU MS. : Paris Institut, Ms. 2466, f. 121-122
- INCIPIT : « Mrs de Poltoratzky, russes, qui ont eu l'honneur de vous présenter leurs respects en vous remettant une lettre de ma part... »

CONTENU : Navré d'apprendre par les Poltoratzky le mauvais état de la santé de D'Al. Extrait du compte rendu d'un journaliste allemand de sa trad. des *Eloges* de D'Al. dans le *Catalogue raisonné de Leipsic*, trad. française de la *Découverte de l'Amérique* par Campe.

83.37 | **19 septembre 1783.** LEFÈVRE à D'ALEMBERT
- SOURCE : autogr., d.s., « Paris », 4 p.
- LOCALISATION DU MS. : Paris Institut, Ms. 2466, f. 126-127
- INCIPIT : « Quoique je n'aie l'honneur de vous connaître que par... »

CONTENU : Voudrait concourir pour le prix de l'Acad. fr. et lui demande le sujet. Tenté par la gloire littéraire, penchant pour la poésie. N'a pas quatre lustres [vingt ans].

83.38 | **27 septembre 1783.** D'ALEMBERT à LAGRANGE
- SOURCE : original, de la main d'un secrétaire, d., « à Paris », adr., cachet rouge, note autogr. de Lagrange « Il est mort le 29 8bre 1783... », 3 p.
- LOCALISATION DU MS. : Paris Institut, Ms. 915, f. 180-181
- ÉDITION : Lalanne 1882, XIII, p. 377
- INCIPIT : « Mon cher et illustre ami, je suis si faible que je n'ai pas la force d'écrire, et à peine de dicter quelques mots. »

CONTENU : N'a pas la force d'écrire. Touché par le malheur de Lagrange. A reçu son « beau mémoire ». Adieu pour la dernière fois. Excuses à Bitaubé. « Tuus ».

83.39 | **30 septembre 1783.** Frédéric II à D'Alembert
- Source : impr.
- Édition : Preuss XXV, n° 272, p. 257-258
- Incipit : « Le baron d'Escherny, que je ne connais point... »

Contenu : Réception de sa l. confiée au baron d'Escherny. *Lacunes de la philosophie*. N'a pas l'intention de donner des leçons à « son cher d'Alembert ». Philippe de Macédoine et Socrate.

83.40 | **7 octobre 1783.** Escherny à D'Alembert
- Source : cat. vente « Lettres autographes sur le XVIIIe siècle » (Etienne Charavay expert), 11 avril 1876, n° 35 : autogr., d.s., « Berlin », 3 p.
- Incipit : inconnu

Contenu : Détails fort curieux sur la cour de Fréd. II.

Lettres non datables à l'année près
dans l'ordre alphabétique des correspondants

00.01 | **24 novembre [?].** D'Alembert à Baculard d'Arnaud
• source : cat. vente d'une coll. provenant du Dr. Michelin et de M. Grün (E. Charavay expert), Paris, 12-13 juin 1868, n° 20 : autogr., « Paris 24 novembre », s., 1p.
• incipit : inconnu
contenu : [Inconnu]

00.02 | **mardi 22 [1768-1771].** D'Alembert à l'abbé Boudot
• source : cat. vente n° 136 Ifan Kyrle Fletcher, London [février 1950], n° 1 et bulletin n° 88 Théodore Tauski, automne 1967, n° 1 : autogr., « ce mardi 22 », s. autogr., 1 p.
• édition : Pappas 1986, n° 1991, d'après la transcription faite par Mlle Rezler, sur la l. communiquée par la maison Charavay (Bulletin supplémentaire n° 8-1953)
• remarque : d'après Mlle Rezler, la l. est de la main d'un secrétaire. D'Al. s'est servi d'un secrétaire la première moitié de l'année 1767 qui n'a pas de mardi 22, fin 1768, en 1769 et en 1771
• incipit : « Mille remerciements et compliments à M. l'abbé Boudot... »
contenu : Il faut lui déterrer un exemplaire « de ces deux pièces et surtout du factum » [dans la bibliothèque du roi à laquelle Boudot, mort le 6 septembre 1771, est attaché].

00.03 | **7 juillet [1758-1766].** Keith à D'Alembert
• source : cat. vente « Lettres autographes sur le xviiie siècle » (Etienne Charavay expert), 11 avril 1876, n° 41 et cat. vente Drouot (E. Charavay expert), 25 avril 1890, n° 82/1° : s., « 7 juillet », 1 p.
• remarque : probablement entre 1758 et 1766, date de leur commerce épistolaire connu
contenu : D'Al. n'a pas fait l'objet de tracasseries auprès de lui, « ce serait même très difficile par la haute estime et la véritable amitié que j'ai pour vous ». Escherny l'a desservi auprès de D'Al., en ayant « eu l'adresse d'unir vous et Jean-Jacques de se plaindre de moi ».

00.04 | **[1772-1783].** Un correspondant non identifié « L. L » à [D'Alembert]
• source : autogr., signée « L. L. », adr. au « Secrétaire de l'Académie de Paris », « à Paris », vient de Pau
• localisation du ms. : Paris Institut, Ms. 2466, f. 232

- REMARQUE : le Ms. 2466, à quelques exceptions près, ne contient que des lettres adressées à D'Al.
- INCIPIT : « Vous êtes prié d'avoir la bonté de remettre cette pièce... »

CONTENU : Demande de remettre une pièce à « messieurs de notre Académie » malgré le retard de l'envoi.

00.05 | **[1777-1783].** Lacretelle à D'Alembert
- SOURCE : autogr., s., P.-S., adr., 2 p.
- LOCALISATION DU MS. : Paris Bibliothèque Mazarine, Ms. 4551, Liasse II, pièce 8
- REMARQUE : ce n'est pas parce que cette l. parle de la *Destruction des jésuites* qu'elle est de 1765. Adressée au « secraitaire de l'academie francoise au Louvre », elle est donc postérieure à 1776. Lacretelle écrit le 12 novembre [1783] (cat. vente N. Charavay octobre 1979, n° 38365) qu'il a passé ses soirées chez D'Al., « proche de la mort » et cette l. peut donc dater de c. 1780
- INCIPIT : « Je vous renvoie la *Destruction des jésuites* que j'ai lue avec tout l'intérêt... »

CONTENU : Renvoie la *Destruction des jésuites*. Extravagance des jansénistes. *Provinciales*. Compliments. P.-S. Le prie de remettre les deux billets promis au porteur.

00.06 | **mardi 26 [1761-1781].** D'Alembert à Monsieur Lebrun
- SOURCE : autogr., « ce mardi 26 », s., adr. « a côté de M. deschamps, perruquier rue de Condé », cachet rouge, 2 p.
- LOCALISATION DU MS. : Genève, coll. J.-D. Candaux
- REMARQUE : après décembre 1760, puisqu'il fait allusion à son confrère Watelet ; le dernier mardi 26 possible est en 1781 ; l'adresse « rue de Condé » n'est pas celle de Lebrun-Pindare
- INCIPIT : « Quoique j'aime la peinture et les arts en général... »

CONTENU : N'est pas assez connaisseur en beaux-arts pour conseiller l'ami de son correspondant dans l'acquisition d'un des paysages actuellement exposés. N'a pu rester pour cause de mauvais temps. Watelet est à la campagne.

00.07 | **[1772-1782].** Le prince de Ligne à D'Alembert
- SOURCE : impr.
- ÉDITION : *Annales du prince De Ligne*, Bruxelles-Paris 1928, t. ix, p. 271-276
- REMARQUE : Mme Helvétius tint salon à Auteuil après la mort de son mari en 1771
- INCIPIT : « L'ami d'Anaxagoras ainsi que vous appelle le roi par excellence... »

CONTENU : La lettre que D'Al. a lue la veille au jardin d'Auteuil. Sur les républiques : Venise, Suisse, Amsterdam. Diderot. Anecdotes.

00.08 | **22 [? 1774-1778].** D'ALEMBERT au [marquis de MESNILGLAISE]
- SOURCE : autogr., s., « Ce vendredi 22 », 1 p.
- LOCALISATION DU MS. : London BL, Egerton, 15, f. 61
- REMARQUE : D'Al. a lu son éloge de Bossuet à l'Acad. fr. le 15 mai 1775. Les vendredi 22 précédents tombent en avril et juillet 1774. Mais D'Al. a manifestement retravaillé cet éloge jusqu'à la publication en 1779
- INCIPIT : « M. Saurin n'a aucune lettre de Bossuet. M. le comte de Bissy va écrire... »

CONTENU : Saurin n'a pas de l. de Bossuet. Le comte de Bissy en cherche en Bourgogne dans les papiers de son oncle, on les lui remettra. Mille amitiés à « la grosse bête » [l'abbé Canaye, oncle de la marquise de Mesnilglaise].

00.09 | **[?].** [Jean-Nicolas ?] MOREAU à D'ALEMBERT
- SOURCE : cat. vente « Lettres autographes sur le XVIIIe siècle » (Etienne Charavay expert), 11 avril 1876, n° 52 : autogr., s., 2 p.
- REMARQUE : pourrait être de l'auteur des *Mémoires sur les cacouacs* (1757) et de nombreux autres ouvrages anti-philosophiques jusqu'à sa mort, mais Moreau est un nom très commun
- INCIPIT : inconnu

CONTENU : Calomnies débitées contre lui.

00.10 | **[?].** D'ALEMBERT à PALISSOT
- SOURCE : cat. vente Charavay 32, septembre 1849, n° 1986 : autogr., s., 1 p.
- INCIPIT : inconnu

CONTENU : [Inconnu].

00.11 | **[1771-1782].** D'ALEMBERT à PANCKOUCKE
- SOURCE : cat. vente Noël Charavay 552, janvier 1923, n° 96177 : autogr., 1 p.
- REMARQUE : si le « gâteau » désigne le *Supplément* à l'*Enc.*, la l. est postérieure à mi-1771. Il peut également s'agir de l'éd. de Kehl ou de l'*Enc.* méthodique : voir les l. qui font état des relations de D'Al. avec Panckoucke en 1780-1781
- INCIPIT : inconnu

CONTENU : Il approuve la lettre de Panckoucke mais il lui déconseille de donner de l'argent, car il ne pourrait distribuer du gâteau à tout le monde.

00.12 | **28 septembre [1765-1770].** D'ALEMBERT à SANCHES
- SOURCE : autogr. « ce 28 septembre », s., note « Rép. ce 13 octobre », 1 p.
- LOCALISATION DU MS. : Wien ÖNB, Ms. 12714, f. 3
- REMARQUE : la l. date d'une époque où Chamfort est un « jeune homme de beaucoup de mérite »
- INCIPIT : « Mon cher et ancien ami (quoique nous ne voyions guère... »

CONTENU : L. de recommandation pour Chamfort [1741-1794]. Demande le même remède que pour son confrère Saurin. Le porteur de la l. lui transmettra ses amitiés.

00.13 | **1ᵉʳ mars [1774-1783].** D'ALEMBERT à STOUPE
- SOURCE : cat. vente Drouot 30 mai 1882 (Etienne Charavay expert), n° 152 : autogr., s., « Paris 1ᵉʳ mars », cachet, 1 p.
- REMARQUE : Stoupe est reçu libraire en avril 1772 et imprimeur en août 1773. Il succède à Le Breton en mai 1773 après avoir été son prote.
- INCIPIT : inconnu

CONTENU : [Inconnu]

00.14 | **[1777-1782].** D'ALEMBERT à Mme SUARD
- SOURCE : impr.
- ÉDITION : *Essais de Mémoires sur M. Suard*, Paris, P. Didot l'aîné, 1820, p. 145-146
- REMARQUE : D'Al. habite au Louvre après 1776
- INCIPIT : « Mme Suard ne vint point il y a huit jours au Louvre… »

CONTENU : Deux fois de suite Amélie Suard n'est pas venu le voir au Louvre, il l'invite à venir ce soir « prendre sa place parmi les docteurs ».

00.15 | **[1753-1759].** D'ALEMBERT au baron de TOUNE
- SOURCE : autogr, s., 1 p.
- LOCALISATION DU MS. : Den Haag RPB, G16 131/1
- REMARQUE : à la date de la l., plusieurs vol. de l'*Enc.* ont paru et Maupertuis est encore vivant
- INCIPIT : « J'ai l'honneur d'assurer monsieur le baron de Toune… »

CONTENU : Il n'a aucune connaissance de la souscription dont Thun lui a parlé. Algarotti doit demander à Maupertuis à qui il l'a remise et quels vol. il a retirés. Il pourra alors retirer les autres, même si la souscription est égarée.

LETTRES DIFFICILES À DATER
À DES DESTINATAIRES NON IDENTIFIÉS

00.16 | **22 avril [1775-1778].** D'ALEMBERT à un correspondant non identifié
- SOURCE : autogr., s., « à Paris », « 22 avril », 1 p.
- LOCALISATION DU MS. : Paris BnF, Ms. NAFr. 25261, f. 27-28
- REMARQUE : Gaillard est secrétaire général de la Librairie du 21 avril 1775 au 16 mars 1779
- INCIPIT : « je n'ai point perdu de temps, monsieur, pour parler à M. Gaillard »

CONTENU : Gaillard demandera des cartons, lui ne peut intercéder. « Je ne lis point les torches-cul périodiques dont vous me parlez. Tuus ex animo ».

00.17 | **31 janvier [?].** D'ALEMBERT à un correspondant non identifié
• SOURCE : cat. vente Gabriel Charavay 19, mai 1867, n° 3387 : autogr., s., « Paris 31 janvier », 1 p.
• INCIPIT : inconnu
CONTENU : [Inconnu].

00.18 | **vendredi 29 [1779-1782].** D'ALEMBERT à un correspondant non identifié
• SOURCE : autogr., s., « ce vendredi 29 », 1 p.
• LOCALISATION DU MS. : Paris BHVP, Ms. 3019, f. 216
• REMARQUE : Pougens né en 1755, est devenu proche de D'Al. dans les années 1780
• INCIPIT : « Vous pouvez, d'après le témoignage très favorable que... »
CONTENU : Son correspondant étant recommandé par le chevalier de Pougens, cela suffit pour qu'il s'intéresse à lui.

00.19 | **[?].** D'ALEMBERT à un correspondant non identifié
• SOURCE : cat. vente « Arts et Autographes », J.-E. Raux 18, n° 6094 : autogr., s., fac-similé, 1 p.
• INCIPIT : « Je vous suis très obligé, monsieur, du livre que je vous renvoie. »
CONTENU : L'auteur du livre qu'il lui renvoie « a rendu un service essentiel à la raison ». Ne sait si le fanatisme aura envie de crier. D'Al. pense que « fragili quærens illidere dentem, offendet solido » [Horace].

00.20 | **[?].** D'ALEMBERT à un correspondant non identifié
• SOURCE : autogr., « mercredi matin », 3 p.
• LOCALISATION DU MS. : New York Columbia, Rare Books Coll., D. E. Smith Box A
• ÉDITION : Pappas 1977, p. 234-235
• REMARQUE : Pappas la date de 1750 car il la pense destinée à Dumarsais, ce qui est peu probable, d'une part parce que l'*Essai sur les préjugés* est plutôt attribué à d'Holbach et compte 210 p., d'autre part parce que la l. semble plutôt adressée à un jeune confrère, auteur d'un ms. de 10 p. sur les préjugés (aucun écrit connu de Condorcet ne correspond à ce ms)
• INCIPIT : « Je vous renvoie mon cher et illustre confrère, votre écrit sur les préjugés que j'ai lu et relu avec un très grand plaisir. »
CONTENU : Le commencement et la fin très philosophiques. Lui propose de petites corrections de forme et de style sur les 10 p. du ms. « je vous embrasse de tout mon cœur ».

00.21 | **[1764-1769].** D'ALEMBERT à la marquise de ***
• SOURCE : autogr., 1 p.
• LOCALISATION DU MS. : Paris Institut, Ms. 2467, f. 281
• ÉDITION : Henry 1887a, p. 63

- REMARQUE : les six vers à Fréd. II sont probablement ceux que D'Al. écrivit après la guerre de Sept Ans (Ms. 2467, f. 282-283)
- INCIPIT : « Vous m'avez demandé votre portrait en prose et le voilà en vers... »

CONTENU : L. accompagnant un quatrain pour le portrait de la marquise [f. 280], il joint ses vers à Fréd. II et une épitaphe. Son rhume pourrait le mener « plus loin que Rome ».

APPENDICE : « LETTRES OSTENSIBLES »

Nous avons expliqué dans l'Introduction (section I) la nécessité, et la difficulté, de distinguer entre « lettres privées » et « lettres ostensibles », termes choisis par commodité et non pour leur pertinence. Cet Appendice regroupe les lettres jugées non épistolaires, certaines se retrouvant parfois dans les correspondances ou inventaires précédemment publiés, afin que le lecteur puisse en prendre connaissance parallèlement aux lettres dites « privées », et sache dans quel volume de la présente édition des *Œuvres complètes de D'Alembert* elles seront publiées.

Cet Appendice de « lettres ostensibles » est donc constitué de ce que nous ne pouvons définir autrement que comme des « textes autres que proprement épistolaires » identifiés, d'une façon ou d'une autre, comme des « Lettres », à savoir :

– « Lettres » publiées dans des périodiques sous un titre apparenté à « Lettre aux auteurs du journal... », « Réponse à... ». Les périodiques publient également des lettres qui ont déjà fait l'objet d'un commerce épistolaire authentique et la différence est parfois délicate à faire. C'est pourquoi certaines lettres publiées dans des périodiques figurent dans le corps même de l'Inventaire. Le texte des lettres de l'Inventaire proprement dit sera édité dans la partie Correspondance (série V) des *O.C. D'Al.*, les « lettres » de cet Appendice le seront dans la partie des *O.C. D'Al.* dont elles sont le plus proche, ainsi qu'il est précisé sous la rubrique « Destination ».
– Brochures ou ouvrages imprimés intitulé « Lettres » : tel est le cas de la fameuse *Lettre à D'Alembert sur les spectacles* de 1758, appelant la réponse intitulée *Lettre à M. Rousseau, citoyen de Genève* en 1759 ; de la *Lettre à M. D'Alembert sur ses opinions en musique* (J.-Ph. Rameau, publié en 1760), à laquelle D'Al. répond en 1761 ; ou encore de la *Lettre de M. d'Al*** à M. le marquis de C*** sur Mme Geoffrin* (Paris, 1777), mais aussi d'opuscules qui n'avaient pas encore été recensés, existant parfois en très peu d'exemplaires. Certains s'intitulent « Epître » plutôt que « Lettre ».
– Epîtres dédicatoires d'ouvrages de D'Alembert, comme d'ouvrages à lui adressés.
– Mémoires envoyés sous forme de lettres, parfois de façon volontairement ambiguë, comme les « lettres » à Lagrange publiées dans les *Mémoires de Turin* ou *HAB*, à la demande de D'Alembert.

Par ailleurs, qui dit commerce épistolaire authentique, suppose un destinataire et un expéditeur identifiable, ce qui n'est pas toujours le cas. C'est pourquoi cet Appendice contient également des lettres destinées à être lues par D'Alembert mais adressées formellement à d'autres, ainsi que des lettres lues par D'Alembert à l'Académie française, adressées à lui en tant que secrétaire perpétuel ou des lettres qu'il écrit explicitement comme secrétaire : « tous les académiciens étant compris dans la signature du secrétaire », ainsi que l'enregistrent les registres de l'Acad. fr., (III, p. 171), pour justifier que l'Académie autorise son secrétaire à signer, à la demande de Voltaire, le contrat de mariage de Mlle Corneille au nom de la Compagnie.

Ces lettres non épistolaires sont présentées, comme le reste de l'inventaire, dans une seule liste chronologique distinguée par un A initial (A43.01, etc.), avec les mêmes abréviations et suivant les mêmes principes, une rubrique contenu moins détaillée et l'ajout d'une rubrique indicative « Destination ». Elles sont indexées.

A43.01 | [1743]. D'ALEMBERT à MAUREPAS
- SOURCE : impr., « A Monseigneur le comte de Maurepas, Ministre et secrétaire d'Etat à de la Marine, Commandeur des Ordres du Roi »
- ÉDITION : *Traité de dynamique*, Paris, David l'aîné, 1743
- INCIPIT : « Persuadé qu'un homme de lettres ne peut mieux vous faire sa cour que par ses travaux, je me suis proposé de... »

CONTENU : Epître dédicatoire du *Traité de dynamique*.
DESTINATION : *O.C. D'Al.*, I/2, *Traité de dynamique*

A46.01 | [novembre 1746]. D'ALEMBERT à FRÉDÉRIC II
- SOURCE : copie autogr. de D'Al., 3 p.
- LOCALISATION DU MS. : London Wellcome, Archives & Manuscripts
- ÉDITION : *Reflexions sur la cause generale des vents*, Paris, David l'aîné, 1747. Pougens 1799, p. 139-141. Preuss XXIV, p. 368-369
- REMARQUE : copie, 3 p., Berlin-Dahlem, Rép. 92 Nachlass Adhémar, I. 1
- INCIPIT : « Mon entrée dans une Académie que Votre Majesté a rendue florissante... »

CONTENU : Epître dédicatoire de la *Cause des vents*.
DESTINATION : *O.C. D'Al.*, I/5, *Cause des vents*

A49.01 | 15 juin 1749. D'ALEMBERT à LOMELLINI
- SOURCE : impr., « A Monsieur le marquis Lomellini, ci-devant Envoyé Extraordinaire de la République de Gênes à la Cour de France », d., « à Paris »
- ÉDITION : *Recherches sur la précession des équinoxes*, Paris, David l'aîné,1749, p. iii-iv. *Mélanges 1759*, I, p. 376, note (d) de l'« Essai sur les Gens de Lettres »
- INCIPIT : « Les plus grands génies de l'Antiquité mettaient le nom de leurs amis à la tête... »

CONTENU : Epître dédicatoire de la *Précession des équinoxes*.
DESTINATION : *O.C. D'Al.*, I/7, *Précession des équinoxes*

A51.01 | **[juin 1751].** DIDEROT et D'ALEMBERT à Marc-Pierre d'ARGENSON
• SOURCE : impr., « A Monseigneur le comte d'Argenson, ministre et secrétaire d'état de la guerre »
• ÉDITION : *Encyclopédie ou Dictionnaire raisonné des sciences, des arts et des métiers*, Paris, Briasson, David l'aîné, Le Breton, Durand, t. I, 1751
• INCIPIT : « L'autorité suffit à un ministre pour lui attirer l'hommage aveugle et suspect des courtisans... »

CONTENU : Epître dédicatoire de l'*Enc.*
DESTINATION : *O.C. D'Al.*, série II et IV/1, (*Mélanges* t. I) en annexe

A51.02 | **2 novembre 1751.** Un correspondant non identifié à D'ALEMBERT *via* le *J. Sav.*
• SOURCE : impr., « Critique du discours préliminaire de l'Encyclopédie, et réponse de d'Alembert »
• ÉDITION : *J. sav.*, novembre 1751, éd. Hollande
• REMARQUE : Pougens 1799, p. 77-116, avec la rép. de D'Al., en note
• INCIPIT : « On ne saurait assez louer les auteurs du *Dictionnaire encyclopédique*... »

CONTENU : Critique cartésienne du « Discours préliminaire » et rép. lockienne de D'Al., point par point en note.
DESTINATION : *O.C. D'Al.*, série II et IV/1, (*Mélanges* t. I) en annexe

A51.03 | **[fin 1751].** D'ALEMBERT à René-Louis d'ARGENSON
• SOURCE : minute autogr. « Epître à Monseigneur le marquis d'Argenson », note allographe « Lettre de D'Alembert donnée par M. de Pougens le 21 octobre 1812 », 2 p.
• LOCALISATION DU MS. : Paris AdS, coll. Bertrand, carton 1
• ÉDITION : *Essai d'une nouvelle théorie de la résistance des fluides*, Paris, David l'aîné, 1752. Pougens 1799, p. 202-203
• INCIPIT : « Les savants et les écrivains célèbres qui vous approchent en si grand nombre... »

CONTENU : Epître dédicatoire de la *Résistance des fluides* [ouvrage paru début janvier 1752].
DESTINATION : *O.C. D'Al.*, I/8

A52.01 | **[avril] 1752.** RAMEAU à [D'ALEMBERT] *via* le *Mercure*
• SOURCE : impr., « Lettre de M. Rameau à l'auteur du Mercure »
• ÉDITION : *Mercure*, mai 1752, p. 305-306
• INCIPIT : « Permettez-moi, monsieur, d'insérer dans votre journal mes remerciements à M. D'Alembert.... »

CONTENU : Remerciements et éloges de D'Al. pour les [*Elémens de musique* 1752].
DESTINATION : *O.C. D'Al.*, I/11

A52.02 | **15 juin 1752.** D'Alembert à [l'Académie de Berlin]
• SOURCE : autogr., d., « Observations sur quelques Memoires imprimés dans le volume de l'académie 1749 », 25 p.
• LOCALISATION DU MS. : Paris Institut, Ms. 915, f. 183-194
• REMARQUE : Pappas 1986 n° 0084 considère ce texte comme une lettre
• INCIPIT : « Ce mémoire n'a point pour objet d'attaquer un homme célèbre... »
CONTENU : Rép. à Euler : précession des équinoxes et calcul intégral.
DESTINATION : *O.C. D'Al.*, I/4 et I/7

A52.03 | **15 novembre 1752.** D'Alembert au *Journal Œconomique*
• SOURCE : impr., « Lettre de l'Auteur des Elémens de musique etc, à l'auteur du Journal Œconomique »
• ÉDITION : *J. œconom.*, novembre 1752, p. 113-127 ; décembre 1752, p. 86-102 ; janvier 1753, p. 120-142. Jacobi VI, p. 257-277
• REMARQUE : Jacobi, p. 245-255, reproduit aussi l'art. de Béthizy de juillet 1752, p. 89-121
• INCIPIT : « Je viens de lire, monsieur, dans votre Journal de Juillet 1752, les réflexions de M. de Béthizy sur mes Elémens... »
CONTENU : Critique de l'art. de Béthisy. Les deux livres des *Elémens*, ouvrage composé quinze mois avant sa parution, soumis à Rameau. Défense de ce qu'il a fait point par point. Renvoie aux art. « Affectation » et « Cadence » de l'*Enc.*
DESTINATION : *O.C. D'Al.*, I/11

A52.04 | **[fin 1752].** D'Alembert à Canaye
• SOURCE : impr.
• ÉDITION : *Mélanges de littérature, d'histoire et de philosophie*, Berlin, 1753, t. II, p. 83-84
• REMARQUE : voir la lettre à Mme Du Deffand du 4 décembre 1752 où il dit venir d'envoyer le ms. à l'imprimeur. Le dédicataire n'est nommé qu'à partir des *Mélanges*, Amsterdam, Zacharie Chatelain, 1759, t. I, p. 323-324
• INCIPIT : « Recevez, mon cher ami, ce fruit de nos conversations philosophiques... »
CONTENU : Epître dédicatoire de l'*Essai sur la société des gens de lettres et des grands*.
DESTINATION : *O.C. D'Al.*, IV/1

A53.01 | **29 mars 1753.** Béthizy à D'Alembert *via* le *Journal Œconomique*
• SOURCE : impr., « Réplique de M. Béthizy », d.
• ÉDITION : *J. œconom.*, mars 1753, p. 64-95. Jacobi VI, p. 279-289
• INCIPIT : « J'ai lu, monsieur, avec une surprise extrême, la Lettre que l'auteur des Elémens... »
CONTENU : Sur la génération harmonique de Rameau, notions de dissonance, de dominante, etc. Rép. à la l. du 15 novembre 1752.
DESTINATION : *O.C. D'Al.*, I/11

| A53.02 | **8 mai 1753.** D'Alembert à Béthizy *via* le *Journal Œconomique*
• Source : impr., « Seconde et dernière réponse de l'Auteur des *Elémens de musique* à M. de Béthizy », d.
• Édition : *J. œconom.*, juin 1753, p. 97-105. Jacobi VI, p. 291-293
• Incipit : « Quand je devrais *surprendre* encore M. de Béthizy, voici quelques remarques... »

Contenu : Vocabulaire, dissonance, renversement, fondamental, etc.
Destination : *O.C. D'Al.*, I/11

| A53.03 | **[1753].** Un correspondant non identifié à D'Alembert *via* le *J. enc.*
• Source : impr.
• Édition : *J. enc.*, 1er février 1761, p. 134-137
• Incipit : « Il me semble, monsieur, qu'on condamne... »

Contenu : Pourquoi l'auteur approuve l'expression « vaste silence » qu'emploie D'Al. dans sa traduction de Tacite [*Mélanges*, 1753].
Destination : *O.C. D'Al.*, IV/3, en annexe

| A53.04 | **[1753].** Le Clerc de Montmerci à D'Alembert
• Source : impr. « Epître à M. d'Alembert », 73 p.
• Édition : *Les Ecarts de l'imagination*, Paris, Durand, 1753 (2 exemplaires à Paris, Arsenal, bibliothèque de Paulmy d'Argenson)
• Incipit : « Ami, dont la rare industrie unit par un accord charmant le goût à la Géométrie, et l'Analyse au sentiment... »

Contenu : Longue épître emplie de louanges à la gloire du poète géomètre D'Alembert, de Volt., etc.
Destination : *O.C. D'Al.*, IV/10, en annexe

| A56.01 | **[mi-février1756].** [Les éditeurs de l'*Enc.*] à D'Alembert
• Source : brouillon ms, 1 p.
• Localisation du ms. : Paris BnF, NAFr. 21196, f. 103
• Édition : A.-M. Chouillet, *RDE* 16, avril 1994, p. 158
• Remarque : Pappas 1986, n° 0186 ; ce ms est un brouillon non d. ni s. Il ne s'agit pas d'une l.
• Incipit : « La Compagnie nous a chargé de prier instamment Monsieur D'Alembert de représenter à Monsieur de Malesherbes... »

Contenu : Mém. indiquant à D'Al. de la part de « La Compagnie » des libraires de l'*Enc.* la procédure à suivre pour empêcher la publication d'un « Projet d'une Encyclopédie réduite » envoyé à Malesherbes par Formey.
Destination : *O.C. D'Al.*, V/2, en annexe de 56.05

| A56.02 | **18 avril 1756.** Maugiron à [D'Alembert] *via* la Société royale de Lyon
• Source : autogr., d.s., « à Lion », 2 p.
• Localisation du ms. : Paris Institut, Ms. 2466, f. 150

- REMARQUE : cité par Henry 1887a, p. 346. Cette l. est en fait adressée aux membres de la Société royale de Lyon qui ont dû la transmettre à D'Al.
- INCIPIT : « J'eus l'honneur en mil sept cent cinquante-deux de vous rendre compte d'un voyage que j'avais fait dans le Valais... »

CONTENU : Leur a fait un compte rendu des observations qu'il avait faites en Valais sur les imbéciles goitreux ou « crétins », mais se défend d'en faire une spécificité du Valais. Ajoute qu'il vaut mieux être crétin qu'abuser de l'esprit. Demande qu'on retranche des registres [de la Société] ce qui a pu donner lieu à l'art. « Crétins » de l'*Enc.* [signé D'Al.].

DESTINATION : *O.C. D'Al.*, V/2

A56.03 | **21 avril 1756.** CHAPPUIS à [D'ALEMBERT] *via* la Société royale de Lyon
- SOURCE : autogr., d.s., « Genève », 4 p.
- LOCALISATION DU MS. : Paris Institut, Ms. 2466, f. 50-51
- REMARQUE : cité par Henry 1887a, p. 346 ; la l. accompagne un mém. Comme la précédente, elle est adressée à la Société royale de Lyon et transmise à D'Al.
- INCIPIT : « J'ai vu, monsieur, avec étonnement ce que les Auteurs de l'Encyclopédie ont inséré dans cet Ouvrage à la lettre C... »

CONTENU : A propos de l'art. « Crétins », et du mém. de Maugiron approuvé trop rapidement par la Société royale de Lyon, avec une réfutation dont il demande communication aux auteurs de l'*Enc.* pour correction.

DESTINATION : *O.C. D'Al.*, V/2

A57.01 | **[août 1757].** D'ALEMBERT à [CLAIRAUT] *via* le *Mercure*
- SOURCE : impr., « Lettre de M. d'Alembert, à l'Auteur du Mercure », s.
- ÉDITION : *Mercure*, septembre 1757, p. 109-120
- REMARQUE : correspond au texte qu'en donne Clairaut dans le *J. sav.*, février 1758, p. 68-82
- INCIPIT : « Vous avez inséré, monsieur, dans votre *Mercure* d'octobre 1756, l'extrait de mes nouvelles recherches sur les tables de la Lune... »

CONTENU : Rép. aux critiques d'un géomètre [Clairaut, dans le *J. sav.* de juin 1757, p. 336-347] sur ses tables de la Lune et la préférence donnée aux tables des *Institutions astronomiques*. Le Monnier et Pingré. Choix de tables de correction, de méthodes de calcul.

DESTINATION : *O.C. D'Al.*, III/12 et extraits dans I/10

A57.02 | **[novembre 1757].** D'ALEMBERT au *Mercure*
- SOURCE : copie, corr. autogr., 2 p.
- LOCALISATION DU MS. : Paris Institut, Ms. 1786, f. 215-216
- ÉDITION : *Mercure*, décembre 1757, p. 97-98
- INCIPIT : « La république des lettres est inondée, monsieur, d'une foule de critiques auxquelles on ferait... »

CONTENU : Rép. à un écrit contre l'*Enc.* dans le *Choix littéraire*, en particulier, l'art. « Arrérages » est purement mathématique et non moral.
DESTINATION : *O.C. D'Al.*, III/12

A58.01 | **[mai 1758].** D'ALEMBERT à Marc-Pierre d'ARGENSON
- SOURCE : fac-similé ; l'autogr. est signalé dans un cat. vente Charavay non identifié
- LOCALISATION DU MS. : Paris AF, Dossier D'Alembert
- ÉDITION : *Traité de dynamique*, nouvelle éd., Paris, David, 1758
- REMARQUE : cette épître de la seconde éd. du *Traité de dynamique* est à distinguer de la l. d'accompagnement à d'Argenson en date du 18 mai 1758
- INCIPIT : « L'accueil favorable que les savants ont déjà fait à ce fruit de mes travaux... »

CONTENU : Epître dédicatoire à la seconde édition du *Traité de dynamique*.
DESTINATION : *O.C. D'Al.*, I/2, *Traité de dynamique*

A58.02 | **[février-juin] 1758.** Jean-Jacques ROUSSEAU à D'ALEMBERT
- SOURCE : impr.
- REMARQUE : J.-J. Rousseau l'envoie à D'Al. le 25 juin 1758
- ÉDITION : *Lettre à d'Alembert sur son article « Genève » dans le VIIe volume de l'Encyclopédie, et plus particulièrement sur le projet d'établir un théâtre de comédie en cette ville*, Amsterdam, Marc-Michel Rey, 1758 ; nombreuses rééd.
- INCIPIT : « J'ai tort, si j'ai pris en cette occasion la plume sans nécessité. Il ne peut m'être ni avantageux ni agréable de m'attaquer à M. D'Alembert. »

CONTENU : Rép. à l'art. « Genève » de D'Al. (*Enc.*, t. VII, 1757)
DESTINATION : ne sera pas publié dans les *O.C. D'Al.*, mais mentionné dans le vol. IV/2

A59.01 | **[juin 1759].** D'ALEMBERT au *J. enc.*
- SOURCE : « Sur la nouvelle comète » : présenté comme une synthèse de lettres « écrites de plusieurs endroits de l'Europe »
- ÉDITION : *J. enc.*, 15 juillet 1759, p. 117-123
- REMARQUE : le *Dictionary of Scientific Biography*, art. « Clairaut », signé de J. Itard, l'attribue à Le Monnier. Clairaut, *J. sav.*, décembre 1761, p. 838, l'attribue à D'Al. et mentionne aussi l'art. de l'*Observateur littéraire*, t. 2, p. 181
- INCIPIT : « Nous avons promis un second article sur la Comète... »

CONTENU : Critique des calculs de Clairaut sur la comète : erreur de calcul.
DESTINATION : *O.C. D'Al.*, III/12

A59.02 | **12 août 1759.** D'ALEMBERT à LAPORTE
- SOURCE : impr., « à Paris »
- ÉDITION : *L'Observateur littéraire* 1759, t. III, p. 339-341
- INCIPIT : « Un savant géomètre, auquel je rendrai toujours justice, vient, monsieur, de faire... »

CONTENU : La controverse avec Clairaut sur le calcul du retour de la comète doit être traitée entre eux et non par des « mathématiciens plus zélés qu'intelligents ». L'erreur dans l'estimation n'est pas due à une négligence de Clairaut mais est intrinsèque au calcul.
DESTINATION : *O.C. D'Al.*, III/12

A59.03 | **[septembre] 1759.** [BALOUIN] à D'ALEMBERT
- SOURCE : impr. « Lettre de Monsieur Bayle à Monsieur D'Alembert »
- ÉDITION : *J. sav*, édition d'Amsterdam, in-12 (exemplaire BnF), octobre 1759 p. 507-526, précédée, p. 504-506 d'une l. à l'auteur du journal, signée Christophle Balouin
  - REMARQUE : Christophle Balouin, si ce n'est un nom d'emprunt, serait l'auteur de la l.
  - INCIPIT : « Le bruit que vous & vos collègues faites sur la Terre... »

CONTENU : Défense de la foi contre les libertins et les philosophes en réaction à la *Lettre de M. d'Alembert à M. J. J Rousseau* et critique de l'*Enc.* en particulier de l'art. « Genève ».
DESTINATION : non retenu dans les *O.C. D'Al.*, résumé en annexe *O.C. D'Al.*, IV/2

A59.04 | **[1759].** D'ALEMBERT à Jean-Jacques ROUSSEAU
- SOURCE : impr.
- ÉDITION : *Lettre de D'Alembert à M. J. J. Rousseau sur l'article « Genève » tiré du septième volume de l'Encyclopédie, avec quelques autres pièces qui y sont relatives*, Amsterdam, Zacharie Chatelain fils, 1759, nombreuses rééd.
- INCIPIT : « La lettre que vous m'avez fait l'honneur de m'adresser, monsieur, sur l'article *Genève* de l'Encyclopédie... »

CONTENU : Rép. à la *Lettre à d'Alembert sur son article « Genève »*
DESTINATION : *O.C. D'Al.*, IV/2

A59.05 | **[1759].** [BAER] à D'ALEMBERT
- SOURCE : impr.
- ÉDITION : *Lettre d'un professeur en théologie d'une université protestante à M. D'Alembert*, Strasbourg, 1759. Cette *Lettre* a été ajoutée dans l'éd. hollandaise des *Mélanges* de 1760, t. II, p. [465]-478, mais jamais dans les éditions faites par Bruyset
- REMARQUE : voir Salomon, *Revue d'histoire et de philosophie religieuses*, avril 1926, p. 164-168
- INCIPIT : « Je viens de lire la lettre que vous avez adressée à M. Rousseau... »

CONTENU : Commente la *Lettre* de D'Al. [1759] qui répond à la [*Lettre sur les spectacles*] de Rousseau. A propos de l'art. « Genève » : lui demande d'admettre qu'il a péché contre les règles de la critique qu'il a établies.
DESTINATION : *O.C. D'Al.*, IV/2

A59.06 | **[1759].** Carli à D'Alembert
• SOURCE : impr., note : « tirée en partie d'une lettre écrite en italien par M. Carli, traducteur d'Hésiode »
• ÉDITION : *Mercure*, octobre 1759, p. 30-42 et novembre 1759, p. 18-36
• INCIPIT : « J'ai lu plus d'une fois, monsieur, et toujours avec un nouveau plaisir... »

CONTENU : Louanges sur la nouvelle éd. des *Mélanges* [1759], sur l'art de traduire.
DESTINATION : *O.C. D'Al.*, IV/3, en annexe

A60.01 | **22 janvier 1760.** D'Alembert à Laporte
• SOURCE : impr., « à Paris »
• ÉDITION : *L'Observateur littéraire*, 1760, I, p. 114-115
• INCIPIT : « Un homme de lettres, que je n'ai point l'honneur de connaître... »

CONTENU : Compte rendu du *Censeur impartial* dans *L'Observateur littéraire*. Dans cette brochure l'auteur prenait la défense de sa traduction de Tacite face à l'attaque d'un critique américain.
DESTINATION : *O.C. D'Al.*, IV/3, en annexe

A60.02 | **[24 février 1760].** Frédéric II à D'Alembert
• SOURCE : « Epitre à Mons. Dalamber [sic] », copie, 3 p.
• LOCALISATION DU MS. : Berlin-Dahlem, Rep. 47, J 242, f. 2-3
• ÉDITION : *J. enc.*, avril 1760, p. 142-143 (extraits avec commentaires), qui date de « Freyberg, le 24 février 1760 ». Preuss, XII, p. 201-204 « sur ce qu'on avait défendu l'*Encyclopédie* et brûlé ses ouvrages en France »
• INCIPIT : « Un Sénat de Midas, en étole en soutane... »

CONTENU : Vers « contre les ennemis de la philosophie » [*J. enc.*].
DESTINATION : *O.C. D'Al.*, V/3, en annexe

A60.03 | **[février 1760].** Mademoiselle E** à D'Alembert
• SOURCE : « Lettre de Mademoiselle E** à M. Dalembert de l'Académie Françoise, ou Apologie des Femmes », impr.
• ÉDITION : *Journal helvétique*, Neuchâtel, mars 1760, p. 293-300
• REMARQUE : précédée du commentaire d'un « comédien » qui donne la « Lettre », « imprimée depuis peu » car « fort rare »
• INCIPIT : « Toutes les personnes de mon sex vous doivent, monsieur, un remerciement de la manière généreuse dont vous avez pris... »

CONTENU : Soutien à D'Al. contre Jean-Jacques Rousseau dans la polémique sur le théâtre.
DESTINATION : *O.C. D'Al.*, IV/2, en annexe

A60.04 | **[avril] 1760.** D'Alembert au *J. enc.*, au *Mercure*, au *J. sav.*, à l'*Observateur littéraire*
• SOURCE : impr., d. (sauf dans le *J. enc.*) s., « à Paris »
• ÉDITION : *J. enc.*, 15 avril 1760, p. 141-142. *Mercure*, juillet 1760, p. 121-122. *J. sav.*, août 1762, p. 538. *L'Observateur littéraire* 1760, II, p. 344-345

- REMARQUE : le *J. enc.* ajoute un P.-S. de D'Al. refusant de communiquer l'Epître du roi de Prusse ; à la suite on trouve un fragment de cette Epître p. 142-144 (voir A60.02). Dans les autres périodiques, elle est datée du 2 juin 1760
- INCIPIT : « Il vient, messieurs, de me tomber entre les mains une lettre de l'auteur de la *Comédie des philosophes* au public,... »

CONTENU : Rectificatif à propos d'une phrase citée par [Palissot] comme extraite du *Disc. prélim.* de l'*Enc.* : elle n'est ni là, ni dans aucun de ses ouvrages.

DESTINATION : *O.C. D'Al.*, V/3, en annexe et *O.C. D'Al.*, IV/10

A60.05 [c. 30 juillet 1760]. D'ALEMBERT au *Mercure*, à l'*Observateur littéraire*
- SOURCE : impr., « Lettre de M. d'Alembert à l'auteur du Mercure », 1 p.
- ÉDITION : *Mercure*, septembre 1760, p. 106
- REMARQUE : démenti publié également dans *L'Observateur littéraire*, 31 juillet 1760, III, p. 287-288
- INCIPIT : « Comme je vais, monsieur, assez rarement aux spectacles... »

CONTENU : N'a assisté à aucune des représentations de *L'Ecossaise*. Dément ainsi l'art. de périodique [Fréron, *Année littéraire*, 27 juillet] où il est écrit qu'il n'a pas assisté à la première par peur de l'insuccès et qu'on l'aurait prévenu « d'acte en acte ».

DESTINATION : *O.C. D'Al.*, V/3, en annexe et *O.C. D'Al.*, IV/10

A60.06 [1760]. [D'ALEMBERT] pour Mlle CLAIRON à la princesse de ROBECQ
- SOURCE : cat. vente Victor Lemasle, Paris, Drouot 11 juin 1927, n° 5 : minute autogr., 2 p.
- REMARQUE : la description du cat. vente laisse à penser qu'il s'agit d'une l. de Mlle Clairon à Mme de Robecq, écrite ou copiée par D'Al.
- INCIPIT : inconnu

CONTENU : Minute de lettre de reproches écrite pour Mlle Clairon, vexée que la princesse de Robecq lui ait demandé un exemplaire de la *Vision* [le pamphlet de Morellet] suite à la réception d'une l. anonyme.

DESTINATION : *O.C. D'Al.*, V/3, en annexe

A60.07 [1760]. [RAMEAU] à D'ALEMBERT
- SOURCE : impr.
- ÉDITION : *Lettre à M. D'Alembert sur ses opinions en musique, insérées dans les articles « Fondamental » et « Gamme » de l'Encyclopédie*, [s.l.n.d.], 14 p. in-4°, fac-similé dans Jacobi IV, p. 267-280
- INCIPIT : « A qui comptez-vous faire le procès, monsieur, si ce n'est à vous-même, en compromettant, qui plus est,... »

CONTENU : Controverse entre Rameau et D'Al.

DESTINATION : *O.C. D'Al.*, I/11

A61.01 | **12 janvier 1761.** D'ALEMBERT au *Mercure*, à l'*Observateur littéraire*
- SOURCE : impr., 1. « Lettre de M. d'Alembert à l'auteur du Mercure » ; 2. « Lettre de M. d'Alembert à M. l'abbé de La Porte », « à Paris », d.
- ÉDITION : 1. *Mercure*, 15 janvier 1761, p. 107 ; 2. *L'Observateur littéraire*, 1761, I, p. 83-84
- INCIPIT : « Il est très faux, monsieur, que dans mes *Réflexions sur la Poésie*, lues le 25 août dernier à l'Académie française... »

CONTENU : Démenti : il a été accusé dans un « chiffon de Lettre anonyme » d'avoir parlé contre l'éloquence des Psaumes dans ses *Réflexions sur la poésie*. A seulement dit que leur latin n'était pas bon, mais que leur éloquence était grande.

DESTINATION : *O.C. D'Al.*, IV/5, en annexe aux *Réflexions sur la Poésie*

A61.02 | **[21 mars 1761].** D'ALEMBERT à RAMEAU *via* le *Mercure*, l'*Observateur littéraire*
- SOURCE : impr., « à Paris »
- ÉDITION : *Mercure*, vol. II, avril 1761, p. 124-126. *L'Observateur littéraire* 1761, II, p. 67-70. Jacobi V, p. 367-368
- REMARQUE : trad. ms italienne, Wien, ÖNB, Autogr. 7/93-4
- INCIPIT : « Vous m'avez fait l'honneur, monsieur, de m'adresser une longue Lettre par la voie de l'impression... »

CONTENU : Répond par la même voie. Diffère sa rép. comme la critique de Rameau au vol. VII de l'*Enc.* l'avait été. Paraîtra dans la nouvelle éd. de ses *Elémens de musique* avant la fin de l'année. L'Acad. sc. n'a pas été compromise par son rapport. Il lui répondra, mais à lui seul, sur les points qui en valent la peine.

DESTINATION : *O.C. D'Al.*, I/11

A61.03 | **[mars 1761].** D'ALEMBERT au *J. enc.*
- SOURCE : impr.
- ÉDITION : *J. enc.*, 1er avril 1761, p. 118-122
- INCIPIT : « J'ai été surpris, messieurs, de trouver dans votre journal... »

CONTENU : Rép. à la l. imprimée dans le *J. enc.* du 1er février [1761, p. 134-137] que D'Al. avait reçue 9 ans plus tôt (l. de [1753]), à propos de l'expression « vaste silence » qu'il avait employée dans sa traduction de Tacite.

DESTINATION : *O.C. D'Al.*, IV/3

A61.04 | **[mars] 1761.** RAMEAU à D'ALEMBERT *via* le *Mercure*
- SOURCE : impr.
- ÉDITION : *Mercure*, avril 1761, p. 127-133
- REMARQUE : trad. ms italienne, Wien, ÖNB, Autogr. 7/93-4
- INCIPIT : « Ni vous, monsieur, ni votre Académie, ne pouvez être compromis, dans ce que j'ai publié depuis ma Démonstration du principe de l'harmonie... »

CONTENU : [Rép. à la l. publiée dans les p. précédentes]. La géométrie est fondée sur la musique, D'Al. est contradictoire et doit répondre.

DESTINATION : *O.C. D'Al.*, I/11

A61.05 [juin 1761]. RAMEAU à D'ALEMBERT via le *Mercure*
- SOURCE : impr., « Suite de la Réponse de M. Rameau à la lettre que M. d'Alembert lui a adressée dans le 2ᵉ Mercure d'avril dernier »
- ÉDITION : *Mercure* juillet 1761, p. 150-158. Jacobi V, p. 369-385
- INCIPIT : « Pardonnez-moi, monsieur, si je reviens encore à votre lettre. »

CONTENU : Rép. à certains art. de sa l. qu'il avait passés sous silence. Trouve ses arguments mauvais et hypocrites. Considérations sur le nombre 3, la musique traitée scientifiquement, les art. de [Rousseau] dans l'*Enc.*

DESTINATION : *O.C. D'Al.*, I/11

A61.06 [novembre] 1761. CLAIRAUT à D'ALEMBERT via le *J. sav.*
- SOURCE : impr.
- ÉDITION : *J. sav.*, 25 décembre 1761, p. 837-848
- INCIPIT : « Comme je me trouve fortement intéressé dans une partie très-considérable du Livre que M. Dalembert vient de publier... »

CONTENU : Défend contre D'Al. sa « solution du problème des trois corps et l'application qu'il en avait faite tant à la théorie de la Lune qu'à celle des comètes ».

DESTINATION : *O.C. D'Al.*, III/12

A62.01 18 janvier 1762. D'ALEMBERT à CLAIRAUT via le *J. enc.*
- SOURCE : copie, « à Paris » d., « Lettre de M. D'Alembert à Mrs les Auteurs du *Journal Encyclopédique*, servant de reponse à la lettre de M. Clairaut, insérée dans le *Journal des Savans* de Decembre 1761, second volume », 23 p.
- LOCALISATION DU MS. : Paris Institut, Ms. 1792, f. 379-390
- ÉDITION : *J. enc.*, 15 février 1762, p. 55-76
- REMARQUE : Pappas 1986, n° 0382
- INCIPIT : « Permettez-moi de me servir de la voie de votre journal, un des plus répandus et des plus estimés... »

CONTENU : Rép. à l'écrit de Clairaut contre le t. I de ses *Opuscules* : solution du problème des trois corps, théorie des comètes, en particulier celle de 1759, priorité sur des méthodes d'intégration. Faiblesse des réponses de Clairaut. Qualités comparées de leurs tables de la Lune.

DESTINATION : *O.C. D'Al.*, III/12

A62.02 [mars 1762]. D'ALEMBERT à RAMEAU
- SOURCE : impr.
- ÉDITION : *Mercure*, mars 1762, p. 132-152
- INCIPIT : « Ceux qui auront lu, monsieur, mes *Elémens de musique*... »

CONTENU : Rappelle les premiers éloges de Rameau [*Mercure*, mai 1752], refuse l'origine de la géométrie dans le corps sonore, et rép. point par point à ses attaques (art. « Fondamental » et « Gamme »). Art. « Accord » de Rousseau dans l'*Enc.* Expérience de Tartini. Nouvelle éd. des *Elémens de musique*.

DESTINATION : *O.C. D'Al.*, I/11

A62.03 | **[avril 1762]**. [Rameau] à D'Alembert
• Source : impr., « Lettre de M*** à M. D****, sur un Ouvrage intitulé *L'Origine des Sciences*, suivie d'une *Controverse* sur le même sujet »
• Édition : *Mercure*, avril 1762, premier vol., p. 103-119. Jacobi VI, p. 441-446
• Incipit : « Ma prévention en faveur du géomètre avait toujours suspendu mon jugement sur les raisons du musicien, lorsque le hasard a fait tomber entre mes mains... »

Contenu : Suite de la controverse entre Rameau et D'Al. Défense de la brochure de Rameau.
Destination : *O.C. D'Al.*, I/11

A62.04 | **[avril 1762]**. Rameau à D'Alembert
• Source : impr., « Seconde lettre de M*** à M*** ou Extrait d'une Controverse entre le Géomètre et l'Artiste, sur l'origine des Sciences »
• Édition : *Mercure*, avril 1762, second vol., p. 125-143. Jacobi VI, p. 447-455
• Incipit : « Prêt à mettre au jour *L'Origine des Sciences*, on a vu paraître les nouveaux *Elémens de musique* de M. d'Alembert... »

Contenu : [Suite de la controverse entre Rameau et D'Al.].
Destination : *O.C. D'Al.*, I/11

A62.05 | **[mai] 1762**. Clairaut à D'Alembert *via le Journal des sav.*
• Source : impr. « Nouvelles réflexions... »
• Édition : *J. sav.*, juin 1762, p. 358-377
• Incipit : « J'avais espéré que mon écrit du mois de Décembre 1761... »

Contenu : Suite de la controverse entre Clairaut et D'Al. à propos de la comète de 1759.
Destination : *O.C. D'Al.*, III/12

A62.06 | **5 juillet 1762**. D'Alembert à Clairaut *via le J. enc.*
• Source : copie., corr. autogr. de D'Al., d., « à Paris », « Seconde reponse de M. d'Alembert à M. Clairaut, ou réflexions sur l'écrit de ce dernier Géomètre, inséré dans le Journal [des savants] de juin 1762 », 20 p.
• Localisation du ms. : Paris Institut, Ms. 1792, f. 391-400
• Édition : *J. enc.*, « Dernière Réponse... », 15 août 1762, t. VI, p. 73-97 dont le texte diffère du ms.
• Incipit : [*J. enc.*] « J'avais déclaré que je ne répondrais plus à M. Clairaut que dans le 3e volume de mes *Opuscules mathématiques*... »
[Ms.] « Je répondrai à tous les articles du mémoire de M. Clairaut »

Contenu : Suite de la controverse concernant la théorie de la Lune et la comète de 1759.
Destination : *O.C. D'Al.*, III/12

A62.07 | **3 août 1762**. Frédéric II à D'Alembert
• Source : impr., d. « A Dittmansdorf », « Facétie au sieur d'Alembert, grand géomètre, indigné contre le frivole plaisir de la poésie »
• Édition : Preuss, XII, 250-253

• INCIPIT : « Amants des filles de mémoire, Surchargés des lauriers et couverts de la gloire... »
CONTENU : Vers sur la poésie et la géométrie.
DESTINATION : *O.C. D'Al.*,V/3, en annexe

A63.01 | **1ᵉʳ avril 1763.** Un correspondant non identifié à D'ALEMBERT
• SOURCE : impr. signé « S. »
• ÉDITION : *Réparation complette & autentique à M. d'Alembert*, in-8°, vii p. (Paris, BHVP, cote 939003)
• INCIPIT : « Les quiproquo en littérature sont bien moins funestes... »
CONTENU : L'auteur se justifie d'avoir accusé D'Al. d'avoir mal interprété Marivaux « dans une petite feuille imprimée depuis peu ». Fontenelle. Bayle. J.-J. Rousseau.
DESTINATION : *O.C. D'Al.*, IV/10, en annexe

A63.02 | **[avril 1763].** DAMILAVILLE à D'ALEMBERT
• SOURCE : copie avec corr. et notes autogr. de D'Al., « Jugement sur la lettre de Rousseau à l'archevêque de Paris », 7 p.
• LOCALISATION DU MS. : Paris Institut, Ms. 882, f. 303-309
• ÉDITION : Pougens 1799, p. 457-464, version antérieure aux corr.
• INCIPIT : « Vous voulez donc, mon ami, au risque de me faire dire des sottises... »
CONTENU : Sur la lettre de J.-J. Rousseau à Christophe de Beaumont.
DESTINATION : *O.C. D'Al.*, IV/10, en annexe

A63.03 | **[1763].** [MASSÉ DE LA RUDELIÈRE] à D'ALEMBERT
• SOURCE : « Lettre à Monsieur D'Alembert, Au sujet de sa dissertation lue dans l'Académie des sciences, pour prouver qu'on ne peut faire l'application du calcul des probabilités à l'inoculation de la petite vérole », impr.
• ÉDITION : *Défense de la doctrine des combinaisons, et Réfutation du Mémoire dix des Opuscules mathématiques de M. D'Alembert avec deux lettres au même ; L'une sur sa Dissertation lue dans l'Académie des Sciences, pour prouver qu'on ne peut soumettre l'Inoculation au calcul des probabilités. Et l'autre, sur un article du Dictionnaire de l'Encyclopédie, au mot de Croix & Pile*, Paris, Chaubert, Moreau, Knapen, Durand, 1763. [Paris, BnF : V-20128], p. 1-50
• INCIPIT : « Les partisans de l'inoculation de la petite vérole ont été fort alarmés du titre de votre dissertation.... »
CONTENU : Rép. à D'Al. sur l'inoculation.
DESTINATION : non retenu dans les *O.C. D'Al.*, résumé dans III/2, en annexe du Mém. 10

A63.04 | **[1763].** [MASSÉ DE LA RUDELIÈRE] à D'ALEMBERT
• SOURCE : « Lettre à M. D'Alembert sur sa Nouvelle Théorie du jeu de croix ou pile, exposé [*sic*] dans le Dictionnaire Encyclopédique, & dans ses Opuscules mathématiques », impr.

• ÉDITION : *Défense de la doctrine des combinaisons, et Réfutation du Mémoire dix des Opuscules mathématiques de M. D'Alembert avec deux lettres au même ; L'une sur sa Dissertation lue dans l'Académie des Sciences, pour prouver qu'on ne peut soumettre l'Inoculation au calcul des probabilités. Et l'autre, sur un article du Dictionnaire de l'Encyclopédie, au mot de* Croix & Pile, Paris, Chaubert, Moreau, Knapen, Durand, 1763. [Paris, BnF : V-20128], p. 137-148
• INCIPIT : « Parmi les vérités reçues jusqu'ici de tous les géomètres, que vous attaquez dans vos opuscules mathématiques, il en est une, qui, formant un article particulier dans l'Encyclopédie, me paraît mériter une défense particulière... »

CONTENU : Rép. à D'Al. sur l'art. « Croix et pile » de l'*Enc.*
DESTINATION : non retenu dans les *O.C. D'Al.*, résumé dans III/2, en annexe du Mém. 10

A64.01 | **[juillet] 1764.** D'ALEMBERT au *J. enc.*
• SOURCE : copie avec corr. ms de D'Al. « Lettres aux Auteurs du *Journal Encyclopédique*, sur le prix proposé par l'Académie Royale des Sciences de Paris pour l'année 1766 »
• LOCALISATION DU MS. : Paris Institut, Ms. 1792, f. 365-374
• ÉDITION : *J. enc.*, 15 août 1764, p. 124-128
• INCIPIT : « Plusieurs savants Géomètres m'ont paru effrayés... »

CONTENU : Le sujet du prix de l'Acad. sc. de Paris pour 1766 sur les inégalités des satellites de Jupiter demande à être éclairci. Le programme n'a pas été écrit par un géomètre compétent. Telle qu'elle est posée, la question est irrésoluble dans le temps imparti. D'Al. en propose une version réduite et simplifiée.
DESTINATION : *O.C. D'Al.*, III/12

A65.01 | **2 mai 1765.** D'ALEMBERT au *Mercure*
• SOURCE : copie, « à Paris », « Avertissement aux Géomètres inseré dans le Mercure de juin 1765 », note marginale autogr. « M. Fontaine était encore vivant, quand cet avertissement a paru... »
• LOCALISATION DU MS. : Paris Institut, Ms. 1792, f. 401-403
• ÉDITION : *Mercure*, juin 1765, p. 154-158
• INCIPIT : « M. Fontaine, dans la préface d'un ouvrage qu'il vient de mettre au jour... »

CONTENU : Polémique avec Fontaine au sujet de la paternité du principe de dynamique suite à la préface que Fontaine vient d'écrire [1764] et à son compte-rendu dans le *Mercure* d'avril 1765.
DESTINATION : *O.C. D'Al.*, III/12

A65.02 | **4 mai 1765.** D'ALEMBERT au *J. enc.*
• SOURCE : impr., d., « à Paris », « Lettre de M. d'Alembert aux Auteurs du Journal »
• ÉDITION : *J. enc.*, 1er mai 1765, p. 128-131

                • REMARQUE : introduction différente mais contenu identique à l'avertissement du *Mercure*
                • INCIPIT : « J'ai déclaré, messieurs, dans la préface du troisième volume de mes *Opuscules mathématiques*... »

CONTENU : Répondra aux objections d'Euler parues dans le *J. enc.* du 15 mars 1765 [p. 114-117] dans le t. IV de ses *Opuscules*, t. IV. Répond ici à Fontaine et à sa revendication sur le principe de dynamique.

DESTINATION : *O.C. D'Al.*, III/12

A65.03   **24 juin 1765.** D'ALEMBERT à la ROYAL SOCIETY
                • SOURCE : autogr., d.s., 1 p.
                • LOCALISATION DU MS. : London Royal Society, EC/1765/39
                • ÉDITION : Xavier Coyer, « L'élection de l'abbé Coyer... », *SVEC*, 1987, n° 249, p. 379-380
                • REMARQUE : de la trentaine de certificats des Archives de la Royale Society portant la signature de D'Alembert, celui-ci est le seul autographe écrit seul, joint à un certificat de Voltaire
                • INCIPIT : « Je soussigné membre de la Société Royale de Londres... »

CONTENU : Recommandation pour l'élection de l'abbé Coyer, philosophe éclairé (*Histoire de Jean Sobieski*, *La Noblesse commerçante*) en vue de son élection à la Royal Society [20 mars 1766].

DESTINATION : *O.C. D'Al.*, V/4, en annexe et III/11

A65.04   **[1765].** DAMILAVILLE à D'ALEMBERT
                • SOURCE : impr.
                • ÉDITION : Pougens 1799, p. 67-74
                • INCIPIT : « Il ne faut pas croire que ces parlements, devenus si redoutables en France... »

CONTENU : Sur les parlements, les théologiens, les jésuites.

DESTINATION : *O.C. D'Al.*, IV/10, en annexe

A65.05   **[1765 ?].** CATHERINE II à D'ALEMBERT
                • SOURCE : copie, corr. autogr. de D'Al., 3 p.
                • LOCALISATION DU MS. : Paris Institut, f. 295-296 et début f. 311 : « Questions faites à l'auteur de ces Opuscules par une grande princesse qui voulait donner à son empire un nouveau code de loix »
                • ÉDITION : Henry 1887a, p. 244-245, texte présenté avec les lettres à Cath. II, sous le titre « Question faite par la czarine à M. D'Alembert dans une lettre à Madame Geoffrin »
                • INCIPIT : « On demande si d'une accumulation de belles maximes mises en pratique, il en résultera un bon effet général... »

CONTENU : Sur la question posée par Cath. II, sa signification et sa réponse.

DESTINATION : *O.C. D'Al.*, V/4, en annexe

A65.06 | **[1764-1765].** D'Alembert à Lagrange
- SOURCE : impr., « Extrait de différentes lettres de M. D'Alembert à M. de la Grange, écrites pendant les années 1764 & 1765 »
- ÉDITION : *Mélanges de Turin*, t. III (1766), p.381-396
- REMARQUE : voir l. à Lagrange du 2 mars 1765 proposant des lettres factices pour les « Mémoires de Turin »
- INCIPIT : « Votre problème sur l'intégration de l'équation... »

CONTENU : I. Solution d'une équation différentielle d'ordre m. II. Sur une équation apparaissant dans le mouvement des fluides. III. Calcul sur le problème des trois corps. IV. Sur la libration de la Lune. V. Sur les cordes vibrantes. VI. Autres remarques relatives à une équation apparaissant dans les fluides. VII. Correction d'une erreur sur les verres optiques.

DESTINATION : *O.C. D'Al.*, III/10

A66.01 | **1er octobre 1766.** D'Alembert aux éditeurs de l'*Exposé succinct*
- SOURCE : copie, corr. par Suard, d.s., « à Paris », « Déclaration adressée par M. D'Alembert aux Editeurs », 4 p.
- LOCALISATION DU MS. : Genève IMV, MS AS 728
- ÉDITION : Leigh 5456 et fig. 120
- INCIPIT : « J'ai appris par M. Hume, avec la plus grande surprise... »

CONTENU : A appris par Hume l'accusation d'être l'auteur de la l. écrite par Walpole. Cent témoins l'ont entendu désapprouver. N'a jamais été l'ennemi de J.-J. Rousseau, n'a pas de correspondance secrète avec Hume, devait cette déclaration à la vérité.

DESTINATION : *O.C. D'Al.*, IV/10

A66.02 | **[c. 7 octobre 1766].** D'Alembert à Suard
- SOURCE : de la main de Suard, corr. de D'Al., « Extrait d'une lettre, écrite par une personne à qui le mémoire de M. Hume a été communiqué »
- LOCALISATION DU MS. : Genève IMV, MS AS 726
- ÉDITION : Leigh 5467
- INCIPIT : « Il est bien difficile de soutenir jusqu'au bout la lecture de ce long *factum* de M. Rousseau... »

CONTENU : Querelle entre Rousseau et Hume.
DESTINATION : *O.C. D'Al.*, IV/10

A66.03 | **24 octobre 1766.** D'Alembert au *J. enc.*
- SOURCE : impr.
- ÉDITION : *J. enc.*, 1er novembre 1766, p. 125-126
- INCIPIT : « Il vient, messieurs, de me tomber, pour la première fois... »

CONTENU : Répond à une critique que lui fait Vincenzo Riccati dans ses *Opuscules* 1757-1762 où il prétend qu'une solution de problème de calcul intégral donnée par

D'Al. dans *HAB 1748*, 1750, IV avait été publiée en Italie en 1747. D'Al. répond que le mém. avait été envoyé à Berlin début 1747, qu'il n'a pas l'habitude de s'approprier le travail des autres, encore moins le travail facile.
DESTINATION : *O.C. D'Al.*, III/12

A67.01 | [1767]. D'ALEMBERT à [CONDORCET ?]
• SOURCE : impr., « Extrait de plusieurs Lettres de l'Auteur sur différens sujets, écrites dans le courant de l'année 1767 »
• ÉDITION : *Opuscules*, 1768, t. IV, Mém. 23, p. 61-105
• REMARQUE : ce pourrait être de petits mém. sous forme de l. (voir les l. à Lagrange du 2 mars 1765 proposant des lettres-mémoires pour les *Mémoires de Turin*, puis du 21 novembre 1766 proposant des « fragments de lettres » pour *HAB*). Mais le correspondant pourrait aussi être Condorcet
• INCIPIT : « Vous aurez pu voir dans le Journal Encyclopédique de novembre 1766... »

CONTENU : §1 dispute avec Riccati ; §II et §III paradoxes géométriques ; §IV rayonnement de la chaleur d'un globe ; §V-VIII probabilités et inoculation.
DESTINATION : *O.C. D'Al.*, III/4

A67.02 | [1767]. D'ALEMBERT à [CONDORCET ?]
• SOURCE : impr., « Extraits de Lettres sur le Calcul des probabilités, & sur les Calculs relatifs à l'Inoculation »
• ÉDITION : *Opuscules*, 1768, t. IV, Mém. 27, p. 283-341
• REMARQUE : voir A67.01. Le correspondant pourrait être Condorcet
• INCIPIT : « Vous dites, monsieur, que la formule... »

CONTENU : §1 sur le calcul des probabilités ; §II sur les calculs relatifs à l'inoculation.
DESTINATION : *O.C. D'Al.*, III/4

A67.03 | [1767]. [MASSÉ DE LA RUDELIÈRE] à D'ALEMBERT
• SOURCE : impr.
• ÉDITION : *Lettre à Monsieur D'Alembert, touchant ses nouvelles entreprises sur le calcul des probabilités*, [s. l.], 1767
• INCIPIT : « Il n'est pas rare, monsieur, que les géomètres se trompent... »

CONTENU : Rép. polémique à D'Al. sur l'inoculation.
DESTINATION : non retenu dans les *O.C. D'Al.*, résumé dans le III/2, en annexe du Mém. 10

A68.01 | [1768]. CONDORCET à D'ALEMBERT
• SOURCE : impr., avec approbation du 8 août, privilège du 14 septembre 1768 sous le titre *Lettre sur le Système du Monde et sur le Calcul intégral*
• ÉDITION : *Essais d'analyse*, Paris, Didot, 1768, t. I, sp. 3-93 : « Le marquis de Condorcet à M. D'Alembert sur le système du monde et le calcul intégral »
• INCIPIT : « De faibles essais sur le système du monde sont bien peu dignes du grand géomètre qui en a discuté avec tant de sagacité... »

CONTENU : Le système du monde et le calcul intégral.
DESTINATION : non retenu dans les *O.C. D'Al.*

A69.01 | **11 juin 1769.** D'Alembert à Lagrange
- source : impr., « A Paris », « Extrait de différentes lettres de M. D'Alembert à M. de Lagrange »
- édition : *HAB 1763* (1770), XIX, p. 235-254
- incipit : « Vous serez surpris sans doute de me voir revenir encore sur les cordes vibrantes... »

contenu : Rép. aux mém. de Daniel Bernoulli et d'Euler dans *HAB 1765* (1767). Ne veut pas plus que Bernoulli « disputer sur les mots ». Revient sur le t. I des *Opuscules*, p. 63 : cordes vibrantes.

destination : *O.C. D'Al.*, III/10

A69.02 | **13 juin 1769.** D'Alembert à [Aubert], à la *Gazette littéraire de l'Europe*
- source : impr., corr. autogr. postérieures à décembre 1771, d., « à Paris », 4 p.
- localisation du ms. : Paris Institut, Ms. 882, f. 299-300
- édition : *J. Beaux-arts*, juillet 1769, p. 159-162. *Gazette littéraire de l'Europe*, 21 septembre 1769, p. 198-201 (incipit modifié « dans votre journal d'août ». *Opuscules*, t. VI, 1773, p. 98
- remarque : voir f. 297-298 « Remarque sur la lettre précédente » à propos de nouvelles expériences relatées en décembre 1771 dans le *J. Beaux-arts*
- incipit : « J'ai lu, monsieur, dans votre Journal de juin, les expériences sur le pendule, qu'un physicien a faites dans les Alpes... »

contenu : Variation de la pesanteur entre le sommet et la base des montagnes : les expériences évoquées ne peuvent remettre en cause la théorie de la gravitation newtonienne. A lu un mém. à l'Acad. sc. [*Opuscules*, t. VI, p. 85] montrant le rôle de la densité. Expériences de Bouguer au Pérou.

destination : *O.C. D'Al.*, III/12

A69.03 | **16 juin [1769].** D'Alembert à Lagrange
- source : impr., « A Paris », « Suite de l'extrait de différentes lettres »
- édition : *HAB 1763* (1770), XIX, p. 255-266. Lalanne 1882, XIII, p. 134-136
- remarque : mém. joint à la l. du 16 juin 1769
- incipit : « Je continue, monsieur, à vous faire part de mes recherches sur les cordes vibrantes. »

contenu : Suite du mém. du 11 juin sur les cordes vibrantes.

destination : *O.C. D'Al.*, III/10

A69.04 | **23 juin 1769.** D'Alembert à Lagrange
- source : impr., « à Paris », « Suite de l'extrait de différentes lettres de M. D'Alembert à M. de Lagrange », P.-S. du 29 juin
- localisation du ms. : Copie à Bâle
- édition : *HAB 1763* (1770), XIX, p. 266-277
- incipit : « A peine ma dernière lettre était-elle partie, monsieur... »

CONTENU : Tautochrones. P.-S. : vol. I du calcul intégral d'Euler. [la l. du 30 juin mentionne l'envoi de ce « supplément »].
DESTINATION : *O.C. D'Al.*, III/10

A69.05 | **13 novembre 1769.** D'ALEMBERT à LAGRANGE
- SOURCE : impr., ms envoyé avec la l. à Lagrange du 18 décembre 1769, d. « Extrait d'une lettre de M. D'Alembert à M. de Lagrange »
- ÉDITION : *HAB 1769* (1771), XXV, p. 254-264
- INCIPIT : « J'ai lu avec beaucoup de satisfaction les excellentes recherches de M. Béguelin... »

CONTENU : Calculs d'aberration du mém. de Béguelin sur les lunettes achromatiques dans *HAB 1762* (1769).
DESTINATION : *O.C. D'Al.*, III/10

A69.06 | **30 novembre 1769.** D'ALEMBERT à LAGRANGE
- SOURCE : impr., « Extrait d'une autre lettre de M. D'Alembert à M. de Lagrange »
- ÉDITION : *HAB 1769* (1771), XXV, p. 265-285
- INCIPIT : « Je continuerai, monsieur, à vous faire part dans cette lettre des Remarques que l'excellent mémoire... »

CONTENU : Suite des remarques sur les calculs d'aberration de Béguelin.
DESTINATION : *O.C. D'Al.*, III/10

A69.07 | **[1769].** [Paul-Henri MALLET] à D'ALEMBERT
- SOURCE : impr. « Genève, 1769 », « Lettre d'un Avocat Genevois à M. d'Alembert », 6 p.
- ÉDITION : [Jean-François de Bastide] *Réflexions philosophiques sur la marche de nos idées...*, Yverdun, 1759 [1769], p. 61-73, *L'Evangile du jour*, Londres, 1770
- REMARQUE : signalée par Volt. dans sa lettre du 4 juin 1769. Best. identifie l'« avocat genevois » comme étant P.-H. Mallet
- INCIPIT : « Si le témoignage tacite qu'arrache la vérité, faisait taire la voix de l'intérêt... »

CONTENU : Louanges à propos de l'art. « Genève ».
DESTINATION : *O.C. D'Al.*, IV/2, en annexe

A70.01 | **21 août 1770.** D'ALEMBERT à BJÖRNSTAHL
- SOURCE : autogr., d.s., en latin, 1 p.
- LOCALISATION DU MS. : Saint-Pétersbourg RNB, F 993, coll. Suchtelen, op. 2, n° 1224
- REMARQUE : citation de Cicéron pour l'*Album amicorum* du savant suédois Jacob Jonas Björnstahl. D'Al., alors à Paris, part pour Ferney le 16 septembre, la mention de Volt. apparaît à la suite dans l'*Album*, en date du 3 octobre 1770
- INCIPIT : « Mea mihi conscientia pluris est, quam omnium sermo »

CONTENU : Citation de Cicéron.
DESTINATION : *O.C. D'Al.*, V/7, en annexe

A70.02 | [c. 1770]. Un correspondant non identifié à D'ALEMBERT
- SOURCE : impr.
- ÉDITION : Pougens, I, p. 472-478
- INCIPIT : « Je ne voudrais pas que M. D'Alembert fût plus longtemps séduit par le sophisme dont les ennemis de la liberté... »

CONTENU : Sur les opinions de Galiani et la liberté du commerce des grains.
DESTINATION : *O.C. D'Al.*, IV/10

A71.01 | [2 mars 1771]. VOLTAIRE à D'ALEMBERT
- SOURCE : impr., « à M. d'Alembert »
- ÉDITION : *cf.* Bengesco 821
- REMARQUE : accompagne la l. du 2 mars 1771 de Volt. à D'Al.
- INCIPIT : « Esprit juste et profond, parfait ami, vrai sage, D'Alembert, que dis-tu de mon dernier ouvrage ?... »

CONTENU : Sur l'épître de Volt. à Christian VII roi de Danemark.
DESTINATION : *O.C. D'Al.*, V/7, en annexe

A72.01 | [octobre 1772]. Un correspondant non identifié à D'ALEMBERT.
- SOURCE : original avec corr. autogr. de D'Al. « envoyé au mois d'octobre 1772 », 6 p.
- LOCALISATION DU MS. : Paris Institut, Ms. 2466, f. 30b-30f (30b, mém. ; 30c copie même incipit ; 30d-e-f version développée des 2 p. précédentes)
- ÉDITION : Henry 1887a, p. 248-250
- INCIPIT : « MM. de Choisy, lieutenant-colonel de la légion de Lorraine, de Galibert, lieutenant... »

CONTENU : Supplication motivée par l'exposé de la situation des huit officiers français prisonniers de guerre en Russie.
DESTINATION : *O.C. D'Al.*, V/8, en annexe

A72.02 | [1772] LAURAGUAIS à D'ALEMBERT
- SOURCE : autogr., avec note ms de Banks
- LOCALISATION DU MS. : Sydney, State Library of New South Wales, Series 05.02, d'après leur site internet
- EXTRAIT : « ...notre ami Bougainville a du se tromper encore sur leurs mœurs. »

CONTENU : Mém. adressé au secrétaire de l'Acad. fr., D'Al. concernant la publication par le comte de Lauraguais du compte rendu par Banks du voyage de l'*Endeavour* 1771-1772.
DESTINATION : *O.C. D'Al.*, V/8, en annexe

A73.01 | **20 mars 1773.** Marguerie à [à l'Acad. sc.]
- SOURCE : autogr., d., « à Paris », « à Messieurs de l'Académie », 1 p.
- LOCALISATION DU MS. : Paris Institut, Ms. 2466, f. 146
- REMARQUE : joint à la l. à D'Al de la même date
- INCIPIT : « Je serai toujours infiniment flatté, monsieur, d'appartenir à l'académie des sciences... »

CONTENU : Sollicite une place d'adjoint surnuméraire.
DESTINATION : *O.C. D'Al.*, V/8, en annexe

A73.02 | **[27 avril 1773].** Frédéric II à D'Alembert
- SOURCE : impr., « Epître à D'Alembert »
- ÉDITION : Preuss, XIII, p. 119-125
- INCIPIT : « Vous ne le croirez point, sage Anaxagoras... »

CONTENU : Vers contre [Formey, voir l. du 27 avril 1773] et les querelles religieuses.
DESTINATION : *O.C. D'Al.*, V/8, en annexe

A74.01 | **18 janvier 1774.** D'Alembert au *J. enc.*
- SOURCE : impr., « à Paris », « Avis de M. d'Alembert sur l'histoire de l'Académie Françoise »
- ÉDITION : *J. enc.*, 1er février 1774, p. 519-520. Suit une liste des membres de l'Acad. fr., morts depuis 1700
- INCIPIT : « J'ai annoncé, dans l'assemblée publique de l'Académie française, le 25 août 1772, que je me proposais... »

CONTENU : Suggère de lui adresser des mém. sur des académiciens, francs de port, « rue St Dominique, vis-à-vis Bellechasse ». Ne fera pas usage pour ses Eloges de mém. anonymes.
DESTINATION : *O.C. D'Al.*, IV/7

A74.02 | **[mi 1774].** Bruyset à D'Alembert
- SOURCE : impr.
- ÉDITION : Léonard Euler, *Elémens d'algèbre, traduits de l'allemand*, Lyon, Bruyset, 1774, t. I, p. v-viii
- INCIPIT : « Il ne nous appartient ni de prononcer sur le mérite de l'ouvrage... »

CONTENU : Epître dédicatoire des libraires J. M. Bruyset père et fils à D'Al.
DESTINATION : *O.C. D'Al.*, V/9, en annexe

A74.03 | **17 juillet 1774.** Condorcet à D'Alembert
- SOURCE : copie intitulée « Lettre de M. le Mis de Condorcet à M. Dalembert concernant l'Académie », Paris, 17 juillet 1774
- LOCALISATION DU MS. : Lyon BM, Ms. Coste 1033, f.11-12
- INCIPIT : « L'Académie des Sciences qui jusqu'ici n'avait publié que de loin en loin... »

CONTENU : .
DESTINATION : *O.C. D'Al.*, V/9, en annexe

A75.01 | **[janvier 1775].** Voltaire à D'Alembert
• Source : impr., « Epître dédicatoire à Monsieur D'Alembert » « par l'éditeur de la tragédie de *Don Pedre* »
• Édition : *Don Pedre, roi de Castille*, 1775
• Incipit : « Vous êtes assurément une de ces âmes privilégiées... »
Contenu : Epître composée entre la nomination de Malesherbes le 12 janvier 1775 et sa réception le 16 février.
Destination : *O.C. D'Al.*, V/7, extrait

A75.02 | **[janvier 1775].** Un correspondant non identifié à D'Alembert
• Source : impr., *Lettre à M. D'Alembert*, sans nom d'auteur ni d'imprimeur, in-8°, 7 p., épigraphe « Nos beaux esprits ont beau se trémousser, ils n'effaceront jamais le Bonhomme »
• Édition : seul exemplaire localisé, New York, Public Library
• Remarque : compte rendu dans le *Journal de politique et de littérature*, 25 février 1775, t. I, p. 272-273
• Incipit : « A mon retour de la campagne, monsieur, je me suis avidement jeté sur les éloges de La Fontaine... »
Contenu : Voudrait que La Fontaine soit encore mis au programme de l'Acad. pour 1776. « Vieillard » mécontent des éloges de La Fontaine. Dit dans un P.-S. qu'un de ses amis veut concourir à la bonne œuvre.
Destination : *O.C. D'Al.*, IV/10, en annexe

A75.03 | **15 septembre 1775.** D'Alembert à Lagrange
• Source : impr., « Extrait d'une lettre de M. D'Alembert à M. de Lagrange »
• Édition : *HAB 1774* (1776), p. 308-309
• Remarque : annoncée par D'Al. comme une « note » à insérer dans *HAB*, dans la l. de la même date, 75.64
• Incipit : « La lecture de votre excellent mémoire... »
Contenu : Remarques à propos du mém. de Lagrange [*HAB 1773*] et le t. VI de ses *Opuscules*, sur l'attraction des sphéroïdes elliptiques et le théorème de Maclaurin.
Destination : *O.C. D'Al.*, III/10

A75.04 | **15 décembre 1775.** D'Alembert à Lagrange
• Source : impr., « Extrait d'une seconde lettre de M. D'Alembert à M. de Lagrange »
• Localisation du ms. : autogr. incomplet dans Paris Institut, Ms. 1787, f. 176 et f. 182 qui porte la date et une note autogr. « l'autre lettre est du 6 octobre »
• Édition : *HAB 1774* (1776), p. 310-311
• Remarque : D'Al. demande dans la l. de la même date, 75.80, d'insérer dans *HAB* cette nouvelle « petite rapsodie »
• Incipit : « Je suis bien aise que vous ayez trouvé par votre théorie... »

CONTENU : Démonstrations analytiques et synthétiques du théorème de Maclaurin, en rép. au mém. de Lagrange [lu à Berlin le 9 novembre 1775, publié dans *HAB 1775*].
DESTINATION : *O.C. D'Al.*, III/10

A76.01 | **1er janvier 1776.** D'ALEMBERT à [LA CHALOTAIS]
- SOURCE : copie avec corr. autogr., d., « à Paris », « au même magistrat », 21 p.
- LOCALISATION DU MS. : Paris Institut, Ms. 882, f. 341-361
- ÉDITION : Henry 1887a, p. 27-34
- INCIPIT : « Cette lettre, monsieur, sera très courte, quoiqu'il me fût aisé de la faire beaucoup plus longue... »

CONTENU : Texte faisant suite aux deux premières « lettres » [*Supplément à la Destruction des jésuites*]. Roi d'Espagne, bulle papale.
DESTINATION : *O.C. D'Al.*, IV/6, *Destruction des jésuites*

A76.02 | **[juin] 1776.** GUÉRIN de FRÉMICOURT à D'ALEMBERT
- SOURCE : impr., s., « A M. D'Alembert, sur l'Eloge historique de M. de Sacy, qu'il a lu à la séance Publique de l'Académie française, le jeudi 20 juin 1776 »
- ÉDITION : *Mercure*, juillet 1776, p. 52
- INCIPIT : « Sur ce tombeau que tu couvres de fleurs, Près de l'urne où repose une trop chère cendre... »

CONTENU : Vers sur l'amitié pour Mlle de Lespinasse, que D'Al. a exprimée lors de l'Eloge de Sacy.
DESTINATION : *O.C. D'Al.*, IV/7, en annexe

A76.03 | **[27 avril 1776].** FRÉDÉRIC II à D'ALEMBERT
- SOURCE : impr., « Epître à D'Alembert »
- ÉDITION : Preuss, XIV, p. 112-115
- INCIPIT : « Le temps, cher D'Alembert, nous détrompe de tout... »

CONTENU : Vers sur sa vie, la mort, le bonheur.
DESTINATION : *O.C. D'Al.*, V/9, en annexe

A77.01 | **[octobre 1777].** D'ALEMBERT à CONDORCET
- SOURCE : impr., *Lettre de M. D'Al. à M. le marquis de C** sur Mad. G***, Paris, 1777
- ÉDITION : Pougens, p. 245-258
- REMARQUE : Mme Geoffrin est morte le 6 octobre 1777
- INCIPIT : « Tous ceux qui, comme vous, mon cher ami, sont touchés des honneurs qu'on rend à la vertu,... »

CONTENU : Eloge de Mme Geoffrin écrit sous forme de lettre.
DESTINATION : *O.C. D'Al.*, IV/10

A77.02 | **[1777].** D'Alembert au [prince GONZAGA di CASTIGLIONE]
- SOURCE : copie, corr. autogr. de D'Al., d., « à Paris », « Lettre à M.***, écrite en 1777 », N.B., 14 p.
- LOCALISATION DU MS. : Paris Institut, Ms. 882, f. 265-278
- ÉDITION : Henry 1885/1886, p. 94-97
- INCIPIT : « J'ai lu depuis peu de jours, monsieur, un très long discours imprimé, prononcé au mois de novembre... »

CONTENU : Rép. au discours devant la Société Royale de Londres d'un italien [Gonzaga di Castiglione] dont l'objet est de sacrifier les géomètres français au grand Newton, défense de Clairaut et de lui-même.

DESTINATION : *O.C. D'Al.*, III/12 et/ou IV/10

A78.01 | **[début 1778].** [D'ALEMBERT] au *Journal de Paris*
- SOURCE : autogr., « Lettre aux auteurs du Journal de Paris », 3 p.
- LOCALISATION DU MS. : Paris, BnF, NAFr. 25261, f. 23-24
- REMARQUE : non retrouvée dans le *Journal de Paris*
- INCIPIT : « Votre journal, messieurs, rend au public et à la vérité le service de relever quelques uns des mensonges de M. Linguet... »

CONTENU : Linguet publie des mensonges, comme sa « Prophétie » (publication de « l'année dernière ») que le prix [d'éloquence] sera décerné à l'abbé Rémy [août 1777] : prophétie d'un événement connu. Eloge de Choisy lu à l'Acad. fr. le 25 août 1777.

DESTINATION : *O.C. D'Al.*, IV/10

A78.02 | **3 août 1778.** D'ALEMBERT à l'Académie française
- SOURCE : autogr., d.s., « à l'Académie ce 3 Août 1778 », 1 p.
- LOCALISATION DU MS. : Paris AF, Registre ms, p. 165, « lue devant les académiciens »
- ÉDITION : Reg. Acad. fr., p. 438-439
- INCIPIT : « Vous aurez l'année prochaine deux prix à donner, un d'Eloquence et un de Poésie... »

CONTENU : Propose de donner l'Eloge de Volt. pour sujet du prix et offre une somme de 600 livres en plus des 500 habituels.

DESTINATION : *O.C. D'Al.*, IV/10

A78.03 | **[24 août 1778].** Un correspondant non identifié à D'ALEMBERT
- SOURCE : impr., « de M. *** »
- ÉDITION : Pougens 1799, I, p. 273-293
- REMARQUE : cat. vente « Lettres autographes sur le XVIIIe siècle » (Etienne Charavay expert), 11 avril 1876, n° 42 : autogr., d.s., « Berlin », 4 p.
- INCIPIT : « Après la perte d'un ami tel que Milord Maréchal... »

CONTENU : Détails biographiques sur [George Keith, mort en mai 1778].

DESTINATION : *O.C. D'Al.*, IV/10, en annexe

A78.04 | **21 novembre 1778.** MUSELL STOSCH à D'ALEMBERT
- SOURCE : impr.
- ÉDITION : Pougens 1799, vol. I, p. 294-327
- REMARQUE : cat. vente Librairie de l'Abbaye n° 29, Paris, n° 90 : autogr., d.s., « Berlin », 20 p. extrait dans le *J. enc.* de novembre 1779, p. 522-523 et le *Mercure*, 25 septembre 1779, p. 189-191
- INCIPIT : « Il y a longtemps que je me serais acquitté de la commission dont M. de Catt m'a chargé... »

CONTENU : Détails sur la vie de [George Keith, mort en mai 1778].
DESTINATION : *O.C. D'Al.*, IV/10, en annexe

A78.05 | **29 novembre 1778.** D'ALEMBERT aux *Annales Poétiques*
- SOURCE : impr., « à Paris », « Lettre du Secrétaire perpétuel de l'Académie française, aux Editeurs des Annales Poétiques »
- ÉDITION : *Mercure*, 5 mars 79, p. 42
- INCIPIT : « J'ai présenté à l'Académie, dans son assemblée d'hier... »

CONTENU : Remerciements de la part de l'Acad. fr.
DESTINATION : *O.C. D'Al.*, IV/10

A78.06 | **12 décembre 1778.** TRESSÉOL à D'ALEMBERT
- SOURCE : impr. « Lettre à M. d'Alembert, secrétaire de l'Académie francoise, sur deux questions grammaticales »
- ÉDITION : *J. enc.*, 15 janvier 1779, t. I, partie II, p. 326-328
- INCIPIT : « Nous avons, monsieur, plusieurs bons ouvrages sur... »

CONTENU : Il manque un ouvrage de principes généraux sur le français : l'Acad. fr. doit établir un code de lois grammaticales. Contradictions des grammairiens : Vaugelas, Desmarais, Lancelot et Arnaud contre Girard, d'Olivet, Duclos, Wailly. Restaud. César, Cicéron, l'*Orateur*.
DESTINATION : *O.C. D'Al.*, IV/10

A78.07 | **[fin décembre 1778].** D'ALEMBERT à TRESSÉOL
- SOURCE : impr., résumé de la l. et non la l. elle-même
- ÉDITION : *J. enc.*, 15 janvier 1779, t. I, partie II, p. 328
- INCIPIT : inconnu

CONTENU : Rép. aux exemples cités [l. du 12 décembre] : le participe doit se décliner. Racine. L a question des participes a d'autres difficultés plus grandes : l'Acad. fr. s'en occupe.
DESTINATION : *O.C. D'Al.*, IV/10

A79.01 | **8 février 1779.** Un correspondant non identifié à D'ALEMBERT
- SOURCE : impr., « Vers à M. D'Alembert en lui envoyant le nouveau recueil intitulé : *Graves Observations sur les bonnes mœurs*, par le Frère Paul, Hermite de Paris »

«LETTRES OSTENSIBLES»

> - ÉDITION : *Mercure*, 25 mars 1779, p. 243-245 ; *L'Esprit des journaux*, juillet 1779, p. 261-262
> - INCIPIT : « Quoique savant, vous n'êtes pas de ces ennemis du Parnasse »

CONTENU : Vers d'accompagnement
DESTINATION : *O.C. D'Al.*, V/10, en annexe

A79.02 | **27 mars 1779.** D'ALEMBERT au *Mercure*
> - SOURCE : impr., « à Paris »
> - ÉDITION : *Mercure*, 5 avril 1779, p. 63-64
> - INCIPIT : « J'ai dit, monsieur, dans l'éloge de M. Destouches... »

CONTENU : A la demande de la famille, supprimera de l'éloge de Destouches la mention qu'il avait été comédien dans sa jeunesse.
DESTINATION : *O.C. D'Al.*, IV/7, en annexe

A79.03 | **18 septembre 1779.** D'ALEMBERT au *Mercure*, au *J. enc.*
> - SOURCE : impr., « à Paris »
> - ÉDITION : *Mercure*, 25 septembre 1779, p. 189-191. *J. enc*, 1er novembre 1779, p. 522-523. Voir Leigh XLIV, 7612, p. 18-20
> - INCIPIT : « On dit, messieurs, que plusieurs amis de feu M. Rousseau... »

CONTENU : Eloge de [Keith], lettre de Muzell Stosch.
DESTINATION : *O.C. D'Al.*, IV/10, en annexe

A79.04 | **29 novembre 1779.** [Mme de FRANQUEVILLE ?] à D'ALEMBERT
> - SOURCE : impr.
> - ÉDITION : *Lettre à Monsieur D'Alembert*, à Neufchâtel, 1780, 24p.
> - REMARQUE : Pourrait être de Mme de Franqueville, comme la l. du 28 novembre 1780. La date est celle du P.-S., la l. est datée du 25 octobre
> - INCIPIT : « Jusqu'à présent, monsieur, je n'ai osé franchir l'intervalle immense... »

CONTENU : A propos de la l. de Musell Stosch insérée dans le *Mercure* du 25 septembre 1779.
DESTINATION : *O.C. D'Al.*, IV/10, en annexe

A79.05 | **[1779].** D'ALEMBERT à CONDORCET
> - SOURCE : impr.
> - ÉDITION : Pougens 1799, p. 259-270
> - INCIPIT : « Vous avez été mon cher ami vivement pénétré des détails touchants que renfermait ma première lettre... »

CONTENU : Seconde « lettre » sur Mme Geoffrin (deux ans après sa mort), suite de l'Eloge.
DESTINATION : *O.C. D'Al.*, IV/10

A79.06 | **[1779].** D'ALEMBERT à CONDORCET
> - SOURCE : copie avec corr. autogr. de D'Al. « Supplément à la seconde lettre sur Madame Geoffrin », 18 p.
> - LOCALISATION DU MS. : Paris Institut, Ms. 1786, f. 192-209

• ÉDITION : Henry 1885/1886, p. 91-94
• INCIPIT : « Vous désirez, mon cher ami, que je vous instruise des cruelles raisons qui m'ont écarté du lit de notre amie mourante. »
CONTENU : Contient la l. de Mme de La Ferté-Imbault, la fille de Mme Geoffrin, à D'Al. [76.49] et une l. qu'il voulait écrire en réponse, lorsque Mme de La Ferté-Imbault lui ferma la porte de sa mère.
DESTINATION : *O.C. D'Al.*, IV/10

A79.07 | **[1779].** MURVILLE à D'ALEMBERT
• SOURCE : impr. « à M. d'Alembert ».
• ÉDITION : *Epître à Voltaire. Pièce qui a obtenu l'accessit au jugement de l'Académie Françoise en 1779*, Paris, Demonville, 1779
• INCIPIT : « Je suis sûr d'être applaudi de toute l'Europe lettrée... »
CONTENU : Epître et hommage à l'ami de trente ans (de Volt.) qui a proposé le prix de poésie de l'Acad. fr.
DESTINATION : *O.C. D'Al.*, V/10

A80.01 | **29 septembre 1780.** D'ALEMBERT au *Mercure*
• SOURCE : copie avec corr. autogr. de D'Al., d. « à Paris », 7 p.
• LOCALISATION DU MS. : Paris Institut, Ms. 1786, f. 1-7
• ÉDITION : *Mercure*, 14 octobre 1780, p. 85-87
• REMARQUE : Leigh 7760
• INCIPIT : « On vient, messieurs, de me faire voir une brochure... »
CONTENU : Sur le *Dictionnaire de musique* de J.-J. Rousseau et ses propres *Elémens de musique*.
DESTINATION : *O.C. D'Al.*, IV/10

A80.02 | **28 novembre 1780.** [Mme de FRANQUEVILLE] à D'ALEMBERT
• SOURCE : impr., s. « Mme du Riez-Genest »
• ÉDITION : *Année Littéraire*, 1780, t. VIII, p. 122-139
• REMARQUE : avec une lettre de la même à Fréron, datée du 25 décembre 1780, p. 140-141. Leigh a identifié « Mme du Riez-Genest » comme étant Mme de Franqueville.
• INCIPIT : « Souffrez, monsieur, que j'aie l'honneur de vous adresser quelques observations sur la lettre qui se trouve dans le *Mercure*... »
CONTENU : *Rousseau juge de Jean Jacques*. Défend Rousseau contre les « attaques » de D'Al.
DESTINATION : *O.C. D'Al.*, IV/10, en annexe

A80.03 | **décembre [1780].** D'ALEMBERT au *Mercure*
• SOURCE : impr. qui donne un résumé
• ÉDITION : *Mercure*, 23 décembre 1780, p. 178-180
• INCIPIT : inconnu
CONTENU : D'Al a reçu une l. du 28 novembre signée Mme Du Riez-Genest, qu'il envoie, comme celle-ci le demande au *Mercure*, en déclarant « avec la plus grande

sincérité » qu'il ne « s 'opposoit nullement à ce qu'elle fût publiée ». Mais le *Mercure* a jugé cette publication inutile et reproduit la justification de D'Al. se basant sur le fait qu'il n'a rien ajouté à l'éd. de ses *Elémens de musique* de 1762.

DESTINATION : *O.C. D'Al.*, IV/10, en annexe

A81.01 | **[2 juin 1781].** [D'ALEMBERT ?] à VAUDÉ
- SOURCE : cat. vente Charavay cité par Pappas 1986, n° 1857
- REMARQUE : la réf. au Fichier Charavay BnF (NAFr. 28061/2) n° 72769 ne correspond à aucune notice, il est donc difficile de savoir s'il s'agit vraiment d'un autogr. de D'Al.
- INCIPIT : inconnu

CONTENU : Il prie M. Vaudé de remettre au porteur le contrat de 20 lt par an, passé sur sa tête et sur celle d'Elisabeth Lacour.

DESTINATION : *O.C. D'Al.*, V/11

A81.02 | **[juillet 1781].** [D'ALEMBERT ?] à VIMEUX
- SOURCE : impr., « Epître à Charles Vimeux, âgé de 7 ans, qui avoit refusé à l'Auteur la faculté de faire des vers »
- ÉDITION : *Journal de Paris*, n° 217, 5 août 1781, p. 873
- REMARQUE : D'Alembert a correspondu avec Charles de Vimeux en 1781 et l'auteur de ce poème écrit « à mon âge on veut du repos »
- INCIPIT : « Charles, le bonheur de ton âge... »

CONTENU : Encouragements à l'étude.

DESTINATION : *O.C. D'Al.*, V/11, en annexe

A81.03 | **14 décembre 1781.** D'ALEMBERT à LAGRANGE
- SOURCE : impr., « Extrait d'une lettre de M. D'Alembert à M. de Lagrange »
- ÉDITION : *HAB 1780* (1782), p. 376-378
- REMARQUE : D'Al. demande dans la l. de la même date, 81.71, d'insérer dans *HAB* ces corrections
- INCIPIT : « Dans les Mémoires de 1746, p. 208... »

CONTENU : Corrections à ce qu'il a écrit dans *HAB 1746* et dans le t. VII de ses *Opuscules*.

DESTINATION : *O.C. D'Al.*, III/10

A83.01 | **27 janvier 1783.** D'ALEMBERT à un correspondant non identifié
- SOURCE : autogr., s., « à Paris », écrit comme sec. perpétuel de l'Acad.fr., 1 p.
- LOCALISATION DU MS. : Paris AF, dossier D'Alembert 1G1
- REMARQUE : fac-similé dans *Lettres autographes composant la collection de M. Alfred Bovet*, décrites par Etienne Charavay, Paris, 1885, p. [274]
- INCIPIT : « L'Académie pense que la première des deux phrases... »

CONTENU : Il faut dire « il n'y a *que* la Comédie françoise *où* l'on parle bien », assertion contestable en elle-même.

DESTINATION : *O.C. D'Al.*, IV/10

ANNEXE I : LETTRES APOCRYPHES

Il s'agit de lettres inventées par des tiers, des supercheries, dont D'Alembert est supposé être l'expéditeur ou le destinataire, et que nous décrivons ici afin que le lecteur qui les trouverait au fil de ses lectures sache qu'il s'agit de faux. Elles ne sont pas recensées dans les index.

F01 | **[1er avril 1732].** D'ALEMBERT à Mme de P***, prieur du couvent de Montfleury
- SOURCE : impr. « au château de Bouquéron »
- ÉDITION : Belin-Bossange, t. V.1 p. 470-471
- INCIPIT : « Dans quelle ivresse inexprimable vous venez de plonger mon âme... »

F02 | **[18 juin 1743].** D'ALEMBERT à Mme de Tri***
- SOURCE : impr. « au château de Bouquéron »
- ÉDITION : Belin-Bossange, t. V.1 p. 473
- INCIPIT : « Que votre modestie tient de vertus dans l'ombre !... »

F03 | **[24 juin 1743].** D'ALEMBERT à Mme de Tri***
- SOURCE : impr. « au château de Bouquéron »
- ÉDITION : Belin-Bossange, t. V.1 p. 474
- INCIPIT : « Vous outrez les caractères. On ne voit qu'un très petit nombre de femmes... »

F04 | **[24 juin 1743].** D'ALEMBERT à Mme la marquise de Chatel***
- SOURCE : impr. « Bouquéron »
- ÉDITION : Belin-Bossange, t. V.1 p. 474-475
- INCIPIT : « Le premier mouvement que nous sentons pour une personne vertueuse... »

F05 | **[1er mars 1744].** D'ALEMBERT à VOLTAIRE
- SOURCE : impr. « Paris »
- ÉDITION : *Mémoires secrets de Mme de Tencin, ses tendres liaisons avec Ganganelli, ou l'heureuse découverte relativement à D'Alembert*, Abbé Barthélémi, 1792, part. 1, p. 72-73, Belin-Bossange, t. V.1 p. 468
- INCIPIT : « Serez-vous donc toujours l'adulateur du vice ?... »

F06 | **[9 mars 1744].** Voltaire à D'Alembert
• Source : impr. « Paris »
• Édition : *Mémoires secrets de Mme de Tencin, ses tendres liaisons avec Ganganelli, ou l'heureuse découverte relativement à D'Alembert*, Abbé Barthélémi, 1792, part. 1, p. 74. Belin-Bossange, t. V.1 p. 468
• Incipit : « Ma plume, il est vrai, n'aurait jamais dû s'abaisser à embellir le langage du vice... »

F07 | **[1762].** D'Alembert à Mme de Pompadour
• Source : impr. « Paris »
• Édition : *Lettres et réponses écrites à Mme la marquise de Pompadour*, Londres 1772, p. 183-184
• Incipit : « Je sais que vous avez été informée des offres que l'impératrice de Russie a bien voulu me faire... »

F08 | **[1762].** Mme de Pompadour à D'Alembert
• Source : impr. « Paris »
Édition : *Lettres de Mme la marquise de Pompadour*, Londres 1772, p. 129
• Incipit : « Vous m'avez plaisir en me faisant part de votre résolution au sujet de ce voyage chez les barbares... »

F09 | **[1772-1774].** Frédéric II à D'Alembert
• Source : copie « d'une lettre que le Roi de Prusse vient, dit-on, d'écrire à M. D'Alembert », 1 p.
• Localisation du ms. : Royal Archives, Windsor Castle, Berkshire, 15222
• Remarque : la formulation de cette l. montre qu'elle n'est pas authentique. Voir par exemple une autre l. désavouée par D'Al. et Fréd. II, F10, fin 1775-début 1776
• Incipit : « Mon cher D'Alembert, je viens de mettre en pratique la Morale que vous avez semée dans l'Encyclopédie. »
Contenu : a fait des frais pour accorder ses voisins remuants. Dédommagement : « ma sœur de Vienne a gagné une robe, ma sœur de Pétersbourg un jupon, et moi un bon habit ». Discours et péroraison au Turc [Traité de Kaïnardji 2 juillet 1774].

F10 | **[fin 1775-début 1776].** Frédéric II à D'Alembert
• Source : impr. (dans plusieurs gazettes d'Allemagne et quelques journaux de France *dixit* D'Al. dans sa l. à Fréd. II du 26 avril 1776)
• Édition : Preuss XXV, n. de 169, p. 41-42 qui la tire de la *Vie de Frédéric II*, Strasbourg, 1787, t. IV, p. 257, *Corr. litt*, février 1776
• Remarque : D'Al. la désavoue dans le *Mercure* et le *J. enc.* par une l. datée du 29 mars 1776
• Incipit : « Pour cette fois, mon cher, je puis bénir mon étoile, et si vous m'aimez,... »

CONTENU : [Reprend quelques thèmes, déformés, de la l. du 30 décembre 1775]. quatorze accès de goutte, jésuites, « Voltaire écrit comme une vieille femme », « mon Académie est trop bête », « très bon roi » en France, espère le voir au printemps prochain.

F11 | **[28 novembre 1777].** [GALIANI] à D'ALEMBERT
- SOURCE : impr. « Naples »
- ÉDITION : Lucien Perey et Gaston Maugras, *L'abbé F. Galiani Correspondance, nouvelle édition*, t. II, Paris 1881, p. 537-540. [Pappas 1647]
- REMARQUE : Fausto Nicolini dans *La Revue de Littérature comparée*, 1930 p. 750 précise que la l. a été fabriquée en 1818 par le faussaire Antonio Serieys
- INCIPIT : « Les économistes me poursuivent partout ; ce sont donc de nouvelles furies qui me pendent... »

F12 | **[10 avril 1780].** D'ALEMBERT à LINGUET
- SOURCE : impr. « Paris »
- ÉDITION : « Lettre de M. D'Alembert à M. Linguet sur l'aliéniation des biens ecclésiastiques, en réponse à celle qui est insérée dans le numéro 52 des Annales », Berlin de l'Imprimerie Royale, 1780. 62 p.
- INCIPIT : « J'ai lu, monsieur, la lettre sur l'aliénation des biens écclésiastiques... »

F13 | **10 février 1781.** BOSSI à D'ALEMBERT
- SOURCE : impr., « Réflexions adressées par M. Bossi à M. D'Alembert, sur sa Lettre à M. Linguet, touchant l'aliénation des biens ecclésiastiques », Milan, 10 février 1781, Genève, 1781, in-16°, 59 p.
- ÉDITION : signalé dans l'*Inventario della raccolta donata da Achille Bertarelli al comune di Milano*, vol. 1, Bergamo, 1925, p. 3
- INCIPIT : [non repéré]

F14 | **1er mai 1781.** CARACCIOLI à D'ALEMBERT
- SOURCE : copie, d., « à Paris »
- LOCALISATION DU MS. : Nombreuses copies diffusées en Europe, que l'on trouve aujourd'hui, par exemple, à Amsterdam, Instituut voor Sociaal Geschiedenis, coll. Buyard, 82, à New-York Columbia à Moscou RGB OR, à la British Library, aux A.N., à la BHVP, à la BnF NAFr. 22103, f. 135-170, NAFr. 22156, f. 102-112, à la BM de Nantes Ms. 1136 sous la date de 1775, etc.
- ÉDITION : nombreuses éditions
- REMARQUE : Lettre démentie dès la l. de D'Al. à Rochefort du 3 août 1781
- INCIPIT : « Vous êtes donc fâché de mon départ mon cher D'Alembert, j'aime à me le persuader... »

CONTENU : Pamphlet sur Necker paru sous forme de lettre de l'ambassadeur de Naples à D'Alembert, mais en réalité de Calonne (voir Sacy, *Le comte d'Angiviller*, Paris, Plon, 1953, p. 166).

ANNEXE II : LETTRES NON RETENUES

Cette Annexe contient les lettres de l'inventaire établi par John Pappas en 1986 (avec un supplément de 1989) qui n'ont pas été retenues dans le présent *Inventaire Analytique* pour les raisons données ci-dessous cas par cas, ainsi que quelques autres lettres présentant des cas analogues.

La concordance complète entre l'inventaire de John Pappas et le nôtre, trop longue pour être donnée ici, peut être consultée aisément en ligne sur le site http://dalembert.univ-lyon1.fr.

Les numéros sont ceux de l'inventaire de J. Pappas, suivis de ses propres indications et abréviations, puis de la raison pour laquelle nous n'avons pas retenu ce numéro, souvent en doublon d'un autre. L'item conservé se trouve à sa date, dans le corpus principal du présent *Inventaire analytique*.

0060 29 janvier 1751 : de Leonhard Euler. Edition : Taton 28 (paraphrase partielle). Manuscrit : Institut, 915, f. 185 v.
Doublon mal daté de la lettre du 29 juin 1751 (Pappas **0068**).

0071 3 septembre 1751 : à Marie de Vichy de Chamrond, marquise du Deffand. Manuscrit : BN, FC 4° 749, II.386 et 410.
Doublon mal daté de la lettre du 3 septembre 1753 (Pappas **0111**).

0080 10 février 1752 : à Marie de Vichy de Chamrond, marquise du Deffand. Edition : Bastien, XIV.308. Voir lettre suivante.

0081 16 février 1752 : à Marie de Vichy de Chamrond, marquise du Deffand. Manuscrit : IMV 77/262.
Doublons (ou plutôt triplets) mal datés de la lettre du 16 février 1753 (Pappas **0104**).

0084a 20 juin 1752 : de Georges-Louis Leclerc, comte de Buffon. Manuscrit : Catalogue Charavay (12 mars 1904).
Doublon mal daté de la lettre du 20 juin 1751 (Pappas **0066**).

0093 20 novembre 1752 : de Jean-Baptiste de Boyer, marquis d'Argens. Edition : Preuss, XXV. 266-267.
Doublon mal daté de la lettre du 20 novembre 1753 (Pappas **0118**).

0097 [1752] : à André-François Le Breton. Manuscrit : Sotheby (11 juin 1968), p. 19, n° 21, à Heilbron.
Doublon de la lettre placée [fin novembre 1751] (Pappas **0078**).

0099 [1752] : à Alexis-Claude Clairaut. Edition : *JS* (5 décembre 1761), II.839.
Pour attester la priorité qu'il revendique dans les calculs lunaires, Clairaut, dans cette « Lettre à Messieurs les auteurs du Journal des Sçavans », cite la réponse qu'il a reçue non pas de D'Al. mais de Leonhard Euler, à l'envoi qu'il a fait de son mémoire des *HAB 1745* en décembre 1748. La présente lettre figure en effet dans les *O.C.Euler* en date du 2 juin 1750.

0119 8 décembre 1753 : à Jean-Baptiste de Boyer, marquis d'Argens. Edition : *QL*, 27-32.
Doublon mal daté de la lettre du 22 décembre 1753 (Pappas **0120**).

0121 mars 1754 : de Georges-Louis Le Sage fils. Manuscrit : BPU, Supp. 517, f. 5-8
Début mal daté de la lettre du 12 juillet 1754 (Pappas **0125**).

0133 3 janvier 1755 : à [Bollioud de Mermet]. Manuscrit : Institut, 2031, f. 1401
La référence donnée pour cette lettre n'existe pas : le Ms 2031 de la Bibliothèque de l'Institut ne contient que 187 f. et les registres de la Société royale de Lyon, dont Bollioud-Mermet est le secrétaire, ne mentionnent aucune lettre à cette date. Il s'agit peut-être d'une confusion avec la lettre du 30 janvier 1755 (Pappas **0135**) à laquelle Bollioud-Mermet répond le 22 février 1755 (Pappas **0138**).

0136 [14] février 1755 : de la Société royale de Lyon. Edition : RL, IV.200. Manuscrit : Lugd. 266, vol. II, f. 140.
Doublon, avec une date mal restituée, de la lettre du 22 février 1755 (Pappas **0138**).

0140 25 février 1755 : du père Paul-Emilien Béraud. Manuscrit : Institut, 2466, f. 9.
Doublon mal daté de la lettre du 21 février 1755 (Pappas **0137**).

0141 [mars] 1755 : à Jacques-Germain Soufflot. Edition : RL, IV.206.
Doublon de la lettre déjà inventoriée à la date d'[avril] 1755 (Pappas **0143**) et datée dans le présent *Inventaire* du 9 mars 1755.

0153 [décembre 1755] : à Louis-Elisabeth de La Vergne, comte de Tressan. Edition : Pougens, I.209.
Doublon de la lettre figurant plus loin au 26 décembre 1755 (Pappas **0157**).

0188 6 janvier 1757 : à Jean-Henri-Samuel Formey. Underline: Manuscrit : BN, FC 4° 749, II.386 et 387.
Doublon de la lettre déjà inventoriée sous la date restituée de janvier 1757 (Pappas **0187**).

0194 [mars 1757] : de Voltaire. Edition : Best. D7199a*.
Amalgame de deux lettres datées en fait du 15 et du 18 avril 1757.

0200 27 mai 1757 : à ? Manuscrit : BN, FC 4° 749, II.384b, n° 5.
Cette pièce, dont la notice est tirée du « Fichier Charavay » de la BnF, est entrée dans les collections du Wellcome Institute de Londres. Ce n'est pas une lettre, mais un rapport à l'Académie des Sciences, qui figurera dans le tome III/11 de la présente édition des O.C. D'Al.

0209 14 août 1757 : à André Morellet. Manuscrit : BVC, Ms. V, pièce 2.
Doublon mal daté de la lettre du 14 août 1758 (Pappas **0260**).

0210 15 août 1757 : de Georges-Louis Le Sage fils. Edition : Henry 2, p. 518.
Doublon mal daté de la lettre du 15 avril 1757 (Pappas **0195**).

0219 24 décembre 1757 : d'André-François Le Breton. Manuscrit : BN, Fr. 22191, f. 25-26.
Conservée dans un recueil des Archives de la Librairie, cette lettre est manifestement adressée à Malesherbes, comme l'avait indiqué Ernest Coyecque dans le catalogue de la BnF (Inventaire de la collection Anisson, Paris, 1900, t. II, p. 454).

0236 6 février 1758 : à Théodore Tronchin. Manuscrit : BN, Naf.15230, f. 196.
Doublon mal daté de la lettre du 6 janvier 1758 (Pappas **0225**).

0247 7 mai 1758 : à Charles-Jean-François Hénault. Manuscrit : Boston Public Library.
Doublon mal daté de la lettre du 17 mai 1758 (Pappas **0248**).

0267 20 novembre 1758 : de Jean-Baptiste de Boyer, marquis d'Argens. Edition : Bastien, VIII.294.
Doublon mal daté de la lettre du 20 novembre 1753 (Pappas **0118**).

0269 22 décembre 1758 : à Jean-Baptiste de Boyer, marquis d'Argens. Edition : Bastien, VIII.197.
Doublon mal daté de la lettre du 22 décembre 1753 (Pappas **0120**).

0270 [1758] à Paolo Frisi. Manuscrit : BN, FC 4° 749, II.395.
Doublon de la lettre, mieux datée, du 7 juin ou de celle du 20 novembre 1758 (Pappas **0252** ou **0268**).

0271 [fin 1758-début 1759] : de Théodore Tronchin. Manuscrit : BN, Naf.15230, f. 193.
Doublon de la lettre, mieux datée, du 28 décembre 1757 (Pappas **0220**).

0304 2 juin 1760 : au *Journal des savans*. Edition : JS (août 1760), p. 538.

0305 2 juin 1760 : au *Mercure de France*. Edition : MF (juillet 1760), p. 121-122.
Lettre publique déjà parue dans le *Journal encyclopédique* (Pappas **0294**).

0319 août 1760 : à André Morellet. Edition : *Diderot et son temps*, Bruxelles, 1985, p.313. Manuscrit : Mariemont, XII/264a.
Doublon de la lettre du 6 août 1760 (Pappas **0320**).

0331 [octobre 1760] : de Denis Diderot. Edition : Roth-Varloot, IX.9-10.
Cette lettre s'adresse manifestement à l'un des imprimeurs de l'*Encyclopédie* et non pas à D'Al., lequel, à cette date, s'était retiré comme éditeur.

0334 novembre 1760 : au *Mercure de France*. Edition : JE (novembre 1760), II.106.
Doublon de la lettre déjà inventoriée en septembre 1760 (Pappas **0326**).

0336 [1760] : de George Keith, earl Marischal. Edition : Pougens, I.353.
Ce billet, où le destinataire est prié de faire force compliments à D'Al., ne peut lui avoir été adressé. Il est signalé, d'après un extrait du Fichier Charavay de la BnF, dans la *Correspondance générale* d'Helvétius (t. III, n° 513).

0339 [1760] : de Jean-Daniel Schöpflin. Edition : [Mentionnée par Heier, p. 76]
Cette lettre qui n'a jamais été retrouvée ni par conséquent éditée est un « fantôme » et les principes de la présente édition l'excluent donc, comme tous les autres « fantômes ».

0350, 0351, 0352 : toutes de [mars 1761], toutes à l'abbé Pierre-Joseph Roussier, Manuscrit : Columbia, n° 11, n° 6, n° 7.
Ces trois pièces ne sont pas des lettres mais des listes de corrections aux *Elémens de musique*.

0353 [mars-août 1761] : à l'abbé Pierre-Joseph Roussier. Manuscrit : BN, FC 4° 749, ii.299.
Réunion de plusieurs lettres mises en vente dans un même lot et figurant chacune à sa date dans le présent *Inventaire*.

0361 [avril 1761] : au *Journal encyclopédique*. Edition : JE (avril 1761), III.118-121.
Doublon de la lettre datée avec raison de fin février 1761 (Pappas **0348**).

LETTRES NON RETENUES

0377 27 octobre 1761 : à Renée-Caroline de Froullay, marquise de Créqui. <u>Manuscrit</u> : Vente rue Drouot (27 octobre 1961), in Dossier D'Al., Acad. Sci.
La date de la lettre résulte d'une confusion avec celle du catalogue de vente. Il s'agit en fait d'un doublon de la lettre placée [fin 1754, début 1755] (Pappas **0132**), lettre qui figure dans le présent *Inventaire* à la date du 16 janvier 1755.

0387 23 mars 1762 : à ? <u>Manuscrit</u> : Neuchâtel.
Il n'existe, à la BPU de Neuchâtel, aucune lettre de D'Al. portant cette date si bien que l'on est conduit à penser qu'il s'agit là d'un doublon de la lettre du 23 [février 1762] (Pappas **0385**).

0397 16 juillet 1762 : à André Morellet. <u>Edition</u> : Morellet, I.61-62.
Doublon mal daté de la lettre du 16 juillet 1763 (Pappas **0468**).

0401 août 1762 : à Alexis-Claude Clairaut. <u>Edition</u> : JE (15 août 1762), p. 73-97.
Doublon de la lettre, mieux datée, du 5 juillet 1762 (Pappas **0395**).

0450 11 juin 1763 : à Marie de Vichy de Chamrond, marquise Du Deffand. <u>Edition</u> : Preuss, XXV. app. 2.
Doublon mal daté de la lettre du 25 juin 1763 (Pappas **0455**).

0530 27 avril [1764] : à ? <u>Manuscrit</u> : AF.
Triplet (voir Pappas **0780**) de la lettre du 27 avril [1765] (Pappas **0603**).

0572 [1764] : à ? <u>Manuscrit</u> : Institut, 876, f. 89.
Doublon mal identifié et mal daté de la lettre à Clairaut de juin 1764 (Pappas **0537**).

0583 31 janvier 1765 : de ? <u>Edition</u> : Bastien, VIII.408.
Doublon mal identifié et mal daté de la lettre de l'abbé Canaye (Pappas **0434**).

0613a 21 juin 1765 : à Roger Boscovich [etc.]
Doublon de la lettre de même date à Paolo Frisi (Pappas **0613**).

0613b [juin 1765] : à Roger-Joseph Boscovich [etc.]
Doublon de la lettre du 9 juillet 1765 à Paolo Frisi (Pappas **0622**).

0615 [25 juin 1765] : à l'abbé Ferdinando Galiani. <u>Edition</u> : Perey, I.xlvii.
Doublon mal daté de la lettre d'adieu de [mai-juin 1769] (Pappas **0934**).

0629 27 août 1765 : de Du Tour.
Il s'agit d'un « fantôme ».

0682 4 juin 1766 : à ? Manuscrit : Leipzig.
Doublon mal daté de la lettre du 4 juin 1767 (Pappas **0795**).

0691 11 juillet 1766 ; à Du Tour. Manuscrit : Indiqué sur une liste de la Maison Charavay.
Doublon mal daté de la lettre du 11 juillet 1768 (Pappas **0872**).

0702 27 juillet 1766 : de David Hume. Edition : Leigh 5314.
Doublon mal daté de la lettre du 25 juillet 1766 (Pappas **0700**).

0714 août 1766 : à David Hume. Edition : Burton II.198.
Cette lettre n'existe pas : l'édition des *Letters of eminent persons addressed to David Hume* (1849) ne comporte qu'un volume.

0717 6 septembre 1766 : de Du Tour.
Il s'agit d'un « fantôme ».

0729 [vers le 6 octobre 1766] : à [Jean-Baptiste-Antoine Suard ?]. Edition : Henry 2, p. 515-516.
Doublon mal daté de la lettre du 29 [novembre 1766] (Pappas **0741**).

0743 29 [novembre 1766] : à Charles-Jean-François Hénault. Edition : Henry 2, p. 15.
Doublon mal identifié de la lettre de même date à Suard (Pappas **0741**).

0761 5 février 1767 : de Joseph-Michel-Antoine Servan. Manuscrit : BN, Naf 15230, f. 225.
Doublon mal daté de la lettre du 5 janvier 1767 (Pappas **0752**).

0780 27 avril 1767 : à Louis-René de Caradeuc de La Chalotais. Edition : Henry 2, p. 559.
Triplet (voir Pappas **0530**) de la lettre du 27 avril 1765 (Pappas **0603**).

0790 29 mai [1767] : à Joseph-Louis Lagrange. Edition : Serret, XIII.96. Manuscrit : Institut, 876, f. 151-152.
Doublon mal daté de la lettre du 29 mai 1768 (Pappas **0863**).

0832 29 juillet 1768 : à Jean de Castillon.
Lettre mentionnée, mais non retrouvée : « fantôme »

0884 22 octobre 1768 : à Paolo Frisi. Manuscrit : BL, Egerton 15, no. 9.
Doublon mal daté de la lettre du 20 décembre 1768 (Pappas **0903**).

LETTRES NON RETENUES

0910 [1768] : à Chrétien-Guillaume de Lamoignon de Malesherbes. <u>Manuscrit</u> : Bn, FC, 4° 749, ii.395.
Réunion de trois lettres mises en vente dans un même lot et qui figurent chacune à sa date restituée dans le présent *Inventaire*.

0911 1768 : à ? <u>Manuscrit</u> : BN, FC 4° 749, II.395.
Doublon de la lettre du 7 juillet 1768 (Pappas **0870**).

0924 1er mars 1768 : à ? <u>Edition</u> : Henry 2, p. 565.
Doublon de la lettre de même date à Pierre-Jean Grosley (Pappas **0923**).

0956 [juillet 1769] : à Chrétien-Guillaume de Lamoignon de Malesherbes. <u>Edition</u> : Henry 2, p. 568.
Doublon de la lettre placée plus bas et datée seulement de 1769 (Pappas **0998**).

0970 21 septembre 1769 : à la *Gazette littéraire de l'Europe*, p. 198-200
Doublon de la lettre du 13 juin 1769 (Pappas **0940**)

0971 [fin septembre 1769] : de Denis Diderot. <u>Edition</u> : Roth-Varloot, IX.156-158.
Sur les erreurs commises par ces deux éditeurs dans la datation de cette lettre et dans l'identification de son destinataire (qui n'est pas D'Al. mais Catherine II), voir DPV, XVII, p. 213-223.

0981 15 novembre 1769 : de Frédéric II, roi de Prusse. <u>Manuscrit</u> : ImV 75/22 (copie).
Doublon de la lettre du 25 novembre 1769 (Pappas **0986**).

0996 [1769] : à Ferdinand, prince et duc de Parme. <u>Edition</u> : Henry 2, p. 566. <u>Manuscrit</u> : Institut, 2466, f. 2-3.
Doublon mal daté de la lettre du 28 janvier 1769 (Pappas **0919**).

0997 [1769] : à Charles Messier. <u>Edition</u> : Henry 2, p. 564-565. <u>Manuscrit</u> : Nancy.
Doublon de la lettre mieux placée en août 1769 (Pappas **0965**).

0999 janvier 1770 : de Frédéric II, roi de Prusse. <u>Manuscrit</u> : ImV, 75/28, p. 12-21 (copie).
Doublon de la lettre du 4 janvier 1770 (Pappas **1000**).

1010 20 février 1770 : de Joseph-Louis Lagrange. <u>Edition</u> : Serret, XIII.165. <u>Manuscrit</u> : Institut, 876, f. 180-181.
D'après son contenu, cette lettre où Lagrange témoigne de son impatience à prendre connaissance d'un mémoire destiné à paraître dans le t. IV des *Mémoires de Turin*, est adressée à Condorcet, et non pas à D'Al.

1013 2 mars 1770: à? <u>Manuscrit</u>: Institut, Ms 2470, f. 365-367.
Ce texte autographe de D'Al. n'est pas une lettre et figurera dans le t. III/12 des *O.C.D'Al*.

1025 5 avril 1770: de Frédéric II, roi de Prusse. <u>Manuscrit</u>: ImV 75/28, p. 25-36 (copie).
Doublon de la lettre du 3 avril 1770 (Pappas **1024**).

1059 12 juillet 1770: de Frédéric II, roi de Prusse. <u>Manuscrit</u>: ImV 75/28, p. 41-48 (copie).
Doublon mal daté de la lettre du 7 juillet 1770 (Pappas **1057**).

1066 28 juillet 1770: à Frédéric II, roi de Prusse. <u>Edition</u>: Preuss, XXIV.493.
Doublon mal daté de la lettre du 3 août 1770 (Pappas **1069**).

1077 13 août 1770: à Frédéric II, roi de Prusse. <u>Manuscrit</u>: copie ImV 75/28, p.55-58.
Doublon de la lettre du 12 août 1770 (Pappas **1075**).

1086 5 septembre 1770: à Guillaume-Claude Laleu. <u>Manuscrit</u>: Lambert no. 85 (photocopie).
Doublon du numéro précédent (Pappas **1085**)

1106 24 novembre 1770: de l'abbé Ferdinando Galiani. <u>Edition</u>: Perey, I. 305-307.
Comme l'indique John Pappas lui-même, Fausto Nicolini a montré, en 1930 déjà, que cette lettre était adressée à Suard et non pas à D'Al. (« Lettere inedite [] all'abate Galiani », *RLC*, 10 (1930), p. 749).

1132 11 février 1771: de Frédéric II, roi de Prusse. <u>Manuscrit</u>: ImV.
Doublon mal daté de la lettre du 29 janvier 1770 (Pappas **1126**).

1186 [septembre 1771]: à Suzanne Necker. <u>Edition</u>: Prevost, p. 193.
Doublon approximativement daté de la lettre du 1er septembre 1771 (Pappas **1171**).

1197 1er décembre [1771]: de Jacquier. <u>Manuscrit</u>: Leningrad
Il ne s'agit point ici d'une lettre, mais d'une inscription faite dans l'*album amicorum* du savant voyageur suédois Björnstahl

1199 27 décembre 1771: à Louis Phélypeaux, comte de Saint-Florentin. <u>Manuscrit</u>: BN, FC 4° 749, II.415.
Doublon mal daté de la lettre du 27 décembre 1774 (Pappas **1442**).

LETTRES NON RETENUES

1203 [1771] : au chevalier Bernardin de Saint-Pierre. <u>Manuscrit</u> : BN, FC 4° 749, II.383.
Les trois lettres de 1771-1778 mentionnées dans cet extrait du Fichier Charavay de la BnF ne sont pas toutes adressées à Bernardin de Saint-Pierre, mais sont celles du 13 juin 1771 à La Chalotais (Pappas **1158**), du 30 mars 1775 à Bernardin de Saint-Pierre (Pappas **1462**) et du 23 avril 1778 à Pierre Rousseau (Pappas **1678**), toutes trois figurant à leur date dans le présent *Inventaire*. Ce même lot est cité tel quel une seconde fois en Pappas **1712.**

1204 [début 1772] : de l'abbé Joseph Prunis. <u>Edition</u> : CLT ix, p. 507.
La source citée ne donne pas le texte de la lettre (ni aucune autre source consultée), qui est donc un « fantôme »

1235 20 juillet 1772 : de Charles Bossut. <u>Manuscrit</u> : Institut, 2466, f. 15.
Comme l'a montré Pierre Crépel dans une note rédigée à l'intention des rédacteurs du présent *Inventaire*, cette lettre est adressée à Condorcet, et non pas à D'Al..

1271 5 janvier 1773 : à ? <u>Edition</u> : RSS, p. 281.
Doublon mal daté de la lettre du 5 janvier 1783 (Pappas **1950**).

1341 22 août 1773 : à ? <u>Manuscrit</u> : Catalogue K. Meuschel, no. 32 (1979), p. 410.
Doublon de la lettre du 19 août 1773 (Pappas **1339**). A noter d'ailleurs que Meuschel avait correctement daté la lettre du 19 août.

1360 28 décembre 1773 : de Anne-Robert-Jacques Turgot. <u>Manuscrit</u> : Vente Hôtel des Chevaux-Légers.
« Le fait que Turgot parle d'une façon péjorative « d'admirer Frédéric » me fait douter que le destinataire soit d'Al. [...] On pourrait proposer plutôt Condorcet », commente John Pappas. Avec raison : la lettre avait été publiée dès 1883 par Charles Henry dans son édition de la *Correspondance inédite de Condorcet et de Turgot* (p. 154-155).

1408 15 août 1774 : de Louis-Antoine de Caraccioli. <u>Edition</u> : Bastien, XIV.361.
Simple doublon de la lettre du 18 août 1774 (Pappas **1410**).

1412 [août 1774] : du comte de Wielhorski. <u>Edition</u> : Delacroix, p. 447-448.
Doublon de la lettre mieux datée du 4 juillet 1774 (Pappas **1403**).

1426 3 novembre 1774 : à Trudaine. <u>Manuscrit</u>, BN, FC 4° 749, II.406v.
Doublon du numéro suivant (Pappas **1427**).

1439 16 décembre 1774 : de Duplain. <u>Edition</u> : MF (janvier 1776), II. 192.
Doublon mal daté de la lettre du 16 décembre 1775 (Pappas **1512**).

1446 [1774-1775]: de Frédéric II, roi de Prusse. <u>Manuscrit</u>: RA, 15222
Lettre d'authenticité douteuse, signalée ici dans l'annexe I des lettres apocryphes, F09.

1484 25 juillet 1775: au Mercure de France. <u>Edition</u>: MF (août 1776), p. 189-190.
Doublon mal daté de la lettre du 25 juillet 1776 (Pappas **1552**).

1504 15 octobre 1775: à Frédéric II, roi de Prusse. <u>Edition</u>: Belin, V.367.
Doublon mal daté de la lettre du 3 octobre 1775 (Pappas **1500**).

1513 18 décembre 1775: à Paolo Frisi. <u>Manuscrit</u>: BN, FC 4° 749, II.399.
Doublon de la lettre, également mal datée, du 18 décembre 1774 (Pappas **1440**), le bon millésime étant 1769.

1520 11 février 1776: de Jeanne-Julie-Eléonore de Lespinasse. <u>Edition</u>: Isambert, II.246-247.
Ce texte de Julie de Lespinasse n'est pas une lettre, mais un codicille à son testament tel qu'il est conservé au Minutier central des Archives nationales (LXXXIII, 579; cf. *Cahiers Haut-Marnais*, n° 24: 1er trimestre 1951, p. 11).

1524 6 mars 1776: à? <u>Manuscrit</u>: Académie de Médecine, Ms. 48.
Doublon mal daté de la lettre du 6 mars 1779 (Pappas **1730**).

1536 3 mai 1776: à? <u>Manuscrit</u>: Lambert, no. 86.
Cette pièce n'est pas une lettre, mais un certificat relatif aux honoraires convenus avec Pigalle pour la statue de Voltaire

1540 15 mai 1776: de Joseph-Louis Lagrange. <u>Manuscrit</u>: Institut, 876, f. 236-237.
Doublon mal daté de la lettre du 25 mars 1776 (Pappas **1527**).

1543 mai 1776: au *Journal encyclopédique*. <u>Edition</u>: JE (mai 1776), p. 524.
Doublon de la lettre du 29 mars 1776 (Pappas **1528**).

1573 6 octobre 1776: à David Hume. <u>Edition</u>: Grieg [sic], II.445.
Doublon mal daté de la lettre du 6 octobre 1766 (Pappas **0728**).

1581 [octobre] 1776: au *Journal encyclopédique*. <u>Edition</u>: JE (1er novembre 1776), p. 386.
Fausse référence: ce numéro du *Journal encyclopédique* ne contient aucune lettre de D'Al. et les numéros les plus proches non plus.

1591 15 décembre 1776: de Hue de Taillie. <u>Manuscrit</u>: Institut, 2466, f. 102.
D'après son contenu, cette lettre est adressée à Condorcet, et non pas à D'Al.

1595   30 décembre 1776 : au comte de Bergames. Manuscrit : BN, FC 4° 749, II.408. *Bergames* est une mauvaise lecture pour *Vergennes* et cette lettre est un doublon de la lettre suivante (Pappas **1596**).

1598   1776 : à Marie-Jean-Antoine-Nicolas de Caritat, marquis de Condorcet. Edition : Bastien, XIV. 239.
Doublon de la lettre, mieux datée, du 15 octobre 1777 (Pappas **1636**).

1599   1776 : à Laus de Boissy. Edition : Bastien, XIV.262.
Doublon de la lettre au même destinataire placée en 1778 (Pappas **1710**).

1603   [janvier 1777 ?] : à Benjamin Franklin. Manuscrit : APS.
Ce billet écrit en anglais n'est pas de la main de D'Al., ni même de lui d'après son contenu.

1609   27 février [1777 ?] : à Barthélemy Mercier, abbé de Saint-Léger. Edition : Henry 2, p. 632.
Doublon de la lettre, mieux datée, du 27 février [1780] (Pappas **1786**).

1644   24 novembre 1777 : à Barthélemy Mercier, abbé de Saint-Léger. Manuscrit : Torino.
Doublon de la lettre, mieux datée, du 24 novembre 1778 (Pappas **1698**).

1647   28 novembre 1777 : de l'abbé Ferdinando Galiani. Edition : Perey, II. 537-540.
Comme J. Pappas l'écrit, cette lettre est une supercherie forgée par le faussaire Antoine Serieys, voir Annexe I, F11.

1668   20 mars 1778 : à ? Manuscrit : Institut, 2475, f. 55 (extrait).
Cet autographe de D'Al. s'intitule « Extrait d'une lettre écrite de Londres le 20 mars 1778 ». Il s'agit d'une virulente attaque contre Linguet, que D'Al. a sans doute relevée dans un périodique de l'époque, mais dont il n'y a pas de raison de lui attribuer la rédaction.

1673   7 avril 1778 : à Dubesset. Manuscrit : BN, FC 4° 749, II. 407.
Doublon de la lettre du 17 mai 1778 (Pappas **1681**).

1691   24 septembre 1778 : à Charles-Joseph Panckoucke. Manuscrit : BN, FC 4° 749, II.391 et 409.
Il ne s'agit pas d'une lettre, mais d'un contrat d'édition.

[pas de n° Pappas] le site http://gallanar.net/rousseau/extraitn°35.html, édité par J.M. Gallanar, donne la « Lettre à l'Auteur [d'Alembert] de ces feuilles sur un

article du *Mercure* & du *Journal de Paris* concernant J.J Rousseau », signé Mme Du Riez-Genest
Cette lettre, parue dans l'*Année littéraire* de Fréron, 1778, p. 308-319, n'est pas adressée à d'Alembert, mais à Fréron et concerne l'art. publié par La Harpe dans le *Mercure* du 5 octobre 1778.

1712 [1778] : au chevalier Bernardin de Saint-Pierre. <u>Manuscrit</u> : BN, FC 4° 749, ii.383. Supprimée pour la même raison que Pappas **1203.**

1713 [1778] : à Ruault. <u>Manuscrit</u> : BN, CVP (15 janvier 1925), no. 5.
Doublon de la lettre, mieux datée, du 9 février 1778 (Pappas **1660**).

1714 [1778 ?] : à Marie-Jean-Antoine-Nicolas de Caritat, marquis de Condorcet. <u>Manuscrit</u> : Catal. Lolliée.
Doublon de la lettre, mieux datée, du 28 septembre 1777 (Pappas **1631**).

1727 27 février 1779 : au *Mercure de France*. <u>Edition</u> : MF (5 avril 1779), p. 63-64.
Doublon de la lettre du 27 mars 1779 (Pappas **1737**).

1745 10 juin 1779 : à d'Herval. <u>Manuscrit</u> : Neuchâtel, 1113 (copie).
Doublon de la lettre suivante (Pappas **1746**).

1758 18 septembre 1779 : à Goindet [sic pour Coindet]. <u>Manuscrit</u> : Institut, 2466, f. 56.
Ce billet d'une écriture non identifiée, relatif à la recherche d'une place de travail, n'est ni de la main ni même de D'Al., d'après son contenu.

1776 4 janvier 1780 : de Georges-Louis Le Sage fils. <u>Manuscrit</u> : BPU, Supp. 517, f. 20.
Doublon de la lettre, mieux datée, du 4 juin 1780 (Pappas **1800**).

1801 5 juin 1780 : à ? <u>Manuscrit</u> : FCC, n° 98283.
Ce document est un reçu et non pas une lettre

1823 28 novembre 1780 : de Mme Riez-Genest. <u>Edition</u> : MF (23 décembre 1780), p. 179
Simple mention d'une lettre qui est en fait celle que décrit Pappas **1829.**

1831 [1780] : de Johann David Michaelis. <u>Edition</u> : Grimsley, I.260.
Doublon de la lettre mieux datée du 17 juin 1780 (Pappas **1803**).

1852 1er mai 1781 : de Louis-Antoine de Caraccioli. <u>Manuscrits</u> : Columbia ; BN, Naf. 221093, f. 135-170 ; BN, Naf.22156, f. 102-112.
Comme J. Pappas l'indique, ce texte est une supercherie littéraire sous laquelle se cache un pamphlet dirigé contre Necker. Nous l'avons signalé dans l'annexe I des lettres apocryphes, F14.

LETTRES NON RETENUES

1858   5 juin 1781 : de Michel Sarconi. <u>Manuscrit</u> : BN, FC 4° 749, II.399v.
Doublon de la lettre du 5 juillet 1781 (Pappas **1865**).

1896   24 février 1782 : à Jean-Pierre Brissot. <u>Edition</u> : JE (1er juin 1787), p. 231.
Mention d'une lettre dont le texte est perdu : un « fantôme » donc.

1921   31 mai 1782 : à ? <u>Manuscrit</u> : BN, FC 4° 749, II.382.
Doublon de la lettre précédente (Pappas **1920**).

1972   26 mai 1783 : de Chavanne de La Girandine. <u>Manuscrit</u> : Institut, 2466, f. 52.
Doublon de la lettre du 26 mai 1766 (Pappas **0680**).

1983   26 octobre 1783 : d'Antoine-Joseph Amelot de Chaillou. <u>Manuscrit</u> : AN O1 611, pièce 408
Il s'agit de l'ordre de prise de scellés sur l'appartement de D'Al. au Louvre, qui n'est pas adressée à D'Al.

1984   22 novembre 1784 : de Garnier. <u>Manuscrit</u> : Institut, 2466, f. 88.
La date suffit à indiquer que la lettre est adressée à Condorcet, et non à D'Al., décédé depuis une année.

1985   [s.d.] : à Charles-Claude, comte d'Angiviller. <u>Manuscrit</u> : BN, Naf.15230, f. 241.
Doublon d'une lettre déjà placée en 1766 (Pappas **0751**).

1989   [s.d.] : de Paul-Joseph Barthès. <u>Manuscrit</u> : BN, Naf.15230, f. 214-215.
Doublon d'une lettre déjà placée en 1762 (Pappas **0426**).

1992   [s.d.] : au chevalier de Buffevent. <u>Manuscrit</u> : Catalogue Charavay no. 772, juin 1981, no. 38997, 2°.
Doublon de la lettre suivante (Pappas **1993**)

1994   [s.d.] : de Jean de Castillon. <u>Edition</u> : Henry 2, p. 546-548.
Doublon de la lettre du 30 avril 1767 (Pappas **0781**)

1995   [s.d.] : de Henri-Alexandre de Catt. <u>Edition</u> : Henry 2, p. 550.
Doublon de Pappas **0873.**

1996   29 mai : de Alexis-Claude Clairaut. <u>Edition</u> : Henry 2, p. 536-537.
Doublon de la lettre du 29 mai 1764 (Pappas **0536**).

2004   « mardi matin » : à [Marie de Vichy de Chamrond, marquise du Deffand ?]. <u>Manuscrit</u> : BL, 28105, no. 20.
Doublon d'une lettre à Suzanne Necker placée en 1774 (Pappas **1444**).

2005 1er octobre : à Denival le jeune. Manuscrit : ARB, Invent. ancien no. 53, autographes Stossard.
Doublon de la lettre à Durival du 1er octobre 1757 (Pappas **0213**).

2009 10 février : à Louis-René de Caradeuc de La Chalotais. Edition : Pappas 4, p. 237. Manuscrit : Columbia.
Doublon de la lettre à Abeille du 10 février 1763 (Pappas **0438**).

2011 [s.d.] : de Louis-René de Caradeuc de La Chalotais. Manuscrit : BN, Naf.15230, f. 252.
Doublon d'une lettre déjà placée en 1765 (Pappas **0650**).s

2015 [s.d.] : de Magallon. Manuscrit : Institut, 2466, f. 144.
Doublon d'une lettre déjà placée en 1773 (Pappas **1362**)

2019 1er octobre : à André Morellet. Manuscrit : Catalogue Loliée, 19 mars 1880.
Doublon de la lettre du 1er octobre 1757 (Pappas **0214**).

2026 [s.d.] : à Pierre-Joseph Lapimpie, chevalier de Solignac. Manuscrit : Catalogue Loliée (Paris, 28 décembre 1889).
Doublon de la lettre déjà placée au début de 1756 (Pappas **0161**).

2034 « vendredi matin » : à un Libraire. Manuscrit : FCC, no. 78325.
Doublon d'une lettre à Bruyset déjà placée en 1762 (Pappas **0428**).

2037 « à Paris, ce dimanche 18 » : à ? Edition : *Recueil de Fac-simili* (Strasbourg, F.G. Levrauly, 1832), p. 74.
Doublon de la lettre du 18 juillet 1779 à Cadet de Vaux (Pappas **1751**).

2038 « samedi 29 ? : à ? Manuscrit : Catalogue Henri Darel, 1932, no. 593, 3°
Triplet d'une pièce du 29 novembre 1766 (Pappas **1741** et Pappas **1743**).

INDEX DES CORRESPONDANTS

Les caractères romains indiquent les lettres de D'Alembert, *les italiques celles écrites par ses correspondants*. Les numérotations commençant par A renvoient à l'Appendice des lettres ostensibles.

CORRESPONDANTS NON IDENTIFIÉS : *00.04*, 00.16, 00.17, 00.18, 00.19, 00.20, A51.02, *A53.03*, 56.07, 61.24, *A63.01*, 63.16, 65.33, 65.86, 67.33, 67.52, 68.50, A70.02, 70.109, *A72.01*, 73.29, 73.73, 73.83, 73.85, 73.89, 74.51, 74.72, 74.82, *A75.02*, 75.41, 76.23, 77.35, 78.02, *A78.03*, 78.23, *A79.01*, *79.12*, 79.41, 79.49, 79.76, 80.09, *80.11*, 80.48, 80.51, A81.01, 82.02, 82.09, A83.01, 83.01, 83.22

Mlle E** : *A60.03*

Un académicien : *72.24*

Un collaborateur de l'*Encyclopédie* : 57.01

Un correspondant breton : 72.72

Un dramaturge italien : 81.68

Un libraire : 67.75

Un médecin : *71.60, 71.61, 71.66, 71.68, 71.70, 71.72, 71.73*

Un ministre : 73.47

Un professeur de mathématiques d'Auxerre : *82.42*

Une marquise : 00.21

ABEILLE Louis-Paul (1719-1807) : 63.09, 72.35

Académie de Berlin : A52.02, 61.33

Académie de Padoue : 82.21

Académie française : A78.02

ADANSON Michel (1727-1806) : 72.09, *72.12*

ADHÉMAR Antoine-Honneste de Monteil de Brunier, marquis d' (c.1710-1785) : 46.03, 46.04, 46.05, 46.09, 46.11

ALLAMAND Jean-Nicolas-Sébastien (1713-1787) : 67.21

AMELOT DE CHAILLOU Antoine-Jean (1732-1795) : 76.51, *79.20*, *79.23*, *79.25*, *79.32*, *80.29*, *80.58*, *81.58*, *82.64*, *83.08*

ANGIVILLER Charles-Claude de Flahault de la Billarderie, comte d' (1730-1809) : *66.08*, *70.03*

ANISSON-DUPERRON Jacques II (1701-1788), directeur de l'Imprimerie royale de 1733 à 1783 ou son fils ANISSON-DUPERRON Étienne-Alexandre-Jacques (1749-1794) : *75.14*, *75.17*, *75.24*

ANJOU abbé d' : 74.55, 74.56

Annales Poétiques : A78.05

ANSSE DE VILLOISON Jean-Baptiste-Gaspard d' (1750-1805) : *79.43*
ARGENS Jean-Baptiste de Boyer, marquis d' (1703-1771) : *52.09*, 52.11, *52.12*, 52.13, 52.16, 53.12, *53.25*, 53.27, 54.06
ARGENSON Marc-Pierre de Voyer, comte d' (1696-1764) : A51.01, 56.10, A58.01, 58.25, *58.26*, 59.06, *63.20*
ARGENSON Marc-René de Voyer d'(1722-1782) : 66.71, 66.86, 66.90, 69.90, 70.84
ARGENSON René-Louis de Voyer de Paulmy, marquis d' (1694-1757) : 52.02, A51.03
ARGENTAL Charles-Augustin de Ferriol, comte d' (1700-1788) : *79.58*
ARNAUD François-Thomas-Marie Baculard d' (1718-1805) : 00.01, 65.64, 76.30
ASTORE (ASTORI) Francesco Antonio (1742-1799) : *79.11*, *79.15*
AUBERRY : voir AUBRY Charles Louis
AUBERT Jean-Louis, abbé (1731-1814) : A69.02
AUBRY Charles-Louis (1746-1817) : 70.22
AUBRY dom Jean-Baptiste-Benoît (1736-1809) : 74.52, 81.08
AUDE Joseph (1736-1809) : 79.73

BACULARD D'ARNAUD : voir ARNAUD
BAER Frédéric-Charles (1719-1797) : *A59.05*
BALOUIN Christophle : *A59.03*
BARTHEZ (BARTHÈS) Paul-Joseph (1734-1806) : 62.06
BAYER PÉREZ Francisco : voir PÉREZ BAYER Francisco
BEAUCLERCK Topham (1739-1780) : 63.15
BEAUFLEURY Louis-François : 75.23
BEAUMONT Christophe de, archevêque de Paris de 1746 à 1781 (1703-1781) : *73.10*
BEAUVAU-CRAON Charles-Just, prince de (1720-1793) : *74.44*
BEAUVAU-CRAON Marie-Sylvie de Rohan Chabot, princesse Charles-Just de (1729-1807) : *74.44*
BECCARIA Cesare Bonesana, marquis de (1738-1794) : *65.61*, 65.66, 66.02, 67.49, 73.69
BÉGUELIN Nicolas de (1714-1789) : *67.87*, *68.25*, *76.38*
BELGRADO Jacopo, (1704-1789) : 62.45
BENOÎT XIV Prospero Lambertini, pape (1675-1758) : 55.15
BENTHAM Jeremy (1748-1832) : *78.33*, 78.36
BÉRAUD Paul-Emilien (1750-1836) : *55.04*
BERNARDIN DE SAINT-PIERRE : voir SAINT-PIERRE
BERNOULLI Daniel (1700-1782) : 62.40
BERNOULLI Johann (Jean) III (1710-1790) : 64.21
BERTIN Henri-Léonard-Jean-Baptiste (1720-1792) : 79.67, *79.72*
BÉTHIZY DE MEZIERES Eugène-Eléonore de (1709-1781) : *A53.01*, A53.02
BETZKI Ivan Ivanovitch (1702-1795) : *64.43*
BEXON Gabriel-Léopold, abbé (1747-1784) : 74.62
BIRCH Thomas (1705-1766) : 65.44
BJÖRNSTAHL Jacob Jonas (1731-1779) : A70.01
BOISSY D'ANGLAS François-Antoine, comte de (1756-1826) : 75.69
BOLLIOUD-MERMET Louis (1709-1773) : 55.05

BONFIOLI MALVEZZI Alfonso, comte de (1730-1804) : 72.62, 73.12, 73.72
BONNET Charles (1720-1793) : *61.21*
BORELLY (BORELLI) Jean-Alexis (1738-1815) : *79.71*
BOUDOT Pierre-Jean, abbé (1689-1771) : 00.02
BOULAY : voir MAILLET DU BOULAY
BOURGELAT Claude (1712-1779) : 55.08, 55.09
BOURLET DE VAUXCELLES Simon-Jérôme de, abbé (1734-1802) : *70.87*
BOWDOIN James (1726-1790) : 81.67
BRAGANÇA e Ligne de Sousa Tavares Mascarenhas da Silva, duc de Lafoes : voir LAFOES
BRETEUIL Élisabeth-Théodose Le Tonnelier de Breteuil, dit l'abbé de (1710-1781) : *74.10*
BRISSOT DE WARVILLE Jacques-Pierre (1754-1793) : 77.40
BRUYSET Jean-Marie I (1719-1793) : *A74.02, 82.54, 82.57*
BUCCI Antonio (1727-1793) : *72.51, 72.66*
BUFFEVENT Joseph, comte de (1730-1800) : 83.21
BUFFON Georges-Louis Leclerc, comte de (1707-1788) : *51.08*
BUTEL-DUMONT Georges-Louis-Marie (1725-1788) : *71.64*

CADET DE VAUX Antoine-Alexis-François (1743-1828) : 79.55
CALANDRELLI Giuseppe (1749-1827) : *81.12*, 81.15
CANAYE Étienne de, abbé (1694-1782) : A52.05, *62.44*
CANTERZANI Sebastiano (1734-1819) : 55.13
CARACCIOLO (CARACCIOLI) Domenico, marquis de Villamaina (1715-1789) : *72.10, 74.54*, 81.36, *81.40*, 81.46, 81.51, *82.24, 82.37*, 82.47, *82.50, 83.07, 83.28, 83.34*
CARLI Alessandro, comte (1740-1814) : A59.06
CAROLUS : voir VIMEUX
CASTET DE MARTRES : *81.35*
CASTILLON Jean (1708-1791), académicien de Berlin : *65.77, 67.16*, 67.37, *68.30*, 68.53, *72.55, 79.70*, 80.04
CATHERINE II, impératrice de Russie (1729-1796) : 62.32, 63.01, 63.12, 63.67, 63.79, 64.16, 64.20, 64.27, 64.28, 64.42, 64.57, A65.05, 65.30, 65.47, 65.74, 65.79, 66.56, 66.62, 66.96, 67.12, 67.72, 72.58, 72.63, 72.75, 73.35
CATT Henri-Alexandre de (1725-1795) : 65.78, 66.27, 66.31, 68.31, 81.59, 81.69, 82.29, 82.38, 82.52, 82.62, 83.11, 83.24
CAZE DE LA BOVE Gaspard-Louis (1740-1824) : 79.68
CHABANON DE MAUGRIS Antoine-Alexis-François (1736-1780) : *67.93*
CHANGEUX Pierre-Jacques (1740-1800) : 66.92
CHAPPUIS Marc (1700-1779) : A56.03
CHARGEY : voir DUCHARGER
CHASTELLUX François-Jean de Beauvoir, marquis de (1736-1788) : 78.55
CHAVANNES DE LA GIRAUDIERE : *83.27*
CHEVANCE, marchand de bois à Paris : 80.56
CHOISEUL Étienne-François, duc de (1719-1785) : *79.36*, 80.33, *80.35*
CHOQUET, curé : *79.09*

CHOUVALOV Ivan Ivanovitch (1727-1797) : *62.17*, 64.10
CHRISTIAN VII, roi de Danemark (1749-1808) : *70.91*
CHRISTIN Charles-Frédéric-Gabriel (1744-1799) : *80.02*
CLAIRAUT Alexis-Claude (1713-1765) : 59.08, *59.09*, A61.06, A62.05, 64.24, 64.25, 64.30, A62.01, A62.06
CLARET DE LA TOURRETTE Marc-Antoine-Louis (1729-1793) : 70.45
COLLENOT-DAVID, maître de pension à Paris : 82.04, 82.15
CONDORCET Marie-Jean-Antoine Nicolas de Caritat, marquis de (1743-1794) : A67.01, A67.02, *A68.01*, 68.61, A77.01, 77.34, A79.05, A79.06 ; Lespinasse dictant à D'Alembert : 69.28, 69.35, 69.46, 69.50, 69.55, 69.61, 71.77, 71.79, 72.33, 72.39, 72.40, 74.43, 75.65
CONVENANCE Louis de (1684-1755) : *80.30*
CORNEILLE Marie-Louise Rosset, seconde épouse de Jean-François Corneille, mère de Marie-Françoise Corneille : 78.21, *78.22*, 78.24
COSTAR Louis : *69.08*
COURT DE GÉBELIN Antoine (1725-1784) : 76.64, 80.08
COUSIN, de Cadenet près Aix-en-Provence : 77.23
CRAMER Gabriel (1704-1752) : 48.04, *48.06*, 48.07, 48.12, 48.13, 49.01, 49.02, 49.05, 49.09, 50.02, *50.03*, 50.04, *50.06*, *50.10*, *50.11*, 50.12, *50.14*, 51.02, 51.04, 51.06, 51.07, 51.11, 51.14, 51.23
CRÉQUY (CREQUI) Renée-Caroline de Froullay, marquise de (1714-1803) : 49.06, 51.03, 51.05, 51.18, 51.22, 51.24 52.03, 52.15, 52.17, 52.20, 53.01, 53.02, 53.05, 53.07, 53.28, 54.15, 55.01
CREUTZ Gustave Philippe, comte de (1731-1785) : 78.59
CRILLON Félix-François de Berton, comte de (1748- 1827) : *74.06*
CRILLON Louis-Athanase de Berton, abbé de (1726-1789) : 71.89, *71.90*
CUBIÈRES Michel, chevalier de (1752-1820) : 80.43
CURSAY : voir THOMASSEAU DE CURSAY

DAMILAVILLE Étienne-Noël (1723-1768) : A63.02, A65.04
DAUNOU Pierre-Claude-François (1761-1840) : 80.44
DEBURE (de BURE) Guillaume II (1734-1820), dit Debure fils aîné : 81.48
DECROIX Jacques-Joseph-Marie (1746-1827) : 79.28, 79.31, 80.34, 81.20, 83.04
DEFFAND : voir DU DEFFAND
DELANDINE Antoine-François-Amédée (1756-1820) : 83.09
DELAPLACE (LAPLACE), libraire : 63.72, 64.08
DELATOUR : voir LA TOUR
DELAVILLE : voir LA VILLE
DELISLE DE SALES Jean-Baptiste-Claude Isoard dit (1743-1816) : 82.05
DESCAMPS Jean-Baptiste (1706-1791) : 67.25, 67.26, 67.31, 67.34
DESCHAMPS Léger-Marie, dom (1716-1774) : 66.87
DESMAREST Nicolas (1725-1815) : 69.79
DESMOULINS, carme, chapelain des dames de Hautes Bruyères : *68.14*
DESPIAU Jean, professeur de philosophie à Auch (1736-1807) : *69.72*, *70.06*

DIDEROT Denis (1713-1784) : *65.39*
DOMPIERRE D'HORNOY : voir HORNOY
DOTTEVILLE Jean-Henri (1716-1807) : 74.09, 79.56
DUBESSET : 78.28
DUCHARGER Jean-Jacques de Chargey dit : *62.39*
DUCHÉ Jacques-Joseph-Marie-Xavier (1721-1801) : 53.26, 53.29, 54.02, 54.03, 54.04, 70.101, 75.73, 78.44
DUCLOS Mme : 68.76, 68.82, 69.43
DUCREST Jean-Jacques (1766-1828) : *69.02*
DUCROCQ (DUCROC) : 75.56
DU DEFFAND Marie, marquise de Vichy-Chamrond, (1697-1780) : 51.13, 52.18, 52.19, 53.03, 53.06, 53.08, 53.09, *53.10*, 53.11, 53.15, 53.17, 53.18, 53.20, 53.21, 63.26, *63.35*
DUGAST DE LA BARTHERIE : *79.66*
DULAURE Jacques-Antoine (1755-1835) : 82.35
DUPLAIN Joseph (1748 ?-1794) : *75.82*
DU PLESSIS D'ARGENTRÉ Louis-Charles (1723-1808), évêque de Limoges : 80.07
DU PLESSIS VILLETTE : voir VILLETTE
DURAS Jean-Baptiste de Durfort, duc de (1684-1770) : *75.55*
DU RIEZ-GENEST Mme : voir FRANQUEVILLE
DURIVAL Jean (1725-1810) : 57.27, 58.01, *71.01*
DURIVAL Nicolas (1713-1795) : *55.02*
DUSAULX Jean-Joseph (1728-1799) : 80.45
DUTENS Louis (1730-1812) : 65.19, 66.60, 66.97, 67.02, 67.18, 67.24, 68.38, 68.43, 70.04, 76.14
DU TOUR DE SALVERT Étienne-François (1711-1789) : 66.40, 66.66, 68.48, 68.52
DUVAL Pierre (1730-1797) : *73.09*
DUVAL-PYRAU, abbé, Henri-François Pyrard, dit (1737-1800) : *81.23*
DUVERNET Théophile Imarigeon dit (1730-1796) : *81.05*

Éditeurs de l'*Encyclopédie* : A56.01
Éditeurs de l'*Exposé succinct* : A66.01
ENCONTRE Daniel (1762-1818) : *80.63*
ÉPINAY Louise-Florence-Pétronille de Tardieu d'Esclavelles, épouse de Denis-Joseph de Lalive d'Epinay (1726-1783) : *83.05*, 83.06
ERBACH Franz Graf zu (1754-1823) : 72.59
ESCHERNY François-Louis, comte d' (1733-1815) : *83.40*
ESPAGNAC Jean-Baptiste-Joseph d'Amarzit de Sahuguet, chevalier d' (1713-1783) : 75.15
ESPAGNAC Marc-René d'Amarzit de Sahuguet, abbé d' (1753-1794) : 77.24, 78.34, 78.40, 79.03
ÉTAMPES Charles-Louis, marquis d' (1734-1815) : *76.53*
EULER Johann Albrecht (1734-1800) : 73.33, 74.12
EULER Leonhard (1707-1783) : 46.08, *46.12*, 46.15, 47.01, 47.02, 47.03, 47.04, *47.05*, 47.06, 47.07, *47.09*, 48.01, 48.02, 48.03, 48.05, 48.08, *48.09*, 48.10, *48.14*, 49.03,

49.07, *50.01*, 50.05, *50.07*, 50.08, *50.15*, 51.01, *51.10*, 51.15, 63.44, *63.50*, 63.53, 63.60, 63.69, *63.86*, 64.15, 64.29, 66.09, 66.22, 73.32

FABRONI Angelo Maria (1731-1803) : 76.06, 77.15
FALCONET Etienne-Maurice (1716-1791) : 71.16, 82.22, 82.25
FÉNELON : voir SALIGNAC DE LA MOTHE-FENELON
FERDINAND, duc de Parme (1751-1802) : *68.92*, 69.10
FERTÉ IMBAUT : voir LA FERTÉ IMBAULT
FLÉCHIER, petit-neveu de l'évêque de Nîmes Esprit Fléchier : *79.05*
FORMEY Jean-Henri-Samuel (1711-1797) : 46.06, 47.08, 48.11, 49.08, 49.10, 51.21, 52.04, 52.05, 52.06, 53.19, 55.16, 55.21, 56.04, 56.09, 56.20, 57.02, 57.05, 57.08, 57.22, 59.03, *60.03*, 63.40, 63.51, 63.81, 64.04, 64.07, 64.33, 67.85, 68.63, 70.24, 75.04, 78.06, 81.33, 81.62
FORMONT Jean-Baptiste-Nicolas (1694-1758) : *54.07*, *54.16*
FOUCHY : voir GRANDJEAN DE FOUCHY
FRANKLIN Benjamin (1706-1790) : 78.48, 83.33
FRANQUEVILLE Marie-Anne de La Tour, Mme de (1730-1789), écrit sous le pseudonyme de Mme Du Riez-Genest : *A79.04*, *A80.02*
FRÉDÉRIC II, roi de Prusse (1712-1786) : A46.01, 46.07, 46.10, 54.01, *54.08*, 54.10, 60.02, *A60.02*, 60.41, 61.05, *A62.07*, 62.10, 62.43, 63.14, *63.17*, 63.18, 63.34, 63.61, *63.65*, 64.06, *64.37*, 64.40, 64.44, 64.51, 64.53, 64.58, 65.01, 65.09, 65.16, 65.23, 65.37, 65.57, 65.60, 65.75, 65.81, 65.84, 66.15, 66.28, 66.32, 66.41, 66.50, 66.67, 66.68, 66.84, 66.94, 67.13, 67.15, 67.30, *67.40*, 67.48, 67.60, 67.77, 67.90, 68.01, 68.05, *68.20*, 68.24, *68.35*, 68.47, *68.55*, 68.60, *68.62*, 68.84, 69.05, *69.18*, 69.21, 69.33, 69.41, 69.51, *69.57*, 69.64, *69.67*, 69.80, 69.82, 69.88, 70.01, 70.02, 70.08, *70.13*, 70.18, *70.28*, 70.32, *70.34*, 70.38, *70.40*, 70.43, 70.56, 70.59, 70.68, *70.69*, 70.71, *70.78*, *70.79*, *70.95*, *70.96*, 70.100, *70.103*, *70.105*, 70.111, 70.112, *70.116*, *70.116*, 71.02, *71.06*, *71.07*, *71.20*, *71.21*, *71.29*, *71.34*, *71.38*, *71.44*, *71.52*, *71.56*, *71.69*, *71.80*, *71.86*, *72.01*, *72.02*, 72.06, *72.14*, *72.23*, *72.26*, *72.31*, *72.37*, *72.41*, *72.42*, *72.48*, *72.52*, *72.53*, *72.57*, *72.64*, *72.68*, 73.01, *A73.02*, *73.18*, 73.41, *73.51*, *73.57*, *73.58*, *73.67*, *73.80*, *73.88*, *73.91*, *73.105*, *73.107*, *74.03*, *74.13*, *74.20*, *74.30*, *74.33*, *74.45*, *74.49*, *74.62*, *74.71*, *74.76*, *74.80*, *74.81*, *74.87*, *74.88*, 75.02, *75.12*, *75.16*, *75.19*, *75.28*, *75.33*, *75.35*, *75.39*, *75.42*, *75.46*, *75.50*, *75.52*, *75.60*, *75.63*, *75.67*, *75.73*, *75.79*, *75.82*, *A76.03*, *76.08*, *76.11*, *76.20*, *76.27*, *76.31*, *76.34*, *76.43*, *76.52*, *76.58*, *76.62*, *76.65*, *76.69*, *76.74*, *76.79*, 77.03, *77.06*, *77.09*, *77.13*, *77.18*, *77.20*, *77.22*, *77.26*, *77.29*, *77.31*, *77.36*, *77.38*, *77.43*, *77.46*, *77.49*, *77.52*, *78.05*, *78.16*, *78.19*, *78.37*, *78.38*, *78.42*, *78.47*, *78.54*, *79.02*, *79.39*, *79.46*, *79.51*, *79.64*, *79.69*, *79.75*, *79.77*, *79.80*, *80.06*, 80.10, *80.17*, *80.18*, 80.21, *80.23*, 80.26, *80.28*, 80.37, *80.41*, 80.47, *80.50*, 80.52, *80.54*, *80.55*, *81.03*, 81.09, *81.13*, 81.16, *81.18*, 81.25, *81.28*, 81.29, *81.31*, *81.32*, 81.34, 81.41, *81.45*, 81.52, *81.56*, 81.60, 81.61, *81.64*, 81.70, 82.03, 82.07, 82.10, 82.13, *82.16*, 82.18, 82.19, 82.28, 82.30, *82.32*, 82.39, *82.40*, 82.44, *82.48*, 82.53, *82.56*, 82.63, 82.65, 83.14, 83.20, 83.25, *83.26*, 83.30, 83.31, *83.32*, *83.39*

FRISI Paolo (1728-1784) : 58.28, 58.44, 60.01, 63.75, 64.59, 65.45, 65.48, 65.54, 65.67, 66.19, 67.03, 67.50, 67.82, 68.16, 68.28, 68.54, 68.86, 69.09, 69.16, 69.30, 69.32, 69.87, 70.09, 70.29, 70.50, 70.98, 78.52, 79.37, 79.63, 81.11, 82.08, 82.51, 83.16
FROMANT Charles-Paul, abbé (1715-1783) : 72.28, 74.73, 78.50, 79.74
FUENTÈS Joaquin Atanasio Pignatelli, comte de (c. 1724-1776) : 74.66

GADBLED Christophe (1734-1782) : 79.44
GAGNIÈRE Pierre-Joachim (1731-1800) : 73.109
GAIGNE (GAGNE) Alexis-Toussaint de (c.1740-1816) : 76.16, 77.10, 78.20
GAIL Jean-Baptiste (1755-1829) : 81.17
GALIANI Ferdinando, abbé (1728-1787) : 69.24, 73.70, 73.90, 82.01, 82.36
GANDINI Carlo (1705-1788) : 78.58
GARAT Dominique-Joseph (1749-1833) : 81.10
Gazette littéraire de l'Europe : A69.02
GEOFFRIN Marie-Thérèse Rodet, Mme (1699-1777) : 64.01, 66.47
GEORGELIN Barthélemy-Pélage, sieur du Cosquer (1740-an VI) : 80.22, 80.24
GERMANÈS Barthélemy, abbé de : 74.69
GILLEMAN, chevalier de, officier du corps du génie : 69.25
GINGUENÉ Pierre-Louis (1748-1816) : 79.33
GONZAGUA Luigi, prince de Castiglione delle Stiviere (1745-1819) : A77.02
GRANDJEAN DE FOUCHY Jean-Paul (1707-1788) : 49.04, 49.11, 75.30
GRANDJEAN DE FOUCHY Marie-Madeleine Desportes de Pardailhan, Mme : 75.25, 75.72
GROSIER Jean-Baptiste, abbé (1743-1823) : 76.71, 76.72
GROSLEY Pierre-Jean (1718-1785) : 59.04, 67.19, 68.89, 69.13, 69.17, 69.42, 69.70, 69.77, 79.34, 79.54, 80.19, 81.24, 81.27, 81.53, 82.12, 82.34, 82.41, 82.45, 82.46, 83.29
GUÉRIN DE FREMICOURT Joseph (1721-1790) : A76.02
GUÉRIN DE VENCE : 83.03
GUIBERT Jacques-Antoine-Hippolyte, comte de (1743-1790) : 73.74, 74.70, 76.33
GUIGON (GUIGONT), maître de chapelle à Agde : 65.73
GUNNERUS Johan Ernst (1718-1773) : 69.38, 69.65
GUSTAVE III, roi de Suède (1746-1792) : 73.38, 77.53
GUYOT Guillaume-Germain, abbé (1724-1793) : 82.06

HALLER Gottlieb Emanuel von (1735-1786) : 77.54
HÉBERT Antoine-François (1709-1795) : 76.41
HELVÉTIUS Claude-Adrien (1715 -1771) : 58.35
HEMSTERHUYS (HEMSTERHUIS) Franciscus (1721-1790) : 79.53
HÉNAULT Charles-Jean-François (1685-1770) : 51.12, 58.24, 60.13, 60.42, 62.41, 63.39
HENNERT Johann Friedrich (1733-1813) : 65.22
HERTEN (HORTEN) Jean-Baptiste Guéroult d' : 46.13
HESS Heinrich Ludwig von (1719-1782) : 74.78

HOLLÉ, professeur de mathématiques à l'Ecole royale militaire de 1769 à 1776: *73.19*
HOME of Ninewells : voir [HUME]
HORNOY Alexandre-Marie-François de Paule de Dompierre d' (1742-1828) : 77.19
HUME David (1711-1776) : 64.63, 65.20, 66.07, 66.39, *66.42*, 66.46, 66.49, 66.53, 66.54, 66.63, 66.75, 66.82, 67.28, 67.43, 67.47, 67.54, 67.62, 67.83, 67.89, 68.02, 68.29, 68.44, 69.04, 73.52,
[HUME] John HOME of Ninewells (1709-1786), frère et héritier de David : 76.54, 76.66

JABINEAU DE LA VOUTE Pierre (1721-?) : 78.32, 78.35, *79.13*, 79.14
JACQUES Mathieu-Joseph, abbé (1736-1821) : *71.22*
JACQUIER François, père (1711-1788) : 69.31
JOLY Philippe-Louis (1712-1782) : *80.57, 81.04*
JOSEPH II (1741-1790), empereur en 1765 : *83.18*
JOUIN : voir SAUSEUIL
Journal de Paris : A78.01
Journal encyclopédique : A59.01, A60.04, A61.03, A64.01, A65.02, 65.68, A66.03, A74.01, A79.03
Journal œconomique : A52.03

KEITH George, 10th Earl Marischal (1693-1778), dit Milord Maréchal : *00.03, 58.27, 58.43, 63.90, 65.12, 66.16*

LA BORDE Jean-Benjamin de (1734-1794) : *80.62*
LACÉPÈDE Bernard-Germain-Etienne de Laville, comte de (1756-1825) : *75.34, 75.62*
LA CHALOTAIS Louis-René de Caradeuc de (1701-1785) : 65.31, 65.34, *74.85*, A76.01
LA CONDAMINE Charles-Marie de (1701-1774) : 55.18, *61.35, 72.45*
LA CONDAMINE Charlotte Bouzier d'Estouilly, épouse de Charles-Marie de : 74.26
LACRETELLE Pierre-Louis (1751-1824) : *00.05*
LA FERTÉ-IMBAULT Marie-Thérèse Geoffrin, marquise de (1715-1791) : *76.49*
LAFOES Joao Carlos de Bragança e Ligne de Sousa Tavares Mascarenhas da Silva, duc de (1719-1806) : 81.63
LAGRANGE Giuseppe Francesco Lodovico (1708-1803), père de Joseph-Louis : 67.04
LAGRANGE Giuseppe Luigi (Joseph-Louis) (1736-1813) : 59.11, 61.34, *62.11*, 62.34, 63.76, 64.26, 64.34, 64.38, 64.49, 64.56, A65.06, 65.04, 65.11, 65.17, 65.21, 65.43, 65.49, *65.52*, 65.63, *65.69*, 65.83, 66.01, 66.05, 66.11, 66.13, 66.14, 66.17, 66.20, 66.21, 66.24, 66.25, 66.26, 66.29, 66.30, 66.33, 66.38, 66.43, 66.58, 66.70, 66.76, 66.80, 66.85, 66.95, 67.14, 67.17, 67.27, 67.35, 67.46, 67.70, 67.78, 67.88, 68.03, 68.10, 68.17, 68.33, 68.40, 68.46, 68.56, 68.74, 68.78, 68.80, 68.85, A69.01, A69.03, A69.04, A69.05, A69.06, 69.12, 69.19, 69.27, 69.34, *69.39*, 69.47, 69.49, 69.52, 69.62, 69.68, 69.76, 69.89, 69.91, *70.11*, 70.19, *70.25*, *70.27*, 70.30, *70.48*, *70.62*, *70.83*, *70.90*, *70.93*, *70.120*, 71.08, 71.14, *71.30*, *71.35*, *71.42*, *71.45*, *71.54, 71.55*, *71.57*, *71.62*, *71.75*,

71.81, *71.88*, 72.03, *72.05*, 72.11, *72.15*, 72.17, *72.25*, *72.27*, *72.29*, 72.43, *72.54*, *72.65*, 73.02, *73.16*, 73.23, 73.42, *73.53*, 73.65, *73.71*, 73.87, 73.92, 73.104, *73.108*, 74.14, 74.31, 74.34, *74.35*, 74.41, 74.46, 74.61, 74.68, 74.89, A75.03, A75.04, 75.03, 75.29, 75.38, 75.44, 75.47, 75.59, 75.64, 75.68, 75.70, 75.81, 76.12, 76.21, 76.26, 76.39, 76.44, 76.55, 77.04, 77.25, 77.32, 77.37, 78.04, 78.17, 78.39, 78.45, 78.60, 79.01, *79.29*, 79.40, *79.50*, 79.62, 79.78, 80.01, *80.15*, 80.59, A81.03, *81.01*, 81.19, 81.26, *81.54*, *81.66*, 81.71, 82.11, *82.58*, 83.38

LAISSAC Guillaume Ayroles Desangles de : *72.13*, 72.18

LALEU Guillaume-Claude (1712-1775) : 69.75, 70.33, 70.35, 70.39, 70.41, 70.53, 70.47, 70.54, 70.57, 70.63, 70.73, 70.92, 70.94, 70.119, 71.91, 71.32, 73.08, 73.54

LA MAILLARDIÈRE Charles-François Lefèvre, vicomte de (? -1804) : 81.50

LAMBERT Antoine-Simon (1743-1824) : 78.61

LAMBERT Johann Heinrich (Jean-Henri) (1728-1777) : *60.38*, *61.14*, *69.69*, *69.83*, 71.31, 71.36, *73.96*

LAMOIGNON DE MALESHERBES : voir MALESHERBES

LA MOTTE Ludwig Alexander (1748-1798) : *81.21*, *82.49*, *83.36*

LAPLACE Pierre-Simon (1749-1827) : *77.45*, *78.41*, *82.14*

LAPORTE Joseph, abbé de (1713-1779) : A59.02, A60.01, A60.04, A60.05, A61.01, *64.62*

LASSONE Joseph-Marie-François de (1717-1788) : 79.24

LA TOUR Maurice-Quentin de (1704-1788) : 83.02

LA TOURRETTE : voir CLARET DE LA TOURRETTE Marc-Antoine-Louis

LAURAGUAIS Louis-Léon-Félicité, comte, puis duc de Brancas (1733-1824) : *A72.02*

LAUS DE BOISSY M.A. dit Louis de (1747-1806 ?) : 77.57

LA VERGNE, comte de : voir TRESSAN

LA VILLE Jean-Ignace Vielle, dit l'abbé de (1702-1774) : *73.99*

LAVOISIER Antoine-Laurent (1743-1794) : 80.16

LA VRILLIÈRE : voir SAINT-FLORENTIN

LE BRETON André-François (1708-1779) : 51.20

LE BRIGANT Jacques (1720-1804) : 67.11

LEBRUN Mme : voir VIGÉE

LE BRUN : 00.06

LE BRUN Ponce-Denis Ecouchard, dit Le Brun Pindare (1729-1807) : 78.11, *79.38*

LE CANU Pierre (c.1745-1795) : 69.56, 69.59

LE CLERC DE MONTMERCY Claude-Germain (1716- 1770) : A53.04

LE COZIC Yves (1718- c. 1790), professeur de mathématiques à l'école d'artillerie de La Fère : *72.20*

LE DRAN Nicolas-Louis (1686-1774) : 64.19, 65.05, 65.08

LEDUC DE CORNEILLE Jean-Baptiste : *80.32*

LEFEVRE : *83.37*

LEFRANC DE POMPIGNAN Jean-Georges, évêque du Puy (1715-1790) : *63.74*, *63.78*, *63.80*, 63.89

LÉMERY (L'ÉMERI) Madeleine-Catherine (1707-?) : 46.16

LENOIR Jean-Jacques, contrôleur général : 60.36

LE ROHBERGHERR : voir VAUSSENVILLE
LEROUX Charles, rédacteur du *Journal d'éducation* : 76.17
LE SAGE Georges-Louis II (1724-1803) : *53.13*, 53.14, *54.09*, 54.12, *56.08*, *57.09*, 57.13, *57.33*, *62.35*, 63.04, *68.66*, 68.73, *74.04*, *80.25*
LE SAGE Guillaume (1723-1799) : *78.63*
LESENNE, abbé, « pauvre diable » : *80.14*
LESPINASSE Julie-Jeanne-Éléonore (1732-1776) : 63.22, 63.23, 63.24, 63.25, 63.27, 63.28, 63.29, 63.30, 63.52, 63.31, 63.32, 63.33, 63.36, 63.37, 63.41, 63.43, 63.45, 63.46, 63.47, 63.48, 63.49, 63.54, 63.55, 63.57, 63.58, 63.59, 63.62, 63.63, 63.64, 63.66, 63.68, 63.70, 63.71, *74.37*
LIGNE Charles-Joseph, prince de (1735-1814) : *00.07*
LINGUET Simon-Nicolas-Henri (1736-1794) : *71.04*
LOMBARD Jean-Louis (1723-1794) : *75.79*
LOMELLINI Agostino, marquis (1709-1792) : A49.01
LORGNA Antonio Maria (1736-1796) : 76.25, 78.46
LOUIS XVI, roi de France (1754-1793) : 82.20
LUCE DE LANCIVAL Jean-Charles-Julien (1764-1810) : 81.38, 82.17
LUCHET Jean-Pierre-Louis de La Roche du Maine, marquis de (1740-1792) : *79.18*, *79.45*, *81.14*
LUDOT Jean-Baptiste (1703-1771) : *46.02*
LUNEAU DE BOISJERMAIN Pierre-Joseph-François (1732-1801) : *71.63*

MACQUER Pierre Joseph (1718-1784) : 72.67
MAGALLON Fernando de : *73.61*, 76.07
MAILLET DU BOULAY Charles-Nicolas (1729-1769) : 68.75
MALESHERBES Chrétien-Guillaume de Lamoignon de (1721-1794) : 56.05, 56.14, 58.10, *58.17*, 58.32, 58.34, 58.36, 58.38, 58.41, 58.42, 65.40, 65.56, 65.71, 69.92, 74.91, 74.92, 75.05, 75.57, *75.78*, 78.12, 78.13, *79.60*
MALLET Fredric (1728-1797) : 71.40
MALLET Paul-Henri (1730-1807) : A69.07
MALVEZZI : voir BONFIOLI
MANDINET : 67.57
MARGUERIE Jean-Jacques de (1742-1779) : A73.01, 73.37
MARIETTE Pierre-Jean (1694-1774) : 74.36
MARIN François-Louis-Claude (1721-1809) : 65.85
MARISCHAL ou MARÉCHAL : voir KEITH
MARMONTEL Jean-François (1723-1799) : 52.14
MARSSON (MARSON) Jean-Gabriel (1725-c. 1787) : 56.13
MARTIN DE CHOISY Pierre-Jacques-Durand-Eustache (1756-1819) : 82.43
MASSÉ DE LA RUDELIÈRE Michel (1703-1773) : A63.03, A63.04, A67.03
MASSIEU Jean-Baptiste (1743-1818) : 76.01, 76.22
MAUDUYT DE LA VARENNE Pierre-Jean-Claude (c. 1730-1792) : 77.50
MAUGIRON Timoléon-Guy-François marquis de (1722-1767) : A56.02
MAUPERTUIS Pierre-Louis Moreau de (1698-1759) : *50.09*, 50.13, *52.01*, 52.07, *53.22*, *53.23*, 56.12, 56.15

MAUREPAS Jean-Frédéric Phélypeaux, comte de (1701-1781) : *41.01*, A43.01, *46.01*
MELANDERHJELM Daniel (1726-1810) : 74.01, 74.32, *76.76*, 79.47, 79.65, 82.33, 82.60, 83.12
ME(S)NILGLAISE Alphonse, marquis Droullin de (1732-1814) : 00.08
ME(S)NILGLAISE, Mme de : *53.16*
MERCADIER Jean-Baptiste (1748-1816) : *76.81*
MERCIER Barthélemy, abbé de Saint-Léger (1734-1799) : 75.36, 75.37, 75.40, 78.51, 78.53, 79.21
Mercure de France : A57.01, A57.02, A60.04, A60.05, A61.01, A65.01, 76.13, 76.35, A79.02, A79.03, A80.01, A80.03
MESLIN Antoine-Jean (1725-1791) : 79.30
MESSIER Charles (1730-1817) : 69.63
MICHAELIS Johann David (1717-1791) : 74.02, 77.16, *80.27*, 80.46
MILLY Nicolas-Christian de Thy, comte de (1728-1748) : 77.02
MIMEURE Claude Fyot, marquis de : *79.61*
MOLINES Jacques (1749-1827) : *76.59*
MOLUQUÈRE (?) : *79.81*
MONCRIF François-Augustin Paradis de (1687-1770) : 53.04
MONGE Gaspard (1746-1818) : *71.03*
MONTAUSIER Anne-Marie-André de Crussol d'Uzès, comte puis marquis de (1738-?) : *79.57*, 81.44
MONTBARREY (MONTBAREY) Alexandre-Marie-Léonor de Saint-Mauris, prince de (1732-1796) : 79.26
MONTESQUIEU Charles-Louis de Secondat, baron de (1689-1755) : 53.24
MONTMORIN Armand-Marc, comte de (1746-1792) : *81.49*
MOREAU Jean-Nicolas ? (1717-1803) : *00.09*
MORELLET André (1727-1819) : 57.26, 57.28, 58.37, 60.28, 63.42, *67.05*
MORENAS : *82.27*
MORNAY Alexandrine-Geneviève d'Hornoy, comtesse de : *79.17*
MULGRAVE : voir PHIPPS
MURR Christoph Gottlieb von (1733-1811) : 74.74
MURVILLE Pierre-Nicolas ANDRÉ, dit (1754-1815) : A79.07
MUSTEL Nicolas-Alexandre (1736-1806) : 81.73
MUZELL (MUZEL, MUSSELL)-STOSCH Wilhelm (1723-1782) : *A78.04*

NAU François (1715-?) : *68.69*, *68.71*, *70.36*, *70.70*, *71.39*, *71.41*, *71.51*, *71.82*, *72.19*
NECKER Louis (1730-1804), dit Necker de Germagny (Germany) : *56.26*, *63.38*, *63.72*, 64.08
NECKER Suzanne Curchod (1739-1794), épouse de Jacques Necker : 71.59, 72.30, 74.38, 74.94, 75.75, 76.09, 76.28, 76.48, 78.43, 78.49, 80.40
NÉROT Laurent (1751-?) : *79.79*
NICOLAY Ludwig Heinrich von (1737-1820) : 62.21, *62.37*
NIVERNAIS Louis-Jules Barbon Mancini-Mazarini, duc de (1716-1798) : *72.22*
NORT Nicolas-Agnès-François de (c. 1720-1794) : *70.12*

Observateur littéraire: voir LAPORTE
ODAR Michaïl (1762-1773): *62.18*, 62.22
ORLÉANS, marquis et marquise d': 80.03
OSTERVALD Frédéric-Samuel (1713-1795): *79.42*, 79.48, 80.60, *81.02*
OTTEVILLE D': voir DOTTEVILLE
ÖTTINGEN-WALLERSTEIN Charlotte Juliane Therese Gräfin zu Öttingen-Baldern (1728-1781) épouse de Philipp Karl Domenicus Graf zu (1722-1766): *69.40*

PALISSOT DE MONTENOY Charles (1730-1814): 00.10, *55.24*, *78.26*, 78.27, *79.22*
PANCKOUCKE Charles-Joseph (1736-1798): 00.11, 80.61, 82.61
PANINE Nikita Ivanovitch (1718-1783), comte en 1767: *62.33*
PÉREZ BAYER Francisco (1711-1794): 73.31
PERRONET Jean-Rodolphe (1708-1794): 74.77
PHÉLYPEAUX Louis: voir SAINT-FLORENTIN
PHÉLYPEAUX Jean-Frédéric: voir MAUREPAS
PHIPPS Constantine John, second baron Mulgrave (1744-1792): *74.08*, 74.60
PICTET François-Pierre (1728-1798): *62.16*
PIGALLE Jean-Baptiste (1714-1785): 70.89
PONIATOWSKI: voir STANISLAS
PORTELANCE Charles-Louis (1721-1818): 80.49, *80.53*, 81.57, 81.74
POULLETIER DE LA SALLE François-Paul-Lyon (1719-1788): *80.36*
PRADES Jean-Martin de (1724-1782): 55.12, 55.20
PREVOST Pierre (1751-1839): 83.13
PYRARD Henri-François: voir DUVAL-PYRAU

QUESNAY François (1694-1774): 51.16

RALLIER Louis-Antoine-Esprit (1749-1829): 80.12
RAMEAU Jean Philippe (1683-1764): 51.19, *A52.01*, *A60.07*, *A61.02*, *A61.04*, *A61.05*, *A62.02*, *A62.03*, *A62.04*
RAPEDIUS DE BERG Ferdinand-Pierre (1740-1800): *83.10*, 83.15, *83.17*, 83.19
RATTE Etienne-Hyacinthe de (1722-1805): 54.13, 55.10, 55.14, 55.17, 66.23
RAY, père: *66.83*, *66.100*
RAZOUMOVSKI Kirill Grigorievitch, comte (1728-1803): *64.23*, 64.54
RÉMY Alexandre-Louis: *62.42*, 75.71, 76.02
REY Marc-Michel (1720-1780): 58.33, 58.39
RIBOTTE-CHARON Jean (1730 env.-1805 env.): 61.30, *66.98*
RICCATI Vincenzo le fils (1707-1775): 66.04
ROBECQ Anne de Montmorency-Luxembourg, princesse de (1728-1760): A60.06
ROCHEFORT D'ALLY Jacques, chevalier de, dit comte de (1738-?): 67.36, 67.45, 67.67, 67.81, 68.06, 68.41, 68.77, 70.85, *71.67*, 72.36, 72.38, 72.50, 78.15, *79.35*, 79.52, 80.31, 81.43, *81.55*, 81.65
ROCHEFORT D'ALLY Jeanne-Louise Pavée de Provenchères, comtesse de (1749-fin 1778 ou début 1779) épouse de Jacques de: 69.07, 71.17, 71.71
ROCHON Alexis-Marie (1741-1817): *76.57*

Rohan Louis-René-Edouard de Rohan-Guéméné, dit le prince Louis de (1734-1803), évêque de Strasbourg et cardinal en 1778 : *73.79*, *74.05*
Rossignol Jean-Joseph (1726-1817) : *80.05*
Roubin Adrien, chevalier de (1715-1793) : *73.84*, 73.86
Roucher Jean-Antoine (1745-1794) : 80.13
Rousseau Jean-Jacques (1712-1778) : *51.09*, *55.24*, A58.02, 58.30, 58.31, A59.04, *60.20*, 60.25, 60.26, *61.03*, *61.04*, 62.04, 62.12, 66.52
Rousseau Pierre (1716-1785) : 71.25, 71.49, 78.25
Roussier Pierre-Joseph (1716-c.1790) : 61.09, 61.10, 61.12, 61.23, 61.25
Royal Society : A65.03, 69.78
Ruault Nicolas (c.1742-1828) : 78.07, 78.08
Rutledge Jean-Jacques (Rutlidge John James) (1742-1794) : *79.82*

Sabbathier François (1735-1807) : *79.04*
Saboureux de Fontenay, sourd-muet : *76.82*, *77.11*
Saint-Ange Ange-François Fariau de (1747-1810) : *79.59*
Saint-Auban Jacques-Antoine Baratier, marquis de (1712-1783) : *80.39*
Saint-Florentin Louis (III) Phélypeaux (1705-1777), comte de Saint-Florentin, puis duc de La Vrillière : 65.76, 67.91, 68.68, 68.87, 68.90, 69.11, 69.14, 69.20, 69.22, 69.23, 69.36, 69.37, 69.44, 69.81, 69.84, 69.86, 70.88, 72.04, 73.46, 73.81, *75.22*, *76.03*, *76.24*, *80.38*
Saint-Pierre Jacques-Henri-Bernardin de (1737-1814) : 73.97, 73.98 ; Lespinasse dictant à D'Alembert : 74.58, 74.59, 75.21, 75.27, 75.76
Salignac de La Mothe-Fenelon Léon-François-Ferdinand (c.1720-1787), évêque de Lombez : 72.44
Saltykov Sergueï Vassilievitch (1700-1772) : 63.07
Saluzzo Giuseppe Angelo, conte di Menusiglio (1734-1810) : 83.35
Sanches (Sanchez) Antonio Nunes Ribeiro (1699-1783) : 00.12, 82.59
Sarconi (sarcone) Michele (1731-1797) : *81.37*
Sartine Antoine-Raymond-Jean-Gualbert-Gabriel, comte d'Alby (1729-1801) : 65.29, 74.84
Sauri Jean, abbé (1741-1785) : *73.110*
Sauseuil, chevalier Jean-Nicolas Jouin de (1731-?) : *73.64*
Scheffer Karl Frederik baron (1715-1786) : 55.11
Schouvalov (Schouvalow ou Schouwaloff) : voir Chouvalov
Sedaine Michel-Jean (1719-1797) : 70.80, 71.26
Séguier Jean-François (1703-1784) : *79.08*
Servan Joseph-Michel-Antoine (1737-1807) : 65.28, 65.38, 67.01, 67.06, 81.42
Sherlock Martin (c. 1745-1797) : 80.20
Société royale de Lyon : 55.03
Société typographique de Neuchâtel : 76.77
Solignac Pierre-Joseph de La Pimpie, chevalier de (1687-1773) : 56.01, *56.02*
Soltikov : voir Saltykov
Soufflot Jacques-Germain (1713-1780) : 55.07
Staatman Frederik : *64.35*

STANISLAS II AUGUSTE Poniatowski, roi de Pologne (1732-1798) : 78.09
STONINGTON Edward : *81.22*
STOUPE Jean-Georges-Antoine (1736 ?-1808) : 00.13
SUARD Amélie Panckoucke (1750-1830), épouse de Jean-Baptiste Suard : 00.14, 81.72
SUARD Jean-Baptiste-Antoine (1733-1817) : A66.02, *66.72, 66.73, 66.74,* 66.77, 66.88, 70.97, 70.102, 72.77, 78.30, 78.31

THIBAULT Charles-Marie, dit Thibault de Longecour après son mariage en 1773 (1740-après 1786) : 67.51, 67.55, 71.43, 75.01
THUN Graf von probablement Johann (1711-1788) : 00.15
TINSEAU Jean-Antoine (1697-1782) : *79.27*
THOMASSEAU DE CURSAY, abbé Jean-Marie-Joseph (1707-1781) : *73.49*
TOLLIUS Herman (1742-1822) : 79.19
TOLOMAS Charles-Pierre-Xavier (1705-1762) : *55.06*
TORNE Pierre-Anastase (1727-1797) : *75.10*
TOUNE baron de : voir THUN
TOURNON, Mlle de (c. 1764-?), candidate au prix de poésie de 1782 : 82.23, 82.26
TRESSAN Louis-Elisabeth de La Vergne, comte de (1705-1783) : *54.11*, 55.22, 55.23, 60.17, *70.17*, 71.47, *71.48*, 71.53, 80.42, 82.31, 83.23
TRESSÉOL Pierre-Ignace Roubaud de (1740-1788) : A78.06, A78.07
TRONCHIN Théodore (1709-1781) : *57.34*, 58.03, 61.19, 78.10
TRUDAINE DE MONTIGNY Jean-Charles-Philibert de (1733-1777) : 75.19
TURGOT Anne-Robert-Jacques (1727-1781) : 63.02, 63.05, 63.11, 70.65, 71.10, 72.49, 72.56, 72.60, 75.20, 75.43

VAN DER MEERSCH Abraham Arent (1720-1792) : 70.58
VAN GOENS Rijklof Michaël (1748-1810) : 67.58
VARENNES, auteur de vers : 78.62
VAUSENVILLE (VAUSSENVILLE) Alexandre-Henri-Guillaume Le Rohbergherr de (1722-?) : 71.12, *73.102, 79.06,* 79.07, *79.10*
VAUXCELLES voir BOURLET
VERGENNES Charles Gravier comte de (1719-1787) : 74.90, 76.45, 76.80
VERMEIL François-Michel (1732-1810) : 81.07
VERNES Jacob (1728-1791) : 57.32, 58.07
VIAUD DE BELAIR Pierre-Jacques-Calixte (1760-1827) : 82.55
VICHY-CHAMROND Claude-Marie-Josèphe de Saint-Georges (1742-1775) épouse du comte Abel-Claude-Marie-Cécile de : *73.112*
VICQ D'AZYR Félix (1748-1794) : 75.66, 77.51, 77.30, 77.41, 77.44
VIELLE voir LA VILLE
VIGÉE Marie-Louise-Élisabeth (1755-1846) épouse de Jean-Baptiste-Pierre Lebrun (1748-1813) : 75.51, 77.28
VILLAHERMOSA Juan Pablo Aragón y Azlor, duc de (1730-1790) : 72.21, 72.69, *72.76,* 73.05, 73.25, 73.48, 73.77, 73.100, 74.17, 74.19, 74.21, 74.23, 74.27, 74.40, 74.67, 75.09

INDEX DES CORRESPONDANTS 581

Villemain d'Abancourt François-Jean (1745-1803) : 74.29, 74.50, 79.16
Villette Charles-Michel Du Plessis, marquis de (1736-1793) : 77.39
Villoison voir Ansse de Villoison
Vimeux Charles de (c. 1770-1841) : 81.06, 81.30, 81.39, *81.47*
Voglie (Bentivoglio) Jean de (c. 1723-c. 1777) : 74.28
Voimerville de : *78.56, 78.57*
Voltaire (1694-1778) : 46.14, 51.17, 52.08, *52.10*, 54.05, *54.14*, 55.19, 55.25, 56.03, 56.06, 56.11, 56.16, 56.17, 56.18, 56.19, 56.21, 56.22, 56.23, 56.24, 56.25, 57.03, 57.04, 57.06, 57.07, 57.10, 57.11, 57.12, 57.14, 57.15, 57.16, 57.17, 57.18, 57.19, 57.20, 57.21, 57.23, 57.24, 57.25, 57.29, 57.30, 57.31, 57.35, 58.02, 58.04, 58.05, 58.06, 58.08, 58.09, 58.11, *58.12, 58.13,* 58.14, *58.15,* 58.16, *58.18, 58.19,* 58.20, *58.21, 58.22, 58.23, 58.29,* 58.35, *58.40, 59.01, 59.02, 59.05, 59.07, 59.10, 59.12, 59.13, 59.14, 59.15, 60.04, 60.05, 60.06, 60.07, 60.08, 60.09, 60.10, 60.11, 60.12, 60.14, 60.15, 60.16, 60.18, 60.19, 60.21, 60.22, 60.23, 60.24, 60.27, 60.29, 60.30, 60.31, 60.32, 60.33, 60.34, 60.35, 60.37, 60.39, 60.40, 61.01, 61.02, 61.06, 61.07,* 61.08, *61.11,* 61.13, *61.15, 61.16, 61.17, 61.18, 61.20, 61.22, 61.26, 61.27, 61.28, 61.29, 61.31, 61.32, 62.01, 62.02, 62.03, 62.05, 62.07, 62.08, 62.09, 62.13, 62.14, 62.15, 62.19, 62.20, 62.23, 62.24, 62.25, 62.26, 62.27, 62.28, 62.29, 62.30, 62.31, 62.36, 62.38, 63.03, 63.06, 63.08, 63.10, 63.13, 63.19, 63.56, 63.73, 63.77, 63.83, 63.84, 63.85, 63.87, 63.88, 64.02, 64.03, 64.05, 64.09, 64.11, 64.12, 64.13, 64.14, 64.17, 64.18, 64.22, 64.31, 64.32, 64.36, 64.39, 64.41, 64.45, 64.46, 64.47, 64.48, 64.50, 64.55, 64.60, 64.61, 65.02, 65.03, 65.06, 65.07, 65.10, 65.13, 65.14, 65.15, 65.18, 65.24, 65.25, 65.26, 65.27, 65.32, 65.35, 65.36, 65.41, 65.42, 65.46, 65.50, 65.51, 65.53, 65.55, 65.58, 65.59, 65.62, 65.65, 65.70, 65.72, 65.80, 65.82,* 66.03, *66.06,* 66.10, *66.12, 66.18, 66.34, 66.35, 66.36, 66.37, 66.44, 66.45, 66.48, 66.51, 66.55, 66.57, 66.59, 66.61, 66.64, 66.65, 66.69, 66.78, 66.79, 66.81, 66.89, 66.91, 66.93, 66.99, 67.07, 67.08, 67.09, 67.10, 67.20, 67.22, 67.23, 67.29, 67.32, 67.38, 67.39, 67.41, 67.42, 67.44, 67.53, 67.56, 67.59, 67.61, 67.63, 67.64, 67.65, 67.66, 67.68, 67.69, 67.71, 67.73, 67.74, 67.76, 67.79 67.80, 67.84, 67.86, 67.92, 68.04, 68.07, 68.08, 68.09, 68.11, 68.12, 68.13, 68.15, 68.18, 68.19, 68.21, 68.22, 68.23, 68.26, 68.27, 68.32, 68.34, 68.36, 68.37, 68.39, 68.42, 68.45, 68.49, 68.51, 68.57, 68.58, 68.59, 68.64, 68.65, 68.67, 68.70, 68.72, 68.79, 68.81, 68.83, 68.88, 68.91, 69.01, 69.03, 69.06, 69.15, 69.26, 69.29, 69.45, 69.48, 69.53, 69.54, 69.58, 69.60, 69.66, 69.73, 69.74, 69.85, 70.05, 70.07, 70.10, 70.14, 70.15, 70.16, 70.20, 70.21, 70.23, 70.26, 70.31, 70.37, 70.42, 70.44, 70.46, 70.49, 70.51, 70.52, 70.55, 70.60, 70.61, 70.64, 70.66, 70.67, 70.72, 70.74, 70.75, 70.76, 70.77, 70.81, 70.82, 70.86, 70.99, 70.104, 70.106, 70.107, 70.108, 70.110, 70.113, 70.114, 70.115, 70.118, 70.121, 70.122, 70.123, 70.124,* A71.01, *71.05, 71.09, 71.11, 71.13, 71.15, 71.18, 71.19, 71.23, 71.24, 71.27, 71.33, 71.37, 71.46, 71.50, 71.58, 71.65, 71.74, 71.76, 71.78, 71.83, 71.84, 71.85, 72.07, 72.08, 72.16, 72.32, 72.34, 72.46, 72.47, 72.61, 72.70, 72.71, 72.73, 72.74, 73.03, 73.04, 73.06, 73.07, 73.11, 73.13, 73.14, 73.15, 73.17, 73.20, 73.21, 73.22, 73.24, 73.26, 73.27, 73.28, 73.30, 73.34, 73.36, 73.39, 73.40, 73.43, 73.44, 73.45, 73.50, 73.55, 73.56, 73.59, 73.60, 73.62, 73.63, 73.66, 73.68, 73.75, 73.76, 73.78, 73.82, 73.93, 73.94, 73.95, 73.101, 73.103, 73.106,*

74.11, 74.15, 74.16, 74.18, 74.22, 74.24, 74.25, 74.39, 74.42, 74.53, 74.57, 74.61, 74.65, 74.75, 74.79, 74.83, 74.86, 74.93, A75.01, 75.06, 75.07, 75.08, 75.11, 75.13, 75.18, 75.26, 75.31, 75.32, 75.45, 75.48, 75.49, 75.53, 75.54, 75.58, 75.61, 75.77, 76.04, 76.05, 76.10, 76.15, 76.18, 76.19, 76.29, 76.32, 76.36, 76.37, 76.40, 76.42, 76.46, 76.47, 76.50, 76.56, 76.60, 76.61, 76.63, 76.67, 76.68, 76.70, 76.73, 76.75, 76.78, 77.01, 77.05, 77.07, 77.08, 77.12, 77.14, 77.17, 77.21, 77.27, 77.33, 77.42, 77.47, 77.48, 77.55, 77.56, 78.01, 78.03, 78.14, 78.18, 78.29

VORONZOV Aleksandr Romanovitch (1714-1805) : 64.52

WATELET Claude-Henri (1718-1786) : 63.21, 74.07
WIELHORSKI, comte Michael (c.1753-1804) : 74.47, 74.48
WIMPFEN Félix, baron de (1745-1814) : 71.28, 71.87

INDEX DES NOMS CITÉS

Les noms propres, *autres que l'expéditeur et le destinataire* (donnés par l'index des correspondants), cités au moins une fois dans la rubrique « contenu » d'une lettre sont suivis du numéro d'inventaire de cette lettre. Toutes les années, de même que les lettres non datables et l'Appendice des « lettres ostensibles » sont indexés. Les prénoms ou titres n'ont été donnés que pour distinguer des homonymes. Les numérotations commençant par A renvoient à l'Appendice des lettres ostensibles.

Abauzit, Firmin : 64.48, 65.02, 68.11, 68.15, 72.30
Abélard : 79.54
Ablois, Mme d' : 69.35, 69.46, 69.50
Académie de Berlin et *HAB* : 46.05, 46.06, 46.08, 46.13, 47.01, 48.03, 49.02, 49.08, 49.10, 50.02, 50.03, 50.04, 50.06, 51.15, 51.21, 53.19, 55.16, 56.20, 57.02, 57.05, 57.08, 60.37, 61.33, 62.17, 63.33, 63.36, 63.41, 63.44, 63.51, 63.53, 63.56, 63.65, 63.77, 64.04, 64.07, 64.12, 64.33, 64.58, 65.17, 65.23, 65.37, 65.55, 66.15, 66.22, 66.28, 66.30, 66.31, 66.32, 66.33, 66.38, 66.41, 66.50, 66.67, 66.76, 66.80, 66.85, 66.95, 67.14, 67.27, 67.35, 67.37, 67.46, 67.60, 67.70, 67.85, 67.87, 67.88, 67.90, 68.01, 68.10, 68.17, 68.25, 68.33, 68.40, 68.46, 68.56, 68.74, 68.78, 68.79, 68.80, 68.85, 69.12, 69.19, 69.27, 69.34, 69.39, 69.47, 69.49, 69.51, 69.52, 69.64, 69.67, 69.76, 69.88, 69.89, 70.01, 70.02, 70.19, 70.24, 70.25, 70.27, 70.30, 70.48, 70.50, 70.62, 70.78, 70.83, 70.90, 70.93, 70.120, 71.30, 71.42, 71.54, 71.55, 71.57, 71.81, 71.88, 72.03, 72.05, 72.15, 72.27, 72.29, 72.43, 72.54, 72.55, 73.02, 73.16, 73.23, 73.42, 73.53, 73.65, 73.104, 73.108, 74.14, 74.30, 74.35, 74.41, 74.63, 74.89, 75.38, 75.44, 75.47, 75.59, 75.64, 75.68, 75.70, 75.74, 75.80, 75.81, 76.12, 76.21, 76.26, 76.55, 77.04, 77.25, 77.31, 77.32, 77.37, 77.38, 77.43, 77.46, 77.50, 78.04, 78.17, 78.45 78.47, 78.60, 79.01, 79.02, 79.29, 79.40, 79.50, 79.78, 80.01, 80.15, 80.39, 81.01, 81.09, 81.19, 81.26, 81.51, 81.52, 81.54, 81.60, 81.62, 81.66, 81.69, 81.70, 81.71, 82.03, 82.11, 82.14, 82.41, 82.56, 83.14, 83.25, A66.03, A69.01, A69.05, A75.03, A75.04, A81.03
Académie de Bologne : 55.15, 74.04
Académie de Boston : 81.67
Académie de Gœttingue (Göttingen) : 71.88, 72.27, 72.29, 72.54, 72.65, 73.87, 74.35, 74.63, 75.44, 76.55, 79.01, 79.29, 79.78, 81.66, 82.11
Académie de Lisbonne : 81.63, 82.08
Académie de Lyon : 55.05
Académie de Madrid : 81.49
Académie de Montpellier : 55.17

Académie de Nancy: 58.01
Académie de Naples: 81.37, 81.46
Académie de Nîmes: 79.08
Académie de Saint-Pétersbourg: 50.04, 50.12, 51.01, 64.42, 64.54, 64.57, 67.46, 67.70, 67.88, 68.74, 69.12, 69.76, 72.05, 72.11, 73.33
Académie de Stockholm: 55.11, 74.01
Académie de Turin: 62.11, 65.11, 65.17, 65.21, 65.55, 65.63, 65.69, 65.82, 66.01, 66.05, 66.11, 66.13, 66.20, 66.26, 66.38, 66.43, 66.58, 69.52, 69.68, 70.120, 71.30, 71.75, 71.81, 73.87, 73.92, 74.31, 76.26, 83.35
Académie des belles-lettres (Suède): 82.60
Académie des inscriptions et belles-lettres (Paris): 54.02, 70.92n, 77.18, 77.34, 78.23, 80.27
Académie des nobles (Berlin): 72.52
Académie des sciences (Paris): 41.01, 46.01, 46.02, 48.05, 49.11, 51.23, 52.02, 52.15, 53.15, 53.17, 54.09, 55.04, 55.18, 56.06, 56.08, 56.10, 56.12, 56.15, 57.08, 57.09, 60.01, 60.10, 60.11, 60.24, 60.36, 60.38, 62.40, 63.72, 63.81, 64.24, 64.25, 64.49, 64.56, 64.59, 65.04, 65.17, 65.42, 65.43, 65.55, 65.59, 65.63, 65.67, 65.68, 65.70, 65.76, 65.82, 66.13, 66.17, 66.19, 66.20, 66.24, 66.27, 66.32, 66.37, 66.43, 66.60, 67.13, 67.14, 67.17, 67.78, 67.82, 67.90, 67.91, 68.03, 68.15, 68.16, 68.17, 68.54, 68.56, 68.61, 68.68, 68.74, 68.78, 68.84, 68.85, 68.86, 68.87, 68.89, 68.90, 69.05, 69.09, 69.11, 69.19, 69.20, 69.23, 69.30, 69.79, 69.81, 69.84, 69.86, 69.87, 69.90, 69.91, 70.09, 70.12, 70.29, 70.53, 70.65, 70.90, 70.120, 71.03, 71.08, 71.10, 71.11, 71.20, 71.25, 71.39, 71.40, 71.45, 71.55, 71.57, 71.76, 72.03, 72.05, 72.11, 72.15, 72.17, 72.23, 72.25, 72.26, 78.28, 72.43, 72.49, 72.54, 72.65, 72.67, 73.21, 73.37, 73.38, 73.42, 73.45, 73.53, 73.84, 73.87, 73.92, 73.102, 73.108, 74.14, 74.29, 74.31, 74.32, 74.35, 74.41, 74.46, 74.60, 74.63, 74.89, 75.03, 75.22, 75.29, 75.37, 75.38, 75.44, 75.77, 76.21, 76.25, 76.26, 76.44, 76.76, 77.04, 77.13, 77.25, 77.34, 77.45, 78.07, 78.08, 78.39, 78.60, 79.07, 79.10, 79.20, 79.23, 79.24, 79.42, 79.43, 79.48, 79.54, 80.12, 80.15, 80.25, 80.61, 81.54, 81.68, 81.71, 82.14, 82.27, A61.02, A64.01, A69.02, A73.01
Académie française (Paris): 53.18, 53.20, 53.21, 53.26, 53.26, 54.02, 54.04, 54.15, 5416, 55.01, 60.04, 60.21, 60.22, 60.23, 60.24, 60.27, 60.29, 60.30, 61.02, 61.06, 61.08, 61.11, 61.13, 61.16, 61.20, 61.22, 61.26, 61.27, 62.06, 62.13, 62.19, 62.23, 63.19, 63.46, 63.72, 63.79, 63.80, 63.83, 63.84, 64.55, 64.60, 65.02, 65.10, 66.08, 66.32, 66.79, 66.91, 66.93, 66.99, 67.07, 67.08, 67.15, 67.25, 67.26, 67.64, 67.69, 68.57, 68.59, 69.58, 69.60, 70.14, 70.26, 70.46, 70.52, 70.96, 70.110, 70.111, 70.113, 70.114, 70.115, 70.118, 71.04, 71.10, 71.13, 71.20, 71.23, 71.37, 71.65, 71.78, 71.79, 71.84, 71.86, 72.15, 72.16, 72.17, 72.18, 72.19, 72.22, 72.23, 72.24, 72.25, 72.27, 72.28, 72.35, 72.44, 72.48, 72.54, 72.55, 72.59, 73.02, 73.10, 73.11, 73.15, 73.40, 73.41, 73.42, 73.46, 73.51, 73.57, 73.64, 73.65, 73.79, 73.83, 73.85, 73.90, 73.99, 73.104, 74.29, 74.63, 75.05, 75.18, 75.29, 75.43, 75.51, 75.53, 75.55, 75.57, 76.18, 76.32, 76.36, 76.37, 76.44, 76.47, 76.51, 76.56, 76.61, 76.68, 76.70, 76.75, 76.78, 77.13, 77.18, 77.20, 77.21, 77.24, 77.27, 77.28, 77.32, 77.34, 77.56,

78.14, 78.17, 78.18, 78.20, 78.29, 78.34, 78.35, 78.37, 78.38, 78.42, 78.44, 78.47, 78.61, 79.03, 79.06, 79.13, 79.16, 70.20, 79.57, 79.64, 80.08, 80.13, 80.40, 80.42, 80.43, 80.53, 80.58, 81.05, 81.06, 81.07, 81.11, 81.20, 81.29, 81.44, 81.58, 81.68, 82.05, 82.12, 82.20, 82.31, 82.42, 82.43, 82.55, 82.64, 83.02, 83.05, 83.15, 83.17, 83.18, 83.19, 83.22, 83.23, 83.29. 00.04, 00.05, A72.02, A74.01, A75.01, A75.02, A78.05, A78.06, A78.07, A79.07, A83.01

ACHARD : 80.06, 80.15, 82.03, 82.58, 83.37
ADAM, le père Antoine : 63.73, 67.23, 68.24, 70.77, 70.78
Affaires étrangères (Paris) : 60.05, 76.80
AGUESSEAU, d' : 51.04, 61.16, 61.17, 64.05, 79.81, 80.57
AIGUILLON, duc d' : 70.31, 74.25, 74.62
ALARY, abbé : 70.05, 70.07, 71.05
ALBE, duc d' : 73.31, 73.48, 73.54, 73.56
ALBERT, Raymond d' : 75.82
ALBON, d' : 74.37
ALCIATI : 81.35
ALEXANDRE VI, pape : 74.49
ALEXANDRE LE GRAND, roi de Macédoine : 77.43, 77.55
ALEXIS, tsarévitch : 71.80, 71.86, 72.06
ALGAROTTI, Francesco : 60.05, 67.30, 00.15
ALIGRE, présidente d' : 67.51
ALLY voir ROCHEFORT
AMELOT DE LA HOUSSAYE : 79.43
ANCIAN, abbé, curé de Moens : 69.18
ANGIVILLER, comte d' : 75.65
ANGOULÊME, duc d' : 83.20
ANLÉZY : 71.77, 74.43, 75.53, 75.58
ANNE, reine d'Angleterre : 68.44
ANSPACH, margrave d' : 78.04, 78.06
ANVILLE, Bourguignon d' : 54.02
APOLLON : 81.45
ARANDA, marquis de : 68.22
Archevêque de Lyon voir MONTAZET
Archevêque de Toulouse voir LOMÉNIE DE BRIENNE
ARCY, d' : 66.11, 66.13, 66.14, 66.43, 67.83, 68.30, 79.42
ARETINO (L'ARÉTIN) : 74.49, 79.12
ARGENCE DE DIRAC, marquis d' : 65.65, 69.29
ARGENS, Isaac : 69.05
ARGENS, marquis d' : 52.19, 53.27, 55.12, 57.22, 63.24, 63.28, 63.56, 63.77, 68.35, 68.55, 68.62, 68.84, 71.29, 71.34, 73.57, 75.05, 75.80, 76.74, 79.62
ARGENSON, Marc-Pierre comte d' : 49.02, 51.13, 53.15, 53.26, 55.18, 56.12, 56.15, 58.24, 58.29, 64.36, 64.39, 64.46, 66.71
ARGENSON, Marc-René d' : 70.99, 71.43
ARGENSON, René-Louis marquis d' : 52.03, 53.18, 66.71

ARGENTAL, comte d': 58.15, 60.14, 60.18, 60.19, 60.29, 60.37, 70.115, 70.121, 75.77
ARGENVILLE, d': 51.11
ARIOSTE: 67.17
ARISTOTE: 73.18, 77.43, 80.18
ARNAUD, abbé: 63.39, 71.27, 71.37, 77.47, 82.50
ARNAUD, grammairien: A78.06
ARNAUD, précepteur: 81.39
AROUET (père de Voltaire): 79.09
AROUET, Armand (frère de Voltaire): 79.09
AROUET, Mme (mère de Voltaire): 79.09
ARTIGNY, d': 79.61
ARTOIS, comte d': 73.100, 77.44
AUBRY, Jean-Baptiste: 63.03, 74.52, 81.08
AUDOUARD: 70.37
AUDRA, abbé: 70.16, 70.21, 70.110, 70.123, 70.124
AUFRESNE: 74.49
AUGER DE MOLÉON: 79.54
AULANS, chevalier d': 64.63
AUMONT, Mme d': 53.20
AYDIE, chevalier d': 55.01
AZARA: 76.07
AZINCOURT, d': 70.47

BACH, Johann Christian: 81.40
BACHE: 51.24
BACON: 73.14, 74.18, 74.83
BAER: 79.65, 82.49
BAILLEUL: 51.22, 51.24, 52.15
BAILLY, Jacques (père de J.-S.): 69.09
BAILLY, Jean-Sylvain: 68.33, 68.40, 68.46, 68.54, 69.09, 69.31, 70.53, 74.41, 74.46, 76.15, 76.18, 77.08, 80.04, 80.25
BALZAC, Guez de: 76.51, 77.32, 82.18
BANKS: 73.65, 73.71, 73.87, 73.92, A63.01
BARATIER: 81.45
BARBOT: 74.77
BARDIN, libraire: 76.05
BARON: 80.53
BARROIS: 80.19
BARRUEL: 76.45
BARTHE: 70.35
BARTHÉLEMY: 70.35, 73.31
BARTHEZ Paul-Joseph: 55.14, 75.78, 78.45, 79.02, 81.33, 82.50, 82.59
BARTHEZ Guillaume (le père): 75.78
BARTOLDO: 57.28
BARTOLI: 73.65

BASSINET : 67.76, 67.79
BASSOMPIERRE, Mme de : 55.22
BASTIANI, abbé : 66.16, 76.27
BASTIDE : 69.29
BATTEUX, abbé : 68.65, 72.74, 73.11, 73.79, 80.38
BATTHYANI : 77.29
BATTIER : 48.14
BAUMÉ : 72.67
BÂVILLE : 78.13, 79.60
BAYLE : 64.44, 64.45, 64.47, 64.51, 64.53, 64.58, 68.35, 70.105, 73.18, 81.04, 82.45, A63.01
BAZINCOURT, Mme de : 76.82
BEAUFLEURY : 75.14, 75.17, 75.20, 75.24
BEAUMARCHAIS : 74.15, 74.18, 76.63, 81.27
BEAUMONT, Christophe de, archevêque de Paris : 64.03, 64.12, 65.27, 67.73, 68.07, 70.53, 71.76, 73.11, 73.14, 73.15, 78.42, 79.75, 79.77, 80.54, 81.18, 81.32, 81.41, 81.70, 82.03, A63.02
BEAUSOBRE : 53.25, 56.09
BEAUTEVILLE : 67.08
BEAUVAU, Mme de : 74.44, 74.54
BEAUVAU, prince de : 72.44, 76.01, 76.22, 81.53, 82.24
BEAUZÉE : 67.77, 67.90, 72.28, 72.33
BECCARIA : 65.45, 65.54, 65.67, 65.69, 66.19, 66.93, 67.05, 67.82, 65.50, 68.28, 70.50, 70.98, 78.61, 79.63
BÉGUELIN : 68.56, 68.80, 68.85, 69.19, 69.27, 69.34, 69.47, 69.51, 69.52, 69.62, 69.64, 69.67, 69.68, 69.76, 69.88, 69.89, 69.91, 70.11, 70.19, 70.30, 70.90, 71.02, 71.06, 71.35, 73.96, 75.59, 75.67, 75.68, 75.70, 75.80, 75.81, 76.08, 76.12, 76.20, 76.21, 76.39, 76.44, 76.55, 77.04, 77.38, 82.03, A69.06, A69.07
BELESTA : 69.03
BELIDOR : 69.25
BELLEGUIER : 73.04, 73.13, 73.14, 73.15, 73.17, 73.20, 73.24
BELLILE : 82.45
BELLOY, Pierre-Laurent Buirette de : 65.15, 65.26, 65.72, 70.63
BENOÎT XIV, pape : 55.13, 58.27, 59.12
BENTHAM : 78.36
BÉRANGER : 62.16
BÉRAUD : 55.09
BERGER : 68.67
BERGIER : 46.02, 66.37, 73.34, 81.04
BERNIS, abbé, puis cardinal de : 46.03, 46.04, 46.05, 52.19, 57.26, 58.13, 58.19, 60.35, 62.03 : 64.03, 64.05, 64.12, 79.64, 81.28
BERNOULLI, Daniel : 46.08, 46.12, 46.13, 46.15, 47.02, 47.03, 55.16, 57.05, 64.21, 65.17, 65.21, 67.27, 68.03, 68.33, 69.34, 69.47, A69.01
BERNOULLI, Johann (Jean) I : 48.01, 48.03, 53.06, 71.88, 81.46

Bernoulli, Johann (Jean) III : 67.17, 68.05, 69.27, 69.34, 69.47, 69.62, 69.67, 71.25, 72.55, 73.23, 73.53, 79.29, 79.78, 80.06, 81.61
Berruyer : 53.26
Berthier : 51.04, 51.05, 51.06, 51.14, 57.04, 57.06, 57.07, 57.11, 57.12, 59.01, 59.02, 59.05, 59.07, 60.05, 60.07, 62.19, 62.23, 63.08, 64.07, 64.14, 66.36, 81.27
Berthoud : 73.42
Bertin : 70.49, 72.39, 76.75
Bertrand : 79.42
Bertrandi : 66.13
Bertucat, dom : 82.42
Berzet : 62.11
Béthizy : A52.03
Bexon : 80.57
Bézout : 69.07, 69.14, 70.27, 70.93, 70.119, 73.84, 75.79, 80.15
Bibliothèque de Magdebourg : 71.80, 71.86, 72.01, 72.02
Biord, Jean-Pierre, évêque d'Annecy : 68.42, 68.47, 69.26, 69.54
Bissy : 53.06, 53.08, 63.48, 64.21, 00.08
Bitaubé : 66.15, 66.41, 66.76, 67.17, 67.27, 67.46, 67.85, 67.88, 68.78, 69.83, 70.83, 72.03, 73.104, 73.105, 73.108, 74.30, 74.46, 74.89, 75.04, 75.47, 77.37, 77.42, 77.47, 78.04, 78.06, 78.17, 78.39, 79.40, 79.50, 79.78, 80.06, 80.15, 81.01, 81.61, 81.66, 82.11, 82.38
Bizot : 69.56, 69.59
Björnstahl : 70.86
Blackstone : 78.33
Blaisy, de : 80.19
Blondel, Mme : 63.87
Boerhaave : 77.22
Boileau : 60.34, 60.35, 70.07, 74.63, 76.61, 78.30, 79.34
Boindin : 51.24, 52.01
Boisgelin de Cucé : 38.30
Boisgelon : 68.69, 70.36, 70.70
Boisjermain, Luneau de : voir Luneau
Boismont, abbé de : 81.11, 81.29, 81.32, 81.41
Boissy, Laus de : 77.57
Boissy d'Anglas : 48.04, 56.08
Bolingbroke : 52.18, 52.19, 57.30, 66.69, 67.78, 67.80, 69.26
Bonnaire, abbé de : 80.19
Borda : 68.17, 68.56, 69.89, 69.91, 70.11, 70.19, 70.22, 71.45, 71.81, 71.88, 72.03, 72.05, 72.11, 73.42, 73.104, 75.79
Bordes : 70.47
Borelly : 72.42, 72.43, 72.52, 72.53, 72.54, 72.57, 75.04, 75.47, 75.81, 76.44, 79.70
Boscovich : 65.54, 67.50, 68.54, 68.87, 69.77, 69.87, 70.09, 71.57, 71.75, 71.81, 72.43, 73.104, 73.108, 80.05, 83.16
Bossuet : 79.17, 00.08

BOSSUT, abbé : 63.02, 63.05, 63.53, 67.90, 68.03, 68.46, 68.50, 68.61, 68.74, 67.60, 70.27, 70.93, 71.08, 71.14, 71.25, 71.42, 71.45, 71.55, 72.03, 72.05, 72.11, 72.17, 72.27, 73.71, 74.94, 75.29, 77.34, 80.25, 80.39, 81.51, 82.08
BOUCHAUD : 63.51, 63.82
BOUFFLERS, Mme de : 54.11, 63.31, 63.48, 66.75, 67.18, 67.21, 67.54, 72.40
BOUFFLERS, Stanislas de : 52.17, 68.24
BOUGAINVILLE : 53.18, 53.26, 54.04
BOUGUER : 50.15, 57.13, 60.38, 74.08, A69.02
BOUHIER : 82.41
BOUHOURS : 71.52, 74.33, 74.45, 81.27, 81.28
BOUILLAUD : 80.25
BOUILLEROT, libraire : 79.54
BOUILLON, duc de : 77.06
BOULLONGNE : 58.24, 67.08, 67.22, 67.74, 67.75, 68.07, 68.09, 68.12
BOURBON, infant Gabriel de : 73.31, 73.48, 73.56, 73.61, 74.23
BOURDALOUE : 54.16, 68.58, 81.41
BOURDEAU : 71.55
BOURET : 64.02
BOURGELAT : 57.26, 57.28, 58.37, 60.17, 60.27, 63.84, 63.85, 63.87, 64.03, 64.05, 65.13, 65.14
BOURSIER voir VOLTAIRE
BOUSQUET, Marc-Michel : 48.09, 48.10
BOUVARD : 76.53
BOUVIER : 66.24
BOYER : 60.35
BOYNE : 54.03
BOZE : 53.02
BRADLEY, James : 48.13, 49.01, 49.02, 57.06
BRANCAS : 53.06
BRÉQUIGNY : 72.33
BRETEUIL : 70.53, 67.51
BREUGHEL : 82.24
BREVAL : 81.55, 81.65
BRIASSON : 47.08, 50.15, 51.11, 54.14, 55.21, 56.18, 56.19, 57.11, 57.14, 57.15, 57.16, 57.19, 57.29, 69.19, 69.49, 69.62, 69.68, 69.89, 69.91, 71.37, 72.65, 80.19
BRIONNE, Mme de : 69.35, 69.55
BROGLIE, Charles de, évêque de Noyon : 73.82
BROGLIE, comte et duc de : 60.35, 74.16, 74.44
BROSSES, de : 70.114, 70.1145 70.118 70.121, 70.123, 70.124, 71.10, 71.11, 71.18
BROSSETTE : 79.34
BROUTEL : 66.65, 66.69
BRULÉ : 51.24
BRUNSWICK, duchesse de : 63.24, 72.14, 74.49

BRUNSWICK, Charles-Guillaume-Ferdinand, duc de, et prince de (1735-1806) : 63.23, 63.26, 63.32, 66.27, 66.30, 66.32, 66.35, 66.41, 66.45, 67.13, 67.14, 67.30,
BRUNSWICK, Ferdinand, duc de, et prince de (1721-1792) : 58.37, 60.28
BRUNSWICK, prince de, neveu de Frédéric II : 70.111, 70.116
BRUYSET (les) : 58.41, 61.12, 63.02, 67.06, 67.29, 67.47, 70.24, 70.120, 72.54, 72.65, 73.71, 82.54, A74.02
BUDON, baron de : 79.43
BUFFON : 49.05, 49.09, 51.18, 53.07, 67.01, 68.58, 68.59, 69.79, 73.29, 74.34, 74.64, 77.32, 77.56, 79.38, 79.60, 80.57, 82.18, 83.07
BURGOYNE : 77.29
BURY : 68.45

CAILLART : 81.54
CAILLE, abbé : 68.67, 68.70
CAILLE, libraire : 73.101
CALANDRINI : 50.10
CALAS, Jean (affaire Calas, famille Calas) : 62.07, 62.14, 62.15, 62.19, 62.20, 62.23, 62.26, 62.28, 62.31, 62.36, 62.38, 63.03, 63.06, 63.08, 63.10, 64.32, 65.24, 65.25, 65.62, 65.65, 66.45, 70.60, 71.46, 76.74
CALDERON : 63.03
CALMET : 79.65
CALONNE : 66.57
CALVIN : 57.30, 58.08, 81.31, 81.41
CAMPE : 83.36
CAMPER : 72.25
CAMPISTRON : 57.24
CANAYE, abbé : 52.18, 53.07, 53.09, 53.10, 53.11, 53.16, 53.17, 53.21, 53.26, 54.02, 54.03, 54.07, 00.08
CANDY : 65.84
CAPPERONNIER : 66.23, 67.66, 67.69, 80.27, 80.46
CARACCIOLI : 64.01, 67.27, 70.83, 70.93, 70.120, 71.08, 71.30, 71.35, 71.55, 71.62, 71.75, 71.81, 71.88, 72.05, 72.11, 72.17, 72.54, 72.65, 73.42, 73.71, 73.104, 73.111, 74.31, 74.35, 74.46, 74.68, 74.89, 75.03, 75.29, 75.64, 75.70, 75.81, 76.26, 79.50, 79.62, 79.78, 80.01, 80.15, 81.26, 81.37, 81.43, 81.54, 81.71, 82.01, 82.08, 82.11, 82.36, 82.58
CARBURI : 66.24, 66.30
CARBURY, de : 73.97
CARLETIN : 77.29
CARLETON : 78.56, 78.57
CARLOS, don : 83.14
CARRA : 82.13
CASSINI : 64.53, 72.25, 72.27, 72.43, 72.54, 72.65, 75.44, 75.64
CASSINI DE THURY : 41.01
CASTEL, le père : 53.24
CASTILLON, Frédéric (fils de Jean) : 67.90

CASTILLON, Jean : 66.31, 66.32, 66.41, 66.50, 66.76, 66.84, 66.85, 67.17, 67.35, 67.90, 68.03, 68.05, 68.78, 69.27, 69.62, 71.25, 71.45, 71.55, 71.62
CASTILLON, Jean-François-Adèle Le Blanc de : 70.104, 70.107
CATHERINE II, impératrice de Russie : 60.39, 62.16, 62.17, 62.21, 62.24, 62.33, 62.36, 62.37, 62.41, 62.42, 62.44, 63.02, 63.03, 63.07, 63.08, 63.10, 63.11, 63.19, 63.72, 64.19, 64.23, 64.31, 64.41, 64.43, 64.46, 64.52, 65.39, 65.43, 65.45, 65.53, 66.78, 67.38, 67.56, 68.20, 70.67, 70.77, 73.04, 73.15, 73.17, 73.20, 73.21, 73.24, 73.27, 73.39, 73.40, 73.43, 73.44, 73.50, 73.55, 73.56, 73.60, 73.63, 73.68, 73.76, 73.82, 73.101, 74.05, 74.06, 74.11, 74.16, 74.18, 76.78, 78.42, 80.26, 80.27, 82.23
CATON L'ancien : 49.01
CATON d'Utique : 82.32
CATT, Henri-Alexandre de : 63.28, 65.15, 65.57, 65.77, 66.29, 66.30, 66.33, 66.70, 66.76, 66.80, 67.04, 67.13, 67.17, 67.28, 67.37, 67.43, 67.46, 67.82, 67.83, 67.85, 67.89, 68.02, 68.17, 68.29, 68.46, 69.18, 70.72, 70.93, 72.41, 72.42, 73.65, 73.104, 74.62, 74.71, 74.76, 74.81, 74.87, 75.12, 75.28, 77.13, 77.26, 77.41, 77.50, 78.47, 79.01, 79.02, 79.39, 79.80, 80.21, 80.23, 80.26, 80.37, 81.23, 82.63
CAVALIERI : 78.52, 79.37
CAVALLO : 81.46
CAVEYRAC : 59.02, 62.38, 63.03, 64.12
CAYLUS, évêque d'Auxerre : 52.18
CERVANTÈS : 54.05
CÉSAR : A78.06
CHABANON : 64.36, 66.12, 67.39, 67.42, 67.73, 67.79, 67.80, 67.84, 67.86, 70.53, 72.08, 76.15, 76.18, 77.47, 77.56
CHABOT, vicomte de : 53.20
CHAMBERS : 46.03, 46.04
CHAMFORT : 00.12
CHAMPEAUX : 49.05
Chanoine de Rouen : 67.34
CHAPELAIN : 58.01
CHARBONNET : 73.21
CHARDON : 67.92
CHARENTON : 63.55
CHARLES III, roi d'Espagne : 74.88
CHARLES V, roi de France : 67.59, 67.63
CHARLES XII, roi de Suède : 60.39
CHARLES-EMMANUEL III, roi de Sardaigne : 64.38, 66.31, 66.32, 72.25
CHARLES-EUGÈNE, duc de Wurtemberg : 65.12, 68.24, 77.06, 77.48
CHARLES-QUINT : 69.57
CHARLIER : 79.09
CHASTELLUX : 68.38, 71.43, 71.77, 72.42, 72.52, 72.64, 73.07, 73.15, 73.103, 78.33, 78.36
CHÂTEL, Mme : 54.02
CHÂTILLON, duchesse de : 75.53, 75.58, 78.40, 81.48

CHAULIEU : 77.29, 81.13, 81.45
CHAULNES, duc de : 52.18, 69.84, 69.86, 80.04
CHAULNES, duchesse de : 54.16
CHAUMEIX : 59.02, 60.05, 60.07, 60.19, 60.30, 61.02, 64.42, 64.57, 65.24, 66.36
CHAUMONT : 64.09
CHAZOT : 60.05
CHÉRÉAS : 73.62
CHERIN : 79.05
CHEVERT : 58.37
CHEZEAUX : 68.30
CHIROL : 67.76, 68.36, 68.58
CHOISEL, Mme : 69.61
CHOISEUL, duc de : 60.07, 60.14, 60.15, 60.17, 60.18, 60.19, 60.22, 60.23, 60.24, 60.27, 62.26, 62.27, 62.29, 62.31, 62.36, 62.38, 63.03, 65.53, 65.55, 65.58, 65.59, 65.60, 66.06, 66.10, 66.12, 67.86, 67.92, 68.12, 68.45, 68.91, 69.03, 69.15, 70.26, 70.49, 70.60, 70.66, 70.97, 71.01, 71.33, 74.44
CHOISY : 74.05, 74.11, A72.01
CHOISY, abbé de : 79.34, A78.01
CHOUSY, de : 70.03, 73.37
CHOUVALOV : 62.24, 73.101
CHRISTIAN VII, roi du Danemark : 68.72, 68.79, 68.81, 68.83, 68.84, 68.86, 68.88, 68.89, 68.92, 69.01, 69.03, 69.05, 69.07, 69.10, 70.107, 70.113, 70.118, 70.122, 70.124, 71.11, 71.18, 71.19, 71.37, 74.71, A71.01
CHRISTINE, reine de Suède : 53.28, 71.29, 71.33, 71.49, 73.39
CIBOT : 76.75
CICÉRON : 49.01, 73.18, 76.34, 76.65, 77.29, 79.34, 79.70, 80.04, A70.01, A78.06
CIDEVILLE : 65.24, 67.26, 70.47
CINQ-MARS : 80.62
CLAIRAUT : 46.02, 48.13, 49.04, 49.05, 49.07, 49.09, 50.06, 50.08, 50.09, 58.44, 60.11, 60.38, 62.11, 62.34, 63.72, 63.75, 63.76, 64.01, 65.40, 65.42, 65.43, 65.45, 66.10, 66.14, 66.20, 67.03, 67.70, 68.18, 68.21, 68.74, 68.80, 69.08, 69.12, 69.19, 70.50, 77.04, 77.32, 78.04, A57.01, A59.01, A59.02, A61.06, A62.05, A77.02
CLAIRON, Mlle : 53.06, 56.16, 56.17, 60.06, 60.10, 60.33, 60.34, 60.35, 61.16, 61.17, 65.35, 65.36, 65.41, 65.42, 65.55, 65.58, 65.59, 65.62, 66.34, 66.35, 66.37, 75.63, A60.06
CLAUSONETTE : 71.79, 74.43
CLÉMENT, Jean-Marie-Bernard : 71.09, 71.15, 71.27, 72.07, 72.74, 73.34, 73.43, 77.01
CLÉMENT XIII, pape : 58.29, 67.23, 68.20, 68.35
CLÉMENT XIV, pape : 69.33, 69.51, 70.02, 70.20, 71.44, 71.52, 72.61, 73.06, 74.70, 74.76, 74.81 75.02, 75.31
CLERMONT, comte de : 54.02, 71.58
CLERMONT-GALLERANDE : 75.42, 75.60
CLERMONT-TONNERRE : 76.51
CLÈVES, chanoinesse de : 71.21

CLINTON : 80.27, 80.45
CLUGNY : 76.63
COCHIUS : 69.67, 70.78
COGER : 67.63, 67.68, 67.69, 67.71, 67.73, 72.74, 73.06, 73.11, 73.60
COISLIN : 83.29
COLARDEAU : 61.11, 78.35
Collège de la Marche : 70.41
Collège Mazarin : 67.63, 67.71, 67.73, 82.28
Collège royal (Paris) : 70.03, 71.80
COLOMIEZ : 83.29
COMBALUSIER : 53.26
Comédie Française : 53.06, 60.06, 60.10, 60.11, 65.35, 78.37
Compagnie des Indes : 69.55
Compagnie des Jeux Floraux : 76.24
CONDÉ : 78.01
CONDILLAC : 49.05, 50.09, 51.04, 51.06, 51.24, 53.18, 53.20, 54.02, 60.40, 65.02, 65.03, 68.65, 68.72, 72.07, 80.42
CONDORCET : 65.43, 65.52, 66.04, 68.17, 68.56, 68.74, 68.78, 68.80, 68.85, 69.09, 69.14, 69.19, 69.49, 69.62, 70.27, 70.33, 70.48, 70.62, 70.65, 70.81, 70.88, 70.90, 70.93, 70.98, 70.101, 70.107, 70.108, 70.113, 70.114, 71.08, 71.09, 71.13, 71.18, 71.25, 71.37, 71.42, 71.45, 71.46, 71.50, 71.81, 72.08, 72.11, 72.17, 72.20, 72.27, 72.29, 72.46, 72.55, 72.60, 72.70, 73.04, 73.17, 73.20, 73.21, 73.27, 73.30, 73.34, 73.36, 73.37, 73.39, 73.42, 73.45, 73.53, 73.55, 73.65, 73.71, 73.76, 73.87, 73.92, 73.101, 73.103, 73.104, 74.14, 74.15, 74.18, 74.22, 74.29, 74.31, 74.35, 74.41, 74.43, 74.46, 74.53, 74.58, 74.61, 74.63, 74.65, 74.68, 74.86, 74.89, 75.13, 75.22, 75.29, 75.38, 75.44, 75.48, 75.64, 75.65, 76.10, 76.12, 76.29, 76.44, 76.55, 76.63, 76.68, 76.70, 76.73, 77.01, 77.04, 77.05, 77.08, 77.17, 77.21, 77.25, 77.27, 77.32, 77.33, 77.34, 77.42, 77.45, 77.47, 77.56, 78.01, 78.03, 78.28, 78.39, 78.45, 78.60, 79.01, 79.08, 79.43, 79.48, 79.50, 79.78, 80.01, 80.39, 81.01, 81.51, 81.54, 81.71, 82.05, 82.08, 82.24, 82.27, 82.45
CONDORCET, évêque de Lisieux (oncle de Condorcet) : 71.79
CONFUCIUS : 51.07
CONTARINI BARBARIGO, Mme : 79.43
CONTI, prince de : 67.54, 69.04
COPERNIC : 77.22
COQUELEY : 82.12
CORNEILLE : 61.20, 61.22, 61.26, 61.27, 61.28, 61.29, 62.02, 62.03, 62.08, 62.14, 62.15, 62.19, 62.31, 62.36, 64.03, 64.14, 64.17, 64.18, 64.22, 64.31, 64.32, 64.60, 65.02, 65.06, 65.10, 65.13, 68.75, 73.21, 73.106, 78.24, 80.30
CORNEILLE, Mlle : 61.02, 61.17, 62.03, 62.05, 62.31, 63.08, 63.10, 68.23
COSSÉ : 71.79
COSSON : 80.14
COTHENIUS : 77.11, 77.50
COTTE, de : 79.16

COUDRETTE : 66.93
Cour des Aides : 66.65
COURLANDE, prince de : 65.23
COURT DE GÉBELIN : 81.10, 81.67
COURTIVRON : 65.71, 80.19
COUSTOU : 69.33
COVELLE, Robert : 66.36
COYER, abbé : 66.34, 66.35, 66.89, 70.53, 73.51, A65.03
COYPEL : 51.22
CRAMER, Claire : 58.15, 60.10
CRAMER, les frères, libraires : 63.84
CRAMER, Gabriel, libraire : 60.37, 61.17, 64.60, 64.61, 65.02, 65.03, 65.06, 65.07, 65.10, 65.13, 65.14, 65.15, 65.32, 65.35, 66.81, 67.09, 67.10, 67.37, 67.53, 67.71, 67.76, 67.80, 72.08, 73.39, 73.40, 73.41, 73.50, 73.55, 74.61
CRAMER, Philibert, libraire : 65.06
CRÉBILLON, Prosper Jolyot de (Crébillon père) : 48.12, 48.13, 49.01, 57.24, 62.03, 62.19, 63.03, 63.08, 63.10, 73.56, 78.47, 79.34, 80.19, 80.28
CRESCEMBENI : 54.05
CREVIER : 64.11, 64.13, 64.14
CREYGE (affaire de) : 66.93
CRILLON : 71.58, 72.40
CRILLON, comte de : 73.91, 73.92, 73.105, 73.107, 73.108, 74.03, 74.13, 74.14, 74.20, 74.30, 74.31, 74.33, 74.35, 74.41, 74.45, 74.49, 74.62, 74.68, 74.71, 74.89
CRISPUS : 82.12
CUBIÈRES : 78.02
CYRAN : 79.54
CZERNICHEV voir TCHERNYCHEV

DAMIENS : 57.01, 57.03, 57.04, 57.07
DALRYMPLE : 75.39, 75.50, 75.63
DAMILAVILLE : 61.20, 62.02, 62.20, 62.24, 62.26, 62.27, 63.03, 63.87, 64.05, 64.39, 65.02, 6518.13, 65.14, 65.15, 65.25, 65.27, 65.58, 65.59, 65.70, 66.03, 66.48, 67.10, 67.42, 67.86, 68.04, 68.21, 68.57, 68.58, 68.59, 68.64, 68.65, 68.75, 68.79, 68.81, 68.82, 68.83, 68.88, 69.01, 69.03, 69.66, 69.73, 69.74, 69.75, 70.46, 73.07, 74.57
DAMILAVILLE (frère du précédent) : 74.57
DANGEAU : 76.09, 79.34
DANIÈRES : 78.48
DARDELLE : 61.18
DARDENNES, Mme : 81.08
DARGET : 58.43, 60.05
DARMSTADT, prince de : 73.51, 73.107
DAUBENTON : 51.02, 51.06, 69.90, 80.12, 80.57
DAUN, général : 60.34
DAVENPORT : 66.42, 66.53, 67.18, 68.04

Daviet de Foncenex : voir Foncenex
Davila : 67.88, 68.03
Debure : 79.21
Decker, imprimeur : 81.61
De Félice : 70.44
Delacroix : 53.06, 53.09
Delamart : 51.24
Deleyre : 58.31, 60.40, 60.40, 68.54
Deleyre, Mme : 81.72
Delille : 70.14, 70.41, 70.115, 70.118, 71.09, 71.15, 71.24, 71.27, 71.58, 72.23, 72.24, 72.25, 72.31, 72.34, 72.42, 72.52, 74.29, 74.50, 78.40, 81.09, 82.48, 82.50
Delisle : 73.106
Delisle de Sales : 70.39, 70.41, 77.12, 77.14, 77.17, 77.20, 77.21, 77.26, 77.27, 77.33, 77.42, 77.46, 77.47, 77.48, 77.52, 77.55, 77.56, 78.01, 78.03, 80.41
Della Decima, comte : 79.43, 81.46, 81.51
Delle Lanze, cardinal : 65.21
Delorme, Marion : 80.62
Démeunier : 79.63
Demonville : 75.04
Démosthene : 73.18
Demours : 69.22
Denina, abbé : 82.56, 82.58
Denis, Marie-Louise : 52.18, 57.24, 58.35, 61.11, 62.03, 64.31, 64.39, 65.18, 68.15, 68.18, 68.19, 68.23, 68.24, 69.66, 72.70, 72.71, 73.45, 75.26, 75.48, 79.09, 79.49
Denys : 77.43
Deparcieux : 68.74
Descartes : 49.09, 54.02, 64.44, 64.53, 64.58, 68.35, 68.88, 69.58, 70.105, 82.18, A51.02
Deschamps, dom : 66.86, 66.90, 67.67, 70.99, 71.43
Desfontaines : 73.62
Desmarais : A78.06
Desmarest : 65.48, 65.49, 65.50, 66.01, 70.65, 71.10, 82.12, 82.45
Desnos, Henri-Louis-René, évêque de Verdun : 72.39
Desnoyers : 76.80
Despréaux voir Boileau
Destouches : A79.02
De Tournes les frères, libraires : 68.38
Deux-Ponts, duc de : 64.31, 64.32, 66.35, 66.41
Devaines : 75.45, 75.48, 75.56, 75.61, 75.65, 76.68. 76.70
Deyverdun : 67.28
Diderot, Denis : 46.04, 47.08, 48.11, 49.08, 49.09, 50.02, 50.03, 51.04, 51.06, 51.12, 51.20, 51.23, 52.08, 52.10, 52.11, 52.12, 52.14, 53.02, 53.03, 53.10, 53.26, 54.02, 54.11, 55.18, 56.05, 56.22, 57.01, 57.25, 57.28, 58.09, 58.12, 58.13, 58.14, 58.15, 58.16, 58.18, 58.19, 58.20, 58.21, 58.23, 58.37, 59.01, 59.02, 59.10, 59.13, 60.05,

60.06, 60.14, 60.16, 60.22, 60.23, 60.24, 60.27, 60.29, 60.30, 61.02, 62.16, 62.37, 63.19, 64.48, 65.33, 65.74, 65.79, 66.96, 67.01, 67.12, 67.56, 67.72, 68.35, 70.46, 70.77, 71.53, 71.63, 72.16, 72.28, 73.76, 73.101, 73.107, 74.03, 74.05, 74.06, 74.13, 74.18, 74.20, 74.30, 74.33, 74.45, 74.49, 79.70, 79.77, 80.32, 00.07
DIDIER : 71.51
DIGAULTRAY : 52.03
DIONIS DU SÉJOUR : 66.65, 68.54, 69.09, 69.58, 69.74, 76.15, 79.65, 82.12
DIOPHANTE : 70.19
DOLLOND : 68.25
DONGOIS : 79.34
DORAT : 67.92, 71.15, 79.49
DORTOUS DE MAIRAN voir MAIRAN
DOTTEVILLE : 82.54
DOYEN : 71.13
DU BOCCAGE, Mme : 70.98
DUBOIS (à Troyes) : 81.24
DUBOIS (à Varsovie) : 81.52, 81.56, 81.64, 81.70, 82.03
DUBOURG, Anne : 71.84
DU BUISSON : 70.12
DU CHÂTELET, marquise : 46.14
DUCHÉ : 53.18, 53.20, 53.21, 54.13, 55.10, 55.14, 55.17, 66.23, 70.104, 70.107, 82.43
DUCHESNE : 61.17, 69.42
DUCHESNE, Mme : 67.52
DUCIS : 79.39
DUCLOS : 52.18, 53.01, 53.26, 54.11, 56.19, 56.22, 58.15, 58.20, 58.23, 60.06, 60.27, 60.29, 60.34, 61.08, 61.26, 65.02, 65.13, 67.09, 67.25, 68.41, 68.79, 68.83, 69.01, 69.17, 70.23, 70.26, 70.31, 70.33, 70.37, 70.82, 71.04, 71.43, 72.13, 72.17, 72.18, 72.35, 72.45, 73.46, 73.47, 79.12
DUCROCQ : 75.71, 76.02
DU DEFFAND, marquise : 52.03, 53.01, 53.22, 53.23, 53.24, 53.26, 54.02, 54.03, 54.04, 54.07, 57.25, 57.30, 60.06, 60.09, 60.12, 60.13, 60.15, 60.18, 60.21, 60.35, 60.40, 61.15, 61.16, 61.17, 62.14, 62.15, 63.24, 64.12, 64.13, 64.17, 64.46, 66.10, 66.47, 66.53, 66.63, 66.75, 70.55, 70.60, 70.61
DUHAMEL DU MONCEAU : 70.65, 71.10
DUMARSAIS : 51.02, 57.27, 57.30, 63.84, 63.85, 63.87, 64.02, 64.03, 64.05, 64.31, 66.69, 73.39, 78.01
DU PATY : 70.104, 70.107, 70.113
DU PERRON : 76.78
DE PEYROU : 79.76
DUPRÉ, Mme : 53.01
DUPUITS : 68.11
DUPUY : 77.34
DURAND : 71.55
DURAND (neveu) : 67.33

DURAS, duc de : 69.01
DUREAU DE LA MALLE : 82.54
DU RIEZ-GENEST, Mme : A80.02, A80.03
DUSAULX : 70.35, 83.29
DU SÉJOUR voir DIONIS DU SÉJOUR
DUTENS : 65.63, 65.69, 66.01, 67.14, 67.27, 67.28, 67.35, 67.46, 71.30, 71.35, 71.75, 71.85
DUTILLOT : 72.33
DUVAL-PYRAU : 80.17, 81.59, 82.38, 82.52
DUVERNET, abbé : 70.53, 71.84, 74.57

École militaire : 69.56, 69.61, 70.35
EDEN : 78.33
EGMONT, comte d' : 73.48
EGMONT, comtesse d' : 70.54
ÉLIE DE BEAUMONT, Jean-Baptiste-Jacques : 65.25, 66.59, 70.53, 81.32
ÉLISABETH Ire, impératrice de Russie : 62.03
ENGESTROM : 76.76
ENVILLE voir LA ROCHEFOUCAULD
ÉON : 76.62
ÉPICTETE : 81.13, 81.41, 82.30, 82.32
ÉPICURE : 68.55, 73.18
ÉPINAY, Mme d' : 62.16, 75.21, 75.27, 83.15
ESCHERNY, baron d' : 83.31, 83.39, 00.03
ESPAGNAC, chevalier d' : 73.103
ESPAGNAC, abbé d' : 76.70, 76.75, 76.78
ESPÉRANDIEU : 63.34
ESPINASSY, Mme d' : 66.66
ESTERNO, marquis d' : 82.53, 82.56, 82.63
ESTRÉES, abbé d' : 64.50, 64.60, 65.02, 65.36
ÉTALLONDE : 66.48, 67.60, 72.70, 74.61, 74.65, 74.71, 74.75, 74.76, 74.79, 74.81, 74.83, 74.86, 74.88, 75.02, 75.06, 75.07, 75.08, 75.11, 75.12, 75.13, 75.16, 75.26, 75.28, 75.31, 74.45, 75.48, 75.49, 75.52, 75.53, 75.58, 75.60, 75.61, 75.63, 75.74, 75.77, 75.80, 75.83, 76.08
EUCLIDE : 56.08, 67.37
EULER, Johann Albrecht : 63.60, 64.07
EULER, Leonhard : 46.13, 48.07, 48.12, 48.13, 49.01, 49.02, 50.06, 50.09, 52.05, 52.07, 55.16, 55.21, 56.03, 56.09, 56.20, 57.02, 57.05, 57.08, 59.11, 61.35, 63.58, 63.76, 64.06, 64.07, 64.56, 64.58, 65.22, 66.01, 66.10, 66.11, 66.13, 66.14, 66.15, 66.20, 66.21, 66.28, 66.29, 66.33, 66.50, 66.56, 66.62, 66.67, 67.03, 67.17, 67.37, 67.46, 67.70, 67.78, 67.88, 68.10, 68.30, 68.53, 68.85, 68.86, 69.09, 69.12, 69.27, 69.30, 69.32, 69.34, 69.39, 69.47, 69.49, 69.52, 69.68, 69.76, 69.89, 70.25, 70.29, 70.30, 70.48, 70.50, 70.62, 70.83, 70.93, 70.120, 71.08, 71.30, 71.42, 71.49, 71.54, 71.57, 71.75, 71.81, 72.03, 72.05, 72.11, 72.27, 72.54, 72.65, 73.33, 73.71, 73.87, 73.92,

74.12, 75.13, 75.79, 75.81, 77.04, 77.45, 78.17, 82.14, A52.02, A65.02, A69.01, A69.04, A69.05
EURIPIDE : 83.13, 83.25
Évêque d'Annecy : voir BIORD
Évêque d'Amiens voir MACHAULT
Évêque d'Auch voir MONTILLET
Évêque d'Auxerre voir CAYLUS
Évêque d'Avranches voir MALIDE
Évêque de Breslau voir SCHAFFGOTSCH
Évêque de Condom voir LOMÉNIE DE BRIENNE, puis archevêque de Toulouse
Évêque de Kiev voir SZEPTYCKI
Évêque de Lisieux voir CONDORCET (oncle)
Évêque de Noyon voir BROGLIE
Évêque de Rennes voir GIRAC
Évêque de Soissons voir FITZ-JAMES
Évêque de Verdun voir DESNOS

FACCHINEI : 66.19
FALBAIRE : 70.05
FALCONET, Camille, médecin : 62.06, 79.34
FALCONET, Étienne, sculpteur : 67.12
FAVIER : 60.08
FÉNELON : 71.74, 71.76, 74.63, 77.13, 77.20, 78.43, 79.01, 79.17, 79.60, 80.40
FERDINAND, duc de Brunswick-Lunebourg : voir BRUNSWICK
FERDINAND, duc de Parme : 66.07, 68.07, 68.16, 68.20, 68.39, 69.66, 70.90
FERDINAND IV, roi des Deux-Siciles : 82.24
FERRAND, Mlle : 51.24
FERREIN : 69.20
FILLEUL, Mme : 67.61
FIRMIAN, comte de : 67.50, 67.82, 68.16, 68.28, 69.09, 69.30, 69.87, 70.09, 70.50
FITZ-JAMES : 64.03, 64.36
FITZ-JAMES, François, évêque de Soissons : 57.12
FLAVIGNY : 76.07
FLÉCHIER : 75.69, 78.12, 78.13, 79.08
FLEURY, abbé de : 64.52, 74.36
FLEURY, cardinal de : 75.51, 79.27
FLEURY, duc de : 71.41
FLORIAN : 82.43
FLORIAN, Mme de : 65.72
FOLKES : 51.23
FONCEMAGNE : 63.39, 70.115, 70.118, 70.122, 70.123, 79.43, 79.54, 82.45
FONCENEX : 59.11, 66.20, 66.26, 66.30, 66.33, 66.67, 66.80
FONTAINE, Alexis : 50.13, 64.01, 67.17, 67.46, 68.17, 68.40, 68.46, 68.56, 68.74, 69.49, 69.68, 69.76, 69.91, 70.11, 70.19, 70.90, 70.120, 71.08, 71.30, 71.35, 71.45, 71.62, 71.75, 71.81, 74.63, A65.01, A65.02

Fontaine, Mme : 58.12, 65.77
Fontanelle : 73.17
Fontana : 64.53
Fontanes : 74.77
Fontenelle : 46.16, 53.15, 61.22, 68.41, 70.02, 70.18, 70.76, 72.48, 74.63, 76.82, 78.38, 79.34, 79.46, 79.81, 80.06, 81.27, 81.41, 82.32, 82.48, A63.01
Forcalquier, comte de : 53.08
Formantin : 78.50
Formey : 52.01, 56.03, 56.05, 61.22, 68.25, 68.78, 70.93, 73.67, 74.46, 75.47, 75.59, 75.81, 78.06, 78.39, 78.45, 80.06, 80.39, 80.59, 81.01, 81.19, 82.03, 82.41, A56.01, A73.02
Formont, Jean-Baptiste : 53.03, 53.06, 53.09, 53.10, 53.11
Fortiguerra : 82.41
Foucher : 67.41, 67.44
Fouchy, Grandjean de : 55.17, 65.63, 66.17, 72.03, 72.05, 72.17, 76.44, 76.76
Fouchy, Mme Grandjean de : 75.25
Francheville : 63.51, 63.82, 82.41
Francia, de : 74.84
François de neufchâteau : 75.54, 75.58, 75.61
Franklin : 67.83, 72.43, 72.54, 76.63, 77.01, 78.30, 78.31, 80.27, 80.45, 80.46
Frédéric II, landgrave de Hesse-Cassel : 79.18, 81.14
Frédéric II, roi de Prusse : 46.13, 47.01, 52.09, 52.10, 52.11, 52.19, 53.03, 53.08, 53.25, 53.27, 54.07, 55.08, 55.12, 55.20, 56.03, 56.09, 56.21, 56.22, 57.16, 57.17, 57.18, 57.20, 57.22, 57.24, 57.26, 57.29, 57.30, 57.31, 58.02, 58.05, 58.14, 58.22, 58.37, 58.40, 58.43, 59.02, 59.05, 59.10, 59.13, 60.04, 60.05, 60.06, 60.07, 60.11, 60.23, 60.29, 60.34, 60.35, 60.40, 60.41, 61.35, 62.02, 62.03, 62.09, 62.12, 62.19, 62.20, 62.22, 62.23, 62.32, 62.36, 62.38, 63.02, 63.03, 63.11, 63.19, 63.20, 63.22, 63.23, 63.24, 63.25, 63.26, 63.28, 63.29, 63.30, 63.31, 63.35, 63.36, 63.39, 63.41, 63.42, 63.43, 63.45, 63.46, 63.47, 63.48, 63.49, 63.52, 63.53, 63.54, 63.55, 63.56, 63.57, 63.58, 63.59, 63.60, 63.63, 63.64, 63.66, 63.69, 63.71, 63.72, 63.73, 63.77, 63.79, 64.03, 64.15, 64.16, 64.17, 64.18, 64.21, 64.28, 64.36, 64.49, 65.10, 65.27, 65.43, 65.45, 65.51, 65.53, 65.55, 65.59, 65.78, 65.80, 65.82, 66.09, 66.14, 66.18, 66.20, 66.21, 66.22, 66.24, 66.25, 66.27, 66.29, 66.31, 66.33, 66.34, 66.35, 66.37, 66.39, 66.45, 66.47, 66.48, 66.51, 66.55, 66.58, 66.59, 66.64, 66.69, 66.70, 66.76, 66.80, 66.85, 66.97, 67.02, 67.04, 67.07, 67.09, 67.14, 67.18, 67.28, 67.50, 67.56, 67.63, 67.82, 67.87, 68.03, 68.30, 68.36, 68.39, 69.52, 69.68, 69.69, 69.83, 69.89, 70.20, 70.37, 70.46, 70.49, 70.52, 70.60, 70.61, 70.66, 70.67, 70.72, 70.74, 70.75, 70.76, 70.77, 70.82, 70.90, 70.92, 70.93, 70.111, 70.122, 70.123, 70.124, 71.28, 71.33, 71.45, 72.25, 72.27, 72.43, 72.46, 72.58, 72.61, 72.70, 72.71, 72.73, 72.74, 73.01, 73.03, 73.06, 73.20, 73.39, 73.74, 73.79, 73.101, 73.103, 74.02, 74.05, 74.16, 74.61, 74.75, 74.79, 74.83, 75.07, 75.13, 75.31, 75.45, 75.46, 75.48, 75.49, 75.51, 75.53, 75.58, 75.61, 75.68, 75.77, 76.13, 76.15, 76.18, 76.35, 76.38, 76.44, 76.55, 76.61, 76.64, 76.67, 76.68, 76.70, 76.73, 76.75, 76.77, 76.78, 77.14, 77.27, 77.30, 77.41, 77.47, 77.48, 77.50, 77.55, 77.56, 78.01,

78.03, 78.17, 78.37, 78.38, 79.12, 79.39, 79.46, 79.51, 79.64, 79.73, 79.75, 79.80, 80.10, 80.17, 80.24, 80.28, 80.31, 81.38, 81.55, 81.56, 81.59, 81.61, 81.69, 82.38, 82.52, 82.53, 82.62, 82.63, 82.65, 83.11, 83.24

FRÉNAIS : 72.77
FRÉRET : 66.34, 66.35, 66.36, 66.69, 68.91
FRÉRON : 54.02, 54.03, 54.04, 54.11, 55.22, 55.23, 55.24, 56.07, 56.14, 58.17, 60.06, 60.07, 60.21, 60.27, 60.28, 60.35, 61.02, 64.31, 64.45, 64.46, 65.15, 65.18, 65.65, 66.19, 66.35, 66.36, 67.32, 68.67, 68.72, 70.23, 70.26, 70.31, 70.37, 70.49, 70.55, 70.60, 70.61, 70.64, 70.66, 70.76, 71.09, 73.22, 73.27, 75.54, 75.58, 77.08, 77.12, 77.14, A60.05
FRIEDEL : 82.49
FRISI : 65.61, 65.66, 66.26, 66.53, 66.54, 66.75, 66.95, 67.17, 67.23, 67.27, 67.49, 69.68, 69.77, 69.91, 70.11, 72.10, 72.25, 72.27, 72.43, 72.54, 73.69, 74.68, 74.89, 75.03
FROISSART : 76.20, 76.27, 78.05
FROULAY, bailli de, ambassadeur de Malte : 52.03, 55.01
FUENTÈS, comte de : 73.48, 73.100, 74.23, 75.09
FUENTÈS, comtesse de : 73.97, 73.100

GADBLED : 79.43
GAGES : 77.29
GAIGNE(S) : 73.29
GAILLARD : 67.08, 70.110, 70.113, 70.114, 70.115, 71.05, 71.11, 71.13, 81.04, 00.16
GALIANI : 70.07, 70.20, 70.23, 81.40, A70.02
GALILÉE : 59.04, 68.35, 77.15, 78.52, 79.37, 81.46, 81.51
GALLATIN : 64.09
GANGANELLI voir CLÉMENT XIV
GARASSE : 72.37, 79.54
GARAT : 81.44
GASSENDI : 64.53
GASTON : 77.44
GATTI : 66.19
GAUCHAT : 60.07
GAUDRON : 76.51
GAUDRY, Marie-Madeleine-Catherine (mère de Condorcet) : 69.28, 69.46, 71.79
GAUDRY, Claude-Nicolas (oncle de Condorcet) : 71.79
GAULTIER, abbé : 78.38
GAUSSENS, chevalier de : 83.25
GÉDOYN : 79.17
GELLERT : 81.03
GEOFFRIN, Marie-Thérèse : 50.03, 51.22, 53.26, 54.04, 55.20, 58.37, 58.43, 60.06, 63.90, 66.38, 66.43, 66.56, 66.62, 66.96, 67.19, 67.51, 67.55, 72.61, 72.76, 73.05, 73.11, 73.77, 73.100, 74.05, 74.17, 74.19, 74.23, 74.37, 74.40, 74.54, 75.09, 76.46, 76.49, 76.53, 76.58, 76.61, 76.63, 76.65, 76.69, 76.72, 76.73, 76.74, 76.79, 77.46, 77.53, 77.55, 77.56, 77.57, 78.05, 78.09, A77.01, A79.05, A79.06

GEOFFROY (fils) : 69.92
GEORGE III, roi d'Angleterre : 67.29
GEORGEL, abbé : 73.74, 73.79, 74.05
GEORGELIN : 80.21
GERDIL : 67.03
GERMANICUS : 76.69
GERVASON : 65.28
GESSNER, Salomon : 81.03
GILBERT : 54.03
GIRAC, François Barreau de, évêque de Rennes : 72.39
GIRARD : 67.82, 69.33, A78.06
GIRAULT DE KEROUDOU : 73.108, 74.14
GISORS, comte de : 58.31
GLUCK : 77.47, 81.36, 81.40, 82.50
GOIFFON : 55.09
GOLITSYN, prince Dmitri Alekseevitch : , 64.16, 64.27, 64.43, 64.54, 66.96, 73.68
GOLITSYN, prince Dmitri Mikhaïlovitch : 62.17, 62.18, 62.37
GOLITSYN, prince Alexandre Mikhaïlovitch : 69.64
GOLTZ, baron de : 69.18, 69.91, 75.06, 79.39, 80.10, 81.59, 81.69, 82.10, 82.29, 82.38, 82.52, 82.62, 82.63, 83.11, 83.24
GOLYON : 76.03
GOUDIN : 66.65
GOUGENOT : 69.13
GRAFFIGNY, Mme et M. de : 67.43
GRAMONT, comte de : 76.75
GRAMONT, Mme de : 82.37
Grand Turc : 68.60, 68.84
Grand vizir : 69.82
GRANDJEAN DE FOUCHY voir FOUCHY
GRANGE BLANCHE, de : 71.67
GRANIER : 79.54, 83.29
GRASSE : 82.40
GRASSET : 68.36
GRAVINA, Giovanni Vincenzo : 54.05, 77.15
GRAVINA, duc de : 82.01, 82.36
GRÉGOIRE VII, pape : 82.30
GRESSET : 77.21, 77.56, 78.05, 78.06
GRIMANI CORNARO, Cécile : 79.43
GRIMM : 53.20, 62.16, 63.59, 69.64, 69.67, 69.73, 69.80, 72.70, 73.51, 73.107, 74.13, 74.20, 74.76, 74.80, 74.87, 77.22, 77.26, 77.31, 77.36, 77.38, 77.41, 77.46, 79.80, 81.09
GRISCHOW : 47.07, 47.09, 51.15
GRIZEL, abbé : 61.20, 61.22
GROSLEY : 46.02, 65.20

GROTIUS : 66.18, 69.05
GROU : 73.34
GUA DE MALVES, abbé de : 47.03, 47.08, 49.01, 50.11, 51.02, 51.04, 60.36
GUÉBRIANT : 66.65
GUÉNEAU DE MONTBEILLARD : 80.57
GUÉNÉE : 76.63, 76.67, 76.68, 76.70, 76.73, 76.75, 76.78
GUÉRET : 80.62
GUETTARD : 65.40, 71.10, 74.74
GUIBERT : 72.26, 72.33, 72.37, 72.41, 73.58, 73.67, 73.80, 73.91, 73.101, 73.105, 73.107, 74.03, 74.20, 74.33, 74.37, 74.49, 74.62, 75.61
GUSTAVE III, prince puis roi de Suède : 70.90, 71.20, 71.24, 71.25, 71.29, 71.38, 71.49, 72.45, 72.46, 78.59
GUILLAUME V d'Orange-Nassau, stadhouder : 67.77
GUSTAVE ADOLPHE : 78.59
GUY, libraire : 68.89, 69.13, 69.17, 71.41, 74.47, 74.48

HALLER, Albrecht von : 77.54, 79.18
HALLER, Gottlieb Emanuel von : 52.07
HALLEY : 50.05
HAMILTON : 81.40
HARDION : 53.18, 66.79
HARPER : 48.08
HEINIUS : 75.59, 75.67, 75.68
HELLOT : 65.56
HELVÉTIUS : 51.24, 52.17, 53.01, 53.02, 59.01, 59.02, 60.05, 60.06, 60.22, 64.04, 64.06, 64.07, 64.12, 65.11, 65.16, 65.23, 65.24, 65.27, 65.32, 65.35, 65.37, 65.62, 65.84, 70.46, 71.16, 72.02, 72.06, 72.14, 72.23, 72.31, 72.42, 73.01, 73.66, 73.68, 73.75, 73.82, 74.03, 74.13, 74.20, 77.29, 78.33
HELVÉTIUS, Mme : 00.07
HÉMERY, d' : 70.47
HÉNAULT, président : 52.19, 53.08, 53.09, 53.15, 53.18, 53.20, 53.21, 53.26, 54.03, 54.04, 57.25, 57.28, 61.11, 63.29, 63.41, 63.54, 63.55, 63.59, 64.46, 66.47, 67.19, 68.91, 69.03, 70.07, 71.05
HENRI, domestique de Condorcet : 72.40
HENRI, prince voir PRUSSE
HENRI III, roi de France : 81.32
HENRI IV, empereur : 83.30
HENRI IV, roi de France : 76.78
HÉRICOURT, abbé d' : 55.12, 61.19
HÉRICOURT (fils) : 69.61
HÉRICOURT, Mme d' : 54.02, 69.61
HÉRISSANT : 69.22, 72.25
HERTZBERG : 83.25
HESSENSTEIN, comte de : 72.61, 73.11, 73.14
HEVELIUS : 73.96

Hippocrate : 78.58
Hobbes : 66.18, 69.05
Holbach, baron d' : 67.05, 67.82, 69.26, 70.43, 70.64, 70.66, 70.67, 70.71, 70.72, 70.76, 70.81, 70.99, 70.103, 70.106, 71.02, 71.05, 71.58, 71.83, 75.46, 75.49, 75.53
Homère : 73.18
Horace : 62.10, 68.05, 69.21, 73.39, 81.14, 00.19
Hornoy, d' : 66.69, 74.93, 75.08, 75.31, 80.21
Hôtel-Dieu (Paris) : 73.06, 73.10. 73.11
Houdetot, Frédéric : 78.37
Houdetot, Mme d' :, 78.49, 83.07
Houdetot, vicomte : 78.37
Houdon : 78.38 78.42, 78.47, 79.39, 79.51, 79.64, 79.69, 79.80, 80.21, 80.23, 80.26, 80.28, 80.37, 80.41, 80.47, 80.50, 80.52, 80.54, 80.55
Huber, Jean : 58.15, 58.16
Huet : 79.69
Hume, David : 57.30, 58.27, 60.10, 63.90, 65.12, 66.44, 66.52, 66.57, 66.61, 66.78, 66.81, 66.88, 66.89, 66.98, 67.24, 67.39, 67.63, 68.04, 68.38, 72.55, 76.54, 76.66, 76.75, 79.60, 80.11, A66.01, A66.02

Inquisition : 62.03, 66.45, 67.59, 76.78, 76.79, 77.01, 77.09, 81.70, 82.24
Institut de Bologne : 55.13, 55.18
Isecq : 80.07
Ivan VI, empereur de Russie : 64.46

Jacques II, roi d'Angleterre : 79.60, 70.62
Jacquesson : 78.43
Jacquier : 68.28, 73.110, 76.73
Jallabert : 57.33
James : 67.54, 67.62
Jardine : 73.52
Jaucourt : 57.15, 57.19, 64.06, 64.07, 64.12, 77.22
Jeanne d'Arc : 81.14
Jeaurat : 73.102
Jeliotte : 53.08
Jennings : 69.06, 69.15
Jésus-Christ : 70.103, 71.65, 71.83
Joinville : 76.78
Joly de Fleury, Omer : 60.06, 60.07, 60.18, 60.19, 60.37, 61.02, 61.06, 61.08, 61.18, 62.20, 64.50, 64.62, 65.36, 74.83
Jombert (fils) : 72.55
Joseph, le père : 83.29
Joseph II, empereur : 69.18, 69.21, 69.57, 69.67, 69.74, 77.13, 77.14, 77.18, 77.20, 77.22, 77.26, 77.29, 77.31, 77.38, 80.26, 81.03, 81.25, 81.28, 81.31, 81.34, 81.41,

81.43, 81.52, 81.55, 81.56, 81.61, 81.64, 81.65, 81.70, 82.03, 82.08, 82.10, 82.16, 82.40, 83.25
JOURDAN : 78.04, 78.17, 78.39
JUDAS 81.53
JULIEN : 52.19
JUPITER : 68.40, A64.01
JUSSIEU, Bernard de : 61.24, 66.40
JUSTI : 48.11, 51.15

KAESTNER : 71.88, 72.03, 72.29, 72.43, 72.54, 82.10
KAHLE, Martin : 61.29
KAMBESC, marquis de : 79.49
KARSTEN : 63.60
KAUNITZ : 52.14, 69.09, 69.16, 74.05, 81.56
KEITH, George (Mylord Maréchal) : 54.06, 60.11, 62.12, 63.24, 63.31, 63.32, 63.36, 63.41, 63.45, 66.15, 66.42, 66.72, 78.38, 78.49, 79.36, 79.37, 79.39, 79.40, 79.43, 79.46, 79.50, 79.60, 79.62, 79.76, 81.21, 83.31, 00.03, A78.03, A78.04, A79.03, A79.04
KEPLER : 80.25, 81.46
KERALIO Auguste : 69.16, 70.09, 72.10, 81.11
KIEN LONG ou QIANLONG, empereur de la Chine : 71.02, 71.20, 71.29, 76.75, 76.78
KLINGENSTIERNA : 63.69, 71.40, 74.01
KNECHT : 82.62, 83.11
KNYPHAUSEN : 55.12
KŒNIG : 52.01, 52.18, 58.21
KOSCHEMBAHR, général : 76.74

LABADIE : 79.69
LA BARRE, chevalier de : 66.37, 66.44, 66.45, 66.53, 66.56, 67.84, 68.37, 68.39, 68.91, 69.15, 69.48, 69.60, 70.122, 71.18, 71.23, 71.46, 72.32, 72.70, 74.42, 74.65, 75.08, 75.16, 75.49, 75.76, 76.74
LA BASTIDE : 69.26
LA BEAUMELLE : 56.21, 67.69, 70.55, 74.16, 75.54
LA BLÉTERIE : 48.04, 48.07, 68.26, 68.32, 68.36, 68.37, 68.45, 68.49, 68.81, 68.83, 68.88, 68.91, 69.01, 70.21, 79.56
LA BORDE : 68.39, 73.69, 73.70, 73.72, 73.90, 74.37, 76.41
LA BRUYÈRE : 75.51
LA CHALOTAIS : 62.08, 63.09, 66.12, 66.53, 66.54, 66.57, 66.61, 66.64, 66.93, 70.23, 70.26, 70.31, 71.43, 73.90, 79.12
LA CHAPELLE, abbé de : 46.04, 53.01
LA CHAUSSÉE : 49.01, 53.02
LACOMBE : 75.41
LA CONDAMINE : 51.20, 52.01, 52.07, 54.11, 60.03, 61.08, 63.28, 63.42, 63.48, 69.87, 70.11, 70.19, 71.91, 74.15, 74.26, 74.29, 74.31, 81.21
LA CONDAMINE, Mme de : 74.68

Lacour : 79.68
Lacour, Élisabeth : A81.o1
Lacroix : 73.36
La Fayette, Mme de : 83.29
La Ferté-Imbault, Mme de : 76.53, 76.61, 76.73, 77.57, A79.06
La Fontaine : 82.30, A75.02
Lagrange : 63.44, 63.86, 64.01, 64.15, 64.29, 65.19, 66.15, 66.19, 66.27, 66.28, 66.31, 66.32, 66.41, 66.50, 66.60, 66.67, 66.68, 66.84, 66.97, 67.02, 67.03, 67.04, 67.16, 67.18, 67.24, 67.50, 67.82, 67.85, 68.16, 68.73, 69.04, 69.30, 69.32, 69.33, 69.51, 69.63, 69.67, 69.83, 69.88, 70.04, 70.50, 70.120, 72.23, 72.26, 72.31, 72.55, 74.30, 74.32, 74.33, 75.04, 76.38, 77.31, 80.06, 81.46, 82.03, 82.08, 82.10, 82.14, 83.07
Lagrange (père) : 67.14, 67.17, 67.27
Lagrange (père et fils) : 67.13
La Harpe : 66.91, 66.93, 66.99, 67.08, 67.59, 67.61, 67.63, 67.64, 67.66, 67.69, 67.71, 67.73, 67.74, 67.79, 67.80, 68.04, 68.07, 68.08, 68.09, 68.11, 68.12, 68.13, 68.15, 68.18, 68.19, 68.21, 68.23, 68.26, 68.57, 68.58, 70.14, 70.15, 70.20, 70.23, 70.53, 70.115, 71.58, 71.74, 71.76, 72.08, 72.70, 72.71, 73.07, 73.15, 73.20, 73.39, 73.40, 73.51, 73.55, 73.95, 73.106, 74.10, 74.11, 74.15, 74.43, 75.53, 75.58, 75.61, 76.18, 76.32, 76.33, 76.50, 76.68, 76.70, 77.05, 77.08, 77.12, 77.47, 78.30, 79.56, 79.64, 80.31, 80.32
La Haye de Launay : 79.80, 80.10
Lalande : 64.29, 64.59, 65.43, 66.43, 68.66, 69.13, 69.87, 69.91, 70.93, 70.120, 71.08, 71.18, 71.25, 71.37, 71.42, 71.45, 71.55, 72.25, 72.27, 72.43, 72.65, 73.23, 73.60, 74.12, 74.41, 74.46, 75.38, 77.04, 77.32, 79.29, 79.54, 79.65, 79.78, 80.05, 80.25, 81.67
Laleu : 70.89
Lally : 66.34, 66.35, 66.45, 67.84, 71.23
La Marck, Mme de : 60.16
Lamballa, frère Amatus de : 70.15, 70.20
Lambert, abbé : 60.42
Lambert, Johann Heinrich : 64.58, 65.16, 68.30, 69.34, 69.47, 69.51, 69.52, 69.62, 69.64, 69.67, 69.68, 69.76, 69.88, 69.89, 69.91, 70.11, 70.19, 70.25, 71.30, 71.35, 71.45, 73.23, 74.31, 75.47, 75.81, 77.25, 77.32, 77.37, 77.38, 78.04, 78.06
Lambot : 76.41
La Mettrie : 51.24, 52.02
La Michodière : 58.42
La Mothe : 51.09
La Motte, médecin : 80.62
La Motte, poète : 72.45, 78.43, 78.45, 79.01
La Mure : 78.44
Lancelot : A78.06
Langeac, abbé : 68.57, 68.58
Langton : 63.15
Lanspars, comte de : 82.27

LAPLACE : 69.56, 69.59, 70.03, 73.02, 73.16, 73.42, 73.53, 75.38, 75.47, 75.68, 75.70, 76.55, 77.25, 77.32, 78.39, 78.41, 78.45, 78.60, 79.29, 79.40, 79.78, 80.01, 80.15, 81.46, 82.58
LA POPELINIÈRE : 51.19
LA PORTE : 66.65, 66.69
LA POTERIE, abbé de : 81.36, 81.40
LA RAUBIÈRE, Mme de : 59.13
LARCHER : 67.56, 67.63, 67.71, 67.79, 72.74
LA REYNIÈRE : 63.87
LA ROCHE, Alain de : 60.29
LA ROCHE-AYMON, cardinal de : 72.44, 76.67
LA ROCHEFOUCAULD, duc de : 69.83, 69.89, 74.32, 82.50, 83.34
LA ROCHEFOUCAULD D'ENVILLE, duc ou duchesse de : 74.75, 74.86, 75.06, 75.07, 80.46
L'ARRIVÉ : 59.13
LA SERVE : 66.23
LA TOUR, Quentin, peintre : 53.06
LA TOURAILLE : 70.47
LA TOURNELLE : 66.65, 69.58
LA TOURRETTE : 70.51, 78.52
LA TREMBLAYE, chevalier de : 65.02, 65.03, 65.07, 70.14, 74.28
LAURAGUAIS, comte de : 63.48, 63.55, 70.65
LAUTREC, comte de : 72.74
LAUZUN, duc de : 67.18, 7.16, 75.19
LA VALLIÈRE, duc de : 70.57, 81.48
LAVERDY : 64.03
LAVIROTTE : 53.26, 54.03
LA VRILLIÈRE voir SAINT-FLORENTIN
LEBEAU : 71.11
LE BLANC, abbé : 61.02, 61.06
LE BRETON : 57.26, 66.23
LEBRUN, poète : 63.03, 63.06, 64.10
LE CAMUS : 76.07
LECOMTE : 74.07
LE COUVREUR, Adrienne : 78.38
LEDROIT, Mme : 72.33
LEDUC DE CORNEILLE, abbé : 80.30, 80.36
LEFRANC Simon : 64.03, 64.36, 65.25
LEFRANC DE POMPIGNAN Jean-George : 59.02, 60.15, 60.16, 60.18, 60.19, 60.21, 60.22, 61.29, 61.31, 61.32, 63.19, 63.77, 63.83, 63.84, 63.85, 63.87, 64.02, 64.03, 64.45, 67.29, 79.75
LE GENDRE : 71.83
LEHMANN : 59.03

Leibniz : 52.01, 52.07, 58.21, 64.53, 65.11, 65.17, 65.19, 65.21, 65.63, 68.38, 68.43, 68.88. 69.01, 79.34, 81.04
Le Jay : 79.34
Le Kain : 72.47, 73.56, 75.50, 75.63, 76.42, 78.22
Lelius : 82.32
Lémery, Mme : 51.24, 53.02
Lémery, Mlle : 51.24
Lemierre : 77.56, 79.52
Le Monnier, Pierre-Charles : 46.01, 47.07, 51.14, 63.69, 72.25, 72.27, 82.08, A57.01
Le Noir : 74.84, 76.71, 76.72
Léopold I, empereur : 81.28
Le Roi, curé : 62.08, 63.10
Le Rouge : 70.106
Le Roux : 82.04
Le Roy, abbé : 74.36
Le Roy, Charles, professeur à Montpellier : 55.14, 70.47
Le Roy, Charles-Georges : 72.16
Le Roy, Jean-Baptiste : 55.17, 70.53, 73.37, 78.28
Le Roy, Julien-David : 70.92,
Le Roy, Pierre, horloger : 70.53, 73.42
Le Sage, Georges-Louis : 71.59
Lesenne : 80.60, 81.02
Leseur : 68.28, 73.10, 76.73
Lespinasse, Mlle de : 54.04, 63.02, 63.02, 65.70, 66.07, 66.10, 66.46, 66.47, 66.63, 66.97, 67.05, 67.24, 67.28, 67.45, 67.47, 67.81, 67.83, 67.89, 68.02, 68.06, 68.29, 68.38, 68.41, 68.43, 68.44, 68.61, 69.04, 69.07, 70.03, 70.04, 70.65, 70.80, 70.93, 70.97, 70.101, 71.17, 71.26, 71.67, 71.71, 71.81, 72.07, 72.50, 72.56, 72.76, 72.77, 73.05, 73-25, 73.48, 73.52, 73.70, 73.74, 73.77, 73.90, 73.97, 73.98, 73.100, 73.111, 74.07, 74.17, 74.19, 74.23, 74.38, 74.55, 74.58, 74.66, 74.67, 74.70, 74.94, 75.09, 75.21, 75.27, 75.75, 75.77, 76.19, 76.20, 76.21, 76.27, 76.28, 76.29, 76.30, 76.31, 76.32, 76.33, 76.34, 76.41, 76.52, 76.82, 77.21, A76.02
Le Tellier : 68.58
Le Tourneur, Pierre : 76.36, 76.40, 76.42, 76.60
Le Vaillant Saint-Denis : 77.44
Levenhaupt : 70.41
Lexell : 72.05
L'Hôpital, Michel, de : 77.33, 77.47
Ligne, prince de : 80.41
Linguet : 68.10, 68.88, 68.91, 69.01, 73.34, 75.06, 75.07, 77.12, 78.21, 78.22, 78.25, 79.12, 79.81, 80.02, 80.51, 81.04, 81.65, 83.17, 83.25, A78.01
Locke : 66.93, 69.60, A51.02
L'Œuillart : 78.44
Lomellini : 64.59

LOMÉNIE DE BRIENNE, évêque de Condom, puis archevêque de Toulouse : 63.02, 69.55, 70.46, 70.60, 70.64, 70.110, 70.113, 70.114, 70.123, 72.33, 74.16, 74.18, 75.66
LORENZI, chevalier de : 53.18, 60.01, 64.59
LORRY : 73.25, 73.48, 74.17, 74.19, 74.21, 74.23, 74.27
Loterie royale de France : 78.63
LOUIS IX, roi de France (saint Louis) : 73.39, 76.78
LOUIS XIII, roi de France : 81.32, 83.29
LOUIS XIV, roi de France : 68.67, 68.81, 70.71, 70.102, 70.111, 70.116, 79.60, 81.32, 82.28
LOUIS XV, roi de France : 46.03, 53.12, 56.07, 56.09, 58.15, 58.24, 60.31, 63.20, 63.30, 64.33, 64.55, 68.20, 68.47, 68.67, 70.117, 72.22, 74.34, 74.39, 74.42, 74.46, 74.49, 74.50, 74.62, 74.70, 74.71
LOUIS XVI, roi de France : 74.42, 74.45, 74.49, 74.62 74.67, 74.76, 74.88, 75.02, 75.05, 75.12, 75.16, 75.35, 75.41, 75.42, 75.46, 75.50, 75.55, 75.63, 75.64, 75.65, 75.74, 75.77, 75.78, 75.80, 76.03, 76.08, 76.20, 77.41, 80.33, 80.58, 83.08
LOUIS, académicien : 77.56
LOUIS-FERDINAND, dauphin de France : 60.31, 66.08
LOUIS-JOSEPH, dauphin de France : 81.58
LOUISE-ULRIQUE de Prusse, reine de Suède : 55.11, 72.01, 72.14, 72.31, 82.44, 82.48
LOYSEAU DE MAULÉON : 72.02, 72.06, 72.14
LUBIÈRES : 58.14, 58.16
LUCAS : 72.59
LUCE DE LANCIVAL : 81.41, 81.45, 81.52, 81.60, 81.61, 81.62, 81.64, 82.03, 82.10, 82.19
LUCRÈCE : 76.65, 76.69
LUDOT : 67.19
LULLY : 53.26, 65.73
LUNEAU DE BOISJERMAIN : 70.05, 70.07
LUTTON : 82.45
LUXEMBOURG, Mme de : 60.20, 60.24, 62.14, 63.62
LUXEMBOURG, maréchal-duc de : 60.20, 60.25
LUYNES, Mme de : 63.35
LYCURGUE : 80.18

MABLY, abbé de : 72.07
MACARTNEY : 63.19
MACHAULT : 81.25
MACHIN, John : 49.02
MACLAURIN : 67.37, 75.70, 76.12, 77.37, A75.03, A75.04
MACON : 53.20
MACQUER : 51.06
MAGALLON : 72.69, 73.56, 73.100, 74.17, 74.19, 74.21, 74.37, 75.21, 75.27
MAGNIÉ : 80.04

Mahomet : 48.06, 48.07
Maillet du Clairon : 70.92
Maimbray, docteur : 54.13
Maine, duchesse du : 53.06
Mairan, Jean-Jacques Dortous de : 46.02, 50.10, 60.29, 61.08, 71.09, 71.13, 71.18, 71.34, 71.37, 71.59, 72.30,
Maire : 57.18
Maldack, Mme : 71.80, 72.01, 72.02
Malebranche : 64.53, 69.54, 69.58
Malesherbes : 51.03, 55.10, 56.22, 57.01, 58.01, 58.05, 58.08, 58.11, 58.14, 58.19, 58.31, 58.33, 58.39, 61.02, 61.06, 61.08, 63.83, 66.65, 70.114 74.92, 75.46, 75.50, 75.57, 75.60, 75.61, 79.54, A56.01, A75.01
Malézieu : 75.50
Malherbe : 83.29
Malide, évêque d'Avranches : 73.15
Mallet, abbé : 57.19
Mallet, Jacques : 72.32
Mallet, Paul-Henri : 53.13, 69.26, 69.29, A69.08
Malpighi : 77.15
Maly : 69.46
Manfredi : 77.15
Manvieux : 51.24
Marc-Aurèle : 46.11, 76.69, 81.13, 82.32
Marcel : 71.80
Marchais, Mme de : 70.03
Marduel Jean-Baptiste, curé de Saint-Roch : 62.06, 73.15
Maréchal ou Marischal Mylord voir Keith
Margraff : 72.43, 72.54, 75.03, 75.59, 75.67, 75.68, 75.79, 75.81, 75.83, 76.12, 76.21, 76.26, 77.04, 77.25, 78.60, 82.58
Mariana : 83.29
Marie Leszczynska, reine de France : 53.18, 61.13
Marie-Antoinette, reine de France : 76.42, 81.61
Marie-Josèphe de Saxe, dauphine de France : 67.22, 67.29
Marie-Thérèse, impératrice : 58.40, 77.26, 77.29, 80.55, 80.58, 81.03, 81.09, 81.11, 81.29, 81,41
Mariette : 75.63
Marin : 64.17, 67.20, 67.64, 67.74, 68.37, 68.88, 69.01, 69.15, 69.29, 70.53, 70.55, 70.114, 70.118, 70.122, 70.123, 71.05, 71.15, 71.18, 73.06, 73.07, 73.14, 73.15, 73.20
Mariotte : 81.04
Marius, Caïus : 65.81
Marivaux : A63.01
Marivetz, baron de : 82.07, 82.13, 82.18, 82.33

Marmontel : 49.02, 60.15, 60.24, 61.13, 63.19, 63.41, 63.46, 63.83, 63.84, 63.87, 64.03, 66.23, 67.15, 67.28, 67.29, 67.30, 67.39, 67.42, 67.72, 68.07, 67.59, 68.09, 68.20, 68.24, 68.35, 68.67, 68.70, 68.81, 68.91, 67.61, 67.63, 67.65, 67.69, 67.73, 67.83, 70.35, 70.64, 72.32, 73.51, 73.78, 73.79, 73.58, 73.59, 74.94, 79.54, 80.32, 83.07
Marsy : 65.18
Martin : 66.24
Martin (affaire) : 69.54, 69.58, 69.60, 69.66, 69.73, 69.74, 70.10, 70.14
Martin, apothicaire : 79.34
Mascarille, marquis de : 53.29
Massillon : 74.50, 74.63, 79.17, 79.27, 79.29, 80.53, 81.21
Mathieu : 69.92
Mathon : 55.08, 55.09
Maty : 69.53, 69.60
Maudave, chevalier de : 60.32, 60.33, 60.35
Maugiron : 81.32, A56.03
Maupéou : 69.29, 71.79, 74.65
Maupertuis : 46.05, 46.08, 46.13, 47.01, 47.09, 48.03, 48.05, 48.10, 48.11, 48.14, 49.01, 49.08, 50.02, 50.03, 50.04, 52.05, 52.09, 52.11, 52.12, 52.16, 52.18, 53.03, 53.04, 53.08, 53.12, 53.18, 53.19, 53.25, 54.11, 55.18, 56.09, 56.20, 59.10, 60.03, 60.05, 63.24, 63.56, 63.77, 69.41, 69.73, 69.74, 71.52, 81.56, 00.15
Maupertuis, Mme de : 74.68
Maurepas : 49.02, 53.15, 75.06, 75.07, 76.63, 80.02, 80.51, 81.41, 82.06
Maury, abbé : 72.44, 73.39
Maydier : 81.24
Mayer : 70.90, 70.93, 70.120, 71.08, 71.30, 71.35
Mazarin : 66.93
Mazeas, abbé : 58.37
Mazzarelli, Mlle : 65.64
Meckel : 75.03, 75.59
Méhégan : 62.28
Meilhonas, Mme Maron de : 70.14
Melander : 69.09
Mellet, Mme : 71.79
Melvil : 54.09
Memmius : 71.85
Ménage : 83.29
Mérard, Mme : 60.28
Mercier : 70.73, 75.36, 76.80, 78.51
Merian : 80.06
Mérione : 72.61
Meslier, curé : 62.03, 62.05, 62.08, 62.15, 62.31, 64.31, 64.32
Meslin : 79.32
Messier : 66.31, 69.62, 69.68, 77.25, 77.32

Métastase : 78.49, 78.53
Métra : 55.20, 64.33, 68.10, 68.33, 68.40, 68.47, 68.56, 68.60, 68.80, 68.85, 69.49, 70.34, 70.96, 70.100, 70.111, 71.42
Meulan, M. et/ou Mme de : 69.46, 69.50, 71.79, 72.33
Meusnier de Querlon : 69.42
Michaelis : 75.80, 80.45
Michaelis (fils) : 80.27, 80.45
Michelet : 63.51, 64.33, 68.10, 68.17, 68.33, 68.40, 71.45
Mignot : 78.38, 80.21
Millot, abbé : 77.56, 78.01, 78.02, 78.03, 78.05, 78.06, 78.17, 78.28, 78.39
Miromesnil : 74.75
Modène, duc de : 81.28
Moehsen : 77.50
Moinel : 66.57
Moley, Mme de : 78.34, 78.40
Molières : 66.10
Molineux : 57.06
Molmire, chevalier de, pseudonyme de Voltaire : 62.01
Moncrif : 52.20, 66.66, 68.64, 70.07, 70.110, 70.115, 81.43
Mondonville : 53.02, 53.03, 53.04
Monge : 80.61
Mongès : 81.24
Montagne : 72.49, 72.56, 76.69, 82.47
Montausier, duc et comte de : 79.34
Montazet, Antoine de Malvin de, archevêque de Lyon : 72.44, 78.38
Montbarey : 79.20, 79.30, 79.32
Montesquieu : 48.12, 50.04, 51.05, 52.18, 53.07, 53.26, 55.14, 55.17, 55.18, 55.20, 64.11, 64.14, 65.47, 69.05, 78.38, 79.12, 79.60, 79.81
Montesquiou, marquis de : 75.61
Montigny : 53.17, 65.71
Montillet, Jean-François Chatillard de, évêque d'Auch : 69.29
Montmollin : 65.62
Montmorency-Laval : 75.16, 75.42, 75.60
Montrevel, Mme de : 63.30
Montucla : 55.08, 55.09, 74.74, 82.27
Mora, marquis de : 68.22, 68.23, 68.26, 68.27, 68.36, 72.21, 72.33, 72.69, 72.76, 72.77, 73.05, 73.25, 73.48, 73.77, 73.97, 73.100, 74.17, 74.19, 74.21, 74.23, 74.27, 74.37, 74.38, 74.40, 74.55, 74.66
Morand : 53.01, 69.36, 69.37
Morangiés : 72.34, 72.36, 72.38, 72.50, 73.36, 73.45, 73.63, 74.16
Moreau : 58.14, 59.02, 61.08
Morellet : 57.24, 57.33, 58.07, 58.35, 60.14, 60.18, 60.20, 60.23, 60.24, 60.25, 60.26, 60.27, 60.30, 62.02, 62.13, 65.53, 65.54, 65.66, 66.02, 66.35, 66.36, 66.44, 66.48, 67.06, 67.82, 68.59, 68.67, 69.55, 77.55, 77.56, 78.09, 78.33, 78.35, A60.06

Moreri : 75.69, 77.26
Morfontaine voir Le Peletier
Morgagni : 72.03, 77.15
Morton, chevalier de : 68.66, 68.73, 75.26, 75.31
Moulines : 83.24, 8.25
Moureau : 76.56, 76.73
Moutard : 81.02
Müller, Johannes von : 81.09, 81.13, 81.16
Muratori : 54.05
Musschenbroek : 67.03
Mustapha III, sultan : 63.83, 67.54, 72.26, 72.37, 72.41, 72.57, 72.64
Mustel : 81.73

Naigeon : 69.43
Nannoni : 77.15
Nassau, princesse de : 62.16, 69.18
Néarque : 66.51
Necker, Jacques : 64.08, 65.77, 70.63, 74.38, 76.28, 76.34, 79.04, 80.26, 81.21, 81.34, 81.36, 81.40
Necker, Louis : 56.08, 57.09, 57.32, 57.33, 58.07, 58.29, 60.37, 61.01, 67.38, 67.41, 67.44, 69.55
Necker, Suzanne : 70.63, 70.124, 71.09, 71.13, 71.24, 73.103, 73.111, 74.04, 78.43, 78.49, 80.16, 81.40
Needham : 68.58, 68.59
Nevers, duc de : 71.05
Néville : 82.54
Newkerck, baronne de : 70.94
Newton : 48.04, 48.07, 48.08, 48.12, 49.07, 49.09, 50.02, 50.03, 50.05, 64.58, 66.11, 69.19, 70.06, 70.105, 71.40, 73.18, 74.01, 78.39, 78.60, 79.37, 81.46, 82.07, 82.18, A77.02
Niceron : 75.69
Nicoli, abbé : 68.54, 69.16
Nicolini, abbé : 71.44
Nivernais, duc de : 61.08, 66.75, 70.123, 71.05, 71.29, 71.34, 71.38, 74.49, 75.40, 76.62, 80.02
Noailles : 76.22
Noguès : 65.45, 69.16, 69.30
Noirot : 76.03
Nollet, abbé : 66.40
Nonius : 80.04
Nonotte : 69.29, 73.62
Numa : 77.43

Observatoire de Berlin : 72.55
Odar : 62.21, 62.32, 62.37

Olivet, abbé d': 53.24, 60.33, 61.08, 61.11, 61.13, 61.15, 61.32, 64.53, 65.19, 66.03, 67.07, 67.08, 67.30, 67.40, 67.79, 68.58, 68.59, 68.64, 68.65, 68.67, 68.72, 76.62, 77.05, A78.06
Opéra de Paris: 80.29, 81.34, 81.36, 81.40
Orléans, duc d': 74.10, 74.37, 76.41
Orléans, duchesse d': 54.02, 73.102
Ormesson, d': 67.86, 68.04
Orsi: 54.05
Ossun: 67.39
Ostervald: 71.58, 79.42, 80.14
Ovide: 65.81, 73.62, 75.33

Palanca Carlo: 54.03
Palissot: 55.22, 55.23, 56.01, 58.01, 60.04, 60.06, 60.09, 60.12, 60.13, 60.14, 60.15, 60.16, 60.17, 60.18, 60.19, 60.21, 60.24, 60.27, 60.29, 62.14, 64.17, 66.06, 70.49, 70.51, 70.55, 70.64, 70.104, 70.107, 70.113, 71.15, 71.46, 71.47, 71.48, 73.34, 77.01, 78.01, 82.42, A60.04
Panckoucke: 69.26, 69.29, 69.73, 69.74, 70.07, 70.15, 70.20, 70.31, 70.37, 70.44, 70.60, 72.25, 79.81, 80.57, 81.04, 81.55
Panine: 62.18
Paoli: 69.51, 81.12
Paris-Duverney: 69.56
Parlement anglais: 77.46
Parlement de Grenoble: 67.01
Parlement de Paris: 54.02, 54.03, 56.22, 61.27, 62.19, 63.24, 63.25, 63.42, 63.48, 63.83, 64.17, 65.41, 66.12, 66.15, 66.34, 66.65, 66.78, 67.29, 67.39, 68.17, 69.45, 69.48, 70.118, 71.13, 71.23, 71.24, 74.76, 74.81, 75.16, 76.08, 76.11, 76.18
Parlement de Toulouse: 62.08, 62.09, 62.23, 62.31, 66.78, 69.60, 70.16
Parman: 50.14
Parme, duchesse de: 69.73
Parme, infant puis duc de voir Ferdinand
Pascal: 64.61, 67.09, 76.63
Pasquier: 66.44, 66.48, 66.59, 68.18, 68.36, 68.65, 71.10
Passionei: 69.77
Patouillet: 62.38, 69.29
Patu: 60.12
Paul IV, pape: 76.78, 76.79
Paul Pétrovitch, grand duc de Russie: 62.18, 62.23, 62.33, 63.01, 76.43, 82.38, 82.39, 82.40
Paulian: 82.27
Paulmier: 70.34
Paulmy, marquis de: 57.22, 63.39, 66.27
Pausanias: 79.17
Pavée, abbé: 73.21
Pélisson: 79.54, 83.29

Pernety : 67.48, 67.88, 68.03
Perpétue, sœur : 52.19
Peterborough, Lady : 69.60
Pezay : 73.64
Philippe, roi de Macédoine : 83.39
Philippine Charlotte de Prusse, duchesse de Brunswick (sœur de Frédéric II) : voir Brunswick
Pic de La Mirandole : 81.45
Piccini : 81.40
Pie V, pape : 76.78, 76.79
Pie VI (Braschi), pape : 80.54
Pierre le Grand, empereur de Russie : 57.23, 60.40, 81.27, 82.25
Pierre III, empereur de Russie : 62.09, 63.11
Pigalle : 70.33, 70.42, 70.46, 70.49, 70.51, 70.52, 70.92, 71.24
Pingré : 68.69, 73.102, 79.10, A57.01
Pinzo, abbé : 72.47, 72.61
Piquet : 82.27
Piron : 54.02
Pitt : 77.26
Platon : 63.77, 77.43, 80.18, 81.18
Pline : 71.80, 72.01, 72.02, 72.06
Pluquet, abbé : 62.25, 62.29, 62.30
Plutarque : 53.05
Poivre : 68.41
Poli : 82.01, 82.36
Polier de Bottens : 57.06, 57.15, 57.17, 57.19, 57.20, 57.23, 57.24, 64.48
Poltoratzky : 83.36
Polyeucte : 66.51
Pomaret : 70.54
Pompadour, marquise de : 53.18, 58.13, 58.19, 60.22, 60.24, 63.88, 64.22, 79.64
Pompée : 77.01
Pompei, comte de : 78.46
Poncet : 76.05
Pons : 71.79, 76.62, 79.50
Pont-de-Veyle : 53.03
Pope : 78.38
Porée, le Père : 79.09
Portal : 69.44
Portelance (père et fille) : 80.49, 81.57, 81.74
Poterat : 81.54
Pougens : 00.18
Pouillard : 70.65
Poulletier de La Salle : 80.32

PRADES, abbé de : 51.24, 52.03, 52.08, 52.09, 52.10, 52.11, 52.13, 54.06, 57.22, 58.02, 58.05, 58.15, 58.19, 60.05, 63.45, 63.64
PRASLIN, duc de : 63.30, 69.86
PRAULT, imprimeur-libraire : 69.13
PRÉMONTVAL : 56.04, 56.09
PREVOST, Pierre : 83.14, 83.25
PRINGLE : 67.83, 78.60
Professeur de Toulouse : 71.25
PRUSSE, prince Ferdinand de (frère de Frédéric II) : 63.22, 63.23, 63.64
PRUSSE, prince Frédéric de (petit-neveu de Frédéric II, fils de Ferdinand) : 69.82
PRUSSE, prince Frédéric Guillaume II (neveu de Frédéric II, fils d'Auguste-Guillaume) : 63.22, 63.23, 69.51
PRUSSE, prince Frédéric Guillaume III de (petit-neveu de Frédéric II, fils de Frédéric-Guillaume II) : 69.82
PRUSSE, prince Frédéric Paul Henri de (petit-neveu de Frédéric II) : 76.79, 77.01
PRUSSE, prince Henri de (frère de Frédéric II) : 63.64, 71.88, 77.09, 81.43, 82.48, 83.11
PRUSSE, prince Henri de (neveu de Frédéric II) : 67.60
PRUSSE, prince Louis de (petit-neveu de Frédéric II) : 73.105
PRUSSE, princesse Philippine Charlotte de, puis duchesse de Brunswick (sœur de Frédéric II) : voir BRUNSWICK duchesse de
PRUSSE, princesse Sophie de (sœur de Frédéric II) : voir SOPHIE
PRUSSE, princesse Ulrique (sœur de Frédéric II) : voir LOUISE-ULRIQUE
PRUSSE, princesse Wilhelmine de (sœur de Frédéric II) : 67.77
PUISIEUX, mme de : 50.09
PUJOS : 74.94
PUYSÉGUR, marquis de : 73.88, 73.105
PYTHAGORE : 77.43

QUÉLUS : 81.32
QUESNAY : 53.18, 53.20, 53.21
QUINAULT, Mlle : 79.35, 81.43
QUINTILIEN : 78.30, 79.34
QUIRINI, cardinal Angelo : 79.43

RACINE : 69.85, 70.07, 73.06, 73.07, 73.15, 73.20, 78.30, 79.34, 81.20, A78.07
RADCLIFF : 65.44
RADONVILLIERS, abbé de : 72.74
RAMEAU : 49.11, 50.02, 50.03, 50.04, 50.06, 51.17, 54.02, 61.10, 61.12, 62.39, 65.05, 71.82, A52.03, A53.01
RAMPONNEAU : 82.48
RAPHAEL : 80.47
RAUTER : 79.66
RAVAILLAC : 57.03

RAYNAL, abbé : 52.07, 54.11, 73.52, 81.36, 81.40, 81.43, 82.16, 82.30, 82.32, 82.38, 82.39, 82.40, 82.44, 82.48, 82.50, 82.52, 82.53, 82.56, 82.62, 82.63, 82.65
RECOLLET : 76.78
REDERN : 68.85, 69.12, 69.19, 69.27
REGNARD : 67.07
REMOND Mme : 66.66
REMOND, Nicolas : 65.19
RÉMY, abbé : 72.09, 72.12, 77.33, 77.47, 79.56, A78.01
RESTAUD : A78.06
REVERDIL : 57.09, 57.32, 57.33
REY, Marc-Michel, imprimeur-libraire : 58.32, 58.36, 58.38, 64.35, 68.36, 68.58, 73.41
RIBALLIER : 67.56, 67.63, 67.71, 67.73, 67.79, 68.72, 72.37
RICCATI, Vincenzo : 68.28, 69.30, A66.03, A67.01
RICCOBONI, Mme : 69.55
RICHELIEU, cardinal de : 66.93, 80.62, 83.29
RICHELIEU, maréchal de : 57.20, 65.35, 65.41, 70.78, 71.10, 71.11, 72.42, 73.26, 73.30, 73.34, 73.39, 73.40, 73.50, 73.56, 73.59, 73.62, 73.63, 73.66, 74.15, 74.79, 74.86, 76.15, 76.18, 77.06, 77.14, 78.42, 79.17
RINGUET : 63.06
RIQUET : 70.60, 70.66
RIVARD : 71.51
ROBECQ, princesse de : 60.06, 60.14, 60.16, 60.17, 60.19, 60.21, 60.23, 65.53
ROBIN : 60.14, 60.16
ROBINET : 72.55, 73.66, 80.57
ROBINS : 68.30, 75.79
ROCHEFORT D'ALLY, chevalier et comte de : 66.35, 66.37, 66.61, 67.39, 68.39, 68.81, 68.83, 69.29, 70.33, 71.17, 71.71, 72.34, 73.03, 74.15
ROCHEFORT D'ALLY, comtesse de : 68.41, 68.77, 68.81, 71.60, 71.67, 71.68, 71.70, 71.72, 71.73, 71.74, 73.21, 78.15
ROCHEFORT D'ALLY (fils) : 71.17, 81.43, 81.55, 81.65
ROCOURT, Mlle de : 73.28, 73.30, 73.34
ROHAN, prince Louis de : 63.83, 64.03, 64.12, 65.51, 71.76, 73.74
ROHAN-GUÉMÉNÉ, prince de : 82.53, 82.63
Roi de la Chine voir KIEN LONG
ROLLIN : 52.19, 79.34
ROMANZOV : 74.75
RONCERAY, Mme de : 53.29
ROSENSTEIN : 83.12
ROSIGNAN, marquis de : 73.104, 75.03
ROUCHER : 79.52, 80.13, 80.31
ROUGEMONT : 78.45, 78.54, 79.02, 82.13
ROUSSEAU, Jean-Baptiste : 62.10, 62.19
ROUSSEAU, Jean-Jacques : 51.24, 53.26, 53.28, 54.09, 54.12, 55.19, 55.22, 55.23, 56.01, 57.24, 57.26, 58.15, 58.20, 58.33, 58.38, 58.40, 59.01, 59.02, 59.05,

59.13, 60.04, 60.05, 60.06, 60.07, 60.19, 60.29, 60.35, 61.01, 61.11, 61.13, 61.15, 61.31, 61.32, 62.13, 62.14, 62.15, 62.19, 62.20, 62.23, 62.25, 63.06, 63.19, 63.31, 63.45, 63.46, 63.48, 63.59, 63.71, 63.73, 63.77, 64.32, 64.35, 65.02, 65.03, 65.06, 65.07, 65.14, 65.24, 65.27, 65.28, 65.32, 65.38, 65.62, 65.65, 65.70, 65.73, 65.80, 65.82, 66.03, 66.06, 66.07, 66.12, 66.39, 66.42, 66.44, 66.46, 66.48, 66.49, 66.51, 66.53, 66.54, 66.55, 66.57, 66.61, 66.63, 66.64, 66.74, 66.75, 66.77, 66.78, 66.79, 66.81, 66.89, 66.98, 67.02, 67.08, 67.18, 67.28, 67.29, 67.32, 67.39, 67.43, 67.54, 67.59, 67.62, 67.63, 67.89, 68.02, 68.04, 68.35, 68.60, 68.69, 69.04, 70.36, 70.37, 70.45, 70.47, 70.52, 70.55, 70.61, 70.64, 70.66, 70.67, 70.70, 70.72, 71.51, 72.19, 72.55, 73.66, 74.47, 79.60, 79.76, 79.77, 80.11, 80.31, 80.57, 83.27, 00.03, A59.03, A59.05, A60.03, A61.05, A62.02, A63.01, A63.02, A66.01, A66.02, A80.01, A80.02

ROUSSEAU, Mme : 63.21, 65.59
ROUSSEAU, Mlle : 53.21
ROUSSEAU, Pierre : 62.26, 75.41
ROUSSELET : 57.26
ROUX : 68.76
Royal Society : 65.44, 68.73, A77.02
ROYOU : 70.23, 70.31
ROZEN : 70.47
RUDBECK : 70.69
RULHIÈRE, de : 67.93, 70.54, 76.62, 80.10, 80.17, 80.21

SAAS, abbé de : 64.50
SABATIER DE CASTRES : 72.74, 73.03, 73.06, 73.43, 73.78, 73.93, 73.94, 73.95, 73.101, 74.53, 78.01
SACCHI : 82.08
SACY : 76.32, 76.33, A76.02
SAINT-AIGNAN : 76.05
SAINT-AULAS : 70.119
SAINT-CHAMANS : 69.55, 69.61, 72.33, 72.39, 75.65
SAINT-EVREMOND : 63.84, 63.85, 64.05
SAINT-FARGEAU : 68.65
SAINT-FLORENTIN, Louis Phélypeaux, comte de (dès 1770, duc de La Vrillière) : 65.40, 65.53, 65.56, 65.70, 65.71, 73.37, 75.46, 77.34, 82.12
SAINT-GERMAIN : 51.20, 75.77
SAINT-HYACINTHE : 68.09
SAINT-JACQUES DE SILVABELLE (ou SYLVABELLE) : 82.27
SAINT-JULIEN, Mme de : 75.61
SAINT-JUST, Mérard de : 70.47
SAINT-LAMBERT : 54.11, 69.18, 69.21, 70.23, 70.26, 70.53, 71.09, 71.15, 82.61, 83.05, 83.07
SAINT-MARD : 53.15, 53.17, 53.17
SAINT-MARTIN, Louis-Claude de : 76.63
SAINT-NON : 59.12, 59.13, 70.53

Saint-Pierre, abbé de : 70.59, 75.18, 79.54
Saint-Pierre, Catherine de : 75.21, 75.27
Saint-Roch, curé de : voir Marduel
Saint-Sulpice, curé de : 62.09
Saint-Vincent, Mme de : 74.79
Sainte-Thérèse : 54.05
Sainton, libraire : 79.34
Saladin : 51.14, 51.23
Sallier : 53.18
Salluste : 73.31, 73.48, 75.21, 75.27
Salm, prince de : 67.13, 70.32, 74.20, 74.33, 74.71, 81.28, 81.31, 81.34
Salomon : 71.88
Saltykov : 63.12
Saluzzo (Saluces), comte de : 67.14, 70.04, 71.81
Sappho : 81.45
Sarrazin : 62.36
Sartine : 65.85, 70.66, 72.55, 73.22, 74.49, 75.21, 75.27
Saunderson : 66.93, 69.08
Saurin : 53.01, 60.05, 60.06, 69.42, 70.35, 80.38, 81.65, 00.08, 00.12
Sauvigny : 67.86
Savoie, duc de : 77.24
Saxe, électrice de : 69.80, 70.103
Saxe, maréchal de : 52.17
Saxe-Gotha, duchesse de : 63.59
Scarella : 67.03
Schaffgotsch, Philipp von, évêque de Breslau : 66.16
Scheele : 75.80, 76.21
Schloetzer : 74.02
Schomberg : 69.29, 69.48, 69.53, 71.46
Schulze : 78.04
Schwerin, comte de : 63.34
Scudéry : 81.28
Segner : 50.15
Séguier : 60.06, 60.27, 70.103, 70.105, 70.112, 71.10
Ségur : 78.53
Sélis : 81.60, 81.62, 81.69
Senac de Meilhan, intendant de La Rochelle : 71.43
Sénèque : 66.72, 74.13, 76.69, 79.70, 80.04
Senneville : 74.84
Séran : 83.20, 83.21, 83.26, 83.30
Servan : 67.05, 67.08, 70.106, 81.42, 82.34
Servandoni : 54.03
Servet : 57.30, 68.35

SHAKESPEARE : 62.19, 62.20, 63.03, 76.37, 76.40, 76.42, 76.46, 76.47, 78.50, 76.60, 76.61, 76.63, 76.67
SHORT : 64.53
SIGORGNE, abbé : 53.18, 53.20, 67.03, 80.63
SILVABELLE voir SAINT-JACQUES de
SIMONIDE : 48.07
SIMPSON : 66.13, 66.14, 66.43, 69.76, 69.89, 70.90
SIRVEN : 65.25, 66.45, 66.51, 66.59, 67.92, 68.07, 69.60, 69.66, 70.14, 70.21, 70.60, 70.64
SMITH, Robert : 50.03, 50.04, 50.06, 66.82
Société royale de Lyon : 55.07, 55.09, A56.02, A56.03
Société royale de médecine (Paris) : 77.30, 77.31, 77.38, 77.41, 77.43, 77.44, 77.51, 79.24
Société royale de Montpellier : 54.13, 55.14
Société royale de Nancy : 56.01, 56.02
Société royale des sciences de Norvège : 69.38
Société typographique de Neuchâtel : 79.42
SOCRATE : 67.09, 83.39
SOLANDER : 73.65, 73.71, 73.87, 73.92
SOLON : 80.18
SOPHIE de Prusse, margrave de Schwedt (sœur de Frédéric II) : 63.49, 63.52
Sorbonne : 52.07, 53.07, 58.16, 63.47, 63.83, 64.40, 67.30, 67.39, 67.42, 67.65, 67.79, 67.80, 67.83, 67.89, 67.90, 68.02, 68.67, 71.76, 72.37, 72.48, 72.64, 72.74, 77.47, 80.17, 80.28, 80.54
SOUFFLOT : 55.08, 55.09, 56.16
SPALLANZANI : 65.67
SPINOZA : 66.18, 66.87, 69.54, 69.58
STAAL, Mme de : 53.06
STAINVILLE : 67.13
STANHOPE : 68.66, 68.73, 69.04
STANISLAS I, Leszczynski, roi de Pologne : 54.11, 55.22, 55.23, 56.01, 56.02
STANISLAS II, Poniatowski, roi de Pologne : 60.31, 60.37, 64.55, 66.47, 66.56
STEPHENS, Mme : 80.28
STICOTTI : 63.51
STOSCH, Muzell : 79.76, 80.11, A78.04, A79.03, A79.04
STUART, Charles Edouard : 52.17
STUART (famille) : 80.53
SUARD : 66.75, 66.82, 67.82, 68.43, 72.22, 72.24, 72.25, 72.34, 72.39, 72.53, 72.57, 72.64, 72.71, 74.43, 74.50, 74.53, 75.32, 75.65, 76.64, 76.77, 77.47, 79.42, 81.17, 81.36, 81.40
SUARD, Mme : 71.79, 75.32
Sublime Porte : 67.62
Sultan voir MUSTAPHA
SULZER : 75.70, 77.25

Sylvestre : 78.33
Swinton : 73.31
Szeptycki, Léo, évêque de Kiev : 72.01, 72.02
Tacite : 48.13, 53.06, 53.08, 62.36, 63.02, 66.73, 68.26, 68.49, 68.81, 74.09, 79.38, 79.56, 82.54, 82.57, 83.16, A53.03, A60.01, A61.03
Talbert, abbé : 79.03
Talmont, Mme de : 53.26
Tamponnet : 72.37
Tanucci : 74.18, 75.67
Tartini : A62.02
Tassaert : 74.62, 74.71, 74.76, 74.80, 74.81, 74.87, 74.88, 75.02, 75.12, 75.16, 75.28, 75.33, 75.35, 75.42, 75.46, 75.63, 77.46, 80.37, 80.47
Tasso (Le Tasse) : 75.16
Tchernychev : 70.27, 75.16, 75.28
Tellier : 79.34
Tencin, cardinal de : 53.10, 53.15, 76.61
Terrasson, abbé : 51.02, 51.03, 51.04, 76.61
Terray, abbé : 70.14, 70.20, 70.23, 70.26, 70.107, 75.16, 75.28, 79.54
Théâtre français (Paris) : 82.44, 83.14
Thiard : 67.51
Thiébault, Dieudonné : 65.01, 65.09, 65.16, 65.23, 65.37, 66.76, 67.17, 67.27, 67.85, 68.78, 69.91, 74.46, 74.89, 75.04, 75.47, 75.81, 76.55, 77.04, 78.04, 81.61
Thierry : 80.27, 80.46
Thiriot : 60.12, 60.14, 60.15, 60.18, 60.19, 60.30, 60.37, 61.01, 62.13, 64.22, 64.36, 70.64, 72.53, 72.57, 72.64, 72.70, 72.71, 77.12
Thomas : 66.79, 67.07, 67.08, 67.09, 70.63, 70.121, 73.68, 73.79, 77.55, 77.56, 78.09, 78.22
Thomasseau de Cursay : 73.75
Tillet : 69.79
Tissot : 67.78, 73.82
Tobie : 65.27
Toland : 68.64
Tolomas, le père : 55.03, 55.04, 55.05, 55.07, 55.09
Torrès : 54.03
Tournes voir De Tournes
Toussaint : 53.25, 64.58, 72.31, 72.42
Trabaud, Jean : 46.02
Trajan : 46.11
Tramond : 69.07
Trémet, abbé : 81.53
Tressan : 55.24, 56.01, 75.26, 75.31, 80.42, 82.31, 83.23
Tronchin (famille) : 82.45
Tronchin, Théodore : 55.19, 56.17, 58.05, 58.07, 58.08, 58.19, 65.03, 65.42, 65.65, 68.12, 68.18, 79.01

Tronchin du Breuil : 82.45
Trublet, abbé : 54.15, 54.16, 55.18, 56.14, 60.30, 61.08, 61.11, 61.13, 61.15, 61.17, 61.22, 62.30, 70.26, 71.37, 72.45
Trudaine : 53.01, 63.05, 64.02, 73.37, 74.84, 75.36, 75.37, 75.61
Trudaine de Montigny : 64.02
Tulie (fille de Cicéron) : 49.01, 76.34
Turgot : 58.37, 58.38, 59.03, 60.33, 60.34, 60.35, 60.39, 60.40, 60.40, 63.12, 66.12, 66.48, 67.54, 67.56, 69.15, 69.63, 70.92, 72.33, 72.39, 74.55, 74.57, 74.58, 74.59, 74.62, 74.64, 74.65, 74.67, 74.70, 74.71, 74.76, 74.83, 74.86, 75.06, 75.08, 75.11, 75.27, 75.30, 75.35, 75.48, 75.60, 75.61, 75.65, 75.66, 75.77, 75.81, 76.05, 76.18, 76.29, 77.18, 77.34, 79.12
Tycho-Brahé : 80.25

Université de Paris : 64.18, 73.13, 73.14, 73.15, 81.70, 82.19, 82.39
Uranus : 82.10, 82.30, 82.33
Ussé : 63.48, 69.35, 69.46, 69.50, 69.55, 69.61, 71.79, 72.40
Ussé, Mlle d' : 69.28, 69.35, 71.79

Vailly : 71.16
Valade : 73.22, 73,27, 73.28, 73.55, 75.36, 75.37, 75.43, 75.46
Valbelle, comte de : 65.41, 65.42, 70.108, 80.08, 81.10, 83.05
Valette, Siméon : 59.10, 59.14, 59.15, 67.02, 67.28, 67.46
Valon : 79.61
Valory : 53.26
Van haaren : 72.14
Van Loo : 55.20
Varennes : 78.62
Varignon : 57.13, 65.17, 65.19
Vasa, Gustave : 78.59
Vaucanson : 65.71, 65.76, 73.37
Vaudé : A81.01
Vaugelas : A78.06
Vauxcelles : 66.08, 68.43, 68.44
Velly, abbé : 63.39
Venel : 70.104
Venini, Francesco : 70.98
Verdelin, Mme de : 66.74, 66.75
Vergennes : 74.65, 75.07, 76.62, 80.51, 81.41
Vermenoux, Mme de : 74.04
Vernage : 53.26, 54.03
Vernes : 57.30, 57.35, A57.02
Vernet, Jacob : 57.35, 58.04, 58.16, 62.07, 62.09, 66.34, 66.35, 66.36, 66.44, 66.45, 66.51, 66.59, 66.89, 67.07, 67.08
Verri, Alessandro ou Pietro : 65.45, 65.54, 65.61, 65.66, 65.67, 66.97, 67.02, 67.23, 67.49, 68.28

Viallet : 63.05, 63.11
Victor-Amédée III, roi de Sardaigne : 73.42, 73.53, 73.97, 73.98, 74.14
Villahermosa, duc de : 68.22, 68.23, 68.27, 68.36, 73.05, 73.77, 74.19, 74.40, 74.67, 75.09
Villancour, abbesse de : 75.08
Villani, marquise de : 82.08
Villars, duc de : 70.52
Villars, maréchal de : 78.40, 82.63, 82.65
Villars, le père : 73.21
Villeroy, Mme de : 60.06
Villers : 55.09
Villette, marquis de : 65.46, 65.55, 77.48, 77.55, 77.56
Villette, marquise de (Belle et Bonne) : 77.56
Villevieille : 76.47, 77.01
Villoison : 74.30, 74.33, 74.45, 80.27, 80.46
Villon : 81.04
Vimeux : A81.02
Vimeux, Mme de : 81.39, 81.47
Viotti : 81.66, 82.10, 82.29, 82.38
Virgile : 81.03, 81.45
Vocance, comte de : 82.34
Voisenon : 70.35, 70.115, 70.118, 70.123, 74.65
Voltaire : 48.07, 48.12, 52.15, 52.18, 52.19, 53.03, 53.08, 53.12, 53.22, 53.25, 55.18, 56.05, 57.26, 57.32, 57.33, 58.07, 58.37, 60.03, 61.04, 62.16, 63.24, 63.35, 63.42, 63.45, 63.46, 63.48, 63.59, 63.90, 64.06, 64.26, 65.23, 65.28, 66.39, 66.46, 66.53, 66.98, 67.01, 67.13, 67.50, 68.02, 68.06, 68.20, 68.24, 68.35, 68.47, 68.62, 68.84, 69.05, 69.33, 69.41, 69.46, 69.50, 69.51, 69.75, 69.82, 70.33, 70.35, 70.39, 70.45, 70.47, 70.54, 70.56, 70.57, 70.69, 70.73, 70.78, 70.89, 70.91, 70.92, 70.94, 70.96, 70.97, 70.100, 70.102, 70.104, 70.105, 70.114, 70.116, 70.119, 70.120, 71.02, 71.08, 71.17, 71.29, 71.32, 71.34, 71.56, 71.69, 71.71, 71.80, 72.14, 72.21, 72.33, 73.01, 73.03, 73.08, 73.11, 73.13, 73.20, 73.21, 73.22, 73.25, 73.27, 73.28, 73.41, 73.49, 73.51, 73.57, 73.67, 74.20, 74.30, 74.71, 74.76, 74.91, 74.92, 75.12, 75.16, 75.19, 75.28, 75.33, 75.35, 75.42, 75.50, 75.52, 75.58, 75.83, 76.11, 76.74, 76.79, 77.03, 77.06, 77.09, 77.18, 77.19, 77.26, 77.29, 77.31, 77.38, 77.39, 77.46, 78.10, 78.11, 78.13, 78.15, 78.16, 78.26, 78.27, 78.30, 78.31, 78.37, 78.38, 78.42, 78.47, 78.54, 78.60, 79.02, 79.09, 79.11, 79.15, 79.17, 79.18, 79.22, 79.28, 79.31, 79.39, 79.43, 79.45, 79.46, 79.49, 79.51, 79.54, 79.58, 79.60, 79.64, 79.69, 79.73, 79.80, 79.81, 80.02, 80.06, 80.10, 80.17, 80.21, 80.22, 80.23, 80.26, 80.28, 80.31, 80.34, 80.37, 80.41, 80.47, 80.50, 80.52, 80.54, 81.05, 81.18, 81.20, 80.55, 80.57, 81.25, 81.27, 81.32, 81.43, 81.45, 81.55, 81.65, 82.42, 82.47, 82.61, 82.63, 82.65, 83.04, 83.14, 83.25, A53.04, A60.05, A75.01, A78.02, A79.07
Voronzov, comte : 60.08, 64.35
Voulan-Roche : 80.33, 80.35

Wagnière : 70.108

Wailly : A78.06
Wallis : 68.56
Walpole : 66.46, 66.49, 66.52, 66.53, 66.57, 66.63, 66.82, 67.19, A66.01
Walter : 75.59
Warburton : 64.48, 67.69, 67.71
Wargemont : 67.56, 67.61
Watelet : 63.75, 63.76, 64.38, 64.49, 64.59, 65.17, 65.75, 66.19, 66.90, 67.50, 67.82, 71.15, 71.32, 72.47, 82.08, 00.06
Weguelin : 75.83, 76.11, 76.20, 76.21, 76.55, 80.06, 83.03
Weissenbruch : 71.49
Weitbrecht : 67.03
Wilkes : 68.39, 68.44
Wyttenbach, Daniel : 77.35

Ximenès : 61.15

Young : 65.44, 68.51
Yvon, abbé : 52.13, 71.43

Zannoni : 82.01
Zeiher : 64.29
Zen, Alvise : 79.43
Zeno, cavaliere : 79.43
Zénon : 82.32

INDEX DES OUVRAGES CITÉS DE D'ALEMBERT

Comme les précédents, cet index renvoie au contenu des lettres par leur numéro d'inventaire, ce qui permet d'identifier immédiatement l'année de leur rédaction. Les ouvrages sont classés par ordre alphabétique et les éditions successives regroupées. Rappelons que les numérotations commençant par A renvoient à l'Appendice des lettres ostensibles.

Élémens de musique théorique et pratique suivant les principes de M. Rameau, Paris, David l'aîné, Le Breton, Durand, 1752 ; 2ᵉ éd. *Élémens de musique théorique et pratique suivant les principes de M. Rameau, éclaircis, développés et simplifiés*, Lyon, Jean-Marie Bruyset, 1762 : 49.11, 50.06, 50.12, 51.14, 51.19, 51.23, 52.18, 61.09, 61.12, 61.23, 61.25, 62.03, 62.39, 63.12, 65.73, 68.14, 71.39, 71.41, 71.51, 71.82, 72.19, 75.34, A52.01, A52.03, A61.02, A62.02, A62.04, A80.01

« Éloge de Jean I Bernoulli » : (*Mercure*, mars 1748) : 48.03, 53.06, 53.17

« Éloge de Dumarsais » : (*Enc.* t. VII, 1757) : 57.26, 57.28, 57.29

« Éloge de Mme Geoffrin » : 77.55, 78.01, 78.09, A77.01, A79.05

« Éloge de Mallet » : (*Enc.* t. VI, 1756) :

Éloge de Milord Marischal, 1779 : 78.47, 79.36, 79.37, 79.39, 79.40, 79.45, 79.46, 79.50, 79.60, 79.62, 81.21, A78.03, A78.04, A79.03, A79.04

« Éloge de Montesquieu » : (*Enc.* t. V, 1755) : 55.14, 55.17, 55.18, 55.20, 56.07, 64.11

« Éloge de Terrasson » : (*Mercure*, janvier 1751) : 51.02, 51.03, 51.04, 53.17

« Éloges lus dans les séances publiques de l'Académie française, Paris, Panckoucke et Moutard, 1779 : 73.112, 74.36, 74.50, 74.63, 74.89, 75.03, 75.18, 75.29, 76.09, 76.32, 76.33, 77.13, 78.12, 78.42, 78.43, 78.45, 78.58, 79.01, 79.02, 79.03, 79.05, 79.08, 79.12, 79.17, 79.18, 79.27, 79.34, 79.39, 79.46, 79.50, 79.51, 79.54, 79.60, 79.61, 80.19, 80.53, 81.21, 82.22, 82.25, 82.49, 83.16, 83.36, 00.08, A74.01, A76.02, A79.02

Encyclopédie ou Dictionnaire raisonné des sciences des arts et des métiers, Paris, Briasson, David l'aîné, Le Breton, Durand, 1751 t. I, 1752 t. II, 1753 t. III, 1754 t. IV, 1755 t. V, 1756 t. VI, 1757 t. VII, 1765 t. VIII-XVII : 47.08, 48.04, 48.11, 49.08, 50.02, 50.03, 50.14, 51.02, 51.03, 51.04, 51.06, 51.07, 51.08, 51.09, 51.11, 51.12, 51.13, 51.14, 51.16, 51.17, 51.20, 51.23, 51.24, 52.01, 52.04, 52.05, 52.06, 52.07, 52.08, 52.10, 52.11, 52.12, 52.18, 52.19, 53.17, 53.18, 53.19, 53.20, 53.24, 53.26, 53.27, 53.29, 54.04, 54.05, 54.09, 54.12, 54.13, 54.14, 55.02, 55.03, 55.06, 55.14,

55.17, 55.18, 55.19, 55.20, 55.25, 56.03, 56.04, 56.05, 56.09, 56.14, 56.18, 56.19, 56.20, 56.22, 56.24, 57.11, 57.12, 57.16, 57.19, 57.25, 57.26, 57.27, 58.01, 58.02, 58.03, 58.04, 58.05, 58.06, 58.07, 58.08, 58.09, 58.11, 58.12, 58.14, 58.15, 58.19, 58.20, 58.21, 58.35, 58.38, 58.41, 58.45, 59.01, 59.02, 59.03, 59.05, 59.15, 60.05, 60.06, 60.16, 60.20, 62.02, 62.09, 62.16, 62.17, 63.03, 63.72, 64.45, 64.48, 64.57, 65.17, 65.33, 65.61, 65.62, 66.18, 66.23, 66.34, 66.87, 68.69, 68.70, 69.08, 69.26, 69.29, 69.30, 69.49, 69.73, 69.74, 70.05, 70.06, 70.10, 70.14, 70.36, 70.44, 70.60, 70.70, 71.25, 71.33, 71.48, 71.50, 71.51, 71.53, 71.58, 73.29, 73.106, 75.43, 76.77, 79.04, 79.54, 79.75, 80.31, 80.54, 80.57, 80.61, 81.04, 81.21, 82.42, 83.07, 00.11, A51.01, A51.02, A52.03, A56.01, A56.02, A56.03, A57.02, A58.02, A59.03, A59.04, A59.05, A60.02, A60.04, A60.07, A61.02, A61.05, A62.02, A63.03, A63.04

Essai d'une nouvelle théorie de la résistance des fluides, Paris, David l'aîné, 1752 : 48.10, 50.06, 50.12, 51.01, 51.14, 51.15, 51.21, 51.23, 52.02, 52.05, 77.45, 81.22, A51.03

Lettre à M. ***, conseiller au parlement de ******. Pour servir de supplément à l'ouvrage qui est dédié à ce même magistrat, et qui a pour titre « Sur la destruction des jésuites en France ». Seconde lettre à M. ***, conseiller au parlement de ******, sur l'édit du roi d'Espagne pour l'expulsion des jésuites [Genève, Cramer frères], 1767 : 65.80, 66.10, 66.81, 66.89, 66.99, 67.08, 67.10, 67.20, 67.22, 67.29, 67.32, 67.38, 67.41, 67.44, 67.53, 67.54, 67.57, 67.59, 67.71, 67.73, 67.74, 67.76, 67.79, 67.78, 67.88, 67.90, 67.93, 68.28, 69.77, A76.01

Mélanges de littérature, d'histoire et de philosophie, 2 vol., Berlin [Paris, Briasson], 1753 et *Mélanges de littérature, d'histoire et de philosophie*, 4 vol., Amsterdam, Zacharie Chatelain & fils [Lyon, Jean-Marie Bruyset], 1759, autre éd. 1763, 5 vol., 1767 : 52.18, 53.01, 53.03, 53.06, 53.08, 53.09, 53.28, 54.01, 54.03, 58.06, 58.09, 58.42, 59.05, 59.06, 60.30, 60.33, 63.02, 63.12, 63.16, 63.67, 63.90, 64.33, 64.44, 64.57, 66.89, 66.91, 66.94, 66.95, 66.96, 67.06, 67.08, 67.12, 67.13, 67.14, 67.17, 67.22, 67.27, 67.29, 67.33, 67.34, 67.40, 67.52, 67.54, 68.25, 69.42, 69.43, 69.58, 70.08, 73.31, 79.24, 79.34, 82.54, 82.57, 83.16, A53.03, A59.06

Opuscules mathématiques ou Mémoires sur différents sujets de géométrie, de mécanique, d'optique, d'astronomie, etc., 8 tomes, Paris, David [puis dès le t. II Briasson] 1761 (I-II), 1764 (III), 1768 (IV-V), 1773 (VI), 1780 (VII-VIII), les lettres faisant souvent référence à plusieurs tomes ou à des tomes antérieurs, les indications de tomaison successives ne sont qu'indicatives : (I-II) 57.05, 60.19, 60.30, 61.22, 61.34, 62.11, (III) 62.34, 62.40, 63.02, 63.03, 63.72, 63.75, 63.76, 64.26, 64.29, 64.34, 64.38, 64.41 64.49, 64.56, 64.59, 65.04, 65.17, 65.77, (IV-V) 66.85, 66.95, 67.49, 67.70, 67.78, 67.82, 68.03, 68.16, 68.28, 68.33, 68.48, 68.54, 68.56, 68.74, 68.86, 69.01, 69.09, 69.16, 69.19, 69.27, 69.32, 69.43, 69.47, 69.52, 69.76, 69.87, 70.09, 70.90, 71.30, (VI) 71.35, 71.57, 72.03, 72.11, 72.17, 72.25, 72.43, 72.56, 73.02, 73.16, 73.23, 73.32, 73.42, 73.53, 73.65, 73.71, 73.87, 73.92,

73.96, 73.104, 73.108, 74.01, 75.29, 75.38, (VII-VIII) 75.64, 75.81, 76.21, 77.04, 77.32, 78.41, 78.45, 78.60, 79.01, 79.37, 79.50, 79.62, 79.65, 79.78, 80.59, 81.11, 81.12, 81.15, 81.19, (IX) 81.26, 81.71, 82.11, 82.33, 82.51, (divers) A62.01, A62.06, A63.03, A63.04, A65.02, A69.01, A75.03, A75.04, A81.03

Recherches sur différents points importants du système du monde, t. I-II, Paris, David l'aîné, 1754, t. III, Paris, David, 1756 : 49.10, 51.14, 52.18, 59.08, 69.32

Recherches sur la précession des équinoxes et sur la nutation de l'axe de la terre dans le système newtonien, Paris, David l'aîné, 1749 : 48.08, 48.12, 49.01, 49.02, 49.05, 49.07, 49.09, 50.01, 50.05, 50.07, 50.08, A49.01, A52.02

Réflexions sur la cause générale des vents, Berlin, Haude & Spener, 1747 et Paris, David l'aîné, 1747 : 46.05, 46.07, 46.08, 46.09, 46.10, 46.11, 46.13, 46.14, 47.01, 54.01, 65.04, 69.50, 77.45, 78.38, 78.43, A46.01

Sur la destruction des jésuites en France, par un auteur désintéressé [Genève, Cramer frères], 1765 ; « nouvelle édition », 1767 : 64.22, 64.60, 64.62, 65.02, 65.06, 65.07, 65.10, 65.13, 65.15, 65.16, 65.17, 65.21, 65.24, 65.25, 65.27, 65.28, 65.30, 65.31, 65.32, 65.34, 65.35, 65.37, 65.38, 65.39, 65.41, 65.43, 65.47, 65.52, 65.53, 65.54, 65.57, 65.60, 65.61, 65.66, 65.67, 65.74, 65.75, 65.86, 67.63, 67.64, 67.68, 67.74, 67.76, 68.03, 68.17, 68.28, 68.56, 68.58, 68.89, 69.13, 69.77, 00.05

Traité de dynamique, Paris, David l'aîné, 1743 ; 2e éd., Paris, David, 1758 : 46.02, 47.01, 51.02, 58.24, 58.25, 58.26, 58.29, 58.41, 65.17, 65.77, 81.22, A43.01, A58.01, A.65.01, A.65.02

Traité de l'équilibre et du mouvement des fluides, Paris, David l'aîné, 1744 ; 2e éd. Paris, Briasson, 1770 : 46.02, 46.15, 47.01, 48.01, 66.14, 66.43, 66.85, 69.87, 69.89, 70.09, 70.19, 70.22, 70.25, 70.48, 70.120, 71.08, 71.30, 71.31, 71.35

LISTE DES ILLUSTRATIONS

I. D'Alembert à Gabriel Cramer, 49.02, 12 mai 1749, Genève BGE Ms. Suppl. 384, f. 184 r° : lettre autographe signée JD. 70

II. D'Alembert à Gabriel Cramer, 49.09, 21 septembre 1749, Genève BGE Ms. Suppl. 384, f. 190 r° : lettre autographe signée D. . . . 71

III. D'Alembert à la marquise de Créquy, 51.03, [c. 10 février 1751] coll. particulière J.-D. Candaux : lettre autographe, non datée, non signée avec cachet noir 72

IV. D'Alembert à Lagrange, 67.27, 4 avril 1767, Paris Institut, Ms. 915, f. 48 r° : lettre de la main d'un secrétaire de D'Alembert dont les yeux sont souffrants 73

V. D'Alembert à l'abbé de Germanes, 74.69, 3 octobre [1774], coll. particulière J.-D. Candaux : lettre autographe, signée, cachet noir . . 74

VI. D'Alembert à Amelot de Chaillou, 79.25, 10 mars 1779, Paris AN, O1 666, pièce 85 r° et v° : lettre autographe signée relative à son nom, pour l'obtention de sa pension 75

VII. D'Alembert à Luce de Lancival, 81.38, 20 juillet [1781], Laon, BM, Autographes, 16 CA 34 : lettre autographe signée, cachet de cire rouge, bien visible 76

VIII. D'Alembert au comte de Tressan, 83.23, 26 [avril 1783], coll. particulière J.-D. Candaux : lettre autographe, signée, cachet rouge . . 77

IX. D'Alembert à Lagrange, 83.38, 27 septembre 1783, Paris Institut, Ms. 915, f. 180 v° : dernière lettre de D'Alembert, la signature seule de sa main, annotation de Lagrange 78

X. D'Alembert et Julie de Lespinasse à Hume, 66.39, 6 juillet [1766], Edinburgh, NLS, Ms. 23153, n° 4 : lettre autographe en partie de Mlle de Lespinasse, en partie de D'Alembert 79

XI. Julie de Lespinasse à D'Alembert, 74.37, [2 juin 1774], cat. vente coll. C. Zafiropulo (P. Bérès et D. Courvoisier experts), 3 décembre 1993, n° 118, qui reproduit la dernière p. : seule lettre autographe connue de Mlle de Lespinasse à D'Alembert 80

XII. Leonhard Euler à D'Alembert, 47.06, 19 août 1747, Paris Institut, Ms. 880, f. 22 v° : lettre autographe d'Euler 81

XIII. Lagrange à D'Alembert, 62.11, [1er ou 2] juin 1762, Paris Institut, Ms. 876, f.105 r° : première lettre connue de Lagrange à D'Alembert, autographe 82

LISTE DES TABLEAUX

I. Nombre de lettres « privées » reçues et envoyées par D'Alembert de
   1741 à 1783 xviii
II. 280 lettres « privées » entre D'Alembert et Frédéric II xxvii
III. 527 lettres « privées » entre D'Alembert et Voltaire. xxix
IV. 172 lettres « privées » entre D'Alembert et Lagrange xxxi

IMPRESSION, RELIURE

42540 ST-JUST-LA-PENDUE
OCTOBRE 2009
DÉPÔT LÉGAL 2009
N° 200909.0399

IMPRIMÉ EN FRANCE